DERECHO PENAL
Parte General
Tomo I

EDICIONES UNIVERSIDAD CATÓLICA DE CHILE
Vicerrectoría de Comunicaciones
Av. Libertador Bernardo O'Higgins 390, Santiago, Chile

editorialedicionesuc@uc.cl
www.ediciones.uc.cl

DERECHO PENAL
Parte General. Tomo I

Enrique Cury Urzúa

Undécima edición revisada, actualizada y con notas de Claudio Feller y María Elena Santibáñez.

Marzo 2020
ISBN 978-956-14-2513-2

Diseño:
Salvador E. Verdejo Vicencio
versión productora gráfica SpA

CIP - Pontificia Universidad Católica de Chile

Cury Urzúa, Enrique, 1933-, autor.
Derecho penal : parte general / Enrique Cury Urzúa.
Incluye notas bibliográficas.

1. Derecho penal – Chile.
2. Derecho penal.
3. Delitos.
I. t.

2020 345.83 + DDC23 RDA

DERECHO PENAL
Parte General
Tomo I

ENRIQUE CURY URZÚA

Undécima edición revisada, actualizada y con
notas de Claudio Feller y María Elena Santibáñez

EDICIONES UC

ÍNDICE GENERAL

PRÓLOGO A LA 11ª EDICIÓN

Transcurridos ya siete años desde el fallecimiento de nuestro querido maestro, don Enrique Cury Urzúa, y ocho desde la publicación de la décima edición de su *Derecho Penal, Parte General*, aparece esta nueva edición, de la que alcanzó a revisar y actualizar directamente y por completo más de la mitad de los capítulos, incluyendo la totalidad de los que componen este primer tomo.

Pudo también actualizar íntegramente varios de los capítulos que conformarán el segundo tomo; otros, en cambio, quedaron revisados y actualizados en forma parcial, debido a que el autor falleció antes de comenzar la edición exhaustiva de aquellos en que se aborda la teoría de la reacción penal.

A pesar de la grave enfermedad que padecía, Cury trabajó arduamente en esta obra, consciente de que sería la última. Su anhelo era dejar incorporado en esta edición el estudio del estado de necesidad que la Ley 20.480, publicada el 18 de diciembre de 2010, introdujo en el artículo 10 N.° 11 del Código Penal, en cuya redacción tuvo un rol decisivo como asesor invitado por los legisladores.

Pero también, y tal vez en mayor grado, don Enrique deseaba que el legado que con tanto esmero dejó a las actuales y futuras generaciones, reflejara fielmente el pensamiento que tenía en esa etapa final de su vida y que, en algunas ocasiones, se expresa en nuevos o más detallados desarrollos de algunas materias, como ocurre en la teoría de la imputación objetiva en que, a los cuatro criterios básicos formulados por Roxin y que eran recogidos en las ediciones anteriores, ahora agrega los principios de confianza, prohibición de regreso, asunción del riesgo por la víctima y acuerdo, la conducta alternativa conforme a Derecho y la adecuación social de la conducta. En otras oportunidades ese pensamiento lo llevó a modificar su opinión en varios puntos, como por lo demás lo hizo en varias ocasiones a lo largo de las distintas ediciones de su obra: un rasgo característico de Enrique Cury fueron su apertura a considerar nuevos aportes de la doctrina nacional y comparada, y su disposición a incorporarlos a su propio pensamiento cuando le parecían mejores que los que había planteado previamente. Solo a modo de ejemplos, mencionaremos tres aspectos en que se observan modificaciones de postura respecto de la versión anterior:

i) la *acción* se caracteriza en esta edición "como *acontecimiento exterior controlable por la voluntad de la persona*", concepto que se aparta de la acción finalista al no exigir una actualización de la voluntad y, en cambio, satisfacerse con que el suceso exterior haya sido gobernable por la voluntad del sujeto;
ii) en materia de los efectos de la ausencia del elemento subjetivo en las causales de justificación, abandona el criterio que sostuvo en las últimas ediciones, con arreglo al cual, en estos casos, se debe apreciar un delito frustrado. En esta edición, en cambio, aboga por sancionar a título de delito consumado, pero con la pena rebajada en virtud de la atenuante de eximente incompleta del art. 11 N.° 1 del Código Penal, que, puesta en relación con el art. 73, permite que el juez aplique la pena inferior en uno, dos o tres grados. Esta atenuación se justifica por la reducción de lo injusto del comportamiento;
iii) mientras que hasta la décima edición Cury sostenía que el elemento subjetivo de toda causal de justificación era la finalidad de obrar amparado por ella, en esta nueva edición afirma que es innecesario exigir esa finalidad y que basta con que el sujeto conozca que concurren los presupuestos objetivos de la misma.

Nuestra labor de actualización como editores se limitó a poner al día el texto con las modificaciones legales pertinentes, procurando mantener incólume la versión (no concluida) de esta nueva edición, que Enrique Cury dejó archivada en medios digitales. Con ese propósito es que ubicamos a pie de página los comentarios, citas y referencias que no estaban incluidos en la versión original, indicando que se trata de notas del editor (N. del E.). Excepcionalmente, cuando nos pareció del todo necesario, modificamos unos pocos pasajes del texto original que habían quedado obsoletos por las reformas legales, como es el caso de aquellos en que Cury usaba algún argumento o ejemplo que, siendo completamente válido durante la vigencia del Código de Procedimiento Penal, dejó de serlo bajo la del Código Procesal Penal. Cada vez que procedimos de ese modo, pusimos una nota a pie de página señalando que la nueva redacción es del editor.

Existen algunas notas del editor que exceden esa calidad, pues consignan una opinión personal. Todas ellas fueron redactadas por Claudio Feller.

Por último, actualizamos mínimamente la bibliografía que aparece en el "Índice de abreviaturas importantes del tomo I". En concreto, utilizamos la 4ª edición aumentada y actualizada del *Curso de Derecho Penal* de Vivian Bullemore y John MacKinnon; la segunda edición del *Derecho Penal Chileno. Parte General. Tomo*

I, de Jaime Náquira Riveros; la traducción de la 4ª edición alemana *del Derecho Penal. Parte general, I. El hecho punible de* Günter Stratenwerth, realizada por Manuel Cancio Meliá y Marco A. Sancinetti; e incluimos el *Manual de Derecho Penal Chileno, Parte General. de* Jean Pierre *Matus* y Mª Cecilia Ramírez Guzmán *y la* 3ª edición actualizada *de su Manual de Derecho Penal Chileno. Parte Especial.*

Agradecemos profundamente al profesor Enrique Cury, nuestro maestro, por habernos confiado la tarea de concluir la undécima edición de su obra y, especialmente, por haber tenido la enorme generosidad de actualizar su *Derecho Penal, Parte General*. Tenemos la certeza de que será una contribución significativa a la teoría y práctica del Derecho penal.

Este agradecimiento se extiende a su familia, que lo amó hasta el último instante de su vida.

Finalmente, expresamos nuestra gratitud a Ediciones Universidad Católica de Chile por su interés y apoyo en esta publicación.

Claudio Feller Schleyer y María Elena Santibáñez Torres
Santiago, abril de 2020

ÍNDICE DE ABREVIATURAS IMPORTANTES

BACIGALUPO: Bacigalupo, Enrique, *Derecho penal. Parte general*, Hammurabi, Buenos Aires, 1987.

BACIGALUPO, *Lineamientos*: Bacigalupo, Enrique, *Lineamientos de la teoría del delito,* Buenos Aires, 1974.

BAUMANN: Baumann, Jürgen, *Strajrecht. Allgemeiner Teil,* 5a edición, Tübingen, 1968.

BAUMANN, *Derecho Penal*: Baumann, Jürgen, *Derecho penal. Conceptos fundamentales y sistema. Introducción a la sistemática sobre la base de casos,* traducción de Conrado A. Finzi, Buenos Aires, 1973.

BECCARIA: Beccaria, Cesare, *De los Delitos y de las penas,* traducción por Francisco Tomás y Valiente, Madrid, 1969.

BELING: Beling, Ernst von, *Esquema de Derecho penal,* traducción por Sebastián Soler, Buenos Aires, 1944.

BETTIOL: Bettiol, Giuseppe, *Derecho penal. Parte general,* traducción por José Luis Pagano, Bogotá, 1965.

BULLEMORE y MACKINNON: Bullemore, Vivian y MacKinnon, John, *Curso de derecho penal*, 4ª edición aumentada y actualizada, Santiago, mayo de 2018 (4 tomos). Edición agregada por el editor.

BUSTOS: Bustos, Juan, *Introducción al derecho penal,* Temis, Bogotá, 1986.

BUSTOS, *Bases Críticas*: Bustos, Juan, *Bases críticas de un* nuevo *derecho penal,* Temis, Bogotá, 1982.

C.A.: *Corte de Apelaciones.*

C.C.: *Código Civil.*

C. de J.M.: *Código de Justicia Militar.*

C. de P.C.: Código de *Procedimiento Civil.*

C. de P.P.: *Código de Procedimiento Penal.*

C.O.T.: Código *Orgánico de Tribunales.*

C.P.: *Código Penal.*

C.P.E.: Constitución *Política del Estado de 1925.*

C.P.P.: *Código Procesal Penal.*

C.P.T.: *Código Penal Tipo para Latinoamérica.*

C.P.R.: *Constitución Política de la República de 1980.*

C.S.: *Corte Suprema.*

CARRARA: Carrara, Francesco, *Programa de derecho criminal,* traducción por José J. Ortega Torres y Jorge Guerrero, Bogotá, 1956-1967 (9 tomos y un apéndice).

CEREZO: Cerezo Mir, José, *Curso de derecho penal español. Parte general.* Introducción, Madrid, 1976.

CÓRDOBA RODA y RODRÍGUEZ MOURULLO: Córdoba Roda, Juan, y Rodríguez Mourullo, Gonzalo, *Comentarios al Código Penal español.* Barcelona-Caracas-México, 1976-1978 (3 tomos).

COUSIÑO: Cousiño, Luis, *Derecho penal chileno. Parte general,* Santiago, 1992 (3 tomos).

CURY: Cury, Enrique, *Derecho Penal. Parte General. 2ª.* Edición, Santiago, 1992 (2 tomos).

CURY, *1ª Edición*: Cury, Enrique, *Derecho penal. Parte general.* Santiago, 1982-1988 (2 tomos).

CURY, *Orientación, 1ª edición*: Cury, Enrique, *Orientación para el estudio de la teoría del delito,* 1ª edición, Valparaíso, 1969.

CURY, *Orientación*: Cury, Enrique, *Orientación para el estudio de la teoría del delito,* 2ª edición, Santiago, 1973.

DOHNA: Dohna, Alexander Graf Zu, *La estructura de la teoría del delito,* traducción de la 4ª edición alemana por Carlos Fontán Balestra con la colaboración de Eduardo Friker, Buenos Aires, 1958.

ETCHEBERRY: Etcheberry, Alfredo, *Derecho penal,* 3ª. edición, Santiago, 1998 (4 tomos).

ETCHEBERRY, *1ª*: Etcheberry, Alfredo, *Derecho penal,* 1ª. edición, Santiago, 1964-1965 (4 tomos).

ETCHEBERRY, *2ª*: Etcheberry, Alfredo, *Derecho penal*, 2ª. edición, Santiago, 1976 (4 tomos).

ETCHEBERRY, *D.P.J.*: Etcheberry, Alfredo. El *Derecho penal en la jurisprudencia.* Editorial Jurídica de Chile, Santiago, 1987.

FIANDACA-MUSCO: Fiandaca, Giovanni, y Musco, Enzo, *Derecho penal. Parte general*, traducción de Pablo Eiroa. Editorial Temis S.A., Bogotá-Colombia, 2006.

GARRIDO: Garrido Montt, Mario, Derecho *penal.* Santiago, 1997-2000 (4 tomos).

GIMBERNAT, *Introducción*: Gimbernat Ordeig Enrique, *Introducción a la parte general del derecho penal español,* Facultad de Derecho, Universidad Complutense, Madrid, 1979.

GRISOLIA-POLITOFF-BUSTOS: Grisolía, Francisco; Politoff, Sergio; Bustos, Juan, *Derecho penal chileno. Parte especial. Delitos contra el individuo en sus condiciones físicas*, Santiago, 1971.

HASSEMER: Hassemer, Winfried, *Fundamentos del derecho penal,* traducción y notas de Francisco Muñoz Conde y Luis Arroyo Zapatero, Bosch, Barcelona, 1984.

HIRSCH: Hirsch, Hans Joachim, *Derecho penal. Obras completas,* traducciones de diversos autores, Buenos Aires, 1999-2003 (3 tomos).

HULSMAN: Hulsman, Louck y Bernat de Celes, Jacqueline. *Sistema penal y seguridad ciudadana: hacia una alternativa,* traducción de Sergio Politoff, Ariel S.A., Barcelona, 1984.

JAKOBS: Jakobs, Günther, *Derecho penal. Parte general. Fundamentos y teoría de la imputación.* Traducción de Joaquín Cuello Contreras y José Luis Serrano González de Murillo, Madrid, 1995.

JESCHECK: Jescheck, Hans Heinrich, *Tratado de derecho penal. Parte general,* 4ª. edición, traducción de José Luis Manzanares Samaniego, Granada, 1993.

JESCHECK-WEIGEND: Jescheck, Hans Heinrich y Weigend, Thomas, *Tratado de derecho penal. Parte general*, 5ª. edición, traducción de Miguel Olmedo Cardenete, Editorial Comares, Granada, 2002.

JIMÉNEZ DE ASÚA: Jiménez de Asúa, Luis, *La ley y el delito. Principios de derecho penal,* 3ª. edición, México-Buenos Aires, 1959.

JIMÉNEZ DE ASÚA: Jiménez de Asúa, Luis, *Tratado de derecho penal,* Buenos Aires, 1962-1971 (7 tomos).

L.S.: *Law and State (a Biannual Collection oj recent Germán contributions to these fields).* Institutes for Scientific Cooperation, Tübingen.

LABATUT: Labatut Glena, Gustavo, *Derecho penal.* 9ª. edición actualizada por Julio Zenteno, Santiago, 2000 (2 tomos).

LISZT: Liszt Franz von, *Tratado de derecho penal,* traducción de la 18ª. edición alemana por Quintiliano Sandaña, Madrid, 1929 (3 tomos).

MATUS y RAMÍREZ, ***Manual. Parte especial***: Matus Acuña, Jean Pierre y Ramírez Guzmán, Mª Cecilia, *Manual de Derecho Penal Chileno. Parte Especial.* 3ª edición actualizada. Tirant lo Blanch, Valencia, 2019. Obra agregada por el editor.

MATUS y RAMÍREZ, ***Manual. Parte general***: Matus Acuña, Jean Pierre y Ramírez Guzmán, Mª Cecilia, *Manual de derecho penal chileno. Parte general.* Tirant lo Blanch, Valencia, 2019. Obra agregada por el editor.

MAURACH: Maurach, Reinhart, *Tratado de derecho penal,* traducción y notas de derecho español por Juan Córdoba Roda, Barcelona, 1962 (2 tomos).

MAURACH-ZIPFF: Maurach, Reinhart - Góssel, Karl Heinz - Zipff, Heinz. *Derecho penal. Parte general*, traducción de la 7ª. edición alemana por Jorge Bofill Genzsch y Enrique Aimone Gibson. Buenos Aires, 1995 (2 tomos).

MAYER: Mayer, Max Ernst. *Derecho penal. Parte general*, traducción directa del alemán por Sergio Politoff Lifschitz. Revisión general y Prólogo por José Luis Guzmán Dalbora. Editorial B de F. Buenos Aires, 2007.

MEZGER, I: Mezger, Edmundo, *Tratado de derecho penal*, tomo I, nueva edición revisada y, puesta al día por José Arturo Rodríguez Muñoz, Madrid, 1955.

MEZGER, II: Mezger, Edmundo, *Tratado de derecho penal*, tomo II, traducción y notas de derecho español por José Arturo Rodríguez Muñoz. 3ª. edición adicionada y puesta al día por Antonio Quintano Ripollés, Madrid, 1957.

MEZGER, *Libro de estudio*: Mezger, Edmundo, *Derecho penal. Libro de estudio*, traducción de la 6ª. edición alemana (1955) por Conrado A. Finzi, Buenos Aires, Parte General, tomo 1,1958; Parte Especial, tomo II, 1959.

MIR PUIG: Mir Puig Santiago, *Derecho penal. Parte general*, 6ª. edición, Barcelona, 2002.

MIR PUIG, *Introducción*: Mir Puig Santiago, *Introducción a las bases del derecho penal*, Bosch, Barcelona, 1982.

MUÑOZ CONDE: Muñoz Conde Francisco, *Teoría general del delito*, Temis, Bogotá, 1984.

MUÑOZ CONDE, *Introducción*: Muñoz Conde Francisco, *Introducción al derecho penal*, Bosch, Barcelona, 1975.

NÁQUIRA, I: Náquira Riveros, Jaime. *Derecho penal chileno. Parte general*. Tomo I, segunda edición. Thomson Reuters, Santiago, 2015.

NOVOA: Novoa Eduardo, *Curso de derecho penal chileno*, Santiago, 1960-1966 (2 tomos).

NOVOA, *Causalismo y finalismo*: Novoa, Eduardo, *Causalismo y finalismo en derecho penal. Aspectos de la enseñanza penal en Hispanoamérica*, San José, Costa Rica, 1980.

ORTIZ: Ortiz, Pedro, *Nociones generales de derecho penal*, Santiago, 1933 (2 tomos).

PACHECO: Pacheco, Joaquín Francisco, *El Código Penal concordado y comentado*, cuarta edición, Madrid, 1870.

POLITOFF: Politoff Lifschitz, Sergio. *Derecho Penal*, Tomo 1, Santiago, 1997.

POLITOFF-MATUS-RAMÍREZ: Politoff, Sergio; Matus, Jean Pierre; Ramírez, María Cecilia, *Lecciones de derecho penal chileno. Parte general*, Santiago, 2003.

POLITOFF-ORTIZ y colaboradores: Politoff, Sergio; Ortiz, Luis, y colaboradores, *Texto y comentario del Código Penal chileno. Tomo I, Libro primero. Parte general*, (coordinador: Jean Pierre Matus A.), Santiago, 2002.

R.C.P.: *Revista de Ciencias Penales*, Santiago, Chile.

RODRÍGUEZ DEVESA: Rodríguez Devesa, José María, *Derecho penal español, Parte general,* 7ª. edición, Madrid, 1979.

RODRÍGUEZ MOURULLO: Rodríguez Mourullo Gonzalo, *Derecho penal. Parte general,* Editorial Cintas S.A., Madrid, 1978.

ROXIN: Roxin, Claus, *Derecho penal. Parte general. Tomo I. Fundamentos. La estructura de la teoría del delito.* Traducción y notas de Diego Manuel Luzón Peña, Manuel Díaz y García Conlledo y Javier de Vicente Romeral. Madrid, 1997.

ROXIN: *Autoría*: Roxin, Claus, *Autoría y dominio del hecho en derecho penal,* traducción de la sexta edición alemana por Joaquín Cuello Contreras y José Luis Serrano González de Murillo, Madrid-Barcelona, 1998.

ROXIN, *Iniciación*: Roxin, Claus, *Iniciación al derecho penal de hoy,* traducción, introducción y notas de Francisco Muñoz Conde y Diego Manuel Luzón Peña. Secretariado de Publicaciones de la Universidad de Sevilla, 1981.

ROXIN, *Problemas Básicos*: Roxin, Claus. *Problemas básicos del derecho penal,* traducción y notas por Diego Luzón Peña. Reus S.A., Madrid, 1976.

ROXIN, *Teoría*: Roxin, Claus, *Teoría del tipo penal. Tipos abiertos y elementos del deber jurídico,* traducción de Enrique Bacigalupo, Depalma, Buenos Aires, 1979.

SCHMIDTHÄUSER: Schmidthäuser, Eberhard, *Strafrecht. Allgemeiner Teil,* Tübingen, 1970.

SCHÖNKE-SCHRÖDER: Schónke, Adolf y Schröder, Horst, *Strafgesetzbuch, Kommentar,* München, 1972.

SOLER: Soler Sebastián, *Derecho penal argentino,* 6ª. reimpresión total, Buenos Aires, 1973 (5 tomos).

STRATENWERTH: Stratenwerth Günter, *Derecho penal. Parte general, I. El hecho punible,* traducción de la 4ª. edición alemana por Manuel Cancio Meliá y Marco A. Sancinetti, Thomson Civitas, Editorial Arazandi S.A., Navarra, 2005. Edición agregada por el editor.

WEBER: Weber Hellmuth von, *Para la estructuración del sistema del derecho penal,* traducción de Eugenio Raúl Zaffaroni, en *Nuevo Foro Penal,* N° 13, enero, febrero-marzo, Bogotá, 1982, págs. 567 y sigts.

WELZEL: Welzel Hans, *Derecho penal alemán. Parte general,* traducción por Juan Bustos y Sergio Yáñez de la 11ª. edición alemana, Santiago, 1970.

WELZEL, *4ª*: Welzel Hans, *Derecho penal. Parte general,* traducción de la 4ª. edición alemana por Carlos Fontán Balestra con la colaboración de Eduardo Friker, Buenos Aires, 1956.

WELZEL, *Nuevo sistema*: Welzel, Hans, *El nuevo sistema de derecho penal. Una introducción a la doctrina de la acción finalista,* traducción por José Cerezo Mir, Barcelona, 1964.

ZAFFARONI: Zaffaroni, Eugenio Raúl; Alagia, Alejandro, Slokar, Alejandro, *Derecho penal. Parte general,* Buenos Aires, 2000.

ZDRAVOMISLOV y OTROS: Zdravomislov, Schneider, Kélina y Raskóvskaia, *Derecho penal soviético,* traducción de Nina de la Mora y Jorge Guerrero, Bogotá, 1970.

ZIPF: Zipf Heinz, *Introducción a la política criminal,* traducción de Miguel Izquierdo Macías-Picaveda. Editorial Revista de Derecho Privado, Madrid, 1979.

PRIMERA PARTE

EL DERECHO PENAL EN GENERAL

CAPÍTULO I
EL DERECHO PENAL EN GENERAL

§ 1. CONCEPTO, DENOMINACIÓN Y FUNCIONES DEL DERECHO PENAL

I. CONCEPTO

El Derecho penal está constituido por el conjunto de normas que regulan la potestad punitiva del Estado, asociando a ciertos hechos estrictamente determinados por la ley, como presupuesto, una pena o una medida de seguridad o corrección, como consecuencia, con el objeto de asegurar el respeto por los valores elementales sobre los cuales descansa la convivencia humana pacífica.[1]

Esta definición procura ser tan comprensiva como lo exige la situación actual del Derecho penal, cosa que a mi juicio no cumplen del todo las contenidas en otras obras generales nacionales.

Para ETCHEBERRY, por ejemplo, el Derecho penal "es aquella parte del ordenamiento jurídico que comprende las normas de acuerdo con las cuales el Estado prohíbe o impone determinadas acciones y establece *penas* para la contravención de dichas órdenes".[2] Por consiguiente, su concepto prescinde de las medidas de seguridad y corrección, que no son *penas* y que, sin embargo, se consideran integrantes del Derecho penal contemporáneo. La definición de LABATUT parece más amplia pues, con arreglo a ella, el Derecho penal es "la rama de las ciencias jurídicas, plenamente autónoma, que consagra normas encargadas de regular las conductas que se estiman capaces de producir un daño social o de originar un peligro para la comunidad, bajo la amenaza de una *sanción*".[3] Pero aunque el

1 En Novoa, I, 10, págs. 25 y 26 puede encontrarse una enumeración crítica de otros conceptos. Para la literatura más reciente, pueden consultarse JESCHECK, § 2, I, 1, pág.8, ROXIN, § 1, pág. 41.

2 ETCHEBERRY, I, pág. 21. (El énfasis es mío).

3 LABATUT, I, 1, pág. 3. (El énfasis es mío).

concepto de sanción es más amplio que el de pena, LABATUT, los identifica[4] y, además, no conviene a las medidas de seguridad y corrección, por lo menos en teoría; por otra parte, como salta a la vista, él no propone en rigor un concepto de Derecho penal, sino de la ciencia o estudio del mismo, lo que, como se verá más adelante, es algo distinto.[5] NOVOA estima que "puede definirse al derecho penal como la parte del derecho público que trata del delito y del delincuente, desde el punto de vista del interés social, y que establece las medidas legales apropiadas para prevenir y reprimir el delito".[6] Sin embargo, en el Derecho penal de actos que prevalece en nuestra legislación, doctrina y jurisprudencia, el delincuente como tal no forma parte de la materia de la regulación, pues las normas mandan y prohíben acciones u omisiones y no enjuician la personalidad de su autor.[7] Por esto, en mi opinión, la noción de NOVOA desborda los contenidos del ordenamiento punitivo en vigor.[8] Por otra parte, no siempre las medidas de prevención tienen por objeto evitar la comisión de delitos en sentido estricto, sino solo de acciones típicamente antijurídicas. COUSIÑO,[9] aunque se hace cargo de las limitaciones de este género de conceptos, acepta la definición de LISZT, acogida también por MEZGER[10], conforme a la cual el Derecho penal es "el conjunto de normas jurídicas que regulan el ejercicio del poder punitivo del Estado, asociando al delito, como presupuesto, la pena como consecuencia jurídica".[11] El silencio que guarda sobre las medidas de seguridad y corrección sería lógico, si él aceptara que todas ellas son ajenas al ordenamiento penal porque incluso cuando son posdelictuales tienen carácter administrativo. Pero COUSIÑO no piensa así y solo excluye del Derecho penal a las medidas de seguridad y corrección predelictuales.[12] Además, esa concepción encierra un peligro de arbitrariedades que no debe asumir ni el

4 Ídem.

5 Infra, § 5, III.

6 NOVOA, I, 10, pág. 26.

7 En el mismo sentido, SOLER, I, § 2 págs. 24 y 25.

8 Sobre este punto, véase infra, § 3, IV.

9 COUSIÑO, I, § 1, B, págs. 9 y sigts.

10 LISZT, I, § 1, pág. 5; MEZGER, I § l, pág. 3 y *Libro de estudio*, I § 4 I, pág. 27.

11 En el mismo sentido POLITOFF, I, 1, pág. 3 y POLITOFF, MATUS y RAMIREZ, 3 §1 pág. 73, pero en ambas obras se agrega la posibilidad de que la consecuencia jurídica consista en una medida de seguridad y corrección, lo que la aproxima a la del texto, aunque POLITOFF excluye expresamente la referencia a un fin determinado del ordenamiento punitivo, por razones que desarrolla con alguna latitud.

12 COUSIÑO, I, § 1, B) pág. 10, solo excluye del Derecho penal a las medidas de seguridad y corrección predelictuales.

Derecho penal del presente ni el del futuro.[13] GARRIDO, a su vez, expresa que el Derecho penal es "una parte del sistema jurídico constituido por un conjunto de normas y principios que limitan el poder punitivo del Estado, describiendo qué comportamientos son delitos, la pena que les corresponde y cuándo se debe aplicar una medida de seguridad".[14] Así, se aproxima al concepto propuesto aquí, pero recogiendo solo su parte formal y atribuyendo, además, a las medidas de seguridad y corrección un carácter sancionador que no debiera reconocérseles.[15] Finalmente, BULLEMORE y MACKINNON[16] parecen inclinarse por una definición "sustancial" y, entre las existentes, prefieren la de SÁINZ CANTERO, con arreglo a la cual el Derecho penal es "el sector del ordenamiento jurídico que tutela determinados valores fundamentales de la vida comunitaria, regulando la facultad estatal de exigir a los individuos comportarse de acuerdo con las normas y de aplicar penas y medidas de seguridad a quienes contra aquellos valores atenten mediante hechos de una determinada intensidad". Como puede apreciarse, esta noción no se diferencia en lo fundamental de la presentada aquí.

Mi concepto coincide en parte con el de BAUMANN,[17] a quien pertenecen asimismo la mayoría de las críticas que dirijo a las otras definiciones. Sin embargo, el suyo, por su excesiva amplitud, me parece impreciso; por esto lo he adicionado con una referencia material que alude al fin perseguido por las distintas formas de reacción penal. En contra de esta clase de referencias se pronuncia explícitamente POLITOFF,[18] quien, refiriéndose a la propuesta por WELZEL,[19] las identifica con las supuestas inclinaciones de este por el nacionalsocialismo. Aparte de que estas críticas *ad homine*, aunque comprensibles, me parecen fuera de lugar en una exposición científica, lo cierto es que en el presente prepondera en el mejor Derecho comparado una tendencia a construir el sistema del Derecho penal con

---

13 Sobre ello, infra, en este mismo apartado, III, c), ee).

14 GARRIDO, I, pág. 13.

15 Ha de convenirse que en esto existe una inconsistencia entre la concepción teórica de las medidas y la realidad, como se destaca infra, § 56, II. Pero, a menos que aceptemos prescindir de estas formas de reacción para intentar un sistema de punibilidad monista –cosa que, por ahora, no parece próxima a suceder–, la atribución a las medidas de seguridad de naturaleza sancionadora a nivel conceptual solo contribuye a incrementar los riesgos asociados a ellas.

16 BULLEMORE y MACKINNON, I, pág. 8.

17 BAUMANN, § 3, I, pág. 6.

18 POLITOFF, 1, pág. 3, nota 1). Asimismo, POLITOFF, MATUS y RAMÍREZ, 3, §1, pág. 73, nota 139).

19 WELZEL, § 1, I, págs. 11 y sigts.

base en sus fines, impuesta por autores a los que difícilmente podría considerarse simpatizantes con una posición política nacionalsocialista y casi todos los cuales, sin embargo, aluden a esas finalidades en sus conceptos.[20]

a) Lo más característico del ordenamiento punitivo es que sus consecuencias constituyen las *formas de reacción más severas con que cuenta el Derecho*, pues implican irrupciones muy enérgicas en la esfera de derechos del afectado.[21] Además, esas sanciones se *superponen* a los efectos jurídicos ordinariamente previstos para los hechos ilícitos, lo cual les confiere una apariencia de irracionalidad. En efecto, la exigencia civil de que quien no paga el precio de la cosa la restituya e indemnice el perjuicio es lógica y se justifica a sí misma. También lo es que deba hacer eso mismo el que la sustraiga furtivamente o el que se la hizo dar sirviéndose de engaño. En cambio, resultan enigmáticos los motivos por los cuales a estos últimos se les impone, *además*, una privación de libertad por tiempo más o menos prolongado. Esa *adición* requiere de una fundamentación especial que en la definición se postula, identificándola con la necesidad de "asegurar el respeto por los valores fundamentales sobre los cuales descansa la convivencia humana pacífica" –es decir, con una función de *prevención general positiva–*; pero esto ha de examinarse con más profundidad en los apartados siguientes.[22]

De todas maneras, puede entenderse desde luego que esta peculiaridad de las reacciones penales exige que los hechos a que se aplica estén *determinados legalmente en forma rigurosa*. Aunque se consiga *justificarla*, no puede prodigarse una consecuencia *grave* que *no se explica* inmediatamente por sí misma. Es preciso evitar, a toda costa, la "superfluidad" de las penas y medidas de seguridad y corrección. Por esto, el Derecho penal tiene que ser empleado siempre como un

---

20 Fundamental, ROXIN, § 7, V, números marginales 50 y sigts. págs. 216 y sigts. y *Política Criminal y Sistema del Derecho Penal*, traducción de Francisco Muñoz Conde, Barcelona, 1972, *passim*. Pero, especialmente, V, págs. 33 y sigts. Ver, asimismo, HANS JOACHIN RUDOLPHI, *El fin del Derecho penal del Estado y las formas de imputación jurídico–penal*, en *El sistema moderno del Derecho penal: cuestiones fundamentales*, traducción y notas de Jesús María Silva Sánchez, págs. 81 y sigts. y BERN SCHÜNEMANN, *Introducción al razonamiento sistemático en Derecho penal*, en *El sistema moderno de Derecho penal, cit.*, págs. 31 y sigts.

21 FRANCISCO MUÑOZ CONDE, *Derecho Penal y Control Social*, Fundación Universitaria de Jerez, 1985, Introducción, pág. 14: "Hablar del Derecho penal es hablar, de un modo u otro, siempre de violencia. Violentos son generalmente los casos de que se ocupa el Derecho penal (robo, asesinato, violación, rebelión). *Violenta es también la forma en que el Derecho penal soluciona estos casos* (cárcel, manicomio, suspensiones e inhabilitaciones de derechos)". (El énfasis es mío).

22 Infra, III, c).

recurso de última ratio –cuando todos los otros de que dispone el ordenamiento jurídico han fracasado– y solo si existe evidencia de que los sustituirá o complementará ventajosamente (*carácter subsidiario del Derecho penal*).[23] Ello explica también la naturaleza *fragmentaria* de sus prescripciones (BINDING),[24] pues solo en "porciones" aisladas de lo ilícito, delimitadas por su extrema gravedad, se justifica el empleo de un instrumento tan riguroso.[25] Todo esto será reexaminado en las páginas siguientes, pero conviene tenerlo presente desde el principio.

b) De la definición del Derecho penal se deduce que los objetos de su regulación son dos: por una parte, los *hechos* que son o pueden ser objeto de una de sus reacciones características; por la otra, las *formas de reacción* mismas.

Pese a que el empleo de los recursos propios del Derecho penal no siempre presupone la existencia de un delito en sentido estricto, esta es la situación más frecuente: es decir, las penas y las medidas de seguridad y corrección se imponen, usualmente, como consecuencia de la ejecución de un delito. Por esto, al estudio del conjunto de los presupuestos que autorizan la aplicación de una reacción propia del Derecho punitivo se lo denomina *teoría del delito*. En cambio, la expresión *teoría de la pena,* que solía emplearse para designar el análisis de los efectos característicos del Derecho penal,[26] ha ido cediendo el paso a otras más comprensivas, tales como "teoría de la reacción penal",[27] "teoría de la reacción social",[28] "teoría de las consecuencias jurídicas del delito (o hecho punible)"[29] o, pormenorizadamente, "teoría de las penas y medidas de seguridad".[30] En princi-

---

23 Infra, § 3, III. Véase, además, entre muchos otros, por la forma sencilla en que está expuesto, ROXIN, *Iniciación*, págs. 30 y sigts.

24 Citado por BAUMANN, § 3, II, 2, pág. 9.

25 En la actualidad se ha llegado a sostener que nunca es adecuado servirse de él. Esta posición *abolicionista* del Derecho penal es defendida en especial por HULSMAN, *passim*.

26 Así, con todo, BULLEMORE y MACKINNON, I, pág. 113; ETCHEBERRY, II, pág. 131; POLITOFF, MATUS y RAMÍREZ, pág. 465. Véase también MEZGER, II, pág. 73 y, sobre todo, *Libro de Estudio*, I, antes de § 101, pág. 353, donde se explica que "la pena en sentido amplio abarca todas las consecuencias jurídico–penales del hecho punible, esto es, las consecuencias reguladas por el Derecho penal. De ahí que no constituyen una pena, por ejemplo, las indemnizaciones tratadas en el Código Civil, *pero sí las medidas de seguridad y corrección*". (El énfasis es mío).

27 MAURACH, II, pág. 488.

28 LABATUT, I, pág. 243; NOVOA, II, pág. 259.

29 JESCHECK, antes de § 70, pág. 677; PISAPIA, *Instituzioni di Diritto Penale* Cedam, Padova, 1970, XIV, pág. 162.

30 WELZEL, antes de § 32, pág. 326.

pio, cualquiera de ellas es satisfactoria. Aquí he preferido emplear la primera por su flexibilidad.[31] Por el contrario, la expresión "penología" –que también se ha usado una que otra vez– me parece incorrecta porque sugiere la idea de una ciencia autónoma que no existe como tal. Asimismo, es inconveniente reunir, bajo un rótulo común, las cuestiones relativas a la pena y las sanciones civiles.[32]

Se discute si además debe distinguirse una *teoría de la ley penal*, con autonomía semejante a la del delito y la reacción penal. Esa es la tendencia dominante en la literatura nacional.[33] Sin embargo, la existencia de esa teoría es dudosa. Su objeto, desde luego, no es sino la ley en sentido estricto, tal como la conoce el Derecho civil o cualquier otra rama del ordenamiento jurídico. Por consiguiente, su estudio pertenece a la *teoría general de la ley.* En el Derecho penal, es cierto, ella presenta peculiaridades relativas a su estructura, interpretación y efectos, pero solo se trata de excepciones a las reglas generales, que no puede integrarse en un sistema sin incurrir en reiteraciones inútiles de estas. Por eso he preferido incluir su examen en la parte introductoria de este libro, como suele hacerlo parte importante de la literatura extranjera reciente.[34]

c) Se debe distinguir el *Derecho penal subjetivo (ius puniendi)* del *objetivo (ius poenalis)*.[35] El primero consiste en la facultad del Estado de prohibir o mandar ciertos hechos bajo la amenaza de sancionar la trasgresión con una pena. El segundo en la manifestación de ese poder en la ley positiva.

---

31 Infra, Tercera Parte, § 46 y sigts.

32 Así, BETTIOL, págs. 623. Sobre ello, véase la observación de MEZGER, supra en nota 25.

33 COUSIÑO, I, Segunda Parte, págs. 77 y sigts.; ETCHEBERRY, I, págs. 65 y sigts.; LABATUT, I, pág. 39 y sigts.; POLITOFF, MATUS y RAMÍREZ, I, pág. 91. Como en el texto, en cambio, POLITOFF, I, 4, pág. 25. LABATUT y NOVOA no hablan en rigor de una "teoría de la ley penal". Pero esto es solo una cuestión de nombre, porque tampoco emplean esa denominación cuando tratan del delito y la reacción penal. Lo importante es que conceden autonomía a la exposición sobre la materia.

34 Véase, por todos, BAUMANN, § 6, págs. 56 y sigts.; CEREZO, I, VII, págs. 178 y sigts.: JAKOBS, II, 4 y 5, págs. 77 y sigts.: MAURACH–ZIPF, I, § 8 y sigts. págs. 121 y sigts.; RODRÍGUEZ MOURULLO, IV, pág. 57 y sigts. (aunque, en realidad, este autor tampoco separa expresamente la teoría del delito); ROXIN, § 5, págs. 134 y sigts; SCHMIDHÄUSER, § 5 y sigts., págs. 66 y sigts.; WELZEL, § 5 y sigts, págs. 35 y sigts. Se adhieren, en cambio, a la sistematización tradicional JESCHECK, antes de § 7, pág. 43, y anteriormente MAYER, págs. 3 y sigts.

35 Véase, por todos, COUSIÑO, I, §1 págs. 7, quien establece la diferencia a nivel de los conceptos más generales, dando una definición distinta para cada uno de ellos.

Esta clasificación es objeto de reparos por una parte de la doctrina que cuestiona la existencia del *ius puniendi*.[36] La crítica fundamental consiste en que el poder del Estado para imponer un castigo no tiene límites establecidos desde afuera, sino solo los que él mismo se ponga, usualmente reconociendo ciertos derechos individuales consagrados en la Constitución respectiva. Pero, se dice, una limitación inmanente no es tal, sino un puro arbitrio emboscado tras una apariencia engañosa.[37]

En la literatura contemporánea, sin embargo, la opinión dominante reconoce la existencia y el valor del *ius puniendi* o *poder punitivo del Estado,* si bien realizando algunas precisiones indispensables. [38]

Hasta los teóricos del Derecho penal marxista, no obstante su hostilidad a la noción de los derechos subjetivos, reconocían que el Estado tiene el *deber* de emplear los recursos penales y el culpable *derechos* cuyo respeto exigirle.[39] Por otra parte, es preciso recordar que el *ius puniendi* encuentra un reconocimiento implícito en el art. 19 N.º 3º de la C.P.R.,

36 Así, por ejemplo, EUSEBIO GÓMEZ, *Tratado de Derecho Penal,* Buenos Aires, 1939, I, 21, págs. 89 y sigts., que expresa un punto de vista generalizado entre los autores pertenecientes a la escuela "positivista" italiana; MANZINI, I, pág. 113. Véase además la referencia de MEZGER a GERLAND, I, § 1, I, pág. 7, nota 6. La exposición de COUSIÑO en el texto a que se refiere la nota anterior me parece inductiva a error: aunque introducen limitaciones al contenido del concepto, BETTIOL, JESCHEK, JIMÉNEZ DE ASÚA, MAGGIORE o MEZGER no impugnan la existencia del *ius puniendi,* sino todo lo contrario. Sus precisiones tienen por objeto, más bien, poner a salvo la practicabilidad de esta noción.

37 Una exposición detallada de este criterio en MAGGIORE, I, pág. 171.

38 En este sentido especialmente MAURACH, I, §1, I, A, pág. 5; MAURACH–ZIPF, I, § 1, números marginales 4 y 5, págs. 4 y 5; ROXIN, § 2, I, número marginal 1, pág. 51.

39 ZDRAVOMISLOV y otros, pág. 6: "En particular, el Estado (representado por los órganos encargados de administrar justicia) adquiere el *derecho* y la *obligación* de enjuiciar al especulador". Por otra parte, inmediatamente, tras una formulación complicada, se deslizaba la aceptación de auténticos derechos subjetivos individuales: "Como sujeto de las relaciones jurídicas surgidas a consecuencia del delito, el *culpable tiene derecho* a que se le haga responsable precisamente *por el delito que cometió y no por otro delito distinto* y a que la medida de la pena para ese delito *no sea mayor que la prevista para ese delito por la ley*". (Los énfasis son míos). Se agregaba, además, que "la ley obliga al tribunal a cumplir estos y otros requisitos *por ella previstos*", pero, naturalmente, no se explicaba la causa por la que había realizado esas previsiones, porque eso habría conducido a una franca confesión de que el individuo posee unos derechos anteriores a los del Estado y vinculatorios para éste, lo que sobrepasaba la ortodoxia marxista al uso sobre este punto. En todo caso, sobre las profundas diferencias que separaban el Derecho penal de los países marxistas del de los democráticos –que, por supuesto, no eran todos los no marxistas ni mucho menos los que hacían profesión de antimarxismo– véase JESCHECK, *El Derecho Penal y su aplicación en la Zona Soviética de Ocupación de Alemania,* Tubingen, 1965, págs. 5 y sigts. En gran parte, todo eso pertenece

que presupone el derecho del Estado a castigar y, por consiguiente, pertenece al Derecho público, a causa de lo cual es necesario examinar sus características prescindiendo de criterios privatistas.[40] En efecto, los derechos subjetivos de esta clase no corresponden, en su noción y estructura, a los que maneja el Derecho civil. Corresponden, más bien, a los que se consagran en la C.P.R. y se encuentran reconocidos en el catálogo de garantías que contempla el art. 19 de la Carta Fundamental.

Por lo que se refiere a la *existencia* y *naturaleza* de los límites del *ius puniendi,* se ha producido, a mi juicio, una confusión.

Esos límites del poder punitivo del Estado constituyen, ante todo, una *experiencia existencial* y una idea enraizada en convicciones histórico-culturales, no una cuestión de lógica formal. En efecto, que ese poder tiene unos límites se aprecia históricamente como algo verdadero, pues ni la organización más autoritaria ha conseguido desbordarlos sin exponerse, tarde o temprano, a que su imperio la doblegue. Incluso cuando el legislador democrático abusa más o menos inconscientemente del *ius puniendi* –por ejemplo, amenazando con penas excesivas hechos insignificantes– sus límites se le imponen provocando el fracaso práctico de la norma. Por esta causa, precisamente, casi todos los ordenamientos jurídicos cuentan con un grupo de figuras delictivas vigentes pero muertas. En el nuestro, por desgracia, las situaciones de esta índole son numerosas.[41] Por esto, decir que un límite no puede, lógicamente, ser inmanente, significa poco. Cuando se trata de analizar el juego de acciones y reacciones ético–sociales, la coherencia lógica suele ser superada por la realidad, que impone soluciones valorativas cuya capacidad limitativa es superior incluso a la de la coactividad trascendente.

Pero, además, no es exacto que el poder punitivo del Estado solo esté sometido a limitantes inmanentes. La sumisión y disolución de la dignidad del hombre, de su naturaleza y su responsabilidad, en obsequio al dogma del Estado omnipotente, solo puede defenderse si se aspira al entronizamiento de un totalitarismo cualquiera o, cuando menos, arriesgándose conscientemente al triunfo de esa alternativa. Estas convicciones no corresponden al estado cultural y a los sentimientos que imperan actualmente en el pueblo, el cual, con razón, los resiste, defendiendo con energía –y desde afuera– las

---

ahora a la historia, pero subsisten vestigios de ello en Cuba, China, Vietnam del Norte y algunos otros países asiáticos o africanos.

40 En el mismo sentido BETTIOL, pág, 71.

41 Véase, por todos, el ejemplo ofrecido por ETCHEBERRY, en *Objetividad jurídica del delito económico,* en *R.C.P.* Tomo XXI, N.° 1, 15, pág. 73, relativo al empleo del instrumento punitivo, incluso con un "propósito noble y elevado", pero sin tener en cuenta "el sentimiento moral y político de los ciudadanos". Asimismo, lo que se expone infra, en este mismo parágrafo, III, b).

fronteras del poder punitivo del Estado. Por esto cuando se dice, por ejemplo, "que al *ius puniendi* le han sido trazados unos límites por la dignidad humana y por una firme relación entre culpa y castigo",[42] se ha de agregar también lo que demuestra la experiencia existencial: que esos límites son custodiados por el grupo social y que su trasgresión suele ser sancionada –más allá de cualquier "concesión" constitucional o legal– por actos de fuerza –esto es, de manera *trascendente*– mediante los cuales el pueblo reasume la detentación de la soberanía.

Por último, nuestro tiempo se caracteriza por los esfuerzos que se realizan con el objeto de perfeccionar instrumentos de Derecho internacional destinados a limitar objetivamente la potestad punitiva del Estado.[43] Por supuesto, la coactividad y el contenido normativo de esos documentos todavía son imperfectos. Más que trazar los contornos del *ius puniendi,* se contentan con establecer la punibilidad de conductas determinadas mediante las cuales se lo desborda.[44] Pero es preciso destacar que, desde la última edición de esta obra, se han realizado progresos significativos.

En primer lugar, hay que mencionar el art. 5° de la Constitución Política de la República, con arreglo a cuyo inc. segundo "el ejercicio de la soberanía reconoce como limitaciones el respeto a los derechos esenciales que emanan de la naturaleza humana" y "es deber de los órganos del Estado respetar y promover tales derechos, garantizados por esta Constitución, así como *por los tratados internacionales ratificados por Chile y que se encuentren vigentes*". Basándose en esta disposición, la jurisprudencia dictó ya algunos fallos que implican el reconocimiento de un *ius puniendi* supraestatal.

Asimismo, nuestro país concurrió a suscribir, el 17 de julio de 1998, el Tratado de Roma, instrumento internacional multilateral, en el cual se consagran el "delito de genocidio", los "delitos en contra de la humanidad" y los "crímenes de guerra", todos los cuales tienen carácter internacional y, además, se crea una

42 MAURACH, I, 1, I, B, pág. 5; MAURACH–ZIPF, 1, § 1, I, número marginal 5, pág. 6.

43 JESCHECK, § 2, I, 1, págs. 9 y 10. Véase además, extensamente, y con abundante bibliografía, GERHARD WERLE, *Tratado de derecho penal internacional,* Traducción de María del Mar Díaz Pita y colaboradores, Valencia, 2005, *passim* y, especialmente, págs. 41 a 122, que proporcionan una ojeada histórica de la evolución de esta clase de normas; KAI AMBOS, *La parte general del derecho penal internacional, Bases para una elaboración dogmática,* traducción de Ezequiel Malarino, Bogotá, 2005, *passim;* JEAN PIERRE MATUS, *La transformación de la teoría del delito en el Derecho penal internacional,* Santiago, 2008, *passim.*

44 JESCHECK, § 2, I, 2, págs. 9 y 10.

Corte Penal Internacional (CPI), con sede en La Haya, que tiene competencia complementaria para conocer y sancionar esos hechos punibles, cuando no se los haya enjuiciado y castigado adecuadamente por el Estado en cuyo territorio fueron cometidos. Sin embargo, aunque La Cámara de Diputados aprobó la ratificación del tratado, el Tribunal Constitucional, requerido por un grupo de diputados, declaró que la ley respectiva era inconstitucional porque implicaba una cesión de soberanía no permitida por la Carta Fundamental. La decisión significó la imposibilidad de efectuar la ratificación constitucionalmente necesaria para que el Tratado de Roma entrara en vigencia en nuestro país, lo cual, según el fallo, solo era viable si se procedía a una reforma de la Constitución, que requería "el voto conforme de las tres quintas partes de los diputados y senadores en ejercicio" (art. 127 inc. segundo de la C.P.R.). Un *quorum* tan elevado suponía alcanzar un acuerdo multipartidario sobre la materia, el que fue condicionado por las agrupaciones políticas de oposición a que se asegurara la subsidiariedad de la intervención de la Corte Penal Internacional, lo cual requería, como primer paso, que la legislación interna tipificara los diferentes delitos contemplados en el Tratado de Roma. Las gestiones tendientes a ese efecto se dilataron por espacio de una década. Finalmente, a mediados del año 2008 se me confió por el Gobierno la tarea de coordinar los trabajos destinados a formular un proyecto de ley que contuviera los tipos de delitos internacionales. El texto correspondiente fue preparado y discutido por una comisión integrada con representantes de los ministerios de Relaciones Exteriores, Justicia y Secretaría General de la Presidencia, en la que más tarde participaron también especialistas designados por los partidos de oposición. Ese texto dio origen a la Ley 20.357, de 18 de julio de 2009. Sobre la base del acuerdo alcanzado, ya el 30 de mayo de 2009 se había dictado la Ley 20.352, que incorporó a la C.P.R. la disposición vigésimo cuarta transitoria autorizando al Estado de Chile a reconocer la jurisdicción de la Corte Penal Internacional. Finalmente, el 6 de julio de 2009 el Tratado de Roma fue ratificado por nuestro país. De esta manera, Chile reconoce actualmente una instancia supranacional destinada a cautelar y sancionar los excesos a que pudiera dar origen el ejercicio del *ius puniendi*, lo que implica un reconocimiento expreso de que este tiene límites trascendentes y que es posible hacerlos efectivos jurídicamente.

De todo lo expuesto se deduce que, si el Derecho penal está llamado a crear unas condiciones de convivencia mínimas para que los ciudadanos puedan desarrollar en su seno las mejores posibilidades de su personalidad, es indispensable reconocer la existencia de un auténtico *derecho a castigar* que, como tal, no solo confiere facultades, sino que impone obligaciones y establece límites. Únicamente así se puede realizar la idea de que "el Derecho penal no solo restringe la libertad, sino que también la crea".[45]

En la definición del Derecho penal se alude a la existencia del *ius puniendi* cuando se confía a las normas punitivas la misión de *regular* "la potestad punitiva del Estado". En consecuencia, el Derecho penal, como aquí se lo concibe, presupone un Estado de Derecho democráticamente organizado. Las sanciones que no son establecidas por este, que no respetan su idea o que trasgreden los límites que ella les impone, tienden a convertirse en terrorismo estatal, aunque aparezcan ataviadas con el ropaje de leyes formales.

d) Tanto las penas como las medidas de seguridad y corrección tienen por objeto "asegurar el respeto por los valores elementales sobre los que descansa la convivencia pacífica".[46] Este punto de vista es controvertido. No todos están de acuerdo en formular así el objetivo del Derecho penal, y ni siquiera quienes lo están coinciden en el significado que le atribuyen. Por esta razón debe examinarse el asunto en un apartado especial.[47] Allí también se discutirán los motivos por los cuales esta característica se incluyó en la definición.

II. DENOMINACIÓN

En la literatura chilena esta rama del ordenamiento jurídico se ha denominado siempre *Derecho penal*.[48] [49] Pero esto se debe a que ella no se ha desarrollado sino a

---

45 JESCHECK, § 1, I, 2, pág. 3.

46 Así, parcialmente, JESCHECK, § 1 I, pág. 2. También WELZEL, § 1, I, pág. 11, aunque no incorpora este requisito material a su definición del Derecho penal, la cual es puramente formal. Con mucha claridad ROXIN, *Iniciación*, págs. 60 y 61: "Esto no significa, sin embargo, que se rechace la idea de la pena como retribución o que la pena y la medida tengan fines distintos, sino solo una diferente limitación del poder de intervención estatal". Pero, como se destaca a continuación en el texto, es preciso enjuiciar con cautela estas coincidencias de expresión, pues suelen ocultar diferencia de concepción tanto en los puntos de partida como en las conclusiones.

47 Infra, en este mismo parágrafo, III.

48 Así ORTIZ (1933), DEL RÍO, (1946), LABATUT, desde la primera edición hasta el 2000, NOVOA, desde la primera edición hasta el 2005, ETCHEBERRY (1964, 1976 y 1998), GRISOLÍA, POLITOFF y BUSTOS (1971), COUSIÑO (1975), GARRIDO (1997–2000), NÁQUIRA (1998), POLITOFF (1997, 1998) POLITOFF, MATUS y RAMÍREZ (2003, 2005), BULLEMORE y MACKINNON (2005), y yo mismo, desde *Orientación*, 1ª edición, 1973, hasta la novena edición de este libro (2009).

49 N. del E.: En Náquira,I (2015) se mantiene el criterio de la edición cit. en nota anterior.

partir del siglo pasado, pues en el derecho comparado ese nombre es relativamente nuevo. Los alemanes lo atribuyen a un discípulo del filósofo CRISTIAN WOLF, el consejero de guerra REGNERIUS ENGELHARD,[50] quien lo habría empleado por primera vez en 1756.[51] De todas maneras, hoy disfruta de aceptación general y ha desplazado al nombre *derecho criminal* que se prefirió por largo tiempo,[52] aunque en Francia y los países anglosajones se continúan usando hasta ahora, indiferentemente, las denominaciones (*Droit pénal* y *Droit criminel, penal Law* y *criminal Law*). Otro tanto ocurre en los países del Este de Europa.[53]

A pesar de su carácter nominal, la cuestión relativa a la corrección de estas expresiones suele discutirse con algún detalle.[54] Para algunos el rótulo "Derecho penal" tiene el inconveniente de acentuar solo una de las posibles formas con que la ley reacciona en su "lucha contra la criminalidad".[55] Por eso MEZGER piensa que "hay… más de un motivo para volver al antiguo nombre de derecho criminal",[56] y SCHMIDTHÄUSER que, si se lo quiere denominar aludiendo a sus efectos, sería preferible hablar de un "derecho de las consecuencias jurídico–penales" (*Rech der strafgesetzliche Rectsfolgen*) al paso que, si se pretende subrayar la índole de los presupuestos necesarios para la imposición de tales consecuencias, debería emplearse la antigua fórmula "Derecho criminal".[57]

En mi opinión estas objeciones no son convincentes.

Por una parte, cuando se sugiere emplear el término "Derecho criminal" se prescinde de que en algunos casos las medidas de seguridad y resocialización se imponen al autor de hechos que, en rigor, no constituyen un "crimen" (delito). Es de esta clase, por

---

50 MEZGER, I, § 1, I, pág. 3.

51 Sin embargo, esto es solo relativamente exacto, porque en realidad se refiere a la adopción de la expresión de raíz germana *Strafrecht*. En cambio, la de raíz latina *peinlichen Recht*, se usaba desde antes, como también lo señala MEZGER, I, §1, I, pág. 3.

52 Así todavía en el título del *Programa de Derecho Criminal* de FRANCISCO CARRARA, en Italia.

53 JESCHECK, § 2, I, 1, págs. 8 y 9.

54 Una contribución española al tema pertenece a GERARDO LANDROVE DÍAZ, *Sobre la determinación y naturaleza del Derecho Penal. Estudios Penales I*, Universidad de Santiago de Compostela, 1977, págs. 251 y sigts., que contiene información bibliográfica. Véase también GARRIDO, I, 1, IV, págs. 22 y sigts.; MAURACH– ZIPF, I, §1 números marginales 2 y 3, págs. 4 y 5.

55 MEZGER, I, § 1, I, págs. 4 y sigts.

56 MEZGER, I, § 1, pág. 6, con referencias a la bibliografía alemana precedente. Al enjuiciar este punto de vista deben tenerse en cuenta, en todo caso, las desviaciones nacionales socialistas del pensamiento del autor.

57 SCHMIDTHÄUSER, § 1, I, pág. 9.

ejemplo, la "internación en un establecimiento psiquiátrico" que se contempla en el art. 457 del C.P.P. para el imputado inimputable a causa de enajenación mental, y otro tanto ocurre con la medida de "custodia y tratamiento" prevista en la misma disposición; en ambos casos, en efecto, la medida alcanza a un inculpable cuyo hecho, por consiguiente, no constituye un "crimen" (delito). Por eso, hablar de un "Derecho *criminal*" resulta tan inadecuando como denominarlo "Derecho *penal*" salvo, por supuesto, para aquellos que prescinden de la culpabilidad como elemento integrante del hecho punible.[58]

La denominación propuesta por SCHMIDTHÄUSER es comprensiva, pero tan complicada que difícilmente podría adoptársela en el uso ordinario. Además, también en ella subsiste, aunque atenuada por un rodeo, la referencia a la pena. Entre decir que un Derecho *es penal* y hablar de un derecho de las consecuencias *jurídico–penales,* solo existe un abultamiento del leguaje.

Al parecer, por consiguiente, nada aconseja abandonar por ahora la denominación habitual. A fin de cuentas, también en el Derecho penal vigente la *pena* es el recurso de reacción predominante del ordenamiento punitivo,[59] aún prescindiendo de la desconfianza con que la doctrina más reciente contempla a su otro instrumento, esto es, la medida de seguridad y corrección.[60] Pero quizás lo más importante es que la expresión "Derecho penal alude a la ley, por cuyo solo mandato, con derogación de derecho consuetudinario, omnipotencia judicial y arbitrio del gobierno, se convertirá una determinada conducta desvalorada en delito punible, sometido al poder punitivo del Estado". En el "cambio terminológico de derecho criminal a derecho penal se agita el principio rector que ha dominado al Derecho penal" desde el siglo XIX "el principio *nulla poena sine lege* en sus tres manifestaciones esenciales e imprescindibles para el Derecho penal".[61]

---

58 Ver infra, § 26, II.

59 JESCHECK, § 2, I, 1, pág. 8. En el mismo sentido MIR, 1, número marginal 11, pág. 51, para quien "la *pena* constituye la sanción tradicional que caracteriza al Derecho penal y sigue siendo su arma fundamental". (El énfasis en el original).

60 JESCHECK, § 1, II, 3, pág. 5 SCHMIDTHÄUSER, § 2, III, 19, pág. 21. Sobre la posición de COUSIÑO, véase la nota 12 de este capítulo. En el sentido del texto, ETCHEBERRY, I, pág. 15. Respecto a mi criterio, infra, en este mismo parágrafo, I, III, c), ee).

61 MAURACH, I, § 1, A, 2, págs. 4 y 5; MAURACH–ZIPF, I, § 1 número marginal 3, pág. 5. Sobre las otras manifestaciones del principio *nulla poena* a que alude el texto, infra, en este mismo parágrafo, I, b). El argumento no convence a MIR, *Introducción,* I, 2, pág. 21, porque "la expresión "Derecho Penal" no alude mayor vinculación a la ley que la que supone la de "Derecho Criminal". Sin embargo, lo importante es que la primera enfatiza la *sujeción de la*

Por el contrario, generalmente se cuestiona la expresión "Derecho penal de los jóvenes", "Derecho penal de menores" o "Derecho penal de los adolescentes", con la que suele designarse al conjunto de normas que regulan las medidas de reacción aplicables a una parte, por lo menos, de los adolescentes que delinquen.[62] Esta solo se considera aceptable si se tiene en cuenta debidamente que ese Derecho penal es un recurso de *ultima ratio* en el contexto de un Derecho protector de los jóvenes mucho más extenso, para el que se encuentran en primer lugar las medidas de protección, formación, educación y disciplina.[63] Más adelante nos referiremos, aunque solo sea sucintamente, a lo que ha significado a este respecto en Chile la entrada en vigencia de la Ley 20.084, de 7 de diciembre de 2005, sobre "responsabilidad de los adolescentes por infracciones a la ley penal".[64]

III. FUNCIÓN

Los problemas relativos a la función que compete al Derecho penal y a la *forma* en que la cumple han experimentado en las últimas décadas una evolución de la cual es indispensable hacerse cargo. Con todo, me parece que existen ciertos aspectos en los cuales hay un acuerdo y que pueden destacarse desde luego.

a) Por de pronto, existe un acuerdo amplio sobre el objeto último que se persigue.

En toda sociedad se ejecutan hechos que atentan en contra de ciertos *valores elementales* sobre cuya vigencia descansa la posibilidad de convivencia: es decir, se trata de valores tan básicos que su quebrantamiento pone en peligro la posibilidad misma de una agrupación social, pues implica una pérdida del respeto recíproco mínimo y, por consiguiente, de las condiciones para que la vida en común sea tolerable e, incluso, realizable.[65] La finalidad de Derecho penal, en consecuencia,

---

pena a los límites impuestos por la ley. La idea de que solo se puede castigar la infracción de una norma si esta se encuentra consagrada antes de la ejecución del hecho es antigua. Pero lo que procede de la Ilustración es el principio según el cual también la pena debía estar legalmente establecida previamente. Por tal motivo la crítica de MIR me parece equivocada.

62 Cfr. JESCHECK, § 2, 1, págs. 8 y 9.

63 Ídem; ROXIN, § 1 número marginal 12, pág. 46.

64 Infra, 27, III.

65 Sobre los procesos que dan origen a la regulación penal, véase JESCHECK, § 1, págs. 2 y sigts.

no puede ser sino evitar, hasta donde sea posible, la proliferación de tales actos, con el objeto de asegurar la practicabilidad y, con ello, la continuidad de la vida humana, que sin *coexistencia* estaría condenada a extinguirse. [66]

La mayoría de los penalistas también convenimos en que la naturaleza de los valores dignos de protección es cambiante, así como lo es la forma que adopta la estructura de una sociedad a lo largo del tiempo o, incluso, la de dos sociedades contemporáneas.[67] Coincidimos, asimismo, en que la pretensión de erradicar totalmente las conductas que los infringen es utópica, pues una comunidad sin delito es tan inimaginable como una vida sin dolor, angustia o enfermedad[68] y, probablemente, ni siquiera sea deseable.[69] A lo que se aspira, por lo tanto, es a mantener un estado de cosas tolerable, una situación de paz en la cual los individuos pertenecientes al grupo puedan desarrollar, tanto como sea posible, las capacidades de que están dotados,[70] en que la dignidad del ser humano sea reconocida y en la cual la convivencia no se transforme en un campo de batalla donde "el hombre sea un lobo para el hombre".

Así, las cuestiones debatidas se reducen finalmente a dos. La primera se refiere a si el Estado tiene derecho a emplear reacciones suplementarias tan gravosas como la pena y las medidas de seguridad y resocialización para obtener los objetivos, esto es, si el *ius puniendi,* además de existir como tal y encontrarse limitado,[71] está, además, justificado. La segunda, –que presupone una respuesta afirmativa de la anterior–, *a la forma concreta en que debe operar y de hecho opera el Derecho penal para alcanzarlos.*

---

66 COUSIÑO, i, § 2, pág. 13; Labatut, I, 1, pág. 3, en el contexto de la definición que encabeza el párrafo; NOVOA, I, 3, págs. 17 y 18; DEL RIO, *Explicaciones de Derecho Penal,* Santiago, 1945, I, pág. 208. En el derecho comparado, BOCKELMANN, *Law and security in the modern state, en L.S,* vol. 9, 1974, págs. 131 y 132; JESCHECK, § 1, I, 1, págs. 1 y 2: poniendo el énfasis, correctamente, en la protección de bienes jurídicos, ROXIN, § 2, números marginales 28 y sigts., págs. 65 y sigts.

67 ETCHEBERRY, I, pág. 29; ROXIN, § 2 número marginal 15, Págs. 57 y 58.

68 ROXIN, *Sentido y límites de la pena estatal* en *Problemas Básicos,* B, III, págs. 32 y 33, En el mismo sentido JESCHECK, § 1, I, 1, pág. 2 y JAKOBS, I, número marginal 15, pág. 18: "La protección tiene lugar reafirmando al que confía en la norma en su confianza. La reafirmación *no tiene por contenido el que posteriormente no vaya nadie más a infringir la norma...*". (El énfasis es mío).

69 Una sociedad que se contentara con que nadie transgreda las normas que actualmente la rigen habría renunciado de antemano a todo perfeccionamiento.

70 JESCHEK, § 2, I, 2, pág. 9.

71 Supra, en este mismo parágrafo, I, c).

b) Por lo que se refiere al derecho del Estado a reprimir y castigar conductas dañinas de los valores básicos, la discusión es más bien teórica. Ninguna sociedad puede subsistir sin echar mano de esos recursos "límite".[72] Por supuesto, en la mayoría de los casos basta con acudir a la sanción civil, que se contenta con restablecer la situación correcta mediante su sistema de restitución, pago, nulidad e indemnización coactivamente ejecutables. Pero en las hipótesis más graves estas soluciones son insuficientes pues, como atacan aquello sobre lo que reposan las bases de la organización social, su reiteración constante conduciría a un estado de cosas caótico, en que el ordenamiento jurídico carecería ya de eficacia para imponerse a los transgresores y obtener el reajuste. Siendo así, no hay otra forma práctica para limitar la proliferación de esas infracciones que amenazarlas con una reacción más enérgica –y, por caracterizarla de algún modo, "supernumeraria"– o, cuando menos, con la adopción de medidas encaminadas a suprimir en el caso concreto la posibilidad de nuevos atentados.

Este modo de proceder, sin embargo, implica costos y peligros que es preciso tener en consideración.

Desde luego, el costo económico de las penas y medidas de seguridad y resocialización es grande, ya que cuando importan una privación de libertad no solo comprende la manutención del recluso sino, además, los gastos del proceso penal, el "lucro cesante" social irrogado por la sustracción total o parcial del sujeto a sus actividades normales, la pauperización del grupo familiar y las obligaciones de asistencia social que ello genera –¡o debería generar!–, el valor del tratamiento cuando es necesario –¡y está disponible!–, etc.[73] Pero, además, respecto de toda pena existen costos de otra índole, constituidos por el desajuste que provoca en la sociedad la severidad de una reacción capaz de alterar, incluso, sus valoraciones. En este sentido, un poder punitivo mal administrado puede ser hasta más devastador que la suma de todos los delitos a cuya ejecución trata de oponerse.

Por otra parte, toda pena o medida de seguridad y resocialización significa quebrantar la libertad del afectado. Naturalmente, puede discutirse la existencia de dicha libertad y

72 Así, MAURACH, § 1, I, 6, 1, A, pág. 63: "La necesidad del Derecho penal constituye una realidad que nos ofrece el conocimiento empírico"; MAURACH–ZIPF, § 7, I, números marginales 3 y sigts., págs. 104 y sigts; JESCHECK, § 2, I, 2 pág. 9: "...La necesidad de la coacción penal forma parte de las primeras experiencias de la humanidad y el castigo de los delitos ha sido en todas las culturas una de las más antiguas tareas de la comunidad".

73 Véase, por todos, JOAQUÍN MARTÍN CANIVELLI, *Prevención y predicción del delito y de la peligrosidad social y medidas de seguridad*, Universidad de Valencia, 1974, pág. 263, cuyas cifras siguen siendo impresionantes, no obstante el tiempo transcurrido.

hasta convenir en que nadie ha presentado pruebas concluyentes de ella.[74] Pero la sola sospecha de que el hombre *podría ser libre* nos obliga a obrar con cautela cuando se trata de actuar en cualquier forma que involucra lesionar ese atributo, incluso concebido como mera posibilidad. Por supuesto, es más cómodo y aparentemente más eficaz comportarse como si los individuos fueran objetos determinados a los que se puede manipular con arreglo a las necesidades del grupo social, pero para un sistema así el *costo* del error es enorme: pues si, contra lo presupuestado, el ser humano es libre, se habrá hecho al "delincuente" víctima de la mayor indignidad y del sufrimiento complementario que comporta el sentirse tratado *injustamente*.[75]

Por consiguiente, la selección de los valores a que se otorgará tutela penal debe ser rigurosa. Desde luego, solo deben protegerse de esta manera los de "umbral más bajo",[76] es decir, los que en atención al reconocimiento generalizado de su importancia para la convivencia suelen ser acatados hasta por los integrantes menos respetuosos de la comunidad. Entre estos se encuentran, en la cultura a que pertenecemos, aquellos que se confunden con la existencia y la personalidad del hombre (los *derechos humanos*), así como las funciones estatales que sirven a la preservación de la convivencia pacífica en un marco de bienestar y seguridad básicos.[77] Pero aún dentro de esta frontera estrecha hay que efectuar restriccio-

74 La "aporía" de la libertad se encuentra expuesta de la manera más convincente por KANT, *Prolegómenos a toda Metafísica Futura*, Aguilar, Buenos Aires, 1956, 51 y sigts., págs. 158 y sigts. Lo cual no significa que haya de renunciarse desde el principio a la defensa del libre albedrío del hombre, cuestión que, de todas maneras, no es del caso discutir en este momento. Véase, con alguna referencia adicional, la nota siguiente.

75 ROXIN, § 3, número marginal 49, págs. 101 y 102, e *Iniciación*, págs. 145 y 146: "... Pues no se trata del problema epistemológico de si el hombre es libre, sino del postulado normativo –perteneciente por tanto a otro ámbito totalmente distinto al del ser– de que en el Derecho el hombre debe ser *tratado* como libre y capaz de responsabilidad, en tanto en cuanto, claro está, sea en principio motivable y accesible a los preceptos jurídicos". Más enérgico BERN SCHÜNEMANN, *La función del principio de culpabilidad en el Derecho penal preventivo*, en *Sistema moderno de Derecho penal, cit.* II, págs. 152 y sigts. con abundantes referencias bibliográficas, sobre cuyo punto de vista deberá volverse oportunamente, infra, § 2, III, b), ee) y 25, III; JOACHIM HRUSCHKA, *Introducción: sobre la imputación*, en *Imputación y Derecho penal, estudios sobre la teoría de la imputación*, edición a cargo de Pablo Sánchez–Ostiz, Aranzandi S.A., Navarra, 2005, págs. 20 y 21.

76 WELZEL, § 1, I, 2, pág. 16.

77 ROXIN, *Sentido y límites de la pena estatal, cit.*, B, 1, pág. 21: "En el Estado moderno, junto a (la) protección de bienes jurídicos previamente dados, aparece la necesidad de asegurar, si es necesario con los medios del Derecho penal, el cumplimiento de las prestaciones públicas de que depende el individuo en el marco de la asistencia social por parte del Estado";

nes. En primer lugar, no se ha de cautelar con medidas de reacción penal valores puramente éticos, cuya infracción "carece de víctima" individual o colectiva.[78] Asimismo, se debe excluir de tal protección a los que por su naturaleza no la admiten porque su vigencia está condicionada a que se los acate voluntaria y no coactivamente. Por último, incluso aquellos valores que reúnen todos los requisitos señalados solo pueden tutelarse mediante reacciones penales cuando se encuentra demostrado que no es posible defenderlos satisfactoriamente acudiendo a recursos menos drásticos (*naturaleza subsidiaria del Derecho penal*)[79] y si, además, existe evidencia fiable de que el instrumento punitivo aumentará el respeto por su vigencia en una medida razonable.

Por desgracia, en la práctica el legislador suele olvidar estos criterios de política criminal. Con frecuencia se intenta tutelar penalmente valores con escasa significación social, tipificando "delitos de bagatela", como ocurre a lo largo de todo el Libro III del C.P. (faltas), y también en muchas otras disposiciones, de las que puede citarse los arts. 404 y 405 del C.P., por solo mencionar algunos. Constituye un caso de delito sin víctima, destinado a proteger solo valores éticos cuya infracción no repercute socialmente, el incesto consentido entre adultos, que cae dentro de la previsión del art. 375, nueva redacción. Hoy, por fortuna, se han derogado figuras como las del adulterio y mancebía, contempladas antes en los antiguos arts. 375 y sigts. del C.P., las cuales constituían preceptos con los que se trataba de tutelar penalmente un valor cuya vigencia depende de que se lo acate voluntariamente, con la consecuencia indeseable de que la acción penal (privada) se había convertido en un instrumento mediante el cual maridos inescrupulosos extorsionaban a cónyuges o amantes adinerados. Cuando se incriminó la realización de operaciones de cambio que infringían los acuerdos del Banco Central de Chile, en lugar de obtenerse un mayor acatamiento de los ciudadanos a las regulaciones cambiarias se fomentó el mercado negro de divisas, transformando a casi todos los habitantes del país en delincuentes, y a una gran parte de ellos en alegres y confiados recidivistas. Lo sucedido fue que los valores

---

¿Qué puede reprimir penalmente el Estado? Acerca de la legitimación de las conminaciones penales, en *Problemas actuales de la dogmática penal,* traducción de Manuel A. Abanto Vásquez, Lima, 2004, págs. 19 y sigts.

78 ROXIN, § 2, número marginal 3, pág. 52 e ídem a nota anterior, B, I, 2, pág. 23.

79 ROXIN, § 3, número marginal 3, pág. 52 y número marginal 12, pág. 56, e ídem B, I, 1, págs. 21 y 22; Infra, § 2, III. Hoy este criterio corresponde al de la abrumadora mayoría de la doctrina comparada, pero todavía no se proyecta en los ordenamientos positivos con suficiente eficacia.

protegidos por ese tipo delictual no eran familiares para el hombre común, el cual, a causa de eso, no los internalizó ni tampoco entendió las razones por las que se castigaba conductas en las que no percibía infracción debido a la complicación técnica del asunto.[80] Finalmente, la difusión de material pornográfico (contrario a las buenas costumbres) del art. 374 del C.P. es una norma simbólica, sin aplicación práctica, porque el instrumento penal parece ser ineficiente para defender el valor comprometido, no obstante que en este caso la conducta crea un riesgo social efectivo.

Siempre que se ignoran los criterios mencionados la amenaza penal fracasa y, lo que es peor, tiende a desvalorizar todo el ordenamiento criminal, pues una norma que no se cumple desalienta a los que la respetan y estimula con la esperanza de la impunidad a los que experimentan la tentación de desafiarla. La eficacia del Derecho penal está condicionada por la *certeza* de que sus medidas de reacción operan realmente cuando sus prohibiciones o mandatos son infringidos,[81] y esta seguridad es inversamente proporcional a la frondosidad de las incriminaciones.

Por supuesto, es imposible evitar errores, pues en los límites las valoraciones son difíciles de realizar. Sin embargo, cuando las incriminaciones desafortunadas son consecuencia de una equivocación o de la confusión provocada por circunstancias coyunturales, sus efectos indeseables pueden repararse. Pero si el Estado echa mano deliberadamente de los recursos penales para superar dificultades ocasionadas por los defectos de la organización imperante o para imponer arbitrariamente la voluntad de los que gobiernan, la situación se vuelve insostenible, pues tan pronto como el Derecho penal deja de garantizar la seguridad y el orden, entra en escena la autodefensa de los ciudadanos e incluso la lucha de todos contra todos, según ha enseñado repetidas veces la más reciente experiencia histórica.[82]

---

80 Esta es una experiencia que se repite incluso en países tan avanzados como los que integran la Unión Europea. Pueden encontrarse informaciones sobre la ineficacia de tales tipos en algunos de ellos, en JEAN–JACQUES DE BRESSON, *Inflation des lois pénales et legislation ou réglementation "techniques"*, en *Revue de sciencie criminelle et de droit pénal comparé*, N2 2 de 1985, págs. 241 y sigts.

81 Así lo advirtió ya en el siglo XVIII, BECARIA, págs. 131 y sigts. Hoy es un lugar común, como lo señala ROXIN, *Iniciación*, pág. 47.

82 JESCHECK, § 1, I, 1, pág. 2. En el mismo sentido WELZEL, § 1, I, 2, pág. 17; MAURACH, I, §2, III, B, pág. 32, MAURACH–ZIPF, I, § 2, III, A, números marginales 13 a 16, págs. 34 a 36.

A causa de los peligros generados por la reacción penal, en las últimas décadas se desarrolló una concepción que propicia su abolición.[83] La idea es atractiva y coincide con los requerimientos de la doctrina para que se despenalice a un buen número de hechos punibles. Pero el propio HULSMAN –que es quien la ha formulado y defendido con más entusiasmo– conviene en que la desaparición del Derecho penal y sus sanciones no suprimiría los conflictos sociales contra los cuales este reacciona.[84] Él cree que el sistema civil y algunas fórmulas de control social desformalizadas bastarían para solucionarlos.[85] Pero esto, si bien puede funcionar con la "delincuencia blanda" y hasta con algunas manifestaciones de la "dura", sería insuficiente para afrontar las infracciones más severas. Nadie sabe cómo se las arreglaría la sociedad con esos atentados si se suprimen las formalidades rígidas impuestas por el sistema penal. HULSMAN sostiene que debe dotarse a la policía, "en el marco del mantenimiento de la paz pública", de mayores facultades preventivas, instaurando al mismo tiempo "un serio control *judicial* del poder de coacción" que así se le confiaría.[86] Pero esto es más fácil de decir que de poner en práctica. ¿Cuánta capacidad de control es capaz de ejercitar la judicatura ante quienes detentan la fuerza –sobre todo, en países menos desarrollados– si además los que abusan ya ni siquiera se sienten obrando en forma ilegítima? ¿No florecerían en tales circunstancias modalidades encubiertas de venganza privada? Con toda razón se ha dicho que "quien pretende abolir el Derecho penal, lo único que quiere es ahuyentar al diablo con Belcebú" porque "en todo caso lo que en el sistema de control social viniera a ocupar el sitio del Derecho penal sería quizás algo peor que el Derecho penal mismo".[87]

El abolicionismo se encuentra correctamente orientado y sus intenciones está fuera de toda duda, pero sus proposiciones son exageradas. Hay que abogar por la despenalización de numerosas conductas cuya punibilidad no está justificada. Al mismo tiempo, sin embargo, es necesario convenir en que no puede prescindirse de la pena para combatir hechos que lesionan la convivencia de manera grave e, incluso, en que las complejidades

83 HULSMAN, *passim*; GERARD MILLER, *Entrevista con Louck Hulsman* en *Nuevo Foro Penal,* N.° 30, octubre–noviembre–diciembre de 1985, Bogotá, 1985, págs. 493 y sigts., que reproduce una entrevista de HULSMAN con MIREILLE DELMAS–MARTY, en la cual aquel responde objeciones dirigidas contra su teoría de la despenalización; EMILIO GARCÍA MÉNDEZ, *Del control como delito al control del delito (Notas para una política criminal en la Argentina Democrática)*, en *Nuevo Foro Penal* N° 28, abril–mayo–junio de 1985, Bogotá, 1985, págs. 227 y sigts., y *La dimensión política del abolicionismo*, en *Nuevo Foro Penal*, N° 32, abril–mayo–junio de 1986, págs. 178 y sigts.

84 HULSMAN, 38, pág. 93.

85 HULSMAN, 54 y sigts. págs. 120 y sigts.

86 HULSMAN, 43, pág. 103.

87 HASSEMER, 27, pág. 400.

de la vida moderna han creado nuevas posibilidades de atentar contra ella de modo insoportable, a causa de lo cual es indispensable, a menudo, consagrar delitos nuevos. Pero, si se actuara con prudencia, no hay duda de que en el futuro el catálogo de hechos punibles debiera experimentar una reducción que, en todo caso, de ninguna manera conducirá a su supresión.

c) Respecto a la forma en que actúa el Derecho penal para cumplir su cometido, a mediados del siglo XX se produjo una polémica exagerada, provocada por disensiones teóricas que no guardaban relación con la magnitud de los resultados prácticos. En la primera edición de este libro todavía la describí como un antagonismo casi irreducible, aunque anticipé que podía resolverse "en un cierto compromiso".[88] En los años siguientes pensé que la discusión había formado parte de una evolución normal que ahora podía considerarse superada.[89] Esta esperanza se ha visto parcialmente confirmada en el derecho comparado más prestigioso, pero la discusión sigue vigente en el nacional y en algunos casos conserva virulencia, porque compromete convicciones filosóficas y políticas difíciles de superar. La exposición siguiente, si bien persevera en una aspiración al compromiso, se hace cargo de la situación y, en algunos aspectos, toma postura frente a las cuestiones más controvertidas, hasta donde ello es posible en una obra general como la presente.

aa) La concepción tradicional, que imperó durante la segunda mitad del siglo XIX, puso mucho énfasis en que la misión del Derecho penal consiste en evitar que se produzcan ciertos resultados. La esencia del delito, es decir, su carácter *injusto,* radicaba en que *lesionaba un bien jurídico o lo ponía en peligro (desvalor de resultado).* Con esto se obtenía un concepto de ilícito que se fundaba por entero en un acontecimiento objetivo, en el sentido de "externo" o "perceptible por los sentidos", asegurando la prueba cierta de sus componentes y garantizando al imputado contra apreciaciones arbitrarias del juzgador sobre su actitud interna. Al mismo tiempo se satisfacían las tendencias naturalistas en boga, que aspiraron a dotar al derecho de un sustrato material, susceptible de verificación experimental, y se puso el centro de gravitación del *injusto* típico en la existencia de una relación de causalidad física entre el comportamiento del autor y el resultado.[90]

---

88 CURY, 1ª edición, I, § 1, III, e) págs. 26 y sigts. y *La función del Derecho penal",* en R.C.P. XXX, N.° 1, enero–junio de 1977, III, págs. 54 y sigts.

89 CURY, 2° edición I, § 1, III, c), pág. 16.

90 SCHÜNEMANN, *Introducción al razonamiento sistemático en Derecho penal, cit.*, III, 1, b), pág. 45.

"Este aspecto objetivo del hecho comprendido en el tipo, se completaba con el aspecto subjetivo caracterizado como 'culpabilidad', que consistía en la relación psíquica del autor con su hecho y aparecía en las dos formas de culpabilidad, dolo e imprudencia".[91]

La crítica principal que se ha dirigido a este criterio consiste en que desvincula la determinación de lo que es justo o injusto de la acción u omisión a las que puede imputarse el resultado. Es inadmisible afirmar que el Derecho solo prohíbe causar resultados o manda evitar la causación de resultados, desentendiéndose de la *dominabilidad* del hecho por el sujeto agente. Este punto de vista, en efecto, provoca consecuencias que, si bien en nuestro medio algunos juristas defienden todavía,[92] para el hombre común son incomprensibles y ahora son rechazadas también por la mayoría de la doctrina comparada. Así, por ejemplo, si alguien conduce un automóvil de manera prudente, pero atropella y da muerte a un suicida que se arroja sorpresivamente bajo las ruedas del vehículo, es absurdo sostener que ha incurrido en un hecho injusto porque infringió la prohibición de *causar un resultado mortal*, con prescindencia *de que se ha comportado correctamente*. El ordenamiento jurídico no puede desvalorar la *causación* de una muerte considerada solo en su cualidad de tal, dirigiendo mandatos al azar, porque este escapa a sus posibilidades de control. Por la inversa, si en el proceso está probado que un funcionario de policía privó de libertad a un vecino con el cual había reñido con el propósito de intimidarlo, y solo después se impuso que contra el detenido se había librado una orden de arresto por un juez competente, es insatisfactorio afirmar que la detención fue justa porque, aunque el autor no lo sabía cuando la causó, la lesión de la libertad de ese hombre estaba autorizada por el derecho. La autorización desconocida para causar el resultado es insuficiente, en sí, para convencernos de que la conducta dirigida conscientemente a infringir una prohibición debe ser aprobada por el ordenamiento jurídico. Con este criterio, el Derecho penal renunciaría en casos de esta clase a ordenar positivamente la convivencia pacífica, y se contentaría con que las cosas resultaran bien por casualidad.

La posición expuesta se sustentó, básicamente, en la convicción de que las respuestas a los problemas sistemáticos se encontraban en la ley positiva, y que el intérprete debía abstenerse de efectuar valoraciones, pues estas estaban todas contenidas en el texto legal. Este formalismo jurídico conduciría a la crisis del sistema tradicional.[93]

---

91 ROXIN, § 7, número marginal 12, pág. 198; SCHÜNEMANN, *Introducción al razonamiento sistemático en Derecho penal*, *cit.*, III, 1, a), pág. 44.

92 ETCHEBERRY, I, págs. 175 y sigts., quien, si bien se declara partidario de un concepto de acción finalista, concibe la finalidad como mera voluntariedad y sitúa el dolo y la culpa en la culpabilidad. Decididamente POLITOFF, I, págs. 226 y 227, y POLITOFF, MATUS y RAMÍREZ, págs. 166 y 167.

93 SCHÜNEMANN, *Introducción al razonamiento sistemático en Derecho penal*, *cit.* III, 2, pág. 48.

bb) En los últimos años del siglo XIX y el primer tercio del XX, la concepción naturalista fue superada por una concepción neokantiana, que introduce elementos *normativos* (*valorativos*) en los distintos componentes de la estructura del hecho punible y, consiguientemente, del sistema del Derecho penal en su totalidad. Estos puntos de vista se imponen principalmente desde la llamada Escuela Sudoccidental Alemana, encabezada por WINDELBAND, RICKERT y LASK, y se expresan, en primer lugar, en el ámbito de la antijuridicidad, incorporando el concepto de *antijuridicidad material*.[94] A su vez, en el tipo prevalece la idea de que este debe ser concebido y elaborado teniendo en cuenta su función de protección de *bienes jurídicos*, noción a la cual se desarrolla de una manera que todavía no puede considerarse concluida, y a la que en ocasiones se pone en entredicho.[95] Finalmente la culpabilidad es concebida, a partir de FRANK,[96] como un concepto eminentemente normativo que consiste, básicamente, en el "poder obrar de otro modo".

De esta manera, la teoría del delito de los neokantianos es portadora de modificaciones muy importantes que, sin embargo, no alteran el enunciado de los componentes de la estructura del hecho punible ni su orden de precedencia; lo que, hasta cierto punto, la hizo pasar desapercibida entre nosotros, donde se la trata confundida con las concepciones naturalistas que la precedieron,[97] no obstante la enorme influencia que ejercieron sobre nuestra doctrina sus cultores más destacados.[98] Por otra parte, las concepciones penales neokantianas, con su invocación a valores culturales desvinculados

---

94 Esta noción fue aceptada ya por LISZT en las últimas ediciones de su *Tratado*. Véase LISZT, II, 32, págs. 330 y 331. Asimismo, MAYER, págs. 225 a 227.

95 SCHÜNEMANN, *Introducción al pensamiento sistemático en Derecho Penal, cit.*, III, 2, pág. 51. Sobre las críticas al concepto de "bien jurídico", JAKOBS, 2 II, números marginales 7 y sigts., págs. 47 y sigts. STRATENWERTH, § 2, números marginales 5 y sigts., págs. 55 y sigts., y *La criminalización en delitos contra bienes jurídicos colectivos*, en *La teoría del Bien Jurídico, ¿Fundamento de legitimación del Derecho penal o juego de abalorios dogmático?*, Roland Hefendehl, editor, edición española a cargo de Rafael Alcocer, María Martín e Iñigo Ortiz de Urbina, Madrid–Barcelona, 2007, págs. 365 y sigts.

96 REINHARD FRANK, *Estructura del concepto de culpabilidad*, traducción de Sebastián Soler, Publicaciones del Seminario de Derecho Penal de la Universidad de Chile, Santiago, 1966, *passim*.

97 Es claramente apreciable esta confusión en NOVOA, I, 64. pág. 90, en donde bajo el rótulo de "neoclacisismo" aparecen mezclados ERNESTO BELING, MAX ERNESTO MAYER y EDMUNDO MEZGER.

98 Se considera que la expresión más importante del neokantismo en el ámbito del Derecho penal es MEZGER, *passim*. y *Libro de estudio, passim*. Asimismo, debe mencionarse a DOHNA, *passim*. La influencia de MEZGER en los países de habla hispana fue especialmente relevante en el segundo tercio del siglo XX debido a la traducción de JOSÉ ARTURO RODRÍGUEZ MUÑOZ, que permitió su difusión en nuestro idioma antes que la de autores más antiguos,

de las exigencias de la ley positiva, posibilitó el advenimiento de las doctrinas generalizadoras que caracterizaron al pensamiento jurídico nacionalsocialista y, por tal razón, compartieron el desprestigio de este último que se produce en la segunda mitad del siglo pasado.

cc) Un punto de vista distinto hace su aparición en el segundo tercio del siglo XX con la teoría finalista, encabezada por HANS WELZEL y secundada por MAURACH y NIESE, entre otros.

De acuerdo con esta nueva concepción, el lugar central en la construcción del sistema corresponde a las *estructuras lógico–objetivas*, de carácter *ontológico*, a las que tienen que subordinarse todas las categorías componentes del hecho punible, de las cuales el elemento fundamental es el concepto *finalista de acción.* La misión del Derecho penal erigido sobre esa base se cumple asegurando el respeto por los "valores del actuar conforme a derecho, arraigados en la permanente conciencia jurídica" que "constituyen el trasfondo ético social positivo de las normas jurídico penales".[99] La tarea del ordenamiento jurídico consiste en fortalecer esa conciencia ético social elemental de la comunidad, afianzando la fidelidad de los ciudadanos a tales valores.

Con esto pasó a un segundo plano la causación del resultado lesivo o peligroso (*desvalor de resultado*) y se concedió prioridad a la reprobabilidad de que era portadora en general la acción en la cual se exteriorizaba una voluntad desobediente a los mandatos y prohibiciones del Derecho (*desvalor de la acción*). Lo injusto es la infracción consciente del deber y no la mera producción causal del daño o peligro del bien jurídico. La protección de los bienes jurídicos se realiza "por inclusión"[100], es decir, como una consecuencia de su función prevalente. Por tal motivo se debe castigar aun cuando la acción –la manifestación de voluntad desobediente– no ha causado daño ni ha puesto en peligro al bien jurídico, o en los casos en los que la lesión estaba autorizada pero el autor lo ignoraba. A la inversa, cuando no existe desvalor de acción el hecho es lícito, aunque haya causado un resultado lesivo. Así, esta concepción resuelve los dos ejemplos presentados en el párrafo aa) en forma contraria tanto a la de la teoría tradicional como a la del neokantismo: el conductor prudente ha obrado de manera justa no obstante haber dado muerte al suicida; el funcionario de policía ha cometido un secuestro punible, aunque disponía,

---

como AMSELM VON FEUERBACH y MAX ERNST MAYER, cuyas obras fundamentales se traducen al castellano recién en 1989 y 2007 respectivamente.

99 WELZEL, § 1, I, pág. 12.

100 WELZEL, § 1, I, pág. 15; NIESE, *La teoría finalista de la acción en el Derecho Penal Alemán*, apartado de la *Revista de la Facultad de Derecho de México*, tomo XI, enero–julio de 1961, números 41–42, III, 2, pág. 283.

sin saberlo, de una autorización del ordenamiento jurídico para privar de libertad al vecino. Como este criterio acentúa la antijuridicidad del acto dirigido conscientemente a quebrantar un mandato o una prohibición, se lo identifica con la teoría finalista de la acción.[101] Ello es exacto en el sentido de que todos los partidarios de esa concepción coinciden con el expresado punto de vista, pero ahora existen muchos autores que no participan de la posición finalista y reconocen la importancia del desvalor de acción en la determinación del injusto.[102] [103]

El criterio expuesto tuvo el mérito de destacar la importancia del desvalor de acción en la constitución del injusto, estableciendo un concepto *personal del injusto*[104] que hoy es absolutamente dominante en la doctrina comparada; pero no fue acertado que, sobre todo a causa de sus puntos de partida ontológicos –que no logró imponer–[105] relegara el de resultado a un plano secundario e, incluso, prescindiera de él en ciertos casos, como lo hacen en el presente algunos de sus defensores más extremos.

---

101 Infra, § 14, IV. Véase también SUÁREZ MONTES, *Consideraciones críticas en torno a la doctrina de la antijuridicidad en el finalismo,* 1963, antes de I, pág. ii; en el mismo sentido ARMIN KAUFMANN, *Estado de la doctrina del injusto,* en *Nuevo Pensamiento Penal,* Nº 6, Buenos Aires, 1975, pág. 171.

102 JAKOBS, 6, número marginal 25, pág. 173; MIR, *Introducción, págs.* 280 y 281; ROXIN, § 10, números marginales 88 y sigts., págs. 319 y sigts., con detalles; SCHÜNEMANN, *Introducción al razonamiento sistemático en derecho Penal, cit.*, III, 4, b), págs. 56 y 57.

103 Por otra parte, también se puede llegar a unos resultados parcialmente semejantes partiendo de otros puntos de vista. Así, por ejemplo, el positivismo de los italianos de fines del siglo XIX sostenía la punibilidad de la tentativa inidónea casi sin restricciones, como puede leerse en GAROFALO, *La Criminologie*, Paris, 1888, págs. 320 y sigts. Pero la coincidencia es superficial. Ese criterio enfatiza solo la función "negativa" (COUSIÑO, I, § 2 pág. 19) y defensista del Derecho penal y, justamente porque se considera a toda la acción y a su autor como consecuencias de la causalidad ciega, se intenta asegurar preventivamente a la comunidad contra el ataque mediante una prognosis relativa a la "peligrosidad" del sujeto. Se propugna, entonces, la punibilidad de la tentativa inidónea porque en ella se expresa la "temibilidad" del autor, no en atención al desvalor ético–social de que es portador el acto, pues este último no existe para tal punto de vista. La divergencia de enfoque se hace patente cuando el positivismo italiano afirma la responsabilidad penal de los inimputables, al paso de que, por el contrario, estima (o debería estimar) innecesario el castigo, aunque el hecho sea portador de un desvalor de acción elevado, si la conducta se ha ejecutado en circunstancias irrepetibles y ha de negarse, por consiguiente, la peligrosidad del autor.

104 La posición contraria es explícitamente sostenida en nuestra literatura por POLITOFF, I, pág. 227 y, posiblemente, es prevalerte en la doctrina nacional.

105 Una síntesis de las críticas a esa postura puede encontrarse en ROXIN, § 7, III, número marginal 21, pág. 202; SCHÜNEMANN, *Introducción al razonamiento sistemático en Derecho penal, cit.* II, 4, c) págs. 58 y sigts.

A causa de este énfasis en la reprobabilidad de la acción, por ejemplo, la teoría no logra encontrar un criterio satisfactorio para fundamentar la impunidad de la *tentativa inidónea* (tentativa irreal, tentativa supersticiosa) y se conforma con incluir en ella los casos que tradicionalmente se atribuyen a esas constelaciones, sea negando sin motivo aparente su ilicitud, sea afirmándola y pronunciándose por la impunidad solo en el ámbito de la "necesidad de pena".[106] Por la misma razón, WELZEL impugna el sistema de las legislaciones que establecen una pena más benigna para la tentativa (acabada) que para el delito consumado, pues tanto en uno como en otro caso el desvalor de la acción es idéntico y la diferencia relativa al resultado irrelevante,[107] y lo mismo ocurre con la impunidad de la conducta imprudente que no ocasiona lesión alguna.[108] Sin embargo, desde el punto de vista político criminal, estas críticas no son convincentes[109] y, aunque la regulación referente a tales materias ha experimentado en algunas legislaciones modificaciones que coinciden parcialmente con ellas, es poco probable que la tendencia se acentúe o prolifere en el futuro pues ha sido objeto de considerable resistencia. Finalmente, el desprecio por el desvalor de resultado conduce a una solución inapropiada cuando en el caso concurren los presupuestos objetivos de una causal de justificación, pero el autor lo ignora: como la voluntad contraria al mandato o la prohibición se ha expresado igual que en cualquier otra situación, y la lesión del bien jurídico se ha producido, WELZEL aprecia un delito consumado, prescindiendo de que el resultado está autorizado.[110]

---

106 Infra, § 36 I, b). Cfr., además JAKOBS, 25, número marginal 36, págs. 872 y 873, y MARCELO SANCINETTI, *Fundamentación subjetiva del ilícito y desistimiento de la tentativa. Una investigación sobre la fundamentación del ilícito en Jakobs*, Temis, Bogotá, 1955, 14, I, págs. 177 y sigts., ambos con bibliografía.

107 WELZEL, § 24 I, 5, pág. 262, sostiene que el legislador adopta esta decisión cediendo a una "mezcla" de "concepciones profundamente irracionales", según las cuales "el resultado también pertenece al hecho completo: asesino es solo quien realmente ha dado muerte a otro".

108 WELZEL, *Nuevo sistema*, IV, I, 2, pág. 75, lo expresa así: "Pues una acción es inadecuada o incorrecta –en resumen, no responde al cuidado– con independencia de que conduzca o no a un resultado no deseado. El desvalor de la acción, como tal, ni puede aumentar por la concurrencia del desvalor de *resultado*, ni disminuir por su falta".

109 Infra, § 36 III.

110 WELZEL, § 14, 1, 3, b), págs. 121 y 122; MAURACH, I, § 25, V, B, págs. 368 y sigts.; NIESE, *op. cit.* III, 2, b), págs. 284 y 285.

Este tipo de conclusiones han provocado críticas, a menudo infundadas,[111] que han dificultado la comprensión del concepto del desvalor de acción –confiriéndole un sentido equivocado[112] o tiñéndolo de connotaciones políticas que poco tienen que ver con su contenido y rendimiento judicial[113] [114] y, consiguientemente, la apreciación de su importancia, no solo en la determinación de las funciones del Derecho penal, sino en la obtención de consecuencias prácticas adecuadas. Así, por ejemplo, no es cierto que la concepción de WELZEL signifique entronizar un "derecho penal del sentir",[115] en el que se castiga ya la "actitud mala del autor". Tanto WELZEL como sus seguidores han subrayado siempre que para la punibilidad es indispensable la exteriorización de la voluntad desobediente,[116] de manera que es erróneo atribuirles la idea de apoyar todo el injusto en

---

111 Son grotescos, por ejemplo, los reparos a la concepción de WELZEL en ZDRAVOMISLOV y otros, XX, 6, 8, págs. 547 y 548. Más allá de las apreciaciones políticas sesgadas, que son comprensibles desde una visión unilateral, está el hecho de que esos autores parecen no entender el sentido de lo que están comentando o, lo que sería peor, que lo distorsionan deliberadamente.

112 En algunos casos, se advierten dificultades para distinguir el desvalor de acción, entendido como la reprobabilidad *general* del hecho contrario a la prohibición o al mandato, de la reprochabilidad *personal* del autor por haberse comportado incorrectamente, aunque podía hacerlo de otro modo. Véase, en este mismo apartado, dd), 2).

113 Así, por ejemplo, JEAN PIERRE MATUS, *La transformación de la teoría del delito en el derecho penal internacional, cit.* 4.2.c), págs. 147 y sigts., cuya mezcla de apreciaciones políticas sobre la condescendencia de WELZEL con el régimen nacionalsocialista y el juicio sobre sus aportaciones a la estructuración del sistema de la teoría del delito podría suprimirse, creo que con ventajas para una obra, por lo demás, muy meritoria. Ciertamente, ningún jurista serio en la actualidad deja de condenar los horrores del régimen nazi y todos podemos comprender el rechazo al autoritarismo, sobre todo en nuestro país, que tuvo que sufrir algo parecido por casi dos décadas. Pero no se puede ignorar el valor de las aportaciones científicas de un autor porque su conducta política nos parezca reprobable, pues es evidente que se trata de cosas independientes, aunque en algún momento se las haya puesto en relación. De otra forma tendríamos que negar el valor que tuvieron para la física aplicada los trabajos de Werner von Braunn o la importancia de la obra filosófica de Martín Heidegger (¡).

114 Véase infra.

115 BAUMANN, § 3, II, 2) a), pág. 14 y *Derecho Penal,* § 1, I, 2, b) pág. 10, en donde se expresa con más reserva: "Estas opiniones se encuentran siempre a *poca distancia* del precipicio del derecho penal del sentimiento". (El énfasis es mío).

116 WELZEL § 1, I, pág. 12; MAURACH, I, § 17, II, pág. 214, MAURACH–ZIPF, I, § 17, I, págs. 271 y sigts. y, especialmente, número marginal 5, pág. 274; STRATENWERTH, §6, números marginales 6 y sigts., págs. 99 a 101; BULLEMORE Y MACKINNON, I, pág. 199; COUSIÑO, I, § 2, pág. 19, CURY, 2ª, I, § 3, IV, a) pág. 30; GARRIDO, II, 3.2, b) pág. 33 y 3.3, pág. 38. Véase, además, NOVOA, *Causalismo y Finalismo,* 17, pág. 101, quien, a pesar de su posición adversa al finalismo, lo reconoce en forma expresa: "Los partidarios de WELZEL podrían sostener que ellos no sustentan la idea de penar los puros pensamientos

factores subjetivos.[117] Por sus presupuestos filosóficos y su actitud general, WELZEL está lejos de ello. Pero como él –y, sobre todo, un grupo de sus seguidores encabezados por KAUFMANN y ZIELINSKY– otorgan una prevalencia tan marcada al desvalor de acción sobre el de resultado, algunas de sus consecuencias prácticas posponen la relevancia de los factores objetivos en la determinación de la ilicitud hasta aproximarlas a las que defendería en esos casos el "derecho penal del ánimo".

En definitiva, el finalismo no ha conseguido imponer sus criterios fundamentales. La idea de que en esta materia haya de aceptarse un *ontologismo* como el propiciado por el profesor de Bonn no ha encontrado eco y, con ello, ha fracasado su concepción referente a las *estructuras lógico objetivas*. A su vez, el concepto de *acción finalista* tampoco ha conseguido superar las críticas según las cuales no se adecua a los delitos omisivos y a los imprudentes e, incluso en el campo de los delitos dolosos de acción presenta dificultades que lo hacen difícilmente defendible. Finalmente, la *teoría extrema de la culpabilidad*, tenazmente defendida por WELZEL hasta el fin de su vida, continúa siendo rechazada por la posición dominante tanto en el derecho comparado como en el nuestro. Sin embargo, la contribución de WELZEL a la estructura sistemática de la teoría del delito ha sido decisiva para su forma actual[118] y los conceptos de *desvalor de la acción* y de *injusto personal*, así como la *teoría de la culpabilidad* en lo referente al error de prohibición, se encuentran incorporados a ella por completo.

dd) Las concepciones actualmente predominantes son, en parte, herederas del finalismo, pero, a su vez, han efectuado un desarrollo de criterios *normativos* que las aproximan de manera decisiva al neokantismo imperante en el primer tercio del siglo XX. La posición que adopto ahora en las explicaciones siguientes, adhiere básicamente a lo que se denomina un *funcionalismo* moderado propiciado por CLAUS ROXIN, de acuerdo con el cual las estructuras fundamentales del Derecho punitivo deben construirse teniendo en consideración ciertos presupuestos *ontológicos* que, sin embargo, es preciso elaborar *normativamente*, de conformidad

---

ni de que la ley pueda entrar en la interioridad del hombre no manifestada al exterior o de que pueda prescindirse en la acción de la exteriorización de esta en el mundo real. *Y eso es verdad.* (El énfasis es mío).

117 COUSIÑO, I, § 2, pág. 9.

118 JECHECK, § 22, VI, 5, pág. 195. "No hay ninguna teoría del delito que pueda ser más que un proyecto pasajero. Cabe decir, sin embargo, que la moderna sistemática procedente del finalismo encierra un alto grado de fuerza convincente"; SCHÜNEMANN, *Introducción al razonamiento sistemático en Derecho penal, cit.* III, 4, b), pág. 55: "De este principio básico se derivaban buen número de consecuencias, *hoy ya patrimonio común del Derecho penal*". (El énfasis es mío).

con los *fines político criminales* perseguidos por el ordenamiento jurídico.[119] [120] Con arreglo a este punto de vista, en consecuencia, el sistema penal no está supeditado a estructuras lógico–objetivas determinadas sino que se desenvuelve *teleológicamente* atendiendo a las finalidades que persigue en su tarea de preservar la paz social, si bien al hacerlo debe respetar los presupuestos ontológicos implicados en la materia de sus prohibiciones y mandatos.

Frente a este criterio, una postura funcionalista radical, representada especialmente por GÜNTHER JAKOBS,[121] quiere construir el sistema de acuerdo a puntos de vista exclusivamente normativos, orientados a partir de la pena preventivo general. El Derecho penal, en general, no tiene otro objetivo que preservar la estabilidad de las normas con el objeto de asegurar las expectativas ciudadanas. Estos criterios, que se apoya en la teoría de sistemas de LUHMANN y en la concepción de la pena de HEGEL, conducen, a mi juicio, a soluciones en que la función preventivo general del ordenamiento está exagerada y, como contrapartida, las garantías del ciudadano frente al poder estatal se encuentran peligrosamente disminuidas. En nuestro país, esta forma de funcionalismo ha encontrado expresión en obras de JUAN IGNACIO PIÑA[122] y ALEX VAN WEEZEL.[123]

Conviene, en todo caso, matizar las críticas que se dirigen a esta concepción, las que en ocasiones no tienen en cuenta sus propósitos exactos. JAKOBS, en efecto, no abandona por completo las posibilidades de efectuar una crítica al sistema penal imperante en una sociedad determinada, pero quiere puntualizar que él, tal como existe, es un resultado de

---

119 Básico, ROXIN, § 7, V, números marginales 50 a 79, págs. 216 a 231, y SCHÜNEMANN, *Introducción al razonamiento sistemático en Derecho penal, cit.* III, 5, págs. 63 y sigts. Véase, además, ROXIN, *Política criminal y sistema de Derecho penal, cit., passim*; *La ciencia jurídico penal ante las tareas del futuro*, en *La teoría del delito en la discusión actual*, traducción de Manuel Abanto Vásquez, Arequipa, Perú, 2007, págs. 3 a 37, y *Política criminal y dogmática penal hoy en día*, en *La teoría del delito en la discusión actual, cit.*, págs. 41 a 68; *Normativismo, Política Criminal y Empirismo en la Dogmática Penal*, en Problemas actuales de Dogmática Penal, *cit.* págs. 49 y sigts; RUDOLPHI, *El fin del Derecho penal del Estado, cit., passim*.

120 Esto significa abandonar la posición finalista ortodoxa que mantuve hasta la última edición de este libro; un proceso que, en rigor, se ha ido produciendo paulatinamente a lo largo de sus distintas versiones y que, en todo caso, implica perseverar en los puntos de partida fundamentales sobre los que ellas descansaban, pero se traduce en numerosas modificaciones en una serie de cuestiones derivadas.

121 JAKOBS, *passim*, pero especialmente 1, págs. 3 y sigts.

122 JUAN IGNACIO PIÑA, *Rol social y sistema de imputación, Una aproximación a la función del derecho Penal*, Barcelona, 2005. Es menester precisar que los criterios expuestos por PIÑA se apartan a menudo de los de JAKOBS, aunque él está fundamentalmente de acuerdo con sus puntos de partida.

123 ALEX VAN WEEZEL, *Pena y sentido, Estudios de Derecho Penal*, Lima, 2008.

la organización de esa sociedad, cuyas estructuras no dependen, de acuerdo a su punto de vista, de factores controlables por el Derecho.[124] Aquí no se puede profundizar en el tema, que escapa a los propósitos de una obra general, pero creo que es justo alertar sobre una condena apresurada de un punto de vista que merece ser discutido desapasionadamente.

De conformidad con lo expuesto, en mi opinión, *el Derecho penal cumple con su misión de preservar los valores fundamentales sobre los que descansa la convivencia, amenazando con una pena a quien lesiona o pone en peligro un bien jurídico mediante la realización de una acción o incurriendo en una omisión desaprobadas por sus prohibiciones y mandatos*. Por consiguiente, para la constitución del injusto penal se requiere tanto el *desvalor de resultado* como el *desvalor de acción*.

1. *El desvalor de resultado consiste en la lesión o puesta en peligro del bien jurídico.*

i) *Los bienes jurídicos son estados sociales valiosos que hacen posible la convivencia y a los que, por eso, el ordenamiento jurídico les ha otorgado reconocimiento.*

Puesto que son *estados sociales*, los bienes jurídicos *preexisten* a su consagración como tales por el Derecho, el cual se limita a conferirles ese carácter mediante el otorgamiento de su protección.[125] En efecto, la vida, la integridad corporal, la salud, la libertad, el honor, la probidad de los jueces y de los funcionarios o la propiedad, existen y valen para sus titulares y para la sociedad *antes* de que el ordenamiento jurídico los reconozca. El Derecho toma la decisión de preservarlos a causa de que percibe el significado de esos valores para sus detentadores y

---

124 GUNTER JAKOBS, *Sociedad, norma y persona en una teoría de una Derecho penal funcional*, traducción de Manuel Cancio Meliá y Bernardo Fijóo Sánchez, Cívitas S.A., Madrid, 1966, IV, C, págs. 79 y 80: "Queda aquí fuera de consideración la cuestión de por qué se llega a tal nuevo mundo, a un mundo con expectativas normativas en sentido estricto. Lo que interesa primordialmente es lo siguiente: el individuo emprende algo que solo tiene sentido si no se encuentra solo en el mundo. Así acepta a los otros como iguales a sí mismo y se ve a sí mismo (*de otra manera, esto sería imposible*) como la "voluntad que es libre", es decir, que se concibe como un centro que ya no se limita a la administración de las propias preferencias" (el énfasis es mío). Para una ojeada general que introduzca en el punto de vista funcionalista radical, es muy ilustrativo PIÑA, *op. cit*, *passim.*, con las reservas expresada supra, nota 120.

125 Este punto de vista corresponde al de LISZT, II, § 14, I, 1, págs. 6 y 7; *La idea del fin en el Derecho penal*, traducción de Enrique Aimone, III, 2, pág. 85. En el mismo sentido, en Chile, GRISOLÍA–BUSTOS–POLITOFF, *Introducción*, pág. 30. Actualmente esta posición es dominante en el derecho comparado. Un punto de vista que prefiere acentuar el carácter de *relación social* que encerraría el bien jurídico se encuentra en BUSTOS, 6.2, págs. 538 y 539.

para salvaguardar la vida en sociedad, lo cual exige conservarlos, protegiéndoles contra daños y peligros.

Los estados que constituyen el sustrato de los bienes jurídicos pueden adoptar distintas formas: un objeto psicofísico (la vida) o espiritual–ideal (el honor), un estado real (la intimidad de la morada), una relación vital (el parentesco), una relación jurídica (la propiedad) o la conducta que se espera de un tercero (la probidad del funcionario público o la imparcialidad y sujeción a Derecho del juez). Así, WELZEL los define en general como "cualquier estado social deseable que el derecho quiere resguardar de lesiones".[126]

Como BELING advirtió hace tiempo, para el legislador el acuñamiento de las figuras delictivas y, por consiguiente, la selección de los estados sociales a los que conferirá el carácter de bienes jurídicos "no significa ningún juego de capricho".[127] En efecto, solo debe escoger aquellos cuya lesión o puesta en peligro constituye un riesgo para la convivencia porque deterioran las condiciones de supervivencia mínima de la sociedad. Ahora bien, en el estado actual del desarrollo cultural de la humanidad, existe consenso en atribuir esa significación a algunos de tales estados, como la vida, la salud, la libertad ambulatoria y de autodeterminación sexual, etc. Ellos constituyen el "núcleo duro" del ámbito de protección penal. Pero la coincidencia no es completa y cada ordenamiento jurídico tiende a extender el campo de la protección penal, incorporando bienes cuya importancia es discutible. La fijación de un límite a esta expansión es difícil aun en países que han logrado consolidar el Estado Democrático de Derecho.[128] Para orientar una solución hay que tener en cuenta, aparte de lo que ya se ha dicho,[129] que en la sociedad contemporánea se entiende que la soberanía procede del pueblo y que, por lo tanto, solo se justifica la protección penal de bienes que pertenecen a todos los integrantes de la comunidad y no solo a grupos de clase, posición o poder, o a convicciones morales, religiosas o políticas determinadas.

---

126 WELZEL, § 1, I, 1, pág. 15.

127 BELING, *La doctrina del delito–tipo,* pág. 5.

128 Sobre este debate, véase principalmente la exposición sencilla pero convincente de GONZÁLEZ RUS, *Bien jurídico y Constitución, Bases para una teoría,* Fundación Juan March, Serie Universitaria, Madrid *passim*, con bibliografía. Asimismo HASSEMER, 5, II, págs. 36 y sigts.; JESCHECK, § 26, I, págs. 231 y sigts., ROXIN, § 2, números marginales 28 y sigts., págs. 65 y sigts., y *Sentido y límites de la pena estatal, cit.*, B, I, págs. 20 y sigts.; RUDOLPHI, *Los diferentes aspectos del concepto de bien jurídico,* traducción de Enrique Bacigalupo, en *Nuevo Pensamiento Penal,* año 4, Depalma, Buenos Aires, 1975, págs. 329 y sigts.

129 Además de lo expresado precedentemente en el texto, véase supra, en este apartado, III. b).

La idea de que el Derecho penal tiene por finalidad proteger bienes jurídicos se originó a fines del siglo XVIII. Pero los escritores liberales de la Ilustración no emplean este concepto, sino que se refieren a *derechos subjetivos.*[130] [131] De acuerdo con su opinión, solo pueden castigarse con una pena los hechos que lesionan a esas entidades espirituales (poderes) consustanciales a la naturaleza humana, pertenecientes al individuo, a las cuales se atribuye una existencia real susceptible de ser reconocida por la razón. De esta manera limitan el campo de lo punible, reservando la defensa mediante la pena solo para las infracciones materiales a esos derechos, cuya *dañosidad social* es, por tal motivo, incuestionable. En esta concepción se inspira el *Code Penal* francés de 1810, del cual son herederos el español de 1848–50 y, a través de este, el chileno.

A medida que la complejidad de la sociedad contemporánea exigía al Estado una intervención mayor en el cumplimiento de tareas destinadas a salvaguardar intereses individuales y colectivos, el concepto de los derechos subjetivos resultó insuficiente para fundamentar la misión del Derecho penal. Estas funciones estatales nuevas, que eran también decisivas para establecer una convivencia pacífica, no eran captadas correctamente por una noción construida de conformidad con la concepción individualista propia del liberalismo temprano.

De acuerdo con la información disponible, el primero en describir el concepto de bien jurídico fue BIRNBAUM, en 1834, quien no empleó explícitamente ese concepto sino solo el de "bien", con la "finalidad de lograr una definición natural de delito independiente del Derecho positivo".[132] Sin embargo, quien lo impuso parece haber sido BINDING,[133] que lo formalizó, poniéndolo al servicio de su concepción positivista del derecho: el bien jurídico es cualquier bien al que se ha otorgado protección jurídica. Con esto el concepto

---

130 Véase, por todos, CARRARA, I antes de § 1, pág. 4: "El delito es un *ente jurídico* porque su esencia debe consistir necesariamente en la violación de un derecho" (Énfasis en el original) FEUERBACH, § 21, pág. 64: "Crimen es, en el más amplio sentido, una injuria contenida en una ley penal, o *una acción contraria al derecho de otro*". (El énfasis es mío). Debe hacerse notar que, mientras el punto de partida de FEUERBACH es un concepto de Derecho natural racionalista, el de CARRARA se aproxima más al de la escolástica.

131 GONZÁLEZ RUS, *op. cit.*, III, pág. 13; RUDOLPHI, *Los diferentes aspectos del concepto de bien jurídico, cit.*, II, pág. 330.

132 JOHANN MICHAEL FRANZ BIRNBAUM, *Sobre la necesidad de una lesión de derechos para el concepto de Delito,* traducción de José Luis Guzmán Dalbora, IB de F, Montevideo–Buenos Aires, 2010, *passim*, pero especialmente págs. 55 y 56, donde, a su vez, se remite a ZACHARIÄ; STRATENWERTH, § 2, número marginal 6, pág. 55. Véase, también, GONZÁLEZ RUS, *op. cit.*, III, pág. 14: RUDOLPHI, *Los diferentes aspectos del concepto de bien jurídico, cit.* I, pág. 329.

133 STRATENWERT, § 2, II, número marginal 6, pág. 55.

ya no constituye un límite para el legislador, pues de este depende conferir tal carácter a cualquier interés individual o social.

Por esto es importante el giro que realiza LISZT cuando atribuye al bien jurídico un contenido material preexistente a su reconocimiento por el Derecho.[134] Pero no consiguió hacerlo prevalecer. Durante gran parte del siglo XX el bien jurídico es, sobre todo, un concepto metodológico que se aproxima mucho a la idea de *ratio legis,* cuya función principal consiste en servir de instrumento para la interpretación de las normas y no de garantía política frente a la expansión de la función punitiva del Estado.[135] Debido a la enorme influencia del pensamiento europeo en nuestro medio, esta noción formalizada corresponde a la que se expone en las obras de autores chilenos hacia la década del sesenta.[136] Solamente GRISOLÍA defendió explícitamente otro punto de vista en esa etapa.[137]

Paradójicamente es WELZEL quien inicia el movimiento que intenta devolver al bien jurídico su contenido material y la función consiguiente de limitar el arbitrio legislativo en la consagración de los tipos penales.[138] En efecto, él lo vincula con las valoraciones ético–sociales, anteponiendo la vigencia de estas a los propósitos ordenadores del legislador. Asimismo, él es quien introduce la idea de que el bien jurídico presupone un "estado social deseable" en el lugar de un simple "interés", con lo cual materializa más

---

134 Supra, nota 117.

135 GONZÁLEZ RUS, *op. cit.*, *passim*, quien proporciona además una explicación histórica, filosófica y política de esta evolución. Una versión acentuada de esta concepción desvalorizada del bien jurídico es apreciable en Antolisei, *Manuale di Diritto Penale, Parte Generale,* segunda edición, Milano, 1949: "Quienquiera... se percate plenamente de la transformación que tiene lugar en el derecho penal y de la impronta cada vez más subjetiva que va asumiendo el derecho mismo, no puede no reconocer que la importancia del bien jurídico no solo dista de ser grande en la actualidad, sino que está destinada con el tiempo a disminuir aún más".

136 Así, en ETCHEBERRY, I, pág. 29, se hace depender la existencia de los bienes jurídicos del "sistema de valores filosóficos y políticos" que profesa el legislador. Por su parte, NOVOA, I, 2, págs. 14 y 15, se aproximaba entonces mucho al sistema de BINDING. Por el contrario, en *Causalismo y finalismo,* 20, págs. 111 y sigts., presenta una noción material: "Sólo un concepto de bien jurídico que aborde el contenido sustancial de este y que lo ligue directamente con el valor que determinados intereses, derecho o situaciones institucionales de la vida real revisten para el ordenamiento jurídico será apto para explicar la existencia misma del Derecho Penal y para imprimir carácter a la noción de injusto" (pág. 113). Pero todavía no se decide a conferirle una función limitadora para el legislador.

137 GRISOLÍA, *El objeto jurídico del delito, ensayo de una Teoría General.* Separata de la R.C.P., tomo XVII, Nº 3, Santiago, 1959, VI, págs. 27 y sigts.

138 BUSTOS, *Política criminal e injusto, cit.* 3, pág. 75, GONZÁLEZ RUS, *op. cit.* III, pág. 21, ROXIN, § 2, número marginal 35, pág. 69, y *política Criminal y sistema de Derecho Penal, cit.* V, 3, pág. 37; RUDOLPHI, *Los diferentes aspectos del concepto de bien jurídico, cit.*, IV págs. 342 y 343.

aún el concepto, porque ya no depende de una pura apreciación sino de una situación objetiva. Esto se reconoce hoy de manera amplia y nada tiene que ver con que, a juicio de WELZEL, el *modo* preferible de defender los bienes jurídicos consiste en acentuar la prevalencia del desvalor de acción por sobre el de resultado. Tal conclusión es, más bien, una consecuencia de la significación que WELZEL atribuye a esos bienes, por lo cual su defensa no debe limitarse a la prohibición de lesionarlos o ponerlos en peligro, sino que exige también –y, en su opinión, *principalmente*– el acatamiento subjetivo de su vigencia.[139]

A partir de ese momento se produjo un rescate progresivo de la concepción de LISZT[140] y un esfuerzo creciente por dar cada vez más concreción a su noción material del bien jurídico.

Sin embargo, el bien jurídico tal como lo entiende LISZT tiene un carácter *prejurídico*. Por tal motivo, podría cumplir razonablemente bien la función político criminal de limitar el arbitrio legislativo, permitiendo exigir que solo se consagren tipos destinados a salvaguardar intereses reales y preexistentes a su acuñación. En cambio, no se lo puede emplear como instrumento dogmático de interpretación teleológica, debido a que no procede del Derecho en vigor.[141]

En Alemania, España e Italia esto se intenta hacer obteniendo un concepto material de las Constituciones respectivas, cuya afirmación del Estado Democrático (y Social) de Derecho constituye el punto de apoyo dogmático para esa elaboración.[142] De esta manera, los tipos penales encuentran un límite en los principios fundamentales sobre los que descansa la idea del Estado de Derecho y no podrían atribuir el carácter de bienes

---

139 WELZEL, *La teoría de la acción finalista,* traducción de Carlos Fontán Balestra, Depalma, Buenos aires, 1951, I, págs. 12 y 13: "La misión principal del Derecho penal no es, como creyó la teoría anterior, de índole preventiva, sino ético–social. Más esencial que el amparo de los bienes jurídicos concretos, *es la misión de asegurar en los ciudadanos el permanente acatamiento legal ante los bienes jurídicos, es decir, la fidelidad frente al Estado, el respeto de la persona (de la vida ajena, la salud, la libertad, el honor, etc.)*" (el énfasis es mío). Basta leer estas líneas para advertir que en ellas la valoración del bien jurídico como concepto material está acentuada hasta el extremo, a causa de lo cual se aboga por atribuirle al Derecho penal la misión de asegurar su acatamiento con prevalencia sobre la de impedir su lesión o puesta en peligro. Por tal motivo constituye un mal entendido de NOVOA, *Causalismo y finalismo,* 20, pág. 111, afirmar que el concepto de bien jurídico "erosiona" la construcción teórica de los autores finalistas. La posición de WELZEL con respecto a la protección de bienes jurídicos es bien aclarada por ROXIN, § 2, número marginal 34, págs. 68 y 69.

140 ROXIN, *Franz von Liszt y la concepción político criminal del Proyecto Alternativo,* en *Problemas Básicos, cit.* II, 4, págs. 45 y sigts.

141 RUDOLPHI, *Los diferentes aspectos del concepto de bien jurídico, cit.,* IV., pág. 337.

142 GONZÁLEZ RUS, *op. cit.*, IV, págs. 23 y sigts. RUDOLPHI, *Los diferentes aspectos del concepto de bien jurídico, cit,,* IV, págs. 337 y sigts.

jurídicos a prescripciones morales o ideológicas, lesionando las libertades básicas de los ciudadanos amparadas por la Carta Fundamental. Al mismo tiempo, el concepto de bien jurídico extraído del texto constitucional es capaz de cumplir también la función hermenéutica que se le había asignado a la noción formalizada imperante a principios del siglo. Después de las reformas que se le introdujo en 1989, de la C.P.R. han desaparecido casi todas las disposiciones que dificultaban en nuestro país el empleo de este procedimiento y se citaban en ediciones anteriores de este libro.[143] Por consiguiente, a partir de ellas este camino se encuentra expedito y perfeccionarlo dependería de la elaboración jurisprudencial. El punto de partida es que en una "República democrática" (art. 4º de la C.P.R.) en la cual "el ejercicio de la soberanía reconoce como limitación el respeto a los derechos esenciales que emanan de la naturaleza humana" y "es deber de los órganos del Estado respetar y promover tales derechos, garantizados por la Constitución, así como por los tratados internacionales ratificados por Chile y que se encuentren vigentes" (art. 5º inc. segundo de la C.P.R.) la función primordial de la Constitución consiste precisamente en la preservación de estos derechos, consagrándolos explícitamente, amparando al ciudadano contra abusos del poder que los lesionen, pero también de manifestaciones legislativas que los desconozcan. A esta idea básica tienen que subordinarse todas las normas y cuando la contradicen son inválidas, incluso si alguna se contiene en el mismo texto constitucional, pero se refiere a materias que, respecto de ella, son secundarias. Desde esta perspectiva es posible a los tribunales –en especial, al Tribunal Constitucional– y a la dogmática penal elaborar el concepto de bien jurídico en una forma semejante a la propuesta por la doctrina europea. En esta obra no cabe desarrollar más extensamente el criterio expuesto.[144] En todo caso, debe consignarse que hasta ahora la jurisprudencia solo ha acogido en forma parcial las ideas que lo sustentan.

Los puntos de vista descritos, por supuesto, no implican una solución definitiva para la evolución del concepto del *bien jurídico* y la afirmación de su importancia. Una posición contrastante expresa, por ejemplo, JAKOBS, quien sostiene que "el rendimiento positivo de los esfuerzos por conseguir un concepto de bien jurídico es escaso",[145] agregando

---

143 CURY, 2ª *Edición,* I, § 1, III, c), cc), 1), pág. 23.

144 Véase, con todo, supra, en este mismo apartado, III, b).

145 JAKOBS, 2, 22 pág. 55; En el mismo sentido STRATENWERTH, § 2, números marginales 5 y sigts. págs. 55 y sigts. y *La criminalización en delitos contra bienes jurídicos colectivos*, en *La teoría del bien jurídico, ¿Fundamento de legitimación del Derecho penal o juego de abalorios dogmático?, cit.* pág. 365. Sin embargo, entre los parámetros críticos de la ley penal que desenvuelve en § 2, números marginales 16 y sigts, págs.59 y sigts. STRATENWERTH también menciona, en primer lugar, a la *Constitución,* junto a los principios de *proporcionalidad* y *no contradicción.*

que "bien *jurídico–penal* es la validez fáctica de las normas, que garantizan que se puede esperar el respeto de los bienes, los roles y la paz jurídica".[146] En la legislación positiva, entretanto, se consagran delitos en los cuales es difícil identificar la existencia de un bien jurídico concebido como se ha expresado antes; así ocurre, por ejemplo, respecto del *incesto* (art. 375 del C.P.)[147] o el delito de *maltrato o crueldad con los animales* (art. 291 bis del C.P.).[148] No obstante estas constataciones y la viva discusión que al respecto existe en la actualidad, estimo que el concepto del bien jurídico debe prevalecer y continuar empleándose como punto de vista crítico fundamental para el enjuiciamiento de los tipos delictivos.[149]

Finalmente, vale la pena destacar que, aunque el concepto del bien jurídico no es manejado por el Derecho anglosajón de la manera en que lo hace la doctrina continental[150], la idea de emplear el estatuto de garantías constitucionales como límite trascendente a la

146 JAKOBS, 2, 25 a, pág. 58.

147 Sobre ello, ROXIN, *¿Es la protección de bienes jurídicos una finalidad del Derecho penal?* en *La teoría del bien jurídico, cit.* VI, pág. 451.

148 N. del E.: Cualquiera que sea el bien jurídico que se estime protegido por el delito de maltrato o crueldad con animales –si es que realmente se puede afirmar que protege uno-, lo cierto es que en nuestro ordenamiento se ha intensificado la protección penal frente al maltrato o crueldad con animales, llegando a un nivel insostenible y, por lo mismo, irracional. El texto actualmente vigente del art. 291 bis obedece a las modificaciones que le introdujeron, primero el art. 18 de la Ley 20.380, publicada el 3 de octubre de 2009, y luego el número 3 del art. 36 de la Ley 21.020, publicada el 2 de agosto de 2017, que además incorporó un nuevo art. 291 ter al CP. En su conjunto estas modificaciones lograron que el delito de maltrato o crueldad con animales simple del inciso primero del art. 291 bis tenga asignada una pena privativa de libertad más grave que la contemplada en el inc. primero del art. 403 bis del CP para el delito de maltrato corporal simple a menores de dieciocho años de edad, adultos mayores o personas en situación de discapacidad, e, incluso, más grave que la asignada por la ley a la figura calificada de maltrato corporal que contempla el inc. segundo del art. 403 bis.CP. Para no referirnos en este lugar a la extensión comparativa de las figuras mencionadas en lo que respecta a las modalidades de las conductas típicas y hasta en los sujetos pasivos idóneos, basta señalar que la misma irracionalidad se constata al comparar las penas privativas de libertad establecidas para el delito de maltrato o crueldad con animales en sus formas simple del inc. primero del art. 291 bis y calificada del inc. tercero de ese artículo, con la que se conmina en el inciso segundo del art. 396 del CP para el delito de mutilación de un miembro menos importante (¡del cuerpo de una persona!).

149 En una obra general como esta, es imposible dar cuenta más detallada de la discusión. Para una ojeada de conjunto ilustrativa, véase la obra colectiva *La teoría del bien jurídico, cit. passim*.

150 Las expresiones *Derecho continental*, *legislación continental* y *doctrina continental* se emplean en el texto, en adelante, para referirse al Derecho, la legislación y la doctrina de los países del continente europeo en los que impera un Derecho codificado, por oposición al de las naciones anglosajonas pertenecientes a la tradición del *common law*.

legislación penal se ha impuesto implícitamente en los Estados Unidos de Norteamérica a través de decisiones de la Corte Suprema sobre inconstitucionalidad de normas punitivas. En ese país, en efecto, el más alto tribunal de la Federación ejerce un enérgico control tanto sobre el ordenamiento jurídico federal como sobre los estatales, lo cual la ha constituido históricamente en garante de las libertades ciudadanas y del Estado Democrático de Derecho. [151]

ii) *La lesión del bien jurídico consiste en la destrucción, deterioro, supresión o menoscabo del estado social deseable protegido por el Derecho.* Tiene carácter *objetivo*, en el sentido de que existe o no con prescindencia de los juicios del autor o de un tercero. Debe distinguirse siempre de los resultados materiales del hecho punible, con los cuales a veces tiende a confundirse. Así, por ejemplo, en el homicidio la lesión del bien jurídico es la destrucción de la vida en cuanto derecho reconocido a la víctima por el ordenamiento jurídico y el resultado material, la interrupción física de las funciones vitales de un hombre; en la falsificación de un documento público, la lesión del bien jurídico es el menoscabo a la seguridad del tráfico jurídico, y el resultado material puede faltar por completo –en las falsificaciones ideológicas– o consistir en algo como la contrafacción del instrumento –en las falsificaciones materiales– que, de todas maneras, es en sí jurídicamente irrelevante.

iii) *El peligro consiste en el pronóstico efectuado por un observador razonable e imparcial, en conformidad a las reglas de la experiencia, de que en el caso dado la acción ejecutada puede ocasionar la lesión del bien jurídico.*[152]

A diferencia del de lesión, el concepto de peligro descansa sobre un juicio (el pronóstico) que se pronuncia de acuerdo con las reglas que regulan los hechos de la naturaleza. Es, por consiguiente, *normativo*. Pero esto no significa que se trate de un diagnóstico hecho al azar, pues debe contar con la base *objetiva* fundada en la experiencia general, sobre la probabilidad de que la acción ocasione el resultado. Por tal motivo se tiene que estar a la opinión del *observador objetivo*,

---

151 Sobre las relaciones entre los conceptos de *bien jurídico*, propio del Derecho continental, y el *principio del daño* (*Harm Principle*), del Derecho anglosajón, véase ANDREW VON HIRSCH, *El concepto de bien jurídico y el "principio del daño"*, en *La teoría del bien jurídico ¿fundamento de legitimación del Derecho penal o juego de abalorios dogmático, cit.* págs. 37 y sigts.

152 Esta concepción de peligro, con algunas modificaciones, coincide con la de LISZT, II § 28, II, 3, pág. 301. También la defiende RODRÍGUEZ MOURULLO, XVI, V, 2, págs. 336 y sigts., con detalle y bibliografía. Pero el punto de vista que más se asemeja al del texto pertenece a MIR, 13, números marginales 23 y 24, pág. 332, y *Función de la pena y teoría del delito en el Estado Social y Democrático de Derecho*, Bosch, Barcelona, 1982, pág. 65.

es decir, *del hombre razonable que posee conocimientos apropiados y generalmente aceptados sobre las leyes causales aplicables al caso (conocimiento nomológico)*. En la práctica, este observador es el juez, quien debe procurarse los antecedentes necesarios mediante el estudio de los hechos y la información pericial relativa a los aspectos técnicos implicados.

El pronóstico recae sobre el *caso dado*, es decir, *tal como se lo representaba el autor*, lo cual depende de la *información de que disponía sobre las circunstancias objetivas concurrentes al hecho, incluidas sus propias habilidades para dominar la situación (conocimiento ontológico)*. Por eso, para efectuarlo, el juez debe imaginarse presente en el momento de ocurrir el hecho y disponiendo de los mismos datos objetivos que el autor tenía en ese instante sobre las circunstancias concomitantes concretas. A este juicio, que se emite ***después***, pero suponiendo que se lo hace en las condiciones que existían ***antes***, se lo denomina ***juicio ex ante***, *prognosis póstuma o prognosis posterior*. Es, pues, un pronóstico *relativo* al hecho *concreto* entre cuyos componentes fácticos se encuentra también la percepción que el autor tenía de él, teniendo en cuenta las circunstancias concurrentes y sus conocimientos personales.

Finalmente, para que exista peligro basta con que, de acuerdo a la prognosis posterior, la lesión del bien jurídico sea *posible* dentro de términos razonables. No es necesaria la "probabilidad" entendida como un "alto grado de posibilidad".[153]

Ejemplos: *Existe peligro* cuando el autor realiza maniobras abortivas sobre una mujer que no está embarazada, si él creía, por razones objetivas, en la existencia de la preñez. Por el contrario, *no lo hay* si estaba consciente de que el embarazo era aparente, porque había examinado a la paciente y verificado su estado real.[154] *Hay peligro* si el autor dispara contra la víctima con un arma que él había cargado, pero a la que en el intervalo un tercero había quitado las balas subrepticiamente (conocido como "caso Albrecht"); *no existe*, en cambio, si gatilla la pistola descargada, porque es tan ignorante en materia de armas de fuego que las supone capaces de matar con solo accionar el disparador.

---

153 Otra opinión en RODRÍGUEZ MOURULLO, I, XVI, V, 2, pág. 338. Pero esto es solo aparente, porque él atribuye a la probabilidad precisamente todo aquello que es razonablemente posible.

154 En este caso, el aborto fingido debe quedar impune, pero puede apreciarse un atentado a la propiedad si la superchería tuvo por objeto obtener ventajas patrimoniales aprovechándose de las creencias equivocadas de la mujer.

La prognosis póstuma plantea dificultades, por la inseguridad que implica siempre un juicio.[155] Sin embargo, estos inconvenientes son inevitables para el Derecho, puesto que su misión consiste en efectuar valoraciones e imponer su acatamiento para el logro de fines sociales. La experiencia enseña que cuando se trata de eludir un problema de esta clase en una parte del sistema –arriesgándose incluso a distorsionarlo– reaparece en otra.[156] Para combatir la inseguridad es más apropiado elaborar criterios cada vez más diferenciados y precisos por grupos de casos, a fin de disminuirla al máximo. Por lo demás, quienes impugnan el procedimiento de prognosis póstuma por su falta de precisión, solo proponen sustituirlos por otros, que son lógicamente indefendibles, o terminan renunciando a cualquier consideración del *desvalor de resultado* lo cual, por supuesto, es socialmente aún más riesgoso.[157]

2. *El desvalor de acción consiste en la reprobabilidad ético-social objetiva de la conducta peligrosa para un bien jurídico, expresamente descrita por la ley como delito, y en la cual se exterioriza además una voluntad inadecuada a los mandatos o prohibiciones de las normas respectivas.*

Los distintos casos en los que una conducta es portadora de este desvalor se examinarán más adelante.[158]

La inadecuación objetiva supone la *realización externa del hecho peligroso*[159] y su *dominabilidad por el autor,* y se establece en *abstracto*. Es, por consiguiente, un juicio referido al *deber*, y hay que diferenciarlo del reproche que luego se dirige al autor porque lo ejecutó *pudiendo* abstenerse de hacerlo en el caso concreto.[160] Cuando un enfermo mental da muerte dolosamente a una persona, realiza una acción ética y socialmente inadecuada (contraria *en general* al deber) que, sin embargo, a él no se le puede reprochar *personalmente* a causa de su incapacidad para autodeterminarse conforme a Derecho. El ordenamiento jurídico quiere impedir también que los enfermos mentales maten a otros; pero, si el hecho ocurre, no

155 STRATENWERTH, § 8, números marginales 22 y sigts., págs. 131 y sigts., que se ocupa del problema en relación con la *teoría de la adecuación*.

156 STRATENWERTH, § 8, número marginal 24, pág. 132.

157 Véase, con cierto detalle, infra, § 36, III.

158 § 16 y sigts.

159 En este sentido RUDOLPHI, *El fin del Derecho Penal del Estado, cit.*, III, pág. 87: "Las prohibiciones jurídico–penales, por tanto, contienen solo *prohibiciones de acciones objetivamente peligrosas*". JÜRGEN WOLTER, *Imputación objetiva y personal a título de injusto. A la vez, una contribución al estudio de la aberratio ictus*, en *El sistema moderno del Derecho penal, cit.*, II, pág. 109.

160 Infra, § 25, I, a).

puede "cargárselo a su cuenta", porque ellos no están en condiciones de acatar sus mandatos y prohibiciones.

La precisión de lo que ha de constituir el *desvalor de acción* ha sido descuidado por la doctrina que, en cambio, se ha preocupado intensamente de discutir la imputación del resultado a la conducta, situando incluso en ese ámbito cuestiones pertenecientes más bien al primero. Un esfuerzo profundo por delimitar los dos campos se ha realizado por FRISCH[161] pero, posiblemente debido a su complejidad, todavía no encuentra suficiente repercusión en la doctrina dominante.

3. Puesto que el desvalor de la acción y del resultado son ambos indispensables para justificar la intervención del Derecho penal, *si falta uno de ellos no puede imponerse una pena, y si cualquiera de los dos se encuentra reducido, ello tiene que expresarse también en una atenuación de la punibilidad.*

Ejemplos: 1) Cuando se produce una tentativa absolutamente inidónea, como si alguien trata de dar muerte a su enemigo sirviéndose de hechizos, *no existe desvalor de resultado*, porque el observador imparcial razonable juzgará que esa conducta no crea peligro alguno para la presunta víctima; por consiguiente, no debe imponerse pena. 2) La conducta del que gobierna su automóvil con prudencia y da muerte a un suicida que se arroja de manera imprevisible bajo las ruedas del vehículo es adecuada a los mandatos del derecho, es decir, justa. En este caso *falta el desvalor de acción* y, por supuesto, se excluye la punibilidad. 3) En la tentativa el *desvalor de resultado* es *inferior* que en el delito consumado, pues ella solo pone en peligro el bien jurídico pero no lo lesiona. Por eso es correcto que la pena con que se amenaza a la tentativa sea inferior a la establecida para el delito consumado e incluso que, como ocurre en ordenamientos jurídicos extranjeros, el hecho tentado solo se castigue respecto de ciertos delitos. 4) La inadecuación al Derecho de la conducta imprudente es menor que la de la dolosa. En consecuencia, como su *desvalor de acción* es *reducido*, solo se la debe sancionar con una pena cuando se le suma un *desvalor de resultado* considerable, es decir, la lesión efectiva de un bien jurídico de gran valor (porque no basta el puro peligro, la tentativa de un delito imprudente es impune; porque el bien jurídico no es de suficiente valor tampoco se castiga el delito imprudente de hurto consumado, etc.).

---

161 WOLFGANG FRISCH, *Comportamiento típico e imputación del resultado*, traducción de Joaquín Cuello Contreras y José Luis Serrano González de Murillo, Marcial Pons, Madrid–Barcelona, 2004, *passim*.

Las consecuencias expresadas en este párrafo son discutidas.

RODRÍGUEZ MOURULLO, por ejemplo, sostiene que el desvalor de acción no es importante "para excluir la antijuridicidad cuando concurre el desvalor de resultado".[162] Cita como ejemplo el error sobre la concurrencia de los presupuestos de una causal de justificación. En esta situación no existiría desvalor de acción y, sin embargo, el propio WELZEL considera que subsiste el injusto (la antijuridicidad). Pero la objeción solo es contundente si se está de acuerdo con RODRÍGUEZ MOURULLO en el sentido de que en estos casos falta el desvalor de acción. En mi opinión, ese no es el caso, pues el error sobre los presupuestos de una causal de justificación no excluye el injusto del hecho, aunque en cuanto a las consecuencias se lo trate como si lo hiciera.[163]

En otro sentido, autores como JESCHECK[164] y ROXIN[165] afirman que cuando se dan los requisitos objetivos de una causal de justificación, pero el autor lo ignora, de manera que no está presente el elemento subjetivo correspondiente, hay que castigar por una tentativa a pesar de que "no existe desvalor de resultado". Es decir, en este caso la ausencia del desvalor de resultado no sería óbice para la imposición de una pena. De acuerdo con el punto de vista que se ha desarrollado más arriba, la solución es correcta,[166] pero la fundamentación, distinta. En el caso propuesto, en efecto, el desvalor de resultado no consiste en la lesión del bien jurídico, porque esta se encontraba autorizada objetivamente por el derecho; pero, en cambio, como el observador imparcial, al efectuar el juicio *ex ante* con el conocimiento de las circunstancias de que disponía el autor, apreciaría un peligro, este subsiste y permite fundamentar el desvalor de resultado que autoriza a constituir el injusto de la tentativa punible.

4. Los criterios que se han defendido aquí habilitan en principio para comprender el sistema de Derecho penal en nuestro país. En efecto, hay aspectos de la ley chilena, como la punibilidad disminuida de la *tentativa* y el *delito frustrado*,[167] la apreciación unitaria de los hechos ejecutados por varios *partícipes*[168] o los requisitos de las *causales de justificación*,[169] que no se pueden explicar si no se concede la debida importancia al desvalor de acción en la constitución del injusto. A su

162 RODRÍGUEZ MOURULLO, I, XVI, V, pág. 335.

163 Infra, § 28, II, ee).

164 JESCHEK, § 31, IV, 2, pág. 296.

165 ROXIN, *Teoría*, pág. 254.

166 Véase también infra, § 36, III, b), ee).

167 Infra, § 36, II.

168 Infra, § 37, I.

169 Infra, § 23, I, b).

vez, la significación del desvalor de resultado es imprescindible para fundamentar la impunidad de la *tentativa absolutamente inidónea* (*tentativa irreal*),[170] la de la tentativa *de participación*[171] o la del *delito imprudente* sin lesión o con lesión de poca trascendencia.[172]

En la práctica, sin embargo, la ley vigente no es siempre consecuente con estos puntos de partida. Ya se ha destacado que en ella se consagran tipos penales que no cumplen con la exigencia de proteger bienes jurídicos auténticos,[173] traspasando a menudo las fronteras de la moderación y tolerancia que han de caracterizar a la legislación de un Estado de Derecho respetuoso de la libertad de sus ciudadanos. Por otra parte, también existen figuras delictivas cuyo injusto se ha establecido sin tener en cuenta para nada el desvalor de resultado. Así sucede con algunos *delitos de peligro abstracto*[174] mediante los cuales a veces se castigan puras desobediencias. Finalmente, en algunos casos la ley sanciona hechos en los que no concurre el desvalor de acción, como sucede con los *delitos calificados por el resultado*.[175] Para la cultura jurídica de nuestro tiempo, todas estas son situaciones repudiables.

d) El Derecho penal no puede cumplir su misión de proteger los bienes jurídicos en la misma forma respecto de todos los participantes en la convivencia, porque no todos ellos están en condiciones de reaccionar en forma normal ante sus exigencias. A la mayoría les exige que acaten sus prohibiciones de ejecutar conductas inadecuadas que generan peligro de lesionar esos bienes o sus mandatos de actuar para evitar tales situaciones y, para *motivarlos*[176] a que lo hagan, amenaza la transgresión con una pena. Pero en la sociedad existen personas de las que no puede esperarse que reaccionen apropiadamente frente a las perspectivas de la sanción porque no está capacitadas para *auto determinase* correctamente, a causa de que no distinguen lo justo de lo injusto, o bien porque sus controles

170 Infra, § 36, III, b) cc).

171 Infra, § 39, II, 3 y III, 4.

172 Infra, § 19, V.

173 Supra § 1, III, b). En el estudio de la parte especial esto se hace patente de manera dramática.

174 Infra, § 17, II, b).

175 Infra, § 20, I.

176 Sobre la función motivadora de la norma penal, véase ENRIQUE GIMBERNAT, ¿Tiene futuro la dogmática jurídico–penal? Temis, Bogotá, 1983, II, 2, págs. 11 y sigts., y MUÑOZ CONDE, *Derecho Penal y Control Social, cit.* II, págs. 31 y sigts.

inhibitorios están dañados o insuficientemente desarrollados.[177] A ellas, por consiguiente, la amenaza de la pena no puede motivarlas a detenerse mediante sus prohibiciones o a actuar mediante sus mandatos, y a su respecto el ordenamiento punitivo debe limitarse a cumplir una función *preventiva especial*,[178] renunciando a la aspiración de formarlas en el respeto por los bienes jurídicos: para esto echa mano de las *medidas de seguridad y corrección*, que se aplican *en lugar de la pena*.

Hay, además, otros individuos con un deterioro severo y más o menos permanente de la personalidad, causado por malformaciones psíquicas más superficiales, experiencias traumáticas, defectos de educación, alteraciones del medio, etc.[179] Por regla general, ellos no están inhabilitados para autodeterminarse según las exigencias del Derecho, pero su capacidad de hacerlo se encuentra debilitada. A su respecto, pues, pueden cumplirse al mismo tiempo las funciones *preventivo generales*[180] y *preventivo especiales*.[181] Para ello se acude al sistema de *doble vía* o *duplo binario*[182] que consiste en la irrogación tanto de una pena como de una medida de seguridad o corrección, cuya ejecución puede ser sucesiva, simultánea o sustitutiva (*sistema vicarial*).

En la práctica, el Derecho penal contemporáneo en todas las naciones occidentales es de doble vía, a pesar de que a esta se la hace objeto de críticas severas. Por una parte, se observa que las medidas de seguridad y corrección impuestas en forma coactiva significan, de todas maneras, un mal para el sujeto.[183] En ciertos casos esto es tan evidente que KOHLRAUSCH lo calificó como "fraude de etiquetas", pues afirmaba que "el paso de presidio (pena) a internamiento de seguridad (medida) se agota frecuentemente en la traslación del preso, bajo un régimen invariable, del ala oriental a la occidental del

177 WELZEL, § 1 II, págs. 17 y sigts.

178 Infra, § 2 II d).

179 BAUMANN, § 3, II, 2, b), pág. 15; JESCHECK, § 1, II, 2, págs. 4 y 5.

180 Infra, § 2, II, e).

181 Ver nota anterior 170.

182 BAUMANN, § 3, 2, pág. 15; BULLEMORE Y MACKINNON, I, 4.2, págs. 18 a 20; BUSTOS, I, 25.1, pág. 722; ETCHEBERRY, II, págs. 226 a 230; JAKOBS, 1, VI, números marginales 53 y sigts., págs39 y sigts; JESCHECK, § 1, II, 3, págs. 5 y 6; LABATUT, I, 227, págs. 247 y 248; MAURACH, I, § 7, III, pág. 83; MAURACH ZIPF, I § 7, II, págs. 106 y sigts.; MEZGER, *Libro de Estudio*, I, § 4, II, págs. 27 y 28; MIR, 1, IV, números marginales 11 y sigts., págs. 51 y 52; NOVOA, II, 578, págs. 373 a 375; ROXIN, § 1, número marginal 3, pág. 42 y § 3, números marginales 54 y sigts., págs. 103 y sigts.; WELZEL, § 1, II, 2, pág. 21.

183 SCHMIDTHÄUSER, § 2, III, 19, pág. 21 y § 3, III, 30, pág. 45; CURY, *Programa de la pena* en *Revista Mexicana de Prevención y Readaptación Social*, 7, 1973, VI, págs. 14 y 15.

establecimiento".[184] Pero también la ejecución de otras medidas más benignas importa una irrupción en la personalidad del individuo cuyos efectos son difíciles de evaluar.[185] Por otro lado, la institución misma de las medidas de seguridad y corrección se mira con desconfianza a causa de que su imposición no se vincula a la culpabilidad, sus presupuestos son imprecisos y en la ley solo pueden perfilarse de modo general, su duración es indeterminada y el juicio de prognosis relativo a la incapacidad para dejarse determinar por el Derecho (peligrosidad), inseguro. Finalmente, se objeta también la idea misma de *corrección* o *resocialización* en tanto implica una socialización determinada por las opiniones de los grupos hegemónicos, sin tener en cuenta la de quienes la conciben de una manera distinta, todo lo cual puede conducir al "totalitarismo de uno, algunos, o de la mayoría sobre la minoría". [186]

Por los motivos expuestos, la literatura contemporánea expresa desencanto por no poder prescindir de la dualidad de pena y medida.[187]

En efecto, sería deseable que al autor del hecho injusto solo se le impusiera un mal adecuado a su culpabilidad por la acción ejecutada, es decir, una pena. El ideal es que, si además es preciso actuar sobre su personalidad para corregirlo, se contase con su consentimiento y el tratamiento se desarrollara durante el período de ejecución de la pena e, incluso, que apareciera solo como una forma de ejecución de esta.[188] Ni lo uno ni lo otro es posible por completo pues, aun diversificando las formas de ejecución de la sanción a fin de ofrecer más alternativas para que se adecue simultáneamente a los límites impuestos

---

184 Cfr. MAURACH, II, § 66 IV, C, 2, pág. 283.

185 HELENO FRAGOSO, *Liçoes de Directo penal,* Sao Paulo, 1976, I, 10, pág. 10; JESCHECK, § 1, II, 3, pág. 6. Véase, asimismo, el conjunto de trabajos reunidos en el volumen *Peligrosidad y Medidas de seguridad (La ley de peligrosidad y rehabilitación social de 4 de agosto de 1970),* Universidad de Valencia, 1974. En especial, J. R. CASABÓ RUIZ, *El fundamento de las medidas de seguridad,* pág. 35 y sigts.; y *Actualidad del pensamiento histórico sobre la legislación penal preventiva,* pág. 61; V. FAIREN GUILLEN, *El proceso por peligrosidad sin delito en el derecho comparado, págs. 51 y sigts., y* RODRÍGUEZ MOURULLO, *Medidas de seguridad y Estado de Derecho, págs.* 343 y sigts. Más recientemente, MIR, 3, números marginales 56 a 61, págs. 98 y 99; muy crítico, MUÑOZ CONDE, introducción a la versión española de ROXIN, *Culpabilidad y prevención en Derecho penal,* Reus S.A, 1980, 3, págs. 20 y sigts.

186 BUSTOS, *Pena y Estado,* en *Bases críticas*, 2, págs. 147 y 148.

187 BUSTOS, *Pena y Estado, cit. 2, pág. 150:* no "tiene sentido una diferenciación entre penas y medidas, lo que solo es producto de una determinada etapa histórica, que en la actualidad ha quedado superada"; JESCHECK, § 1, II, 3, pág. 6; otra opinión, pero que también se orienta a concluir con la distinción, ROXIN, *Franz von Liszt y la concepción político criminal del Proyecto Alternativo, cit,* III, 3, págs. 57 y sigts.

188 CURY, *Programa de la pena, cit.* III y IV, págs. 9 y sigts. y *Contribución al estudio de la pena,* en *R.C.P.,* tomo XXXII N° 1, 1973, 3, IV, págs. 60 y sigts. De manera amplia se pronuncia sobre este tema MUÑOZ CONDE, *Derecho penal y control social, cit.* III, págs. 51 y sigts.

por la reprochabilidad y a la necesidad de resocialización, siempre existirá un número de casos en los que la congruencia de ambos factores será imposible;[189] entretanto, no siempre puede esperarse que el sujeto acepte ser tratado y colabore a su recuperación, incluso prescindiendo de consideraciones atendibles sobre la discrepancia que agravan más el problema.[190]

De este modo el Derecho penal, al cual compete manejar la indeseable reacción punitiva, ha de asumir también la responsabilidad de manipular esta otra, aún más lamentable. Pero, por eso mismo, es inaceptable que delegue esta tarea en otros ordenamientos que ofrecen al ciudadano menos garantías.[191] De *lege ferenda* las medidas solo deben aceptarse cuando su imposición tiene como presupuesto a lo menos la ejecución de un hecho típico y antijurídico (*medidas posdelictuales*) siendo, en cambio, intolerables las que se fundan únicamente en una prognosis insegura sobre la peligrosidad del sujeto, no exteriorizada todavía en actos típicos (*medidas predelictuales*).[192] Asimismo, la irrogación de la medida ha de ser materia de un procedimiento penal, seguido ante el juez competente para conocer de causas criminales y rodeado de las garantías correspondientes.[193] Por último, si bien la magnitud de las medidas de seguridad y resocialización no depende de la culpabilidad, sino de la peligrosidad del sujeto, no debe imponerse una que sea desproporcionada al hecho cometido, al temor de que incurra en otras

189 CURY, *Programa de la pena, cit.* VI, págs. 14 y sigts.

190 Supra, nota 174.

191 Cfr. Supra, en este mismo parágrafo, I, antes de a).

192 CEREZO, I, pág. 38; JESCHECK, § 1, II, 3, pág. 6; MIR, 34, número marginal 9, pág. 743; WELZEL, § 1, II, pág. 20. Acepta medidas, aunque no se haya ejecutado un hecho típico SCHMIDTHÄUSER, § 2, III, 18, pág. 20; ese es también el sentido de lo que expresa COUSIÑO, I, § 1, B, 2°, pág. 42. Por el contrario, MAURACH, II, § 32, B, 2, pág. 42, de acuerdo a su concepción particular sobre la estructura de la culpabilidad (atribuibilidad) exige más que el texto, pues solo acepta la imposición de una medida cuando, además de la antijuridicidad, concurre la "responsabilidad" del autor; esto es, si "se ha comportado en la situación dada, de modo distinto a como cualquier hombre hubiera actuado en la misma situación". En el mismo sentido, MAURACH–ZIPF, I, § 32, II, número marginal 4, pág. 546. Sobre los fundamentos de este punto de vista, véase infra, § 26, IV.

193 JESCHECK, *op.* y *loc. cit.* en nota anterior. Parcialmente de otra opinión es FAIREN GUILLËN, *El proceso por peligrosidad sin delito en el Derecho comparado, cit.*, 10, págs. 68 y sigts., quien se pronuncia por un proceso jurisdiccional, pero "especializado". También así, M. PASTOR LÖPEZ, *Aspectos orgánicos y funcionales de la ley de peligrosidad y rehabilitación*, en *Peligrosidad social y medidas de seguridad, cit.*, pág. 311 y sigts. Este punto de vista es perfectamente aceptable.

infracciones o al peligro efectivo que genera su presencia en la sociedad.[194] Por consiguiente, aunque el pronóstico sobre la peligrosidad del autor sea sombrío, no puede sometérselo a una medida que importa una privación de libertad prolongada si solo ha sustraído una cosa de valor insignificante. La medida también tiene que determinarse, en definitiva, de acuerdo con la situación concreta, no según previsiones abstractas.[195]

e) *El Derecho penal, por la naturaleza de las funciones que debe cumplir, constituye un sistema de control social.*[196] De acuerdo con lo que se ha expuesto, su misión es obtener que los integrantes de la sociedad se comporten de un cierto modo y no de otro, con el objeto de asegurar la paz social, esto es, de solucionar los conflictos asegurando que se cumplan las expectativas de la comunidad recogidas por las normas "que existen para la protección de los bienes jurídicos".[197] Con este próposito, y a partir del supuesto de que un estado de cosas es más deseable que otro, el Derecho penal impone su respeto sirviéndose de la amenaza de la pena o recurriendo a la medida preventiva. Pero el orden que defiende no es absoluto. Por el contrario, depende de las particularidades de la estructura social. Una de las tareas más importantes que compete al jurista es efectuar la crítica de esa estructura a la luz de convicciones más altas sobre lo justo y lo injusto, y sobre el destino y la dignidad del hombre.

El Derecho penal es el sistema de control social más enérgico y, a causa de ello, se ha impuesto la necesidad de *formalizarlo* para proteger al ciudadano contra excesos del poder estatal.[198] Sin embargo, existen mucho otros sistemas de control social informales, cuya importancia es probablemente mayor que la del

---

194 JESCHECK, § 4 II, 2, pág. 22; ROXIN, § 3, números marginales 57 y 58, págs. 105 y 106. y *Franz von Liszt y la concepción político criminal del Proyecto Alternativo, cit.*, III, 3, pág. 58: "A la sanción preventiva de una conducta socialmente insoportable la llamamos...medida de seguridad (si está limitada) por el principio de proporcionalidad".

195 Para un examen más detallado de las medidas de seguridad y resocialización, véase infra, § 56.

196 El concepto de *control social* procede de la criminología. Se lo ha introducido más tarde en la dogmática penal, con resultados fecundos. La literatura sobre el tema es extensa. Puede encontrarse una visión del estado de la cuestión en HASSEMER, § 27, pág. 388 y sigts. hasta el fin de la obra; MUÑOZ CONDE, *Derecho penal y control social, cit. passim*; MIR, 1, I, números marginales 1 y sigts., págs. 47 y sigts.; BACIGALUPO, 1, A, 1, págs. 1 y sigts; BUSTOS, 1.1 a 1.3, págs. 494 a 497; GARRIDO, I, 1, VI, págs. 25 y sigts; STRATENWERTH, § 1 números marginales 1 y 2, págs. 23 y 24.

197 RUDOLPHI, *El fin del Derecho penal del Estado, cit.* II, págs. 82 y 83.

198 Con detalle, HASSEMER, § 27, págs. 395 y sigts.

ordenamiento punitivo[199] y sin cuya intervención este sería ineficaz o no subsistiría siquiera. Así, por ejemplo, las normas que regulan la coexistencia familiar, educacional, laboral o las que configuran las relaciones sociales; los preceptos éticos y las reglas de conducta impuestas por la religión, la cultura ambiente e incluso la cortesía, constituyen otros tantos regímenes de control que van moldeando el comportamiento de los individuos con arreglo a expectativas diversas. Todo el ordenamiento jurídico *no penal* cumple también esa función.

En muchos casos, cualquiera de esos sistemas realiza mejor que el Derecho penal la tarea de preservar los estados sociales deseables. Por eso es absurdo e inútil el empeño que se pone en incriminar todo lo que se considera contrastante con las valoraciones dominantes en la sociedad. El Derecho penal solo es guardián de las vigas maestras del edificio social y, para que cumpla su tarea con seriedad, debe realizarla garantizando que no dañará las otras estructuras que lo componen. Además, tiene que estar atento a los cambios experimentados por la trama de las relaciones sociales, a fin de no constituirse en un instrumento insoportable de dominación interesada y conservadora.

199 MIR, 1, I, número marginal 1, pág. 47. STRATENWERTH, § 1, número marginal 1, pág.23.

§ 2. CONCEPTO, NATURALEZA Y FIN DE LA PENA

I. PLANTEAMIENTO DEL PROBLEMA Y SU SISTEMÁTICA

Como para cumplir su misión el Derecho penal se sirve predominantemente de la *pena*, es indispensable referirse ahora a la naturaleza de esta y a la forma en que debe actuar para la obtención de tales objetivos. La respuesta a estas preguntas configura *la teoría de la naturaleza y el fin de la pena* que ha dado origen a un debate secular.

En una exposición pedagógica sería deseable encabezar el análisis de la cuestión con un concepto de pena. Sin embargo, como este depende del criterio que se adopte respecto a su naturaleza y finalidad, parece preferible asumir primero una posición frente a esa materia, para solo después ofrecer una noción que sea congruente con ella. Esa es la razón del orden en que se encuentran dispuestos los apartados siguientes: en ellos el concepto de la pena es la consecuencia de mis puntos de vista sobre su naturaleza y objetivos.

En la literatura chilena y latinoamericana en general, es usual postergar el tratamiento de estos problemas, haciéndose cargo de ellos al iniciar la *teoría de la pena.*[200] El empleo de esa ordenación tiene la ventaja de presentar en conjunto todo lo relativo a la reacción punitiva. Sin embargo, la experiencia demuestra que muchas cuestiones referentes al delito o la ley penal, e incluso las más generales relativas a la función del Derecho penal, no pueden resolverse con propiedad sino a partir del concepto de pena que se defiende, con el cual la solución a esas cuestiones tiene que ser consistente. Así, por no mencionar sino uno de los más importantes, el de la noción, inclusión, ubicación y función de la *culpabilidad* en la estructura del hecho punible.

---

200 LABATUT, I, 225, págs. 243 y sigts.; NOVOA, II, 501 y sigts., págs. 264 y sigts.; COUSIÑO, cuya obra quedó inconclusa, no se hace cargo del asunto en la parte introductoria: cabe presumir, por eso, que también lo reservó para considerarlo en la teoría de la pena, que nunca escribió. Entre los autores chilenos, adoptan un criterio como el del texto BULLEMORE Y MACKINNON, I, págs. 113 y sigts; ETCHEBERRY, I, págs. 30 y sigts.; GARRIDO, I, 5, págs. 69 y sigts; POLITOFF, págs. 41 y sigts. En la literatura latinoamericana reciente, véase, extensamente, ZAFFARONI, 5 y 6, págs. 41 y sigts., págs. 41 y sigts.

En consecuencia, el asunto de la naturaleza y el fin de la pena condiciona la unidad del sistema, del cual es un presupuesto y no un puro aspecto parcial. Es probable, incluso, que, si no se lo tiene presente desde el principio, la exposición dogmática aparezca como un despliegue académico de tecnicismos insustanciales. Porque, en efecto, la eficacia práctica del Derecho penal se mide con lo que la pena es capaz de hacer por la sociedad en su lucha contra el delito, y por las consecuencias que acarrea su empleo. Entonces, si no se percibe la relación que existe entre estas cuestiones y el esfuerzo por depurar el concepto de otras instituciones, se experimenta la sensación de que todo el complicado andamiaje dogmático está destinado a soportar una arquitectura monumental, pero inútil. En cambio, cuando esa relación se tiene en cuenta, se comprenden también las razones por las que es preciso discutir cuestiones aparentemente abstrusas como la estructura del tipo, los elementos subjetivos de las causales de justificación, los casos de error de prohibición y sus efectos o la antijuridicidad de la tentativa inidónea. Uno afirma que el que intenta cometer un robo valiéndose de un arma simulada para intimidar a la víctima debe ser castigado, no por conservar la simetría teórica, sino porque piensa que la pena, como la concibe, es apropiada para resolver el problema social que genera ese comportamiento. Se desea saber si el dolo pertenece al tipo o la culpabilidad, porque se tiene conciencia de que el proceso penal surte ya muchos efectos propios de la sanción punitiva, y se quiere averiguar si es posible cerrarlo más temprano, eludiendo el empleo de aquellos procedimientos que provocan consecuencias accesorias no deseadas.[201] Por estas razones, aquí el concepto, naturaleza y fin de la pena se examinan a la cabeza del sistema.[202]

---

201 ROXIN, *Sobre el fin de protección de la norma en los delitos imprudentes*, en *Problemas básicos, cit.*, pág. 181: "No se debe intentar alcanzar este fin solo por medios procesales… ya que tales instrumentos de restricción de la punibilidad presuponen un proceso o, al menos, un sumario en estado avanzado, *cosas ambas que en muchos casos sería mejor evitar de antemano*" (el énfasis es mío). ROXIN se está refiriendo aquí a la delimitación de la imprudencia o culpa, un problema equivalente a los que se destacan en el texto.

202 Este criterio es predominante en la literatura penal comparada del presente. Véanse, por todos, BAUMANN, § 3, II, págs. 9 y sigts.; BELING, § 1, 8, pág. 53; JAKOBS, § 1, números marginales 1 y sigts págs. 8 y sigts.; JESCHECK, § 1, 8, págs. 53 y sigts.; JIMÉNEZ DE ASÚA, II, 478 y sigts., págs. 31 y sigts; MAURACH, I, § 6, págs. 62 y sigts.; MAURACH–ZIPF, I, § 6, números marginales 1 y sigts., págs. 85 y sigts.; MIR, 3, 1, números marginales 3 y sigts., págs. 83 y sigts.; ROXIN, § 3 números marginales 1 y sigts., págs. 81 y sigts.; SCHMIDTHÄUSER, § 3, II, págs. 31 y sigts.; STRATENERTH, § 1, A, números marginales 3 y sigts, págs. 29 y sigts. En cambio, RODRÍGUEZ DEVESA, I, págs. 815 y sigts., y WELZEL, § 32, I, págs. 362 y sigts., se inclinan por la ubicación en la teoría de la pena.

II. LAS PRINCIPALES TEORÍAS SOBRE LA NATURALEZA Y FIN DE LA PENA

A) TEORÍAS ABSOLUTAS Y RELATIVAS DE LA PENA

Sobre la naturaleza y el fin de la pena existe una amplia gama de concepciones que se han desarrollado por más de veinticinco siglos, a lo largo de la historia de la Filosofía y el Derecho occidentales.[203] Sin embargo, todas ellas son variantes de tres principales, cuyo contenido se encuentra sintetizado en la pregunta clásica: *¿Punitur quia Peccatum est aut ne peccetur*? (¿Se castiga porque se ha pecado o para que no se peque?).[204]

Las teorías *absolutas* responden en el primer sentido: al autor se lo castiga *porque pecó*, esto es, *por el delito ejecutado*, de manera que la pena no persigue finalidades ulteriores y se justifica a sí misma. Por el contrario, las *teorías relativas* son de índole *preventiva*. La pena se impone *para que no se peque*, es decir, con el propósito de *evitar la comisión de otros delitos*. Se justifica, por consiguiente, solo *en relación* a ese objetivo, y de allí su denominación como *relativas*.

Las teorías relativas, a su vez, tienen dos vertientes: la teoría de la *prevención especial* pretende alcanzar su meta mejorando al autor (reformándolo, readaptándolo, resocializándolo); en cambio, la de la *prevención general,* actuando sobre la comunidad y el propio autor del delito mediante la amenaza de la pena y su ejecución, las cuales deben constituir un motivo de abstención para los que desean evitar el riesgo de encontrarse expuestos a ella.

Junto a estos puntos de vista básicos, que en sus formas ortodoxas se excluyen unos a otros, se han desarrollado las teorías *mixtas* o *unitarias*. Como su nombre lo indica, ellas procuran conciliar, atribuyendo a las penas características y objetivos múltiples, que satisfacen, en cierta medida, los presupuestos y exigencias de las tres concepciones anteriores. Estas teorías predominan en la actualidad, pero esto no implica uniformidad de criterios pues las combinaciones y conciliaciones pueden ser muy diversas.

En esta exposición no se puede describir detalladamente la polémica que se agita en torno a la materia, pero en los párrafos siguientes se intenta profundizar

---

203 Puede verse una prolija revisión de la mayor parte de ellas en JIMÉNEZ DE ASÚA, *op.* y *loc. cits.* en la nota anterior.

204 Esta formulación procede de SENECA, que recoge la idea de PROTÁGORAS transmitida por PLATÓN. Cfr. ROXIN, §3, número marginal 11, pág. 85.

un poco en los aspectos esenciales de cada teoría y destacar las críticas más certeras que se les han dirigido.

b) Las teorías absolutas: la retribución

La más representativa de las teorías absolutas es la de la *retribución*. Con arreglo a ella, la pena es *el mal que se irroga al autor de un hecho injusto, en consideración a que este puede serle reprochado por constituir una decisión contraria a los mandatos y prohibiciones del Derecho*. El sujeto, que *podía* comportarse en la forma exigida por las normas, ha preferido transgredirlas; la pena es la consecuencia de esta conducta *culpable*, en la cual no solo se funda, sino que además constituye la medida de la que se le impondrá.[205]

La teoría de la retribución goza de un prestigio teórico indiscutible. Su seducción se debe, en parte, a la lógica interna del razonamiento en que se sustenta, a cuya profundidad y perfección han contribuido algunos de los filósofos idealistas más importantes, como KANT y HEGEL.[206] En parte, también, a que su concepción del castigo se aproxima a la que los pensadores cristianos consideran propia de la reacción divina frente a la trasgresión de sus mandatos (pecado). No es raro, pues, que encuentre eco en los grandes teólogos y filósofos católicos y protestantes, como SANTO TOMÁS DE AQUINO, SAN AGUSTÍN DE HIPONA, ALTHAUS y TRILLHAAS[207]. Así, en el mensaje de PIO XII al VI Congreso Internacional de Derecho Penal celebrado en 1954, se afirma que "el Juez Supremo, en su juicio final, aplica únicamente el principio de la retribución, el cual, por lo tanto, debe poseer un valor digno de ser tomado en cuenta".[208]

---

205 Así, por no citar sino algunos de los contemporáneos representativos, CEREZO, I, I, págs. 28 y sigts.; CÓRDOBA RODA, RODRÍGUEZ MOURULLO Y CASABÓ, II, págs. 9 y sigts.; MAURACH, I, § 7, págs. 79 y sigts.; NOVOA, II, 505, págs. 270 y sigts., quien, presumiblemente, más tarde ya no defendía este criterio pero no llegó a reformular su opinión; RODRÍGUEZ DEVESA, I, págs. 816 y sigts.; WELZEL, § 32, I, pág. 326. En todos los autores citados, el punto de vista retributivo no es óbice para aceptar que la pena puede cumplir, además, cometidos accesorios de prevención. En rigor, esto los sitúa entre los sostenedores de teoría unitarias, pero los alinea, asimismo, en un sector definido de ellas. Al respecto, véase infra, III, a).

206 ROXIN, § 3, 3, págs. 82 y sigts.

207 Cfr. JESCHECK, § 8, III, 3, pág. 62.

208 *Op.* y *loc. cit.* en nota anterior. En su tesis de licenciado (no publicada) *La muerte como causal de extinción de la responsabilidad penal*, Santiago, abril, 1977, IV, A, pág. 10, nota de pie de página 25, JUAN IGNACIO PIÑA impugna agudamente esta conclusión del Pontífice, porque "es evidente que en la etapa en que dicho juicio final se lleve a efecto ya no tendría razón

Una de las formulaciones más consistentes de la teoría retributiva procede de KANT. Según su punto de vista, "el derecho de castigar es el derecho que tiene el soberano de afectar dolorosamente al súbdito por causa de la trasgresión de la ley". "La pena jurídica *(poena forenses)* ...no puede nunca aplicarse como un simple medio de procurar otro bien, ni aun en beneficio del culpable o de la sociedad, sino que debe serlo siempre contra el culpable *por la sola razón de que ha delinquido*". "La ley penal es un imperativo categórico, y desdichado aquel que se arrastra por el tortuoso sendero del eudemonismo, para encontrar algo que, por la ventaja que se puede sacar, descargase al culpable".[209]

Sobre estos presupuesto, KANT llega lógicamente a la solución de su célebre ejemplo, muchas veces repetido: "Si la sociedad civil llega a disolverse por el consentimiento de todos sus miembros, como si, por ejemplo, un pueblo que habitase una isla decidiera abandonarla y dispersarse, el último asesino detenido en prisión debería ser muerto antes de esta disolución, a fin de que cada uno sufriese la pena de su crimen, y que el crimen de homicidio no recayese sobre el pueblo que descuidase el imponer este castigo, porque entonces podría ser considerado como cómplice de esta violación pública de la justicia".

Esta idea de retribución tan depurada es chocante, porque resulta ajena a las exigencias de la realidad. Empujado por la fuerza de su razonamiento, KANT concluye deslizándose, sin repugnancia, hasta el talión: "No hay más que el derecho del *talión (jus talionis)* que pueda dar determinadamente la cualidad y la cantidad de la pena, pero con la condición bien entendida de ser apreciada por el tribunal (no por el juicio privado); todos los demás derechos son movibles y no pueden concordar con la sentencia de una justicia pura y estricta a causa de las consideraciones extrañas que con ella se mezclan".[210]

Algo parecido sucede con la concepción dialéctica de HEGEL, según la cual la pena es la expresión de la "voluntad general", representada por el ordenamiento jurídico, y tiene como finalidad *negar* la "voluntad especial" del delincuente que

---

de ser una teoría prevencionista" a causa de lo cual no es posible extraer de la naturaleza de la sanción divina consecuencias para la pena impuesta por los ordenamientos jurídicos humanos, para los que sí tiene sentido servirse de una pena preventiva.

209 KANT, *Principios metafísicos de la doctrina del Derecho,* selección, prólogo y notas de Arnaldo Córdoba, México, 1968, págs. 166 y 167.

210 KANT, *op. cit.*, págs. 169 y 170. Una traducción algo distinta en WELZEL, § 32 II, 1, págs. 328 y 329. El texto original, que procede de *Die Metaphysik der Sitten,* puede consultarse en JESCHECK, *Leherbuch des Strafrechts, Allgemeiner Teil,* § 7 III, pág. 44.

se ha manifestado en la infracción del Derecho. De este modo se restablece la vigencia de la ley, demostrando la inutilidad del delito.[211]

En todo caso, antes de enjuiciar esta teoría es preciso recordar que, como puntualiza WELZEL, ellas deben entenderse como posiciones contrarias a las teorías de la pena desarrolladas por el Derecho natural profano y en el período de la Ilustración, y por esta razón solo pueden ser explicadas "desde este trasfondo histórico y desde su propio sistema".[212] De otra manera, uno se expone a emitir sobre ellas un juicio ajeno a la historia, como les sucede a ciertos autores que parecieran imaginar a KANT y HEGEL, encabezando movimiento políticos contemporáneos. Además, por exagerada que parezca –y quizás por eso mismo– la concepción retributiva absoluta posee, como se verá,[213] un valor considerable para la determinación de la naturaleza de la pena y, a consecuencias de ello, para la comprensión de los límites que deben observarse en su imposición.

La teoría de la retribución está sometida a varios reparos:

aa) En primer lugar, presupone aceptado que el hombre se autodetermina, que es libre, pues solo sobre esa base es posible dirigirle un reproche y hacerlo responsable por su hecho. Esto implicaría funcionar sobre un postulado,[214] pues la libertad del hombre sería improbable a pesar de todos los esfuerzos desplegados para acreditarla. Tal cosa supondría asumir un riesgo de error peligroso, sobre todo si se tiene en consideración que de ese punto de partida dudoso se extraerán consecuencias graves no solo para el afectado por el castigo sino para la comunidad en general.[215]

bb) Por otra parte, la concepción retributiva, sobre todo en sus formas ortodoxas, tiene una marcada tendencia moralizante que parece impropia de la misión confiada al ordenamiento jurídico. En esto acusa su origen religioso. Sobre esta base, sin embargo, la pena retributiva difícilmente puede justificarse, pues para hacerlo es necesario atribuirle alguna función social práctica que, claro está, no puede ser, como quería HEGEL, la de honrar al delincuente en cuanto ser racional.

---

211 HEGEL, *Filosofía del Espíritu*, traducción de E. Barriolero, Biblioteca Pluma de Oro, Buenos Aires, 1942, págs. 553 y sigts.

212 WELZEL, § 32, pág. 329.

213 Infra, III, b).

214 Así expresamente en KANT, *Critique de la raison practique*, traducción de Francois Picavert, Presses Universitaire de France, 1965, pág. 142.

215 Supra § 1, III, b).

cc) La afirmación de que la pena se basa en la culpabilidad por el injusto trae aparejada la de que una pena solo es justa si corresponde a la medida de la culpabilidad. Esto, sin embargo, sería impracticable, pues no existe una forma de cuantificar la reprochabilidad de la conducta ejecutada por el autor. Más aún: ni siquiera se podría establecer empíricamente el grado de libertad aparente con que ha obrado, porque eso sería reproducir la situación en que lo hizo, y ello es imposible, prescindiendo de que intentarlo sería inmoral.[216] A causa de esto, la teoría de la retribución parece incapaz de funcionar. La pena no podría operar como retribución justa porque no hay manera de conocer la magnitud de la culpabilidad ni de adecuarla a ella.

dd) Finalmente, la teoría retributiva no explica la razón por la cual ciertos injustos culpables deben ser sancionados con una pena y otros no. En atención a su punto de partida y a la lógica de su raciocinio, esto no tendría fundamento, pues solo podría encontrárselo atendiendo a consideraciones de *utilidad social* que ella rechaza porque contradicen su planteamiento.

c) Las teorías absolutas: la expiación

De acuerdo con la teoría de la *expiación*, la finalidad de la pena es "la comprensión, por parte del autor del injusto realizado, así como de la necesidad de la pena, con la consecuencia de una reconciliación con la sociedad".[217] Entendida de esta manera clásica, carece actualmente de sostenedores.[218] Lo característico de

---

216 Fundamental en este sentido, KARL ENGISCH, *La teoría de la voluntad en la actual doctrina filosófica del Derecho penal*, traducción de José Luis Guzmán Dalbora, Montevideo–Buenos Aires, 2006, passin; HENKEL, *The self–determinatios of man as a problem of Legal–Philosophy*, en *L.S.* vol. 14, 1976, pág. 20: La posibilidad de actuar en otra forma solo podría ser demostrada en una forma confiable y convincente mediante un experimento en el cual la persona fuera puesta nuevamente en la misma situación y su conducta comparada en ambas ocasiones. Tal experimento no es practicable y la cuestión relativa a la capacidad actual para actuar diferentemente en la situación dada no puede ser respondida". En el mismo sentido GIMBERNAT, *Introducción* 4, II, pág. 35, y *¿Tiene futuro la dogmática jurídico–penal? cit.*, II, 1, págs. 7 y sigts.; HASSEMER, § 22, IV, Excurso 2, pág. 287: "Nada se sabe sobre las posibilidades individuales en una acción alternativa: tal saber supondría que existe libertad real y que su diferencia con la acción realmente elegida se puede conocer y medir"; ROXIN, § 19, números marginales 18 y 19, págs. 799 y 800, y *"Culpabilidad" y "responsabilidad" como categoría sistemáticas jurídico–penales* en *Problema básicos, cit.* II, 2, pág. 203.

217 JAKOBS, I, l, número marginal 25, pág. 25.

218 Ídem.

la expiación moral radica en que el sujeto la experimenta de manera inmanente, como sentimiento de culpa. Con la pena esto puede no ocurrir, como en el caso del vagabundo, para el cual constituye un agrado pasar en el establecimiento penitenciario los meses más crudos del invierno después de haber cometido, ex profeso, un pequeño delito, pues este ni siquiera la *siente* como un mal.[219] Pero, incluso si se prescinde de situaciones excepcionales, lo cierto es que la mayoría de los condenados juzga su destino como un infortunio inmerecido o como la realización de un riesgo inherente a su actividad, y de ninguna manera como la reparación justa por un comportamiento que, en realidad, no genera en ellos remordimiento.[220] En todas estas situaciones la pena como expiación no puede justificarse; para hacerlo, es necesario atribuirle alguna finalidad social práctica.[221]

d) Las teorías relativas: la prevención especial

A diferencia de las teorías absolutas, las relativas sostienen que la pena solo se justifica si se la emplea como *medio* para luchar contra el delito y evitar su proliferación. La de más reciente data, y que contrasta más radicalmente con la de la retribución, es la teoría de la *prevención especial* cuya consolidación se debe fundamentalmente a FRANZ VON LISZT.[222] Con arreglo a ese punto de vista, el cometido de la pena es *resocializar* al delincuente, actuando sobre él para conseguir que se adapte a las exigencias de una convivencia organizada y, cuando ello no es posible, neutralizándolo a fin de proteger a la sociedad. Por esta razón, es preciso despojarla de connotaciones punitivas, sustituyéndolas por reeducación, terapia y formación laboral. Así, la pena ya no es castigo, sino *tratamiento.*

En rigor es posible descubrir vestigios de esta concepción en PLATÓN y ya se encuentran expresiones prácticas de ella en algunas ideas sobre la ejecución de la pena que despuntan antes del siglo XVII, para desarrollarse a fines del siglo XVIII y principios

219 SCHMIDTHAÜSER, § 2, 7, pág. 16.

220 SCHMIDTHAÜSER, § 3, II, 2 pág. 42. En el mismo sentido ETCHEBERRY, *La culpabilidad como fundamento y medida de la pena,* en *R.C.P.* XXXII, N° 1, Santiago, 1973, págs. 5 y 6.

221 Respecto a la crítica de la teoría de la expiación, de manera general, véase JAKOBS, I, 1, número marginal 25, pág. 25.

222 Véase, en especial, LISZT, *La idea de fin en el Derecho penal,* cit. *passim*. Respecto a la actualidad de su pensamiento, *Franz von Liszt y la concepción político criminal del Proyecto Alternativo,* en *Problemas básicos, cit.* págs. 37 y sigts.

del XX (PENN, MACONOCHIE, OBERMAYER, MONTECINOS Y CROFTON).[223] Asimismo, está en la base de la teoría *correccionalista* de ROEDER[224]. Pero el período de su desenvolvimiento sistemático coincide con el de la Escuela Positiva italiana, la Política Criminal de LISZT y la obra de DORADO MONTERO. Tiene influencia prolongada en el pensamiento jurídico anglosajón –que, en el último tiempo, sin embargo, tiende a distanciarse de ella, orientándose a la retribución y la prevención general– y en un sector amplio de la doctrina europea continental. Es defendida también con preponderancia por los adherentes a la *teoría de la nueva defensa social* (GRAVIN, ANCEL, PINATEL) y, dentro de ella, con especial energía por el grupo genovés (GRAMMATICA).

La teoría de la prevención especial tiene el atractivo de ser una concepción aparentemente generosa, que contempla al delincuente con acentuada humanidad. Pero tampoco está exenta de reparos.

aa) Así como la teoría de la retribución postula la libertad del hombre, la de la prevención especial arranca de un presupuesto determinista tan improbable como aquel. En efecto, la idea de que al delincuente es preciso resocializarlo en lugar de castigarlo presupone la noción de que el hecho no puede reprochársele porque constituye el resultado de una constelación de factores causales que el autor no puede controlar.[225] Así, la misión de la pena consiste en remover esas condiciones para obtener la adaptación del sujeto a las exigencias de la convivencia. Pero, como la cuestión de la libertad del hombre continuaría siendo una aporía insoluble, en la práctica la teoría de la prevención especial se mueve por lo menos tan a ciegas como la de la retribución y con peligros semejantes. Pues el abuso de los recursos resocializadores puede conducir a consecuencias más devastadoras que el de los expiatorios. Aunque responda a propósitos humanitarios y generosos, una intromisión coactiva en la personalidad y el medio del autor es capaz de causar sufrimientos y distorsiones inconmensurables.[226]

---

223 Cfr. GARRIDO, *Compendio de ciencia penitenciaria*, Universidad de Valencia, 1976, en especial los capítulos III a V, págs. 45 y sigts.

224 Sobre los puntos de vista de ROEDER, críticamente CARRARA, II, antes de 582, págs. 8 y sigts.

225 BUSTOS, I, 5.3.2, pág. 530, y *Estado actual de la teoría de la pena estatal*, en, *Obras completas*, *cit.*, 3, b), págs. 217 y sigts.

226 BUSTOS, *Estado actual de la teoría de la pena estatal*, *cit.*, 3, b) pág. 222.

Por otra parte, la teoría de la prevención especial no explica cómo es posible que siendo el juez y las autoridades de ejecución de las penas determinados ellos mismos, estén en condiciones de intervenir y modificar los cursos causales que condicionan la personalidad y los actos del delincuente. Este es un asunto que no se ha discutido con detención. Pero es evidente que hasta para hacer algo tan sencillo como detener la caída de un cuerpo, se precisa la interposición de alguien que se encuentre situado fuera de ese proceso causal y no esté condicionado por él. Dos personas que se están hundiendo en un pantano no se pueden sacar la una a la otra y lo que causa desconcierto en alguno de los frescos del Giotto en Asís es que San Francisco pueda estar impidiendo la caída de la iglesia, sosteniéndola, aunque se encuentra dentro de ella. Ahora bien, tratándose de relaciones tan complejas como las que presuntamente actuarían sobre el delincuente, la posibilidad de ser un *determinado no comprometido* es inimaginable.[227]

bb) La teoría de la prevención especial nunca ha podido explicar lo que debe hacerse con quien comete un *delito irrepetible*. Imagínese el caso de un sujeto que se ha especializado en robos con escalamiento y solo comete ese tipo de delitos. Al dar un nuevo "golpe", cae desde un tercer piso, quedando inválido para el resto de su vida. En rigor, la teoría de la prevención especial debería sostener su impunidad, pues parece absurdo imponer una medida para mejorar o inocuizar a quien ya no necesita serlo.[228] Pero ni sus partidarios más consecuentes llegan tan lejos, lo cual solo puede explicarse como una concesión a criterios de retribución o prevención general. Con ellos, la teoría pierde consistencia.

cc) Si la pena persigue resocializar al peligroso, es inútil esperar que cometa un delito para imponérsela. Sin embargo, solo el positivismo italiano, que postulaba la sustitución de las penas por medidas de seguridad y resocialización, se atrevió a sostener esa consecuencia, abogando por su irrogación predelictual. En cambio, todos los partidarios ortodoxos de la prevención especial que conservan el concepto de pena en sus sistemas retroceden ante este resultado, asilándose

227 SCHÜNEMANN, *La función del principio de culpabilidad, cit.*, II, 2, pág. 157: "Esto se ilustra muy bien mediante la agudeza de aquel juez que, ante la objeción del acusado de que no podía ser condenado debido a la inexistencia del libre albedrío humano, le replicó con pesar que también él –el juez– carecía de libre albedrío y no podría hacer otra cosa que condenarle".

228 BUSTOS, *Estado actual de la teoría de la pena estatal, cit.*, 3, b) pág. 221; ROXIN, *Sentido y límites de la pena estatal, cit.*, A, II, 2, pág. 16.

más bien en la concepción del "Derecho penal de doble vía".[229] De esta manera, sin embargo, se abandonan los criterios fundamentales de la concepción pues, contrastada con la medida, la pena parece recuperar su carácter retributivo.

Tampoco es satisfactorio el argumento de que el delito constituye el más seguro indicio de inadaptación y peligrosidad, y por eso la imposición de la pena resocializadora solo se justifica después de que el sujeto lo ha cometido. Esto es falso. Muchos individuos que no son peligrosos cometen ocasionalmente delitos. Es más, probablemente todos hemos incurrido alguna vez en ellos[230] sin que nadie deduzca de eso que somos temibles. Si la ejecución de un hecho punible constituyera verdaderamente un índice de peligrosidad seguro, habría que considerar peligroso tanto al que sustrae unas cuantas monedas del bolsillo de su vecino (art. 432 C.P., segunda parte) como al que se apropia indebidamente del libro que le prestaron (art. 470 Nº 1º C.P.); pero, curiosamente, los partidarios de la prevención especial no extraen esta consecuencia y aceptan como integrantes de la "sociedad respetable" a personas en cuyas bibliotecas pueden encontrarse muchos volúmenes mal habidos.

dd) Otra consecuencia ineludible de la prevención especial es la pena absolutamente indeterminada. Para resocializar a un delincuente será preciso "tratarlo" durante más o menos tiempo, sin que al momento de dictar la sentencia pueda preverse cuánto. Pero la implantación de un sistema como este entraña tantos riesgos que casi nadie intenta defenderlo con seriedad.

ee) Desde el punto de vista político, la prevención especial es, finalmente, objetada porque se presta para encubrir abusos insoportables.[231]

---

229 Supra § 1, III, d).

230 Piénsese en pequeñas evasiones tributarias, contrabandos y otras infracciones menores usualmente cohonestadas por el grupo social.

231 Véase, por todos, BUSTOS, *Bases críticas*, III, 3, a), págs. 84 y sigts. y *Estado actual de la teoría de la pena estatal, cit.*, 3, b) pág. 220; HASSEMER, 26, III, págs. 357 y 358; MUÑOZ CONDE, *Derecho penal y control social, cit.*, IV, 3, págs. 109 y 110; ROXIN, § 3, I, 2, números marginales 16 y sigts. págs. 87 a 89, y *Sentido y límites de la pena estatal, cit.*, A, II, 2, págs. 16 y 17. Desde otro punto de vista, pero coincidiendo en el reparo, GÖSSEL, *Esencia y fundamentos de las sanciones jurídico–penales*, B, VI, c), 2, pág. 74: "Quien ciertamente sea de esta opinión tiene que conferir al Estado el derecho, sumamente dudoso, de imponer a sus ciudadanos determinados valores sociales y de educarles conforme a ellos; ya se debería aprender del testimonio aportado por las dictaduras fascistas y socialistas, ideológicamente fundadas de nuestro siglo".

El problema consiste en que la sociedad no es homogénea. En ella coexisten diferentes grupos que adhieren a sistemas de valor también distintos. En consecuencia, el individuo que pertenece a uno de tales conglomerados puede encontrarse perfectamente socializado desde el punto de vista de este, porque adhiere y respeta el orden valorativo que impera en él y, en cambio, desocializado respecto de otro, porque no acata el sistema axiológico sustentado por sus integrantes.[232] Esto es notorio, por ejemplo, en regiones donde conviven grupos culturales, étnicos o religiosos desemejantes, al extremo de que, en muchos casos, el conflicto ha desembocado en rupturas sangrientas, de las cuales en los últimos años hemos visto ejemplos dolorosos. Pero el problema se presenta asimismo en sociedades de apariencia uniforme, en las cuales, no obstante las desigualdades de fortuna, de educación o, simplemente, de enfoque sobre la realidad, provocan también diferencia en las concepciones valorativas más marcadas de lo que una apreciación superficial permite sospechar.

Si la resocialización se concibe como un intento de obligar a todos los participantes en la convivencia a comulgar con un orden de valores impuesto por la fuerza, por pretendidas superioridades intelectuales o éticas, o por la mayoría, entonces no es más que un instrumento de dominación.[233] Una resocialización apropiada tendría que intentar tan solo obtener de los individuos que acaten los pocos valores fundamentales respecto de los cuales existe consenso en todas –o, por lo menos, en la gran mayoría– de las agrupaciones sociales, incluyendo entre ellos la tolerancia, y haciendo, por consiguiente, del respeto a las diferencias una meta primordial. Esto, sin embargo, es difícil de lograr. La tendencia de los conglomerados sociales a imponer sus valoraciones particulares es muy fuerte. Hasta entre los que impugnan los criterios preventivos especiales fundándose en argumentos semejantes a los expuestos aquí, suele percibirse la creencia de que la resocialización es defendible si la sociedad se constituye con arreglo a sus propias opiniones sobre lo que es justo. Aun en las naciones organizadas de manera más democrática, el auténtico pluralismo es una aspiración constantemente frustrada y no una realidad vivida. Mientras sea así –y probablemente lo sea siempre– la resocialización solo puede justificarse si se limita a conceder oportunidades de desarrollo individual, pero no como una función coactiva del recurso penal.[234]

---

232 BUSTOS, *Estado actual de la teoría de la pena estatal, cit.*, 3, b), págs. 222 y 223; MUÑOZ CONDE, *Derecho penas y control social, cit.*, IV, 2, pág. 95.

233 Así, expresamente, BUSTOS, 5.3.2.1., pág. 531, y *Estado actual de la teoría de la pena estatal, cit.*, 3, b), pág. 220.

234 Otra opinión en BACIGALUPO, ii, b, 5, pág. 46.

e) Las teorías relativas: la prevención general

La teoría de la *prevención general* también atribuye a la pena la función de evitar la comisión de nuevos delitos, pero no mediante la resocialización del delincuente, sino actuando sobre la comunidad en su conjunto. Dentro de ella se subdistingue actualmente dos tendencias: una *teoría de la prevención general negativa* y otra *positiva*.

i) *Teoría de la prevención general negativa o intimidatoria*

Históricamente esta es la forma clásica de la concepción preventiva general. De acuerdo con ella, la pena tiene por objeto *disuadir* a los integrantes de la sociedad de cometer delitos mediante su amenaza y ejecución.

En la práctica, este criterio ha informado un poco más o menos a todos los sistemas punitivos adoptando, a veces, formas "intimidatorias" de una ferocidad repulsiva. En la doctrina, sin embargo, su florecimiento coincide con el de la Ilustración, hacia fines del siglo, XVIII, que la reelabora para adaptarla y ponerla al servicio de sus concepciones humanistas y liberales.

Así, para FEUERBACH, "todas las contravenciones tienen su causa psicológica en la sensualidad, en la medida en que la concupiscencia del hombre es la que impulsa, por placer, a cometer la acción. Este impulso sensual puede ser cancelado a condición de que cada uno sepa *que a su hecho ha de seguir ineludiblemente, un mal que será mayor que el disgusto emergente de la insatisfacción de su impulso al hecho*".[235] Es decir, la amenaza penal es concebida como un contramotivo psicológico destinado a inhibir en los ciudadanos el impulso a delinquir.[236] La función de coacción psicológica corresponde a la "amenaza penal", en tanto que la "imposición de la pena" solo tiene por objeto confirmar la seriedad de esa advertencia. "El objetivo de la conminación de la pena en la ley es la intimidación de todos, como posibles protagonistas de lesiones jurídicas. El objetivo de su aplicación es el de dar fundamento efectivo a la conminación penal, dado que sin la aplicación la

---

235 FEUERBACH, § 13, pág. 60. (Énfasis en el original).

236 JESCHECK, § 8, IV, 2, pág. 63, y MAURACH ZIPF, I, § 6, números marginales 19 y 20, subrayan que la teoría de FEUERBACH intenta "tender un puente entre la ética Kantiana" y el "utilitarismo de la Ilustración". Esto no es válido, en cambio, respecto de BECCARIA, su predecesor italiano, a quien KANT (*Principios metafísicos de la doctrina del Derecho, cit.*, pág. 172) había criticado explícitamente por sus opiniones sobre la pena de muerte, e implícitamente en cuanto a las relacionadas con el fin de la pena.

conminación quedaría hueca (sería ineficaz)"[237]. De esta forma FEUERBACH procura superar el utilitarismo de algunos de sus predecesores, como BECCARIA y BETHAM, que habían provocado la crítica de KANT.[238]

Unos pocos años antes, en efecto, BECCARIA sostenía en Italia "que el fin de la pena no es atormentar y afligir a otro ser sensible, ni deshacer un delito ya cometido", sino "impedir al reo hacer nuevos daños a sus conciudadanos y apartar a los demás de cometer otros iguales".[239] Por consiguiente, "para que una pena consiga su efecto basta con que el mal de la pena exceda al bien que nace del delito; y en este exceso del mal debe calcularse la infalibilidad de la pena y la posible del bien que el delito produciría. Todo lo demás es superfluo y, por tanto, tiránico".[240]

Esta concepción es sencilla, clara y coincide hasta cierto punto con las convicciones del hombre común. Pero también está expuesta a críticas.

aa) Desde el punto de vista práctico se le imputa, precisamente, el fracaso histórico de la pena como disuasivo. En efecto, ni los castigos más atroces han sido capaces de intimidar a los delincuentes, como lo demuestra la clásica historia del ladrón que durante el enrodamiento de otro de los suyos sustraía las bolsas a los espectadores del suplicio. Pero tampoco las sanciones moderadas obtienen resultados mejores. Por eso se ha dicho irónicamente que la pena solo atemoriza a los que tampoco delinquirían si ella no existiera, esto es, a los "ciudadanos honestos". El delincuente profesional no se deja intimidar por el castigo, pues siempre espera escapar impune gracias a su experiencia y habilidad y, en todo caso, lo considera como un "riesgo" propio de su "trabajo"; el pasional, a su vez, se encuentra tan obnubilado cuando actúa, que no se detiene a pensar en las consecuencias de lo que hace; para los delincuentes sexuales pareciera ser indiferente o, en todo caso, ineludible; para el delincuente por convicción constituye el costo que siempre está dispuesto a pagar para la afirmación de su posición ideológica.[241] Una prueba de

237 FEUERBACH, § 16, pág. 61.

238 Véase nota 227, anterior.

239 BECCARIA, XV, pág. 111. Nótese el repudio de la retribución: "ni deshacer un delito ya cometido".

240 BECCARIA, XV, pág. 112. La misma idea se reitera en la pág. 118: "Para que una pena sea justa no debe tener más grados de intensidad que los suficientes para apartar de los delitos a los hombres".

241 Un caso extremo pero ilustrativo es el de los "atentados suicidas" que se han generalizado en los últimos años, alentados por organizaciones terroristas.

todo esto es que en aquellos países en los que se ha abolido la pena de muerte, la delincuencia "capital" no parece haber experimentado incrementos significativos y, en algunos casos, hasta ha disminuido.

bb) Una concepción como esta crea el riesgo de una progresiva exasperación de las penas, con el objeto de aumentar el efecto disuasivo.[242] A pesar de los buenos deseos expresados por los penalistas de la Ilustración –y, en especial, por los utilitaristas– los castigos se volverán inhumanos si los delitos aumentan y se juzga necesario incrementar su intensidad para fortalecer su efecto disuasivo. Pero por lo mismo que este último es dudoso, el fenómeno se producirá inevitablemente.

En estas circunstancias, es curioso que en años recientes este punto de vista utilitarista haya vuelto a plantearse, pero no ya por juristas sino por economistas que, como GARY S. BECKER y GEORGE AKERLOF y JANET S. YELLEN, lo presentan como una cuestión de "costo beneficio".[243] Este punto de vista parece ignorar el fracaso de la concepción utilitaria clásica sobre la prevención general negativa y, por supuesto, está sometido a las mismas críticas que aquella. Constituye en todo caso una demostración de lo inconveniente que resulta la intromisión de las disciplinas en campos ajenos a su competencia, sin un trabajo interdisciplinario más profundo.[244]

cc) El reparo más severo que se ha dirigido a la teoría de la prevención general negativa es que atenta contra un principio ético fundamental, posiblemente el más importante entre aquellos sobre los cuales descansa la cultura occidental contemporánea. En efecto, cuando se castiga a un hombre para intimidar o disuadir a otros, se lo emplea como un *medio*. Esto es inaceptable, "porque jamás un hombre puede ser tomado por *instrumento* de los designios de otro ni ser contado en el número de las cosas como objeto de derecho real; su personalidad natural innata lo garantiza contra tal ultraje". [245]

---

242 CEREZO, I, pág. 31.

243 BECKER, *Crime and Punishment: an Economic aproach*, en *Journal of Political Economy*, vol. 76, marzo-abril de 1968, págs. 169 a 217. AKERLOF y YELLEN, *Gang behavior; Law enforcement, and community values and public policy*, Aaron, Mann and Taylor, Brookings, 1993, págs. 173 a 209.

244 Conviene precisar que el enfoque de AKERLOF y YELLEN, al introducir en el objeto del análisis los "valores comunitarios" (*community values)* logra una percepción más fina, espiritualizada y certera que el tosco e ingenuo pragmatismo de BECKER.

245 KANT, *Principios metafísicos de la doctrina del Derecho, cit.*, pág. 167. Este reproche se reitera actualmente en todas las exposiciones sobre el tema.

ii) *Teoría de la prevención general positiva*

Con arreglo a la teoría de la prevención general positiva, la pena tiene por objeto "la afirmación y aseguramiento de las normas básicas",[246] *reforzando la seriedad de sus mandatos.* La amenaza de la imposición del castigo y la condena del culpable –que pone de manifiesto la seriedad de aquella– constituye una manera de enfatizar la importancia del bien jurídico protegido y, consiguientemente, de los valores en juego, y de reafirmar el respeto de ellos por el grupo social, procurando que los introyecte y los acate, respetando la prohibición de ponerlos en peligro o el mandato de actuar para evitar esos riesgos.[247] Una de las formulaciones recientes de la prevención general positiva es la de JAKOBS, de conformidad con la cual, "misión de la pena es el mantenimiento de la norma como modelo de orientación para los contactos sociales".[248]

Tal como se la entiende actualmente, la prevención general positiva implica distinguir a su vez tres fines y efectos distintos, aunque "imbricados" entre sí: a) un efecto de aprendizaje, motivado social–pedagógicamente; b) el ejercicio en la confianza en el Derecho que se origina en la población por la actividad de la justicia penal, esto es, el efecto de confianza que surge en los ciudadanos cuando ven que el Derecho se aplica y, por fin, c) el efecto de pacificación que se produce cuando la conciencia jurídica general se tranquiliza, en virtud de la sanción sobre el quebrantamiento de la ley, y considera solucionado el conflicto con el autor.[249] Sobre esta base se habla también de una *teoría de la prevención general integradora.*

La teoría de la prevención general positiva es, sin duda, preferible a la de la negativa, sobre todo porque una prevención general concebida de tal manera tiende a morigerar el rigor de las sanciones, ya que la función formadora del respeto a las normas solo puede cumplirse mediante la amenaza e imposición de penas *razonables.* Por otra parte, la adopción de este criterio se coordina con la misión reconocida al Derecho punitivo,[250] del cual la pena es el recurso principal. Probablemente, además, no está sujeta al reproche de ineficacia disuasiva que se dirige a la prevención general negativa, pues "la afirmación de la eficacia de la norma" no es dependiente de su acatamiento en los casos concretos. Sin

---

246 HASSEMER, § 27, III, pág. 392.

247 En el mismo sentido JESCHECK, § 8, II, 3, a), pág. 60.

248 JAKOBS, I, número marginal 11, pág. 14.

249 La exposición del texto reproduce casi textualmente la de ROXIN, § 3, número marginal 27, págs.91 y 92.

250 Supra § 1, III, c), dd).

embargo, ella también puede ser criticada desde el punto de vista de su licitud ética. En efecto, como la seriedad de las conminaciones penales exige que ellas se cumplan, en la práctica también esta concepción instrumentaliza al delincuente con el objeto de alcanzar sus fines, incurriendo en el mismo reproche que se ha dirigido a la prevención general negativa.

III. LAS PRINCIPALES TEORÍAS SOBRE LA NATURALEZA Y EL FIN DE LA PENA (CONTINUACIÓN): LA SOLUCIÓN PROPIA EN EL ÁMBITO DE LAS TEORÍAS UNITARIAS

a) Introducción: concepto de teorías unitarias

El cuadro descrito en el apartado precedente es desalentador y parece conducir al escepticismo sobre cualquier posibilidad de encontrar una justificación racional para la pena. Uno tendría que resignarse a reconocer en ella un quiebre del Estado de Derecho, que en la situación límite echaría mano de un recurso sin sentido, solo porque constituye una herramienta de represión poderosa y dispone de la fuerza necesaria para servirse de ella. Naturalmente, las consecuencias políticas de esta concepción son desastrosas. Las puertas de la organización social quedarían abiertas a la arbitrariedad y la lucha por la Justicia y la paz social no sería más que una mascarada destinada a ocultar una situación de guerra latente, contenida por los más poderosos mediante el empleo de la violencia.

Por desgracia, concepciones como esta no son inimaginables. Ideas semejantes se encuentran tras cualquier punto de vista que acentúa las exigencias de seguridad colectiva o pretende erigirse en solución dogmática excluyente del disenso. Allí donde la pena se pone al servicio de la tranquilidad colectiva o del Estado sin consideración al hombre, o se transforma en custodio de la "única verdad posible", de grupo, clase o pueblo "elegidos", termina por no servir a nadie, ¡ni siquiera a los que la esgrimen!

En otro sentido, el escepticismo puede traducirse en la aspiración a deshacerse del sistema penal. Si este no es más que un instrumento de dominación destinado a mantener a raya a los débiles y a los disidentes, parece razonable abogar por su desaparición. Pero, como ya se ha dicho,[251] este tampoco es un camino confiable. La imposición de la pena en un *procedimiento formal* constituye una garantía de los individuos frente al poder del

---

251 Supra, § 1, III, b) al final.

Estado, que no puede ser sustituida por otros sistemas de control social menos regulados.[252] En tanto es así, no debe renunciarse a ella.

Pero la situación no es tan crítica como parece a primera vista. La prolongada polémica entre las teorías absolutas y relativas es producto, hasta cierto de punto, de falta de flexibilidad en las posiciones básicas. Eso es inevitable en una discusión compleja, que compromete intereses de tanta significación. Pero el debate ha permitido también superar dificultades y establecer con cierta claridad así tanto la naturaleza de las distintas cuestiones como los límites de su posible solución. En parte, esos logros constituyen el sustrato sobre el que se han desarrollado las teorías *unitarias,* las cuales *intentan una concepción de la pena en los que los puntos de vista de las teorías absolutas y relativas se realicen, hasta donde sea posible, combinadamente, en los distintos momentos en que ella actúa sobre la comunidad en general y sobre el individuo que ha delinquido en particular.*

Para comprender correctamente lo que se proponen las teorías unitarias, es necesario tener en cuenta los siguientes puntos:

aa) Las teorías absolutas y relativa no solo se diferencian en su concepción de la pena, sino que implican visiones distintas sobre el Derecho y su función. Para las teorías absolutas, la finalidad del ordenamiento jurídico es la *realización de la Justicia*, es decir, de un orden social ideal en el que a cada cual se da lo suyo. Para las teorías relativas, en cambio, el objetivo del Derecho es de carácter práctico y consiste en *la preservación de la paz* entre los integrantes de una sociedad plural.[253]

bb) A causa de este antagonismo en sus puntos de partida, las teorías absolutas y relativas no pueden compatibilizarse, pretendiendo que la pena cumpla al mismo tiempo los distintos fines que cada una de ellas le atribuye. Así, por ejemplo, en el caso de un sujeto peligroso que ha sido condenado varias veces por delitos violentos y provoca unas lesiones insignificantes a su adversario durante una riña, las teorías absolutas exigirán la imposición de una sanción pequeña, proporcionada a la magnitud del injusto y de la culpabilidad del autor, mientras las relativas se inclinarán por un tratamiento resocializador prolongado (prevención especial) o una pena severa que disuada definitivamente al delincuente de incurrir en tropelías (prevención general negativa). En este caso, probablemente la teoría

252 Supra, § 1, III, d).

253 En este mismo sentido BACIGALUPO, I, B, 3, pág. 11.

de la prevención general positiva tenderá a plegarse a una solución parecida a la de la retribución, pues la reafirmación de la vigencia de los valores jurídicos solo puede conseguirse mediante una pena proporcionada al injusto. Pero, aunque no es posible conciliarlas, las concepciones absolutas y relativas pueden, en cambio, *limitarse recíprocamente* evitando los excesos a los que las induce una afirmación exagerada de sus fundamentos respectivos.[254]

cc) Como las teorías de la prevención especial y de la prevención general pretenden que la pena asegure sus fines básicos acudiendo a procedimientos diferentes, tampoco se las puede mezclar. Cuando alguien comete un delito grave, pero "irrepetible", la teoría de la prevención general (negativa o positiva) estará por imponer una pena también grave; en cambio, la prevención especial debería no reaccionar o, por lo menos, reducirse a una intervención limitada. Así pues, no es posible cumplir conjuntamente los objetivos de prevención especial y general, pero luego de decidirse básicamente por una de ellas, se puede intentar que, cuando sea necesario, la pena obtenga también, siquiera en parte, los resultados a que aspira la otra, actuando para ello en el momento oportuno dentro de los varios en que despliega su eficacia.

De estas consideraciones se deduce que las teorías unitarias son variadas y su contenido depende del punto de partida que se elija.[255] Ahora bien, la decisión a favor de uno de ellos es, en cierta medida, el resultado de convicciones personales sobre la naturaleza del hombre, de la vida en sociedad y del Derecho que escapan a una racionalización rigurosa. Pero depende también de las condiciones históricas y culturales de cada época, las cuales explican la preferencia de que goza uno u otro en períodos distintos.[256]

La solución que se expone en los párrafos siguientes es fruto de estos criterios.

b) El punto de vista personal

En mi opinión, *la pena tiene por finalidad primordial la* ***prevención general positiva****, mediante la amenaza de que quien infrinja determinados mandatos o prohibiciones del*

---

254 En este mismo sentido, ROXIN, § 3, números marginales 34 y 35, págs., 94 y 95; *Sentido y límites de la pena estatal,* A, IV, pág. 19; STRATENWERTH, § 1, números marginales 34 y 35, págs. 40 a 41.

255 CEREZO, I § 1, pág. 26, sostiene que todas "las teorías de la pena reconocen que la retribución constituye la esencia de la pena". Creo que este punto de vista es inexacto.

256 Véase, con cierto detalle, BACIGALUPO, I, B, 3, c), págs. 16 y 17.

Derecho, lesionando o poniendo en peligro un bien jurídico, sufrirá un ***mal que no podrá exceder del injusto culpable en que incurrió*** *y cuya ejecución* ***debe procurar, en la medida de los posible, evitar perturbaciones accesorias de su desarrollo personal y su capacidad de reinserción en la convivencia pacífica.***

Esta concepción que, con ligeras variantes, corresponde a la defendida en la segunda edición de este libro,[257] implicó abandonar el criterio que mantuve hasta la primera,[258] de acuerdo con la cual se distinguía entre naturaleza y fines de la pena, sosteniendo que aquella es retributiva y que estos son preventivos.

Las razones de ese cambio fueron de dos clases.

En primer lugar, llegué a la convicción de que la pena no tiene una naturaleza en sí. Consiste, más bien, en aquello a que el ordenamiento jurídico decide destinarla,[259] pues esto determina su contenido y su forma. Es verdad que siempre adopta la apariencia de una devolución de mal por mal;[260] pero esto se debe, precisamente, a que a menudo se la emplea como prevención general y lo que mejor asegura la eficacia de esta en cualquiera de sus formas es la amenaza de un mal, es decir, un castigo.

Por otra parte, me he convencido también de que la retribución justa, esto es, aquella mediante la cual se sanciona idealmente la culpabilidad por el injusto, no es una tarea para la cuan sean competentes los tribunales del hombre. En estricto rigor, estos ni siquiera están en condiciones de conocer con exactitud el hecho que juzgan, pues como nunca obtendrán de él una reproducción fiel y precisa en el proceso, no lograrán tampoco comprenderlo a cabalidad.[261] Además, para ser justos, tendrían que estar en condiciones de sancionar todo delito que se cometa, pero todos sabemos que son muchos más los que permanecen impunes que los efectivamente castigados.[262] Los jueces humanos, pues, solo pueden aspirar a ser "justos" en el sentido de conceder al inculpado todas las garantías de imparcialidad, atención, defensa, celeridad, protección y otras que la ley consagra para

257 CURY, 2ª, I, § 2, III, b) pág. 43.

258 CURY, 1ª, I, § 3, II, B, págs. 59 y sigts.

259 BACIGALUPO, i, b, § 3, pág. 12: "Las teorías de la pena no responden a la pregunta ¿qué es la pena?, dado que 'el ser de la pena' no depende de la naturaleza que se le atribuya, sino de otra pregunta: ¿bajo qué condiciones es legítima la aplicación de una pena?". MIR, *Función de la pena y teoría del delito en el Estado Social y Democrático de Derecho,* Bosch. Barcelona, 1982, I, pág. 15: "La función de la pena constituye un tema inevitablemente valorativo, *opinable,* pues, y sustraído a la posibilidad de una respuesta independiente del punto de vista que se adopte ante la cuestión de la función a atribuir al Estado".

260 CURY, 1ª, I, § 3, b), bb), pág. 59.

261 Con detalle, HASSEMER, § 16, págs. 145 y sigts.

262 JESCHECK, § 8, III, 4, pág. 42.

ampararlo frente a los excesos en que puedan incurrir esos poderosos adversarios que son la administración y sus órganos. En lo demás, tienen que cumplir sus funciones de aplicar la coacción con criterio social sin sentirse administradores de una justicia absoluta que está reservada a Dios.[263]

Así pues, como la pena no puede ser retribución justa, es conveniente que se la limite a ser prevención apropiada.

aa) La verdad es que un Derecho penal de tipos estrictos,[264] como el que impera en el ordenamiento vigente –y en la mayoría de los contemporáneos– el objeto de la pena solo puede explicarse como prevención general. ¿Para qué, si no, se preocuparía el legislador de describir con minuciosidad las conductas que pueden ser castigadas, determinando además la sanción que impondrá a cada una de ellas?[265] Cuando se establece, en efecto, que quien mata a otro sufrirá una pena de presidio de diez años y un día a quince años (art. 391, Nº 2º, C.P.) la ley se está dirigiendo a todos los ciudadanos para advertirles que si no respetan la vida ajena, deberán padecer, como consecuencia, esa enérgica y prolongada privación de libertad. Con eso, por cierto, pretende *obligarlos* (*coaccionarlos*) a comportarse en la forma exigida por la norma, observando una conducta de *respeto* por la vida humana.

A mi juicio, la literatura no destaca bastante la relación que existe entre los principios de legalidad y tipicidad y la prevención general. Sin embargo, salta a la vista que quienes echaron la bases de aquellos fueron también partidarios de esta.[266] Tanto para BECCARIA como para FEUERBACH los delitos tienen que encontrarse descritos previamente en una ley, con el objeto de que los ciudadanos sepan lo que pueden hacer o no hacer sin verse expuestos a un castigo. Con ello perseguían evitar arbitrariedades. Pero de eso se deduce también que, si algunas conductas son presentadas como punibles, es para tratar de que los integrantes de la sociedad ponderen el riesgo asociado a su ejecución y la exigencia

---

263 JESCHECK, § 8, III, 4, pág. 62; ROXIN, *Sentido y límites de la pena estatal, cit.*, B, I, págs. 20 y 27. Este argumento, que ya fue desarrollado por CARRARA, *Prolegómenos*, especialmente págs. 16 y sigts., es también acogido entre nosotros por ETCHEBERRY, I, pág. 33.

264 Infra, § 16, I, b) y, en general, todo ese parágrafo.

265 FEUERBACH, § 14, pág. 60: "Para fundar la convicción general acerca de la vinculación necesaria entre esos males y las injurias, será menester: *Que una ley la establezca como necesaria consecuencia del hecho*" (*conminación legal*) (el énfasis es mío); ROXIN, § 3, 29, pág. 92 y *Sentido y límites de la pena estatal, cit.*, B, I, 2, pág. 24.

266 Compárese supra, en este parágrafo II, e) e infra, § 7, 1.

de respeto al bien jurídico expresada en el mandato o prohibición respectiva, y se abstengan de realizarlas. Ambas cosas explican que para BECCARIA sea primordial la claridad de las leyes, pues "cuanto mayor sea el número de los que entiendan y tengan entre las manos el sagrado código de las leyes, *tanto menos frecuentes serán los delitos* porque no hay duda de que *la ignorancia y la incertidumbre de las penas favorecen la elocuencia de las pasiones*";[267] asimismo, permite comprender la aspiración de FEUERBACH, que exigía la redacción de un "Código Penal para el pueblo", el cual debía emplearse como libro de lectura general y texto escolar, y habilitar a todo el mundo para conocer la ley penal.[268]

Si, en cambio, la pena se concibe como retribución, todo esto carece de sentido, pues lo justo o injusto de una conducta no depende de que se la haya descrito cuidadosamente por la ley. Hay muchos hechos que lesionan bienes jurídicos y que el legislador ha omitido tipificar, sea por consideraciones políticas, sea por consideraciones axiológicas, sea porque no ha percibido su seriedad, sea porque en su momento no las pudo imaginar o, simplemente, por olvido. Desde el punto de vista de la retribución, todos ellos deberían castigarse –con prescindencia del silencio de la ley– si el autor es consciente de su lesividad y de que contrarían los fines del Derecho. A su vez, para la prevención especial el principio de reserva está aún menos justificado, porque una persona que se comporta mal y hace daño a los otros debe ser resocializado, aunque sus fechorías no estén previstas y sancionadas por la ley como delitos.

Por otra parte, la pena, cuando es impuesta, significa siempre un sufrimiento y un mal para quien la soporta. Esta es así en tanto se los somete a ella coactivamente y por eso fracasa todo intento de transformarla en tratamiento resocializador. Un "tratamiento" forzado es castigo, nos guste o no, pues solo es auténticamente *tratado* quien ha consentido en serlo. Entonces, si la pena es un mal, y si no podemos explicar su empleo mediante criterios de justicia absoluta que escapan a nuestra capacidad de conocimiento, de juicio y comprensión, solo podemos entenderla como un recurso destinado a motivar a los ciudadanos para que se conduzcan en la forma exigida por el Derecho y se ejerciten en el respeto por los bienes jurídicos.[269]

---

267 BECCARIA, V, pág. 79. (El énfasis es mío) Sobre FEUERBACH, véase nota precedente, 257).

268 Citado por SCHMIDTHÄUSER, § 3, B, 5, pág. 30. Véase, además FUERBACH, 19 y 20, pág. 63.

269 GIMBERNAT, ¿Tiene futuro la dogmática jurídico penal?, cit., 2, págs. 11 y sigts., configura esta finalidad de la pena a partir de una concepción psicoanalítica. En el mismo sentido MUÑOZ CONDE, *Derecho penal y control social,* II, 1, págs. 32 y sigts.

bb) Las razones por las cuales es preferible atribuir a la pena una función preventivo general *positiva* se han expuesto más arriba.[270]

La pena es siempre, ante todo, prevención general. Lo es, sin duda, en el momento de la pura amenaza abstracta contenida en la ley, pues con ella se persigue, justamente, motivar la conducta del conglomerado social, asegurando su respeto por los valores sobre los que descansa su organización y los bienes jurídicos en los que se encarnan. Lo es también en el de su imposición en el caso concreto, porque mediante ella se afirma la seriedad de la advertencia que hizo la ley. Finalmente, sigue siéndolo en el de la ejecución, pues en ella se materializa la irrupción en los derechos del condenado, cualquiera sea la forma que adopte, e incluso si se procura, con la mejor voluntad del mundo, asemejarla en todo lo posible a un tratamiento resocializador. El propio ROXIN, que en esta etapa quiere otorgar prevalencia a la prevención especial, conviene en que "tampoco cabe eliminar completamente de la fase de ejecución el punto de partida de prevención general, pues está claro que la especial situación coercitiva, en la que entra el individuo al cumplir la pena privativa de libertad, trae consigo graves restricciones a la libertad de conformar su vida, de las que, en atención a la efectividad de las conminaciones penales, no se puede prescindir en los delitos graves, ni siquiera aun cuando, por ejemplo, renunciar a una pena privativa de libertad fuera más útil para la resocialización";[271] pero a mí me parece que si en los casos límite las consideraciones de prevención general se imponen y desplazan a los de prevención especial, ello significa que también en el momento de la ejecución la función que predomina es aquella y no esta; sin perjuicio, por supuesto, de que, por razones de humanidad y eficacia, en esa instancia debe intentarse una combinación de ambas tan perfecta como lo permita la naturaleza de las cosas.[272]

El punto de vista expuesto contrasta, sin duda, con el principio de que el hombre es un fin en sí mismo y nunca un medio.[273] Hasta cierto punto, puede afirmarse que este no es infringido mientras la pena es solo una amenaza que se dirige indeterminadamente contra cualquiera que vulnere las prohibiciones y mandatos del Derecho penal. Pero una amenaza carece de eficacia si no es seria, si no se cumple. Por eso, la pena tiene que imponerse al trasgresor y, al hacerlo,

270 [262]Supra, en este parágrafo, II, e), ii).

271 ROXIN, § 3, número marginal 41, pág. 97, *Sentido y límites de la pena estatal, cit.*, B, III, pág. 32.

272 Infra, en este mismo apartado, ff).

273 Supra, en este mismo parágrafo, II, e), i), cc).

ese individuo es empleado como instrumento para la afirmación de la efectividad de la advertencia contenida en la ley. Tal situación constituye una realidad que no se puede ignorar. La sociedad ha obrado en esa forma a lo largo de toda su historia, sin que hasta ahora se vislumbre una alternativa mejor para oponerse a los quebrantamientos severos de las reglas de convivencia. Sin embargo, "el hecho de que nuestros antepasados impusieran penas todavía no justifica" ese procedimiento;[274] por eso hay que examinar esta cuestión con detenimiento.

Para la sociedad, esta es una situación de *necesidad* extrema. Si quiere sobrevivir como tal, tiene que preservar *los estados que hacen posible la vida en comunidad,* esto es, *los bienes jurídicos* de más valor. Para ello solo cuenta, *en la última línea de defensa,* con la reacción punitiva, es decir, con la *violencia.* En la coyuntura trágica e ineludible se ve forzada a echar mano de ese recurso desesperado para protegerse y proteger a sus integrantes, aunque ello implique quebrantar una exigencia ética.

Es bueno hacer conciencia de esta realidad. Por mucho tiempo la sociedad ha eludido enfrentarse con ella, tratando de superar el conflicto moral mediante la ilusión de que la pena puede justificarse a sí misma (teorías absolutas) o ponerse al servicio de finalidades generosas, curativas y educativas (teoría de la prevención especial). Pero eso, si bien le "tranquiliza la conciencia", también la habilita para abusar del recurso represivo sin auto reparos. Por esto es preciso que se despoje de estas pretensiones de sublimación y contemple la cosa tal como realmente es: una situación impuesta por las limitaciones de la naturaleza humana, que la obliga a servirse de la fuerza y a instrumentalizar a algunos hombres para satisfacer su necesidad de conservación, aun sabiendo que el comportamiento de esos individuos, en la mayor parte de los casos, es el producto de las imperfecciones en su propia organización de la convivencia.[275] Esta percepción debe inducirla a conducirse con prudencia en el empleo de la pena, usándola solo en los casos en que no es posible salvarse de otra manera y cuidando, incluso en ellos, de examinar sus propios pecados antes de "tirar la primera piedra".[276]

---

274 SCHMIDTÄUSER, § 3, B, 1, 7, pág. 31.

275 Sobre ello, véase infra, § 5, II. En la exposición de motivos del Proyecto Alternativo del Código Penal Alemán de los Profesores Socialdemócratas, se dice certeramente: "Imponer la pena no es un proceso metafísico, sino una amarga necesidad dentro de una comunidad de seres incompletos, como ahora son los hombres". Cfr. ROXIN, *Franz von Liszt y la concepción político–criminal del Proyecto Alternativo, cit.*, 1, pág. 42. La sentencia se ha convertido entretanto en un lugar común de la doctrina sobre el tema.

276 Aunque la fundamentación es distinta, se pronuncia de manera semejante BUSTOS, *Pena y Estado,* en *Bases críticas de un nuevo Derecho penal*, 2, págs. 136 y sigts; GIMBERNAT, *Tiene*

ee) Aunque no es útil para justificar la amenaza e imposición de la pena, *el criterio retributivo constituye, en cambio, el límite principal a los posibles excesos de la prevención general*. Para que esta última sea eficaz, en verdad, es indispensable que el castigo sea *racionalmente adecuado a la magnitud del injusto culpable*. Por eso, todo intento de acentuar la prevención general exasperando las penas está condenado al fracaso. La injusticia implícita en ese empleo arbitrario del recurso punitivo lo vuelve inoperante. Las penas grotescas, en lugar de invitar al respeto de los bienes jurídicos, provocan rebelión precipitando la guerra de todos contra todos y destruyendo hasta la misma conciencia de comunidad. Solo si se limita la pena de acuerdo con los puntos de vista de la retribución, puede conseguirse que sirva a los fines de prevención general que se le confían.[277]

Pero no solo es indispensable que la pena sea justa respecto a la proporción que ha de guardar con la culpabilidad por el hecho ilícito: también tiene que serlo en relación con la situación que autoriza su empleo. Para que exista un verdadero estado de necesidad social, *es preciso que los valores cuya vigencia se encuentra en peligro sean de aquellos cuyo reconocimiento es necesario para asegurar la convivencia en general*, no un cierto ordenamiento de ella en especial. Lo que ha de encontrarse en juego es la posibilidad misma de *vivir juntos*, de *compartir la existencia*, de *dialogar*, de *subsistir como hombres en el mundo*. Solo cuando los valores comprometidos son de tanta magnitud como para que eso esté en peligro, y no exista otro medido disponible y más razonable para preservarlos, puede emplearse el castigo proporcionado de un hombre como último recurso para hacerlo.[278]

El hecho de que la prevención general solo es admisible cuando se trata de salvaguardar la convivencia en general y no una forma de ella en particular, explica la desconfianza

---

futuro la dogmática jurídico–penal, cit., 3, y sigts., págs. 13 y sigts.; MUÑOZ CONDE, *Derecho penal y control social, cit.*, V, págs. 121 y sigts.

277 Así, HASSEMER, § 27, pág. 398: "La sabiduría de las teorías absolutas se pone de relieve con su negativa a justificar la pena y el Derecho penal por sus efectos fácticos en el mundo"; JESCHECK, §, 8, III, 4, pág. 62: "La verdad permanente de las teorías absolutas consiste en que la protección de la sociedad a través de la pena, en tanto esta devenga necesaria, ha de procurarse *siempre de una manera justa*"; STRATENWERTH, § 1, número marginal 31, págs. 38 y 39. Por el contrario, soluciones como la propuesta en el texto son impugnadas por JAKOBS, § 1, número marginal 23, pág. 24, para quien la tensión entre la finalidad de justicia y la de prevención es inconciliable. Como lo he destacado en el texto, a mí me parece, en cambio, que la prevención general solo será eficiente si la pena es justa. Más allá de eso, se arriesga un imperio del terror, reparo al que el punto de vista de JAKOBS temo que está expuesto.

278 Supra § 1, III, b).

que inspiran los delitos políticos.[279] Asimismo, en ello ha de encontrarse la razón de que todos los ordenamientos jurídicos rechacen la extradición si el hecho por el cual se la solicita no es constitutiva de delito en el país requerido (art. 353 C. de Bustamante):[280] al menos en principio, cabe sospechar que lo que no es punible en un Estado constituye un error de valoración en la legislación del otro que lo incrimina. Por supuesto, esto no implica que las condiciones de posibilidad de convivencia sean idénticas para toda sociedad imaginable. Por eso, los estados cuya preservación es elemental para una pueden ser distintos en otras de las contemporáneas, o por ella misma en circunstancias históricas diferentes. En este punto son decisivas las condiciones fácticas en que se desenvuelve cada sistema social. En general, sin embargo, las líneas gruesas son comunes, y solo se alteran a lo largo de procesos paulatinos, determinados por un entrelazamiento de interacciones complejo.

La exigencia de esta limitación tropieza, claro está, con los reparos que se han dirigido a la teoría de la retribución: la improbabilidad de la libertad humana tanto en abstracto como en concreto y la dificultad que existe, aun prescindiendo de aquella, para medir la culpabilidad.[281].

Sobre la primera de estas objeciones debe volverse hoy desde una perspectiva nueva.

La idea de que no puede fundarse en una conducta libre del autor la imputación del hecho a su culpabilidad por la realización del injusto, ignora las condiciones del mundo cultural en el que vivimos y en el que el Derecho en general y el penal en particular, pretende regir el comportamiento de los participantes en la convivencia. Con razón se ha observado que en el leguaje de que nos servimos todos aquellos que nos comunicamos en idiomas indoeuropeos, las estructuras gramaticales de este implican "una determinada visión del mundo. En efecto, la construcción de las frases con un sujeto agente y un objeto que padece la acción, así como las formas gramaticales de la voz activa y la pasiva muestran una visión del mundo conformada por el sujeto activo y, en última instancia, por su *libertad de acción*, que constituye un punto de partida del que no se puede prescindir en cuanto tales estructuras lingüísticas dominen nuestra sociedad".[282] Así, los hechos,

279 Infra, §, V, b) cc).

280 Ídem.

281 Supra, II, b), aa) y cc).

282 SCHÜNEMANN, *La función del principio de culpabilidad en el Derecho penal preventivo, cit.*, II, b), pág. 155 (el énfasis en el original); *La culpabilidad, estado de la cuestión*, en *Sobre el estado*

esto es, los acontecimientos que pueden imputarse a una *persona* porque tenía una *alternativa*, solo se comprenden desde nuestra realidad cultural como originados en su *libertad.*[283] En este contexto, la pretensión de establecer un Derecho penal sobre bases deterministas no pasa de ser un espejismo intelectualista que pugna con las percepciones de la sociedad en su conjunto y el sentido común y que, además, ni siquiera podemos "pensar" porque tampoco estamos en condiciones de "decirlo". El hombre del tiempo y espacio en que vivimos y *actuamos* "habita" en un mundo de *libertad* en el que descansa su *responsabilidad por lo que hace.*

Por las razones expuestas, para la determinación del límite superior del castigo el hombre debe tratar al hombre como *persona libre* y, en consideración a ello, la pena no debe superar a la que corresponde a su decisión voluntaria de quebrantar la norma, no obstante contar con alternativas dominables que lo habilitaban para evitarlo.[284] Frente a esta exigencia, que es una consecuencia de las bases materiales sobre las que descansa el Estado Democrático de Derecho, pasan a un segundo plano las consideraciones sobre seguridad ciudadana y preservación del orden público que pudieran aconsejar una pena superior, y también las relativas a la necesidad de resocializar al hechor.

Por lo que se refiere a la imposibilidad de "medir" la culpabilidad en el caso concreto, la objeción tampoco es significativa si se trata de evitar que la sanción exceda el límite de la culpabilidad. Es cierto que en este punto existe el peligro de errores perjudiciales para el imputado, pero es también una consecuencia de las imperfecciones que afectan a la capacidad de conocimiento del ser humano y, por consiguiente, al juez, y que es consubstancial precisamente a la actividad de *juzgar*. Además, este riesgo es siempre inferior al que se corre si la sanción se determina atendiendo solo a un criterio de utilidad práctica y con ese pretexto se exime al tribunal del respeto debido a la *persona* del imputado.

---

de la teoría del delito, traducción de David Felip i Saborit y Ramón Eagués Vallés, Cuadernos Civitas, Ediciones SL. Madrid, 2000, especialmente II, 3, d), págs. 108 a 114.

283 HRUSCHKA, *Reglas de comportamiento y reglas de imputación, cit.*, pág. 31. Desde el punto de vista funcionalista, véase una argumentación orientada en el mismo sentido en PIÑA, *op. cit.*, § 171, págs. 333 a 338.

284 En contra, sobre todo, ENRIQUE GIMBERNAT, *La culpabilidad como criterio regulador de la pena,* en *R.C.P.,* tomo XXXIII, N° 1, Santiago, enero–abril de 1973, pág. 32. La tesis de GIMBERNAT se encuentra detalladamente explicada en sus intervenciones durante los debates que se publican en ese mismo tomo y número de la *R.C.P.*, págs. 71 y sigts.

La proporcionalidad entre la culpabilidad y el castigo solo debe tomarse en cuenta para fijar el límite máximo de este.[285] En cambio, si las exigencias de prevención general quedan satisfechas con una pena inferior a la que correspondería con arreglo a la culpabilidad, o permiten prescindir incluso de toda pena, la sanción debe atenuarse o excluirse.[286] En tales casos recobra vigencia el mandato de "no juzgar", porque la irrupción coactiva en los derechos del inculpado se justifica solo si se funda en una necesidad extrema de preservar la paz social; y en tanto ella no concurre, o puede cumplirse con una pena más benigna, es arbitrario imponerla o agravarla con el pretexto de hacer Justicia absoluta.

El límite máximo de la pena no lo determina solo la culpabilidad,[287] sino la *culpabilidad referida al injusto*. En primer lugar –y de manera general– el legislador adecua la sanción a la magnitud del desvalor del hecho considerado en abstracto. En el caso particular, sin embargo, la determinación del castigo se realiza considerando la medida en que ese *injusto* es reprochable personalmente al autor (desvalor del hecho en concreto).[288] En igualdad de circunstancias, la reprochabilidad de quien ejecuta un injusto más grave será superior a la del que perpetró uno más leve; por ejemplo, un homicidio cometido en estado de arrebato emocional será siempre sancionado con más severidad que unas lesiones de mediana gravedad ocasionadas en la misma situación (arts. 391, Nº 2º y 399, en relación con el 11 Nº 5º del C.P.). Pero también es posible que a quien ejecuta un injusto considerable no se le deba imponer pena o haya que aplicársele una benévola si, en atención a la situación en que se encontraba, su culpabilidad era insignificante; por tal razón quedará impune el homicidio cometido a causa de un miedo insuperable (art. 10 Nº 9º C.P.), y se castigarán, en cambio, las lesiones de poca consideración que se infligieron fríamente.

El hecho de que la pena se limite con arreglo a la *culpabilidad por el injusto* implica también la consecuencia de que siempre debe estar conectada a la ejecución de una *conducta* previa. Por tal motivo, la sanción punitiva nunca puede

---

285 ROXIN, § 3, números marginales 46 a 53, págs., 99 a 103: *Sentido y límites de la pena estatal, cit.*, B, II, 2, pág. 30.

286 Ídem.

287 ETCHEBERRY, *La culpabilidad como fundamento y medida de la pena*, en *R.C.P.* tomo XXXII, Nº 1, Santiago, enero–abril de 1973, II, 8, a), pág. 9.

288 HRUSCHKA, *La imputación ordinaria y extraordinaria en Puffendorf*, en *Imputación y Derecho Penal, cit.*, en especial IV, págs. 64 y 65, habla en estos casos, siguiendo a DARIES, de "imputación de primer nivel" e "imputación de segundo nivel".

ser una medida de pura prevención aconsejada por consideraciones relativas a la personalidad del sujeto o a las características de la situación.

ff) *Las exigencias de prevención especial constituyen también un límite a los fines de prevención general, y no un objetivo positivo de la pena.*[289]

La socialización adecuada de los participantes en la convivencia es una tarea que debe ser cumplida por instancias de control social distintas y anteriores al Derecho penal. Para obtenerlas es más apropiada la educación, la moral, la religión, el arte y una organización política y jurídica justa, tolerante y capaz de ofrecer posibilidades de desarrollo humano a todos los integrantes de la comunidad. La pena, en cambio, es siempre un recurso al que se echa mano cuando ya el imputado ha adquirido una socialización defectuosa –o, por lo menos, desviada de las normas básicas que regulan la convivencia pacífica– y que, por la coactividad de su imposición, contribuye más bien a profundizar su *desocialización*. Los aportes más valiosos de la teoría de la prevención especial consisten, a mi juicio, en haber denunciado estos defectos de la pena preventivo general, enfatizando aquellas de sus características o modalidades que más la agudizan. Pero el error radica en pretender que la pena podría ser transformada en tratamiento resocializador eficaz, no obstante las desventajas que implican las condiciones y la oportunidad en que se la impone y las circunstancias en que se la ejecuta.

A lo que la prevención especial puede aspirar no es a resocializar al delincuente –que muchas veces ni siquiera necesita serlo– sino a protegerlo contra los efectos desocializadores de la misma pena. En este sentido, ella debe cumplir funciones de importancia primordial, tanto en relación con la naturaleza de las sanciones como respecto a la procedencia de su aplicación en los casos concretos y, sobre todo, de sus formas de ejecución. Existe en esta materia un campo de acción inagotable, que aún espera ser explorado por los especialistas, en el cual el criterio preventivo especial no ha prevalecido. A lo largo de la exposición siguiente, se encontrarán referencias a la posibilidad de conformar las penas de la manera que menos perjudique a la socialización del afectado.

En ciertos casos, como los de quienes cometen hechos punibles atribuibles a su inmadurez (menores de edad), a perturbaciones mentales clínicamente detectables o a toxicomanías (alcoholismo, drogadicción, etc.), la función preventivo

289 Sobre este punto, puede encontrarse una exposición detallada de mi criterio en *La prevención especial como límite de la pena*, en *Anuario de Derecho penal y Ciencias penales*, tomo XLI, fascículo III, Madrid, septiembre–diciembre de 1988, págs. 685 y sigts.

general carece de sentido porque la pena es ineficaz para motivarlos a observar una conducta correcta. Al mismo tiempo, en ellos es realmente indispensable que la sociedad ofrezca a los autores una posibilidad de superar sus problemas. Para tales situaciones, por consiguiente, es deseable contar con una vía de reacción alternativa, como las *medidas de seguridad y resocialización*, u otras de la misma naturaleza, en cuya formulación prevalecen criterios como el de *ultima ratio*[290] y el de *proporcionalidad*[291] y *respeto a la dignidad humana* del afectado,[292] pues también en ellos la sociedad es corresponsable de las desviaciones e insuficiencias que se han producido en la personalidad del sujeto o de asegurarle un desarrollo normal de esta, y no puede tratarlo como a un objeto perjudicial al que es posible modificar o suprimir sin cortapisas. Por eso, la imposición de estas medidas debe estar rodeada de tantas garantías como la de una pena en sentido estricto.[293]

IV. CONCEPTO DE LA PENA

Con arreglo a lo expuesto, *la pena es un mal que consiste en la disminución o privación de ciertos bienes jurídicos, el cual se impone a quien comete culpablemente un injusto de aquellos a que la ley amenaza expresamente con ella, para fortalecer el respeto a los bienes jurídicos, evitar, hasta donde sea posible, la proliferación de tales hechos y asegurar así las condiciones elementales de convivencia, todo ello dentro de los límites que determina la dignidad humana del afectado.*

Por consiguiente, no constituyen penas las medidas coercitivas que el Derecho privado o el Derecho procesal autorizan a imponer en ciertos casos con el objeto de forzar el cumplimiento de una obligación o de deberes jurídicos, algunas de las cuales pueden adoptar formas que las asemejan a la reacción punitiva, incluyendo privaciones breves de libertad. De esta clase son, por ejemplo, los apremios "al deudor para la ejecución del hecho convenido" a los que da derecho, en caso de mora, el art. 1553 Nº 1º del Código Civil, la detención del testigo que citado legalmente no comparezca, para forzarlo a hacerlo, y la mantención del arresto de quien, compareciendo, se niega sin justa causa a declarar, de que

290 Infra, § 3, III.

291 Ídem.

292 Infra, § 3, IV.

293 En este sentido, recientemente, GUILLERMO OLIVER, *Retroactividad e irretroactividad de las leyes penales*, Editorial Jurídica de Chile, Santiago, 2007, págs. 157 y sigts.

tratan los arts. 380 incs. segundo y tercero del Código de Procedimiento Civil y 190 inc. segundo del Código Procesal Penal. La diferencia radica, ante todo, en la naturaleza y finalidad de estas instituciones. Mientras la pena es prevención general, las medidas descritas solo constituyen coacción para que se cumpla un hecho jurídicamente debido. Por eso, estas últimas no presuponen la lesión o puesta en peligro de un bien jurídico, sino únicamente la existencia de la situación descrita por la ley; asimismo, ello explica que se ponga término al apremio tan pronto el afectado realiza el acto debido o cumple la obligación, o demuestra que se encuentra en la imposibilidad de hacerlo. En atención a la autonomía de ambas formas de reacción, su imposición simultánea no implica infracción del principio *non bis in ídem*,[294] como lo demuestra el hecho de que en el art. 380 del Código de Procedimiento Civil y en el art. 299 del Código Procesal Penal se ponga a salvo la posibilidad de una eventual responsabilidad penal.

En cambio, no pertenece a esta clase la disolución de la corporación prescrita por el art. 559 inc. segundo del Código Civil. En este caso se trata, más bien, de una pena administrativa (gubernativa) de aquellas a las que se refiere el art. 20 del C.P.[295]

Más difícil es precisar la diferencia que pudiera existir entre la pena en sentido estricto (pena penal) y las penas administrativas y disciplinarias mencionadas por el art. 20 del C.P. Ella requiere un examen detallado que se realizará en otro lugar.[296]

---

294 Infra, § 44 I.

295 Infra, § 4, IV, A.

296 Ídem.

§ 3. LAS CARACTERÍSTICAS FUNDAMENTALES DEL DERECHO PENAL

I. ENUNCIADO

El Derecho penal es *público, secundario o subsidiario, fragmentario y personalísimo.* Con arreglo a la ley en vigor debe afirmarse, además, que el chileno es, *predominantemente,* un Derecho penal de *actos.*

II. CARÁCTER PÚBLICO DEL DERECHO PENAL

El Derecho penal es público en dos sentidos que no coinciden del todo con el significado atribuido tradicionalmente a tal calificación, pero sobre los cuales existe acuerdo.

En primer lugar, ello quiere decir que la función de consagrar el carácter delictivo de una conducta y establecer la pena aplicable a quien la ejecuta pertenece exclusivamente al legislador y es, por consiguiente, *pública.* Desde este punto de vista, dicha característica se encuentra vinculada con el principio *nullum crimen, nulla poena sine lege* y con la función de garantía del Derecho penal. En el ordenamiento punitivo no existen figuras "innominadas" creadas por la voluntad de los particulares. Las partes de un contrato no pueden, por ejemplo, someter de común acuerdo el incumplimiento de una cláusula del pacto a una pena penal.[297] Lo que por ley no es delito, no lo es para nadie en absoluto; por tal motivo, una pena que no está establecida en la ley no puede imponerse en ningún caso.

Por otra parte, el Derecho penal es público porque la función de realizarlo, diciéndolo y ejecutándolo, pertenece exclusivamente a órganos del poder público (Tribunales, Ministerio Público, instituciones penitenciarias o de asistencia, etc.).[298] En el Estado de Derecho actual, por lo tanto, se encuentra proscrita la justicia penal "de propia mano": el particular no solo no puede castigar por sí

297 Así lo ha declarado expresamente la jurisprudencia. Véase ETCHEBERRY, DPJ. I, 1, págs. 1 y 2.

298 NOVOA, I, 12, pág. 27.

mismo al que lo hizo víctima de un delito sino que, además, por regla general tampoco cuenta con la facultad de impedir que se imponga una pena al ofensor, o evitar la ejecución de ella.

Esta situación se explica por la función del ordenamiento punitivo.[299] Como ella consiste en asegurar la paz social mediante la preservación del respeto a los bienes jurídicos en los cuales encarnan los valores fundamentales sobre los que descansa la convivencia, el Derecho se guarda de admitir las reacciones personales del afectado, a menudo emocionales y descontroladas, pues solo conducirían a un estado de violencia aún más perturbador para la comunidad que los efectos del delito. Por otra parte, para fortalecer el respeto a los bienes jurídicos,[300] es preciso tratar de igual forma a todo el que los ataca. Esto no se conseguiría si se abandona a la víctima la decisión relativa a la imposición o ejecución de la pena.

La existencia de unos pocos delitos de acción privada o mixta no contradice lo expuesto. Respecto de ambos ocurre tan solo que el interés social en la imposición y ejecución de la pena está supeditada a otro, también social, de no ejercitar la pretensión punitiva cuando hacerlo puede dañar otros valores básicos para la convivencia. Como en tales casos la cuestión de si dichos valores se encuentran en peligro depende de la forma en que la víctima aprecie el contexto de la situación o de la posición que ocupa en ella, la ley le confía la decisión de *activar la función pública* del Derecho punitivo, ya sea en forma limitada (los mal llamados delitos de acción mixta) o amplia (delitos de acción privada).[301]

De todas maneras, en ambos casos, si el particular resuelve exigir que el procedimiento se active, es un órgano público (el Tribunal) el que adopta en definitiva la resolución de si ha de hacerse, cómo y en qué medida. Asimismo, la ejecución de la sanción a que se condene también corresponde a los organismos públicos (autoridades penitenciarias, etc.).

Tampoco se opone al carácter público del Derecho penal que algunas penas puedan cumplirse en recintos particulares (por ejemplo, la residencia del condenado, en el caso de algunas penas restrictivas de libertad). Se trata de situaciones en las que la ley ha instrumentalizado esos lugares para el cumplimiento de *su finalidad,* incorporándolos de esa manera al servicio de un objetivo público.

---

299 Supra, § 1, III, a).

300 Supra § 1 III, c), dd 1, i).

301 Sobre el carácter de obstáculos procesales de las llamadas acción privada y mixta, infra, § 59, I y IV.

El punto de vista expuesto fue aceptado en un período histórico reciente, al menos como regla general. Por una parte, las sociedades antiguas, de composición y organización más simple, solían delegar la facultad de castigar ciertos delitos en los particulares o en organizaciones como la familia o las corporaciones. No es claro si esto ocurría en Roma.[302] En cambio, no cabe duda de que el Derecho penal de los pueblos germanos admitía en una medida muy amplia, tanto la venganza privada como un sistema de composición penal pecuniaria.[303] Por otro lado, solo un Estado poderoso, capaz de ejercer soberanía sobre un territorio extendido y bien delimitado, se encuentra en situación de reclamar para sí el monopolio de la función punitiva. Hasta donde sabemos, estas condiciones se dan por completo solo a partir de la Época Moderna y, más precisamente, hacia fines del siglo XVIII, si bien existen ya antecedentes en los reinos francos a partir de los siglos V y VI de nuestra era.[304]

En rigor, el proceso mediante el cual los poderes públicos obtienen para sí el monopolio de las reacciones penales puede haberse iniciado con el fortalecimiento del feudalismo, el cual permitió a los señores acaparar esa función a cambio de la protección que dispensaban a sus súbditos. Pero la forma que asume actualmente el carácter público del Derecho penal corresponde a las ideas de la Ilustración y es contrastante con ese poderío avasallador que se atribuyeron los caballeros feudales primero y los monarcas absolutos más tarde. La entrega de las decisiones a la ley las transfiere la voluntad del "señor" a la del pueblo como titular de la soberanía que ejercita por intermedio de sus representantes. Para completar el sistema, el poder de juzgar se radica en órganos independientes del Ejecutivo.

El resultado, por cierto, no es perfecto. Por una parte, la complejidad de la sociedad contemporánea y sus dimensiones gigantescas hacen imposible que el Estado cumpla a cabalidad con la tarea de prevenir los hechos delictivos. Por otra parte, una serie de conflictos sociales, que importan infracciones de las leyes penales, se solucionan al margen de ellas y sin intervención de los tribunales, porque el conglomerado social acepta tácitamente que sea así (piénsese, por solo mencionar algunos ejemplos, en la sanción de

302 LISZT, I, § 3 I, pág. 77, cree que el Derecho penal romano tenía ya un carácter eminentemente público: "Pero irresistiblemente se consuma (en él) la diferencia entre Derecho y Religión, entre *jus* y *fas*, y, con ello el triunfo de la pena pública".

303 LISZT, I, § 4, págs. 156 y sigts., para el cual "tampoco la *pena pública* fue extraña, sin embargo al más antiguo Derecho alemán" (págs. 160 y 161). En el mismo sentido MEZGER, I § 2, págs. 19 y sigts.

304 JESCHECK, § 10, II, pág. 81.

las lesiones deportivas[305] o en la forma en que se resuelven ciertos problemas delictuales al interior de los establecimientos educacionales, de las grandes empresas o de los círculos familiares o de amigos). Finalmente, es verdad que los órganos del poder público obran con una imparcialidad relativa y "seleccionan" a quienes sufrirán una pena por motivos ajenos a los dictados de la ley.[306] Aun así, todavía no se ha diseñado ni experimentado un sistema que sustituya con ventajas al del Derecho penal público tal como aquí se ha descrito y pareciera que el camino más productivo es el de seguir trabajando por su perfeccionamiento hacia el futuro. La mantención de ese criterio general, sin embargo, no debe impedir que se discuta la posibilidad de otorgar mayor eficacia a la voluntad de la víctima en el manejo de la pretensión punitiva estatal.[307] No se trata de abogar por una ampliación de las posibilidades de reacción punitiva del ofendido, rompiendo los marcos impuestos por la institución de la legítima defensa. Tampoco de limitarse a un incremento del número de delitos de acción privada, una solución que, en todo caso, contra lo que sostuve hasta hace relativamente poco tiempo,[308] es lícito explorar. Se trata, más bien, de otorgar al afectado la oportunidad de intervenir en una solución *conciliatoria* del conflicto cuando ella no perjudique a la función preventivo general de la pena ni se preste para presiones indebidas.[309] Cuando la víctima ha recibido una reparación satisfactoria del ofensor y ha llegado a comprender sus motivos, y si la paz social puede preservarse sin necesidad de sanción, la imposición de una pena a toda costa no es la opción más conveniente desde el punto de vista político criminal. En parte importante, estas ideas se han materializado ya en el C.P.P. en los arts. 241 y sigts. sobre *acuerdos reparatorios,* si bien sobre un círculo de delitos más bien limitado.

---

305 MAURACH–ZIPF, I, § 17, número marginal 19, pág. 279.

306 En relación con todos estos problemas, HASSEMER, § 11, págs. 92 y sigts. e infra, § 5, II, a) 4.

307 HASSEMER, § 11, pág. 93. En Chile, el tema es tratado con cierto detalle por RAÚL CARNEVALI, *Las políticas de orientación a la víctima examinadas a la luz del Derecho penal,* en *Problemas de política criminal y otros estudios*, Abeledo Perrot, Santiago, 2009, págs.72 a 83.

308 Cfr. CURY, I, § 3, II, pág. 54.

309 Esta posibilidad ha sido explorada inicialmente por HULSMAN, págs. 51 y sigts, págs. 106 y sigts. La perspectiva desde la cual lo hace es distinta de la del texto, porque deriva de su posición abolicionista. Sobre ello, supra, § 1 III, b). Pero sus hallazgos sobre la eficacia de los procedimientos "conciliatorios" pueden ser fructuosos en cualquier contexto.

III. CARÁCTER SECUNDARIO O SUBSIDIARIO DEL DERECHO PENAL

El Derecho penal es *secundario* o *subsidiario,* porque la pena solo debe ser empleada cuando contra el ataque al bien jurídico no puede reaccionarse de manera apropiada acudiendo a los medios de prevenirlo de que disponen las otras ramas del ordenamiento jurídico. La pena es, pues, un recurso de *ultima ratio.*[310] Lo mismo debe decirse de las medidas de seguridad y corrección.[311] Este carácter secundario o subsidiario del Derecho penal es una consecuencia de las tendencias político criminales del presente, inspiradas en el *principio de humanidad.*[312]

El carácter accesorio, sancionatorio o secundario del Derecho penal fue destacado hacia fines del siglo XIX y principios del XX por BINDING y BELING,[313] y dio lugar a una polémica que, en parte, se debe a los distintos significados que pueden atribuírsele,[314] de los cuales solo algunos son objetados.

a) BINDING vinculó esta característica del ordenamiento jurídico con su fragmentariedad y, en efecto, ambas se relacionan estrechamente.[315] Pero, a causa de que percibía a esta última característica como un defecto,[316] su exposición dio pie para que la subsidiariedad del Derecho penal se interpretara en el sentido de que este carece de autonomía para consagrar la ilicitud de un hecho y debe limitarse a recortar de entre los que las restantes ramas del ordenamiento declaran antijurídicos, aquellos a los que conectará una pena.[317] Así, un grupo de autores importante sostiene que el Derecho penal cumple una función

---

310 Véase, por no citar sino algunos, BUSTOS, *Pena y Estado,* en *Bases Críticas,* 2, pág. 149; GARRIDO, I, 2, III, págs. 124 y sigts.; GIMBERNAT, ¿Tiene futuro la dogmática penal? Cit., II, 3, págs. 13 y sigts; MIR, 4, III, 2, número marginal 48, pág. 123; POLITOFF, 1, 5, B), págs. 23 y 24; POLITOFF, MATUS y RAMÍREZ, I, pág. 65; ROXIN, § 2, número marginal 28, pág. 65, y *Sentido y límites de la pena estatal, cit.*, B, 1, págs. 21 y 22.

311 Supra, § 2, III, b) ff).

312 JESCHECK, § 4, III, pág. 23.

313 Cfr. JESCHECK, § 7, II, 2 pág. 46. Véase también BELING, 9, 1, II, pág. 22.

314 Así, por ejemplo, la exposición que se hizo en la primera edición de esta obra, I, § 2, III, a) págs. 38 y sigts., emplea la terminología en un sentido distinto del que se acuerda en el texto a partir de la segunda.

315 Infra, en este mismo parágrafo, IV.

316 Ídem. Cfr., además, JESCHECK, § 7, II, 1, págs. 45 y 46.

317 Aunque nunca se lo expresa, este punto de vista ya había sido expuesto mucho antes por ROUSSEAU. Cfr. CARRARA, antes de § 1, pág. 21, donde también critica el punto de vista.

de refuerzo de las prohibiciones y mandatos erigidos por las normas constitucionales, administrativas, civiles, comerciales, etc., y considera que esta concepción determina la posibilidad de afirmar la unidad del injusto para todo el ordenamiento jurídico. [318] [319]

En los últimos decenios este criterio ha sido abandonado. Hoy la mayoría de la doctrina reconoce autonomía al Derecho penal en la constitución de sus prohibiciones y mandatos.[320] Es cierto que, en muchos casos, estos ya han sido formulados (lógicamente) por otras ramas del Derecho cuando el punitivo resuelve sancionar sus infracciones con una pena; pero también son numerosas las disposiciones penales cuyos imperativos no encuentran correlato alguno en los otros sectores del ordenamiento jurídico, de manera que la constitución de la antijuridicidad del hecho no puede atribuirse a ellos ni siquiera desde un punto de vista lógico. Además, en los casos del primer grupo, la formulación del precepto penal no se encuentra sometida a la configuración de los mandatos y prohibiciones extrapunitivos; y ello cobra gran importancia práctica en el momento de su interpretación,[321] que no debe plegarse a la de los conceptos civiles, administrativos o de cualquier otra índole, aunque, por supuesto, tiene que tomarlos en cuenta al efectuar la elaboración propia. Las dificultades que existen para distinguir los ilícitos penales de los administrativos[322] tampoco son un argumento concluyente.[323] Desde el punto de vista práctico, ellas deben resolverse acudiendo a criterios que proceden de otros planos. Finalmente, el supuesto carácter subsidiario del Derecho penal, entendido de este modo, no es necesario para conservar el postulado de la unidad del injusto. La antijuridicidad del hecho sigue siendo válida para todo el ordenamiento jurídico, cualquiera sea la rama de él que la ha constituido o la diversidad de los efectos que le atribuyen unas y otras.[324] Así, por ejemplo, el que fuera del Derecho penal no exista norma alguna que consagre

---

318 Infra, en este mismo parágrafo, IV.

319 En Sudamérica este punto de vista gozó de gran prestigio, a causa de que fue defendido por JIMÉNEZ DE ASÚA, I, § 8, págs. 34 y sigts., y SOLER, I, § 1, VI, págs. 10 y sigts. La influencia de ambos contribuyó a difundirlo. Debe destacarse que estos autores subrayan el carácter lógico y no cronológico de la precedencia de la norma extrapenal sobre la punitiva, pues es evidente que, en muchos casos, la disposición que castiga un hecho antecede históricamente a las leyes de otra clase que establecen la prohibición o el mandato.

320 Véase por todos, CEREZO, I, págs. 62 y sigts.; JESCHECK, § 7, II, 2, pág. 46; MIR, 2, números marginales 10 y sigts., págs. 69 y 70; RODRÍGUEZ MOURULLO, II, III, págs. 35 y sigts.

321 Infra § 8, IV.

322 Infra, § 4, IV A.

323 CEREZO, II, pág. 42.

324 MAURACH–ZIPF, I, § 2, III, B, pág. 36: "En lo tocante a sus *consecuencias jurídicas*, es decir, en cuanto a la utilización de los medios que le son reservados, el Derecho penal es básicamente independiente".

un deber de solidaridad como aquel cuya infracción se sanciona en el art. 494 Nº 14 del C.P., no significa que la omisión de socorro sea una conducta aprobada o siquiera indiferente para el Derecho civil o el laboral; solo indica que la sanción punitiva es, en estos casos, la única idónea para resolver el conflicto generado por ese quebrantamiento. De la misma forma, el incumplimiento de las obligaciones contractuales también es una conducta antijurídica para el Derecho penal, aunque su autor no se encuentre amenazado por una reacción punitiva.

b) Por el contrario, la idea de que el Derecho penal es secundario o subsidiario, en el sentido que ahora se le ha dado aquí, constituye una opinión dominante en la doctrina contemporánea, aunque siempre existen opiniones disidentes. La constatación de que la pena es el medio de control social más violento de que puede servirse el Estado de Derecho y de que, por consiguiente, su mayor eficacia relativa no justifica su empleo indiscriminado, ha conducido a una actitud prudente respecto del uso que ha de dársele. En tanto la infracción no pone en peligro la posibilidad de convivencia, siempre serán preferibles las sanciones no punitivas para remediarla, eludiendo las consecuencias desocializadoras del castigo penal.[325] Pero debe reconocerse que actualmente reaparecen énfasis en concepciones preventivo generales negativas, que influyen a menudo en la legislación, la cual se comporta a este respecto de manera errática.[326]

Como consecuencia de este carácter secundario del Derecho penal, existen amplias zonas de la antijuridicidad respecto de las cuales no se producen efectos penales[327] y, de todas maneras, la tendencia predominante en la doctrina es extenderlas todavía más.

325 Supra, § 2, III, b), ff).

326 JAKOBS. 1, número marginal 29, pág. 27. Recientemente en la literatura nacional estos puntos de vista se discuten por CARNEVALI, *Derecho penal como ultima ratio. Hacia una política criminal racional*, en *Problemas de política criminal y otros estudios, cit.*, 3, págs. 18 y sigts.

327 JESCHECK, § 8, III, 4: "No se acude a la pena siempre que *la justicia* lo requiere, sino únicamente cuando resulta imprescindible en defensa de la colectividad" (el énfasis es mío); POLITOFF, I, 5, B, pág. 23; ROXIN, § 2, número marginal 28, pág. 65.

IV. CARÁCTER FRAGMENTARIO DEL DERECHO PENAL

El carácter fragmentario del Derecho penal significa que este no pretende alcanzar con sus efectos a todas las conductas ilícitas, sino solo a aquellas que constituyen ataques intolerables en contra de bienes jurídicos cuya subsistencia es capital para la preservación de la convivencia pacífica. Esto se expresa en el hecho de que las acciones a las que se amenaza con una pena se hayan descrito por la ley en una forma que precisa sus contornos tan nítidamente como le es posible, y todo lo que yace fuera de esas descripciones se encuentra sustraído a la reacción punitiva. Lo que se castiga, por consiguiente, es nada más que *fragmentos* de lo antijurídico. BELING destacó esta idea, afirmando que "del común dominio de la ilicitud culpable fueron recortados y extraídos determinados tipos delictivos"[328] y "de este modo, redúcese el actual Derecho penal a un *catálogo de tipos delictivos*".[329]

Como se advirtió en el apartado anterior, existe una relación estrecha entre esta característica y la subsidiariedad del ordenamiento penal. Asimismo, es evidente que ella corresponde a una conquista del "movimiento liberal", afanado en delimitar con precisión lo punible de lo que no lo es, lo cual se ha transformado en una exigencia del Estado de Derecho contemporáneo. De este modo, el carácter fragmentario del Derecho penal, en el que BINDING creyó ver un "defecto grave",[330] se considera hoy uno de sus rasgos más apreciables. Por eso, nunca se insistirá bastante en la necesidad de hacer comprender a la sociedad que *no todo lo que infringe las normas ha de ser castigado con una pena y, por el contrario, solo sectores reducidos de lo que es ilícito justifican su empleo.*

El carácter fragmentario del Derecho penal debe extenderse también a las medidas de seguridad y corrección si, con arreglo al punto de vista correcto, estas deben ser siempre posdelictuales. En efecto, en ese caso la medida solo se impondrá cuando el sujeto haya ejecutado una de las conductas pertenecientes al catálogo de tipos delictivos, aun en aquellas situaciones en las que no se dan todos los presupuestos necesarios para sancionarlo con una pena. En cambio, dicha característica cesa de ser exacta si en el sistema se incluyen medidas predelictuales, ya que para irrogarlas basta que sobre el individuo se

---

328 BELING, § 15, I, pág. 37.

329 Ídem. En el mismo sentido, NOVOA, I, 14, pág. 29 que, para graficar la idea, se sirve del símil con un "archipiélago de ilicitudes"; POLITOFF, 5, B), pág. 23; ROXIN, § 2, número marginal 28, pág. 65.

330 Cfr, JESCHECK, § 7, II, 1, pág. 45. Con mucho énfasis sobre el carácter fragmentario del Derecho penal, ROXIN, § 2, número marginal 29, págs. 65 y 66.

haya pronunciado un diagnóstico de "peligrosidad". Es verdad que en algunas legislaciones la sujeción a una medida predelictual no depende solo del pronóstico sobre peligrosidad sino, además, de que concurran otros presupuestos descritos por las normas respectivas. Sin embargo, tales descripciones, aparte de no ser siempre concebidas satisfactoriamente, resultan en general demasiado imprecisas y no salvaguardan las funciones de garantía que competen al Derecho punitivo.[331]

V. CARÁCTER PERSONALÍSIMO DEL DERECHO PENAL

El Derecho penal es personalísimo en dos sentidos: en primer lugar, ello significa que la pena o la medida de seguridad y corrección en su caso solo pueden *imponerse* al que ha participado en el hecho punible, y no deben afectar a terceros, cualquiera sea el género de relaciones que tengan con el autor (matrimoniales, parentales, hereditarias, amistosas, etc.); en segundo, que es en ese sujeto en quien debe *ejecutarse*, esto es, el que debe sufrir sus efectos. *El Derecho penal no admite representación.*[332] De aquí se deduce como consecuencia –y no como tercer aspecto autónomo de tal característica–[333] que ni la pena ni la medida de seguridad como tales, ni su ejecución, son transmisibles; la responsabilidad se extingue con la muerte del sujeto.[334]

También en esto se ha producido una evolución histórica que, en ciertos aspectos, todavía no concluye.

En muchos pueblos primitivos, en efecto, la reacción contra el delito afectaba a todo el grupo familiar del autor e, incluso, al clan o tribu a que pertenecía. Esa tendencia se trasmite a organizaciones sociales y políticas más desarrolladas y complejas, en las cuales, aun superado el período de las venganzas colectivas, se continúan imponiendo penas cuyas consecuencias recaen sobre la familia del responsable. Así, por ejemplo, en el Derecho romano y hasta muy avanzada la Edad Moderna.

Pero todavía hoy esta naturaleza personalísima del Derecho punitivo solo parece ser completamente reconocida en el primero de los sentidos expuestos. En cambio, varias

---

331 COBO, *Peligrosidad y peligrosidad social en la ley de 4 de agosto de 1970*, en *Peligrosidad social y medidas de seguridad, cit.* 12, págs. 120 y sigts. Véase también MUÑOZ CONDE, *Derecho penal y control social, cit.*, III, 2, págs. 53 y sigts.

332 Hasta aquí, en el mismo sentido NOVOA, I, 16, c), pág. 31.

333 Otra opinión en NOVOA, I, 16, c), pág. 32.

334 Infra, § 58, I.

legislaciones contemporáneas reproducen disposiciones como la del art. 93 N° 1° del C.P., según la cual la muerte del responsable extingue la responsabilidad penal en cuanto a las sanciones "personales" pero, respecto de las pecuniarias, "sólo cuando a su fallecimiento no había recaído sentencia ejecutoria". Con razón MAURACH afirmaba que esta norma "no solo representa un efecto tardío de la codicia fiscal, sino además la infracción más grosera del principio de la alta personalidad de la pena",[335] pues, en efecto, ello significa ejecutarla en perjuicio de los herederos.

Por otra parte, lo cierto es que la pena constituye hasta el presente un castigo cuyos efectos sociales persiguen muchas veces al cónyuge y los hijos de aquel a quien se impuso e, incluso, del que solo ha sido imputado y en definitiva fue absuelto.[336] Asimismo, prácticamente en todos los casos la sanción provoca daños económicos y familiares que gravitan sobre el grupo familiar y no solo del condenado. Comprobar todo esto constituye otro motivo para subrayar el carácter subsidiario del Derecho penal: el ordenamiento jurídico debe echar mano de un recurso cuyos efectos colaterales indeseables no está en situación de controlar, únicamente cuando es el último de que dispone para preservar los fundamentos de la convivencia.

Excurso: La responsabilidad penal de las personas jurídicas

Este rasgo del Derecho penal se relaciona con la cuestión relativa a la *responsabilidad criminal de las personas jurídicas*: ¿pueden estas ser sujetos activos de un delito y, consiguientemente, pasibles de una pena penal?

La solución de este problema se ha vinculado históricamente al criterio que se sostenga respecto a la naturaleza de la persona jurídica. Los que ven en ella un ente o figura ficticia (*teoría de la ficción*), al que el Derecho atribuye por razones prácticas algunas características propias de la personalidad (SAVIGNY,

335 MAURACH, II, § 59, III, C, I, pág. 154. Después de la reforma del Código Penal alemán. Esta disposición ha desaparecido de ese ordenamiento. También se la suprimió en el Código Penal español. Véase CÓRDOBA RODA Y RODRÍGUEZ MOURULLO, II, pág. 618. Tampoco se la encuentra en los arts. 150 y 171 del Código Penal italiano, que distingue entre extinción del delito y extinción de la pena, según la muerte se produzca antes o después de la condena, y ha desaparecido asimismo del Código Penas del Brasil (art. 170). El art. 76 del Código Penal colombiano de 1980 reproduce la distinción efectuada por el italiano y, por consiguiente, tampoco contempla la ominosa institución de nuestro art. 93 N° 1°. Sobre los intentos de justificar esa norma acudiendo a argumentos formales, según los cuales lo que se trasmite no es la pena sino un "crédito", véase infra, § 58, I, y la tesis de grado (sin publicar) de JUAN IGNACIO PIÑA, *cit.*, VI, págs. 20 y sigts.

336 FRANCISCO CARNELUTTI, *El problema de la pena*, traducción de Santiago Sentis Melendo, Buenos Aires, 1956, 37, pág. 94.

WINDSCHEID) niegan generalmente su capacidad delictual.[337] Para algunos de los partidarios de este punto de vista, las personas jurídicas son, en tanto que tales, incapaces de ejecutar una acción. Para otros, en cambio, sería decisivo el hecho de que a tales entes no se les puede dirigir un reproche de culpabilidad, pues los actos que realizan no se originan en su voluntad –de la cual, en rigor, carecen– sino de las personas que los dirigen y administran (ejecutivos) o constituyen la mayoría de sus órganos de decisión (directorios, consejos, juntas de accionistas). Así, solo la conducta de estos últimos puede ser objeto del juicio de desvalor personal en que consiste la culpabilidad penal. En cambio, la teoría de la *personalidad colectiva real* (GIERKE) considera que la persona jurídica es, como la natural, una entidad con sustancia y voluntad propia, distinta de la de sus integrantes, directivos o administradores. Como es lógico, esto significa atribuirles también la capacidad de cometer culpablemente un hecho injusto y, por lo tanto, un delito punible.[338]

337 BETTIOL, pág. 110; COUSIÑO, I, 68, págs. 275 y sigts., con detalle; asimismo, *La estructura del delito económico,* en *R.C.P,* XXI, N° 1, Santiago, 1962, III, págs.. 54 y sigts.; ETCHEBERRY, págs. 125 y 126; GARRIDO, II, 8.3, págs. 55 y sigts., con algún detalle; JESCHECK, § 23, V, págs. 204 y sigts.; MAGGIORE, I, págs. 473 y sigts.; MAURACH–ZIPF, I, § 15, II, números marginales 6 y sigts., págs. 237 y sigts.; MEZGER, *Libro de Estudio,* I, § 20, I y II, págs. 93 y sigts.; NOVOA, I, 160, págs. 228 a 230, aunque abriéndose a propuestas prácticas ulteriores; RODRÍGUEZ DEVESA, I, págs. 331 y sigts. con amplio detalle bibliográfico; ROXIN, § 8, números marginales 54 y sigts., págs. 258 y sigts., advirtiendo cómo recientemente, por razones internacionales y de conveniencia económica, se ha reavivado la discusión; SOLER, I § 21, IV, págs. 250 y sigts. Otra opinión en JAKOBS, 6, números marginales 43 y sigts., a partir de sus concepciones sobre "sistemas". En Chile mantiene una posición favorable al reconocimiento de una responsabilidad penal de las personas jurídicas respecto de ciertos delitos: POLITOFF, págs. 213 y 214, y, con más énfasis, POLITOFF, MATUS Y RAMÍREZ, págs. 165 y 166; extensamente también, BUSTOS, I, 32.1.2.2.1, págs. 809 y sigts.

338 LISZT, II, § 28, I, 2, págs. 298 y sigts., con desarrollo especial en la nota 4 de las págs. 299 y 300; ORTIZ, I, págs. 20 y 21, reproduciendo textualmente a LISZT; PEDRO SILVA, *Reseña de su intervención en las Quintas Jornadas de Ciencias Penales,* en *R.C.P.,* XXI, N° 1, Santiago, 1962, págs. 103 y sigts. En este sentido, recientemente JAKOBS, 6, números marginales 43 y sigts, págs. 182 y sigts., si bien con un fundamento diferente, basado en su concepción sobre el sistema de los "círculos de organización", la "esfera de competencia" y, sobre todo, las "expectativas de comportamiento", lo cual lo conduce a afirmar tanto la posibilidad de acción como de culpabilidad de las personas jurídicas porque "tanto para la acción como para la culpabilidad son idénticas las formas dogmáticas (y no solo los nombres) en la persona física y en la persona jurídica" (número marginal 45, pág. 184). Para la posición actual de apoyo a la responsabilidad penal de las personas jurídicas en la doctrina nacional, véase nota anterior.

A las consideraciones sistemáticas sobre las que se desarrollaba la polémica, en los últimos decenios se han sumado argumentos de política criminal. Quienes abogan por reconocer la responsabilidad criminal de las personas jurídicas enfatizan el incremento de cierta clase de delincuencia (económica, ambiental, fiscal, etc.) protagonizada por grandes corporaciones, muchas veces con alcances transnacionales. Para combatir esa criminalidad no bastaría castigar a las personas naturales que intervienen en los hechos pues, aparte de que éstos están compuestos por una malla de actos complejísimos y es imposible establecer los límites de la participación en ellos, además, los ejecutores materiales suelen cumplir políticas generales de la empresa, cuyos negocios, en conjunto, se desarrollan en las fronteras de la ilicitud. Por su parte, quienes se oponen a la persecución penal de los entes colectivos subrayan que el tipo de las sanciones aplicables a ellos solo pueden ser pecuniarias o consistir en su disolución. Las primeras, dentro de límites razonables, pueden imponerse administrativamente, sin que sea necesario forzar la naturaleza de las cosas para atribuirles una pena penal.[339] La disolución, entretanto, puede provocar perjuicios a terceros inocentes, quebrantando el principio de personalidad de la pena. Desde luego, la soportan también los socios (comúnmente accionistas) que no tuvieron intervención alguna en los hechos antijurídicos o en la decisión de ejecutarlos o, incluso, en la determinación de las políticas generales de la corporación, porque formaban parte de una minoría. Además, daña a los trabajadores, a menudo numerosos, que pierden sus empleos o ven reducidos sus ingresos.

De acuerdo con el art. 58 inc. segundo del C.P.P., "la responsabilidad penal solo puede hacerse efectiva en las personas naturales. Por las personas jurídicas responden los que hubieren intervenido en el acto punible, sin perjuicio de la responsabilidad civil que las afectare". De esta manera, la ley se decide en principio –y correctamente, a mi juicio– por la teoría de la ficción, coincidiendo con el concepto que proporciona el art. 545 del C.C.

La expresión "hayan intervenido en el acto punible" debe entenderse en un sentido amplio, que abarca tanto a los autores como a los partícipes y encubridores.[340] No se trata, pues, solo de los que han tomado "parte en la ejecución del hecho" (art. 15 N° 1° C.P.) ni de quienes tienen el "dominio del hecho",[341] sino de cualquier concurrente.

---

339 Sobre este punto, véase infra, § 4, IV, A.

340 Sobre esto, infra, § 37, I. En especial, respecto a la distinción entre partícipes y encubridores, infra, § 39, IV.

341 Infra, § 37, II, B, b).

La Ley 20.393, publicada el 2 de diciembre de 2009, consagró la responsabilidad penal de las personas jurídicas por los delitos de lavado de activos (art. 27 de la Ley 19.913) financiamiento del terrorismo (art. 8° de la Ley 18.314) y las formas de cohecho contempladas en los arts. 250 y 251 bis del C.P. –ambas con un contenido más restringido que el que tienen actualmente en cuanto a la naturaleza del beneficio que caracteriza al soborno–. Sucesivas reformas a esa ley han ampliado el catálogo de los delitos base que pueden dar lugar a la responsabilidad penal de las personas jurídicas, y todo indica que ese impulso expansivo no se detendrá. Por añadidura, no solo se han incorporado nuevos delitos base, sino que también se ha ampliado el contenido típico de varios de ellos. La redacción actual de la Ley 20.393 establece como delitos base de la responsabilidad penal de las personas jurídicas los contemplados en los artículos 136, 139, 139 bis y 139 ter de la Ley General de Pesca y Acuicultura, en el artículo 27 de la Ley 19.913 (lavado de activos), en el art. 8° de la Ley 18.314 (financiamiento del terrorismo), y en los artículos 240 (negociaciones incompatibles), 250 (cohecho activo o soborno), 251 bis (cohecho a funcionarios públicos extranjeros), 287 bis, 287 ter (ambos incorporados al C.P. por la Ley 21.121 publicada el 20 de noviembre de 2018, con el objeto de penalizar conductas que son expresivas de "corrupción entre particulares"), 456 bis A (receptación) y 470, numerales 1° (apropiación indebida) y 11 (el delito de administración desleal, recientemente introducido a nuestro ordenamiento por la mencionada Ley 21.121), del Código Penal.[342]

El art. 1° inc. tercero de la Ley preceptúa que, "Para los efectos previstos en esta ley, no será aplicable lo dispuesto en el inc. segundo del art. 58 del Código Procesal Penal", de donde debe deducirse que, en lo referente a delitos distintos de aquellos sobre los que versa el inc. primero, subsiste lo prescrito en esta última norma.

La Ley 20.393 fue redactada de acuerdo con el punto de vista desarrollado por TIEDEMANN, que se basa en la idea "de que a la persona colectiva le afecta una culpabilidad propia por su organización".[343] Con razón afirma ROXIN que, de todas maneras, ello implica valerse de una ficción "ya que la organización defectuosa no puede ser realizada por la propia persona colectiva, sino por sus directivos"; por otra parte, no cabe duda

---

342 N. del E: La redacción de este párrafo es del editor.

343 Véase, por todos, TIEDEMANN, § 4, números marginales 242 y sigts., págs. 232 y sigts.; cfr., además, ROXIN, § 8, número marginal 56 c), págs. 259. A ese criterio se lo designa también como "modelo italiano", porque ha sido acogido asimismo por la legislación italiana sobre la materia.

de que es distinta la responsabilidad, generalmente culposa, por el fallo organizacional en que pudiera haberse incurrido por el ente colectivo, y la dolosa por el delito que efectivamente se imputa.

A su vez, la idea de hacer una imputación directa a la persona jurídica, que también es defendida por algunos, supone crear conceptos de acción, injusto y culpabilidad diferentes de aquellos de que se sirve el Derecho penal en la actualidad.[344] La problemática permanece latente. El detalle pertenece a la Parte Especial.

Estas normativas se han originado en la aparición de nuevas formas de delincuencia, que se generan en la complejidad y volumen de los grandes negocios. Hasta ahora, sus efectos preventivo generales parecieran no haber sido importantes y su aplicación es infrecuente.

VI. DERECHO PENAL DE ACTOS Y DERECHO PENAL DE AUTOR

Se dice que un Derecho penal es *de actos* cuando lo que en él se castiga son las conductas ejecutadas por el sujeto, con prescindencia de las características personales de este. Así, en un ordenamiento punitivo de esta clase se sanciona "el homicidio", "la violación", "el robo" o "la injuria", describiendo los hechos en que consiste cada uno de esos delitos, y no a las personas que los cometen o tienen tendencia a cometerlos.

Por el contrario, se habla de un Derecho penal *de autor* para referirse a aquel que sustituye el catálogo de las conductas punibles por el de unas descripciones de características personales o modos de vida, a los cuales se conecta la reacción punitiva o la medida correctora o segregadora. En lugar de sancionar hechos, aspira a configurar tipos de hechores ("homicidas", "delincuentes sexuales", "delincuentes contra la propiedad", "delincuentes ocasionales", "delincuentes peligrosos por tendencia", etc.).

El Derecho penal *de actos* tiene la ventaja de su objetividad. En este sistema el castigo se asocia a un hecho perceptible y, hasta cierto punto, verificable por el juez. Las particularidades personales, las motivaciones y el pasado del inculpado no debieran desempeñar papel alguno en el juicio que se pronuncia en su contra, el cual solo es determinado por el comportamiento que infringió el mandato o prohibición. No hay lugar, por lo tanto, para apreciaciones antojadizas

344 ROXIN, § 8, 56 c), págs. 260 y 261.

ni desigualdades enraizadas en diferencias de credos, razas, educación, ideas políticas, situaciones familiares u otras semejantes. De aquí que el Derecho penal de actos posea enorme prestigio en los ordenamientos jurídicos fundados en concepciones liberales.

Pero esta objetividad, con todo lo apreciable que es, también genera dificultades. Al prescindir de las características personales, parifica la responsabilidad, impidiendo o al menos dificultando la individualización de las penas. Para un Derecho penal de actos en su forma más pura, el homicida ocasional que dio muerte a la víctima en estado de arrebato emocional debería ser castigado en la misma forma que el "matador" a sueldo de una banda de pistoleros. Con él, sobre todo, se justifica el sarcasmo de ANATOLE FRANCE, según el cual la norma, en su majestad, exige el mismo respeto por la propiedad ajena a los banqueros y a los vagabundos que habitan bajo los puentes del Sena.

El Derecho penal *de autor*, a su vez, atribuye importancia a las características individuales del hechor, que son, en definitiva, las determinantes de su asignación a un "tipo de autor". Pero para hacerlo tiene que acudir a apreciaciones subjetivas, y esto crea un riesgo tremendo de arbitrariedades. Además, para cualquier totalitarismo es fácil describir como "tipo de autor" el modo de vivir y pensar de sus adversarios y, aun, sus características físicas personales o la clase de sus actividades (lícitas). Esa tentación acecha también al Estado de Derecho, pues siempre existen personas inadaptadas a las cuales parece cómodo neutralizar echando mano del recurso punitivo o cautelar. Eso es inaceptable. Una organización social solo puede prevalecer si es capaz de tolerar las discrepancias, ordenando la convivencia de manera que realice la unidad y la paz también para los distintos. Aquí no se trata de algo tan simple como organizar un club de amigos fundado sobre la uniformidad de origen, instrucción, educación, clase y buenos modales. Eso conduciría a la paralización del progreso social, lo cual, sobre ser desastroso, es irrealizable. ¡A fin de cuentas, las personalidades desagradables son inconfortables, pero constituyen también una advertencia! A causa de todo esto, el Derecho penal *de autor* nunca se ha impuesto de una manera explícita y hasta los penalistas que lo contemplan con simpatía, como LISZT, son cautelosos y algo inconsecuentes en sus resultados.[345]

---

345 Cfr. JESCHECK, § 7, III, 1, pág. 47. Sobre lo ocurrido con FERRI (que implícitamente defiende también esa concepción) cuando tuvo la ocasión de legislar, véase JIMÉNEZ DE ASÚA, I, 132, págs. 355 y 356. La crítica debe aceptarse con reserva, por su apasionamiento. Una exposición detallada y de conjunto puede encontrarse en ROXIN, § 6, números marginales 1

b) De acuerdo con lo expuesto, el Derecho penal de actos prevalece en los ordenamientos jurídicos de origen liberal –a los cuales pertenece el nuestro– en el sentido de que lo que decide sobre si se impondrá una pena es la ejecución de una conducta desaprobada por el ordenamiento jurídico y no las características personales del hechor. Una personalidad defectuosa no es fundamento suficiente para la irrogación de un castigo.

Sin embargo, la consideración del autor ha cobrado cada vez más importancia para la determinación de la pena que se aplicará a quien ejecutó el hecho punible.[346] A ello ha contribuido, por una parte, el desarrollo de la *teoría normativa de la culpabilidad*[347], según la cual la medida de la pena tiene que ajustarse a la medida del "reproche" que se puede dirigir al sujeto por su comportamiento contrario al mandato o la prohibición, reproche que, a su vez, depende de sus circunstancias personales (medio, formación, educación, salud psíquica y corporal, posibilidades de trabajo, etc.). Asimismo, ha influido la progresiva importancia que se atribuye a las consecuencias de la pena concretamente impuesta en el desarrollo ulterior del autor, tanto respecto de su propia existencia como del contexto social a que pertenece, lo cual también exige hacerse cargo de sus particularidades individuales. En esta subjetivización de los criterios de determinación de la pena han cumplido, por cierto, un papel importante los progresos de la criminología,[348] las consideraciones de prevención especial[349] y las político-criminales.[350]

En todo caso, es preciso recalcar las siguientes conclusiones:

aa) Las decisiones relativas a qué se castigará deben realizarse siempre con arreglo a los criterios de un Derecho penal de actos y, lógicamente, preceden siempre a las referentes a la determinación de la pena, pues si la conducta ejecutada no es constitutiva de delito según la ley, no existe pena que determinar

---

y sigts., págs. 176 y sigts., quien le dedica un apartado completo con bibliografía. Asimismo, POLITOFF, I, 6, 1, págs. 243 y sigts.

346 Sobre esto, con detalle, HASSEMER, § 15, II, págs. 127 y sigts. En el sentido del texto también JESCHECK, § 7, III, 2, pág. 47.

347 Infra § 25, 2, c) y d).

348 Infra, § 5, II.

349 Supra § 2, II, d) y III, b), ff).

350 Infra, § 5, I.

y ninguna característica de la personalidad del sujeto justifica la imposición de una, cualquiera que sea. [351]

Esta afirmación parece perogrullesca y, sin embargo, no es superflua. Los tribunales tienen que evitar la tendencia a decidir sobre la punibilidad de un hecho atendiendo a consideraciones sobre los "antecedentes" del autor, su "procedencia", su "prestigio", sus "malas costumbres" u otras semejantes. En esa etapa del enjuiciamiento solo es relevante la *tipicidad* de la conducta. Desgraciadamente no siempre se cumple esta exigencia, y las decisiones prácticas son influenciadas por una serie de prejuicios originados en características personales del imputado. Como los jueces son seres humanos, eso no puede erradicarse por completo. Pero ayudaría mucho a impedir los errores que se tenga presente el principio desde el que se ha de partir.

Por otra parte, la idea expuesta también debe regir para la irrogación de la otra forma de reacción penal, esto es, las medidas de seguridad y corrección. De entre ellas, las únicas que actualmente rigen (arts. 455 y sigts. del C.P.P.) presuponen la ejecución de una *conducta típica* y antijurídica, cuya ocurrencia en el caso concreto tiene que apreciarse independientemente de las perturbaciones psíquicas del autor.[352]

bb) En la determinación de la pena hay que tener en cuenta, además de ciertas particularidades del acto ejecutado, los rasgos personales del autor. La indagación sobre estos últimos, sin embargo, tiene que hacerse con prudencia, pues en las situaciones extremas prevalece la *dignidad humana*[353] del imputado. La indagación sobre su intimidad no puede llevarse nunca más allá de ciertos límites, incluso cuando tienda a favorecerlo, si con ello se lesiona su condición de hombre y los derechos que son consustanciales a ella. Para el Derecho punitivo y el procedimiento penal es un desafío angustioso y casi irrealizable tratar de mantener este equilibrio precario, que en muchos casos ni siquiera puede hacerse depender de la voluntad del afectado.[354]

---

351 HASSEMER, § 15, II, 1, pág. 130: "En particular, desde el punto de vista sistemático la medición de la pena presupone punibilidad. Si no resulta posible constatar una conducta punible, resulta superflua cualquier consideración sobre la medición de la pena".

352 Infra, § 55, III.

353 Este concepto, de capital importancia en nuestra disciplina, es tratado con detalle por WERNER MAIHOFER, *Estado de Derecho y Dignidad Humana*, traducción por José Luis Guzmán Dalbora, IB de F, Montevideo–Buenos Aires, 2008, *passim*.

354 HASSEMER, § 15, II, 1, págs. 130 y sigts. Especialmente en la pág. 134: "El acusado debe estar convenientemente protegido frente a su conversión en objeto de escudriñamiento". "Las investigaciones sobre la vida anterior del delincuente, sus relaciones personales y

c) El Derecho penal chileno se encuentra estructurado en sus líneas fundamentales de acuerdo con el esquema expuesto en el párrafo anterior.[355] Lo que se castiga por la ley es la ejecución de una acción ilícita, prescindiendo de la personalidad del autor. Esta última, sin embargo, se toma en cuenta para determinar la pena, como lo pone de manifiesto la agravante de *reincidencia* (art. 12, N°s 14, 15 y 16 del C.P.) o las atenuantes de *irreprochable conducta anterior* (art. 11 N° 6), las *emocionales* (art. 11 N°s 3, 4 y 5) y la de haber obrado *por celo de la justicia* (art. 11 N° 10)[356] En algunos casos esa consideración determina incluso la exclusión de la pena, como sucede respecto de los enfermos mentales (art. 10 N° 1 C.P.) y menores de edad (art. 10 N° 2 del C.P., en relación con el art. 3° de la Ley 20.084 sobre Responsabilidad de los adolescentes por infracciones a la ley penal), sin perjuicio de que se puedan imponer al infractor medidas de seguridad y corrección o cautelares. Hasta es posible que en unas cuantas situaciones se introduzcan referencias a la personalidad del autor en la descripción del hecho punible, como ocurre con la exigencia de "habitualidad" contenida, entre otros, en el art. 367 inc. segundo del C.P. (favorecimiento o promoción de la prostitución).[357] [358] [359]

---

económicas de vida o el pronóstico de vida futura son elementos que pueden dañar gravemente el derecho a la intimidad del acusado".

355 N. de E.: La configuración de un Derecho penal de autor en nuestro país sería inconstitucional, pues el inc. final del art. 19 N° 3 de la C.P.R. garantiza que la ley solo puede establecer penas respecto de *conductas*, que, además, deben estar expresamente descritas en ella. En el mismo sentido, MATUS y RAMÍREZ *Manual, Parte General*, pág. 86. Además tal proceder sería contrario al principio de dignidad del art. 1, inc. 1° de la Carta Fundamental.

356 N. del E.: es discutible que en las atenuantes mencionadas, o al menos que en todas ellas, se esté tomando en cuenta la personalidad del sujeto.

357 Sobre ello, infra, § 25, I, b, bb), 4. Sobre los delitos habituales como un caso de unidad jurídica de acción, § 42, II.

358 N. del E.: en su redacción original, el art. 367 C.P. solo contemplaba una figura simple de promoción o favorecimiento de la prostitución o corrupción de menores de edad para satisfacer los deseos de un tercero. La habitualidad y el abuso de autoridad o confianza eran circunstancias del tipo penal (formas de ejecución), que debían concurrir, alternativamente, para que las conductas fuesen punibles. El texto actualmente vigente de ese artículo se debe al art. 1° N° 14 de La Ley 19.927, publicada el 14 de enero de 2004; en el inc. 2° del art. 367, la habitualidad, el abuso de autoridad o confianza, además del engaño, pasaron a ser circunstancias agravantes (en rigor, calificantes) de la figura básica del inc. 1°, la que ahora solo exige la realización de las conductas de promoción o facilitación de la prostitución de menores de edad para satisfacer los deseos de otro y, por último, fue eliminado de ese artículo la corrupción de los menores de edad.

359 N. del E.: Una revisión atenta de nuestra doctrina permite advertir que su entendimiento de la habitualidad en el art. 367, o bien la identifica *en la práctica* con la reiteración de las conductas, sin que las características personales del autor tengan verdadera relevancia en la

Por el contrario, es inadmisible que se sancione a alguien fundándose en características de su personalidad (peligrosidad, vicio, malas costumbres, taras, etc.). Una personalidad defectuosa no constituye base para la irrogación de una pena.

---

fundamentación de la figura agravada por esa circunstancia o, derechamente, constituye una restricción de la punibilidad frente a la primera interpretación, añadiendo una característica personal del autor a la pura reiteración de los actos típicos de la habitualidad en el art. 367. En efecto, parte importante de la doctrina nacional afirma que la habitualidad en el art. 367 C.P. exige que el sujeto activo haya adquirido, a través de la ejecución reiterada de las conductas, el "hábito", la "costumbre" de realizarlas, o una "inclinación" o "tendencia" a ello, conceptos que efectivamente aluden a características de la personalidad del autor. Pero, a la vez, varios de los autores que sostienen esta postura entienden que basta la reiteración de dos actos de promoción o facilitación de la prostitución de menores de edad para que se revele o manifieste la costumbre, hábito o tendencia. En ese sentido GARRIDO MONTT, III, cuarta edición, pág. 345; AGUILAR ARANELA, CRISTIÁN, *Delitos sexuales. Doctrina y Jurisprudencia*, Editorial Metropolitana, 2008, pág. 155, y especialmente la definición de la habitualidad dada por el T.O.P. de Cauquenes citada en nota a pie de página N° 227; POLITOFF, MATUS Y RAMÍREZ, publicado por Jurídica de Las Américas, 2009, pág. 285, y MATUS Y RAMÍREZ, *Manual, Parte Especial*, pág. 166. Pareciera, entonces, que en esta opinión habitualidad y reiteración se identifican en la práctica, o, a lo sumo, se podría pensar en casos en que a pesar de haberse reiterado la conducta unas pocas veces, aún no se ha formado la costumbre o hábito en el autor, pero en tal hipótesis esa característica de la personalidad no tendría el sentido de fundar la punibilidad, sino de limitarla frente a la sola repetición de la conducta.
Frente a esta interpretación de la habitualidad, ETCHEBERRY III, págs. 79 y 80, sostiene otra que cumple de manera expresa una función restrictiva de la punibilidad respecto de la sola reiteración, pues incide en las características que esta debe tener y que la hacen más estricta. En efecto, refiriéndose a la habitualidad en el texto del art. 367 antes de ser modificado en el año 2004 (ver supra nota 357), sostiene que para su configuración se necesita una "multiplicidad de actos de promoción o favorecimiento de la prostitución, durante un tiempo más o menos prolongado, que permita afirmar la costumbre o hábito".
A juicio del editor, existen buenas razones para entender la habitualidad del inc. segundo del art. 367 como una pura referencia a la reiteración de las conductas típicas, de modo que es la repetición de estas la que fundamenta la agravación de la pena. Ese entendimiento se encuentra en RODRÍGUEZ COLLAO, LUIS, *Delitos Sexuales*, segunda edición actualizada, Editorial Jurídica de Chile, marzo de 2018, págs. 297 y 298. "Si bien es cierto que la ley no señala de modo expreso cuál es el número de actos que se requiere para configurar la habitualidad, pensamos que sí lo hace de modo indirecto, pues habitual es sinónimo de reiterado y, según el sentido etimológico de esta última expresión, una conducta alcanza esa condición cuando es ejecutada al menos en tres oportunidades distintas", sosteniendo, además, que la habitualidad está referida a la pluralidad de menores afectados por la conducta. Creo útil acudir aquí, a modo de recurso sistemático en la interpretación de la ley, a otro delito en que el legislador ha exigido que la conducta se realice de manera habitual, como ocurre en el delito de *maltrato habitual* del art. 14 de la Ley N° 20.066, sobre Violencia Intrafamiliar.

Contra el sistema predominante en la ley conspiran todavía disposiciones que elevan a la categoría de conductas típicas lo que no es sino un "modo de ser" del individuo. Posiblemente las situaciones más características eran la vagancia y la mendicidad a que se refería el § 13 del Título VI del Libro II del C.P., arts. 365 y sigts., hoy felizmente derogadas por la Ley 19.567. Sin embargo, subsisten algunas figuras sospechosas como, por ejemplo, el tipo de favorecimiento de la prostitución del art. 367 del C.P., que pareciera castigar un modo de "conducción de vida" (discutible).[360]

El inc. primero de esa norma tipifica el ejercicio *habitual* de violencia física o psíquica respecto de alguna persona de las referidas en el art. 5° de esa ley, mientras que su inc. segundo establece los criterios a que debe atender el juez para apreciar la habitualidad. Entre estos últimos, no se encuentran referencias al carácter agresivo del sujeto activo ni a una tendencia o inclinación de este a realizar las conductas típicas. Aunque es posible y hasta probable que quien incurre en este delito tenga, efectivamente, una personalidad que presente esa clase de rasgos, no es esa la razón por la que se lo sanciona, sino por haber ejercido actos de violencia física o psíquica, que *deben ser reiterados* y próximos en el tiempo.
Ilustrativo de esta interpretación es el comentario que hacen Matus y Ramírez cuando señalan que el inc. segundo del art. 14 de esa Ley establece un concepto de habitualidad "que se aparta de la regla tradicional que consideraría como tal la simple repetición dos o más veces de una misma conducta", *Manual, Parte Especial*, págs. 128 y 129.

360 N del E.: Al margen de la interpretación de la habitualidad expuesta en la nota anterior, en mi opinión, este delito no es expresión del castigo de un modo de "conducción de vida", pues, al fin y al cabo, la promoción de la prostitución es una instigación al menor para formar en él la resolución de prostituirse, y su facilitación se refiere a los actos cooperación que hacen posible o más expedito que este se prostituya. Ninguna de las dos conductas supone necesariamente que el sujeto activo haya hecho de la promoción o facilitación de la prostitución de menores de edad un modo de vida, aunque es probable que eso ocurra efectivamente. Distinta es la situación de las figuras que contemplan, o que alguna vez contemplaron, otras legislaciones, en que lo que se sanciona es precisamente un modo de vida, como ocurre con el delito de rufianismo (o rufianería) del art.127 del C.P. argentino: antes de la reforma de 1999, este consistía en *hacerse mantener por una persona que ejercía la prostitución y*, luego de esa reforma, la figura básica del delito sanciona al que *explotare económicamente el ejercicio de la prostitución de una persona*, aunque mediare el consentimiento de la víctima. En ambas redacciones el fundamento de la punibilidad es el modo de vida del sujeto activo. Sobre la base de la antigua redacción del art. 127, AQUINO, PEDRO, *Delito de rufianería*, Ediciones Panedille, Buenos Aíres, 1971, pág. 34, expresa con toda claridad que esa figura castiga un modo de vida: "La existencia del art. 127, Código Penal, ...pretende castigar un verdadero *modus vivendi*, cual es el del rufián". JAGER, refiriéndose al delito de rufianismo caracterizado por formulas análogas a las del C.P. argentino, sostiene que "parece discutible la punición del rufianismo, dado que no se trata de un comportamiento antisocial claramente delimitable, sino de una forma de vida parasitaria, asocial, más bien", citado por RODRÍGUEZ COLLAO, LUIS, *Delitos sexuales, primera edición*, Editorial Jurídica de Chile, *agosto de 2000*, página 226, nota a pie de página número 1.
El art. 367 del C.P. chileno no exige ninguno de los elementos que le dan fisonomía a la rufianería, sin perjuicio de que en la práctica, será sumamente frecuente que quienes ejecutan

Finalmente, debe señalarse que el procedimiento de determinación de la pena consagrado en la ley chilena es rígido y no garantiza una apreciación adecuada de la personalidad del autor en esta etapa del enjuiciamiento.[361]

las conductas de ese tipo penal estarán explotando económicamente la prostitución de los menores de edad y viviendo de ella.

361 Infra, § 54.

§ 4. LAS FRONTERAS DEL DERECHO PENAL CON OTRAS RAMAS DEL ORDENAMIENTO JURÍDICO

I. GENERALIDADES

Como el Derecho penal suele amparar bienes jurídicos que también reciben protección de otros ordenamientos, sus relaciones con ellos son múltiples y estrechas. Por esto, a mi juicio resulta algo superfluo detenerse en el examen pormenorizado de tales vínculos.[362]

Sin embargo, el estudio de estas relaciones cobra un significado especial en zonas fronterizas cuyos límites no se encuentran trazados con nitidez, a consecuencia de lo cual presentan dificultades que, a veces, son prácticamente insolubles, o en ellas se han desarrollado principios e instituciones que pertenecen en común –aunque solo sea parcialmente– tanto al Derecho punitivo como a otro u otros ordenamientos. Aquí examino únicamente ese tipo de vinculaciones. Esto explica el rótulo empleado para encabezar la exposición.

Son muy importantes, en el sentido expuesto, los puntos de contacto del Derecho penal con el *constitucional,* el *civil,* el *administrativo* y el *procesal.*

II. RELACIONES DEL DERECHO PENAL CON EL CONSTITUCIONAL

Al Derecho penal se le confía la defensa de valores que constituyen el fundamento de la convivencia, mediante el empleo de los recursos más vigorosos con que cuenta el ordenamiento jurídico. Por lo tanto, es lógico que los límites de su actividad estén establecidos en la instancia legislativa más alta, a fin de garantizar a las personas contra arbitrariedades. De esta clase era la norma contenida en el art. 11 de la C.P.E. de 1925 y reproducida ahora, con modificaciones que la perfeccionan, en el art. 19 N° 3°, incs. octavo y noveno de la C.P.R. de 1980, la cual consagra el *principio de legalidad (nullum crimen nulla poena sine lege).* En virtud

362 Una exposición muy completa del tema se encontrará en NOVOA, I, 29 y sigts., págs. 51 y sigts.

de ella, tanto los hechos constitutivos de delito como las penas correspondientes deben estar determinados en una ley formalmente tal, antes de la ejecución de la conducta por el sujeto.

Otras de las disposiciones de la C.P.R. que aluden a materias penales son, en cambio, solo mandatos constitucionales que producen efectos más o menos directos en el campo del Derecho punitivo.[363] Así, por ejemplo, la del art. 19 Nº 7º, letra i), establece, en realidad, un Derecho civil de orden público, cuya fuente es el sometimiento a proceso[364] o la sentencia penal condenatoria de "cualquier instancia" que haya sido declarada "injustificadamente errónea o arbitraria" por la Corte Suprema: la vinculación con el Derecho penal es, pues, muy tenue.[365] Por el contrario, las letras g) y h) de ese mismo artículo y número establecen limitaciones auténticamente penales, prohibiendo la pena de confiscación, con una reserva, y la de pérdida de derechos previsionales. También es norma penal que por razones políticas se elevó a un rango constitucional la del art. 61 de la C.P.R. sobre inviolabilidad parlamentaria.

Desde el punto de vista político criminal, es importante la cuestión relativa a si existen otros principios que, como el *nulla poena,* deban incluirse en la Constitución. Si se prescinde del *nulla poena sine indicio,*[366] del principio del "debido proceso" y de la presunción de inocencia que ampara al imputado mientras no se dicta sentencia condenatoria en su contra –todos los cuales son primordialmente de índole procesal– restan por considerar, todavía el de que *no hay pena sin culpabilidad,*[367] el de la *igualdad de las personas ante la ley penal,*[368] el del *carácter personalísimo de la responsabilidad penal,*[369] el de la *legalidad de las medidas de seguridad y corrección*[370] y el *non bis in ídem.*[371] En el fondo, eso pretendían los

363 Con algún detalle, respecto de la C.P.E. de 1925, NOVOA, I, 32, págs. 54 y 55.

364 N. del E.: Desde la vigencia del C.P.P. la referencia de la norma constitucional al sometimiento a proceso como fuente de este derecho no es clara pues en él no se contempla una resolución de sometimiento a proceso, como sí ocurría en el antiguo C de P.P.

365 No está de más advertir que esta disposición ha recibido escasa aplicación en la práctica, pues la Corte Suprema ha acogido en contadas oportunidades las solicitudes fundadas en ella.

366 Infra, V, b).

367 Infra, § 25, I, b).

368 Infra, § 11, I.

369 Supra, § 3, V.

370 Infra, § 10, III.

371 Infra, § 44, I.

párrafos V, VI, VII y IX de la Declaración de Principios de la Comisión Redactora de un Código Penal Tipo para Latinoamérica,[372] a mi juicio correctamente. Entre nosotros, solo el primero ha recibido un reconocimiento constitucional parcial, mediante la fórmula ambigua del art. 19 Nº 3º, inc. séptimo de la C.P.R., que prohíbe presumir de derecho la responsabilidad penal, sobre cuya interpretación los tribunales se muestran vacilantes y solo en los últimos años del siglo pasado y primeros del actual la jurisprudencia ha tendido a uniformarse.[373] [374]

Tan importante como lo anterior es la tendencia que se ha desarrollado en el Derecho comparado en los últimos años, con arreglo a la cual *en un Estado Democrático de Derecho las normas constitucionales que establecen garantías* ciudadanas *son aplicables directamente en la decisión de los casos concretos que se encuentran llamados a resolver y no únicamente mandatos dirigidos al legislador.*[375] Así pues, este criterio, del que fue pionera la Corte Suprema de los Estados Unidos, estima que los mandatos constitucionales forman parte de las leyes que cada tribunal debe tener en cuenta en la solución de los conflictos sociales y que a estos, por consiguiente, no les es lícito hacer interpretaciones o aplicaciones de disposiciones legales que importen una infracción de esas normas superiores, aun cuando no existan declaraciones formales sobre la inconstitucionalidad de las mismas. En un Estado Democrático de Derecho, la Constitución determina

---

372 C.P.T., I, págs. 155 y 156.

373 Infra, § 28, III, b).

374 N. del E.: el Tribunal Constitucional chileno ha desarrollado una jurisprudencia muy interesante, dándole apoyo en los valores superiores de la C.P.R. a principios limitadores de la pena que no tienen un reconocimiento expreso en ella. Existen numerosas sentencias en ese sentido. Un pasaje ilustrativo de este criterio se encuentra en el considerando cuadragésimo tercero de la sentencia del TC en el rol Nº 3346-17-INA: "Que es del caso, ponderar que el principio de humanidad, derivado de la dignidad humana, es un presupuesto del principio de proporcionalidad, y este último permite concretar las consecuencias de aquella en relación con las penas asociadas a la comisión de un delito. Es más, tanto el reconocimiento o aceptación social de tales principios, son expresión del carácter democrático del Estado, además de contribuir a su fundamentación, comporta que su vigencia y afirmación simbólica desplieguen un efecto preventivo general de carácter positivo, y tengan un significado utilitarista, además del fundamento axiológico de los principios antes referidos".

375 Sobre ello, ESTEBAN MAESTRE DELGADO, *Desarrollo jurisprudencial del Derecho constitucional a la presunción de inocencia, en ADP tomo XXXVIII, fascículo III,* Madrid 1985, págs. 721 y sigts.; IGNACIO BERDUGO, *Derechos humanos y Derecho penal,* en *Nuevo Foro Penal,* Bogotá Nº 39, enero–marzo de 1988, págs. 42 y sigts.; JUAN FERNÁNDEZ CARRASQUILLA, *Los derechos humanos como contención y criterio de autorregulación del poner punitivo,* en *Nuevo Foro Penal,* Bogotá, Nº 39, enero–marzo de 1988, págs. 58 y sigts.

la actividad concreta de todos los Poderes del Estado y, ciertamente, también del Judicial. De esta manera, las garantías constitucionales se integran directamente a la normativa penal, configurando su sistema y decidiendo sobre la aplicación del mismo a los ciudadanos. La importancia política y jurídica de este desarrollo, que *desformaliza* los conductos a través de los cuales las normas constitucionales imponen sus directivas a la jurisprudencia, es de una trascendencia capital para el perfeccionamiento de la democracia en el futuro. En efecto, por su intermedio las declaraciones abstractas del Derecho contenidas en la Carta Fundamental se transforman en un instrumento puesto al servicio *inmediato* y *concreto* de los ciudadanos para la defensa de sus derechos personales, y en un recurso de control de la constitucionalidad de los actos ejecutados por el legislador y por los órganos de la administración estatal.

Un procedimiento de esta clase no solo es posible en el ámbito de nuestro ordenamiento jurídico, sino que se encuentra imperativamente consagrado en el art. 6° incs. primero y segundo de la C.P.R., de conformidad con los cuales "los órganos del Estado deben someter su acción *a la Constitución* y a las normas dictadas conforme a ella" y "los preceptos de esta Constitución obligan tanto a los titulares o integrantes de dichos órganos como a toda persona, institución o grupo". Siendo así, parece evidente que los Tribunales deberán estarse a los mandatos y prohibiciones de la Carta Fundamental cuando se encuentran abocados a la aplicación de las normas legales, si entre ambas existen contradicciones o si de dos interpretaciones posibles de una disposición, el precepto constitucional exigiría estarse a una de ellas.[376] Aunque en algunos casos lo han hecho así, se trata de un criterio que todavía no se ha consolidado en la práctica judicial. [377] [378]

---

376 En el mismo sentido POLITOFF, I, 1, 7, A, pág. 30.

377 N. del E.: Sobre las estrechas relaciones entre el Derecho constitucional y el penal, véase POZO SILVA, NELSON, *Taxatividad. Principios de taxatividad y constitucionalismo*, correspondiente al capítulo 1, págs. 15 y sigs. de sus *Fragmentos Jurídicos (Ensayos inconclusos)*, Editorial Librotecnia, mayo de 2019; y en "*Constitucionalización del Derecho Penal*", correspondiente al capítulo 5 de sus *Fragmentos*, págs. 109 y sigs., se refiere a "una nueva subdisciplina que denominamos Derecho Penal Constitucional o, mejor dicho, Derecho Constitucional Penal". En el mismo sentido, el considerando trigésimo sexto de la sentencia del TC citada supra en nota del editor 374.
Véase también en infra §14, V, d) el punto ii) de la nota del editor a pie de página número 100.

378 N. del E.: el inc. segundo del art. 5° C.P.R. reafirma la obligación que tienen los jueces de proceder de esa manera.
En materia de interpretación de la ley penal, véase infra la nota del editor número 136 en § 8, IV, c).

III. RELACIONES DEL DERECHO PENAL CON EL CIVIL

Las relaciones entre el Derecho penal y el civil son numerosas y sería ocioso intentar una enumeración de todas ellas, pues solo se manifiestan completamente en el examen pormenorizado de ambos ordenamientos.[379] Más interesante que esto es discutir brevemente en qué medida las normas de cada uno de ellos son vinculatorias para el otro.

La afirmación del carácter subsidiario del Derecho penal, entendido en su sentido tradicional,[380] se ha prestado para sostener que este se encuentra en una relación de dependencia respecto del ordenamiento civil.[381] Tal criterio tiene que ser desestimado. Los objetivos y la particularidad de los recursos del ordenamiento punitivo lo distinguen claramente del Derecho privado y exigen un tratamiento diferenciado de sus normas tanto por el legislador como por el intérprete y, por lo tanto, así en lo práctico como en lo dogmático.

Pero esto tampoco significa sostener que exista una autonomía total, como consecuencia de la cual el Derecho penal deba desentenderse por completo de los conceptos elaborados por el Derecho civil y de las reglas contenidas en sus disposiciones. No se puede perder de vista que, a fin de cuentas, ambos ordenamientos forman parte de un todo que aspira a regular coherentemente la vida social, y, por lo mismo, la interacción entre ambos es constante. Lo importante es advertir, más bien, que la solución de cada situación depende de consideraciones prácticas relativas a sus consecuencias y no de definiciones apriorísticas. Por esto, cualquiera de los dos Derechos puede tomar del otro los conceptos o desarrollos que le sean útiles. Muchas veces, incluso, esto dependerá de la existencia de remisiones legales expresas. Pero al mismo tiempo, hay que evitar el error de entronizar en el Derecho penal un "pancivilismo" perturbador, que obliga a respetar los enfoques privatistas también cuando originan soluciones inconvenientes desde el punto

---

379 Una descripción de los contactos más relevantes en NOVOA, I, 35, págs. 57 y 58.

380 Supra, § 3, II, a).

381 Así se advierte todavía en la primera edición de este libro, I, § 4, III, pág. 69, aunque luego me esforzaba por no sacar de esas afirmaciones consecuencias exageradas. Probablemente el intento más completo por identificar las instituciones y estructura del Derecho penal con el civil se encuentre en FRANCISCO CARNELUTTI, *Teoría general del delito*, traducción de Víctor Conde, Editorial Revista de Derecho Privado, Madrid 1952, *passim* y *Lecciones de Derecho penal*, traducción de Santiago Sentis Melendo, Ediciones Jurídicas Europa–América, Buenos Aires, 1952, *passim*. Esta clase de esfuerzos se encuentran hoy prácticamente abandonados.

de vista político criminal;[382] asimismo, por supuesto, la pretensión de imponer al ordenamiento privado nociones y desarrollos propios del Derecho punitivo.[383]

En nuestro medio esto se olvida con frecuencia y existe una marcada tendencia a extrapolar los conceptos y resultados del Derecho civil al penal. Esto, que es muy acentuado en la práctica, pero que se manifiesta también en la doctrina, no ha contribuido a un desenvolvimiento adecuado del Derecho penal. Uno podría decir que el desarrollo alcanzado por este último hasta el presente se ha producido *no obstante* ese prurito, manifestado sobre todo en cierta ceguera de la jurisprudencia frente a los progresos de la ciencia y el Derecho comparado. Un ejemplo paradigmático lo proporcionó la persistencia hasta en el dogma *error juris nocet* (inexcusabilidad del error de Derecho) que sobrevivió, incluso en parte de la literatura, hasta los últimos años del siglo pasado, a pesar de las consecuencias aberrantes a que conducía y su consiguiente abandono por la práctica, teoría y legislación comparadas más importantes.[384]

Suele afirmarse que esta situación ha sido provocada por la influencia del Derecho romano sobre nuestro ordenamiento jurídico. Contra esta creencia hablan el vigor evolutivo y la enérgica capacidad de adaptación al *telos*, que son característicos del Derecho romano. Por eso pienso, más bien, que la han causado, en parte, el prestigio de que han gozado entre nosotros las instituciones civiles francesas, más desarrolladas que las penales, y la monumentalidad que todavía se reconoce al Código de Bello, después de un siglo y medio de vigencia; en parte, también, la tradición positivista que imperaba al establecerse nuestro ordenamiento jurídico, y que formó en los tribunales el hábito cómodo de asilarse en las prescripciones del Código Civil cada vez que la ley no le procura una solución expresa para el conflicto sometido a su decisión. Esta última actitud es difícil de corregir, pero, a la larga, la jurisprudencia tendrá que ir asumiendo la responsabilidad de desarrollar las prescripciones penales con arreglo a criterios político criminales enraizados en las convicciones ético-sociales imperantes y en la normativa constitucional, y no remitiéndose a textos concebidos para resolver otra clase de problemas.

---

382 Uno de los ejemplos más destacados de esta inclinación lo proporcionan las obras de CARNELUTTI citadas en la nota anterior, que son notables, por lo demás, en otros aspectos.

383 En el mismo sentido del texto se pronunció ANDRÉS BELLO, cuya opinión es, por cierto, muy importante en nuestro medio. Véase, al respecto, SOLANGE DOYHARCABAL, *El pensamiento de Bello en Derecho penal*, en *Boletín de Investigaciones de la Facultad de Derecho de la Pontificia Universidad Católica de Chile,* N° 43, agosto de 1979, págs. 29 y 30.

384 Infra, § 28, en donde se informa del cambio experimentado en esta materia por la jurisprudencia a partir de 1998.

De entre las muchas zonas en que la relación entre los conceptos penales y civiles necesita ser analizada, pueden destacarse algunas que constituyen ejemplos ilustrativos. ¿Hasta dónde rigen para el Derecho penal las definiciones de *dolo* e *imprudencia (culpa)* que consagra el art. 44 del C.C.? ¿O la *propiedad,* tal como se encuentra establecida en el art. 582 de ese mismo texto legal? ¿O las reglas de *interpretación de las leyes* de los arts. 19 y sigts. del C.C.? ¿Qué se entiende por *documentos públicos o auténticos* en los arts. 193 y sigts. del C.P. y en qué medida se corresponde esa noción con la del art. 1699 del C.C.? He aquí, escogidas desordenadamente, unas cuantas preguntas que permiten formarse una idea del número, complejidad e importancia de las situaciones a que me estoy refiriendo.

IV. RELACIONES DEL DERECHO PENAL CON EL ADMINISTRATIVO

Las relaciones del Derecho punitivo con el administrativo son especialmente complejas. Sobre todo, a partir de mediados del siglo XIX[385] se han vuelto cada vez más enmarañadas, a consecuencias de una serie de factores que han oscurecido sus fronteras y, en especial, las existentes entre sus respectivos recursos de reacción frente al ilícito. La distinción entre la *pena penal,* la *administrativa* y la *disciplinaria* ha llegado a constituirse en un problema cuyas consecuencias prácticas son graves y cuya solución teórica, entre tanto, dista de ser unánime y satisfactoria.

A causa de la importancia que se atribuye a la materia, la Asociación Internacional de Derecho Penal la incluyó en el temario de su XIV Congreso Internacional de Derecho Penal, que se celebró en Viena en 1989. En el precoloquio preparatorio sobre el tema, realizado en Estocolmo entre el 14 y el 17 de junio de 1987, se advirtió una importante coincidencia entre los penalistas presentes respecto de las cuestiones fundamentales. Sin embargo, la reunión verificó que en la práctica esos problemas están resueltos de manera anárquica en las legislaciones de los distintos países y que, incluso, los hay que ni siquiera son abordados por ellas. Por otra parte, pudo vislumbrarse que los especialistas en Derecho administrativo no siempre comparten los puntos de vista de los penalistas y que a menudo no se pliegan a las exigencias de garantía formuladas por estos. La unidad de pareceres teóricos, por consiguiente, en varios aspectos es más aparente que real.

385 MAURACH–ZIPF, § 1, III, A), número marginal 26, pág. 19.

Aparte de esto, se discuten también las vinculaciones que existen entre el Derecho administrativo y las *medidas de seguridad y corrección*, como asimismo entre aquel y el *Derecho penitenciario*.

A. Pena penal, administrativa y disciplinaria

a) Orígenes del problema

En rigor, el Derecho penal anterior a la Ilustración era Derecho administrativo pues, aunque las sanciones fueran impuestas por tribunales, los funcionarios judiciales estaban sometidos de tal manera a la Administración que sus decisiones se orientaban de acuerdo con las necesidades y exigencias de esta. Por otra parte, al menos desde el advenimiento del Estado absoluto, los intereses de la comunidad se identificaban con los del órgano administrativo supremo. La idea de que el "Estado era el monarca" traía aparejada la de que los intereses de este eran vitales para la preservación de la convivencia pacífica.[386] Así se entroniza sin reparos una "justicia de gabinete" con una división puramente técnica del trabajo entre tribunales y autoridades administrativas.[387]

En la mayor parte de Europa occidental, el triunfo de las ideas liberales impuestas teóricamente por la Ilustración y realizadas por las revoluciones norteamericana y francesa, conducen a una situación opuesta. Con arreglo a la interpretación tradicional del principio de separación de los Poderes del Estado, la función punitiva pertenece por entero al Legislativo y al Judicial, en tanto que el Ejecutivo, como titular de la Administración, se encuentra despojado de ella.[388] Todo hecho merecedor de un castigo debe encontrarse descrito en una ley formal y su imposición tiene que estar precedida por un proceso seguido ante la jurisdicción ordinaria.

El principio aludido prevaleció en lo fundamental, especialmente en Europa Central, aunque es improbable que haya sido aplicado de manera rigurosa, pues siempre se reconocieron a la administración facultades correctivas.[389] La consecuencia fue una hipertrofia de los códigos y de la legislación penal accesoria, recargado

386 Una vigorosa reproducción histórica de estos criterios, si bien ideológicamente sesgada, en FOUCAULT, *op. cit.*, especialmente págs. 38 y sigts.

387 MAURACH–ZIPF, I, § 1, II, A), números marginales 26 y sigts., págs. 19 y sigts.

388 TIEDEMANN, *Wirtschaftstrafrecht und Wirtschaftkriminalität,* Hamburg, 1976, I, § 3, I, 2, pág. 116.

389 TIEDEMANN, *op*, y *loc. cit.*, en nota anterior, I, § 3, I, 2, pág. 117.

por la incorporación de infracciones intrascendentes a las que la literatura alemana denomina gráficamente, "delitos de bagatela". A esa tendencia se debe también la tripartición de los hechos punibles en crímenes, simples delitos y faltas,[390] que permitió reservar la última categoría para las infracciones de menor entidad.

Tal situación pudo mantenerse mientras se acordó al Estado una función eminentemente subsidiaria de la actividad privada, pues entonces la injerencia administrativa se encontraba reducida a su expresión más modesta. Pero a medida que la realidad obligó a superar esa concepción individualista exagerada y nuevos puntos de vista ideológicos aceleraron la expansión de la actividad estatal, las cosas se agravaron. El Estado, comprometido con tareas sociales cada vez más vastas y complejas, e invadiendo progresivamente espacios tradicionalmente reservados a los entes privados, se vio precisado a extender la actividad de sus órganos administrativos que, por su parte, adquirieron dimensiones desmesuradas. Incluso el contraste entre intereses de la administración y de los individuos entró en crisis, junto con acentuarse los progresos de una organización social en que la participación reclamada por los ciudadanos era cada vez mayor.[391] En semejantes condiciones, la pretensión de exigir una intervención formal de los tribunales para la sanción de toda infracción se volvió utópica. Para sortear las crecientes dificultades se recurrió, por una parte, a las "leyes penales en blanco"[392] y, por la otra, a la *pena administrativa,* entendida como algo distinto de la pena penal y, por lo tanto, no sometida a las restricciones que implica la amenaza e imposición de esta última. La administración, a su vez, acelera este proceso, asegurando que, para cumplir las extensas obligaciones que le asigna una concepción social del Estado, necesita disponer de facultades sancionadoras.

En nuestro país la evolución histórica, si bien participa de algunos de los rasgos descritos, sigue un camino algo diferente, en parte a causa de las peculiaridades de nuestra sociedad y, en parte, debido a las de la Madre Patria. Como España no vivió el proceso de liberalización con la misma profundidad que Francia, Alemania, Italia u Holanda, por ejemplo, en ella las facultades de la administración para establecer sanciones perduraron más tiempo y, en el hecho, nunca se las suprimió del todo, pues la repugnancia frente al ejercicio de ese poder fue menos intensa

---

390 Infra, § 12, III, b).

391 TIEDEMANN, *op.* y *loc. cits.* en nota anterior, I, § 3, II, 1, págs. 130 y sigts.; STRATENWERTH, § 1, número marginal 47, págs. 47 y 48.

392 TIEDEMANN, § 4, II, 1, números marginales 99 y 100, págs. 129 y 130, y *op.* y *loc. cits.* en nota anterior, I, § 3, I, 1, 1, págs. 1154 y 116. Sobre las *leyes penales en blanco* véase, además, infra, § 7, IV.

en el ámbito del pensamiento político español que en el de otras naciones.[393] Ahora bien, hay buenos motivos para suponer que esa actitud peninsular informó la mentalidad de los legisladores y la jurisprudencia chilenos mucho más que la procedente de otras naciones. De aquí entonces que en Chile no se haya vivido el proceso de penalización de las infracciones "de bagatela", como en los países de Europa Central. Por influencia del Código Penal francés, recibida a través del español de 1948–50, se acogió la división tripartita y la inclusión en el texto legal de una cantidad de pequeños atentados agrupados en forma desordenada en el Libro III del C.P. Pero es seguro que, al mismo tiempo, la administración conservó siempre una amplia injerencia en la imposición de medidas sancionadoras. Naturalmente, al producirse más tarde una cierta "legitimación" práctica de estas últimas aún en los países de tradición liberal más auténtica, ello tiene que haber repercutido en nuestro medio determinando una creciente cesión de facultades en los órganos administrativos, con consecuencias que distan de merecer aprobación. De esta manera hemos llegado a un punto en el cual, así como ocurre todavía en España, "es más urgente la *desadministrativización* (privación del poder sancionador de la administración) de lo que lo es la *despenalización* (entrega a la administración del poder para castigar las contravenciones, los llamados asuntos baladíes)" en el resto de los Derechos continentales.[394] Esto acentúa los problemas a que se refieren los párrafos siguientes.

Tampoco el Derecho anglosajón evolucionó como el del continente europeo, y siempre reconoció a la administración una facultad de imponer sanciones más bien amplias. Pero esta situación no es comparable a la de nuestro país. En los Estados que pertenecen a esa área, el poder de los tribunales es enorme, y ellos se atribuyen la facultad de examinar la legalidad de todo acto administrativo, incluyendo por cierto los sancionadores. Ningún órgano de la administración se atreve a oponerse a esta fiscalización o a desconocer las decisiones adoptadas por los jueces en ejercicio de su derecho a realizarla, pues cuando lo han intentado los tribunales reaccionaron con una autoridad avasalladora e impusieron sus facultades y autonomía a toda costa. En esas condiciones la potestad de la administración para sancionar se encuentra sujeta a limitaciones reales que la fuerzan a ejercitarla con prudencia. A pesar de esto, por supuesto, hay abusos, especialmente

393 MIGUEL BAJO FERNÁNDEZ, *Derecho penal económico aplicado a la actividad empresarial*, Madrid, 1978, págs. 93 y sigts.

394 BAJO FERNÁNDEZ, *op. cit.*, pág. 99. En el mismo sentido, CEREZO, tomo I, II, págs. 77 y sigts. (ambos con referencia a la situación en España).

porque se trata de un sistema que ha evolucionado más tardíamente que el continental. Pero las posibilidades que tiene el ciudadano de que se corrijan son mayores que las que le asegura una situación como la imperante entre nosotros hasta el presente.

b) El concepto de pena administrativa y su clasificación: Penas gubernativas y disciplinarias

El concepto de *pena administrativa* tiene un doble sentido.[395] Por una parte, puede atribuírsele un significado procesal, en cuyo caso las penas administrativas son aquellas medidas sancionatorias que, de conformidad con el ordenamiento vigente, se imponen por la autoridad administrativa, sin intervención de los tribunales de justicia, no obstante su naturaleza punitiva (o, por lo menos, su semejanza con las formas de la pena criminal). Por la otra, también es posible conceptuarla de acuerdo con un criterio *material,* y entonces serán administrativas las aplicadas a hechos que atentan contra la estructura, organización y funciones de la administración, o contra otros bienes jurídicos cuya violación, por encontrarse estrechamente vinculados con ella, la afectan de manera directa.

Lo que de ordinario se llama *Derecho penal administrativo* se encuentra integrado por el conjunto de infracciones a que alude esta segunda noción, las cuales puede, en ciertos casos, encontrarse amenazadas con penas penales propiamente tales, como ocurre con aquellas a que se refiere la mayor parte del Título V del Libro II del C.P., y en otros con sanciones administrativas entendidas en el primero de los sentidos, esto es, impuestas por la autoridad administrativa. Sin embargo, el rótulo también se emplea a veces para designar únicamente el grupo de hechos castigados por la administración, con prescindencia de los tribunales o, viceversa, para referirse a los auténticos delitos contra la administración. Todo lo cual, por supuesto, origina confusiones perturbadoras para la solución de las cuestiones debatidas.

En el art. 20 del C.P., que se refiere en forma expresa al tema, la frase "multas y demás correcciones que los *superiores impongan* a sus subordinados y administrados *en uso de la jurisdicción* disciplinal o *atribuciones gubernativas*" alude al significado procesal de la pena administrativa, como lo demuestran las palabras que se han enfatizado. Por lo tanto, en las consideraciones siguientes se lo emplea en ese sentido.

---

395 TIEDEMANN, *op.* y *loc. cit.* en nota 375, I, § 3, I, 1, págs. 115 y 116.

De conformidad con el citado art. 20 del C.P., las sanciones administrativas se pueden clasificar en *gubernativas* y *disciplinales*. Las primeras, a las que la mayor parte de los autores identifica con el género,[396] son aquellas que la autoridad puede imponer *a cualquier ciudadano*; la segundas, en cambio, están reservadas para castigar *a quienes se encuentran vinculados con la organización administrativa por una relación de subordinación* en cuya virtud deben acatar ciertas reglas de conducta destinadas a la conservación del orden dentro de ella. Mientras las penas gubernativas se encuentran dispersas por todo el ordenamiento jurídico, las disciplinales se agrupan de preferencia en el C.O.T., el Estatuto Administrativo y el C. de J.M.

No se deben confundir las penas disciplinales propiamente tales con algunas que la ley a veces denomina así, pero que en rigor no son sino sanciones administrativas *de orden* destinadas al que debe reinar en ciertos lugares o durante la celebración de actos determinados.[397] A una de ellas se refiere, por ejemplo, el art. 426 del C.P., cuya primera parte establece que "la calumnia o injuria causada en juicio se juzgará disciplinariamente por el tribunal que conoce de la causa". En efecto, la parte, el abogado, el testigo, etc., que incurren en la acción injuriosa o calumniosa, no se encuentran relacionadas con el tribunal por un vínculo de subordinación, de manera que la facultad concedida a este se funda, más bien, en la necesidad de que quienes intervienen en los actos del proceso observen una actitud respetuosa.[398]

c) *La relación entre penas penales y gubernativas (administrativas)*

Existen dos tendencias respecto a la naturaleza de la relación entre las penas penales y las gubernativas (administrativas). Conforme a la primera de ellas, los dos tipos de sanciones se diferencian por la naturaleza de las infracciones a las cuales se imponen, de manera que son *cualitativamente* distintas. La segunda, en cambio, estima que entre los ilícitos castigados con penas penales y aquellos

---

396 Véase, por todos, CASABÓ RUIZ, en CÓRDOBA RODA Y RODRÍGUEZ MOURULLO, II, pág. 78; COUSIÑO, tomo I, § 4, D, pág. 23; ETCHEBERRY, I, págs. 13 y 62. Por el contrario, NOVOA I, 33, pág. 56, incluye "una parte considerable del Derecho penal disciplinario" en el Derecho administrativo.

397 JESCHECK–WEIGEND, § 2, III, pág. 15 se refiere también diferenciándolas a estas penas que, "aunque en realidad se refieren a un hecho cometido, tienen únicamente el carácter de reprensión".

398 Así, SOLER, I, § 1, II, pág. 4.

amenazados con una sanción gubernativa únicamente existe una distinción de magnitud. Por consiguiente, solo se distinguen *cuantitativamente*.

aa) Aunque las teorías cualitativas obedecen todas al criterio expuesto, no están de acuerdo sobre lo que distingue al injusto penal del administrativo. Esto no siempre es tomado en cuenta por la literatura nacional, que suele combinar sus puntos de vista en forma algo arbitraria.

La más prestigiosa de estas concepciones fue elaborada por JAMES GOLDSCHMIDT y "dotada de una fundamentación filosófico–jurídica" por ERICK WOLF.[399] Con arreglo a ella, el injusto administrativo solo protege intereses administrativos y no bienes jurídicos auténticos. Según este punto de vista, el hombre ocupa en la sociedad una posición doble. Por una parte, es un individuo cuya conducta se rige por su voluntad autónoma a la que solo limitan leyes generales constitutivas de ilícitos; por la otra, es un integrante de la comunidad y su voluntad se subordina a este aspecto y a las finalidades de bienestar y progreso común. Ahora bien, los injustos creados por las leyes que restringen la autonomía de la voluntad individual obedecen a la necesidad de proteger bienes jurídicos de otras personas o de la sociedad en cuanto puede ser titular de ellos. En cambio, las infracciones administrativas aspiran únicamente a asegurar el cumplimiento de obligaciones de los gobernados para con la administración. Han sido impuestas a fin de proveer al buen funcionamiento de esta y, por consiguiente, a la posibilidad de alcanzar los objetivos prácticos que le son peculiares. Así, la naturaleza de los ilícitos penales y administrativos es distinta; por lo tanto, también la naturaleza de las sanciones impuestas a unos y otros.

El punto de vista de GOLDSCHMIDT y WOLF no es convincente, a pesar de su cuidadosa construcción.

Desde luego, se funda en un contraste casi total entre los intereses de la sociedad y el individuo, que en presente carece de vigencia. Ni siquiera conceptualmente es posible practicar la separación entre las dos posiciones que atribuyen a los seres humanos. En efecto, en la sociedad contemporánea el sujeto tiene y aspira a una participación cada vez mayor que, recíprocamente, importa una asunción creciente de responsabilidades sociales por los individuos. En ese contexto, la separación categórica de ambas posiciones resulta ilusoria.[400] Es así, aparte de

399 CEREZO, I, pág. 46. Sobre el desarrollo histórico de este criterio, ampliamente JAKOBS, 3, 1 y sigts., págs. 63 y sigts.

400 TIEDEMANN, op. cit., I, 3, II, págs. 135, con detalle y bibliografía.

que nunca ha sido sino la consecuencia de un liberalismo fundamentalista, pues tampoco el pensamiento que antecedió a la revolución industrial aceptaba esa escisión tajante entre los intereses de los particulares y de la organización social.

Tras la teoría de GOLDSCHMIDT se oculta, además, la antigua distinción entre el *delito natural* y el *de mera desobediencia* (conductas que se prohíben porque son malas y conductas que solo son malas porque están prohibidas).[401].Aquí no es posible discutir esta concepción en detalle, pero se sabe que actualmente se encuentra abandonada.[402]

En la práctica, por otra parte, la teoría conduce a resultados contrastantes con las concepciones liberales.[403] En efecto, se presta para enmascarar, tras el rótulo de penas administrativas, una serie de reacciones punitivas cuya aplicación se sustrae, con ese pretexto, al sistema de garantías que rodea la imposición de la pena penal. A lo largo de todo el siglo XX y hasta el presente, los regímenes totalitarios han hecho uso de ese recurso en forma escandalosa, recuperando de ese modo la facultad de hacer "justicia de gabinete" y retrotrayendo las cosas a la situación en que se encontraba antes de enunciarse el principio de separación de los Poderes del Estado, cuyo objetivo fue, entre otros, el de ponerle fin.

La idea de que las infracciones administrativas no lesionan bienes jurídicos sino meras obligaciones impuestas por razones de orden, [404] tampoco es aceptable. Es cierto que al organizar ciertas actividades la administración puede adoptar decisiones arbitrarias, escogiendo una de varias alternativas intercambiables. El ejemplo característico lo constituye la obligación impuesta a los conductores de vehículos motorizados de transitar por el lado derecho de las calzadas. Por cierto, nada obsta a que la orden se invierta y en algunos países, como Gran Bretaña, el tráfico circula por la izquierda. Pero tras esas elecciones se halla siempre presente la necesidad de ordenar, *en alguna forma* –esta o aquella– el desplazamiento vehicular, *con el objeto de reducir, hasta donde sea posible, los riesgos que origina para la vida, integridad corporal, salud y propiedad de los participantes en la convivencia.* Aunque mediatizada, la salvaguarda de los bienes jurídicos también se encuentra

---

401 CASABÓ RUIZ, en CORDÓBA RODA y RODRÍGUEZ MOURULLO, II, pág. 79.

402 En el mismo sentido la crítica de SOLER, I, 1, II, pág. 6, nota 9.

403 SOLER, I, 1, II, pág. 6.

404 COUSIÑO, I, 4, D, pág. 25.

presente, pues, en la adopción de opciones como la descrita; por eso, la infracción a la regla elegida apunta también contra ellos de manera indirecta.[405]

Muchas de las infracciones a las que los partidarios de esta teoría atribuyen carácter administrativo –incluso expresamente– aparecen sin embargo hasta el presente consagradas como "faltas" penales en el Libro III del C.P. y, a menudo, como delitos propiamente tales. ¿Qué son, en efecto, sino atentados en contra de la organización de la Administración los nombramientos ilegales del art. 220, la usurpación de atribuciones del art. 221, la denegación de auxilio simple del art. 253 inc. primero y el abandono de destino simple del art. 254 inc. primero? De algunas de esas conductas puede sostenerse que su inclusión entre los delitos es errónea y deberían ser trasladadas a leyes en las cuales se les impusieran simples sanciones administrativas.[406] Pero eso no es válido para todas, pues respecto a algunas de ellas nadie postularía una solución así, precisamente porque revisten *cierta gravedad*. En última instancia, pues, es la *magnitud del ilícito* y no su *calidad* lo que determina la clase de castigo que se considera apropiada para él.

Menos aceptable que la concepción de GOLDSCHMIDT y WOLF son aquellas que deducen la distinción entre ambas clases de injusto de supuestas diferencias en sus consecuencias. Así, por ejemplo, la que sostiene que las infracciones administrativas se castigan sin consideración a la culpabilidad del autor, al paso que las penales requieren de esta para ser sancionadas.[407] Esta afirmación constituye una petición de principios. La cuestión de si el injusto administrativo requiere además ser reprochable a su autor, además de ser discutible[408] depende, precisamente, de si su naturaleza es en efecto distinta de la de la pena, pero no a la inversa.

Por último, tampoco es convincente la afirmación de que los ilícitos administrativos solo ponen en peligro remoto a los bienes jurídicos, al paso que los penales los lesionan inmediata y directamente. Un examen somero de la legislación penal demuestra que eso es inexacto, pues nadie querría transformar en infracciones administrativas a todos los delitos de peligro en los cuales la seguridad de los bienes jurídicos es afectada solo de

---

405 CEREZO, I, II, pág. 74; JESCHECK–WEIGEND, § 7, V, pág. 64. Sobre la afectación indirecta de bienes jurídicos –si bien en relación a otro tema– ROXIN, § 1, números marginales 23 y sigts., págs. 60 y sigts.

406 CURY, *Contribución político criminal al estudio de los delitos funcionarios* en *Octavas jornadas Internacionales de Derecho penal,* Universidad del Externado de Colombia, Bogotá, 1987, *passim*.

407 COUSIÑO, I, § 4, D), págs. 24 y 25.

408 Infra, dd). Ahí sostengo que también la sanción administrativa solo puede aplicarse al que actuó culpablemente, coincidiendo con la opinión predominante en la doctrina comparada actual.

manera remota o mediata y, en los de peligro abstracto ni siquiera de modo concreto.[409] Por otra parte, quien conduce en forma negligente un vehículo, provocando un accidente del que resultan daños cuantiosos en la propiedad ajena, incurre únicamente en una sanción administrativa –sin perjuicio, claro de está, de las indemnizaciones civiles a que haya lugar–, no obstante la lesión inmediata y actual de un bien jurídico.[410]

bb) Por las razones expuestas, en mi opinión la diferencia entre el ilícito gubernativo (administrativo) y el penal es exclusivamente *cuantitativa*. Entre ambos, en efecto, solo puede hacerse una distinción de *magnitud*. El administrativo no es sino un injusto de significado ético–social reducido, que por eso solo debe estar sometido a sanciones leves cuya imposición no requiere garantías tan severas como las que rodean a la de la pena penal. Ese es el criterio predominante en el Derecho comparado.[411] [412]

cc) En contra de la distinción cuantitativa, en la literatura chilena se invoca el art. 20 del C.P., con arreglo al cual "no se reputan penas, las restricciones de la libertad de los detenidos o sometidos a prisión preventiva u otras medidas cautelares personales, la separación de los empleos públicos acordada por las

---

409 ROXIN, I, § 2, número marginal 39, pág. 71: "...los hechos punibles y las contravenciones no se distinguen por la presencia o falta de una lesión de un bien jurídico, puesto que ambos lesionan bienes jurídicos".

410 En el mismo sentido JESCHECK–WEIGEND, § 7, V, 3, b) "La infracción administrativa coincide con el delito en que muestra un grado tan considerable de *peligrosidad* del ataque al bien jurídico protegido o al interés administrativo, que solo es adecuada una sanción represiva del Estado para la protección del orden público, diferenciándose en este punto del mero incumplimiento contractual y de la mera infracción administrativo–policial. (Énfasis en el original).

411 Véase, por todos, BAUMANN, § 4, 1, 2, a) pág. 33; CASABÓ–RUIZ en CÓRDOBA RODA y RODRÍGUEZ MOURULLO, II, págs. 82 y sigts.; CEREZO, I, II, pág. 75, con bibliografía; JAKOBS, 3, número marginal 10, pág. 68, con una variante; JESCHECK–WEIGEND, § 7, V, 3, b), págs. 63 y 64; ROXIN, I, § 2, números marginales 40 y 41, págs. 72 y 73; STRATENWERTH, § 1. número marginal 47, págs.47 y 48; WELZEL, § 4, I, 1, pág. 31. Muy enérgicamente SOLER, I, § 1, II, págs. 5 y 6. Esta fue también la opinión que prevaleció en el Coloquio de la Asociación Internacional de Derecho Penal sobre el tema, en 1987, expresada en la introducción de las resoluciones, N° 3.

412 N. del E.: POZO SILVA sostiene que "{L]as sanciones administrativas y las penas comparten la misma identidad ontológica, toda vez que emanan del mismo *ius puniendi* del Estado, razón por la cual existe una similitud y aproximación entre ellas, pero también numerosas diferencias, en varios aspectos, no debiendo exagerar, por tanto, las semejanzas". POZO SILVA, NELSON, *Pena punitiva y sanción administrativa*, Editorial Librotecnia, Santiago, 2017, pág. 57.

autoridades en uso de sus atribuciones o por el tribunal durante el proceso o para instruirlo, ni las multas y demás correcciones que los superiores impongan a sus subordinados y administrados en uso de su jurisdicción disciplinal o atribuciones gubernativas"[413]. Esta norma, se dice, traza una frontera categórica entre las penas criminales y las sanciones gubernativas (administrativas), que impide aceptar la existencia de una identidad sustancial entre ellas y, por lo tanto, distinguirlas exclusivamente por la cantidad del ilícito a que se conectan.

El argumento no es concluyente. En efecto, no solo existen valiosas razones sistemáticas, históricas y materiales para desestimarlo, sino que el propio texto del art. 20 del C.P. proporciona bases para sostener que la ley acoge el punto de vista cuantitativo expresado, además, en otras disposiciones cuyo contenido solo puede explicarse acudiendo a él.

En primer lugar, el art. 20 expresa que las medidas descritas en su texto "no se *reputan* penas", esto es, que formalmente no se las tiene por tales, aun reconociendo que participan de su misma naturaleza. Si el legislador hubiese creído de verdad que esas reacciones jurídicas eran cualitativamente diferentes de la pena criminal, el precepto lo habría consignado mediante el giro "no son penas" u otro equivalente que, incluso, habría resultado superfluo. Pero el empleo del verbo *reputar* en el encabezamiento de la norma enfatiza el carácter artificioso de la distinción, pues significa que a tales sanciones no se las tendrá por penas no obstante que *naturalmente* lo son.[414]

Una segunda consideración, que no se refiere únicamente a las sanciones gubernativas, afecta a todo el contenido del art. 20. De conformidad con dicha disposición, tampoco se reputan penas las *restricciones de libertad de los detenidos o sometidos a prisión preventiva u otras medidas cautelares personales*. Sin embargo, el art. 26 establece que "la duración de las penas temporales empezará a contarse desde el día de la aprehensión del imputado", y el art. 348 inc. segundo del C.P.P., complementándolo, dispone que "[L]a sentencia que condenare a una pena temporal deberá expresar con toda precisión el día desde el cual empezará esta a contarse y fijará el tiempo de detención, prisión preventiva y privación de libertad impuesta en conformidad a la letra a) del art. 155 que deberá servir de abono para su cumplimiento". Ahora bien, es indudable que si la privación de

413 Así, NOVOA, I, 21, pág. 40. No es del todo clara la posición de GARRIDO, I, 5, VI, pág. 87.

414 CAZABÓ RUIZ, en CÓRDOBA RODA y RODRÍGUEZ MOURULLO, II, págs. 70 y 71 y págs. 84 y 85, así como I, págs. 301 y 302, puntualiza esta precisión terminológica.

libertad del imputado puede imputarse (abonarse) a la pena que se le imponga, a pesar de no reputarse tal, ello se debe a que su naturaleza es semejante y a que, en consecuencia, la diferencia consagrada en el art. 20 no está fundada en bases cualitativas. Es así, pues de otra manera incurriríamos en el absurdo de aceptar que la sentencia condenatoria tiene la virtualidad sorprendente de mudar retroactivamente la naturaleza de la detención sufrida por el afectado con anterioridad a su dictación[415] o que cosas distintas pueden ser sustraídas unas de otras.

Por esto, creo que el art. 20 del C.P. no está fundado en una supuesta diferencia cualitativa entre penas criminales y gubernativas, sino que, por el contrario, constituye una demostración de que el legislador la consideraba impracticable. En el efecto, el propósito de esa norma parece haber sido, más bien, despojar a ciertas sanciones leves de las connotaciones estigmatizadoras y aflictivas que rodean a la pena penal, con el objeto de sustraerlas a la vigencia de los principios *nulla poena sine lege* y *nulla poena sine judicio,* haciendo de esta forma más expedita su imposición a infracciones de ordinaria ocurrencia y escasa significación ético-social.[416] El legislador percibió, sin duda, que con eso vulneraba el postulado de la Separación de los Poderes del Estado. Sin embargo, al mismo tiempo, se daba cuenta de que, si la irrogación de tales penas era confiada a los tribunales de justicia, estos serían abrumados por una multitud de asuntos sin importancia que entorpecerían su actividad. Así, en un intento por conciliar las exigencias políticas y doctrinarias con las necesidades prácticas, buscó una solución en la distinción formal que, al paliar los efectos de ciertas penas, permitía administrarlas de manera más discrecional.[417]

Que la diferencia entre las sanciones gubernativas (administrativas) y la pena criminal es meramente cuantitativa se deduce también del art. 501 del C.P., que establece como límite de la pena para las infracciones gubernativas (administrativas) la consagrada en los arts. 494 y siguientes para las faltas.

dd) En la literatura comparada más reciente se ha abierto paso una solución mixta, a la que algunos autores denominan *cuantitativa–cualitativa*, con arreglo a la cual, si bien el punto de vista cuantitativo debe considerarse prioritariamente, hay un límite en que la diferencia de magnitud del injusto es tan considerable que asume significación

---

415 CAZABÓ RUIZ en CÓRDOBA RODA y RODRÍGUEZ MOURULLO, II, pág. 71.

416 La consideración práctica vinculada a la insignificancia de la infracción aparece ya muy destacada en PACHECO, I, pág. 302, por lo menos, en lo relativo a las "correcciones disciplinarias".

417 Con dudas sobre la legitimidad de la solución, TIEDEMANN, *op. cit.*, I § 3, 3, pág. 27.

cualitativa.[418] Se trata, por cierto, de un criterio que puede ser deseable discutir con detalle. Pero como los autores que lo sostienen concluyen que "hoy se entiende que la potestad penal *stricto sensu* y la potestad administrativa sancionadora son expresiones del mismo *ius puniendi*" y que ambos conforman lo que se ha dado en llamar un *Derecho penal en sentido amplio,* al "compartir una sustancia común",[419] para los efectos prácticos resulta ampliamente coincidente con el punto de vista cuantitativo defendido aquí. ¡Por cierto, nadie querría administrativizar la punibilidad del homicidio, la violación o el secuestro de personas! Pero eso se debe justamente a la magnitud del desvalor que encierran esos hechos punibles; y esto, a su vez, permite aseverar que también tras la distinción cuantitativa subyacen criterios de valor, como los defendidos por la concepción comentada.

ee) El punto de vista expuesto en los párrafos anteriores conduce a conclusiones que se apartan de las defendidas por la opinión dominante en la doctrina nacional.[420]

En primer lugar, es preciso reconocer que las sanciones gubernativas constituyen una necesidad impuesta por la complejidad de la sociedad contemporánea. Esto exige, en efecto, una regulación de actividades que generan peligros graves e, incluso, daños para los bienes jurídicos individuales o colectivos. Como es lógico, las infracciones más serias a tales normativas deben y pueden ser reprimidas acudiendo a una pena criminal, pero existen otras, de menor entidad o cuya reprochabilidad es inferior, frente a las cuales ha de reaccionarse con una sanción a la que, sin embargo, sería inconveniente atribuir las consecuencias de la penal, rodeando su imposición con las mismas garantías. Según ya se ha dicho, esto último implicaría gravar a la magistratura con el conocimiento de una infinidad de atentados insignificantes, entorpeciendo el desempeño de funciones más trascendentales. No hay, pues, otra solución que entregar a la autoridad administrativa

---

418 JAKOBS, 3, número marginal 10, págs. 68 y 69; JESCHECK–WEIGEND, § 7, V, 3, b) *in fine,* pág. 64; MAURACH–ZIPF, I, § 1, III., B, números marginales 32 y sigts., págs. 22 y sigts.; ROXIN, § 2, número marginal 41, págs. 72 y 73. En Chile, en el mismo sentido, aunque con ciertas salvedades, RAÚL CARNEVALI, *Algunas reflexiones en relación a la protección penal de los bienes jurídicos supraindividuales,* en *Problemas de Política Criminal y otros estudios,* Abeledo Perrot, Santiago, 2009, 4, págs. 53 y sigts.

419 CARNEVALI, *op. cit.*, 4, pág. 57. (Énfasis en el original).

420 Debe exceptuarse a POLITOFF, 7, D), pág. 38 quien, aunque no compromete una opinión definitiva, se muestra inclinado a conclusiones como las admitidas en el texto. Véase, en el mismo sentido, POLITOFF–MATUS, en POLITOFF, ORTIZ y OTROS, tomo I, art. 20, págs. 270 y 271; POLITOFF–MATUS–RAMÍREZ, 3 § 1, B, págs. 80 y 82.

la facultad de imponer esas medidas en un procedimiento expedito, aligerado de formalidades hasta donde sea prudente.

Pero, si se acepta este punto de partida, hay que reconocer también las limitaciones que derivan de ese proceder.

1. Ante todo, la de que ese género de sanciones es admisible solo para reaccionar contra infracciones leves cuya significación ético-social es reducida, sea por la naturaleza de los bienes jurídicos afectados, sea por el modo o circunstancias del ataque, sea por la escasa o ninguna reprochabilidad que este involucra. Por consiguiente, la magnitud de estas reacciones no puede sobrepasar una medida modesta y, en especial, su naturaleza debiera limitarse a la irrupción en esferas de derechos cuya significación es reducida, como los patrimoniales. Confiar a la Administración, como ocurre entre nosotros, la facultad de fulminar multas confiscatorias o imponer incluso privaciones de libertad prolongadas, constituye un atentado en contra del principio de legalidad y, por ende, una violación de las normas constitucionales en que se encuentra consagrado.

Por lo demás, esta es una consecuencia confirmada por la ley positiva. En efecto, el art. 501 del C.P. dispone que "en las ordenanzas municipales y en los reglamentos generales o particulares que dictare en lo sucesivo la autoridad administrativa no se establecerán mayores penas que las señaladas en este Libro, aun cuando hayan de imponerse en virtud de atribuciones gubernativas, a no ser que se determine otra cosa por leyes especiales". Esto significa que, para los autores del Código, las sanciones administrativas no debían exceder de las de las faltas, para las cuales actualmente solo se prevén multas de hasta 4 Unidades Tributarias Mensuales.[421] Como era lógico, dejaron abierta la posibilidad de que se contemplaran excepciones, pues no podían imponer su voluntad al legislador del futuro. Pero en todo caso la norma consagra un criterio orientador[422] que en la actualidad no se respeta en absoluto.

En relación con este aspecto, la Administración sostiene que, para cumplir sus funciones, necesita que se le reconozcan facultades sancionadoras enérgicas. No es posible

---

421 N. del E.: la Ley 21.153 publicada el 3 de mayo de 2019, incorporó al Código Penal un nuevo art. 494 ter que contempla el delito-falta de acoso sexual. La figura agravada del N° 2 de ese artículo tiene asignada una pena de multa de cinco a diez unidades tributarias mensuales.

422 De paso, el art. 501 constituye una confirmación más de que para la ley la diferencia entre las penas penales y administrativas es únicamente cuantitativa. Véase supra, cc).

ignorar este reclamo que se encuentra avalado por la realidad. Sin embargo, este es uno de esos puntos donde el contraste entre los intereses y necesidades de la sociedad, y los de los individuos que la integran debe resolverse haciendo opciones político-criminales definidas. Puede convenirse en que, a veces, el bienestar de la comunidad exige confiar a la Administración el derecho a reaccionar frente a ciertos hechos excepcionalmente perturbadores mediante sanciones patrimoniales más severas que las ordinarias. Así puede ser, sobre todo, en materias que son capaces de provocar daños sociales serios y extendidos, y en los que los autores de las infracciones suelen ser corporaciones poderosas, no susceptibles de ser perseguidas criminalmente a causa del carácter personal de la pena,[423] como sucede, por ejemplo, en el campo de los negocios y las finanzas, en el de la protección del medio ambiente y en el de las obligaciones tributarias. En cambio, no debe autorizárseles nunca a los administradores una irrupción en derechos más elevados y personales, como lo es, en especial, la libertad ambulatoria. Cuando la Administración considere que un hecho no puede ser reprimido apropiadamente sino privando de libertad al responsable o restringiéndosela, lo razonable es que acuda a los tribunales ordinarios de Justicia, pruebe en un proceso sustanciado de acuerdo con todas las garantías constitucionales y legales la existencia de un delito penal, y se atenga a la decisión resultante. *Porque, aunque eso sea menos eficaz desde el punto de vista social, el respeto a los ciudadanos tiene prioridad a este respecto.*[424]

En muchos casos, esta decisión exige al legislador elegir los hechos que serán combatidos mediante una simple sanción administrativa así limitada, y los que se incorporarán al catálogo de los tipos penales. Para hacerlo no existen criterios absolutos. Sin embargo; existen investigaciones orientadoras, que proporcionan puntos de partida aprovechables.[425]

---

423 ROXIN, I, § 2, número marginal 39, págs. 71 y 72. Ahora, en este punto, debe advertirse que en el presente la Ley 20.393 ha introducido casos de responsabilidad penal de las personas jurídicas. Sobre ello, supra, § 3, V.

424 Este fue también el punto de vista acogido por el Coloquio de la Asociación Internacional de Derecho Penal en Estocolmo, en donde se convino que la diferencia entre la pena administrativa y la penal "implica limitaciones en la *clase* y *severidad* de las sanciones disponibles, así como de las restricciones de los derechos individuales que pueden aceptarse en el curso de un proceso punitivo administrativo". De la misma forma se declaró que en materias administrativas, "las privaciones y restricciones de la libertad personal no deben estar disponibles como sanción primaria" ni mediante el expediente de la convertibilidad de la multa ("*as an enforcement measure*").

425 Véase, TULIO PADOVANI, *La distribuzione di sncioni penali e di sancioni administrative secondi l esperienza italiana* en *Revista italiana di Diritto e Procedura Penale,* Anno XXVII, Fasc. 3, 1984, págs. 952 y sigts.

2. No es admisible que un mismo hecho se castigue con una sanción gubernativa y una pena criminal, pues eso constituye una infracción al principio *non bis in ídem*. La circunstancia de que algunas leyes y reglamentos acepten esta posibilidad significa un abuso que se debe impugnar enérgicamente, evitando a toda costa elevarlo a la categoría de norma general.

En todo caso, las disposiciones de esta clase no pueden mudar la naturaleza de las cosas, y por eso resulta equivocado invocarlas para argumentar a favor de la pretendida distinción material entre penas criminales y administrativas.[426]

En el último tiempo, la jurisprudencia tiende a uniformarse en el sentido de rechazar la dualidad de sanciones. En este sentido se había pronunciado ya el 11 de enero de 1951 la C.S., en sentencia publicada en R. de D. y J. tomo 47, Sección 4ª pág. 15. NOVOA consideró equivocado este fallo, pero la jurisprudencia posterior ha insistido en el planteamiento.[427].

3. Tampoco existe un motivo atendible para independizar las sanciones gubernativas de la exigencia de culpabilidad. *Lo mismo que las penas penales, estas solo deben ser impuestas a quienes puede dirigirse un reproche personal por la ejecución de la conducta prohibida.*

Este punto también fue objeto de acuerdo en el Coloquio de Estocolmo de la Asociación de Derecho Penal. En la Recomendación relativa a "principios de Derecho sustantivo", se sostiene que la "responsabilidad penal administrativa de las personas naturales debe basarse en la *culpabilidad personal* (dolo o negligencia)". Incluso, más adelante se llegó más lejos, declarando que "las causales de *justificación* y *exculpación* reconocidas por el Derecho penal, incluyendo el error de prohibición (error de Derecho, *mistake of law* en el original)[428] debe regir igualmente en matera de Derecho penal administrativo.

---

426 En el sentido criticado en el texto Novoa, I, 21, pág. 40, quien aborda el problema con un criterio marcadamente positivista. En el sentido defendido aquí, en cambio, POLITOFF, 1, § 7 D pág. 39.

427 N. del E.: Véanse las sentencias del Tribunal Constitucional de Chile Rol Nº 437 de 21 de abril de 2005, disponibles en www.tribunalconstitucional.cl

428 Esta referencia a la eficacia excusante del *error de prohibición* fue incluida a instancias de CURY. Véase, además, JESCHECK WEIGEND, § 7, V, 5, pág. 65. Que la reserva se refiera únicamente a los casos en que la sanción administrativa se imponga a una "persona natural" se explica en que las personas jurídicas no son capaces de culpabilidad, de acuerdo con el punto de vista absolutamente dominante.

4. Aunque conviene simplificar el procedimiento administrativo sancionatorio, debe conservar, en todo caso, una forma que garantice los derechos fundamentales de la defensa, incluyendo la presunción de inocencia del inculpado.[429]

5. En el futuro, además, será aconsejable asegurar siempre la posibilidad de que la medida sea revisada por tribunales de Derecho, a fin de establecer una barrera eficaz frente a posibles abusos de la Administración.[430]

En el ordenamiento jurídico chileno hay cada vez más leyes que cuidan de este aspecto. Desgraciadamente, muchas de ellas confían el conocimiento del recurso al tribunal que ejerce jurisdicción en lo civil.[431] Esto se debe, probablemente, a que las infracciones administrativas, no obstante su desvalor de acción relativamente reducido, suelen causar resultados graves y generar la responsabilidad civil consiguiente. Sin embargo, si se tuviera en cuenta la diferencia puramente cuantitativa que media entre las sanciones gubernativas y penales, lo correcto sería que de la reclamación conociera un tribunal con jurisdicción en lo penal.

6. Para terminar, también es preciso reclamar que, atendiendo al campo cada vez más extenso abarcado por las regulaciones administrativas, en lo sucesivo se intente una tipificación precisa de las conductas que las infringen.[432] Naturalmente las descripciones correspondientes no pueden ser tan minuciosas como las penales. Sin embargo, deben contemplar por lo menos los límites generales más allá de los cuales se prohíbe a la Administración toda intervención punitiva.[433] [434] [435]

---

429 Así lo recomiendan también las conclusiones del Coloquio de Estocolmo de la Asociación Internacional de Derecho Penal, número 2, letras a) y b).

430 BAJO FERNÁNDEZ, *op. cit.*, III, III, 5, pág. 108. Con detalles, sobre todo, el problema relativo a los recursos destinados a paliar los efectos de la situación, III, III, 3 y sigts., págs. 100 y sigts. La idea fue acogida también por el Coloquio de Estocolmo de la Asociación Internacional de Derecho Penal: "El recurso ante los tribunales en un procedimiento contradictorio debe ser posible siempre que se haya impuesto una sanción retributiva".

431 Véase, con cierto detalle, NOVOA, I, 21, c) pág. 40.

432 En este sentido también NOVOA, Ibíd.

433 De acuerdo con esto, en el Coloquio de Estocolmo de la Asociación Internacional de Derecho penal se acordó que "la definición tanto de las infracciones administrativas como de las sanciones que le son aplicables debe ser precisada de acuerdo con el principio de legalidad".

434 Sobre la situación actual del Derecho comparado en relación con los distintos temas a que se refiere este apartado, CEREZO, I, II, págs. 69 y sigts.; FIANDACA–MUSCO, Parte octava, I, págs., 873 y sigts.; JAKOBS, 3, número marginal 6, pág. 66; JESCHECK–WEIGEND, 7, V, págs. 61 y sigts.; ROXIN, I, § 2, números marginales 39 y sigts., págs. 71 y sigts.; STRATENWERTH, § 1, números marginales 46 a 48, págs. 47 y 48.

435 N. del E.: POZO SILVA, en *op. cit.*, en nota del editor supra 411, examina los principios, adjetivos y sustantivos, que rigen el Derecho Administrativo Sancionador, y cita

ff) La sanción gubernativa más característica es la multa,[436] aunque, como se desprende de los mismos arts. 20 y 501, no es la única posible. Junto a ellas pueden mencionarse, entre otras, la clausura de establecimiento comerciales, la prohibición de habitar edificios cuyas condiciones materiales o sanitarias sean defectuosas, la suspensión de actividades u obras, el comiso de instrumentos y efectos, etcétera.

A causa de las mismas razones por las cuales es difícil distinguir las penas criminales de las gubernativas, en muchos casos no se puede determinar fácilmente si una multa es de naturaleza penal o administrativa. El hecho de que su imposición esté confiada a un órgano de la Administración no es decisivo.[437] COUSIÑO estima, con acierto, que, a falta de un criterio más firme, debe acudirse a la convertibilidad.[438] Solo la multa penal puede transformarse en una privación de libertad con arreglo al art. 49 del C.P. en caso de no ser satisfecha por el condenado; la administrativa no, puesto que ello significaría desconocer el sentido de la distinción efectuada por el art. 20, cuyo objetivo consiste, precisamente, en despojar a estas sanciones de connotaciones aflictivas.[439]

gg) A causa de que el art. 20 del C.P. las excluye formalmente de entre las penas penales, hay varios efectos de estas que no alcanzan a las sanciones gubernativas. Desde luego, su imposición no consta en los antecedentes penales del autor. Por consiguiente, no puede tomársele en cuenta para configurar la reincidencia y no excluye la atenuación por "irreprochable conducta anterior". Asimismo, la pena gubernativa no tiene otras consecuencias accesorias que las establecidas en la disposición en que se consagra.

En cambio, es errónea la opinión, bastante generalizada, de que las sanciones administrativas no prescriben, salvo cuando en el precepto respectivo se haya establecido

---

varias sentencias del Tribunal Constitucional que se han pronunciado sobre ellos (págs 62 y sigts.).

436 JACKOBS, 3, número marginal 6, pág. 66; JESCHECK–WEIGEND, § 7, V, 4, págs. 64 y sigts.; MAURACH–ZIPF, I § 1, III, B, 3, números marginales 39 y 40, págs, 25 y 26; POLITOFF, 1, § 7, págs. 37 y 38.

437 COUSIÑO, I, § 4, D, pág. 26.

438 Ídem.

439 En los ordenamientos extranjeros también suele emplearse este criterio de la convertibilidad para distinguir los dos tipos de multa, aunque algunos de ellos prevén para los casos de incumplimiento de la multa administrativa una forma de "arresto coactivo". Véase JAKOBS, 3, número marginal 6, pág. 66; JESCHECK–WEIGEND, § 7, V, 4, pág. 65.

expresamente un plazo para ello. Como el propósito del art. 20 es hacer menos gravosa para el autor la irrogación de penas de esta clase, permitiendo de ese modo su manipulación más expedita, la solución debe ser precisamente la contraria. Si la norma que la crea no ha señalado un término de prescripción, ha de aplicarse a las penas gubernativas el que se consagra en general para las faltas, esto es, seis meses (art. 97 inc. final C.P.) Ello, además, está en consonancia con el precepto contenido en el art. 501 del C.P. que expresa implícitamente el propósito de someter las infracciones administrativas al mismo tratamiento que las contravenciones en todo lo que les sea aplicable.

Aquí no puedo hacerme cargo de otros problemas más de detalle que genera la relación entre ambos tipos de sanciones. Pero si se quiere el imperio de un auténtico Estado de Derecho Democrático, en lo sucesivo será indispensable abordar su estudio concienzudamente.[440]

d) *La relación entre penas penales y disciplinales*

Por su naturaleza y objetivos, las penas disciplinales son las que más se asemejan a las criminales. En efecto, también ellas están destinadas a castigar conductas que ponen en peligro la convivencia dentro de unos grupos de relación determinados y más restringidos, pero indispensables para la organización y el desenvolvimiento de la sociedad en general.

Las auténticas sanciones disciplinales se caracterizan porque están destinadas a preservar el funcionamiento de organizaciones públicas sin las cuales la existencia de la sociedad se vería amenazada. Este es el caso de la Judicatura, la Administración Central del Estado, las Fuerzas Armadas, la policía, la organización municipal y algunas otras instituciones de la misma naturaleza e importancia que, por eso mismo, forman parte de la estructura estatal entendida en sentido lato. Solo a este género de medidas se refiere el art. 20 del C.P.

---

440 Sobre las relaciones que existen entre la institución de las penas administrativas y el Estado de Derecho, véase la contribución de EDUADO SOTO KLOSS, *El Derecho administrativo penal (Nota para el estudio de la potestad sancionadora de la Administración)*, en *Boletín de Investigaciones de la Facultad de Derecho de la Pontificia Universidad Católica de Chile*, N°s 44 y 45, 1979–1980, págs. 95 y sigts. Sin embargo, la configuración de un Estado de Derecho realmente democrático exige ir más lejos en esta materia, superando los criterios formales en que se basa este autor.

En cambio, hay que descartar la existencia de un "Derecho penal disciplinario" destinado a regir a instituciones tales como sociedades, corporaciones de Derecho privado, fundaciones, universidades y otros establecimientos educacionales, clubes sociales y deportivos, comunidades religiosas y otras organizaciones semejantes.[441] Dichas agrupaciones requieren ciertamente conservar un mínimo orden interno y, para lograrlo, pueden imponer a sus integrantes algunas sanciones de poca entidad. Sin embargo, tales medidas solo producen efecto si el afectado las acata voluntariamente, pues la institución no cuenta con la posibilidad de hacerlas cumplir en forma coactiva. Por supuesto, siempre existe el recurso de expulsar al desobediente, pero esto solo significa excluirlo de unas actividades a las que se lo había admitido bajo la condición de aceptar determinadas reglas; por consiguiente, se asemeja mucho más a la resolución de un contrato por incumplimiento de obligaciones que al ejercicio de una facultad de castigar propiamente tal.

Con todo, no debe despreciarse el control social que realiza ese pretendido "Derecho penal disciplinario" de carácter privado. Como se ha visto más arriba,[442] la fuerza vinculante inmanente a este tipo de sanciones es muy grande, y su eficacia preventivo general más extendida que la de la pena. Además, en un buen número de casos actúan como alternativas socialmente aceptadas del castigo criminal, al cual desplazan en la práctica.

No obstante este parecido entre las penas disciplinares y las penales, la opinión predominante considera que su naturaleza es diferente.[443] De conformidad con ella las penas disciplinarias solo tienen por objeto preservar el funcionamiento correcto de las organizaciones dentro de las cuales se aplican. Su imposición, por esto, no presupone la lesión o puesta en peligro de un bien jurídico, como lo es, en los auténticos *delitos* funcionarios, "la confianza *pública* en la pureza del ejercicio de la función"[444]; aquí bastaría, en cambio, solo con una falta de lealtad para con la institución[445] aunque no signifique deterioro de su imagen hacia el

441 Así, por ejemplo, NOVOA, I, 20, págs. 34 y sigts. Como en el texto RODRIGUEZ DEVESA, I, págs. 27 y sigts.

442 Supra § 1, III, d).

443 Cfr., con detalle y bibliografía, CAZABÓ RUIZ en CÓDOBA RODA y RODRIGUEZ MOURULLO, II, págs. 87 y sigts. Véase, además, COUSIÑO, I, § 4, D, d), pág. 28; NOVOA, I, 20, págs. 34 y sigts y recientemente GARRIDO, I, 5, VI, págs. 86.

444 MAURACH–ZIPF, I, § 1, II, B) número marginal 17, págs. 13 y 14.

445 Es problemático si esta fundamentación es aceptable para ciudadanos que integran una organización únicamente porque han sido reclutados de manera forzosa, como los presos y los llamados al servicio militar obligatorio. Sobre ello, JAKOBS, número marginal 3, 13, pág. 71.

exterior. Por esto no precisan de una tipificación previa y pueden irrogarse conjuntamente con una pena penal sin infracción del *non bis in ídem*.

Esta argumentación no es convincente. Lo mismo que en el caso de las regulaciones administrativas, el "orden interno" de las organizaciones administrativas puede ser cambiante,[446] pero su objetivo final es la existencia de *uno* que asegure la eficacia y "pureza" de la función a que está destinado. Por consiguiente, cuando se lo preserva mediante la amenaza de una pena disciplinaria, el bien jurídico que se protege existe, aunque aparezca difuminado tras el interés de tutelar la lealtad funcionaria por sí misma. Cuando un miembro del ejército o de la Administración Central del Estado no acude oportunamente a cumplir sus obligaciones, no se produce, claro está, un sentimiento generalizado de desconfianza, pues solo un círculo reducido de personas lo percibe, pero es evidente que esas conductas dañan la estructura, la eficacia y la fiabilidad de las organizaciones a que pertenece el autor y, si se generalizaran, podrían llegar incluso a deteriorarlas por completo. Que en situaciones semejantes la lesión del bien jurídico resulte poco aparente no significa que no exista, sino que a causa de su reducida magnitud es poco visible.

En el fondo, como aquí se ha sostenido,[447] el ilícito disciplinario no es sino una especie del administrativo y, por lo tanto, todos los argumentos invocados para sostener que entre este y el penal no existe sino una diferencia de grado, son válidos para afirmar lo mismo de aquel.[448]

De allí deriva, a su vez, que entre la pena disciplinaria y la criminal solo se puede practicar una distinción cuantitativa, a la que el art. 20 del C.P. formalizó para facilitar la aplicación de la primera en cuanto puede extenderse a ella.[449]

Este criterio, aunque continúa siendo minoritario, en los últimos años comienza a ser acogido por un sector creciente de la doctrina que se muestra cada vez más crítico del punto de vista tradicional al respecto. Así, ROXIN considera que la posibilidad de imponer conjuntamente una pena disciplinaria y otra penal es insatisfactoria "en muchos aspectos, porque la verdad es que materialmente acaba llevando a una doble sanción",[450] ya que "la delimitación" (entre pena penal y disciplinaria) "partiendo del objeto de la conducta incorrecta es *más bien de tipo*

---

446 Supra c) aa).

447 Supra b).

448 También en sentido crítico, STRATENWERTH, § 1, números marginales 49 y 50, págs. 48 y 49.

447 Supra, c), dd).

449

450 ROXIN, § 2, número marginal 46, pág. 75.

cuantitativo y obedece al principio de subsidiariedad".[451] De la misma manera, JAKOBS argumenta en contra de la posición dominante, a la cual acusa de basarse "en una concepción errada de la pena".[452]

Por otra parte, el punto de vista defendido aquí se encuentra más de acuerdo con el espíritu que presidió la dictación de la mayor parte de nuestras leyes fundamentales sobre la materia, pues la concepción de las medidas disciplinales como una pura "especie" de pena era la prevaleciente en ese momento histórico. Por el contrario, el criterio cualitativo solo se ha desarrollado hacia la primera mitad del siglo pasado, probablemente alentado, también en este caso, por una tendencia al autoritarismo que puede servirse fácilmente de él instrumentalizándolo para el logro de sus fines represivos.

B. Las medidas de seguridad y corrección y su relación con el Derecho administrativo

No ha sido infrecuente que se discuta la cuestión relativa a si las medidas de seguridad y corrección forman parte del Derecho penal o si son recursos de reacción pertenecientes al ordenamiento administrativo.

El fundamento de este último criterio radica en que tales medidas no son siempre consecuencia de un delito, pues es posible imponerlas también cuando faltan algunos de los elementos que integran la estructura del hecho punible –en particular, la culpabilidad (reprochabilidad)–. Así ocurre, por ejemplo, con la internación en un establecimiento psiquiátrico y la custodia o tratamiento dispuesta para el enajenado mental (loco o demente) por el art. 457 del C.P.P., cuando haya ejecutado un hecho que importa delito. En tal situación, el sujeto ha realizado una conducta típica y antijurídica que, sin embargo, no es culpable, a causa de la inidoneidad del autor para ser objeto de un reproche personal por su acción. Por esto se piensa que la medida aplicada en ese caso no debe tener relación alguna con las reacciones punitivas propias del ordenamiento criminal. Es nada más que una decisión administrativa, destinada a la protección y tratamiento del autor y a la preservación de la seguridad social. Ahora bien, si el razonamiento es válido en estos casos tiene que serlo también en aquellos en los que la medida de seguridad y

---

451 ROXIN, § 2, número marginal 44, pág. 74. (En énfasis es mío).

452 JAKOBS, 3, número marginales 15 y sigts., págs. 73 y sigts. Por el contrario, en la literatura chilena reciente se defiende siempre la independencia cualitativa de las sanciones disciplinales y penales, aceptando como consecuencia la imposición acumulativa de ambas. Así, entre todos, POLITOFF, 7, C, págs. 33 y sigts.

corrección es impuesta conjuntamente con la pena, pues no existe motivo para atribuirle una naturaleza diferente en unos y otros. Y, por supuesto, resulta aún más convincente respecto a las medidas predelictuales para quienes aceptan su existencia.

Hoy este punto de vista se encuentra abandonado casi por completo.

Presupone una concepción exageradamente expiatoria de la pena que, como no aprecia en ella más que sus finalidades punitivas, quiere trasladar a un ordenamiento distinto del que la administra todas las formas de reacción cuyo objeto es la socialización o el aseguramiento del autor. De acuerdo con lo que aquí se ha expuesto, ese punto de vista no es correcto, porque la pena también tiene objetivos preventivos.[453] Por lo tanto, al Derecho penal no le está confiado el castigo por el castigo; tiene la obligación de emplear también sus recursos como un medio para combatir el delito evitando, si es posible, los efectos desocializadores de la pena y asegurando a la comunidad frente a las inclinaciones antisociales del delincuente.

Por otra parte, la idea de que las medidas de seguridad y corrección no involucran una irrupción punitiva en la esfera de derechos del afectado es una falacia. No es verdad que los buenos deseos del legislador y el juez basten para excluir los padecimientos que causa una reclusión asegurativa prolongada, un tratamiento psiquiátrico intensivo o una terapia antialcohólica enérgica. Lo cierto es que también las medidas de seguridad y corrección implican una dosis inevitable de coacción y, por consiguiente, quebrantamientos de los derechos fundamentales de la persona. Por eso es inconveniente abandonar su aplicación a las autoridades administrativas en cuyas manos pueden convertirse –y, de hecho, se han convertido muchas veces– en instrumentos de abuso y arbitrariedad.

Las medidas de seguridad y corrección son unos de los medios que emplea la sociedad para combatir el delito. En consecuencia, forman parte del Derecho punitivo estatal, al cual compete establecerlas, consagrando las garantías que deben rodear su imposición por el juez y su ejecución por las autoridades que la ley designe.

C. El derecho penitenciario y su relación con el derecho administrativo

Lo que se denomina *Derecho penitenciario* está constituido por el conjunto de las normas que rigen la imposición de las penas privativas de libertad.[454]

453 Supra § 2, III, b).

454 Véase, sobre ello, GARRIDO GUZMÁN, *Compendio de ciencias penitenciarias*, Universidad de Valencia, 1976, *passim*.

Dicho proceso exige, por cierto, una organización administrativa compleja. Es preciso contar con establecimientos en los que recluir a los condenados, y esto ya supone la realización de actividades financieras, constructivas, de equipamiento y mantención. A su vez, tales establecimientos tienen que estar dotados de personal para la vigilancia y atención de los reclusos. Todo ello induce a pensar que las disposiciones destinadas a reglamentar estos asuntos pertenecen al Derecho administrativo. Pero no es así.

La parte fundamental del Derecho penitenciario es aquella que organiza la forma de ejecución de la pena, los métodos de tratamiento aplicables a los reclusos, sus derechos y obligaciones y las garantías que se le deben otorgar. Se trata, pues, de disposiciones que versan sobre la pena y, concretamente, sobre su realización efectiva durante la ejecución. Por consiguiente, esto no es más que *una parte del Derecho penal,* muy importante, por cierto, pero a la que no hay motivo para segregar del conjunto. La verdad es que la tendencia a independizar al "Derecho penitenciario", lejos de contribuir a su enriquecimiento, desarrollo e importancia, termina convirtiéndolo en un subsistema de escasa relevancia. Esto es inconveniente porque la eficacia de la pena depende en gran medida del momento de su ejecución, de manera que, si este no se encuentra normado y organizado adecuadamente, el sistema fracasará, por excelentes que sean sus otras instituciones.

En eso, además, juegan un papel importante consideraciones políticas. No se saca nada con asegurar la liberalización del régimen punitivo otorgando garantías al acusado frente a posibles excesos judiciales, si luego se abandona al condenado al arbitrio de los funcionarios penitenciarios. *No solo el imputado tiene derechos que deben ser cautelados; también para el sentenciado deben regir garantías que tutelen su humanidad y la dignidad que deriva de ella.* Pero esto no se cumple cuando el proceso de ejecución de la pena se confía a una organización administrativa que dispone de facultades discrecionales y que a veces está estructurada como un cuerpo paramilitar, como ocurre en Chile con el Servicio de Gendarmería.

Como lo destacaba MICHEL FOUCAULT,[455] muchas de las ideas libertarias que se habían agitado por los teóricos de la Revolución Francesa respecto al Derecho punitivo,

455 MICHEL FOUCAULT, *Vigilar y castigar. Nacimiento de la prisión, cit.*, págs. 259 y 260: "La delincuencia es la venganza de la prisión *contra* la justicia". "La prisión, esa región, la más sombría en el aparato de justicia, es el lugar don el *poder de castigar*, que ya no se atreve a actuar a rostro descubierto, organiza silenciosamente un campo de objetividad donde el castigo podrá funcionar en pleno día como terapéutica, e inscribirse la sentencia entre

se vieron frustradas mediante un desplazamiento de la función de castigar hacia las administraciones penitenciarias. Ese proceso de deformación se ha ido acentuando cada vez más, porque cuenta con el beneplácito de una sociedad que se niega a reconocer su corresponsabilidad en el fenómeno delictual y prefiere hacerla descansar por completo en el autor de la infracción. La conciencia del ciudadano "honesto" se satisface con la convicción de que los "culpables" han sido declarados tales en un proceso "justo". Todo lo que ocurre después de eso tras los muros de la prisión lo deja indiferente. En nuestro país este proceso se vio favorecido, además, por el autoritarismo que nos rigió durante casi veinte años, fundado precisamente en la certeza de que la verdad y la rectitud son patrimonio de unos cuantos y que quienes no las comparten son indignos de consideración y respeto. ¡Todas esas convicciones se han caído a pedazos! Pero algunos de sus subproductos permanecen todavía latentes en amplios sectores de la sociedad.

V. RELACIONES DEL DERECHO PENAL CON EL PROCESAL

A) NATURALEZA DE LAS RELACIONES: AUTONOMÍA E INTERACCIÓN DE AMBOS ORDENAMIENTOS

Para un sector de la literatura y el Derecho comparado, el Derecho procesal penal es una parte integrante del penal. Esta opinión predomina en Alemania[456] y se sostiene también en Italia donde, incluso, CARRARA incorporó directamente el tratamiento del "juicio criminal" a la parte general de su obra sistemática.[457]

Entre nosotros, en cambio, se considera que ambos ordenamientos son autónomos, y el procedimiento penal se encuentra incorporado –por lo menos, formalmente– a la sistemática del Derecho procesal, en general.

Este último punto de vista puede ser acogido *en principio*. Aunque CARRARA tiene razón cuando afirma que el juicio criminal es el tercer momento de hecho en que, después de haber regulado la *prohibición* y la *sanción* de esta, se desenvuelve y completa el magisterio delictivo",[458] y no obstante la estrecha relación que existe

los discursos del saber" (Los énfasis son míos). Se puede disentir de FOUCAULT sobre las razones precisas que llevan a esta situación, pero es indiscutible que ella existe como tal.

456 Véase, por todos, BAUMANN, § 4, I, 1, pág. 29, para quien el Derecho procesal penal pertenece tanto al penal como al procesal en general; JESCHECK–WEIGEND, § 3, II, 2, pág. 18.

457 CARRARA, II, págs. Antes de § 779, págs. 137 y sigts.

458 CARRARA, II, antes de § 779, pág. 137.

entre las normas de ambos ordenamientos, cada uno de ellos obedece a ciertos principios distintos, de manera que no es conveniente confundirlos en un todo homogéneo. Así, por ejemplo, la prohibición de analogía y retroactividad, que impera en Derecho penal de manera amplia[459], no se extiende con ese rigor al procesal.[460] De igual manera, la extrapolación de principio *in dubio pro reo*[461] al campo penal da lugar a confusiones y dificultades.

El Derecho procesal penal no es, pues, una parte del punitivo ni se encuentra subordinado a él.

Pero esta independencia no debe entenderse como la de unos departamentos estancos sin conexión. Eso, en rigor, no puede afirmarse respecto a parte alguna del ordenamiento jurídico, pues todas ellas se encuentran en una interrelación constante y fluida: pero la interacción es más notoria en casos como el presente, donde se trata de sistemas *complementarios*, cuyas funciones dependen de la forma en que están reguladas las del otro.[462] Para entenderlo, basta con pensar que lo que ha de ser materia de la discusión y prueba en el proceso está determinado por lo que la ley sustantiva considera relevante para la punibilidad del hecho y la determinación de la pena; viceversa, la decisión sobre si se ha de castigar y cómo se encuentra supeditada a lo que del hecho se haya probado en el juicio según sus reglas.[463]

A causa de esa estrecha relación, ocurre con frecuencia que instituciones propias del Derecho penal se encuentran consagradas en leyes procesales y viceversa. Así, el art. 351 del C.P.P. contiene una disposición de índole material

459 Infra, § 10, I.

460 No obstante, véase el inc. segundo del art. 5 del C.P.P.

461 Infra, en este mismo párrafo c) y especialmente bb).

462 HASSEMER, § 16, II, pág. 150: "El Derecho material, y su formulación de criterios de selección, y el Derecho formal con la formulación del escenario, depende el uno del otro, y solo las prestaciones respectivas de ambos hacen posible el proceso penal y la producción del caso".

463 HASSEMER, § 16, antes de 1, pág. 146: "*El Derecho penal sustantivo* contiene los criterios de relevancia para la constitución penal de la realidad y en él se encuentran los criterios para la producción del caso penal. *El Derecho procesal penal* contiene las reglas de las que se deriva el cómo se ha de producir un caso y en cuándo se puede considerar correctamente producido. En él se contiene los modelos de comportamiento escénico que hacen posible la fase de producción del caso a la vez que le aseguran". En general, véase todo el parágrafo citado, págs. 145 y sigts. En otro sentido, GÖSSEL, *Esencia y fundamentación de las sanciones jurídico penales, cit.*, B, IV, afirma, de todas maneras, que "el juicio penal judicial es el fundamento de conocimiento de las sanciones jurídico–penales".

relativa al concurso de delitos;[464] a su vez, el art. 455 del C.P. es, sin duda, una norma de procedimiento. Sin embargo, la cuestión no puede siempre resolverse tan fácilmente como en los ejemplos citados. A menudo sucede, más bien, que la naturaleza de ciertas instituciones es dudosa y resulta difícil decidir si son penales o procesales; cosa que, a su vez, determina consecuencias prácticas distintas. Estos casos, entre los cuales el más significativo es, quizás, el de la prescripción de la acción penal (prescripción del delito),[465] deben ser tratados uno por uno en la oportunidad correspondiente.

Existen también algunas instituciones y principios que indudablemente pertenecen al ámbito del procedimiento, pero cuyas consecuencias sobre el Derecho penal material pueden llegar a ser tan inmediatas y decisivas que no es posible descartar su tratamiento desde la perspectiva de este último. Aunque en forma sucinta, en los párrafos siguientes se discuten dos de esas instituciones.

La afirmación de que el Derecho procesal es independiente del punitivo no implica un pronunciamiento pedagógico. En Chile es tradicional que el procedimiento penal sea enseñado por profesores de Derecho procesal general. Los resultados han sido insatisfactorios, por lo menos hasta el advenimiento de la reforma que dio origen al C.P.P., pues los estudios sobre el proceso penal se han desarrollado pobremente. Las excepciones proceden en su mayoría del Derecho penal sustantivo, cosa que es aleccionadora.

En el futuro, por eso, el criterio debiera ser revisado. Para una percepción apropiada de las consecuencias sociales que pueden tener las diferentes interpretaciones de la Ley penal y las correspondientes concepciones sistemáticas, es indispensable vincularlas a la naturaleza y posibilidades de los procedimientos en que cobran realidad. Por ello, tanto las formulaciones dogmáticas como las orientaciones político criminales de las mismas se enriquecen cuando los problemas son examinados teniendo en cuenta esas relaciones entre disciplinas presentadas con un criterio unitario.

b) El principio *nulla poena sine iudicio* y sus relaciones con el Derecho penal

De conformidad con el principio *nulla poena sine iudicio*, nadie puede ser condenado a sufrir una pena sino después de haber sido juzgado por un tribunal de Derecho, en un proceso formal legalmente regulado, dentro del cual la persona cuente con la posibilidad de defenderse eficazmente.

---

464 Infra, § 43, I, b), bb.

465 Infra, § 59, B, 1.

En Chile el principio, que se encontraba consagrado de manera implícita en el art. 11 de la C.P.E., aparece ahora desarrollado con detalle por el Nº 3º del art. 19 de la C.P.R. en los incs. segundo, tercero, cuarto y quinto.

Aunque se trata de un principio procesal, por lo cual no es pertinente discutir aquí los pormenores de su significación y consecuencias, conviene sí destacar que constituye un complemento indispensable de los que en el ámbito del Derecho penal garantizan al ciudadano contra la posibilidad de un castigo arbitrario. En efecto, las personas no ganan mucho con que sea una ley la que les diga lo que constituye delito (*nullum crimen sine lege*) si quien está encargado de interpretar y aplicar la norma es una entidad misteriosa, mudable según los caprichos de la autoridad, o si se les veda el derecho a exponer sus defensas y probarlas de acuerdo con unas disposiciones uniformes y conocidas. Por esto, en la vigencia efectiva del principio *nulla poena sine iudicio* –que en nuestro país ha sido apenas nominal– se realiza la idea de que el Derecho procesal penal es "Derecho constitucional aplicado".[466]

Por otra parte, la formalización de un procedimiento susceptible de control jurídico trae aparejada una distorsión en el conocimiento de que el Tribunal dispone respecto al hecho sobre el cual recaerá el juicio. La percepción objetiva de los acontecimientos es siempre insegura, como lo demuestran las constantes revisiones a que se encuentran sometidos los conocimientos de las ciencias naturales. Esa incertidumbre es aún mayor si de lo que se trata es de establecer las peculiaridades de un caso complejo que, además, no se ha producido frente a los ojos del juzgador y del cual, en consecuencia, este tiene que contentarse con una *re–producción* obtenida en plazos limitados y sirviéndose de pruebas preestablecidas. Pero también el riesgo de esas deformaciones inevitables se encuentra asumido en beneficio del inculpado porque, a pesar de todo, para el acusado es preferible que la sentencia se pronuncie sobre la base de un conocimiento insuficiente y hasta francamente errado, a que la investigación se prolongue indefinidamente, afectándolo en sus derechos y su intimidad más que la pena misma.[467] Hay que tener presente esto, para que las formalidades estructurales del proceso recobren en la práctica su sentido verdadero.

En consideración a todo esto, convendría repensar hasta qué punto es deseable aplicar a las normas en que se materializa el principio *nulla poena sine iudicio* algunas

---

466 HASSEMER, § 16, II, pág. 150.

467 HASSEMER, § 16, 4, págs. 182 y sigts., en donde se destacan las limitaciones del proceso penal en la determinación de la "verdad" y el sentido que debe darse a esta en defensa de los derechos del inculpado.

de las limitaciones garantizadoras que rodean la interpretación y aplicación de las leyes penales sustantivas. Por ejemplo, sería deseable prohibir, haciendo excepción a las reglas generales sobre la materia, toda aplicación retroactiva de aquellas disposiciones procesales que modifican la *naturaleza* y *composición* del tribunal llamado a conocer de un hecho punible, como asimismo las que importan una *restricción al derecho de defensa* o signifique disminuir, en cualquier forma, la *posibilidad de probar los descargos*. En efecto, la práctica ha demostrado que, en esta clase de materias, el dogma según el cual las leyes procesales rigen *in actum* puede provocar un debilitamiento del *nullum crimen, nulla poena sine lege.*[468]

c) El principio *in dubio pro reo* y sus relaciones con el Derecho penal. El problema de la determinación alternativa del hecho

aa) Con sujeción al principio *in dubio pro reo,* cuando de la prueba reunida en el proceso no resulta la *absoluta certeza* de que el sujeto ha incurrido en un hecho punible, el imputado debe ser absuelto. *La duda favorece al reo.* Así lo dispone el art. 340 del C.P.P., según el cual "nadie podrá ser condenado por delito sino cuando el tribunal que lo juzgare adquiriese, más allá de toda duda razonable, la convicción de que realmente se hubiere cometido el hecho punible objeto de la acusación, y que en él hubiere correspondido al acusado una participación culpable y penada por la ley".

bb) Debe quedar claro que *este principio es de carácter procesal* y carece, por consiguiente, de relevancia directa en el ámbito sustantivo.

Sobre todo, debe subrayarse que el *in dubio pro reo no constituye una regla de interpretación de la ley penal.*[469] Si fuera de otro modo, cada vez que existieran dudas sobre el sentido de un precepto, habría que atribuirle el que resulte más favorable para el autor, restringiendo o extendiendo su eficacia según los casos, al margen de cualquier otra consideración hermenéutica. Este, por supuesto, no es el espíritu de la ley, pues una regla de esta clase no puede deducirse de su contexto. Por el contrario, aquí también impera el art. 23 del C.C., con arreglo al cual "lo favorable u odioso de una disposición no se tomará en cuenta para ampliar o restringir su interpretación", de manera que la extensión de toda ley se

---

468 Véase, con detalle y bibliografía, GUILLERMO OLIVIER, *Retroactividad e irretroactividad de las leyes penales,* Editorial Jurídica de Chile, Santiago, 2007, III, 8, págs. 206 y sigts.

469 Los fallos citados en nota del editor a pie de página número 142 infra § 8, IV, adoptan el criterio opuesto al de Cury.

determinará por su "*genuino sentido*" y según las reglas generales sobre la materia. Además, debe tenerse en cuenta que aplicar el principio en este campo conduciría a resultados ilógicos, en que situaciones semejantes podrían ser tratadas de manera contrastante, con perjuicio para la unidad del sistema, los sentimientos de justicia de la comunidad y la igualdad de las personas ante la ley (art. 19 Nº 2 de la C.P.R.).

También debe descartarse la idea de que ciertas normas sustantivas cuyos mandatos favorecen a los imputados sean emanaciones del *in dubio pro reo*. Así, por ejemplo, el principio de retroactividad de la ley penal más benigna (art. 19 Nº 3º, inc. octavo de la C.P.R. y 18 C.P.)[470]. En estos casos el precepto obedece a objetivos más profundos que el propósito de favorecer al reo a toda costa. A veces, como en el caso de la aplicación retroactiva de la ley penal más benigna, se encuentra comprometida una cuestión valorativa.[471] En la mayor parte de ellos se persiguen finalidades político- criminales. Por lo demás, en ninguna de esas situaciones existen "dudas", ya que los hechos están claros y su regulación la ha resuelto la ley de manera expresa.

La creencia de que estas normas derivan del *in dubio pro reo* conduce a interpretaciones defectuosas de su alcance. Por ejemplo, debería significar que para la aplicación de la ley más benigna es lícito mezclar los preceptos de la disposición antigua con la nueva,[472] puesto que eso podría ser en el caso concreto lo más favorable para el reo; asimismo, que las leyes *temporales* no se aplican a los hechos ocurridos durante su vigencia, pero que aún no han sido sancionados cuando esta concluye.[473] Si toda la norma del art. 18 del C.P. se encuentra inspirada en el puro deseo de beneficiar al autor, carecería de sentido el debate que existe en torno a estos problemas y, en especial, las soluciones acordadas a ellos por la opinión dominante.[474]

cc) El único punto de contacto entre el principio *in dubio pro reo* y el Derecho penal sustantivo se produce en relación con el problema de la *determinación alternativa del hecho,* muy poco debatido en nuestro medio.

470 Infra, § 10.
471 Sobre ello, extensamente, OLIVIER, *op. cit.*, IV, pág. 261 y sigts.
472 Infra, § 10.
473 Infra, § 10.
474 Infra, § 10.

La cuestión se refiere a aquellos casos en los que, de acuerdo con la prueba del proceso, es *indudable* que el sujeto ha cometido uno de entre dos o más delitos, pero no se sabe con certeza cuál de ellos. Así, por ejemplo, cuando existe certidumbre de que el autor se apoderó de una cosa ajena, pero no de si, para hacerlo, empleó fuerza sobre las cosas (robo) o la recibió de quien la robó sabiendo cuál era su procedencia (receptación), siendo en todo caso seguro que se valió de uno de esos dos medios.

Rigurosamente hablando, en tales casos el hecho no se encuentra determinado y la subsunción en un tipo específico es, por lo tanto, imposible. Por consiguiente, con arreglo estricto al principio *in dubio pro reo* debería absolverse al inculpado. Pero, por otra parte, es inadmisible que se renuncie a la imposición de toda pena cada vez que, no obstante encontrarse acreditada la ejecución de un delito, es imposible precisar los contornos del hecho a fin de establecer con certeza cuál de los tipos lo capta realmente.[475] Si bien con ello se fortalece la confianza ciudadana de que nadie será castigado si no se ha probado por completo que su hecho satisface todas y cada una de las exigencias del tipo, al mismo tiempo se debilita la de que se impondrá en efecto una pena cuando esté procesalmente acreditado que *se cometió un hecho punibles* y que el autor *participó en él de una manera jurídicamente relevante.*

Este es, pues, uno de aquello extremos en los que las exigencias de la realidad imponen una solución flexible, a costa de la coherencia conceptual por lo menos en parte.[476] Lo importante, en todo caso, es que el sacrificio *excepcional* del principio está condicionado por criterios de aplicación no solo seguros sino, además, capaces de preservar los presupuestos de justicia material sobre los que descansa el sistema, para que así conserve la calidad de situación límite y sirva simultáneamente de garantía a la vigencia de aquellos.

Esto es tanto más necesario cuanto que, si bien en teoría puede cuestionarse entre nosotros la posibilidad de efectuar una determinación alternativa, por no existir precepto

475 No está de más advertir que la *determinación alternativa del hecho* plantea un problema distinto del propuesto por el *concurso aparente de leyes penales* (infra § 44). En los casos de este último, se sabe cuál es la conducta ejecutada por el autor, pero existen dudas sobre si la captan uno o más tipos, si se lo debe castigar conforme a todos ellos o si algunos deben ser desestimados. Se trata, por lo tanto, de un asunto material, perteneciente al Derecho penal sustantivo. En las hipótesis de *determinación alternativa del hecho,* por el contrario, la duda es fáctica y relativa a lo probado, pues lo que se ignora es cuál fue la conducta precisamente realizada por el sujeto. En este mismo sentido CÓRDOBA RODA, en notas de Derecho español a MAURACH, § I, § 10, III, 2, nota 12ª, pág. 120.

476 En el mismo sentido, SHÖNKE–SCHRÖEDER, pág. 73. Asimismo, aunque quizás va muy lejos, WOLGANG STRASSBURG, *Ruckwirkungsverbot und Anderug der Rechtsprechung im Strafrecht,* en *Zeitschrift fur die gesamte Strafrechtswissenschaft,* 82, Band, Heft 4, III, 1, pág. 961.

alguno que la autorice, es indudable que los tribunales la practican en mayor o menor medida cuando la situación que le da origen se les presenta.

Desde el punto de vista procesal, la determinación alternativa solo es posible cuando existe la certeza de que el imputado ejecutó una de dos (o más) acciones, cada una de las cuales satisface seguramente las exigencias de otros tantos tipos penales, y siempre que la duda relativa a la que efectivamente realizó sea imposible de superar. A su vez, *desde el punto de vista sustantivo,* es menester que los tipos susceptibles de ser aplicados sean semejantes, no solo en el aspecto formal, sino también en cuanto a la índole del desvalor de que son portadores las conductas descritas por ello (*rechtethische und psicologische Vergleichberkeit).*[477] La concurrencia de este último presupuesto implica una fina tarea valorativa, que no puede realizarse sobre una pura base de sentido común y requiere, por el contrario, realizar un juicio axiológico en el cual radica todo el sentido material del problema propuesto.[478]

No se exige que las acciones representen solo modalidades de ejecución del mismo tipo, pues la determinación alternativa es posible también entre tipos distintos, si su contenido de injusto es psicológica y éticamente equivalente (así, por ejemplo, entre estafa, y receptación; violación y estupro; aborto e infanticidio, etc.). Por otra parte, debe rechazarse la solución, aun cuando las conductas en conflicto representen modalidades de ejecución del tipo fundamental, si está ausente el requisito sustancial.[479] Así, debe excluirse una determinación alternativa entre los daños graves cometidos "con la mira de impedir el libre ejercicio de la autoridad" y aquellos que se consuman "produciendo por cualquier medio infección o contagio de animales"; pues, en efecto, el significado de las prohibiciones subyacentes bajo las dos modalidades del tipo no se puede identificar psicológica y éticamente.

En consideración a la diferencia cuantitativa del contenido de injusto, se rechaza la determinación alternativa entre tipos simples, calificados y privilegiados. En esos casos recupera vigencia el principio *in dubio pro reo* y, en aplicación estricta de sus consecuencias, debe imponerse la pena de la figura simple o privilegiada, en su caso[480]. Eso vale para todas las sanciones en las que la realización de una de las conductas es portadora de un contenido de injusto cuantitativamente inferior al de la otra, aunque cualitativamente igual,

---

477 BAUMANN, § 14, II, pág. 150; MAURACH ZIPF, I, § 10, III, 2, número marginal 27, págs. 166 y 167; SCHÖNKE–SCHRÖDER, pág. 74; SCHMIDTHÄUSER, § 5, número marginal 44, pág. 89.

478 JESCHECK–WEIGEND, § 16, I, 2, pág.155; SCHMIDHÄUSER, § número marginal 44, pág. 89.

479 BAUMANN, § 14, II, pág. 150.

480 SCHÖNKE–SCHRÖDER, pág. 77.

como sucede entre tentativa y consumación, complicidad y autoría.[481] En cambio, se debe a una diferencia cualitativa de esos contenidos la inadmisibilidad de una determinación alternativa entre un tipo doloso y su correlato imprudente. Esto último, sin embargo, es discutible y es posible que en la práctica impere un criterio distinto, pero, en mi opinión, la conducta imprudente no es psicológica y éticamente equivalente a la dolosa.[482]

Si se dan todos los presupuestos para realizar una determinación alternativa, debe imponerse la pena correspondiente a aquel de los delitos que en concreto la merezca más benigna.[483] Para proceder a la elección hay que tener en cuenta, en consecuencia, todos los factores concurrentes a la determinación de la pena. El juez debe evaluar por lo tanto la situación en sus particularidades, incluso las relativas a circunstancias personales del imputado, dejando constancia en las consideraciones del fallo de los fundamentos que decidieron su elección. En definitiva, el sujeto solo será penalmente responsable por aquel de los delitos por el cual se lo condene. A este nivel el *in dubio pro reo* recupera pues su vigencia por completo.

481 Ídem.

482 Véase JESCHECK–WEIGEND, § 16, II, 2, pág. 156.

483 SCHÖNKE–SCHRÖDER, pág. 78.

CAPÍTULO II
CIENCIA DEL DERECHO PENAL Y EVOLUCIÓN HISTÓRICA DEL DERECHO PENAL

§ 5. LAS DISCIPLINAS QUE PARTICIPAN EN LA PREVENCIÓN Y REPRESIÓN DEL DELITO

El delito y los medios de que se sirve la sociedad para combatirlo son objeto de estudio desde diferentes puntos de vista, lo que ha dado origen también a disciplinas distintas. La *ciencia del Derecho penal* se ocupa de ellos desde la perspectiva normativa y, aunque es objeto de críticas, continúa ocupando el lugar más importante en su estudio, complementada por la *historia* y la *filosofía del Derecho penal*. La *criminología*, por su parte, investiga el delito, su prevención y represión como *fenómenos sociales*, valiéndose de los métodos de las ciencias y construcciones teóricas de las *ciencias causales explicativas*. La *política criminal*, por último, tiene a su cargo la crítica del Derecho penal vigente, la tarea de impulsar su perfeccionamiento futuro pero, además, desde fines del siglo pasado, la de orientar la interpretación de la normativa en vigor; constituye en conjunto una ética social aplicada al campo del ordenamiento punitivo.

En la práctica este sistema se complica porque la interacción de sus distintas disciplinas es estrecha y profunda, de manera que sus ámbitos de competencia no pueden delimitarse con certidumbre completa. Por eso mismo, también se han vuelto imprecisos en los últimos decenios los conceptos y la naturaliza de cada una de ellas. Estas dificultades no se pueden evitar por completo pero, para contribuir a sortearlas, es conveniente intentar primero una clarificación de lo que se debe entender actualmente por *política criminal* y sus objetivos,[1] refiriéndome luego a las distintas tendencias que se han desarrollado respecto a la noción y finalidad de la *criminología*,[2] para solo finalmente precisar el concepto y misión de la *ciencia*

---

1 Infra, I.

2 Infra II.

del Derecho penal y sus disciplinas complementarias.[3] En el último apartado,[4] se trata de la *medicina legal* y la *criminalística,* dos técnicas que contribuyen también a la prevención y represión del delito y, por consiguiente, se relacionan estrechamente con la *ciencia penal.* La historia de esta última, en cambio, se ha integrado a la exposición sobre la evolución del Derecho penal,[5] en donde cobra mayor sentido porque se hacen perceptibles sus influencias recíprocas.

I. LA POLÍTICA CRIMINAL

La política criminal debe su importancia actual a los trabajos de FRANZ VON LISZT,[6] desarrollados durante el último tercio del siglo XIX y los primeros años del XX. Sin embargo, el concepto es más antiguo[7] y, como se expondrá más adelante,[8] si su contenido se entiende en un sentido amplio, surge contemporáneamente con el Derecho penal.

De acuerdo con LISZT, "la política criminal nos da el criterio para *la apreciación del Derecho vigente* y nos revela cuál *es el que debe regir*, pero también nos enseña a entender aquel a la luz de su fin, y aplicarlo en vistas de ese fin, en los casos particulares".[9] "Es, en primer lugar, *lucha contra el crimen, obrando de un modo individualizado sobre el delincuente,* procurando impedir, por la privación de su libertad, la comisión de otros crímenes en el futuro". "En esta exigencia reside, por una parte, el medio seguro para la apreciación crítica del Derecho vigente, y, por otra parte, el punto de partida para el desarrollo del programa de una legislación para el porvenir".[10] Por consiguiente, para LIZST la política criminal es el arte de enjuiciar críticamente el Derecho penal en vigor y de realizar su reforma o modificación *de acuerdo con los datos proporcionados por la ciencia sobre la forma y recursos más adecuados para combatir el delito.*

---

3 Infra III.

4 Infra IV.

5 Infra § 6.

6 Así lo destaca ROXIN, *Política criminal y sistema de Derecho Penal, cit.* I y II, págs. 15 y sigts., y *Franz von Liszt y la concepción político–criminal del Proyecto Alternativo, cit.*, págs. 37 y sigts.

7 QUINTILIANO SALDAÑA *Notas de Derecho español al tratado de FRANZ VON LIZT,* II, II, A, págs. 42 y sigts., la remonta a los glosadores italianos del siglo XVI.

8 Infra, a).

9 LISZT, I, § 1, II, pág. 7. Énfasis en el original.

10 LISZT, II, § 16, I, pág. 19.

Esta concepción de la política criminal, así como la evolución que ha experimentado más tarde, requiere de ciertas precisiones.

a) En sentido *general,* la idea de que el Derecho positivo debe someterse a crítica y perfeccionamiento, para lo cual es preciso valorarlo remitiéndose a nociones que se obtienen fuera de él y que lo condicionan, no es algo novedoso. Aparte del positivismo jurídico más exagerado, siempre se la aceptó. A ella obedece, en el fondo, tanto el sistema del Derecho natural "objetivo" o "realista" desarrollado por Aristóteles y sobre él por la escolástica, como el "racionalista" que alcanza su apogeo hacia fines del siglo XVIII.

Lo diferente en la concepción de v. LISZT –influido por el progreso de las ciencias naturales en el siglo XIX– es que ya no sirve para realizar la crítica mediante referencias a un orden valorativo supralegal establecido por Dios o deducido de la naturaleza del hombre. En su opinión, esa crítica solo debe apoyarse en datos científicos objetivos, cuya obtención está encomendada a la *criminología* y la *penología,*[11] las cuales integran en conjunto el contenido de la *política criminal.* Como tales disciplinas se valen del método causal–explicativos para investigar la realidad social, los factores que favorecen la delincuencia y los medios para combatirla, actuando sobre el delincuente con el fin de impedir "la comisión de otros crímenes en el futuro", LISZT considera que la certeza de sus informaciones está asegurada, garantizando el rigor y la imparcialidad de los juicios formulados sobre esa base. Así, la crítica, modificación y perfeccionamiento del Derecho positivo ya no dependerán de valoraciones cuya exactitud y adecuación histórica es improbable, sino de resultados incuestionables porque están acreditados experimentalmente.

b) Esta concepción de la política criminal gozó de considerable prestigio en su época –aunque también fue objeto de ataques– porque coincidía con la atmósfera cultural imperante. Sin embargo, hacia la primera mitad del siglo XX entró en crisis, considerándosela superada.[12] En su decadencia temporal influyó, sobre todo, la del "cientifismo" decimonónico, con el cual estaba relacionada, aunque no cayera del todo en sus exageraciones. En efecto, las propias ciencias naturales, que con sus progresos espectaculares habían provocado la creencia en

---

11 LISZT, I, § 1, II, pág. 17.

12 Véase, con más detalle, ROXIN, *Franz von Liszt y la concepción político–criminal del Proyecto Alternativo, cit.*, págs. 37 y sigts.

su infalibilidad, reconocieron que su capacidad para proporcionar conocimientos ciertos sobre sus objetos era limitada y relativa; además, que muchas de sus teoría no se fundaban simplemente en la observación y la verificación empíricas, sino que obedecían a prejuicios enraizados en concepciones metafísicas implícitas y, por eso, hasta entonces imperceptibles.[13] Para las ciencias humanas –en las cuales era preciso inscribir a la criminología y a lo que LISZT, designaba "penología"–[14] estas conclusiones eran más exactas todavía, privando a la política criminal de su pretendida precisión y neutralidad.

La carencia de imparcialidad de los métodos científicos y sus resultados se hizo presente en especial porque los regímenes totalitarios que proliferaron hacia mediados del siglo pasado se sirvieron de ellos para la obtención de sus finalidades ideológicas. Entonces quedó de manifiesto que los procedimientos y conclusiones más acreditados se podían convertir en instrumentos de opresión y deshumanización si se los empleaba prescindiendo de consideraciones éticas. Una política-criminal basada en puros datos científicos es capaz de conducir a cualquier parte, porque su orientación depende de los puntos de vista axiológicos desde los cuales se la elabora.

A consecuencias de todo ello, durante un tiempo volvieron a florecer criterios iusnaturalistas tradicionales, que efectuaban la crítica del Derecho vigente prescindiendo de una política criminal como la que proponía LISZT, o formas de positivismo jurídico que reniegan de cualquier crítica objetiva a la ley en vigor, atribuyéndoles a todas un carácter subjetivo o ideológico.[15]

c) Poco a poco, sin embargo, el valor de la política-criminal se ha reivindicado.

1. En primer lugar, en una sociedad democrática como aquella a que se aspira actualmente, no se puede priorizar sin más a concepciones axiológicas basadas en abstracciones o creencias que no todos comparten, y que a menudo están en pugna con otras igualmente respetables. Pero, por eso mismo, tampoco es

---

13 Esta realidad se encuentra descrita de manera muy lúcida por JUAN DE DIOS VIAL CORREA, *Célula y átomo*, en *Fe, Ciencia y Universidad,* Facultad de Ciencias Sociales de la Pontificia Universidad Católica de Chile, 1987, pág. 149 y sigts., quien la ilustra desde el punto de vista de la ciencia biológica. El trabajo se había publicado previamente en la revista *Hombre y Universo,* N° 3, 1983.

14 Sobre esto último, supra, § 1, I, b).

15 Sobre todo ello, GUSTAV RADBRUCH, EBERHARD SCHMIDT y HANS WELZEL, *Derecho injusto y Derecho nulo,* traducción y selección de textos de José María Rodríguez Paniagua, Aguilar, Madrid, 1971, *passim.*

posible renunciar a la crítica del ordenamiento legal positivo, cuya consagración, interpretación y aplicación responden a circunstancias históricas variables y a puntos de vista e intereses particulares o de grupo de los llamados a elaborarlo y ponerlo en práctica.

Sin embargo, la aspiración a una organización democrática en si –con todas las imperfecciones y limitaciones que implica todo lo humano– presupone algunos valores permanentes como la vida, la libertad, la dignidad del hombre y la solidaridad social, sin la vigencia de los cuales es inimaginable. Así, pues, si se desea un ordenamiento jurídico democrático, su formación y perfeccionamiento tienen que estar orientados a la preservación y desarrollo de esos valores; en consecuencia, ellos constituyen también el sustrato axiológico de su estudio crítico.

2. Para conocer las mejores formas de servir a esos valores, el estudio científico de la realidad social y personal es el instrumento más eficaz, no obstante sus imperfecciones e inseguridad. Los datos que proporcionan sobre ellas las ciencias humanas –en especial, la criminología– prudentemente reconocidos como inciertos y pasados por el tamiz crítico de los valores democráticos fundamentales, configuran el entramado de la política–criminal mejor a que podemos aspirar. Debe tenerse en cuenta además que ese tejido no se encuentra nunca cerrado y concluido. Por el contrario, siempre está abierto a modificaciones y ajustes, como lo está el conocimiento del hombre y de la realidad social.

3. Como lo anticipamos más arriba, la política criminal así concebida aparece como una ética social aplicada a la regulación penal.[16] Por consiguiente, no se confunde con la criminología, como ocurre en la concepción original de LISZT,[17] pero se remite a ella para la obtención de información científica que la política–criminal elabora, poniéndola al servicio de los valores democráticos fundamentales. Se trata además de una ética cuyos contenidos cambian al modificarse y perfeccionarse el conocimiento del hombre y la sociedad, pero, de todos modos, en ella permanece estable el pequeño núcleo de esos valores a cuyo servicio se encuentra, y cuya preservación y desarrollo es consustancial a la forma de la organización de la sociedad a que aspira.

16 Supra, antes de I.

17 Por lo que se refiere a la penología, véase supra, nota 476.

No todas las concepciones actuales de la política-criminal coinciden con la expuesta. En algunas de ellas, como la de JESCHECK–WEIGEND,[18] se la presenta como una ciencia que se ocupa de "configurar el Derecho penal de la forma más eficaz posible para que pueda cumplir su tarea de protección de la Sociedad".[19] En cambio, los criterios axiológicos (principio de Culpabilidad, de Estado de Derecho y de Humanidad) se entienden más bien como límites para la aplicación de sus resultados a la legislación positiva.

Este punto de vista me parece insuficiente porque priva a los valores de la convivencia democrática de la función positiva que les he atribuido aquí en la elaboración de la solución a los problemas político–criminales. Desde el punto de vista práctico, una proposición político-criminal solo es correcta si fortalece la vigencia y desarrollo de esos valores en la realidad social; si se los tiene en cuenta como el factor preponderante que conduce a su formulación. Por lo tanto, de ello depende también su eficacia, puesto que esta se subordina a la organización social a que se aspira y no a puros datos objetivos, como podrían serlo la reducción de la reincidencia o de la comisión de ciertos hechos. No existen soluciones efectivas que no sean, al mismo tiempo, socialmente éticas. Nuestro país, que vivió un período de persecución desenfrenada de la eficacia asegurativa, constituye una demostración de que ella solo se realiza en apariencias cuando se posponen los dictados de la ética en la elaboración de las políticas represivas del delito

Por otra parte, en una concepción de la política-criminal como la expuesta por JESCHECK–WEIGEND, no se percibe la diferencia entre sus objetivos y los de la criminología. Pues, precisamente, esta solo puede consistir en que la política–criminal efectúa la crítica del Derecho vigente, y construye el del futuro, *disponiendo los datos criminológicos de acuerdo con criterios de valor*.

d) Cuando formuló su concepto de política criminal, LISZT destacó que ella no solo nos revela el Derecho que debe regir, sino que también nos enseña a entender el vigente "a la luz de su *fin* y a aplicarlo, en vistas de ese fin, en los casos particulares".[20] Sin embargo esta misión de la disciplina en la comprensión, sistematización y aplicación de la legislación positiva se postergó, en el principio, a un lugar muy secundario. El mismo LISZT contribuyó a que eso ocurriera pues, en su afán por preservar la eficacia garantizadora del principio *nullum crimen, nulla pena sine lege,* y la vigencia ilimitada de la ley positiva, declaró que "el Derecho

18 Cfr. JESCHECK–WEIGEND, § 4, págs. 24 y sigts.

19 JESCHECK–WEIGEND, § 4, antes de I, pág. 24.

20 LISZT, I, § 1, II, pág. 7.

penal es la infranqueable barrera de la Política criminal",[21] con lo cual reserva la tarea de interpretar el Derecho positivo vigente a técnicas lógicas, despojadas de toda referencia a las consecuencias sociales de los resultados obtenidos.

Este punto de vista, que opone el Derecho positivo a lo deseable socialmente, otorgando prevalencia a la primera y descartando un desenvolvimiento normativo, provocó una brecha insalvable entre el Derecho penal y la política criminal. Por eso, durante largo tiempo no se atribuyó a esta última función alguna en la interpretación y sistematización del ordenamiento jurídico vigente pensando, sobre todo, que la introducción de criterios políticos y sociales en ese campo constituía una fuente de inseguridad. Justo o injusto, bueno o malo, el Derecho que rige es el que el legislador formal promulgó y tal como lo entendió. Si esas leyes eran insatisfactorias, la política criminal debía denunciarlo, abogando por su modificación, pero sus criterios no eran un elemento al que se pudiese recurrir para darles un sentido mejor, porque entonces perdería la certeza que asegura al ciudadano contra arbitrariedades.[22] El auge del positivismo jurídico en las últimas décadas del siglo XIX y la primera mitad del XX[23] llevó este punto de vista a su culminación.

En las últimas décadas, sin embargo, junto con el retorno de los criterios neokantianos en la construcción del sistema, se ha abierto paso la idea, liderada por CLAUS ROXIN,[24] de que es preciso revisar la relación del Derecho penal vigente y la función crítica en la elaboración dogmática de sus instituciones. De acuerdo con ese criterio, esta debe penetrar el desenvolvimiento del sistema del Derecho penal, condicionando su estructura, la interpretación de las leyes y la de los distintos conceptos que lo integran.[25] La percepción de la realidad social, de sus necesidades y sus carencias debe ser el criterio prevalente en la determinación *teleológica* de los posibles sentidos de la ley en la solución de los conflictos a que se aplica en la práctica. Dicho de otra forma: de entre todas las formulaciones del Derecho vigente que el jurista puede concebir, debe preferir aquella cuyas consecuencias político criminales sean mejores, según criterios obtenidos en los fundamentos del Estado Democrático de Derecho dirigido a la

21 Cfr. ROXIN, *Política criminal y sistema de Derecho penal, cit.*, I, págs. 15 y sigts.

22 Una exposición de esta situación en FRANCISCO MUÑOZ CONDE, *Hacia una ciencia crítica del Derecho penal* en *Derecho penal y criminología,* volumen 3, Nº 10, Bogotá, 1980, págs. 65 y sigts.

23 Supra b); infra, III, a), bb).

24 ROXIN, *Política criminal y sistema de Derecho penal, cit., passim.*

25 Sobre esto, infra, III, b).

organización de una sociedad compatible con la dignidad del hombre y orientado por las disposiciones de las normativas internacionales sobre la materia y de los textos constitucionales que consagran los derechos humanos básicos.

Este criterio, que corresponde a la orientación de lo que se denomina *funcionalismo moderado,* ha encontrado progresivamente una creciente adhesión en la ciencia jurídico penal contemporánea. Con él se abre un amplio campo de encuentro y colaboración entre la dogmática y la política criminal, sobre cuyo significado y límites será necesario hacer precisiones más adelante.[26]

II. LA CRIMINOLOGÍA[27]

A) ORIGEN Y EVOLUCIÓN DE LA CRIMINOLOGÍA

La criminología, como se la concibe actualmente, aparece en la segunda mitad del siglo XIX,[28] caracterizada como una disciplina causal-explicativa, que estudia la criminalidad como fenómeno individual y social, sus formas, sus tendencias, las *causas* que la generan y la eficacia relativa de los medios empleados para combatirla, así como a los delincuentes, sus particularidades, sus características comunes y las posibilidades de agruparlos, para su identificación y tratamiento, en "tipos de autor". Pero, aunque muchas veces se ha pensado que el objeto y método de esta nueva ciencia se encontraba claramente delimitado,[29] la discusión se ha prolongado hasta el presente[30] sin que exista acuerdo sobre el tema.

Aunque aquí es imposible hacerse cargo del debate en detalle, conviene describir esquemáticamente sus rasgos principales. Para ello deben distinguirse los puntos de vista de la *criminología de los factores* y de *la designación.* La primera, como su nombre lo indica, considera que existen factores (causales) identificables que determinan la delincuencia, a los cuales es necesario descubrir y, si es

---

26 Ídem.

27 La parte expositiva de este párrafo sigue de cerca la descripción de HASSEMER, §§ 6 y sigts., págs. 45 y sigts.

28 Sobre la contribución del positivismo italiano al nacimiento de la criminología contemporánea, infra, § 6, III.

29 Véase, por ejemplo, VASSALI, *Criminología y justicia penal,* en *RCP.* Tomo XIX, Nº 1, 1960, págs. 25 y sigts.

30 Una contribución sintética al debate puede encontrarse en HILDE KAUFMANN, *Nuevo pensamiento penal,* año 2, Nº 1 Bueno Aires 1973, págs. 61 y sigts.

posible, remover; la segunda, en cambio, cree que la criminalidad como tal es solo el resultado de un proceso de estigmatización selectiva de que son objeto ciertos grupos sociales por parte de los actores dominantes en la convivencia, y que la mantención de sus niveles depende del interés de estos últimos en conservarlos e, incluso, aumentarlos. Dentro de la criminología de los factores, a su vez, hay que subdistinguir las tendencias *antropológicas*, las de la *socialización defectuosa* y las de las *deficiencias en la estructura social*. La exposición siguiente se adecua a este cuadro, que no pretende por cierto ser agotador.

1. *Criminología de los factores. Tendencias antropológicas*

Los criterios antropológicos coinciden con el origen de la criminología y alcanzaron un auge considerable en la segunda mitad del siglo XIX. De acuerdo con ellos, la tendencia a cometer delitos obedece a ciertas peculiaridades individuales del criminal, a causa de las cuales este se encuentra potencialmente inclinado a ejecutar conductas socialmente desviadas. El origen y naturaleza de las "taras" es muy discutido por los partidarios de este punto de vista. Algunos les asignan un carácter biológico y las atribuyen a causas hereditarias, congénitas o traumáticas.[31] Otros, en cambio, piensan que se trata de desviaciones psicológicas, sin estar tampoco de acuerdo sobre los factores que las provocan, entre los cuales, aparte de los mencionados, pueden encontrarse también defectos de formación, problemas de desarrollo social, patologías de distinta especie e influencias procedentes del mundo circundante.[32] Muchos sostenedores de estas concepciones adoptan posiciones eclécticas, estimando que las tendencias criminales pueden obedecer tanto a fallas biológicas como psíquicas, así como que su aparición es susceptible de explicarse por distintos motivos.

El prestigio de que gozaron estas teorías antropológicas en su tiempo es explicable, porque se asocia con el entusiasmo del siglo XIX por los éxitos de las ciencias naturales y la creencia optimista de que todos los fenómenos podían explicarse causalmente. En la actualidad, en cambio, están en crisis y solo uno que

31 Este criterio es explícito en GOROFALO, *La criminología. Estudio sobre el delito y sobre la teoría de la represión*, traducción por Pedro Dorado Montero, la España Moderna, 1890, págs. 101 y sigts. En el mismo sentido EXNER, *Biología criminal en sus rasgos fundamentales*, traducción de Juan del Rosal, Bosch, Barcelona, 1952. La posición de este último autor es más matizada que la de los positivistas italianos, pero la intencionalidad política nacional-socialista es bastante evidente.

32 EXNER, *op. cit.*, § 3, págs. 45 y sigts.

otro autor aislado las resucita de vez en cuando, invocando hallazgos genéticos, neurológicos o psiquiátricos que nunca avalan las generalizaciones apresuradas de que se los pretende hacer objeto. Las investigaciones más fiables, por el contrario, parecen demostrar que la inmensa mayoría de los que cometen delitos no son tarados ni anormales, de manera que sus características biosíquicas se asemejan a las del hombre "no delincuente" común. Por otra parte, muchas de las inferencias causales dudosas efectuadas por los partidarios de estas orientaciones solo son aplicables a las formas de criminalidad tradicional y grosera, pero resultan inaprovechables respecto de la "delincuencia de cuello blanco", cuyos autores son sujetos sofisticados pertenecientes a los estratos elevados de la sociedad, cuyas características biológicas y psíquicas comparten. Finalmente, también ha contribuido a su descrédito el abuso político que se ha hecho de sus conclusiones, las que han sido empleadas para justificar persecuciones raciales, étnicas, religiosas o ideológicas completamente arbitrarias. Todo ello las ha relegado a un segundo plano, por lo menos temporalmente.

En torno a la intencionalidad política de estas concepciones, se han elaborado interpretaciones sesgadas y parciales.

Lo más probable es que sus promotores originales se propusieran, de buena fe, dar sustentación a la reacción estatal contra la delincuencia en la información científica disponible. Empujados por esa idea y por las concepciones deterministas en boga, cedieron frecuentemente a la tentación de "objetivar" y "deshumanizar" a los delincuentes, considerándolos seres inferiores, degenerados e integrantes de una casta homogénea, diferenciables del resto de los hombres por sus característica físicas y psíquicas. Además, puesto que la mayor parte de los asilados en los establecimientos penitenciarios eran reos de delitos comunes –usualmente, ataques violentos contra la propiedad– procedentes de las clases más desposeídas, no es raro que identificaran sus arquetipos biológicos o psicológicos con los individuos pertenecientes a dichos estratos sociales. La cultura de la época, por su parte, estaba dispuesta a acoger esos puntos de vista, pues satisfacían la aspiración de la mayoría de los hombres de distinguir a los "buenos "de los "malos", a los "honestos" de los "deshonestos" y a situarse, obviamente, entre los primeros, desembarazándose de toda vinculación con los segundos.

Este maniqueísmo latente se prestó para que posteriormente tendencias políticas autoritarias lo instrumentalizaran, asignando a la "clase" de los delincuentes a los que disentían de sus opiniones en una forma muy acentuada, o a quienes deseaban presentar como chivos expiatorios ("todos los comunistas son delincuentes", "todos los italianos son mafiosos" o "todos los árabes son terroristas"). Incluso algunos de los auténticos científicos que defendían criterios antropológicos se dejaron arrastrar a tales posiciones

(FERRI, EXNER), por motivos que en rigor ignoramos, entre los cuales pueden haberse encontrado verdaderas convicciones sobre la certeza de sus planteamientos criminológicos. Pero de estas situaciones no me parece justo extraer conclusiones generales, atribuyendo a todos los adherentes a las concepciones antropológicas una intencionalidad deliberada o inconsciente, o para presentarlos como portavoces complacientes de una estructura social determinada, pues así se cae en el mismo error en que se los acusa de incurrir. Por el contrario, aun siendo tributarios de la organización social en que les tocó vivir, muchos fueron críticos de ella y deben haber contemplado con dolor el abuso que se hacía de sus planteamientos para fortalecer desigualdades e injusticias que repudiaban.

Por eso, si bien el porvenir parece no pertenecerles, es posible que más adelante, profundizadas y depuradas, las teorías antropológicas tengan todavía contribuciones que hacer a la problemática criminológica.

2. *Criminología de los factores. Tendencias de la socialización defectuosa*

Este segundo grupo de concepciones opina que la conducta de los delincuentes puede explicarse en que se trataría de individuos que han recibido una formación defectuosa, en un medio insatisfactorio y, por tales motivos, su inserción en la vida social se ha visto perturbada.

De las investigaciones realizadas en este sentido, una de las más prestigiosas es la de los hermanos GLUECK con arreglo a la cual el factor aparentemente más influyente en la desocialización de los delincuentes se encuentra en la organización deficiente del grupo familiar ("hogares deshechos", entendiendo por tales, en sentido amplio, aquellos en los cuales faltan, por cualquier causa, uno o ambos padres). De sus hallazgos en tal sentido, los GLUECK deducen que la formación familiar tiene una importancia decisiva en la socialización de las personas y, consiguientemente, que los defectos o insuficiencias de aquella de la que proceden son una de las causas fundamentales de una personalidad delictual.

Unos criterios semejantes orientan concepciones como la de SUTHERLAND, sobre los "contactos diferenciales"[33] o la de las "subculturas criminales" de COHEN. También estos autores atribuyen la delincuencia a defectos en la socialización, pero, aun sin restar importancia a la formación familiar, estiman que tales insuficiencias dependen de una gama de interacciones más amplia y compleja, cuya estructura puede, además, ser muy variada.

---

33 EDWIN H. SUTHERLAND, *El delito de cuello blanco*, traducción por Laura Belloqui y Carlos Alberto Elbert, Editorial IbdeF, Montevideo–Buenos Aires, 2009, XV, pág. 349 y sigts.

Estas teorías tienen carácter optimista.[34] En ellas subyace la idea de que una socialización deficiente puede ser corregida, apartando finalmente al desviado de la carrera delictual (proceso de *resocialización*). En tal sentido constituyen un fundamento para las concepciones más modernas sobre prevención especial. Por otra parte, cuentan con el apoyo de una investigación empírica abundante y generalmente conducida de manera rigurosa sirviéndose de los métodos más avanzados de que disponen las ciencias humanas. Por tal motivo, sus conclusiones son más convincentes que las de la teoría antropológica y constituyen el material con que trabajan preferentemente los programas de resocialización actuales.

Sin embargo, también presentan problemas. Ante todo, parten del supuesto improbable de que existe un modelo de socialización perfecto o, por lo menos, preferible a cualquier otro, lo cual significa desconocer el derecho a disentir de las minorías o de grupos sociales culturalmente distintos y que carecen de los medios para imponer sus puntos de vista. Una "subcultura" –por emplear la terminología de SUTHERLAND– puede ser diferente y hasta antagónica de la dominante, sin que eso nos autorice a descalificarla. De hecho, muchas veces ocurre que el modelo de socialización imperante en un Estado o en una época es indeseable para otros en los cuales se presenta bajo la forma de subcultura (piénsese, por ejemplo, en las concepciones valorativas del islamismo, en contraste con las de las sociedades occidentales y viceversa). Así, las teorías de la socialización defectuosa también trabajan sobre la base de un corte radical entre "delincuentes" y "hombres honestos" que afecta a la fiabilidad de sus resultados y hace temer abusos en su empleo.

También en este caso hay que poner a salvo la intencionalidad política de los seguidores de estas concepciones, incluso con mayor seguridad que tratándose de las antropológicas. A menudo, ellos mismos se apresuran a consignar que sus hallazgos solo son aprovechables para una sociedad determinada en una etapa dada de su evolución cultural, y que no es lícito extrapolarlos a grupos cuya convivencia se desarrolla bajo circunstancias distintas. Con todo, el problema radica en la legitimidad de intervenir para resocializar según patrones de valor dudoso o, por lo menos, cambiantes, a quienes profesan convicciones diferentes de las imperantes en una coyuntura cultural determinada.

34 En el mismo sentido HASSEMER, § 7, IV, págs. 57 y sigts.

3. *Criminología de los factores. Tendencias de las deficiencias en la estructura social*

Los partidarios de estas concepciones se encuentran en una zona limítrofe entre la criminología de los factores y la de la designación, pero todavía permanecen adscritos a la primera. Según su punto de vista, la conducta delictual es la consecuencia de imperfecciones en la organización de la sociedad y constituyen una forma de reacción frente a esos desajustes. Generalmente se considera que su expresión más difundida y paradigmática[35] es la *teoría de la anomia*, formulada por ROBERT. K. MERTON.

Según MERTON, existe una tensión insoluble entre la estructura de la sociedad y la estructura cultural. La última, en efecto, atribuye el más alto valor al logro de metas como el éxito socio-económico pero, al mismo tiempo, la estructura social determina que muy pocos dispongan de los medios institucionalmente aprobados para satisfacer esos objetivos. Esta situación genera la *anomia,* esto es, un estado de vacío normativo debido a que las exigencias culturales no pueden ser cumplidas por la mayoría de los participantes en la convivencia. Frente a ella, las personas adoptan distintas actitudes de acuerdo con las diferencias de sus personalidades, lo que permite a MERTON elaborar una tipología de esas reacciones distribuidas en cinco categorías: *conformidad, innovación, ritualismo, apatía* y *rebelión.*

El conformismo es la respuesta propia del "adaptado", es decir, del que lucha por satisfacer las metas culturales sirviéndose en la forma aprobada por las normas de los medios que la estructura social pone a su disposición. MERTON estima que son la mayoría y constituyen la base sobre la cual descansa la organización social imperante, asegurando su estabilidad. En el otro extremo, el innovador aprueba los objetivos culturales y aspira a alcanzarlos, pero sirviéndose de medios que infringen las normas. En consecuencia, su forma de reacción es la más conflictiva y suele dar origen a conductas delictuales. Algo parecido ocurre con el rebelde, que desaprueba tanto la estructura social establecida como los valores culturales imperantes, y aspira a reemplazarlos por unos distintos. En muchas oportunidades los individuos de esta clase se agruparán en "subculturas" criminales; sin embargo, también es posible que orienten sus respuestas positivamente, dando origen a movimientos laudables o expresando su rebeldía en aportes perdurables al progreso del pensamiento, las artes o las ciencias. El ritualista rechaza las

---

35 Así, implícitamente, HASSEMER, § 8, págs. 60 y sigts. También BAJO FERNÁNDEZ, *op. cit.*, II, III, 2 B), págs. 58 y 59.

exigencias culturales, pero aprueba la estructura social y se comporta de acuerdo con las exigencias institucionales, y el apático, a su vez, reprueba ambas cosas, pero no está en disposición de combatir para modificarla, observando una actitud de pasividad y retraimiento. Estas dos últimas categorías de personas son poco conflictivas, pero es posible que incurran ocasionalmente en infracciones leves, y las tendencias evasivas de los apáticos pueden conducirlos a engrosar las filas de los drogadictos, toxicómanos, prostitutas, vagos, etcétera.

MERTON puntualiza que su concepción constituye un intento de explicar los fenómenos delictuales en los Estados Unidos de la década de 1930, con la estructura y las valoraciones características de esa sociedad y de esa época. Además, en la descripción y análisis de esa realidad se abstiene de juicios valorativos, limitándose a verificarla e intentar comprenderla. MERTON participa de la opinión de DURKHEIM según la cual el delito constituye un fenómeno normal en la sociedad. Por eso, su enfoque es objetivo y no introduce reprobaciones éticas. Esa idea, además, lo aproxima a la criminología de la designación, pero lo separa de la convicción de que existe una delincuencia identificable y diferenciable en forma objetiva, cuyo origen puede explicarse.

Los criterios de esta clase son sugerentes y requieren aún de elaboración. En todo caso, implican la convicción de que el delito solo puede combatirse en términos relativos, pues una estructura social perfectamente armónica es inalcanzable y, por consiguiente, las tendencias generadoras de la anomia perdurarán en cualquiera que se conforme, aunque se configuraran de una manera distinta.

4. *Criminología de la designación. La criminología crítica*

Las teorías de la designación abandonan el criterio de la criminología tradicional y se sitúan en una posición radicalmente distinta a ella. Parten del supuesto de que todos los integrantes de la sociedad participan en la comisión de actos criminales, pero solo una porción insignificante de ellos es perseguido y sancionado por esas conductas. Si esto es verdad, es erróneo investigar los factores que determinan la comisión de delitos por ciertos individuos o grupos de individuos, porque el objeto mismo de esos estudios estaría falseado. Es preciso, más bien, analizar las razones por las cuales algunos autores de delitos son perseguidos y castigados mientras los restantes permanecen impunes.

Estas concepciones encuentran un apoyo importante en las investigaciones estadísticas sobre la *cifra negra* (*cifra oscura, cifra gris*): es decir, la razón que existe entre el número de delitos efectivamente cometidos y el número de los que se castiga. Aunque ese dato no proporciona certeza, porque el cálculo de los delitos cometidos tiene que basarse en datos y proyecciones estadísticos cuya exactitud es insegura, las informaciones obtenidas son de todos modos sorprendentes. En efecto, de acuerdo con los datos disponibles, la cifra oscura del homicidio –un delito particularmente ostentoso– fluctúa en los países europeos y anglosajones entre 1,8 y 3 es a uno; esto es, aún en naciones desarrolladas y con una organización judicial y policial muy eficiente, puede ocurrir que por cada tres homicidios cometidos solo se sancione uno y, en el mejor de los casos se castiga uno por cada 1,8 de los que realmente han ocurrido. La cifra es todavía peor respecto de la violación, donde alcanza el nivel de ocho es a uno[36] y crece considerablemente tratándose de delitos contra la propiedad, especialmente cuando no son violentos. Para el aborto, según MAIHOFER, se lo calculaba en Alemania a mediados de los años sesenta del siglo pasado entre 166 a 500 es a uno.[37]

Incluso suponiendo márgenes de error apreciables, estas informaciones sugieren que debe existir una diferencia significativa en la forma en que los delitos cometidos son percibidos y tratados, tanto por la sociedad como por los organismos de poder encargados de reprimirlos. Y, en efecto, las investigaciones relativas a ello corroboran que el alto nivel de impunidad no es atribuible a pura ineficacia de la policía y la judicatura. Existe otra serie de factores que contribuyen a "ocultar" una parte importante de las conductas criminales, sustrayéndolas tempranamente a la posibilidad de que sean sancionadas. Desde luego, los estudios muestran que la policía y los tribunales no se comportan de la misma manera frente a hechos semejantes cuando existen diferencias en las circunstancias concurrentes y, sobre todo, respecto al tipo de personas que intervienen en ellos. Un gran número de hechos punibles se "pierden" ya durante las investigaciones conducentes a su esclarecimiento, sea porque las autoridades no les conceden suficiente atención, sea porque el conflicto se soluciona prescindiendo de las sanciones penales, a menudo con conocimiento y hasta intervención de los órganos policiales y jurisdiccionales. Pero esto sucede así en respuesta a una actitud más generalizada de la sociedad, que efectúa distinciones culturales caprichosas entre los hechos delictivos dignos de ser castigados y los que no lo son.

---

36 En relación con el delito de violación, puede jugar un papel distorsionador la resistencia de algunas víctimas a denunciar el hecho. Pero ese es solo un dato con el que las investigaciones tienen que contar.

37 MAIHOFER, *Legislation and the Administration of Justice between the conflicting claims of State and Society* en *LS*. Volumen 4, pág. 25. MAIHOFFER estima que, por cada 500.000 a 2.000.000 de abortos cometidos, solo se registran de 3.000 a 4.000 convicciones.

En efecto, un número impresionante de conductas criminales ni siquiera llegan a conocimiento de las autoridades, porque no se las denuncia. A veces esto ocurre porque las víctimas están convencidas de que la acción de la justicia será ineficaz y que, además, no prestará atención a sus demandas a causa de la irrelevancia social del denunciante, como sucede con gran parte de los hurtos, robos y otros atentados contra la propiedad, a veces relativamente cuantiosos si se los compara con el patrimonio de la víctima; otras, porque para el afectado es tan doloroso enfrentarse a las vicisitudes de un proceso y al juicio de la opinión pública que prefiere guardar silencio, como ocurre con frecuencia en el caso de atentados sexuales. Muchos delitos de gravedad considerable se sancionan al margen del Derecho penal, por mecanismos de control social alternativos, como los robos, hurtos, lesiones y daños ocurridos al interior de establecimientos educacionales, desfalcos en empresas e instituciones tanto públicas como privadas, lesiones y hasta homicidios perpetrados con ocasión de encuentros deportivos; otros son simplemente ignorados, como se aprecia especialmente en el último tiempo con agresiones abusivas constantes contra condiscípulos (conocidas como *bullying*). En muchas ocasiones, la sociedad simplemente despoja a hechos manifiestamente punibles del desvalor que conllevan, atendiendo a la clase de personas que incurren en ellos. Así, por ejemplo, contrabandos ejecutados por viajeros de situación social media o alta; lesiones graves y daños severos cometidos con ocasión de celebraciones tumultuosas en universidades y colegios (recepción de nuevos estudiantes o despedida de los que egresan); apropiaciones indebidas de libros a veces muy valiosos o de otros objetos similares; distribución de drogas en reuniones sociales privadas; abortos de mujeres de clase media o alta, cometidos por simples razones estéticas o de comodidad, en establecimientos *ad hoc* o valiéndose de viajes a países en que el hecho está despenalizado; ataques lesivos y daños a la propiedad de periodistas perpetrados por personalidades políticas o artísticas y por quienes los acompañan, etc. En todas estas situaciones, la opinión pública se niega a reconocer el carácter delictual del hecho y, si bien a menudo no lo aprueba, lo mira con indulgencia atribuyéndolo a ligerezas comprensibles y hasta simpáticas de los autores. Por tal razón, la intervención de la policía y los tribunales en tales casos será infructuosa y reprobada; lo cual, a su vez, forma en ellas la convicción de que en esas circunstancias es preferible abstenerse de actuar y de que su función debe ser ejercida selectivamente: solo deben ser castigados los que la sociedad designa como "verdaderos delincuentes", y solo son auténticos delitos los cometidos por los estigmatizados

En opinión de la criminología crítica, esta situación no es el producto de circunstancias azarosas. Por el contrario, los grupos sociales que controlan el poder la alientan, empleando la estigmatización penal y, en general, todo el aparato punitivo como un instrumento de dominación. Los esfuerzos encaminados a identificar tipos de delincuentes –en especial, los realizados por la criminología antropológica– tienen por objeto prestigiar la división de la sociedad en "buenos" y "malos", "honestos" y deshonestos", "hombres honrados" y "criminales", con el objeto de legitimar tal estado de cosas y la represión consiguiente. Por eso no es casual que las descripciones de los "delincuentes por tendencia" coincidan siempre con los rasgos predominantes en los estratos más desposeídos de la población: quienes son "marginados" desde el punto de vista social, cultural y económico son así "marginados" también criminológicamente.

El estado de cosas descrito se acentúa con la incorporación al catálogo de delitos de conductas contestatarias de la situación imperante. La punibilidad de actividades de movimientos políticos, de manifestaciones de protesta y disenso, de ciertas huelgas e incluso de la divulgación y promoción de ideas contrarias al orden establecido, constituyen formas de represión destinadas al objetivo señalado. Con esto ya no solo se circunscribe la delincuencia asignándola a un determinado grupo social, sino que se "criminalizan" los comportamientos de los integrantes del grupo que intenta romper el cerco en el que se los ha encerrado.

La concepción así presentada tiene un sesgo ideológico y político marcado, que sus autores no ocultan sino, por el contrario, enfatizan expresamente. La lucha contra el delito ya no es un combate contra la delincuencia, sino contra la organización social institucionalizada que "crea" el delincuente mediante el "estigma". En sus formas extremas, este criterio propugna la abolición de todo sistema jurídico represivo, es decir, del Derecho penal.[38] Todos abogan por una descriminalización profunda y una modificación del sentido de la protección punitiva del Estado, destinada a garantizar a las mayorías contra los abusos de las minorías hegemónicas.

La criminología crítica ejerció gran influencia en las últimas décadas del siglo pasado y ha sido prestigiosa entre los especialistas latinoamericanos. Nadie puede ignorar la importancia de sus hallazgos, verificados mediante una observación penetrante de la realidad social. Sin embargo, muchos de sus puntos de vista son objetables y en su desarrollo existen vacíos que afectan la fiabilidad y practicabilidad de sus conclusiones.

Si bien el análisis de la realidad que ejecutan estos criminólogos permite profundizar la descripción de la discriminación con que se asigna la responsabilidad

38 HULSMAN, *passim*.

penal, no ahonda de manera convincente en los factores que la determinan. Todos sabemos desde hace mucho que la población de los establecimientos penales está constituida en su mayoría por integrantes de los estratos desposeídos de la sociedad y que esta distribución es arbitraria, pues existe un porcentaje importante de hechos punibles cometidos por individuos pertenecientes a otros niveles socioeconómicos.[39] La criminología crítica ofreció una explicación política vigorosa de la forma en que esto ocurre, pero no aclaró en cambio por qué, a pesar de todo, la gran mayoría de quienes viven en condiciones miserables nunca llegan a la cárcel, no son estigmatizados y, al parecer, tampoco son perseguidos aun cuando, con seguridad, también cometen delitos. Asimismo, permanecen en la penumbra otra serie de situaciones en las cuales el Derecho punitivo se dirige enérgicamente contra sujetos que, de acuerdo con los presupuestos de los criminólogos críticos, debieran estar a salvo de su persecución, como sucede cuando, aún en sociedades organizadas de manera más conservadora, se acentúa el combate contra la delincuencia económica, la corrupción administrativa de alto nivel, el crimen organizado, los atentados contra el medio ambiente, etc. Para estos problemas, esa concepción solo tiene respuestas ideológicas, a veces seductoras, pero siempre amenazantes de la organización democrática del Estado de Derecho y, consiguientemente, para los derechos fundamentales de la ciudadanía.[40] Esta última tendencia es evidente en las proyecciones que ha tenido la criminología crítica en algunos sectores de la ciencia jurídica, expresadas en las proposiciones de un *Derecho penal alternativo.* Aparte del consenso en torno a la necesidad de desincriminar un buen número de conductas e incriminar otras que actualmente no lo están –cosa en la cual están también de acuerdo la mayoría de los penalistas ajenos a tales tendencias doctrinarias–, no están claros ni el contenido de ese ordenamiento alternativo ni los recursos de que se serviría para cumplir con eficacia la función de garantizar al ciudadano sus derechos básicos. La idea de sustraer facultades a los tribunales del crimen y a los órganos de ejecución de la pena, transfiriéndolas a entidades administrativas o policiales "de nuevo cuño", es más inquietante que alentadora. Como ya expresé en otra parte,[41] la abolición

39 Esto era ya acentuado por SUTHERLAND en 1940, por cuyo motivo su obra solo pudo ser publicada en esa época cuando el autor la expurgó de algunas de sus partes más conflictivas, y solo vio la luz en versión completa en 1983.

40 En este sentido TIEDEMANN, *Estado actual y tendencias de la ciencia jurídico–penal y de la criminología en la República Federal Alemana,* en *Derecho penal y criminología,* volumen IV, N°s 13 y 14, Bogotá, 1981, 1, 3, pág. 96.

41 Supra, § 1, III, b) al final.

de las penas para sustituirlas por medidas preventivas confiadas a organizaciones que en la mayor parte de las sociedades contemporáneas son incontrolables, constituye una utopía temible.

Paradojalmente, los mismos grupos minoritarios a los que originalmente la criminología crítica representó ideológicamente han sido los que en el presente han adoptado posiciones que contrastan con las suyas y abogan por un incremento de las reacciones punitivas. Las asociaciones de feministas, de homosexuales y otros sectores marginados demandan sanciones para los comportamientos discriminatorios, el acoso sexual y demás conductas que los perturban, abusan de su carácter marginal o les cierran el camino hacia oportunidades reservadas para las mayorías dominantes. Con esto, la crisis de la criminología de la designación se ha agudizado y ella actualmente dejó de ocupar la posición central de la disciplina en la que había llegado a establecerse hacia fines del siglo pasado.

b) Síntesis crítica

Como puede deducirse de la exposición anterior, en aproximadamente un siglo y medio de existencia la criminología ha experimentado un desarrollo vigoroso, iluminando los aspectos, poco explorados hasta su aparición, de los orígenes del delito y su prevención. Pero esta evolución no está exenta de errores, contradicciones y polémicas, como ocurre, por lo demás, en todos los aspectos del saber humano.

En los últimos decenios, sin embargo, la discusión se ha vuelto tan ardua que provoca desconcierto. No solo se debate sobre los resultados, sino sobre el objeto del estudio su método y su finalidad. Esto origina una situación confusa que urge superar. Pues si bien todos reconocemos que la criminología es una rama autónoma de la ciencia y no una mera ciencia auxiliar del Derecho penal,[42] sus aportes son difíciles de valorar y, por lo mismo, de aprovechar. Como lo destaca con insistencia TIEDEMANN,[43] parece indispensable que las diferentes orientaciones consigan encontrar "un *minimun* de conocimientos compartidos y con ello también un *minimun* de recíproco respeto y reconocimiento personal". Es posible, por ejemplo, que la "criminología crítica" renuncie a su afán de encontrar para la criminalidad una explicación teórica radical, con tendencia totalizadora, buscando

42 TIEDEMANN, *Estado actual y tendencias de la ciencia jurídico–penal, y de la criminología en la República Federal Alemana, cit.*, antes de I, pág. 92.

43 Ídem, III, pág. 107 y IV, pág. 108.

luces nuevas en el hallazgo de las investigaciones empíricas conducidas por la "criminología de los factores" que les permitan obtener mayor practicabilidad política para sus concepciones en el seno de una organización democrática del Estado de Derecho. A su vez, es conveniente que los puntos de vista tradicionales reconsideren con desapasionamiento los supuestos y conclusiones válidos de la "criminología de la designación", con el objeto de reorientar sus propios estudios según una percepción más amplia de la realidad y del cambio social. Con seguridad los esfuerzos en este sentido ya se han iniciado, y probablemente sus consecuencias se harán más perceptibles en un futuro cercano. Para la *ciencia del Derecho penal* ello es tanto más deseable cuanto más estrecha es su interrelación con la información que le proporciona la *criminología* y que nutre las propuestas de la *política criminal.*

III. LA CIENCIA DEL DERECHO PENAL

Como la entendemos actualmente, la *ciencia del Derecho penal tiene por objeto el estudio y complemento sistemático de las normas penales.* Lo característico de esta formulación es la idea de que las normas conforman un sistema, es decir, un conjunto de mandatos y prohibiciones dispuestos armónicamente, al interior del cual los casos particulares se resuelven según principios generales. Con esto se pretende garantizar la uniformidad de las decisiones, asegurando que situaciones equivalentes serán tratadas de manera semejante,[44] y proporcionando un ámbito común en el cual se comprenden y apoyan recíprocamente las distintas actividades destinadas a combatir el delito.[45]

De acuerdo con el criterio predominante, esto es lo que ha distinguido a la ciencia del Derecho penal desde fines del siglo XVIII, diferenciándola de las simples exégesis de la ley efectuadas para la resolución de casos concretos por los juristas del período anterior,

44 LISZT, I, § 1, I, pág. 6: "Como ciencia eminentemente *práctica* que trabaja continuamente para satisfacer las necesidades de la administración de justicia, creando siempre nuevos frutos, la ciencia del Derecho es y debe ser una ciencia propiamente *sistemática;* pues solamente la ordenación de los conocimientos, en forma de sistema, garantiza aquel dominio seguro y diligente sobre todas las particularidades, sin el cual la aplicación del Derecho, entregado al arbitrio o al azar, no pasaría de ser un eterno *diletantismo.* (Énfasis en el original); SCHMIDTHÄUSER, I, § 3, pág. 4.

45 JESCHECK, § 6, 1, pág. 36.

a los que se denomina "prácticos". Sin embargo, no es seguro que las cosas ocurrieran de ese modo pues quizás los "prácticos" también se remitan a sistemas, aunque estos permanecieran implícitos y estuvieran compuestos sobre principios diferentes de los aceptados por la cultura o la ciencia jurídica contemporánea.[46]

Tanto la naturaleza del objeto, como el método de la ciencia del Derecho penal, han sido objeto de un debate en el que se cuestiona incluso su carácter de disciplina científica.[47] Actualmente, sin embargo, la polémica tiende a superarse.

A) Dogmática tradicional

La idea de elaborar el Derecho penal como sistema coincide con la aspiración a un tratamiento igualitario de todas las personas por la ley. Se encontraba, pues, implícito en los postulados del Derecho natural racionalista que formularon los grandes teóricos de los siglos XVI y XVII y que encuentran su expresión más alta en el siglo XVIII, con los pensadores de la Ilustración, incluyendo entre ellos a DARIES, PUFENDORF y KANT.[48] Pero cuando se la desarrolla expresamente, a lo largo del siglo XIX, esos puntos de vista ya se encuentran en declinación y, por un proceso de transformación histórica inmanente,[49] van cediendo su lugar a concepciones positivistas. Ello conducirá, de este modo, a una formalización de la idea primitiva.

Pero lo que permanecerá y trascenderá de esos esfuerzos tempranos será el reconocimiento, vigente hasta el presente, de que las leyes positivas no contienen una regulación capaz de abarcar todas las alternativas de una realidad multifacética y cambiante, a causa de lo cual *la ciencia jurídica debe ir desenvolviendo*

---

46 Por ejemplo, a una "dogmática penal" enteramente supralegal y receptada, como el Derecho romano, o elaborada a nivel filosófico y teológico, como en el caso del iusnaturalismo escolástico.

47 Una exposición sintética de esta discusión, ilustrada con ejemplos relativos a instituciones clave del sistema punitivo, en JOSÉ HURTADO POZO, *El principio de legalidad, la relación de causalidad y la culpabilidad: reflexiones sobre la dogmática penal* en *Nuevo foro penal*, N° 39, Bogotá, 1988, págs. 11 y sigts.

48 Véase al respecto HRUSCHKA, *La imputación ordinaria y extraordinaria en PUFENDORF. Sobre la historia y el significado de la diferencia entre* actio libera in se *y* actio libera in sua causa, *op. cit.* págs. 55 y sigts., y *Causas de justificación y causas de exculpación: la tabla de Carnéades en la doctrina de GENTZ y KANT., op. cit.*, págs. 89 y sigts.

49 Este proceso se describe con claridad por EBERHARD SCHMIDT, *La ley y los jueces. Los valores del positivismo*, traducción de José María Rodríguez Paniagua, en *Derecho injusto y Derecho nulo, cit.*, I, pág. 25 y sigts.

las instituciones, a partir de los principios fundamentales encontrados en la ley, a fin de construir un sistema coherente y exhaustivo. Esa constatación se reflejará en lo sucesivo en el desarrollo de todos los distintos sistemas e imprimirá su sello a la ciencia del Derecho penal.

aa) Dogmática clásica

Para los iusnaturalistas, los principios sobre los cuales se erige un sistema de Derecho justo proceden de la naturaleza del hombre y se los conoce mediante actos de razón. Por consiguiente, esos principios se sitúan por sobre las leyes positivas y se plasman en derechos fundamentales (*derechos subjetivos*) que estas no pueden desconocer. Un ordenamiento jurídico positivo que ignora o quebranta esos derechos es injusto y debe impugnarse su vigencia. La Revolución francesa y la de las colonias americanas de España y Gran Bretaña constituyen, precisamente, actos de rebelión justificada contra sistemas que vulneraban tales derechos de los ciudadanos.

El sistema de Derecho penal que se elabora sobre estas premisas se denomina *dogmático*, porque se lo deduce, como a los conocimientos matemáticos, de los "axiomas" constituidos por los primeros principios racionales que constituyen sus "dogmas". La dogmática clásica, en consecuencia, no está construida sobre la ley positiva, sino que se sitúa por encima de ella y se le impone. "La ciencia del Derecho criminal queda reconocida como un orden de razón que emana de la ley moral jurídica, *preexistente* a todas las leyes *humanas* y que obliga a los mismos legisladores".[50] De este modo se dispone de "un criterio perenne para distinguir los códigos penales de la tiranía de los códigos penales de la justicia".[51] No estamos, pues, frente al resultado de la interpretación del Derecho vigente, sino a un instrumento para su crítica.

Aunque ahora se insiste en que este modo de pensar se fundó en abstracciones lógicas improbables, poseía una latencia política y social formidable, como lo demostró su eficacia para transformar las instituciones que regían en la época anterior. Esa energía se expresa, además, en la diversidad de orientaciones que adopta la doctrina, cuyos sostenedores extraen de ella consecuencias prácticas diferentes y antagonizan entre sí, a veces

50 CARRARA, I, Prefacio, pág. 5. (Los énfasis son míos) Un punto de vista semejante se encuentra en FEUERBACH, Libro primero, §§ 8 y sigts., págs. 58 y sigts.

51 Ídem.

con virulencia. Por el contrario, lo que ocurrió después redujo esa vitalidad histórica a poca cosa. Especialmente en Italia se produjo un debilitamiento de la doctrina del que no se recuperaría hasta la segunda mitad del siglo XX.

bb) Positivismo defensista y dogmática positivista

La situación cambió cuando el sistema imaginado por los iusnaturalistas –o, en todo caso, uno de ellos– se positivizó. En efecto, los textos constitucionales y las grandes codificaciones del siglo XIX se inspiraron en la concepción racionalista y, como esta conllevaba una pretensión de intemporalidad, los autores de esos ordenamientos nuevos y sus seguidores imaginaron que habían transformado en leyes escritas las prescripciones de un Derecho perfecto y eterno. Esto, por supuesto, provocó oposición en quienes no compartían ese punto de vista, pero a causa de la situación política imperante y de las otras circunstancias concurrentes, los disidentes quedaron marginados de la discusión y se los relegó a una posición "rupturista".

Entretanto, los juristas miraban con admiración, pero también con inquietud, el progreso de las ciencias naturales. En efecto, enjuiciado desde ellas, su objeto de conocimiento se percibía con desdén, porque el carácter natural de los derechos y obligaciones y, en consecuencia, la exactitud de los mandatos y prohibiciones contenidos en las normas no es susceptible de verificación experimental ni puede ser objeto de certeza racional, como los de las proposiciones matemáticas o físicas. Los sistemas clásicos, por lo tanto, no eran sino elaboraciones metafísicas sin sustento científico. Con el derrumbe de la filosofía idealista y el advenimiento del positivismo naturalista, la crisis de la ciencia jurídica quedó en evidencia. Para ponerla a salvo se intentaron caminos diferentes que, en un esquema simplificado pueden reducirse a dos:

1. Por una parte, se concibió al Derecho punitivo no como un orden que trata de asegurar el bien de la comunidad, sino como un instrumento destinado a combatir conductas desviadas, para defender de ellas a la sociedad. Desde esta perspectiva, el objeto de la ciencia penal no es la norma sino el "hombre delincuente" o, más ampliamente, el "individuo desviado". Como este es susceptible de comprobación empírica, el método de conocimiento inductivo sustituye al racionalismo deductivo.
   Para esta tendencia, la formulación de un sistema de normas penales carece de sentido. En el enjuiciamiento de las leyes positivas, los criterios sobre su eficacia para defender de los delincuentes a la sociedad reemplazan a las valoraciones ético políticas. El Derecho penal se transforma, pues, en un

capítulo más de una ciencia nueva, la criminología,[52] destinada a investigar las causas del delito y las formas de combatirlo, de entre las cuales la reacción punitiva es solo una, por cierto, muy discutida. Más adelante[53] se volverá sobre este punto de vista, cuyas posibles implicancias ideológicas permanecieron ocultas tras una apariencia de objetividad científica.

2. El otro camino consistió en poner como objeto de conocimiento de la ciencia penal a la ley positiva como tal, es decir, prescindiendo de juicios críticos sobre los valores encarnados en ella. De acuerdo con este criterio, lo importante es que la norma "exista" objetivamente, esto es, que posea *fuerza obligatoria* derivada de que se ha formado según las reglas jurídicas (constitucionales) pertinentes y de que está vigente. Las apreciaciones sobre adecuación de los mandatos y prohibiciones a principios de justicia, éticos o utilitarios no pertenecen al campo de la disciplina jurídica. Se niega, por lo tanto, cualquier clase de "Derecho natural" que pretenda regir supralegalmente. La crítica de la ley positiva de acuerdo con convicciones axiológicas más o menos generalizadas es, por supuesto, aceptada, pero solo como la expresión de convicciones subjetivas y de aspiraciones reformistas que no pueden prevalecer sobre el Derecho en vigor. El ideal de *seguridad jurídica* se antepone al de *justicia*: únicamente la ley positiva dice lo que jurídicamente debe ser.[54]

Concebido en estos términos, el sistema de la ciencia del Derecho penal se presenta también como una *dogmática* porque se los deduce de "dogmas". Pero esos dogmas ya no son axiomas obtenidos por la razón que escudriña la naturaleza del hombre, sino que se identifican con los preceptos de la ley positiva.

---

52 Ese sistema se percibe claramente en la organización de la obra de GAROFALO, *La Criminología*, *cit.*, *passim*.

53 Infra, § 6, III.

54 En la filosofía del Derecho este punto de vista alcanza su expresión extrema con KELSEN y la "escuela de Viena". Al respecto, KELSEN, *Teoría Pura del Derecho,* traducción de Moisés Nilse, Editorial Universitaria de Buenos Aires (Eudeba), Buenos Aires, *passim*. Para una información relativamente reciente, véase la *Revista de Ciencias Sociales,* publicación oficial de la Facultad de Ciencias Jurídicas, Económicas y Sociales de la entonces Universidad de Chile de Valparaíso, Valparaíso, diciembre de 1974, que reúne varios trabajos inéditos de KELSEN y numerosos artículos de otros autores destinados a comentar su obra. Una excelente exposición sobre el positivismo jurídico en general, en AGUSTÍN SQUELLA, *Positivismo jurídico y democracia,* Instituto de Chile, Academia Chilena de Ciencias Sociales, Santiago, 1989, Para lo expresado en el texto, es especialmente ilustrativa la Lección Primera, págs. 13 y sigts.

Es evidente que de esta manera el objeto de la disciplina jurídico penal alcanzó una fijeza de la que no disponía el objeto de la dogmática clásica, pues la vigencia actual de una ley puede determinarse con más certidumbre que la exactitud racional de los principios de justicia. Asimismo, esta solución parece obtener para las ciencias del Derecho una neutralidad semejante a aquella de que se enorgullecían las disciplinas experimentales, desde que se coloca al margen de todo juicio sobre la bondad de los mandatos legales. Finalmente, la concepción es congruente con el proceso de positivización a que se aludió más arriba[55] y permite a los juristas distanciarse de las contingencias de las luchas políticas, filosóficas e ideológicas.

Sin embargo, estas ventajas acarrean también inconvenientes, que en las formas más exageradas de la orientación positivista conducen a resultados inaceptables.[56]

En primer lugar, para asegurar la precisión de su objeto, el positivismo jurídico tiene que vaciarlo de contenido de valor. La vigencia de la ley –que es el equivalente de su existencia (de su "ser")– solo depende para él de los requisitos formales y, cuando estos no pueden explicarse por sí mismos, depende entonces de la fuerza, a la que se designa eufemísticamente como "acto de voluntad". El valor intrínseco de lo que las normas jurídicas positivas mandan o prohíben está fuera de discusión.[57]

Este punto de vista despojaba a la dogmática penal de funciones críticas, puesto que desvincula la elaboración del sistema del enjuiciamiento de la normativa vigente. En esto radica su "objetividad" científica, pero también su debilidad. Conceptualmente es posible separar la tarea de sistematizar el Derecho positivo de la de evaluarlo críticamente, y los positivistas más destacados no renuncian a realizar esta última, pero afirman que ella no pertenece a la actividad jurídica, no afecta a la validez de la ley formal ni influye en la determinación de su sentido y sus efectos. En la práctica, sin embargo, la división es ilusoria, porque la naturaleza misma del Derecho, con sus connotaciones culturales y axiológicas, torna

55 Supra antes de 1).

56 Sobre ello, en general, SCHÜNEMANN, *Introducción al razonamiento sistemático en Derecho penal*, *cit.*, III, l, págs. 43 y sigts.

57 KELSEN, *Acerca de la norma básica*, en *Revista de Ciencias Sociales*, *cit.* pág. 423: Ninguna norma perteneciente a un orden jurídico positivo, y que ha sido creada en conformidad a la constitución, puede ser considerada como derecho inválido, porque su cometido no está de acuerdo con una norma que no pertenezca a ese mismo orden. La norma básica de la Teoría Pura del Derecho es la razón de validez de un derecho tanto democrático como autocrático, de un derecho capitalista como socialista, de cualquier derecho positivo, ya sea que se lo considere justo o injusto".

imposible cualquier sistematización exenta de coloración valorativa. A causa de ello, para los positivistas más superficiales, la pretendida "neutralidad" del análisis implica adherirse inadvertida y acríticamente a la concepción sobre lo justo y lo injusto que había cristalizado en las legislaciones decimonónicas, convirtiendo a la ciencia del Derecho –en particular, a la del Derecho penal– en un aliado del *statu quo*. Como no cuestionan a la ley imperante, tienden también a preservarla de ataques y la aplican con indiferencia por los resultados a que conduce.

Por tales razones es curioso que se presente al "tecnicismo jurídico"[58] y a la dogmática positivista como los sucesores del "clasicismo" que había imperado a fines del siglo XVIII y en la primera mitad del XIX.[59] Esto ha ocurrido porque los dogmáticos positivistas ponen el acento en las normas y no en los hechos, las agrupan estructuralmente dando origen a instituciones fundamentales que, a su vez, se reúnen en la unidad de un sistema, y emplean para hacerlo el método deductivo que es característico de los clásicos. Todo esto parece asemejarlos con ellos y, en cambio, distanciarlos del "positivismo defensista" a la manera del italiano, ocupado en caracterizar y clasificar a los delincuentes y en explicar las causas de su conducta desviada. Pero en lo esencial existe un abismo insalvable entre las concepciones clásicas, que aspiran sobre todo a constituir un sistema supralegal de garantías para el ciudadano, fundado en la razón, con el objeto de protegerlo contra abusos tanto del positivismo como de legisladores complacientes y arbitrarios, y una dogmática que cae en el exceso de renunciar a la función crítica, limitándose a reverenciar la ley en vigor y a elaborar con ella un entramado exento de lagunas, sin preguntar por su justicia ni por la consistencia de sus consecuencias éticas y sociales.

El defensismo y la dogmática positivista antagonizaron por supuesto, a causa de que las perspectivas en que se situaban eran distintas. A la larga, sin embargo, se hicieron concesiones recíprocas.[60] La dogmática entendió que convenía patrocinar una ciencia experimental con pretensiones de "objetividad" semejantes a las suyas, que estudiara a la delincuencia como fenómeno fáctico. A su vez, la criminología tradicional convino en que no podía prescindirse de una normatividad que organizara la lucha contra el

58 Infra, § 6, III.

59 Otra opinión en FERNANDO MEZA M., "*El positivismo jurídico en el pensamiento de Francisco Carrara,* en *Francisco Carrara. Homenaje en el centenario de su muerte,* Temis, Bogotá, 1988, págs. 299 y sigts. Este autor cree que, en definitiva, CARRARA deriva hacia el positivismo, con el objeto de establecer sobre una base más segura las ganitas ciudadanas.

60 En el mismo sentido, desde un punto de vista algo diferente, EMILIO GARCÍA MÉNDEZ, ¿Criminología o Derecho penal en América Latina?, en *Derecho penal y criminología,* volumen 2, N° 7, Bogotá, 1979, págs. 33 y 34.

delito, y que tampoco le era posible incorporársela. Así, ambas tendencias llegaron a un compromiso sobre el punto de partida común de la pretendida "objetividad". La dogmática positivista favoreció una recepción limitada de los puntos de vista naturalistas en las legislaciones positivas, aceptando la creación de medidas de seguridad y corrección destinadas a remover los factores criminógenos y echando las bases de un sistema dualista para explicar su aparición. El defensismo, entretanto, se planteó como instancia de crítica empírica a la normativa en vigor, promoviendo reformas avaladas por resultados experimentales. Y, aunque nunca dejaron de mirarse con desconfianza, se resignaron a colaborar para perseguir objetivos comunes.

En contraste con lo que sugieren algunas exposiciones actuales de este proceso –en cuyas postrimerías nos formamos, por lo demás, la mayoría de los de mi generación– creo que sus protagonistas actuaron casi siempre con rectitud. Simplemente obedecían al espíritu y a las circunstancias de la época. Algunas de las cosas que afirman resultan sorprendentes o absurdas,[61] sobre todo si se las descontextualiza; pero en su tiempo fueron recibidas sin escándalo e, incluso, conquistaron amplia adhesión. Lo cierto es, sin embargo, que estas concepciones configuraron una plataforma de legitimación para las pretensiones de grupos dominantes, porque con ella estaban dispuestos a confirmar la validez de cualquier sistema de organización de la sociedad que se presentara amparado por la forma de unas leyes positivas, o porque pretendían encontrarse en condiciones de confirmar científicamente las anomalías de quienes infringían el ordenamiento establecido. Y esa situación desgraciada se evidenció sobre todo a mediados del siglo XX, cuando grupos totalitarios se apoderaron de varios gobiernos europeos y encontraron fácilmente fundamentaciones jurídicas "científicas" para justificar cualquier violación de derechos humanos, sin necesidad de alterar en forma ostentosa las convicciones teóricas en boga. Así, por ejemplo, el nacionalsocialismo dispuso en Alemania de una corriente científica estructurada –la escuela de Kiel– de la que formaron parte grandes juristas, la cual elaboró un Derecho penal de autor sobre la base de criterios defensistas, y lo impuso fácilmente mediante reformas legales que solo objetó una minoría. En Italia, a su vez, el fascismo obtuvo la adhesión y el apoyo teórico de ENRIQUE FERRI, uno de los defensistas (positivistas) más distinguidos y contó siempre con los de ARTURO ROCCO, a quien se considera el fundador del tecnicismo jurídico en ese país. En la Unión Soviética, por fin, se

61 En una exposición oral que, por desgracia, no he encontrado reproducida en sus escritos, EUGENIO RAÚL ZAFFARONI, destinó un apartado a recoger algunas de esas afirmaciones sin sentido, muchas de las cuales proceden de plumas ilustres. En todo caso, para formarse una idea sobre ellas, basta consultar las curiosas sugerencias de GAROFALO sobre el abandono en lugares desiertos de delincuentes con peligrosidad reducida en *La criminología, cit.*, 349 y 350: "¡una especie de deportación a la SELKIRK!".

desarrolló una concepción jurídica marxista, que en la práctica no se diferencia gran cosa del defensismo ortodoxo, con el cual coincidieron también las leyes de 1919 y el Código Penal Soviético de 1922. Ciertamente, ninguno de esos cuerpos doctrinarios y legislativos puede conciliarse con los sistemas de autores clásicos como ROSSI, FEUERBACH, MARAT, CARMIGNANI o CARRARA, quienes los habrían criticado duramente.

Es preciso reconocer, no obstante, que estas manifestaciones deformadas de un positivismo instrumentalizado no son la expresión más auténtica de tal concepción y tampoco la única. Ni KELSEN ni ROSS las aprobaron, e incluso las combatieron enérgicamente. Más tarde, BOBBIO y HART también las rechazan. Para todos ellos, esas legislaciones represivas eran Derecho, pero no por eso constituían Derecho justo. Además, si bien es cierto que el positivismo jurídico está expuesto a incurrir en una cierta "idolatría" de la ley, sin percibir ni denunciar sus aberraciones, el iusnaturalismo corre a su vez el riesgo de avalar situaciones semejantes en un afán intolerante por imponer las propias convicciones a los disidentes. Esto último fue el origen del sistema totalitario que se entronizó en España a principios de la década de 1930, prolongándose por cuarenta años. En Chile, asimismo, la legislación autoritaria de los años setenta y ochenta se fundó con frecuencia en concepciones extraídas del iusnaturalismo escolástico, interpretadas con arreglo a puntos de vista arbitrarios y unilaterales. Por eso, los argumentos basados en la instrumentalización política contingente de una concepción teórica, si bien constituyen un motivo para desarrollar críticas constructivas y elaborar correctivos, no justifican su descalificación en conjunto.

El positivismo, en todo caso, tampoco proporcionó la certeza absoluta que de él se esperaba. Como el sentido de las leyes jamás es inequívoco[62] porque el lenguaje con el que se lo formula es ambiguo, los sistemas que se construyeron en base a ellas difieren unos de otros en forma radical, porque interpretan los mismos textos de manera distinta. Además, el legislador nunca ha sido capaz de elaborar una regulación agotadora de la totalidad de las instituciones que rigen en el ámbito penal. En el fondo, los dogmáticos positivistas no extraen, pues, de la ley positiva los criterios empleados para escoger uno de los sistemas posibles de erigir sobre ella, sino que acuden a valoraciones dependientes de sus convicciones ideológicas.[63] A causa de esto, la dogmática formalizada y expuesta más que nunca a los avatares de la contingencia histórica cayó temporalmente en el descrédito. A eso contribuye, además, la percepción de que los tribunales solo se sirven de

---

62 Infra, § 8, II, b).

63 HURTADO POZO, *op. cit.*, págs. 37 y sigts.

ella para dar una apariencia de seguridad científica a soluciones que en la práctica son dictadas por motivos poco objetivos y, en ocasiones, nada defendibles. De esta manera, la concepción positivista tradicional no solo fue incapaz de asegurar la unidad del conocimiento jurídico, sino que originó polémicas interminables y artificiosas sobre problemas triviales y provocó un divorcio entre lo que se dice que es el Derecho y lo que en realidad se hace con él.

B) Evolución de la ciencia del Derecho penal. La dogmática contemporánea

La situación descrita alcanzó un estado crítico hacia la mitad del siglo XX. Ya entonces, sin embargo, se había producido una reacción alentada por los juristas neokantianos de la Escuela Sudoccidental Alemana, de entre los cuales EDMUNDO MEZGER ejerció gran influencia sobre los penalistas latinoamericanos debido a que fue tempranamente traducido al castellano. Los partidarios de esa concepción arrancan de una distinción radical entre *ser* (*sein*) y *deber ser* (*sollen*) y reconocen, en consecuencia, que el ordenamiento jurídico pertenece al último y tiene una naturaleza eminentemente axiológica.[64] Esto implica aceptar que el sistema del Derecho penal tiene que elaborarse teniendo en cuenta los fines de valor perseguidos por las normas, los cuales no se expresan por las leyes positivas, pero pueden deducirse de ellas. Con ello se renuncia, por una parte, al carácter cerrado, carente de lagunas, atribuido por el positivismo al Derecho vigente y, por la otra, a la pretensión de encontrar para la disciplina jurídica un objeto de conocimiento semejante al de las ciencias naturales. Pero en ese momento no se va más lejos, porque todavía se supone que las valoraciones del Derecho tienen que obtenerse exclusivamente del contexto del ordenamiento jurídico positivo, con lo cual se defiende un afán de certeza explicable, fundada en consideraciones de seguridad para los ciudadanos.[65]

Después de la Segunda Guerra Mundial se produjo simultáneamente el desarrollo de varios puntos vista que, en un principio, permanecieron independientes

64 Hay que destacar, sin embargo, que esta distinción constituye también el punto de partida de la teoría pura del Derecho que, como se ha visto en el apartado anterior, desarrolla sus consecuencias de manera diferente.

65 En la ciencia penal sudamericana esa posición es defendida hasta el presente, adecuándola a las exigencias impuestas por la realidad social actual y de nuestro continente por FERNÁNDEZ CARRASQUILLLA, ¿Es la justicia extraña a la lógica del Derecho penal? En *Foro Penal* Nº 32, Bogotá, 1986, págs. 209 y sigts. y *Cómo es posible una dogmática axiológica*, en *Francisco Carrara. Homenaje en el centenario de su muerte,* Temis, Bogotá, págs. 149 y sigts. Hasta cierto punto corresponde en Chile al pensamiento de ETCHEBERRY, *passim*.

entre sí. Por una parte, se desenvolvieron las exposiciones criminológicas que se han descrito anteriormente[66] así como la revalorización algo posterior de la política criminal[67]; por la otra, la dogmática penal experimentó una evolución en la que se acentuaron los aspectos sistemáticos, introduciendo en su formulación criterios enraizados en la tradición iusnaturalista y enfatizando la función retributiva de la pena. Esta última orientación, representada especialmente por la teoría finalista de la acción que lideró HANS WELZEL, no consiguió imponer su fundamentación filosófica, pero una parte importante de sus consecuencias sistemáticas fue acogida en el Derecho comparado más influyente e, incluso, ha condicionado con frecuencias a las reformas legislativas recientes.[68]

Aunque la polémica desencadenada por este ajuste sistemático fue exagerada y hasta cierto punto desalentadora, porque provocó discusiones interminables sobre cuestiones cuyas consecuencias prácticas son insignificantes, tuvo la virtud de provocar una reacción saludable. Por un breve período esta se expresó en una actitud de rechazo a la dogmática que pareció haber perdido toda importancia, y en que ocuparon el primer plano soluciones "sociologizantes", para muchas de las cuales el Derecho penal no merece siquiera "ser tomado en serio". Las distintas vertientes de la criminología de la designación (teoría de la estigmatización, criminología crítica, abolicionismo, etc.),[69] contribuyeron en forma especial a la fundamentación de estos puntos de vista. Pero pronto se ha caído en la cuenta de que tales criterios implican riesgos insoportables para la seguridad jurídica y las garantías de los ciudadanos. Por eso, en los últimos años se ha reivindicado la función de la dogmática,[70] si bien valorizando la necesidad de elaborarla en una interrelación cada vez más estrecha con las otras ciencias que participan en la lucha contra el delito, y poniendo de nuevo en primer lugar los criterios teleológicos que caracterizaron a la dogmática neokantiana de principios del siglo pasado.

El punto de partida es, otra vez, la ley positiva, cuya objetividad determina el marco relativamente firme respecto a lo mandado o prohibido, proporcionando al ciudadano un margen de seguridad insustituible. En la precisión de los límites,

66 Supra, II, a), especialmente 2 y sigts.

67 Supra, I, c).

68 Sobre todo esto, así como respecto a la situación en la dogmática nacional, infra, § 14, VI.

69 Supra, II, a) 4).

70 Véase, en especial, GIMBERNAT, ¿Tiene futuro la dogmática penal?, *cit. passim*; HRUSCHKA, ¿Puede y debería ser sistemática la dogmática jurídico–penal en *Imputación y Derecho penal?*, *cit*,, págs. 251 y sigts.; SCHÜNEMANN, *Introducción al razonamiento sistemático en Derecho penal, cit.*, *passim.*

sin embargo, se tiene en cuenta, en primer lugar, que inevitablemente la doctrina y la jurisprudencia tienen que cerrar lagunas ocupando los espacios que la ley positiva ha dejado sin llenar: "cuando el legislador falla, es obligación del juez ocupar su lugar";[71] asimismo, mediante la interpretación y sistematización de la normativa vigente, se atribuye ahora una importancia decisiva a los fines político-criminales de la pena, apoyados en la multifacética información proporcionada por la criminología y a la adecuación de las soluciones con los valores ético-sociales que cuentan con el consenso ciudadano. Más que la coherencia racional del sistema, que muchas veces conduce a abstracciones inútiles y a discusiones triviales, importa la consistencia práctica de los resultados con las aspiraciones y necesidades de la mayoría de los participantes en la convivencia[72] y su coincidencia con los presupuestos del Estado de Derecho democrático. Por las mismas razones, se procura prescindir, *hasta donde es posible,* de concepciones metafísicas que, no siendo susceptibles de comprobación, tampoco son compartidas por todos los integrantes de la comunidad. En este punto se otorga prevalencia a los valores de la *tolerancia* y la *solidaridad,* cuyo fundamento es la idea de la *dignidad del ser humano* y su preservación.

A pesar de todo, como es obvio, no se puede hacer caso omiso por completo de criterios metafísicos en la formulación de un sistema, lo mismo que no es posible para el legislador prescindir de ellos cuando elabora las normas. Aun si se cree que toda verdad humana es parcial y perfectible, no se puede poner de lado la propia cuando se trata de construir las instituciones básicas del sistema, por una parte, o de resolver las situaciones límite, por la otra, salvo que se esté dispuesto a precipitarse en un relativismo insustancial. Pero esta es una limitación de nuestra naturaleza a la que no podemos sustraernos y con la cual debemos contar también cuando presentamos o defendemos las soluciones que nos parecen preferibles.

La ley en vigor no es solo la base, sino la última frontera de toda formulación sistemática. Aunque sus límites presentan siempre un margen de incertidumbre abierto a la sistematización, el complemento y la interpretación teleológica, existe un marco que no puede ser traspasado. A partir de él, la dogmática tiene que ceder el paso a la crítica de las instituciones jurídicas imperantes, pero no

---

71 MAURACH–ZIPF, I, § 37, número marginal 8, *in fine*, pág. 646.

72 HASSEMER, § 5, I, págs. 34 y sigts., habla a este respecto de "orientación a las consecuencias".

desnaturalizarlas poniendo en peligro también la relativa certeza sobre la que descansa la seguridad de la sociedad organizada.

Para el jurista no existe tarea más difícil e imprescindible que encontrar la línea que demarca, en cada caso, estos territorios. En efecto, si se la traza de una manera superficial y mecánica, atendiendo únicamente a la literalidad de los preceptos aislados, se priva a los criterios teleológicos de su capacidad para vitalizar el sistema y ponerlo al servicio de las exigencias de la sociedad; por la inversa, si se la ignora o se la acomoda antojadizamente a las necesidades prácticas, sometiéndola a convicciones subjetivas, se introduce la incertidumbre y el riesgo consiguiente para la seguridad y libertad personal. No existen criterios absolutos para sortear estos peligros. Solo el estudio constante, la apertura al debate y la autocrítica rigurosa pueden ayudar a superarlos, cuando menos parcialmente.

c) Síntesis

De acuerdo con lo que se ha expresado, *la ciencia del Derecho penal tiene por objeto el desarrollo y estudio sistemático de las normas de Derecho penal.* Su tarea, por lo tanto, no se agota con la mera exégesis de las leyes penales, entendida como la interpretación, artículo por artículo, de las leyes positivas, aunque naturalmente la presupone como una etapa preparatoria indispensable de la labor sistematizadora.

La función de la ciencia del Derecho penal, en efecto, va mucho más lejos. Aspira, en primer lugar, a identificar las instituciones fundamentales del ordenamiento, y precisar la estructura y el sentido que para cada una ha determinado la ley en vigor, mediante un análisis de la totalidad de los preceptos que se relacionan con ella, directa o indirectamente. Pero, aparte de ello, procura encontrar aquellos contenidos que no se encuentran en la legislación positiva, con el objeto de elaborarlos de modo racional y colmar de esa manera las lagunas de las instituciones hasta complementarlas totalmente, teniendo por cierto en consideración especial la vigencia del principio *nulla poena*. En una etapa más avanzada, examina las vinculaciones recíprocas que existen entre el conjunto de las instituciones así concretadas, con el objeto de incorporarlas a un cuadro general de significados coherentes (sistema) en el cual *se realice la idea de Justicia* subyacente a la ley positiva, tal como ella se concreta en la actividad de las autoridades encargadas de imponerla y teniendo en consideración la realidad social y sus exigencias prácticas, los valores que rigen la conciencia de la comunidad que, cuando son dispares, debe conciliarse hasta donde sea posible, y la naturaleza de las cosas.

El bosquejo de este cuadro, amplio y ambicioso, requiere algunas precisiones suplementarias:

aa) La ciencia del Derecho penal es una *dogmática,* en el sentido positivista, porque para ellas las normas de la ley en vigor constituyen un dato cuyo valor puede cuestionar, pero cuya existencia se le impone.

bb) Sin embargo, el sentido de dichas normas no puede desentrañarse directa y sencillamente del texto legal, contra todo lo que se haya creído en la época de las codificaciones. Su aprehensión requiere de una operación cognoscitiva compleja, en la que el "tenor literal" –por lo general, de suyo equívoco– pone apenas unos límites básicos, dentro de los cuales la forma de los contenidos es determinada en definitiva por otros factores.[73] Un sistema de Derecho penal no puede deducirse de unos pocos axiomas a modo de conclusiones lógicas, pues cada nueva disposición, en tanto tiene un contenido objetivo propio, presupone siempre nuevas decisiones materiales, las cuales, ciertamente, no deben contradecir las primeras, pero tampoco pueden ser extraídas de ellas como único resultado posible. Además, a menudo las instituciones no se encuentran estructuradas de manera completa en la ley. Esto es especialmente válido en el ámbito de la Parte General donde, por ejemplo, la nuestra ni siquiera se ocupa de conceptos tan fundamentales como los de "dolo", "imprudencia", "error", "antijuridicidad" etc., por no mencionar sino algunos de los más fundamentales. En estos casos, esas nociones tienen que ser elaboradas completamente por la dogmática, sin otros puntos de apoyo que los muy escasos y rudimentarios que le procura la legislación positiva. Aunque no de manera tan ostentosa, la situación se repite en la Parte Especial, donde también la dogmática debe cumplir una función complementaria muy delicada para no vulnerar las exigencias del principio de legalidad en sus distintas formas.

cc) De entre los factores concurrentes a la tarea sistematizadora, la *Idea de lo Justo,* que fluye del contexto del ordenamiento jurídico, cumple un papel preponderante. Pero, a causa de la función práctica –y por eso teleológica– que compete al Derecho, ella misma está condicionada a su vez, en primer lugar, por la forma en que los organismos encargados de la administración de justicia realizan en concreto esa Idea cuando aplican los mandatos y prohibiciones a los casos particulares, esto es, por lo que constituye el *Derecho vivo*; en segundo, por los requerimientos *político–criminales* que exigen hacerse cargo de la realidad social y orientarla a la obtención de resultados compatibles con la dignidad del hombre y su aspiración de ser tratado igualitariamente; en tercero, por la forma

73 JESCHECK–WEIGEND, I, § 6, I, 2, pág. 46.

que esa Idea adopta en la *conciencia de la comunidad*, con los valores determinados, en cada tiempo, lugar y circunstancias, y sin desentenderse de la necesidad de compatibilización y respeto que se debe a las visiones disidentes; por último –pero no de manera menos significativa– por aquello que hay de permanente y objetivo en toda asociación para la convivencia, sus componentes y el mundo que la circunda, es decir, *por la naturaleza de las cosas,* que reaparece cada vez que se trata de regular relaciones humanas, cualquiera sea el nombre con que se la aluda o el origen que se le atribuya.

dd) Entre la "textualidad" del precepto y los factores a que se alude en el párrafo anterior existe una interrelación constante y dinámica, que o asegura la adecuación de la ley positiva a las exigencias cambiantes de la sociedad o determina su modificación o caducidad. Una tarea primordial de la ciencia del Derecho penal es conseguir que ese proceso se realice, hasta donde sea posible, sin crisis de la convivencia. Pero, además, la formulación del sistema cumple una función práctica inmediata en cuanto a asegurar que situaciones equivalentes sean resueltas de manera equivalente[74] y proporciona un ámbito común dentro del cual pueden comprenderse y apoyarse recíprocamente las distintas actividades destinadas a combatir el delito.[75]

Por todo esto, la tarea científica no debe ser asumida como un juego académico de conceptos ingeniosamente articulados. Sus cometidos son, ante todo, práctico-políticos, pues está llamada a obtener, más allá de la racionalidad de las ideas, la justicia de las decisiones y de los cambios, la normalidad de los procesos que conducen a ellos, el respeto de los derechos humanos y la mantención de las tasas de criminalidad a niveles compatibles con la necesidad de una convivencia razonablemente pacífica. Por supuesto, no puede esperarse que siempre la satisfaga con éxito. Pero el destino de toda actividad científica, después de que se desvanecieron las ilusiones decimonónicas sobre su eficacia indefinida, es extraer de los fracasos el vigor necesario para intentar recorrer nuevos caminos.

D) División de la dogmática penal

Tradicionalmente, la ciencia del Derecho penal se divide en dos partes: *General* y *Especial*. La primera, que encabeza su estudio, se dedica al análisis de aquellas

---

74 LISZT, I, § 6 I, 1, pág. 36.

75 JESCHECK–WEIGEND, § 6, I, 2, pág. 36.

instituciones comunes a todo delito o pena o, por lo menos, a la mayoría de ellos. La Parte Especial, en cambio, está destinada al estudio de cada delito en particular, y de la pena o penas que la ley le asocia.

Aunque para el jurista ambas partes son de importancia equivalente, la verdad es que, hasta ahora, la Parte General ha experimentado más desarrollo. Esta situación no es satisfactoria y conviene trabajar para superarla.[76] Pero se trata de una tarea difícil y compleja que requiere tiempo y esfuerzo. De entre los trabajos que se han hecho entre nosotros, es preciso destacar los de ETCHEBERRY, GARRIDO, MERA (sobre los fraudes por engaño), GRISOLÍA–BUSTOS–POLITOFF, LABATUT y POLITOFF–MATUS–RAMÍREZ, así como las monografías de COUSIÑO, POLITOFF y SOTO PIÑERA, sobre apropiación indebida, GARRIDO sobre los delitos contra el honor y el homicidio, y VIVANCO sobre el robo con homicidio, por no citar sino a los más destacados.

En esta obra, hasta el presente, solo se trata de la *Parte General*.

e) Los estudios de Derecho penal comparado

Los estudios de *Derecho penal comparado* analizan las semejanzas y diferencias entre los ordenamientos punitivos de distintos países, así como las soluciones que para los problemas comunes a ellos proponen los sistemas dogmáticos elaborados sobre los textos legales respectivos.

La finalidad primordial de estos estudios, como la de todos los que realiza la ciencia del Derecho penal, es contribuir a la comprensión y formulación más perfecta del propio sistema. La pregunta que se propone quien efectúa el examen comparado de una institución se refiere a cómo puede ayudarlo el cotejo con las leyes extranjeras a comprender mejor la forma en que la regulan las nacionales, a fin de aplicarlas de manera más justa y eficaz. En cambio, debe postergarse a un segundo lugar la cuestión político-legislativa, esto es, la relativa a si debe abogarse por una reforma del Derecho vigente, a causa de que el estudio comparativo revela la existencia de soluciones superiores a las acogidas en él.

---

76 Sobre la situación en Chile, en sentido crítico, véase mi antiguo trabajo *Reflexiones sobre la evolución del Derecho penal chileno*, en *RCP*., tomo XXIII, N° 2°, 1964, págs. 54 y sigts. Como entonces preví, en los años siguientes se hicieron progresos para superar la situación que describía, acentuando quizás los "tonos oscuros" (GRISOLÍA). Pero, aparte de que se requiere aún más, el proceso experimentó una brusca "desaceleración" durante los años de dictadura que solo en las últimas décadas tiende a revertirse.

Esta última posición, en efecto, debe reservarse para aquellos casos en los que ninguna interpretación o complemento válidos de la ley en vigor permite superar los defectos y vacíos de su texto, pues la estabilidad de las normas también es un valor apreciable cuya importancia, si bien no debe exagerarse hasta tolerar la injusticia o ineficacia, conviene cautelar dentro de márgenes razonables en obsequio a la seguridad jurídica.

Más allá y por encima de estos cometidos, los estudios de Derecho penal comparado deben servir como base para intentar, en lo posible, la unificación de los ordenamientos punitivos. Este es un ideal indiscutible en un mundo como el actual, donde las relaciones entre los pueblos se estrechan cada vez más. Con todo, quizás no llegue nunca a realizarse por completo porque, hasta donde es previsible, siempre subsistirán entre las sociedades diferencias circunstanciales que exigirán para muchas materias soluciones distintas. Sin embargo, en el último tercio se han efectuado esfuerzos para acercarse a él en términos realistas. En tal sentido, el más próximo a nosotros fue el proyecto de Código Penal Tipo para Latinoamérica,[77] debido a una iniciativa de EDUARDO NOVOA MONREAL,[78] y cuyos trabajos, por desgracia, deben considerarse ahora definitivamente interrumpidos.

No está de más recalcar que, tal como se los entiende aquí, los estudios de Derecho penal comparado no constituyen una ciencia autónoma sino uno de los recursos de que se vale la del Derecho punitivo en general para cumplir sus cometidos.

F) Las disciplinas complementarias de la del Derecho penal

Para satisfacer sus objetivos, la ciencia del Derecho penal tiene que referirse a otras que le procuran datos indispensables para la formación de su sistema. En esto no se diferencia de cualquier otra, pues la interrelación de los conocimientos y la comparación de los métodos y objetos es, en el presente, una característica común de toda actividad científica.

Aparte de la *política criminal* y de la *criminología*, cuya estrecha vinculación con él ya se ha destacado, existen otras dos disciplinas que no solo se comportan como auxiliares de la del Derecho penal, sino que la complementan y condicionan. Este

---

77 Véase, al respecto, aparte del C.P.T., GRISOLÍA, *El Código Penal Tipo para Hispanoamérica. Proceso formativo y estudio crítico,* Madrid, 1967.

78 Y no, como a veces se ha dicho, de LUIS JIMÉNEZ DE ASÚA, el cual nada tuvo que ver con la iniciativa, salvo su participación en algunas de las reuniones plenarias.

es el caso de la *historia* y la *filosofía del Derecho penal*.[79] Sin su concurso, resulta imposible la elaboración de una auténtica dogmática.

Por supuesto, aquí el carácter complementario para la dogmática de la historia y la filosofía del Derecho penal se afirma de manera relativa. En rigor estas disciplinas son partes integrantes de las ciencias autónomas respectivas, esto es, la Historia y la Filosofía en general. Solo en relación con la función que cumplen respecto a la del Derecho punitivo se les puede atribuir la de complementos.

aa) La historia del Derecho penal habilita al jurista para desentrañar la carga cultural de que es portador el ordenamiento jurídico vigente. Ella lo ilustra sobre la evolución experimentada por la ley penal en conjunto y por cada institución en particular. Le procura el conocimiento de los acontecimientos políticos, económicos y sociales que determinaron el curso de esos desenvolvimientos, así como el de los sistemas doctrinales que, construidos por una parte sobre él, contribuyeron por la otra a producirlo y orientarlo. De este modo puede percibir, bajo el Derecho de hoy, la trama del de las épocas pasadas sobre la cual se encuentra erigido y que pervive, en una medida difícil de calcular, en la mayoría de sus instituciones. En esta luz las raíces de las normas se hacen patentes y la fisonomía de sus contenidos actuales experimenta una transformación que, en muchos casos, es asombrosa.

Por cierto, el conocimiento amplio de la historia del Derecho penal es difícil de adquirir en una primera etapa e, incluso, su examen global en detalle puede resultar estéril cuando es prematuro. En este momento, en cambio, suele ser estimulante el análisis de los antecedentes históricos relativos a las instituciones en particular. Por eso, aquí solo he reservado un espacio breve a la exposición histórica general,[80] dejando las referencias más detalladas para la explicación de aquellas cuestiones cuya inteligencia las requiere especialmente.

bb) La filosofía del Derecho penal proporciona al jurista, hasta donde ello es viable, una medida con arreglo a la cual establecer las posibilidades de coincidencias entre la ley penal positiva, las exigencias impuestas por la índole de las relaciones sociales imperantes (naturaleza de las cosas) y las valoraciones ético-sociales más

79 En el mismo sentido JESCHECK–WEIGEND, § 6, I, 3, a) y sigts., págs. 47 y sigts.

80 Infra, § 6.

arraigadas e importantes (Derecho natural).[81] Además, ella le procura la orientación ética que determina sus decisiones político-criminales[82] y, consiguientemente, los criterios con los cuales interpretar la ley en vigor según sus fines.[83] Si el "tenor literal" de las disposiciones legales permite alcanzar esos objetivos, la filosofía del Derecho penal condiciona en forma radical la tarea interpretativa; cuando no es así, ella genera el impulso para la reforma y, conjuntamente con la política criminal, preside su realización.

No hay otra rama del Derecho que acuse una influencia tan marcada de la filosofía como el ordenamiento penal, pues gran parte de sus problemas solo pueden solucionarse dentro del ámbito de aquella[84] o, en todo caso, a partir de él. Para algunos autores, incluso, cuando el contraste entre la ley positiva y las valoraciones imperantes en la sociedad es irreductible, los tribunales deberían resolverlo a favor de estas, eludiendo la aplicación de aquella.[85] Esto puede parecer paradójico puesto que, por otro lado, el Derecho penal es aquel en que, por razones de seguridad, se confiere a la ley formal un papel preponderante. Sin embargo, la contradicción es más aparente que real. En efecto, las mismas razones por las que se le dirigen exigencias tan severas de sumisión a la ley estricta explican la estrecha vinculación del ordenamiento con la filosofía. El Derecho penal tiene que ser seguro porque sus decisiones afectan al ser humano en aspectos que constituyen elementos integrantes de su entidad (vida, dignidad, libertad, patrimonio, etc.). Pero, por eso mismo, en el campo abarcado por las normas legales, estas deben someterse a una verificación continua de su capacidad para la realización de los valores, y su aplicación no depende solamente de una manipulación técnica más o menos acertada.

IV. LAS TÉCNICAS QUE PARTICIPAN EN LA LUCHA CONTRA EL DELITO

Aparte de las ciencias a que me he referido en los párrafos anteriores, existen también dos disciplinas de carácter técnico que contribuyen a combatir la delincuencia: la *criminalística* y la *medicina legal*.

---

81 Exactamente en el mismo sentido JESCHECK–WEIGEND, § 6, I, 3, b), pág. 48.

82 Supra, I, c), 2 y 3.

83 Supra b).

84 BAUMANN, § 1, pág. 1.

85 Así, categóricamente, SCHMIDTHÄUSER, § 2, III, 16, pág. 19, que va demasiado lejos. Sobre mi opinión, supra, b), especialmente al final.

a) La criminalística es la disciplina que tiene por objeto el estudio de las técnicas encaminadas a descubrir y esclarecer los hechos punibles, y a determinar y asegurar a quienes participaron en ellos. Se ocupa de recoger huellas e interpretar los indicios que estas proporcionan, de la identificación y localización de los autores del delito, de determinar los medios empleados para ejecutarlo, de su forma y tiempo de realización, etc. Su conocimiento es importante, en especial para quienes desempeñan funciones policiales, pero también puede ser de utilidad para jueces, miembros del ministerio público y abogados querellantes o defensores, pues los habilita para apreciar las pruebas y ponderar su fuerza de convicción.
b) La medicina legal se ocupa de los hechos médicos que, por sí mismos o en relación con determinadas circunstancias, poseen relevancia jurídica. Su actividad no se limita a la lucha contra el delito, porque también puede colaborar con el ordenamiento civil, administrativo, etc., pero su vinculación con ella es muy estrecha.

Ha sido muy discutida la cuestión relativa a si la criminalística y medicina legal son ciencias auténticas o solamente se trata de técnicas o artes. En realidad, esta última opinión es preferible.[86] En todo caso, la polémica es exagerada y no tiene significado práctico.

Por otra parte, es frecuente considerar a estas disciplinas como complementos de la criminología.[87] Creo que ese criterio es injustificadamente limitativo. La criminalística y la medicina legal tienen también contribuciones que hacer al Derecho penal y a la política criminal. Piénsese, por solo citar un ejemplo, en la cuestión relativa a la determinación del momento de la muerte. Este es un problema médico legal cuyos resultados pueden ayudar a la interpretación de las normas sobre el homicidio o a la adopción de una política legislativa en materia de autorización de trasplantes de órganos o a la determinación de la subsistencia del matrimonio válido en la bigamia, etc. Por ello me parece más correcto referirlas ahora al conjunto de la lucha contra el delito.

86 Véase, por todos JIMÉNEZ DE ASÚA, I, § 34, pág. 145 y § 37 pág. 154.

87 JESCHECK–WEIGEND, § 6, II, 2, págs. 51 y 52. Así también, la primera edición de este libro, I, §5, II, c), págs. 105 y 106.

§ 6. EVOLUCIÓN HISTÓRICA DEL DERECHO PENAL CHILENO

Aunque la historia de nuestro Derecho penal es breve, se encuentra enraizada en la del español y, a través de ella, vinculada con la evolución de la cual son resultado la mayor parte de los ordenamientos punitivos vigentes en las naciones occidentales contemporáneas. Aquí no se puede intentar ni siquiera una ojeada general de ese desarrollo. Por eso, en los párrafos siguientes solo se destacan algunos aspectos fundamentales.[88]

En relación con esto vale la pena destacar que la historia del Derecho penal chileno todavía está por hacerse, lo mismo que la mayor parte del iberoamericano.[89] Sin embargo, existen estudios importantes sobre la materia y la mayor parte de las fuentes son accesibles gracias a ellos.[90] Lo que se requiere, en consecuencia, es un esfuerzo interdisciplinario destinado a mostrar el conjunto en su evolución, significado y proyecciones.

I. ORIGEN DE LAS PENAS

La opinión más difundida considera que el origen de las penas se encuentra en la reacción instintiva de venganza frente al atentado que lesiona intereses elementales del individuo.[91] La pena aparece, según ello, como *retorsión*,[92] originada en la *tendencia a la auto conservación*.

88 Las razones para hacerlo de todos modos se han expuesto supra, § 5, III, f), aa).

89 Una exposición amplia al respecto puede encontrarse en JIMÉNEZ DE ASÚA I, § 308 y sigts., págs. 702 y sigts.

90 NOVOA, I, 70, págs. 99 y sigts., y, especialmente, 71, págs. 100 y sigts., con información bibliográfica.

91 Entre nosotros, opinan así LABATUT, I, 21, pág. 16 y POLITOFF, 3, § 1, pág. 64. El punto de vista de NOVOA, I, 38 y 39, págs. 61 y sigts., no es del todo claro, pues si bien su concepto de las "prácticas penales" sugiere la idea de un grupo social incipiente que reacciona contra el infractor (pág. 62), el párrafo final (pág. 63) supone que la intervención de dicha organización en la imposición de la pena solo se produce más tarde. ETCHEBEERY, I, pág. 36, omite expresamente ocuparse del asunto. COUSIÑO, I, § 13, b), pág. 60, se limita a consignar que "no aparece bien aclarado". La opinión aludida en el texto se encuentra descrita de manera ingeniosa y clara por CARNELUTTI, *El problema de la pena,* traducción de Santiago Sentis Melendo, Buenos Aires, 1956, I, págs. 13 y 14, basada en la observación de las reacciones infantiles.

92 CARNELUTTI, *op.* y *loc. cit.* en nota anterior.

Se oponen a este criterio quienes consideran que la pena presupone una forma cualquiera de "convivencia social",[93] por rudimentaria que sea su organización, pues no puede concebirse sino como reacción de esta contra el transgresor de las normas por las cuales se rige y, de ese modo, "ha vulnerado o puesto en peligro los intereses de la comunidad".[94] Este es el punto de vista más correcto. Se adecua históricamente a la naturaleza *gregaria* del hombre y, conceptualmente, a la idea de la pena, que no se deja aprehender como un puro acto reflejo de índole vindicativa, pues su esencia radica, precisamente, en constituir una decisión conforme a valores, a los cuales la comunidad acata de manera "transpersonal".[95] Es decir que la pena llega a ser tal solo cuando, aunque proceda del mismo ofendido, cuenta con el asentimiento de la "familia", el "clan", o como quiera que se denomine el grupo social al cual este pertenece.[96]

II. LOS ANTECEDENTES HISTÓRICOS DEL DERECHO PENAL CHILENO

A) Las costumbres penales de los aborígenes

Existe escasa información sobre las "prácticas penales" imperantes entre los pueblos que vivían a lo largo del territorio nacional al iniciarse la conquista. En todo caso, es claro que no se trató de sistemas legalmente formalizados, sino de costumbres más o menos arraigadas, a las cuales es difícil atribuir siquiera la jerarquía de un Derecho consuetudinario propiamente tal.[97]

---

93 Cfr. LIZT, I, § 2, II, pág. 20.

94 Así LISZT, I, § 2, II, pág. 19. Con detalle SOLER, I, 4, III, pág. 41.

95 Véase, sobre este punto, PIAGET, *Las relaciones entre la moral y el Derecho*, traducción de Miguel A. Quintanilla, en *Boletín de investigaciones de la Universidad Católica de Chile*, Santiago, 1978, págs. 130 y sigts. Una visión desde el punto de vista funcionalista, en JUAN IGNACIO PIÑA, *Rol social y sistema de imputación, una aproximación sociológica a la función del Derecho penal*, J.M. Bosch, Editor, Barcelona, 2005, § 138 y sigts., págs. 268 y sigts.

96 ETCHEBERRY, I, pág. 36 tiene razón, por esto, cuando afirma que "sólo de un modo muy analógico se puede hablar de Derecho penal en grupos sociales en los cuales se desconocen los conceptos de Estado y de orden jurídico". También está probablemente en lo cierto al sostener que la influencia de las prácticas penales primitivas "sobre el Derecho penal chileno resulta remotísima, si es que alguna existe" (véase, sobre ello, en texto, infra II). Aun así, creo que es importante tomar posición en el asunto relativo a los orígenes de la pena, pues esta condiciona la que se adopta respecto a su naturaleza y funciones.

97 Se la niega implícitamente Etcheberry I, pág. 45. En cambio, NOVOA, I, 70, pág. 99, habla expresamente de un "Derecho penal aborigen". Es excelente y esmerada la información

Al parecer, en principio operaba un sistema de *composición* (reparación pecuniaria) que se extendía incluso a delitos como el homicidio y el adulterio,[98] pero no a la injuria, presumiblemente porque no se la consideraba delito.[99] A falta de composición, procede la *venganza*, ejecutada individual o colectivamente (*malón*). Solo en el primer caso se admite una limitación *talional*. La responsabilidad es *objetiva*, es decir, se exige de quien causó un resultado lesivo, con prescindencia de si actuó en forma voluntaria, imprudente o casual y, en consecuencia, no se conoce el castigo de la *tentativa*. Por lo mismo, la reacción punitiva no grava únicamente al autor del hecho sino a toda su familia, en especial cuando los efectos de la infracción se extienden a la del ofendido. Entre los fueguinos se contemplan formas de *duelo* para solucionar conflictos provocados por atentados contra el honor y, aparentemente, la composición no era aceptada en forma tan extendida como por los araucanos, pues probablemente no operó ni siquiera tratándose de ataques a la propiedad.[100]

Es bastante generalizada la opinión de que las "prácticas penales" de los indígenas no han tenido influencia alguna en el desenvolvimiento posterior del Derecho penal chileno.[101] Sin embargo, esta afirmación no es incontrovertible. Por una parte, aún no se ha estudiado bastante hasta qué punto dichas costumbres condicionaron las instituciones del Derecho penal indiano, ni las proyecciones que este pudo tener sobre la legislación de la República independiente y su desarrollo. Por la otra, tampoco se ha hecho una valoración respecto a la medida en que tales prácticas han pervivido en la conciencia de algunas comunidades, determinando acaso las decisiones de la jurisprudencia y, con eso, la interpretación de las normas vigentes, que no siempre es consistente con la que se da a sus modelos en los países europeos de los que se las tomó. Este es uno de los campos que todavía se encuentran abiertos a la investigación histórico-jurídica.

---

sintética que proporciona este último autor sobre las costumbres punitivas en cuestión, I, 70, págs. 99 y sigts., con bibliografía, extendiéndola tanto a los araucanos como a los fueguinos.

98 NOVOA, I, 70, pág. 100.

99 Ídem.

100 Una información sucinta sobre el Derecho incaico, que seguramente influyó en la vida de los aborígenes chilenos del norte (atacameños, etc.), se encuentra en SOLER, I, § 11, IV, págs. 83 y sigts. Es apreciable el "ensayo" realizado por este autor en I, § 11, págs. 72 y sigts., de elaborar una primera presentación orgánica y crítica del "Derecho y la costumbre penal de los pueblos aborígenes" de Argentina.

101 ETCHEBERRY, I, pág. 45, ya no se pronuncia sobre este punto en la forma categórica en que lo hacía hasta la segunda edición.

B) El Derecho penal español y sus antecedentes

El Derecho penal español que rigió en Chile durante la Colonia y hasta bien entrado el período de nuestra vida independiente, es el resultado de un desarrollo prolongado por milenios, en el que se entremezclan, de manera más complicada que en el de otras naciones europeas, las influencias autóctonas, romanas, germánicas, canónicas y árabes.[102]

En efecto, ya en el Derecho penal visigodo, representado fundamentalmente por el *Fuero Juzgo (Liber iudiciorum, 649–672),* no obstante su origen germánico, es perceptible la penetración de ideas procedentes del romano, tales como su tendencia temprana a la personalización de la responsabilidad penal o a conceder influencia decisiva al *elemento subjetivo* para afirmar dicha responsabilidad y para graduarla. Pero, por otra parte, las instituciones romanas que así se hacen presentes en el *Fuero Juzgo* no son exactamente las mismas que regían en el Imperio pues, a su vez, habían sido penetradas por prácticas y costumbres jurídicas milenarias de los habitantes primitivos de la península (íberos, celtas y, más tarde, celtíberos). Estas últimas, además, mezcladas con elementos del Derecho germánico (venganza de la sangre, pérdida de la paz, responsabilidad objetiva o "por el resultado", etc.), coexisten en el *Liber iudiciorum* al amparo de la *legislación foral,* curioso conjunto de normativas locales, "lamentablemente reñido con la justicia"[103] y cuya empecinada vigencia significó, por regla general, un desplazamiento de la de aquel.

A pesar de todo, el hecho de que el Derecho penal romano haya conservado parcialmente su influencia en España a través de las leyes visigodas explica posiblemente que su *recepción* posterior se haya cumplido allí más temprano que en el resto de las naciones europeas. Efectivamente, ese proceso se consumó ya con la dictación del *Fuero Real* (1255) y las *Siete Partidas* (1256–1265), en los cuales se acogen, además, numerosas instituciones de Derecho canónico que proseguirán penetrando cada vez más profundamente el sistema jurídico español de los siglos siguientes. En ellos se consagra de modo definitivo la idea de que los puros pensamientos e intenciones no bastan para fundamentar la imposición de una pena, un primer esbozo del concepto de tentativa y la exigencia del componente subjetivo como presupuesto de la responsabilidad penal. Naturalmente también

---

102 Cfr. Brevemente CEREZO, I, V, págs. 155 a 158, con bibliografía; JIMÉNEZ DE ASÚA, I, 183 y sigts., págs. 513 y sigts.; QUINTILIANO SALDAÑA, *Adiciones de Derecho penal en España* en LISZT, I, 1, 1 y sigts., págs. 23 y sigts.

103 SOLER, I, § 10, II, pág. 69.

se hacen concesiones a principios defectuosos, como el del *versari in re illicita*,[104] porque ellos responden a ideas muy generalizadas en esa época.

El Derecho penal de *Las Partidas* tuvo en España una vigencia práctica limitada a causa de que se mantuvo la tendencia a continuar aplicando las normas de las innumerables legislaciones locales. En Chile, en cambio, como parece haber ocurrido en todos los pueblos americanos de habla hispana, contribuye de manera decisiva a formar la conciencia jurídica nacional, pues se lo aplica preferentemente por los tribunales, incluso hasta muchos después de obtenida la independencia.[105] Por esta razón, es de presumir que ejerció una influencia considerable sobre los redactores del nuevo Código, formados en una atmósfera impregnada por el sentido de sus disposiciones.

Es cierto que la Comisión Redactora del C.P. empleó como modelo inmediato una ley española muy influida por el Código Penal Francés de 1810, pero todavía no se ha investigado sobre la medida en que algunas de las modificaciones introducidas por ella a dicho modelo fueron concesiones al espíritu de *Las Partidas*, ni si el significado atribuido a muchos de los textos nuevos resultó de tal modo determinado por este que, no obstante la identidad literal de las normas aprobadas, se aleja sustancialmente de las contenidas en el precepto copiado.[106]

Por el contrario, es dudoso que la legislación punitiva española posterior a *Las Siete Partidas* y anterior a los Códigos de 1848 y 1850 haya ejercido influencia sobre la nuestra. A pesar del orden de prelación consagrado por la *Recopilación de Indias* en 1680, la mayor parte de los ordenamientos que, con arreglo a ella, debían recibir aplicación preferente en las colonias nunca fueron observados realmente por los tribunales. Aunque *Las Partidas* fueron relegadas por la *Recopilación* al último lugar de la prelación, los jueces prosiguieron resolviendo en la práctica de acuerdo con sus disposiciones.

c) La evolución de la ciencia del Derecho penal como antecedente del Código Penal chilenos: el clasicismo y sus precursores

La ciencia del Derecho penal parece haber alcanzado en Roma un desenvolvimiento que estuvo muy por debajo de la del Derecho civil. Por consiguiente, también su influencia posterior, si bien importante hasta cierto punto, fue menos

104 Infra, 19, III, f).

105 Cfr. NOVOA, I, 71, pág. 102.

106 A este respecto, es sugerente que, en algunas ocasiones, la letra de una misma disposición sea interpretada de manera diversa por nuestra jurisprudencia y la española.

significativa y duradera que la que hasta hoy ejerce en el campo de los ordenamientos privados. Los sistemas de Derecho penal modernos tienen poco que ver en los esbozos más o menos rudimentarios que pueden encontrarse en las obras de los jurisconsultos romanos.

Aun así, estos habían efectuado exposiciones y comentarios que, por su carácter orgánico y su profundidad, aventajaban a lo que pudiera considerarse como cuerpo de doctrina imperante durante la lenta formación de los Estados europeos en la Alta Edad Media. Es lógico, por lo tanto, que al producirse la recepción aparezca también un grupo de juristas que se dedican primero a glosar los textos legales redescubiertos, empleando como base para ello lo que de la literatura jurídica romana había podido encontrarse, y luego a comentar, con fines prácticos, los nuevos cuerpos normativos que principiaban a promulgarse bajo el influjo de ese proceso.

No obstante que algunos de ellos realizaron una tarea importante (COVARRUBIAS en España, CARPSOVIO en Alemania, BARTOLO, BALDO y FARINACCIO en Italia), los glosadores y prácticos no llegaron a remontarse por sobre los límites más bien modestos de la meta que se habían propuesto. Ninguno de ellos formuló un sistema renovador, aunque todos contribuyeron a sentar las bases para la construcción de las instituciones fundamentales del ordenamiento punitivo. De este modo transcurrió no solo la Edad Media sino, además, el Renacimiento, sin que el Derecho penal se pusiera a tono con los aires de humanidad que dieron su fisonomía al pensamiento de la época. Antes bien, ese es posiblemente uno de los períodos más vergonzosos de su historia, por la arbitrariedad que imperaba en los procedimientos, el empleo generalizado de la tortura como medio de prueba, la crueldad de las penas y la desigualdad con que se las imponía atendiendo a consideraciones de clase, fortuna, religión, nacionalidad, etcétera.

El movimiento que reaccionó en contra de esa situación, echando las bases del Derecho penal contemporáneo, solo se produjo hacia la segunda mitad del siglo XVIII y constituye un mérito de la Ilustración. Lo encabezó CESARE BECCARIA, nacido en Milán el 15 de marzo de 1738 y muerto en la misma ciudad el 28 de noviembre de 1794. Su obra más importante es un opúsculo denominado *Tratado de los delitos y de las penas*, que se publicó por primera vez de manera anónima en Liorna, durante el verano de 1764. Aunque no se trata de un trabajo científico, sino de un alegato político en contra de la "justicia de gabinete", los procedimientos judiciales arbitrarios y crueles y la brutalidad de las penas, el libro de BECCARIA desarrolla para el Derecho punitivo las consecuencias de la teoría de la separación de los poderes del Estado (MONTESQUIEU) y del contrato social (ROUSSEAU).[107] Así, en el curso de su argumentación echa las bases del Derecho penal liberal, que sella con su impronta los ordenamientos jurídicos occidentales hasta el presente. A él se debe en especial la elaboración del principio de reserva o legalidad de los delitos y penas, enraizado profundamente en las teorías mencionadas[108] y cuya clásica formulación latina, *nullum crimen, nulla poena sine lege,* fue acuñada algo más tarde por ANSELM VON FEUERBACH (1775–1833).[109] Este último será, a su vez, el principal representante del clasicismo penal en Alemania, y su obra científica y legislativa ejercerá una influencia decisiva sobre la evolución posterior del Derecho punitivo en ese país.

Lo que se desarrolla a partir de BECCARIA y FEUERBACH es la elaboración de auténticos *sistemas de Derecho penal*, tal como se los ha descrito más arriba.[110] Como allí se destaca, ellos constituían una necesidad para los ordenamientos punitivos democráticos en la medida en que aspiraban a una justicia igualitaria. No era, por supuesto, la única, sino la que el racionalismo ilustrado había acentuado con la formulación de sus ideas. Además, la aspiración sistemática estaba ya explícita en FEUERBACH,[111] pues en él la influencia de la Ilustración se entremezclaba con la del pensamiento kantiano[112] y fue él quien primero desarrolló una presentación general de la ciencia del Derecho penal, proyectándola a la práctica cuando le correspondió redactar el Código Penal bávaro de 1813.[113]

La ciencia penal evolucionó con gran vigor durante todo el siglo XIX, sobre todo en Italia y Alemania por obra de numerosos juristas, de entre todos los cuales es preciso destacar, aparte de FEUERBACH, a FRANCISCO CARRARA.

---

107 Una exposición sobre las relaciones entre el pensamiento de BECCARIA, ROUSSEAU y MONTESQUIEU se encontrará en NODIER AGUDELO BETANCOURT, *Las grandes corrientes del Derecho penal. La ideología de la Escuela Clásica,* en *Nuevo Foro Penal,* N° 29, Bogotá, 1985, especialmente III, págs. 306 y sigts. Al referirse a la opinión de BECCARIA sobre la pena de muerte, el autor cree encontrar mayor coincidencia con el contractualismo de LOCKE que con el de ROUSSEAU (págs. 318 y 319), pero en general conviene en que la influencia del pensador suizo sobre el italiano fue decisiva.

108 BECCARIA, III, pág. 74.

109 FEUERBACH, § 20, pág. 63 e infra, § 7, I.

110 Supra, § 5, III, c).

111 FEUERBACH, §§ 1 y sigts, págs. 47 y sigts.

112 Cfr. JESCHEC–WEIGEND, § 8, IV, 2, pág.

113 Una nota sintética sobre FEUERBACH, con bibliografía, en MAURACH–ZIPF, I, § 4, VI, número marginal 20, págs. 66 y 67. Véase, además, el *Ensayo Preliminar* de EUGENIO RAÚL ZAFFARONI a la edición castellana de FEUERBACH, págs. 13 y sigts.

Estos autores elaboraron sus sistemas en forma individual, sin sentirse vinculados por banderías de escuela y ni siquiera por identidades ideológicas reconocidas. Más tarde, sin embargo, los integrantes de la Escuela Positiva italiana –que constituyeron, por el contrario, un grupo homogéneo con presupuestos y aspiraciones comunes, los reunirán bajo la denominación de "clásicos"[114] con el objeto de identificar mejor al adversario. Lo cierto es que los clásicos, no obstante la forma aislada en que trabajaron, son hijos de una misma época. Por esto, más allá de las diferencias que los distinguen, en casi todos ellos pueden encontrarse orientaciones compartidas, que corresponden a los ideales filosóficos, políticos y culturales imperantes en su tiempo. Estos puntos de vista son ciertamente condicionantes para la elaboración ulterior de sus sistemas y les confieren una fisonomía común que, si bien no debe ser exagerada, permite subrayar las semejanzas básicas. Estas son las siguientes[115]:

1) "El delito es un ente jurídico".[116] Su característica esencial radica en la *infracción de la norma*. Por consiguiente, no existen otros delitos que los consagrados en la ley. No hay delitos que lo sean "por naturaleza". El acontecimiento fáctico en que consiste todo delito solo es estudiado por los clásicos en cuanto sus circunstancias determinan alteraciones de la valoración efectuada por la norma (causales de justificación, de exculpación, de atenuación o agravación de la pena, etc.). Cualquier otra consideración de él se encuentra excluida.
2) La responsabilidad penal se funda en la *libertad del hombre*.[117] Este puede elegir quebrantar o respetar los mandatos y prohibiciones que le dirige el ordenamiento. En consecuencia, si se decide por lo primero deberá afrontar el castigo correspondiente. Por esto, a su vez, cuando la facultad de autodeterminación se encuentra deteriorada o no ha llegado todavía a

114 La expresión no era usada por los positivistas en el sentido riguroso, al que usualmente se considera laudatorio sino, más bien, en el peyorativo, que identifica el clasicismo con lo "antiguo", lo "viejo", lo "caduco". Lo curioso es que el rótulo hizo fortuna, de modo que se prosiguió empleando en lo sucesivo, pero esta vez reintegrándole su contenido original. De manera que los clásicos se consideran hoy como auténticos "modelos" para la ciencia del Derecho penal. En Alemania, entretanto, la lucha de escuelas enfrentó a BINDING con VON LISZT, pero, aunque la polémica fue ardua, no alcanzó el nivel de intransigencia que tuvo en Italia. Al respecto, infra, III.

115 El esquema se ciñe, aproximadamente, al que ofrece JIMÉNEZ DE ASÚA, *La ley y el delito*, § 26, pág. 46.

116 CARRARA, I, Prefacio, pág. 4.

117 CARRARA, I, § 1, nota 2, págs. 30 y sigts.

su desarrollo completo (enfermos mentales, menores de edad) el sujeto es *inimputable* y no es posible someterlo a una pena.

En este punto, sin embargo, no existe acuerdo, pues algunos de los clásicos son deterministas (BENTHAM, FEUERBACH, ROMAGNOSI y, más tarde, MERKEL). Con todo, esto no basta para considerarlos precursores del positivismo.[118]

3) En lo referente a la naturaleza y fin de la pena, los autores clásicos defienden en forma predominante la teoría de la prevención general, pero esta opinión no es uniforme. En cambio, todos exigen que la sanción se encuentre *determinada* por la ley tan precisamente como sea posible. Esta es una consecuencia lógica del espíritu liberal que los informa y de la desconfianza generalizada en la judicatura, a la cual BECCARIA exigió privar incluso de la facultad de interpretar la ley.[119]
4) En atención a sus presupuestos, la ciencia del Derecho penal debe emplear un método deductivo. El sistema se elabora a partir de algunos principios expresos en la ley o que de ella pueden extraerse, desde los cuales, a través de un razonamiento lógico formal, se llega a la solución de las cuestiones particulares.[120]

Los encargados de redactar el Código Penal chileno se habían formado en estas ideas. Con toda seguridad no conocieron directamente la obra de los clásicos italianos, alemanes o franceses, pero se informaron de sus opiniones a través de las exposiciones de JOAQUÍN FRANCISCO PACHECO.[121] Por este motivo el futuro código habría de ser, por fuerza, de factura clásica. Por otra parte, el origen español de nuestra sociedad y la influencia que había ejercido el Derecho peninsular sobre el pensamiento jurídico nacional explican que, además, esa orientación se haya encausado básicamente a través de un modelo hispánico.

En efecto, luego de varios intentos fallidos por dotar a la República de un Código Penal completo y propio,[122] un decreto supremo dictado el 17 de enero de 1870

118 Cfr. JIMÉNEZ DE ASÚA, II, § 481, b), págs. 34 y 35, con bibliografía.

119 BECCARIA, IV, págs. 75 y sigts.

120 CARRARA desarrolla extensamente este punto al explicar los fundamentos de su *Programa de Derecho criminal.* Véase I, Prefacio, págs. 4 y sigts. Asimismo, supra, § 5, III, a), aa).

121 JOAQUÍN FRANCISCO PACHECO, *El Código Penal concordado y comentado,* 5ª edición, Madrid, 1887.

122 Sobre ello, véase la exposición de SOLANGE DOYHARCABAL, *Historia del Código Penal chileno,* memoria de prueba para optar al grado de Licenciado en Derecho en la Facultad de

constituyó la comisión que cumpliría por fin esa labor. Se encontraba constituida por ALEJANDRO REYES, EULOGIO ALTAMIRANO, JOSÉ CLEMENTE FABRES, JOSÉ GANDARILLAS, MANUEL RENGUIFO Y JOSÉ VICENTE ABALOS. Pocas semanas más tarde se integró también con DIEGO AMSTRONG[123] y, posteriormente, ABALOS fue reemplazado por ADOLFO IBÁÑEZ. En un primer momento, el Ministro de Justicia, BLEST GANA, abogó por que se empleara como modelo a seguir el Código Penal belga de 1867 en consideración a su modernidad; sin embargo, en la Comisión prevaleció el criterio de REYES que se inclinaba a servirse para esos efectos del Código Penal español de 1848.[124] Aunque no se descartó la consulta al texto legal belga, lo cierto es que el nuevo Código, aprobado con fecha 12 de noviembre para principiar a regir el 1° de marzo de 1875, fue marcadamente tributario de la ley española.

III. LA EVOLUCIÓN DE LA CIENCIA DEL DERECHO PENAL CON POSTERIORIDAD A LA PROMULGACIÓN DEL CÓDIGO PENAL DE 1875 Y SU INFLUENCIA SOBRE LA LEGISLACIÓN NACIONAL

En la segunda mitad del siglo XIX adquieren una importancia predominante las corrientes naturalistas, cuya expresión más divulgada fue el positivismo, encabezado por AUGUSTO COMTE y HERBERT SPENCER. El enorme progreso experimentado por las ciencias causal-explicativas, una percepción no siempre afortunada del criticismo kantiano y el desaliento causado por las dificultades con que tropezaban los grandes sistemas idealistas, empujaban a los pensadores de la época hacia una desconfianza generalizada respecto de la metafísica y, por ende, a considerar que los únicos conocimientos válidos y los únicos resultados seguros eran los que se obtenían de la experiencia.

Derecho de la Pontificia Universidad Católica de Chile, versión mimeografiada, Santiago, 1968, que proporciona una ojeada general sobre el tema. Es interesante recordar que inicialmente se quiso encargar también la redacción del nuevo texto legal punitivo a ANDRÉS BELLO, pero que él finalmente decidió rehusar el encargo porque consideraba que le sería imposible concluir también esa tarea.

123 DOYHARCABAL, *op. cit.*, pág. 406.

124 Esta es la opinión dominante. Contra ella opone reparos fundados COUSIÑO, I, § 17, nota 131, págs. 75 y 76, quien estima que el Código español utilizado fue el producido por la reforma de 1850. La cuestión es incierta.

En el ámbito del Derecho penal esto significa un desplazamiento del interés que hasta entonces recae sobre las normas y sus condiciones de legitimidad, y ahora se proyecta sobre el hecho socialmente desviado en sí mismo y sobre su autor, a los cuales se puede someter a un examen empírico. Con esto, como es lógico, ya no se trata de alcanzar soluciones justas, sino *socialmente eficaces,* suponiendo, desde luego, que ellas pueden extraerse en forma directa del estudio del delincuente, de sus características personales (LOMBROSO) o de las particularidades de la situación social (FERRI).

La escuela positivista así concebida se desarrolla con vigor en Italia, de donde proceden sus representantes más connotados: CESARE LOMBROSO, ENRICO FERRI y RAFFAELE GAROFALO. Enfrentando de manera radical a los clásicos, sus postulados aparecen como auténticas contrapartidas de aquellos en que estos se encontraban de acuerdo.[125] Así, en la siguiente exposición sistemática, el paralelismo es completo:

1) Para los positivistas, en primer lugar, el delito es un *ente de hecho.* Esto significa, por un lado, que su existencia no se deduce de la infracción de la norma sino de ciertas características inmanentes a su contenido fáctico. Por eso se esfuerzan en buscar un concepto de *delito natural*, esto es, de aquel que lo es en todo tiempo y lugar, con prescindencia de cualquier ley destinada a consagrarlo. El empeño, sin embargo, estaba destinado al fracaso y hasta la definición debida a GAROFALO[126], una de las más elaboradas que consiguieron acuñarse, no pudo prescindir de referencias normativas, ciertamente extrajurídicas pero, aún así, ajenas a la concepción de la que partía su autor.

   Por el otro lado, la afirmación implica la idea de que el estudio del delito tiene un objeto de hecho y, en consecuencia, puede y debe realizarse en conformidad a los métodos y categorías de las ciencias naturales. Lo importante no consiste en establecer los presupuestos jurídicos de la conducta punible, sino sus causas y sus consecuencias.
2) El punto de partida expuesto se basa en una concepción *determinista.* Los actos del hombre son solo el producto de factores causales ciegos que los condicionan y no comportan decisión de voluntad alguna. Por consiguiente, no puede hablarse de una auténtica *responsabilidad* personal por el hecho desviado. Las medidas de reacción que adopta la comunidad en

125 Supra, II, c).

126 RAFAEL GAROFALO, *La criminologie, cit.*, págs. 51 y sigts.

contra del autor no persiguen castigarlo, sino solo defender a la sociedad de sus tendencias peligrosas. De este modo, la idea de la *responsabilidad por el acto* es sustituida por la de la *temibilidad del agente,* y se propicia la instauración de un Derecho penal del autor,[127] en el que la distinción entre imputables e inimputables (enfermos mentales, menores de edad) carece de significación, pues la peligrosidad de unos y otros debe ser evaluada de la misma forma.

3) En base a estos presupuestos, la pena pierde incluso sus características de tal para transformarse en una pura medida de prevención especial[128] que, a veces, se entiende de una manera *eliminatoria*[129]. Por otra parte, como la medida temporal ha de seguir surtiendo efecto mientras perdura la temibilidad del autor, y este es un término impredecible, los positivistas postulan su *indeterminación absoluta.*
4) Por último, el positivismo, fiel a sus precedentes filosóficos, exige que la ciencia del Derecho penal se valga, como las disciplinas causal–explicativas, del método inductivo. Es del estudio de los hechos delictivos en particular y de la contemplación de sus regularidades de donde se pueden extraer reglas generales firmes, susceptibles de comprobación empírica. La teoría del "hombre delincuente" de LOMBROSO o de los "sustitutivos penales" de FERRI constituyen ejemplos característicos de tal tendencia.

En Alemania, los criterios rectores del positivismo encontraron también un defensor en FRANZ VON LISZT, quien se enfrentó con CARLOS BINDING, que representaba la expresión más alta del clasicismo tardío. Pero, aunque el debate también fue enérgico nunca alcanzó los niveles de apasionamiento que tuvo en Italia; y eso, como se verá, impidió que la ciencia penal alemana siguiera el curso declinante que afectó a la de la Península.

En Italia, en efecto, la aparición del positivismo desencadenó una polémica violenta que a menudo superó los límites admisibles en un debate científico. Quizás por ese motivo la discusión, que había concentrado el interés de los juristas hasta la tercera década del siglo XX, fue cayendo poco a poco en el desprestigio e, incluso, provocó un deterioro de la ciencia penal italiana. Promediando los años

---

127 Supra, § 3, VI.

128 Supra, § 2, II, e).

129 Así especialmente GAROFALO, *La Criminología, cit.*, págs. 338 y sigts., cuyo sistema es de una dureza sorprendente a causa de que niega toda posibilidad de corregir al autor (véase págs. 153 y sigts.).

treinta del siglo pasado, ARTURO ROCCO reaccionó en su contra fundando la llamada Escuela Técnico–Jurídica[130], con arreglo a cuyo punto de vista el Derecho penal debe desembarazarse de todos los problemas *meta jurídicos* ventilados por clásicos y positivistas, limitándose a efectuar una exégesis objetiva y acuciosa de las leyes en vigor, prescindiendo de cuestiones filosóficas cuyo estudio yace fuera del campo de su competencia. Este enfoque, aceptado de manera entusiasta por la mayoría de los juristas italianos de la época, contribuyó al desarrollo de una destreza hermenéutica admirable, pero, al mismo tiempo, algo chata e inclinada al bizantinismo en el manejo de los textos positivos, cuyas inevitables ambigüedades o referencias al valor se intentaron superar muchas veces acudiendo a recursos técnicos y literales que semejan verdaderos juegos de palabras sin contenido. Ello no ha significado el descrédito de la ciencia penal italiana, pues su vigor histórico la ha preservado de precipitarse en la rutina insustancial: pero, de todos modos, implicó que cediera a la alemana el liderazgo que había ejercido por largo tiempo en el Derecho comparado.

Aparte de otras críticas que se han dirigido en contra de las doctrinas positivistas –en especial, las relativas a la inseguridad que involucran sus concepciones desmesuradas sobre prevención especial[131]– en el último tiempo se las acusa también de ser un punto de vista destinado a consolidar el predominio de la clase social que estableció su hegemonía con la instauración definitiva de los Estados liberales (democracias capitalistas). En efecto, mientras los clásicos habrían sido los portavoces de tendencias dispares en una época agitada por ideas libertarias, sosteniendo un debate científico en que se expresaban todos los puntos de vista y se discutía vigorosa y abiertamente, los positivistas solo buscarían legitimar los privilegios de la burguesía triunfante. En especial son objetados los intentos de identificar a los sujetos con inclinaciones delictuales mediante la asignación de características que usualmente coinciden con las de los integrantes de las clases desposeídas –e, incluso, de los pueblos económicamente más atrasados, para luego aplicarles medidas eliminatorias y segregadoras, así como tratamientos rehabilitadores que prescinden de la dignidad del hombre y pretenden uniformar la conducta de los oprimidos en beneficio de los opresores.

Como suele ocurrir, estas opiniones contribuyen *parcialmente* a esclarecer los orígenes y las motivaciones de la concepción atacada, pero no se debe absolutizarlas. Los

---

130 ARTURO ROCCO, *El problema y el método de la ciencia del Derecho penal,* traducción de Rodrigo Naranjo Vallejo, Temis, Bogotá, 1982.

131 Un juicio especialmente severo en este sentido expresa SOLER, I, § 3, págs. 26 y sigts.

positivistas, como los clásicos, son hijos de su tiempo. Estos últimos combaten por el establecimiento de una sociedad que les parece más justa y aquellos creen haber alcanzado una organización perfecta que, como es frecuente, cometen el error de suponer inmutable. Esto explica que los positivistas observen una actitud conservadora y atribuyan las desviaciones de las conductas socialmente aprobadas a manifestaciones de perversidad hereditaria o a la desocialización provocada por la formación recibida en medios marginales. Pero, aun siendo así, no es justo considerar sus planteamientos como un conjunto de consignas elaboradas solo para legitimar el *statu quo*. Más bien, ellos representan la evolución natural de concepciones que ponían una confianza excesiva en los resultados obtenidos por la nueva organización social, económica y política, uno de los cuales había sido el progreso asombroso de las ciencias naturales conseguido, entre otras razones, merced a la liberación de las tutelas ético–religiosas que la habían limitado en el período precedente pero que, por eso mismo, tendían a desdeñar los componentes morales y valóricos en general implicados en los problemas jurídicos. Esta actitud, mezclada con la convicción de que quienes no se plegaban a las exigencias del orden en que se habían puesto tantas esperanzas no podían ser sino anormales y degenerados, les impidió percibir las deficiencias y carencias que subsistían en el nuevo régimen, induciéndolos, además, a propiciar soluciones éticamente inaceptables para los conflictos que derivaban de ellas, con prescindencia de la dignidad humana de los protagonistas.[132]

El positivismo, por consiguiente, provocó desorientación e, incluso, fue empleado muchas veces para legitimar irrupciones arbitrarias en la esfera de derechos de los ciudadanos. Sin embargo, como a pesar de todo respondió a un deseo de saber auténtico y al propósito de poner los conocimientos adquiridos al servicio de la sociedad, hizo también aportes valiosos al progreso del Derecho penal.

Ante todo, obtuvo que el enfoque racionalista y abstracto de los clásicos se corrigiera, en particular allí donde el Derecho penal de actos descuidaba demasiado la consideración del autor y sus circunstancias. Provocó, asimismo, un examen crítico del sistema de sanciones y su ejecución, abriendo paso a ciertas conquistas válidas de la teoría preventiva especial y echando las bases para la instauración del "duplo binario"[133] con la introducción de las medidas de seguridad.[134] Sobre

---

132 Una exposición amplia de toda esta problemática en ZAFFARONI, §§ 19 a 24, págs. 249 y sigts., cuyos puntos de vista no siempre comparto, pero cuyo valor es innegable.

133 Supra, § 1, d), dd), e infra, § 56.

134 Lo cual no significa que estas merezcan una adhesión entusiasta. Sobre la crítica, véase en especial MUÑOZ CONDE, *Introducción* a la traducción de CLAUS ROXIN, *culpabilidad y prevención en Derecho penal*, Reus S.G., págs. 13 y sigts.

todo, aportó los fundamentos para la organización y desarrollo de la criminología. Por otra parte, muchos de sus postulados, revisados y actualizados, perduran en tendencias modernas, como la de la *Nueva Defensa Social*, la cual se aproxima especialmente a una cierta ortodoxia genovesa encabezada por GRAMMATICA.

La polémica entre clásicos y positivistas se proyectó tardíamente entre nosotros. Recién a comienzos de la década de 1940, RAIMUNDO DEL RÍO,[135] haciendo suyos los postulados, propone a discusión las nuevas tendencias. La posición de los clásicos, a su vez, muy confundida con ideas propiciadas por la llamada Escuela Moderna (o de la Política Criminal) de LISZT[136] –que, en rigor, tenía muchos más puntos de contacto con el positivismo naturalista que con el clasicismo racionalista– es defendida por PEDRO ORTIZ.[137] El debate fue poco fecundo en creaciones originales, pero cooperó a la recepción de algunas ideas fundamentales. Numerosas leyes complementarias del Código Penal recogen instituciones acuñadas o sugeridas y puestas en vigencia por la doctrina positivista. Así, la introducción del sistema de "remisión condicional de la pena" como un recurso para combatir las consecuencias indeseables de las penas cortas privativas de libertad (Ley 7.821, de 20 de agosto de 1944, modificada por la 17.642 de 4 de mayo de 1972 y por la 18.216 de 14 de mayo de 1983, que reformuló una vez más la institución y consagró otras dos medidas como "alternativas" a las penas privativas o restrictivas de libertad: la "libertad vigilada" y la "reclusión nocturna");[138] la creación de un sistema de medidas de seguridad y corrección –aunque prácticamente inoperante– en la Ley 11.625, de 4 de octubre de 1954, sobre Estado Antisociales, hoy derogada, etcétera.

A pesar de todo, el Derecho penal chileno ha continuado siendo predominantemente clásico. Por otra parte, ni los proyectos de reforma nacionales (ERAZO–FONTECILLA, 1929; ORTIZ–VON BOHLEN, 1929; SILVA–LABATUT, 1938; Comisión designada en 1945; Comisión del llamado Foro Penal en 2005; Comisión de Código Penal en 2013) ni el del Código Penal Tipo para Latinoamérica han modificado esa tendencia en lo esencial.

Nuestra ciencia del Derecho penal entre tanto experimentó una evolución alentadora después de la Segunda Guerra Mundial. A ella contribuyó de manera

135 RAIMUNDO DEL RÍO, *Explicaciones de Derecho penal*, Santiago, 1946; *Manual de Derecho penal*, Santiago, 1947.

136 Supra, § 5.

137 PEDRO ORTIZ, *Nociones generales de Derecho penal*, Editorial Nascimento, Santiago, 1937.

138 Infra, § 49, IV.

importante el jurista español LUIS JIMÉNEZ DE ASÚA, quien abandonó su patria al concluir la contienda civil y se radicó en Buenos Aires, desde donde desarrolló hasta su muerte, en 1970, una actividad académica y editorial infatigable. Esto significó una amplia difusión de los sistemas europeos continentales en América Latina, que fue reforzada además con la traducción de algunas obras fundamentales como el *Programa de Derecho Criminal* de CARRARA, el *Tratado* de LISZT (algo anterior) y los de MANZINI, MAGGIORE, BETTIOL, ANTOLISEI, MEZGER, WELZEL, DOHNA, JESCHECK, WESSELS, JAKOBS, STRATENWERTH, ROXIN, MAYER, FEUERBACH, FERRAJOLI, FUNDACA MUSCO y RAINIERI, por no citar sino algunos.

En Chile, como en todo el resto del continente, este florecimiento estuvo marcado por la influencia de la doctrina italiana, más accesible a nuestros académicos también por razones idiomáticas. A ese período corresponde en especial la obra de LABATUT, al que debe acreditarse el mérito de haber presentado por primera vez, bajo la forma de un manual destinado a la docencia, un sistema del Derecho penal vigente en nuestro país. En ese momento, sin embargo, ya la ciencia alemana había adquirido un desarrollo extraordinario y dominaba casi por completo el panorama del Derecho penal comparado. La proyección de ese estado de cosas sobre la doctrina nacional es patente en la creciente producción literaria que caracterizó a las últimas décadas del siglo pasado y la primera del actual. En mayor o menor medida lo acusan las obras generales o monográficas de NOVOA, BUNSTER, ETCHEBERRY, COUSIÑO, FONTECILLA, SCHWEITZER, POLITOFF, BUSTOS, GRISOLÍA, YÁÑEZ, BULLEMORE y MACKINNON, PIÑA, VAN WEEZEL, VARGAS, LUIS ORTIZ, GARRIDO, MERA, NÁQUIRA, RODRÍGUEZ COLLAO, KUNSEMÜLLER, MATUS Y RAMÍREZ, HERNÁNDEZ, COUSO, GUZMÁN DALBORA, MAÑALICH y mías, entre otras.[139] Para percibirlo, además, basta con echar una mirada a los artículos, comentarios y recensiones aparecidos en las décadas de 1950, 1960 y principios de la de 1970 en la *Revista de ciencias penales,* la publicación periódica más importante que se editó en Chile sobre la materia pero que, por desgracia, actualmente ha dejado de aparecer.

La situación descrita es satisfactoria solo hasta cierto punto.

139 Una interesante exposición sobre la influencia del Derecho penal alemán en Latinoamérica en JESCHECK, *Nueva dogmática penal y política criminal en perspectiva comparada* en *Anuario de Derecho Penal y Ciencias Penales,* tomo XXXIX, fascículo I, Madrid, enero–abril de 1986, págs. 10 y sigts. Aunque ya algo antiguo, constituye una ojeada general ilustrativa.

Por supuesto es positivo contar con un caudal de literatura especializada del que la práctica no disponía hace apenas medio siglo. Pero es necesario subrayar, en primer lugar, que en los últimos años del siglo XX el flujo de trabajos disminuyó en forma alarmante. Por otra parte, aun prescindiendo de esta infortunada circunstancia, no está de más preguntarse hasta dónde hemos conseguido elaborar unos sistemas de Derecho penal plenamente válidos para nuestro país a partir de concepciones estructuradas no tan solo en torno a un ordenamiento jurídico extraño sino, sobre todo, a supuestos históricos, sociales y culturales distintos de los nuestros.

La respuesta a esta pregunta debe ser cautelosa. Evidentemente, la exagerada dependencia de la literatura jurídica procedente de una cultura diferente es indeseable. Pero también lo es el "provincianismo" científico, que agota el debate de las soluciones proporcionadas por la literatura nacional, negándose a reflexionar sobre las posibilidades de encontrar en el Derecho comparado algunas soluciones susceptibles de adaptarse a los problemas planteados por el propio.

Entre nosotros la cuestión presenta distintas facetas. Por un lado, la doctrina se ha dejado seducir con frecuencia por las construcciones ciertamente admirables de algunos autores extranjeros –en especial alemanes– trasplantándolas, a veces de manera acrítica, a nuestra dogmática. Por otro, la práctica, salvo raras excepciones, ha eludido la responsabilidad de discutir seriamente esos puntos para verificar si son operables y eficaces en los casos concretos. Asilada en la superficialidad del "buen sentido" y la "interpretación literal", la jurisprudencia ha renunciado a menudo su participación en la tarea de contribuir al desarrollo de un sistema consistente con la ley en vigor y la realidad nacional. El resultado es un divorcio entre el Derecho vigente y su aplicación. Aquel no siempre es lo que sostiene la literatura y pocas veces es lo que invocan las sentencias de los tribunales.

Para que se produzca una reacción adecuada son necesarios esfuerzos honestos de una y otra parte. La ciencia debe proseguir investigando con una visión abierta a las sugerencias y soluciones que proceden del Derecho comparado; pero, al mismo tiempo, tiene que detenerse más en la contemplación de la ley y la realidad nacional, a fin de adecuar mejor sus resultados a las exigencias de estas. La práctica, por su parte, debe desembarazarse del prurito autoritario a que la vuelven proclive sus facultades resolutivas, para comprender que el servicio de estas últimas implica la obligación de informarse permanente sobre los progresos de la teoría, poniéndola además a prueba cada vez que las circunstancias lo permitan.[140]

140 M. ANCEL, *El lugar de la investigación, cit.*, pág. 15, proporciona, entre otros, este ejemplo de lo que constituye una actitud respetable en este sentido: Es así que [...] el Derecho penal

Finalmente, es necesario señalar que, en la actualidad, aparte de la influencia italiana y alemana, se está dejando sentir en nuestro medio la del extraordinario florecimiento experimentado en los últimos años por la ciencia española del Derecho penal. A partir de la década de los sesenta, en efecto, la dogmática peninsular se ha situado entre las mejores de Europa, elaborando sistemas muy valiosos. Autores como CÓRDOBA RODA, GIMBERNAT ORDEIG, CEREZO, BACIGALUPO, RODRÍGUEZ DEVESA, RODRÍGUEZ MOURULLO, MIR, MUÑOZ CONDE, CANCIO MELIÁ Y SILVA SÁNCHEZ, por citar solo algunos, han trascendido hace tiempo las fronteras de su país y sus puntos de vista se discuten al más alto nivel internacional. Dada la vinculación histórica existente entre nuestra legislación y la española, la importancia de esta evolución para la dogmática y la práctica nacional está fuera de discusión.

---

francés y algunos otros sistemas que derivan de la misma concepción, aplican a la tentativa la misma pena que al crimen consumado y aplican igualmente a los cómplices las mismas penas que al autor principal. Pero si tal es la regla de principio en Francia, es sabido que la *aplicación es muy ampliamente atemperada en la práctica por el juego de algunas otras instituciones de la ley represiva.* La facultad que el Derecho francés actual reconoce al juez penal de acordar libremente y sin explicaciones minuciosas, las circunstancias atenuantes, hace que *en realidad la represión de la tentativa o de la complicidad no sean más que muy excepcionalmente la misma que la del crimen consumado o que la del autor principal*". (Los énfasis son míos).

CAPÍTULO III
LA LEY PENAL Y SU VIGENCIA

§ 7. LAS FUENTES DEL DERECHO PENAL

I. EL PRINCIPIO RECTOR DEL DERECHO PENAL LIBERAL: *NULLUM CRIMEN NULLA POENA SINE LEGE*, Y SUS DISTINTOS SIGNIFICADOS

En el presente casi todos los ordenamientos jurídicos se erigen sobre la base del *principio de reserva o legalidad, con arreglo al cual no hay delito ni es posible la imposición de una pena sino cuando existe una ley que incrimina el hecho respectivo estableciendo, además, la naturaleza y magnitud de la sanción a que se encuentra sometido* (***nullum crimen nulla poena sine lege***).

Este principio, sobre cuyos orígenes históricos se ha dado ya una noticia breve,[1] expresa de manera enfática la función de garantía que compete a la ley penal en el Estado de Derecho liberal.[2] En efecto, a través de sus distintos significados traza con firmeza los límites de un campo en el que todas las decisiones fundamentales competen exclusivamente a la ley, a fin de que el ciudadano cuente con la certeza de que ella –y solo ella– le dirá precisamente lo que debe o no hacer a fin de no verse expuesto a la imposición de una pena, hasta dónde puede llegar sin ser alcanzado por la amenaza punitiva e, incluso, la naturaleza y magnitud de las consecuencias de las consecuencias a las cuales se lo someterá si toma el riesgo de infringir los mandatos o prohibiciones legales.[3]

---

1 Supra, 6, II. Debe advertirse, en todo caso, que el principio tiene antecedentes más remotos que los indicados en ese lugar. Hay que mencionar especialmente la *Carta Magna*, otorgada por el rey Juan a los británicos en el siglo XIII, y algunos antecedentes que se encuentran en la legislación foral española.

2 MAURACH–ZIPF, I, § 8, número marginal 34, pág. 136.

3 Sobre la forma en que el principio *nulla poena* resulta complementado por la exigencia de *tipicidad*, infra § 16. I, b); someramente lo discute en este primer momento ETCHEBERRY, I, pág. 49.

a) Cuando se trata de los significados del principio de reserva, conviene exponer, ante todo, que contiene una *doble referencia: al delito y a la pena.* Su formulación tradicional, por consiguiente, puede desdoblarse en dos: por una parte, *no hay delito sin ley* y, por la otra, *no hay pena sin ley.*[4] Aunque ambos se encuentran estrechamente vinculados, incluso de un modo conceptual, en la práctica pueden operar con independencia, cosa que no siempre se enfatiza bastante y, sin embargo, es apreciable en los ejemplos siguientes:

1) La ley A establece que cierta conducta constituye un hecho punible, pero omite consagrar la pena que se asocia a su ejecución o bien manda que se le impongan las que se instituirán en un texto futuro, destinado a regular materias conexas con aquellas de que se trata en ella. Mientras no se subsane el defecto o no se promulgue la ley a que reenvía la disposición A, quien ejecute la conducta descrita por ella no puede ser castigada, aunque en rigor ha ejecutado un delito, porque hacerlo importaría una infracción al *nulla poena sine lege.* Lo mismo sucede si la ley A preceptúa que la acción en cuestión se sancione "con la pena que el juez determine" o con "la que establece un Reglamento dictado por el Presidente de la Republica".[5] En nuestro sistema jurídico–penal la situación es semejante también cuando la ley A consagra una pena excesivamente indeterminada (*vr.gr.* "prisión o presidio menor o mayor en cualquiera de sus grados"; "reclusión o presidio menor o mayor en cualquiera de sus grados a presidio perpetuo"; "una cualquiera de las penas contempladas en las escalas graduales número 2 y 3 del art. 59 C.P." etc.) En todos estos casos la indefinición de la pena aplicable equivale a la inexistencia de su consagración legislativa (discutible).[6]

2) La ley B establece que se impondrá la pena que señala precisa y determinadamente "a todos los hechos que el juez considera atentatorios contra la paz social" o "a las conductas reñidas con los sanos sentimientos de piedad y probidad imperantes en la convivencia", etc. En tales casos la imposición de la sanción no es posible porque ella importa una infracción al *nullum crimen sine lege,* aunque el *nulla poena* se encontraría a salvo. Otro tanto sucedería si la ley B impone esa pena a hechos que se describen en un texto legal aún no promulgado, mientras este último no entre en vigor.

---

4 FEUERBACH, § 20 pág. 63. Con bastante detalle en este sentido, WELZEL, § 5, I, págs. 35 y 36, cuyas observaciones, aunque se deducen del texto constitucional alemán, son válidas para nuestro Derecho, sobre todo después de la introducción de los incs. octavo y noveno del N° 3° del art. 19 de la C.P.R. de 1980. Véase asimismo RODRÍGUEZ MUÑOZ, notas de Derecho español en MEZGER, I, § 10, II, pág. 133.

5 Sobre la última situación, véase lo expuesto infra, IV.

6 En el mismo sentido WELZEL, § 5, I, pág. 36.

De lo expuesto se deduce que la violación de cualquiera de ambos principios es equivalente y que no debe incurrirse en la confusión de considerar que, si la ley satisface las exigencias del *nullum crimen,* cumple también las del *nulla poena* y viceversa, cosa que, como se ha demostrado, es inexacta.

Hecha esta salvedad, no hay inconvenientes para examinar en conjunto las otras características generales de ambos principios. No obstante, en lo referente a los detalles la separación debe tenerse siempre presente.[7]

Históricamente estos dos sentidos del principio de legalidad se reconocen también separadamente. En efecto, el *nullum crimen* no fue del todo extraño a las legislaciones más antiguas que, aun cuando en forma imprecisa, procuraron siempre describir las conductas que consideraban dignas de represión. Así ocurre ya en la Biblia, el Código de Hammurabi, las leyes griegas y romanas[8] o el Corán. Aunque solo fuera con propósitos de prevención general entendida en una forma rudimentaria, todos esos ordenamientos se preocupan de que el conglomerado social sepa lo que está prohibido y, salvo algunos casos de abuso de poder relativamente infrecuentes, no se imponían castigos de manera caprichosa e inesperada. Esta tendencia se encuentra ya muy acentuada en ordenamientos jurídicos más recientes, como las Siete Partidas, la Constitución Carolina o la Teresiana, que sin ella carecerían incluso de razón de ser. Por el contrario, el *nulla poena,* entendido como exigencia de que la amenaza penal, su naturaleza y cuantía se encuentren determinadas por la ley es una conquista de las doctrinas liberales inspiradas en la filosofía de la Ilustración. Por consiguiente, su consagración definitiva solo se produce a fines del siglo XVIII y principios del XIX.

b) El principio de reserva tiene varios significados, cada uno de los cuales se ha acentuado más o menos por la legislación y la doctrina de los distintos países atendiendo a circunstancias históricas variables. Así, por ejemplo, la literatura alemana parece haber enfatizado especialmente aquel de sus sentidos que implica

---

7 La diferencia tiene considerable importancia en relación con algunas cuestiones relativas a la vigencia de las *leyes penales en blanco.* Véase, al respecto, CURY, *La ley penal en blanco,* Temis, Bogotá, 1988, VIII, 31, págs. 119 y 120.

8 STRATENWERTH, traducción de la 4ª edición, § 3, número marginal 3, pág. 70, afirma que el principio se encuentra enunciado explícitamente de quien se conoce "la proposición de que no puede vincularse consecuencias jurídicas negativas a una conducta que ya pertenezca al pasado. Según esto, sería admisible imponer sanciones *a posteriori* a una conducta prohibida, pero no convertir en prohibida una conducta no prohibida mediante sanciones posteriores".

una prohibición de analogía,[9] al paso que entre nosotros suele formulárselo de una manera que subraya aquel en virtud del cual se prohíbe la aplicación retroactiva de las leyes penales.[10] Hoy, sin embargo, existe un acuerdo relativamente amplio para considerar que esos diferentes contenidos del principio son complementarios y se encuentran relacionados tan estrechamente que la inobservancia de cualquiera trae aparejada la de todos.[11] Así lo expresa la agregación generalmente aceptada en el presente, según la cual el principio cumple tres funciones distintas formuladas sintéticamente de la siguiente manera: "*Nullum crimen, nulla poena sine lege* ***previa, scripta*** *et* ***stricta***". (*No hay delito sin una ley* ***previa, escrita*** *y* ***estricta***).[12]

1) En el primero de los sentidos señalados (no hay delito ni pena sin una ley previa), el principio de reserva implica una prohibición de *retroactividad* que limita, en consecuencia, las facultades del legislador, pero también la del juez que no podrá aplicar una ley nueva a hechos ocurridos con anterioridad a su entrada en vigor. Su tratamiento pormenorizado corresponde, por consiguiente, al capítulo sobre los efectos de la ley penal en cuanto al tiempo.[13]
2) En el segundo (no hay delito ni pena sin una ley escrita), significa que solo puede ser fuente del Derecho penal una ley *formalmente* tal, es decir, aquella que se ha formado de conformidad con los arts. 65 y siguientes de la C.P.R. Es, por lo tanto, una limitación dirigida al juez, que no puede buscar delitos y penas en el Derecho consuetudinario, incluyendo entre las últimas la agravación de las mismas. De él se trata en los apartados siguientes de este capítulo.
3) En el tercer sentido, por último, (no hay delito ni pena sin una ley estricta) el principio expresa una exigencia de *taxatividad* y, consiguientemente, una prohibición de *integración analógica*, estrechamente vinculada con el aspecto anterior,[14] pues si se prohíbe al juez recurrir a cualquier clase de normas que no estén contenidas en una ley formal, con mayor razón ha de vedársele la creación de ellas mediante un razonamiento analógico.

---

9 Cfr. MAURACH–ZIPF, I, § 8, V, números marginales 33 y sigts., págs. 135 y sigs. Véase, asimismo, ARTHUR KAUFFMANN, *Analogía y naturaleza de las cosas*, traducción de Enrique Barros, Santiago, 1976, págs. 35 y sigts., en sentido crítico.

10 Infra, § 10. I.

11 MAURACH–ZIPF, I, § 8, V, número marginal 34, pág. 136.

12 Ídem.

13 Infra, § 10.

14 En el mismo sentido, MAURACH–ZIPF, I, § 8, número marginal 37, pág. 137.

Por este motivo, el estudio detallado de este aspecto debiera efectuarse también dentro del presente capítulo. Sin embargo, a causa de su íntima relación con los problemas relativos a la *interpretación de la ley penal* –a la cual, en rigor, no pertenece, pero de algunas de cuyas formas es necesario delimitarlo– se lo tratará en ese lugar.[15]

JESCHECK-WEIGEND atribuye al principio un cuarto significado: *nullum crimen sine lege certa,* de acuerdo con el cual se exige a la ley penal el máximo de *determinación.*[16] Es así, en efecto: "los tipos penales deben estar redactados del modo más preciso posible, evitando emplear conceptos indeterminados, imponiendo consecuencias jurídicas inequívocas y conteniendo únicamente marcos penales de extensión limitada".[17] Sin embargo, esta exigencia de determinación está ya implícita en la prohibición de analogía (*nullum crimen sine lege stricta*) porque esta solo cumplirá su función de garantía si la descripción legal de los delitos y la conminación legal de las penas es precisa e inequívoca.

El principio de legalidad se encontraba consagrado en el art. 11 de la C.P.E. de 1833 y de la de 1925, que ha sido reemplazado por los incs. octavo y noveno del número 3° del art. 19 de la C.P.R. de 1980, con arreglo a los cuales "ningún delito se castigará con otra pena que la que señala una ley promulgada con anterioridad a su perpetración a menos que una nueva favorezca al afectado" (*nulla poena sine lege*) y "ninguna ley podrá establecer penas sin que la conducta que sanciona esté expresamente descrita en ella (*nullum crimen sine lege*). La primera de estas disposiciones se reitera, además, en el art. 18 del C.P. y ambas en el 1° inc. primero de ese mismo cuerpo legal.

El art. 11 de la C.P.E. de 1925 establecía que "nadie puede ser condenado, si no es juzgado legalmente y en virtud de una ley promulgada antes del hecho sobre que recae el juicio". La nueva redacción mejora en varios aspectos la formulación del principio, separándolo del *nulla poena sine iudicio,* distinguiendo el

15 Infra, 8, VI. Entre nosotros, en cambio, tratan del problema en el capítulo destinado a las fuentes del Derecho penal, COUSIÑO, I, § 21, págs. 88 y sigts.: LABATUT, I, 44, págs. 74 y sigs. Por su parte, NOVOA, I, 102 y sigts., págs. 146 y sigts., le reserva un capítulo especial inmediatamente después del destinado a la interpretación. Como aquí, BULLEMORE–MACKINNON, I, pág. 156; ETCHEBERRY, I, págs. 75 y sigs.; GARRIDO, I, 2, págs. 30 y sigs.; POLITOFF, 4, § 1, págs. 95 y sigs. POLITOFF–MATUS–RAMÍREZ, 4, § 1, págs. 99 y sigts.

16 JESCHECK–WEIGEND, § 15, III, pág. 146.

17 JESCHECK–WEIGEND, ídem. Con mucho detalle JAKOBS, 4, números marginales 11 y sigts., págs. 88 y sigts.

nulla poena del *nullum crimen* y consagrando de manera expresa la retroactividad de la ley más favorable al imputado.[18] Su texto, no obstante, excluye todavía la reserva de las medidas de seguridad y corrección, lo cual, atendido el estado actual de la cuestión, es poco deseable.[19]

II. LA LEY COMO ÚNICA FUENTE INMEDIATA DEL DERECHO PENAL

De acuerdo con lo expuesto,[20] solo *puede ser fuente del Derecho penal una ley propiamente tal, esto es, aquella que se ha formado con sujeción a las normas constitucionales sobre la materia*[21] (ley en el sentido del art. 1° del C.C.).

Esta exigencia, fundada en la teoría del contrato social, conserva todo su valor para el Estado Democrático de Derecho. En efecto, si ese Estado abriga la pretensión de crear el espacio más amplio posible para la convivencia y conciliación de quienes piensan y creen cosas distintas, es necesario que las prohibiciones y mandatos penales procedan de aquel de los poderes cuya configuración, por ser la más pluralista, otorga más posibilidades de expresión a los "diferentes", ofreciéndoles una oportunidad de negociar sus contenidos y límites. Allí, en efecto, los puntos de vista de las mayorías o de los grupos dominantes tienen que concertarse, siquiera en parte, con los de las minorías y los conglomerados menos poderosos. Y esta pareciera ser hasta ahora la única forma conocida de obtener algún acuerdo razonable para mantener al Derecho penal, hasta donde sea posible, su carácter de *ultima ratio*, esto es, de instrumento subsidiario al cual solo se acude cuando otros mejores han fracasado en la tarea de ordenar la convivencia[22];

---

18 Se muestra dudoso de sus ventajas, ETCHEBERRY, I, págs. 68 y 69, quien cree que las nuevas formulaciones presentan "un aspecto mejor y otro peor" con respecto a la de la regla en la C.P.R. de 1925. Sin embargo, sus inquietudes no se han visto confirmadas por la práctica legislativa y judicial y existe en cambio una tendencia a dar más respeto al principio de legalidad con arreglo al nuevo texto constitucional que el que se le otorgaba durante la vigencia de la normativa derogada.

19 Véase, por todos, OLIVIER, *op. cit.*, III, 4, págs. 149 y sigs. Asimismo, infra, § 10, III, con algún detalle.

20 Supra, I, b) 2).

21 Los autores alemanes, de acuerdo con su legislación son, a este respecto, menos estrictos. Véase, por todos, JAKOBS, 4, número marginal 11, pág. 88.

22 MUÑOZ CONDE, *Introducción,* II, págs. 58 y sigts. y, en especial, la exposición en págs. 79 y sigs. Véase también supra, § 3 III.

pues, en efecto, mediante tal expediente se asegura que la *necesidad social* de la pena sea ponderada y luego declarada por una representación proporcional de la comunidad a la cual afectará.[23]

A este respecto debe tenerse presente que la ley en sentido estricto es fuente de Derecho punitivo, aunque no revista carácter penal expreso. Por supuesto, toda ley que establece un delito y le impone una pena es una ley penal, pero en las que forman parte de otros ordenamientos pueden encontrarse disposiciones que producen también efectos en el campo punitivo. El art. 129 del C.P.P., por ejemplo, admite la detención por "cualquier persona" en caso de flagrancia. Esto es una consecuencia de la *unidad del ordenamiento jurídico,* conforme al cual la esencia de cada una de sus ramas solo puede ser aprehendida mediante una referencia al contexto de que forma parte. Y debe acentuárselo porque, tal como muchas veces se incurre en la tentación de trasladar superficialmente a otros campos los conceptos pertenecientes a una de ellas,[24] es frecuente también olvidar sus relaciones, sobre todo cuando estas son menos evidentes que en los ejemplos propuestos.

a) No son leyes en sentido estricto y, *por consiguiente, no constituyen fuentes del Derecho penal los decretos con fuerza de ley*, esto es, aquellas manifestaciones de la potestad normativa del Poder Ejecutivo que, en virtud de una delegación de facultades realizada por el Legislativo, regulan materias propias de una ley.

La posibilidad de efectuar esta clase de delegaciones era cuestionada en general cuando regía el texto original de la C.P.E. de 1925.[25] La opinión prevalente las consideraba inconstitucionales y "desaconsejables políticamente".[26] Sin embargo, como esa Carta Fundamental no se refería al asunto –aunque de su historia se desprendía que tal silencio implicaba una desautorización–,[27] era posible abrigar alguna duda o eludir un pronunciamiento como en verdad lo hizo constantemente la jurisprudencia.[28] La reforma de este texto constitucional, que entró en vigencia el 4 de noviembre de 1970 (Ley 17.984) puso fin al debate. Por un lado, el art. 44 Nº 15 permitía expresamente que el Poder Legislativo hiciera delegaciones de sus facultades respecto de ciertas materias. Por el otro, en la enumeración que se hacía de estas últimas no se incluían (con *toda razón*) las de

23 CURY, *La ley penal en blanco, cit*, 4, págs. 18 y sigts., con detalle y bibliografía.

24 Supra, § 4, III.

25 Véase detalladamente NOVOA, I, 90, págs.124 y sigts.

26 NOVOA, I, 90, pág. 126. En el mismo sentido ETCHEBERRY, 1ª edición, I, págs. 61 y sigts.

27 NOVOA, I, 90, págs. 124 y 125.

28 Al respecto, ETCHEBERRY, DPJ, I, 3, págs. 16 y sigts.

carácter penal. A partir de ese momento, la cuestión quedó zanjada, haciéndose patente la inconstitucionalidad de los D.F.L. que crean delitos e imponen penas. Tanto más cuanto que la norma "previene expresamente que la delegación *no podrá* referirse a materias comprendidas en las garantías constitucionales (con ciertas excepciones que no se extienden al principio de reserva ni a las garantías procesales-penales)".[29] La solución aparece aún más enfatizada en el art. 64 inc. segundo de la C.P.R. de 1980, en donde la prohibición de que la autorización se extienda a materias comprendidas por las garantías constitucionales no reconoce ahora excepción alguna.

A pesar de todo, ni la doctrina ni la jurisprudencia se inclinan a una solución radical del problema que implicaría la declaración de inconstitucionalidad de cada una de las normas penales contenidas en D.F.L. Esa actitud se funda, sobre todo, en consideraciones de carácter práctico. Por una parte, la Corte Suprema sostuvo que decisiones de esa clase importarían una invasión de las atribuciones de los otros poderes del Estado;[30] por la otra, se temía privar de vigencia a normas más o menos complejas que regulan actividades de interés social considerable[31] y cuya sustitución importaría trastornos de toda índole.

En mi opinión, ambos argumentos son insatisfactorios, y es de esperar que esta irregularidad sea subsanada por el Tribunal Constitucional, cuyas facultades, contenidas ahora en los arts. 92 y sigts. de la C.P.R., lo habilitan para hacerlo, ponga término a esta irregularidad que la Corte Suprema no supo –o no quiso– enfrentar. Solo una concepción anacrónica del principio de separación de los Poderes del Estado podría apreciar en eso una infracción de sus consecuencias; pues para el Estado de Derecho contemporáneo ese principio no excluye, sino que presupone una interrelación constante entre dichos poderes y, así precisamente, la limitación de cada uno por los otros, en un juego de constante equilibrio y ajuste. Lo cierto es que la Corte Suprema, escudada por lo general en consideraciones formales, renunció una y otra vez a participar en esa delicada tarea, declinando de tal manera quizás la parte más importante de su función social. Por eso, con toda razón esta le fue retirada y transferida al Tribunal Constitucional, que es de esperar la cumpla con mayor fortaleza y acuciosidad, como en principio pareciera dispuesto a hacerlo.[32]

---

29 ETCHEBERRY, I, pág. 80; GARRIDO I, 6, pág. 89.

30 ETCHEBERRY, *op.* y *loc. cits.*; NOVOA, I, 90, pág. 126.

31 ETCHEBERRY, *op.* y *loc. cits.*

32 Sobre lo que fue la argumentación de los tribunales ordinarios en casos específicos que le fueron sometidos, ETCHEBERRY, D.P.J., I, 3, págs. 5 y 6 y IV, 483, pág. 1. Como en el texto, POLITOFF, I, pág. 82.

Por lo que se refiere a las dificultades que generaría la declaración de inconstitucionalidad de aquellos DFL que infringen el *nulla poena*, creo que se las magnifica. Ella provocaría, por supuesto, algún desorden y el riesgo de una actitud consistente del Tribunal Constitucional lo aumentará cada vez más al declarar sucesivamente inaplicables y posteriormente inconstitucionales los DFL viciosos. Pero un peligro como ese es saludable, pues fortalece el llamado de atención que se dirige a los Poderes comprometidos, induciéndolos a regularizar con prontitud la situación anómala a la que se trata de poner fin.

b) Tampoco son *leyes en sentido estricto y, por lo tanto, no constituyen fuente regular del Derecho penal los decretos leyes,* esto es, aquellas normas dictadas por el gobierno de hecho durante un período de crisis constitucional, en el que los órganos del Poder Legislativo han cesado de funcionar.

Con todo, el problema que se presenta aquí es distinto del que plantean los DFL pues, como observa ETCHEBERRY,[33] en este caso no se trata de enjuiciar la constitucionalidad de tales disposiciones porque ellas son, justamente, el producto de una situación en la que el orden constitucional se ha derrumbado y la Carta Fundamental no rige, de suerte que tampoco es posible vulnerarla.

Lo que ocurre es que en tales períodos existen de todas maneras unas relaciones sociales a las cuales es preciso regular, y quienes detentan el poder tienen que hacerlo mediante actos anómalos cuya vigencia solo depende de la medida en que las autoridades de hecho están en condiciones de imponerlos coactivamente. Por lo tanto, su imperio es una cuestión de hecho que, como tal, no admite una valoración jurídica. Mientras persiste la situación irregular, esta clase de preceptos se cumplen o no, pero su validez está fuera de discusión, puesto que no hay una Norma Fundamental con la cual contrastarlos.

La cuestión surge cuando se restablece el orden institucional, pues entonces sí es necesario evaluar el conjunto de los actos realizados por la administración *de facto*, incluidos los DL de que se sirvió para ordenar las relaciones sociales mientras ostentaba el poder.[34]

De acuerdo con lo expuesto, el principio ha de ser que los DL carecen de *existencia* en cuanto normas y, por consiguiente, sus mandatos y prohibiciones cesan de surtir efectos cuando desaparece la autoridad de hecho que le otorgaba la coactividad en que se basaba su imperio. Lo cierto es que, sin embargo, sobre todo cuando el período de anormalidad ha sido prolongado, las relaciones sociales

33 ETCHEBERRY, I, pág. 82.

34 En el mismo sentido ETCHEBERRY, *loc. cit.*

ordenadas por esas disposiciones pueden ser numerosas y estar entrecruzadas de tal manera con las que se rigieron por normas jurídicas auténticas que resulta imposible separar las unas de las otras. Por esta razón la conducta legislativa más sana consistiría en efectuar un examen conjunto de los DL, descartando sin más todos aquellos cuyo desconocimiento no provoque problemas y formalizando los restantes mediante un procedimiento jurídicamente (constitucionalmente) establecido. Mientras esto último no ocurra, aquellos que han creado delitos y consagrado las penas correspondientes no deben, en mi opinión, recibir aplicación.

La doctrina dominante ha operado aquí con un criterio semejante al que justifica la vigencia de los DFL. Los DL, incluso aquellos que versan sobre materias penales, siguen siendo aplicados después de que concluye la situación anormal, con el pretexto de evitar problemas prácticos.[35] Es verdad que en este caso el argumento se funda en hechos más complejos, lo cual acentúa su realismo. Aun así, creo que también aquí una actitud enérgica del órgano jurisdiccional competente contribuiría a una regularización satisfactoria de la situación. Y esto no con el objeto de abogar por un formalismo vacío, sino a causa de que en estas materias el imperio de las formas es muchas veces la única garantía de seguridad jurídica; por eso, habituarse a prestarles acatamiento puede ser fundamental para la preservación de la Libertad.

III. LAS FUENTES MEDIATAS DEL DERECHO PENAL

Lo expuesto en el párrafo anterior no excluye la posibilidad de que puedan ser *fuentes mediatas* del Derecho penal otros actos legislativos cuya jerarquía es inferior a la ley en sentido estricto, y aun el Derecho consuetudinario. Esto ocurre, en primer lugar, cuando el precepto punitivo se remite a ordenamientos distintos cuya materia es susceptible de ser regulada en parte por *decretos, reglamentos, ordenanzas* o, incluso, por la *costumbre*. Asimismo, cuando emplea conceptos procedentes de otros ámbitos jurídicos, cuyo sentido exacto está determinado hasta cierto punto por disposiciones contenidas en normas de menor nivel.[36]

Ejemplos de estas situaciones se encuentran en los arts. 483 y 483 b del C.P. –que, por lo demás, son muy reprobables desde el punto de vista técnico y político

35 Sobre los distintos argumentos que se invocan según las circunstancias, permite formarse una opinión ETCHEBERRY, *DPJ*, I, 2, págs. 2 a 5.

36 En este caso, no por la costumbre. Véase, infra, a).

criminal–[37] los cuales aluden reiteradamente a nociones propias del Derecho mercantil. Como el art. 4º del Código de comercio establece que "las costumbres mercantiles suplen el silencio de la ley", puede ocurrir que la aplicación de los preceptos aludidos dependa en definitiva de una norma consuetudinaria. Otro tanto cabe afirmar del art. 197 inc. segundo del C.P., en donde se sanciona la falsificación de instrumentos privados mercantiles; pues si "por obra de la costumbre comercial surgiera en nuestro país un documento mercantil diverso de aquellos que están expresamente contemplados en la legislación comercial escrita", su falsificación debería castigarse con arreglo a esta disposición, cuya pena es más severa que la contemplada para la falsedad de un instrumento privado cualquiera, la cual requiere, además, que se haya producido un perjuicio para tercero.[38] Por otra parte, el art. 248 del C.P. es uno de los muchos y muy variados que pueden citarse en los cuales un decreto, reglamento u ordenanza puede determinar el contenido de la ley penal y, así, actuar como fuente mediata del Derecho punitivo. En efecto, allí se castiga al "empleado público que solicitare o aceptare recibir mayores derechos de los que le están señalados por razón de su cargo, o un beneficio económico o de otra naturaleza, para sí o un tercero para ejecutar o por haber ejecutado un acto propio de su cargo en razón del cual no le están señalados derechos". Ahora bien, el carácter de "actos propios de su cargo" a que se refiere este precepto puede encontrarse establecido en un decreto supremo como, por ejemplo, el que contiene el reglamento del respectivo servicio, y lo mismo vale para lo referente a la determinación de los derechos que le pueden corresponder al funcionario.

En realidad, los casos en que el decreto, reglamento u ordenanza cumple una función más ostentosa como fuente mediata del Derecho penal, son los de las *leyes penales en blanco,* a las cuales por esto mismo –y a causa de los problemas especiales que suscitan– he destinado un tratamiento separado en el apartado siguiente. Sin embargo, esto no significa que esas sean necesariamente las hipótesis más importantes en que se presenta tal situación.

SCHMIDHÄUSER opina que la costumbre nunca puede ser fuente del Derecho penal en el sentido de fundamentar una pena. A su juicio, quienes sostienen otro criterio confunden este problema con el del valor vinculante de una interpretación de la ley existente por una jurisprudencia y doctrina constante.[39] Pero lo último no es realmente

37 Cfr. ETCHEBERRY, III, págs. 473 y sigts. y, especialmente, pág. 475.

38 NOVOA, I, 85, pág. 119.

39 SCHMIDHÄUSER, § 5, 7, pág, 68.

una costumbre, pues esta supone un consenso sostenido del grupo social, que bien puede ser antagónico con el punto de vista dominante en los tribunales y la literatura.

En nuestro ordenamiento este argumento de SCHMIDHÄUSER es plenamente válido cuando no existe una remisión expresa de la ley a la disposición consuetudinaria. En el caso contrario, no obstante, la costumbre adquiere el carácter de fuente mediata del Derecho penal, aun para los efectos de fundamentar la pena, atendido lo dispuesto en el art. 2° del C.C. Por tal razón, en estas últimas situaciones lo decisivo para la resolución del tribunal no es la opinión uniforme de la jurisprudencia o la doctrina, sino *lo que en la comunidad se ha tenido durante largo tiempo por jurídicamente válido.*

b) Es muy discutida la cuestión relativa a si la costumbre puede derogar la norma punitiva cuando esta cae en desuso.[40] En mi opinión, eso no es posible.[41] Es verdad que en la práctica son numerosas las leyes penales que cesan de recibir aplicación y son incluso olvidadas por los tribunales y la literatura. Así, ellas carecen en rigor de eficacia práctica. Pero por eso no pierden también la *vigencia jurídica.* Quienes sostienen otra cosa ignoran la distinción entre los planos del *ser* y el *deber ser* que, si bien no conviene exagerar hasta convertirlos en mundos incomunicados, no puede sino ser reconocida como existente. La disposición punitiva en desuso sigue rigiendo las situaciones para las que fue dada, aunque *de hecho* no se las aplique y, por lo tanto, no llegue a conformar ni siquiera parcialmente la realidad con su pretensión reguladora. No obstante, si después de mucho tiempo un tribunal la reencuentra y somete a ella su decisión, no violará el principio de legalidad. Por supuesto, en una hipótesis como esa existirán grandes probabilidades de que el autor se halle en *error de prohibición* y, por consiguiente, exculpado, pero esto nada dice sobre la vigencia general de la ley, pues solo se refiere al reproche personal que puede dirigirse al sujeto por su infracción.

c) Las causales de justificación pueden encontrar su fundamento en la costumbre[42] y también en un simple decreto u ordenanza. Ello es así en virtud de la unidad del ordenamiento jurídico en general.[43] Además, el reconocimiento de esta posibilidad permite que la legislación positiva se haga permeable a los nuevos intereses y valoraciones que se desarrollan incesantemente en la sociedad. Es precisamente por este conducto que cobra importancia práctica el concepto de la *antijuridicidad material* y se evita la rigidización del catálogo de causales de justificación.[44]

---

40 Así SCHMIDHÄUSER, *op.* y *loc. cit.*, categóricamente.

41 En este sentido MAYER, pág. 31, nota de pie de página 50.

42 Así también NOVOA, I, 85, pág. 120.

43 Supra, § 3, III, a).

44 JESCHECK, § 24, 3, b), pág. 212; ROXIN, § 14, número marginal 9, pág. 560; infra, § 22, IV.

Por el contrario, los casos de inimputabilidad y exculpación deben encontrarse formalmente establecidos en la ley.[45]

En atención al carácter especialmente riguroso que se reconoce al Derecho penal, es preciso tener en cuenta, en todo caso, que el reconocimiento de estas fuentes mediatas de sus normas debe efectuarse en forma limitada.

En cuanto a la *jurisprudencia* y la *doctrina*, jamás constituyen una fuente mediata o inmediata del ordenamiento punitivo, aunque son auxiliares valiosos en la interpretación de la ley.

Respecto de la jurisprudencia, la cuestión actualmente es objeto de controversia. Toda una corriente teórica estima, en efecto, que la norma general se concreta en la resolución jurídica específica, y es en ella en donde adquiere vigencia efectiva. El asunto, cuya exposición pormenorizada escapa a los límites de esta exposición, dista de ser académico. Sobre esa base puede afirmarse incluso la irretroactividad de la aplicación de las resoluciones judiciales que alteran sustancialmente el contenido atribuido a una ley por la jurisprudencia constante.[46]

Finalmente, tampoco la llamada "ley del contrato" puede constituirse en fuente del Derecho penal. En consecuencia, carecen de eficacia las cláusulas en virtud de las cuales uno o ambos contratantes se someten a la imposición de una pena penal en caso de incumplir las obligaciones contraídas en el pacto.[47]

IV. LAS LEYES PENALES EN BLANCO

Ley penal en blanco es aquella que determina la sanción y la acción u omisión a la que bajo determinados presupuestos se impondrá, pero abandona la precisión de estos últimos a una norma distinta.[48]

---

45 En el mismo sentido NOVOA, I, 85, pág. 120.

46 Así, V STRASSBURG, *Recchwirkungsverbot und Anderung der Rechtsprechung im Strafrecht,* cit, III, 4, b), págs. 965 y 966. Al respecto, véase infra, § 10, II, h); contra ROXIN, § 5, número marginal 59, págs. 165 y 166, con bibliografía.

47 Así la escasa jurisprudencia sobre el punto. Véase ETCHEBERRY, *DPJ,* I, 1, págs. 1 y 2.

48 Una exposición detallada sobre mis puntos de vista en esta materia puede encontrarse en CURY, *Contribución al estudio de las leyes penales en blanco,* en *Derecho penal y criminología,* vol. 1, N° 4°, Bogotá, noviembre de 1978, págs. 7 y sigts. y *La ley penal en blanco, cit.,*

Este concepto es parcialmente distinto del que suele encontrarse en la literatura nacional,[49] sobre todo porque contiene la exigencia de que la ley en blanco determine, en general, cuál será la acción u omisión que en ciertas circunstancias especiales se castigará, y porque entre las de esta clase incluye leyes penales cuyo blanco es cerrado por normas procedentes de la misma instancia legislativa. Los motivos de estas dos particularidades, una de las cuales, cuando menos, se encuentra ahora impuesta constitucionalmente, se encontrarán en los párrafos siguientes.[50]

A) Fundamento del empleo de las leyes penales en blanco

Para apreciar los problemas planteados por las leyes penales en blanco, es preciso tener presente, ante todo, los fundamentos de su empleo en las legislaciones. Pues, en principio, sería deseable que el contenido de toda disposición punitiva se encontrase en ella misma, sin que fuese necesario acudir a otras normas, incluso de jerarquía inferior, para complementarla. Pero en la actualidad eso es imposible y lo seguirá siendo más y más en el futuro, a medida que se extiende la protección penal de bienes jurídicos cuya consistencia depende de relaciones cambiantes, porque se hayan sujetos a la compleja dinámica de la vida contemporánea.

Así pues, es necesario acudir a una ley penal en blanco, en primer lugar, cuando el legislador advierte que la materia sobre la cual versan las prohibiciones y mandatos puede experimentar cambios sucesivos, acelerados e impredecibles, a causa de que se encuentra referida a relaciones complejas y muy sensibles a las variaciones de situaciones diversas e independientes. Este es, por ejemplo, el caso de las normas que sancionan delitos tales como los cambiarios, los tributarios (delitos fiscales) y otros semejantes. Del mismo modo, se requiere también de una ley en blanco cuando se estima oportuno amenazar con la misma pena una

---

passim. Un análisis reciente de esta clase de legislación y su problemática en MAGDALENA OSSANDÓN, *La formulación de tipos penales. Valoración crítica de los instrumentos de técnica legislativa,* Editorial Jurídica de Chile, Santiago, 2009, V, 173 y sigts., págs. 161 y sigts.

49 Véase, por todos, COUSIÑO, I, § 19, pág. 83; LABATUT, I, 43, pág. 40. Como en el texto, sin embargo, BULLEMORE–MACKINNON, I, págs. 133 y sigts.; 71 ETCHEBERRY, I, págs. 83 y sigs.; GARRIDO, I, 6, I, d), págs. 89 y 90; POLITOFF, 4, § 1, B, a) págs. 101 y 102; POLITOFF–MATUS–RAMÍREZ, I, págs. 98 y sigts.

50 Como se deduce de la bibliografía citada en la nota precedente, el criterio expuesto en el texto ha llegado a ser dominante en la literatura y, asimismo, en la jurisprudencia. A este último respecto, véase la exposición de POLITOFF, 4, § 1, B, a), págs. 104 y 105.

variedad de conductas, normadas orgánicamente en un texto legal extrapenal o, de manera dispersa, en varios de ellos.

El legislador debe cuidarse, sin embargo, de la tentación de echar mano a leyes penales en blanco para castigar, sin residuo, todas las infracciones a las normas reglamentarias o legales que regulan una institución, actividad o relación. Esto suele conducir a un desperdicio deteriorante del instrumento punitivo. Además, a injusticias, pues el desvalor de los distintos ilícitos alcanzados por la sanción es, a menudo, diferente, y esta disparidad no puede ser aprehendida por la ley en blanco, salvo si acude a una inaceptable indeterminación de la pena. La economía legislativa no debe confundirse con la pereza ni con el afán reprobable de castigarlo todo.

Las situaciones descritas precedentemente son las únicas en las que debe recurrirse al procedimiento de dictar leyes en blanco.

b) Clasificación de las leyes penales en blanco

Es bastante frecuente en la literatura distinguir las leyes penales en blanco propias de las impropias. Al primer grupo pertenecen aquellas en que "el complemento se halla contenido en otra ley, pero emanada de otra instancia legislativa".[51] Al segundo, las que están contempladas por una ley distinta, pero de igual o superior jerarquía. De acuerdo con este criterio, las únicas que presentan auténticos problemas son las leyes en blanco "propias". Las "impropias", por el contrario, son una simple aplicación de técnicas legislativas sin gran trascendencia práctica.[52]

En mi opinión, este punto de vista es incorrecto.

Desde luego, la mayor parte de los problemas técnicos generados por la ley en blanco se presentan tanto cuando el complemento se encuentra abandonado a una norma del mismo rango, como cuando se lo confía a una instancia legislativa de jerarquía inferior. Así, por ejemplo, los que surgen si la disposición complementaria no se dicta o se deroga después de que la ley en blanco ha entrado en vigencia[53] y los que provoca su modificación.

51 MEZGER, I, § 24, III, pág. 397.

52 JIMÉNEZ DE ASÚA, II, § 618, págs. 449 y sigts.; NOVOA, I, 83, pág. 118, quien ni siquiera aprecia una ley en blanco cuando se trata de las impropias. Como en el texto, BULLEMORE–MACKINNON, I, págs. 134. Con reservas, COUSIÑO, I, § 19, pág. 86.

53 En el mismo sentido COUSIÑO, I, § 19, pág. 86, nota 8.

De igual manera, los suscitados por el error de prohibición que recae sobre el contenido o la existencia del precepto complementario son semejantes en ambos casos, aun cuando exista la posibilidad de solucionarlos en forma diferente.[54]

Pero, además, contra lo que parece ser la opinión dominante entre nosotros, también puede ponerse en duda que en las llamadas leyes en blanco impropias el *nulla poena* esté completamente a salvo, en especial cuando la disposición complementaria se encuentra en una norma extrapenal. En efecto, a esas leyes no se les exige una determinación rigurosa del hecho que sancionan, como la que se espera de las punitivas. Más bien, se piensa que técnicamente es deseable acentuar su generalidad, evitando así lagunas en la regulación de la institución respectiva. Por otra parte, si a pesar de todo se presentan algunos vacíos, el juez cuenta con la posibilidad de recurrir a la analogía y otros medios de integración para superarlos, cosa que el Derecho penal no admite, excepto dentro de límites circunscritos.[55] Todo esto complica la interpretación y aplicación de la ley penal en blanco impropia, poniendo también en peligro el principio de reserva.

En realidad, cuando se sostiene que las leyes en blanco "impropias" constituyen un puro arbitrio técnico, no se tiene en cuenta el verdadero significado del principio de legalidad. Como este es una premisa válida para todo el sistema de normas punitivas, las condiciona no solo en cuanto les exige formas más precisas sino, sustantivamente, porque las somete a un régimen de interpretación más estricto que circunscribe la materia de sus mandatos y prohibiciones. Por consiguiente, cuando una ley penal remite la determinación de estos últimos a disposiciones situadas en otros ámbitos del ordenamiento, introduce un cuerpo extraño en la estructura del Derecho criminal que provoca inevitablemente dificultades a su organización y funcionamiento.[56]

El hecho de que el precepto complementario proceda formalmente de la misma instancia legislativa *no es, pues, decisivo* y, a mi juicio, las leyes penales en blanco de ambas categorías deben ser examinadas conjuntamente; sin perjuicio, claro está, de acentuar las diferencias cuando lo exija la naturaleza de las cosas.

---

54 Infra, § 28.

55 Infra, § 8, IV, c) y VI.

56 Con detalle, CURY, *La ley penal en blanco, cit.*, 10, a), págs. 40 y *sigts*. Véase también OSSANDON, *op. cit.*, V, 186, págs. 166.

Las leyes en blanco impropias pueden ser, a su vez, con *reenvío interno* (el complemento se confía a otro artículo del mismo texto legal) o *externo* (la disposición complementaria se encuentra en otra ley formal). Unas y otras generan problemas semejantes,[57] aunque cuando la remisión se efectúe entre disposiciones de una normativa prevalentemente penal (Código penal o leyes complementarias del mismo) las dificultades se atenúan.

c) Las leyes penales en blanco y el principio de legalidad

Como ya se ha dicho, el problema principal (no el único) suscitado por las leyes penales en blanco se refiere a su constitucionalidad[58] o, dicho de manera más general, a su compatibilidad con el principio *nulla poena*. En efecto, la cuestión consiste en decidir si esas normas satisfacen la exigencia de que las conductas delictivas deben encontrarse descritas y las penas correspondientes establecidas en una ley penal previa, escrita y estricta. Para esto, no basta verificar que ellas constituyen una necesidad impuesta por la realidad legislativa de nuestra época,[59] pues de eso a lo sumo podría deducirse que es preciso consagrarlas, *aunque vulneren el principio de reserva*, pero no que se adecuen a sus exigencias.

Para una parte de la literatura el problema es más aparente que real, pues desde que la ley penal en blanco se remite al precepto complementario, el contenido de este se incorpora al de aquella, integrándose a su estructura y adquiriendo su mismo rango y calidad. Por consiguiente, el principio *nulla poena* permanece a salvo: las leyes penales en blanco solo constituyen una excepción "aparente" a su vigencia.[60]

Este criterio, que desde el punto de vista lógico parece impecable, en mi opinión se encuentra sometido a reparos materiales y prácticos, aparte de que

---

57 Ídem. Otra opinión en SCHMIDHÄUSER, §3, 47, pág. 91. Asimismo, antes, CURY, 1ª, I, 7, IV, b), pág. 135.

58 ETCHEBERRY, I, págs. 84 y sigts.

59 Supra, a).

60 COUSIÑO, I, § 19, págs. 83 y 85; MEZGER, I, § 24, III, pág. 397: "Desde el punto de vista penal *es irrelevante* esta especial forma de legislación penal en blanco". "El necesario 'complemento' es siempre parte integrante del tipo. Pero el tipo ya *completado* cumple exactamente las mismas funciones que en los casos normales, sobre todo en lo que concierne a su significación como fundamento de la antijuridicidad y como objeto de referencia de la culpabilidad pena". En el mismo sentido, pero con limitaciones impuestas por el sistema penal alemán, JESCHECK–WEIGEND, § 12, III, 2, pág. 118.

en el presente no podría compatibilizárselo con la disposición del art. 19 Nº 3º inc. noveno de la C.P.R. de 1980.[61]

El principal consiste en que de esta manera el *nulla poena* se formaliza de tal manera que cesa de cumplir la función de garantía en la cual radica su fundamento. En efecto, el principio de reserva tiene por objeto primordial asegurar que los ciudadanos sepan con tanta precisión y claridad como sea posible cuáles son las conductas cuya ejecución u omisión, según el caso, trae aparejada la imposición de una pena. Para que cumpla ese cometido, la ley debe proporcionar los antecedentes necesarios sobre lo que es mandado o prohibido, pues solo de ese modo el súbdito está enterado de lo que puede hacer o abstenerse de hacer. Al *nulla poena* no le basta con que una ley haya erigido ciertas conductas en delitos, si no da cuenta al mismo tiempo de cuáles son ellas mediante una descripción por lo menos de sus rasgos esenciales. Por cierto, esto puede hacerlo también remitiéndose a esquemas trazados en otros textos legales, incluso de jerarquía inferior, pero siempre que ellos satisfagan los requisitos indispensables para dar certeza a los destinatarios respecto a lo que está impuesto o vedado. Por esto, nadie aceptaría una ley en blanco que amenazara con una pena a quien infrinja "cualquier disposición contenida en un decreto supremo del Presidente de la República", a causa de que significaría crear un desconcierto general sobre la consistencia de los ilícitos punibles; y, sin embargo, también en este caso podría afirmarse que la excepción al *nulla poena* solo es aparente, pues existe una ley "previa, escrita y estricta" que al referirse a ellos en esa forma incorpora a su contenido el de todos los decretos supremos que haya dictado el Presidente de la República.

El propio COUSIÑO, no obstante sostener el criterio a que me estoy refiriendo, subraya que el "verdadero reparo" a las leyes penales en blanco está en la incertidumbre en que dejan a los habitantes sobre la licitud o ilicitud de sus actos.[62] Pero, siendo así, el principio de reserva no puede considerarse servido solo porque "el precepto o hipótesis de hecho siempre tiene un origen legal, aunque se lo defina en documentos administrativos, dictados mediante autorización de la ley".[63]

61 Debe precisarse que la opinión de COUSIÑO a que remite la nota anterior fue expuesta antes de la aprobación de este nuevo texto constitucional.

62 COUSIÑO, I, § 19, pág. 85.

63 Ídem.

Tampoco es aceptable resignarse a la evidencia de que la ley en blanco constituye una "clase especial" de leyes penales que *"no satisfacen totalmente las exigencias"* del *nulla poena.*[64] Puesto que este se encuentra consagrado en la Carta Fundamental, una ley que *no lo satisfaga totalmente* debe considerarse, sin más, inconstitucional.

El problema es actualmente más agudo, porque el inc. noveno del N° 3° del art. 19 de la C.P.R. pareciera vedar la posibilidad de consagrar una ley penal en blanco. En efecto, con arreglo a esa disposición "ninguna ley podrá establecer penas sin que la *conducta* que se sanciona esté *expresamente descrita en ella"*; y esto, naturalmente sugiere la idea de que se halla prohibida para esos efectos la remisión a otras disposiciones, sobre todo si ellas son de una jerarquía inferior. Este criterio, por otra parte, fue defendido por una apreciable mayoría de los miembros de la Comisión que redactó el proyecto de Constitución, de conformidad con cuyo punto de vista la disposición tenía por objeto y significaba la proscripción de toda ley penal en blanco.[65]

En mi opinión, este es uno de aquellos casos en que la voluntad del autor de la ley no coincide con la de esta última, pues el inc. noveno del N° 3° del art. 19 de la C.P.R. de 1980 no excluye la posibilidad de sancionar una ley en blanco sino que solo la limita, subrayando más bien el *principio de tipicidad.*[66] Pero no cabe duda de que frente al tenor de este precepto es preciso enfatizar las exigencias que deben dirigirse a las leyes en blanco si se quiere preservar su constitucionalidad.

A mi juicio, para alcanzar una solución satisfactoria es preciso contemplar las leyes en blanco a la luz de las exigencias materiales que yacen en la esencia del principio *nulla poena.* Esto significa que *ese género de disposiciones solo es constitucionalmente aceptable cuando reúne características capaces de asegurar al ciudadano el conocimiento cabal de los mandatos y prohibiciones protegidos por una pena penal; así como que el núcleo de estos ha sido decidido inmediatamente por los representantes de la voluntad soberana del pueblo,* para lo cual, en cumplimiento del mandato expreso contenido en el art. 19 N° 3° inc. noveno de la C.P.R., es preciso respetar ciertos requisitos que importan limitar el arbitrio del legislador al dictarlas.[67]

---

64 Así, no obstante, NOVOA, I, 83, pág. 117, a quien pertenece la cita del texto. (El énfasis es mío).

65 Actas oficiales de la Comisión de Estudio de la nueva Constitución, sesión 399, pág. 3151.

66 Infra, § 16, I.

67 Una exposición pormenorizada de estos requisitos en CURY, *Las leyes penales en blanco, cit.*, 17 a 29, págs. 68 a 105.

1) La ley penal en blanco tiene que describir inmediatamente *la acción u omisión* que bajo ciertos presupuestos puede llegar a ser sancionada con una pena, abandonando a la disposición complementaria solo la precisión de las condiciones en que ello ocurrirá.

Como se ha expresado, el fundamento práctico del *nulla poena* se encuentra en la necesidad de garantizar al ciudadano que lo amenazado con una sanción punitiva se hallará siempre determinado en una ley *formada* con arreglo a los procedimientos establecidos constitucionalmente a ese efecto y que ha recibido la publicidad consiguiente. Sin embargo, la ley puede cumplir dicha función sin establecer por sí misma una descripción pormenorizada de las circunstancias en que la acción u omisión dada será objeto de castigo. Para ello le basta con alertar al ciudadano sobre el hecho de que tal o cual acción u omisión puede llegar a estar sancionada con una pena si se la realiza bajo ciertos presupuestos que se encuentran precisados o llegarán a estarlo en una norma distinta, de igual o inferior jerarquía.

Esta "puesta en guardia" es, además, una conminación a informarse sobre la norma complementaria, cuyo contenido, por otra parte, queda de esa manera rigurosamente circunscrito, de suerte que no podría sorprender al súbdito. De este modo, por último, se satisface la exigencia del art. 19 N° 3°, inc. noveno de la C.P.R., con arreglo al cual la *conducta* –pero no necesariamente los presupuestos de su punibilidad– debe estar *expresamente* –pero no necesariamente de manera agotadora– descrita en la propia ley que consagra la pena respectiva.[68]

Cuando, por el contrario, el blanco de la ley se extiende incluso a la acción u omisión respectiva, de manera que ella se limita a castigar la infracción de ciertas disposiciones contenidas en otras leyes, su adecuación al *nulla poena* y, por ende, su constitucionalidad, son cuestionables. Con este procedimiento, efectivamente, se deja al ciudadano en la incertidumbre sobre lo que puede o no hacer. Y eso no es así debido a que si el complemento se encuentra en un precepto de jerarquía legislativa inferior cesa de regir a su respecto la presunción de conocimiento de la ley[69] –cosa que no me parece del todo exacta–,[70] sino que se debe a consideraciones que afectan a toda disposición de reenvío, cualquiera sea su origen.

68 Respecto del grado de precisión que se debe exigir a la descripción de la conducta CURY, *La ley penal en blanco, cit.* 18, págs. 68 y sigts.

69 Así COUSIÑO, I, § 19, pág. 85.

70 Infra, § 28.

El reparo principal deriva de que, en atención a su finalidad y funciones, las disposiciones extrapenales no describen conductas, sino que se limitan a establecer reglas de cuyo cumplimiento dependen la validez o los efectos jurídicos de los actos o situaciones a que se refieren. A causa de esto su infracción suele adoptar una multiplicidad de formas insospechadas, muchas de las cuales surgirán además de interpretaciones que, siendo legítimas en su contexto, no lo son cuando se trata de establecer el sentido de un precepto punitivo, porque crean una zona de incertidumbre, sometiendo la libertad de los ciudadanos a un riesgo insuperable.

Un ejemplo de las consecuencias aberrantes a que puede conducir una ley en blanco de esa clase, no obstante servirse de un reenvío interno, lo proporciona el art. 125 de la Ley General de Ferrocarriles, de conformidad con la cual "las infracciones" de esa ley "cometidas con voluntad criminal (¡) que no tengan pena especial señalada, serán castigadas con *presidio menor en grado máximo* y multa...por denuncia de los inspectores, de los pasajeros o a solicitud del ministerio público". No se necesita ahondar en la interpretación de semejante disposición para comprender que con arreglo a ella cualquiera puede estar expuesto a la imposición de una pena privativa de libertad severa por haber incurrido en el quebrantamiento de regulaciones triviales del tráfico ferroviario, cuya extensión y significado son prácticamente ininteligibles para el ciudadano ajeno a esa actividad.

El hecho de que la ley formal no necesita determinar todos los detalles del hecho punible se deduce también de la historia del art. 19 Nº 3º inc. noveno (antiguo inc. octavo) de la C.P.R. En efecto, con arreglo a las actas de la comisión que redactó el proyecto, la norma originalmente disponía que "ninguna ley podrá establecer penas sin que la conducta que se sanciona esté *completa* y expresamente descrita en ella". No se conocen los motivos por los cuales el texto fue modificado y adoptó la redacción actual, pero es evidente que en esta se abandonó la exigencia de la que la descripción fuese, además de expresa, *completa,* lo cual dejó abierta la posibilidad de que se consagren leyes en blanco.

2) *Cuando la ley en blanco se remite a una norma legislativa de inferior jerarquía debe determinar por* sí misma la pena *aplicable;* a aquella solo puede abandonar la precisión de las circunstancias bajo las cuales la conducta será castigada.

Este asunto es debatido.[71] En mi opinión, sin embargo, no debiera prestarse a dudas.

---

71 Véase, por todos, JIMÉNEZ DE ASÚA, II, § 618, e) pág. 353; así también LABATUT, I, 43, pág. 40; como en el texto POLITOFF, 4, § 1, A), págs. 105 y 106.

En primer lugar, no existen motivos prácticos que justifiquen una renuncia del legislador a precisar por sí mismo los marcos penales correspondientes a cada delito. Que la descripción de una parte del tipo sea confiada a órganos legislativos más ágiles puede comprenderse porque, como se explicó, las circunstancias de las cuales depende el desvalor de una conducta suelen ser mudables y su determinación legal complicada, de manera que no existe otro recurso viable para hacerse cargo de ellas. Los límites de la pena amenazada, en cambio, pueden ser establecidos por el legislador en forma de habilitar a la jurisprudencia para hacerse cargo de las modificaciones que experimenta la valoración social de los comportamientos incriminados, conservando, con todo, incólume la garantía de que en ningún caso la sanción a la cual está expuesto el ciudadano podrá sobrepasar ciertos márgenes o adoptar formas insospechadas.

No obstante, el peor reparo que puede dirigirse al empleo de este procedimiento radica en que cuando la ley remite la facultad de establecer las penas a una instancia legislativa de jerarquía inferior, no dispone de recurso alguno para precaver excesos y arbitrariedades.

Para evaluar el riesgo que significa entregar a una autoridad administrativa la facultad de precisar la pena, es necesario tener en cuenta que esta, aun con las mejores intenciones, suelen ser proclive a efectuar inconvenientes despliegues de severidad. Esto obedece en parte a que a menudo se encuentran demasiado próximas a los efectos inmediatos de la conducta reprobada, a causa de lo cual se inclinan a magnificarla; además, a que por la inversa, carecen de perspectiva suficiente para apreciar la globalidad de las valoraciones ejecutadas por el legislador y, por consiguiente, de las proporciones que recíprocamente debe guardar entre sí; en fin, a que la índole de sus funciones las inclina a conceder excesiva importancia a la prevención general disuasiva descuidando, en cambio, las otras misiones de la pena y su incidencia en la determinación de sus magnitudes relativas.

CASABÓ ha sugerido que quizás en estos casos la seguridad jurídica quedaría a salvo si la ley cuida de "señalar los límites máximos" para la pena a determinar.[72] Pero esto es incierto pues, o bien el límite se coloca demasiado alto, y entonces el margen de elección es tan amplio que la restricción no constituye garantía para el súbdito, o bien se lo sitúa muy abajo, y en ese caso parece inútil entregar una posibilidad de alternativa a la administración, cuando sería preferible ofrecerla directamente a la judicatura mediante el establecimiento de un marco penal flexible.

72 CASABÓ RUIZ, en CÓRDOBA RODA y RODRÍGUEZ MOURULLO, II, 23, 1, pág. 29.

Todas estas consideraciones, en suma, conducen a mi juicio a impugnar la constitucionalidad de estas leyes penales en blanco "al revés",[73] pues constituyen una infracción a los fundamentos materiales del *nulla poena*. Finalmente, debe tenerse en cuenta que en el art. 19 Nº 3º inc. octavo de la C.P.R., en donde se consagra el principio, su vigencia se afirma de manera absoluta: toda pena debe estar "señalada" *en una ley*.

3) *Las disposiciones complementarias de la ley penal en blanco deben recibir una publicidad semejante a la de esta, aun cuando se encuentren consagradas en un instrumento legislativo de jerarquía inferior que, en otras circunstancias, no estaría sometido a ese trámite*. En la práctica esto significa que deben ser publicadas en el Diario Oficial.

Como es evidente, solo de esta manera cobra sentido la advertencia contenida en la ley en blanco, franqueando al ciudadano la posibilidad de informarse por los conductos en que acostumbra hacerlo sobre cuáles son las formas de la conducta prohibidas y permitidas respectivamente.[74]

4) El órgano al cual se confía la dictación del precepto complementario ha de tener una potestad extendida a todo el territorio sobre el que rige la ley nacional.

Este criterio debe estimarse válido por lo menos en los Estados unitarios, así como en aquellos que, no obstante su organización federal, confían la dictación de las leyes penales solo al Poder Legislativo central. En ellos, efectivamente, los ciudadanos están acostumbrados a que los mandatos o prohibiciones cuya infracción se amenaza con una sanción penal rijan sobre la totalidad del territorio nacional, de suerte que dondequiera se hallen, las cosas que pueden o no hacer son las mismas o, por lo menos, han sido determinadas por una misma autoridad legislativa con unidad de criterio. Por consiguiente, la ley los sorprende de manera inaceptable cuando entrega la facultad de llenar el blanco a organismos administrativos o legislativos regionales, provinciales, departamentales, comunales o de cualquier otra índole semejante, pues eso significa exponerlos a encontrarse con

---

73 Con este nombre las designa JIMÉNEZ DE ASÚA, II, § 618, e), pág. 353. Asimismo, COUSIÑO, I, § 19, pág. 85; ETCHEBERRY, I, pág. 86, el cual, al parecer, las considera también inaceptables; como en el texto, OSSANDON, *op. cit.* V, 200, pág. 173: JEAN PIERRE MATUS, *La ley penal y su interpretación*, Ediciones jurídicas Congreso, Santiago, 1994, 7.3.1, pág. 184.

74 En el mismo sentido COUSIÑO, I, § 19, pág. 85; ETCHEBERRY, I, pág. 86; POLITOFF, 4, § 1, a), pág. 105.

la extraordinaria situación de que en ciertos lugares del país se considera delito lo que en otros está permitido y viceversa.

Por cierto, nada obsta a que en determinadas circunstancias el legislador atienda a las peculiaridades de una zona determinada y consagre la tipicidad de una conducta solo cuando se la ejecute dentro de ella. De hecho, este recurso suele emplearse con relativa frecuencia. Pero ese procedimiento es distinto de una ley penal en blanco que, al remitirse a disposiciones emanadas de instancias legislativas territorialmente circunscritas, incorpora un contenido variable, cuyo sentido se altera cada vez que el ciudadano traspone determinados límites regionales. Así, por ejemplo, no hay inconveniente para que la norma castigue al que trafique con una cierta sustancia en aquellas zonas del país que un decreto del Presidente de la República precisará. En cambio, es intolerable la ley que sanciona a quien ejerce el comercio ambulante infringiendo los reglamente dictados al respecto por las municipalidades. Mientras en el primer caso los súbditos saben con exactitud, tan pronto se dicte el decreto supremo, que la conducta descrita puede ejecutarse en algunos lugares y se encuentra prohibida en otros, así como cuáles son estos, en el segundo pueden enfrentarse, estupefactos, al hecho de que precisan conocer centenares de reglamentos para saber lo que va siendo permitido a medida que se desplazan por distintas comunas del país.

Con arreglo a lo expuesto, también es inadmisible la ley en blanco que abandona el complemento a "una orden que obliga la conducta de un sujeto determinado en un caso concreto".[75] Esta situación involucra, más que una violación al *nullum crimen,* una infracción al principio de igualdad ante la ley consagrado en el art. 19 Nº 2º de la C.P.R.; al respecto, existe unanimidad de pareceres.[76]

Aunque el asunto se ha discutido poco, en general parece haber acuerdo para aceptar que el complemento de la ley en blanco se encuentre en una ley extranjera.[77] O –cosa que en el presente puede llegar a ser más frecuente– en normas internacionales con vigencia

75 MAGGIORE, I, pág. 148.

76 NOVOA, I, 83, pág. 118. aunque comparte la afirmación, no le atribuye las consecuencias destacadas en el texto. Pero esto se debe a que interpreta el concepto de "orden" en una forma distinta, como se deduce de los ejemplos que propone. Sobre lo que se entiende por una orden, véase RAFAEL MACKAY, *El delito de desobediencia en el Código de justicia militar de Chile,* Santiago, 1965, 50, págs. 103 y sigts.; asimismo, infra, § 29, III, d).

77 Así, MEZGER, I, 24, III, pág. 397.

supraestatal[78]. Con todo, es preciso enfatizar que en tales casos la ley en blanco solo cobrará vigencia plena una vez que la ley extranjera o internacional a la cual se remite haya recibido la publicidad interna correspondiente, de conformidad a lo expuesto supra 3).

Lo expresado en el párrafo anterior vale, asimismo, para aquellos casos en que la ley en blanco se remite a un tratado, en cuyo caso requiere, además, el cumplimiento de los otros requisitos establecidos constitucionalmente para la vigencia de dicho instrumento en el territorio de la República.

5) *Puesto que el contenido de la disposición complementaria integra el tipo de la ley en blanco, rige para ella la exigencia de determinación del hecho.*[79] Es decir, ella debe precisar tanto como le sea posible los contornos de lo que está prohibido, describiéndolo, conjuntamente con la ley en blanco, de manera pormenorizada. Asimismo, debe someterse a los límites que le han sido fijados por la norma en blanco en relación con la extensión de la prohibición o mandato, y por la naturaleza del bien jurídico al que aquella tiene por objeto dar protección, especialmente cuando emana de una instancia legislativa de inferior jerarquía.[80]

Con respecto a los problemas de interpretación de la ley en blanco y su complemento, infra, § 8, VII. Sobre sus efectos temporales, infra. § 10 II, f), *in fine.*

78 Supra, § 1, I, c). Una exposición sobre el desarrollo de esta clase de normas y su creciente importancia para el Derecho penal del futuro, en JESCHECK–WEIGEND, § 2, I, 2, págs. 11 a 13, y § 14, págs. 126 y sigts.

79 Infra, § 16, III, b), ff).

80 Mayores precisiones en CURY, *La ley penal en blanco, cit*, 22 a 26, págs. 88 y sigts.

§ 8. INTERPRETACIÓN DE LA LEY PENAL

I. CONCEPTO DE INTERPRETACIÓN EN GENERAL

a) Interpretar, en sentido estricto, significa *comprender*, esto es, "*un proceso espiritual [...] mediante el cual un espíritu pensante responde al mensaje de otro espíritu, que le habla a través de formas representativas*".[81]

Conforme a esto, la interpretación es una forma de conocimiento que presenta la particularidad de suponer tres términos: a) la manifestación espiritual, b) la forma representativa a través de la cual aquella se exterioriza y c) el intérprete. Esto provoca enormes dificultades, sobre todo porque la manifestación espiritual cuyo sentido se trata de aprehender solo es accesible al intérprete a través de la *intermediación* de la forma representativa empleada para expresarla (lenguaje oral o escrito, lenguaje musical, representación plástica, actuación, etc.). La posibilidad de comprensión de aquella está determinada por la mayor o menor perfección del instrumento empleado a fin de exteriorizarla, y por la mayor o menor corrección con que su autor se haya valido de él. Un lenguaje de cualquier índole absolutamente preciso es una pura utopía y, a causa de ello, las interpretaciones de un mismo texto suelen ser contrastantes y, además, muy a menudo ocurre que lo *manifestado* difiere de lo *pensado* por el autor, cosa que tratándose de la interpretación de la ley suscita grandes problemas, viéndose aún más complicado por otras peculiaridades de ella.[82]

Con arreglo a lo expuesto, la interpretación en sentido riguroso solo comparece cuando se trata de "saber" el sentido de una manifestación del espíritu humano. Los procesos puramente causales que ocurren en la naturaleza se conocen, pero no requieren ser interpretados. Salvo, por supuesto, que se les atribuya un significado como expresiones de un "espíritu universal", según sucede con las corrientes de pensamiento panteístas. Pero la discusión de esos puntos de vista escapa a la presente exposición. En lo demás, solo en sentido metafórico puede hablarse de una "interpretación" de fenómenos causales.

---

81 EMILIO BETTI, *Teoría generale della interpretazione, Milano*, 1955, I, págs. 88 y sigts.

82 Infra, II, c).

Vale la pena subrayar que, en contraste con lo que a menudo se cree entre los jóvenes juristas, las leyes son únicamente unas de entre las múltiples manifestaciones del espíritu humano que necesitan ser interpretadas.[83] No solo los textos sagrados de las distintas religiones, las obras literarias, científicas y filosóficas y las de arte en general tienen que ser "entendidos", sino también los acontecimientos históricos o la conducta práctica de un hombre cualquiera.

b) La interpretación en general puede clasificarse, atendiendo a su finalidad, en *cognoscitiva, reproductiva* y *normativa.*[84]. La primera únicamente tiene por objeto la comprensión del sentido de la manifestación espiritual para el solo efecto de su conocimiento exacto, como ocurre, por ejemplo, con la interpretación filológica y la histórica; la segunda implica "hacer entender" a otros, mediante la re-presentación de la manifestación espiritual realizada por el intérprete como intermediario (interpretación musical, teatral, etc.); la tercera obedece a la finalidad de entender para mantener la vigencia de una norma de conducta (mandato o prohibición) destinada a la regulación de los valores imperantes en una sociedad (interpretación teológica, jurídica, ética, estética, etc.).

Naturalmente la interpretación de la ley en vigor es *normativa* y constituye el motivo de nuestro interés actual. Sin embargo, puede haber también una interpretación de la ley puramente cognoscitiva cuando se trata de precisar el sentido de las normas de un sistema jurídico histórico, como por ejemplo el del Derecho romano. Que la metodología aplicable en uno y otro caso ha de ser distinta debiera resultar más evidente de lo que suele serlo en la práctica docente de esas disciplinas.

II. LA INTERPRETACIÓN DE LA LEY EN GENERAL

a) De acuerdo con lo expuesto, interpretar la ley significa comprenderla.

Procurando precisar algo más esta idea, en nuestro medio suele afirmarse que la interpretación de la ley implica fijar "su sentido y alcance". En mi opinión, esta formulación no es del todo afortunada, porque supone desdoblar una actividad que, por su

83 Lo destaca SCHMIDHÄUSER, § 5, 29, pág. 80.

84 BETTI, *op. cit.*, I, 21°, págs. 347 y sigs. El autor denomina a la primera interpretación "*meramente ricognitiva*", término que es más expresivo que el empleado en el texto, pero, por desgracia, carece de un correlato exacto en lengua española.

naturaleza solo puede realizarse en forma *indivisible*. Lo que pareciera sugerir es que la interpretación debe determinar el contenido normativo de la disposición y la extensión de los casos a los cuales se propone afectar con sus mandatos o prohibiciones. Pero estas dos operaciones se hallan en una relación de independencia tan inextricable que no es posible independizarlas ni siquiera conceptualmente. Un mandato o prohibición solo tiene "sentido" en cuanto se encuentra referido a cierto círculo de casos, de tal modo que la precisión del "alcance" de la ley es precondición para el establecimiento de su significado. Por eso aquí he preferido prescindir de la definición tradicional que, según temo, se presta además para esquematismos y simplificaciones inconvenientes.

Como la vigencia misma de cualquier ley depende de su comprensión, ya que solo después de ella los destinatarios estarán en situación de acatarla y/o aplicarla, la teoría de la interpretación de la ley excede con mucho el campo del Derecho penal. Pero como, a su vez, la interpretación de la ley penal se rige en lo fundamental por los mismos principios que los de la ley en general, resulta indispensable hacer aquí algunas precisiones que permitirán entender mejor varias de las peculiaridades referentes a la comprensión de las disposiciones penales en particular.

b) Como ya se ha dicho en el apartado anterior, la *aplicación* de la ley *presupone su interpretación*.[85] Es decir, que solo cuando el sentido de la norma (general) se ha precisado es posible decidir si es apropiada al caso concreto que se trata de resolver y cómo lo soluciona.[86]

Contra esta opinión se ha sostenido que, en el caso de leyes con un sentido perfectamente claro, la interpretación es innecesaria y la aplicación puede efectuarse de inmediato.[87] Pero el error de este criterio salta a la vista si se piensa que ya para afirmar la "claridad" de una disposición ha sido preciso interpretarlo, pues solo después de haberla comprendido se puede decir de ella que su sentido es fácilmente accesible. Además, tal punto de vista no tiene en cuenta las dificultades que plantea

85 COUSIÑO, i, § 23, págs. 97 y 98; ETCHEBERRY, I, pág. 97; GARRIDO, I, 6, III, págs. 91 y 92; GARCÍA MAYNES, *Lógica del raciocinio jurídico*, México–Buenos Aires, 1964, pág. 32; LABATUT, I, 97, pág. 45; POLITOFF, 4, § 2 pág. 119.

86 ROXIN, § 5, número marginal 28, pág. 148: "El legislador crea con el tenor literal de un precepto un marco de regulación que es rellenado y concretado por el juez". "La verdad es que siempre sucede que el contenido de un precepto penal solo es "determinado", en el sentido de una claridad excluyente de dudas, mediante la interpretación judicial".

87 NOVOA, I, 94, págs. 131 y 132.

la comunicación lingüística, lo cual ha sido destacado con cada vez mayor énfasis por los cultores de la filosofía del leguaje. Por supuesto, hay casos en que la tarea hermenéutica parece sencilla, de suerte que aparentemente el sentido del precepto se aprehende con tanta rapidez que simula no requerir esfuerzo de comprensión alguno. Pero esto no pasa de ser una apariencia engañosa, pues hasta en los casos extremos –y, por cierto, más bien raros– en los que ocurre así, el entendimiento depende de un acervo cultural adquirido previamente por el intérprete, el cual es puesto al servicio de la comprensión en forma automática, pero siempre es susceptible de ser distinguido y reconocido como anterior al acto de aplicación.

Así pues, *toda ley necesita ser interpretada,* pues solo después de ello puede aplicársela habilitándola para cumplir su función de regular la vida social.

En algunos períodos históricos se ha producido una tendencia a combatir la interpretación de manera radical, prohibiéndosela incluso en forma expresa, como lo hizo JUSTINIANO respecto al *Digesto.* Muchos siglos más tarde BECCARIA la impugnó desde un punto de vista teórico, sosteniendo que "la autoridad de interpretar las leyes penales [no] puede residir en los jueces de lo criminal, por la misma razón de que no son legisladores".[88] Por este motivo exigían que el magistrado se limitara a efectuar un silogismo perfecto en el que la premisa mayor debía ser la ley general; la menor, la acción conforme o no con la ley, y la consecuencia la libertad o pena, pues consideraba que "cuando el juez sea constreñido, o cuando quiera hacer aunque sea dos silogismos, se abre la puerta a la incertidumbre".[89]

Es curioso verificar que este tipo de opiniones se genera en consideraciones políticas antagónicas. En efecto, la prohibición de interpretar el Digesto o el disgusto de Napoleón al conocer los primeros comentarios al Código Civil francés,[90] se fundan en el temor del autócrata de ver debilitada su autoridad por los resultados de la tarea hermenéutica. Al contrario, la concepción de BECCARIA está inspirada en el deseo de impedir que una "justicia de gabinete", puesta al servicio del poder, desnaturalice las expresiones de la voluntad soberana manifestada por intermedio de la representación legislativa. En ambas situaciones se espera preservar por este medio el imperio de la voluntad de un legislador a cuya declaración se atribuye la capacidad de mantener por sí sola un tipo de organización social en la cual se advierten ventajas aparentemente insuperables.

---

88 BECCARIA, IV, pág. 75.

89 BECCARIA, IV, pág. 76.

90 Cfr. SOLER, *Interpretación de la ley,* Barcelona, 1962, I, pág. 8, que alude también a la prohibición de interpretar el Código de Baviera.

Prescindiendo por ahora de consideraciones materiales sobre la validez y practicabilidad de tal pretensión,[91] lo cierto es que esta resulta insostenible incluso desde el punto de vista formal. En efecto, si se acepta una proposición como la de BECCARIA, se tropezará con la dificultad de que para establecer correctamente la relación entre la premisa mayor (la ley) y la menor (el caso concreto sometido a la decisión) es imprescindible *comprender* el sentido de aquella y, como se ha procurado demostrar más arriba, el solo esfuerzo por lograr ese objetivo implica ya un acto de *interpretación*. Una norma que no ha sido interpretada no puede ser aplicada, sencillamente porque no es conocida, y es imposible hacer imperar aquello cuyo significado "no se sabe".

c) Como todo lo que se ha de interpretar, la ley es una manifestación espiritual que se ha realizado a través de una forma representativa, la cual, en este caso concreto, consiste en el *lenguaje escrito*. De acuerdo con lo que se ha expresado al respecto, esta intermediación inevitable de dichas formas representativas entre el autor y el destinatario crea dificultades considerables para la inteligencia exacta del sentido que se trata de comprender;[92] y a causa de las particularidades que rodean la generación de la norma jurídica, estas se ven acrecentadas. En efecto, al menos actualmente las leyes no son jamás la creación de una voluntad individual. En el proceso de su gestación interviene una pluralidad de organismos (oficinas de la Administración dependientes del Ejecutivo, Parlamento, etc.) que, a su vez, están compuestas por un número creciente de personas. Como se ha señalado con razón,[93] incluso aquellos que en el seno de los cuerpos colegiados votaron en contra de lo aprobado por la mayoría contribuyeron, no obstante, a la formación del precepto porque, aun con su disidencia, permitieron que la voluntad de la organización se expresara contando con el *quorum* necesario para ello. Si se piensa además que las palabras –contra lo que se creyó alguna vez– en pocas oportunidades –o, probablemente, nunca– tienen un significado unívoco (cosa que se agrava aún más al incorporarlas a la contextualidad de una frase), se verán las enormes dificultades que existen para determinar el contenido del mensaje que pretendía trasmitir ese ente ideal y multifacético al cual en el presente denominamos *legislador* (en el sentido de *autor de la ley*). ¿Qué es lo que se ha mandado? ¿Lo que deseaba el Presidente de la República o un parlamentario

91 Sobre ello véase una discusión sucinta infra, c), especialmente, aa).

92 Supra, I, a).

93 COUSIÑO, I, § 25, págs. 99 y 100; GUSTAV RADBRUCH, *Filosofía del Derecho,* Madrid, 1959, § 5, pág. 147.

cualquiera cuando pidió a sus colaboradores que elaboraran el proyecto? ¿Lo que entendieron y procuraron expresar estos últimos en el texto redactado por ellos? ¿Lo que aquellos congresales que votaron favorablemente la proposición estaban pensando que se mandaba, supuesto incluso el caso improbable de que todos lo entendieran en la misma forma? He aquí, desordenadamente presentado, el cuadro de las dudas ante las cuales se encuentra el intérprete cuando aborda su tarea desde este ángulo.

Pero, aparte de todo esto, hay otro aspecto del asunto que lo complica aún más. El *ordenamiento jurídico,* como lo indica su nombre, constituye una totalidad orgánica de la que las distintas normas no son partes dispersas e independientes unas de otras, sino elementos que se articulan para la integración del *sistema.* Por lo tanto, una norma no puede entenderse rectamente si no se la aprecia en su posición dentro de esa estructura cuya naturaleza depende, desde luego, de las alteraciones que este pueda experimentar en el futuro a causa de la dictación de otras disposiciones que modifique su configuración. A diferencia de lo que ocurre –y solo hasta cierto punto– con el poeta y el filósofo que envían su mensaje aislado y sin otro propósito que el de comunicarlo a sus semejantes, el legislador, por lo mismo que pretende mandar o prohibir –esto es, regir la conducta de los participantes en la convivencia–, incorpora implícitamente a sus manifestaciones de voluntad todo el tejido normativo que en el momento de efectuarla impera ya que, incluso, todo el que, aun cuando principie a imperar más tarde, afectará por fuerza su contenido. De este modo, la interpretación de una ley nunca puede suponer solo la reconstrucción del pensamiento de su autor –el cual, por lo demás, como se ha visto, únicamente puede determinarse en forma relativa–, sino que debe hacerse cargo de las consecuencias que para la comprensión del texto tiene su situación en el sistema jurídico actual.

Una percepción quizás algo unilateral de estos problemas ha dado origen, a mi juicio, a la polémica entre las teoría *psicológica* o *subjetiva*, y *teleológica* u *objetiva* de la interpretación.

aa) De acuerdo a la teoría *subjetiva* o *psicológica*, la tarea del intérprete consiste en rehacer el pensamiento del legislador, en "repensar" lo querido por este en el momento en el que el precepto legal fue promulgado. Por consiguiente, la voluntad de la ley aparece, de acuerdo con este criterio, confundida con la del legislador. Lo que la ley quiere mandar o prohibir actualmente no es sino lo que su autor quería mandar o prohibir al promulgarla.

Este punto de vista imperó en la mayor parte de la doctrina en las postrimerías del siglo XVIII y durante la primera mitad del XIX. En parte se fundaba en consideraciones políticas semejantes a las de BECCARIA, esto es, en el temor de que el texto legal fuese desnaturalizado por los intérpretes con el pretexto de desentrañar su espíritu. Pero se basaba también, en parte quizás más importante, en el respeto que inspiraban los legisladores de la época que, según se suponía, habían satisfecho la esperanza utópica de convertir en ley positiva los dictados del Derecho natural racionalista.[94] La ley imperante estaba ahora en armonía perfecta con la exigencias impuestas por la naturaleza de las cosas; por esto, no sería admisible que su interpretación tuviera otro objetivo que el de reconstruir lo que habían pensado quienes habían hecho realidad ese milagro.[95]

La teoría subjetiva tropezó, desde luego, con todos los inconvenientes que existen para precisar aquello a lo cual se ha de tener por la voluntad del legislador y a los que se aludió más arriba. Pero parte de eso, fracasa también cuando intenta mantener vigente el sentido original de los mandatos y prohibiciones, prescindiendo de las alteraciones que implican no solo su inserción en el sistema sino, además, las modificaciones experimentadas por el conglomerado social al cual pretende regir. En este punto la ilusión de haber encontrado un ordenamiento perfecto de valores intemporales e inmutables tenía que conducir a consecuencias muy insatisfactorias, determinando una progresiva tensión entre las leyes y la realidad con una pérdida de la fe no solo en el Derecho positivo sino en el Derecho en su conjunto. Al final, los propios juristas, despojados ya de las convicciones iusnaturalistas que habían alentado a sus predecesores, se deslizarían durante todo el siglo XIX y el principio del XX hacia un positivismo exagerado en el cual las consideraciones de seguridad desplazaban por completo a las de justicia,[96] o bien hacia un "decisionismo" intuitivo y vacilante que al romper con la primacía de la ley sumergía al mundo de las relaciones jurídicas en la incertidumbre.[97]

bb) La teoría *objetiva* o *teleológica* sostiene que la interpretación tiene por objeto precisar la voluntad de la ley, patente en ella misma y con prescindencia de lo que pudo haber querido el legislador concreto. En palabras de RADBRUCH,

---

94 EBERHARD SCHMIDT, *La ley y los jueces,* en *Derecho injusto y Derecho nulo, cit.* págs. 29 y sigs.; SOLER, *Interpretación de la ley, cit.*, II, págs. 14 y sigts.

95 Este punto de vista continúa encontrando ardientes defensores en sectores del Derecho anglosajón que encuentran su expresión en los integrantes conservadores de la Corte Suprema de los Estados Unidos.

96 Sobre este aspecto del proceso, véase la exposición de E. SCHMIDT, *op.* y *loc. cits.* en nota 95.

97 Al respecto, con gran detalle y extensa crítica, SOLER, *interpretación de la ley, cit.* IV y sigts. págs, 31 y sigts.; *Las palabras de la ley*, México, 1969, VIII y sigts. págs. 72 y sigs.

uno de sus expositores clásicos, "la ciencia del Derecho es la ciencia del *sentido objetivo y no del subjetivo del Derecho*".[98] "No se propone, pues, la fijación del sentido pensado por el autor de la ley".[99] "El intérprete puede entender la ley mejor de lo que la entendieron sus creadores y la ley puede ser mucho más inteligente que su autor –es más, tiene que ser más inteligente–".[100] "De esta manera, no es la interpretación jurídica un pensar posterior de algo ya pensado, sino un pensar una idea hasta su último extremo".[101]

Esta determinación de la voluntad objetiva de las normas jurídicas presupone la de su *finalidad* (*telos*) pues es a partir de esta última es que se puede fijar aquella. El sentido de la ley, lo que ella "quiere", es dado por el *fin* que persigue, el cual debe deducirse no solo de su propio texto, sino de las ideas que informan el Derecho como unidad de significados valorativos. El punto de partida es proporcionado por la interpretación filológica del texto legal,[102] pero luego es preciso remontar por sobre ella en una labor creadora orientada al fin de la norma, la cual procura no solo precisar su voluntad sino, además, desarrollar sus posibilidades implícitas de acuerdo con las exigencias cambiantes de las circunstancias.

La teoría objetiva así entendida es dominante en la literatura comparada actual.[103] Sin embargo, no está exenta de reparos.

En primer lugar, es evidente que aun si se pretende tomar como base del proceso hermenéutico la ley en sí misma y no la voluntad de quienes la redactaron, no es posible prescindir de esta última ya que, a fin de cuentas, por lo menos la forma a través de la cual se expresa la disposición ha dependido de ella y del significado que le atribuía.[104] En tal sentido resultaba exagerada la anterior afirmación de MAURACH, según la cual "la interpretación *histórica* [...] ha pasado a ser un recurso de último grado".[105] No es posible, por cierto –como ya se ha explicado– identificar el sentido de la ley con la voluntad de los participantes en

98 RADBRUCH, *Filosofía del Derecho, cit.*, § 15, pág. 146.

99 RADBRUCH, *op, cit.*, § 15, pág. 148.

100 Ídem.

101 Ídem.

102 Ídem.

103 Véase por todos, aparte de RADBRUCH, ya citado, BAUMANN, § 13, I, 2, págs. 136 y sigs; COUSIÑO, I, § 25, págs. 99 y sigts.; ETCHEBERRY, I, págs. 98 y 99; MAURACH–ZIPF, I, § 9, II, 2) número marginal 22, pág. 151; MEZGER I, § 11, I, pág. 138; SCHMIDHÄUSER, § 5, 31, pág. 82; SCHÖNKE–SCHRÖDER, 2, 34 y sigts., págs. 62 y sigts. Indeciso GARRIDO, I, 6, III, págs. 93 y 94. Sobre la posición de ROXIN, véase infra, cc).

104 En este sentido también BETTI, *op. cit.*, II, págs. 816 y sigts.

105 MAURACH, I, § 9, B, pág. 107.

su creación, pero para fijar el significado propio de un precepto es indispensable hacerse cargo de lo que fue su intención, al menos en sus rasgos generales, ya que incluso solo así podrá verse el contraste entre uno y otra allí donde este existe. Es verdad que el proceso de establecimiento de la ley constituye nada más que uno de entre los varios factores que deben tenerse en cuenta para determinar el contenido de voluntad de esta, pero me parece excesivo reducirlo a la condición de elemento auxiliar de último rango. Lo importante no es minimizar su influencia como criterio de interpretación, sino distinguir con claridad su función instrumental de la calidad de meta única del proceso hermenéutico que le atribuyó la teoría subjetiva.

Asimismo, se ha observado que la teoría objetiva incurre en una petición de principios, pues pretende emplear el fin de la norma como guía de toda la actividad interpretativa, en circunstancias de que la determinación de ese fin solamente puede hacerse mediante una precisión del significado de los elementos que integran el precepto, lo cual presupone la interpretación.[106] La crítica, aun siendo exacta, puede ser superada, pues, como se ha destacado ya, esa finalidad puede obtenerse de una consideración más general, referida al contexto del ordenamiento jurídico y, en especial de los principios constitucionales que lo rigen,[107] a la cual puede relacionarse, para elevarlo a un plano valorativo el análisis "filológico" que sirve de punto de partida a la tarea del intérprete. Con este objeto, ya SCHLEIERMACHER había enfrentado esta dificultad resolviéndola, en opinión de DILTHEY, "de la manera más elegante". "Comenzaba con una sinopsis de la articulación, que se podía comparar a una lectura ligera; abarcaba la conexión entera, tanteando, aclaraba las dificultades y mantenía reflexivamente todos aquellos pasajes que suministraban un atisbo de la composición. Entonces empezaba propiamente la interpretación".[108] En esta forma, mediante un procedimiento de "ida y vuelta" que presentaba semejanzas con el de retroalimentación, superaba el obstáculo inicial. Naturalmente, la solución no es perfecta. Pero es que, como también destaca DILTHEY, "tropezamos aquí con los límites de toda interpretación que cumple su tarea solo hasta un cierto grado, de suerte que todo comprender es siempre relativo y jamás se puede agotar"[109].

---

106 Así, BAUMANN, § 13, I, 2, pág. 136, quien, sin embargo, admite también que se trata de una objeción superable.

107 En el mismo sentido BAUMANN, *op.* y *loc. cit.*

108 DILTHEY, *Orígenes de la hermenéutica,* en *Boletín de Investigaciones de la Facultad de Derecho de la Pontificia Universidad Católica de Chile,* N°s 46–47, Santiago, 1980, pág. 107.

109 Ídem.

cc) A mi juicio, siempre que se tengan en cuenta los alcances y las limitaciones expresadas en los apartados precedentes, *la interpretación de la ley debe realizarse con arreglo a un criterio mixto.*[110] El punto de partida de ella debe ser el *tenor literal* que es proporcionado por la consideración *gramatical* y *lingüística* de la norma y que traza los contornos de su sentido, los cuales no pueden ser sobrepasados por la tarea hermenéutica si no quiere transformarse en "creación libre" del Derecho, constitucionalmente vedada al intérprete y en especial al juez. Para la precisión de ese *tenor literal* brinda un apoyo invaluable la referencia a la "voluntad del autor de la ley", en la medida en que pueda ser establecida y que no resulte modificada por las alteraciones derivadas del progreso (la llamada interpretación *progresiva,* que hace posible la adecuación de las disposiciones a la evolución de la realidad). Este recurso a la interpretación "subjetiva" será posible en mayor medida tratándose de disposiciones recientes, respecto de las cuales la voluntad de su autor puede ser reconocida con mayor facilidad, sin perjuicio de las dificultades inevitables a que ya me he referido.[111] Cuando se trata de interpretar leyes antiguas, el único método hermenéutico posible es el *objetivo*; mediante él se puede vivificar una legislación a menudo obsoleta y cuyo tenor literal es extremadamente difícil de precisar, acudiendo únicamente a lo que pudieron ser los propósitos originales de un legislador cuyas huellas se han perdido en el pasado.

Lo expuesto significará que el ordenamiento jurídico se encuentre en un constante proceso de desarrollo, orientado por la tarea de los intérpretes; ello lo privará hasta cierto punto de la certeza a que aspiró la escuela exegética. Eso es inevitable. En una realidad en el que la individualidad solo puede trascender a través de las formas imperfectas del lenguaje, y que está sometida a un cambio permanente, las reglas destinadas a ordenar la conducta de los hombres no pueden estar dotadas de una transparencia total e imperturbable que asegure su fijeza.

d) A diferencia de lo que ocurre en otros ordenamientos jurídicos, en los que la manera de interpretar las leyes se halla abandonada a los criterios de la jurisprudencia, el nuestro dispone de un conjunto de reglas expresas sobre la materia en los arts. 19 a 24 del C.C., las cuales pretenden aplicación general para todo el ordenamiento jurídico, incluyendo las normas constitucionales y, por supuesto, también las penales.

---

110 En este sentido JESCHECK, § 17, IV, 2, págs. 167 y 168; ROXIN, § 5, V, 1, a), número marginal 32, págs. 150 y 151.

111 Supra, aa).

Estas disposiciones, que no se encontraban en el Código Civil francés, fueron tomadas por BELLO del de las Luisianas, el cual reproducía casi exactamente las fórmulas elaboradas por V. SAVIGNY y consideradas tradicionalmente como la expresión clásica del punto de vista psicológico o exegético. Por esto no es raro que durante todo el siglo XIX y la mitad del XX los juristas nacionales –en especial, los civilistas– hayan defendido el predominio de tal concepción en nuestro ordenamiento jurídico.[112]

Sin embargo, las investigaciones más recientes han mostrado que al efectuar el traslado a su proyecto, BELLO introdujo en los textos del modelo adoptado una serie de modificaciones que no solo alteraban su forma sino su contenido, alejándose del "canon" de V. SAVIGNY.[113] Así, por ejemplo –y aunque aquí es imposible hacerse cargo del asunto con la extensión que requeriría–, vale la pena hacer notar que en el art. 19 del C.C. el elemento gramatical ha dejado de ser un recurso para averiguar la voluntad del autor de la ley transformándose en un instrumento destinado a precisar el *sentido* de ella misma, entendido como manifestación literal de su propia voluntad. De la misma forma, en el inc. segundo de esa disposición la averiguación en torno a la "historia fidedigna" del establecimiento de la ley cumple también el papel de herramienta para la tarea de encontrar y fijar el *telos* de la norma (su "intención o espíritu"). Por consiguiente, es muy infortunado que una parte de la jurisprudencia prosiga considerando los arts. 19 y sigts. del C.C. como una extrapolación del "canon" de V. SAVIGNY a nuestro ordenamiento jurídico[114] y resolviendo los problemas exegéticos según puras fórmulas exegéticas.

e) La *interpretación* de la ley es algo distinto de su *integración,* no obstante lo cual es frecuente confundirlas, por lo menos en cuanto se incorporan al número de los recursos hermenéuticos algunos que en realidad son integrativos.

La *integración* de la ley tiene lugar cuando existe una *laguna legal*, esto es, cuando el ordenamiento jurídico positivo no contempla una disposición que resuelva en forma expresa el caso sometido a su decisión. En tales situaciones el juez debe, a pesar de todo, fallar el asunto que se le ha sometido, porque así lo dispone el art. 10 inc. segundo del C.O.T., para lo cual se encuentra en la

---

112 Cfr. DUCCI, *Interpretación jurídica,* Santiago, 1977, 66, págs. 97 y sigts.

113 Con detalle, DUCCI, *op. cit.*, 65, págs. 95 y sigts., si bien sus resultados son discutibles.

114 En el sentido del texto, la exposición de COUSIÑO, I, § 26, págs. 102 y sigts., así como su artículo sobre la *Interpretación de la ley penal en la dogmática chilena* en R.C.P., tomo XX, 1961, págs. 197 y sigs. Para un análisis más detallado de los arts. 19 y sigts., véase infra IV.

necesidad de *crear* una norma nueva que le dé solución. Por consiguiente, en esta clase de hipótesis no tiene lugar interpretación alguna,[115] puesto que no existe precepto cuyo sentido haya de averiguarse: el juez aquí integra el sistema con una regla que él formula y establece para el caso concreto.[116] El recurso a la *equidad natural* y al *espíritu general de la legislación* –del cual, como se precisará más adelante,[117] forma parte la *analogía*– es un instrumento propio de la integración, no de la hermenéutica.

Como lo expuesto presupone la existencia de lagunas legales que requieren de procedimiento integrativo, será rechazado por quienes consideran el ordenamiento jurídico positivo como una totalidad cerrada y carente de vacíos.[118] En este lugar es imposible detenerse sobre una consideración pormenorizada de este punto de vista y las críticas que se le han dirigido. Sin embargo, puede sostenerse con alguna certeza que en el presente la opinión predominante considera que el *Derecho*, entendido como algo más comprensivo que la *ley positiva,* carece de lagunas, pero, en cambio, que en esta última tales lagunas existen. La tarea integradora del juez consiste precisamente en cerrar los claros del ordenamiento legal acudiendo a materiales subyacentes a la idea del Derecho.

f) Atendiendo a quien la realiza la interpretación de la ley suele clasificarse en *auténtica* o *legislativa,* cuando la efectúa el propio legislador, *judicial* y *privada* o *doctrinaria.*

Esta clasificación ha sido objeto de críticas que, en lo esencial comparto, sobre todo porque existen formas de interpretación auténtica que no proceden del legislador[119] y, además, porque a lo largo de la historia sus distintos términos no siempre han podido diferenciarse con la precisión necesaria. Con todo, siendo de uso común en el campo de la docencia actual, prefiero echar mano de ella a fin de evitar innovaciones riesgosas en una materia que escapa al ámbito de mi competencia y en la cual es fácil inducir a confusión.

---

115 Salvo la que ha de hacerse para dar por establecido que ninguna de las disposiciones vigentes se refiere al caso en cuestión. Pero esto es otra cosa.

116 En el mismo sentido GARCÍA MAYNES, *op. cit.*, págs. 25 y 41.

117 Infra, VI, a).

118 Así los integrantes de la Escuela de Viena, encabezados por KELSEN. Véase, por todos, de este último, *Teoría pura del Derecho,* traducción de Moisés Nilve, Buenos Aires, 1960, X, 7, págs. 172 y sigts.

119 DUCCI, *op. cit.*, 18, págs. 40 y 41; GARRIDO, I, 6, IV, pág. 95.

aa) La interpretación es *auténtica* o *legislativa* cuando la efectúa el propio legislador en cuanto tal y, por consiguiente, *mediante una ley.*

bb) La interpretación es *judicial* cuando la realizan los tribunales en ejercicio de su potestad jurisdiccional, al resolver un caso concreto.

cc) La interpretación finalmente es *privada* o *doctrinal* cuando la realiza un particular, por lo común perteneciente a la profesión jurídica.

En los apartados siguientes los problemas relativos a la interpretación de la ley penal se examinan sistematizándolos sobre la base de esta clasificación. En el último de ellos, en cambio, se analizan ciertas cuestiones que yacen de lleno en el campo de la *integración*,[120] pero a las que he preferido asilar aquí a fin de conservar la unidad de la exposición.

III. LA INTERPRETACIÓN AUTÉNTICA DE LA LEY PENAL

De acuerdo con lo expuesto, la interpretación auténtica es la que realiza el legislador en cuanto tal mediante la dictación de una ley interpretativa. En atención a su origen, esta forma de interpretación es "generalmente obligatoria" (art. 3° inc. primero del C.C.) fijando, en consecuencia, el sentido de la ley en una forma que es vinculante para todos y en todo caso.

Aunque parece evidente no está de más subrayar que la interpretación solo es auténtica cuando se efectúa en una ley. Las opiniones privadas del autor de la ley quedan, pues, fuera de consideración.

La cuestión de si una ley es interpretativa o si, por el contrario, modifica, completa o deroga de manera tácita la pretendidamente interpretada *debe resolverse por los tribunales con un criterio material.*[121] Esto significa que una disposición puede ser considerada interpretativa, aunque formalmente no se atribuya ese carácter, cuando sea patente que su única finalidad radica en esclarecer y fijar el sentido de otra norma. A la inversa, la ley no es interpretativa, aunque se titule como tal si resulta que en realidad altera, extiende o hasta contradice el alcance de aquella a la que supuestamente se proponía interpretar. La opinión contraria,

120 Supra, e).
121 DUCCI, *op. cit.*, 22, pág. 48.

sostenida especialmente en el campo del Derecho civil, implica una concesión exagerada al positivismo extremo.

La C.S. se inclinó a una concepción material como la defendida aquí cuando resolvió que, para que la interpretación de una ley se estime dada por el legislador y adquiera caracteres de obligatoria, se requiere que aparezca en la ley interpretativa el espíritu de declarar el sentido de otra ley. Asimismo, la CA de Valparaíso acordó el carácter de interpretativa a la Ley 11.625, que hacía aplicable las agravantes de premeditación y alevosía al robo con homicidio, porque ya antes de su dictación esa posibilidad era discutida por la doctrina y la jurisprudencia, no obstante que el nuevo texto legal no se atribuía esa calidad.[122] Claramente se pronuncia por un criterio material la sentencia de la C.S. de 1971, según la cual, "para que una ley sea interpretativa no es preciso que lo diga en términos explícitos", aunque sí "que contenga un alcance, una explicación o aclaración de la ley que interpreta, de la cual se desprenda un propósito de aclarar el sentido de esta".[123]

Lo expuesto hasta ahora es aplicable en general a la interpretación auténtica de la ley penal. En cambio, con arreglo al punto de vista dominante, no es válida para ella la disposición contenida en el art. 9° inc. segundo del C.C., según la cual "las leyes que se limitan a declarar el sentido de otras leyes, se entenderán incorporadas a estas". Esto significaría atribuir a la ley interpretativa un efecto retroactivo inaceptable en atención a la vigencia constitucional del principio *nulla poena*.[124]

En mi opinión, este punto de vista es desacertado. Si la ley es en realidad interpretativa –o sea, si efectivamente no hace más que fijar el sentido de ella dentro de los marcos conceptuales preestablecidos– y si, además, la decisión sobre ese aspecto pertenece a los tribunales, no se divisa la forma en que su aplicación retroactiva vulneraría el principio de reserva, puesto que la interpretación efectuada por la ley *también hubiese podido ser realizada lícitamente por el juez*, aunque aquella no se hubiera dictado.[125] Esto último no es tomado en cuenta por

---

122 Cfr. ETCHEBERRY, DPJ, I, 6, págs. 13 y 14. ETCHEBERRY disiente del último de estos fallos, porque "en verdad nada en el texto de la Ley 11.625 permite colegir que se trata de una ley interpretativa, y ella da igualmente base para sostener el punto de vista opuesto" (*op.* y *loc. cit*, pág. 14).

123 ETCHEBERRY, DPJ, IV, 486, pág. 5.

124 COUSIÑO, I, § 28, A, a) pág. 105; DUCCI, *op. cit.*, 28 y sigts., pág. 52 y 53; ETCHEBERRY, I, pág. 102; POLITOFF, 4, § 2, pág. 125; POLITOF–MATUS–RAMÍREZ, I, pág. 111.

125 Así también GARRIDO, I, 6, IV, pág. 95; NOVOA, I, 95, pág; SOLER, I, 14, IV, pág. 136.

COUSIÑO, ETCHEBERRY y POLITOFF-MATUS-RAMÍREZ, cuando distinguen entre una interpretación más gravosa y más favorable para el imputado.[126] Si la ley interpretativa se ha limitado a fijar uno de los varios sentidos que era posible atribuirle ya a la interpretada según su contenido preexistente, no se percibe cómo podría llegar a ser "favorable" o "gravosa" para el autor; se hace más, ya no es una ley interpretativa.

IV. INTERPRETACIÓN JUDICIAL DE LA LEY PENAL

a) La interpretación judicial de la ley es aquella que realizan los tribunales en el ejercicio de sus facultades jurisdiccionales. No solo se expresa, pues, en las conclusiones que integran la parte dispositiva de los fallos, sino también, de manera más explícita y extendida, en las consideraciones de los mismos. Sin embargo, cuando exista una contradicción entre esas dos partes de una sentencia debe entenderse, a mi juicio, que la interpretación judicial definitiva se encuentra asilada en la parte resolutiva, en tanto los considerandos contradictorios quedan reducidos a la calidad de simples opiniones doctrinales. Esto último es válido también para los argumentos que fundamentan las disidencias en un tribunal colegiado.

b) En la realización de esta tarea hermenéutica los jueces se encuentran vinculados por las normas contenidas en los arts. 19 y sigts. del C.C.

De acuerdo con ellas, el punto de partida es una investigación *filológica* (*gramatical*) sobre el *sentido* de la ley, que debe procurar extraerse de su propio texto (art. 19 inc. primero C.C.). Para ello, como es lógico, tiene que comenzarse por determinar el significado de las palabras a las cuales, por lo común, se atribuirá lo que el art. 20 del C.C. denomina "su sentido natural y obvio". La opinión dominante en nuestro medio sostiene que este último corresponde a las definiciones que proporciona el Diccionario de la Real Academia Española.[127] Pero creo que este punto de vista es equivocado, en primer lugar, porque difícilmente sería posible sostener que, en caso de que esos conceptos se aparten de las significaciones

126 COUSIÑO, *op.* y *loc. cits.* en nota anterior; ETCHEBERRY, *op.* y *loc. cits.* en nota anterior; POLITOFF–MATUS–RAMÍREZ, *op.* y *loc. Cits.* en nota anterior.

127 Así, entre otros, COUSIÑO, I, § 29, A, págs. 107 y sigts., con una discusión minuciosa del asunto que, sin embargo, no es convincente.

populares, sean más "naturales" y, sobre todo, más "obvias", que las estereotipas por lo general algo anquilosadas del Diccionario; además, porque no es probable que, al elaborar la disposición comentada, BELLO haya pensado en el recurso a un instrumento gramatical emanado de la Real Academia de la Lengua por la cual, como es sabido, experimentaba poca simpatía; por último, a causa de que el diccionario en cuestión suele ofrecer simple sinonimias que son poco útiles para establecer el contenido de sentido de las palabras usadas por el legislador. Por estos motivos debe entenderse que el sentido natural y obvio de las palabras es aquel que se les atribuye en el uso común del lenguaje.[128]

La jurisprudencia se sirve casi invariablemente del Diccionario de la Academia para fijar el "sentido natural y obvio"[129] de las palabras. En ello se expresa una tendencia al positivismo literalista de los tribunales, que procuran encontrar soluciones escritas para los problemas, eludiendo su responsabilidad en la determinación del sentido de la ley.

Cuando la ley proporciona una definición de ciertos términos, esta prevalece sobre su significado ordinario (art. 20 C.C., *in fine*). No obstante, en conformidad a la misma disposición, antes de hacer tal cosa es preciso investigar si la materia sobre la que versa la ley que se trata de interpretar es la misma para la cual se dio la definición legal. De no ser así, recupera su vigencia la disposición contenida en la primera parte del art. 20 del C.C.

Tratándose de expresiones técnicas de una "ciencia o arte", se las debe "tomar en el sentido que les den los que profesan la misma ciencia o arte" (art. 21 C.C., primera parte). Si entre estos hay un desacuerdo, el tribunal tiene que decidir por el significado más adecuado al contexto legal y, por cierto, sin dejarse determinar por puras consideraciones estadísticas. La opinión sustentada por la mayoría bien puede no corresponder a la que se acoge en la disposición interpretada. Por fin, si de la propia ley aparece claramente que la expresión técnica ha sido tomada en un sentido diferente del que le atribuyen los especialistas, se debe prescindir de este último (art. 21 del C.C., *in fine*).

Ya las salvedades aludidas en el párrafo anterior ponen de manifiesto que es imposible la aprehensión cabal del sentido de la norma, incluso desde el punto

128 Como en el texto ETCHEBERRY, I, pág. 69; GARRIDO, I, 6, pág. 98; POLITOFF, 4, § 2, pág. 128.

129 Sobre ello, ETCHEBERRY, *DPJ*, I, 7, págs. 14 y sigts. Otra opinión en GARRIDO, *op*, y *loc. cit.* en nota anterior, para el cual el criterio del texto sería actualmente dominante. El asunto es discutible.

de vista filológico, sobre la base de su consideración aislada y puramente textual. Por esto, el análisis gramatical de un precepto solo constituye un punto de partida que pone al intérprete un marco de referencia básico, cuyos límites no deben ser sobrepasados.[130] Sin embargo, para precisar el significado de las normas desde el punto de vista filológico, es preciso recurrir todavía al recurso sistemático,[131] con arreglo al cual, como *unidad de sentido*, ella debe ser interpretada en forma que entre sus distintas partes exista "la debida correspondencia y armonía" (art. 22 inc. primero C.C.) y, además, que no aparezcan contradicciones entre sus prohibiciones y mandatos y las procedentes del contexto del ordenamiento jurídico (art. 22 inc. segundo C.C.). Esta labor no solo permitirá resolver las dudas ocasionadas por la inteligencia del precepto que se trata de comprender, sino que resulta indispensable también cuando se cree haber determinado con claridad su sentido mediante una simple aproximación gramatical, pues la consideración del sistema puede demostrar que tal claridad solo era aparente y que, en su contexto, los términos empleados por la ley adquieren un significado nuevo o, cuando menos, una extensión distinta de la que aparecía primitivamente.

Me doy cuenta de que, al colocar el recurso sistemático junto al gramatical, atribuyéndole una función en el momento filológico de la interpretación, altero lo que ha sido la concepción tradicional del tema entre nosotros. Eso requeriría de una explicación más extensa que aquí, por desgracia, no me es posible ofrecer. Hay, con todo, dos puntos que me parece indispensable recalcar.

En primer lugar, puede sostenerse legítimamente que la sistemática del párrafo § 4 del Título Preliminar del C.C. responde precisamente a ese criterio. Siempre se ha entendido, en efecto –y no podría ser de otra manera– que los arts. 20 y 21 del C.C. tienen por objeto complementar y asegurar la practicabilidad del inc. primero del art. 19. Mi opinión es que lo mismo ocurre con el 22, al cual no existe motivo para atribuir la autonomía que habitualmente se le confiere. También los elementos "lógico" y "sistemático", como suele denominárselos practicando lo que, a mi juicio, es una diferenciación artificiosa, están destinados a precisar el sentido de la ley manifestado en el texto. Por eso ellos forman parte del momento filológico en el proceso hermenéutico, al cual sirven de instrumentos de la misma forma que el gramatical.

---

130 BAUMANN, § 13, I, 2, d), págs. 139 y 140; GARCÍA MAYNES, *op. cit.*, I, 3, pág. 23 y 24; ROXIN, § 5, 28 y sigts., págs. 148 y sigts.

131 Así JESCHECK–WEIGEND, § 17, IV, 1, a), pág. 166.

La segunda observación se refiere a la aparente contradicción que significa colocar recursos de carácter lógico al servicio de una función supuestamente descriptiva, como la determinación del sentido de un texto. En rigor no la hay. Pues en un proceso de interpretación *normativa*,[132] como la exigida por la ley, las simples descripciones están excluidas desde el principio. Toda la tarea es en realidad *axiológica*, puesto que apunta al esclarecimiento de los contenidos de valor que se expresan en los mandatos y prohibiciones del ordenamiento Jurídico. Cuando al interpretar la ley procuramos determinar el significado de un vocablo, no nos interesa establecer solamente lo que describe, sino la función que cumple ese contenido en la determinación de un *deber*. En este plazo es lícito acudir también y conjuntamente a la consideración del elemento sistemático, el cual tiene por objeto justamente colaborar a la precisión de tal significación axiológica mediante la consideración de la unidad de las valoraciones realizadas por el ordenamiento.

Una vez establecido el marco de sentido dado por el momento filológico, es preciso todavía, para alcanzar una auténtica comprensión del precepto interpretado hacerse cargo de su *telos*, de su fin, esto es, de los que el art. 19 inc. segundo del C.C. denomina su "intención y espíritu", para lo cual hay que estarse a lo que de él aparece claramente manifestado en la propia ley o en la historia fidedigna de su establecimiento.

También aquí sería necesaria una fundamentación detenida de la sistematización que propongo, pero en atención a la índole de la obra tampoco ahora puedo hacerla. Con todo, vale la pena subrayar que en el art. 19 inc. segundo del C.C. las palabras "intención" y "espíritu" son empleadas como sinónimos, y que la primera posee un significado identificable con la de *telos* o *fin*. Por otro lado, quienes asilan tradicionalmente en esta disposición al elemento llamado "histórico", prescinden de que la norma se refiere de manera primordial a la posibilidad de investigar la intención o espíritu de la ley interpretada aludiendo a la "historia fidedigna de su establecimiento" solo como uno de los medios a que puede acudirse para la determinación de aquellos.

En la consideración de lo que la propia ley manifiesta sobre sus fines ha de tenerse presente, una vez más, que ella no está integrada por un artículo o párrafo aislado sino por el complejo de mandatos y prohibiciones relativos a una misma materia. *Ley*, en este sentido, no es un precepto sino una voluntad manifestada que es menester precisar mediante la apreciación de una variedad de exteriorizaciones.

---

132 Supra, I, b).

Aquí, sobre todo, cobran significación las disposiciones constitucionales cuyo sentido condiciona el de la totalidad del ordenamiento jurídico.[133]

Por lo que se refiere a la "historia fidedigna del establecimiento" de la ley, estimo, contra la opinión dominante, que no solo ha de tenerse por tal la del proceso constitucional de su formalización. También forman parte de ella los trabajos preparatorios e, incluso, los debates entre particulares cuando hayan encontrado una expresión pública significativa y sean reveladores de la situación cultural y ético-jurídica imperante en el momento de generación de la ley.[134] Lo importante es que tales antecedentes sean comprobables, pues en tal sentido debe entenderse la exigencia establecida por el adjetivo "fidedigna".

Lo que a mi juicio debe ser subrayado al concluir esta ojeada de conjunto es que los distintos momentos del proceso hermenéutico, así como los diferentes recursos de que el intérprete puede valerse con respecto a cada uno de ellos, no deben tratarse como "elementos" o "instrumentos" aislados y relativamente autosuficientes situados en una relación de subsidiariedad. Jamás será posible aprehender el sentido de una disposición desde una sola perspectiva y con prescindencia de los restantes enfoques.[135] Por esto, no obstante la formulación aparentemente tan perentoria y excluyente del art. 19 inc. primero del C.C, ha de entenderse que él solo señala un orden de "sucesividad" en la operación, impuesto por las limitaciones inherentes al modo de conocer del ser humano.

c) Todo lo expuesto sobre la interpretación judicial es válido para la ley penal.[136]

A este respecto, por consiguiente, vale la pena recalcar un punto que suele generar equívocos: el relativo a la procedencia de *interpretar analógicamente* las leyes punitivas.

La *interpretación analógica,* tal como aquí se la entiende, no es más que uno de los medios destinados a fijar el sentido de las leyes en el ámbito sistemático. Supone sencillamente atribuir a un texto cuyo significado es dudoso el mismo

133 Sobre este punto, con detalle y bibliografía, BAUMANN, § 13, I, 2, a), págs. 136 y 137; SCHMIDHÄUSER, § 5, 34, págs. 83 y 84. En un sentido algo diferente, BETTI, *op. cit.*, II, págs. 811 y 812.

134 En sentido amplio también COUSIÑO, I, § 29, B), pág. 110.

135 DUCCI, *op. cit.*, 63, pág. 63 y sigts., con jurisprudencia y bibliografía; GARRIDO, I, 6, V, pág. 97, nota 23.

136 N. del E.: en la labor de interpretación de la ley penal que realiza el juez penal, este debe tener siempre presente su obligación de aplicar directamente "las normas constitucionales que establecen garantías ciudadanas",véase supra§ 4, II, últimos dos párrafos, y en el mismo lugar, la nota del editor 376.

que se le otorga en otra u otras leyes cuyo contenido ya ha sido interpretado y esclarecido, sobre todo cuando esta última "versa sobre el mismo asunto" (art. 22 inc. segundo C.C.)

En tal acepción, la interpretación analógica tiene que distinguirse de la *analogía* empleada como recurso para la integración de lagunas legales[137] y es, por lo tanto, lícito acudir a ella a fin de fijar el sentido de las leyes penales.[138]

d) Por lo que se refiere a los resultados de la interpretación, suele distinguírsela en *declarativa, restrictiva* y *extensiva.*[139] Tales términos no se encuentran suficientemente definidos y es difícil conceptuarlos en forma correcta, por lo mismo que corresponden a una apreciación equivocada del proceso hermenéutico.

La interpretación sería *declarativa* cuando de ella resulta que la voluntad de la ley coincide con lo que a primera vista aparece de su tenor literal; *restrictiva* cuando decide que aquella pretende regir un ámbito más reducido que el que se deduciría de este; y *extensiva* en el caso inverso. Sobre la base de tal distinción se ha sostenido, a veces, que la interpretación extensiva de las leyes penales se encontraría vedada.[140]

Este punto de vista, que significa una extrapolación del principio procesal *in dubio pro imputado* al campo de la hermenéutica, carece de fundamento. Puesto que la interpretación tiene precisamente por objeto determinar la verdadera voluntad de la ley, sus resultados no pueden sino ser *declarativos*, en el sentido riguroso del término. La interpretación solo interpreta, no extiende ni restringe. Por eso, cuando de ella resulta que una ley penal se refiere a un número mayor de casos que los que aparecen de su apreciación inicial, nada obsta para que se la aplique

---

137 Infra, IV, a).

138 Claramente en este sentido, JIMÉNEZ DE ASÚA, II, § 660, pág. 81, quien prefiere prescindir de la denominación "interpretación analógica" y habla en su lugar de "interpretación extensiva". A mi juicio, la sustitución no es afortunada porque, como se verá infra d), se trata de cosas distintas. La mal llamada interpretación "extensiva" puede ser no solo el resultado de una interpretación realizada mediante el recurso analógico, sino producirse a causa del empleo de cualquier otro dentro del proceso hermenéutico. A su vez, una interpretación "analógica" puede conducir también a resultados que importan restringir el significado aparente del texto legal o, simplemente, a confirmarlo. En el mismo sentido del texto, COUSIÑO, I, § 21, pág. 90.

139 Así, por ejemplo, NOVOA, I, 100, págs. 138 y 139 quien, sin embargo, no le atribuye importancia práctica. Lo mismo ocurre en LABATUT, I, 49, c), págs. 48 y 49.

140 En el presente, es difícil encontrar quienes sostengan este punto de vista en forma amplia. De manera cautelosa, se refiere al punto BAUMANN, § 13, I, 3, pág. 140.

a todos ellos, sin que eso importe violación alguna al principio de legalidad.[141] Así se deduce, por lo demás, del art. 23 C.C., con arreglo al cual "lo favorable u odioso de una disposición no se tomará en cuenta para *ampliar* o *restringir* su interpretación. *La extensión que debe darse a toda ley se determinará por su genuino sentido y según las reglas de interpretación precedentes.*"[142] [143]

---

141 Así, entre muchos, CEREZO, I, VIII, pág. 253; CÓRDOBA RODA Y RODRÍGUEZ MOURULLO, I, pág. 58; COUSIÑO, I, § 30, pág. 112; ETCHEBERRY, I, pág. 109; GARRIDO, i, 6, VI, págs. 102 y 103; JESCHECK–WEIGEND, § 17, IV, 4) págs. 168 y 169; MEXGER–BLEI, § 10, III, pág. 29; NOVOA, I, 100, págs. 138 y 139; SCHMIDHÄUSER, § 5 42 y 43, págs. 87 y 88, distinguiendo entre "tipo literal" (aparente) y "tipo de interpretación". RODRÍGUEZ DEVESA introduce una limitación: "Sin embargo, cuando la norma, por defecto de técnica legislativa es confusa e indeterminada, de tal manera que no hay posibilidad de llegar a una decisión respecto a su contenido, la regla de que hay que restringir lo odioso sigue, a mi juicio, conservando su validez". Expresamente en contra de esta opinión, el art. 23 del C.C. Si la ley es confusa e indeterminada, el intérprete debe aumentar el esfuerzo hermenéutico para desentrañar su verdadero sentido y no asilarse en la prohibición de interpretación extensiva renunciado a su tarea fundamental.

142 N. del E.: fallos recientes de nuestros Tribunales Superiores han acogido recursos de amparo declarando: **i)** que el principio del *in dubio pro reo* tiene incidencia tanto en lo procesal como en la interpretación de la ley (C.S. rol 7-2019); **ii)** que la ley penal debe interpretarse restrictivamente cuando afecta derechos fundamentales, pero no cuando se trata de normas que "redunden en una ampliación de los mismos" (C.A. de Valdivia, rol 60-2019), pues a su respecto "[e]n nada obsta se realice una interpretación más amplia o respaldada en situaciones análogas" (C.A: de Valparaíso roles 98-2019 y 108-2019); y, iii) que existiendo un vacío legal, este debe ser subsanado recurriendo "a los principios generales del derecho y al sentido general de la legislación nacional e internacional en materia penal" (C.A. de Valparaíso, rol 108-2019 y C.A. de Valdivia rol 60-2019), dentro de los cuales se encuentra "el valor superior de la libertad y la excepcionalidad de las medidas que (la) limiten (C.A. de Valparaíso, rol 108-209). En sentencia de 20 de abril de 2004, la C.S. rechazó un recurso de nulidad interpuesto por el Fiscal Adjunto de Valparaíso; el considerando 8° de ese fallo señala que la doctrina unánime refiere la garantía penal del principio de *nullum crimen nulla poena sine proevia lege poenali* que consagra la Carta Fundamental en el art. 19 N° 3 inc. 7° (hoy inc. octavo) "...tanto a la descripción típica del hecho ilícito, como a la sanción que de manera estricta se señale al respecto de un determinado ilícito, **para evitar, por supuesto**, tanto **la interpretación extensiva** del precepto, como asimismo utilizar la analogía" (énfasis en negrita es del editor).
Todos los fallos citados en esta nota están disponibles en www.pjud.cl

143 N. del E.: demostrada la identidad cualitativa entre la detención, prisión preventiva, arresto domiciliario del art. 155 letra a) del C.P.P., y las penas privativas de libertad, como lo hace Cury supra § 4, IV, A) c), cc) invocando el texto expreso de normas del C.P., el intérprete podría preguntarse si acaso esa disposición no debe ser aplicada también a la interpretación de la ley penal, sustantiva, cuando se trata de normas que fundan o agraven la responsabilidad penal o que impidan su exclusión, atenuación o extinción. En mi opinión, la respuesta debe ser afirmativa. El desafío es dotar a esa clase de interpretación de la ley penal sustantiva de un contenido que sea aceptable y útil para los jueces.

Por otra parte, como advierte ETCHEBERRY,[144] no es infrecuente que una interpretación "restrictiva" resulte desfavorable para el inculpado, como ocurre siempre que se interpretan de esa manera "disposiciones benignas". En tales casos, en efecto, al imputado le conviene una interpretación extensiva.[145]

Hay que hacerse cargo, en todo caso, de que en muchos casos los límites entre lo que constituye *interpretación (extensiva)* permitida y lo que ya es *integración mediante analogía* prohibida son difíciles de establecer.[146] En tales circunstancias, cuando la duda persiste aún después de concluido el proceso de interpretación, debe prescindirse de la "extensión sospechosa para evitar la infracción al *nulla poena*." Pero esta es solo una consideración práctica que nada tiene que ver con la licitud de la interpretación extensiva ni significa aplicación del apotegma *"odiosa sunt restringendo"*.[147] [148]

La jurisprudencia ha empleado estos conceptos en forma confusa. Así, en un solo caso se ha sostenido que para las antiguas estampillas de Seguro Obrero –hoy en desuso– entre aquellas cuya falsificación castiga el art. 181 del C.P., es preciso hacer una interpretación extensiva de dicha disposición (sentencia de casación); que basta con una declarativa (sentencia de segunda instancia) y que la inclusión es procedente hasta con una interpretación restrictiva (sentencia de primera instancia).[149] Toda esta fundamentación engorrosa y contradictoria conduce, sin embargo, en los tres fallos a la misma solución. Esto demuestra que de lo que se trataba, en suma, era de hacer una interpretación correcta del art. 181 del C.P., para lo cual las referencias contrastantes al carácter declarativo, extensivo o restrictivo del mismo eran inútiles, no significaban nada aprovechable y entorpecían la inteligencia del asunto.

---

144 ETCHEBERRY, I, pág. 110.

145 N. del E.: conforme al criterio jurisprudencial contenido en los fallos citados supra en nota del editor 142, y a la opinión expresada en la número 143, el argumento de Etcheberry y que hace suyo Cury, pierde validez.

146 MEZGER–BLEI, § 10, III, pág. 29.

147 Por esto me parece equivocado el alcance que da RODRÍGUEZ DEVESA a la reserva citada, supra, nota 141.

148 En relación con este punto, es gráfica la breve exposición de MAURACH–ZIPF, I, § 9, I, número marginal 8, pág. 145: "La interpretación se mantiene dentro del marco del precepto jurídico dado: concentra su malla, investiga el ámbito abarcado por el precepto, sin extenderse más allá de sus límites. En contraposición con ello, la extensión que se rige por un precepto jurídico concreto como punto de orientación, sobrepasa conscientemente la frontera de este".

149 ETCHEBERRY, *DPJ*, I, 11, págs. 23 y 24.

e) En cuanto a sus efectos, en el ordenamiento jurídico nacional rige la norma de que la interpretación judicial de toda ley –por consiguiente, también de las penales– solo tiene valor "respecto de las causas en que actualmente" se realiza (art. 3º del C.C.). En mi opinión, sin embargo, hace excepción a esta regla lo preceptuado en el art. 376 inc. tercero del C.P.P., con arreglo al cual cuando un recurso de nulidad se fundare en que en el pronunciamiento de la sentencia se hubiere hecho una errónea aplicación del Derecho que hubiere influido sustancialmente en lo dispositivo del fallo (art. 373 letra b) del mismo texto legal) "y respecto de la materia de Derecho objeto del mismo existieren distintas interpretaciones sostenidas en diversos fallos emanados de los tribunales superiores, corresponde pronunciarse a la Corte Suprema." Es evidente que aquí el propósito del legislador era entregar al más alto tribunal de la República la facultad de dirimir, con alcance vinculatorio para los inferiores, las cuestiones en que aquellos hubieran resuelto previamente de manera contradictoria.[150] Solo así cobra algún sentido el que se haya entregado la competencia para dirimir el conflicto a la Corte Suprema, de manera que su pronunciamiento pudiera formar en lo sucesivo una jurisprudencia que auxiliara a la práctica a formarse una idea cabal del significado atribuible a la o las disposiciones discutidas. Mediante un acuerdo del Tribunal Pleno de fecha 19 de julio de 2002, la Corte declinó, sin embargo, esa responsabilidad resolviendo, en una decisión dividida, que de todas maneras debía darse prevalencia a lo estatuido en el art. 3º del C.C., con el pretexto de preservar la independencia de los jueces inferiores. Que con ello perdió la oportunidad de contribuir efectivamente a la unificación de la jurisprudencia en aquellos ámbitos en que esta se muestra vacilante es manifiesto[151] y constituye otro motivo que explica la pérdida de influencia de esa Corte en la dirección efectiva de la actividad jurisdiccional, hoy transferida cada vez en mayor medida al Tribunal Constitucional.

En la práctica, de todos modos, una jurisprudencia constante, firme y razonada puede llegar a imponer interpretaciones invariables, cosa tanto más deseable cuanto que contribuye a la seguridad jurídica. Por esto, cierta tendencia a la vacilación que en muchas materias expresan nuestros tribunales debe considerarse infortunada, y hay que alentar los esfuerzos que se hagan por superarla.

---

150 No obstante, debe lamentarse que el legislador no asumiera tampoco la responsabilidad de expresarlo con claridad.

151 En el mismo sentido MARÍA INÉS HORVITZ y JULIÁN LÓPEZ, *Derecho procesal penal chileno*, Editorial Jurídica de Chile, Santiago, 2005, tomo II, págs. 431 y 432.

Esto no significa abogar por una jurisprudencia que acate ciegamente sus precedentes, pues ello conduce también a una situación insatisfactoria, porque el Derecho se vuelve inhábil para ir regulando los nuevos conflictos a que da origen la evolución de la realidad. Pero es diferente que la jurisprudencia se adapte progresiva y reflexivamente a los cambios, abandonando con fundamento ciertos puntos de vista superados, a que resuelva simultáneamente casos idénticos de manera distinta, atribuyendo caprichosamente interpretaciones encontradas a una misma ley. Para la sociedad, lo primero es comprensible; lo segundo, en cambio, desconcertante.

V. LA INTERPRETACIÓN DOCTRINARIA DE LA LEY PENAL

La *interpretación doctrinaria* de la ley penal es aquella que realiza *la ciencia del Derecho*[152] y tiene, por lo tanto, un carácter extraoficial. En un sistema como el que impera actualmente, carece de autoridad vinculante.

No siempre ha sido así. Como lo demuestra ALEJANDRO GUZMÁN BRITO,[153] se trata de una característica muy marcada en los sistemas actuales de Derecho codificado y que ha imperado asimismo en otros tiempos por largos períodos; pero hay también épocas prolongadas en las que la fijación de las normas ha corrido por cuenta de la ciencia jurídica.

Aunque ese autor limita con prudencia su investigación al Derecho privado,[154] hay motivos de sobra para pensar que el fenómeno descrito también se ha producido, por lo menos en forma parcial, dentro del campo del ordenamiento punitivo.

Con todo, es evidente que el sistema de los autores más respetados ejerce una influencia considerable sobre la interpretación judicial, condicionándola de este modo indirectamente. Por otra parte, esto es más significativo en el ámbito del Derecho penal pues, con arreglo al art. 342 letra d) del C.P.P., la sentencia definitiva contendrá "las razones legales o doctrinales que sirvieren para calificar jurídicamente cada uno de los hechos y sus circunstancias y para fundar el fallo". De esta forma, la interpretación doctrinal asume aquí una significación supletoria de los textos legales que acreciente su incidencia en las decisiones de la jurisprudencia y le otorga una función primordial en el proceso hermenéutico.

---

152 Supra, § 5, I.

153 ALEJANDRO GUZMÁN BRITO, *La fijación del Derecho,* Valparaíso, 1977. Véase, especialmente, XII y XIII, págs. 35 y sigts.

154 GUZMÁN BRITO, *op, cit.*, III, pág. 19.

En la obra de GUZMÁN BRITO, además, se destaca el papel indispensable que cumplen los grandes sistemas de doctrina en la fijación del Derecho, incluso cuando este tiene carácter legal o codificado.[155] "Un código legislativo tendrá pleno éxito si se basa en trabajos científicos previos, cuyo contenido sintetizador, cuyo sistema comprensivo, cuya amplitud de tratamiento de instituciones y problemas, provengan del hecho de ser estos trabajos precisamente epigonales respecto de una dilatada actividad anterior"[156]. Es ilustrativa a este respecto la descripción de cuatro ejemplos históricos que el autor analiza en detalle[157] y dan cumplida prueba de su aserto. Pero todo esto, evidentemente, ya no se refiere a la interpretación de la ley sino a la formación del Derecho y tiende, más bien, a mostrar la estrecha relación que existe entre ambos procesos.

A causa de que su actividad no está determinada por la necesidad de resolver un caso actual y de que se efectúa con mayor independencia respecto de los textos legales, la interpretación doctrinal tiende a ser, por una parte, más flexible que la judicial y, por la otra, más sistemática, esto es, más abstracta, general y unitaria.[158] Por eso, un intercambio entre ambas resulta enriquecedor para cada una de ellas: la interpretación judicial gana en contenido de justicia y en coherencia si se hace cargo de los progresos experimentados por la ciencia, y este última obtiene de aquella el material a que se aplican sus elaboraciones y preserva de ese modo el realismo de su construcción.[159] Al mismo tiempo, con todo, las dos actividades tienen que conservar la posición derivada de sus puntos de partida. Una ciencia de "caso por caso" concluye reducida a simple comentario. A su vez, una jurisprudencia de puros conceptos y abstracciones pierde el contacto con la realidad y se expone a ser ineficiente y abstrusa.

155 GUZMÁN BRITO, *op. cit.*, XIV, págs. 40 y sigts.

156 GUZMÁN BRITO, *op. cit.*, XIV, págs. 41 y 42.

157 GUZMÁN BRITO, *op. cit.*, XXIX y sigts., págs. 91 y sigts.

158 SCHMIDHÄUSER, § 5, 30, pág. 80 y 81.

159 No ayuda a la fluidez de ese intercambio ni enriquece la interpretación judicial el lenguaje críptico que utilizan algunos de los más importantes exponentes de la doctrina comparada pues, tanto a los jueces como al resto de los aplicadores "promedio" del Derecho penal – al menos a los de nuestro país- no siempre nos resulta de fácil comprensión. Muñoz Conde, que indudablemente está muy por encima del penalista "promedio" (en mi opinión, es uno de los más notables penalistas españoles de los últimos 45 años), alude al lenguaje "hermético, a veces de difícil comprensión" que utiliza Jakobs (MUÑOZ CONDE, FRANCISCO, *De nuevo sobre el "Derecho penal del enemigo"*, primera edición, Editorial Hammurabi, Buenos Aires, 2005, pág. 16).

VI. LA INTEGRACIÓN DE LA LEY PENAL. LA PROHIBICIÓN DE ANALOGÍA

Como se ha expresado ya, la *integración de la ley penal* presupone una situación en la que no existe un precepto expreso que aplicar para resolver el conflicto, no obstante lo cual el juez debe adoptar una decisión sobre él, arreglándose a una ley que de hecho debe poner por sí mismo. Posiblemente la formulación más característica de este procedimiento se encuentra en el ya clásico art. 1° inc. segundo del Código Civil suizo, de acuerdo con el cual "*a defaut d'une disposition legale aplicable, le juge prononce selon le droit coutumier et, a defaut d'une costume, selon les regles qu'il etablirait s'il avait a faire acte de legislateur*" (a falta de una disposición legal aplicable, el juez decidirá según el derecho consuetudinario y, a falta de una costumbre, *según las reglas que él mismo establecería si hubiese de actuar como legislador*).

Conviene destacar que en la exposición precedente he preferido hablar de "ley puesta por el juez" a fin de sustraerme a la polémica sobre la función creadora de Derecho de la judicatura. Aquí no me pronuncio, pues, sobre si la ley que "pone" el tribunal ha sido *tomada* de un ordenamiento jurídico supralegal (Derecho natural) de principios estructurales, dado por la índole de las relaciones comprometidas (naturaleza de las cosas) o si sencillamente la ha *creado* en forma autónoma.

En el Derecho nacional la norma más general sobre integración se encuentra en el art. 24 del C.C., que, a mi juicio de una manera impropia, habla de *interpretar* "los pasajes oscuros o contradictorios del modo que más conforme parezca al espíritu general de la legislación y a la equidad natural". Pues, en verdad, ninguno de los procedimientos aquí mencionados puede servir para interpretar una ley, sino tan solo para suplir un silencio que acaso venga determinado en el caso concreto por la oscuridad o las contradicciones de las disposiciones positivas.

La *equidad natural* debe entenderse, en el sentido aristotélico,[160] como adecuación del texto de la ley positiva, dada con caracteres de generalidad referidos a situaciones de ordinaria ocurrencia, a casos especiales en los cuales, a causa de

160 ARISTÓTELES, Ética a Nicómaco, V, X. Véase, a este respecto, el interesante trabajo de AGUSTÍN SQUELLA, *La concepción de equidad en Aristóteles* en *Dos concepciones de la equidad*, Valparaíso, 1981, págs. 13 y sigs. A pesar de la admiración que experimentaba BELLO por el sistema jurídico anglosajón, es improbable que esta noción haya sido empleada en el art. 24 C.C., en el sentido que aquel le atribuye. Sobre tal concepto de *equito*, véase la breve

sus particularidades, la regulación consagrada en esa disposición resultaría injusta y, por consiguiente, debe considerársela inaplicable; o bien, como formulación de una ley para un caso respecto del cual, en atención a su singularidad, el precepto ha guardado silencio. Parte, pues, del presupuesto de que para la situación sometida a la decisión del tribunal *no hay un precepto expreso al cual echar mano,* porque la solución ofrecida por los existentes en el caso concreto es inaceptable o porque sencillamente la ley no da una.[161] En cuanto al *espíritu general de la legislación,* se refiere a un conjunto de principios que pueden obtenerse mediante *inducción* a partir de la disposiciones del ordenamiento, y desde los que posteriormente puede alcanzarse, por *deducción* la solución para los casos particulares *no legislados* y sometidos a la decisión del juez.

Puesto que, como se ha expresado, en ambos casos nos encontramos frente a fórmulas de *integración*, ninguna de ellas puede ser empleada para crear nuevos delitos o agravar las penas en consideración al principio de legalidad. Lo cual, como se verá más adelante, no significa que carezcan de toda aplicación en el ámbito del Derecho penal.[162]

a) Entre los medios de que puede echarse mano para encontrar una solución de equidad se encuentra la *analogía,* de acuerdo con la cual, según el aforismo romano, "en donde existe la misma razón debe existir la misma disposición". Así pues, la analogía supone aplicar la ley a un caso *para el cual no ha sido dada*, pero que es semejante a aquel o a aquellos que efectivamente estaba destinada a regir.

Contra lo que a veces se afirma, la analogía no tiene un carácter puramente lógico sino primordialmente axiológico. En efecto, la afirmación de que el hecho A (no regulado por la ley) es semejante al B (regulado por la ley) importa una *valoración* que el juez debe realizar previamente al razonamiento lógico. Solo a partir de ese juicio de valor es posible poner la premisa mayor ("A es semejante a B") de la cual se seguirá que, siendo la menor, "B está resuelto por la ley de tal forma" ha de concluirse que "A debe también ser resuelto en la forma C".[163]

---

pero certera exposición de GUSTAVO RADBRUCH, *El espíritu del Derecho inglés,* traducción de Fernando Vela, Madrid, 1958, págs. 52 y sigts.

161 Así también, acentuando el carácter de la *equidad* como procedimiento de *integración,* GARCÍA MAYNES, *op. cit.*, I, 8, págs. 88 y sigts.

162 Infra, b).

163 En el mismo sentido, con detalle, GARCÍA MAYNES, *op. cit.*, IV, I, págs. 155 y sigs. También ARTHUR KAUFMANN, *Analogía y naturaleza de las cosas, cit.*, V, págs. 76 y sigts.

En atención a lo expuesto, *la analogía se encuentra prohibida, en virtud del principio "nulla poena", como instrumento destinado a crear delitos e imponer o agravar penas.*

Algunas investigaciones relativamente recientes (BOBBIO, SAX, KAUFMANN) tienden a negar la conclusión. De entre ellas se destaca la de ARTHUR KAUFMANN.[164] Con arreglo a su punto de vista, toda aplicación de la ley, en cuanto importa reducción de un principio general abstracto al caso concreto, solo puede hacerse analógicamente (en un sentido clásico).[165] Pues entre la prescripción de la ley y la situación que se trata de enjuiciar nunca habrá *identidad* propiamente tal (igualdad absoluta) sino tan solo semejanza, *analogía.* Por lo tanto, tratar de excluir la aplicación analógica de las disposiciones del Derecho penal equivale a negar la existencia misma de tal ordenamiento. "Orden –también orden jurídico– existe solo sobre el fundamento de la analogía del ser, que es un punto medio entre identidad y contradicción, entre igualdad y diferencia".[166]

Con esto, sin embargo, no se rechaza la vigencia del principio *nullum crimen sine lege.* Solo se precisa que él no implica "una prohibición estricta de analogía". Dice, más bien, que el tipo de la acción castigable debe ser establecido por una ley penal formal, esto es, más o menos descrito. Por ello, la analogía encuentra su frontera en el Derecho penal en el tipo de ilicitud que sirve de base al supuesto de hecho legal. Lo que queda más allá es investigación jurídica libre "inadmisible"[167]. Para KAUFMANN, en consecuencia, la analogía es permitida también en Derecho penal, pero solo dentro de los límites del tipo, y así su investigación se refiere más bien a unas precisiones metodológicas que a un intento de sobrepasar restricciones político–criminales, las que en lo sustancial comparte.

b) Aparte de las consideraciones que ya se han hecho sobre la necesidad de distinguir claramente entre lo que aquí entendemos por *analogía* y lo que se denomina *interpretación extensiva,*[168] el principal problema relativo a este punto consiste en determinar si la prohibición a que se alude tiene un carácter *relativo* a la creación de delitos y determinación y agravación de penas, como se deduce de nuestra formulación, o es, por el contrario, *absoluta,* extendiéndose a todo el ámbito del Derecho penal. En mi opinión, lógicamente, el criterio correcto es el primero.

---

164 ARTHUR KAUFMANN, *op. cit., passim.*

165 ARTHUR KAUFMANN, *op. cit.*, especialmente V, págs. 71 y sigts.

166 ARTHUR KAUFMANN, *op. cit.*, V, pág. 73.

167 ARTHUR KAUFMANN, *op. cit.*, VII, págs. 101 y 102.

168 Supra IV, d).

Esto significa que solo se prohíbe la integración mediante analogía cuando se la emplea *en perjuicio del imputado* (*analogia malam partem*) pero que es lícito acudir a ella *en beneficio del imputado* (*analogia bonam partem*).

A mi juicio, esta conclusión se deduce, en primer lugar, de los textos legales en vigor, pues tanto los incs. octavo y noveno del Nº 3º del art. 19 de la C.P.R. de 1980, como el 18 del C.P., disponen solamente que lo que no puede hacerse si no lo autoriza una ley expresa es "establecer penas" y "castigar". Por consiguiente, nada obsta a la construcción analógica de eximentes, cuya consecuencia será excluir el "castigo". Y si eso es posible, *a fortiori* también lo es la elaboración analógica de atenuantes.

Por otra parte, tanto la Constitución como la ley consagran expresamente la retroactividad de la ley penal más benigna. Ahora bien, si en esto ha querido hacerse excepción al principio de reserva para beneficiar al imputado, uno puede pensar lícitamente que pertenece al espíritu general de la legislación hacerlo imperar únicamente cuando su inobservancia perjudica al autor.

Por último, aceptar la *analogia bonam partem* coincide con los fundamentos materiales del *nulla poena*. Si, como afirma NOVOA siguiendo a LISZT, el Derecho penal está "encargado de proteger no a la comunidad sino al individuo que se rebela en su contra",[169] entonces es lógico evitar que se sorprenda a este mediante la imposición de una pena no prescrita por la ley, pero nada impide que se le conceda una absolución o una atenuación inesperadas.

Contra este punto de vista se ha invocado, en primer lugar, el hecho de que también las normas relativas a "eximentes, atenuantes, etc., son leyes penales con igual título que las que definen tipos delictivos y establecen penas",[170] pero este argumento formal es poco convincente por razones obvias. Aquí lo que se debe discutir no es el carácter penal de estas o aquellas disposiciones, sino la necesidad y conveniencia de extender la eficacia del *nulla poena* a todo el campo del ordenamiento punitivo, así como si esa es la consecuencia que debe extraerse de su formulación en la Constitución y las leyes.

Entre nosotros se invoca también una razón histórica que militaría en contra del punto del punto de vista sostenido aquí. En el Código Penal español de 1848 la enumeración de circunstancias atenuantes concluía con una cláusula que admitía expresamente su construcción analógica, la cual fue eliminada –sin hacer constar las razones– por los redactores del Código chileno. De aquí se deduciría

---

169 NOVOA, *La evolución del Derecho penal en el presente siglo*, Caracas, 1977, V, pág. 28.
170 JIMÉNEZ DE ASÚA, II, 683, pág. 527.

la voluntad tácita de los legisladores de prohibir también la analogía a favor del imputado. Pero este argumento otorga en mi concepto más importancia a la voluntad del autor de la ley –por lo demás, solo presunta y, en consecuencia, difícilmente reconducible a la historia "fidedigna"– que a la que puede deducirse del contexto de ella misma y, por consiguiente, no me parece concluyente. En cuanto al criterio de ETCHEBERRY, según el cual la analogía en beneficio del imputado no importa una violación de la Constitución pero sí de la ley, porque prescindiría de su voluntad de regir el caso,[171] olvida que la construcción analógica de eximentes y atenuantes se basa precisamente en el supuesto de que existen motivos para afirmar que la voluntad extraída del contexto normativo es la de no castigar o conceder una minoración de la pena en la situación de que se trata, ya que de otra manera no habría propiamente analogía, sino puro capricho del juzgador.

Por lo que atañe a la supresión del Nº 8 del art. 9 del C.P. español de 1848, que consagraba las atenuantes por analogía, la Comisión Redactora la aprobó en su sesión 8ª, de 17 de mayo de 1870, "unánimemente y sin discusión".[172] En la misma forma se eliminó del texto nacional el Nº 23 del art. 10 del C.P. español, en el cual se autorizaba la creación de agravantes por analogía, en la sesión 9ª, de 21 de mayo de 1870.[173] Por lo tanto, no existen antecedentes sobre los motivos que condujeron a esas decisiones.

Sin embargo, pueden encontrarse indicios de lo ocurrido examinando los comentarios de PACHECO a esos preceptos.

El autor español critica severamente –y con razón– la disposición que permite construir agravantes mediante analogía,[174] pues esa norma vulnera sin discusión el principio de legalidad. Por el contrario, PACHECO justifica la inclusión de una cláusula analógica en materia de atenuantes,[175] que considera indispensable para evitar la rigidez ocasionada por una casuística inflexible. Sin embargo, al pronunciarse sobre este último punto el comentarista español hace un rodeo retórico, exponiendo primero las razones por las cuales parecería lógico impugnar también la analogía en beneficio del reo, para solo después discutirlas y desestimarlas.

Como la opinión de PACHECO gozaba de gran autoridad entre los redactores del C.P., es verosímil pensar que la exclusión de las cláusulas analógicas, tanto en el catálogo de las

---

171 ETCHEBERRY, I, pág. 114.

172 Actas, pág. 258.

173 Actas, pág. 261.

174 PACHECO, I, págs. 249 y sigts.

175 PACHECO, I, págs. 210 y sigts.

agravantes como de las atenuantes, se debió a un malentendido. Una lectura superficial de sus comentarios producía la impresión de que el autor español impugnaba las dos disposiciones y, por tal motivo, ambas fueron suprimidas. Afortunadamente no se incluyó prohibición expresa alguna y, por lo tanto, es posible una interpretación contextual que coincida con el verdadero criterio de PACHECO.

En el Derecho comparado, la analogía *bonam partem* se encuentra hoy ampliamente aceptada.[176]

La jurisprudencia nacional seguía antiguamente el criterio –a mi juicio, erróneo– que prevalecía en la doctrina y rechazaba la analogía a favor del imputado o, por menos, eludía un pronunciamiento. En este último sentido era ilustrativa la actitud observada por la Corte Suprema en el fallo citado por ETCHEBERRY, DPJ. 13, pág. 26: se aprueba la absolución, fundada por el tribunal de primera instancia en un razonamiento analógico, pero se suprime el considerando que contenía ese argumento. En el presente, ese punto de vista ha sido abandonado por el Tribunal Supremo, que acepta cada vez más decididamente la eficacia de una analogía *bonam partem*. Esto ha sido evidente, sobre todo en materia de error y, específicamente, de *error de prohibición*.[177]

bb) Es usual distinguir entre *analogía legis* y *analogía juris*.[178] La primera resuelve el caso de acuerdo con lo establecido para uno semejante por una disposición legal; la segunda, con arreglo a los principios generales del Derecho.

La distinción no solo me parece inútil, como ya en su tiempo lo puntualizó BINDING, sino que hasta cierto punto incorrecta. Pues en los casos de la *analogía juris* la solución no pareciera encontrarse acudiendo a un procedimiento analógico, al menos como este ha sido entendido tradicionalmente, ya que no se la busca en un precepto dado para una *situación semejante* a la que se enjuicia, sino en principios generales aplicables, por eso, *a cualquier caso*.

Lo expuesto en el párrafo aa) del apartado precedente es válido no solo respecto de la analogía sino, en general, para toda forma de *integración* de la ley. Esto

176 Véase, por todos, CEREZO, I, págs, 258 y sigts., si bien con limitaciones impuestas por el estado actual de la legislación española; CÓRDOBA RODA–RODRÍGUEZ MOURULLO, I, pág. 59; JESCHECK–WEIGEND, § 15, III, d), pág. 145; ROXIN, § 5, número marginal 44, pág. 158; SCHÖNKE–SCHRÖDER, 2, 16, pág. 60. En Chile apoya este punto de vista POLITOFF, 4, § 1, págs. 116 y 117. Implícitamente también GARRIDO, I, 6, V, pág. 101.

177 Infra, § 28, III, b), ff).

178 Véase ETCHEBERRY, I, pág.74; JIMÉNEZ DE ASÚA, II, § 661, págs. 483 y sigts.

significa que tal procedimiento está prohibido en el campo del Derecho punitivo, pero únicamente si se pretende hacerlo operar en perjuicio del imputado. Es lícito, por consiguiente, acudir a la equidad natural o al espíritu general de la legislación cuando se hace *bonam partem.*[179]

c) Como se ha destacado en forma reiterada, la prohibición de analogía es una consecuencia del principio de legalidad. Por lo tanto, es una conquista del pensamiento liberal que se ha impuesto ampliamente a los ordenamientos jurídicos contemporáneos. Puede así decirse que a partir de las primeras décadas del siglo XIX impera en las legislaciones penales de todo el mundo.

Sin embargo, en el curso de dos siglos no podía dejar de experimentar vicisitudes. Así, la analogía fue permitida por el Código Penal soviético de 1922 y tal autorización continuó surtiendo efecto por mucho tiempo, basada en el argumento de que a la ley socialista importaba más sancionar las infracciones graves a los intereses sociales que garantizar el derecho de los individuos a ser castigados solo cuando su conducta se encuentra prevista en una ley formal.[180] Este criterio, no obstante, fue abandonado progresivamente, de suerte que, a partir de la reforma de 1960, al art. 3° del Código Penal de la U.R.S.S. consagraba una formal prohibición de analogía, suscrita también por la doctrina.[181] No es posible saber hasta qué punto tal prohibición se entendió en el sentido que le atribuye la jurisprudencia occidental.

Generalmente se ha concedido mayor significación al abandono de la prohibición por el Derecho penal alemán en la época del nacionalsocialismo, porque significó el quiebre de una tradición jurídica brillante e influyente, y porque dio lugar a excesos bastante conocidos y comentados. Una ley de reforma de 28 de junio de 1935 modificó, en efecto, el § 2 del Código Penal alemán, estableciendo expresamente la posibilidad de castigar conductas que correspondieran al "pensamiento básico" de la ley penal y aparecieran como dignas de pena "para el sano sentimiento popular".[182]

179 N. del E.: así lo entendieron los ministros que dictaron los fallos citados supra en nota del editor número 142.

180 Cfr. JIMÉNEZ DE ASÚA, II, § 674 y § 675, págs. 505 y sigts., con detalle y bibliografía. Una ojeada general sobre los fundamentos del Derecho penal en los países socialista, JESCHECK, *El Derecho penal y su aplicación en la Zona Soviética de Alemania,* Tubingen, 1962, especialmente II y III, págs. 11 y sigts.

181 ZDRAMOVISLOV Y OTROS, 2, 3, págs. 10 y 11.

182 Véase, en especial, MAURACH–ZIPF, I, § 10, II, B) 2, número marginal 19, pág. 162, que destaca la relación de esta reforma con la redacción del Código Penal soviético y da noticias sobre sus consecuencias ulteriores.

La disposición, que significaba la aceptación amplia de la construcción analógica, permaneció en vigencia hasta el año 1945, en el que se la derogó por la legislación del Consejo de Control establecido por las potencias aliadas, la cual restableció la vigencia del *nulla poena.*

En el presente, el único ordenamiento punitivo occidental que autoriza declaradamente la analogía es el de Dinamarca. En efecto, el Código Penal danés de 1930, que rige desde 1933, establece tal posibilidad en su art. 1°.[183] De acuerdo con la información proporcionada por JIMÉNEZ DE ASÚA, la jurisprudencia habría empleado con prudencia la facultad y podrían abrigarse fundadas esperanzas de que prosiguiera haciéndolo en el futuro.[184] A eso contribuiría el hecho de que el art. 1° del Código Penal danés solo acepta una rigurosa analogía *legis.* Otra opinión sostiene COUSIÑO,[185] quien estima que los tribunales de ese país también tienden a ir peligrosamente lejos en la elaboración de construcciones analógicas inadmisibles. Por supuesto, frente a cuestiones de esta índole no es correcto emitir un juicio prescindiendo de la cambiante realidad de los pueblos, su historia y tradiciones. Sin embargo, es posible expresar el deseo de que, en obsequio a la libertad, la seguridad y el derecho fundamentales del hombre, se llegue a la consagración universal del principio *nulla poena* y, por ende, de la prohibición de analogía.

VII. INTERPRETACIÓN DE LAS LEYES PENALES EN BLANCO

Como la ley en blanco es de carácter penal, su interpretación tiene que cumplir todas las exigencias que rigen la de las normas de esa naturaleza. Esto se encuentra fuera de discusión. Los problemas surgen, sin embargo, cuando se trata de interpretar la disposición complementaria en su conexión con el tipo en blanco.

Usualmente, en efecto, la disposición complementaria no tiene solo por finalidad cerrar el blanco de la ley que remite a ella. En la mayoría de los casos, persigue primordialmente regular la materia civil, administrativa o de cualquier otra índole extrapenal a que se refiere en concreto. En tales hipótesis, la disposición no es penal por su origen, sino que adquiere esa naturaleza solo cuando cumple la función de integrar el tipo en blanco. Esta ambivalencia

183 Sobre las razones en que se funda esa disposición, JIMÉNEZ DE ASÚA, II, § 672, pág. 503.
184 JIMÉNEZ DE ASÚA, II, § 672, pág. 504. Con cierta reserva POLITOFF, 4, § 1, pág. 115.
185 COUSIÑO, I, § 21, pág. 93.

de la regulación complementaria puede, como es obvio, generar dificultades hermenéuticas.

El punto de partida para resolver estos problemas debe encontrarse en la afirmación de MEZGER según la cual "el necesario 'complemento' es siempre *parte integrante del tipo.* Pero el tipo ya completado *cumple exactamente las mismas funciones que en los casos normales,* sobre todo en lo que concierne a su significación como fundamento de la antijuridicidad y como objeto de referencia de la culpabilidad penal".[186] Entonces, como una de las funciones del tipo –en sentido amplio– es garantizar al ciudadano contra arbitrariedades, advirtiéndole lo que se encuentra mandado o prohibido bajo amenaza de una pena, y como uno de los supuestos para que cumpla esa función son las exigencias referentes a la interpretación de la ley penal, estas deben regir asimismo la de los complementos que la integran. Solo así recibirá aplicación efectiva el *nullum crimen sine lege previa et stricta.*[187]

De este criterio rector se deducen las siguientes consecuencias:

a) Cuando la disposición *complementaria forma parte de la ley en blanco no es admisible cerrar las lagunas que deja su texto mediante una integración analógica.* Esta conclusión es válida, aunque en el campo en que esa regulación está llamada a regir directamente el recurso a la analogía esté permitido o, incluso, sea imperativo. Mientras solo se trate de darle aplicación en ese ámbito, por supuesto, siempre se podrá o deberá extenderla analógicamente, pero cuando se la conecta el tipo en blanco tal procedimiento es inadmisible.

b) Cualquiera sea el procedimiento que se adopte en materia de interpretación, *la del tipo ya integrado debe realizarse de acuerdo con los criterios que presiden la de la ley en blanco.* Por consiguiente, si se sigue el método subjetivo, la voluntad del autor de dicha ley prevalece sobre la de la disposición complementaria. A su vez, cuando se decide por una interpretación objetiva, son los fines de la ley en blanco, deducidos de ella misma y de su posición en el contexto del ordenamiento jurídico los que predominan. Si esto resulta imposible, sea porque el contraste entre ambas disposiciones es tan categórico que lo impide, sea porque la ley en blanco no proporciona puntos de apoyo suficientemente sólidos para la tarea hermenéutica –por ejemplo, de su texto no puede deducirse el bien

186 MEZGER, I, § 24, III, págs. 317 y 318. Los énfasis son míos.

187 Véase la resolución 6 del Coloquio de Frisburgo de Brisgovia, según la cual la interpretación de las leyes en blanco debe realizarse de acuerdo con los principios usuales del Derecho penal, en *Revue Internationale de Droit Penal,* 1° y 2° trimestre de 1983, págs. 41 y sigts.

jurídico– no queda sino optar por la inconstitucionalidad del tipo resultante, demostrada por esta situación.

c) Las leyes en blanco admiten una *interpretación auténtica* como cualquier otra. Pero ha de tener en cuenta que con arreglo al art. 3° inc. primero del C.C., "sólo toca al legislador interpretar la ley de un modo generalmente obligatorio". En esta disposición la expresión "legislador" está empleada en un sentido estricto y, por lo tanto, ella reserva la facultad de hacer interpretación auténtica a la ley formal. En consecuencia, cuando se trata de leyes en blanco propias *no es interpretación auténtica la que pretenda efectuar del tipo la disposición complementaria.* La instancia legislativa de inferior jerarquía puede ciertamente aclarar o explicar el sentido de las regulaciones integrativas de una ley en blanco que ella misma ha dictado previamente. Pero, por una parte, al hacerlo tiene que cuidarse de no sobrepasar los límites impuestos a sus facultades por la Constitución y el propio tipo en blanco formal y, por la otra, lo que prescriba en este sentido no tendrá jamás efecto retroactivo, aunque pretenda expresamente dárselo.[188]

VIII. EL CONCURSO APARENTE DE LEYES PENALES (REMISIÓN)

De acuerdo a la opinión dominante en nuestro medio, los problemas relativos al *concurso aparente de leyes penales* son cuestiones características de interpretación de la ley.[189] Este punto de vista, sin embargo, es controvertido en el Derecho comparado, en el cual prevalece actualmente la idea de que se trata de un auténtico concurso de delitos.[190] Sea como fuere, su inteligencia requiere un conocimiento previo sobre la naturaleza y efectos del *concurso de delitos* y por eso, siguiendo lo que es una tendencia generalizada, he preferido reservar su estudio para el capítulo correspondiente a este último.[191]

188 Con detalle sobre todo lo que se expone en este apartado CURY, *La ley penal en blanco, cit.*, 30, págs. 111 y sigts.

189 ETCHEBERRY, II, pág. 122; *El concurso aparente de leyes penales,* Editorial Jurídica de Chile, *passim*; FONTECILLA, *Concurso de delincuentes de delito y de leyes penales,* Editorial Jurídica de Chile, *passim;* BULLEMORE–MACKINNON, I, págs. 150 y sigts.

190 Véase, al respecto, JEAN PIERRE MATUS, *El concurso aparente de leyes penales.* Ediciones Jurídicas de Santiago, 2008.

191 Infra, § 44.

§ 9. LOS EFECTOS DE LA LEY PENAL EN EL ESPACIO

Las normas jurídicas expresan imperativos cuya pretensión de validez es, en principio, ilimitada. Sin embargo, la realidad impone el hecho de que en el mundo coexiste una multiplicidad de Estados, de manera que la voluntad soberana de cada uno de ellos tiene que detenerse allí donde empieza la aspiración de vigencia de la de otros. La teoría de los *efectos de la ley penal en el espacio* se ocupa, precisamente, de las normas de *Derecho interno* que procuran conciliar esta antinomia, estableciendo reglas que limitan el ámbito de validez espacial de las leyes nacionales.

Con lo expuesto, queda claro que aquí nos encontramos frente a disposiciones pertenecientes al derecho nacional, por eso resulta impropio el rótulo "Derecho penal internacional" con el cual se ha propuesto, a veces, designarlas. Este debe reservarse, en cambio, para un ordenamiento supranacional, del cual se hablará brevemente más adelante.

I. LOS PRINCIPIOS SOBRE LA VALIDEZ ESPACIAL DE LA LEY PENAL EN GENERAL

Existen cuatro principios clásicos en materia de validez espacial de las leyes penales, cada uno de los cuales resuelve en forma distinta el problema relativo a cuál es el ámbito espacial sobre el que tendrán vigencia las disposiciones punitivas de un ordenamiento jurídico determinado. Son los siguientes:

a) El principio de *territorialidad* conforme al cual la ley del Estado pretende regir todo hecho punible ejecutado en su territorio, cualquiera que sea la nacionalidad del autor, de la víctima o de los intereses jurídicamente protegidos. Considerado como una consecuencia lógica de la *soberanía* de los Estados, predomina actualmente en la mayoría de los ordenamientos jurídicos.

b) El principio de la *nacionalidad o personalidad,* según el cual la ley del Estado sigue a sus nacionales en dondequiera estos se encuentren, prescindiendo del lugar en que se ha ejecutado el hecho. Lo decisivo, por lo tanto, es la nacionalidad *del autor* del delito (principio de nacionalidad *activo*) o del titular del bien jurídico que el delito lesiona o pone en peligro (principio de nacionalidad *pasivo*).

La distinción entre los principios de nacionalidad activo y pasivo no es clara. La opinión dominante en el derecho comparado los caracteriza como se hace aquí,[192] pero es preciso reconocer que con ello tienden a confundirse el principio real o de defensa con el de nacionalidad o personalidad pasivo.[193] En la literatura chilena, NOVOA,[194] ETCHEBERRY[195] y yo hasta la primera edición de esta obra[196] designamos principio de personalidad pasivo aquel según el cual la ley nacional pretende regir hechos ocurridos en territorio extranjero cuando tanto el autor como la víctima son chilenos. De esta manera, ese principio puede vincularse luego a la disposición del art. 6º N.º 6º del C.O.T., así como a otros preceptos que incluyen la exigencia de que no solo la víctima sino también el autor sea chileno.[197] Pero aparte de que con ello no se contribuye a la interpretación más precisa de esas disposiciones positivas, se crea una fuente adicional de malos entendidos, debido a la falta de correspondencia entre lo que se entiende por principio de nacionalidad pasivo en nuestro medio y en el derecho comparado. Por eso, es preferible conservar la nomenclatura más generalizada, distinguiendo el principio real del de personalidad pasivo de acuerdo con un criterio práctico que también encuentra acogida en la mayor parte de las exposiciones sobre el tema.[198]

Basado en el propósito de defender los intereses nacionales en contra de posibles arbitrariedades de autoridades extranjeras, así como en el deseo de mantener vinculaciones jurídicas entre el Estado y aquellos de sus nacionales que abandonaban su territorio, el principio de personalidad fue sustentado con frecuencia por países con grandes corrientes de emigración. Hoy se encuentra abandonado en cuanto regla general, y solo en raros casos se echa mano de él a título de excepción.[199]

Posiblemente la última legislación que lo consagró fue la alemana, en donde estuvo en vigencia para una amplia categoría de casos desde 1940[200] hasta la entrada en vigor de

192 COUSIÑO, I, § 48, pág. 180; BACIGALUPO, pág. 119; JAKOBS, 5, número margina 8, pág. 93.
193 Véase al respeto la prolija exposición de COUSIÑO, I, § 48, B, págs. 183 y sigts.
194 NOVOA, I, 109, B, pág. 150.
195 ETCHEBERRY, I, pág. 126.
196 CURY, 1ª, 1, §9, 1 b) pág. 167.
197 Infra, III, a).
198 Sobre ello, infra III.
199 BACIGALUPO, pág. 119.
200 MEZGER, *Libro de estudio*, I, § 11, pág. 71; WELZEL, § 6, II, 1, pág. 46.

la nueva Parte General del Código Penal alemán en enero de 1975. El § 3 de esta última en su versión actual ha restablecido en ese país la eficacia del principio territorial.[201]

c) El principio *real o de defensa*, según el cual la ley del Estado pretende regular hechos ocurridos fuera de su territorio pero que atacan a bienes jurídicos ubicados dentro de él.[202] Por lo general, el principio real se considera aplicable cuando los bienes jurídicos afectados pertenecen además al propio Estado y tienen un carácter social; en cambio, si son de particulares, se entiende que el principio al cual se acude es el de nacionalidad o personalidad pasivo.[203] La diferencia es prácticamente significativa porque en el primer caso la ley nacional se atribuye una vigencia prevalente, a causa de la importancia del interés atacado, cuya infracción compromete la integridad del Estado en cuestión; en el segundo, por la inversa, solo se trata de otorgar al nacional una protección subsidiaria si la ley extranjera no se la ha proporcionado.

d) El principio de *universalidad,* según el cual la ley del Estado puede y debe ser aplicada a todo delincuente que se encuentre en su poder, prescindiendo de la nacionalidad del inculpado y de los bienes jurídicos afectados, así como del lugar en que se haya ejecutado el hecho. Se funda en una idea de amplia colaboración internacional en la lucha contra el delito y en la convicción de que las conductas punibles, a causa de su elevada reprobabilidad ético-social, son generalmente incriminadas por todos los ordenamientos jurídicos de manera semejante. Lo mismo que el anterior, solo ha recibido aplicación excepcional. Pero actualmente ha cobrado importancia relevante debido a la existencia de *delitos internacionales* que nuestro ordenamiento jurídico ha recogido en la Ley 20.357 y respecto de los cuales el Tratado de Roma de 1998, ratificado por Chile en 2009, consagra el principio de universalidad.

Aparte de los principios mencionados, en las últimas décadas se han desarrollado nuevos criterios destinados a solucionar las dificultades generadas por la aplicación de cualquiera de las soluciones clásicas. Así, por ejemplo, el de

---

201 MAURACH–ZIPF, I, § 11, número marginal 7, pág. 176; JAKOBS, 5, número marginal 14, pág. 94. Véase también COUSIÑO, I, § 48, A), págs. 181 y 182, quien informa sobre la situación histórica que condujo a la situación actual

202 BACIGALUPO, pág. 119.

203 Ídem, JAKOBS, 5, número marginal 8, pág. 93.

administración delegada de justicia penal y el de *jurisdicción adjudicada.*[204] Aunque su aplicación se encuentra poco extendida, cabe presumir que, a causa del intercambio internacional creciente, cobrará cada vez mayor importancia.

II. LA TERRITORIALIDAD FUNDAMENTAL DE LA LEY PENAL CHILENA

A) GENERALIDADES

De acuerdo con la tendencia universalmente generalizada, en Chile rige como principio fundamental sobre validez espacial de la ley penal el de la *territorialidad* (art. 5° C.P.). La aplicación práctica de esta regla exige, en primer término, determinar lo que se entiende por *territorio nacional* y, en segundo, precisar el *lugar de comisión del delito* a fin de establecer si efectivamente se lo ha ejecutado dentro de ese territorio.

B) CONCEPTO DE TERRITORIO

"Por territorio de la República hemos de entender todo espacio de tierra, mar o aire sujeto a la soberanía chilena",[205] así como aquellos lugares que, en virtud de una ficción jurídica internacionalmente aceptada, son considerados pertenecientes a él.

De este concepto amplio se deduce la existencia, para los efectos que aquí interesan, de dos clases de territorio: el *natural* y el *ficto.*

Estas nociones deben entenderse como una pura convención. Desde el punto de vista jurídico, hablar de "territorio nacional natural" es en cierto modo una contradicción, pues los límites hasta los cuales se extiende la soberanía de un Estado solo pueden determinarse con arreglo a un criterio normativo. La expresión únicamente quiere significar que esta primera parte del territorio chileno está compuesta por espacios *naturales* geográficamente delimitados.

---

204 Sobre ellos, DIETRICH OEHLER, *Theory of the law governing application of punishment,* en *LS,* vol. 3, 1971, págs. 110 y sigts., especialmente IV, 2, a) págs. 120 y 121, y IV, 2), c), págs. 123 y 124; asimismo, JESCHECK, *New forms of internacional assitence in criminal matters,* en *LS,* vol. 2, 1970, págs. 7 y sigts.

205 NOVOA, I, 110, pág. 151.

c) Territorio natural

El territorio natural está integrado, en primer lugar, por el casco terrestre continental e insular sobre el cual Chile ejerce soberanía, la determinación de cuyos límites pertenece al Derecho constitucional. Este comprende tanto el suelo como subsuelo, así como también los ríos, lagos y mares interiores que se encuentran dentro de las fronteras del país. De conformidad con la opinión dominante, forman parte también de él los lugares ocupados por agencias diplomáticas extranjeras, cualquiera sea su destino (oficinas, habitación, almacenes, actos culturales, etc.).[206] Las instituciones como el derecho de asilo y la inviolabilidad de recintos diplomáticos no se basan, pues, en una supuesta extraterritorialidad de tales inmuebles –lo que implicaría una renuncia inaceptable de la soberanía nacional respecto de algunas porciones de territorio–, sino en una extensión de la inmunidad personal acordada a los agentes diplomáticos básicamente por consideraciones de cortesía internacional.[207]

También forma parte del territorio natural el "mar territorial o adyacente", con arreglo a lo dispuesto en el art. 5° C.P. Ahora bien, para la determinación de este último concepto, respecto del cual no existe hasta ahora norma constitucional, es preciso remitir al art. 593 del C.C. que, a su vez, distingue entre el mar *adyacente* propiamente tal, de doce millas marinas medidas desde la respectiva línea de base, y una segunda extensión de hasta veinticuatro millas marinas, medidas de la misma manera, "para objetos concernientes a la prevención y sanción de las infracciones de sus leyes y reglamentos aduaneros, fiscales, de inmigración o sanitarios", al cual denomina *"zona contigua"*. El art. 5° del C.P. no hace tal distinción, pues el empleo de la conjunción copulativa "o" parecería significar que considera sinónimas las expresiones "territorial" y "adyacente". Sin embargo, la opinión que prevalece actualmente estima que nuestra ley penal solo pretende regir aquellos hechos ocurridos dentro de lo que el art. 593 del C.C. denomina "mar adyacente", cuya extensión, por consiguiente, es de solo las primeras doce millas marinas.[208]

---

206 Otro criterio todavía en un fallo de C.S. de 1910, en ETCHEBERRY, *DPJ, I*, 15, págs. 28 y 29. Las cuentas de un agente diplomático de Alemania, adulteradas en el recinto de la legación alemana en Chile, "han sido otorgadas en el extranjero, en virtud de la ficción de extraterritorialidad reconocida por el Derecho internacional y para producir efecto en Alemania".

207 COUSIÑO, I, § 46, B, d), págs. 176 y sigs.; ETCHEBERRY, I, págs. 81 y 82; NOVOA, I, 113, págs. 156. y 157.

208 GARRIDO, I, págs. 128 y 129.

En cuanto a las 200 millas marinas, sobre la cual reclaman jurisdicción exclusiva Chile, Perú y Ecuador, en virtud de la "Declaración sobre Zona Marítima" de 18 de agosto de 1952, aprobada por el Congreso Nacional y mandada cumplir mediante Decreto Supremo 432 de 23 de septiembre de 1954 (Zona Económica Exclusiva), se la entiende generalmente limitada a fines de aseguramiento y explotación de la riqueza marítima y no a extender el mar territorial chileno sobre una zona tan vasta (discutible).[209] Tanto más cuanto que las ventajas de hacer esto último son, cuando menos, dudosas.

En el mar *territorial* la jurisdicción de las leyes penales se extiende también al fondo submarino y al subsuelo correspondiente.

Respecto del *espacio aéreo,* que también integra el territorio natural, rige en Chile el art. 1° del Código aeronáutico (Ley 18.916), de conformidad con el cual "el Estado de Chile tiene la soberanía exclusiva del espacio aéreo sobre su territorio". Con ello se ha superado la defectuosa disposición del DFL 221 (hoy derogado) que la limitaba al espacio atmosférico, así como las diferencias de apreciación que generaba.[210]

d) Territorio ficto

El territorio ficto está compuesto por algunos lugares que en rigor pueden no encontrarse dentro de los límites geográficos nacionales, no obstante lo cual la ley penal chilena reclama vigencia para ser aplicada a los hechos ocurridos en ellos. En la mayor parte de los casos, esta extensión obedece al propósito de conceder la protección de nuestro ordenamiento jurídico a sitios que, de otra forma, estarían despojados de una cualquiera. En algunos, sin embargo, se debe a una auténtica decisión de extraterritorialidad determinada por la naturaleza de las funciones que cumple el objeto, las cuales lo vinculan de manera estrecha al destino del Estado chileno.

El primer caso que debe mencionarse es el de las *naves.* Respecto de ellas, antiguamente se distinguía entre naves mercantes y de guerra. Así lo hace todavía el art. 6° N° 4° del C.O.T., que regula la materia. Hoy, en cambio, los instrumentos

209 ETCHEBERRY, I, pág. 119. Más dudoso, NOVOA, I, 110, pág. 152 nota 4). Otra posición, aparentemente, LABATUT, I, 57, pág. 58. Entre los internacionalistas la cuestión es muy discutida, si bien la mayor parte se inclina a la opinión del texto.

210 Sobre ello CURY, 1ª, I, § 9, II, c), pág. 170; ETCHEBERRY, I, págs. 119 y 12°; NOVOA, I, 11°, pág. 152 y 153. En opinión de ETCHEBERRY, sin embargo, la modificación no ha alterado la situación y los problemas subsistirían. Véase, al respecto.

internacionales y la doctrina hablan de naves *públicas* y *privadas*, pues estos conceptos son más precisos que aquellos en cuanto a naturaleza y extensión. Las naves públicas son territorio chileno dondequiera que se encuentren; las privadas, en cambio, solo cuando navegan en alta mar (art. 6° N° 4 C.O.T.).

La distinción precedente y sus consecuencias son algo diferentes tratándose de *aeronaves*. Desde luego, ya antes de la vigencia del Código aeronáutico, las aeronaves privadas chilenas eran territorio nacional –y siguen siéndolo– no solo cuando sobrevuelan la alta mar sino, además, "tierra de nadie" (art. 5° inc. primero del Código Aeronáutico).

Respecto de las aeronaves, por otra parte, en la doctrina contemporánea se ha desarrollado el criterio de que quizás resultaría más lógico sustraer los hechos ejecutados en una aeronave privada a la jurisdicción del país que sobrevuela cuando ellos no lesionan los intereses de esa nación ni afectan su tranquilidad pública. Este punto de vista ha sido acogido por el art. 301 del Código de Derecho Internacional Privado, denominado también Código Bustamante, con arreglo al cual el país competente para juzgar estas conductas es el de la bandera,[211] y lo ha hecho suyo asimismo el art. 5° del Código aeronáutico incs. segundo y tercero. De conformidad con ellos, las aeronaves chilenas están sometidas a las leyes penales chilenas aunque se encuentran volando en espacio aéreo sujeto a la soberanía de un Estado extranjero, respecto de los delitos cometidos a bordo de ellas que no hubiesen sido juzgados en otro país; a su vez, las leyes penales chilenas son aplicables a delitos cometidos a bordo de aeronaves extranjeras que sobrevuelen espacio aéreo no sometido a la jurisdicción chilena, siempre que la aeronave aterrice en territorio chileno y que tales delitos afecten al interés nacional.[212]

Por último, también integra el territorio ficto aquel que, siendo por su naturaleza extranjero, se encuentra ocupado por fuerzas armadas chilenas (art. 3° N° 1° C. de JM.) En tales casos la ley nacional regirá sin distinción en materia de delitos militares y comunes, debiendo aplicarse a estos últimos las leyes penales correspondientes a ellos, aunque la competencia pertenezca a los tribunales militares.

e) El lugar de comisión del delito

Usualmente determinar el lugar de comisión del delito y la consiguiente territorialidad o extraterritorialidad del hecho no presenta dificultades. Sin embargo,

211 Al respecto, véase la exposición de NOVOA, I, 111, pág. 155.

212 COUSIÑO, I, § 46, B, b), pág. 173; ETCHEBERRY, I, pág. 122.

en algunos casos se complica a causa de que la ejecución adopta formas complejas que comprometen a varios territorios. Así, por ejemplo, cuando A dispara a través de la frontera sobre B, el cual cae muerto en el país vecino; o cuando C engaña a D en un país a fin de que este realice en otro una disposición patrimonial perjudicial para sus intereses; o cuando E se apodera de una aeronave mientras sobrevuela el territorio de un Estado, la obliga a variar de rumbo y aterrizar en un aeropuerto ubicado en el de otro, solicitando con éxito un rescate de una tercera nación. ¿Dónde se ha cometido el homicidio, la estafa o el "secuestro" aéreo respectivamente en cada uno de estos casos?

Para solucionar esta clase de problemas se han propuesto fundamentalmente tres criterios distintos:[213]

aa) Según la teoría del *resultado*, el delito debe entenderse cometido en el lugar en que este se produjo. Su fundamento radica sobre todo en que la perturbación de la convivencia se deja sentir con toda su intensidad precisamente allí donde tiene lugar el resultado indeseable y en que solo con la consumación se perfecciona por completo la conducta punible.[214]

Este punto de vista ha encontrado considerable acogida en la doctrina latinoamericana.[215] Quizás por eso lo acepta también como fórmula alternativa el art. 302 del Código de Bustamante el cual, de no ser aplicable la desafortunada disposición de su primera parte,[216] ordena dar "preferencia al Derecho de la soberanía local en que el delito se haya *consumado*".

bb) De acuerdo con la teoría de la *actividad*, el delito se comete allí donde se da principio a la ejecución de la conducta típica. Este punto de vista se basa en la idea de que el desvalor delictivo radica fundamentalmente en la acción y, por tanto, es el país donde esta se realiza al que corresponde su enjuiciamiento.[217]

En Chile este criterio es acogido para fines de derecho interno por el art. 157 del C.O.T., el cual ETCHEBERRY considera aplicable también por analogía

213 Respecto de otros puntos de vista menos difundidos, véase la prolija exposición de COUSIÑO, I, § 50, págs. 188 y sigs.

214 En este sentido, NOVOA, I, 114, págs. 157 y sigts., con detalle. En contra, COUSIÑO, I, § 50, pág. 191.

215 Cfr. COUSIÑO, I, § 50, D, pág. 190.

216 Infra, bb).

217 Así DOHNA, pág. 23.

respecto de la materia que aquí nos interesa.[218] Asimismo, piensa que ha sido consagrado en la primera parte del art. 302 del Código de Bustamante conforme al cual "cuando los actos de que se componga el delito se realicen en Estados contratantes diversos, cada Estado puede castigar el acto realizado en su país, si constituye por sí solo un hecho punible". La argumentación no es convincente. Como destaca COUSIÑO,[219] la disposición del art. 302 del Código de Bustamante no establece la vigencia del principio de actividad sino un sistema sumamente defectuoso, preceptuando el fraccionamiento del delito y su punibilidad por partes, cosa que puede conducir a resultados indeseables ya que la valoración legal del conjunto del hecho puede ser distinta de la simple suma de acciones aisladas que lo componen. Por lo que se refiere a la extensión analógica del art. 157 del C.O.T., solo se justificaría si su solución fuera satisfactoria también en el ámbito internacional. Pero esto no es así, pues muchas veces la aplicación de la teoría de la actividad en este campo puede conducir a conflictos que determinen la impunidad del delito, como por ejemplo si el Estado en que se inició la ejecución carece de todo interés en su castigo a causa de que la perturbación experimentada por su convivencia fue insignificante o inexistente. Así, no parece oportuno trasladar a este ámbito una regla dada para determinar la competencia entre distintos tribunales nacionales.

cc) La solución preferible es la de la teoría de la *ubicuidad,* en conformidad a la cual es competente para conocer del hecho tanto aquel país en que se ha realizado un acto de ejecución como aquel en que se produjo el resultado consumativo. Que ella puede ser apoyada dogmáticamente en nuestra legislación ha sido demostrado a mi juicio satisfactoriamente por NOVOA.[220] Por otra parte, esta concepción preserva en forma adecuada la unidad de la valoración jurídica que ha de acordarse al hecho delictivo, permitiendo su enjuiciamiento conjunto por una de las leyes comprometidas.

El cierto que la teoría de la ubicuidad puede crear algunos riesgos de infracción al principio *non bis in* ídem.[221] Pero estos dependen de circunstancias prácticas, las cuales en determinados casos también podrían afectar a cualquiera de los otros criterios.

---

218 ETCHEBERRY, II, pág. 72.

219 COUSIÑO I, § 50, D pág. 189 y E, pág. 191.

220 NOVOA, I, 114, págs. 158 y sigts. En contra, COUSIÑO, I, § 50, E. pág. 91.

221 ETCHEBERRY, II, pág. 72.

III. EXCEPCIONES A LA TERRITORIALIDAD DE LA LEY PENAL

Excepcionalmente la ley penal chilena pretende recibir aplicación *extra-territorial*, basada en uno u otro de los restantes principios sobre la materia. Tales situaciones se encuentran expresamente reguladas, según lo preceptuado en los arts. 6° del C.P., 6° del C.O.T., 3° del C. de J.M., 106 del C.P., 1° de la Ley 5.478, algunas disposiciones de la Ley de Seguridad del Estado, y en la Ley 20.357 sobre delitos internacionales.

A) Aplicación del principio de personalidad o nacionalidad

El principio de nacionalidad encuentra expresión en el art. 6° N.° 6° del C.O.T., de acuerdo con el cual la ley chilena reclama jurisdicción para conocer de los delitos "cometidos por chilenos contra chilenos si el culpable regresa a Chile sin haber sido juzgado por la autoridad del país en que delinquió". Debe advertirse con todo, que el fundamento de esta norma es objeto de opiniones encontradas.

Novoa descarta su inclusión entre los casos de aplicación del principio de personalidad, a causa del carácter "supletorio" que el precepto atribuye a la ley chilena.[222] Por tal razón considera que se trata de una solución práctica, destinada a evitar la impunidad de atentados contra bienes jurídicos chilenos cuando el autor ha llegado al territorio nacional sin haber sido castigado en aquel en que se cometió el ilícito, y la extradición no es solicitada o no procede por cualquier razón.[223]

En el mismo sentido se pronuncia ETCHEBERRY,[224] quien, no obstante, pareciera considerar que la disposición aplica el principio real pues, aunque no lo dice expresamente, trata de ella bajo ese rótulo. A su vez, RODRÍGUEZ MUÑOZ, frente a una disposición semejante de la ley española, estima que constituye una combinación de ambos principios, el de la nacionalidad y el de la defensa,[225] pues "la exigencia de que el delito se cometa contra otro español excede ya los límites del puro principio personal y supone una referencia a la específica índole del bien jurídico".

---

222 NOVOA, I, 118, págs. 162 y 163.
223 NOVOA, I, 118, pág. 163.
224 ETCHEBERRY, I, pág. 125.
225 RODRÍGUEZ MUÑOZ, notas de Derecho español a MEZGER. I, § 7, II, 99.

De acuerdo con el criterio de COUSIÑO,[226] esta norma constituye solo una aplicación del principio de la personalidad activo.[227]

En realidad, el art. 6° N.° 6° del C.O.T. combina los principios de nacionalidad activo y pasivo, dándoles una vigencia supletoria, como en su oportunidad lo destacó JOSÉ ARTURO RODRÍGUEZ MUÑOZ.

En la práctica, sin embargo, tal como está concebido el precepto genera un vacío inconveniente cuando, por cualquier razón, no se otorgue la extradición de un extranjero que delinquió contra un chileno fuera del territorio nacional, y que ha llegado a Chile sin ser juzgado en el lugar del hecho. En casos como este se dará la extraña paradoja, destacada por ETCHEBERRY, de que tal extranjero no podrá ser juzgado tampoco por los tribunales chilenos.[228] Para evitar esta situación absurda, sería necesario aceptar en estos casos una aplicación supletoria de la ley nacional, aunque posiblemente sometiéndola a requisitos más exigentes, como el de la querella de la víctima o sus herederos. Pero esto tendría que ser implementado por una ley y, por el momento, no existe solución al problema.

Para estos efectos debe entenderse que el delito se ha cometido contra un chileno cuando este es el titular del bien jurídico. No es necesario que dicho interés tenga un carácter personal (vida, integridad corporal, salud, etc.), pues la ley no contempla esa limitación.[229] Por el contrario, del sentido de la disposición se deduce que en ella solo se está pensando en ataques dirigidos contra particulares, lo que explica su carácter supletorio y es el motivo de que se la considera aplicación del principio de nacionalidad pasivo y no del real o de defensa.

En la práctica, esto último tiene importancia para la determinación de la aplicabilidad de la ley chilena en casos en los cuales el bien jurídico tiene carácter social y no individual. Así ocurre, por ejemplo, respecto del delito de bigamia del art. 382 del C.P., que

---

226 COUSIÑO, I, § 48, A, pág. 182. En el mismo sentido respecto de la disposición española aludida por RODRÍGUEZ MUÑOZ a que se refiere la nota anterior, RODRÍGUEZ DEVESA, I, págs. 221 y 222.

227 En CURY, 1ª, I, § 9, III, a) pág. 174, se afirma que COUSIÑO considera este precepto como aplicación del principio de personalidad pasivo. Esta apreciación es errónea y derivó del sentido que en dicha exposición se acordaba al principio de nacionalidad pasivo. Sobre ello, supra, I, b).

228 ETCHEBERRY, I, pág. 125.

229 NOVOA, I, 118, pág. 163.

constituye un atentado en contra de la institución matrimonial como tal y no del primero o segundo cónyuge en su caso. Por eso, cuando el que se encuentra casado válidamente contrae un nuevo matrimonio en territorio extranjero, no es aplicable el art. 6° del C.O.T. y, en consecuencia, el autor no puede ser juzgado ni castigado en Chile.

b) Aplicación del principio real o de defensa

El principio real o de defensa dispone la aplicación de la ley chilena a hechos ocurridos en el extranjero en los casos a que se refieren los N°s. 1°, 2° y 5° del art. 6° del C.O.T. y el art. 3° N°s. 2° y 3° del C. de J.M.

De acuerdo con tales disposiciones, quedan sometidos a la jurisdicción nacional los crímenes y simples delitos perpetrados fuera del territorio de la República "por un agente diplomático o consular" de esta "en el ejercicio de sus funciones", la malversación de caudales públicos, fraudes y exacciones ilegales, la infidelidad en la custodia de documentos, la violación de secretos [y] el cohecho a funcionarios públicos extranjeros, cometidos por funcionarios público chilenos o por una persona que tenga residencia habitual en Chile" y la "falsificación del sello [inexistente], de moneda nacional, de documentos de crédito del Estado, de las Municipalidades o establecimientos públicos, cometida por chileno o por extranjeros que fueren habidos en el territorio de la República". Asimismo, los "cometidos por militares en el ejercicio de sus funciones o en comisión de servicio" y "contra la soberanía del Estado y su seguridad exterior o interior".

En todas estas situaciones lo decisivo es, en efecto, el hecho de que las conductas respectivas, aunque ejecutadas en el extranjero, lesionan intereses nacionales de carácter público. La nacionalidad del autor es indiferente. La limitación consagrada en el N° 5°, donde se hace depender la aplicación de la ley chilena a los autores extranjeros que hayan sido habidos en el territorio de la República, no altera tampoco la conclusión, pues obedece solo a consideraciones sobre la practicabilidad de la disposición.

Más dudosa es la situación que se contempla en el art. 6° N° 3° del C.O.T., que en su primera parte extiende el sentido del art. 106 inc. segundo del C.P., y con arreglo al cual se someten a la jurisdicción chilena los crímenes y simple delitos perpetrados por chilenos naturales o naturalizados que vayan "contra la soberanía o contra la seguridad exterior del Estado". Asimismo, la del art. 1° de la Ley 5.487 que consagra la punibilidad del "chileno que, dentro del país o en el exterior, prestare servicios de orden militar a un Estado extranjero que se encuentra comprometido en una guerra, respecto de la cual Chile se hubiere declarado neutral". En definitiva, sin embargo, ambos son también casos cuya atribución a la competencia de los tribunales nacionales se funda básicamente en el principio real o de defensa:

Las dudas se deben, en primer lugar, a que se limita el círculo de los autores a los nacionales. Sin embargo, eso se explica por la naturaleza de los bienes jurídicos afectados, cuya significación en rigor existe casi únicamente para los chilenos. Por otra parte, hay autores que adscriben estos casos al principio de nacionalidad pasiva.[230] Esto se debe a la formulación particular que dan de ese principio[231] y, además, a que los bienes jurídicos atacados son chilenos. Sin embargo, debe desestimarse ese criterio si el principio de nacionalidad pasiva se entiende como lo hace la mayoría de la doctrina comparada[232] y si se tiene en cuenta que en estos casos los bienes jurídicos atacados pertenecen al Estado chileno.[233]

c) Aplicación del principio de universalidad

El Nº 7º del art. 6º del C.O.T., con arreglo al cual se aplica la ley chilena a la piratería, aunque los hechos que la configuran se hayan realizado –como usualmente sucederá– fuera del territorio nacional, es una expresión clara del principio de universalidad. Esta conducta punible, que hasta hace poco parecía de reducida importancia, en el presente ha adquirido notoriedad por ser practicada en vastas extensiones marítimas, especialmente en zonas de Asia y África. Por su índole peculiar, el delito de piratería afecta a la libre navegación de los mares, que interesa a toda la comunidad de naciones. Por otra parte, se trata de un hecho que generalmente se comete más allá de los límites territoriales de todos los Estados, de suerte que si no se lo somete a la jurisdicción del captor quedará impune, pues es extremadamente improbable que el autor se ponga al alcance de la nación a que pertenecen la nave o naves abordadas –únicas otras a las que podría reservarse la facultad de sancionarlo–. Por esto, la mayor parte de las legislaciones contemporáneas consagra a este respecto una solución semejante a la nuestra.

También suelen ser manifestaciones del principio de universalidad la mayoría de los casos de extraterritorialidad contemplados en los tratados internacionales a que alude el art. 6º, N.º 8º del C.O.T. En efecto, estos generalmente se refieren

230 NOVOA, I, 116, pág. 160; CURY, 1ª, i, § 9, pág. 173. Por su parte COUSIÑO, I, § 48, A, pág. 182 contempla el último de los casos mencionados como manifestación del principio de personalidad activo.

231 Supra, I, b).

232 Ídem.

233 Supra, I, c). En el mismo sentido, ETCHEBERRY, I, págs. 82 y 83.

a delitos que por su naturaleza comprometen el territorio de varios países ya que su actividad presupone traslado de unos a otros, o bien ejecución en "tierra de nadie",[234] tales como la trata de esclavos y la de blancas, el tráfico de estupefacientes, la destrucción o deterioro de cables submarinos, etc. Respecto de todos ellos se ha consagrado el principio de universalidad en los arts. 307 y 308 del Código de Bustamante.[235]

Pero el campo de aplicación más importante del principio de universalidad se encuentra actualmente en el ámbito de los "delitos internacionales". Así se lo consagra expresamente en los arts. 6º y 7º de la "Convención contra la tortura y otros tratos o penas crueles, inhumanos o degradantes" adoptada por la Asamblea General de las Naciones Unidas de la Organización de las Naciones Unidas mediante Resolución 39/46 de fecha 10 de diciembre de 1984 y promulgada en Chile mediante Decreto 808 del Ministerio de Relaciones Exteriores, publicado en el Diario Oficial con fecha 26 de noviembre de 1988; asimismo, en los arts. 12 y 14 de la "Convención interamericana para sancionar la tortura", adoptada el 9 de diciembre de 1985 por la Organización de los Estados Americanos y promulgada en Chile mediante Decreto 809 del Ministerio de Relaciones Exteriores, publicado en el Diario Oficial 26 de noviembre de 1988. Otro tanto ocurre en el art. 1º del Tratado de Roma, de fecha 17 de julio de 1998, ratificado por Chile el 6 de julio de 2009, en el cual se concede a la Corte Penal Internacional, con sede en la Haya, competencia universal complementaria para el conocimiento de los delitos de lesa humanidad, de genocidio y de guerra.[236]

IV. VALOR EN CHILE DE LAS LEYES Y SENTENCIAS JUDICIALES EXTRANJERAS

A) La ley penal extranjera

En consideración al principio de soberanía de los Estados, estos no *aplican* en ningún caso leyes penales extranjeras. Este punto de vista se encuentra expresamente

234 Por "tierra de nadie" se entienden aquellos espacios territoriales que no están sujetos a la soberanía de ningún Estado.

235 Con algún detalle respecto a las convenciones y tratados celebrados en relación con tales materias, COUSIÑO, I, § 49, pág. 187, nota 311, y NOVOA, I, 119, pág. 164.

236 El tratamiento pormenorizado de estos temas escapa a los límites de la presente obra. Una información general sobre el Tratado de Roma puede encontrarse en ETCHEBERRY, I.

reconocido en el art. 304 del Código de Bustamante, según el cual "ningún Estado contratante aplicará en su territorio las leyes penales de los demás".

Sin embargo, esto no significa que en Chile se ignore por completo el valor de la ley penal extranjera pues, aunque jamás se la aplica, hay distintos casos en los que es necesario *reconocer* su existencia y eficacia. Así ocurre, entre otras situaciones, en materia de extradición, atendido el principio de doble incriminación;[237] asimismo para la aplicación de lo dispuesto en el art. 6° N.° 6 del C.O.T. que, aun cuando no lo exprese, presupone que el hecho a que se refiere ha de ser también punible de conformidad con la ley del país en que se ejecutó.[238] En estos casos la ley extranjera no se está *aplicando* en nuestro país, pero su *reconocimiento* resulta condicionante para la aplicación de la nacional[239].

B) Sentencia judicial extranjera[240]

La situación de las sentencias penales extranjeras es semejante a la de la ley. También aquí el principio de soberanía obsta a su eficacia *ejecutiva* en nuestro país y, por consiguiente, en Chile usualmente no se cumplirá una pena impuesta en una sentencia pronunciada por tribunales de otro Estado. Solo hacen excepción ciertos casos en los cuales *por razones humanitarias* se acepta que los nacionales de nuestro país cumplan en Chile condenas pronunciadas por un tribunal extranjero, en virtud de tratados internacionales bilaterales expresos.

En general, sin embargo, lo mismo que respecto de las leyes, es imposible negar todo *reconocimiento* a las sentencias extranjeras, pues implicaría una actitud "aislacionista" que a la larga provocaría resultados indeseables también para la nación que la asume. Por eso, en distintos casos es preciso *reconocer el valor de cosa juzgada* a sentencias penales pronunciadas en el exterior. En esta materia el art. 13 del C.P.P. contiene las directrices fundamentales: "Tendrán valor en Chile las sentencias penales extranjeras. En consecuencia, nadie podrá ser juzgado ni sancionado por un delito por el cual hubiere sido ya condenado o absuelto por una sentencia firme de acuerdo a la ley y al procedimiento de un país extranjero, a menos que el juzgamiento en dicho país hubiere obedecido al propósito de sustraer al individuo de su responsabilidad penal por delitos de competencia de

237 Infra, V, b) aa).

238 Supra III, a).

239 Detalladamente COUSIÑO I, § 51, págs. 196 y sigts.

240 N. del E.: este apartado fue redactado parcialmente por el editor.

los tribunales nacionales o, cuando el imputado lo solicitare expresamente, si el proceso respectivo no hubiere sido instruido de conformidad con las garantías de un debido proceso o lo hubiere sido en términos que revelaren falta de intención de juzgarle seriamente. En tales casos, la pena que el sujeto hubiere cumplido en el país extranjero se le imputará a la que debiere cumplir en Chile, si también resultare condenado. La ejecución de las sentencias penales extranjeras se sujetará a lo que dispusieren los tratados internacionales ratificados por Chile y que se encontraren vigentes".

De la misma forma, en lo referente a *reincidencia* y *reiteración*, conforme al art. 310 del Código de Bustamante debe apreciarse teniendo en consideración las sentencias dictadas por los tribunales de otros países. Por su parte, el art. 21 de la Ley 20.000, que sanciona el Tráfico Ilícito de Estupefacientes y Sustancias Sicotrópicas, dispone: "Para considerar si existe reincidencia en los delitos castigados en esta ley, se considerarán las sentencias firmes dictadas en un Estado extranjero, aun cuando la pena impuesta no haya sido cumplida". Esta regla se extiende al delito de lavado de activos y de asociación u organización para cometerlo, de los arts. 27 y 28 de la Ley 19.913, respectivamente, en virtud de la disposición del art. 33, letra d) de ella.

Por último, también en materia de extradición pasiva, en donde al solicitarse la de un individuo ya condenado, el país requerido tiene que acordar validez a la sentencia pronunciada en el requirente.

En el presente existe una tendencia a intensificar la colaboración internacional para combatir el delito y, por consiguiente, a ampliar los límites de reconocimiento de las sentencias extranjeras. Aunque este punto de vista aún no se manifiesta de manera frecuente en nuestro ordenamiento jurídico, ya se encuentran expresiones suyas en disposiciones como la de los arts. 47 y siguientes de la Ley 20.000 sobre Tráfico Ilícito de Estupefacientes y Sustancias Psicotrópicas, y en el futuro de seguro ganará terreno progresivamente. [241]

---

241 N. del E.: En ese sentido se orienta la existencia de la Unidad de Cooperación Internacional y Extradición (UCIEX) como unidad de apoyo de la Fiscalía Nacional. Lo mismo cabe decir de la creación, en el año 2016, del Grupo de Cooperación Penal Internacional de Ministerios Públicos de Iberoamérica y de otras iniciativas análogas.

V. LA EXTRADICIÓN

La extradición cosiste *en la entrega que se hace por un país a otro de un individuo al que se acusa de un delito o que ha sido condenado ya por él, a fin de que el último lo juzgue o proceda al cumplimiento de la sentencia en el caso respectivo.* Se habla de extradición *activa* cuando se la contempla desde el punto de vista del Estado que solicita la entrega (Estado *requirente*) y *pasiva* cuando se la mira desde el del Estado al cual se le pide la entrega (Estado *requerido*).

Aunque la institución posee antecedentes históricos remotos,[242] su formalización general es reciente y sus fundamentos son objeto hasta el presente de opiniones cambiantes. Actualmente, sin embargo, tiende a imponerse la idea de que se encuentra basada en un sistema de colaboración internacional, que consagra obligaciones de asistencia recíprocas entre los Estados para la lucha contra el delito.[243] Van más lejos quienes hablan de regular la institución de acuerdo con el llamado *orden público internacional*.[244] Este último, no obstante, constituye una idea que aún requiere desarrollo y concreción, aparte de que es imposible determinar exactamente las consecuencias a las cuales daría lugar en el terreno que nos ocupa.

Muchas legislaciones contemporáneas contemplan normas destinadas a regular la institución tanto en sus aspectos procesales como sustantivos. La nuestra, en cambio, se reduce a la ordenación de los primeros en el Título VI, del Libro IV del C.P.P., arts. 431 y sigs. Las cuestiones materiales, por el contrario, han quedado libradas de manera fundamental a los "principios generalmente reconocidos del Derecho internacional", pues el Código de Bustamante, que las reglamenta de manera más o menos completa, solo tiene valor vinculante respecto de algunos Estados americanos.[245] Esto, por supuesto, en los casos por fortuna cada vez menos frecuentes en los que no existe entre Chile y el otro país comprometido un tratado bilateral sobre la materia, debiendo eso sí tenerse en cuenta que usualmente tales instrumentos no consagran disposiciones reguladoras minuciosas.

A pesar de todo, las prácticas internacionales han ido decantando un conjunto de condiciones y requisitos más o menos uniformemente acogidos por

---

242 Cfr. COUSIÑO, I, § 53, pág. 200.

243 Un punto de vista matizado en NOVOA, I, 124, págs. 171 y 172, para quien la fundamentación del texto constituye todavía una aspiración lograda solo parcialmente.

244 Cfr. COUSIÑO, I, § 53, págs. 201 y sigs.

245 NOVOA, I, 124, pág. 172.

la comunidad de las naciones, cuyo análisis permite estructurar la institución apoyándose además en las limitadas disposiciones del ordenamiento jurídico nacional. Se refieren al *tipo de relaciones existentes entre los Estados*, la *calidad del hecho*, la *calidad del delincuente* y la *situación de punibilidad del hecho incriminado*. En los apartados siguientes se da una noticia somera sobre tales puntos.

A) Tipo de relaciones existentes entre los Estados

En principio, la regla es que la extradición procede entre aquellos Estados que se encuentran vinculados por un *tratado* sobre la materia, cosa que en la actualidad es cada vez más frecuente.[246] Sin embargo el hecho de que no exista un instrumento de esta clase no es óbice para que de todos modos se conceda la extradición. Para hacerlo así los Estados tienen en cuenta comúnmente las perspectivas de *reciprocidad*, esto es, de que el requirente la otorgue a su vez si más adelante le es solicitada.

La Corte Suprema ha concedido uniformemente la extradición cuando se le solicita bajo promesa de reciprocidad. La seriedad de esa promesa se presume y para desestimarla, negando la extradición, sería preciso que se presentaran pruebas de que alguna demanda de extradición formulada por Chile hubiere sido rechazada por el Estado requirente en casos similares al que se está discutiendo.[247] La extradición se concede aunque ni siquiera exista oferta de reciprocidad o la que se ha hecho es insuficiente o no procede de la autoridad competente cuando existe evidencia de que el Estado requirente no desconoce ni rechaza las resoluciones de los tribunales chilenos.[248]

B) Calidad del hecho

En relación con este aspecto se exigen, por lo general, los siguientes requisitos:

aa) *Doble incriminación del hecho*, es decir, que sea constitutivo de delito tanto en el Estado requirente como en el requerido. Esto es lógico, pues sería absurdo que el Estado requerido entregara a un individuo para que sea juzgado y castigado

246 Sobre los tratados de extradición que vinculan a Chile con otras naciones ofrecía una prolija exposición COUSIÑO, I, § 53, A, pág. 204. Con seguridad, no obstante, en la actualidad se encuentra desfasada.

247 ETCHEBERRY, *DPJ*, 29, págs. 54 y 55.

248 ETCHEBERRY, *DPJ*, 29, págs. 49 y 53.

por haber ejecutado una conducta que con arreglo a su ordenamiento es lícita o, en todo caso, no origina responsabilidad penal. La regla, recogida expresamente por el art. 353 del Código de Bustamante, supone que la doble incriminación exista al momento de realizarse el acto punible y subsista hasta aquel en que se lleva a cabo la entrega.

bb) *Gravedad del hecho.* En relación con este aspecto no existe todavía una coincidencia total, pues en algunos tratados más antiguos se emplea el procedimiento de incluir un listado de los delitos por los cuales es posible conceder la extradición. Tal sistema, que cuenta con la aprobación de JIMÉNEZ DE ASÚA,[249] es criticado por NOVOA[250] pues, si se lo generalizara, haría imposible la extradición "entre países no ligados por tratados sobre la materia". En todo caso, cuando se ha acudido a él, la extradición solo puede concederse por los delitos que integran el elenco respectivo, según se deduce del art. 449, letra b) del C.P.P.

En el presente se prefiere establecer un límite relativo a la gravedad para determinar los delitos por los cuales se otorga la extradición. La opinión más generalizada acepta que ella debe concederse cuando versa sobre un crimen o simple delito cuya pena no es inferior a un año de privación de libertad. Consiguientemente, queda excluida por definición la posibilidad de extradición por faltas, pero nada obsta a la de un crimen o simple delito frustrado o solo tentado. Cuando se la solicita para enjuiciar al extraditado, la determinación debe hacerse en abstracto, esto es, atendiendo a la pena establecida en la ley respectiva; y si el marco allí contemplado consulta una extensión que en parte es superior al límite y en parte inferior, lo decisivo es la pena mayor autorizada por la ley.[251] Por el contrario, cuando se trata del cumplimiento de una pena ya impuesta, se debe atender a la determinada concretamente en la sentencia respectiva. Por derivación del principio de doble incriminación, debe entenderse que este requisito relativo a la gravedad del hecho debe cumplirse tanto respecto del país requirente como del requerido. Por eso, aun en el caso de extradición destinada a cumplir una sentencia que ha impuesto una pena superior a un año de privación de libertad, esta no debe concederse cuando con arreglo a la ley del país requerido no sería posible castigar el hecho en forma tan severa.

249 JIMÉNEZ DE ASÚA, II, § 819, págs. 945 y sigts.

250 NOVOA, I, 127, pág. 174.

251 Así los fallos citados por ETCHEBERRY, *DPJ*, I, 31, págs. 69 y 70.

Lo expuesto rige en mi opinión como regla general, así como con aquellos países con los cuales estamos vinculados por la Convención de Montevideo. Para extradiciones con naciones a las cuales nos liga el Código de Bustamante, hay que estarse a la gravedad de la pena conminada por la legislación del país requirente, con arreglo a lo preceptuado en el art. 354. Esta última es una solución insatisfactoria, porque obliga al país requerido a aceptar valoraciones extrañas a su apreciación del hecho. Por eso, estimo que su aplicación debe ser restringida solo a los casos en que nos la impone el derecho interno, esto es, precisamente a aquellos a los que se alude más arriba. Sería erróneo, a mi juicio, elevarla a la categoría de "principio de derecho internacional".

Cuando se trata de la extradición pasiva, la vigencia de los criterios señalados se apoya expresamente en el art. 449, letra b) del C.P.P. Tratándose de la activa, en los incs. primero y tercero del art. 431 de ese mismo texto legal.

cc) *Delito común*. Esto significa que, por el contrario, no se concede la extradición por los llamados *delitos políticos*.

Aunque esta limitación es reciente, pues en su origen la extradición estaba destinada precisamente a obtener la entrega de los enemigos políticos, sus fundamentos son lógicos y hoy goza de reconocimiento unánime. El delito político, de preferencia en sus formas más puras, obedece por lo general a móviles ideológicos elevados y apunta a propósitos altruistas determinados por valoraciones contrastantes con las del orden establecido, pero no por eso menos respetables. Cuando el delincuente político se ve obligado a abandonar el territorio del país contra cuyo gobierno se dirigía su actividad ilícita, decrece la posibilidad de que ponga en peligro la estabilidad de este y, por otra parte, rara vez constituirá un riesgo para la nación en la cual se refugió, pues incluso es posible que simpatice con los ideales y concepciones de sus dirigentes.

Sin embargo, la practicabilidad de la idea tropieza con dificultades provocadas por el hecho de que la distinción entre delitos políticos y comunes no es fácil de hacer en los límites.

Desde el punto de vista *subjetivo*, es delito político todo aquel que obedece al *propósito* de alterar o modificar la institucionalidad política imperante en un Estado determinado. Con esto, no obstante, resultaría que casi cualquier género de conducta delictiva –incluso, la más reprobable– podría, bajo ciertas circunstancias, constituirse en delito político; al paso que, por otra parte, como la determinación depende de momentos subjetivos, su precisión en los casos concretos es complicada e incierta. Por tal razón, tiende a ganar terreno el criterio *objetivo*, de conformidad con el cual es delito político aquel que, por la índole del injusto correspondiente, *lesiona fundamentalmente la organización institucional del Estado respectivo o los derechos políticos de sus ciudadanos*.

Con todo, también si se acoge este último criterio es indispensable efectuar algunas precisiones pues de otra manera resultaría demasiado restrictivo. En efecto, junto al delito político *propiamente tal* o *puro*, es menester mencionar los delitos políticos *complejos* o *relativos* y los delitos *conexos* a delitos políticos. Son delitos políticos complejos o relativos aquellos que lesionan al mismo tiempo la organización política y otros bienes jurídicos comunes como, por ejemplo, el asesinato de un Jefe de Estado, el secuestro de un hombre público o incluso de particulares con el objeto de obtener alteraciones institucionales, etc. A su vez, los delitos conexos al político son aquellos de carácter común que se cometen durante el curso de la ejecución de aquel a fin de favorecer su consumación, tales como la sustracción de explosivos destinados a sostener la insurrección, la violaciones o daños de morada con el objeto de asegurar posiciones estratégicas, etcétera.

La extradición no procede, por cierto, cuando se trata de un *delito político puro*. Asimismo, se excluye, en principio, en los *conexos* (art. 355 del Código de Bustamante); pero actualmente se impone progresivamente la idea de concederla en este último caso cuando el hecho punible común de que se trata constituye una expresión grave de vandalismo o inhumanidad, o cuando consiste en atentados en contra de la vida o integridad corporal, salvo si se han producido en el curso de un combate declarado y abierto. Por último, cuando se trata de *delitos políticos complejos o relativos* predomina el criterio de considerarlos como si fueran comunes, otorgando la extradición. Particularmente es así cuando el crimen de que se trata consiste en "el homicidio o asesinato del Jefe de Estado de un Estado contratante o de cualquier persona que en él ejerza autoridad" (art. 357 del Código de Bustamante). En la práctica, sin embargo, no es posible atribuir a estas reglas un valor absoluto porque pueden presentarse casos de delito políticos complejos en los cuales el atentado en contra del bien jurídico o común sea más o menos insignificante y la prudencia aconseje negar la extradición.

Los actos de terrorismo político, que en las últimas décadas han experimentado un incremento considerable, provocando una reacción de alarma generalizada, adoptan con frecuencia la forma de delitos políticos complejos o relativos, a causa de lo cual su extradición debería ser concedida. Eso, por supuesto, está fuera de dudas en las hipótesis de terrorismo común, que se someten a las reglas generales.

Por terrorismo entendemos aquí aquellas conductas delictuales que, a causa de la forma en que se ejecutan, tienden a crear en el grupo social o en sectores determinados de él un fundado temor de ser objeto de ataques semejantes. La motivación política en consecuencia no es indispensable. Así, por ejemplo, también constituye acto terrorista, en sentido estricto, el de las bandas armadas que "venden protección" con propósitos de lucro personal o del grupo, o el del secuestrador de aeronaves que busca obtener un rescate para su propio beneficio. De aquí la distinción precedente entre terrorismo político y común. En cuanto al "terrorismo de Estado", es solo una forma de terrorismo político particularmente reprobable, que se caracteriza por que sus autores pertenecen a la organización estatal u obran amparados por ella y los actos que ejecutan se dirigen contra integrantes de grupos opositores al gobierno establecido.

De acuerdo a la jurisprudencia, los delitos de extorsión, homicidio y asalto (robo con violencia) son delitos comunes y no políticos ni conexos con ellos, aunque tuvieran una finalidad de esa naturaleza.[252] Por último, los delitos de lesa humanidad, genocidio y de guerra, contemplados en el Tratado de Roma de 1998 y recogidos por el ordenamiento nacional en la Ley 20.357, son esencialmente extraditables.

c) Calidad del delincuente

En rigor, nuestro ordenamiento jurídico no contempla requisitos especiales respecto al delincuente. Se alude a él, con todo, porque hasta el presente suelen presentarse problemas con algunos Estados en relación con la entrega de sus *nacionales*.

La idea de que no debe concederse la extradición del nacional ha sido sostenida en efecto fundándola sobre todo en el temor de que los tribunales extranjeros no lo traten con la imparcialidad debida. Poco a poco, sin embargo, este criterio ha ido cediendo en obsequio a los principios de colaboración internacional que hoy se extienden cada vez con más vigor. Pero hasta ahora la desconfianza no ha sido superada completamente y hay Estados que persisten en la actitud negativa.[253]

Buscando una solución alternativa, el art. 345 del Código de Bustamante dispone que "los Estados contratantes no están obligados a entregar a sus nacionales" pero que cuando nieguen su extradición estarán obligados a juzgarlos (*aut dedere aut iudicare*).

252 ETCHEBERRY, *DPJ*, I, 29, pág. 52. En el mimo sentido un fallo de 1971, en ETCHEBERRY, *DPJ*, iv, 491, pág. 19.

253 A menudo también nuestros tribunales ceden a la inclinación de rechazar la extradición del nacional, aunque no necesariamente en todos los casos.

En Chile, como se ha dicho, no existe norma interna sobre este punto y el criterio predominante en la doctrina es favorable a la extradición del nacional.[254] No obstante ello, la disposición del art. 345 del Código de Bustamante ha recibido aplicación con cierta frecuencia. En tales casos se discute la posibilidad de que los tribunales nacionales puedan juzgar al individuo cuya extradición se negó. En opinión de COUSIÑO[255] y NOVOA[256] ello solo sería posible si el delito del cual se trata se encuentra entre aquellos en que el art. 6° del C.O.T. y las otras disposiciones legales pertinentes[257] admiten la aplicación extraterritorial de la ley chilena, porque en los demás nuestros tribunales carecerían de jurisdicción. Es correcto, en mi opinión, el criterio de ETCHEBERRY[258] según el cual esa jurisdicción no solo puede deducirse de la parte final del propio art. 345 sino, además, del 341 del Código de Bustamante, "que confiere competencia a los tribunales de cada Estado contratante para conocer de todos los delitos y faltas a que haya de aplicarse la ley penal del Estado conforme a las disposiciones del mismo Código".

Por último, debe señalarse que no procede únicamente la extradición del *autor* del delito, sino también de los *inductores, cómplices* y *encubridores.*

d) Situación de punibilidad del hecho incriminado

La extradición solo puede otorgarse bajo ciertos presupuestos relacionados con la punibilidad del hecho por la cual se concede.

aa) En primer lugar, la acción penal o la pena no deben encontrarse respectivamente *prescritas* con arreglo a la ley del Estado requirente o del requerido. Así lo establece de manera expresa el art. 359 del Código de Bustamante.

bb) La *amnistía* concedida en el Estado requerido después de la ejecución del hecho no obsta en principio a la extradición, conforme a lo preceptuado por el art. 360 del Código de Bustamante.

---

254 COUSIÑO, I, § 55, B, c), pág. 224; ETCHEBERRY, I, pág. 137; NOVOA, I, 128, pág.180.

255 COUSIÑO, I, § 55, pág. 255.

256 NOVOA, I, 128, pág. 180.

257 Supra III.

258 ETCHEBERRY, I, pág. 138. Allí se ofrece también una solución satisfactoria para el problema de competencia interna que pudiera plantear la situación. Aunque en el mismo sentido, con otra fundamentación, POLITOFF, 4 § 3, c) págs. 174 y 175. De acuerdo también GARRIDO, I, 11, III, pág. 141.

En mi opinión esta disposición constituye un error, pues viola las exigencias del principio de doble incriminación. Se ha observado ya que este se funda en la identidad de la valoración que hacen del hecho tanto el Estado requirente como el requerido, y que esta semejanza debe permanecer desde el momento de la ejecución del hecho y *hasta aquel en que se efectúa la entrega.*[259] Pero esa condición no se cumple en el caso al cual me refiero, pues la amnistía, aun otorgada después de la consumación del delito –como generalmente ocurrirá– implica una auténtica *revaloración* de la conducta por parte del Poder Legislativo del Estado requerido, que la ha privado de su carácter punible por lo menos para el período cubierto por ella. Por lo demás, el mencionado art. 360 del Código de Bustamante no se encuentra referido solo a los casos de amnistía, sino que alude en términos amplios a "toda la legislación del Estado requerido posterior al delito". Con esto, la infracción al principio de doble incriminación aparece aún más de manifiesto: ¡el Estado requerido estaría obligado a conceder la extradición, aunque, con posterioridad a la ejecución del hecho por el cual se la solicita, hubiera decidido desincriminar definitivamente esa conducta porque juzga que su reprobabilidad ético-social no justifica la imposición de una pena penal!

En todo caso, los Estados acostumbran a negar la entrega cuando, de conformidad con su ordenamiento jurídico, la responsabilidad penal se ha extinguido.[260]

cc) Por la misma razón a que se refiere la última parte del apartado anterior, y porque además significaría vulnerar el principio *non bis in idem,* no se concede la extradición si el delincuente *ya ha cumplido una condena* en el Estado requerido por el delito que motiva la solicitud (art. 358 del Código de Bustamante).

dd) También obsta a la extradición la *sentencia absolutoria* pronunciada por los tribunales del Estado requerido y referente al mismo delito por el cual se la pide (art. 358 del Código de Bustamante).

ee) Tampoco se concederá la extradición cuando el sujeto se encuentra sometido a un juicio todavía pendiente en el Estado requerido por el delito que ha motivado la solicitud (art. 358 del Código de Bustamante).

---

259 Supra, b), aa).

260 En el mismo sentido POLITOFF, 4, § 3, c) pág.176.

En cambio, cuando el individuo cuya extradición se solicita comete un nuevo delito en el Estado requerido, debe hacerse una distinción: si el delito se ha perpetrado antes de recibirse la solicitud de extradición, podrá juzgárselo y ejecutar la pena antes de entregarlo al requirente; si lo comete después, ello no ha de ser motivo para diferir la entrega (art. 346 del Código de Bustamante). En este último caso, por supuesto, el Estado requerido podrá a su vez solicitar la extradición más tarde a fin de proceder al enjuiciamiento respectivo, siempre que ella sea procedente.

Esta situación puede prestarse a dificultades en la práctica. Si el nuevo delito es, por ejemplo, de carácter político o no tiene el nivel de gravedad indispensable o no se haya comprendido en el elenco de aquellos por los cuales se autoriza la extradición en el tratado respectivo, el Estado requerido se verá en la imposibilidad de obtener ulteriormente la entrega. El asunto no admite una solución sencilla, pues es claro que de no disponerse la entrega inmediata el sujeto cuya extradición se ha solicitado por un delito gravísimo podía eludirla mediante la comisión de pequeñas infracciones sucesivas en el Estado requerido, que quizás solo le signifiquen las molestias propias del proceso deliberadamente prolongado y sanciones puramente pecuniarias o consistentes en breves privaciones de libertad.

ff) Concedida la extradición, la entrega se condiciona por fin a que no se ejecute la pena de muerte por el delito en razón del cual se la otorgó. La norma del art. 378 del Código de Bustamante que así lo establece responde a un criterio aceptado universalmente.

E) Efectos de la extradición

En relación con los efectos de la extradición, es preciso destacar su *especialidad* y su efecto de *cosa juzgada.*

aa) La *especialidad* de la extradición significa que, concedida esta, el Estado requirente solo puede juzgar al extraditado por el o los delitos que dieron lugar a ella o bien imponerle la pena establecida en la sentencia condenatoria que motivó la solicitud acogida. Le está, pues, vedado acusarlo por delitos cometidos anteriormente o hacerlo cumplir condenas diferentes de aquella que se invocó como fundamento para pedir la entrega (art. 377, primera parte del Código de Bustamante). Salvo, naturalmente, que se solicite una nueva extradición en atención a esos delitos distintos o de la otra sentencia, y que el Estado requerido la acoja, autorizando el procesamiento o la ejecución en su caso (art. 377, segunda parte del Código de Bustamante).[261]

En forma excepcional, sin embargo, puede procederse libremente contra el extraditado. Ello ocurre cuando este, una vez absuelto en el Estado requirente por el delito que motiva la extradición o cumplida la pena que se le impuso en el juicio correspondiente, permanece voluntariamente en el territorio de dicho Estado, renunciando así en forma tácita a la protección que le otorgaba el requerido (art. 377, *in fine* del Código de Bustamante). Con arreglo a la disposición citada, la permanencia debe prolongarse por tres meses a lo menos.

bb) De conformidad con el art. 381 del Código de Bustamante la extradición produce *efecto de cosa juzgada,* pues "negada la extradición de una persona no se puede volver a solicitar por el mismo delito". Aunque la disposición ha sido objeto de críticas[262] corresponde a un criterio generalizado y obedece además a la necesidad de estabilizar las situaciones jurídicas. El Estado requirente debe ser consciente de ello y adoptar las precauciones tendientes a que su solicitud sea rechazada por falta de esmero en la presentación.

VI. DERECHO PENAL INTERNACIONAL

Se entiende por Derecho Penal Internacional *el conjunto de normas supranacionales destinadas a regular la potestad punitiva internacional, asociando a ciertos hechos que atentan en contra del derecho de la comunidad de las naciones, o de la humanidad en su conjunto, formas predeterminadas de reacción penal.*[263]

a) Es evidente que la creciente interrelación de los Estados en el mundo contemporáneo hace que sea urgente la existencia de un ordenamiento de esta naturaleza y, de hecho, se han realizado esfuerzos cada vez más exitosos para instaurarlo.[264] Por este motivo, la posición relativamente pesimista que expresaba hasta la edición anterior de esta obra, debe ser modificada.

---

261 Sobre varios casos de extradición, tanto activa como pasiva, en los que la CS ha confirmado la vigencia del principio de especialidad, ETCHEBERRY, *DPJ,* 20, págs. 32 y 33.

262 NOVOA, I, 130, pág. 182.

263 Sobre otras acepciones posibles de este concepto ambiguo, ETCHEBERRY, I, págs. 85 y 86.

264 Aparte de las informaciones ofrecidas por ETCHEBERRY, I, págs. 129 y sigs.; GARRIDO, I, 11, V, págs. 148 y sigs.; JESCHECK–WEIGEND, § 14, págs. 124 y sigts.; con abundante

b) En el sentido que se le ha dado aquí, el derecho penal internacional presupone:

aa) Un conjunto de normas internacionales formuladas y consiguientemente acatadas por la comunidad de las naciones o por una parte sustancial de ella.

bb) La determinación precisa (tipificación) de los hechos dignos de sanción y la precisión de la que se aplicará en cada caso. A este respecto, JESCHECK considera conveniente crear tres grupos de tipos de Derecho penal internacional: *delitos contra la paz, crímenes de guerra* y *delitos contra la humanidad.*[265]

cc) La creación de una jurisdicción supranacional permanente encargada de la aplicación de las leyes mencionadas.[266]

En estos tres aspectos se han producido en los últimos años progresos indudables, lo que actualmente permite mirar con optimismo las perspectivas de desarrollo futuro del Derecho penal internacional.

c) Hasta la publicación de la edición anterior de este libro, no existía en la práctica un cuerpo de normas como aquel a que nos hemos referido en el párrafo anterior. Por lo que se refería a los precedentes, los Juicios de Nuremberg y de Tokio, citados usualmente como antecedentes de un ordenamiento de esa naturaleza, no resultaban ciertamente alentadores porque en tales procesos, seguidos contra autores de crímenes de guerra, hubo que aplicar derecho previamente inexistente justamente a causa de que nadie antes había convenido en formularlo de manera expresa y someterse a sus dictados.[267] Esa situación ha cambiado. Como ya se expresó más arriba,[268] entre el 16 de junio y el 17 de julio de 1998 Naciones Unidas convocó en Roma a una conferencia internacional a la que se confió la tarea de elaborar un estatuto internacional. En Roma se encontraban oficialmente representados más de 160 Estados, 17 organizaciones intergubernamentales y,

bibliografía LABATUT, I, 62 y 63, págs. 69 y sigs. En profundidad, WERLE, *passim;* asimismo AMBOS, *passim.*

265 JESCHECK–WEIGEND, § 14, IV, págs. 132 y 133.

266 JESCHECK–WEIGEND, § 14, III, pág. 132.

267 Véase al respecto, con muchas reservas, LABATUT, I, 63, págs. 64 y 65; NOVOA, I, 123, págs. 168 y 169; para una defensa de los procesos, ETCHEBERRY, I, págs. 131 y 132.

268 Supra, III, c).

además, aproximadamente 250 organizaciones no gubernamentales que asistieron como observadores a las reuniones. Aunque desde el comienzo se advirtió entre los participantes la existencia de tendencias divergentes,[269] finalmente se adoptó por la conferencia el Estatuto de Roma de la Corte Penal Internacional (Estatuto de la CPI), con 120 votos a favor. Las disidencias, en todo caso, no fueron insignificantes y, desde luego, determinaron el retiro de la firma del entonces presidente B. CLINTON, que había concurrido al acuerdo en representación de los Estado Unidos de Norteamérica, por el temor de esa potencia de que el tratado afectara su soberanía y pusiera en peligro de ser enjuiciados a sus nacionales. En Chile el Estatuto también suscitó reservas y, no obstante que nuestro país se encontró entre los más decididos impulsores del tratado, este no pudo ser ratificado sino hasta el 6 de julio de 2009, luego de fatigosas negociaciones con los distintos sectores políticos y de la redacción de una ley nacional que aseguraba, hasta donde era posible, que a la CPI solo se le atribuiría una competencia complementaria excepcional en relación con hechos ocurridos en el territorio nacional.

d) De todas maneras, y no obstante las reservas y dificultades que rodearon la instalación definitiva de la CPI, el Estatuto de Roma constituye actualmente el instrumento legislativo central del Derecho penal internacional. En él se tipifican los *delitos contra la Humanidad, el de genocidio, los crímenes de guerra* y, finalmente en el año 2010, el *crimen de agresión*, cuya estricta definición había quedado pendiente.

e) La Corte Penal Internacional (CPI) prefigura la jurisdicción supranacional que, como se ha expresado, constituye requisito fundamental de la real eficacia de un derecho penal internacional. Su competencia, en realidad, está limitada por el hecho de que solo es complementaria, de manera que la Corte únicamente puede intervenir subsidiariamente cuando el Estado en cuyo territorio se ha cometido el delito no lo ha hecho. "La jurisdicción penal internacional no sustituye a la jurisdicción penal nacional, sino que la complementa, incluso en cuanto a los crímenes fundamentales. Si un Estado investiga o persigue adecuadamente un crimen de derecho internacional, la CPI no puede ejercer competencia sobre él"

269 Sobre todo ello, con detalle y bibliografía, WERLE, números marginales 55 y sigts., págs. 67 y sigts.

(art. 1 del Estatuto de la CPI).[270] La determinación de los parámetros conforme a los cuales puede estimarse que el Estado ha cumplido esta obligación de manera satisfactoria corresponde exclusivamente a la CPI.[271]

270 WERLE, número marginal 200, pág. 141.
271 Ídem.

§ 10. LOS EFECTOS DE LA LEY PENAL EN EL TIEMPO

I. IRRETROACTIVIDAD FUNDAMENTAL DE LA LEY PENAL

El punto de partida en esta materia es que *la ley penal dispone solo para el futuro y no tiene efecto retroactivo.*

En principio esta es una característica común a toda ley, con arreglo a lo preceptuado por el art. 9° inc. primero del C.C. Pero en el caso de las disposiciones penales la irretroactividad se encuentra consagrada constitucionalmente (art. 19 N° 3° inc. octavo de la C.P.R. de 1980), a causa de lo cual no puede ser modificada por una simple ley, como ocurre respecto de las civiles, administrativas, laborales, etc.[272] Esto se debe, como ya se ha expresado,[273] a que constituye una derivación del principio de reserva o legalidad, el que solo puede regir eficazmente sobre ese base.

La disposición constitucional aludida se halla reiterada expresamente en el art. 18 del C.P. e implícitamente en el 1° inc. primero de ese mismo cuerpo legal.

La irretroactividad de la ley penal vale solo respecto del Derecho penal sustantivo. Las disposiciones de derecho procesal penal rigen *in actum.*

Si se atiende a lo que se ha expuesto antes sobre las estrechas relaciones existentes entre Derecho penal y procesal penal,[274] se comprenderá que en mi opinión sea deseable someter a ciertos límites esta afirmación. ¿No sería aconsejable, por ejemplo, que si una nueva ley autoriza la persecución de oficio de un hecho punible que previamente solo era perseguible mediante acción privada no se permitiera hacerlo respecto de los ocurridos con anterioridad a su promulgación? Las hipótesis de esta clase pueden multiplicarse. Aunque aquí el asunto no puede desarrollarse en forma adecuada, es indispensable llamar la atención sobre él.[275]

---

272 El texto no se hace cargo de cuestiones especiales que se suscitan en materia de retroactividad de leyes no penales como, por ejemplo, las referentes a "derechos adquiridos", "contratos leyes", etc.

273 Supra, § 7, I, b), 1).

274 Supra, § 4, V, especialmente b).

275 Véase OLIVER, *op. cit.*, Capítulo III, 8, págs. 206 y sigts., con detalle y bibliografía.

II. RETROACTIVIDAD DE LA LEY PENAL MÁS FAVORABLE

No obstante lo expuesto en el apartado precedente, se hace excepción al principio fundamental sobre irretroactividad de la ley penal cuando la que se dicta es más favorable para el reo. Esta norma se encontraba consagrada desde su promulgación en el art. 18 del C.P., habiendo experimentado modificaciones en virtud de la Ley 17.727, de 27 de septiembre de 1972. Aunque nunca se cuestionó su constitucionalidad, NOVOA observó, con razón, que ese texto no concordaba con el art. 11 de la C.P.E. de 1925, pues este parecía consagrar la total irretroactividad de las leyes penales.[276] La incongruencia se encuentra salvada en la parte final del art. 19 Nº 3º inc. octavo de la C.P.R. de 1980, que acepta expresamente la irretroactividad más favorable al imputado.

De acuerdo con el art. 18 incs. segundo, tercero y cuarto del C.P., "si después de cometido el delito y antes de que se pronuncie sentencia de término se promulgare otra ley que exima tal hecho de toda pena o le aplique una menos rigorosa, deberá arreglarse a ella su juzgamiento". Si la ley mencionada se promulga "después de ejecutoriada la sentencia, sea que se haya cumplido o no la condena impuesta, el tribunal que hubiere pronunciado dicha sentencia, en primera o única instancia, deberá modificarla de oficio o a petición de parte". Pero en el inc. final se advierte que la aplicación del artículo no "modificará las consecuencias de la sentencia primitiva en lo que diga relación con las indemnizaciones pagadas o cumplidas o las inhabilidades". La disposición genera varios problemas a los que es menester referirse, algunos de los cuales son determinados por la naturaleza de la materia regulada, y otros por ciertas imperfecciones del texto legal.[277]

276 NOVOA, I, 133, pág. 186. El autor, sin embargo, consideraba que esta circunstancia no determinaba la inconstitucionalidad del art. 18 C.P., porque a su juicio el art. 11 de la C.P.E. de 1925, que se encontraba entre las "garantías constitucionales", estaba destinado a la "defensa de los derechos individuales" y no cabía "extenderlo como prohibición a los casos en que esos derechos se verían favorecidos". Este criterio de NOVOA es correcto. Solo cabe preguntarse por qué no lo emplea también para defender la procedencia de la analogía *bonam partem* (supra, § 8, IV a9, aa). Véase, sobre ello, NOVOA, I, 106, págs. 144 y sigts.

277 Sobre los fundamentos de la irretroactividad de la ley más favorable, OLIVER, *op. cit.*, Capítulo IV, 2, págs. 261 y sigts., quien trata latamente del asunto, inclinándose por encontrarlos en el "principio de proporcionalidad en sentido amplio o prohibición de exceso".

A) Concepto de ley más favorable

En primer lugar, es necesario precisar cuándo la nueva ley es *más favorable* para el imputado.

aa) De las dos situaciones que menciona la ley, lo es la primera; esto es, aquella en que la nueva disposición exime al hecho de toda pena, pues es claro que una norma semejante no puede sino operar en beneficio del inculpado. En cambio, no siempre es fácil decidir si la pena impuesta por la nueva ley, que no ha desincriminado del todo el hecho en cuestión, es verdaderamente "menos rigorosa" que la prescrita en el precepto vigente al momento de ejecutarse el delito. Puede ocurrir, por ejemplo, que la ley antigua contemple un marco penal más alto que el conminado por la nueva, pero que sea más bajo el extremo inferior. ¿Cuál de ellas resulta más favorable para el imputado? Dificultades semejantes se presentan cuando una de las dos leyes impone penas más altas, pero reduce el plazo de prescripción; cuando, en el mismo caso, considera atenuantes que la anterior no consagraba; cuando la ley amenaza penas aparentemente más benévolas, pero, al mismo tiempo, introduce agravantes no consideradas por la otra; cuando las penas establecidas por ambas leyes son de distinta naturaleza (por ejemplo, privativas de libertad en una y restrictivas de libertad en la otra), etcétera.

En la mayor parte de los casos, para resolver el problema bastará con que el juez decida teniendo en cuenta la totalidad de los factores que intervienen en el caso concreto y son relevantes para la determinación de la pena en conformidad a cada una de las leyes en conflicto. En la práctica eso significa que el tribunal debe hacer dos borradores de sentencia –uno sobre la base de cada ley– a fin de establecer cuál de ellas conduce a un resultado más favorable para el imputado.[278] Lo que, en cambio, no le está permitido es mezclar los preceptos de ambas leyes, tomando de cada una de ellas aquello que beneficia al imputado, pues esto implicaría entregarle la facultad de construir una *tercera ley*, que nunca ha estado en vigor.[279]

Hay, sin embargo, una de las situaciones problemáticas a que nos hemos referido en la cual el procedimiento expuesto tampoco ofrece una solución aprovechable. Se trata de aquella en que las penas contempladas por las dos leyes

278 JESCHECK WEIGEND, I, § 15, IV, 5, pág.150;MAYER, pág. 35; NOVOA, I, 134, pág. 187.

279 Como en el texto ETCHEBERRY, I, pág. 44; M.E. MAYER, pág. 35. Otra opinión en POLITOFF, 4, B, pág. 180.

son de distinta naturaleza. Aquí, en efecto, la comparación de los resultados arrojados por la aplicación concreta de cada una de ellas al caso puede no ser significativa para la decisión. Si con arreglo a la disposición vigente al ejecutarse el hecho corresponde imponer dos años de presidio menor en su grado medio, y de acuerdo con la ley nueva cuatro años de extrañamiento menor en su grado máximo, para el juez subsiste la duda pues no es evidente que al imputado le convenga más la privación de libertad más breve que la simple restricción de libertad prolongada o viceversa. En tales situaciones, el tribunal tendrá que resolver mediante una valoración que no admite ser sometida a un criterio uniforme. Un factor de importancia será la situación personal del afectado, incluyendo en la apreciación de la misma su opinión[280] que, sin embargo, no es decisiva, como parece deducirse de la derogación del art. 345 del C.P.P. –posiblemente no muy afortunada.

bb) Una nueva ley es más favorable para el imputado no solo cuando suprime o disminuye directamente la punibilidad del hecho por el que se lo juzga, sino también cuando consagra eximentes de responsabilidad penal o atenuantes que lo benefician, cuando suprime agravantes que lo perjudicaban, cuando reduce los plazos de prescripción o modifica la forma de computarla de manera que resulta alcanzado por ella, o cuando altera la descripción del *delito* (el *tipo penal*) agregándole exigencias que no concurrieron en la conducta por la cual se lo procesa. En todos estos casos la pena del afectado, en efecto, se excluirá o reducirá indirectamente.

Se ha discutido si debe también apreciarse una ley más favorable en el caso de leyes extrapenales que afectan indirectamente la tipicidad de las conductas. La opinión correcta se inclina por la afirmativa y actualmente es dominante.[281]

Finalmente, contra la opinión de la jurisprudencia, debe considerarse ley más benigna la que exige para iniciar la persecución penal la interposición de una querella, "pues en los delitos [de acción privada] el *ius puniendi* estatal depende de la necesidad de satisfacción del ofendido, en cuya ausencia puede confiar con razón en muchos casos el autor".[282] Si la nueva ley exige para proceder la interposición de una querella y se prosigue adelante

280 COUSIÑO, I, 37, pág. 129, nota 219; POLITOFF–MATUS–RAMÍREZ, pág. 133.

281 ETCHEBERRY, I, pág. 143; NOVOA, I, 134, págs. 187 y 188. Sobre el conjunto de la problemática, con detalle, OLIVER, *op. cit.*, Capítulo V.1 y sigts., págs. 339 y sigts.

282 ROXIN, § 5, número marginal 57.

con el juicio no obstante la ausencia de ella "se estará creando *a posteriori* un derecho del Estado a castigar" al cual este había renunciado favoreciendo con ello al imputado.[283]

b) Promulgación y vigencia de la ley más favorable

El art. 18 solo exige para la aplicación de la ley más favorable que esta haya sido *promulgada*. Así pues, no importa que su *vigencia* se encuentre *diferida*. Esta solución podía ser discutida antes de la reforma de 1972. Hoy, en cambio, puesto que la nueva ley tendrá que ser aplicada tarde o temprano en razón de lo preceptuado por el inc. tercero de ese mismo artículo, es indudable que al menos en esta parte la suspensión de la vigencia no surtirá efecto.

c) Extensión temporal de la norma sobre aplicación retroactiva de la ley más favorable

Originalmente el art. 18 del C.P. disponía que la aplicación retroactiva de la ley más favorable solo tendría lugar respecto de aquellos hechos ejecutados antes de su promulgación y sobre los que aún no había recaído sentencia de término al momento de producirse esta última. La limitación se justificó invocando el principio de la *cosa juzgada,* al cual los redactores del proyecto aludieron expresamente.[284] De todos modos, siempre fue objeto de críticas[285] pues daba origen a situaciones injustas que solo podían ser resueltas mediante el recurso al indulto, como, por ejemplo, que hechos iguales, cometido en un mismo día, fueran castigados en forma distinta solo porque en relación con uno de ellos ya se había dictado sentencia de término cuando se promulgaba la ley más favorable, y respecto del otro aún no.

La Ley 17.727 modificó el precepto en cuestión, agregando al art. 18 los incs. tercero y cuarto, de los cuales el primero tiene precisamente por objeto extender la aplicación de la ley más favorable también a aquellos casos en los que ya se ha pronunciado sentencia de término.

Por sentencia de término se entiende aquella definitiva y ejecutoriada, respecto de la cual no se encuentra pendiente ni es posible interponer recurso alguno, excepto el de revisión.[286] Ahora bien, cuando la ley más favorable se promulga

283 Ídem.

284 *Actas,* sesión 127, de 18 de abril de l873, págs. 472 y 473.

285 ETCHEBERRY, 1ª edición, I, pág. 126; NOVOA, I, 135, págs. 188 y 189.

286 ETCHEBERRY I, pág. 145; NOVOA, I, 135, pág. 189.

antes de pronunciada esta sentencia, lo que el tribunal debe hacer es *arreglar* a ella el juzgamiento del hecho, es decir, fallar conforme a la nueva ley. Si, por la inversa, la sentencia ya está ejecutoriada, solo es posible *modificarla*, cosa que ha de hacerse por el tribunal de primera instancia de oficio o a petición de parte, se haya o no cumplido la condena impuesta.

La amplitud de la disposición resulta excesiva, como lo ha destacado ya ETCHEBERRY,[287] pues en consideración a que se les impone la obligación de obrar de oficio y sin establecer límite alguno, todos los tribunales se encontrarían en la necesidad, cada vez que se promulga una ley que de una u otra manera pudiese beneficiar a los imputados, de revisar indefinidamente la totalidad de los fallos que hubieren dictado aplicando el texto legal antiguo y pudieren resultar afectados por la norma nueva. Esto implica una falta evidente de economía procesal. Por eso, tiene razón ETCHEBERRY cuando sostiene que "será preciso interpretar la modificación legal en el sentido de limitarla al menos a aquellos casos en que la sentencia ejecutoriada está produciendo algún efecto", excluyendo en cambio aquellos otros en los que revisarla no tendría significación práctica alguna.[288]

Cuando con sujeción a la nueva ley es posible imponer al imputado una pena igual a la que se estableció en la "sentencia de término", pero también *facultativamente* una más benigna, el juez no está obligado a efectuar la modificación de oficio, pero tendrá cuando menos que revisar el fallo, si así lo solicita la parte.[289]

D) Limitación a los efectos de la regla sobre aplicación retroactiva de la ley más favorable

Según el inc. cuarto del art. 18, la aplicación retroactiva de la ley más favorable tiene dos limitaciones.

aa) En primer lugar no "modificará las consecuencias de la sentencia primitiva en lo que diga relación con las indemnizaciones pagadas o cumplidas". Aunque la disposición está encabezada en términos generales ("la aplicación de este artículo"), su redacción posterior evidencia que solo se refiere a la situación regulada en el incs. precedente, pues presupone una "sentencia primitiva". Por "indemnizaciones" debe entenderse tanto estas como las "restituciones", pero en

287 ETCHEBERRY, I, págs. 145 y 146.
288 Ídem.
289 Ídem.

ningún caso las multas, pues estas últimas tienen carácter punitivo y no tienden al simple restablecimiento de la situación civil. Es discutible la cuestión de las costas personales y procesales. En mi opinión, participan del carácter indemnizatorio y están, por consiguiente, incluidas.[290]

bb) La misma regla se aplica en lo tocante a "inhabilidades", un concepto poco claro que no parece corresponder al de las penas restrictivas de delitos denominadas "inhabilitaciones" y que más bien se refiere a ciertas consecuencias civiles o administrativas de algunos delitos como las que se contemplan, por ejemplo, en el art. 372 del C.P.

E) La ley intermedia

En relación con la aplicación retroactiva de la ley penal más favorable, suscitan un problema especial las llamadas *leyes intermedias.*

Ley intermedia es aquella que se ha promulgado después de ejecutado el hecho y ha cesado de regir antes de que se pronuncie la sentencia de término. Ahora bien, la cuestión consiste en si tal disposición debe recibir aplicación al caso cuando resulta más favorable para el imputado no obstante que carecía de vigencia en el momento de la perpetración del delito y tampoco la tiene ya cuando se dicta el fallo.

La opinión dominante se pronuncia en sentido afirmativo, fundándose sobre todo en consideraciones humanitarias y, en nuestro país, en que el art. 18 del C.P. solo exige, para disponer la aplicación retroactiva de la ley más favorable, que esta haya sido *promulgada* con posterioridad a la comisión del hecho punible, sin reclamar, en cambio, que prosiga en vigencia cuando se pronuncia la sentencia.[291]

---

290 Así también ETCHEBERRY, I, pág. 147; GARRIDO, I, 7, XI, pág. 116.

291 COUSIÑO, I, § 36, pág. 125; ETCHEBERRY, I, págs. 147 y 148, con la limitación de que, a su juicio, "el argumento es válido solo en caso de que la tercera ley sea tan rigurosa como la primera o más que ella", "porque si la tercera ley es más rigurosa que la segunda, pero siempre más favorable al imputado que la primera, cumplirá con todas las exigencias legales [...] y el solo texto del art. 18 no permitirá inclinarse por ninguna de las dos leyes posteriores"; GARRIDO, I, 7, VI, pág. 111; JESCHECK–WEIGEND § 15, IV, 5, pág. 150; JIMÉNEZ DE ASÚA, II, § 722, págs. 650 y sigs.; LABATUT, I, 52, pág. 52; MAURACH–ZIPF, I, § 12, III, A, número marginal 17, pág. 203; NOVOA, I, 138, págs. 191 y 192; RODRÍGUEZ DEVESA, I, pág. 209; RODRÍGUEZ MUÑOZ, notas a MEZGER, I, pág. 115; POLITOFF, 4, § 3, B, págs. 187 y 188, con referencias a la jurisprudencia nacional; ROXIN, § 5, número marginal 61, pág. 167; SOLER, I, 17, IX, pág. 194. La opinión de MEZGER varía: es favorable a la

Este es, a mi juicio, el punto de vista correcto.[292]

f) La ley temporal

Se entiende por *ley temporal* aquella que es dictada para que rija durante un período de tiempo predeterminado en ella misma (por ejemplo, "desde el 1° de enero de 2010 hasta el 31 de diciembre de 2011") o mientras subsistan unas circunstancias que son las que determinan su promulgación (por ejemplo, "durante el tiempo de epidemia"). Concluido el término de vigencia, por consiguiente, recobra su imperio la legislación común, para la cual el hecho respectivo puede ser impune o estar sometido a una sanción más benigna. El problema consiste, pues, en decidir si también en estos casos debe aplicarse la disposición del art. 18 inc. segundo y tercero del C.P., de suerte que al hecho cometido mientras se encontraba en vigor la ley temporal habría de castigárselo con arreglo al Derecho común si la sentencia de término se pronuncia después de que aquella cesó de regir o, supuesto que el fallo se dicte vigente todavía la ley temporal, si habría que modificarlo luego de que dicha norma termine de imperar.

En las actuales circunstancias ya el solo enunciado de la cuestión pone de manifiesto que la respuesta ha de ser negativa. De otra manera, las leyes temporales carecerían de sentido –salvo si se las dicta para que permanezcan en vigor durante lapsos sumamente prolongados– pues la disposición del art. 18 inc. tercero las privaría casi de toda posibilidad de surtir efectos prácticos. Todo el que ejecute el hecho incriminado en ella sabrá que, incluso si se lo condena mientras la norma temporal está aún en vigor, podrá solicitar luego la modificación de la sentencia tan pronto concluye su período de vigencia.

Pero, aun prescindiendo de esta consideración práctica, hay motivos más profundos para descartar la aplicación retroactiva de la ley más favorable. Esta se funda, en efecto, en una *revaloración* del hecho, que ha conducido a desincriminarlo o tratarlo en forma más benigna, a causa de que su reprobabilidad social ya no se juzga tan intensa. En el caso de las leyes temporales esto no sucede. Lo que en ellas determinó el elevado desvalor de la conducta fueron las *circunstancias* en las cuales se la ejecutó, y el hecho de que la disposición legal haya cesado de

---

aplicación de la ley intermedia en I, § 8, III, pág. 113; se pronuncia contra ella en *Libro de estudio*, I, § 12, pág. 23; vuelve a darle acogida en MEZGER-BLEI, I, § 13, 3, pág. 45; en esto ha seguido las vicisitudes de la ley alemana.

292 En contra, CEREZO, I, págs. 285 y 286; de manera extensa y especialmente cuidadosa, también OLIVER, *op. cit.*, Capítulo V, 11, págs. 417 y sigts., con detalle y bibliografía.

regir se debe a una modificación de tales *circunstancias*, no a una revaloración del hecho que se perpetró cuando ellas todavía persistían.[293] Por eso en este caso faltan los presupuestos materiales para la aplicación del art. 18 inc. segundo y tercero del C.P. El *delito perpetrado durante la vigencia de la ley temporal debe ser castigado, pues, en conformidad a lo que ella dispone, cualquiera sea el tiempo en que se pronuncie la sentencia y sin que esta sea susceptible de modificación posterior.*[294]

En la literatura suele afirmarse a causa de esto que las leyes temporales tienen efecto ultractivo.[295] La denominación es incorrecta. Para que pudiera hablarse de ultractividad sería preciso que la ley temporal rigiera también hechos ejecutados después de que ella ha cesado de estar en vigor. Es claro, sin embargo, que aquí no se trata de eso.

Por último, esta solución se deduce también de la letra del propio art. 18 inc. segundo y tercero, pues estos, en efecto, presuponen la promulgación de una nueva ley más favorable al imputado y a la cual ordena acordar efecto retroactivo. En el caso de las leyes temporales esa promulgación no existe: cuando ellas cesan de regir, recupera simplemente su vigencia el Derecho común contenido en la ley antigua que nunca ha sido derogada y, por lo mismo, tampoco requiere ser promulgada.

Cuando se dicta una ley penal en blanco que favorece al imputado, debe ser aplicada retroactivamente. Lo mismo sucede si se modifica la norma complementaria de leyes en blanco impropias, que usualmente solo se modifican si se produce un cambio de apreciación valorativa del legislador. En cambio, las disposiciones complementarias de leyes en blanco propias se han confiado normalmente a una instancia legislativa de inferior jerarquía, precisamente porque se refieren a materias cuya regulación debe variar cada cierto tiempo de acuerdo con circunstancias también cambiantes. Por tal motivo, esas regulaciones se comportan de la misma manera que una ley temporal y respecto de ellas no es aplicable la regla sobre retroactividad de la ley más favorable al inculpado.[296] Sin embargo, existen también situaciones en las cuales la derogación o modificación de una

---

293 BAUMANN, § 6, IV, 2, pág. 73; JESCHECK–WEIGEND, § 15, IV, 6, pág.151.

294 ETCHEBERRY, I, pág. 150; GARRIDO, 7, VI, pág. 111; NOVOA, I, 137, págs., 190 y 191. Otra opinión en COUSIÑO, I, § 38 pág. 132 y POLITOFF, 4, § 3, B, págs. 188 y sigts.

295 Así, por ejemplo, NOVOA, I, 137, pág. 190 ("las leyes temporales deben regir ultractivamente"). También emplea la expresión COUSIÑO, I, § 38, pág. 131 (se afirma la ultractividad de estas leyes) y LABATUT, I, 52, pág. 52.

296 Con detalle, CURY, *La ley penal en blanco, cit.*, 31, b), págs. 122 y sigts.

disposición complementaria obedece a que la instancia legislativa encargada de reformularla reevalúa la situación y considera que la vigente con anterioridad no era adecuada sustancialmente para regular la situación concreta que estaba llamada a regir. En tales casos debe recuperar eficacia el principio general que ordena aplicar retroactivamente la ley más benigna. La decisión relativa a cuándo ocurre una u otra cosa depende de una cuidadosa interpretación teleológica que el tribunal debe efectuar caso a caso.[297] [298]

g) Carácter imperativo del efecto retroactivo de la ley más favorable

En nuestro ordenamiento jurídico la aplicación retroactiva de la ley penal más favorable es imperativa para el juez. Esto, que constituía opinión unánime ya antes de la reforma de 1972, ha quedado fuera de toda duda con la introducción en el art. 18 del inc. tercero que obliga a modificar de oficio la sentencia pronunciada en caso de promulgación de una ley más benigna.

h) Irretroactividad de los cambios jurisprudenciales

En aquellos países en que la jurisprudencia es muy constante e, incluso, dispone de mecanismos procesales destinados a preservar su uniformidad, se ha desarrollado en los últimos decenios un criterio según el cual las modificaciones de ella no deben aplicarse retroactivamente cuando son desfavorables para el imputado, aunque la ley, en sí misma, permanezca inalterada.[299] Así, por ejemplo, si se ha resuelto siempre que un hecho determinado no constituye estafa y, en cierto momento, la Corte Suprema decide cambiar ese punto de vista y sancionarlo como tal, esta alteración no debería afectar a las conductas de esa clase ejecutadas con anterioridad a la sentencia, la cual, incluso, no surtiría efecto respecto del caso sobre el cual se está pronunciando y constituiría únicamente una "advertencia" para el futuro.

Desde el punto de vista teórico, esta concepción se basa en la de KELSEN, de conformidad con la cual las resoluciones judiciales constituyen las últimas concreciones de

297 Esta distinción se omitió en el texto citado en la nota anterior.

298 En el mismo sentido, detalladamente y con bibliografía, OLIVER, *op. cit.*, Capítulo V. 2, págs. 340 y sigs., quien ofrece una panorámica completa de las distintas tendencias doctrinarias existentes sobre la materia, con ejemplos y referencias a los criterios predominantes en la doctrina comparada.

299 Véase BACIGALUPO, 11, b) 2, IV, pág. 93, con bibliografía, supra § 7, III, b) y V STRASSBURG, *Ruckwirkungsverbot und anderung der Rechtsprechung,* cit. III, 4, b), págs. 965 y 966.

las normas jurídicas. En la práctica es atractiva, porque significa una reafirmación de la seguridad jurídica. Sin embargo, su punto de partida doctrinario es dudoso, pues en un sistema de derecho legislado la función de la ley escrita consiste en trazar un marco de referencia que aspira a orientar en general –y no caso por caso– la conducta de los ciudadanos. Por tal motivo, quien toma el riesgo de comportarse en la proximidad de la frontera más específica delineada por los fallos de los tribunales, asume también el de que estos cambien, aprehendiendo su conducta. Prácticamente, a su vez, el criterio expuesto crea el peligro de que la jurisprudencia tienda a rigidizarse de manera inconveniente.

Por último, tal concepción es inaprovechable en nuestro medio, a causa del carácter errático que hasta ahora se observa en las sentencias de los tribunales.[300]

III. IRRETROACTIVIDAD DE LAS LEYES SOBRE MEDIDAS DE SEGURIDAD Y CORRECCIÓN

Durante largo tiempo ha prevalecido en doctrina, práctica y legislaciones una tendencia a sustraer las leyes que establecen medidas de seguridad y corrección a la limitación de irretroactividad que es propia de las leyes penales. El fundamento de este criterio consiste en que tales medidas no constituyen sanciones, sino que obran en beneficio del afectado.

Ya JIMÉNEZ DE ASÚA, sin embargo, llamó la atención sobre el hecho de que muchas veces las medidas de seguridad están destinadas predominantemente a proteger a la sociedad contra las tendencias peligrosas del sujeto, en tanto que por su naturaleza tienen poco que ver con la resocialización de este. Por eso propone diferenciar las situaciones, otorgando efecto retroactivo a las leyes creadoras de medidas en las cuales prevalece la finalidad curativa y negándoselo cuando las que instituyen tiene principalmente objetivos aseguradores.[301]

De acuerdo con el criterio que he sustentado aquí, las medidas de seguridad y corrección, en cuanto importan una intromisión coactiva en la libertad del individuo –a veces, más enérgica que la pena– participan de un carácter punitivo que es inútil tratar de soslayar.[302] Y esto no solo es verdad respecto de las que son aseguradoras, sino también de las que persiguen resocializar al afectado. No en vano se ha visto en el presente a gobiernos autoritarios desembarazarse de

---

300 Supra, § 8, IV, e).

301 JIMÉZ DE ASÚA, *La ley y el delito*, 107, págs. 157 y 158.

302 Supra, § 1, III, c), dd).

sus opositores mediante el subterfugio de someterlos a medidas aparentemente curativas, cosa que subraya de manera dramática la potencialidad sancionadora de tales recursos.

Por estas razones pienso que las leyes creadoras de medidas de seguridad y corrección son penales –no administrativas, como a veces se sostiene por sectores de la doctrina–[303] y, en consecuencia, debe sometérselas al principio sobre *irretroactividad* de esa clase de disposiciones.[304]

Cuando MAURACH sostiene que las medidas de seguridad y corrección se encuentran establecidas en consideración a la peligrosidad del autor –no a su culpabilidad– y que, por consiguiente, respecto de su imposición solo es decisiva la ley vigente al momento de la condena,[305] su razonamiento es impecable si se lo considera desde el punto de vista de la mayor o menor eficacia para la remoción del peligro. Pero aquí, como en cualquier otro aspecto del análisis jurídico, la discusión sobre la eficacia solo puede desarrollarse dentro de ciertos límites impuestos por criterios éticos que, en muchas ocasiones, obligan a sacrificarla, incluso en su propio beneficio, pues lo que la colectividad y el afectado experimentan como una arbitrariedad jamás alcanza los resultados esperados.

IV. EL TIEMPO DE EJECUCIÓN DEL DELITO

Para la aplicación de las reglas sobre eficacia temporal de las leyes penales, es indispensable determinar el momento en que se entiende ejecutado el delito.

En los delitos instantáneos, este se corresponde con el de la *realización del último acto de ejecución,* no con el de la producción del resultado consumativo.[306] En los delitos continuados, permanentes y habituales, todos compuestos por una pluralidad de actos vinculados en *unidad jurídica*, debe aplicarse, por eso, la ley

303 Supra, § 4, IV, B.

304 Como en el texto POLITOFF, 4, § 3, B, pág. 195. Asimismo, OLIVER, *op. cit.*, Capítulo III, 4, págs. 157 y sigs. En el ordenamiento español al que OLIVER se refiere básicamente, la irretroactividad de las leyes que establecen medidas dispone de consagración legislativa; sin embargo, su argumentación es válida también para nuestro Derecho.

305 MAURACH–ZIPF, I, § 12, III, B, número marginal 18, págs. 203 y 204.

306 Contra NOVOA, I, 140, págs. 192 y 193. Véase la argumentación de ETCHEBERRY, que resuelve como en el texto, en II, págs. 70 y 71; DOHNA, pág. 23; JESCHECK–WEIGEND, § 15, IV, 2, B), págs. 147. Como en el texto, también COUSIÑO, I, § 106, págs. 522 y 523. Situándolo más temprano, GARRIDO, I, 7, págs. 114 y 115. Prefiere, en cambio, una solución caso a caso POLITOFF, 4, § 3, B, págs. 198 y sigts.

más favorable de entre las que hayan estado vigentes durante la realización de la serie.[307] En los delitos de omisión decide el momento en que el autor debiera haber actuado.[308]

Con el delito habitual existe una dificultad que destaca ETCHEBERRY.[309] La acción propia de este, en efecto, no se perfecciona con la sola ejecución material de los distintos actos, sino con la configuración del requisito subjetivo de la habitualidad que usualmente se presentará después de la realización de varios hechos y en ningún caso antes del segundo de ellos. Por esto, ETCHEBERRY estima con razón que para los efectos de la ley aplicable solo podrá considerarse aquella que esté vigente al momento de perfeccionarse ese elemento del delito y las que sean "promulgadas" posteriormente.

Finalmente, en los casos de *autoría mediata*, el momento de la comisión es aquel en que se actúa sobre el instrumento.[310]

---

307 ETCHEBERRY, II, pág. 70; NOVOA, I, 140, pág. 193.

308 JESCHECK–WEIGEND, 15, IV, 2, b), pág. 148.

309 ETCHEBERRY, II, pág. 70.

310 JESCHECK–WEIGEND, § 15 IV, 2, b), pág. 148. Sobre autoría mediata, véase infra, § 38, I, b) y II, b).

§ 11. LOS EFECTOS DE LA LEY PENAL RESPECTO DE LAS PERSONAS

I. PRINCIPIO FUNDAMENTAL DE IGUALDAD ANTE LA LEY PENAL

El principio rector, no solo en relación con el derecho penal sino con todo el ordenamiento jurídico, es el de la igualdad de las personas ante la ley. Se encuentra contemplado de manera amplia en el art. 14 del C.C. y reiterado casi textualmente en la primera parte del art. 5° del C.P.

Este es, por lo demás, uno de los fundamentos sobre los que descansa la organización del Estado democrático, de modo que prevalece como un imperativo político primordial. Por esto mismo, sin embargo, solo rige en forma generalizada desde el triunfo de las ideas liberales a principios del siglo XIX. Hasta ese momento, las legislaciones reconocían numerosas diferencias que obedecían a desigualdades de clase social, fortuna, nacionalidad, raza, sexo, religión, etc. Generalmente se considera a la Revolución francesa como el punto de partida en la evolución hacia un orden nuevo, pero es posible que ya antes se hubieran efectuado progresos parciales, sobre todo en el ámbito del derecho anglosajón. En todo caso, la situación tiende a consolidarse durante el período de las grandes codificaciones, que se desarrolla en la primera mitad del siglo XIX. Históricamente, por lo tanto, se trata de una conquista reciente.

En rigor, este principio no reconoce excepciones auténticas, pues no existen individuos que estén excluidos del derecho punitivo. Lo que sucede en algunos casos es que conviene poner al margen de una posible persecución penal a quienes ejercitan ciertas *funciones*, en consideración a la naturaleza e importancia de estas. Por consiguiente, se trata de excepciones *funcionales* y *relativas*, que solo amparan al sujeto en tanto ejercita el cargo respectivo.

Algunas de estas situaciones se hallan establecidas en disposiciones de derecho internacional y otras en preceptos de derecho interno, fundamentalmente de carácter constitucional. En los apartados siguientes, uno y otro grupo se consideran por separado.

II. EXCEPCIONES DE DERECHO INTERNACIONAL

a) Con arreglo a lo preceptuado por el art. 297 del Código de Bustamante, que recoge una idea aceptada por la costumbre sobre la materia, la ley penal chilena no es aplicable a los *Jefes de Estado que se encuentren de visita en el territorio nacional*. Esta excepción constituye un reconocimiento y respeto a la soberanía de otro Estado, que se considera encarnada en la persona que encabeza su gobierno. Aunque la doctrina se inclina a exigir que el Jefe de Estado se encuentre en visita oficial, la disposición del Código de Bustamante no contempla esa limitación.

b) Asimismo, de conformidad con el art. 298 del Código de Bustamante, gozan de una exención semejante los representantes diplomáticos de Estados extranjeros, "así como sus empleados extranjeros y las personas de la familia de los primeros, que vivan en su compañía". La regla recibe una aplicación amplia, pues se halla prácticamente reproducida en la Convención de Viena sobre Relaciones Diplomáticas, promulgada por Decreto 666, publicado en el Diario Oficial de 4 de marzo de 1968.

Por otra parte, los funcionarios consulares, que originalmente se encontraban al margen de la inmunidad, disfrutan ahora de una inviolabilidad personal relativa en relación con infracciones comunes, y de inmunidad de jurisdicción respecto a los actos ejecutados en el ejercicio de sus funciones, según lo dispuesto por la Convención de Viena sobre Relaciones Consulares, promulgada por Decreto 709, publicado en el Diario Oficial de 5 de marzo de 1968.

Además de esto, existen diversas convenciones multilaterales que acuerdan para un grupo considerable de funcionarios pertenecientes a organizaciones internacionales un régimen de inviolabilidad semejante al de los representantes diplomáticos.[311]

III. EXCEPCIONES DE DERECHO INTERNO

a) De acuerdo con lo establecido en el art. 61 de la C.P.R. de 1980, "los diputados y senadores solo son inviolables por las opiniones que manifiesten y los votos que emitan en el desempeño de sus cargos, en sesiones de sala o de comisión".

---

311 Con algún detalle COUSIÑO, I, § 41, págs. 145 y 146.

Esta inmunidad de los parlamentarios se encontraba consagrada en el art. 32 de la C.P.E. de 1925, según el cual "los diputados y senadores son inviolables por las opiniones que manifiesten y los votos que emitan en el desempeño de sus cargos". A causa de esto se produjo una viva discusión sobre su extensión, pues mientras algunos sostenían que únicamente alcanzaba a los votos y opiniones dados durante el curso de las sesiones de sala y comisión, el criterio contrario consideraba que debía aplicársela también a las manifestaciones hechas por el parlamentario en otros actos de significación política, tales como reuniones oficiales de su partido, proclamaciones electorales, etc. En doctrina y jurisprudencia tendía a prevalecer el primero de estos puntos de vista, si bien con ligeras variantes que moderaban su esquematismo.[312]

El texto del art. 61 de la C.P.R. de 1980 intenta resolver el problema pronunciándose, al parecer, por el criterio restringido. Sin embargo, su redacción es desafortunada, pues sugiere más bien la idea de que existen otras oportunidades, aparte de las sesiones de sala y comisión, en las cuales el parlamentario también se encuentra desempeñando su cargo. Por lo tanto, en lugar de subsanar la cuestión, presenta nuevas dificultades al intérprete.

El fundamento de la inviolabilidad parlamentaria a que aquí nos referimos no solo es de carácter funcional, sino que atiende además a la naturaleza del acto constitutivo del delito. Con ello quiere preservarse la independencia de votos y opiniones del representante, poniéndolo a salvo de cualquier amenaza que pudiera coartarla.

b) El art. 79 de la C.P.R. de 1980, cuyo inc. primero reproduce con algunas variantes la primera parte del art. 84 de la C.P.E. de 1925, establece que "los jueces son personalmente responsables por los delitos de cohecho, falta de observancia en materia sustancial de las leyes que reglan el procedimiento, de denegación y torcida administración de justicia y, en general, de toda prevaricación en que incurran en el desempeño de sus funciones". A su vez, el inc. segundo, refiriéndose de manera expresa a los miembros de la Corte Suprema, dispone que respecto de ellos "la ley determinará los casos y el modo de hacer efectiva su responsabilidad."

Entretanto el art. 324 del C.O.T, cuyo inc. primero contiene un precepto semejante a la del inc. primero del art. 79 de la C.P.R., agrega en el inc. segundo que tal "disposición *no es aplicable* a los miembros de la Corte Suprema en cuanto a la denegación ni a la torcida administración de justicia". Esto, en síntesis,

312 Véase COUSIÑO I, § 41, pág. 151, que expresa la opinión más ortodoxa al respecto; ETCHEBERRY, 2ª edición, pág. 105; NOVOA, I, 144, 4, pág. 201.

implica establecer para dichos magistrados una inmunidad en relación con los delitos aludidos, que son prácticamente todos los mencionados por la disposición constitucional con excepción del cohecho.

Como fundamento de esta regulación se ha mencionado una "ficción" de infalibilidad ("infalibilidad convencional")[313] en virtud de la cual "es legalmente imposible la existencia de tales delitos", lo que se expresaría además en el hecho de no existir un tribunal competente para conocer de ellos. Sin embargo, la constitucionalidad del art. 324 ya había sido objetada bajo el imperio de la C.P.E. de 1925[314] y me parece tanto más discutible cuanto que el mencionado inc. segundo del art. 79 de la C.P.R. no está referido a los jueces en general, como la segunda parte del art. 84 de la C.P.E. de 1925, sino solo a los integrantes del Tribunal de Casación, lo cual subraya la voluntad de la Carta Fundamental de sujetarlos a una responsabilidad cuya forma de hacerse efectiva a la ley corresponde regular, pero no excluir. Por lo que se refiere a la inexistencia de tribunal competente, creo que se trata de un argumento erróneo. Pues, como advierte ETCHEBERRY, aquí no se trata de perseguir penalmente a la Corte Suprema como tal, sino a algunos de sus miembros individualmente considerados, y para estos efectos la competencia se encuentra legalmente determinada en los arts. 51, 64 y 218 del C.O.T.[315] [316]

IV. SITUACIONES ESPECIALES EN LAS QUE NO SE CONSAGRA INMUNIDAD

a) En Chile nunca se ha concedido inmunidad penal al Presidente de la República, quien, tratándose de delitos comunes, ni siquiera disfruta de un privilegio procesal. La situación no es aconsejable[317] pues podría originar trastornos institucionales. Aunque se la había reparado, la C.P.R. de 1980 omitió subsanarla.

313 Cfr. NOVOA, I, 145, pág. 203.

314 ETCHEBERRY, 2ª edición, I, págs. 105 y 106.

315 ETCHEBERRY, I, págs. 154 y 155; BULLEMORE–MACKINNON, I, pág. 177; POLITOFF, 4, § 3, C, pág. 204; POLITOFF–ORTIZ Y COLABORADORES, I, pág. 70. No es del todo claro el criterio de GARRIDO, I, 8, IV, pág. 121. En contra, COUSIÑO, I, § 41, págs.152 y sigts. El único recurso de inaplicabilidad deducido en contra del art. 324 del C.O.T., fue rechazado por sentencia de la Corte Suprema 10 de octubre de 1932, publicada en la *Gaceta de los Tribunales* de 1932, de 2º semestre, pág. 189.

316 N. del E.: Sobre este problema, véase MATUS Y RAMÍREZ. *Manual. Parte General*, pág. 132.

317 NOVOA, i, 143, pág. 199; ETCHEBERRY, I, págs. 155 y 156. Otra opinión en POLITOFF, 4, § 3, pág. 201.

b) Con arreglo a la C.P.E., de 1925, modificada en esta parte por la Ley 17.284 de 23 de enero de 1970, que entró en vigencia el 4 de noviembre de ese mismo año, los miembros del Tribunal Constitucional gozaban de una inviolabilidad semejante a la de los parlamentarios por las opiniones que manifestaran en el desempeño de sus cargos. La norma ha desaparecido en la C.P.R. de 1980 y, por consiguiente, tal inmunidad ya no existe.

c) Siempre se ha entendido, correctamente, que no constituyen excepción al principio de igualdad personal los procedimientos especiales establecidos para el procesamiento de algunos individuos que ejercen funciones especialmente representativas o delicadas. A esta clase pertenecen los juicios políticos, las reglas sobre desafuero de diputados y senadores, así como de intendentes y gobernadores, las querellas de capítulo, etc. El hecho de que una vez satisfechos los trámites prescritos se aplican íntegramente al afectado las normas del derecho penal sustantivo demuestra que en estos casos no existe inviolabilidad alguna.

SEGUNDA PARTE

TEORÍA DEL DELITO

CAPÍTULO IV
ESTRUCTURA DEL DELITO

§ 12. CONCEPTO Y ESTRUCTURA GENERAL DEL DELITO

I. CONCEPTO DE DELITO

El delito es una acción u omisión típicamente antijurídica y culpable.

Esta definición es diferente a la del art. 1° inc. primero del C.P., según el cual "es delito toda acción u omisión voluntaria penada por la ley". Sin embargo, en el fondo ambas coinciden y la que se adopta aquí –aceptada en lo fundamental por la mayoría de la doctrina nacional y extranjera[1]– tiene la ventaja de explicitar todos los elementos del hecho punible, que en la de la ley deben obtenerse mediante una interpretación contextual.[2]

---

1 BUSTOS, con ciertas variantes, I, 16 y sigts., págs. 633 y sigts.; BULLEMORE-MACKINNON, II, pág. 19; COUSIÑO, I, § 63, se refiere a un "hecho típico, antijurídico y culpable"; ETCHEBERRY, I, pág. 165; LABATUT, I, 69, pág. 76, habla de "una acción típica, antijurídica, culpable y conminada con una pena"; NOVOA distingue definiciones de la ciencia jurídica y definiciones dogmáticas (I, 150, pág. 214) y entre estas últimas acoge la de "conducta típica, antijurídica y culpable (I, 152, págs. 216 y sigts.); En el mismo sentido, con una variante de detalle, GARRIDO, II, 2,1, pág. 12; POLITOFF, 5, § 2, págs. 211; VARGAS, 1.2, págs. 4 y sigts.; Respecto de la situación en el Derecho comparado, `por solo citar algunos, BACIGALUPO, 20, pág. 146 BAUMANN, § 15, I, pág. 155; CEREZO, I, XI, págs. 373 y sigts.; FERNÁNDEZ CARRASQUILLA, I, 28, 8, pág. 197; JAKOBS, 6, II, A, número marginal 46, págs. 187 y 188; JESCHECK-WEIGEND, § 21, III, 2, pág. 212; MAURACH-ZIPF, I, § 13, II, 1, número marginal 5, pág. 212; MUÑOZ CONDE, 2, pág.5; REYES ECHANDÍA, pág. 133; RODRÍGUEZ DEVESA, I, pág. 316; RODRÍGUEZ MOURULLO, XI, II, pág. 195; ROXIN, § 7, números marginales 53 y sigts., con una variante significativa; implícitamente STRATENWERTH, § 7, número marginal 1, págs. 109 y 110; WELZEL, § 10, pág. 73; ZAFFARONI-ALIAGA-SLOKAR, § 25, 4, pág. 357.

2 Una crítica pormenorizada de la definición legal en NOVOA, I, 156, pág. 223.

Esta definición del delito se ha consolidado a partir de BELING, que en 1906 elabora y desarrolla el concepto de *tipo* y lo introduce en ella.[3] Sin embargo, los rasgos sistemáticos fundamentales de los cuales ella deriva se encontraban ya configurados en la obra de V. LISZT.[4] A partir de su formulación ha sido objeto de críticas especialmente por un sector de la doctrina italiana, que aspiraba a una noción dicotómica del hecho punible estructurada sobre la base del esquema de CARRARA,[5] pero en definitiva se ha impuesto en todo el ámbito del Derecho enraizado en la tradición continental europea.

Esta definición del delito tiene un carácter descriptivo y formal. Corresponde, además, a una concepción dogmática con arreglo a la cual las características esenciales del hecho punible solo pueden obtenerse del Derecho vigente. Los intentos efectuados en algunas oportunidades para elaborar un *concepto natural de delito*, es decir, una noción prejurídica que exprese lo que este es con prescindencia de la ley, se consideran actualmente fracasados. Desde ese punto de vista solo puede decirse que el delito "es una perturbación grave del orden social"[6], pero una noción tan vaga constituye apenas un criterio rector para la actividad incriminadora o desincriminadora del legislador.

El acuerdo que existe respecto a la definición del delito no significa que todos le atribuyan el mismo contenido. Por el contrario, son debatidas las relaciones que median entre sus distintos elementos, así como los componentes de cada uno de ellos. Por ese motivo es frecuente que a partir de un concepto semejante del delito se desarrollen sistemas diferentes y soluciones distintas. Esto, sin embargo, no debe magnificarse, pues generalmente las teorías del delito suelen presentar en conjunto más acuerdos que contrastes, aunque sus antagonismos sean acentuados. Las discusiones, en definitiva, tienden todas a un objetivo común: presentar a los tribunales criterios racionales y sistemáticos que los

---

3 BELING, § 15, 1, págs. 36 y sigts.

4 V. LISZT, II, § 26, pág. 262: "Delito (acto punible) es el hecho al cual el orden jurídico asocia la pena como legítima consecuencia".

5 Sobre esta polémica, Cfr, COUSIÑO, I, § 63, especialmente págs. 251 y sigts.; FERNÁNDEZ CARRASQUILLLA, I, 29, págs. 251 y sigts.; RODRÍGUEZ MUÑOZ, prólogo a la traducción española de CARNELUTTI, *Teoría general del delito*, traducción del italiano por Víctor Conde, Editorial Revista de Derecho Privado, Madrid, 1952, págs. XI y sigts.

6 BACIGALUPO, *Lineamientos*, I, pág. 1, quien también advierte sobre la inutilidad de esta fórmula para estructurar la teoría del delito. De acuerdo con el texto asimismo, POLITOFF, 5, § 1, pág. 211.

habiliten para resolver en forma consistente y tan justa como sea posible los casos sometidos a su decisión.[7]

II. ESTRUCTURA DEL DELITO

a) El delito es, en primer lugar, una *acción* u *omisión*. Este requisito básico se exige expresamente por la definición legal del art. 1° inc. primero del C.P.

b) Pero, por supuesto, no toda acción u omisión es delito, sino solo aquella que se *adecua a un tipo penal,* es decir, a la descripción trazada por la ley de los hechos que ha resuelto castigar porque constituyen alteraciones severas de la paz social. El art. 1° inc. primero del C.P. no alude a esta exigencia que, tal como aquí se la expresa, solo fue formulada mucho después de su promulgación. Se la puede deducir, sin embargo, de la frase "penada por la ley" porque es justamente a las conductas descritas por los tipos a las que el legislador asocia una pena, con exclusión de cualquier otra.[8] Por otra parte, se encuentra contemplada también a nivel constitucional en el art. 19, N° 3°, inc. octavo de la C.P.R., en donde se declara que "ninguna ley puede establecer penas sin que la conducta que se sanciona esté *expresamente descrita* en ella".[9]

c) No obstante su correspondencia con un tipo penal, *no constituye delito la acción u omisión que está autorizada por el Derecho,* de acuerdo con normas permisivas que se extraen del contexto del ordenamiento jurídico. Por consiguiente, una conducta típica solo es *antijurídica* si no cuenta con tal autorización. De esto, sin embargo, no se sigue que la *antijuridicidad* constituya una característica meramente negativa del delito. El hecho punible es antijurídico porque se encuentra en relación de contraste con las exigencias del ordenamiento jurídico, la cual se manifiesta, por una parte, en la realización del comportamiento típico y, por la otra, en la circunstancia de que este no se encuentra excepcionalmente autorizado por el Derecho.

---

7 BACIGALUPO, *Lineamientos,* 1, pág. 9; supra, § 5, III, antes de a).

8 COUSIÑO, I, § 64, pág. 258; ETCHEBERRY, I, pág. 167; NOVOA, I, 155, pág. 223; RODRÍGUEZ DEVESA, I, pág. 337; RODRÍGUEZ MOURULLO, XI, IV, 2, pág. 200.

9 GARRIDO, II, 2, 2, pág. 15; NÁQUIRA,, I, pág. 22; POLITOFF, 5, § 3, B, pág. 217.

Este requisito tampoco puede obtenerse directamente del art. 1° inc. primero del C.P., el cual ni siquiera lo menciona en forma implícita.[10] Pero es posible extraerlo del art. 10 N°s. 4°, 5°, 6°, 7°, 10°, del 11° parcialmente y 12° primera parte del C.P., con arreglo a los cuales se *exime de responsabilidad* al que realiza una acción u omisión típicas pero justificadas. Puesto que en tales casos el autor ha ejecutado "voluntariamente" una "acción u omisión penada por la ley" (tipificada), en ellos la exención de responsabilidad solo puede explicarse por la ausencia de un elemento que el art. 1° inc. primero no ha mentado, pero cuyo concepto puede formularse mediante la elaboración dogmática.

d) El Derecho impone el deber de respetar los mandatos y prohibiciones expresados en las normas que subyacen a sus disposiciones punitivas, salvo cuando el mismo autoriza la desobediencia. Al que *pudiendo acatar* ese deber lo infringe le dirige, además, un *reproche personal* por haberse comportado en esa forma. La *culpabilidad* consiste en ese *reproche dirigido al autor*. Solo cuando la acción u omisión típicamente antijurídica es susceptible de dicho juicio negativo sobre la persona del autor se perfecciona el delito. Esta exigencia se deriva de la expresión "voluntarias" empleada por el art. 1° inc. primero del C.P., de acuerdo con una opinión que es prácticamente unánime en la doctrina[11], aunque esa palabra no tiene para todos el mismo significado.[12]

Estas categorías constituyen los componentes estructurales generales de todo hecho punible. Además, cada delito en particular debe reunir las características específicas que lo diferencian de los otros. Pero el estudio de ellas no es posible si no se examinan previamente las que son comunes y se configura, por así decirlo, el "esqueleto" soportante de cualquier infracción penal.

---

10 Así NOVOA, I, 155, pág. 223; ahora también ETCHEBERRY, I, págs. 167 y 168. Otra opinión en COUSIÑO, I, § 64, pág. 258, quien piensa que también se encuentra envuelto en las expresiones "penadas por la ley". Este último criterio no es satisfactorio, pues me parece ilógico sostener que unos mismos términos se refieran simultáneamente a la regla y la excepción (la prohibición y la autorización). Sobre ello, véase infra, § 16, III, c), dd). Incierto GARRIDO, II, 2, 2, pág. 15; al parecer como en el texto también POLITOFF, 5, § 3, C, págs. 217 y 218.

11 En CURY, 1ª edición, I, 12, II, d) pág. 204, se citan también los N°s. 1°, 2°, 3° y 9° del art. 10, y el 17 inc. final del C.P. Esas referencias eran correctas, porque tales disposiciones se refieren a las causales de exclusión de la *culpabilidad*. Pero para fundamentar su exigencia en el texto legal basta con la que se hace ahora en el texto.

12 Véase, al respecto, infra, § 18, 1, e).

La determinación de los elementos mencionados y de su significado ha sido el resultado de un análisis que se ha obtenido *abstrayendo de los distintos hechos punibles lo que los identificaba a unos con otros, y disponiéndolos en un orden racional de relación y subordinación.* Este proceso se prolongó por más de un siglo y se debe en gran medida al trabajo de los juristas alemanes[13], cuya influencia en nuestra doctrina y jurisprudencia ya se ha destacado.[14] En todo caso, como la del Derecho es una ciencia práctica que debe proporcionar soluciones adecuadas para una realidad en cambio constante, la elaboración del sistema nunca se encuentra concluida; por eso, si bien los progresos alcanzados en la actualidad permiten trabajar sobre unas bases relativamente estables, la tarea prosigue abierta siempre a los cambios.[15]

Debido al empleo del método descrito, la teoría del delito está expuesta a incurrir en abstracciones exageradas que la distancien de la realidad. No es infrecuente, pues, que se la critique por eso. Sin embargo, su valor práctico es innegable. Una visión clara y consistente de las estructuras componentes del hecho punible habilita no solo al juez sino también a los órganos auxiliares de la administración de justicia para percibir donde su intervención es indispensable y donde, en cambio, superflua y hasta abusiva.[16] La forma y el orden de subordinación que se asigna a los elementos del delito son también de importancia fundamental.[17] Quien ha ejecutado una acción o incurrido en una omisión atípica tiene derecho a que no se dirija en su contra un proceso penal, aunque la conducta sea ilícita, pues el carácter injusto de hechos que no constituyen delito solo puede ser discutido en un juicio civil. El inculpable (menor de edad, enfermo mental, coaccionado, etc.) que realiza un acto típico autorizado por el ordenamiento jurídico (por ejemplo, en legítima defensa propia o de un tercero) tiene derecho a que se lo exima de responsabilidad porque su conducta ha sido justa y no solo porque no le es

---

13 Una exposición de esta evolución en JESCHECK-WEIGEND, § 22, págs. 214 y sigts.; asimismo SCHÜNEMANN, *Introducción al razonamiento sistemático…, cit.*, III, págs. 43 y sigts.

14 Supra, § 6, III, *in fine.*

15 JESCHECK-WEIGEND, § 22, VI, 5, pág. 232: "No existe ninguna teoría del delito que pueda ser más que un proyecto transitorio o efímero. A pesar de ello, puede decirse que la sistemática moderna procedente del finalismo ha alcanzado un alto grado en su fuerza de convicción. Es menor el peligro de que se trastorne por nuevas ideas sistemáticas procedentes del exterior, a que ella misma se destruya por la falta de contacto con la praxis.

16 JESCHECK-WEIGEND, § 21, II, 3, pág. 213.

17 HASSEMER, § 22, pág. 254; JAKOBS, 6, números marginales 46 y 47, págs. 127 y 128; JESCHECK WEIGEND, § 21, III, 1, pág. 213. Con detalle y bibliografía ZAFFARONI-ALAGIA-SLOKAR,§ 25, págs. 356 y sigts.

personalmente reprochable; a que no se le impongan a causa de ese hecho medidas de seguridad y protección en sus respectivos casos (enfermo mental)[18] y a que no se le impute responsabilidad civil por lo que hizo, ni a él ni a los encargados de cuidarlo; asimismo, el tercero que colaboró con él o lo indujo a actuar tiene derecho a que su intervención se considere justificada. Por eso, las distinciones, subdistinciones y complejidades de la teoría del delito no constituyen abstrusidades académicas, sino esfuerzos por dotar a los tribunales de criterios seguros en la solución de casos prácticos. No debe exagerárselas cuando carecen de valor, pero tampoco debe evitárselas si contribuyen a resolver mejor tales problemas.

Aparte de los elementos del delito que se describen más arriba, un sector importante de la doctrina agrega el de la *punibilidad*.[19]

La amenaza de pena, sin embargo, no es una categoría del delito sino una consecuencia de él. Esto se ha reconocido de manera extendida, especialmente desde que BELING desarrolló la teoría de la tipicidad. En efecto, a partir de entonces pudo decirse que la acción u omisión antijurídica y culpable era punible porque se adecuaba a un tipo, evitando la tautología que implica incluir en la definición el efecto del delito, sustituyéndolo por la característica especial que ocasiona esa consecuencia: el delito es punible porque es típico. Esta concepción es dominante en la literatura chilena.[20].

Contra este criterio se invoca la existencia de situaciones en las que la ley ha resuelto no imponer una pena, no obstante la concurrencia de todos los elementos generales a que nos hemos referido (acción, tipicidad, antijuridicidad y culpabilidad), sea en atención a ciertas particularidades de la situación (*excusas legales absolutorias*)[21], sea porque la supedita a la producción de una consecuencia ajena a la voluntad del autor (*condiciones objetivas de punibilidad*).[22] En tales casos, se dice, la ausencia de punibilidad trae aparejada la inexistencia del delito y, por consiguiente, ellos exigen reconocer que la conminación penal es también un componente de su estructura.

---

18 Sobre esto véase infra, § 28, II, a), dd).

19 Así, entre otros MUÑOZ CONDE, 2, pág. 337; RODRÍGUEZ DEVESA, I, pág. 337; RODRÍGUEZ MOURULLO, XI, II, pág. 195. Esta es una característica del hecho punible que se encuentra, asimismo, en prácticamente todos los autores anteriores a BELING, como, por ejemplo, LISZT, II, § 26, I, pág. 262, pero esto por razones distintas de las que se exponen en el texto.

20 BULLEMORE MACKINNON, II, pág.19; COUSIÑO, I, § 63, pág. 254; ETCHEBERRY, I, pág.168; NÁQUIRA, I, pág 23; NOVOA I, 152, pág. 218. Otra opinión en LABATUT, I, 69, pág. 76.

21 Infra, § 30.

22 Infra, § 20, II.

La mayor parte de los autores que rechazan este razonamiento observan que tanto las excusas legales absolutorias como las condiciones objetivas de punibilidad son extraordinariamente escasas en el ordenamiento jurídico y que, por lo tanto, es equivocado deducir de su existencia en algunos raros casos un requisito cuya exigencia se pretende extender a todo delito[23]. Aparte de esto, algunas investigaciones permiten poner en duda que esos presupuestos de la pena sean independientes de la antijuridicidad y la culpabilidad,[24] lo cual, de ser exacto, echaría por tierra no solo la inclusión de la conminación penal en la estructura del hecho punible sino, además, la remisión de las condiciones objetivas de punibilidad y de las excusas absolutorias a un capítulo situado fuera de la teoría del delito.[25] Por tales razones, aquí se ha rechazado la incorporación de la punibilidad en el concepto y estructura del delito.

El estudio de la teoría del delito es el de sus elementos considerados no como "partes" autónomas, sino como "categorías" mediante las cuales se hace posible al pensamiento aprehender el concepto unitario, aunque complejo, del hecho punible. Es preciso, además, tener presente que el delito es un concepto de valor y que, por ende, los momentos de su estructura solo pueden ser captados en su dimensión axiológica. El estudio del delito, por lo tanto, es un examen normativo que se realiza mediante un análisis y una síntesis pero que, además y ante todo, requiere hacer decisiones sobre el "valor". Los intentos de reducirlo a fórmulas explicativas o de aplicarle métodos naturalistas no solo son vanos, sino que inducen a confusiones e invaden el territorio reservado a otras ciencias, como la *criminología,* la *sociología*, la *psicología,* etcétera.

III. CLASIFICACIÓN DE LOS DELITOS

A) Generalidades

Los delitos pueden clasificarse desde distintos puntos de vista que, por lo general, derivan de particularidades relativas a los distintos elementos de su estructura. Por eso, el significado y la importancia de cada clasificación se aprecian mejor cuando

23 CEREZO, I, pág. 380; ETCHEBERRY, I, pág. 168; NOVOA, I, 152, pág. 218.

24 En especial y extensamente, BACIGALUPO, *Delito y punibilidad,* editorial Cívitas S.A., Madrid, 1983, *passim.*

25 Así expresamente ETCHEBERRY, I, pág. 168 y II, págs. 9 y sigts. En parte, implícitamente, también CURY, 1ª edición, II, 33, págs. 95 y sigts. para las excusas legales absolutorias. Sobre ello, infra § 30.

se las presenta en la parte del sistema con que están relacionadas.[26] Aquí, por ello, solo se tratará la que se refiere a su *gravedad*, la cual, a causa de su carácter técnico y cuantitativo, puede ser fácilmente comprendida y no es vinculable a las categorías estructurales del hecho punible.[27]

b) Crímenes, simples delitos y faltas

De acuerdo con el art. 3° del C.P., "los delitos, atendida su gravedad, se dividen en crímenes, simples delitos y faltas, y se califican de tales según la pena que les está asignada en la escala general del art. 21". A su vez, el art. 4° agrega que "la división de los delitos es aplicable a los cuasidelitos [delitos imprudentes] que se califican y penan en los casos especiales que determina este Código".

Como puede advertirse, la clasificación es de naturaleza formal, pues depende solo de si la pena con que la ley amenaza al hecho se encuentra catalogada en la "escala general" del art. 21 del C.P. como pena de crimen, de simple delito o de falta. Por lo que se refiere a la multa, que según esa disposición es una pena común a las tres clases de infracciones, su pertenencia a cada categoría se determina con arreglo a su cuantía, de acuerdo a lo preceptuado por el art. 25 inc. 6 ° del C.P.

La división de los delitos en tres clases no fue tomada del Código Penal español de 1848-50, el cual solo distinguía entre delitos y contravenciones (faltas), sino del belga, que la había reproducido a su vez del francés. Este último, a su vez, se basó para formularla en un criterio procedente de la Ilustración, según el cual los crímenes eran los hechos punibles más graves porque atentaban contra "derechos naturales" (vida, integridad corporal, libertad etc.) y los simples delitos en cambio, solo contra los creados por el "contrato social" (propiedad, probidad funcionaria, seguridad pública, etc.) y las faltas, finalmente, eran mera infracciones a los reglamentos y disposiciones de policía.[28]

Tal como se la concibe actualmente, la clasificación solo cumple funciones técnicas y, por tal motivo, no es lícito servirse de criterios materiales para interpretarla.[29] Se trata simplemente de una distinción destinada a distribuir ciertas

---

26 Pueden encontrarse exposiciones de conjunto sobre la clasificación de los delitos en COUSIÑO, I, § 73, y sigts., págs. 301 y sigts.; LABATUT, I, 146 y sigts., págs. 161 y sigts.; NOVOA, I, 164 y sigts., págs. 237 y sigts.; POLITOFF, 5, § 5, págs. 227 y sigts.

27 Así también ETCHEBERRY, I, págs. 171 y sigts.

28 Cfr. NOVOA, I, 166, pág. 239; ROXIN, § 9, 4, págs. 267 y 268.

29 JAKOBS, 6, número marginal 103, pág. 220.

consecuencias jurídicas (en el caso de las faltas, también la competencia y el procedimiento) en cuya formulación se ha dado prevalencia a la certeza por sobre consideraciones materiales. Por esto, la determinación de si un hecho punible es un crimen, un simple delito o una falta, se debe hacer atendiendo a la pena con que la ley amenaza en abstracto al autor del delito consumado y prescindiendo de la que se aplicará al sujeto en el caso concreto[30], sea en atención a la índole de su participación en él, sea a la etapa de desarrollo de la conducta, sea a la concurrencia de circunstancias modificatorias de responsabilidad. Así, las lesiones graves del art. 397 Nº 1º del C.P. es un crimen, también para el encubridor de la tentativa, a quien, en atención de las disposiciones sobre determinación de la pena [31] solo podrá imponérsele en el caso concreto una pena de falta.[32] De la misma forma, el autor de un hurto cuyo valor excede de 400 unidades tributarias mensuales comete un simple delito (art. 446 inc. final del C.P.), aunque por haberse prevalido de un menor de dieciocho años para ejecutarlo (art. 72 C.P.), ser reincidente (art. 12 Nº 16) y no favorecerlo ninguna atenuante, la pena que se le impondrá en concreto será probablemente de crimen.

Para determinar la pena que corresponde al delito en abstracto no se toman en cuenta las circunstancias agravantes y atenuantes *específicas* que solo originan modificaciones del marco penal básico. El hurto de una cosa cuyo valor excede de 400 unidades tributarias mensuales es un simple delito, aunque por haberlo cometido un individuo que trabaja habitualmente en la casa en que lo ha ejecutado el juez resuelva hacer uso de la facultad que le confiere el art. 447 Nº 2º del C.P. y lo sancione con pena de crimen. En cambio, deben considerarse las circunstancias privilegiantes o calificantes que se incorporan al tipo y en virtud de cuya inclusión se le asigna un marco penal propio. Por esto, aunque la figura básica de las lesiones es un simple delito (art. 399 del C.P.), las lesiones graves del art. 397 Nº 1º del C.P. son un crimen, y las leves del art. 494 Nº 5º del C.P., una falta.

Cuando el marco penal establecido por la ley para el delito comprende sanciones pertenecientes a distintos tramos de la clasificación, decide la pena más alta. En consecuencia, la mutilación de miembro importante (art. 396 inc. 1º del C.P.), cuyo marco penal se extiende desde el presidio menor en su grado máximo (pena de simple delito) al presidio mayor en su grado mínimo (pena de crimen), es un crimen.

---

30 ETCHEBERRY, I, pág. 72; JAKOBS, 6, número marginal 103, pág. 220.

31 Infra, § 53 y § 54.

32 Por eso en este caso el sujeto será efectivamente condenado a sufrir esa pena o una sustitutiva, y deberá cumplirla, aunque de acuerdo a los arts. 9 y 17 del C.P. no son punibles ni la tentativa ni el encubrimiento de faltas.

La clasificación entre crímenes y simples delitos por una parte, y las faltas, por la otra, tiene importancia respecto de la punibilidad de la tentativa y el delito frustrado,[33] y de los partícipes en sentido estricto,[34] en el sistema consagrado para castigar el concurso real de delitos,[35] en los plazos de prescripción y su cómputo,[36] en relación con la procedencia del comiso,[37] para la procedencia y revocación de las penas sustitutivas de remisión condicional, reclusión parcial, libertad vigilada, libertad vigilada intensiva, para la interrupción de la pena privativa de libertad y su reemplazo por el régimen de libertad vigilada intensiva, y para la revocación de la pena sustitutiva de prestación de servicios en beneficio de la comunidad,[38] etc.[39] En cambio, la distinción entre crímenes y simples delitos es de poca significación. Con la derogación del régimen de medidas de seguridad que contenían los incs. segundo y tercero del art. 10 N° 1 del C.P.[40], ya casi no le resta sino la que ejerce en la determinación del plazo de prescripción[41] y en la penalidad de los delitos imprudentes (cuasidelitos) contra las personas.[42] [43]

A causa de esto último, así como del formalismo y arbitrariedad que implica, la clasificación tripartita fue siempre objeto de críticas e, incluso, se han hecho reparos a la bipartición entre delitos y contravenciones (faltas) que impera actualmente en la mayor parte de las legislaciones. Esta última, sin embargo, corresponde a la realidad de

33 Infra, § 34, V, f).

34 Infra, § 39.

35 Infra, § 43, I.

36 Infra, § 59, B, II y III.

37 Infra, § 52.

38 Infra, § 49, IV.

39 N. del E.: La distinción también tiene relevancia en el art. 1°, inc. tercero, de la Ley 20.084, sobre Responsabilidad de los Adolecentes por Infracción a la Ley Penal: la responsabilidad penal adolecente por faltas está limitada a los adolecentes mayores de dieciséis años, y solo respecto de las faltas que allí se indican. Respecto de la prescripción de la acción penal y de la pena, el art. 5° de esa ley establece plazos diferenciados según se trate de crímenes, simples delitos o faltas.

40 Infra, § 28 II, a), dd).

41 Infra, § 59, B.

42 Infra, § 19, IV, b).

43 N. del E.: la distinción entre crímenes y simples delitos cobra relevancia dentro del procedimiento establecido por la Ley 20.084, pues, conforme a su art. 32, la medida cautelar de internación provisoria en régimen cerrado solo es procedente tratándose de la imputación de conductas que de ser cometidas por una persona mayor de dieciocho años constituirían crímenes.

las valoraciones sociales sobre la gravedad de los hechos punibles y sus consecuencias jurídicas, aparte de que resulta útil también desde el punto de vista procesal[44]. Por eso en la actualidad casi no se la discute[45] aunque también los límites entre las dos categoría solo pueden ser fijados por la ley de manera arbitraria.

Por largo tiempo, en efecto, se ha intentado trazar la distinción entre delitos (en sentido amplio) y faltas sobre una base material. Ese criterio que corresponde al de los redactores del Código Penal tiene tan pocas perspectivas de éxito como el intento de distinguir cualitativamente las infracciones administrativas de las penales, a que ya me he referido[46] y por idénticas razones, pues en el fondo se trata del mismo problema. Las faltas, en efecto, no son sino infracciones de poca entidad que, por lo tanto, solo se pueden diferenciar cuantitativamente de los crímenes y simples delitos. En muchos casos están destinadas incluso a la protección de los mismos bienes jurídicos a los que tutelan los hechos punibles más severos, contra formas de ataques semejantes, si bien con resultados menos graves. Así ocurre con la omisión de socorro del art. 494 Nº 14 C.P. –un caso que, de acuerdo con la opinión prevaleciente, debiera ser incorporado a la categoría de los delitos–, las lesiones leves del art. 494 Nº 5º C.P., las infracciones de poca monta contra la propiedad del art. 494 Nº 19 C.P. o la circulación de la moneda falsa de poco valor del art. 496 Nº 31 C.P. Es posible que algunas hipótesis de las contempladas por la ley resulten absurdas por su obsolescencia, como la de elevar globos empleando el fuego sin permiso de la autoridad, del art. 496 Nº 30 C.P.; aun así, cualquiera percibe que en su momento estuvo destinada a la preservación de bienes jurídicos importantes contra la creación de un peligro cuya realidad era manifiesta. En consecuencia, la inclusión de un hecho punible entre las faltas constituye una decisión político-criminal que se adopta por razones de magnitud y, siendo así, implica un grado de arbitrariedad inevitable.

---

44 En el mismo sentido NOVOA, I, 166, pág. 239 que se refiere, incluso a la clasificación tripartita.

45 JAKOBS, 6, número marginal 102, pág. 151; ROXIN, § 9, número marginal 5, pág. 268 y sigts.

46 Supra, § 4, IV, a).

CAPÍTULO V
TEORÍA DE LA ACCIÓN

§ 13. CUESTIONES PRELIMINARES: ACCIÓN Y OMISIÓN

I. GENERALIDADES

Acción y omisión son la base sobre la cual descansa la estructura del delito. No solo constituyen el soporte conceptual de la teoría del delito sino, también el eje que hace posible una doble consideración del hecho punible: la axiológica (político-criminal y jurídico-penal) y la natural (criminológica y sociológica).

Por esto la estructura de la teoría del delito depende de los conceptos de acción[1] y de omisión,[2] y de la función que se les atribuye en ella[3]

II. EL CONCEPTO SUPERIOR DE ACCIÓN

En la dogmática alemana se procuró construir un concepto de acción en *sentido amplio*, comprensivo de la *acción en sentido estricto* y de la *omisión*. Esto era motivado en cierta medida por necesidades que le imponía el texto de la ley positiva: como el § 2 del antiguo Código Penal alemán definía al delito únicamente como acción, los juristas germanos encontraban dificultades para la inclusión de la omisión entre los hechos punibles. Puesto que el art. 1° inc. primero del C.P. define expresamente al delito como "*acción u omisión*" dicha dificultad formal nos es ajena y podemos prescindir de ella.

---

1 Infra, § 14.

2 Infra, § 45.

3 Infra, § 15.

Más importante que los problemas textuales, sin embargo, son otros de índole material que se refieren a la admisibilidad constitucional de determinar los tipos de delito de *omisión impropia*[4] mediante una inversión conceptual de los de acción, pues ese procedimiento constituye en muchos casos una forma de integración analógica en perjuicio del procesado. De acuerdo con la ley, en efecto, el homicidio consiste en *matar a otro* (art. 391 del C.P..) y no en *abstenerse de actuar para evitar la muerte de otro*; el hurto, en apropiarse de una cosa ajena (art. 432 del C.P.) y no en *permitir que otro lo haga*. Sostener que la omisión de impedir el resultado letal o expropiatorio es equivalente a ocasionarlo activamente puede ser *quizás* correcto desde el punto de vista valorativo[5], pero la exigencia de que esas actitudes se adecuen a la descripción típica respetiva solo se cumplirá si se prueba que ellas constituyen una acción sustancialmente idéntica a la de matar o apoderarse. Esto explica el empeño por encontrar una noción de acción unificadora que sea capaz de abarcar ambas situaciones.

No obstante, un concepto superior o genérico es insostenible, como hace ya tiempo lo demostró G. RADBRUCH. Dos términos contradictorios (Posición y Negación, A y no-A) no admiten ser reconducidos a una idea común, porque se opone a ello el *principio de identidad*. La acción y la omisión se comportan de esa manera y, por consiguiente, es imposible reducirlas a *especies* de un género único.[6] Por eso, en la exposición siguiente he prescindido básicamente del "concepto superior" y la teoría del delito aparece "escindida de arriba abajo": mientras los delitos de acción se tratan inmediatamente,[7] de los de omisión me ocuparé más adelante.[8] En esa oportunidad habrá que hacerse cargo también del problema relativo al *nullum crimen*, que permanece hasta el presente sin solución convincente.[9]

Esta, que es por lo demás la forma de exposición más común en el Derecho comparado,[10] en el nacional continúa siendo más bien infrecuente.

---

4 Infra, § 45, II, a).

5 Sobre ello, infra § 45, II, c).

6 En el mismo sentido, BUSTOS-HORMAZABAL, V, 1.3, pág. 66.

7 Véase también GALLAS, *La teoría del delito en su momento actual*, traducción de Juan Córdoba Roda, Barcelona, 1959, II, 3, págs. 16 y sigts.

8 Infra, § 45.

9 Infra, § 45, III.

10 Véase, por todos, BUSTOS, 40, págs. 973 y sigts.; CEREZO, XXXVII, págs. 1129 y sigts.; FIANDACA-MUSCO, Parte cuarta, págs. 575 y sigts; JAKOBS, 28 y sigts., números marginales, págs. 939 y sigts.; JESCHECK-WEIGEND, § 58 y sigts., págs. 644 y sigts.; MAURACH-ZIPF,

Un intento interesante efectuado en el último tiempo para encontrar un concepto de acción capaz de abarcar al de omisión es el de JAKOBS[11]. De acuerdo con ese criterio, lo común a las "dos formas de comportamiento" humano es la "evitabilidad" del hecho. Tanto en el caso de la acción como en el de la omisión, el autor no evita lo que era evitable, y esta característica que las unifica constituye también la característica esencial de ambas.

Aunque es sugerente, este criterio tampoco me parece satisfactorio. Desde luego, aunque la evitabilidad del hecho es un componente de la omisión, introduce en cambio en el concepto de acción un elemento normativo superfluo y que tampoco puede soslayar la diferencia estructural de las dos formas de comportamiento. Por otra parte, aunque JAKOBS impugna el criterio de quienes han elaborado un "concepto negativo de acción", convirtiendo a la omisión en el género del cual la acción es una especie,[12] él mismo termina por llegar a un resultado semejante cuando afirma que toda acción se deja transformar en una omisión, pero no a la inversa[13]. Es que, en efecto, si lo esencial de la acción no es la actividad voluntaria sino la evitabilidad de su realización, lo fundamental del actuar queda reducido a la omisión de evitarlo. Naturalmente de esta manera el problema constitucional creado por los delitos de omisión impropia se resuelve, pues se puede sostener que tras todo delito de acción se encuentra implícita una conducta omisiva; pero la solución se obtiene a costa de complicar en tal forma la estructura de los delitos de acción que se hace peligrar en conjunto la función garantizadora de los tipos construidos en torno a conducta activas. Por lo demás, el propio JAKOBS elude ese riesgo tratando en forma completamente separada los delitos de acción[14] y los de omisión[15], lo cual, aunque solo sea formalmente, constituye una admisión de la diferencia estructural esencial existente entre ellos.

No obstante lo expuesto, debe advertirse que existen tipos cuya esencia está constituida por la infracción de un deber, en los cuales efectivamente tanto la comisión activa como la omisiva colman las exigencias del tipo.[16] De ellos se tratará más adelante.[17]

II, § 45 y sigts., págs. 211 y sigts.; STRATENWERTH, § 13, págs. 379 y sigts., y § 16, págs. 443 a 445; WELZEL, § 26 y sigts., págs. 276 y sigts.

11 JAKOBS, 6, números marginales 28 y sigts., págs. 175 y sigts., y, en especial, 6, número marginal 32, pág. 177.

12 JAKOBS, 6, número marginal 33, págs. 177 y 178.

13 JAKOBS, 28, número marginal 2, págs. 940 y 941.

14 JAKOBS,6 y sigts., págs. 153 y sigts.

15 JAKOBS, 28 y sigts., págs. 939 y sigts.

16 Infra, § 45, I.

17 Infra, § 38, II, y § 45, I.

§ 14. EL CONCEPTO DE ACCIÓN

En el curso de los últimos ciento veinte años el concepto de acción experimentó una evolución en la que se entremezclaban puntos de vista filosóficos, político-criminales y dogmáticos. Por eso, solo cuando se la examina desde esos distintos ángulos puede apreciarse bien su significado y emitir un juicio válido sobre el estado actual de la cuestión.

I. LA CONCEPCIÓN CAUSAL DE LA ACCIÓN

A fines del siglo XIX y hasta principios del XX se impusieron sistemas de Derecho penal enraizados en el positivismo filosófico y jurídico cuyos puntos de partida se encontraban, a su vez, en el naturalismo imperante en ese período. Los expositores más destacados de esta tendencia son, posiblemente, FRANZ v. LISZT[18] y ERNST BELING.[19] De conformidad con ellos, *la acción consiste en un puro movimiento corporal que causa una modificación en el mundo exterior perceptible por los sentidos.* En cambio, no pertenece a ella la finalidad perseguida por el autor ni cualquier otra característica subjetiva.

Acto, según LISZT, es "la causa voluntaria o no impediente de un cambio en el mundo exterior".[20] "La volición que caracteriza la manifestación de voluntad y, por consiguiente, el acto, significa simplemente, en el sentido de esta concepción, el impulso de la voluntad" y "se lo puede definir física como *inervación,* concibiéndolo psicológicamente como aquel fenómeno de la conciencia por el cual establecemos las causas".[21] De este modo, la voluntad a que se alude en la definición está despojada de toda referencia a la orientación consciente del suceso externo por el sujeto, e implica solo un "querer moverse" neurológicamente verificable.

18 LISZT, II, § 28, págs. 297 y sgts.

19 BELING, § 8, págs. 19 y sigts.

20 LISZT, II, § 28, antes de I, pág. 297.

21 LISZT, II, § 28, pág. 297. En el mismo sentido BELING, § 8, págs. 19 y 20: "Debe entenderse por 'acción' *un comportamiento corporal (fase externa 'objetiva de la acción')* producido por el dominio sobre el cuerpo (libertad de inervación muscular '*voluntariedad*' *(fase interna 'subjetiva' de la acción)*".

Este concepto rebuscado es difícil de entender para el neófito, pues implica una división rara e impracticable de aquello que para la opinión común es una acción, sustrayéndole precisamente lo que en ella es más característico: el propósito de alcanzar determinados objetivos. A pesar de eso, se generalizó con facilidad en la ciencia jurídica por varias razones.

En primer lugar, se conciliaba con las ideas filosóficas y científicas imperantes por su índole naturalista. La acción, concebida de este modo, tenía una consistencia física, era verificable empíricamente y se insertaba perfectamente en la cadena de los fenómenos causales con los cuales trabajaban las ciencias de la naturaleza. Por tales motivos confería a la teoría del delito una aparente certeza estructural y desvinculaba el elemento básico de cuestiones "metafísicas", como la relativa a la libertad del comportamiento humano que en el simple cambio del mundo exterior no tiene cabida.

Desde el punto de vista dogmático, a su vez, el concepto causal de acción permitió organizar los componentes del delito en forma sencilla y clara. De acuerdo con él, la acción es idéntica tanto cuando persigue como finalidad la realización del hecho prohibido por la ley (dolo) como cuando lo ocasiona en forma imprudente (culpa) o, incluso, por un azar incontrolable (caso fortuito). La *tipicidad* y la *antijuridicidad* son atributos de ese concepto unitario referidos, por consiguiente, solo a los acontecimientos exteriores y ajenos también a las posibles diferencias del aspecto subjetivo. De esta manera se obtiene una teoría del *injusto* que es común a los delitos dolosos e imprudentes –asimismo, a los casos fortuitos–, los cuales se distinguen únicamente a nivel de la *culpabilidad*. Presuntivamente este esquema ofrecería ventajas expositivas y didácticas que facilitarían a los interesados (jueces, abogados, estudiantes) el aprendizaje, comprensión y solución de los problemas implicados en la teoría del delito.[22]

La simplicidad del sistema tenía que contribuir por cierto a la certeza de las decisiones judiciales y, por ende, a la seguridad jurídica, lo que lo justificaba también desde una perspectiva político-criminal. Además, se le atribuía el mérito de postergar hasta el último momento la indagación sobre los componentes subjetivos del hecho punible, cuya dificultad práctica es indiscutible e introduce un riesgo de arbitrariedad en las apreciaciones del juzgador. Así, por ejemplo, quien ejecuta una conducta que reúne los requisitos objetivos de una causal de justificación (causal de exclusión de la antijuridicidad) debe ser absuelto sin más, aunque al actuar ignorara que en el hecho concurrían tales presupuestos,

22 Así, expresamente NOVOA, *Causalismo y finalismo*, Introducción, págs. 16 y sigts.

cosa que ni siquiera es necesario averiguar. Lo que constituye el *injusto* es, pues, el *desvalor de resultado*[23]. De esta manera se conjura el peligro de *etización* de los juicios jurídicos que conllevan las investigaciones sobre lo que el autor sabe, piensa o quiere, y las valoraciones inciertas sobre esos aspectos subjetivos.

En Chile la concepción causal de la acción sirve de base a la exposición de la teoría del delito en las obras de LABATUT y ORTIZ, publicadas cuando ella dominaba por completo en el Derecho comparado. Pero su expositor más importante es NOVOA, quien, aparte de construir sobre ella el sistema desarrollado en su "Curso de Derecho Penal Chileno",[24] la defendió en numerosos artículos y monografías, entre los cuales destaca "Causalismo y finalismo en Derecho penal, aspectos de la enseñanza del Derecho penal en Hispanoamérica". Una posición más matizada sostuvieron POLITOFF[25] y GRISOLÍA[26]. Asimismo BUNSTER[27], cuyo punto de vista a este respecto parece haber variado más tarde, aunque no dispongo de evidencia escrita sobre ello.

La prevalencia del concepto causal de acción no fue duradera.

Ante todo se le objetó su irrealidad. La acción, como puro cambio en el mundo exterior es algo que no existe y que se confunde con el acaso e, incluso, con simples modificaciones de estado incontrolables para el sujeto. Posiblemente constituye un objeto de conocimiento más fácil de aprehender y, por eso, más seguro, pero como es falso, conduce a juicios erróneos y a soluciones impracticables que, a la larga, implican también incerteza y arbitrariedad.

Desde el punto de vista dogmático, los inconvenientes del concepto se manifestaron sobre todo en su ineptitud para tratar apropiadamente el *delito frustrado* y la *tentativa,* las formas de la *participación criminal* y el *injusto* en general, pero especialmente el de los delitos imprudentes. En efecto, ninguna de estas instituciones es comprensible si se caracteriza la acción prescindiendo de sus componentes subjetivos. Si, por ejemplo, alguien hace un disparo que no hiere a nadie,

---

23 Supra, § 1, III. c), aa).

24 Véase, en especial, NOVOA, I, 178 y 179, págs. 255 y sigts.

25 POLITOFF, *Los elementos subjetivos del tipo legal,* Editorial Jurídica de Chile, Santiago, 1965. Pero véase ahora 6, § 3, págs. 248 y 249, en donde se aboga por una postura causalista más ortodoxa, si bien más adelante se adhiere a la teoría moderada de la culpabilidad en materia de error de prohibición; en el mismo sentido, POLITOFF-MATUS-RAMÍREZ, pág. 167.

26 GRISOLÍA, *El objeto jurídico del delito, cit.*

27 ÁLVARO BUNSTER, *La voluntad del acto delictivo,* en RCP, tomo XII, Nºs. 3 y 4, Santiago, 1950, págs. 149 y sigts.

su conducta solo podrá subsumirse en el tipo (complementario) del homicidio frustrado cuando se sabe que la ejecutó con el propósito de matar a un hombre;[28] a quien proporciona a otro un cuchillo solo se lo puede considerar cómplice del homicidio cometido con el arma si se establece que la entregó con conocimiento de que se la emplearía para dar muerte a un tercero; si un automovilista prudente y respetuoso de las leyes que regulan el tráfico motorizado choca con un vehículo que otro sujeto conduce descuidadamente, la conducta injusta (típica) no puede diferenciarse de la correcta sino refiriéndose a la actitud subjetiva de ambos intervinientes en la colisión. En todos estos casos, el puro movimiento corporal del sujeto y las relaciones causales que genera no nos dicen nada sobre su relevancia jurídico penal, como en los ejemplos del delito frustrado y complicidad o –lo que es peor– nos conducen a enjuiciar de la misma manera situaciones radicalmente distintas, como en el del accidente automovilístico.

Los adherentes a la teoría causal de la acción trataron de superar por distintos medios las objeciones referentes a la tentativa (y el delito frustrado) que eran las más decisivas y perturbadoras del sistema tradicional.[29]

Se sostuvo, por ejemplo, que en la tentativa el dolo es un elemento subjetivo del tipo (elemento subjetivo del injusto).[30] CEREZO, con razón, impugna esta construcción: “No es posible [...] que la resolución delictiva sea un elemento constitutivo del injusto en la tentativa y no lo sea, en cambio, en el delito consumado”. “Una vez adoptado [por el legislador] un criterio rector, es decir una concepción determinada de la antijuridicidad, habrán de pertenecer necesariamente al juicio de injusto todos aquellos elementos que destaquen como esenciales desde el punto de vista adoptado”.[31] De esta forma, las valoraciones del ordenamiento jurídico serían contradictorias entre sí, y esta contradicción no solo sería lógica, sino “lógico-objetiva”.[32]

NOVOA, a su vez, sostiene que la resolución en la tentativa *nada tiene que ver con el dolo* y es solo “uno de esos elementos que la doctrina conoce como elementos subjetivos”[33].

---

28 WELZEL, § 8, II, 2, pág. 63; *Nuevo sistema*, III, I, 3, págs. 62 y 63.

29 En el mismo sentido JAKOBS, 6, número marginal 6, págs. 160 y 161.

30 Así MEZGER, *Libro de estudio,* I, § 77, pág. 279: “Esta resolución es [...] un elemento subjetivo del injusto. Por eso es, a la vez, también dolo, es decir, culpabilidad”.

31 CEREZO, notas a la traducción de WELZEL, *Nuevo sistema,* págs. 64, nota 15. Así también JAKOBS, 6, número marginal 6, pág. 161.

32 CEREZO, *op.* y *loc. cit.* Sobre las “estructuras lógic-objetivas” véase infra, IV, a).

33 NOVOA, *Algunas consideraciones acerca de la tentativa,* apartado de la RCP, Santiago, 1962, V, pág. 17; *El proceso de generación del delito, tentativa y delito imposible,* Concepción, 1963,

Esto significa que, en el delito frustrado y la tentativa, el conocimiento de los hechos pertenecientes al tipo legal y a la voluntad de realizarlos son un elemento subjetivo del tipo distinto del dolo. Pero ¿en qué consiste entonces el dolo de la tentativa y la frustración? ¿En el puro conocimiento de la significación de los hechos (conciencia de la ilicitud) que un autor como NOVOA atribuye al dolo y al cual, además, no confiere relevancia jurídica basándose en la ficción de conocimiento de la ley? NOVOA no lo explica y tampoco lo hace POLITOFF, quien, luego de acoger este punto de vista, se abstiene de otras consideraciones sobre el particular.[34]

Tampoco puede decirse, como lo ha hecho NOVOA más tarde,[35] que la tentativa constituye una situación excepcional colocada, por así decirlo, al margen del sistema, de manera que parecería no importar si encaja o no encaja en él. Por el contrario, la decisión de castigar la tentativa, característica de los sistemas jurídicos basados en el principio de culpabilidad, determina por eso mismo el sentido de estos y es una viga maestra de su estructura que, a partir de esa incriminación, adquiere una fisonomía irreversiblemente espiritualizada. Por eso, resulta imposible calificarla y tratarla como un caso aislado que admite un enfoque particular.

Por otra parte, ya desde principios del siglo XX se había descubierto que existen tipos en que la acción está descrita de manera que es imposible comprender su significado sino refiriéndose a la actitud interna del autor. Es, por ejemplo, el caso del hurto (art. 432 del C.P.) en el que la conducta consiste en *apropiarse*. Ahora bien, si solo se contempla el aspecto objetivo de la acción, es imposible afirmar que lo que se ha presenciado es un *apropiarse*. Externamente la apropiación en el hurto se manifiesta en una *sustracción*; pero esta sustracción puede estar dirigida subjetivamente a *usar* de la cosa para luego restituirla sana y salva al dueño, a destruir la cosa para perjudicarlo o a conservarla con el propósito de disponer de ella como si se fuera el titular del dominio. Solo en el último caso el *sustraer* externo constituye una *apropiación* en el sentido del art. 432 del C.P. Es claro, pues, que la conducta típica del hurto no puede comprenderse sino tomando en cuenta la posición subjetiva del agente en el momento de ejecutarla.[36]

---

pág. 22. En trabajos más recientes, como *Causalismo y finalismo,* 7, págs. 47 y sigts. el autor ya no se refiere a estos argumentos.

34 POLITOFF, *Los elementos subjetivos del tipo legal, cit.*, IV, 22, págs. 111 y sigts.; *Los actos preparatorios del delito, tentativa y frustración (Estudio de dogmática penal y de Derecho penal comparado)*, Editorial Jurídica de Chile, Santiago, 1999, § 8, 3, págs. 150 a 152,

35 NOVOA, *Causalismo y finalismo,* 7, pág. 48.

36 Se considera generalmente un mérito de MAYER págs. 231 y sigts., el reconocimiento y la introducción de estos elementos en la antijuridicidad del hecho.

La doctrina denominó *elementos subjetivos del tipo* o *elemento subjetivos del injusto* a estos ánimos, tendencias u objetivos puramente internos, sin cuya consideración el significado jurídico de la acción es inaprehensible. Al reconocerlos, además, debió aceptar también que, al menos en algunos delitos, la consideración externa de la conducta era insuficiente para apreciar su antijuridicidad. Por otro lado, quedó demostrado que verificar la existencia de estos elementos subjetivos sin afirmar antes la del dolo constituye un sinsentido, pues si el autor no ha querido sustraer una cosa ajena –por ejemplo, porque cree erróneamente que la que ha tomado le pertenece– es absurdo preguntarse si se ha apoderado de ella con el propósito de usarla y devolverla, de destruirla o de conservarla para sí.

La concepción causal de la acción tampoco cumplió bien las funciones político-criminales que le atribuyeron sus sostenedores, seguramente de buena fe. Manejada tendenciosamente –como puede serlo, en rigor, cualquier punto de vista– se prestó para justificar formas de responsabilidad objetiva que contradicen el principio de culpabilidad,[37] e introdujo indecisión y arbitrariedad en el tratamiento de los delitos tentados y frustrados[38], de la autoría[39] y de los delitos omisivos[40]. Por último, su afán de elaborar la teoría del delito sobre una base que excluyera toda referencia ética condujo a un divorcio entre Moral y Derecho punitivo cuyas consecuencias han sido en muchos casos más inaceptables que las de la confusión entre ellos a la que se pretendía combatir.[41]

II. LA CONCEPCIÓN NEOKANTIANA DE LA ACCIÓN

En realidad no existe un concepto de acción propio del neokantismo. Lo que ocurrió, más bien, fue que las tendencias neokantianas fugazmente imperantes en la doctrina penal alemana durante las primeras décadas del siglo XX hicieron suyo el concepto causal introducido por las corrientes naturalistas que las precedieron, pero dotándolas de una fundamentación teórica diferente.[42]

Este criterio se apoyó en la distinción debida a KANT entre *ser* y *deber ser,* a la cual, sin embargo, radicaliza, atribuyéndole una significación absoluta que

---

37 Infra, § 25, I, b), bb).

38 Infra, § 35, III, A, a).

39 Infra, § 38.

40 Infra, § 45.

41 Infra, V, b).

42 En sentido coincidente, ZAFFARONI-ALAGIA-SLOKAR, § 25, V, 2, pág. 364.

el mismo KANT posiblemente no habría compartido. KANT, en efecto, si bien practica la distinción, realiza un esfuerzo formidable por encontrar un elemento de conexión entre el mundo de la libertad regido por *el deber ser* y el de la causalidad al que se encuentra sometido *el ser.* Este propósito, que en opinión de algunos comentaristas constituye el objetivo central de toda su reflexión filosófica, presupone la existencia de una relación entre ambos planos de la que el neokantismo pareciera prescindir sin ahondar en las soluciones propuestas por KANT.[43]

Así, de acuerdo con el punto de vista neokantiano, las categorías del *ser* no condicionan a las normas (mandatos o prohibiciones) que establece el *deber ser,* a las cuales, por consiguiente, les es posible desentenderse de ellas. En consecuencia, aunque el Derecho está destinado a ordenar conductas, determina libremente lo que entiende por tales, sin preocuparse de lo que ellas son en realidad –cosa que, por lo demás, para el kantismo en general es racionalmente inaprensible–[44]. Así pues, el concepto causal de la acción fue retomado por los sistemas penales neokantianos, justificándolo como la "idea de acto" apropiada para formular mandatos y prohibiciones dirigidos a las manifestaciones exteriores de la conducta humana. El desvalor de resultado continuó prevaleciendo, pero este se concibió por la nueva perspectiva como "lesión del bien jurídico", es decir, como infracción ideal-valorativa y ya no simplemente como cambio en el mundo exterior.[45]

A esta concepción se superpuso el desarrollo de la teoría del tipo y la correspondiente sobrevaloración del "hecho típico" como base de la estructura del delito[46]. Con ello, el concepto de acción tiende a disolverse en el *hecho adecuado al tipo,*[47] el cual, en algunos sistemas, lo sustituye por completo. Los resultados de esta evolución, unida a los criterios neokantianos que pretendían orientar el Derecho a valores pero negaban la objetividad de estos, permitieron legitimar una distribución arbitraria de la punibilidad por los detentadores del poder estatal.

---

43 En relación con todo esto, véase KANT, *Fundamentos de la metafísica de las costumbres,* Exelsior, Santiago, 1939, especialmente págs. 65 y sigts.; *Critique de la raison practique,* traducción de Francois Picavet, Presse Universitaire de France, Paris, 1965, págs. 120 y sigts.; *La metafísica de las costumbres,* traducción de Adela Cortina Orts y Jesús Conill Sancho, Editorial Tecnos, Madrid, 2008, § A, págs. 37 y sigts.

44 Toda la *Crítica de la razón pura* está construida sobre este presupuesto, el cual, sin embargo, aparece radicalmente cuestionado en la *Crítica de la razón práctica* y en la *Metafísica de las costumbres* para el ámbito a que ellas se refieren.

45 Cfr., en el mismo sentido, BUSTOS-HORMAZABAL, V, 1.3., pág. 66.

46 En la doctrina nacional este proceso se cumple tardíamente con COUSIÑO, I, § 66, págs. 261 y sigts.

47 JESCHECK-WEIGEND, § 22, III, 2, a), págs. 220 y 221.

Sobre esta base fue posible extender los casos de responsabilidad objetiva, tratar de manera diferente la misma acción cuando la ejecutaba un particular que cuando la perpetraba el integrante de un organismo gubernamental, construir tipos penales para castigar "estados" no atribuibles a la voluntad del sujeto (como la vagancia, la mendicidad, la pertenencia a un grupo étnico, cultural, de profesión de clase, etc.) e incorporar al catálogo de los hechos punibles la adhesión a ideas políticas, religiosas, éticas e, incluso, estéticas.

Una vez más es preciso recalcar que estas consecuencias de las concepciones neokantianas fueron producto de manipulaciones a las cuales sus fundadores fueron seguramente ajenos. No obstante, debe advertirse también en que ellas favorecían la distorsión a que se las sometió, debido a la "neutralidad ética" que las caracteriza. Esta última, en efecto, permite desplazar fácilmente el centro de gravedad de las disposiciones penales, anteponiendo al respeto por la dignidad del hombre los intereses de grupos dominantes apoyados en mayorías aparentes y frecuentemente desinformadas. Al amparo de estos criterios florecen el positivismo jurídico, las ideas de que "la ley es la ley", de que todo mandato o prohibición se autojustifican por consideraciones de orden y seguridad, de que la prosperidad del todo legitima la marginación y aun la destrucción de unos cuantos, y otras semejantes.[48]

En Chile no existen expositores de un concepto de delito fundado expresamente en el neokantismo, entre otras razones porque se trata de una concepción filosófica poco difundida en nuestro medio. Hasta cierto punto, coincide implícitamente con su criterio la posición de ETCHEBERRY, según la cual, aunque la finalidad es un componente de la acción, la ley puede desentenderse de esa realidad y disociarla en elementos a los que se incorpora en parte al injusto y en parte a la culpabilidad.[49] Sin embargo, el neokantismo

---

48 JAKOBS, 6, número marginal 7, pág. 162: "Precisamente este carácter no comprometido del concepto causal de acción es el motivo de su difusión. No prejuzga casi nada".

49 ETCHEBERRY, I, pág. 180: "Dentro de nuestro estudio, la voluntad finalista, con las características señaladas pertenece a la acción. Las características de esa voluntad que permiten darle el calificativo jurídico de dolo o culpa serán estudiadas en la culpabilidad, ya que ello significa *valorar jurídicamente la voluntad* y no simplemente considerarla desde el punto de vista natural y psicológico. En suma, la voluntad pertenece a la acción y su calificación como dolo a la culpabilidad. La acción significa simplemente voluntad y el dolo (o la culpa) es voluntad mala ('reprochable'). La consideración del sustantivo pertenece a la acción, la del adjetivo a la culpabilidad". Aunque esta explicación es algo equívoca, el sistema que ETCHEBERRY desarrolla partiendo de esas premisas se asemeja al formulado por MEZGER en su *Libro de Estudio*, de manera que no únicamente al dolo sino tampoco a la voluntad

ha tenido, paradojalmente, una influencia inaparente pero generalizada en la doctrina penal de nuestro país. En parte, esto se debe a la influencia ejercida hacia la mitad del siglo pasado por EDMUNDO MEZGER, cuyas obras se tradujeron en esa época y obtuvieron una adhesión entusiasta entre los juristas más importantes del período. Pero, sobre todo, obedeció a que tales concepciones coincidían con la atmósfera positivista que ha prevalecido en el Derecho nacional desde la codificación, y al que no es ajena cierta impronta kantiana que pasa acentuada desde el Código Civil francés al chileno, posiblemente a causa de la formación filosófica de ANDRÉS BELLO, cuyas fuentes nadie ha investigado a fondo hasta el presente. Lo cierto es que incluso los juristas más adeptos al jusnaturalismo neotomista acogieron sin reparos esa sistemática que contrastaba manifiestamente con sus convicciones, e incluso rechazaron airadamente el advenimiento del finalismo, aunque en su versión más ortodoxa este se concilia mejor con ellas. Los tribunales, a su vez, la aceptaron también en líneas generales, justificando de acuerdo con su espíritu las aplicaciones literales y acríticas de los textos legales. En los dos decenios penúltimos del siglo XX esa situación hizo crisis, impregnando de indiferencia ético-social las resoluciones judiciales y provocando un desprestigio creciente de los órganos que las pronunciaban. Hasta ahora, eso solo se ha logrado revertir parcialmente.

III. LOS PRECURSORES DE LA CONCEPCIÓN DE LA ACCIÓN FINALISTA

Hacia mediados del siglo pasado las dificultades ocasionadas por el concepto causal de acción ya habían inducido a algunos juristas a rectificar el sistema de manera radical.

a) Así, reconociendo los vacíos con que tropieza la concepción tradicional respecto al delito tentado y a los tipos portadores de elementos subjetivos, HELLMUTH y WEBER afirma que los tipos delictivos en general deben dividirse en dos grandes categorías: 1) *Tipos finales,* entre los que incluye a los de tentativa y a los que contienen elementos subjetivos del injusto, en los cuales *el dolo pertenece al tipo de injusto,* y 2) *Tipos causales,* concebidos según el criterio clásico sobre la causación de un cambio en el mundo externo.[50] Esta solución lo aproxima a la que WELZEL desarrollará más adelante[51], pero

---

de realización la toma en cuenta para la constitución del injusto, como se deduce del tratamiento que otorga al error. Sobre ello, véase ETCHEBERRY, I, págs. 330 y sigts.

50 WEBER, *Para la estructuración del sistema del Derecho penal,* traducción de Eugenio Raúl Zaffaroni, en *Nuevo Foro Penal,* N° 13, Bogotá, 1983, III, págs. 575 y sigts.

51 Infra, IV.

solo parcialmente, sobre todo porque WEBER persevera en la idea neokantiana de que la estructura y el concepto de la acción dependen de lo que el legislador quiere mandar o prohibir[52]. Este criterio explica que acepte el paralelismo entre las dos clases de tipos, tolerando incluso el contraste inexplicable entre el de la tentativa y el de la consumación respecto de un mismo hecho punible (por ejemplo, el tipo del homicidio es causal y en la estructura de ese delito el dolo pertenece a la culpabilidad, mientras el tipo de la tentativa de homicidio es final y, por consiguiente, en ella el dolo integra el injusto).

A su vez, ALEXANDER GRAF ZU DOHNA dio un paso decisivo para la corrección del sistema imperante en su época, pero en otro sentido y partiendo desde un punto de vista diferente[53]. A su juicio, es preciso distinguir entre el *objeto de la valoración* y la *valoración del objeto*. Objeto de la valoración es el *tipo,* que contiene tanto elementos *objetivos* (*acción*) como *subjetivos* (*dolo* y otros *elementos subjetivos del injusto*). La valoración del objeto comprende, en cambio, los juicios de *antijuridicidad* (valoración del *tipo objetivo*) y *culpabilidad* (valoración del *tipo subjetivo*). Tampoco la solución de DOHNA era coincidente con la del finalismo, porque no incorporaba la *voluntad de realización* a la acción ni el *dolo* a un *tipo unitario de injusto.* Por eso, persiste en referir la antijuridicidad únicamente al tipo objetivo y la culpabilidad solo a sus elementos subjetivos, descomponiendo arbitrariamente el hecho para poder distinguir las valoraciones por el objeto en que recaen y no por la naturaleza del juicio que pronuncian. Finalmente, también el pensamiento de GRAF ZU DOHNA está expresa y profundamente enraizado en el neokantismo temprano, como es manifiesto en su concepción monista de la antijuridicidad. Sin embargo, ha de reconocérsele el haber impulsado a la dogmática por un camino nuevo, que abrió las puertas a lo que sería el concepto de acción finalista.[54]

---

52 WEBER, *op. cit.*, especialmente II, págs. 572 y sigts. En el mismo sentido del texto, ZAFFARONI, *Manual*, 199, pág. 351; ZAFFARONI-ALAGIA-SLOKAR, § 27, III, 7, pág. 387.

53 DOHNA, I, A, pág. 14 y I, B, pág. 40.

54 También puede apreciarse una orientación de esta índole en MAYER, especialmente págs. 134 a 136.

IV. LA TEORÍA FINALISTA DE LA ACCIÓN

La *concepción finalista de la acción* fue expuesta por HANS WELZEL ya en varios trabajos publicados desde fines de la década de los años treinta del siglo pasado[55], y aunque en el período siguiente prosiguió desarrollando el sistema de la teoría del delito estructurado sobre ella, sus ideas básicas permanecieron inalteradas.[56]

a) El punto de partida filosófico de este nuevo criterio es que el Derecho está sometido a límites impuestos por la *realidad* a la que valora y ordena, de manera que no puede mandar o prohibir cualquier cosa. En otras palabras, el *deber ser* instaurado por las normas jurídicas no puede ignorar al *ser* respecto del cual se establece el *deber,* ni las relaciones en que ese *ser* se encuentra con los otros; si lo hace –si prescinde de esas *realidades*– no configurará un ordenamiento propiamente tal, porque el *ser* no se deja organizar en una forma que contradice lo que *es.*

Más rigurosamente, WELZEL afirma que las limitaciones del Derecho vienen establecidas por la estructura *ontológica* de la materia de sus prohibiciones y mandatos. Ese término precisa que, como el ordenamiento jurídico no pretende dirigirse al ser en general, sino a determinadas manifestaciones de él en la realidad, es decir a *entes* (*onto*, y de ahí *ontológico*), lo que lo condiciona es la *entidad* de lo que se propone exigir que se haga o se deje de hacer. Ahora bien, lo que el Derecho tiene por objeto ordenar es la actividad humana, puesto que no existe nada más respecto de lo cual sus prescripciones sean eficaces; luego, el límite más importante a que está sujeto es *la estructura ontológica de la acción.* En consecuencia, el ordenamiento jurídico no puede decidir arbitrariamente lo que *es una acción,* sino, por el contrario, está determinado por lo que la *acción realmente es* y que, como tal, es independiente y anterior a lo que el legislador quiera que sea. Así pues, el concepto de acción no se puede obtener mediante una interpretación de la ley o una construcción normativa, sino que, por la inversa, una vez que se lo establece ontológicamente, determina el sentido de la ley y los rasgos esenciales del sistema.

---

55 Algunos de estos artículos se encuentran fusionados y traducidos al español por Carlos Fontán Palestra, en colaboración con Eduardo Friker, en *La teoría de la acción finalista,* Depalma, Buenos Aires, 1951.

56 Eso queda de relieve en uno de los últimos trabajos de WELZEL, *La doctrina de la acción finalista hoy,* traducción de José Cerezo Mir, separata del *Anuario de Derecho penal y Ciencias penales*, Madrid, 1968, págs. 221 y sigts.

La reflexión de WELZEL sobre esta materia se encuentra enraizada en el realismo aristotélico[57] –como, por lo demás, él mismo lo reconoce expresamente[58]– y, por consiguiente, también ha experimentado la influencia de la escolástica, especialmente del pensamiento tomista y de DUNS SCOTO. Sin embargo, a diferencia de esas corrientes filosóficas, no cree en la posibilidad de un Derecho natural como orden axiológico ideal que pueda deducirse de la naturaleza para ser aplicado a los conflictos concretos.[59] En cambio, afirma que "no en el sector axiológico central, sino en el sector periférico de los ontológico, ha conquistado el Derecho natural los resultados más permanentes. Independientemente de toda polémica y toda duda en torno a los problemas axiológicos materiales, existen ciertos datos ontológicos fundamentales a los que se halla vinculada toda posible valoración y que señalan, por ello, a esta límites muy precisos".[60] "El legislador no solo se encuentra vinculado a las leyes de la naturaleza física, sino también a determinadas estructuras lógicas en el objeto de su regulación, la cual, si no las tiene en cuenta, ha de ser necesariamente falsa. La estructura ontológica de la acción, por ejemplo, precede a toda regulación y valoración, y quien quiera normar acciones tiene que respetar la estructura ontológica de la acción. La estructura de la actividad teleológica del hombre, así como la función de la intención en ella, son cosas que el legislador no puede modificar, sino que ha de tener en cuenta en sus regulaciones si no quiere errar en el objeto de esta".[61]

Esta manera de pensar que enfatiza la conexión del orden valorativo a la realidad del ente sobre el que recaen los mandatos y prohibiciones, afirmando su consistencia en el respeto de ella, procede de la fenomenología y, por eso, se encuentra distanciada tanto de la doctrina clásica del Derecho natural como de la ontología precrítica (anterior a KANT)[62]. En efecto, WELZEL acepta "el principio supremo de todos los juicios sintéticos de KANT, de que las condiciones de la posibilidad de la experiencia son, al mismo tiempo, condiciones de la posibilidad de los objetos de la experiencia", y de él "deduce

57 Especialmente reveladores son los párrafos finales de su obra *Derecho natural y Justicia material*, traducción de Felipe González Vicen, Aguilar, Madrid, 1957, IV, 4, págs. 256 y sigts.

58 WELZEL, *La teoría de la acción finalista, cit.*, II, págs. 18 y 19.

59 WELZEL, *Derecho natural y Justicia material, cit.*, IV, 4, pág. 256: "Aquí, en este terreno, debería abandonarse, al fin, como ruta sin salida, el camino iusnaturalista de las ideas platónicas o de la entelequia aristotélica. Partiendo de esencias axiológicas ideales, no es posible llegar a una decisión concreta, y el concepto *enteléquico* de naturaleza presupone precisamente aquello que se busca. No valores abstractos, sino bienes concretos constituyen los fines del obrar".

60 WELZEL, *Derecho natural y Justicia material, cit.*, IV, 4, págs. 257 y 258.

61 WELZEL, *Derecho natural y Justicia material, cit.*, IV, 4, pág. 258.

62 WELZEL, *Nuevo sistema,* Prólogo a la 4ª edición, pág. 13.

que las categoría del *conocimiento* son también categoría del *ser*, es decir, que no son solo categorías gnoseológicas, sino (de modo primario), categorías ontológicas.[63] Por esto, la ontología a que se refiere tampoco se identifica con el "realismo ingenuo" prekantiano, aunque efectivamente toma de ARISTÓTELES su profunda intuición sobre la estructura de la acción, reformulándola más tarde con arreglo al análisis "de claridad poco común" hecho por HARTMANN sobre ella.[64]

Como puede apreciarse, la base filosófica fenomenológica de la teoría de la acción finalista constituyó un esfuerzo por encontrar una síntesis entre posiciones aparentemente irreconciliables. Por una parte, tiene en cuenta el hecho, verificado por la experiencia común, de que los objetos de conocimiento poseen una entidad real. Por otra, se hace cargo de la exactitud de la crítica kantiana sobre las limitaciones de la razón especulativa para aprehender el "ser en sí" de esos objetos, e intenta superarla desde una perspectiva distinta. Las dificultades que implica este planteamiento –determinadas, a su vez, por las que conllevan los problemas a los cuales intenta solucionar– dieron lugar a equívocos y malos entendidos, sobre todo porque era antagónico al modo de pensar más difundido en el momento en que se lo formula. Algunas de esas dudas serán discutidas brevemente cuando me refiera a las críticas dirigidas al finalismo; otras exceden los límites de esta obra y no pueden ser abordadas en ella; algunas finalmente, tienen que ser aceptadas como legítimas.

b) De acuerdo con las premisas expuestas, para WELZEL la acción es "actividad final",[65] es decir, "obrar orientado conscientemente desde el fin".[66] Gracias a su experiencia, el ser humano conoce los procesos causales y está en condiciones de controlarlos hasta cierto punto, imprimiéndoles una determinada dirección.

63 Ídem (los énfasis en el original).

64 WELZEL, *Nuevo sistema*, Prólogo a la 4ª edición, pág. 12. Respecto a la influencia de NICOLAI HARTMANN en su teoría de la acción finalista, usualmente exagerada por sus adversarios, puede encontrarse una aclaración detallada en el mencionado Prólogo a la 4ª edición del *Nuevo sistema*, págs. 11 a 16, que sería inoficioso reproducir. Una apreciación del pensamiento de WELZEL que lo asimila excesivamente al realismo aristotélico me parece la de ZAFFARONI, *Manual,* 184, pág. 330 y, recientemente *En busca de las penas perdidas* (*Deslegitimación y dogmática jurídico penal*) Ediar S.A., Buenos Aires, 1989, VI, 3, págs. 195 y sigts. En esta última obra se declara incluso que "cabe reconocer en WELZEL una considerable dosis de 'aristotelismo' en su captación del orden del mundo", agregando que "esto no invalida en modo alguno sus premisas metodológicas, sino su personal percepción del mundo". En su última obra, ZAFFARONI-ALAGIA-SLOKAR, § 25, V, 3, pág. 365, estos puntos de vista se morigeran.

65 WELZEL, § 8, I, pág. 53; *Nuevo sistema,* I, pág. 25.

66 WELZEL, § 8, I, pág. 53.

De esta manera, cuando desea alcanzar un *fin* (un *objetivo*) puede intervenir en esos procesos causales, conduciéndolos de modo que lo lleven a la meta (*fin*) propuesta. Así, por ejemplo, quien aspira a comer una fruta, que todavía pende de las ramas más altas de un árbol, no necesita esperar hasta que caiga de acuerdo con el curso de los procesos causales naturales (maduración, desprendimiento, atracción por la fuerza de gravedad hacia la tierra, etc.). Puede intervenir en ellos porque sabe, según su experiencia, que si sacude el árbol los modificará, anticipando la caída de la fruta.

En el sencillo ejemplo anterior se aprecia claramente la idea defendida por WELZEL de que la acción es obrar conscientemente *desde el fin*, pues todo el proceso se *inicia* con la representación del objetivo que el sujeto se ha propuesto.[67] Como corolario de ello y graficando la diferencia entre la "acción finalista" que se origina en la *anticipación* de la meta hacia la que marcha y el simple acontecimiento causal, que se desarrolla por el mero encadenamiento natural de las causas y efectos, WELZEL sostiene que la finalidad es *vidente* y la causalidad, *ciega.*[68]

La acción, en efecto, tal como la concibe WELZEL, está precedida por la representación de un objetivo que el autor ha decidido alcanzar en su voluntad. Para ello tiene que resolver cuáles serán los medios de que se servirá para conseguir su propósito, cuyo empleo y modo de operar también forman parte de lo querido por él. Al hacer esto, además, puede imaginarse posibles consecuencias accesorias indeseadas de su intervención en los cursos causales, ante las cuales unas veces se detendrá porque no quiere tomar el riego de ocasionarlas, o bien seguirá adelante, sea porque confía en que logrará evitarlas, sea porque le es *indiferente* ocasionarlas. Solo en este último caso las consecuencias mencionadas se incorporarán también a la voluntad del sujeto, pues no se "quiere" únicamente lo que se "busca", sino también lo que "se acepta en caso de que ocurra".

c) Mientras esta etapa preliminar permanece en la interioridad del autor como mera resolución es jurídicamente irrelevante, pues el "pensamiento nunca

67 A causa de este proceso en que el fin cumple la función de proponer (desde) y orientar (hacia), WELZEL sugirió en sus últimos trabajos que, para evitar interpretaciones equivocadas de la palabra "finalidad" con que lo había designado HARTMANN, hubiera sido preferible servirse del término "cibernético" que se ha forjado en el intervalo y lo describe mejor. Véase WELZEL, § 8, I, 1, pág. 58 y *La doctrina finalista hoy*, *cit.*, pág. 229.

68 WELZEL, § 8, I, 1, pág. 54; *Nuevo sistema,* I, 1, pág. 25, *La teoría de la acción finalista, cit.*, II, pág. 19.

es punible" (*cogitationis poenam nemo patitur*)[69]. La acción, por lo tanto, solo comienza cuando la resolución *se exterioriza en voluntad de realización* de las modificaciones de los cursos causales para su orientación a un fin. En la práctica, sin embargo, las dos etapas descritas suelen "entrecruzarse",[70] de manera que algunos momentos de realización de la voluntad anteceden a nuevas reflexiones y resoluciones sobre el fin o los medios para alcanzarlo o sus consecuencias accesorias. Cuando la voluntad de realización alcanza la meta propuesta, la acción está concluida (*consumada*). Si, en cambio, no consigue su objetivo, se trata de una acción solo *intentada*.

d) Conforme a la concepción de WELZEL, la acción ostenta una estructura compleja, comprensiva tanto de la voluntad que la dirige como de sus manifestaciones en el mundo exterior. Si falta cualquiera de estos dos componentes. no existe acción alguna.[71]

aa) Al aspecto exterior de la acción pertenece el *movimiento corporal del agente,* pero no los *resultados* que este ocasiona como consecuencia de esa actividad. El resultado, cuando lo hay, trasciende a la acción; por lo mismo, es inconcebible que la integre. Así, de la acción matadora forman parte el acto de apuntar en dirección a la víctima y el de gatillar el revólver, pero no la lesión o puesta en peligro de la vida del ofendido, que puede ocurrir o no. *Acción* y *resultado* son cosas distintas, pues una es el *antecedente* y el otro el *subsecuente*. En algunos casos, acción y resultado formarán parte del *hecho* descrito por el tipo,[72] pero no siempre es así. De lo dicho se concluye que los problemas relativos al resultado y al vínculo que ha de exigirse entre este y la acción no forman parte de la teoría de esta última sino de la del *tipo*.[73]

---

69 De esta formulación se deduce que no cualquier exteriorización de la resolución da principio a una acción determinada. Para ello, es necesario que comience a manifestarse la voluntad de realización de esa acción en concreto. Sobre la importancia de esta precisión para el concepto de la tentativa, infra, § 35, II, A, e).

70 WELZEL, § 8, I, pág. 54.

71 Véase infra, § 15, antes de I.

72 Infra, § 17, antes de I.

73 MAURACH, I, § 17, III, págs. 219 y sigts.; NOVOA, *Causalismo y finalismo,* 13, págs. 82 y sigts. Otra opinión en MEZGER, I, § 12, III, págs. 172 y sigts.: "En el concepto de la acción está comprendido el concepto del resultado. Resultado del delito es la total realización típica exterior; por ello, el resultado comprende tanto la 'conducta corporal del agente' como el

bb) A la acción, en su aspecto interno (psíquico), pertenece la *finalidad*, es decir, *la voluntad de realización del hecho mediante la dirección de los procesos causales desde el fin y gracias a la capacidad del autor para supra determinarlos de acuerdo con su experiencia*. Así pues, la finalidad no es lo mismo que la *voluntariedad* o *mínimo subjetivo,* vacío de contenido, que la teoría causal colocó en la base de la acción[74]. La finalidad es *voluntad de realización* y, por ende, para WELZEL está plena de contenido y dirección. Tampoco se han de confundir finalidad y *motivación*. La motivación es anterior a la acción y coincide con la formación de la voluntad de realización, un proceso mediante el cual el Yo-central o plano de la personalidad caracterológica efectúa la selección "conforme a sentido" de los impulsos que provienen del plano profundo de los instintos.[75] La finalidad, en cambio, es la voluntad de realización misma expresándose en acto, es decir, operando sobre el mundo circundante para la realización del fin cuya elección fue el resultado de la motivación.[76]

La motivación no pertenece a la acción, porque no contribuye a su dinámica sino en cuanto, recogida por la finalidad, se realiza en ella. La motivación es solo una condición de la acción, no un elemento de su estructura. Por eso, la relevancia jurídica de la motivación solo se expresa cuando se trata de *reprochar* la acción a su autor porque, dadas las condiciones concretas en que obró, *pudo* –y por eso *debió*- comportarse de otra manera. Sin embargo, existen también algunos casos en los cuales un motivo determina la tipicidad de la conducta[77]. El hecho de que eso ocurra solo excepcionalmente demuestra, asimismo, que finalidad y motivación son cosas distintas.

e) Es importante destacar también que, según se deduce de todo lo expuesto, para el finalismo no existe una "acción en abstracto" sino solo *"acciones concretas"*, como la "acción de matar", "de sustraer" o "de engañar". *La naturaleza concreta de una acción la determina el fin que persigue su autor.* Así, la conducta de guiar un automóvil puede ser una sencilla acción "de viajar" cuando el propósito del

---

'resultado externo' causado por dicha conducta". La posición de JESCHECK-WEIGEND, § 26, II, 1, a), pág.278, difiere solo aparentemente de la del texto.

74 Supra, I.

75 WELZEL, *Nuevo sistema,* VI, págs. 86 y sigts., y la bibliografía allí citada, en la que se destaca la influencia de MAX SHELER.

76 La más fina distinción entre voluntad y motivos se encuentra posiblemente en KANT, *Fundamentos de una metafísica de las costumbres, cit.*, pág. 32.

77 Infra, § 18, IV.

conductor es solo trasladarse de un lugar a otro, como una acción "de matar", si está destinada conscientemente a embestir con el vehículo a una persona para quitarle la vida, o una acción "de dañar" si lo dirige contra una tienda de campaña a fin de destruirla.

f) El *concepto finalista de la acción modificó profundamente la teoría del delito en general*. A partir de él, el tipo ya no fue la descripción de la pura exterioridad del hecho, sino que, en tanto se refiere a una acción, alude además a la voluntad que lo orienta. La antijuridicidad, por lo tanto, supuso un juicio de desvalor que recae también sobre ese contenido subjetivo, acentuando el *desvalor de acción* y dando origen a un "injusto personal",[78] en virtud del cual lo que exteriormente *pareciera ser un mismo hecho* es enjuiciado de manera diferente respecto a los distintos intervinientes en él, precisamente porque al concurrir con diversas orientaciones subjetivas, cada uno de ellos está realizando una acción también diferente; así ocurre, paradigmáticamente, en los casos en que se emplea a un tercero justificado como instrumento para la realización de un ilícito, en los cuales el acontecimiento es conforme a Derecho para el ejecutor material y un injusto punible para el "hombre de atrás"[79]; pero también puede ocurrir que el hecho configure un injusto más grave para uno de los intervinientes, como en el caso del funcionario público que sustrae el dinero que le ha sido confiado (art. 233 del C.P.), en conjunto con un no funcionario (art. 432, última parte del C.P.).[80] Finalmente, de esta manera la culpabilidad concluyó el proceso de normativización que había principiado durante el predominio del neokantismo temprano, despojándose de referencias fácticas superfluas y convirtiéndose en un *juicio de reproche que se dirige al autor porque podría haberse comportado de una manera distinta a como lo hizo*. La teoría finalista fue, pues, *ante todo*, una teoría sobre la acción, porque presupone que el carácter *ontológico* de esta condiciona prejurídicamente la noción del delito y su estructura, pero las consecuencias de esa determinación y sus resultados prácticos suelen ser más perceptibles en el análisis de los otros aspectos del hecho punible, especialmente en el injusto.

---

78 Sobre el concepto de "injusto personal", WELZEL, § 11, II, págs. 91 y sigts.; *Nuevo sistema*, III, II, págs., 67 y sigts.; ARMIN KAUFMANN, *Sobre el estado de la doctrina del injusto personal, cit.*, págs. 159 y sigts.

79 WELZEL, *El nuevo sistema*, III, II, pág. 68.

80 Ídem.

g) Desde el punto de vista político-criminal, la concepción finalista presenta ventajas que, sin embargo, con frecuencia se le desconocen. Su mérito mayor es que permite descartar más pronto que la concepción tradicional la punibilidad de aquellas conductas en las cuales no concurren los elementos subjetivos requeridos por la ley para sancionarlas. Esto, en efecto, el causalismo y sus variantes solo están dispuestos a hacerlo en el ámbito de la culpabilidad, muchas veces después de un proceso largo cuyas consecuencias para el afectado suelen ser devastadoras y ruinosas. En cambio, el finalismo, al instalar los elementos subjetivos en el tipo, exige que su existencia deba tomarse en consideración desde el inicio de la etapa de investigación, y, desde luego, antes de que el fiscal decida formalizarla.[81] Esto tiene consecuencias relevantes en el procedimiento penal regulado por el C.P.P: la formalización de la investigación solo se justificará cuando existan antecedentes que den cuenta con un *mínimo estándar de razonabilidad* de la presencia en el hecho de los elementos subjetivos del tipo; a la inversa, la que se realiza a pesar de que el fiscal no cuenta con ellos debería ser declarada arbitraria si el imputado formula el reclamo administrativo a que se refiere el inc. final del art. 232 C.P.P. Por su parte, en el mismo caso, el juez de garantía deberá desestimar cualquier medida cautelar personal que se le solicite en la audiencia de formalización, pues no se cumplirá el requisito de la letra a) del art. 140 del C.P.P, lo que, conforme a esta norma y a lo preceptuado en el inc. final del art. 155 del C.P.P, impide al tribunal decretar cualquier medida cautelar personal.

Esta consecuencia práctica, cuya importancia es incalculable, deriva de que la concepción finalista de la acción es más realista que su antecesora y valora más los componentes espirituales de la persona. Sus antagonistas, sin embargo, prescinden por completo de ella. En cambio, la acusan de que, como implica la introducción de componentes subjetivos en el injusto y, por consiguiente, en las causales de justificación, genera un riesgo de incertidumbre en la apreciación de estas últimas[82]. Desde luego, esto es efectivo solo hasta cierto punto porque, aparte de que los elementos subjetivos de justificación no tienen la naturaleza vaga y moralizante que a menudo se les atribuye[83], en su determinación procesal también rige la presunción de inocencia y el principio *in dubio pro reo*. Pero, además, no se tiene en cuenta que los casos en que la exclusión del injusto típico

---

81 En el mismo sentido sustantivo, con detalle, ZAFFARONI-ALAGIA-SLOKAR, § 28, II, págs. 415 y 416.

82 En este sentido POLITOFF, 8, § 2, A, a), págs. 335 y sigts., y *Los elementos subjetivos del tipo legal, cit.*, 7, págs. 56 y 57.

83 Sobre ello infra, § 23, I, b).

por ausencia de dolo o culpa decidirán que no se inicie el proceso o, al menos, que este termine rápidamente, son, en la práctica, muchísimo más frecuentes e importantes que aquellos en los cuales se presentan dudas sobre los requisitos subjetivos de una causal de justificación. Desde el punto de vista sistemático, este argumento estadístico es, por cierto, irrelevante, pero para la perspectiva político-criminal evidenciaría las ventajas de la concepción finalista, incluso si fuera el único de que se pudiera echar mano al defenderla de tales ataques.

La prueba de que la concepción final de la acción se ajusta mejor a las necesidades de la práctica es que, durante la vigencia del C. de P.P., los tribunales intuitivamente trabajaron siempre a partir de sus presupuestos básicos. Así, por ejemplo, cuando se producía la muerte de una persona con ocasión de un accidente del tránsito, reconocían el carácter imprudente (culposo) del hecho ya en el momento de iniciar el procedimiento sin esperar para pronunciarse sobre su calificación subjetiva a la sentencia definitiva, que es donde se resuelven usualmente las cuestiones relativas a la culpabilidad. Asimismo, el que intervino en el hecho en forma causal, pero de manera evidentemente inocente, nunca era sometido a proceso, no obstante que, de acuerdo con la concepción causal del delito, su participación debiera considerarse típica y antijurídica. Si alguna vez se hubieran aceptado rigurosamente los criterios de la teoría tradicional, esta manera de obrar sería inexplicable, pero, por otra parte, las decisiones consistentes con ella constituirían un atentado contra la economía procesal, la equidad y la seguridad personal de los ciudadanos.[84]

Aparte de lo expuesto, el finalismo implicó la eliminación de toda responsabilidad objetiva.[85] Como el delito supone una acción o, en su caso, una omisión, y esta, a su vez, una voluntad que la orienta hacia un fin determinado y de una cierta manera, la verificación del componente subjetivo es una exigencia que para el finalismo resultaba impuesta por su estructura ontológica, que limita las pretensiones punitivas del legislador. Por tal motivo, a este no le era ya lícito sancionar la pura causación objetiva de un resultado, a menos que decida renunciar al Derecho penal de actos e intente regular a las fuerzas de la naturaleza, lo cual, obviamente, escapa a sus capacidades. Así como *no debe* imponerse una pena a conductas que no lesionan o ponen en peligro un bien jurídico,[86] *se prohíbe*

---

84 N. del E.: lo que se afirma en el texto es plenamente aplicable a la formalización en el sistema del C.P.P: en el caso del accidente de tránsito, el fiscal formalizará la investigación por homicidio imprudente (cuasidelito de homicidio); en el segundo caso, no formalizará.

85 Infra, § 25, I, b), bb).

86 Supra, § 1, III, c), dd), 1.

castigar la lesión o puesta en peligro de un bien jurídico provocada por el acaso y no por una acción –u omisión–. La combinación de estos dos criterios constituye el fundamento para una interpretación de la ley adecuada a los requerimientos del Estado de Derecho democrático.

Esta consideración subraya la función de la acción como base sobre la cual descansa la arquitectura del delito, según queda de manifiesto en el art. 1° inc. primero del C.P., conforme al cual el delito es, ante todo, acción u omisión. Cada tipo, en efecto, debe referirse a una acción. Los restantes elementos del hecho pueden faltar en la descripción de un tipo: la acción nunca –en su defecto, habrá una omisión-. Por consiguiente, la ley no puede tipificar cualquier cosa. Un tipo que prescinde de la acción no es un tipo legal. Por esto, la acción no es solo una categoría del tipo,[87] sino algo que a este se impone y que, en cuanto es anterior a él y lo condiciona, goza de independencia y constituye un elemento autónomo del delito[88].

En rigor, puede imaginarse una legislación que adopte otro criterio y decida castigar acontecimientos causales en cuya realización no ha intervenido la voluntad del hombre. La historia consigna ejemplos. Darío mandó azotar al océano por haber abatido las naves de su escuadra y en la Edad Media fueron frecuentes los procesos contra animales. Todo el Derecho penal germánico, fundado sobre una responsabilidad objetiva, castiga en definitiva puros acontecimientos causales, y otro tanto parecía hacer el de nuestros aborígenes mapuches.[89] Pero soluciones como estas no son compatibles con las convicciones culturales de nuestra época, para las cuales incluso resultan risibles.

Sin embargo, en la historia reciente, e incluso en el presente, subsisten en los ordenamientos jurídicos situaciones más difíciles de detectar, en las que del hecho causal no se derivan consecuencias penales para las cosas que intervinieron en él, sino para un hombre, al cual se le atribuyen mediante una imputación abusiva del puro vínculo causal. Estos casos son más corrientes de lo que parecen. Las leyes antisemitas promulgadas por el nacionalsocialismo en Alemania son un ejemplo elocuente. No estaban destinadas a reprimir una conducta sino a sancionar un *estado* preexistente, en cuya presentación el sujeto no había intervenido. De la misma clase eran entre nosotros las disposiciones

87 Otra opinión en Cousiño, I, § 66, págs. 261 y sigts, §§ 83 a 87, págs. 326 y sigts, en donde se desenvuelve prolijamente el punto de vista impugnado en el texto. Véase además supra, en este mismo parágrafo, II.

88 Cfr. ARMIN KAFMANN, *Problems of cognition in legal science with reference to penal law,* en *LS.* Vol. I, 1970, págs. 18 y sigts. En el mismo sentido JAKOBS, 6, número marginal 67, pág. 200 y JESCHECK-WEIGEND, § 23, I, 1, pág. 234.

89 Supra, § 6, II, a).

que consagraban la punibilidad de la vagancia (arts. 305 y sigts. del C.P.) las cuales, por fortuna, fueron derogadas. Si nos esmeramos, encontraremos otros casos similares en nuestras leyes como en las de la mayor parte de los Estados contemporáneos. Contra ellos –por nuestra organización jurídica y social– se alza la exigencia de que los tipos deben estar constituidos sobre una *acción.* A esto se refiere WELZEL cuando niega que sea ley la que "condena a muerte a todos los niños de ojos azules". Es posible que quienes proponen sustituir a la *acción* por el *hecho típico* no reparen debidamente en este punto.[90]

V. CRÍTICAS A LA CONCEPCIÓN FINALISTA

a) La concepción de la acción elaborada por el finalismo se impuso solo parcialmente, en especial con referencia a los *delitos dolosos de acción* y, de entre ellos, posiblemente solo respecto de los cometidos con dolo directo.[91] En cambio, debe convenirse en que fracasa cuando intenta explicar el *delito de omisión*[92] y el *culposo* y, probablemente, también los cometidos con *dolo eventual*, a los que solo de manera artificiosa pueden incorporarse en la estructura final de la acción expuesta por WELZEL. Asimismo, ha tropezado con dificultades muy considerables cuando intenta explicar con base a su "modelo ideal" de acción otras formas "problemáticas" de conductas dominables por la voluntad del autor (dudoso).[93]

b) Por otra parte, también algunas de las consecuencias que el finalismo extraía de su punto de partida han hecho crisis, como ocurrió, sobre todo, con la *teoría estricta* o *extrema de la culpabilidad*, según la cual el error sobre los presupuestos fácticos de una causal de justificación ha de ser tratado rigurosamente como un *error de prohibición,* teoría defendida tenazmente por WELZEL hasta el fin de su existencia, pero rechazada por la inmensa mayoría de la doctrina comparada –y también por la jurisprudencia nacional–[94]. Otro tanto ocurre con algunos

90 Cfr, ARMIN KAUFMANN, *Problems of cognition in legal science with reference to penal law, cit. passim.*

91 Infra, § 18, III, a).

92 FERNÁNDEZ CARRASQUILLA, I, 32, 11, págs. 344 y sigts.

93 Al respecto, JAKOBS, 6, número marginal 16, págs. 166 y 167; SCHÜNEMANN, *Introducción al razonamiento sistemático en Derecho penal, cit.*, III, 4, c), aa), pág. 59, con nota crítica de pie de página de SILVA SÁNCHEZ.

94 Infra, §28, II, e), dd) y SHUNEMANN, *Introducción al razonamiento sistemático en Derecho penal, cit.*, III, 4, c), bb), págs. 59 a 61.

desarrollos de la teoría del *injusto personal*, elaborados no por WELZEL sino por algunos de sus partidarios más ortodoxos,[95] que han llegado a consecuencias que pueden conducir decididamente a un Derecho penal del ánimo, incompatible con los criterios propios de un Estado democrático de Derecho.

Estas posiciones extremas son, en rigor, derivaciones de la rigurosa fundamentación filosófica del finalismo, que insiste en imponer la primacía de las *estructuras* lógico objetivas a la elaboración del sistema, postergando las consideraciones político criminales y aferrándose a puntos de vista que ponen en peligro la extraordinaria contribución del finalismo al estado actual de la teoría del delito, que en la literatura comparada del presente nadie pone en duda.[96]

d) Otra de las críticas que se dirigen con insistencia a la teoría finalista consiste en que, al subjetivizar el concepto del injusto, introduce un riesgo de *etización del Derecho penal.* Esta objeción se reitera con particular insistencia en la doctrina iberoamericana[97], muy sensible a este aspecto de la cuestión a causa de que los gobiernos autoritarios de la región se han servido a menudo de argumentos moralizantes para justificar sus excesos.

Es cierto que una subjetivización ilimitada del injusto, como la que pretenden algunos sostenedores actuales del finalismo, puede conducir a un Derecho penal del ánimo y a la punibilidad de meras intenciones, sobre todo si se desvaloriza completamente la función del desvalor de resultado. También parece ser verdad que, cuando recién la formuló, WELZEL permitió que su concepción fuera puesta al servicio de la dictadura nacionalsocialista, a cuyas ideas se adaptó personalmente con cierta facilidad.[98] [99] [100] [101]

---

95 Véase, por todos, MARCELO SANCINETTI, *Fundamentación subjetiva del ilícito y desistimiento de la tentativa. Una investigación sobre la fundamentación del ilícito en Jakobs*, Temis, Bogotá, 1995, *passim*; DIETHART ZIELINSKY, *Dolo e imprudencia, comentario a los §§ 15 y 16 del Código Penal alemán*, traducción de Marcelo A. Sancinetti, Hanmurabi, José Luis Depalma, editor, Buenos aires, 2003, *passim.*

96 Ver por todos, SCHÜNEMANN, *Introducción al razonamiento sistemático en Derecho penal, cit.*, III, 4, b), págs. 55 y sigts.

97 Así, entre otros, FERNÁNDEZ CARRASQUILLA, I, 39, 4, págs. 284 y sigts.; NOVOA, *Causalismo y finalismo*, 16, págs. 96 y sigts.; POLITOFF, *Los elementos subjetivos del tipo legal, cit.*, 7, págs. 56 y sigts.

98 Así, POLITOFF, *Sistema jurídico-penal y legitimación política en el Estado democrático de Derecho*, en *Nuevo foro penal*, N° 45, Bogotá, julio-septiembre de 1989, págs. 313 y sigts.

99 N. del E.: en supra § 1, III, c), cc), nota a pie de página 112, se puede encontrar la respuesta de Cury a las críticas que se dirigen a la teoría finalista, basadas en apreciaciones políticas sobre la actitud que tuvo Welzel frente al régimen nacionalsocialista, con especial referencia a Jean Pierre Matus en *La transformación de la teoría del delito en el derecho penal internacional.*

100 N. del E.:MATUS ACUÑA, JEAN PIERRE, en *Nacionalsocialismo y derecho penal. Apuntes sobre el caso de H. Welzel. Un homenaje tardío a Joachim Vogel*, en Zeitschrift für Internationale Strafrechsdogmatik, disponible en http://www.zis-online.com, edición 12/2014, págs. 622 a 628, basándose en numerosos antecedentes objetivos, al parecer incuestionables, ha puesto de manifiesto que Welzel tuvo una conducta bastante más activa respecto del régimen nacionalsocialista que la que describe Cury. Según dan cuenta esos antecedentes, Welzel apoyó intelectualmente el proyecto penal del nacionalsocialismo, en ocasiones encomiando algunos de sus postulados más repugnantes, en otras esforzándose para adecuar la fundamentación de su teoría de la acción final para "delimitar" conceptos igualmente repugnantes que emplearon algunas "leyes" del nacionalsocialismo, como el de "parásitos del pueblo", y, en todo caso, elaborando una teoría de la acción (final) y del delito compatibles con los postulados del Derecho penal de ese régimen.
Matus destaca que la influencia de la teoría finalista después de terminada la Segunda Guerra Mundial, "no solo en Alemania sino también en Iberoamérica y Asia, incluso en profesores que se declaran abiertamente socialistas o de ideas afines a la izquierda política", abriría la posibilidad de sostener "que la coincidencia histórica entre la elaboración teórica de Welzel y el régimen nacionalsocialista no pasaría de ser eso, una mera coincidencia". Es completamente cierto que muchos de los profesores, no necesariamente socialistas o de izquierda, que adhirieron a esta teoría tuvieron un compromiso incuestionable con los valores que caracterizan a un Estado democrático de Derecho. En nuestro país, Juan Bustos Ramírez y el mismo Enrique Cury, por mencionar solo dos grandes figuras de la historia de la doctrina penal chilena, adhirieron en algún momento de sus vidas académicas a la teoría finalista tal como la había formulado Welzel. Bustos realizó sus estudios de doctorado en la Universidad de Bonn bajo la dirección de Hans Welzel y tradujo, junto a Sergio Yáñez, la 11ª edición del *Derecho Penal Alemán*, 2ª edición castellana publicada por la Editorial Jurídica de Chile en 1976. Sin embargo, tanto Juan Bustos como Enrique Cury defendieron, en diversos frentes, la configuración del Derecho Penal de un modo tal que fuese compatible con los postulados de un Estado democrático de Derecho, caracterizado por el respeto y la promoción de los derechos fundamentales. De ello dan cuenta sus publicaciones y los aportes que hicieron para que el Estado de Chile avanzara en ese sentido: en el caso de Bustos como diputado por el Partido Socialista, y en el de Cury como ministro de la Sala Penal de la Corte Suprema.
Por estas consideraciones es que Matus plantea la posibilidad de sostener que "despojada de la lamentable coincidencia histórica del momento de su surgimiento, sería (la teoría finalista y sus derivaciones) suficientemente explicativa del Derecho penal, con independencia de las diferencias históricas y culturales entre Alemania y los países en los cuales se ha importado", y, "si eso es así, entonces habría que empezar por reconocer que la forma en que hacemos Derecho penal no es, precisamente, una que fomente el respeto por el principio democrático y permita alzar la voz con cierta autoridad moral frente a las dictaduras pasadas, actuales o futuras".
Estas últimas reflexiones de Matus son significativas y, efectivamente, nos obligan a pensar si acaso el Derecho penal que hacemos y conocemos, realmente fomenta "el principio democrático".
En ese sentido, y excediéndome en el rol de editor de la obra de Enrique Cury, me atrevo a realizar un par de observaciones: i) No tengo antecedentes que me hagan dudar de que los notables profesores, de distintos países, que en su momento adhirieron al sistema finalista del delito tal como lo formuló Welzel, lo hicieron precisamente porque pensaban que

aseguraba de mejor manera ese principio, si entendemos que en la base de este, junto a la vigencia efectiva de la autodeterminación del pueblo, se encuentra el respeto irrestricto a la dignidad del ser humano y a los derechos que de ella emanan.. Además es probable que hayan ignorado la contribución de Welzel al derecho penal del nacionalsocialismo o, al menos, los detalles que ahora se conocen.

Otro tanto cabe decir de aquellos que, como Enrique Cury, siguieron utilizando los presupuestos sistemáticos del finalismo, pero apartándose en aspectos relevantes de la teoría elaborada por Welzel. Esto queda de manifiesto en las afirmaciones que hace Cury en este lugar: "La teoría finalista posee un sustrato ético positivo que sí debe destacarse y constituir una aspiración del Derecho del porvenir en un Estado democrático de Derecho. Ante todo, porque cuando afirma la naturaleza y estructura ontológica de la acción, distinguiéndola radicalmente de los simples hechos causales y estados preexistentes ingobernables, enfatiza también la dignidad del hombre"; y luego, cuando plantea su convicción "de que para desarrollar una teoría del delito acorde con los dictados de justicia, humanidad, certeza y mínima intervención en la libertad del hombre que deben presidir el Derecho penal de un Estado democrático, es indispensable encabezarla con un concepto de acción realista, esto es, integrada por la dominabilidad por la voluntad del que la ejecuta. Y no cabe duda de que la teoría finalista contribuyera decisivamente al encuentro de una noción como esa, que actualmente prevalece en la mayor parte de la mejor literatura comparada".

ii) Un paso importante en la formulación de un *Derecho* penal que se asiente más férreamente en la dignidad del hombre y, por ende, en el respeto de los derechos que de ella emanan, es el acercamiento que se puede observar entre el Derecho penal y el constitucional, en el cual han tenido un rol importante la doctrina constitucional y la jurisprudencia de los tribunales constitucionales. Posturas como las que adopta Cury en supra § 4, II, dos últimos párrafos, o los fundamentos de los fallos citados en supra § 8, IV, c), nota del editor 142, son manifestaciones de esa aproximación.

De esta manera, la dogmática jurídico penal y la teoría del delito, que es su principal fruto, puede seguir cumpliendo un rol protector significativo para el Estado de Derecho, cual es el de hacer posible "una aplicación segura y calculable del derecho", sustrayéndolo "a la irracionalidad, a la arbitrariedad y a la improvisación" (Enrique Gimbernat Ordeig, ¿Tiene un futuro la dogmática jurídico penal?, en Estudios de Derecho Penal, 3ª edición, Editorial Tecnos, Madrid, 1990, pág. 158). Pero, a la vez, y de manera más visible, hacerlo en función de los postulados del Estado democrático de derecho.

Nelson Pozo Silva ofrece interesantes perspectivas en esa dirección y habla de "una nueva subdisciplina que denominamos **Derecho Penal Constitucional** o, mejor dicho, **Derecho Constitucional Penal**" (en *Fragmentos Jurídicos (Ensayos inconclusos)*, Librotecnia, 2019, especialmente capítulos 1° y 5°). Del lado de la dogmática esta vinculación se expresa en formulaciones que, como la que propuso hace ya varios años Santiago Mir Puig, procuran elaborar los elementos del delito y dotarlos de contenido, precisamente de acuerdo con las exigencias de ese modelo de Estado, y otro tanto ocurre con la función de la pena (Santiago Mir Puig, *Función de la pena y teoría del delito en el Estado social y democrático de derecho,* 2ª edición revisada, casa editorial Bosh, Barcelona, 1982). Mientras esta clase de elaboraciones respeten la dignidad humana y tiendan a limitar la sanción penal, creo que son un real aporte al desarrollo del Derecho penal.

En otras palabras, pienso que la dignidad del ser humano y los derechos que de ella emanan son un presupuesto objetivo a los que está vinculado no solo el legislador, sino también el Poder Constituyente de cada nación. El baremo para valorar la legitimidad de un Derecho penal es el grado en

Unas formas de etización como estas, que pretenden prohibir la expresión de la disidencia o exigen al ciudadano motivarse en la forma impuesta por quienes ostenta el poder son, sin duda, intolerables.

Pero, así como es injusto atribuir a la neutralidad valorativa de algunos neokantianos todas las consecuencias indeseables que se extrajeron de ella,[102] lo es también responsabilizar al finalismo por las que le asignaron sus expositores en momentos de debilidad o inconsistencia política, y por las manipulaciones de que puedan haberlo hecho objeto grupos de interés deseosos de instrumentalizarlo. Toda idea valiosa está expuesta a que se la deforme. En circunstancias históricas difíciles, también los sostenedores de la concepción causal de la acción y, consiguientemente, de un injusto objetivo, han encontrado la forma de adecuarla a las necesidades y pretensiones de gobiernos dictatoriales o corruptos, como parece haber sido el caso de MEZGER, puesto en evidencia por MUÑOZ CONDE.[103]

---

que respeta esa dignidad, mediante la sujeción del *ius puniendi* a los principios limitadores y configuradores del mismo, ampliamente desarrollados por la doctrina y jurisprudencia, tanto penal como constitucional, pero que sufren embates constantes provenientes de diversas fuentes, entre las que destaca el menosprecio y hasta franca oposición que por ellos ellos manifiestan los ciudadanos, mientras no son imputados penalmente. Por lo mismo, discrepo de Matus-Ramírez (*Manual. Parte General*, págs. 49 y 50), quienes parecen identificar la legitimidad del Derecho penal con la que le dan los grupos dominantes que lograron imponer el modelo que les era funcional en un momento histórico dado y bajo un sistema político determinado. Así, según esa visión, en el momento histórico actual, en que vivimos en una sociedad democrática adscrita a una comunidad internacional que reconoce como límite del ejercicio de la soberanía el respeto de los derechos y garantías reconocidos en la Constitución y en los Tratados Internacionales de los Derechos Humanos, el derecho penal encuentra legitimidad en su adecuación a ellos. Este enfoque no es convincente, entre otras razones, porque conduce –o puede conducir– a sostener que la imposición de penas a quienes vulneraron los derechos humanos al amparo de regímenes cuyo modelo de Derecho penal fomentaba y amparaba esos crímenes, se justifica solo porque hoy se tiene el poder fáctico y normativo para hacerlo, y no porque es justo pues arrasaron con la dignidad y derechos consustanciales a toda persona.

101 N. del E.:Para una exposición detallada del rol que cumplió Welzel en el Derecho penal del nacionalsocialismo, véase LLOVET RODRÍGUEZ, JAVIER, *Nacionalsocialismo y antigarantismo penal (1933-1945)*, Tirant lo Blanch, Valencia, 2018, especialmente págs. 247 y sigts.

102 Supra, II.

103 N. del E.: Véase MUÑOZ CONDE, FRANCISCO, *Edmund Mezger y el Derecho penal de su tiempo, Estudios sobre el Derecho penal en el Nacionalsocialismo.* 4ª edición, revisada y ampliada. Tirant Lo Blanch, Valencia, 2003; también en *El proyecto nacionalsocialista sobre el tratamiento de los «extraños a la comunidad»*, **Revista Cenipec**, 20, 2001, enero-diciembre, págs. 151 a 180, que corresponde en parte al Capítulo III de la obra anteriormente citada, disponible en http://www.pensamientopenal.com.ar/system/files/2012/02/doctrina33291.pdf

En cambio, la teoría finalista posee un sustrato ético positivo que sí debe destacarse y constituir una aspiración del Derecho del porvenir en un Estado democrático de Derecho. Ante todo, porque cuando afirma la naturaleza y estructura ontológica de la acción, distinguiéndola radicalmente de los simples hechos causales y estados preexistentes ingobernables, enfatiza también la dignidad del hombre. Por esto, una concepción de la acción que incorpora la "controlabilidad" del acontecimiento a su concepto, ofrece también un fundamento del cual derivar una *teoría de los derechos humanos* y de su salvaguardia. Ciertamente, esto se trastoca si se hace depender la reacción punitiva únicamente del desvalor de la acción, pero lo mismo sucede cuando, a la inversa, se pone todo el énfasis en la lesión o puesta en peligro del bien jurídico, postergando el análisis sobre el contenido y orientación de la voluntad que dirige la conducta. Entendida así, es decir, como afirmación ética del Derecho frente al hombre, la etización del ordenamiento punitivo provocada por el finalismo debe ser bienvenida. El problema consiste en formular el sistema desde esta perspectiva y evitar el deslizamiento en un sentido negativo pues, a fin de cuentas, cualquier concepción jurídica está expuesta al riesgo de ser desvirtuada con propósitos deleznables o a causa de errores y exageraciones inconvenientes. Lo que importa es estar dispuesto a trabajar con el objeto de rescatar su contenido más valioso para ponerlo al servicio de la sociedad, cuyo perfeccionamiento y preservación en el respeto de todos sus integrantes debe constituir su meta fundamental. Por eso, la elección de una entre varias debe ser determinada por su idoneidad potencial para cumplir esos cometidos. La medida en que esa aptitud concurre en cada una de las concepciones que disputan el campo está abierta al debate: solo un enfrentamiento desapasionado y respetuoso permitirá que todas contribuyan al objetivo común. Por lo que a mí se refiere, estoy convencido de que para desarrollar una teoría del delito acorde con los dictados de justicia, humanidad, certeza y mínima intervención en la libertad del hombre que deben presidir el Derecho penal de un Estado democrático, es indispensable encabezarla con un concepto de acción realista, esto es, integrada por la dominabilidad de la voluntad del que la ejecuta.[104] Y no cabe duda de que la teoría finalista contribuyera decisivamente al encuentro de una noción como esa, que actualmente prevalece en la mayor parte de la mejor literatura comparada.

104 Infra VII.

VI. ESTADO ACTUAL DE LA DISCUSIÓN. OTRAS CONCEPCIONES SOBRE LA ACCIÓN Y PUNTO DE VISTA PERSONAL

a) Aunque, como ya se ha dicho, el finalismo no consiguió imponer sus presupuestos filosóficos ni la totalidad de sus consecuencias sistemáticas, cuenta con un grupo de adherentes importantes en Alemania, Austria, Suiza, España, Italia, Sudamérica e, incluso, Japón. Por otra parte, aun sin compartir el punto de partida, un sector de la doctrina y la legislación comparada aceptan gran parte de sus hallazgos sistemáticos más importantes, como la ubicación del dolo y la culpa en el tipo de injusto, el concepto normativo de la culpa o imprudencia fundado en la infracción de un deber objetivo de cuidado, la exigencia de elementos subjetivos de justificación, el tratamiento del error de prohibición, la concepción objetivo-subjetiva sobre el principio de ejecución en la tentativa y la teoría del dominio del hecho para la determinación de la autoría. Por lo menos en Europa occidental, solo Francia, Holanda y Bélgica parecen permanecer al margen de su influencia –prescindiendo, claro está, de Gran Bretaña, cuya tradición jurídica discurre por otros cauces[105]–.

En la literatura chilena la primera exposición sistemática de la teoría del delito desarrollada de acuerdo con el criterio finalista fue mi obra *Orientación para el estudio de la teoría del delito,* cuya primera edición procede de 1969. Antes, en la primera edición de su *Derecho penal* (1964) y en la monografía sobre *El concurso aparente de leyes penales,* se había adherido al finalismo ETCHEBERRY.[106] Sin embargo, su sistema poco tiene en común con el del finalismo, aproximándose más bien al expuesto por el neokantismo temprano y, en particular, por MEZGER en *Derecho penal, libro de estudio,* de 1955[107]. En la misma época se afilió a este criterio –del que luego se ha distanciado, pero sin prescindir de sus consecuencias fundamentales– BUSTOS, en la monografía *Culpa y finalidad,* de 1967,[108] y posteriormente COUSIÑO, en su *Derecho Penal Chileno,* cuyo tomo primero se publicó en 1975, y GARRIDO, en las monografías sobre *El homicidio y sus*

105 JESCHECK-WEIGEND, § 22, V, págs. 228 y 229.

106 ETCHEBERRY, 1ª edición, I, págs. 161 y sigts; *El concurso aparente de leyes penales,* Editorial Jurídica de Chile, Santiago, sin fecha, 30, págs. 77 y sigts.

107 En el mismo sentido NOVOA, *Causalismo y finalismo,* Introducción, pág. 15, con énfasis en la nota 11.

108 BUSTOS, *Culpa y finalidad,* Editorial Jurídica de Chile, Santiago, 1967, *passim.*

figuras penales[109] de 1976, *Etapas de ejecución del delito, autoría y participación*[110] de 1984, y en *Nociones fundamentales de la teoría del delito*[111], que más tarde constituiría el Tomo II de su obra general, *Derecho Penal* publicada a partir de 1997, en cuatro tomos, los dos primeros destinados a la Parte General y los otros a la Parte Especial. Aunque con variantes, también acoge los puntos de vista fundamentales del finalismo LUIS ORTIZ.[112] Las contribuciones más recientes que se sistematizan de acuerdo con los puntos vista del finalismo, aunque sin adscribirse decididamente a él, pertenecen a JAIME NÁQUIRA[113], VIVIAN BULLEMORE y JOHN MACKINNON[114] y TATIANA VARGAS[115] De manera circunstancial se pronunció además en su favor YÁÑEZ[116], extrayendo consecuencias en materia de participación criminal.[117] En conjunto, un sector importante de la doctrina nacional se inclina actualmente por estructurar la teoría del delito de acuerdo con una orientación finalista, aunque no todos los autores citados acogen sus fundamentos filosóficos ni se pliegan íntegramente a sus criterios metodológicos.

b) Con posterioridad a la polémica entre causalismo y finalismo se ha desarrollado en Europa la *teoría social de la acción*, según la cual "acción es [...] comportamiento humano con trascendencia social".[118] Un comportamiento tiene "trascendencia social exclusivamente cuando se refiere a la relación del individuo con su entorno y afecta al mismo a través de sus efectos"[119]. La teoría social de la acción, a la que adhieren entre otros, aparte de JESCHECK-WEIGEND, WESSELS en Alemania y RODRÍGUEZ MOURULLO en España,[120] tiene el mérito de abarcar

---

109 GARRIDO, *El homicidio y sus figuras penales,* Ediciones Encina, Santiago, 1976, *passim.*

110 GARRIDO, *Etapas de ejecución del delito, autoría y participación,* Editorial jurídica de Chile, Santiago, 1984, *passim.*

111 GARRIDO, Nociones fundamentales de la teoría del delito, Editorial Jurídica de Chile, Santiago, 1992.

112 LUIS ORTIZ, *Algunas consideraciones sobre la acción finalista,* en *RCP,* tomo XXIV, N°s. 1 y 2, Santiago, 1965, págs. 3 y sigts., y 101 y sigts. respectivamente.

113 NÁQUIRA, I, especialmente págs. 145 y sigts.

114 BULLEMORE-MACKINNON, en especial I, pág. 287 y II, págs. 59 y sigts.

115 VARGAS, págs. 19 y sigts.

116 YAÑEZ, *Problemas básicos de la autoría y de la participación,* en *RCP,* tomo XXXIV, N° 1, págs. 49 y sigts.

117 Véase infra, § 38, I, c), cc).

118 JESCHECK-WEIGEND, § 23, VI, pág. 239.

119 JESCHECK-WEIGEND, § 23, VI, pág. 240.

120 RODRÍGUEZ MOURULLO, XII, II, 3, pág. 220. Véase una bibliografía más detallada en GIMBERNAT, ¿Qué es la imputación objetiva?, *cit.*, I, nota 3), págs. 171 y 172.

en su concepto todas las formas de conducta jurídicamente significativas (acción y omisión, conductas dolosas y culposas). Pero la noción de que se sirve está recargada de componentes valorativos, a causa de lo cual es difícil distinguirla de los restantes elementos del delito[121] y recae en la tendencia del neokantismo temprano de disolver la acción en el tipo.[122] Además, nunca se la ha formulado de manera precisa y clara, precisamente porque el exceso de componentes axiológicos difumina sus contornos.[123]

c) Prescindiendo de otras formulaciones posibles,[124] una descripción clara y comprensiva consiste en caracterizar a la acción como *acontecimiento exterior controlable por la voluntad de la persona*. En ella, como en la del finalismo, se incorporan a la estructura del acto tanto el suceso externo como la voluntad que lo gobierna, pero respecto de esta última no se exige su actualización sino solo la posibilidad de que se actualice: la *controlabilidad*. Naturalmente, el autor cuenta positivamente con el control del acontecimiento cuando lo orienta a la realización del hecho típico, como ocurre en los casos en que actúa con *dolo directo* o *de las consecuencias seguras*.[125] Pero eso también ocurre cuando, pudiendo gobernarlo mejor, consiente en que se desvíe y dé origen a un hecho típico (*dolo eventual*)[126], confía imprudentemente en que ello no ocurrirá (*culpa con representación*)[127] o deja inconscientemente que suceda, prescindiendo de ejercer su capacidad de dominarlo (*culpa sin representación*).[128] Finalmente –dejando de lado que ello deberá ser discutido con cierto detalle más adelante[129]– en la *omisión* el autor, que tenía la posibilidad real de intervenir para evitar el acontecimiento típico y,

121 GIMBERNAT, ¿Qué es la imputación objetiva?, cit., II, sobre todo 3, pág. 174.

122 Ídem.

123 Cfr. MUÑOZ CONDE, 7, b), págs. 19 y 20, quien no ha encontrado autores latinoamericanos que adhieran a ella.

124 Véase, en especial, ROXIN, § 8, número marginal 42, pág. 252.

125 Infra, § 18, III, a) y b).

126 Infra, § 18, III, c).

127 Infra, § 19, III, c).

128 Ídem. Véase en el mismo sentido RAINER ZACZYK, *Injusto jurídico penal y la autorresponsabilidad del lesionado*, en *Libertad, Derecho y fundamentación de la pena*, traducción de Nuria Pastor Muñoz, Universidad Externado de Colombia, 2010, Tercera parte, II, pág. 275: Mientras que en el injusto realizado dolosamente el poder de acción del autor –medido según aquello que jurídicamente se espera de él– aumenta, en la imprudencia se queda en cierto modo por debajo: *el autor no incorpora a la víctima a su decisión de acción sino que la 'olvida'*". (El énfasis es mío).

129 Infra, § 45.

por consiguiente, disponía de control sobre el curso de los hechos que estaba jurídicamente obligado a gobernar, no lo ejercita, dejándolos proseguir hacia la realización del resultado indeseable.

Sobre esta base relativamente sencilla se desarrolla a continuación la estructura del delito.

§ 15. LA AUSENCIA DE ACCIÓN

Como no hay delito sin acción –u omisión, en su caso– es obvio que cuando no existe acción tampoco existe delito si, además, no concurren los presupuestos de una omisión. Esto la ley no ha necesitado decirlo, pues la presencia o ausencia de acción es una situación de hecho que, por regla general, puede verificarse fácilmente. Ocurre así, en especial, cuando lo que falta es la manifestación exterior de la voluntad, es decir, cuando esta no se ha materializado en cambio alguno del mundo exterior y permanece en estado de simple deseo, lo mismo si lo ha expresado o no.

En cambio, se prestan a dudas los casos en los que se ha operado una modificación externa que, sin embargo, ni ha sido conducida por la voluntad del autor ni era controlable por esta y es una pura consecuencia de fuerzas naturales o de terceros que aquel no está en condiciones de dominar. En tales situaciones se presenta una apariencia de acción cuya presencia descartará un examen posterior. Las hipótesis indiscutidas entre nosotros son las de la fuerza física irresistible, los movimientos reflejos y los movimientos ejecutados durante el sueño normal o sonambúlico, todas las cuales son de importancia práctica reducida, aunque no inexistente.[130] Para resolver algunos casos que presentan más dificultades, es preciso tener en cuenta lo siguiente: *no hay acción* cuando puede afirmarse que el sujeto ha tomado parte físicamente en el *acontecimiento, pero sin que su voluntad contara con la posibilidad de gobernarlo. Por el contrario, existe una acción cuando la voluntad del agente tenía el poder de dominar el hecho y lo ejercitó, aunque lo hiciera para dirigirlo hacia una meta distinta de la que realizó (caso de error)*[131] *o cuando se formó anormalmente, bajo la presión de circunstancias extraordinarias (casos de inculpabilidad).*[132]

Ejemplos: No existe acción dañosa del hombre que, empujado por otro, cae sobre una vidriera y la rompe. La hay, en cambio, cuando el sujeto conduce con prudencia su

---

130 Véase infra, c). En cambio, como se verá infra § 45, los casos de ausencia de omisión son más frecuentes y significativos.

131 Infra, § 18, II, d) ee).

132 Infra, § 29, I y II.

automóvil y mata a un suicida que se arroja sorpresivamente bajo el coche. En este caso debe apreciarse una acción de "conducir automóvil" que, por un error invencible del autor, ha ocasionado una muerte. También existe acción si el sujeto es amenazado con un arma de fuego para que redacte y suscriba una carta injuriosa. En este caso la acción de injuriar será inculpable a causa de que la voluntad que la gobierna se ha formado de manera anómala, pero no está ausente.

Por último, también debe negarse la posibilidad de ejecutar acción a las personas jurídicas cuya responsabilidad penal se ha construido exclusivamente sobre una base preventiva general, que excluye desde el principio toda posibilidad de reproche ético-jurídico, el cual solo puede dirigirse contra quienes obran en su representación. A causa de eso, la responsabilidad penal de los entes colectivos descansa sobre una pura ficción, y su elaboración tendrá que realizarse sobre bases completamente diferentes de las del Derecho Penal liberal[133].

La diferencia entre los casos de auténtica acción y aquellos en que esta existe pero falta algún otro elemento del hecho punible (tipicidad, antijuridicidad, culpabilidad) cobra importancia, especialmente, en materia de concurso de delincuentes[134] y principio de ejecución de la tentativa.[135]

I. LOS CASOS DE AUSENCIA DE ACCIÓN

A) La fuerza física irresistible

Constituye un caso indiscutido de ausencia de acción aquel en que concurre *fuerza física irresistible (vis absoluta)*, en el cual el movimiento corporal del agente es el resultado de un acontecimiento ajeno a él que ha doblegado no solo su voluntad sino también su cuerpo. Los ejemplos son, en su mayoría, creaciones de laboratorio con escaso interés práctico: la mano de A es forzada por B para trazar sobre

---

133 Así, categóricamente ROXIN, § 8, números marginales 55 y sigts., págs. 258 a 260; asimismo, JESCHECK-WEIGEND, § 23, págs. 242 y sigts; N. del E.: La responsabilidad penal de las personas jurídicas fue incorporada al ordenamiento jurídico chileno por la Ley 20.393, publicada el 2 de diciembre de 2009, y luego modificada por las leyes N°s 20.931, 21.121, y 21.132, publicadas el 5 de julio de 2016, 20 de noviembre de 2018 y 31 de enero de 2019, respectivamente.

134 Infra, § 38, I, a) y b).

135 Infra, § 35, II, A.

el documento la firma falsa; el dedo de C es forzado por D para oprimir el gatillo del arma de fuego cuyo disparo mata a la víctima; E empuja a F, que cae sobre el cristal del escaparate y lo destroza; una piedra que cae de la ladera derriba a G, quien rueda y aplasta a su compañero de excursión, lesionándolo; se levanta de súbito un viento huracanado que arroja a H sobre un objeto frágil y valioso al cual causa daños graves. Es obvio que A, C, F, G y H no han ejecutado acción.

Como se deduce de los ejemplos, la fuerza puede proceder de la actividad de un tercero o de los elementos de la naturaleza. La distinción importa, porque en el primer caso existirá una acción de quien la ejerce, mientras que en el segundo no hay acto de nadie.

Una parte de la doctrina cree que la ley se refiere expresamente a esta situación cuando exime de responsabilidad al que ha obrado "violentado por una fuerza irresistible" (art. 10 Nº 9º del C.P.). En mi opinión esta es una causal de inculpabilidad que abarca los casos de *fuerza moral irresistible (vis compulsiva)*.[136] Hasta la edición anterior se incluían aquí también los de coacción, pero actualmente ellos se pueden subsumir con mayor exactitud en el *estado de necesidad* del art. 10 Nº 11.[137]

b) Los actos reflejos

Los *actos reflejos* son respuestas automáticas del sistema nervioso a ciertos estímulos externos que, por consiguiente, la voluntad del sujeto no puede gobernar. En tales casos no hay acción, como cuando alguien estornuda, se le produce una hemorragia nasal y daña un valioso tapiz al mancharlo con sangre (ejemplo de BUNSTER), o si recibe un golpe en la rodilla, levanta en forma refleja la pierna y da una patada a un tercero que pasa.

En todos estos casos, como asimismo en los de fuerza irresistible, la inexistencia de la acción puede sin embargo conciliarse con la presencia de una omisión.[138] En el caso del que estornuda y mancha el tapiz, por ejemplo, pudo haber llevado consigo un pañuelo para cubrirse la nariz y evitar un accidente de esa índole, cuando era presumible que

136 Infra, § 29, III, a), en especial, con detalle, bb). Sobre ello véase además CÓRDOBA RODA, *Notas de Derecho español* en MAURACH, II, 7º, págs. 71 y sigts; CÓRDOBA RODA-RODRÍGUEZ MOURULLO, I, pág. 331; JIMÉNEZ DE ASÚA, III, § 1181, pág. 733. Una posición intermedia en COUSIÑO, I, § 105, págs. 505 y 506 y ETCHEBERRY, I, págs. 348 y sigts., quienes coinciden con la jurisprudencia.

137 Infra, § 29, III, a').

138 JAKOBS, 6, número marginal 40, pág. 181.

ocurriera porque padecía de un fuerte resfrío. Aunque usualmente estas hipótesis tienen significado social limitado, pueden darse algunas de mayor importancia, sobre todo en el ámbito de la delincuencia imprudente: un médico tiene que adoptar medidas para evitar las consecuencias de reacciones reflejas previsibles durante el curso de una intervención quirúrgica; lo mismo vale para el conductor de un automóvil, de una aeronave u otro vehículo motorizado.[139]

c) Movimientos realizados durante el sueño

Tampoco es acción el movimiento corporal ejecutado durante el sueño normal o sonambúlico.[140] La madre que ahoga a su criatura durante el curso de un sueño agitado no realiza conducta alguna, así como tampoco el que derriba un jarrón mientras camina sonámbulo por la habitación.

En todo caso, surge aquí el problema de si al echarse a dormir la madre quiso aprovechar las condiciones conocidas de su sueño para dar muerte a la criatura o de si, por lo menos, previó o debió prever el resultado letal. En el primer caso existirá una acción parricida (dolosa); en el otro, una conducta imprudente que servirá de base a un homicidio culposo. Pero en estas situaciones la acción se ha ejecutado cuando la mujer se acuesta a dormir junto a la criatura. Los movimientos posteriores no son sino el instrumento causal ciego de que la mujer se sirvió para lograr su objetivo, o al cual no imprimió la dirección necesaria a fin de impedir resultados indeseables; por ende, los movimientos posteriores realizados mientras dormía no constituyen acción.

Suele mencionarse estas hipótesis entre las *actio libera in sua causa* (acciones libres en su causa).[141] Los resultados prácticos son semejantes. Pero las *actio libera in sua causa* en sentido estricto son acción, si bien acción que en principio no podría imputarse al autor por haber sido defectuoso el proceso de formación de la voluntad que los orienta. En estos otros casos, en cambio, el movimiento corporal no constituye acción, porque la voluntad no se ha formado incorrectamente, sino que, en verdad, no se formó y no existe.[142]

---

139 Infra, § 19, III, c).

140 Sobre el sueño sonambúlico, otra opinión en BUNSTER, *La voluntad del acto delictivo, cit.*, 7, pág. 32 y NOVOA, I, 283, pág. 444. Como en el texto, COUSIÑO, I, § 105, C, pág. 311; JAKOBS, 6, número marginal 41, pág. 181; NÁQUIRA, I, págs.83.

141 Infra, § 27, I, d).

142 Sobre la *actio libera in causa* en general, HRUSCHKA, *La imputación ordinaria y extraordinaria en PUFFENDORF. Sobre la historia y el significado de la diferencia entre "actio libera in*

II. CASOS LÍMITE, EN LOS QUE POR LO GENERAL EXISTE ACCIÓN

A) Menores y enfermos mentales

Por regla general los *inimputables*[143] (menores, enfermos mentales severos y pacientes de un trastorno mental transitorio) ejecutan acciones. En efecto, un niño de diez años (art. 10 Nº 2º del C.P.) o un paranoico (art. 10 Nº 1º, primera parte) son capaces de imprimir una dirección a su conducta; otra cosa es que, a consecuencias de su desarrollo psíquico insuficiente o patológico no sea posible *reprocharles* la acción ejecutada. En ellos no está ausente la *voluntad,* pero el proceso de su formación es anormal; este es, pues, un problema de *culpabilidad.*

Sin embargo, hay excepciones. Una criatura de cuatro meses de edad o un epiléptico durante el ataque tónico clónico no realizan acciones. Los movimientos corporales de esos individuos no son controlables por ellos y, por consiguiente, no satisfacen el concepto de acción. En las relaciones causales en que intervienen lo hacen como simples objetos dirigidos por reacciones reflejas. La decisión para efectuar el distingo se funda en la *capacidad de volición* de la persona, es decir, en si posee una psiquis lo bastante desarrollada y sana como para controlar que el mundo de los fenómenos se *oriente en un sentido determinado*. Esto basta. La normalidad o anormalidad de la volición, en cambio, nada tiene que ver con la existencia del acto.

Con todo, como los movimientos de la criatura y las convulsiones del epiléptico durante una crisis no son sino *actos reflejos,* no es necesario crear una categoría especial en la cual subsumirlos para excluir su carácter de acción.

B) El sueño hipnótico

Los actos ejecutados durante el sueño hipnótico son más difíciles de solucionar. De acuerdo con el estado actual de los conocimientos sobre ellos, parece que en tales casos el sujeto *ejecuta una acción*, pero como el proceso de la formación de su

---

se" y "actio libera in sua causa", traducción a cargo de Nuria Pastor Muñoz, en *Imputación y Derecho penal, cit.*, págs. 55 y sigts.

143 Infra, § 27, II, a) y III.

voluntad ha sido interferido por el sugestionador, no es libre y en consecuencia no se le puede reprochar. Se trata, por ende, de problemas relativos a la culpabilidad.[144]

c) Actos habituales y pasionales

Contra lo que se afirma con alguna frecuencia,[145] los actos pasionales[146] y habituales son *controlables* y *constituyen acción*. En estos últimos, lo que ocurre es que la determinación del objetivo, la selección de los medios y el examen de la forma en que se operará sobre los procesos causales se resuelve manera automática, porque responden a un aprendizaje previo que habilita para efectuarlos inconscientemente, aunque pueden volverse conscientes y, por lo tanto, ser dominables por el autor en cualquier momento.[147] En estos casos las reglas de la experiencia se han introyectado por el autor, de tal manera que este puede servirse de ellas sin necesidad de una reflexión previa. Existe, pues, una voluntad que gobierna el acto y, probablemente, con mayor seguridad que en otros casos y que puede actualizarse en cualquier momento.

III. LA AUSENCIA DE ACCIÓN CON ARREGLO A LAS TEORÍAS CAUSALISTA Y FINALISTA

Novoa ha observado que los casos de ausencia de acción a que se refería la teoría finalista, así como la que aquí se acoge, son los mismos que consigna la concepción naturalista del causalismo. En su opinión, esto "reduce a límites bien medidos el 'gran descubrimiento de los finalistas'".[148]

144 Infra, § 27, II, b), ee), con algún detalle sobre el debate científico. Como en el texto, NÁQUIRA, pág. 84; indeciso NOVOA, I, 284, págs. 444 y 445.

145 JAKOBS, 6, número marginal 16, págs. 166 y 167. Como en el texto JESCHECK-WEIGEND, § 23, III, 2, a), págs. 236 y 237.

146 N. del E.: En los actos pasionales, la voluntad del autor se ha formado súbitamente y en circunstancias que alteran su normalidad, no obstante lo cual mantiene la posibilidad de gobernar el hecho. Por ende, hay acción y se trata de un problema de culpabilidad. Ver Infra § 27, II, b), ff, en relación a los casos en que el paroxismo emocional podría llegar a constituir un trastorno mental transitorio; cuando, en cambio, las emociones o pasiones que alteraron el proceso de formación de la voluntad del sujeto solo pueden atenuar la responsabilidad penal, véase Infra § 32, III, a), desde aa) hasta dd).

147 JESCHECK-WEIGEND, *op.* y *loc. cit.* en nota anterior.

148 NOVOA, *Causalismo y finalismo*, 2, pág. 29.

La observación es exacta. No así las consecuencias que de ella extrae su autor. En primer lugar, porque la fundamentación de por qué en todas estas situaciones no existe una acción, pese a que el movimiento corporal, el cambio en el mundo exterior está presente, solo resulta clara desde el punto de vista de quienes incluimos en la acción por lo menos la posibilidad de la voluntad del hechor de gobernarlo. El causalismo, en cambio, únicamente puede lograrla mediante una construcción complicada que supone un desmembramiento del elemento subjetivo que ubica la simple voluntad de moverse en el acto y su dirección en la culpabilidad. Además, las principales consecuencias de la concepción dominante y aquí defendida no se traducen realmente en grandes modificaciones de este aspecto, sino en la consideración y tratamiento de la antijuridicidad, de las causales de justificación, del error de tipo y prohibición, de la participación criminal, de la tentativa, etc. Así pues, el hecho de que no innove en materia de causales de exclusión de la acción no atenúa la importancia de la evolución experimentada por el concepto de acción.

CAPÍTULO VI
TEORÍA DE LA TIPICIDAD (EL INJUSTO TÍPICO)

§ 16. TIPO Y TIPICIDAD

I. GENERALIDADES

El concepto de *tipo* es reciente y aunque se ha impuesto de manera amplia, sus contornos siguen siendo imprecisos, así como su contenido. Esto se debe, en parte, a que se le atribuyen funciones diferentes, las cuales, en rigor, corresponden a significados también distintos.[1] Pero entre nosotros contribuye también a la polémica cierta confusión lingüística, pues en castellano la palabra *tipo* se emplea para traducir libremente el vocablo alemán *Tatbestand,* y también para referirse a lo que en ese idioma se designa con las expresiones de origen latino *Tipus* o *Delikt–tipus,* que actualmente se encuentran prácticamente en desuso. De esta incerteza en las acepciones derivan equívocos y malos entendidos.

En honor a la verdad, la ley chilena no se refiere al tipo en parte alguna. Sin embargo, como el contenido del concepto es aludido, sin mencionarlo, por numerosos preceptos –incluyendo algunos de rango constitucional–, es lícito usarlo para sintetizar las ideas a que se refiere, siempre que se precise lo que se entiende por tipo en cada caso. Con este objeto, conviene hacer desde luego las siguientes distinciones.

a) Antiguamente se habló de un *tipo en sentido amplio,* constituido por *el conjunto de todos los presupuestos que deben concurrir para que sea posible imponer una pena.* En esta acepción, tipo significa lo mismo que delito, abarca no solo la descripción del hecho punible sino también los juicios de antijuridicidad y

---

1 ROXIN, § 10, números marginales 1 y sigts., págs. 277 y sigts., y *Teoría del tipo penal, cit.,* págs. 169 y sigts. Véase además ZAFFARONI-ALAGIA-SLOKAR, § 29, II, 2 y sigts., págs. 415 y sigts.

culpabilidad, y es una noción inútil e inductiva a confusiones de la cual es preferible prescindir.[2]

b) Más importante y fecundo es el concepto de *tipo de garantía,* compuesto por la *descripción legal del hecho al que la ley asocia una pena.* De este tipo de garantía no forman parte los juicios de antijuridicidad y culpabilidad, que son componentes valorativos del delito, sino solo elementos fácticos; pero lo integran características que por lo general no se incluyen en el *tipo sistemático* o *tipo en sentido estricto,*[3] pues si bien su concurrencia es indispensable para que el hecho sea punible, no son elementos de su desvalor jurídico; este es el caso de las "condiciones objetivas de punibilidad"[4] o las "excusas legales absolutorias"[5]. A este *tipo de garantía* se refiere el principio *nulla poena sine lege,*[6] pues los ciudadanos tienen derecho a saber exactamente qué circunstancias deben concurrir para que su conducta sea sancionable, con prescindencia de si ellas agregan o no algo a la responsabilidad social del comportamiento. *Ejemplos*: el que presta auxilio a un suicida (art. 393 del C.P.), debe saber que su acción no puede ser castigada sino cuando aquel se quita realmente la vida, aunque esto, por ser independiente de la voluntad del auxiliador, no añada nada al desvalor ético-social de su acto. El que sin la voluntad del dueño sustrae una cosa perteneciente a su hermano, tiene derecho a saber que su conducta es impune (art. 489 del C.P.), si bien la vinculación parental con el propietario no pone o quita nada a la reprobabilidad ético-social del hecho y ni siquiera es preciso que el autor la conozca realmente.

El *tipo de garantía* así concebido importa una *precisión* y *perfeccionamiento al principio de reserva.*[7] Este último imponía la exigencia de que los hechos punibles fueran declarados tales por una ley dictada con anterioridad a su ejecución, la cual debía, además, precisar la pena; pero la *descripción* del hecho podía ser tan amplia y vaga como el legislador quisiera, ya que en tal sentido no se establecían limitaciones. El *principio de tipicidad,* en cambio, exige que también el *hecho típico*, entendido como el conjunto de los presupuestos fácticos de la pena –y no solo esta última– sea exacta y claramente descrito. Así como el principio de reserva impide

---

2 WELZEL, § 10, V, pág. 87.

3 Infra c).

4 Infra, § 20, II.

5 Infra, § 30.

6 ROXIN, § 10, número marginal 2, pág. 277 y *Teoría del tipo penal, cit.*, pág. 170. ROXIN atribuye con razón a este tipo de garantía una función político criminal.

7 Supra, § 7, I.

la creación judicial de penas, el de tipicidad veda al legislador incriminaciones genéricas completando la evolución que se había iniciado en el siglo XVIII.[8] No hay un tipo así entendido cuando se castiga "todo acto contrario a la revolución" o "cualquier atentado a la seguridad nacional" o a "las buenas costumbres", etc. La acción, por lo menos, debe especificarse.[9]

Hasta hace poco el principio de legalidad no encontraba en nuestra legislación una consagración que permitiera referirlo con certeza al tipo de garantía. Por eso había que recurrir a una interpretación prolija a fin de darle un fundamento dogmático. Actualmente, en cambio, se encuentra recogido por el art. 19 Nº 3º inc. noveno de la C.P.R de 1980, con arreglo al cual "ninguna ley podrá establecer penas sin que la conducta que se sanciona esté *expresamente descrita en ella*". Por otra parte, de conformidad con el art. 63 del C.P., esa descripción no solo debe ser expresa, sino que se la presupone, además, *circunstanciada,* pues solo así puede explicarse que una "*circunstancia agravante*" pueda ser incorporada a ella por la ley.

c) En tercer lugar se habla de un *tipo sistemático,* al cual puede también designarse como *tipo en sentido estricto* o *tipo de injusto,* del cual solo forman parte el *conjunto de las características objetivas y subjetivas que constituyen la conducta prohibida (o mandada).* De él se trata en la exposición que sigue en este capítulo y, por lo tanto, no es necesario precisarlo más.

d) Finalmente, también puede hablarse de un *tipo del error* o *tipo regulador del dolo,*[10] *al que pertenecen aquellos elementos del tipo sistemático al cual debe referirse el conocimiento del autor en los delitos dolosos.* Los autores que se sirven de esta noción incorporan a este tipo los componentes fácticos de las *causales de justificación.* Su importancia es prevalente en la teoría del *error de tipo,*[11] en donde se lo discutirá con detalle porque incide en cuestiones muy problemáticas de la teoría del delito, sobre las cuales es inexcusable tomar partido.

---

8 Supra, § 7, II.

9 Supra, § 7, IV, c).

10 ROXIN, § 10, número marginal 3, págs. 277 y 278, y *Teoría del tipo penal, cit.*, págs. 170 y sigts.

11 Infra, § 18, II, d).

II. EVOLUCIÓN DEL CONCEPTO DE TIPO[12]

A) Origen del concepto

El concepto del tipo se desarrolló a partir de la teoría del *cuerpo del delito* (*corpus delicti*),[13] una noción procesal antigua que sobrevivió en nuestro ordenamiento jurídico hasta el 6 de marzo de 1989, la cual se refería al conjunto de características fácticas del hecho punible que constituían "el fundamento de todo juicio criminal" y cuya comprobación era "el primer objeto" a que debían tender las investigaciones del sumario (art. 108 del C. de P.P., en su redacción anterior a 1989).[14] En esa evolución, sin embargo, ambas nociones se distancian más y más a medida que el interés se desplaza desde la pregunta procesal (¿Qué es lo que ha sucedido de conformidad con lo probado?) a la material (¿Cómo se ha de valorar el suceso?).[15]

Aunque se trata de un concepto que se empleaba desde antes, quien le confiere al tipo la importancia que se le atribuye actualmente es ERNST BELING, a partir de sus *Estudios sobre el delito* publicados en 1906, hasta su *Doctrina del delito tipo,* que data de 1930,[16] pasando por las sucesivas ediciones del *Esquema de Derecho penal.*[17] BELING advirtió que en las definiciones tradicionales del delito en las que se lo caracterizaba como a un hecho *penado por la ley*, se incurría en una tautología, pues lo que se trataba de conceptuar era, precisamente, al hecho que, por ser delito, merecía ser sancionado con una pena. Ahora bien, la categoría lógica que diferencia al injusto punible de los otros injustos es su adecuación a una de las descripciones de los distintos delitos que traza la ley penal. BELING designó como *tipo* (*Tatbestand*) –una expresión tomada del § 59 del Código Penal alemán de 1875– a tales descripciones, y tipicidad a la congruencia entre

12 De acuerdo con lo expresado en el párrafo anterior, c), en lo sucesivo cuando se emplea la palabra tipo sin calificaciones, se alude al *tipo sistemático, tipo en sentido estricto* o *tipo de injusto.*

13 JAKOBS, 6, número marginal 48, págs. 188 y 189.

14 El concepto de "cuerpo del delito" todavía subsiste en disposiciones penales como la del art. 17, Nº 2 del C.P., aunque allí se la emplea en un sentido vulgar que difiere de lo expresado en el texto. Véase, sobre ello, infra, § 39, IV, c), bb).

15 JAKOBS, 6, número marginal 48, pág. 189.

16 La versión castellana que se cita en el texto es de 1944 y pertenece a Sebastián Soler. Existe, además, una anterior, de L. Prieto Castro y J. Aguirre Cárdenas, Editorial Reus S.A., Madrid 1936.

17 La versión castellana que se cita en el texto es la de 1944.

el hecho concreto y uno de dichos tipos. Con ello la *tipicidad* aparece, junto a la *antijuridicidad* y la *culpabilidad,* como la tercera característica diferenciadora de la conducta punible, asumiendo una significación autónoma en la estructura del delito que hoy se le reconoce en forma preponderante, no obstante la polémica que todavía subsiste en torno al punto.[18]

b) El concepto de tipo en BELING y su evolución

De acuerdo con la concepción inicial de BELING, el tipo solo contenía una descripción del aspecto "objetivo" del hecho punible, esto es, de sus características externas. Los elementos subjetivos, en cambio, se encuentran adscritos en su totalidad a la culpabilidad, que en su sistema tiene inicialmente características psicológicas que más tarde, sin embargo, admite componentes normativos.[19] Por lo que se refiere a la antijuridicidad, esta concepción también la "objetiviza", en el sentido de que el juicio de reprobación general que implica recae solo sobre el comportamiento exterior. Al mismo tiempo, BELING enfatiza la independencia de la tipicidad respecto de la antijuridicidad, recalcando que "el tipo no encierra ningún juicio de valor"[20] y que la verificación de la tipicidad no implica la de la antijuridicidad.

La "objetividad" del tipo defendida por BELING se vio pronto desafiada. Entre 1906 y 1930 se publicaron los trabajos de FISCHER, ZIMMERL, M.E. MAYER y HEGLER, sobre los *elementos subjetivos del tipo* o *elementos subjetivos del injusto.*[21] Con ello se reconoce que ciertos tipos no pueden captar el significado del hecho si no se los refiere a unos contenidos subjetivos. Siendo así, ya no se puede caracterizar al tipo por una "objetividad" entendida como "exterioridad", sobre todo porque las investigaciones demostraron que los tipos portadores de elementos subjetivos eran más numerosos que lo que se supuso en el primer momento.

Por otra parte, también apareció que la neutralidad valorativa del tipo era discutible, pues existen tipos que contienen *elementos normativos* y, por consiguiente, remiten a valoraciones[22] para determinar su contenido exacto.

---

18 Infra, III, c).

19 Infra, § 25, II, a).

20 Cfr, BELING, § 16. 2. págs. 42 y sigts., y *La doctrina del Delito-Tipo*, 3° pág. 9; WELZEL, § 10, III, pág. 79; ROXIN, § 10, número marginales 1° y sigts., págs. 281 y sigts.

21 MAYER, pág. 231 y sigts.; POLITOFF, *Los elementos subjetivos del tipo legal, cit.* 2, págs. 15 y sigts.; supra § 14, *in fine* e infra § 18, IV.

22 MAYER, pág. 228 y sigts.

En 1930, BELING procede a una revisión de su teoría intentando salvar estas dificultades. Las modificaciones no tuvieron por objeto ampliar el concepto original para dar cabida en él a los elementos subjetivos, porque eso implicaba sacrificar la "objetividad" de la antijuridicidad, a la que BELING atribuía importancia por consideraciones de seguridad política; por el contrario, procuraron restringirlo practicando una distinción. Por una parte, se encuentran las *figuras delictivas (Tipus o Delikt–Tipus),* constituidas por cada una de las descripciones contenidas en la ley; por la otra, BELING destaca el *Tatbestand* (*aquello en que el hecho esencialmente consiste, tipo en sentido estricto* o *delito tipo*), apoyado dogmáticamente en el § 59 del antiguo Código Penal alemán, que se refería a lo que ahora designamos como *error de tipo.*[23] A diferencia de la figura delictiva, el tipo en sentido estricto no contiene los elementos específicos de cada delito, sino solo un "esquema rector" (*Leitbild*), descarnado y esencialmente "objetivo", que sirve de directriz a la construcción de las *figuras*. El delito tipo (*Tatbestand*) es, así, "un cuadro conceptual que funda la unidad" de cada figura delictiva, cuadro sin el cual sus elementos perderían toda significación como características de esa figura.[24] El delito-tipo ni siquiera es parte integrante de la figura delictiva. "Son más bien imágenes representativas que preceden lógicamente a las correspondientes figuras de delito, pero que solo son regulativa e intelectualmente condicionantes".[25]

Como puede advertirse, los elementos subjetivos de lo injusto pueden tener cabida en la figura delictiva, pero se los expulsa del delito-tipo (*Tatbestand*). Como este es un esquema conceptual que ha de servir de rector así a la faz objetiva (antijuridicidad) como a la subjetiva (culpabilidad) del delito, BELING estima inconcebible atribuirle momentos subjetivos, porque ¿cómo puede la subjetividad referirse a sí misma?, ¿cómo puede el autor conocer y querer su propio ánimo apropiatorio o su ánimo de lucro que lo motiva a sustraer la cosa en el hurto (art. 432 del C.P.)? Para BELING, este conocimiento de lo subjetivo por lo subjetivo es ininteligible.[26]

---

23 Por esta razón. Lo que BELING denomina *Tatbestand* (delito-tipo o tipo en sentido estricto) no corresponde a lo que en el párrafo anterior se designó como *tipo sistemático* sino, en cierto modo, a lo que en la letra d) denominamos *tipo de error*. De todas maneras, sería superficial trazar paralelos, porque en los 80 años transcurridos desde la última publicación de BELING la nomenclatura ha cambiado.

24 BELING, *La doctrina del delito-tipo,* II, pág. 6.

25 BELING, *La doctrina del delito-tipo,* II, 2°, pág. 7.

26 BELING, *La doctrina del delito-tipo,* III, 4, págs. 17 y sigts. En contra POLITOFF, *Los elementos sujetivos del tipo legal, cit.*, págs. I, 3 págs. 32 y sigts.; III, 11, págs. 74 y sigts.

En lo relativo a la neutralidad valorativa del tipo, postulada inicialmente con el objeto de independizarlo y distinguirlo tanto de la antijuridicidad como de la culpabilidad, aparece especialmente exagerada en el concepto del delito-tipo, al que formaliza por completo privándolo incluso de una función sistemática aprovechable.

En el Derecho comparado se reconoce a BELING el mérito de haber destacado la posición independiente y fundamental de la tipicidad en la estructura del delito, aún por aquellos que polemizan con ese punto de vista.[27] Pero el descarnado concepto de delito-tipo ha perdido vigencia y en buena medida pertenece a la historia. La mayoría de la doctrina contemporánea considera que el tipo está compuesto por elementos tanto objetivos como subjetivos, entre los cuales se incluye al dolo y a la imprudencia (culpa). Una parte apreciable de ella le atribuye además una función valorativa que, en algunos casos, se confunde incluso con la de la antijuridicidad.[28] Con todo, en la literatura nacional todavía se concede a la concepción de BELING sobre el tipo una importancia considerable, especialmente por ETCHEBERRY.[29]

III. EL CONCEPTO DEL TIPO EN LA ACTUALIDAD

A) Definición

El tipo está constituido por la descripción legal del conjunto de las características objetivas y subjetivas (externas o internas o psíquicas) que constituyen la materia de la prohibición para cada delito específico.

Los autores que todavía sostienen un criterio tradicional o causalista rechazan esta definición. Ellos prefieren excluir del tipo una parte importante de sus contenidos subjetivos, que asilan en la culpabilidad. Además, algunos impugnan la idea de que el tipo encierre la materia de la prohibición porque a su juicio esto implica recargarlo de referencias valorativas que en su opinión le son ajenas.[30]

---

27 Véase al respecto, infra, III, c).

28 Ídem.

29 ETCHEBERRY, I, págs. 210 y sigts. En alguna medida también NOVOA, *Causalismo y finalismo*, 22, pág. 124.

30 Extensamente NOVOA, *Causalismo y finalismo*, 22, págs. 123 y sigts.

El criterio predominante en la literatura comparada más autorizada estará, en cambio, de acuerdo con este concepto, naturalmente que con variantes.[31]

El tipo es la descripción de un *hecho,* es decir, de un acontecimiento que se desarrolla en el ámbito de los fenómenos causales. No es, pues, la pura *acción* sino el *hecho* la base estructural del tipo. La acción es uno de los elementos que concurren a conformar el hecho típico, pero no el único.[32]

De todas maneras, como ya se ha dicho[33], a la *acción* compete una función decisiva en la construcción de los tipos, porque si bien otros elementos *pueden* concurrir con ella a estructurarlos, la acción –o, en su caso, la omisión– *debe* estar siempre presente. Solo *hechos en cuyo núcleo se encuentra una acción dan origen a un tipo.* El tipo describe, así, un hecho voluntario, en el sentido que se da a esta expresión en el Derecho civil. Y aunque casi nunca la acción es todo el hecho típico, nunca en el hecho típico puede encontrarse ausente la acción –o la omisión, en su reemplazo.

Lo dicho no ha de entenderse en el sentido de que solo los hechos voluntarios son relevantes para el Derecho penal. Ello no es así. Hechos humanos no voluntarios, así como acontecimientos de la naturaleza (terremotos, maremotos, incendios, avalanchas, tempestades) cobran significación jurídico penal en ciertas circunstancias. En la teoría del *estado de necesidad,*[34] de las otras formas de exculpación por *ausencia de exigibilidad*[35], de la *tentativa*[36], etc., esto queda en evidencia. Pero para la construcción de los tipos penales es indispensable echar mano de un *hecho humano voluntario* (de un hecho cuyo centro es una acción –o una omisión). Esto, porque el tipo es la *materia de la prohibición –o del mandato–* y el Derecho no puede *prohibir o mandar* sino aquello a que los ciudadanos pueden

31 Véase por todos, CEREZO, I, Capítulo XV, pág., 476; JAKOBS, 6, número marginal 52, pág. 191; JESCHECK-WEIGEND, § 25, I, 2, págs. 262 y 267; MAURACH-ZIPF, I, § 20, I, número marginal 1, pág. 350; MIR PUIG, 9, números marginales 4 y 5, pág. 217; ROXIN, § 10, número marginal 8 y sigts., págs. 280 y sigts.; STRATENWERT, § 8, número marginal 1, pág. 123; ZAFFARONI-ALAGIA-SLOKAR, § 21, II, págs. 414 y sigts. En Chile se asemeja mucho a nuestro concepto del tipo de injusto el de BULLEMOR-MACKINNON, I, págs. 284 y sigts: BUSTOS, I, 31.2, pág. 785; COUSIÑO, I, § 108, A, págs. 543: GARRIDO, II, 4.1, pág. 43; NÁQUIRA, I, pág. 103; VARGAS, III, 1.2, pág. 30.

32 Infra, § 17.

33 Supra, § 14, IV, d), *in fine.*

34 Infra, § 24, II, b) e infra § 29, III, a'.

35 Infra, § 29, III, a), b), c) y d).

36 Infra, §§ 35 y 36.

imprimir una dirección con su voluntad. Pretender acatamiento de las fuerzas de la naturaleza es absurdo.

La función principal del tipo así entendido consiste en establecer los límites de la libertad con que cuenta el ciudadano al actuar. Es en el tipo en donde se resuelve la tensión entre la necesidad de asegurar a esa libertad los márgenes más extendidos que sea posible y, al mismo tiempo, la protección más eficiente de los bienes jurídicos contra la creación de riesgos desaprobados y la producción de resultados lesivos.[37] En la búsqueda de un equilibrio estable entre estos dos extremos se juega el destino de la tarea realizada por el jurista en la interpretación de los tipos y en ella, además, la capacidad del Derecho penal de una sociedad dada para realizar el ideal de un ordenamiento justo en un Estado democrático de Derecho.

b) La descripción típica

aa) Elementos descriptivos y normativos del tipo

Formalmente el tipo contiene la *descripción* del hecho voluntario al cual se asocia una pena. Por tanto, para trazarla, el legislador debería servirse preferentemente de *elementos descriptivos,* es decir, *de conceptos que se refieran a algo cuya presencia en el caso concreto sea aprehensible mediante una pura operación cognoscitiva*, tales como "hombre", "mujer", "animal", "casa", "lugar", "matar", "proferir", etc. Pero como esto no siempre es posible, en muchas oportunidades tiene que determinar el hecho acudiendo a nociones *normativas*, esto es, sirviéndose de *conceptos cuya realización en el caso concreto implica efectuar una valoración,* tales como "legítimamente", "cosa mueble ajena", "indebidamente", "abuso", "defraudar", "contrario a las buenas costumbres", "sentencia manifiestamente injusta", "autoridad", etc. Se debe distinguir, por consiguiente, entre elementos *descriptivos* y *normativos* del tipo.

Los elementos normativos del tipo se clasifican, a su vez, en *culturales* y *jurídicos*. Los primeros requieren de una valoración que se realiza contrastándolos con normas culturales ajenas al Derecho, como "vicio", "falta de moralidad", "fama", etc. Los segundos exigen una valoración efectuada precisamente en relación con las normas jurídicas, como "legítimo", "cónyuge", "cosa mueble", "cosa inmueble", "persona", "matrimonio", "contrato", "comisionista", "patrimonio", etcétera.

37 FRITSCH, Capítulo Primero, I, 1, págs. 24 y sigts.

En rigor esta clasificación tiene un valor relativo. La verdad es que, desde el momento en que un concepto es incorporado a un tipo, adquiere un significado normativo y jurídico, cuya precisión siempre requiere de valoraciones.[38] Cada palabra asume en la estructura del tipo un contenido de valor que le es dado por la norma jurídica a cuya realización persigue. El "hombre" del tipo es el "hombre" del Derecho, que puede no coincidir con el de la biología o el de la antropología; lo mismo ocurre con toda suerte de conceptos descriptivos o culturales.

No obstante, es cierto que la valoración de los conceptos empleados en la formulación de los tipos puede exigir al juez referencias más o menos directas a la norma. Cuanto más descriptivo sea un concepto, es decir, cuanto más firme sea la base fenomenológica sobre la cual descansa la valoración jurídica, más limitadas son las posibilidades judiciales de interpretar el concepto y, por ende, es más sencillo hacerlo. En cambio, cuando la valoración del Derecho se refiere, a su vez, a una valoración cultural o a otra valoración jurídica, la tarea hermenéutica es más incierta, porque aumentan las alternativas de elaboración del concepto. Lo que el "hombre" vale para el Derecho está condicionado por lo que el hombre es como fenómeno, de manera que la noción jurídica del "hombre" solo puede construirse refiriéndola a presupuestos que limitan su posibilidad. Al contrario, la "fama" es un valor que depende de una concepción axiológica anterior al Derecho, de contenido variable, *a la cual este se refiere, y por eso, la flexibilidad de su significado posible es apreciablemente mayor.* Por estas razones, y porque además los conceptos normativos generan problemas en relación con el conocimiento de los hechos que se exige al autor de un delito doloso,[39] siempre que sea posible servirse de elementos "descriptivos" para construir un tipo debe preferírselo, evitando recurrir sin necesidad a expresiones normativas que conspiran contra su certeza.[40]

---

38 TORIO LÓPEZ, *Racionalidad y relatividad en las teorías jurídicas del delito*, en *Anuario de Derecho penal y Ciencias penales*, Tomo XLII, fascículo II, Madrid, 1989, II, pág. 500. Véase también infra ff).

39 Infra, § 18, II, a).

40 Sobre ello, véase también infra, ee). En el mismo sentido del texto, ZAFFARONI-ALAGIA-SLOCAR. § 29, II, 11, págs. 417 y 418, quienes incluso ponen en duda la constitucionalidad del empleo de esta clase de componentes en los tipos; NÁQUIRA, I, pág. 111. Crítica también, pero con prudencia, OSSANDON, *op. cit.*, Tercera Parte, 342, pág. 515. Asimismo JAKOBS, 4, número marginal 32, págs. 98 y 99.

bb) Elementos positivos y negativos del tipo

Usualmente la descripción típica se formula sirviéndose de *elementos positivos*, los cuales aluden a lo que tiene que concurrir en el hecho concreto para que este sea punible. Así, el homicidio requiere que se haya "matado" a un "hombre" y el hurto que el autor se haya "apropiado" de una "cosa mueble ajena" poseyendo "ánimo de lucrarse con lo sustraído". En algunos casos, sin embargo, el tipo está integrado también por *elementos negativos*, es decir, se refiere a algo que no debe darse en el caso concreto para que el hecho pueda ser sancionado. Así, el hurto se perfecciona si la apropiación de la cosa ocurrió "*sin* el consentimiento del dueño" (art. 432 del C.P.); la violación de morada si se entra en ella *contra* la voluntad del morador (art. 144 del C.P.), y el fraude del art. 470 Nº 2 requiere que el capitán del buque lo venda, tome dinero a la gruesa sobre su casco o quilla, gire letras a cargo del naviero, enajene mercaderías o vituallas o tome provisiones pertenecientes a los pasajeros "*fuera de los casos*" y *sin* las solemnidades" previstas por la ley. Es así que tanto la inconcurrencia de un elemento positivo como la concurrencia de uno negativo determinan la atipicidad del hecho que se juzga. De la misma manera que no comete violación de morada el que no *entra* en ella, sino que se limita a dar gritos amenazadores desde fuera (ausencia excluyente del tipo de un elemento positivo), tampoco la perpetra quien entra, pero *con* el consentimiento del morador (presencia excluyente del tipo de un elemento negativo).

La verificación de que en los tipos se encuentran elementos negativos no significa aceptar la llamada *teoría de los elementos negativos del tipo,* de la que se tratará más adelante[41] y que se refiere a una cuestión más específica. Los elementos de que se trata aquí son simplemente formulaciones negativas que, no obstante ello, contribuyen a deslindar el campo de los requisitos positivos necesarios para que el hecho concreto colme la descripción típica.

La mayor parte, si no todos los elementos negativos del tipo, podrían expresarse también en forma positiva. El hurto, por ejemplo, podría definirse como la apropiación de la cosa "quebrantando el derecho del propietario a decidir sobre su destino". Sin embargo, el empleo de formulaciones negativas se justifica por razones de economía legislativa y claridad descriptiva, como se aprecia también en el ejemplo.

---

41 Infra, c), bb). En el mismo sentido JESCHECK-WEIGEND, § 25, III. 3, pág. 268.

cc) Elementos específicos y genéricos del tipo

Es misión del legislador describir el hecho típico con la mayor precisión posible.[42] Con este objeto, debe incorporar a la descripción cada uno de los componentes *específicos* que distinguen el hecho a que se refiere tanto de cualquier otro hecho típico como de los hechos atípicos en general.

Sin embargo, en todo tipo se encuentran también ciertos elementos *genéricos* que son comunes a todo hecho amenazado con una pena o, por lo menos, a una determinada categoría de ellos. Así ocurre, por ejemplo, con el *dolo* respecto a los tipos de delitos dolosos, *la culpa* en relación a los imprudentes o la *relación causal* en los tipos de delitos de resultado. Por razones de economía legislativa, la descripción del hecho no alude usualmente a estas características genéricas, cuya concurrencia es exigida por disposiciones también generales o por la naturaleza de las cosas, las cuales sería ocioso reiterar una y otra vez, pero que deben considerarse implícitas en cada una de ellas.

dd) Elementos objetivos y subjetivos del tipo

Como se desprende de la definición dada más arriba,[43] en la descripción típica se encuentran elementos *objetivos* y *subjetivos*. Los primeros aluden a características que deben cumplirse en el mundo exterior; los segundos, a la actitud anímica del sujeto respecto del hecho.

La tipicidad del hecho exige que concurran en él tanto los elementos objetivos como los subjetivos, los cuales constituyen las dos caras de una misma moneda. En consecuencia, no puede hablarse de hechos que siendo objetivamente típicos no lo son subjetivamente o viceversa. *Lo que no es adecuado al tipo tanto objetiva como subjetivamente, no lo es en absoluto.* Por esto, resulta equívoca la distinción entre *tipo objetivo* y *subjetivo* que se emplea con frecuencia por parte de la literatura.[44] Más exacto es hablar, como se ha hecho desde la primera edición[45] –y también antes–[46] de la *faz objetiva y subjetiva del tipo.*

---

42 Sobre los límites de esta exigencia, infra ff). Extensamente OSSANDON, *op. cit.*, *passim.*

43 Supra, a).

44 Véase, por todos BACIGALUPO, 26, a), pág. 177; CEREZO, I, XVI, pág. 481 y XVII, pág. 505; JAKOBS, 7, pág. 152, y 8, pág. 210.

45 CURY, 1ª edición, I, § 19, pág. 236.

46 CURY *Orientación*, 8, pág. 52.

En todo caso, como el empleo de las expresiones criticadas se encuentra ya muy difundido, no hay inconveniente en servirse de ellas, siempre que se tenga presente que no designan formas independientes del tipo, sino partes de un todo inescindible.

ee) El principio de determinación del tipo y sus límites

En el Derecho penal de un Estado democrático de Derecho, el ideal es que la descripción determine con entera precisión los contornos del hecho punible. En BELING, sobre todo, esta aspiración se encuentra particularmente enfatizada[47] y seguirá siéndolo por toda la doctrina en las décadas siguientes.

Sin embargo, los progresos de la lingüística y de las ciencias de la comunicación han evidenciado que la exigencia de taxatividad concebida de esa manera constituye una utopía.[48] El lenguaje no es ni puede ser un instrumento con la precisión requerida para realizarla. Por el contrario, los estudios recientes demuestran que la capacidad de comunicación de la palabra hablada o escrita se encuentra limitada por una multiplicidad de factores, de manera que solo puede transmitir imperfectamente los pensamientos de quien la emplea. Esto es algo que afecta al principio de determinación en forma directa, como lo demuestran las dificultades que se originan para determinar con certeza el significado incluso de aquellos tipos que parecen compuestos por elementos sencillos y vigentes en las legislaciones desde hace siglos.

Ejemplos: El homicidio consiste en "matar a un hombre", Aparentemente esta es una descripción clara, que casi no podría plantear problemas. Sin embargo, existen varios que aún no encuentran respuestas unánimes: ¿"Mata" quien induce a otro a suicidarse? ¿Cuándo puede considerarse equivalente a "matar" el "dejar morir"? ¿Es ya "un hombre", en el sentido de ese tipo, la criatura que aún no ha abandonado totalmente el claustro materno, o todavía sigue siendo "un feto" y, por consiguiente, sujeto pasivo idóneo solo de un aborto? ¿Es todavía "un hombre" quien se encuentra con sus funciones encefálicas total e irreversiblemente abolidas? De la misma forma, en el hurto los conceptos de "apropiación", "cosa", "cosa mueble", "cosa ajena" o "ánimo de lucro" generan una multitud de incertidumbres que, en tipos más complejos, como la estafa, la malversación de caudales públicos o los abusos sexuales son aún más numerosas y complicadas, para no

---

47 BELING, § 15, I, págs. 36 y 37.

48 Sobre esto y lo que viene, véase también supra § 8 IV, b).

referirnos siquiera a figuras "difusas", como los tipos de delitos informáticos, medioambientales, bancarios, etcétera.

Contra lo que todavía se empeña en sostener un positivismo superficial, no existe posibilidad de que los tipos tracen descripciones en que los hechos puedan subsumirse como en un instrumento de medición matemática.[49] Configuran, más bien, moldes toscos, cuyos contornos solo pueden precisarse acudiendo a decisiones normativas[50], es decir, a juicios de valor que dependen de las convicciones ideológicas y culturales imperantes y, en especial, de las que informan el pensamiento de la jurisprudencia y la doctrina. En circunstancias distintas la misma descripción típica puede recibir interpretaciones diferentes, que unas veces extienden y otras contraen su aplicación, como ocurrió, por ejemplo, con la del hurto respecto a la sustracción de energía eléctrica antes de que el problema se solucionara expresamente por el legislador, y como sucede cotidianamente con la de la estafa o de la apropiación indebida cuando se intenta trazar el límite que las separa del puro incumplimiento de obligaciones civiles.[51]

Sin embargo, todo esto no significa que deba renunciarse a la exigencia de determinación de los tipos, sino precisamente lo contrario. En la medida en que nos hacemos conscientes de que constituye una aspiración imposible de satisfacer por completo, pero de cuya vigencia depende la supervivencia del Estado democrático de Derecho, hay que extremar los esfuerzos por aproximarse a ella tanto como sea posible. Por una parte, el legislador tiene que afinar su técnica a fin de obtener descripciones cada vez más sencillas, claras y precisas, evitando el empleo inútil de elementos normativos y de términos ambiguos, vagos o comprensivos, procurando determinar suficientemente la naturaleza del bien jurídico que se trata de proteger, eludiendo las remisiones y reenvíos innecesarios, y sirviéndose, donde sea oportuno, de ejemplos que esclarezcan el sentido y los contornos del hecho punible.[52] Por otra, la jurisprudencia debe contribuir a esta tarea mediante la creciente uniformidad de las decisiones, pues solo así es posible concretar en la práctica las fronteras de los tipos, asegurando al ciudadano contra sorpresas arbitrarias. A ello está llamada también la doctrina penal, cuyo aporte en este sentido es decisivo, incluso cuando no logra uniformarse por entero. Nada de esto

---

49 Véase en especial OSSANDÓN, *op. cit.*, Segunda Parte, 11 y sigts., págs. 49 y sigts.

50 En el mismo sentido TORÍO LÓPEZ, *op. cit.*, II, pág. 492 y sigts. Asimismo, BACIGALUPO, *Delito y punibilidad, cit.*, I, págs. 13 y sigts.

51 TORÍO LÓPEZ, *op. cit.*, II, pág. 500: "El principio *nullum crimen sine lege* posee significación dialéctica. Está en relación con la tensión de los valores del Derecho".

52 Sobre todo ello, con detalle y bibliografías, OSSANDÓN, *op. cit.*, *passim.*

impedirá que las indispensables decisiones valorativas provoquen incertidumbre en los límites, pero al menos puede reducirlas a márgenes tolerables y compatibles con las exigencias mínimas del Estado de Derecho.

c) El tipo como tipo de injusto. El tipo y su relación con la antijuridicidad

aa) Cuando BELING expuso su concepción sobre el tipo, afirmó que este no encerraba ningún juicio de valor.[53] Es decir, de acuerdo con su punto de vista la verificación de que un hecho realiza la descripción contenida en un tipo no nos dice nada sobre su antijuridicidad y tampoco sobre el carácter prohibido o mandado de la conducta;[54] tan solo establece el objeto que habrá de ser valorado por las normas pero que en sí está libre de connotaciones axiológicas. Con este, BELING intentaba asegurar la independencia de la tipicidad respecto de la antijuridicidad –y también de la culpabilidad– para consagrarla como elemento autónomo y claramente diferenciado en la estructura del delito.

bb) La teoría de los *elementos negativos del tipo* sostiene un criterio radicalmente opuesto al de BELING.[55] De conformidad con ella, la afirmación de la tipicidad supone la de la antijuridicidad porque las causales de justificación –es decir, aquellas que excluyen la antijuridicidad– se entienden incorporadas al tipo, del cual serían *elementos negativos* implícitos. Así, por ejemplo, el tipo del homicidio no consistiría simplemente en matar a un hombre (art. 391 Nº 2º del C.P.), sino en hacerlo *siempre que no concurran* los presupuestos de la legítima defensa (art. 10 N°s. 4º, 5º y 6º del C.P.), del cumplimiento de un deber o del ejercicio legítimo de un derecho, autoridad, oficio o cargo (art. 10 Nº 10º del C.P.), o de

53 Supra, II, b).

54 BELING, § 16, IV y V, págs. 48 y sigts.; *La doctrina del delito-tipo*, II, 3º pág. 9; JAKOBS, 6, número marginal 50, págs. 189 y 190; JESCHECK-WEIGEND, § 25, I, 1, pág. 262. Otra opinión en WELZEL, § 10, III, págs. 78 y sigts., quien sugiere que BELING podría haber sido mal interpretado.

55 Sobre la teoría de los elementos negativos del tipo, véase en especial ROXIN, *Teoría del tipo penal, cit. passim*, en donde se la desarrolla ampliamente con abundante bibliografía. Una crítica de ese criterio se encuentra, sin embargo, en ROXIN, § 10, número marginal 19, págs. 286 y sigts. Entre los autores españoles que defienden esta teoría, GUMBERNAT, *Introducción*, págs. 33 y sigts.; MIR, 6, números 27 y 31, págs. 159 y 160 y sigts.; 16, número marginal 5, pág. 410 y *Función de la pena y teoría del delito en el Estado Social y Democrático de Derecho*, 2ª edición, BOSCH, Barcelona, 1982, V, 5, págs. 85 y sigts.; RODRÍGUEZ DEVESA, I, pág. 399. En Sudamérica la teoría es defendida por FERNÁNDEZ CARRASQUILLA, II, 55, págs. 322 y sigts., sobre una base original.

la omisión por causa legítima (art. 10 Nº 12. del C.P.).[56] Desde esta perspectiva, por consiguiente, *lo que es típico es también antijurídico;* la tipicidad es *ratio essendi* de la antijuridicidad, de la cual constituye el componente esencial; solo está en general prohibido –o mandado– lo que satisface tanto los presupuestos positivos como negativos del tipo.[57]

Desde el punto de vista práctico, la teoría de los elementos negativos del tipo cobra importancia, sobre todo, en materia de error.[58] En efecto, al incorporar al tipo negativamente los presupuestos de las causales de justificación, quien cree equivocadamente que estos concurren (por ejemplo, cree que un tercero lo está agrediendo cuando solo pretendía saludarlo en forma aparatosamente efusiva) se encontraría en *error de tipo* y no de *prohibición.*

cc) Aunque la teoría de los elementos negativos del tipo cuenta en la actualidad con numerosos e importantes adherentes,[59] no ha predominado en la doctrina. Se le critica, sobre todo, que no distinga valorativamente entre las conductas que no se ajustan a la descripción contenida en el tipo y las que, satisfaciéndola, se encuentran justificadas (es decir, permitidas excepcionalmente por el Derecho). Así, se ha dicho que, de conformidad con ella, resulta igual matar a un mosquito que matar a un hombre en legítima defensa, pues ambas conductas serían atípicas.[60] Esta solución, sin embargo, contrasta con los criterios axiológicos imperantes en la sociedad que, sin duda, evalúa ambas situaciones de manera distinta.

ROXIN se hace cargo de esta objeción y conviene en que "por cierto, existe una diferencia entre el matar a un mosquito y un asesinato en defensa necesaria cometido con un arma de fuego".[61] Pero, a su juicio, ello no basta para distinguir el juzgamiento jurídico penal de ambas situaciones, porque en ninguna de ellas

56 No cabe mencionar aquí el estado de necesidad justificante del art. 10 Nº 11°, porque la vida no es nunca mensurable y, por consiguiente, su destrucción nunca puede estar cubierta por la justificante, sino solo por la exculpante. Ver infra, § 24, II, b).

57 FERNÁNDEZ CARRASQUILLA, II, 55, pág. 325: "*Lo justificado pertenece a la normal libertad jurídica de los asociados.* Matar en legítima defensa está permitido siempre en todos los casos, respecto de todas las personas, como matar sin ella está prohibido también *erga omnes*" (Énfasis en el original).

58 Infra, § 18, d) y § 28. Así también MUÑOZ CONDE, V, 2, pág. 42 y ROXIN, § 10, número marginal 18, pág. 286.

59 Supra, nota 54.

60 WELZEL, § 14, I, 1, pág. 119, en el mismo sentido JAKOBS, 6, número marginal 58, págs. 194 y 195; MUÑOZ CONDE, V, pág. 41.

61 ROXIN, *Teoría del tipo penal,* III, D, III, 2, pág. 283.

"existe la menor sombra de una desaprobación jurídica". "La innegable diferencia de ambos actos, considerados desde el punto de vista social, no repercute en el ámbito jurídico-penal"[62]. Dicho de otra manera, aunque no puede negarse que para el hombre común no es lo mismo que se mate a un insecto y que se mate a un ser humano en legítima defensa, el Derecho penal se ha desentendido de ello y trata a los dos casos en la misma forma.

La afirmación de ROXIN es correcta por lo que se refiere a las consecuencias jurídicas que en definitiva se atribuirán a cada una de las dos situaciones, pero no en lo relativo a su fundamentación.[63] En efecto, cuando se verifica que en un hecho no concurren las características exigidas por el tipo (así, en los ejemplos, cuando se ha dado muerte a un mosquito), es innecesaria toda averiguación relativa a si concurre una causal de justificación, lo cual solo tiene sentido en el caso inverso (en los ejemplos, cuando se ha establecido que el autor dio muerte a un hombre, pero hay motivos para suponer que lo hizo en legítima defensa).[64] Desde este punto de vista, la conducta atípica y la que por el contrario es típica pero está justificada se encuentran diferenciadas también en el campo de la apreciación jurídico penal. La discusión sobre la antijuridicidad presupone la constatación de la tipicidad, sin cuya afirmación previa carece de sentido, pues respecto de aquello que no está prohibido –o mandado– en general es absurdo averiguar si está permitido en el caso particular.

Aparte de esto, también se ha objetado este criterio porque si las causales de justificación constituyen elementos negativos del tipo, la realización dolosa de este exigiría que el autor obre a conciencia de que en la situación concreta están ausentes.[65] Así, únicamente cometería un hurto doloso quien no solo supiera que se está apoderando de una cosa ajena sino, además, que en su caso no concurren los presupuestos de la legítima defensa, el estado de necesidad justificante, el ejercicio legítimo de un derecho, etc. Este requisito es irreal, si se tiene en cuenta que, de acuerdo con los criterios prevalentes en la doctrina comparada, el catálogo de las causales de justificación no es taxativo, procede de todas las ramas del ordenamiento jurídico y experimenta continuas adiciones a medida que el flujo de las relaciones y los intereses sociales lo requieren,[66] de manera que en la práctica solo los juristas mejor informados estarían en condiciones de cumplirlo.

---

62 Ídem.

63 JAKOBS, 6, número marginal 57, págs. 193 a 195.

64 Ídem.

65 JAKOBS, 6, número marginal 57, págs. 193 y 194. También se hace cargo de esta crítica ROXIN, *Teoría del tipo penal,* III, c), 1, 1, b) págs. 197 y sigts.

66 Infra, § 23, II.

dd) BELING tenía razón, por consiguiente, cuando sostenía que la tipicidad es independiente de la antijuridicidad, por lo cual la comprobación de aquella no implica la de esta.[67] Pero, para reconocer que esto es así, no es necesario aceptar, además, que el tipo carezca de toda significación valorativa, como lo postula ese autor.

Contra este último criterio, la opinión predominante en la doctrina comparada[68] estima que los tipos son *tipos de injusto,* es decir, que describen comportamientos *prohibidos en general* y cuya ejecución, en consecuencia, se considera en principio *desvaliosa.* En este sentido, se afirma que el tipo describe todos los componentes del injusto –esto es, de la conducta que *quebranta una norma general*– y que, en consecuencia, contiene *la materia de la prohibición,*[69] el núcleo sustantivo de lo que está vedado, de lo que *es relevante para el Derecho penal.*

El tipo es, pues, tipo de injusto porque el hecho que describe es, en general, una infracción de la norma. Pero los mandatos y prohibiciones de las normas nunca son absolutos, sino que en determinadas situaciones en que la preservación de la paz social así lo exige, su quebrantamiento se encuentra *permitido.* En tales casos, *que constituyen siempre una excepción,* la conducta típica *no es antijurídica* porque, a causa de la autorización, no está en contradicción con la voluntad del ordenamiento jurídico. En consecuencia, la *tipicidad* es diferente de la *antijuridicidad,* pues esta última requiere que, aparte de concurrir en el hecho las características del tipo, no exista en el caso concreto una de aquellas situaciones en las cuales se permite su realización (*causales de justificación*). Sin embargo, dado que las causales de justificación constituyen una excepción respecto de la prohibición general materializada en el tipo, la verificación de la tipicidad del comportamiento es también un *indicio* de su antijuridicidad; un *síntoma* en virtud del cual puede pronosticarse –aunque sin asegurarlo todavía– que probablemente también es antijurídico. *La tipicidad, por lo tanto, es indiciaria (ratio cognoscendi) y no constitutiva (ratio essendi) de la antijuridicidad.*

---

67 BELING, § 17 II, 2, a), págs. 54 y 55; *La doctrina del delito-tipo,* III, 1, págs. 14 y sigts.

68 Véase por todos BACIGALUPO, § 24, a), pág. 160, CEREZO, I, XV, págs. 457 y sigts.; JAKOBS, 6, número marginal 59, pág. 195; JESCHECK-WEIGEND, § 25, I, 2, págs. 262 y sigts.; en especial WELZEL, § 10, III, págs. 78 y sigts. En la doctrina nacional, véase GARRIDO, II, 4, 3, b), pág. 50; NÁQUIRA, I, pág. 140.

69 WEZEL, § 10, I, pág. 74, explica que la "materia de la prohibición" es un concepto procedente del Derecho natural escolástico, y significa los que "contiene la descripción objetiva, material –el modelo de conducta– de la conducta prohibida". Véase, además, JESCHECK-WEIGEND, § 25, I, 2, págs. 262 a 264.

De acuerdo con lo expuesto, el carácter indiciario de la tipicidad respecto de la antijuridicidad presupone la idea de que el tipo de injusto realiza una función valorativa inicial y generalizadora. Esa característica, en efecto, solo puede entenderse en el contexto de un sistema de regla y excepción. La tipicidad es indiciaria o sintomática de la antijuridicidad porque la regla general es que los hechos típicos sean, además, antijurídicos; y ello ocurre, precisamente, a causa de que el tipo contiene el modelo de lo prohibido (la materia de la prohibición). Si, por el contrario, se concibe al tipo como un esquema que no implica valoración alguna, como lo hacía BELING, no se le puede hacer cumplir tampoco función alguna respecto al juicio de antijuridicidad, del cual permanece desconectado. De hecho, BELING no estableció una relación de esa clase entre el tipo y la antijuridicidad puesto que, de acuerdo a su concepción, carecía de sentido; a lo sumo, aceptó que el tipo (delito-tipo) y el tipo de ilicitud "hacen juego".[70]

Por lo demás, en torno a este asunto se suele producir mucha confusión debido a causas puramente terminológicas. Así, por ejemplo, entre nosotros NOVOA rechazaba el concepto del "tipo de injusto" que le parecía, "sino enteramente [erróneo] a lo menos gravemente [perturbador] de una comprensión clara".[71] Sin embargo, él reconocía que la tipicidad *señala* que "una acción ha sido escogida por el legislador para ser objeto de *consideración penal*" y que "el tipo *es la puerta de entrada al ámbito penal*.[72] Pero, de acuerdo con lo expuesto más arriba, estas son precisamente las ideas implícitas en el concepto de un tipo de injusto indiciario de la antijuridicidad, aunque no constitutivo de ella y, por eso, no debiera haber existido un motivo de fondo para que NOVOA lo rechazara. Él parecía temer que el empleo de la palabra "injusto" se prestara a confusiones respecto a la relación que media entre ambos elementos del delito (tipo y antijuridicidad). Pero, tratándose de conceptos cuyas fronteras se encuentran delimitadas de manera tan fina, esta clase de malentendidos es casi inevitable y así, por ejemplo, aferrarse a una noción de tipo formal y descarnada puede, a su vez, conducir a una percepción insuficiente de su función en la estructura del hecho punible.

---

70 BELING, *La doctrina del delito-tipo*, III, 2, pág. 16.

71 NOVOA, *Causalismo y finalismo*, 22, pág. 125.

72 NOVOA, *Causalismo y finalismo*, 22, pág. 128. (Los énfasis son míos).

D) Los tipos abiertos y los elementos de valoración global

aa) No obstante su afirmación básica de que, por lo general, la realización del tipo constituye un indicio de antijuridicidad, WELZEL sostuvo que en algunos casos excepcionales no ocurriría así. Ello sucedería respecto de los *tipos abiertos* (*offene Tatbestand*), en los cuales la materia de la prohibición no está descrita de manera completa y exhaustiva por medio de elementos objetivos,[73] sino que se han introducido en ella elementos referido al *deber jurídico* que, en rigor, serían elementos de la antijuridicidad. Por tal motivo, en estos casos el juez debe completar mediante una valoración la noción de lo que está en general prohibido (o mandado) antes de poder afirmar la tipicidad de la conducta que, en este caso, sí se confundiría con la antijuridicidad. Dado que estos elementos del deber jurídico serían componentes de la antijuridicidad, WELZEL concluye que el error del autor sobre su concurrencia en la situación concreta es un *error de prohibición,*[74] lo cual, como es obvio, significa una extensión del campo atribuido a este último y una contracción correspondiente del asignado al *error de tipo.*[75] La característica fundamental de los elementos del deber jurídico –y que los diferenciaría de los simples *elementos normativos del tipo*[76]– radicaría en que implican una valoración referida a la totalidad de la conducta y no a aspectos determinados de ella. Así sucedería, por ejemplo, en el art. 141 del C.P. que, al describir el delito de secuestro, se refiere al que *sin derecho* encerrare u detuviere a otro, privándolo de su libertad: sería la totalidad del hecho descrito por la ley el que ha de ejecutarse sin contar con la autorización jurídica extendida por una causal de justificación.

La teoría de los elementos de la antijuridicidad no ha tenido acogida en la doctrina. La mayor parte de esta considera que solo se trata de elementos normativos, como otros tantos, o bien de simples apresuramientos legislativos a causa de los cuales se han introducido inadvertidamente en la descripción típica una referencia inoportuna a su antijuridicidad.[77]

---

73 WELZEL, § 14, 2, págs. 119 y sigts. Véase también JESCHECK-WEIGEND, § 25, II, págs. 264 y 265.

74 Infra, § 28, II.

75 Infra, § 18, II, d).

76 Supra, III, b) aa).

77 Para una información amplia sobre el estado de la discusión, véase ROXIN, § 10, número marginal 43 y siguientes, págs. 298 y sigts. Sintéticamente, JESCHEK-WEIGEND, § 25, II, 1. págs. 264 y 265.

bb) La polémica en torno a los tipos abiertos condujo por derivación al descubrimiento de la existencia en los tipos de *elementos de valoración global del hecho*, a los cuales pertenecería, por ejemplo, el "abuso del oficio" en el caso del "aborto agravado" del facultativo (art. 345 del C.P.).[78] [79] Los elementos de esta clase generan dificultades en el tratamiento del error que recae sobre ellos. La solución se encontraría en que las *circunstancias fácticas* que hacen aparecer el comportamiento del autor como un "abuso del oficio" pertenecerían al tipo y, en cambio, su valoración como determinante de la elevada reprobabilidad de la conducta constituiría un elemento de la antijuridicidad.

Ejemplo: Si el autor cree erróneamente que la continuación del embarazo puede provocar la muerte de la mujer y, por tal motivo, realiza el aborto, el error es de tipo. Si, en cambio, piensa que no existe abuso de su oficio cuando practica el aborto a solicitud de la embarazada, pues cree que esa autorización basta para que sea lícito, el error es de prohibición.

El análisis de los elementos de valoración global no ha encontrado una elaboración detenida en la literatura nacional, no obstante su importancia especialmente en el ámbito del error. Es de esperar que en el futuro se le dedique un estudio más pormenorizado pues aquí, dada la naturaleza de la obra, no es posible realizar.

IV. TIPO Y TIPICIDAD

El tipo es una descripción abstracta y formal de aquello en que consiste el delito esencialmente. De manera que un hecho concreto, real, no constituye un tipo. El hecho *se adecua* al tipo, pero *no es* el tipo. Por tal razón, el elemento integrante del delito no es el tipo sino la *tipicidad,* es decir, *la cualidad del hecho concreto de conformarse a la descripción abstracta trazada por el legislador.*[80]

Ejemplos: Cuando A dispara varias veces sobre B, causándole la muerte, su hecho es *típico* porque se adecua al tipo del art. 392 Nº 2º del C.P. Si se reúnen también en el caso las exigencias de antijuridicidad y culpabilidad, ese hecho constituirá un delito de homicidio. Cuando C sustrae furtivamente a D la billetera del bolsillo, su hecho es *típico* porque se corresponde con la descripción del tipo

78 Cfr. JESCHECK–WEIGEND, § 25 II, 2, págs. 265 y 266, con bibliografía.

79 N. del E.: La referencia al art. 345 del C.P. debe entenderse actualmente complementada por las normas pertinentes de la Ley 21.030, que regula la despenalización del aborto en tres causales.

80 En el mismo sentido GARRIDO, II, 4, 2, págs. 46 y sigts.

del art. 432, última parte, del C.P. Bajo los mismos presupuestos del caso anterior, ese hecho configurará un delito de hurto. *Obsérvese que los hechos de A y C no son tipos sino típicos; los tipos se encuentran en las descripciones abstractas contenidas en los arts. 391 Nº 2º y 432, última parte, del C.P.*

La tarea de verificar si el hecho concreto corresponde a la descripción contenida en el tipo –esto es, si es *típico*– presenta en la práctica dificultades enormes y es una de las más delicadas que debe cumplir el tribunal. Para realizarla deben tenerse en cuenta todas las cuestiones que se tratan en este capítulo de la Parte General, y cada una de las que se examinan en los correspondientes al tipo respectivo en la Parte Especial, así como las relativas al tipo omisivo,[81] al *iter criminis*[82], al concurso de delincuentes[83] y al de delitos.[84]

Aparte de las dificultades que se han expresado precedentemente sobre las insuficiencias lingüísticas para la determinación de los tipos,[85] es preciso advertir que, en realidad, la tarea de establecer la tipicidad de un hecho tiene que realizarse por vía *analógica*. En efecto, un hecho concreto no puede ser *idéntico* a la descripción abstracta que contiene el tipo, sino solo *análogo*, pues solo de esa manera puede subsumirse lo real (ser) del primero en la abstracción (deber ser) del segundo.[86] Esto no significa una contradicción con la afirmación de que en el ámbito del Derecho penal se encuentra prohibida la integración mediante "analogía".[87] El tipo, si bien no puede proporcionar al intérprete un contenido normativo que se adecue exactamente a la realidad del hecho concreto, establece unos límites a su actividad que él no puede sobrepasar y que constituye el sustrato de la prohibición mencionada.[88]

---

81 Infra, § 45.

82 Infra, §35.

83 Infra, § 38 y sigts.

84 Infra, § 41 y sigts.

85 Supra, b), cc).

86 Cfr. ARTHUR KAUFFMANN, *Analogía y naturaleza de las cosas*, traducción de Enrique Barros B., Editorial Jurídica de Chile, Santiago, 1976, *passim*.

87 Supra, § 8, VI.

88 Para más detalles, ARTHUR KAUFFMANN, *op. cit.*, VIII, págs. 90 y sigts. En sus particularidades este asunto pertenece al campo de la Filosofía del Derecho, pues atañe a la posibilidad de conciliación entre *ser* y *deber ser, hecho* y *norma*.

§ 17. LA ESTRUCTURA DEL TIPO (FAZ OBJETIVA)

La faz objetiva de todo tipo está construida básicamente sobre la faz objetiva de la correspondiente *acción*. Pero, aunque el hecho típico puede constar solo de una acción, es corriente que su descripción enlace a la acción con un *resultado*, porque el legislador estima que tanto el desvalor especial de la materialidad de este como el de aquella han de ser materia de la prohibición. Por ende, las posibles categorías de un tipo son tres: la *acción*[89], el *resultado*[90] y el *vínculo de imputación objetiva*[91] que al relacionar ambos términos los reúne en la unidad del *hecho típico*.

No es infrecuente la cita de otras categorías, a las cuales se atribuye relevancia constitutiva de los tipos. Se menciona al "sujeto activo", al "sujeto pasivo", al "objeto material", al "lugar" y a los "medios de comisión". A la inversa, el "resultado" y el "vínculo de imputación" suelen ser examinados en el capítulo de la "acción", aún por aquellos autores que, como MAURACH, reconocen y afirman la distinción radical de esos conceptos.[92]

En realidad, no hay más categorías típicas que las expresadas. Sujeto activo, pasivo, tiempo, lugar y medios de comisión no son sino *modalidades de la acción* que contribuyen a su caracterización típica.[93] Lo que se denomina "objeto material de la acción" suele ser un medio de comisión y, en todo caso, solo otra modalidad del acto.[94] El objeto material del resultado, por su parte, es también una característica accidental de esa categoría. En cuanto al sujeto pasivo, no cumple papel en la estructura del tipo. Cuando es aludido, solo se trata de una forma

89 Infra, I.

90 Infra, II.

91 Infra, III y IV.

92 MAURACH, I, §§ 17 y 18, págs. 210 y sigts.; MAURACH-ZIPF, I, §§ 17 y 18, págs. 270 y sigts. De acuerdo con el texto, en cambio, BULLEMORE-MACKINNON, II, págs. 42 y sigts.; FIANDACA-MUSCO, págs. 233 y sigts.; GARRIDO, II, 10, págs. 59 y sigts.; JAKOBS, 7, números marginales 1 y sigts., págs. 222 y sigts.; JESCHECK-WEIGEND, §27, II, pág. 294; MIR, 10, números marginales 1 y sigts. págs. 234 y sigts. NÁQUIRA, I, págs. 145 y sigts; NOVOA, *Causalismo y finalismo*, 3, pág. 34, nota 33; ROXIN, § 11, números marginales 1 y sigts., págs. 345 y sigts.; STRATENWERTH, § 8, números marginales 15 y sigts., págs. 128 y sigts.

93 Infra, I, a), b), c) y d).

94 Infra, I, b).

de precisar el objeto jurídico del delito o bien de una confusión con el objeto material de la acción o del resultado.[95]

Por otra parte, resultado y nexo causal son elementos integrantes del tipo y nada tienen que ver con la estructura de la acción. Incluso es probable que gran parte de los malentendidos en torno a la imputación objetiva encuentren su origen en el hecho de no haber reconocido la diferencia.[96]

I. LA ACCIÓN, FAZ OBJETIVA

La acción, desde el punto de vista objetivo, es el *movimiento corporal externo en el que se manifiesta la voluntad en su capacidad de controlarlo.*

Gramaticalmente, la acción es expresada mediante un *verbo rector* que ocupa el núcleo de la descripción típica. Así, el verbo rector del hurto y del robo es "apropiarse" (art. 432 C.P.); del homicidio, "matar" (art. 391 C.P.), de la injuria, "proferir" y "ejecutar" (art. 416 C.P.), etcétera.

Pero la descripción de la conducta no se agota en el verbo rector. Por lo general, el legislador no tipifica todas las formas posibles de una acción, sino solo aquellas que reúnen ciertas características en virtud de las cuales ese comportamiento adquiere una significación socialmente intolerable. Por ejemplo, no todo "imputar" es calumnia en el sentido del art. 412 del C.P., sino tan solo el imputar un delito determinado pero falso y que puede actualmente perseguirse de oficio; no todo "suministrar" constituye una usura conforme al art. 472 del C.P., sino únicamente el suministrar valores a un interés que excede del máximo que la ley permite estipular. De manera que la acción típica es precisada no solo por el *verbo rector* sino también por el *sujeto* y los predicados. Al Derecho no solo le interesa la acción sino los *modos de la acción*.

Las modalidades de la acción son numerosas. Con todo, de una manera general puede afirmarse que las más importantes para la tipificación son las siguientes:

a) El *sujeto de la acción* o *sujeto activo*. La regla es que cualquier individuo de la especie humana puede ser sujeto de la acción típica. En muchos cargos, sin embargo, el tipo exige en el sujeto activo la concurrencia de una cierta calidad; por ejemplo, la de "sentenciado (art. 90 C.P.), "chileno" (art. 107 C.P.), "empleado

95 Infra, § 18, d), dd).

96 Infra, III, y IV. Véase la nota precedente 90.

público" (arts. 148 y sigts., y 220 y sigts. C.P.), "prestamista" (art. 283 C.P.), "maquinista, conductor o guarda-frenos" (art. 330 C.P.).

En estos casos, se habla de delitos con sujeto activo *calificado* o, más sencillamente, delitos calificados. Entre estos, se subdistingue, a su vez, entre delitos *calificados propios* e *impropios*. Los primeros son aquellos en los cuales la calidad del sujeto activo funda el injusto del hecho, de manera que, si ella no está presente, aquel es atípico y, por lo general, jurídicamente irrelevante. Este es el caso del delito de *prevaricación*, 223 a 227 del C.P., cuyas conductas solo son antijurídicas si las realiza alguna de las personas mencionadas en la primera y la última de esas disposiciones. Los delitos calificados impropios, en cambio, son aquellos en los cuales la calidad del sujeto solo agrava –o, en algunos casos, atenúa– el injusto del hecho, de manera que este es típico también cuando lo ejecuta un no calificado, pero la pena que se le asigna es usualmente mayor o menor, según los casos. Un ejemplo de esta última clase de hechos punibles es la *malversación de caudales públicos* (*peculado*) del art. 233 del C.P., cuya conducta típica, cuando es realizada por un no calificado, configura un hurto o una apropiación indebida, cuya pena es inferior a la del peculado.

Lo expuesto cobra importancia en la teoría del concurso de personas en el delito o participación criminal.[97]

b) El *objeto material de la acción,* es decir, aquella *cosa o persona sobre la cual recae la acción.*

El objeto material de la acción debe distinguirse, en primer lugar, del *objeto material del resultado.* Este es aquella *cosa o persona sobre la cual recae el efecto de la acción* y en la que se materializa la modificación del mundo exterior que concreta la lesión o puesta en peligro del bien jurídico tutelado por la norma. El objeto material del resultado es, pues, la materia del resultado; el de la acción una modalidad de esta.

Por otra parte, el objeto material no debe confundirse con el *objeto jurídico del delito.* Este último es de naturaleza inmaterial y está constituido por *el o los bienes jurídicos que el tipo se propone tutelar.* Por lo mismo, el objeto material forma parte integrante de la estructura típica; en cambio, el objeto jurídico es una síntesis

97 Infra, §§ 37 y sigts.

valorativa que se extrae del conjunto de los elementos estructurales del tipo, pero que trasciende a ellos y no forma parte de ese complejo.[98]

El objeto material de la acción comprende a los *instrumentos del delito,* pues esto son cosas sobre las cuales recae la acción. Así, por ejemplo, las "campanas u otro instrumento cualquiera" y los "impresos" del art. 123 C.P.; el "veneno" del art. 391 N° 1°, circunstancia tercera; las llaves falsas o verdaderas que hubieren sido sustraídas, las ganzúas u otros instrumentos semejantes" de los arts. 440 N° 2°, 442 N° 3° y 445 y los "valores" del art. 472 del C.P.

c) El *tiempo de la acción* habitualmente es indiferente para el tipo, pero en algunos casos adquiere significación constitutiva del mismo. Así, en los arts. 339 ("en el momento del motín o asonada") y 394 ("dentro de las cuarenta y ocho horas después del parto") del C.P.

d) El *lugar de la acción* cumple un papel de importancia en gran número de estructuras típicas. Ocurre, por ejemplo, en los arts. 106 ("dentro del territorio de la República"), 118 ("en la República"), 139 N°s 1° y 2° ("lugar destinado al ejercicio de un culto o que sirve habitualmente para celebrarlo"), 150 N° 2° ("en otros lugares que los establecidos por la ley"), 278 ("a las casas referidas"), 323 ("una vía férrea"), 346 ("lugar no solitario"), 349 ("lugar solitario"), 357 ("la casa de sus padres, guardadores o encargados de su persona"), 440 ("lugar habitado o destinado a la habitación o en sus dependencias"), 442 ("lugar no habitado"), 443 ("en bienes nacionales de uso público o en sitio no destinados a la habitación"), 476 N° 2° ("dentro de poblado"), etcétera.

e) Las *formas de comisión,* expresadas mediante complementos circunstanciales tales como "ilegal y arbitrariamente" (art. 148 C.P.), "arbitrariamente" (art. 153 C.P.), "usando de violencia o intimidación en las personas o de fuerza en las cosas" (art. 432 C.P.), etcétera.

Un examen de la rica variedad de los tipos revela, no obstante, que las modalidades de la acción mencionada más arriba no forman un cuadro cerrado. Se trata, más bien, de una enumeración ejemplificadora de las menciones que pueden encontrarse en ellos, sin pretensión de taxatividad.

98 Sobre el *objeto jurídico del delito,* véase GRISOLÍA, *El objeto jurídico del delito (ensayo de una teoría general),* separata de la R.C.P., tomo XVII, N° 3°, Santiago, 1959, *passim.*

II. EL RESULTADO

a) Aunque lo decisivo para la construcción de los tipos es la acción, hay casos en que es cofundante de la descripción la exigencia de un resultado *material*. En estas ocasiones el tipo alude expresamente a ese resultado, entendido como aquel *cambio del mundo exterior causado por una acción, en el que materializa la lesión o puesta en peligro del bien jurídico tutelado por el correspondiente tipo de injusto.*

Característica del resultado material es su *independencia* de la acción. En efecto, ambos se encuentran en una relación de causa a efecto, pero esa vinculación no implica identificación. Así ocurre en la *tentativa* (acción sin resultado material) y en el *caso fortuito* (resultado sin acción). Por lo mismo, la referencia de la acción al resultado es *accidental*. De allí derivan las dificultades de la imputación de este último a aquella.[99]

Como acción y resultado material son términos independientes, se comprende que la inclusión de este en el tipo es un arbitrio del legislador. Pero una vez que acción y resultado son reunidos por la "abrazadera" típica (MAURACH) quedan indisolublemente vinculados al *hecho,* de suerte que este no se perfecciona si no se realizan ambos términos.

En torno a la distinción entre *tipos de resultado* y *tipos de pura acción* se ha trabado una discusión algo superflua. Algunos autores confunden el resultado material con la *violación del orden jurídico* y sostienen, en consecuencia, que todo delito implica un resultado. En realidad, se dice, no es si el tipo exige una alteración del mundo sensible, sino aquella modificación de los valores jurídicos que la realización de todo hecho típico determina.

Así se confunde, en primer lugar, el *resultado del tipo* (resultado material de la acción incorporado a la descripción del hecho), con el *resultado jurídico del delito* (antijuridicidad). Es claro que este último término no puede faltar en delito alguno, pues no es concebible un hecho punible sin violación del ordenamiento, pero el resultado de que se trata aquí no es el *efecto de la valoración,* sino el *efecto de la acción* que, conjuntamente con ella, se constituirá en el "objeto de la valoración". La diferencia es notoria en la hipótesis de quien da muerte a otro en legítima defensa propia. Aquí se da el resultado (material) del tipo homicidio (art. 391 N° 2° C.P.), consistente en la cesación de los fenómenos vitales de la víctima, pero falta el resultado del delito de homicidio, porque está ausente la

99 Infra, III.

antijuridicidad de la conducta (art. 10, Nº 4º del C.P.) y, en consecuencia, no hay violación del orden jurídico.

El resultado es considerado también un elemento de todo tipo por quienes, como MEZGER, le atribuyen un contenido amplísimo, que comprende incluso a la acción en cuanto manifestación externa de la voluntad.[100] Pero el mismo MEZGER se ve obligado a efectuar después una distinción entre *resultado en sentido lato* y *resultado externo*, que lo habilite para establecer el vínculo entre este último y la acción.[101]

El resultado que aquí nos interesa es el *efecto físico de la acción* incorporado a la descripción típica por el legislador; luego, lo que se ha dado en llamar *resultado material.*[102] De esta forma, se distingue el *tipo de resultado* del *tipo de pura acción,* y esa distinción es relevante en el estudio del *iter criminis*[103] y en el del *vínculo de imputación objetiva.*[104]

b) A diferencia del resultado material, el resultado jurídico puede consistir en la *lesión* o *puesta en peligro* del bien jurídico. En el primer caso (lesión), el hecho desencadena un cambio en el mundo físico exterior que concluye con el deterioro o destrucción del objeto tutelado por el Derecho. En el segundo, el bien jurídico permanece incólume, pero su situación se altera en perjuicio de su seguridad. Cuando la descripción típica exige un resultado lesivo, se habla de un *delito de daño*; si se satisface con la puesta en peligro, el delito es de *peligro concreto.* En ciertas hipótesis al legislador le basta con la realización de una acción a la cual reconoce eficacia para causar, por lo general, la efectiva lesión o puesta en peligro del bien jurídico. En tales casos se habla de un *delito de peligro abstracto.*

Algunos autores estiman que los delitos de peligro abstracto se caracterizan porque, a su respecto, el legislador ha creado una presunción *juris et de jure* de que a la ejecución de la acción se sigue la creación de la situación insegura.[105]

---

100 MEZGER, I, § 12, III, págs. 172 y sigts.

101 Ídem.

102 Así, por ejemplo, en COUSIÑO, I, § 77, pág. 313.

103 Infra, §§ 35 y 36.

104 Infra, III y IV.

105 BERINSTEIN, *El delito de peligro por conducta temeraria,* en *RCP,* tomo XXIX, Nº 2, 1970, pág. 133; ETCHEBERRY, *DPJ,* I, 61, pág. 196; MAURACH-ZIPF, I, § 20, III, número marginal 31, pág. 358; NOVOA, I, 170, págs. 246 y 247. La sentencia de la Corte de Apelaciones de Santiago, en ETCHEBERRY, *DPJ,* I, 61, pág. 197, no se refiere a una presunción *juris et de jure*, pero parece inspirarse en ese criterio.

Este punto de vista conduce a la consagración de una pena por la desobediencia. El que ejecuta la acción prohibida es castigado, sin más, aunque pruebe que no creó peligro alguno y aunque haya adoptado todo género de providencias para evitarlo. Una interpretación como esta es poco aconsejable, sobre todo en una época en la que, a causa de las relaciones creadas por un tráfico jurídico complicado, la legislación tiende a crear cada vez más delitos de esta clase. Llegará un momento en que no se podrá hacer casi nada sin exponerse a la imposición de una pena penal y, del otro lado, aumentará la inclinación a emplear los recursos penales como instrumentos pedagógicos.

Pero si, por la inversa, se exige en todos los casos la prueba de que la acción creó un peligro efectivo,[106] la protección de los bienes jurídicos se debilitará en exceso. Además, se recargaría de manera importante la función investigativa y probatoria del ministerio público, y provocaría un incremento en la actividad de los tribunales ante los cuales se tendría que rendir esa prueba. Ninguno de los dos está en condiciones de asumir esa sobrecarga.[107]

En mi opinión, la solución del problema exige tener en cuenta el conjunto de sus implicancias. Los delitos de peligro abstracto se perfeccionan mediante la sola ejecución de la acción típica, porque esta generalmente es hábil para crear una situación de peligro real. Con todo, como lo que la ley prohíbe es la ejecución de una *acción peligrosa*, falta la tipicidad cuando la que se realiza ha perdido ese significado porque fue orientada con cuidado, esto es, evidenciando una *voluntad de evitación manifestada exteriormente*. Así, la cuestión no radica en la prueba del peligro, sino en la de la *peligrosidad intrínseca de la acción*. Así, el sujeto embriagado que regresa a su casa conduciendo el automóvil con sumo cuidado, marchando lentamente por una ruta de poco o ningún tráfico, respetando escrupulosamente la señalización, deteniéndose en cada cruce y ante cualquier obstáculo perturbador, no ha ejecutado acción peligrosa, atendida la voluntad de evitación que manifiesta durante la conducción del vehículo y, por consiguiente, no debe ser castigado por el delito de conducción en estado de ebriedad. A la inversa, el ebrio que trepa a su automóvil y lo dirige sin adoptar precaución alguna, obra en forma adecuada al tipo en cuestión porque su acción es peligrosa. En ambos casos el resultado

106 BUSTOS y POLITOFF, *Los delitos de peligro*, en *RCP*, tomo XXVII, Nº 1, Santiago, 1968, III, págs. 38 y sigts. En V, b) págs. 42 y 43 se efectúan algunas precisiones que resultan, a mi juicio, insuficientes.

107 N. del E.: la última parte de este párrafo fue redactada por el editor.

es indiferente. Da lo mismo que en el primero se haya causado una situación de peligro por causas azarosas y en el segundo, no.

Las dificultades que erizan el problema derivan de que al plantearlo se incurre en la confusión, tan corriente, entre el desvalor de la acción y el del resultado. Por eso se sustituye la indagación sobre el peligro actual de la acción por una relativa a la causación actual del peligro. Pasa, una vez más, que para precisar el sentido de la acción desentendiéndose de sus contenidos subjetivos, los partidarios de la teoría tradicional requieren apoyarse en el resultado. Eso es innecesario. Cierto que, para adoptar la solución propuesta aquí, es indispensable adelantar la indagación en torno a los elementos que integran la faz subjetiva del tipo. Pero este no es el único caso en que se presenta ese problema. Como ya se ha dicho, la distinción entre la faz objetiva y subjetiva de los tipos solo obedece a propósitos de claridad expositiva; por eso, no puede condicionar el planteamiento de problemas que, muchas veces, no admiten ser reducidos a ese esquema.[108]

Los problemas planteados por los delitos de peligro abstracto han producido, en el último tiempo, una tendencia a sustituirlo por una clase de figuras a las que la literatura alemana denomina *delitos de peligro de nuevo cuño,* en los cuales la presunción de la existencia del peligro se vincula a la omisión por parte del autor de unas medidas de precaución predeterminadas por la ley.[109] En nuestra

---

108 Sobre los delitos de peligro, aparte de la bibliografía citada en las notas anteriores, debe consultarse DAVID BAIGÚN, *Los delitos de peligro y la prueba del dolo,* Buenos Aires, 1967, y, sobre todo, la *Revue Internacionale de Droit Panal (Bulletin de L'Association Internationale de Droit Penale),* 1969, N°s 1-2, que contiene un conjunto de trabajos sobre la materia, reunidos con ocasión del XX Congreso Internacional de Derecho Penal.

109 N. del E.: La doctrina reconoce otra categoría de delitos de peligro, a los que denomina de diversas maneras (delitos de aptitud; de idoneidad, delitos de peligro potencial, de peligro hipotético, de peligro abstracto-concreto). Se caracterizan porque en la descripción típica se ha incorporado explícitamente un elemento que es idóneo para lesionar el bien jurídico protegido, es decir, que tiene la aptitud de ser potencialmente lesivo para el bien jurídico. BLANCA MENDOZA los describe claramente: "Lo que verdaderamente caracteriza a estos delitos es la inclusión en la descripción típica de algún elemento que expresa bien la peligrosidad de la conducta *concreta* o de los medios comisivos utilizados".
Es materia de discusión, si ellos deben considerarse como una subcategoría de los delitos de peligro abstracto o si, en cambio, constituyen una categoría autónoma e intermedia, situados entre los delitos de peligro concreto y los de peligro abstracto. Incluso se ha sostenido que "pueden reputarse delitos de peligro concreto en sentido lato" (así Escrivá Gregori, José Mª, citado por Blanca Mendoza).
Esta clase de delitos producen un efecto relevante en el ámbito de la prueba: el ministerio público deberá acreditar en el juicio la concurrencia del elemento de aptitud exigido por el tipo y el tribunal solo podrá dictar sentencia condenatoria, si ha adquirido la convicción sobre ese hecho, más allá de toda duda razonable. Y esto, sin perjuicio de que se ha sostenido

legislación, hasta donde se me alcanza, todavía no se encuentran tipos de esa clase, aunque el proyecto de reforma del Código Penal de 2005, elaborado por la comisión designada por el Ministerio de Justicia, contenía varios de ellos.

d) Es importante no confundir la clasificación entre *delitos de resultado (material)* y *delitos de mera acción*, con la de *delitos de lesión* y *de peligro*. Se trata, como se ha procurado precisar, de distinciones que se fundan en criterios diferentes. Pueden existir delitos de lesión que no requieren un resultado externo, como sucede con las injurias del art. 416 del C.P. Asimismo, existen delitos de peligro respecto de los cuales es necesario un resultado material, como ocurre con el incendio del art. 476 del C.P. [110]

III. LA IMPUTACIÓN OBJETIVA (EL NEXO DE CAUSALIDAD)

Cuando el legislador incorpora a la descripción del tipo la exigencia de un resultado material para la consumación del hecho punible, es indispensable además la existencia de un *vínculo de imputación objetiva entre la acción y el resultado.*

Esto significa que la vinculación entre acción y resultado externo tiene que solucionarse principalmente conforme a criterios *valorativos*. Sin embargo, no es posible prescindir de la causalidad, pero entendida en términos mucho más modestos que el que suele otorgársele.

---

que incluso concurriendo el elemento de aptitud, la tipicidad quedará excluida si el sujeto "adoptó previamente las medidas necesarias para evitar toda posibilidad de que se produjese un efectivo peligro para el bien jurídico" (Martínez-Buján Pérez,). Sobre los delitos de aptitud, algunos de sus matices y puntos controvertidos por la doctrina, véase MARTÍNEZ-BUJÁN PÉREZ, CARLOS, *Derecho penal económico, Parte General,* Tirant lo blanch, Valencia, 1998, págs. 109 y sigts.; y MENDOZA BUERGO, BLANCA, *Límites dogmáticos y político-criminales de los delitos de peligro abstracto*, Editorial Comares, Granada, 2001, págs. 38 y sigts.
En nuestro C.P., el delito del art. 291 tiene un elemento de aptitud: los organismos, productos, elementos o agentes químicos, virales, bacteriológicos, radioactivos o de cualquier otro orden, cuya propagación indebida se sanciona con presidio menor en su grado máximo, ***deben, por su naturaleza, ser susceptibles de poner en peligro la salud animal o vegetal, o el abastecimiento de la población.*** MATUS ha sostenido que se trata de un delito de peligro concreto (complementado con la técnica de la ley penal en blanco), en MATUS ACUÑA JEAN PIERRE, *Sobre el sentido y alcance del art. 291 del Código Penal*, Revista de Derecho. Vol. XXVI, N.° 2, diciembre de 2013, págs. 137 a 166, y sobre la naturaleza de delito de peligro concreto que le asigna, págs. 145 y sigts.

110 En el mismo sentido, NOVOA, I, 170, pág. 247.

Por regla general, la necesidad de este vínculo de causalidad no es aludida por el tipo, que la sobreentiende. En raras oportunidades se encuentra alguna referencia a él (arts. 140, inc. segundo y 397 del C.P.). Quizás por eso el problema no preocupó a la ciencia sino hasta mediados del siglo XIX, y solo en relación con los delitos de lesiones corporales (arts. 395 y sigts. del C.P.) y homicidio (art. 391), en los que tenía a menudo cierta relevancia práctica. Sin embargo, a partir de los primeros análisis más generales la cuestión se hipertrofió de una manera imprevisible, especialmente a causa del predominio del dogma causal incorporado por el naturalismo imperante en esa época, y durante un prolongado período se dio el absurdo de que todo jurista experimentara la necesidad de hacer su aporte propio a la confusión reinante. El asunto, *planteado como la necesidad de que existiese un nexo de causalidad entre acción y resultado*, ocupaba el centro de la teoría del acontecimiento típico, entendido precisamente como la causación de un resultado naturalísticamente concebido, y desplazaba por completo a las consideraciones normativas que aquí debieran haber ocupado el primer lugar.[111]

A la larga, esta polémica desmesurada tenía que caer en el desprestigio.

Pronto, en efecto, se observó que los casos prácticos de dudas sobre el *vínculo causal* eran raros y, por lo general, el debate se desarrollaba en torno a hipótesis de laboratorio. Los jueces no terciaban en la discusión y sus resoluciones se inspiraban en consideraciones de buen sentido que, al menos aquí, demostraban ser eficaces. Luego, se percibió que todas las dificultades parecían relacionarse con el delito de *homicidio,* al punto de que HELLMUTH MAYER manifestó que la teoría general del delito tendía a transformarse en teoría general del homicidio. Además, se cayó en la cuenta de que la enrevesada problemática del nexo causal era una consecuencia de la teoría causal de la acción. Desde el momento en que esta pone el énfasis en la causación del resultado y que a ella se refiere el juicio de antijuridicidad, debe fijar la existencia del nexo causal conforme a criterios naturalistas e involucrarse en una discusión estéril que no proporciona puntos de vista jurídicos de solución. La crisis de la teoría causal determina, pues, también el ocaso de las fantásticas elucubraciones sobre la relación de causalidad. Finalmente, el regreso a una concepción del delito enraizada en criterios normativos

---

111 Una ojeada de conjunto a esa discusión bizantina en COUSIÑO, I, § 88, págs. 341 y sigts.; DRAPKIN, *Relación de causalidad y delito,* Santiago, 1943, *passim;* ETCHEBERRY, I, págs. 188 y sigts., y *Reflexiones críticas sobre la relación de causalidad,* en *RCP,* tomo XVIII, N° 3°, págs. 175 y sigts.; NOVOA, I, 184 y sigts., págs. 273 y sigts.; JIMÉNEZ DE AZÚA, III, 1090 y sigts., págs. 493 y sigts., y *La ley y el delito,* págs.153 y sigts., págs. 221 y sigts; SOLER, I, § 24, II, págs. 302 y sigts.

de inspiración neokantiana conduce a concluir que la vinculación entre acción y resultado externo tiene que solucionarse atendiendo primordialmente a puntos de vista *valorativos* que se distancian del naturalismo precedente.

En este punto, sin embargo, la pretensión del Derecho punitivo debe ser más bien modesta y abstenerse de profundizar en un campo que se ha vuelto extraordinariamente problemático, al cual, por lo tanto, difícilmente puede acceder y menos aún hacer contribuciones útiles. Como es sabido, actualmente la existencia segura de relaciones causales sobre las cuales se pensaba que descansaba la estructura del mundo físico (sensible) ha devenido vacilante. A partir de las investigaciones de HEISEMBERG, se conoce que los procesos que ocurren en el átomo no están determinados causalmente y, por consiguiente, que el enlace entre causas y efectos solo es capaz de proporcionar relaciones probabilísticas carentes de la certeza apodíctica que antes se le atribuía. Asimismo, la teoría de la relatividad ha limitado la significación de las vinculaciones causales de los acontecimientos en el tiempo.[112] Todo ello ha hecho mucho más complejo el establecimiento de esta clase de nexos que, hasta mediados del siglo pasado, se consideraban los más firmes que existían en la naturaleza y a los cuales hoy solo se atribuye una precisión probabilística. Aunque parezca exagerada, es esencialmente correcta la afirmación de WITTGENSTEIN de conformidad con la cual "La creencia en el nexo causal es la *superstición*".[113]

A pesar de todo, y como ya se adelantó, la cuestión de la causalidad continúa ocupando un lugar en la teoría del delito, pues aunque el enlace entre acción y resultado se ha normativizado, convirtiéndose en un vínculo de imputación, en la base de este todavía se exige prevalentemente la existencia de una relación causal sobre la cual se construye aquel. Pero obviamente, para el jurista –y, en particular, para el juez– la cuestión tiene que ser planteada en términos sencillos, procurando establecer el nexo causal de una forma que eluda comprometerse en las complicaciones generadas por el progreso científico, las que, por otra parte, no contribuirán mucho al reconocimiento de un enlace que para las necesidades prácticas de la jurisprudencia basta configurar de una manera más bien rudimentaria, basada en los conocimiento científicos más generalizados.

---

112 En el mismo sentido ROXIN, § 11, número marginal 3, pág. 346.

113 LUDWIG WITTGENSTEIN, *Tractatus lógico-philosophicus,* traducción de Jacobo Muñoz e Isidoro Reguera, Alianza Editorial S.A., Madrid, 2009, 5.1361, pág. 90. (El énfasis en el original).

Por las razones apuntadas, en este apartado solo se describen sucintamente las posiciones principales en torno a la cuestión causal, destinando el próximo al de la teoría de la imputación objetiva, actualmente dominante en el Derecho comparado.

A) LA TEORÍA DE LA EQUIVALENCIA DE LAS CONDICIONES O DE LA *CONDITIO SINE QUA NON*

Punto de partida dominante es la *teoría de la equivalencia de las condiciones* o de la *conditio sine qua non,* cuyo creador fue el filósofo inglés JOHN STUART MILL, de quien la adoptó para el Derecho penal, modificándola MAXIMILIAN v. BURI. De acuerdo con ella, es preciso resolver dos problemas diferentes mediante otros tantos razonamientos sucesivos:

aa) En primer lugar, cabe preguntarse cuáles de las distintas circunstancias concurrentes en la producción de un resultado son, además, *condiciones* del mismo. Para responder a esta interrogante, se recurre al procedimiento de la *supresión mental hipotética. Es condición del resultado toda circunstancia concurrente a su producción que, de ser suprimida mediante una operación mental hipotética, determina la desaparición del resultado.* Si A hiere levemente al hemofílico B, que fallece a consecuencias de la hemorragia sobreviviente, tanto la acción de A como la enfermedad de B son condiciones de la muerte de este último, pues el resultado letal desaparece si suprimimos mentalmente, sea la hemofilia, sea el rasguño; ambas circunstancias son, por lo tanto, *conditio sine qua non* del resultado.

bb) La segunda cuestión es la de establecer cuáles de entre las distintas *condiciones* son, además, *causa* del mismo. A esto responde la teoría postulando *la equivalencia de todas las condiciones en la causación del resultado. Condición* y *causa* son, para esta concepción, conceptos que se identifican, de suerte que toda condición es causa y viceversa. De donde se sigue que, así como pueden existir varias condiciones del resultado, las causas de este también pueden ser múltiples, sin que a ninguna de ellas quepa otorgarle prevalencia. Por lo tanto, *la acción es causa del resultado si, suprimida mediante una operación mental hipotética, determina la desaparición de este;* dicho de otra manera, *la acción es causa del resultado cuando es condición de su producción.*

Prohijada por v. BURI, cuya influencia sobre el Tribunal Imperial alemán era inmensa, la teoría de la equivalencia ha triunfado por largo tiempo en la práctica alemana y fue dominante también en la jurisprudencia nacional, entre otras razones porque su manejo es relativamente sencillo.[114] No obstante, está sujeta a reparos.

Inicialmente, BINDING le imputa una extensión desmesurada del vínculo causal y afirma que para esta teoría todos resultan ser *responsables* de todo; y agrega, con ironía, que también el carpintero que construyó la cama es causa del adulterio. Se le ha respondido que *causalidad* y *responsabilidad* son cosas distintas y que, para afirmar la última, es indispensable la concurrencia de los componentes subjetivos del tipo (dolo o culpa). Pero quizás el dolo –o la culpa– existen en el caso concreto, como ocurriría si A hirió al hemofílico B con propósito homicida. De otra parte, en los *delitos calificados por el resultado*[115], los correctivos subjetivos no funcionan porque su concurrencia no se exige para la afirmación de la responsabilidad.

En la actualidad, los reparos expuestos han sido superados por la teoría de la *imputación objetiva* que en tales casos opera como un correctivo más eficiente que los elementos subjetivos. Pero, no obstante, subsisten otras críticas. Probablemente la más seria es de carácter probatorio y consiste en que el procedimiento de supresión mental hipotética solo funciona cuando se conoce de antemano la respuesta a la cuestión de si al excluirse mentalmente el comportamiento desaparecerá el resultado. Así ocurre, por ejemplo, en el caso del hemofílico empleado más arriba. Pero si este no es el caso, el razonamiento hipotético se torna completamente inútil.[116] Así, cuando una mujer embarazada ha consumido un medicamento y posteriormente da a luz una criatura que presenta malformaciones, el juez nada saca con efectuar una supresión mental hipotética de la ingesta del medicamento si los peritos no están en condiciones de informarle previamente que este puede dar origen a tales malformaciones, como efectivamente ocurrió en el ya famoso asunto Contergan[117] y ha ocurrido también en nuestro país en el caso NUTRICOMP ADN,[118] de características semejantes; de esta manera, el procedimiento falla

---

114 DRAPKIN, *Relación de causalidad y delito, cit.* págs. 76 y sigts.; ETCHEBERRY, *DPJ*, I, 55, págs. 132 y sigts. y IV, 497, págs. 32 y sigts.

115 Infra, § 20, I.

116 Así, JESCHECK-WEIGEND, § 28, II, 4, págs. 301 y sigts.; ROXIN, § 11, número marginal.

117 N. del E.: Sobre los distintos aspectos planteados por este caso, véase CANCIO MELIÁ, MANUEL, *El caso Contergan cuarenta años después*, disponible en http://revistas.pucp.edu.pe/index.php/forojuridico/article/viewFile/13834/14458.

118 N. del E.: Sobre este caso, véase la sentencia (condenatoria) de 24 de agosto de 2012, del Tribunal de Juicio Oral en lo Penal de San Bernardo, RIT 38-2011, disponible en www.pjud.cl

precisamente en las situaciones en que es más urgente resolver la duda sobre la causalidad[119].

Para superar estos inconvenientes, la doctrina más reciente ha reformulado la teoría de la condición, eliminando la referencia a datos hipotéticos y fundándola exclusivamente en los antecedentes proporcionados por el conocimiento experimental (la denominada "condición conforme a leyes"). De acuerdo con este punto de vista, cuyo expositor más acreditado es JESCHECK, "la causalidad en el sentido de la teoría de la condición solo depende de *si las modificaciones en el mundo exterior temporalmente consecutivas a una acción y conectadas con ella* aparecen como consecuencias que *estuvieron vinculadas a la acción de modo necesario según las leyes de la naturaleza que nos son conocidas*, presentándose de ese modo como resultado típico".[120] Aparte de esto, la afirmación de la causalidad debe realizarse *en concreto*, es decir, tal como el resultado se ha verificado en la realidad. Por eso, cuando el padre de la víctima, ansioso de vengarse personalmente, da muerte al asesino de su hijo unos segundos antes de que este sea ejecutado, su conducta es causal respecto del homicidio pues, no obstante que la muerte del asesino ocurriría de todas maneras aunque él no la hubiera ejecutado, en concreto ese resultado hubiese sucedido de una manera diferente.

Corregida de esta manera, la teoría de la condición sigue constituyendo actualmente el criterio preferible para determinar la existencia del nexo causal que, como se ha expresado antes, es *un componente necesario, si bien no suficiente, para la afirmación de la imputación objetiva con arreglo a la nueva concepción normativizada de los tipos de resultado.*[121]

b) La teoría de la causa adecuada

La teoría de la *causa adecuada* arranca de presupuestos semejantes, pero llega a conclusiones distintas. Su fundador es v. KRIES y sus exponentes más conocidos entre nosotros, v. HIPPEL y MAURACH. En Italia goza de considerable prestigio.

---

119 Respecto de los problemas suscitados por la fórmula en otros casos de ocurrencia más infrecuente, véase ROXIN, § 11, números marginales 16 y sigts., págs. 352 y sigts.

120 JESCHECK-WEIGEND, § 28, II, 4, pág. 303 (énfasis en el original); ROXIN, § 11, número marginal 14, pág. 351.

121 En el mismo sentido ROXIN, § 11, número marginal 1, pág. 346. En cambio FRISCH, III, II, 2), b), págs. 552 y sigts., si bien está de acuerdo con incorporar el criterio de la decisión conforme a leyes, considera que no se debe desestimar por completo el de la *conditio* en su forma original que, en muchos casos, permite descartar desde luego la existencia de una relación causal entre acción y resultado.

En Chile se inclinaba por ella BUNSTER. Por otra parte, como se verá, constituye una anticipación parcial de la teoría de la imputación objetiva.

También para esta concepción es menester determinar las *condiciones del resultado* mediante un procedimiento semejante al empleado por la teoría de la equivalencia. Pero, precisamente, se separa de aquella porque en su opinión no todas esas condiciones son equivalentes para la causación del resultado; *condición* y *causa* no se identifican; la condición es el género y la causa, la especie. *Causa es solo aquella condición que se presenta como generalmente adecuada para la producción del efecto.* Por ende, *la acción es causa del resultado cuando, conforme a la experiencia general, aparece como una condición adecuada para originarlo.* Si A lesiona levemente al hemofílico B, que fallece a consecuencia de la hemorragia subsiguiente, la acción de A *no* es causa de la muerte de B –aunque sea condición de ella– porque un rasguño *no es adecuado* conforme a la experiencia general para provocar la muerte de un hombre.

La teoría de la causa adecuada supera aparentemente los reparos más comunes que se han opuesto a la de la equivalencia, pero está sujeta, a su vez, a críticas que afectan su practicabilidad. Es cierto que evita extender el concepto de *causa* y parece ajustarse a las exigencias del buen sentido popular. Pero, en cambio, no puede establecer un criterio para decidir, en el caso concreto, cuál de entre las distintas condiciones que concurrieron a originar el resultado es la que aparece como adecuada para provocarlo de acuerdo con la experiencia general. Porque, al fin y al cabo, esta última no es más que una abstracción, una fórmula vaga inaplicable a la situación específica, un criterio al que es fácil referirse, pero cuya fuente es imposible precisar.

Los partidarios de la teoría han intentado, por supuesto, atribuir a la fórmula un significado aprovechable:

aa) Algunos de ellos estiman que para determinar la adecuación de la conducta a la producción del resultado debe estarse a la posición ocupada por el agente en el momento de ejecutarla. La solución es inadmisible porque, dadas sus limitaciones personales, el autor puede ampliar a restringir la adecuación en forma arbitraria. Desde el punto de vista de un individuo ignorante, la ejecución de maniobras supersticiosas es causa adecuada para la muerte por infarto cardiaco, sobrevenida a la víctima aterrada por los hechizos de que se la ha hecho objeto. El criterio resulta deteriorado por el subjetivismo que la relativiza, introduciendo en el problema elementos ajenos a la causalidad. La cuestión de si unos actos son causales del resultado no puede ser dependiente de las representaciones del hechor.

bb) Una segunda solución postula que la decisión se haga conforme al criterio de un *hombre razonable,* representado para algunos por el juez y, para otros, por un perito. Pero también aquí surgen dificultades insalvables. Si el juez –o el perito– resuelve con el *conocimiento de los hechos adquiridos durante el proceso,* es decir, después de su ejecución (juicio *ex post facto*), deberá afirmar la adecuación en casi todos los casos en que la teoría de la equivalencia reconocería causalidad. Porque el rasguño ocasionado es adecuado para causar la muerte de un hemofílico; y el juez sabe cuando emite el juicio *ex post* que la víctima padecía esa enfermedad. Si, a la inversa, el magistrado resuelve con el *conocimiento de los hechos que se tenía antes de su ocurrencia* (*juicio ex ante*), el problema de causalidad se transforma en uno de *previsibilidad.* En efecto, la acción de A será adecuada o no para causar la muerte de B, según que A supiera, previera, tuviera la posibilidad de prever o no pudiera prever en absoluto la hemofilia de que padecía la víctima. En los dos primeros casos se afirmará la adecuación. En el último se negará. En el tercero subsistirá la duda. Pero así todo el asunto se ha desnaturalizado: ya no se relaciona con la causalidad, sino que aparece resuelto con arreglo a parámetros subjetivos. Este punto de vista puede ser correcto a fin de efectuar la atribución normativa del hecho al autor, lo que efectivamente lo aproxima a la teoría de la imputación objetiva, pero ya no se refiere en rigor al vínculo de causalidad.[122]

c) La teoría de la causa necesaria

La *teoría de la causa necesaria* se menciona solamente por razones históricas. Según ella, únicamente es causa del resultado aquella condición de la cual este es consecuencia *necesaria.* Si conforme a la teoría de la equivalencia todos eran causa de todo, conforme a la de la causa necesaria todos lo son de nada. Porque en los complejos fácticos la *necesidad causal* es algo muy difícil, sino imposible de afirmar. Una herida considerada por lo general como causa necesaria de la muerte, dejará de serlo tan pronto un cirujano demuestre que es capaz de salvar a quien la ha sufrido. La porción de veneno que no dañaría a Mitrídates fulminará a una docena de niños.

A veces se creyó ver en el art. 126 inc. segundo, Nº 2º del antiguo C. de P.P. un reconocimiento del legislador a esta concepción.[123] Pero el precepto solo

---

122 Sobre la influencia de esta teoría en la jurisprudencia nacional, ETCHEBERRY, *DPJ,* I, 54, págs. 130 y sigts.

123 ETCHEBERRY, *DPJ,* I, 51, págs. 117 y sigts.

establecía una desafortunada exigencia al informe pericial en los casos de homicidio, aborto o suicidio. Y desde que tal informe no era vinculatorio para el juez (arts. 472 y 473 del C. de P.P., era imposible extraer del art. 126 la consecuencia general que se pretendía. La disposición del art. 126 inc. segundo Nº 2º del C. de P.P. ha desaparecido en el C.P.P.

d) La teoría de la relevancia típica

Una solución que se internaba ya francamente en el ámbito normativo fue la de la *relevancia típica,* lo cual se explica porque quien la formula es EDMUNDO MEZGER, uno de los representantes más relevantes del pensamiento neokantiano en el Derecho penal. De conformidad con ella, el problema de la causalidad no puede resolverse solamente con un criterio propio de las ciencias naturales, de conformidad con el cual basta con establecer lo que desde el punto de vista físico debe considerarse causa de un acontecimiento fáctico. Este resultado constituye solo un primer paso en la solución de la cuestión jurídica que aquí se plantea. Luego de resolver que ha existido una acción, un resultado y un nexo causal entre ambos, para lo cual la única teoría acertada sería la de la condición o equivalencia, es preciso todavía determinar si el vínculo de causalidad, tal como se ha dado en la realidad, es *típicamente relevante.* "Con arreglo a la teoría correcta también es causa en Derecho penal, por tanto, causal en orden al resultado, toda condición que no puede ser suprimida 'in mente' sin que al mismo tiempo desaparezca el resultado concreto. Pero solo una conexión causal adecuada fundamenta la responsabilidad penal. Pues aun en los casos en los que la acción es causal respecto al resultado, solo podrá castigarse al agente por dicho resultado cuando la conexión causal es relevante, es decir, importante jurídicamente".[124]

Este punto de vista constituye un paso decisivo hacia la moderna *teoría de la imputación objetiva.* Sin embargo, MEZGER no precisó cuándo debía considerarse que el nexo causal era relevante típicamente, a causa de lo cual su criterio fue poco aprovechable para la práctica. De hecho, en la jurisprudencia nacional no se encuentran sentencias que adhieran a la teoría de la relevancia, no obstante la considerable influencia que ejerció ese autor en ella a lo largo de los dos primero tercios del siglo pasado.

---

124 MEZGER, I, § 15, IV, pág. 241; *Libro de estudio,* I, § 21, VI, pág. 113; CEREZO, XIII, págs. 435 y 436. Este criterio, con variantes, fue también defendido por mí hasta la edición anterior de esta obra, en CURY, § 17, III, d), págs. 297 y sigts. En contra, DOHNA, pág. 28.

IV. LA IMPUTACIÓN OBJETIVA (CONTINUACIÓN: LA TEORÍA DE LA IMPUTACIÓN OBJETIVA)

A partir del último tercio del siglo XX, se desarrolló con éxito creciente la llamada *teoría de la imputación objetiva*, uno de cuyos expositores más influyentes ha sido ROXIN,[125] quien, a su vez, la ha fundado en criterios elaborados en la primera década de esa centuria por LARENZ y HÖNING.[126]

El punto de partida de la teoría es que al ordenamiento jurídico no le interesa establecer si una acción es causa del resultado en sentido científico, sino en qué casos puede imputarse *normativamente* el resultado a un determinado comportamiento humano. De acuerdo con ese criterio, además, la imputación debe hacerse de conformidad con puntos de vista *objetivos* y preceder a la verificación del dolo o de la imprudencia.

En términos generales, ROXIN estima que la imputación presupone que *el autor con su conducta ha creado un peligro jurídicamente desaprobado y este se ha realizado en el resultado.*[127] Con arreglo a ello, el hecho que, conforme a la teoría de la condición modificada (teoría de la condición conforme a leyes)[128] debe ser considerado causa del resultado, solo será imputado objetivamente a su autor si concurren las demás exigencias que se deducen del enunciado precedente, para la verificación de las cuales se han elaborado diferentes criterios, de los que aquí solo cabe exponer los más relevantes. De esta manera, la concepción aparece

---

125 ROXIN, § 11, números marginales 1 y sigts., págs. 345 y sigts. y *Reflexiones sobre la problemática de la imputación en el Derecho penal,* en *Problemas Básicos*, págs. 128 y sigts.; Véase además, por todos, BULLEMORE-MACKINNON, II, págs. 49 y sigts., y sobre la concepción de Roxin, págs. 51 y sigts.; FIANDACA-MUSCO, págs. 252 y sigts.; FRISCH, *passim;* GARRIDO, II, 10.5, págs. 68 y sigts.; HIRSCH, *Acerca de la teoría de la imputación objetiva,* en HIRSCH, I, págs. 27 y sigts., quien se pronuncia críticamente; JAKOBS, 7, números marginales 1 y sigts., págs. 223 y sigts.; JESCHECK WEIGEND, § 28, IV, págs. 307 y sigts.; MAURACH-ZIPF, I, § 18, III, números marginales 36 y sigts., págs. 317 y sigts.; MIR, 10, I, 3 y 4, págs. 251 y sigts.; NÁQUIRA, I, págs. 160 y sigts.; VARGAS, III, 6.2, págs. 61 y sigts. ZAFFARONI-ALAGIA-SKODAR, § 31, IV y sigts., págs. 444 y sigts.

126 Al respecto, HIRSCH, I, *op. cit.* en nota 119, pág. 37.

127 ROXIN, *Sobre el fin de protección en los delitos imprudentes,* en *Problemas básicos*, págs. 181 y sigts. Véase, además MARÍA ELENA LARRAURI, *Imputación objetiva. Notas preliminares para una discusión sobre la imputación objetiva,* en el volumen *La imputación objetiva,* Temis, Bogotá, 1989, 6, pág. 78; asimismo, en el mismo volumen, BUSTOS, *Imputación objetiva. Cuestiones metodológicas y sistemáticas;* GIMBERNAT, ¿Qué es la imputación objetiva? En *Estudios de Derecho penal,* Tecnos, Madrid, 1990, págs. 202 y sigts.

128 Supra, III, a).

como un procedimiento destinado a establecer la significación jurídica del vínculo causal previamente verificado y no como un sustituto general de este último. En tal sentido, ella constituiría un perfeccionamiento de la de la relevancia típica,[129] a la cual posiblemente debería ser adscrita, actuando como *correctivo* a la extensión de conexiones causales desmesuradas que no se dejarían tampoco reducir por las exigencias del tipo subjetivo. Pero, además, este punto de vista juega un papel significativo en el ámbito de los delitos omisivos de resultado (*delitos de comisión por omisión*)[130] en donde, de acuerdo con la naturaleza de las cosas, no es posible establecer una vinculación causal entre el *no hacer* y el resultado.

Conforme a lo expresado, deben considerarse aquí por lo menos los cuatro criterios básicos formulados originalmente por ROXIN, esto es, los de *disminución del riesgo (a), no creación de un riesgo jurídicamente relevante (b), incremento del riesgo permitido (c)* y *la esfera (o ámbito) de protección de la norma (d);* pero, asimismo, los del *principio de confianza (e), prohibición de regreso (f), asunción del riesgo por la víctima y acuerdo (g), la conducta alternativa conforme a Derecho (h)* y la *adecuación social de la conducta (i).*

WOLFGANG FRITSCH ha observado, con razón, que en las exposiciones sobre el tema, incluida la de ROXIN, no se diferencian claramente los casos en que no se ha creado un peligro desaprobado y, por consiguiente, no existe desde el principio un *comportamiento típico,* de aquellos otros en los cuales lo que en efecto está ausente es *la imputación del resultado a una conducta* que es inicialmente típica.[131] En su opinión, el tratamiento confuso de estos casos ha conducido a recargar injustificadamente la noción de *imputación objetiva,* al alojar en ese concepto situaciones en que la exclusión de la tipicidad se debe a la falta de comportamiento típico y no a la inexistencia de una relación de imputación. Aunque en atención a la índole de esta obra, aquí no me es posible hacerme cargo de todos los aspectos desarrollados por FRITSCH en su investigación, procuraré destacar en el curso de la exposición siguiente algunos de sus resultados, por lo menos cuando me parece que es ineludible coincidir con ellos.

---

129 Supra III d).

130 Infra, § 45.

131 FRITSCH, Capítulo I, págs., 24 a 82 y *passim.* En contra, ROXIN, § 11, número marginal 42, pág. 365.

A) Disminución del riesgo

Con arreglo al principio de la *disminución del riesgo,* no deben imputarse al autor aquellos resultados típicos causados por su conducta, cuando esta ha tenido por objeto reducir el peligro corrido por la víctima. El ejemplo docente citado por ROXIN es el de quien, al percatarse de que una piedra dará en la cabeza de la víctima, y no pudiendo evitar la lesión de otra manera, empuja al amenazado lo suficiente como para que el proyectil lo golpee en el hombro.[132] Seguramente esta es una situación que, si bien es ilustrativa, casi no tiene importancia práctica. En cambio, este punto de vista puede ser de gran utilidad para excluir la tipicidad de intervenciones quirúrgicas realizadas conforme a la *lex artis,* de las cuales solo se esperan resultados parcialmente exitosos o en las que el alivio indispensable para el enfermo se obtiene mediante la provocación de otras lesiones inevitables.

Ciertamente, en estas situaciones es discutible la concurrencia del dolo de lesionar. Si se concluye que está ausente, el criterio de imputación parecería perder parte considerable de su significación y la atipicidad quedaría resuelta a nivel del tipo subjetivo. Pero esto significa trabajar con un concepto de *dolo malo*[133], que no solo es contrario al sistema expuesto aquí, sino que genera problemas de interpretación, sobre todo en el ámbito del error de prohibición y de la participación criminal.

Por otra parte, hay también quienes piensan que estos casos podrían resolverse acudiendo al *estado de necesidad justificante.*[134] Pero esto implica atribuir al autor la realización de una conducta típica excepcionalmente autorizada por el ordenamiento jurídico, lo cual, sobre todo en el caso de los médicos, no solo conduce a resultados insatisfactorios sino que, además, es contrario al sentir de la sociedad. Sostener que un médico que amputa la pierna al paciente con el objeto de prolongarle la vida realiza "la 'muestra' de la conducta prohibida"[135] aunque excepcionalmente justificada, para el hombre común resulta, con razón, poco sensato.

La disminución del riesgo constituye un criterio que evidentemente *excluye la tipicidad del comportamiento típico* y en tales casos, por consiguiente, resulta superfluo analizar si en el hecho *se ha realizado el peligro* creado por el autor.

---

132 ROXIN, § 11, número marginal 43, pág. 365.

133 Infra, § 18, I, c).

134 Infra, § 24 II b).

135 WELZEL, *Nuevo sistema*, II, IV, pág. 53.

b) Ausencia de un riesgo jurídicamente relevante

Con arreglo al criterio de la *no creación de un riesgo jurídicamente relevante*, se excluye la imputación del resultado al autor si con su conducta solo ha creado para el bien jurídico un peligro socialmente permitido y, por ende, jurídicamente irrelevante. También para ilustrar este principio, se echa mano de un ejemplo canónico que nunca o casi nunca se dará en la realidad: el de quien embarca al tío acaudalado cuya fortuna quiere heredar en el viaje regular de una aeronave, con la esperanza de que se produzca un accidente en el que su pariente muera, cosa que efectivamente ocurre. Puesto que obsequiar a una persona con un viaje en avión constituye un comportamiento aprobado por el Derecho, no obstante los peligros que conlleva, en el caso expuesto la muerte del tío no puede ser imputada al autor y debe negarse la tipicidad del hecho.

El principio de no creación de un riesgo jurídicamente relevante ha merecido, asimismo, numerosos reparos. Desde luego. En casos como el del ejemplo se pone en duda la concurrencia del dolo en el autor, ya que él carece de un control efectivo sobre el curso causal y, por consiguiente, no está en condiciones de conducirlo. En tal ejemplo, entonces, se confundiría la voluntad de realización con un simple deseo.[136]

También se ha observado que existe una cierta yuxtaposición entre este criterio y el del "incremento del riesgo permitido",[137] respecto del cual parecería no ser sino la otra cara de una misma medalla. En efecto, parece lógico que no se crea un peligro desaprobado mientras no se exceden los límites del riesgo permitido y viceversa. A esto debe agregarse que las cuestiones relativas a si han o no sobrepasado los niveles de peligro autorizados por el ordenamiento jurídico tienden a confundirse con los referentes a la existencia de culpa y, por lo tanto, una vez más parecen inescindibles de la consideración del tipo subjetivo. Esta crítica en mi opinión es errada, pues uno puede imaginar muchas situaciones en las cuales el autor asume un "riesgo general de la vida" incluso aspirando a que se realice en un resultado típico –por consiguiente, no solo con culpa sino con dolo– y, sin embargo, el acontecimiento resultante no podría serle imputado –como precisamente ocurre en el caso del tío rico–. Eso se debe a que, como el comportamiento es objetivamente atípico *ab initio*, las cuestiones referentes a la actitud subjetiva del agente son también, desde un principio, irrelevantes.[138]

---

136 Infra, § 18, III, antes de a).

137 LARRAURI, *op. cit.*, 6, B, 2, pág. 87.

138 En el mimo sentido, JAKOBS, 7, número marginal 39, pág. 245.

El principio de la no creación de un riesgo jurídicamente relevante en la práctica es importante especialmente en ámbitos como los del tráfico vial, marítimo o aéreo, así como en todos aquellos campos en los cuales el Derecho no pretende prohibir la realización de cualquier conducta peligrosa, porque ello significaría una paralización de la vida económica y del progreso social. Por esto, si quien conduce su automóvil correctamente, no obstante ello, causa de todas maneras un accidente lesionando a otra persona –como siempre es posible que ocurra en el curso de esa actividad en consideración a los riesgos que implica– el resultado lesivo no le será objetivamente imputable, con independencia de cuál haya sido su posición subjetiva. Este es un punto al que los tribunales deben prestar atención, pues a menudo observan la actitud censurable de imputar los resultados sin tomar en cuenta que ellos realizan solo los riesgos inherentes a ciertos comportamientos cuya ejecución, sin embargo, no es cuestionada por el Derecho ni podría serlo.

Igual que en el caso anterior, en el de no creación de un riesgo relevante *está excluido el peligro.*[139] En mi opinión, ello implica también *la supresión del comportamiento típico*. Lo que ocurre en este caso es que no es posible estimar *ex post facto*[140] la existencia de un peligro, pues el observador razonable no considerará que la conducta en cuestión genere un riesgo apreciable de lesión del bien jurídico y, por lo tanto, desestimará su concurrencia.[141]

c) El incremento del riesgo

De conformidad con el principio del *incremento (aumento) del riesgo,* el resultado típico es imputable a la acción del autor cuando este ha ejecutado un hecho que aumentó más allá de lo permitido el riesgo de que se produjera, aunque sea dudoso si el desenlace hubiera sido el mismo, de observarse el comportamiento correcto. Del número de los casos que se suelen mencionar, pertenecientes todos a la jurisprudencia alemana, uno de los más reiterados es el del camionero que sin observar la distancia reglamentaria sobrepasa a un ciclista ebrio, el cual se estrella contra el costado del vehículo de carga y muere; en el proceso no es posible verificar si, dado el estado de avanzada embriaguez del ciclista, el accidente y la muerte también se hubieran producido en el caso de que el conductor del camión hubiese mantenido la distancia debida. ROXIN considera que en esta situación

139 Así también ROXIN, § 11, números marginales 45 y sigts., págs. 366 y sigts.

140 Supra, § 1, III, c) 1), iii.

141 En el mismo sentido ROXIN, § 11, número marginal 46, pág. 367.

debe sancionarse la conducta imprudente del camionero, prescindiendo de la consideración causal, porque para hacerlo basta con que ese comportamiento haya excedido los límites del riesgo permitido, cosa que se deduce de la inobservancia de la disposición reglamentaria.[142]

Desde luego, debe observarse que en estos casos la existencia de una relación causal es dudosa también con arreglo a la teoría de la condición conforme a leyes. Obviamente, si se suprime mental e hipotéticamente el paso del camión como acontecimiento físico, el resultado no se habría producido. La cuestión, sin embargo, radica en saber lo que conforme a las leyes de la experiencia habría sucedido si el vehículo hubiera adelantado a la distancia reglamentaria. Así pues, aquí, cuando se piensa en lo que ocurrió, no se tiene certeza de que acuerdo a las leyes de la experiencia el comportamiento del conductor del camión haya ocasionado el resultado típico y tampoco de que no lo haya hecho, y eso ha conducido a la opinión que hasta ahora es dominante a rechazar el criterio del incremento del riesgo porque constituye una infracción del principio *in dubio pro reo*.[143]

Por otra parte, el principio también se encuentra sometido al reparo de que incorpora a la determinación de la imputación, supuestamente objetiva, elementos relativos a la previsibilidad del resultado y, por consiguiente, a la culpa y al tipo subjetivo. Subsiste en consecuencia la cuestión de si, en tales condiciones, es realmente necesario introducir en la estructura del tipo objetivo una problemática que puede resolverse en otro plano.

d) Esfera de protección de la norma

De conformidad con el criterio de la *esfera de protección de la norma*, el resultado no es objetivamente imputable, aunque haya sido causado por la conducta del autor cuando, de acuerdo con el sentido de la norma penal, la situación en su contexto no es de aquellas que esta se propuso evitar.[144]

En primer lugar, se agrupan aquí casos en los cuales el peligro que se ha realizado no es de aquellos que la norma tiene por fin impedir. Se cita, como

---

142 ROXIN, § 11, números marginales 72 y 73, págs. 379 y 380. En este sentido también STRATENWERTH, § 8, números marginales 34 y sigts., págs. 135 y sigts.

143 Supra, § 4, V, c). En el mismo sentido HIRSCH, *El desarrollo de la dogmática penal después de WELZEL*, en HIRSCH, I, pág. 31; JAKOBS, 7, número marginal 103, pág. 287; FRISCH, III, A, III, 3, págs. 575 y sigts.

144 JESCHECK-WEIGEND, § 28, IV, 3, pág. 308; ROXIN, § 11, números marginales 68 y sigts., págs. 377 y sigts.

ejemplo, el caso de los ciclistas A y B que viajan ambos de noche por una carretera con los faros apagados. A causa de ello, A es atropellado por un camión y muere. En el proceso se alega y establece que, si B hubiese llevado su faro encendido, el conductor del camión habría visto a A y el accidente no habría ocurrido. Se niega la imputación porque la norma que ordena a los ciclistas llevar sus faros encendidos tiene por finalidad el que vean a los peatones o los obstáculos que se presentan en la ruta, *pero no iluminar a terceros participantes en el tráfico con el objeto de que no sean víctimas de accidentes.*

Otro grupo de situaciones se refiere a hipótesis en las cuales el peligro se materializa a causa de un curso causal anormal, aunque probablemente previsible. Se incluyen casos como el del transeúnte A, que presencia un accidente en el que B causa la muerte de su conocido C. Espantado, A echa a correr para dar aviso a los parientes de C con tanta imprudencia que es atropellado por otro vehículo conducido por D; o bien, A es herido levemente por B, aunque con dolo homicida, luego de lo cual se lo traslada a un hospital que se incendia, muriendo en el siniestro. En el primer ejemplo, no se podría imputar a D la muerte de A, ni en el segundo, a B la de A, porque en ambos casos la materialización del peligro se produce a consecuencia de cursos causales insólitos que desvinculan el resultado del comportamiento del autor. La norma que sanciona el homicidio doloso *no tiene por finalidad evitar la muerte de una persona en el incendio de un establecimiento hospitalario;* la que castiga el homicidio imprudente *no tiene por objeto impedir que sujetos alterados se arrojen bajo las ruedas de automóviles en marcha.* Así pues, en el primero de los ejemplos presentados se negará la punibilidad del supuesto autor; en el segundo se lo deberá castigar únicamente por tentativa de homicidio –o, probablemente, por homicidio frustrado–.

Para algunos autores, la esfera de protección de la norma es el único criterio aprovechable de imputación objetiva de entre los propuestos inicialmente por ROXIN. Aun así, no siempre se encuentra exento de polémica. Sobre todo en el segundo grupo de casos, solo pareciera funcionar apropiadamente si se ha prejuzgado sobre el carácter anormal de la relación causal, pero no está en condiciones de ofrecer un procedimiento para trazar con claridad una frontera de suyo fluida.

El criterio de la esfera de protección de la norma funciona *descartando la existencia de la relación de imputación entre el comportamiento y el resultado.* Se trata, pues, de *situaciones en las cuales, si bien se ha creado un peligro reprobado por el Derecho, este no se ha realizado en el resultado.*[145] Por ende, presupone que el autor

145 JESCHECK-WEIGEND, § 28, IV, 3, pág. 308; ROXIN, § 11, números marginales 68 y sigts., págs. 377 y sigts.

ha ejecutado efectivamente un comportamiento típico y lo que está en cuestión es si puede enlazarse normativamente a este el resultado típico, con independencia de la existencia de la relación causal cuya existencia se encuentra en tales casos fuera de discusión.

e) El principio de confianza

Con arreglo al *principio de confianza,* cuando se participa en actividades compartidas por una pluralidad de intervinientes se puede confiar, *dentro de límites razonables,* en que los otros participantes en ellas se conducirán correctamente.[146] Si no sucede así, debe excluirse la imputación objetiva respecto del que confió. Por esto el conductor que vira hacia su derecha puede esperar que ningún motociclista intentará sobrepasarlo por ese lado; el conductor que adelanta a un ciclista puede contar con que este no girará a la izquierda inesperadamente;[147] el comandante de la aeronave puede emprender el despegue confiando en que los pasajeros abrocharon sus cinturones después de que las azafatas se lo solicitaron y que estas han cerrado las puertas de la aeronave; el cirujano puede confiar en que los anestesistas monitorean apropiadamente las reacciones cardiorrespiratorias del paciente.

La confianza es indispensable para el desarrollo eficaz de tareas comunes. Solo así puede operar razonablemente la "división del trabajo", cuyo objetivo fracasaría "si cada uno debiera controlar todo lo controlable".[148] En cambio, "la directriz debe ser que incluso al más competente de los que colaboran solo se le pueden imponer tantos deberes de vigilancia en relación con otros como pueda cumplir sin peligro de descuidar su parte personal de trabajo".[149]

Originalmente, el principio de confianza se circunscribió al ámbito del tráfico rodado, y se lo examinó como un criterio determinante de la culpa[150] y, más

146 JAKOBS, 7, número marginal 51, págs. 253 y 254; ORSCHEKOWSKI, *La culpabilidad en el Derecho penal socialista*, traducción de Sergio Politoff y Juan Bustos, en RCP., tomo XXXI, Nº 1, Santiago, 1972, pág. 16; ROXIN, § 24, números marginales 21 y sigts., págs. 1004 y sigts; WELZEL, § 18, pág. 189.

147 Ejemplo de JAKOBS, 7, número marginal 55, pág. 2.

148 JAKOBS, 7, número marginal 53, pág. 255. En el mismo sentido STRATENWERTH, § 15, número marginal 67, págs.436 y 437.

149 ROXIN, § 24, número marginal 25, pág. 1006.

150 Así, en particular, hasta la última edición de este libro, § 19, II, c), pág. 338 y CURY, *El principio de confianza como criterio regulador de la culpa,* en *Revista mexicana de Derecho penal,* Cuarta época, Nº 10, México, 1973, págs. 11 y sigts. De la misma forma FIANDACA MUSCO,

precisamente, del cuidado debido. No obstante, la verificación de su importancia en otros ámbitos, en particular respecto de todas las actividades que se ejecutan en conjunto, ha conducido progresivamente a la ampliación de su campo de aplicación y a su inclusión entre los criterios de imputación objetiva, en donde cumple un rol más extendido que determina la exclusión de la imputación con anterioridad a la discusión de los componentes de la culpa en la faz subjetiva del tipo de los delitos imprudentes.

De acuerdo con mi punto de vista, sin embargo, la confianza debe detenerse en límites razonables, lo cual implica importantes restricciones[151] Estos límites son los siguientes:

1) El sujeto, aunque se comporte correctamente, no puede esperar una conducta satisfactoria de individuos a los que *sabe* incapaces de autodeterminarse adecuadamente en la situación concreta. Este es el caso de los niños que juegan junto al camino, del ciego que cruza la calzada dirigido por su perro, o del médico carente de especialización que era el único con cuya colaboración podía contar el cirujano debido a la extrema urgencia de la intervención quirúrgica. En todas estas hipótesis es decisivo que el autor *conozca* la inhabilidad del concurrente, sea porque le consta o porque, atendidas las circunstancias, es manifiesta.
2) El principio de confianza otorga una facultad de "esperanza" que solo cobra sentido para conductas futuras. Por esto, no cabe invocarlo cuando la acción incorrecta es *actual* y el actor puede *apercibirse* de ella. En tales casos solo se podrá excluir la imputación del resultado teniéndola en cuenta. No se crea un peligro reprobable cuando se confía en que el otro se conducirá correctamente en el porvenir; su comportamiento incorrecto presente debe ser *tomado en cuenta* por el que actúa.

   Así, cuando transito por una carretera puedo confiar en que los otros vehículos conservarán su pista de circulación; pero si me percato de que alguno la abandona imprudentemente para sobrepasar al que lo precede, debo adoptar de inmediato medidas concretas destinadas a evitar una colisión. En un caso semejante no basta enviar señales admonitorias, como

Parte III, I, 9, A), págs. 550 y sigts.; MAURACH–ZIPF, II, § 43, III, números marginales 70 y sigts., págs. 158 y sigts.; ROXIN, § 24, números marginales 21 y sigts., págs. 1004 y sigts.; STRATENWERTH, § 15, números marginales 65 y sigts., págs. 436 y sigts.

151 Cfr. STRATENWERTH, § 15, número marginal 66, págs. 436 y 437.

hacer sonar la bocina o parpadear las luces de los faros. Hay que contar con la persistencia del concurrente en su conducta inadecuada.

3) Vinculada con estas limitaciones se encuentra la obligación de seleccionar y controlar a los colaboradores, que recae sobre quien dirige una actividad peligrosa ejecutada por varios.[152] Para que sea posible confiar en que la conducta de estos asistentes será correcta, es preciso cerciorarse de su habilidad para ejecutarla. Naturalmente no es menester hacerlo a cada instante o cada vez que se les ordena intervenir en la tarea común, porque eso invalidaría su contribución y hasta los convertiría en un estorbo; basta con un control periódico, cuya frecuencia variará de acuerdo con las circunstancias. El comandante de la aeronave puede confiar en que su antiguo y experimentado copiloto se hará cargo de los mandos satisfactoriamente si ha cuidado de controlar, de cuando en cuando, la conservación de sus aptitudes profesionales; pero si debe emprender el vuelo con un asistente bisoño, ha de permanecer junto a él, encomendarle si es posible solo tareas menores y, si se ve obligado a entregarle los mandos, ofrecer instrucciones pormenorizadas al iniciar cada maniobra.

En el principio de confianza se trata, en parte, de que el autor al confiar *no crea un peligro desaprobado,* porque en su caso el resultado equivale para él a un accidente o suceso impredecible de la naturaleza, pero en parte, asimismo, de un caso de *prohibición de regreso,*[153] porque el tercero que no responde a la confianza y provoca con su comportamiento el resultado debe ser hecho responsable por este.[154] Por consiguiente, aquí nos encontramos frente a un criterio intermedio que, *según sea la perspectiva desde la cual se lo examine, puede ser visto como una hipótesis de exclusión de la creación de un peligro desaprobado y en parte como supresión del vínculo normativo de imputación* entre el comportamiento y el resultado.

f) Prohibición de regreso

De acuerdo al principio de *prohibición de regreso*, debe *excluirse la imputación objetiva* de quien ha ejecutado la conducta creadora de un peligro desaprobado, si la realización del resultado se ha debido a la interposición independiente de

---

152 MAURACH–ZIPF, II, § 43, número marginal 77, pág. 162.

153 Infra, f).

154 JAKOBS, 7, número marginal 51, págs. 253 y 254.

una acción dolosa de un tercero, salvo que existiera una manifiesta inclinación de dicho tercero a la comisión del delito y esta fuera perceptible para el hechor.[155]

Inicialmente, la "prohibición de regreso" fue elaborada por FRANK como un criterio que en su opinión determinaba la interrupción de la conexión causal.[156] Este punto de vista, así entendido, fue generalmente impugnado pues el comportamiento interpuesto no rompe el vínculo de causalidad, sino que, a lo sumo, lo modifica redirigiéndolo. Si A expende bebidas alcohólicas a un conductor del que cabe temer que proseguirá manejando y provocará como consecuencia un accidente, como en efecto ocurre, la relación causal entre el comportamiento de A y el accidente no se interrumpe por la intervención (dolosa) del conductor en estado de embriaguez, sino que, a través de las acciones de este, sigue su curso con arreglo a las leyes de la experiencia. De la misma forma, cuando A vende un juego de cuchillos a B, de los cuales este se sirve para dar muerte a C, la interposición dolosa de la acción homicida de B tampoco secciona el curso causal desencadenado por A.

En cambio, la evolución posterior de la teoría de la imputación objetiva ha reconocido a la "prohibición de regreso" un papel excluyente del enlace normativo entre la acción y el resultado, no obstante la subsistencia del vínculo causal, y en tal sentido se le reconoce un "núcleo correcto".[157] En términos amplios, a quien realiza conductas que yacen dentro del campo de los riesgos generales de la vida no puede imputársele objetivamente resultados ocasionados por la intervención dolosa de terceros con la que no tenía motivos para contar. Sin embargo, esta última salvedad remite a una consideración más detenida de los casos de prohibición de regreso porque, bajo ciertos presupuestos, puede suceder que la situación de origen a una responsabilidad a título de imprudencia que debe ser examinada con mayor detalle cuando corresponda.[158] En concreto, eso sucederá cuando la inclinación del tercero a la comisión del delito es manifiesta y el autor ha tenido la posibilidad de percatarse de ella porque era perceptible para él. Así, cuando la compra de los cuchillos se produce en medio del fragor de una riña y el adquirente entra al negocio vociferando que necesita un puñal para deshacerse de sus adversarios, la acción de venderlos yace en el campo del comportamiento

---

155 Cfr. ROXIN, § 24, números marginales 27 y sigts., págs. 1006 y sigts., quien se ocupa de este principio como una derivación del de confianza.

156 Cfr. HRUSCHKA, *Prohibición de regreso y concepto de inducción*, en *op. cit.*, I, págs. 169 y 170; ROXIN, § 11, número marginal 97, pág. 393.

157 ROXIN, § 11, número marginal 97, pág. 393.

158 Infra, § 19.

típico imprudente. En casos de esta índole, lo que ocurre es que ya no se puede confiar en que el tercero obrará de un modo correcto, pues existen evidencias muy marcadas de que esa esperanza se frustrará; así, en este punto, el principio de "prohibición de regreso" se emparienta estrechamente con "el de confianza", al punto de que algunos autores tratan de ellos conjuntamente.[159]

Cuando la prohibición de regreso impide la imputación, eso se debe, como se deduce de lo expuesto más arriba, *a que el comportamiento no es típico* y, en consecuencia, falta uno de los términos de la conexión normativa.

g) Asunción del riesgo por la víctima y acuerdo

No existe creación de un peligro reprobado por el Derecho y en consecuencia se excluye la imputación objetiva, *cuando es la víctima quien adopta libremente la decisión de afrontar el riesgo.* Así, cuando los viajeros insisten tozudamente en ser trasladados a la otra rivera, a pesar de las advertencias del barquero sobre los peligros que implica cruzar el río durante una tempestad desencadenada, al botero no le será objetivamente imputable la muerte de alguno de los pasajeros ocasionada por el naufragio de la embarcación.[160] De la misma forma, tampoco puede atribuírsele la creación de un riesgo jurídicamente desaprobado al que proporciona la jeringuilla con que otro se administra una sobredosis de estupefaciente a consecuencias de lo cual fallece.[161]

La fundamentación en estos casos se relaciona con la naturaleza del injusto típico. Puesto que el núcleo del desvalor de la acción sobre el cual se erige el injusto radica en que el autor del hecho abusa de la libertad de la víctima, respecto de la cual se comporta como si fuera un medio, es claro que el ilícito no se materializa cuando quien adopta la decisión de asumir el riesgo (mediatizándose) es la propia víctima, porque la idea de un abuso de la propia libertad es contradictoria.[162]

---

159 ROXIN, *op.* y *loc. cit.* en nota 151.

160 ZAKZIK, *Injusto jurídico penal y la autorresponsabilidad del lesionado,* en *op. cit.*, pág. 306.

161 FRISCH, Introducción, pág. 15. Lo mismo tendría que resolverse si el sujeto facilita no ya solo la jeringuilla sino la droga misma, sin perjuicio de lo preceptuado en el art. 3° de la Ley 20.000 sobre tráfico ilícito de estupefacientes y sustancias psicotrópicas cuya aplicabilidad permanece intacta.

162 Cfr. ZAKZIK, *Injusto jurídico penal y la autorresponsabilidad del lesionado, cit.*, pág. 267: "Una autolesión en cuanto tal no es un injusto frente al bien lesionado, pues aquella no presenta la referencia interpersonal que es esencial al Derecho [*Recht*] y, con ello, al injusto [*Unrecht*]. La unidad de la persona en Derecho, que es la base indisoluble de todo Derecho (y que, en consecuencia, el mismo Derecho no puede dividir) sería destruida si a la persona

Naturalmente, este es el punto de partida. En la práctica pueden presentarse situaciones complejas que requieren un análisis diferenciado. Pero el criterio básico prosigue siendo el mismo para todos ellos, en tanto sea posible aseverar que la decisión de lesionarse o exponerse a ser lesionado es una manifestación de autonomía personal: la lesión que es relevante en lo jurídico penal es siempre heterolesión y, en consecuencia, la autolesión yace fuera del ámbito del injusto típico; "la destrucción de una cosa propia no es constitutiva de daños en sentido jurídico (-penal) y el suicidio no es constitutivo de homicidio".[163]

Prácticamente confundido con este criterio se encuentran los casos de *acuerdo*, es decir, aquellas situaciones en las cuales la víctima consiente en la lesión de un bien jurídico suyo, respecto del cual el ataque solo es típico si se obra contra su voluntad o, por lo menos, sin ella, sea porque así lo dispone expresamente la descripción legal del hecho, sea porque ello se deduce de su contexto. Así, la apropiación de una cosa mueble ajena ejecutada con el consentimiento del dueño no constituye hurto porque el art. 432 del C.P. *establece expresamente* que este concurre solo cuando se obra sin la voluntad del *dómine*. De la misma forma, quien accede carnalmente a una persona mayor de 18 años que ha consentido en ello no realiza el tipo de la violación. En estos casos opera ampliamente el principio *volenti non fit injuria*, la conducta del autor, no crea un peligro desaprobado por el Derecho y, por consiguiente, el resultado no le es objetivamente imputable, incluso con mayor razón que en los de asunción del riesgo de los cuales, a fin de cuentas, no es sino una derivación.[164]

Siempre que la víctima asume la autorresponsabilidad por el resultado, se encuentra ausente la creación del riesgo por el tercero interviniente*: en consecuencia, se trata de hipótesis en las cuales falta el comportamiento típico.*

---

concreta se le opusieran sus propios bienes como algo separado de ella y, de este modo, se contemplara una lesión de los bienes por su propio titular como un injusto (¿inferido a él?)". En el mismo sentido, aunque desde una perspectiva diferente que se discutirá más adelante, URS KINHÄUSER, *La fidelidad al Derecho como categoría de la culpabilidad*, en KINDHÄUSER-MAÑALICH, III, 3, pág. 109: "Lo que no puede haber, sin embargo, *es un derecho a lesionar deslealmente la autonomía comunicativa de los demás*" (El énfasis es mío) (Véase, al respecto, infra, § 25). Asimismo, JUAN PABLO MAÑALICH, *Pena y ciudadanía*, en KINDHÄUSER–MAÑALICH, 1, pág.124: "El reproche de culpabilidad consiste, de este modo, en el reproche por la toma de posición, en el nivel de formación de una intención de segundo orden, a favor de lo injusto, *lo cual pone de manifiesto una falta de sentido de la justicia del autor*" (El énfasis es mío).

163 Ídem.

164 Sobre los casos de *consentimiento justificante* por oposición al *acuerdo*, infra, § 24, I, especialmente a).

h) La conducta alternativa conforme a Derecho

De acuerdo con la opinión dominante en el Derecho comparado, *el resultado no es objetivamente imputable al autor en aquellos casos en los cuales una conducta alternativa conforme a Derecho tampoco habría conseguido evitarlo.*[165]

La afirmación de este criterio constituye la cara opuesta del rechazo al principio del *incremento del riesgo,*[166] con el cual aparece en una relación de contradicción. Por eso, no es raro que la literatura acuda, para ejemplificarlo, al mismo caso del camionero y el ciclista a que aludimos más arriba.[167] En efecto, de lo que se trata es de que en estas situaciones una apreciación hipotética de lo que habría ocurrido si el autor, en lugar de vulnerar la norma, se hubiera conducido conforme a Derecho, es que el resultado se hubiera producido de todas maneras. Lo que ha pasado es que, tal como sucedieron las cosas, no se puede acreditar la relación causal entre acción y resultado, tampoco desde el punto de vista de la teoría de la condición modificada y, por consiguiente, si se quisiera imputar de todas maneras este a aquella, tendría que hacérselo prescindiendo de ese vínculo o afirmándolo con infracción del principio *in dubio pro reo*, cosas ambas que ya se han rechazado tanto en uno como en otro sentido.

En las situaciones a que se refiere el criterio referente a la conducta alternativa conforme a Derecho el autor, en todo caso, ha creado con su comportamiento un peligro desaprobado por el ordenamiento y, en consecuencia, *lo que excluye la imputación es la ausencia del vínculo de imputación en sentido estricto.*

i) La adecuación social de la conducta

Con arreglo al principio de la *adecuación social de la conducta, el actor no crea un riesgo desaprobado por el Derecho cuando su comportamiento es aceptado por la sociedad, no obstante realizar formalmente el tipo descrito por la ley.*[168]

Este criterio fue formulado por WELZEL antes de que se impusiera la teoría de la imputación objetiva, de la cual constituye, por eso, una anticipación no

---

165 Véase, por todos, FRISCH, págs. 561 y sigts. En contra ROXIN, § 11, números marginales 72 y sigts., págs. 378 y sigts.

166 Supra, c).

167 Ídem.

168 MAURACH–ZIPF, I, § 17, números marginales 14 y sigts., págs. 277 y sigts.; ROXIN, § 10, números marginales 33 y sigts., págs. 293 y sigts., WELZEL, § 10, IV, págs. 83; *Nuevo sistema*, II, IV, págs. 53 y sigts.

siempre reconocida por la doctrina posterior. Para graficarlo, WELZEL acudía a ejemplos que posiblemente no eran los más acertados y, en alguna medida, contribuyeron a desprestigiarlo porque se los tachaba de superfluos e imprecisos. Así, situó aquí el caso del sobrino que "anima a su tío, del que es heredero, a utilizar con frecuencia los medios de transporte con la esperanza (fundada) de que muera prematuramente en un accidente". También, "las lesiones corporales insignificantes"; "las privaciones de libertad irrelevantes"; "el jugar pequeñas cantidades" o "la entrega habitual de regalos de escaso valor para Año Nuevo".[169] Refiriéndose a estos casos concluye HIRSCH, de manera acertada, "que la teoría de la adecuación social ha cumplido ya su tarea y es prescindible en el actual estado de desarrollo de la dogmática jurídico-penal"[170] porque la mayoría de esas situaciones puede resolverse acudiendo a otros criterios de imputación objetiva ya discutidos en los apartados precedentes o, incluso, mediante una interpretación más cuidadosa de los tipos en cuestión. Aparte de esto, también contribuyó a la confusión el hecho de que el propio WELZEL vaciló sobre la ubicación sistemática que correspondía a la adecuación, a la cual trató inicialmente como una hipótesis de atipicidad, luego como causal de justificación desde la 4ª a la 8ª edición de su tratado, para concluir considerándola como "un principio general de interpretación cuya significación no se limita de ningún modo solo al Derecho penal, sino que abarca el ordenamiento jurídico general".[171]

Sea como fuere, debe convenirse en que la teoría de la adecuación social constituyó un paso importante hacia la normativización del vínculo de imputación entre acción y resultado, y con ello a la evolución experimentada por la dogmática más reciente. Pero, además, en que existe por lo menos un grupo de casos en los cuales la exclusión de la tipicidad solo es posible fundarla acudiendo a este principio. Se trata, como lo pone en relieve MAURACH–ZIPF, de las *prácticas deportivas*.[172] En efecto, en el curso de estas actividades no es infrecuente que se

169 WELZEL, § 10, IV, pág. 84. Como en el texto, MAURACH–ZIPF, I, § 17, número marginal 15, pág. 278.

170 HIRSCH, *Adecuación social y teoría del injusto,* en HIRSCH, tomo III, pág. 73. En el mismo sentido ROXIN, § 10, especialmente números marginales 38 a 42, págs. 295 a 297: "Por eso, esta teoría, tendencialmente correcta, hoy ya no puede reclamar una especial importancia dogmática".

171 WELZEL, § 10, pág. IV, pág. 86.

172 MAURCH-ZIPF, I, § 17, números marginales 19 y sigts., págs. 279 y sigts. En cambio, los casos de *conducta correcta en el tránsito* a que estos autores hacen mención en I, § 17, número marginal 18, pág. 279, deben incluirse en mi opinión entre las hipótesis de *ausencia de un riesgo jurídicamente relevante* (supra, b).

cause a quienes participan en ellas lesiones en ciertos casos de bastante consideración, usualmente imprudentes, pero a menudo también dolosas. Estos hechos, si bien son sancionados de acuerdo con los reglamentos del deporte respectivo, rara vez llegan a los tribunales de justicia, no obstante que satisfacen los presupuestos de los arts. 397 y sigts. del C.P. Una parte de la doctrina intenta explicar esta situación acudiendo a la teoría del consentimiento[173]; pero el consentimiento presupone que la víctima lo ha dado expresa o presuntamente, aceptando ser objeto de una lesión –u otro daño– determinado. En el caso del jugador de fútbol o de básquetbol al que un rival fractura una pierna mediante una maniobra malintencionada, difícilmente podría aceptarse que haya consentido en que algo así ocurra ni siquiera en general; y mucho menos que su consentimiento se haya referido determinadamente a una acción como aquella de la que precisamente ha sido víctima, cuya ocurrencia ni siquiera pudo prever cuando entró al campo de juego. Por eso, la impunidad generalmente aceptada de acontecimientos de esta índole solo puede explicarse acudiendo al criterio de la adecuación social: la comunidad acepta que tales hechos no sean castigados, por lo menos cuando solo son imprudentes, en obsequio a los beneficios físicos que la práctica deportiva de que se trata procura a los que intervienen en ella, contentándose con que el autor reciba una sanción impuesta por sus pares, que no es portadora de las consecuencias más gravosas de la pena penal.[174]

Con arreglo a lo expuesto, la adecuación social significa que *en su caso está excluida la creación de un riesgo desaprobado por el Derecho y, por lo tanto, que se encuentra ausente el comportamiento típico.*[175]

173 Supra, g) e infra § 24, I.

174 MIR, 19, número marginal B, número marginal 51, pág. 512, estima que estos casos deben excluirse del tipo con arreglo al principio de *insignificancia.* La ubicación nos parece discutible porque en algunos casos el daño causado por estas lesiones no es insignificante.

175 En este sentido también MIR, 19, B, número marginal 48, pág. 511.

§ 18. LA ESTRUCTURA DEL TIPO (FAZ SUBJETIVA EN LOS DELITOS DOLOSOS)

La faz subjetiva del tipo en los delitos dolosos se caracteriza por la coincidencia entre la voluntad del autor y el hecho típico objetivo, es decir, entre la faz subjetiva y objetiva de la acción. *La voluntad adecuada al tipo es el dolo del delito.*

El dolo es el contenido subjetivo necesario de todo tipo de delito doloso. Pero es posible que *otros elementos subjetivos*, distintos del dolo, integren también ese contenido.[176]

I. EL CONCEPTO DEL DOLO

Dolo es el conocimiento de que en el hecho concurren los componentes fácticos que integran el tipo, acompañado por la voluntad de realizarlo o, en su caso, por la decisión (conformidad) de que sobrevenga el resultado como consecuencia posible del comportamiento voluntario.

A) La noción civil y la penal del dolo

Esta definición se diferencia de la que proporciona en art. 44 inc. final del CC. Ese concepto, en efecto, no se adecua a las necesidades del Ordenamiento penal.[177]

En primer lugar, de acuerdo con el texto de los arts. 2° y 10 N° 13 del C.P., todo delito requiere para su configuración –por regla general– del dolo. De otro lado, una ojeada de conjunto a los libros II y III del C.P. revelará que no solo *la persona* y *la propiedad* son tuteladas por tipos de la Parte Especial. En tal sentido, la definición del art. 44 inc. final del C.C. es insuficiente para el Derecho penal, porque únicamente refiere el dolo a esos dos bienes jurídicos. Esta dificultad podría solucionarse mediante una interpretación teleológica del precepto civil. A ello obstan las consideraciones siguientes, que ponen de manifiesto la inutilidad del correctivo.

---

176 Del dolo se trata infra, I, II y III. De los otros elementos subjetivos del tipo, infra IV.

177 En el mismo sentido NOVOA, I, 304, págs. 472 y 473.

De otra parte, la definición civil solo puede aplicarse a la naturaleza y estructura del *dolo directo* o de primer grado,[178] porque al exigir una *intención positiva* excluye la posibilidad de integrar a ella la noción del *dolo eventual*[179]. Esto se comprende dada la diferente eficacia que acuerdan el ordenamiento civil y el penal a la distinción entre *dolo* y *culpa*. Mientras la responsabilidad civil descansa en cualquiera de los dos elementos subjetivos, con consecuencias indiferenciadas, la penal solo se erige por regla general sobre conductas dolosas, en cuanto la punibilidad de las imprudentes es excepcional, conforme a los arts. 2°, 4° y 10 N° 13 del C.P. y las consecuencias penales de unas y otras son en todo caso muy diversas, así cualitativa como cuantitativamente. Se comprende pues la falta de interés del legislador civil en diferenciar los casos límite de dolo y culpa y, por la inversa, la importancia que concede el Derecho penal a esa distinción.

Aparte de lo expuesto, como el art. 44 inc. final del C.C. concibe al dolo como "intención positiva de inferir *injuria,* esa noción es inaplicable a los delitos penales en los que ningún resultado injurioso (dañoso, perjudicial) es exigido por el tipo. Ocurre así porque a la ley civil no le interesan aquellas acciones ineptas para provocar un resultado externo, aunque parezcan contrarias a la voluntad del Derecho. El *delito de mera acción,* los *delitos de peligro* el *delito frustrado* y la *tentativa* son conceptos penales sin correlato civil. En este punto es decisiva la consideración de los distintos fines perseguidos por ambos ordenamientos.

Pero lo más decisivo de todo, seguramente, es que la definición contenida en el art. 44 inc. final del C.C. solo exige una intención general de causar injuria a otro. Esta indeterminación es inaceptable para el Derecho penal. La imputación penal, en efecto, requiere que el sujeto haya previsto y se haya conformado con la realización del hecho típico, no con una consecuencia dañosa cualquiera, pues esto conduciría a entronizar en la práctica un sistema de responsabilidad por los resultados, incompatible con las Ideas de Justicia imperantes en nuestra cultura. Quien arroja una piedra para quebrar el cristal de una ventana, no debe responder de homicidio si el proyectil golpea y da muerte a una persona cuya presencia en el lugar era imprevisible para el hechor. El que trepa al árbol para hurtar manzanas no debe responder de lesiones si cae de la rama y aplasta a un transeúnte. La definición civil del dolo es insuficiente para precisar estos resultados.[180]

178 Infra, III, a).

179 Infra, III, c).

180 Así también NOVOA, I, 304, págs. 472 y 473; POLITOFF, 9, § 3, B, pág. 447.

b) La estructura del dolo

Para el dolo se requiere la concurrencia de un elemento *intelectual* (el conocimiento del hecho que integra el tipo legal) y de otro *volitivo* (por lo menos, el conformarse con que sobrevenga la realización del hecho típico como consecuencia del comportamiento voluntario).

Esta forma de caracterizar el elemento *volitivo* significa afirmar que el concepto básico del dolo es el llamado *dolo eventual.*[181] En efecto, de acuerdo al punto de vista aquí defendido, la forma más simple del dolo es el eventual, que se ubica precisamente en el punto en que la actitud psicológica del autor frente al hecho típico deja de ser valorada como *imprudencia* y principia a serlo como *dolo*. De ello resulta que la posición volitiva propia del dolo eventual es la exigencia volitiva mínima para la apreciación normativa de la forma más grave del componente subjetivo del tipo.[182]

El reconocimiento de esta dualidad estructural se vincula a la antigua polémica –hoy superada en gran medida– entre las teorías de la *voluntad* y la *representación*. Aquella radicaba la esencia del dolo en su elemento volitivo, postergando el valor del intelectual; esta, por su parte, sostenía que la concurrencia del elemento intelectual implicaba la del volitivo, de suerte que, dado ese, era innecesario aplicarse a la comprobación de este. Como puede advertirse, ninguna de las concepciones pretendía negar la dualidad, pero sí cuestionaba la importancia relativa de los componentes estructurales.[183] En tal sentido, son solo matices de una constante *teoría mixta* que hoy goza de aceptación relativamente generalizada.

Sin embargo, la polémica entre las teorías de la voluntad y la representación recupera gran parte de su importancia en el análisis del dolo eventual, pues ofrece soluciones diversas al problema de la delimitación de este y la culpa con representación.

---

181 Infra, III, c).

182 Sobre ello, CURY, *Sobre el dolo eventual como forma básica del dolo en general*, en *Derecho penal y política criminal, Libro homenaje a grandes penalistas chilenos* (Miguel Alex Schweitzer Walter, coordinador), Editorial Universidad Finis Terrae, págs. 79 y sigts. Asimismo, infra, III, c).

183 FRANK, *La estructura del concepto de culpabilidad, cit.*, 6, pág. 63: "Los partidarios de la teoría de la representación no han tenido jamás por suficiente a la representación para integrar el concepto de dolo, sino solo a la representación *en su relación con el acto de voluntad*". (Énfasis en el original).

c) Carácter neutro del dolo

El *conocimiento de la significación antijurídica del hecho típico (conciencia de lo injusto del actuar) no forma parte del dolo.* La ley penal no conoce un *dolo malo*, con consecuencias inaceptables en materia de error de prohibición. En contra de esta conclusión está el causalismo más ortodoxo. Hoy, sin embargo, esa tendencia se bate en retirada y aun causalistas como BOCKELMANN o ENGISCH (en nuestro país, POLITOFF) aceptan que el dolo está libre de valoración y que la *conciencia de la antijuridicidad* es un elemento autónomo del juicio de reproche (culpabilidad).[184]

d) El dolo en la ley

El dolo casi no es aludido por la ley, que no contiene definición del concepto. El art. 2° del C.P. es el único que emplea la palabra *dolo*, haciéndola sinónimo de *malicia*. No obstante, de esa disposición se deduce que el dolo es una exigencia general para la configuración del delito, la cual solo puede desestimarse en casos especiales, en los que el contexto del ordenamiento autoriza a prescindir de él. Esto ocurre, en primer lugar, cuando la ley ha previsto, junto al *tipo doloso,* un *tipo culposo* correspondiente. En tales casos excepcionales puede castigarse una conducta no dolosa, si en su ejecución concurre imprudencia (culpa), con una pena especialmente establecida para ella. Asimismo, el delito se configurará, aun sin dolo, en las repudiables hipótesis de *calificación por el resultado.*[185]

La sinonimia entre *dolo* y *malicia* del art. 2° del C.P. sirve de punto de apoyo a los defensores de una concepción del *dolo malo* para sostener que el conocimiento de la antijuridicidad es elemento integrante del concepto. La "malicia", en efecto, parecería referirse a quien obra con conocimiento de la ilicitud de su comportamiento.[186] No es así, sin embargo. En este punto es preciso desembarazarse de prejuicios literalistas en la interpretación atendiendo, en cambio, al contexto

---

184 Infra, § 28. La opinión del causalismo tradicional puede consultarse en MEZGER, II, § 44, II, págs. 151 y sigts.; *Libro de estudio,* I, § 69, págs. 247 y sigts.; NOVOA, I, 307, págs. 477 y sigts.; ETCHEBERRY, I, págs. 292 y sigts. En el sentido opuesto, véase BOCKELMANN, *Relaciones entre autoría y participación,* II, 2, págs. 56 y 58. Como en el texto, POLITOFF, 9, § 3, C pág. 450, que previamente ha descartado la inclusión en el dolo de la conciencia de la ilicitud, y POLITOF-MATUS-RAMÍREZ, I, págs. 326 y sigts.; en contra, LUIS ORTIZ, *Dolo y conciencia de lo injusto en la ley penal chilena,* en *Nullum crimen nulla poena sine lege, cit.*, VII, pág. 294.

185 Infra, § 20, I y § 25, I, b), bb), 1).

186 LUIS ORTIZ, *op. cit.*, III, pág. 287.

legislativo sistemático. Por lo demás, PACHECO, tan influyente en la opinión de los redactores del Código Penal, atribuía a la voz "malicia" un significado sustantivo exento de notas valorativas. Asimismo, debe tenerse presente la escasa cautela sistemática con que la ley emplea el vocablo: la multiplicidad de significados que puede atribuirse al adverbio "maliciosamente" lo pone de manifiesto.[187]

E) VOLUNTARIEDAD Y DOLO

Conforme a la opinión dominante, la *voluntariedad* a que se alude en el art. 1° del C.P. ha de ser interpretada como sinónimo de dolo[188]. Contra este criterio militan varias consideraciones.

aa) Como el artículo citado exige para la configuración del delito una *acción* u *omisión*, sería pleonástico que a reglón seguido insistiera en el requisito del dolo, implícito en aquella exigencia. En efecto, la dominabilidad de la acción por la voluntad es elemento necesario de la acción. Por su parte, el dolo no es sino esa dominabilidad en cuanto referida al tipo. Luego, el dolo es un elemento de la acción u omisión típicas. Por lo tanto, hablar de una acción u omisión voluntaria en el sentido de dolosa es una tautología.

bb) Si la voluntariedad de que habla el inc. primero del art. 1° del C.P. es sinónima de dolo, la presunción legal contenida en el inc. segundo es presunción de dolo. Desde hace largo tiempo la doctrina se ha debatido contra esta consecuencia, procurando primero encontrar una derogación de ella en el art. 109 del antiguo C. de P.P. y ahora en el 4° del C.P.P. La jurisprudencia, en cambio, niega eficacia derogatoria a dichas disposiciones y cree aplicar rigurosamente la supuesta presunción de dolo del art. 1° inc. segundo del C.P. Pero una presunción

187 Sobre ello, AMUNÁTEGUI, *"Maliciosamente" y "a sabiendas" en el Código Penal chileno*, Editorial Jurídica de Chile, Santiago, 1961, *passim*. Un esfuerzo por conciliar presupuestos finalistas con el concepto valorativo de "malicia" en CÓRDOBA RODA, *Una nueva concepción del delito, cit.*, V, f), I, págs. 95 a 97. Conforme con lo expuesto en el texto, CEREZO, notas a la traducción de WELZEL, *Nuevo sistema*, pág. 66, nota 16; POLITOFF, 9, § 3, B, págs. 447 y sigts.

188 Así, COUSIÑO, I, 125, A, pág. 754, pero estima que la expresión "voluntarias" no se refiere exclusivamente al dolo sino, además, "a la libertad e inteligencia". Este último punto de vista se encuentra enfatizado en III, 216, págs. 203 y sigts.; ETCHEBERRY, I, pág. 303; LABATUT, I, 113, pág. 122; NOVOA, I, 311, pág. 491; ORTIZ, *op. cit.*, III, págs. 283 y sigts.; POLITOFF, 9, § 3, B, págs. 449 y 450.

tan desacertada es impracticable en los casos concretos. La misma jurisprudencia que por comodidad quiere defenderla para los casos dudosos en los que le sería fatigoso motivar las consideraciones que la conducen a la afirmación del dolo, o en los que por falta de prueba suficiente precisaría absolver no obstante sus convicciones emocionales, tiene que prescindir de ella, también por comodidad práctica, en situaciones más claras, en las cuales es palmario que solo concurre imprudencia por parte del autor, como sucede cuando alguien muere o queda lesionado con ocasión de un accidente automovilístico o de algún descuido evidente, como el de quien dispara, para probarla, un arma de fuego en un lugar en que cree que no se encuentra nadie pero hiere a una persona ubicada en un rincón poco visible. Si en casos como estos el fiscal llegara a formalizar la investigación por homicidio doloso, solicitando alguna medida cautelar personal, el juez de garantía no decretará ninguna, pues no se reunirían los presupuestos materiales exigidos para su procedencia por los artículos 140, letras a) y b) y 155, inc. final del C.P.P; particularmente no existirán antecedentes que justifiquen la existencia del delito doloso atribuido al imputado, de manera manifiestamente equivocada, en la formalización. No lo hacen porque sería injusto y porque a la larga conduciría a una paralización de casi todas las actividades riesgosas, algunas tan vitales como la cirugía o el tráfico vehicular. Pero, así, derriban con una mano la presunción que defienden con la otra, lo cual demuestra que en el fondo una presunción de dolo, sobre ser injusta, es impracticable.

cc) Se ha pretendido que, por razones históricas, debe aceptarse que el art. 1° del C.P. se refiere al delito doloso y el segundo al imprudente; de la relación entre ambos se deduciría, de este modo, la sinonimia entre la voluntariedad y el dolo. Pero esto no es así. El art. 1° alude en general a todo delito y solo en el 2° se efectúa la separación entre los dolosos y los imprudentes.[189]

dd) Por último, no hay motivo para suponer que la ley haya querido consagrar esa sinonimia. Ella no se reitera en parte alguna del sistema, lo que demuestra que no encontraba arraigo en las concepciones del legislador.

---

189 Sobre este punto, consúltese la exposición de BUSTOS, en *RCP.*, tomo XXIII, N° 3°, Santiago, 1964, págs. 243 y sigts.; y ahora, en colaboración con FELIPE CABALLERO, en POLITOFF, ORTIZ y colaboradores, *Comentario*, I, Art. 1°, 1, págs. 53 y 54 Véase, además, CÓRDOBA RODA, *Una nueva concepción del delito, cit.* págs. 87 y sigts.; GARRIDO, II, 2.2, págs. 15 y 16; NÁQUIRA, I, pág. 24 y 25.

En mi opinión, la *voluntariedad* a que se refiere el art. 1° del C.P. se refiere a la conciencia de la antijuridicidad y nada tiene que ver con el dolo, del que no forma parte dicho elemento.[190]

II. EL CONOCIMIENTO DE LOS HECHOS EN LA ESTRUCTURA DEL DOLO (ELEMENTO INTELECTUAL)

Al momento de ejecutar la acción, el sujeto debe conocer todo el hecho integrante del tipo legal.

A) CONTENIDO DEL CONOCIMIENTO DE LOS HECHOS

Lo dicho significa que el agente debe conocer la acción en sí y, además, sus modalidades típicas[191], el resultado[192] y el vínculo de imputación objetiva[193] en su caso[194]. El sujeto activo del delito de hurto (art. 432 C.P.) ha de saber que la cosa de que se apropia es *corporal, mueble* y *ajena,* y que con su acción la sustrae a la esfera de resguardo del titular aparentemente legítimo; el sujeto activo del delito de malversación del art. 233 del C.P. ha de conocer que reúne las condiciones de hecho necesarias para ser considerado *empleado público* conforme al art. 260 del C.P. y que los caudales o efectos públicos o de particulares que ha sustraído o consentido que otro sustraiga, *estaban a su cargo.*

Debe tenerse en cuenta que de los hechos integrantes del tipo hay algunos que ocupan el núcleo de la conciencia del autor y otros que, en cambio, permanecen, por así decirlo, en su periferia. Para el autor de un *robo con fuerza en las cosas en lugar habitado* (art. 440 del C.P.), el foco de la conciencia apunta al hecho de estar apoderándose de una cosa que no le pertenece, mientras que el estarlo haciendo en un sitio en el que actualmente se encuentran morando una o más personas, seguramente permanece solo en la superficie de esta, como algo de que, aunque

190 Supra, c) y d). Véase, además, BUSTO y CABALLERO, *op.* y *loc. cit.* en nota anterior.
191 Supra, § 17, I.
192 Supra, § 17, II.
193 Supra, § 17, III.
194 En el mismo sentido BACIGALUPO, § 3, B, I, pág. 47.

se sabe, no se es consciente en el momento del hecho. En tales casos se suele hablar de una *co–conciencia*. Para la existencia del dolo, basta con esta última.[195]

El conocimiento debe extenderse a todas las características del hecho típico, sean estas *descriptivas* o *normativas*. Para el dolo de parricidio (o, en su caso, de femicidio), es indispensable saber que se *mató a otro* (elemento descriptivo) y conocer la *relación de parentesco, conyugal o de convivencia* que une al autor (o, en su caso, que lo ha unido) con ese otro (elemento normativo cuyo conocimiento se exige de manera expresa por el art. 390 C.P.). Para la representación de las características *normativas,* el autor necesita, naturalmente, hacer una valoración, pero sería absurdo exigirle realizarla con la precisión técnica de un jurista. Con razón se ha dicho que, en tal caso, solo los juristas serían capaces de dolo y aun, de entre ellos, únicamente los partidarios de la posición dominante. El conocimiento requerido es menos riguroso; se trata, según la acertada fórmula de MEZGER, de una "valoración paralela en la esfera del profano".[196]

A') Tiempo del conocimiento

El dolo debe existir en el momento de la ejecución del hecho.[197] Por consiguiente, no constituye verdadero dolo el que concurre después del hecho (mal llamado *dolo subsequens)* ni el que solo existió antes del hecho (mal llamado *dolo entecedens*). El que después de haber dado muerte en un accidente imprudente al que posteriormente se percata que es su enemigo jurado, por lo cual se regocija de haber producido ese resultado, no ha obrado con dolo. Si el 30 de octubre el marido ha resuelto dar muerte a su cónyuge el 3 de noviembre, pero el 1° de noviembre, mientras limpia su fusil de caza, se le escapa un tiro que da muerte a la mujer, no podrá castigárselo por un parricidio doloso sino solo por un homicidio culposo (ejemplo de JESCHECK), pues el dolo que existía respecto de la causación de

195 Así, en especial, BACIGALUPO, 3, B, I, págs. 48 y 49; POLITOFF, 9, § 3, C, págs. 454 y 455; con detalle y precisiones ROXIN, § 12, números marginales 106 y sigts., págs. 471 y sigts.

196 MEZGER, II, § I, 3, págs. 148 y sigts. En las páginas anteriores MEZGER ha echado una ojeada a los distintos criterios que se han enunciado sobre el particular. Luego de presentar su fórmula, agrega que puede expresarse más claramente afirmando que lo que se pide es una apreciación de las características del tipo en el círculo de pensamiento de la persona individual y en el ambiente del autor, que marche en la misma dirección y sentido que la valoración legal-judicial".

197 JESCHECK-WEIGEND, § 29, II, 2, pág. 316; POLITOFF, 9, § 3, C, pág. 455.

la muerte el 3 de noviembre no cubre la ocasionada imprudentemente el 1° de ese mes.[198]

Que el conocimiento de los integrantes del hecho típico debe ser *actual,* vale decir, debe existir en el momento de la ejecución de la acción, ya sea que se lo haya adquirido en ese instante o en uno precedente, puede extraerse, mediante una interpretación *a fortiori,* del art. 64 inc. segundo C.P.[199]

b) Consideración dogmática del elemento intelectual

Como la ley no define el dolo, tampoco expresa la exigencia de conocimiento a que aquí se alude. Por otra parte, el texto de artículos como el 390 del C.P. induciría a la conclusión errónea de que cuando el conocimiento de un elemento perteneciente al hecho típico es necesario al dolo, el legislador se ha cuidado de exigirlo expresamente, de donde resulta, por la inversa, que en los otros casos no es requerido. A una interpretación como esa se opone el art. 1° inc. tercero del C.P., con arreglo al cual "el que cometiere un delito será responsable de él e incurrirá en la pena que la ley señale, aunque el mal recaiga sobre persona distinta de aquella a quien se proponía ofender. En tal caso no se tomarán en consideración las circunstancias, *no conocidas por el delincuente,* que agravarían su responsabilidad, pero sí aquellas que la atenúen". De aquí se deduce que al autor solo lo gravan como dolosamente ejecutadas aquellas circunstancias típicas que él conocía al momento de actuar; sí lo favorecen, en cambio, las que atenúan su responsabilidad con independencia de que esté al tanto de su concurrencia; es un reconocimiento de que de aquello que existe *objetivamente* se puede prescindir atendiendo a las puras representaciones del hechor.[200]

---

198 Con razón se afirma, irónicamente, que el juez no estará dispuesto a aceptar estas alegaciones, salvo que exista una prueba indubitable, la cual rara vez estará disponible en la práctica (POLITOFF, 9, § 3, C, pág. 456. Sin embargo, véase infra, d), ee) los casos del llamado *dolo de Weber,* de los que existen casos reales en la jurisprudencia en los cuales, como allí se explica, se reconoce una forma de *dolus antecedens.*

199 BACIGALUPO, § 3, III, b), pág. 47.

200 Con algún detalle, infra, d), dd) y MAYER pág. 409.

c) Conocimiento de los hechos y conocimiento de la significación de los hechos

Puesto que el tipo es indiciario y no constitutivo de la ilicitud, el conocimiento del autor sobre los hechos integrantes del tipo no precisa extenderse a la significación antijurídica de esos hechos. El conocimiento de lo *injusto del actuar* no forma parte del tipo y, por ende, tampoco del dolo. "La antijuridicidad no es una circunstancia del hecho sino un juicio de valor sobre el hecho típico".[201]

Sin embargo, el desvalor en que consiste la antijuridicidad tiene que referirse no solo a los hechos que integran la descripción del acontecimiento punible, sino también a aquellos que forman parte del *tipo permisivo,* es decir, a las *circunstancias de hecho que autorizan la realización del delito.* En consecuencia, el error sobre los elementos integrantes de una causal de justificación excluye también el dolo, porque suprime uno de los presupuestos de la prohibición.[202] [203]

d) El error de tipo

El error de tipo es aquel que recae sobre uno de los elementos integrantes del acontecimiento típico, entendiendo por tal el conjunto de los hechos que configuran la materia prohibida. A su respecto, es preciso distinguir el auténtico *error de tipo excluyente del dolo* y el *error de tipo al revés en perjuicio del agente.*[204]

El error excluyente del dolo existe cuando el agente se representa su acción como dirigida a ocasionar un hecho permitido y, a consecuencia del error, se produce un hecho prohibido; o cuando, habiéndose representado su acción como dirigida a ocasionar un determinado hecho prohibido, origina otro más grave que aquel. A su vez, el error al revés en perjuicio del agente concurre cuando este se representa su acción como dirigida a ocasionar un hecho típico y a consecuencias de su error ese hecho no se produce o se produce uno atípico o uno típico,

201 MAYER, pág. 327.

202 Con detalle, HRUSCHKA, *¿Realmente es limitada la teoría limitada de la culpabilidad?* en *op. cit.*, IV, págs. 134 y sigts. Véase, además, infra, bb) y § 28, II, e), ee), en donde se informa sobre la importancia de acoger actualmente este punto de vista, que contrasta con el que se sostenía en la edición anterior, § 18 II, c), pág. 309.

203 Sobre el sentido de esta afirmación, véase la nota del editor al pie número 350 en infra §28, II, e), ee).

204 MAURACH, I, § 23, I, A, 1, pág. 332. Con ligeras variantes, MAURACH-ZIPF, I, § 23, I, A, números marginales 1 y 2, págs. 398 y 399.

pero de menor gravedad. Los problemas a que da origen esta segunda situación forman parte de la teoría del *iter criminis* que, por su complejidad, requiere un tratamiento separado.[205] Aquí, por consiguiente, solo nos ocupamos de la primera.

Como su nombre lo expresa, el *error de tipo excluyente del dolo determina la desaparición de este. Cuando es inevitable (o invencible), significa también exclusión de la culpa. Por el contrario, el error de tipo excluyente del dolo evitable (o vencible), deja subsistente la culpa por la negligencia en la evitación y, por ende, cabrá una punibilidad a título de imprudencia en los casos en que la ley la contempla.* [206] Pero debe tenerse en cuenta que si el autor previó la realización del hecho como una posibilidad, no puede hablarse de un error pues su representación incluye *también* esa hipótesis y, así, al menos desde el punto de vista cognitivo el dolo subsiste.[207]

Algunos ejemplos ilustran esta última consideración.

Si A, conduciendo su automóvil con el propósito de acudir a su trabajo atropella y da muerte a un transeúnte, el dolo está excluido. Si A pudo prever y evitar el resultado observando el cuidado debido, cabría castigarlo como autor de un homicidio imprudente (cuasidelito de homicidio); en caso contrario, restará impune. Si A previó efectivamente el resultado "muerte" como una alternativa posible en su actividad de conducir, no hay realmente error y concurre el aspecto cognitivo del dolo.

Si A arremete contra B con el objeto de causarle una lesión corporal y B perece a consecuencias del ataque, el dolo de homicidio queda excluido; no así el de lesionar al que no afecta el error. Si A pudo prever el resultado letal y evitarlo observando el debido cuidado, se lo castigará como autor de homicidio preterintencional;[208] en caso contrario, solo a título de lesiones dolosas. Si A previó ese resultado como una alternativa posible en el complejo causal desencadenado por su conducta, no hay error y subsiste el elemento cognitivo del dolo.

Si A yace con la jovencita B creyendo que tiene más de catorce años de edad, en circunstancias de que solo tiene trece, el dolo de la violación impropia ha de excluirse. Nada importa que A haya podido prever esa situación pues la ley no contempla un tipo de violación imprudente. Pero si A previó la posibilidad de la minoridad de su pareja, no existe error y el componente cognitivo del dolo subsiste.

---

205 Infra §§ 35 y 36.

206 Cuando en lo sucesivo se habla de "error de tipo me refiero siempre al excluyente del dolo.

207 Infra, III, c).

208 Infra, § 20, III.

Cada vez que en los ejemplos precedentes se afirma la existencia del aspecto cognitivo del dolo, ello no significa que se pueda afirmar sin más la existencia del delito doloso. Para hacerlo, es preciso que en cada uno de los casos sea posible sostener además la presencia de un elemento de carácter *volitivo,* cuyas características deberán determinarse con arreglo a criterios que se precisarán más adelante.[209]

aa) Error de tipo y error de hecho

La antigua distinción entre *error de hecho* y *error de Derecho* se encuentra actualmente abandonada, a causa de su imprecisión.[210] En la práctica, es imposible trazar un límite entre los elementos de *hecho* y de *derecho* que integran la descripción del delito, especialmente después de la progresiva invasión de los tipos por *elementos normativos* a que ya se ha aludido.[211] El carácter "ajeno" de la cosa, ¿es un elemento de hecho o de Derecho en el tipo del hurto y el robo del art. 432 del C.P.? ¿De qué índole es la calidad de "empleado público" exigida al autor por el art. 233 del C.P. en el delito de malversación de caudales públicos? Así, las consecuencias que habrían de extraerse de esa distinción serán a menudo erróneas, cuando no manifiestamente injustas: el que comete el error de imputar a otro la realización de un hecho falso que cree irrelevante, pero que resulta ser un delito actualmente perseguible de oficio, estará en un error de Derecho, con resultados inaceptables, especialmente si se acogen los antiguos criterios sobre la materia.[212] M.A. SCHWEITZER no se percata de ello cuando identifica el *error de hecho* con el *de tipo* y el *error de Derecho* con el *de prohibición.*[213]

bb) Error de tipo y de prohibición

De acuerdo con los criterios actualmente dominantes, lo que importa es saber si el error recae sobre una circunstancia perteneciente al hecho típico (tipo legal) o si solo se refiere a la licitud o ilicitud de la realización de ese comportamiento. En el primer caso se habla de *error de tipo;* en el segundo, de un *error de prohibición (o de mandato* cuando se trata de una conducta omisiva). Del primero, en cuanto

---

209 Infra, III.

210 En la literatura nacional, sin embargo, todavía se sirvió de ella LABATUT, I, 123, pág. 131.

211 Supra, § 16, III, b), aa).

212 Véase, por todos, NOVOA, I, 335, VI, pág. 539.

213 MIGUEL ALEX SCHWEITZER. *El error de derecho en materia penal*, Santiago, 1964, pág. 50.

excluye el dolo, se trata aquí; del segundo, con influencia únicamente sobre el juicio de reproche, al ocuparnos de la culpabilidad.

cc) Efecto general del error de tipo excluyente del dolo

En principio, todo error sobre un elemento integrante del hecho típico excluye el dolo. La distinción entre error *esencial* y *no esencial* carece, pues, de significación. Si el error se relaciona con una circunstancia perteneciente al tipo de injusto, será *esencial;* en caso contrario, no[214]. De este modo, por ejemplo, no se puede decir que el error relativo al *lugar* de la acción sea, en sí, inesencial. Al legislador no le importa, en efecto, que se mate a otro en la calle o en su casa, en la ciudad o en la playa y, por eso, el error sobre el lugar de la acción será irrelevante en relación con el tipo del art. 391 del C.P. porque *no es un error de tipo.* En cambio, cuando el autor de un robo con fuerza en las cosas ignora que está ejecutando la conducta en un lugar habitado o destinado a la habitación o en sus dependencias, y cree, equivocadamente, que se trata de un lugar no habitado o no destinado a la habitación, incurre en *error de tipo* respecto del hecho tipificado en el art. 440 del C.P. y, por ende, quedan excluidos el dolo y la punibilidad contemplados para ese delito; en este caso, el error sobre el lugar es "esencial" porque el lugar en que se ejecuta el hecho es elemento integrante del tipo legal.[215]

dd) Error sobre el sujeto pasivo

Como el sujeto pasivo no es una categoría del tipo y ni siquiera una modalidad de la acción,[216] el error sobre la persona ofendida por el delito no es nunca un error de tipo.[217] Pero ha de tenerse en cuenta que, en muchos casos, un error sobre la persona del sujeto pasivo puede causar errores sobre otras circunstancias que sí forman parte del tipo. Esto ocurrirá con relativa frecuencia, respecto al *objeto material de la acción o del resultado,* que suele identificarse incluso –aunque solo aparentemente– con el sujeto pasivo en aquellos tipos protectores de bienes jurídicos eminentemente personales (vida, integridad corporal, salud, honor,

214 En este sentido, MAYER, pág. 325: "El autor debe conocer aquellas circunstancias de hecho que caen dentro de las características conceptuales de la ley; ellas son las que importan, las otras son inesenciales".

215 N. del E.: Este ejemplo es del editor.

216 Supra § 17 antes de 1.

217 DOHNA, I, A, 2, b), págs. 37 y 38.

libertad ambulatoria, libertad sexual, etc.). En tales hipótesis el error respecto de la persona ofendida resta irrelevante, pero su consecuencia, es decir, el error sobre el elemento integrante del tipo cobra la eficacia respectiva excluyendo el dolo.

A esto se refiere la primera parte del art. 1°, inc. tercero, *in fine*: "en tal caso no se tomarán en consideración las circunstancias, no conocidas por el delincuente, que agravarían su responsabilidad; pero sí aquellas que la atenúen". La ley emplea aquí una terminología anticuada que provoca confusiones, pues habla de "circunstancias que agravarían su responsabilidad", es decir, *circunstancias agravantes.* Más importante que regular el error sobre las circunstancias agravantes era incluir una disposición relativa al error sobre los elementos integrantes del injusto típico. Con todo, una interpretación *a fortiori* conduce, también así, a la solución correcta. Si un error sobre las circunstancias agravatorias excluye su aplicación, un error sobre las circunstancias cofundantes del tipo legal tiene que provocar la impunidad por ausencia de dolo. Donde al error se reconoce eficacia para lo más, debe reconocérsela asimismo para lo menos.

En cuanto al otorgamiento de eficacia a las circunstancias atenuantes aun en el caso de no ser conocidas por el delincuente, se funda en el hecho de que la magnitud de la pena no puede basarse exclusivamente en las representaciones del autor. Si el sujeto, queriendo dar muerte a su cónyuge (art. 390 C.P.), ha matado a una tercera extraña, la pena del parricidio no puede asociarse a los meros propósitos parricidas del hechor y, por eso, en la determinación de la punibilidad prevalecen las circunstancias del hecho objetivamente ejecutado –en el caso concreto un homicidio. *"La suposición errónea de que existe una circunstancia legal de atenuación de la pena llena los vacíos del suceso objetivo; la suposición errónea de que no existan, no es un vacío, sino un excedente irrelevante del dolo delictuoso"*.[218]

Como se ha expresado, la disposición del art. 1° inc. tercero del C.P. se refiere al *error en la persona*; nada tiene que ver con la *aberratio ictus* o *error en el golpe*. Esta última es una forma de error sobre el curso causal de la acción y, por consiguiente, debe someterse a los criterios que regulan aquel.[219]

---

218 MAYER, pág. 409. En el mismo sentido NOVOA, I. 336, pág. 542. Con lo expuesto en el texto, abandono el criterio equivocado, defendido hasta la última edición, de que la irrelevancia del error sobre las circunstancias atenuantes obedecería a un puro criterio político criminal de favorabilidad.

219 Véase la correcta argumentación de NOVOA, I, 337, págs. 544 y 545, y la jurisprudencia citada en la nota 24, al final del párrafo. Respecto a los absurdos resultados a que conduce la tendencia jurisprudencial al tratar ambas situaciones de la misma forma, véase la sentencia de la C.S. en *RCP,* tomo XX, N° 2, págs. 257 y sigts., con nota crítica de CURY. En el mismo

ee) Error sobre el curso causal

En los tipos de resultado material, cobra eficacia excluyente del dolo el *error sobre el curso causal.*

En este punto es necesario distinguir entre el error *esencial* y el *inesencial.* Pero esta diferencia no ha de confundirse con aquella cuya irrelevancia denunciábamos anteriormente.[220] Aquí no se trata de decidir si el error sobre una determinada categoría de elementos que integran el tipo es o no esencial, sino de establecer cuando la errada representación de uno de esos elementos –el curso causal– es bastante significativa como para atribuirle eficacia excluyente del dolo. La que se discute no es, pues, una cuestión de calidad, sino de cantidad. Y es así porque toda representación de un curso causal es azarosa. El control que el ser humano ejerce sobre los acontecimientos es limitado; su capacidad de supradeterminar el suceder causal no es absoluta y está condicionada a la actuación de otras fuerzas que pueden cooperar, modificar u oponerse al dominio causal de la acción ejecutada. De modo que, en la práctica, la coincidencia entre el *curso causal real* y el *representado* no se da sino raras veces. Pequeñas alteraciones son inevitables. No obstante, resultaría absurdo excluir el dolo en todos esos casos. Solo desviaciones considerables pueden dar lugar a tal eficacia. Por esto se hace indispensable la distinción.[221]

El punto de partida es el siguiente: *Cuando el autor se representa su acción como causa y el resultado como efecto y, en realidad, ambos ocupan esa situación, sin que para la producción del último haya sido precisa la interposición de otras acciones del mismo sujeto o de un tercero dirigidas a un fin distinto que la obtención del resultado, las desviaciones del curso causal son inesenciales. Los demás casos tienen una relevancia que es menester precisar para cada uno de ellos.*

Conforme con lo expuesto, es irrelevante la desviación si, por ejemplo, A dispara sobre B con la intención de matarlo y este fallece de un infarto al miocardio provocado por el miedo, a pesar de que la bala solo lo hiere levemente; si A previó que el puñal se clavaría en el corazón pero, contra lo esperado, este dio en el estómago ocasionando la muerte; si la madre arroja a la criatura al río para que perezca ahogada, pero esta fallece de un traumatismo encefalocraneano al

sentido del texto BACIGALUPO, 3, b, 1 D), págs. 54 y sigts.; POLITOFF, 9, §3, C, 2, págs. 459; ZAFFARONI-ALAGIA-SLOKAR, § 35, v, 8, págs. 514 y 515. Sobre ello, infra, ee).

220 Supra, cc).

221 Así también BACIGALUPO, 3, B, 1, d) págs. 53 y 54; POLITOFF, 9, § 3 C, 2, pág. 465.

golpearse contra las rocas de la ribera; si el ladrón se propuso sustraer el botín en una bolsa pero, luego de romperse esta, debe cargarlo en los bolsillos de su traje.

Sobre estas bases pueden solucionarse las distintas cuestiones prácticas.

En los casos de *aberratio ictus* o *error en el golpe*, el sujeto dirige su acción hacia un objeto del resultado, pero, a causa de una desviación del curso causal, es lesionado otro equivalente de una manera también equivalente. En este caso concurre un *error al revés en perjuicio del agente* respecto de la lesión querida y un *error excluyente del dolo* en relación con la causada realmente. La solución depende de si esta última fue o no previsible. En el primer caso debe castigarse por un delito frustrado en concurso ideal con un delito imprudente (cuasidelito); en el segundo, solo por el hecho frustrado.[222] Así, cuando el autor deseaba matar a A, la bala se desvía y ultima al tercero B que caminaba junto a la víctima escogida, ha de castigarse por delito frustrado de homicidio en concurso ideal con un homicidio culposo porque lo que ocurrió era previsible; si, en cambio, quien murió se encontraba oculto entre unos matorrales, de suerte que el autor no podía prever su presencia en el lugar, solo se ha de condenar por el homicidio frustrado.

La situación descrita suele ser la más frecuente, pero no es la única de *aberratio ictus*. Puede ocurrir que la lesión del objeto material verdaderamente afectado concrete un ataque contra bienes jurídicos de mayor o menor entidad que el que hubiere realizado la lesión del objeto material contra el cual se dirigía la acción o que, siendo los objetos equivalentes, la lesión producida sea de distinta naturaleza o que, por fin, tanto los objetos como la lesión sean diferentes. En cada uno de estos casos –algunos de los cuales, son designados por una parte de la doctrina como *aberratio delicti*[223]– habrá que resolver de acuerdo a los principios expuestos.

1) Supóngase que A dispara sobre su cuñado para darle muerte, pero se interpone su cónyuge (la de A), que sufre el impacto y fallece. El objeto material contra el que se dirigía el curso causal representado merece al legislador menos protección (art. 391 C.P.) que aquel efectivamente lesionado (art. 390 C.P.). Hay, por una parte, un "error al revés en perjuicio del agente" respecto de la imaginada lesión al cuñado y, por lo tanto, delito frustrado de homicidio; por la otra, un "error excluyente del dolo"

---

222 Contra WELZEL, § 13, I, 3, d), pág. 107 y 108 y CURY, 1ª edición, § 10, II, d), ee). Como en el texto BACIGALUPO, § 3, B, 1, d), págs. 54 y 55; DOHNA, I, A, 2, b), pág. 38; POLITOFF, 9, § 3 C, 2, págs. 462 y 463; POLITOFF-MATUS-RAMÍREZ, 12 § 2, A, b.2.2, págs. 266 y 267; VARGAS, III, 8.2.c),ii, págs. 94 y 95. Más bien vacilantes, COUSIÑO, III, § 213, págs. 168 y 169; NOVOA, I, 337, págs. 544 y 545.

223 Al respecto, FIANDACA-MUSCO, págs. 392 y sigts.

en relación con la lesión del cónyuge, que se solucionará de acuerdo a lo expresado más arriba. El eventual homicidio culposo (de acuerdo a la doctrina absolutamente unánime, no existe un parricidio imprudente) entrará en concurso ideal con el homicidio frustrado.

2) Si, al revés, A dispara sobre su cónyuge para darle muerte, pero se interpone su cuñado (el de A), que sufre el impacto y fallece, el objeto material contra el que se dirigía el curso causal representado merece al legislador mayor protección (art. 390 C.P.) que aquel efectivamente lesionado (art. 391 C.P.). La solución debe buscarse según los mismos criterios que supra 1). En ciertos casos, cuando en estas hipótesis se dan tentativa y delito culposo, la solución del concurso ideal será sustituida por la del concurso aparente de leyes penales, que se resuelve conforme al *principio de consunción.*[224]
3) A dispara sobre B para darle muerte, pero yerra y destruye un valioso jarrón que se encontraba próximo a la víctima. En este caso, que constituye una hipótesis clásica de la ya mencionada *aberratio delicti,* tanto el objeto material contra el que se dirigía el resultado como la lesión intentada son de mayor entidad que lo ocasionado. Hay, de todas maneras, un "error al revés" respecto de lo pretendido y un "error excluyente del dolo" en relación con lo realmente ocurrido, que esta vez ha de quedar impune porque nuestra ley no contempla un delito imprudente (cuasidelito) de daños.

Inducida a confusión por una equivocada identificación del *objeto material* y *sujeto pasivo,* la doctrina dominante y la jurisprudencia resuelven los casos de *aberratio ictus* (y *aberratio delicti*) conforme a la regulación contenida en el art. 1° inc. tercero del C.P. para el *error en persona.*[225] Los resultados prácticos son defectuosos[226] porque la diferencia no es solo formal, sino que se relaciona con la naturaleza de las situaciones enjuiciadas. En el caso de error sobre la persona, la acción ejecutada por el autor se dirige exclusivamente a la lesión de *un* bien jurídico; así ocurre, por ejemplo, cuando quiere dar muerte a A y, en las sombras de la noche, lo confunde con B, a causa de lo cual ultima a este. En los casos de *aberratio ictus*, en cambio, la acción del autor, además de orientarse a la lesión

224 Infra § 44, II, b).
225 ETCHEBERRY, I, pág. 334; GARRIDO, II, 13, 6.3, c), pág. 98.
226 Sobre ello, supra, dd) y la jurisprudencia citada en la nota 219.

de un bien jurídico, crea un peligro para otros al no prever la posibilidad de una desviación del curso causal que, sin embargo, era imaginable; así cuando quiere dar muerte a A y, al verlo avanzar acompañado por B, dispara y da muerte a este último, cosa que, atendidas las circunstancias, era previsible.

Una cuestión distinta se plantea con el llamado *dolo de Weber* o *dolus generalis*. En estos casos el autor dirige su acción a la obtención de un hecho típico y, por una desviación del curso causal, yerra sin advertirlo. Luego, mediante la ejecución de una acción posterior, dirigida a un objetivo diferente, alcanza inesperadamente su propósito primitivo. Así, por ejemplo, si A dispara sobre B para darle muerte, pero, por una desviación del curso causal representado, yerra y solo lo hiere. Creyendo que B ha fallecido, A decide ocultar su delito arrojando al río el cuerpo inanimado de la víctima. B muere por asfixia a causa de la inmersión.

También aquí una parte respetable de la doctrina se inclina a castigar por un delito consumado, prescindiendo de la importancia de la desviación del curso causal que, sin embargo, en este caso determina que en el resultado no se realice siquiera el dolo inicial sino una voluntad diferente, dirigida a concretar un hecho atípico o, en todo caso, menos grave que el de matar. Como con razón precisa POLITOFF, lo que aquí concurre es un *dolus antecedens* que no ha llegado a materializarse en un hecho exterior y, por consiguiente, no puede apreciarse como contenido subjetivo del comportamiento posterior causante de la muerte.[227]

La atribución de los hechos así configurados a dolo resulta especialmente chocante cuando ni siquiera existe dolo de matar al iniciarse el hecho, como ocurrió en nuestro país en un caso en el que el autor atacó a la víctima con el propósito de violarla y, creyendo que los malos tratos de que la había hecho objeto para vencer su resistencia le habían causado la muerte, enterró lo que creía ser un cadáver. La mujer murió por asfixia. Como puede advertirse, en este caso, de haberse consumado efectivamente la muerte producto de los malos tratos, el comportamiento inicial habría correspondido casi con toda seguridad a una actividad dolosa de violar, pero solo imprudente respecto del homicidio.

227 POLITOFF, 9, § 3, C, a), 2) pág. 462. Otra opinión en BACIGALUPO, § 3, B, I, d), págs. 55 y 56; DOHNA, I, a) 2), pág. 39; VARGAS, III, 8. 2, c), iii, pág. 96. Como en el texto MAURACH-ZIPF, I § 23, III, b), número marginal 35, pág. 411: "si, al realizar el segundo acto, el autor partió del seguro supuesto de que la acción estaba ya consumada, conceptualmente ya no es posible hablar de dolo con respecto a este segundo caso (no se puede matar a un muerto)".

Por lo tanto, castigar por un homicidio doloso, como lo hizo la jurisprudencia, significaba "inventar" una voluntad de matar que nunca existió.[228]

De acuerdo con lo expuesto al principio, en estas situaciones hay "un error al revés en perjuicio del agente" respecto de la primera acción y un "error excluyente del dolo", pero usualmente no de la culpa, en relación con la que produjo el resultado. Luego, tentativa de homicidio (delito frustrado) o, en el caso antes mencionado, de violación, en concurso con un homicidio culposo. La interposición de una conducta no incluida en el curso causal representado por el agente y conducente a una finalidad distinta de la de matar, rompe la unidad de la representación, y exige otorgar eficacia al error.

ff) Error sobre el tiempo y el lugar

Cuando el error recae sobre el *tiempo* y el *lugar* como elementos integrantes el tipo, han de tenerse en cuenta los criterios que regulan el *tiempo* y el *lugar* del delito.[229]

gg) Error de tipo evitable e inevitable

El error de tipo es *inevitable* (*invencible* o *excusable*) cuando el sujeto ni previó ni podía prever cuál era la situación real, es decir, cuando ni aun empleando el cuidado debido hubiera podido salir de él. En tal caso, el elemento subjetivo del tipo queda excluido: no solo el dolo sino también la culpa desaparecen y, por ende, también la tipicidad.

Por el contrario, el error de tipo es *evitable* (*vencible* o *inexcusable*) cuando la situación real podía ser prevista por el autor, de suerte que, si hubiera observado la diligencia debida, habría podido salir de él. En este caso es necesario distinguir según si la ley contempla el correspondiente tipo imprudente (cuasidelito) o no lo hace. En la primera hipótesis, el dolo queda excluido pero subsiste la imprudencia y, como es posible su punibilidad al título correspondiente, el hecho se castigará de acuerdo con él; en el segundo, la desaparición del dolo implica la eliminación del único tipo posible de apreciar y, por consiguiente, también de la sanción penal.

---

228 Al ocurrir el hecho a que se refiere el texto, aún no se había introducido en el Código Penal el art. 372 bis que, en todo caso, es dudoso que hubiese captado el hecho tal como ocurrió.

229 Supra § 9, II, e) y § 10, IV.

hh) Ignorancia y error

La distinción entre *ignorancia* y *error* se considera por lo general jurídicamente irrelevante.[230] Tanto da que se ignore la letalidad de un arma de fuego como que se crea que el instrumento empleado para disparar sobre otro no es un arma sino un juguete de utilería. En ambos casos las consecuencias prácticas son idénticas. Este es el sentido en que se emplean ambas expresiones en el texto presente.

III. LA VOLUNTAD DE REALIZACIÓN DE LOS HECHOS EN LA ESTRUCTURA DEL DOLO (ELEMENTO VOLITIVO)[231]

Al momento de ejecutar la acción, el sujeto debe querer la realización de todo el hecho típico.

A causa de las dificultades conceptuales y de prueba que implica el concepto de "querer", la cuestión de cuándo se entiende que ocurre así es muy debatida, Por otra parte, la exigencia en el dolo de un contenido de voluntad se cuestiona por quienes estiman que no solo es superflua sino inductiva a error, porque sugiere inevitablemente que el autor ha hecho una elección entre alternativas, lo cual significa reconocerle una cuestionable "libertad de decisión". En el presente este criterio, si bien no es decididamente dominante, se sostiene por sectores importantes de la doctrina nacional y comparada[232]. Aquí no es posible discutir el problema en forma pormenorizada, porque nos alejaría del asunto principal. Pero, aparte de que ya lo he discutido inicialmente,[233] volveré sobre ello en su oportunidad, porque constituye una cuestión fundamental para la estructuración del sistema, especialmente en el ámbito de la culpabilidad.[234]

En este aspecto conviene deslindar desde luego las nociones de *querer* y *desear*. Se quiere todo aquello que es contenido de la voluntad, con independencia de

230 Un punto de vista diferente en ALEX VAN WEEZEL, *Error y mero desconocimiento en Derecho penal*, en *Pena y sentido, estudios de Derecho penal*, Ara editores, Lima, Perú, 2008, págs. 85 y sigts.

231 Véase infra, nota del editor 267.

232 Véase, por todos, KARL ENGISCH, *La teoría de la libertad de la voluntad en la actual doctrina filosófica del Derecho penal*, traducción de José Luis Guzmán Dalbora, Editorial IB de F, Montevideo -Buenos Aires, 2006, págs. 51 y sigts.

233 Supra, § 2, III, b).

234 Infra, § 25, III.

referencias afectivas, valorativas o utilitarias; por el contrario, el *deseo* implica precisamente una *tendencia afectiva* hacia el objeto que obedece a motivos valorativos o utilitarios, tendencia que puede o no realizarse en un *querer*. Deseo y querer son conceptos autónomos. La persona puede o no desear lo que quiere y, desde el otro lado, puede o no querer lo que desea. Otelo experimenta la mayor repugnancia ante la idea de matar a Desdémona, pero quiere hacerlo como único medio de solucionar su aparente deshonra; por el contrario, Hamlet desea dar muerte al padrastro incestuoso, pero se resiste a quererlo, suponiendo incluso circunstancias a fin de dilatar la decisión. Por otra parte, deseo y querer no son ideas antagónicas; pero gozan de independencia la una de la otra y, por eso, en la realidad, pueden presentarse de manera separada.

Contenido de la voluntad es, en primer lugar, aquello que el sujeto persigue como *objetivo* de su actuar; pero, además, todo aquello que es *medio necesario* para la realización de ese objetivo y, por fin, todas las consecuencias solo posibles de la acción que el sujeto *acepta* para el caso eventual de que se realicen. Este enunciado general permite ejecutar la única clasificación del dolo con validez teórica e interés práctico.

A) El dolo directo

El dolo es directo cuando el objetivo perseguido por el agente es la realización del hecho típico. [235]

Lo que se entiende por *objetivo* se debe precisar en referencia con el *tipo de injusto* y no con un criterio naturalista. Así, cuando A da muerte a B para heredarlo, la consideración de sus objetivos se detiene en los límites del tipo de "homicidio". Desde ese punto de vista –único relevante para el Derecho penal–, el "objetivo último de A es la muerte de B aunque, en un orden de cosas naturalista, esa muerte no sea para A sino un paso intermedio hacia su meta final (la herencia). Por eso, en el ejemplo propuesto, A cometería el delito de homicidio con dolo directo, pues el objetivo por él perseguido es la realización del "hecho homicida", con prescindencia de propósitos ulteriores que lo hayan movido a ejecutarlo.

Aquí, la mayor o menor certeza de la representación del autor no tiene importancia. El sujeto obra con dolo directo, aunque se haya representado solo como posible la realización del hecho típico. De este modo, cuando A dispara contra su enemigo con el propósito de matarlo, obra con dolo directo, aunque dude

235 FIANDACA MUSCO, pág. 365; POLITOFF, 9, § 3, D, a), pág. 476.

sobre si el arma empleada es de bastante calibre como para causarle la muerte o sobre si su puntería será lo suficientemente certera como para alcanzarlo atendida la distancia a que se encuentra; asimismo, cuando C arroja al suelo un objeto ajeno valioso con el propósito de destruirlo, obra con dolo directo, aunque dude sobre si la violencia del golpe bastará para conseguirlo. La posición del hecho típico como objetivo del actuar exime de consideraciones sobre la índole de la representación.[236]

b) El dolo de las consecuencias seguras como forma del dolo directo

Hay un *dolo de las consecuencias seguras* cuando el agente se representa el hecho típico como una consecuencia segura de su conducta y, no obstante ello, la realiza.[237] *Ejemplo:* A, que se ha propuesto dar muerte a B, coloca una bomba de tiempo en el avión en que este viajará. A sabe que al estallar la bomba durante el vuelo es, por lo menos, seguro que todos los pasajeros y la tripulación del aparato perecerán: ese resultado no puede sino representárselo como una consecuencia segura de su obrar. Puede suceder, incluso, que deplore esa situación, pero que, empujado por el deseo de matar a B, no vacile en actuar, provocándola.

Un examen detenido del dolo de las consecuencias seguras conduce a la certeza de que su estructura no difiere de las del dolo directo y de que, por ende, la distinción es arbitraria. En efecto, si se tiene en cuenta la diferencia entre *querer* y *desear*, y especialmente la relevancia jurídica del objetivo reducida a los límites dados por la descripción típica, se advierte que en los casos comprendidos por el dolo de las consecuencias seguras no hay sino dolo directo. Lo que induce a confusión es que en estas situaciones hay dos objetivos típicos colocados en relación de medio a fin: la muerte de cada uno de los pasajeros del avión se le aparece a A como el medio necesario para obtener la muerte de B. Pero desde que la consideración de cada finalidad debe detenerse en los límites impuestos por

236 Ídem.

237 Algunos autores hablan de *dolo indirecto.* Esa denominación tiende a establecer el antagonismo con el dolo directo, no obstante que, como se indica en el texto, ese nombre no expresa la verdadera naturaleza del concepto y, además, se presta a peligrosas extensiones de la noción del dolo. Más frecuente aún es llamarlo *dolo de las consecuencias necesarias,* como lo hago todavía en CURY, *Orientaciones,* 10, III, b), págs. 88 y 89. Sin embargo esa expresión induce a error, como lo destaca WELZEL, § 13, I, 2, pág. 99, pues es imposible que alguien cuente con que un cierto resultado seguirá *necesariamente* a su acción. Por eso es preferible limitar el alcance del concepto, aludiendo simplemente a consecuencias que se tienen solo por seguras.

cada tipo en particular, esta posición subjetiva de las distintas muertes en el ánimo de A no altera la naturaleza del dolo con que cada una de ellas es ejecutada.[238]

c) El dolo eventual

Obra con dolo eventual quien, habiéndose representado la realización del hecho típico como una consecuencia posible de su actuar, *acepta* en su voluntad esa alternativa para el caso (en la *eventualidad*) de que se produzca. Ya este enunciado puramente formal, muestra aquella característica que diferencia al dolo eventual del directo. En la actitud interna del sujeto, el hecho típico no es un objetivo perseguido,[239] sino una alternativa cuya posible realización suele serle indiferente y hasta indeseada. El autor no va tras la obtención de resultados típicos, ni porque se haya propuesto ocasionarlos como meta ni porque los estime una consecuencia inevitable para alcanzar sus propósitos, sino que se limita a acogerlos como una posibilidad que incorpora a su representación total sin rechazarla o, por lo menos, sin hacer nada para evitarla.[240]

Problema fundamental en la concepción del dolo eventual es determinar cuándo puede afirmarse que el autor ha *aceptado en su voluntad* la realización del hecho típico. Y la solución de este problema es tanto más urgente, cuanto que de ella depende si en el caso concreto ha de castigarse a título de dolo o de culpa consciente,[241] con consecuencias prácticas considerables.

En la determinación del dolo eventual, recupera significado la polémica entre las teorías de la *voluntad* y la *representación*[242]: cada una de ellas intenta dar una respuesta distinta a la cuestión de qué es lo que ha de entenderse incorporado a la voluntad de realización del sujeto.

aa) Teoría de la representación

Para la teoría de la *representación* es decisivo el grado de posibilidad con que el sujeto se representa la causación del acontecimiento típico. Acepta en su voluntad

---

238 En el mismo sentido, MAYER, pág. 331.

239 Sobre esto, véase la anticipación de CARRARA, I, 67, págs. 70 y 71.

240 En consecuencia, me parece inexacta la afirmación hecha por MAURACH-ZIPF, I, III, B, 2, número marginal de que la voluntad de acción es idéntica en dolo eventual y directo y de que "difiere tan solo la representación del resultado".

241 Infra, §19, III, c).

242 Supra, I, b).

ese resultado –y, por ende, obra con dolo eventual– quien se ha representado su realización como una consecuencia *probable* de la acción. La probabilidad importa, según su significado natural, *un alto grado de posibilidad*. Conforme a ello, los seguidores de la teoría opinan que quien se representó el resultado típico como *muy posible*, no puede sino aceptarlo en su voluntad para el caso de que se realice.[243]

Este punto de vista, concebido de manera absoluta, está sometido al reparo de que, aunque el sujeto se represente el resultado como probable, es injusto afirmar sin más que lo acogió en su voluntad, Esa identificación entre *aceptación* y *representación solo* es posible cuando la producción del resultado aparece no solo como "probable", sino como "segura". Pero en tal caso hemos abandonado el ámbito del dolor eventual y nos encontramos en el caso del dolo de las consecuencias seguras.

De otra parte, la determinación de la probabilidad importa un juicio relativo cuyas alternativas dependen de las condiciones personales de quien lo emite. Lo que a un hombre aprensivo parecerá probable, a otro, seguro de sí mismo, se le ocurrirá solo posible; el aficionado verá posibilidad en donde el experto apreciará probabilidad. La teoría de la representación procura superar estas consecuencias extremas refiriéndose al juicio objetivo de un hombre medio razonable. Pero así el dolo eventual puede llegar a identificarse con un defecto intelectual, cosa inaceptable que echaría por tierra toda la teoría del error de tipo y hasta los fundamentos mismo de un Derecho penal de culpabilidad.[244]

---

243 Este punto de vista es aceptado por la jurisprudencia en fallo de la CS de 3 de septiembre de 1966, publicado en *RCP*, tomo XXV, N° 3, pág. 212, en donde conduce a una solución defectuosa. Véase, asimismo, la sentencia CS, de 31 de abril de 1998, Rol 284-98, en JORGE MERA-ÁLVARO CASTRO, Primera parte, Teoría del Delito, A, a): "Que el procesado ha obrado con dolo eventual, ya que al tomar un arma blanca y pretender escapar de un lugar estrecho que está obstaculizado por la víctima, crea una situación *escasamente controlable y, por lo mismo, genera o asume riesgo evidente* de dar muerte a esta última.

244 Actualmente defiende la teoría de la representación con especial energía GIMBERNAT, *Acerca del dolo eventual*, en *Nuevo pensamiento penal*, N° 3°, Buenos Aires, 1972, págs. 355 y sigts. Una réplica mía a su punto de vista puede encontrarse en *Contribución al debate sobre el dolo eventual*, en *Nuevo pensamiento penal*, N° 6, Buenos Aires, 1975, págs. 149 y sigts. Sin embargo, acallado el fragor de la polémica, no está de más anticipar que en el presente se ha llegado a una solución de compromiso en que los criterios encontrados tienden a conciliarse, precisamente a partir de la *Teoría de la representación*. Véase infra.

bb) Teoría de la voluntad (o del consentimiento)

La teoría de *la voluntad* (o *del consentimiento*) busca el criterio de aceptación de la realización del tipo en un acto de significación volitiva. La naturaleza de la representación pasa a un segundo plano; lo decisivo es la actitud volitiva observada por el sujeto frente a la representación del resultado como posible. De este modo, la teoría no se desentiende de la representación, pero le atribuye una importancia solo orientadora en la decisión.

Dentro de la teoría de la voluntad suelen subdistinguirse una *teoría hipotética del consentimiento* y una *teoría positiva del consentimiento.* La clasificación es sugerida por la evolución de las fórmulas que FRANK elaboró para reconocer la presencia del dolo eventual, cuya importancia es fundamental.[245]

1) Conforme a la primera fórmula de FRANK (*Teoría hipotética del consentimiento*), "la previsión del resultado como posible solo colma el concepto de dolo cuando la previsión de dicho resultado como *cierto* no hubiera detenido al autor, no hubiera tenido la significación de un motivo decisivo de contraste.[246] Dicho de otro modo, el juez tiene que imaginar lo que habría hecho el sujeto supuesto que se hubiere representado el resultado como cierto.
2) A FRANK se le criticó que, de este modo, la decisión dependía en buena medida de la personalidad del agente. Para saber lo que el sujeto habría decidido en el caso hipotético de haberse representado el resultado como cierto, es ineludible atender a sus características personales, especialmente a su conformación caracterológica y, con mucha frecuencia, a intuiciones del juez fundadas en apreciaciones concernientes a la procedencia social del hechor. El autor se defendió de los ataques aduciendo que la primera fórmula era solo un medio de prueba y que, en todo caso, la decisión debería depender en primer lugar de "la posición del agente en orden a

245 Debe precisarse, como cosa curiosa, que FRANK no era partidario de la teoría de la voluntad. Él fue, precisamente, quien creó la denominación de ambas teorías, haciendo expresa reserva sobre su exactitud, en 1890. En 1907 sigue considerándose un representante de la teoría de la representación, contra la opinión de VON HIPPEL. Véase, al respecto, FRANK, *Estructura del concepto de culpabilidad,* 6, págs. 54 y sigts. Asimismo, la prolija exposición de Cousiño, I § 119, B, págs. 661 y sigts.

246 Citado por MEZGER, II, § 45, III, 1), b) pág. 172, y especialmente las notas 15 a 19 de esa misma página y en la 173.

su fin concreto"[247]. La síntesis de este criterio se encontrará en la segunda fórmula de FRANK (*Teoría positiva del consentimiento*), conforme con la cual el sujeto obra dolosamente si "se dijo: sea así o de otra manera, suceda esto a lo otro, en todo caso actúo".[248]

cc) Solución ecléctica de MEZGER

MEZGER intentó una solución mixta, sobre la base de las teorías positivas del consentimiento (de la voluntad) y de la probabilidad (de la representación). A su juicio, la solución correcta requiere considerar ambos puntos de vista, aplicándolos alternativamente según la naturaleza del caso concreto. La decisión depende de la posición del agente frente a la producción del resultado. De esta manera distingue:

1) *El autor piensa el posible resultado como dependiente de su voluntad:* en tal supuesto, solo puede decirse que lo ha querido si ha consentido en él".[249]
2) *El sujeto piensa el posible resultado como independiente de su voluntad:* en tal supuesto, lo ha querido en tanto lo considera probable, es decir, en tanto cuente con la posibilidad de que el resultado se produzca".[250]

MEZGER observa que en aquellas hipótesis en que la realización del resultado típico depende de circunstancias preexistentes es difícil pretender que el agente ha consentido en ellas. Así, del que yace con una joven dudando sobre si tiene más o menos de 14 años de edad (art. 362 C.P.) no puede decirse que haya *consentido* en que la muchacha sea menor de doce años para el caso que ello ocurra. Porque lo que el individuo *quiere* no es que la mujer tenga más o menos de doce años, sino, simplemente, yacer con ella. Del mismo modo, de quien se apropia de una cosa mueble sin saber con certeza si es ajena (art. 432 del C.P.), no puede afirmarse que consienta en que lo sea, pues su propósito es, sencillamente, apropiarse de ella. De aquí que en tales situaciones lo decisivo será el grado de probabilidad con que el sujeto se representa la realización del hecho típico.

---

247 Citado por MEZGER, II, § 45, III 1), b), pág. 173.

248 Citado por MEZGER, II, § 45, III, 1), b), pág. 172. Conforme con este criterio MAURACH–ZIPF, I, § 22, III, B), número marginal 36, pág. 389. En las páginas siguientes, se amplía la discusión a las concepciones actuales, cosa que por razones obvias no se encuentra en MAURACH, I, 22, III, B, 2, b) págs. 327 a 318.

249 MEZGER, II, § 45, III, 2) a), pág. 173.

250 MEZGER, II, § 45, III, 2, b), pág. 175.

La posición de MEZGER es determinada por el hecho de que ese autor independiza las circunstancias del *comportamiento típico* y del *resultado*, otorgándoles una relevancia autónoma en la estructura típica y requiriendo, por eso, una referencia a cada una de ellas por separado. Este punto de partida a mi juicio es incorrecto.[251] En realidad, el sujeto no quiere sencillamente –como pretende MEZGER en el primer ejemplo– yacer con una mujer cualquiera, sino yacer con ella *aunque* sea menor de catorce años cumplidos. Asimismo, no quiere únicamente –en el segundo ejemplo– apropiarse de la cosa, sino apropiarse de ella *aunque* sea ajena. Ciertamente la edad de la muchacha o la ajenidad de la cosa no dependen de la voluntad del autor; pero sí depende de ella la *decisión* de realizar la acción, concurran o no esos supuestos;[252] es en esto en lo que el sujeto consiente, no en la existencia de circunstancias cuya realización escapa a la esfera de su voluntad.

Por lo demás, MEZGER no cita ejemplo alguno donde la solución correcta no pueda alcanzarse conforme a los presupuestos de la teoría positiva del consentimiento,[253] correctamente entendida.[254]

dd) Crítica de KAUFMANN

ARMIN KAUFMANN proponía, para solucionar el problema del dolo eventual, una solución que juzga verdaderamente finalista.[255]

A su juicio, los criterios defendidos por las distintas teorías hasta ese momento presentadas presuponían un dolo *valorizado* (*dolo malo*), es decir, portador del conocimiento de la antijuridicidad. En efecto, solo de quien conoce la significación antijurídica del hecho puede esperarse que retroceda ante la representación de su posible realización. Asimismo, la teoría positiva del consentimiento implica la conciencia de la ilicitud, pues del sujeto que ignora la antijuridicidad del resultado representado no cabe pretender que adopte frente a él una decisión de abstenerse. Solo quien reconoce el resultado como ilícito puede plantearse siquiera la cuestión de qué hará frente a la posibilidad de que, en lugar de suceder las cosas como

251 Supra 17, I.

252 Infra.

253 MEZGER, II, § 45, III, 2, págs. 176 y 177.

254 Infra.

255 KAUFMANN, *El dolo eventual en la teoría del delito, Las repercusiones de la teoría de la acción y de la teoría de la culpabilidad sobre los límites del dolo,* traducción de R. Suárez-Montes, en *Anuario de Derecho penal y Ciencias penales,* tomo XIII, fascículo II, mayo-agosto, 1960, págs. 185 y sigts.

él espera, se cause el acontecimiento antijurídico. Para probar esta conclusión, KAUFMANN citaba ejemplos en los que, por faltar al sujeto la conciencia de la ilicitud a causa de un *error de prohibición,* se advierte que la posible producción del resultado no puede serle sino indiferente.

En consecuencia, estas soluciones no deben ser adoptadas por la teoría final de la acción, para la cual es irrenunciable la postulación de un *dolo libre de valoraciones*, al cual es ajena la conciencia de la antijuridicidad. Para la teoría final y para la congruente *teoría de la culpabilidad,*[256] "no se trata de la determinación de los criterios del dolo malo, sino de la delimitación de la frontera del hecho-dolo y hecho-culpa".[257] Por lo tanto, es menester encontrar una fórmula que procure una solución a partir de presupuestos auténticamente finalistas.

KAUFMANN estimaba que, si el dolo es *voluntad de realización del tipo legal,* habrá dolo eventual cada vez que el resultado típico sea abarcado por dicha voluntad de realización; de la otra parte, la voluntad de realización solo quedará excluida por una *voluntad de evitación.* Por ende, "si la voluntad de realización se dirige precisamente a la evitación del resultado delictivo, falta el dolo, y el tipo prohibitivo no se cumple".[258] De este modo, el dolo eventual y la culpa consciente se diferencian no solo cuantitativa sino cualitativamente. Para la exclusión del dolo no basta una mera elección en este o aquel sentido, sino una actitud positiva que habrá de expresarse en la evitación del resultado típico.

Con esto KAUFMANN no subsana su principal objeción a las teorías de la representación y positiva del consentimiento. Porque para que el sujeto manifieste una voluntad de realización dirigida a la "evitación del resultado delictivo", es menester que haya considerado ese resultado como indeseable. Nadie, en efecto, desplegará una voluntad de evitación, sino en cuanto estime que existe algo "digno" de ser evitado. Y, evidentemente, esta ponderación solo tendrá lugar *en la medida en que el agente sea consciente de la ilicitud del resultado* o, en todo caso, si se enfrenta a otra clase de motivos, acaso jurídicamente irrelevantes, pero que le hacen desagradable o inconveniente provocar el acontecimiento típico. De manera que la solución de KAUFMANN conduce, después de un rodeo, al mismo punto de partida adoptado por la teoría del consentimiento.

En realidad, la crítica de KAUFMANN confunde, al parecer, problemas diversos: el de los motivos de la decisión y el de las consecuencias de ella. La cuestión de

---

256 Infra, § 28, II, e), dd) y ee).

257 KAUFMANN, *El dolo eventual, cit.*, pág. 186.

258 KAUFMANN, *El dolo eventual, cit.*, pág. 203.

por qué el sujeto contempla la posible realización del resultado típico con repugnancia, indiferencia o, incluso, aprobación, no tiene que ver con el problema del dolo; para este, lo importante es conocer la índole de la decisión que en definitiva se adoptó. Por lo mismo que la conciencia de la antijuridicidad no tiene cabida en el dolo, su influencia en la decisión del agente carece aquí de relevancia. Lo probable será en muchos casos, como lo advierte KAUFMANN, que el individuo ignorando la ilicitud del posible resultado alternativo observe indiferencia respecto a su eventual producción. En tal caso habrá dolo. La cuestión de si la culpabilidad quedará excluida o se verá reducida luego por *el error de prohibición inevitable o evitable* carece de significación en este momento: en cambio, importa la actitud sicológica concreta que en el hecho asume el autor, pues es esta la que en definitiva determinará los perfiles del hecho-dolo.

Por otra parte, KAUFMANN tiene razón al exigir que entre culpa consciente y dolo eventual se intente un deslinde no solo cuantitativo sino cualitativo. Esto es importante para nosotros, atendidas las peculiaridades de nuestra legislación.[259] En principio la fórmula propuesta por ese autor satisface mejor esta exigencia en cuanto requiere que la ausencia de consentimiento se exprese, además, en *voluntad de evitación (voluntad de realización dirigida a evitar el resultado)*. Pero la cuestión de en qué forma se materializa o no esa actitud evitadora, y de cómo ha de juzgársela, no queda aclarada en su concepción.[260]

ee) El criterio predominante en la actualidad

En el presente tiende a producirse un cierto acuerdo en torno a un criterio que, si bien pone el acento en la necesidad de representación, se hace cargo de que también debe requerirse una actitud capaz de evidenciar que el autor "se ha conformado" con la producción de resultado típico; que se "ha decidido por el injusto", incorporándolo a su plan.[261] La concepción discurre sobre la base de

---

259 Infra, d).

260 Una exposición bastante pormenorizada de las numerosas concepciones sobre el dolo eventual elaboradas por la doctrina en los últimos tiempos puede encontrarse en ROXIN, § 12, números marginales 21 y sigts., págs. 423 y sigts.

261 Así, ROXIN, § 12, número marginal 22, pág. 425. En el mismo sentido JESCHECK-WEIGEND, § 29, III,, 3, a), pág. 321; MAURACH-ZIPF, I, § 22, III, número marginal 40, págs. 391 y 392 STRATENWERTH, § 8, número marginal 117, págs. 167 y sigts.; con alguna variante, básicamente también DIETHART ZIELINSKI, *Dolo e imprudencia, comentarios a los §§ 15 y 16 del Código Penal alemán,* traducción de Marcelo Sancinetti, Hammurabi, José Luis Depalma, editor, Buenos Aires, 2003, números marginales 71 y sigts., págs. 83 y sigts.;

que la presencia del dolo eventual debe afirmarse a partir de la representación de una elevada posibilidad de que el hecho típico se realice y de una decisión de proseguir adelante que es independiente de si el sujeto aprueba ese resultado, bastando con que se "resigne" o se "conforme" con que ocurra: a esto es a lo que se designa como "decisión por el resultado", o "tomarse en serio el resultado". La "decisión por el injusto" existirá también cuando al autor le es "indiferente" que el hecho suceda o no. En esa actitud de falta de interés por la preservación de los bienes jurídicos en juego, se encuentra presente ya la "conformidad" con que la lesión de estos ocurra.[262]

El caso ejemplar al que se suele recurrir para mostrar la diferencia entre la teoría del *consentimiento* y la de la *decisión por el injusto*, es el de la "chica de la feria", configurado por LACMANN[263]: "el autor le apuesta a otro sujeto que él podrá acertar con un disparo en la bola de vidrio que una chica sostiene en su mano en un puesto de tiro al blanco. Al hacer esto él es bien consciente de la posibilidad de un disparo fallido que lesione a la chica, pero, naturalmente, desea ganar la apuesta. Aun cuando en tales circunstancias el autor tiene que sentir la lesión de la joven como un mal, puede asumir la posibilidad de su producción como un mal menor" [el de perder la apuesta]. "Entonces, en ello existe la decisión contra la norma de conducta que fundamenta el dolo."[264] Se percibe así cómo también puede apreciarse dolo eventual aunque el autor no "consienta" en el resultado, que en el ejemplo citado le es desfavorable.

1) El que aquí se deba partir de las características de la *representación* viene exigido ya por la circunstancia de que sin representación no cabe siquiera hablar de *dolo eventual.* Si para el autor la posibilidad de que su comportamiento provoque la realización del hecho típico era *previsible*, pero él no lo había *previsto,* existirá, a lo sumo, *imprudencia (culpa) inconsciente,* pero nunca *dolo eventual.* Así queda de manifiesto que la *representación de la posibilidad del resultado* es la piedra angular sobre la cual se erige el *dolo eventual.*
2) La toma de posición respecto a si el sujeto efectivamente se ha "decidido por el injusto" debe obtenerse de la apreciación del conjunto de datos objetivos

---

acentuando más el papel de "la ligereza, la represión de los escrúpulos, etc." (es decir, de elementos emocionales vinculados a la voluntad) en la decisión, también JAKOBS, 8, III, números marginales 21 y sigts., págs. 325 y sigts.

262 ROXIN, § 12, número marginal 30, pág. 429.

263 Cfr. STRATENWERTH, § 8, número marginal 116, pág. 166.

264 STRATENWERTH, § 8, número marginal 116, pág. 166.

que rodearon al hecho; la declaración que pueda prestar el imputado sobre su actitud volitiva, "la mayoría de las veces carecerá de trascendencia decisiva, condicionada por su táctica procesal".[265] [266] Pero, además, no se puede soslayar que en la afirmación de que el autor "se conformó" o "se decidió" por el injusto, hay elementos volitivos de los cuales está vedado prescindir, si no se quiere desnaturalizar completamente el contenido del dolo.[267]
De lo expuesto puede deducirse también que la vieja contraposición tajante entre las teorías de la *representación* y la *voluntad* descansa en buena medida en apreciaciones semánticas que están distantes de materializarse en la práctica. Muy a menudo la cuestión de si en la decisión entre dolo eventual y culpa consciente la línea divisoria pasa predominantemente por el componente intelectual o el volitivo del hecho, responde solo a consideraciones lingüistas que contribuyen poco a resolver el problema concreto. Así, por ejemplo, el rechazo generalizado a la "teoría del consentimiento" descansa en una concepción del "consentimiento" que involucra "aprobación" por parte del autor. Puestas las cosas de ese modo resulta, efectivamente, que para la apreciación de dolo eventual pareciera exigirse un componente volitivo que, en cambio, no se requiere incluso para la conformación del dolo directo, lo cual resultaría absurdo. Pero, cuando el "consentimiento" se entiende sencillamente como un puro "resignarse" a que las cosas sucedan, la distinción entre la concepción dominante y la teoría del consentimiento clásica se vuelve imperceptible y enfatiza el carácter nominal de la discusión.[268] [269]

---

265 ROXIN, § 12, número marginal 62, pág. 447.

266 N. del E.: STRATENWERTH,, § 8, número marginal 127, pág.170, refiriéndose a la complejidad de determinar cuál fue la actitud interna del sujeto que habiéndose representado que en caso de actuar es posible que se realice el tipo (que el bien jurídico sea lesionado), advierte que "incluso si él (el actuante) está dispuesto a declarar verídicamente sobre su actitud interna, de ningún modo será seguro que tenga éxito al trasladar sus datos a categorías jurídicas de modo materialmente correcto".

267 N. del E: ROXIN, § 12, número marginal 6, pág. 446.

268 ROXIN, § 12, número marginal 36, pág. 432: "Si 'aprobar' no significa más que el sujeto incluye en el plan del hecho el posible resultado y en esa medida lo asume en su voluntad existe acuerdo, ciertamente no terminológico, pero sí desde luego sobre al auténtico alcance del dolo eventual. También en la literatura científica se defiende a menudo la teoría de la aprobación en este sentido, de modo que hoy solo puede ser considerada ya como una variante de la doctrina dominante".

269 N. del E.: Sobre algunas teorías modernas que intentan prescindir del elemento volitivo en el dolo eventual, sosteniendo una concepción del dolo puramente cognoscitiva, véase

3) A causa de las dificultades que encierra en la práctica la determinación de la existencia del dolo frente a la culpa, frecuentemente asume la forma de una *atribución* más que de una *constatación,* cosa que la aproxima de manera inquietante al Derecho penal de autor.[270] Por eso, en el comienzo se sindicó al concepto de dolo eventual como una forma de agravar la punibilidad de hechos simplemente imprudentes, atendiendo a razones político criminales, muchas veces indefendibles.[271] Esto se hace más evidente a causa de las peculiaridades dogmáticas de la ley nacional.[272] En el presente, los criterios expuestos son lo más lejos que se puede llegar en la precisión del concepto.
4) De acuerdo a la opinión ampliamente dominante, el *dolo eventual* es *dolo* y, por consiguiente, sus consecuencias no se diferencian de las del *dolo directo* ni cuantitativa ni cualitativamente.[273] Sin embargo, existen hechos punibles cuya posibilidad de comisión con dolo eventual se considera dudosa debido a que la estructura del aspecto subjetivo del tipo hace difícil concebirla, como sucede especialmente en aquellos en que se han incorporado a la descripción típica *elementos subjetivos distintos del dolo.*[274] Entre los delitos de más importancia práctica, aquí ocupa una posición polémica el de *estafa* y, por razones *de lege lata,* el de *parricidio.* Pero, además, existen numerosos tipos en los cuales el legislador resuelve expresamente que el hecho solo será punible si se lo realiza con *dolo directo* –o, en su caso, *de las consecuencias seguras*–. Esto ocurre, casi siempre, cuando el tipo establece exigencias subjetivas, como la *malicia* o el obrar *a sabiendas* (Ejemplo: arts. 207, 223, N° 1°, 224, N°s 2°, 3°, 4° y 5°, etc.).

Roxin, § 12, números marginales 49 y sigts., págs. 439 y sigts. Roxin demuestra que ellas son compatibles con el entendimiento del elemento volitivo en el dolo eventual que se plantea por Cury y por el propio Roxin, y que más bien intentan objetivar la teoría del tomarse en serio la realización del hecho típico (*loc. cit.*, número marginal 61, pág. 446). Una completa exposición y análisis de los distintos criterios propuestos por la doctrina para delimitar el dolo eventual de la imprudencia consciente, incluyendo los más recientes, en Náquira, I, págs. 208 y sigts. Una defensa de un dolo puramente cognoscitivo desde la perspectiva de la prueba de los elementos subjetivos en el proceso, en RAGUES i VALLES, RAMÓN, *Consideraciones sobre la prueba del dolo*, en *Revista de Estudios de la Justicia*, N.° 4, año 2004. págs. 13 a 26.

270 STRATENWERTH, § 8, número marginal 127, pág. 171.

271 BUSTOS, I 33.5.2., págs. 830 y sigts.; POLITOFF, 9, §3, D, c), pág. 478.

272 Infra, d).

273 Respecto a posturas diferentes frente al texto de la ley en vigor, infra, d).

274 Infra, IV, e).

Sin embargo, la ley no se sirve siempre de estas especificaciones en forma coherente y, en consecuencia, es preciso interpretarlas caso por caso.

Comoquiera que sea, la existencia de estas situaciones excepcionales demuestra que la identidad declarada entre las formas del dolo no es constante y, por eso, que las afirmaciones generales sobre ello deben mirarse con desconfianza.[275]

d) Problemas dogmáticos de la clasificación del dolo

En la ley chilena el concepto de dolo abarca, sin lugar a dudas, así el dolo directo como el de las consecuencias seguras. En cambio, RODRÍGUEZ MUÑOZ[276] sostenía que la ley española incluía los casos de dolo eventual en las hipótesis culposas del antiguo art. 565 del Código Penal español entonces vigente que, al igual que nuestro art. 490, castigaba como autor de *cuasidelito* al que por *imprudencia temeraria* causaba un resultado típico. En efecto, RODRÍGUEZ pensaba que "tan solo por el que se aferra de manera rigurosa a la 'teoría del consentimiento' o ratificación podrá desconocerse que el calificativo de 'temeraria' atribuido a una conducta refleja exactamente lo propio y característico de los casos de *dolus eventuales*".[277]

Con razón CÓRDOBA RODA puso de relieve que este argumento es relativo,[278] porque precisamente la teoría del consentimiento era por entonces, para una mayoría de la doctrina, el único punto de partida correcto en la delimitación del dolo eventual.[279] De tal suerte, aferrarse a ella de manera "rigurosa" no podía constituir motivo de reproche.

JIMÉNEZ DE ASÚA rechazaba el planteamiento de RODRÍGUEZ MUÑOZ, fundándose en consideraciones materiales que compartía con ANTÓN ONECA.[280] Para ellos era evidente que la estructura del dolo es radicalmente distinta de la de la culpa y que, por ende, *dolo* e *imprudencia* son conceptos inconciliables, desde que esta última implica por definición un *no querer* el hecho típico. Así, la imprudencia será siempre culpa, aunque merezca el calificativo de *temeraria*. No

275 DOHNA, I, A, 2, pág. 35;. MAYER, pág. 330.

276 RODRÍGUEZ MUÑOZ, notas a la traducción de MAZGER, II, § 45, al final, págs. 178 y sigts.

277 RODRÍGUEZ MUÑOZ, notas, *cit.* II, § 45, al final, pág. 181.

278 CÓRDOBA RODA, notas a la traducción de MAURACH, I, § 22, III, B, al final, nota 34, págs. 319 y sigts.

279 Supra, c), bb).

280 JIMÉNEZ DE ASÚA, V, § 1602, págs. 626 y sigts.

habrá dolo en tanto el agente no haya ratificado el resultado típico en su voluntad; y el que obra imprudentemente no ha hecho tal cosa, aunque su esperanza de evitarlo sea infundada hasta la *temeridad.*

De otro lado, debe advertirse que nuestra ley, a diferencia de lo que ocurría en la española de 1940, acude expresamente al concepto de *dolo* para caracterizar el elemento subjetivo principal del tipo, oponiéndolo al de *culpa*, en el art. 2° del C.P. Asimismo, la ley chilena ignora la identificación de *dolo* y *propósito,* que RODRÍGUEZ MUÑOZ fundaba en el inc. tercero del art. 1 ° del Código Penal español. Por lo mismo, su punto de vista quedaba despojado entre nosotros de los sustentos dogmáticos "negativos"[281] que él creía encontrar en los textos legales positivos sobre los que trabajaba.

Sin embargo, aunque POLITOFF piensa que este punto de vista tuvo poca influencia en la doctrina nacional,[282] lo cierto es que hasta el presente se encuentran criterios que coinciden con él, incluso después de que la reforma del texto penal español de 1995 lo privó de sus fundamentos positivos en la legislación peninsular.[283]

De entre estos últimos, la opinión más significativa pertenece a BUSTOS, con arreglo a la cual, "el llamado dolo eventual es un caso especial de delito imprudente con representación en el que el predominio de los elementos subjetivos es manifiesto. Aparte del elemento subjetivo general de todo delito culposo, que el sujeto conozca que está participando en un proceso de alto riesgo, de la representación de la posible afectación del bien jurídico y de la no aplicación de las medidas de prudencia que son exigibles, exige además que el sujeto cuente o se decida por la afección del bien jurídico". "Por eso se puede decir que el dolo eventual es la culpa con representación por excelencia y que se puede asimilar con el dolo propiamente tal en la pena".[284] En síntesis, BUSTOS defiende la tesis de que el dolo eventual no es sino una forma grave de imprudencia a la cual, en aspectos como el de la severidad de la punibilidad, debiera parificárselo con el auténtico dolo.

281 RODRÍGUEZ MUÑOZ, notas, *cit.*, II, § 45, al final págs. 178 y sigts.

282 POLITOFF, 9, § 3, D, c), 4), págs. 491 y 492.

283 Adhiriendo claramente a ese punto de vista, LABATUT, I, 113, págs. 122 y 123: "A mi juicio, en nuestro Código no cabe otra solución que incluir el dolo eventual en la imprudencia temeraria (cuasidelito), que sanciona el art. 490". Dudoso, NOVOA, I, 310, pág. 491. Decididamente por apreciar dolo y no culpa ETCHEBERRY, I, pág. 306, pero no sin antes hacer algunas precisiones.

284 BUSTOS, I. 39.7.3.3., pág. 961.

Ese criterio, sin embargo, suscita el problema de que los hechos imprudentes solo se castigan de manera excepcional, lo que conduciría en un número de casos apreciable a la impunidad de los comportamientos realizados con dolo eventual. Ciertamente, lo que Bustos pretendía era una modificación legal que regulara esas situaciones de una manera semejante a la contemplada en el campo del Derecho civil, donde la "culpa gravísima" se asimila en general al dolo (art. 44 inc. segundo, *in fine* CC.) No obstante, en el actual estado de cosas el criterio conduciría a lagunas de punibilidad difícilmente tolerables.

IV. LOS ELEMENTOS SUBJETIVOS DEL TIPO DISTINTOS DEL DOLO O ELEMENTOS SUBJETIVOS DEL INJUSTO

A) CONCEPTO

Ordinariamente la faz subjetiva del tipo de los delitos dolosos se agota en la congruencia entre el conocimiento, la voluntad y los requisitos objetivos del hecho típico. En tales casos, la faz subjetiva del tipo está constituida entera y únicamente por el dolo.

Pero no siempre sucede así. En un número de hipótesis considerable, la ley exige para la realización completa del tipo determinadas tendencias, ánimos o motivos que no encuentran correlato en el plano objetivo. Por ejemplo, en el hurto (art. 432 C.P.) no basta que el sujeto quiera apoderarse de la cosa mueble sin la voluntad de su dueño; es menester, además, que obre con el *propósito de hacerla suya* y con ánimo de obtener un lucro. Estas características de la acción típica, sin embargo, se realizan por completo en el plano subjetivo. Objetivamente, en efecto, nada distingue el acto del que sustrae la cosa para usarla y luego devolverla a su dueño, del que la toma *animus rem sibi habendi*. Por su lado mecánico y causal, ambas operaciones son idénticas y la distinción solo puede fundarse en la posición subjetiva del agente.

Es mérito de AUGUSTO HEGLER y M.E. MAYER[285] el descubrimiento en los tipos de estos elementos subjetivos cuya consideración es indispensable para afirmar la tipicidad de la conducta.[286]

---

285 Sobre el punto de vista de MAYER, que sitúa estos elementos en la antijuridicidad, MAYER,págs. 231 y sigts.

286 Sobre el desarrollo histórico de esta problemática, las intuiciones de CARRARA y posteriores aportaciones de FISCHER, M.E. MAYER, ZIMMERL Y MEZGER, así como en relación con todo el tema, POLITOFF, *Los elementos subjetivos del tipo legal, cit.* 1 y sigts., págs. 13 y sigts.

b) Elementos subjetivo del tipo y teoría del tipo

El reconocimiento de la existencia de los elementos subjetivos del tipo o elementos subjetivos de lo injusto causó dificultades insalvables a la concepción tradicional.

aa) Desde luego, obligó al abandono del criterio que aspiraba a un tipo de injusto objetivo y despojado de toda referencia a la subjetividad del agente. Pero, junto con ello, exigió una disgregación de esa subjetividad, una parte de la cual, como dolo, se querría mantener adscrita a la culpabilidad, mientras que otra, en cuanto *elemento subjetivo de lo injusto,* pertenecería al tipo. Para construcciones sistemáticas como la de MEZGER, por ejemplo, que además incorporaba a la acción el *mínimo subjetivo* necesario para que el sujeto se sitúe como "causa de su obrar",[287] esto significaba que en los tipos portadores de un elemento subjetivo había de practicarse una tercera división, lo que complicaba aún más las cosas.

bb) Por otra parte, resulta indudable que las "tendencias" o "motivos" de la acción solo son inteligibles si se las refiere a la voluntad que la domina. Únicamente cuando se sabe que el autor quería palpar el cuerpo de una joven cobra significado la cuestión de si, además, en esa voluntad se expresa una "tendencia libidinosa" (arts. 366 a 366 ter. C.P.);[288] únicamente cuando el sujeto quiere apoderarse de la cosa puede, además, tomarla *in domine gerere* (art. 432 del C.P.). Esto quiere decir que, al menos en los tipos portadores de un elemento subjetivo del injusto, es indispensable trasladar el dolo al tipo. Pero entonces la concepción tradicional no puede esgrimir argumentos válidos para explicar por qué en los tipos portadores de *elementos subjetivos* el dolo se aloja en el tipo, mientras que en los demás continúa ocupando un puesto en la culpabilidad.[289]

---

287 MEZGER, § 13, págs. 187 y sigts.

288 N. del E.: La doctrina nacional se encuentra dividida en cuanto a si el delito de abuso sexual exige o no ánimo libidinoso en el sujeto activo, como un elemento subjetivo del tipo. Otro tanto ocurre en nuestra jurisprudencia. Sin embargo, la tendencia en una y otra es la de prescindir de él.

289 NOVOA, *Causalismo y finalismo,* no prestaba bastante atención a este aspecto del asunto. Él sostenía correctamente que, también para los finalistas y los partidarios del injusto personal, en general los elementos subjetivos de que tratamos aquí son "excepcionales" (BACIGALUPO), "anómalos" (CURY) o "asimétricos" (ZAFFARONI) (7, pág. 46). Pero lo importante no es esto. El problema radica en que cuando aparecen en un tipo estos elementos "excepcionales" o "anómalos", ponen de relieve la imposibilidad que existe *en general* de situar el dolo en la culpabilidad.

POLITOFF sostuvo que para la afirmación de los elementos subjetivos del tipo no es necesaria una verificación precedente del dolo, y procura demostrarlo acudiendo a ejemplos en los que, a causa de un error de tipo, el dolo queda excluido, no obstante lo cual subsiste el correspondiente elemento subjetivo del injusto. Así ocurre, en efecto, cuando el agente se apodera de la cosa *animus rem sibi habendi,* pero convencido de que ella es propia e ignorando, por consiguiente, su *ajenidad.* En tal caso, el dolo de hurtar será eliminado por el error y, sin embargo, se dará siempre el elemento subjetivo del tipo (ánimo de apropiación).[290]

El argumento de POLITOFF es sagaz pero inexacto, porque los elementos subjetivos del injusto solo son dependientes de la *voluntad de realización,* no del *dolo.* Así, puede entenderse que el sujeto quiera tomar la cosa con ánimo de señor y dueño, aunque sin dolo –a causa del error en que incurrió– pero lo que no puede concebirse es que ese ánimo exista cuando el sujeto no ha querido tomar la cosa. Es posible que un individuo haga objeto de tocamientos con ánimo libidinoso a lo que él se imagina ser una estatua y es en realidad una joven, pero es asimismo inimaginable ese ánimo si no se vincula a un "querer ejecutar el tocamiento". Un motivo o tendencia sin una finalidad que los preceda son inconcebibles, pero no toda finalidad realiza necesariamente un dolo, pues la voluntad de realización es el género y el dolo, su especie.

cc) Por fin, si el dolo se sitúa en la culpabilidad, debe referírselo a todos los elementos del tipo y, por ende, también a los subjetivos. Eso significa que el sujeto debe conocer y querer sus propios motivos o tendencias subjetivas. El que hace objeto a una joven de tocamientos obscenos debe conocer y querer su tendencia libidinosa.[291] Algo que, con toda razón, repugnaba a BELING[292] y que lo indujo a reelaborar su teoría del tipo[293].

Tampoco en este punto encuentra la teoría tradicional respuestas satisfactorias.

Ciertamente, como afirma ENGISCH, no es del todo inconcebible una relación psicológica que implique el conocimiento del propósito propio[294]; también

290 POLITOFF, *Los elementos subjetivos del tipo legal, cit.*, 13, págs. 80 y sigts.

291 Ver nota del editor N.° 284.

292 BELING, *La doctrina del delito–tipo,* III, 4, págs. 17 y sigts.

293 Supra, § 17, II.

294 ENGISCH, *Die normative Tatbestandselemente im Strafrecht,* en *MEZGER Festschrift,* Munchen und Berlin, 1954, págs. 127 y sigts; *Subjecktive Tatbestands und Unrechtselemente,* en *RITTLER Festschrift,* Aalen, 1957, págs. 118 y sigts., *cit.* por CÓRDOBA RODA, *Una nueva concepción del delito, cit.* II, a), pág. 15.

es verdad, como reconoce CÓRDOBA RODA, que para los elementos subjetivos del tipo basta con el *conocimiento* sin que pueda ser requerido un absurdo *querer* el propósito.[295] Pero se olvida, por una parte, que para la configuración del dolo la relación de conocimiento es exigida *siempre,* y que, por la otra, la concurrencia del querer es indispensable a su estructura. No basta, pues, con que excepcionalmente tal relación pueda concebirse, porque eso significa que para los tipos portadores de elementos subjetivos la configuración del delito doloso –al menos, en su aspecto intelectual– no es inconcebible, pero que en la práctica solo se da raras veces y que, desde otro ángulo, en tal evento puede prescindirse del elemento volitivo. Es una consecuencia que a mi juicio echa por tierra la pretensión de POLITOFF cuando quiere reducir la objeción de BELING a una pura cuestión sobre la *indagación* del referido vínculo psicológico.[296]

c) Los correctivos de la teoría tradicional del tipo

Es lógico que frente a estas dificultades la doctrina tradicional se haya resistido a reconocer la existencia de elementos subjetivos en los tipos. En cierto modo su conservación depende de la medida en que puede expulsar a esos huéspedes inoportunos, que con su presencia violan la "objetividad" del tipo, tan necesaria a la concepción causalista del delito. Los esfuerzos desplegados para conseguir esa meta se orientaron en dos sentidos distintos.

a) El de más consideración es realizado por BELING con su teoría *del tipo en sentido estricto.*[297] Sin embargo, ese punto de vista no puede ser acogido, tanto por las razones que en su oportunidad expusimos cuanto porque solo puede desenvolverse a partir de una construcción legislativa y gramatical propia del Código Penal alemán de 1875 que no encuentra equivalencia en el nuestro. Por otra parte, al extraer los elementos subjetivos del *tipo en sentido estricto* (*Tatbestand*), BELING se ve obligado a situarlos en el *tipo en sentido amplio* (*Deliktypus*), con lo cual crea un nuevo término estructural para el delito y deja sin resolver los principales aspectos de la nueva problemática.[298]

---

295 CÓRDOBA RODA, *Una nueva concepción del delito, cit.*, II, a), pág. 15.

296 POLITOFF, *Los elementos subjetivos del tipo legal, cit.* III, II, págs. 75 y 76.

297 Supra, § 17, II.

298 BELING, *La doctrina del delito-tipo*, III, 4, pág. 19. Véase además la traducción de L. Prieto Castro y J Aguirre cárdenas, Barcelona 1936, bajo el título de *El rector de los tipos de delito,*

bb) Un grupo reducido de autores ha querido incorporar los *elementos subjetivos del tipo* a la culpabilidad y sostienen que ellos no son más que manifestaciones de "impaciencia legislativa". El legislador, impensadamente, ha insertado en el tipo la exigencia de un *dolo específico* característico de ciertas conductas delictivas. Así, en tales comportamientos el dolo está constituido por algo más que la mera voluntad de realizar los hechos pertenecientes al tipo legal; a ella deben agregarse los motivos y tendencias.

Esta teoría del *dolo específico,* difundida entre los autores italianos,[299] tiene el inconveniente de abrir las puertas a la noción correspondiente de *dolo genérico*. Sin embargo, este último concepto carece de significación jurídica. No hay un dolo que no se refiera *específicamente* al tipo de delito en particular, a menos que por dolo genérico quiera entenderse una vaga voluntad general de obrar antijurídicamente, cosa inaceptable en los sistemas penales modernos, cuyo enérgico rechazo del *versari in re illicita* lo torna indefendible.[300]

Por otra parte, ya se ha observado que el dolo, entendido como voluntad de realización del hecho típico, puede desaparecer sin que resulten excluidos los elementos subjetivos del tipo. Si estos no son más que dolo específico, no se comprende cómo pueden subsistir una vez descartado el dolo genérico que, se supone, ha de fundamentar la existencia de aquel.

Por último, la atribución de los elementos subjetivos a la culpabilidad –y, concretamente, al dolo mal entendido como elemento de la culpabilidad– no explica por qué la antijuridicidad de los tipos portadores de tales elementos depende de su concurrencia. Pues esta doctrina arranca del supuesto de que el dolo pertenece a la culpabilidad y de que la antijuridicidad es un juicio objetivo (externo) realizado con anterioridad al de reproche. Para ella, por ende, debiera resultar inconcebible que la ilicitud derive de consideraciones subjetivas atinentes a la culpabilidad, ya que la afirmación de esta implica la realización de un juicio que solo debe y puede emitirse con posterioridad a la emisión de aquella.

pág. 23. Para formarse una idea de las complicaciones terminológicas –intraducibles– a que esto conduce, consúltese la nota a) de esta última traducción, pág. 8.

299 FIANDACA-MUSCO, pág. 369.

300 Infra, § 19, III, e), aa) y bb).

cc) Por el contrario, en mi opinión, la teoría dominante, que sitúa el dolo en el tipo, puede obviar estas dificultades y, sin abandonar sus presupuestos,[301] ofrecer una solución satisfactoria.

d) Fundamento de los elementos subjetivos del tipo

Los elementos subjetivos del tipo son elementos del tipo distintos del dolo, pero pertenecientes también a su faz subjetiva. Su origen puede encontrarse en la necesidad de satisfacer distintas funciones, como, por ejemplo, la de perfilar de manera más perfecta el hecho al cual la ley quiere describir como realizador de la materia de la prohibición, en cuyo caso son, por consiguiente, constitutivos del injusto respectivo.[302] Así ocurre, por ejemplo, en el hurto, en donde el ánimo de apoderarse de la cosa comportándose con ella como si fuera propia (*in domine gerere*) precisa la característica fundamental del acontecimiento típico (art. 432 C.P.), diferenciándolo de otras conducta semejantes que son, no obstante, jurídicamente irrelevantes. En otras oportunidades, en cambio, los elementos subjetivos tienen por objeto una *anticipación punitiva*. El legislador quiere castigar verdaderos *torsos de acción* que no han llegado a realizar por completo la voluntad que la orienta, y quiere hacerlo porque ya la parte de la conducta realizada ha provocado la lesión o puesta en peligro del bien jurídico a pesar de que dicha lesión o puesta en peligro solo es jurídicamente relevante en consideración a los fines ulteriores perseguidos por el agente. Así, en el hurto, el que se apropia de la cosa mueble ajena es castigado en consideración al ánimo de lucro que lo mueve a actuar; pero el legislador no aguarda a que el autor satisfaga ese ánimo lucrándose efectivamente con la cosa, porque ya el desposeimiento del legítimo tenedor ha concretado la lesión del bien jurídico. Todo esto solo se comprende mejor si se tiene en consideración la diferencia entre desvalor de acción y desvalor de resultado.[303]

El distinto origen de los elementos subjetivos permite explicar la clasificación de los tipos que los contienen. Así, se mencionan, en primer lugar, *tipos subjetivos de tendencia*, en los cuales la acción "va acompañada de determinado ánimo que es indispensable, pues de otro modo no sería posible concebirla".[304] Pertenecen

301 Supra, § 14, IV.

302 BUSTOS, I, 33.6.1., pág. 833.

303 Supra, § 1, III, c), cc).

304 BUSTOS, I, 33.6.2.2, pág. 834.

a este grupo, paradigmáticamente, los delitos contra la libertad sexual, como los abusos sexuales de los arts. 366 y 366 bis del C.P.[305] [306] De la misma forma, hay que considerar los *tipos con elementos subjetivos de intención trascendente* o *tipos de resultado cortado,* a cuyo grupo pertenecen los casos de anticipación punitiva antes mencionados, entre los cuales deben apreciarse el propósito defraudatorio en la estafa (art. 468 del C.P.). A este grupo pertenecen también los *tipos mutilados de dos actos,* entendiendo por tales aquellos que "no requieren que el segundo de los actos se haya producido, pero sí que el primero contenga la intención de realizar el segundo",[307] como sucede en el delito de confección de material pornográfico, que debe realizarse con el propósito de que se difunda (art. 374 inc. segundo del C.P.).

Con todo, la exactitud y practicabilidad de estas clasificaciones son dudosas. Para comprobarlo, basta acudir a casos como el de la apropiación indebida (art. 470 N° 1° del C.P.) o el hurto (art. 432 del C.P.) en los que se dan elementos subjetivos de ambas clases, estrechamente vinculados los unos a los otros, impidiendo en consecuencia un encuadramiento preciso del tipo correspondiente en las distintas categorías mencionadas más arriba.[308] [309]

e) Consecuencias prácticas de la inclusión de elementos subjetivos en los tipos legales

aa) Desde el punto de vista práctico, la consecuencia más relevante de la inclusión de elementos subjetivos distintos del dolo en las descripciones típicas, consiste en que ella excluye la posibilidad de que el hecho punible respectivo

305 En contra BASCUÑÁN, *El delito de abusos deshonestos,* Editorial Jurídica de Chile, Santiago, 1961, IV, II, 6, pág. 73. De acuerdo con el texto POLITOFF, *Los elementos subjetivos del tipo legal, cit.* V, 28, págs. 141 y 142. En ambos casos se escribe sobre un texto legal distinto del vigente en la actualidad. Véase, más reciente, pero todavía sobre la ley antigua, POLITOFF, 7, § 2, B, 2, págs. 296. Ya refiriéndose a la legislación en su configuración actual, POLITOFF-MATUS-RAMÍREZ, II, 8, § 7, pág. 269.

306 Ver nota del E. N° 284.

307 DOHNA, I, A, 1, pág. 24. Asimismo, BUSTOS, I, 33.6.2.1, pág. 834.

308 La vinculación ha sido puesta de relieve por POLITOFF, quien coloca el ánimo de lucro y el *apropiatorio* en una relación de género a especie, en *El delito de apropiación indebida,* Nascimento, Santiago, 1957, 54, págs. 208 y sigts., y *Los elementos subjetivos del tipo legal,* cit., V, 26, pág. 123.

309 Sobre intentos de clasificación más complejos, POLITOFF, *Los elementos subjetivos del tipo legal, cit.*, IV, 16, págs. 87 y sigts., con reservas semejantes a las del texto.

sea cometido con *dolo eventual*. En efecto, como el autor al ejecutarlo debe obrar con determinados propósitos que, si bien no requieren realizarse objetivamente, son fundamentadores del injusto típico, ello significa que no puede concebirse una representación de la realización del hecho solo como posible, puesto que la presencia de los elementos subjetivos presupone la dirección del comportamiento a la ejecución del acontecimiento típico.

bb) El hecho de que los elementos subjetivos del tipo distinto del dolo se caractericen por que no necesitan realizarse externamente y que, efectivamente, en la mayor parte de los casos no lo hacen, implica que su prueba presenta dificultades especiales. Ello, a su vez, supone una mayor inseguridad que atenta contra la exigencia de taxatividad del tipo penal. Por eso, aunque debe reconocerse que su inclusión en el tipo es a menudo imprescindible, el legislador debe cuidarse de abusar de ellos. Contra este criterio rector conspira en particular la tendencia a servirse de ellos para anticipar la punibilidad de ciertas conductas, lo que conduce a un empleo indiscriminado de tipos de resultado cortado y tipos mutilados de dos actos, a los cuales frecuentemente sería innecesario acudir y que solo revelan una tendencia persecutoria impropia del Derecho penal de un Estado democrático de Derecho.

§ 19. LA ESTRUCTURA DEL TIPO EN LOS DELITOS IMPRUDENTES (DELITOS CULPOSOS O CUASIDELITOS)

La regla general es que la ley castiga al autor cuando su acción estaba dirigida a la realización del hecho típico o cuando, por lo menos, se conformaba con que este ocurriera si ese era el caso. Por esto, para la mayor parte de los delitos solo se ha configurado el tipo doloso (art. 10 Nº 13 del C.P.).

Excepcionalmente, sin embargo, junto al tipo doloso se incrimina también el correspondiente *tipo imprudente*. En tales casos se castiga a quien ejecuta una acción cuya voluntad no está dirigida a la realización del acontecimiento típico, pero a la que no se imprimió toda la dirección de la que se era capaz a fin de evitar resultados lesivos para el bien jurídicamente protegido. "En tal comportamiento, la esfera de libertad del otro es entregada a la casualidad, pese a que quien actúa está llamado por el Derecho a orientar sus acciones a la existencia garantizada de las esferas ajenas de libertad y a garantizar de esta manera la existencia de estas. Mientras que en el injusto realizado dolosamente el poder de acción del autor –medido según aquello que jurídicamente se espera de él– aumenta, en la imprudencia se queda en cierto modo por debajo: el autor no incorpora a la víctima a su decisión, sino que la 'olvida'".[310]

La teoría de los delitos imprudentes fue descuidada por la doctrina que, por su mayor gravedad intrínseca, atendió con preferencia a la de los dolosos. Tanto ocurrió así que BINDING, junto con lamentarlo, decía que a la imprudencia se la había tratado como a un "hijo ilegítimo" del Derecho penal. A eso contribuyó también la "teoría psicológica de la culpabilidad" que, como se verá,[311] encontraba dificultades insalvables para incluirla en su sistema, especialmente cuando adopta la forma de *imprudencia sin representación*. En los últimos tiempos la tendencia se ha revertido. Nadie duda de que la infracción dolosa es siempre más grave que la imprudente, si se las compara una por una, pues la primera implica una actitud de rebelión contra los mandatos y prohibiciones del Derecho que no se da en la

---

310 ZACZYK, *Injusto jurídico-penal y la autorresponsabilidad del lesionado*, traducción de Nuria Pastor Muñoz en *Libertad, Derecho y Fundamentación de la pena*, *cit.*, tercera parte II, pág. 275.

311 Infra, § 25, II, b).

segunda, por lo menos con la misma intensidad. Pero, en el conjunto, los hechos imprudentes provocan un daño social mayor que los dolosos y la necesidad de combatirlos se ha vuelto urgente. El progreso, la industrialización, las invenciones de todo género, han complicado nuestra convivencia creando una infinidad de actividades y situaciones peligrosas que exigen de los ciudadanos un cuidado creciente en la realización de sus cometidos cotidianos. Por cada persona que muere víctima de un homicidio, centenares pierden la vida en accidentes automovilísticos, laborales, aéreos, marítimos, clínicos, etc. Aún ignoramos las consecuencias de la contaminación atmosférica y marina, o la magnitud real de los peligros creados por la instalación de reactores atómicos para fines pacíficos.[312] El Derecho penal ha tenido que reaccionar y ocuparse de "legitimar" al delito imprudente.

Con todo, el retardo se ha hecho sentir. La naturaleza y la estructura de los tipos imprudentes permanecen todavía en un claroscuro de vacilaciones. En una obra como esta, sería pretencioso intentar soluciones definitivas. Sin embargo, se debe procurar por lo menos una aproximación razonable que contribuya a esclarecer el panorama siquiera sea con fines pedagógicos. Por eso, creo prudente invertir el orden de la exposición, precisando primero la *naturaleza* de la imprudencia;[313] luego, los *fundamentos de la incriminación* de los tipos imprudentes[314] y, por fin, su *estructura*.[315]

Ya antes, pero sobre todo en lo sucesivo, en el texto prefiero referirme a "imprudencia" en lugar de "culpa", y a "delitos imprudentes" en lugar de "delitos culposos" o "cuasidelitos". La expresión "imprudencia", más castiza que "culpa", tiene además la ventaja de que evita la raíz común con el término "culpabilidad" y, consiguientemente, las inevitables confusiones entre uno de los componentes del tipo de injusto y uno de los elementos de la estructura del delito. Finalmente, el empleo de la palabra "imprudencia" evita las referencias a conceptos de valor que involucra el término "culpa" y con ello preserva mejor las bases del sistema tal como se han desarrollado precedentemente. En cuanto a la expresión "cuasidelito", de la cual se sirve la ley en vigor, sobre ser anticuada y estar abandonada por la mejor doctrina y por todas las legislaciones modernas, también genera

---

312 N. del E.: Los accidentes ocurridos en las centrales nucleares de Chernóbil en abril de 1986 y de Fukushima en marzo de 2011, han sido tristemente ilustrativos de los peligros que genera la energía atómica, aun cuando se use para fines pacíficos. Sobre otros accidentes nucleares menos conocidos puede consultarse https://energia-nuclear.net/accidentes-nucleares

313 Infra, I.

314 Infra, II.

315 Infra, III.

dudas injustificadas, porque parece sugerir que los hechos imprudentes no son delitos sino una categoría degradada de estos que resulta prácticamente imposible de incorporar en la teoría general del Derecho penal.

I. LA NATURALEZA DE LA IMPRUDENCIA

La naturaleza de la imprudencia ha sido objeto de una viva polémica que subsiste hasta hoy, sin que ninguna de las concepciones pueda atribuirse el reconocimiento unánime de la ciencia y la práctica más autorizadas. Una exposición del debate que pretende ser ilustrativa pero de ninguna manera exhaustiva es, sintéticamente, como sigue.[316]

a) Teorías intelectuales

Para un sector de la doctrina, la imprudencia consistía en un defecto de la inteligencia. Con esto se renunciaba al Derecho penal de culpabilidad en lo tocante a los delitos imprudentes, porque a nadie es posible reprocharle la ejecución de una acción y la producción de un resultado a los que estaba determinado como consecuencia de insuficiencias intelectuales que no le son atribuibles. A este respecto es preciso recalcar "con todo énfasis" que "las capacidades intelectuales no pueden ser aumentadas [...] por medio de la conciencia de la responsabilidad"; "un daño no hace más inteligente".[317]

En atención a estos presupuestos, no es extraño que algunos partidarios de estas concepciones concluyan por exigir la impunidad de la culpa y su eliminación de los sistemas penales. Otros, aunque reconocen que tal criterio hace imposible imputar al sujeto un reproche, justifican la represión mediante consideraciones utilitarias. Aquellos, aunque consecuentes, ignoran la realidad y sus exigencias;

316 Una exposición reciente, ilustrada y ordenada, en JAKOBS, 9, números marginales 1 y sigts., págs. 378 y sigts.; JESCHECK-WEIGEND, § 54 y sigts., págs. 603 y sigts.; MAURACH-GÖSSEL-ZIPF, 2, § 42, números marginales 1 y sigts., págs. 116 y sigts.; ROXIN, § 24, números marginales 1 y sigts., págs. 993 y sigts.; STRATENWERTH, §15, números marginales 1 y sigts., págs. 418 a 441 y §16, números marginales 1 y sigts., págs. 443 a 445; ZAFFRONI–ALAGIA–SLOKAR, § 36, pág. 522 y sigts. ZIELINSKI, *Dolo e imprudencia, cit.*, B, págs. 92 y sigts.

317 DOHNA, I, B, 2, c), pág. 83.

estos sacrifican la culpabilidad –y con ello la justicia– a consideraciones administrativas que el Derecho penal no puede tolerar.[318]

b) Teoría de la personalidad

Desde otro punto de vista, la culpa se ha explicado mediante una referencia a la personalidad total del sujeto, que se efectúa de dos maneras distintas: para algunos, el acto imprudente revela en el *carácter* del autor un desprecio por el conjunto de los valores imperantes en la comunidad jurídica a que pertenece; para otros, el desprecio se refiere solo a ciertos bienes jurídicos, respecto a cuya preservación el agente observa –consciente o inconscientemente– una actitud negligente. En ambos casos la culpa se caracteriza no por una relación subjetiva entre el actor y el acto que autorice ulteriormente fundamentar un reproche, sino por un defecto intrínseco a la personalidad de aquel, del cual la acción imprudente no es más que un síntoma.

Este criterio aventaja al anterior porque permite enlazar el reproche de culpabilidad a un elemento material: la fisonomía caracterológica del sujeto. Aún así, está sometido a severos reparos.

Por de pronto, es inaceptable aquella de sus direcciones para la cual la acción imprudente involucra un desprecio específico de ciertos bienes jurídicos. Empíricamente cabe demostrar que una misma acción imprudente suele poner en peligro una diversidad de bienes, cualquiera de los cuales puede resultar

---

318 Aunque el C.P. alude, al tratar de los delitos imprudentes, a ciertas formas de "ignorancia o impericia" se trata solo de una forma impropia de expresarse pues, como puntualiza ETCHEBERRY, I, pág. 319, "en el fondo se reduce a la imprudencia o negligencia". Aun así, no está de más tener presente que ETCHEBERRY, I, pág. 313 mira a la culpa en general con suspicacia, porque considera que "la sanción penal de las conductas culposas es el remanente de una concepción objetivista, en que la función causal de la acción humana en la producción del resultado es más importante que la noción de voluntad reprochable que le dio origen. Tal concepción, que en otros siglos llevó incluso a la aceptación de la sanción penal por caso fortuito, exigiendo solo una vinculación causal, no es nueva y se encuentra agazapada en escuelas como la positivista ('la sociedad debe defenderse no solo de los malos, sino de los imprudentes') en que el interés por la seguridad de la sociedad lleva a imponer sanciones prescindiendo de la indispensable correspondencia ética entre acción y pena. La justificación de la sanción penal se busca en el fondo, por razones de escarmiento y de advertencia para los imprudentes en potencia. No hay, a nuestro juicio, una plena justificación de la sanción penal del delito culposo". Esta posición de ETCHEBERRY es sugerente y merece ser discutida con detenimiento. Sin embargo, es dudoso que llegue a imponerse en un plazo relativamente próximo.

lesionado a consecuencias de ella; que, por otra parte, algunos de esos intereses pueden ser caros al autor es algo que no necesita ser probado. Cuando A conduce su automóvil a una velocidad inadecuada y sin respetar las reglas de seguridad, pone en peligro la vida, la integridad corporal y los bienes de terceros respecto de los cuales cabría presumírsele una actitud despreciativa; pero también pueden resultar consecuencias para su propio patrimonio, para su vida e integridad corporal, o para la de personas que le importan mucho. Si quiere ser consecuente, esta teoría tendrá que negar la imprudencia de A cuando a causa del accidente que sobreviene solo resulta herido su hijo pequeño que viajaba junto a él; es algo que no puede pretender.

Lo más grave, sin embargo, es que los dos criterios expuestos dirigen el reproche a la personalidad del agente y no a su acto. Es claro que toda culpabilidad tiene un carácter eminentemente personal, pero el Derecho penal moderno solo conoce una culpabilidad por la manifestación concreta y actual de la personalidad en la ejecución de una conducta antijurídica (*culpabilidad por el acto*). Así, la pena se conecta al acto y cumple su función retributiva básica. Cuando se autoriza un enjuiciamiento caracterológico de los ciudadanos, la pena asume un sesgo correccional inconveniente, porque se entrega a la autoridad una facultad discrecional de "corregir" a todo aquel cuya personalidad no satisfaga las exigencias de la ideología temporalmente dominante. Frente a una posición como esta, son plenamente válidos los reproches que dirige ETCHEBERRY al Derecho penal de la imprudencia.[319]

c) Teorías volitivas

Se han realizado esfuerzos por fundamentar la naturaleza de la culpa en un acto de voluntad del autor. Estos se han expresado en distintas formas, de las cuales aquí solo destaco dos de las más difundidas.

aa) Se habla, en primer lugar, de que la culpa implica una *voluntad mala negativa,* en el sentido de un querer "indirecto" del resultado.

En realidad, este es un juego de palabras sin significado inteligible. EXNER ha destacado que la expresión puede entenderse de dos maneras, ninguna de las cuales es aprovechable. Si se interpreta como "voluntad mala inexistente", no

319 Supra, nota 307.

se puede deslindar la culpa del *casus*; si se la entiende como voluntad orientada hacia fines valorados negativamente, se confunden la culpa y el dolo.[320]

Igual suerte ha corrido la idea de BINDING, para el que la culpa encierra un "querer inconsciente". Ese querer, así concebido, puede formar parte del contenido de la voluntad, pero no es elemento del efecto de la voluntad en que debería consistir la culpa.

bb) MEZGER, por su parte, se refiere a "un momento de querer consciente, contrario al deber", situado en una etapa lógicamente anterior a aquella en que se realiza la acción que ocasiona un resultado desaprobado por el Derecho. Hay un instante en que el sujeto debió adoptar medidas a fin de evitar que sus actos posteriores desencadenaran el efecto típico, pero en el que se abstuvo voluntariamente de hacerlo. De esta manera, el facultativo, antes de iniciar la intervención quirúrgica, debe ponderar sus dificultades, los medios de que dispone y su capacidad profesional; si omite voluntariamente esos cuidados y, a causa de ello, se produce el resultado indeseado, responderá por el delito culposo. "El acto culposo comienza siempre en este instante del acto consciente o de la negligencia consciente, aun cuando termine más tarde".[321] Contra este punto de vista debe sostenerse que, en la mayor parte de los casos, la realización de la acción imprudente no está precedida por un momento en el que voluntariamente se ignore la obligación de prudencia y cuidado. El médico pude haber iniciado la operación sin haber recordado siquiera la existencia de las medidas de precaución de que prescindió. En los delitos imprudentes por olvido, la teoría de MEZGER fracasa porque en ellos es imposible descubrir un instante de "acto consciente" o de "negligencia consciente" anterior o simultánea a la ejecución de la acción imprudente.

d) Teoría de la causación ilícita

A causa de las dificultades expuestas, un grupo de autores renuncia al presupuesto subjetivo en el delito imprudente. El castigo del comportamiento imprudente es, así, una pura imposición de las normas que ordenan sancionar a quien realiza un acto ilícito y causa un resultado típico. Afirmados la ilicitud de la acción y el vínculo de imputación objetiva entre ella y el resultado, es ociosa la indagación sobre la posición subjetiva del agente. De este modo, no obstante, el caso fortuito

320 EXNER, *Das Wesen der Faherlassigkeit*, pág. 71, *cit.* por MEZGER, II, § 46, 3, pág. 191.

321 MEZGER, II, § 46, II, 3, págs. 192 y 193.

es limitado solo a las situaciones en las que el acto inicial es lícito y se entroniza en los sistemas penales el principio del *versari*. Eso es inaceptable. Reconocer para todo el grupo de los delitos imprudentes una responsabilidad objetiva, significa dar al traste con el principio de que no hay pena sin culpabilidad y renunciar a una conquista que para la ciencia penal ha sido meta ansiosamente perseguida.[322] [323]

e) Las teorías del peligro

De la misma manera, es inaceptable la opinión de autores que asimilan imprudencia y dolo de peligro. Aquí la negligencia aparece como la realización dolosa de una acción imprudente. De esta forma, sin embargo, la culpa inconsciente queda excluida del ámbito penal, pues a su respecto es imposible sostener que el sujeto se ha representado y ha querido la imprudencia de su actuar. Desde otro punto de vista, esta concepción abre las puertas a un *crimen culpae* genérico, un verdadero *delito de imprudencia* sin fundamento en la ley.

f) El punto de vista dominante en la actualidad

El criterio predominante en la doctrina comparada actual radica el desvalor del comportamiento imprudente en el *incumplimiento del deber de cuidado que cabe exigir de quien ejecuta una acción generadora de peligro para el bien jurídico comprometido.* Se trata, pues, de un punto de vista eminentemente normativo. El autor, que disponía del control de la conducta en el sentido de que podía ejecutarla evitando que se desviara hacia la provocación de resultados indeseables, no lo hace y, como consecuencia de esa falta de cuidado, se realiza el hecho típico. Su desempeño, en consecuencia, queda por debajo de las expectativas fundadas del legislador que, atendidas las circunstancias, esperaba un manejo cuidadoso de los hechos y la consiguiente estructuración conforme a Derecho de los acontecimientos.[324]

Si se observa de cerca, advertiremos que existe aquí un momento subjetivo sobre el cual descansa el sentido del comportamiento imprudente. *En estos delitos la provocación del hecho típico es consecuencia de un error evitable sobre el curso causal.*[325]

322 Infra, III, b), aa) y bb).

323 Sobre este particular, consúltese la coincidencia entre el criterio expuesto en el texto y el defendido por los representantes de la *teoría pura del Derecho*. Así, KELSEN, *La teoría pura del Derecho*, traducción de Moisés Nilve, Buenos Aires, 1960; también EBENSTEIN, *La teoría pura del Derecho*, traducción de J. Malagón y A. Pereña, México–Buenos Aires, 1947.

324 ZACZYK, *op.* y *loc. cit.*, supra, en nota 293.

325 Supra, § 18, II, d) ee).

Se produce, en efecto, una divergencia entre el curso causal que el sujeto se representó y por el cual quería conducir los acontecimientos, y el que se materializó. Esta desviación, por otra parte, no fue casual. En el caso dado, el sujeto *podía* dominar el curso de los acontecimientos y conducir el proceso hacia el objetivo que originariamente lo determinó a obrar. No lo hizo. Abandonó las riendas del hecho, aunque *hubiera podido cogerlas y controlar el suceso.* En esta apreciación normativa radica la esencia de la imprudencia: *Obra imprudentemente quien omite imprimir a su conducta la dirección de que era capaz, de acuerdo con las circunstancias y con sus condiciones personales, permitiendo con ello la desviación del curso causal real hacia la producción* de resultados indeseados que habrían podido evitarse.[326]

La capacidad para conducir los procesos causales se debe precisar fácticamente. No hay una norma exacta que establezca la medida de orientación conforme a sentido que se *debe* imprimir a una acción susceptible de desviaciones riesgosas. Un precepto así ni siquiera es imaginable. Lo que se trata de establecer es *si en el hecho* existió la posibilidad de controlar las cosas con más cuidado. La indagación, en consecuencia, se orienta hacia una comprobación empírica: ¿Podía el sujeto, de acuerdo con la experiencia general, regir los acontecimientos con más cuidado en lugar de abandonarlos *imprudentemente* al acaso?

Ahora bien, el hecho que se enjuicia es *concreto.* Se resuelve sobre la capacidad del sujeto para controlar esta situación aquí y ahora. Pero la capacidad de conducir ese hecho se establece de acuerdo con la experiencia, y toda experiencia tiene que referirse a un término invariable en relación con el cual se examinan las variables desconocidas para determinar el *comportamiento debido.* En este caso, ese término es *el sujeto.* En otras palabras, nos interesa saber cómo se habrían comportado en las circunstancias del hecho concreto, "*el hombre inteligente y prudente en la situación del autor*".[327] Sobre esta base, que requiere ser explicada con más detalle, se estructura el tipo imprudente.

---

326 En el mismo sentido DOHNA, I, B, 2, c), pág. 82.

327 WELZEL: *El nuevo sistema,* IV, I, 1, a), pág. 71. Este punto de vista es actualmente dominante en el Derecho comparado: véase, por todos, SANDRO ABRALDES, *Delito imprudente y principio de confianza*, Rubinzal-Culzoni, Editores, Buenos Aires, 2010, II, III, págs. 130 y sigts.; CEREZO, I, XVIII, pág, 565; JESCHECK–WEIGEND § 54, I, 3, pág. 607; MAURACH-GÖSSL-ZIPF, 2, § 43, III, número marginal 34, pág. 145; ROXIN, § 24, número marginal 32, pág. 1009. Al asumir esta postura, el texto actual abandona la de carácter estadístico (hombre medio empírico), carente de criterios normativos, que se había defendido en las últimas ediciones, y se adhiere a la opinión dominante.

II. FUNDAMENTO DE LA INCRIMINACIÓN DEL DELITO IMPRUDENTE

La incriminación de los delitos imprudentes se funda en necesidades sociales y de justicia que, como se ha expresado,[328] han aumentado considerablemente en los últimos años, apresurando un desarrollo milenario que, sin embargo, en sus orígenes no les acordaba mayor importancia.[329] La cuestión presenta dos caras contrapuestas que el legislador debe equilibrar cuando construye los tipos respectivos.

a) Por una parte, la vida de relación –especialmente en la actualidad– exige la ejecución de acciones que importan un peligro para los bienes jurídicos. Puede citarse actividades que son, por su naturaleza misma, creadoras de tales riesgos para ciertos bienes: el tráfico motorizado, la explotación de yacimientos subterráneos o submarinos, la navegación y la aeronavegación, las intervenciones quirúrgicas y terapéuticas, la operación de laboratorios químicos y la práctica de algunos deportes (equitación, esquí, carreras automovilistas y ciclísticas, saltos ornamentales, etc.) son apenas algunos ejemplos característicos. Pero casi cualquier acción es capaz de crear un peligro en determinadas circunstancias. WELZEL alude al encerado doméstico y al aseo de un fusil de caza.[330] Puede citarse un número infinito de ejemplos. El que come un plátano y arroja la cáscara al piso o el fumador que abandona la colilla encendida en cualquier lugar despliegan actividades que difícilmente podrían parecer más inocentes; y, sin embargo, no se necesita mucha imaginación para percibir su peligrosidad.

El Derecho no puede prohibir todas estas acciones. Equivaldría a la detención del progreso. La vida de relación se tornaría imposible. "La prohibición estricta de lesión de bienes jurídicos llevaría en el acto al estado de paralización de la vida social y transformaría los bienes jurídicos en un mundo de museo, en el que, ciertamente, permanecerían sin lesión por obra de manos humanas, pero estérilmente anquilosados, sin función viva". "Si en la vida humana tuviéramos que proceder con ese grado de cautela, nunca se haría nada".[331]

---

328 Supra, antes de 1.

329 Una ojeada histórica sintética pero ilustrativa en NOVOA, I, 312, pág. 494.

330 WELZEL, § 18 pág. 188.

331 CARRARA, III, § 1095, pág. 74.

Por esto, el ordenamiento admite la realización de acciones peligrosas o, incluso, lesivas –intervenciones quirúrgicas, etc.– cuando son necesarias para el desenvolvimiento normal del quehacer humano y el progreso de la Humanidad, siempre que se las ejecute con el *debido cuidado.*

b) En efecto, como contrapartida de la autorización para la toma de peligros permitidos, el Derecho impone al ciudadano la obligación de imprimir a las acciones que los crean todo el control de que es capaz el hombre razonable y prudente perteneciente al medio del autor, con el objeto de evitar la desviación del curso causal hacia resultados indeseables. Hay interés en que la vida de relación se desarrolle, pero también en que lo haga sin provocar consecuencias perturbadoras para los individuos o la sociedad. Por esto se permite, por regla general, la ejecución de acciones peligrosas que se dirigen a fines razonables, siempre que se las realice con cuidado.

c) Solo en unos pocos casos, relativamente infrecuentes, se contempla una *imprudencia por asunción,* esto es, se considera que el sujeto ha obrado de manera descuidada ya por no haberse abstenido de emprender (*asumir*) la actividad peligrosa.[332] La cuestión de cuándo es así tiene que decidirse conforme a los criterios generales que se proporcionan a continuación.

d) La incriminación de los hechos imprudentes es por lo general más benévola que la de los dolosos y, como ya se ha dicho, en la mayor parte de los casos ni siquiera se encuentra establecida por la ley. Esto se explica porque mientras en el hecho doloso se expresa una voluntad rebelde a los mandatos y prohibiciones del ordenamiento jurídico, en el imprudente solo se manifiesta una actitud que se sitúa por debajo de las exigencias de cuidado dirigidas por el Derecho al común de los ciudadanos en circunstancias similares. Por tales motivos, a menudo el Derecho penal prefiere abstenerse de intervenir con sus enérgicos recursos de reacción frente a esta clase de infracciones y, cuando excepcionalmente lo hace, modera considerablemente sus consecuencias, haciéndose eco de un criterio compartido por la mayoría del conglomerado social.

---

332 POLITOFF, 9, § 4, B, b) págs. 500 y 501.

III. ESTRUCTURA DEL TIPO IMPRUDENTE

El tipo culposo cumple la tarea de precisar, hasta donde es posible, las condiciones bajo las cuales se considera que en la ejecución de una acción se ha creado un peligro prohibido porque en ella no se ha ejercitado el dominio de que es capaz un hombre consciente y razonable perteneciente al mismo círculo del autor. Hacerlo es difícil, porque no se trata, como en los tipos dolosos, de la descripción de un hecho aislado, sino de situaciones cuyos términos se encuentran en una relación cambiante. Por esto, sería insensato procurar describirlas, ya que su variedad supera todos los cálculos.

Basta pensar, por ejemplo, en la multitud de situaciones a que puede dar origen el acto de botar un cigarrillo encendido. La conducta que el hombre razonable es capaz de observar al realizar esa acción cambia infinitas veces, desde el caso en que la ejecuta paseando por un yermo hasta aquel en que se halla junto a un polvorín emplazado al interior de un regimiento en que hay tres mil hombres acuartelados.

Para superar el obstáculo, puede escogerse uno de dos caminos: hacer una enumeración descriptiva y ejemplar, cuidando de puntualizar esta última característica mediante una cláusula analógica, o introducir en la descripción general un elemento normativo amplio que oriente el criterio del juez en la resolución de los casos concretos. La primera fórmula es inconveniente. Vulnera la función garantizadora del tipo. Si la judicatura es irresponsable, hará una aplicación cada vez más arbitraria de la puerta abierta hacia la analogía *malam partem*; en caso contrario, caerá en el prurito de no castigar más que las conductas que se adecuen a las descritas, prescindiendo de su ejemplaridad. Por eso, las legislaciones modernas echan mano invariablemente de la otra alternativa que, sin ser del todo satisfactoria, resulta relativamente más correcta. Consiste en configurar tipos amplios, en los que la culpa es aludida mediante una fórmula normativa. Son de esta índole las expresiones del Código Penal "negligencia o ignorancia inexcusables" (arts. 224 N° 1°, 225, 228 inc. 2° y 229 C.P.), "abandono o negligencia inexcusables" (art. 234 C.P.), "negligencia (art. 243 inc. 2° C.P.), "ignorancia culpable, imprudencia o descuido" o "inobservancia de los reglamentos del camino, que debe conocer" (art. 329 inc. 1° C.P.), "imprudencia" (art. 333 C.P.), "descuido culpable" (art. 337 inc. 2° C.P.), "pudo prever" (art. 474 inc. 1° C.P.), "imprudencia temeraria" (art. 490 inc. 1° C.P.), "negligencia culpable (art. 491 inc. 1° C.P.), "mera imprudencia o negligencia" (art. 492, inc., 1° C.P.,), etcétera.

Como antes se ha dicho,[333] la introducción en los tipos de estos elementos normativos amplía las facultades interpretativas de la magistratura. Los tipos de delitos imprudentes en que el núcleo de la conducta está afectado por ellos son, a causa de esto, los más abiertos que consagra la legislación penal. Pero de todos modos esta configuración es preferible a la ejemplar, porque limita al juez según criterios inmanentes y no puramente analógicos. Aunque las fronteras de los tipos no quedan trazadas con exactitud, su línea gruesa se perfila lo bastante como para evitar una interpretación ilimitada. El elemento normativo tiene un significado cultural conocido por el grupo social, y si la judicatura lo extiende arbitrariamente, la reacción de aquel se hace sentir en forma de censura pública, obligándola a volver sobre sus pasos.

Lo dicho exige detenerse a examinar los criterios que permiten precisar el contenido de los tipos imprudentes.

A) El hombre razonable perteneciente al medio del autor

En primer lugar, debe juzgarse, como ya se ha dicho,[334] si un *hombre razonable y prudente, perteneciente al mismo ámbito del autor,* hubiese sido capaz de dirigir la acción en forma de evitar que precipitara un curso causal indeseable. Por lo tanto, el concepto del cuidado debido en el ámbito de relación se determina en el caso concreto de acuerdo a dos puntos de vista: uno *intelectual* y otro *normativo.*[335]

aa) La previsibilidad de los riesgos (Punto de vista intelectual)

Desde el punto de vista intelectual, el sujeto debe prever todo aquello que sea previsible, conforme al curso normal de las cosas. Por consiguiente, quedan excluidas de partida aquellas consecuencias extraordinarias o insólitas, es decir, que deben considerarse inadecuadas a la naturaleza de la acción que se ejecuta. En tales casos, usualmente quedará suprimida la imputación objetiva, especialmente en virtud del criterio sobre la esfera de protección de la norma.[336]

Desde este punto de vista, la doctrina suele diferenciar la *imprudencia consciente o con representación*, y la *inconsciente* o *sin representación.* La primera concurre

---

333 Supra, § 16, III, b), aa). En el mismo sentido ETCHEBERRY, I, pág. 315.

334 Supra, I, f).

335 WELZEL, § 18, I, a), pág. 187.

336 Supra, § 17, IV, d).

cuando el sujeto prevé la posibilidad de que su comportamiento desencadene la realización del hecho típico, pero confía (imprudentemente) en que podrá evitarlo si pone en la ejecución todas las destrezas de que cree ser capaz, no obstante lo cual, fracasa. La imprudencia inconsciente o sin representación, en cambio, se presenta cuando el autor no prevé lo que para un hombre razonable era previsible y provoca un hecho típico en cuya realización ni siquiera ha pensado como posible.

La doctrina acostumbra a negar importancia a la distinción entre estas formas de culpa.[337] La cuestión, sin embargo, no es clara. En los casos de culpa inconsciente, el abandono del proceso conducente a la realización del hecho típico es más completo que en los de culpa con previsión. La voluntad no solo los dirigió de manera inadecuada, sino que ni siquiera estimuló en la inteligencia del autor la representación de que era necesario dirigirlos. Se citan ejemplos con el propósito de impugnar esta conclusión, comparando el caso del que, sin imaginar siquiera el peligro originado por su conducta, conduce su automóvil desaprensivamente, con el del piloto de una aeronave de pasajeros que, aun previendo la posibilidad de una tormenta en la ruta, prosigue el vuelo confiado en que su buena estrella le permitirá sobrevolarla con éxito. El argumento es, no obstante, inválido, porque en los ejemplos que se contrastan las situaciones son diferentes y, por lo tanto, no existe un parámetro útil de comparación. Para demostrar que las culpas consciente e inconsciente son de igual magnitud, sería preciso probar que cuando el piloto de la aeronave ni siquiera se percata de la proximidad de la tempestad, sea porque no vigila los instrumentos o por cualquier otra causa, su conducta es igual a la que observa cuando espera infundadamente que su pericia lo ayudará a superarla. Y esto, naturalmente, suponiendo que en ambos casos la violencia de los elementos es idéntica y es igual la posibilidad de detectarla.

Por esto, me inclino a pensar que la culpa inconsciente es más grave que la consciente.[338] La opinión dominante se deja influir, en mi concepto, por cierta semejanza entre la culpa con previsión y el dolo eventual. Pero es una apariencia engañosa. Aquí, como allá,[339] lo decisivo para calibrar la apreciación es la medida en que la voluntad interviene en la configuración de la conducta; pero en la culpa, a diferencia del dolo, lo que importa no es la cantidad de voluntad que

337 Véase, por todos, MEZGER, II, § 46, IV, pág. 203.

338 En el mismo sentido HIRSCH, *La problemática de los delitos calificados por el resultado*, en *Obras completas*, II, 4, pág. 302; MAURACH, II, 42, II, A, 1, págs. 221 y sigts. Una posición intermedia, pero que se aproxima a la del texto, en POLITOFF, 9, § 4, B, pág. 516; dubitativo también ETCHEBERRY, I, pág. 318.

339 Supra § 18, III, c).

se puso en la conducción del acontecimiento, sino, al revés, importa la cantidad de dominio que, pudiendo imprimirse a fin de evitar la desviación indeseable de los cursos causales, no se puso. Y no cabe duda de que comprometió menos su voluntad en el control del acontecimiento quien ni siquiera puso en juego la inteligencia necesaria a fin de prever posibles alternativas de lo que estaba ocurriendo que el que, luego de examinarlas, creyó imprudentemente ser capaz de conducirlas a buen fin.

El sujeto obra con imprudencia, si no puso en la ejecución de su acción la atención que puede concederle un hombre razonable: esto es, si no *previó* lo que para este era *previsible*.

Naturalmente, es imposible precisar con exactitud lo que es previsible para un hombre razonable perteneciente al medio del autor. Otra vez, solo se pueden ofrecer criterios generales y establecer unos cuantos límites indispensables.

l) En cuando a lo primero, se entiende que es previsible para el hombre consciente, ante todo, lo que pertenece a la *lex artis* de su profesión; es decir, el conjunto de principios y normas técnicas cuyo dominio es exigido a quienes ejercen la actividad en ejercicio de la cual se realiza la conducta creadora del peligro. Suele decirse que el médico que no estudia se transforma paulatinamente en un criminal. Esto puede hacerse extensivo a toda actividad profesional. Pero se ha de tener en cuenta, una vez más, que la exigencia se pondera con el padrón del hombre razonable perteneciente al medio del autor. El Derecho no está en condiciones de establecer preceptos extraordinarios para situaciones de excepción. Para un médico no es previsible lo que solo podía prever un *Premio Nobel*, aunque él mismo haya obtenido ese galardón; para un conductor no es previsible lo que solo serían capaces de prever algunos "ases del volante", aunque él, personalmente, sea el campeón mundial de automovilismo deportivo. Si el "gran cirujano" ha puesto en la intervención quirúrgica la atención prescrita por la *lex artis*, no hay culpa, aunque él, personalmente, sea capaz de más. Otra cosa es que si, por el contrario, no pone siquiera esa atención media, luego, en el ámbito de la culpabilidad, se hará objeto de un reproche más enérgico.[340] Quienes en el último tiempo sostienen a este respecto un criterio distinto, que pretende individualizar la exigencia

340 Esta es la posición dominante. Véase, por todos, HIRSCH, *El desarrollo de la dogmática penal después de WELZEL*, en *Obras completas*, I, pág. 26, con bibliografía. Otra posición en ROXIN, § 24, números marginales 50 y sigts., págs. 1015 y sigts. En contra, STRATENWERTH, § 15, número marginal 15, pág. 505 Como en el texto, págs. 265.

midiéndola según el patrón de las características personales del autor, provocan una confusión entre la antijuridicidad y la culpabilidad del hecho imprudente, precisamente en un campo en que ambas han de ser precisadas con más cuidado por las dificultades a que da origen la determinación de sus perfiles.

Normalmente, las reglas de la *lex artis* tienen carácter consuetudinario porque, dada la dinámica del conocimiento científico y profesional, su carácter es cambiante y sería inconveniente formalizarlas, rigidizándolas. En unos cuantos casos, sin embargo, el legislador se ha preocupado de establecer ciertas normas básicas sobre lo que constituye un comportamiento correcto en las situaciones ordinarias. Probablemente, de estas regulaciones especiales la que reviste mayor interés práctico es la Ley del Tránsito N° 18.290, porque se refiere a una de las actividades creadoras de riesgos más comunes y masivos.

En todo caso, como se verá más adelante, tanto cuando se encuentran recogidas por la costumbre como cuando se las ha formalizado en un texto legal, estas disposiciones solo establecen comportamientos modelos y presuponen previsibilidades básicas que no siempre coincidirán precisamente con las requeridas en la situación dada.[341]

2) A este respecto, en todo caso, hay que tomar en cuenta los conocimientos particulares del autor procedentes de una *especialización* debidamente acreditada. Evidentemente, lo que puede prever un cirujano cardiovascular al intervenir en una operación de su especialidad es más de lo que pueda esperarse que prevea en el mismo caso un médico general que se desempeña en una zona rural. De la misma forma, lo que cabe esperar que prevea un fontanero experimentado al efectuar la reparación de una cañería es más que lo que se le exigirá prever a un trabajador no calificado. En estos casos, la base objetiva se altera porque a lo que puede exigirse de un médico o trabajador razonable se agrega lo que cabe requerir de unos que han dispuestos de los medios, estudios y experiencias para adquirir la especialidad.

3) Quienes realizan una acción pueden contar, *dentro de límites razonables,* con que los demás observarán una conducta correcta. En estas situaciones, la cuestión de lo que es previsible se resuelve a nivel de imputación objetiva, de acuerdo con el *principio de confianza.*[342]

---

341 Infra b).

342 Supra, IV, e).

4) Asimismo, también dentro de límites razonables, son previsibles las intervenciones lícitas de terceros regularmente observadas en situaciones semejantes. Así, el mecánico que revisa de manera negligente la aeronave puesta a su cargo, dejando para el día siguiente revisiones ulteriores, debió prever la posibilidad de que un piloto debidamente autorizado vuele en ella durante la noche, si permisos semejantes son otorgados regularmente por la compañía propietaria del aparato.

5) Por lo que se refiere a las limitaciones, debe precisarse, en primer lugar, que es necesaria la *previsibilidad del resultado que se produjo realmente*, no de cualquier evento típico. Por eso, cuando el conductor solo podía contar con la posibilidad de causar lesiones, no será admisible castigarlo por un homicidio imprudente si se produce la muerte de la víctima. Además del resultado, debe ser previsible el curso causal. De esta manera no le será imputable un homicidio imprudente al que conduce un vehículo contra el tráfico, si uno de los neumáticos dispara una piedra que mata a un transeúnte; para ese sujeto era previsible que su conducta podía causar un accidente –y precisamente también la muerte de alguien–, pero no por ese curso particularmente insólito de los acontecimientos[343]. De igual modo, el facultativo que ejecuta con negligencia una intervención quirúrgica no responderá por homicidio imprudente si la muerte del paciente es ocasionada por una hemorragia que se hubiera producido aun cuando se hubiese observado todo género de cuidados en la operación. En todos estos casos puede negarse ya la imputación objetiva del hecho, en virtud del principio de *conducta alternativa conforme a Derecho*.[344]

bb) La prudencia (cuidado) exigida (Punto de vista normativo)

Pero dado que, como se ha destacado supra, casi todas las conductas que se realizan permiten prever un gran número de consecuencias indeseables de diferente índole y que se realizan de distintas maneras, aquí cobra toda su importancia la referencia normativa al *hombre prudente perteneciente al mismo medio del autor*. La imagen rectora de que hay que servirse es, entonces, la de un hombre que enfrenta los riesgos del quehacer cotidiano, de los cuales es consciente, adoptando las medidas de precaución que cabe esperar de un individuo perteneciente

343 En estas circunstanciase las concepciones más modernas niegan ya la imputabilidad objetiva invocando el principio de la *esfera de protección de la norma*. Supra § 17, IV, d).

344 Supra, § 17, IV, h).

a un ámbito sociocultural análogo, y equipado con una formación profesional semejante a la suya.

1) La prudencia puede llevar al extremo de no hacer nada por temor a ocasionar consecuencias típicas. Esta actitud, como se ha anticipado, no es exigida por el Derecho y en muchos casos hasta será jurídicamente objetable.[345]

Un primer criterio para decidir si debe, puede, no debe o no puede emprenderse la ejecución de una acción capaz de crear riesgos depende de su *adecuación social*. Las acciones socialmente adecuadas yacen fuera del tipo, por peligrosa que sea su ejecución y aunque importen lesiones de ciertos bienes jurídicos.[346]

Nuevamente aquí solo se formula un criterio general, porque sería vano intentar una descripción de todas las acciones que, no obstante ser peligrosas, pueden y deben ejecutarse. Por otra parte, en muchos casos la decisión dependerá no solo de la conducta sino de la situación en que se le ejecuta. De esta forma, por ejemplo, un cirujano de tórax, un cirujano cardiovascular o un oftalmólogo pueden intervenir quirúrgicamente aun a costa de riesgos considerables; no así un especialista en cirugía estética. Una línea aérea que conduce a una ciudad de difícil acceso debe operar; no así una feria de diversiones que instala aparatos de uso riesgoso. En los casos mencionados se decide atendiendo a la índole de la acción. En cambio, depende de la situación si el conductor bisoño, que no está seguro de sortear con éxito las dificultades opuestas por la ruta, ha de abstenerse de emprender el viaje. La prudencia exige que no parta, si solo debe asistir a una reunión social; ha de hacerlo cuando es indispensable para trasladar a un herido grave y se trata de salvar su vida. Del mismo modo, un internista no debe iniciar un tratamiento o efectuar una operación quirúrgica cuando la índole de la enfermedad y el estado de su evolución aconsejan y permiten la intervención de un especialista; pero cuando un médico de campo advierte que es indispensable y urgente operar, y no se dispone de medios para trasladar al paciente o para obtener al concurso de un cirujano, puede y debe tomar el riesgo de ejecutar la operación.

La regla general prescribe que *la magnitud del riesgo permitido es directamente proporcional a la necesidad social del acto, deducida de su naturaleza y del caso concreto en que se la ejecuta.*

---

345 Véase, sobre el punto, SOLER, II, § 43, XII, págs. 136 y 137.

346 Cfr. WELZEL, § 10, IV, págs. 83 y sigts.; *Nuevo sistema,* II, IV, págs. 53 y sigts.; supra, § 17, IV, i).

2) Una vez que se inició la acción, la prudencia se expresa en una tensión de las facultades intelectuales, que procura conservar constantemente las riendas del acontecimiento y se realiza en la adopción de resoluciones encaminadas a conducirlo hasta la meta deseada.

Naturalmente esta tensión es variable, según los casos. Depende en parte de la magnitud del riesgo que importa la acción, en parte de la mayor o menor probabilidad de que el peligro se realice en lesión. La capacidad del hombre razonable para permanecer al mando de los procesos causales está condicionada por estos factores cuya interacción es complicada, al punto de que muchas veces se anulan entre sí. En efecto, la capacidad de mantenerse atento y presto a intervenir es mayor mientras más alto es el riesgo y mayor la probabilidad de que se realice. Si uno de ambos factores decae, la capacidad disminuye. Una prueba significativa se encuentra en el ámbito de la navegación aérea. A medida que los recursos técnicos de seguridad alcanzan una perfección asombrosa, la conducción se hace monótona y disminuye la tensión intelectual del piloto en la operación de los mandos; la mayor parte de los accidentes aéreos que ocurren en la actualidad se deben a "fallas humanas".

3) Puesto que hay acciones riesgosas permitidas por el Derecho, –es decir, lícitas– el problema de cuáles son y cuáles, por el contrario, exceden los límites del peligro tolerado, pertenece al ámbito de la *antijuridicidad.*[347] Esto significa, por un lado, que la imprudencia ha de ser afirmada en el ámbito del tipo y que, por lo tanto, es un elemento de la estructura de los tipos imprudentes, conforme lo sostuvo ya la teoría final de la acción. Demuestra, por otro lado, que es imposible desplazar por razones metodológicas el problema de la imprudencia –y, sobre todo, de su medida concreta– al ámbito de la *culpabilidad*[348]. El juicio de antijuridicidad *depende* de si en el caso dado se observó o no la prudencia de que es capaz el hombre razonable; en la culpabilidad solo habrá de examinarse

347 Cfr. BUSTOS, *Culpa y finalidad, cit*, págs. 22 y sigts. y sobre todo el párrafo final del apartado, pág 27, con una referencia a ENGISCH.

348 NOVOA, I, 317, pág. 507. Posteriormente en *Causalismo y finalismo,* en especial 25, pág, 141. El criterio de MAURACH-ZIPF-GÖSSEL, II, 44, II, A números marginales 40 y sigts., págs, 204 y sigts., con consecuencias importantes que se desarrollan detenidamente por el autor, atribuye la omisión del deber de cuidado al ámbito de la *responsabilidad* entendida como presupuesto de la *culpabilidad* en sentido propio (*atribuibilidad),* Esta formulación se relaciona estrechamente con la concepción de MAURACH sobre la estructura del último elemento del delito (Véase infra,§ 29, págs. 448 y sigts.) y, por ende, su aceptación depende de la de aquella.

si, dadas las circunstancias, *era posible* para el sujeto individual observar esa medida de cuidado.

b) La construcción de los tipos

Como se ha expresado[349], la ley elude por lo general describir las acciones imprudentes, limitándose a efectuar una referencia amplia, que se ejecuta mediante la inserción de un elemento normativo del tipo. A diferencia de la dolosa, la acción imprudente no es típica *en sí*, sino en cuanto fue realizada de una manera defectuosa,

Así, por ejemplo, en los arts. 490 y 492 del C.P. se castiga al que por imprudencia temeraria ejecuta un hecho que, si mediara malicia, constituiría un crimen o un simple delito contra las personas, y al que con infracción de reglamentos y por mera imprudencia o negligencia, ejecutare un hecho o incurriere en una omisión que, al mediar malicia, constituiría un crimen o un simple delito contra las personas. En ambos casos, el legislador ha querido referirse a una acción no típica capaz de provocar los resultados característicos de los crímenes y simples delitos contra las personas. Porque si hubiera circunscrito la incriminación a los resultados típicos causados mediante acciones típicas, no existiría diferencia entre delitos dolosos e imprudentes (cuasidelitos). El que ejecuta una acción matadora y causa con ello la muerte de un hombre, no ha realizado un homicidio imprudente sino un homicidio doloso. De suerte que la previsión de los arts. 490 y 492 del C.P. solo se puede referir a la causación de los resultados allí aludidos mediante acciones que no sean de aquellas descritas por los tipos de los correspondientes crímenes y simples delitos contra las personas. Pero sobre la índole de estas acciones –u omisiones, en el caso del art. 492– el legislador ha callado. Cualquiera satisface su exigencia, siempre que sea ejecutada sin imprimirle el control suficiente para evitar que, por la índole de su fuerza causal, provoque el resultado típico.

No siempre es así. Ya en el art. 491 inc. primero del C.P. se encuentra un principio de especificación, puesto que solo se tienen en consideración aquellas acciones que impliquen desempeño de las profesiones aludidas (médico, cirujano, farmacéutico, flebotomiano o matrona). En otros casos, la acción está delimitada en forma más precisa. Por ejemplo, en los arts. 224 Nº 1º y 225 Nº 1º del C.P., en donde solo puede consistir en "dictar sentencia manifiestamente

349 Supra, III.

injusta en causa criminal o civil"; en el art. 225 N° 5° ("retener preso"), en el 228 inc. segundo, en relación con el primero ("dictar sentencia manifiestamente injusta, en negocio contencioso-administrativo o meramente administrativo"); en el 343 ("ocasionar con violencia"), etc. Estas situaciones, sin embargo, son excepcionales y, según se advierte en los ejemplos mencionados, la limitación es impuesta más bien por la naturaleza especial del resultado exigido. Lo normal es que la descripción se agote con la alusión al "descuido", "falta de cuidado", negligencia", "imprudencia", etcétera.

No siempre la ley permanece en silencio sobre el significado de estas expresiones. Es consciente de que no puede captar y solucionar todas las situaciones, pero suele ofrecer algunas descripciones concretas en relación con casos de ordinaria ocurrencia en los que cabe comprobar una cierta regularidad de las circunstancias y, por ende, prescribir, en principio, la conducta a seguir. Los reglamentos, las ordenanzas e instrucciones contienen un cierto número de preceptos así concebidos. Como ya se ha dicho, la Ley del Tránsito es un ejemplo característico de esta clase de disposiciones.

Es fácil caer en el error, en el que incurren a menudo los tribunales, de creer que la observancia o inobservancia de tales reglamentos coincide en todos los casos con la observancia o inobservancia de la diligencia debida. No hay tal. Como se ha explicado, los reglamentos solo contienen inducciones tentativas: sus soluciones son estadísticas referentes a casos tipos y establecen exigencias válidas únicamente para ellos. En la práctica puede ocurrir que, no obstante cumplirse el reglamento, no se satisfaga el deber de cuidado porque en el caso dado cabía esperar jurídicamente una mayor diligencia. A la inversa, no pocas veces sucede que, no obstante la violación del reglamento, faltará la culpa, sea porque a las circunstancias previstas por el precepto se agregan otras que modifican la situación concreta, sea porque la lesión se produce a consecuencias de un curso causal inesperado que no es el que el legislador ha tenido en cuenta y que resulta, en general, imprevisible. El que conduce su automóvil conforme a la Ley del Tránsito y ve de pronto a un niño pequeño que se precipita en la calzada en la mitad de una cuadra tras su juguete, no puede proseguir imperturbable su camino, aunque los reglamentos han prescrito al peatón, en general, una conducta diversa: dada la peculiaridad de la situación, a este conductor le es exigido más de lo establecido en la ley. De otro lado, el que para evitar atropellar a un ciclista sale de su vía y provoca una colisión con otro automóvil, o el que conduce contra el tránsito y da muerte al suicida que se arroja sorpresivamente bajo las ruedas de su vehículo, obran sin culpa, no obstante la violación de las reglas. En el primer caso, la situación está adicionada con circunstancias que el legislador no tuvo en consideración cuando prescribió la regla general; en el segundo, el curso causal se aparta del que la ordenanza se representó al dictar la disposición, y es imprevisible.

Esta afirmación se apoya en la ley. Cuando el art. 492 del C.P. exige *violación de reglamentos y mera imprudencia o negligencia,* pone de manifiesto que ambas situaciones son autónomas: puede darse la *imprudencia* aun sin *violación de reglamento* y puede también *violarse un reglamento* sin incurrir en *negligencia.*

El juez, por lo tanto, solo dictará sentencia condenatoria por delito imprudente cuando haya adquirido la convicción, más allá de toda duda razonable, de que el imputado ha infringido el deber de cuidado; si no tiene esa convicción, debe absolver, aunque tenga por acreditada la infracción de reglamentos. Para condenar por el delito imprudente (cuasidelito) del art. 492, la convicción debe extenderse tanto a la infracción del deber de cuidado como a la de observar los reglamentos. Para decidir, ha de tener en cuenta los criterios que se enuncian más arriba.[350]

En la práctica, la judicatura no suele ser consciente de esta obligación que descansa sobre ella. Muchas veces condena simplemente porque se ha infringido la norma reglamentaria, sin detenerse a examinar el contexto de la situación. Esto conduce a soluciones injustas que la desprestigian. Es, pues, urgente que esta conducta se modifique.[351]

El *versari en re illicita*

Se ha discutido si pertenece a la estructura de la culpa la exigencia de que *la conducta sea lícita.* La cuestión resucita el viejo principio del *versari in re illicita,* conforme al cual el que ejecuta una acción ilícita es responsable, *a título de dolo,* de todas sus consecuencias ("*Versanti in re illicita imputantur omnia quae secuntur ex delicto*").[352] De ahí se deduciría que no cabe hablar de culpa cuando el resultado ha sido causado por una *acción imprudente ilícita.* Semejante debate no tiene cabida en nuestro Derecho. Puesto que el art. 492 de C.P. admite la configuración de un tipo culposo cuando se ha incurrido en *violación de reglamento,* la polémica está

350 DOHNA, I, B, 2, c), pág. 84.

351 N. del E.: la defensa tiene un rol fundamental en este punto: cuando sea procedente, debe plantear una teoría del caso fundada en la diferencia entre infracción de reglamentos e imprudencia.

352 POLITOFF, 9, § 1, C, a), 434.

zanjada por la ley. En tales casos es obvio que la acción *es ilícita* y, sin embargo, la culpa no es reemplazada por el dolo.[353]

No obstante, algunos autores españoles afirmaban la vigencia del *versari* en legislaciones como las nuestras, si bien de una manera que morigeraba sus consecuencias[354].

Dicha opinión se apoyaría en el Nº 8º del art. 10 en relación con el art. 71 del C.P. Del juego de ambas disposiciones, en efecto, pareciera deducirse que quien ejecuta un acto *ilícito* con la debida diligencia (a fin de evitar la producción de resultados indeseables distintos del perseguido por la infracción en sí) será castigado a título de imprudencia (cuasidelito) conforme al art. 490 del C.P. Así, la realización de una acción antijurídica, si bien no acarrearía una responsabilidad dolosa por las consecuencias imprevisibles o casualmente provocadas, conduciría, en cambio, a la punición de esos resultados como culposos.

Tal criterio es inaceptable y *no encuentra fundamentos válidos en la ley*.[355] Basta con señalar que, si se lo acoge, el art. 492 inc. primero pierde todo significado y no puede aplicarse en ningún caso. En efecto, como se ha puntualizado más arriba, es evidente que quien incurre en "infracción de los reglamentos" está ejecutando un acto ilícito y, por ende, atendido lo que dispone el art. 71 habría de ser castigado por el 490, pues el art. 71 recibiría esa aplicación tanto porque el mal se causa no obstante haber actuado con la debida diligencia, como porque a la infracción de reglamento se suma la imprudencia o negligencia, ya que de ninguna manera podrían tratarse aquella situaciones más severamente que estas.

La verdad es que el art. 71 del C.P. no tenía el significado que pretendió dársele y, de acuerdo a la ley nacional, no lo tuvo nunca.[356] La afirmación de que "cuando no concurran todos los requisitos que se exigen en el caso del número

---

353 ETCHEBERRY, I, pág. 328 a 330; GARRIDO, II, 50, págs. 179 y 180. NOVOA, I, 316, págs. 502 y 503; POLITOFF, 9, § 1, C, a) 433 y sigts. Muy ambiguo LABATUT que, no obstante reconocer la infracción al principio de culpabilidad involucrada en el principio, parece aceptar su aplicación en la ley nacional en I, 122, pág. 130.

354 Véase RODRÍGUEZ MUÑOZ, notas a MEZGER, II, § 34, págs. 35 y sigts. Sobre ello ha de advertirse que la circunstancia cuarta del art. 9º antiguo del C.P. español, citado por Rodríguez, no tiene actualmente, por fortuna, correlato en nuestro Derecho. Del mismo modo conviene destacar que la eximente 8ª del art. 8º de ese Código (hoy reemplazado por el de 1995) no coincidía con la del art. 10 Nº 8º C.P., porque aquella estaba adicionada con una frase final sobremanera indeseable.

355 Así, CÓRDOBA RODA Y RODRÍGUEZ MOURULLO, I, págs. 319 y sigts., con mucho detalle; RODRÍGUEZ DEVESA, I, págs. 606 y 607. Sobre la situación de acuerdo al Código español actual, véase MIR, II, número marginal 75, pág. 298.

356 Supra, nota, 336.

8° del art. 10 para eximir de responsabilidad, se *observará* lo dispuesto en el art. 490", no significa que en tales casos haya de castigarse conforme al referido artículo. *Observar* lo que dispone el art. 490 quiere decir *estarse a lo preceptuado*; no aplicar la pena en él contemplada a situaciones que no ha previsto.[357] Entendidas las cosas de este modo, los casos posibles deben resolverse de la siguiente forma.

1) Si con motivo de ejecutar un acto lícito con la debida diligencia se causa un mal por mero accidente, el art. 10 N° 8° exime de toda responsabilidad por *ausencia de tipo*.[358]
2) Si con motivo de ejecutar un acto lícito sin la debida diligencia se causa un mal por mero accidente, se observará lo dispuesto en el art. 490 del C.P., esto es, se aplicará la pena allí contemplada si la falta de diligencia es tal que puede ser calificada como *imprudencia temeraria,* y si el mal causado es de aquellos a que se refiere esa disposición, es decir, de los que de mediar malicia "constituirían un crimen o simple delito contra las personas". Si, a la inversa, la falta de diligencia no puede ser considerada como imprudencia temeraria o si el mal causado no es de aquellos que de mediar malicia constituiría un crimen o simple delito, el hecho será *atípico* y, por ende, impune, sin perjuicio de que, siendo *ilícito*, procedan reparaciones civiles.
3) Si con motivo de ejecutar un acto ilícito con la debida diligencia se causa un mal por mero accidente, se observará lo dispuesto en el art. 490 del C.P. –y también lo que prescribe el art. 492 inc. primero–. Puesto que esas disposiciones requieren imprudencia temeraria o mera imprudencia o negligencia en sus respectivos casos, y estos términos son contradictorios con la diligencia, la punibilidad tendrá que excluirse. No obstante esto, dada la *antijuridicidad* del acto inicial, procederá imponerle las sanciones civiles que *en sí* le correspondan.
4) Cuando con motivo de ejecutar un acto ilícito sin la debida diligencia se causa un mal por mero accidente, se observará también lo dispuesto en los arts. 490 y 492 inc. primero. Esto es, se castigará en todo caso por el hecho accidental a título de culpa, siempre que sea de aquellos que,

---

357 RODRÍGUEZ DEVESA apura hasta el extremo las consecuencias absurdas a que podría haber conducido la interpretación impugnada: "Cuando el resultado se cause dolosamente con ocasión de ejecutar un acto lícito, es evidente que el hecho no puede convertirse en un delito culposo".

358 CÓRDOBA RODA y RODRÍGUEZ MOURULLO, I, págs. 318 y sigts., en cambio, aprecian aquí una causal de exculpación.

ejecutados con malicia, hubiesen constituido un crimen o simple delito contra las personas. Faltando este último requisito, el resultado alcanzado resta impune por ausencia de *tipicidad,* sin perjuicio de las reparaciones civiles a que dé lugar su *ilicitud.*

5) Por último, si al ejecutar un acto ilícito sin la debida diligencia se causa un mal con cuya posible producción el autor se conforma, procede castigar a título de *dolo eventual.* Es notorio que en este caso nos encontramos ya fuera del ámbito de la culpa.

El art. 71 del C.P. no es, pues, una norma que impone la obligación de aplicar las penas contenidas en el art. 490. Contiene *la regla excepcional indispensable para sustraer el caso en ella contemplado a los efectos del precepto contenido en el art. 11 Nº 1º del C.P.* Si no existiera el art. 71, cabría pensar que quien, con ocasión de ejecutar un hecho *ilícito* con la debida diligencia causa un mal por mero accidente, se halla en la situación prevista por el art. 11 Nº 1º y habría de ser castigado a título de dolo con una pena atenuada. Esto supondría una auténtica vigencia del *versari.* El art. 71 excluye esa posibilidad; así se explica que se encuentre ubicado antes del 73, en que se ofrecen reglas aplicables, precisamente, a las hipótesis contempladas en el art. 11 Nº 1º.

De acuerdo con todo lo expuesto, el *caso fortuito,* al cual se refiere el art. 10 Nº 8º del C.P., aparece como el último límite de la tipicidad del delito culposo y, por lo mismo, como la causal de exclusión del tipo subjetivo con la cual se cierra la tipicidad del hecho. De este modo, el *delito imprudente* es, a su vez, el límite inferior de lo punible. *Cuando no hay imprudencia o cuando el hecho imprudente no es típico, nos encontramos ya fuera del campo de los hechos susceptibles de ser objeto de una pena penal.*

IV. EL SISTEMA DE LOS DELITOS IMPRUDENTES EN LA LEY

La ley castiga la comisión de un delito imprudente solo en contados casos y siempre en relación con el tipo de los correspondientes delitos dolosos. El Derecho penal chileno, por lo tanto, no sanciona la conducta imprudente como tal, sino solo una conducta típicamente imprudente. No hay pues, en nuestra ley, un *crimen culpae* (delito de culpa, delito de imprudencia), sino *crimina culposa* (delitos culposos, delitos imprudentes o cuasidelitos).

a) En un caso, la ley ha consagrado normas generales que se relacionan con una multiplicidad de tipos dolosos (arts. 490 y sigts. del C.P.) y que constituyen un conjunto homogéneo. En los demás, crea expresamente un tipo imprudente junto al correspondiente tipo doloso (art. 224 Nº 1º, 228 inc. segundo, 229, última parte, 234, 243 inc. segundo, 302, 329, 333, 337, inc. segundo, 343 [discutible], etc.). El examen pormenorizado de esos tipos corresponde a la Parte Especial. Sin embargo, atendida su generalidad, en los apartados siguientes se ofrece un esquema del sistema contenido en los arts. 490 y sigts.

b) La ley castiga, en general, la comisión imprudente de aquellos hechos que, de mediar malicia, constituirían un *crimen o simple delito contra las personas*. La referencia ha de entenderse hecha a los tipos contenidos en el Título VIII del Libro II del C.P., arts. 390 y siguientes. Nunca se había intentado extender su eficacia a otras figuras que, no obstante su ubicación, importan también un atentado en contra de las personas. Solo recientemente y de manera supongo que excepcional, la C.S. ha sancionado un delito imprudente de *aborto* construido en base al art. 490 del C.P. Por la inversa, en la Parte Especial debe analizarse si es concebible la construcción de un delito imprudente sobre todos los tipos dolosos contenidos en el Título VIII del Libro II. La opinión dominante es adversa.

c) En un caso (art. 490 C.P.) la ley exige *imprudencia temeraria*; en otro, *mera imprudencia o negligencia* y, además, *infracción de reglamentos* (art. 492).

Las diferencias conceptuales entre *imprudencia* y *negligencia* son sobremanera confusas, y los distintos autores dan de ellas interpretaciones que a menudo no son coincidentes entre sí.[359] Así, por ejemplo, LABATUT y NOVOA creen encontrar un cierto paralelismo entre la conducta omisiva y la imprudente, que en la ley aparecería acentuado porque solo el art. 492, referente a la mera imprudencia o negligencia, habla de la posibilidad de incurrir en una *omisión* que de mediar malicia constituiría un crimen o simple delito contra las personas; sin embargo, ambos coinciden en que ese criterio debe ser empleado con flexibilidad pues en ningún caso se trata de una regla absoluta. POLITOFF prefiere servirse de la gradación contenida en la ley civil (art. 44 del CC.) y estima que la *culpa levísima* está excluida de todas maneras del ámbito penal, en tanto que la *culpa grave* sería equivalente a la imprudencia temeraria, y la *culpa leve* coincidiría (hasta cierto punto), con la mera imprudencia o negligencia.

---

359 Cfr. LABATUT, I, 118, págs. 125 y sigts.; NOVOA, I, 318, págs. 507 y sigts.: POLITOFF, 9, § 4, B, c), págs. 506 y sigts.

El punto de vista de POLITOFF tiene el mérito de que se adecua a la graduación de la culpa consagrada en la legislación civil y que, por encontrarse en el título introductoria de Código correspondiente, tiene una pretensión de validez general para la legislación positiva nacional. Pero, en el fondo, también ese criterio se apoya más bien en diferencias cuantitativas que se resisten a ser reducidas a fórmulas descriptivas exactas.

De acuerdo con ello, parece razonable sostener que la "imprudencia temeraria" (art. 490 C.P.) importa un alto grado de irreflexión o descuido y una actividad del agente creador del riesgo indebido. Conforme a lo preceptuado, basta por sí sola para fundamentar el castigo de aquellos hechos que, de mediar malicia, constituirían un crimen o un simple delito contra las personas. Por el contrario, la "mera imprudencia o negligencia", de menos entidad, solo es punible cuando el resultado se produce, además, con infracción de reglamentos.[360] La violación de una disposición legal o constitucional equivale, por cierto, a la del reglamento de acuerdo con una interpretación *a fortiori.*

d) En dos casos la ley castiga al que por pura negligencia o descuido culpable, aun sin incurrir en infracción de reglamentos, causa un resultado de aquellos que, de mediar malicia, constituiría un crimen o un simple delito contra las personas (art. 491 C.P.). Se trata de personas que, por ejercer una profesión en sí creadora de riesgos (inc. primero) o por haber creado una situación peligrosa superflua (inc. segundo), están sometidas a un deber más estricto de evitar las consecuencias indeseables que pudieran derivar de la práctica de aquella o de la mantención de esta.

e) La pena acordada a los delitos imprudentes es idéntica para las distintas formas contempladas en los arts. 490, 491 y 492 del C.P. Se determina distinguiendo los casos que, de mediar malicia, importarían un *crimen,* de los que solo configurarían un *simple delito.* En el primer caso la sanción es reclusión o relegación menores en sus grados mínimos a medios; en el segundo, reclusión o relegación menores en sus grados mínimos o multa de once a veinte unidades tributarias mensuales.

---

360 ETCHEBERRY, I, págs. 321 y 322 observa, con razón, que es incorrecta la afirmación de que en Derecho penal la culpa no admite graduación. Aquí el error queda de manifiesto, aunque, por cierto, el lenguaje del Código Penal difiere del que emplea el Código Civil.

f) Tratándose de delitos imprudentes de homicidio o lesiones realizados por medio de vehículos a tracción mecánica o animal, el inc. segundo del art. 492 establece como pena copulativa a las señaladas en la letra e), *la de suspensión para conducir vehículos* a tracción mecánica o animal. La extensión de esta pena depende de si, de haber mediado malicia, el hecho constituyera un crimen o un simple delito. En el primer caso, es de uno a dos años; en el segundo, de seis meses a un año. En caso de reincidencia, "*podrá condenarse al conductor a inhabilidad perpetua para conducir vehículos a tracción mecánica o animal*, cancelándose el carné, permiso o autorización".

La significación político-criminal de estas penas es considerable. Penas de esta clase deberían reemplazar en lo sucesivo a muchas de las que consagra el código en vigor, en las que resabios talionales[361] permanecen latentes. Solo cabe lamentar que se haya limitado su aplicación a casos tan específicos, desaprovechando otras posibilidades de hacerla operar.

V. DESVALOR DE RESULTADO Y DESVALOR DE ACCIÓN EN LOS DELITOS IMPRUDENTES

A causa de la forma en que los tipos imprudentes describen la conducta sin precisar su contenido, el punto de vista tradicional sostuvo que en ellos el *desvalor de acción* es irrelevante y que para esos tipos únicamente importa la causación de un resultado. Pero no es así. Antes bien, de acuerdo con la opinión que actualmente es absolutamente dominante en el mejor Derecho comparado, el desvalor de acción adquiere en el delito imprudente una significación muy marcada, puesto que, como se ha visto, no se castiga la conducta en sí sino el *modo de su ejecución*, la *forma particularmente defectuosa de realizarla;* esto es, precisamente, su *desvalor de acción.*

La acción imprudente, en efecto, por su naturaleza y en su origen carece de relieve jurídico propio; lo que la marca de ilicitud es la insuficiencia del control que la voluntad del autor ejercita sobre ella. Todo su significado jurídico radica en ese modo de ejecución defectuoso y, por lo mismo, su desvalor de acción es muy acentuado. Se puede, en efecto, afirmar que la ilicitud del hecho imprudente subsiste intacta, sea que el resultado se produzca o no, pues lo característico del

361 Véase, al respecto, ROXIN, *The purpose of punishment and the reform of Penal Law, LS.*, Volume 2, págs. 66 y sigts.

injusto culposo es la inadecuación de la acción ejecutada al "modelo" de acción cuidadosa y atenta que se requiere para asegurar el tráfico jurídico.[362]

Pero de lo expuesto no debe extraerse la conclusión inversa de que en los hechos imprudentes el *desvalor de resultado* no tiene importancia, y que la ocurrencia o no ocurrencia del acontecimiento típico no es más que un factor de selección de lo que se castigará, una "condición objetiva de punibilidad",[363] como sostuve equivocadamente hasta la edición anterior de este libro.[364] Por el contrario, en los delitos imprudentes la acción y el resultado también se encuentran estrechamente vinculados, puesto que la exigencia de un comportamiento cuidadoso tiene por objeto, precisamente, evitar aquellos peligros que se realizan en el resultado.[365] Asimismo, "el peligro que se cierne sobre el objeto protegido de la acción determina la clase y medida de la actividad exigible; asimismo, la infracción del deber de cuidado debe haber repercutido precisamente sobre el resultado acaecido, y este último haber sido previsible en el momento de la acción; finalmente, por medio del resultado no solo se determina si se castiga al autor, sino también a causa de qué y en qué medida debe hacerse".[366]

Es cierto que en los delitos imprudentes subsiste un resto de "calificación por el resultado", en el sentido de que aun cuando haya ejecutado un comportamiento infractor del deber de cuidado, creando así un riesgo para bienes jurídicos prohibido para él, se beneficiará de la impunidad si nada sucede.[367] Ello, en todo caso, solo ocurre en beneficio del procesado, excluyendo la punibilidad, a causa de lo cual no puede atribuírsele significado decisivo en la determinación de cuando, en cambio, se castigará.

---

362 WELZEL, § 18, antes de I, 4, pág. 184; *Nuevo sistema,* IV, antes de I, pág. 69. En sentido semejante, JESCHECK-WEIGEND, § 55, II, 1, a), pág. 627: "El contenido de injusto de la infracción del deber de cuidado no es incrementado ni disminuido por el acaecimiento o ausencia del resultado; la acción sigue siendo inadecuada aun cuando no 'suceda' nada y, como a menudo es sabido, constituye tan solo una obra del azar si por medio de la imprudencia se mata o se lesiona a alguien o si, sencillamente, todo finaliza bien".

363 Infra, §20, II.

364 CURY, § 19, V, págs. 346 y 347.

365 JESCHECK-WEIGEND, § 55, II, págs. 627 y 628.

366 JESCHECK-WEIGEND, § 55, II, pág. 628.

367 JESCHECK–WEIGRND, § 55. II. pág. 628.

Confirma lo expuesto el hecho de que incluso quienes acogen el punto de vista que ahora se impugna en el texto precedente exigen, posteriormente, que la ocurrencia del resultado típico haya sido previsible para el autor. Y no solo se requiere que pudiera preverse un resultado cualquiera, sino el que en concreto acaeció, así como el curso causal determinado que condujo a él.[368]

368 Así CEREZO, notas a la traducción de WELZEL, *Nuevo sistema*, Prólogo a la 4ª edición, pág. 18, nota 4; CURY, *Orientación*, 1ª, 11, 1, c), págs. 121 y sigts.

§ 20. LAS FORMAS EXCEPCIONALES DE LOS TIPOS

Los tipos de delitos dolosos y culposos constituyen la regla. Excepcionalmente, sin embargo, la ley crea tipos de *delitos calificados por el resultado* o introduce en la descripción típica *condiciones objetivas de punibilidad.* En otros casos, la forma que asume la realización concreta del tipo presenta características inusuales, en las que se mezclan el dolo y la culpa; así ocurre en los *delitos preterintencionales.* Todas estas situaciones suscitan dificultades y exigen una consideración separada.

I. DELITOS CALIFICADOS POR EL RESULTADO

De acuerdo con la tradición jurídica nacional, se denominan *tipos calificados por el resultado aquellos en que la pena conminada por la comisión dolosa de una conducta se aumenta si, a causa de ella, se producen resultados más graves, aunque no hayan sido queridos ni previstos por el agente e, incluso, si ni siquiera fueron previsibles.*[369] Se trata de casos en los que se castiga (más) la pura *causación* de un resultado, prescindiendo de la voluntad que la controla; por ende, de responsabilidad objetiva, ya que a un resultado obtenido así es imposible enlazar el reproche de culpabilidad. Con toda razón LOFFLER afirmaba que la consagración de tipos como estos constituye un "retroceso brutal", al que califica de "baldón ignominioso de nuestra época".[370]

Aunque se han hecho esfuerzos por demostrar que el delito calificado por el resultado es un concepto extraño a nuestro ordenamiento jurídico, los argumentos invocados son insuficientes.[371] Ni los antecedentes legislativos ni una supuesta "potencialidad de causación" ínsita en la acción dolosa básica bastan

369 En la literatura alemana, el concepto de tipos calificados por el resultado es más amplio porque comprende también los *delitos preterintencionales* expresamente legislados (infra, III). Esto se presta a confusiones, porque a menudo en las exposiciones nacionales no se lo aclara bastante. Véase, al respecto, HIRSCH, *La problemática de los delitos calificados por el resultado,* en *Obras completas,* II, págs. 287 y sigts.

370 Citado por MEZGER, II, § 34, II, pág. 44.

371 NOVOA, I, 326, págs. 521 y sigts.; ARMANDO URIBE, *Los delitos calificados por el resultado,* Santiago, *passim*; COUSIÑO, I, § 140, págs. 890 y sigts.

para acreditar la afirmación. ETCHEBERRY ha demostrado que los primeros se inclinan frecuentemente a la creación de responsabilidades objetivas y que la segunda no se identifica, como pretenden sus sostenedores, con la previsibilidad que caracteriza a los tipos culposos.[372] [373] A esta consideración cabe agregar que si, como sostiene NOVOA, los tipos correspondientes hubiesen sido construidos como auténticos casos de *preterintencionalidad,*[374] no se justificaría la diferencia de gravedad de las sanciones impuestas en disposiciones como, por ejemplo, las de los incs. primero y segundo del art. 474, respecto de la del inc final. La verdad es que el legislador, en parte por descuido y en parte por mal entendida severidad, quiso proteger con penas penales ciertos bienes jurídicos que consideraba especialmente importantes, incluso contra lesiones meramente causales. Este intento de *amedrentar al acaso* es ridículo. Es indispensable reconocerlo y reclamar la necesaria reforma.

En todo caso, debe tenerse presente que el fundamento de la agravación de las penas en los delitos calificados por el resultado se encuentra en la *causación de este último.* Por consiguiente, debe excluirse la imposición de la pena mayor cuando no puede sostenerse la existencia de una relación de causalidad entre la acción del autor y el resultado más grave.[375] [376]

II. CONDICIONES OBJETIVAS DE PUNIBILIDAD

En algunos casos el legislador condiciona la imposición de la pena a la concurrencia de una o más circunstancias cuya realización es independiente de la voluntad del autor. A esas circunstancias se las denomina *condiciones objetivas de punibilidad.*

---

372 ETCHEBERRY, I, págs. 326 y sigts., con una exposición sintética y exacta. En la Parte Especial, sin embargo, el autor extiende a mi juicio con exceso el campo de la calificación por el resultado. En el mismo sentido GARRIDO, II, 49, pág. 179. Implícitamente también NÁQUIRA, I, págs. 209 y 210. No es clara la posición de POLITOFF, 9, § 1, C, b), págs. 437 y sigts., quien, si bien al principio reconoce en la ley la existencia de delitos calificados por el resultado, al cabo pareciera adherir al criterio de NOVOA.

373 Supra, § 19, III, c).

374 Infra III.

375 Sobre toda esta problemática GIMBERNAT, *Delitos calificados por el resultado y causalidad,* Madrid, 1966, especialmente VII, págs. 159 y sigts.

376 N. del E.: Véase Infra & 25, I, bb) antes de cc), donde se trata de la contrariedad de los delitos calificados por el resultado con el principio de culpabilidad (imputación subjetiva) y con la prohibición constitucional de presumir de derecho la responsabilidad penal.

Conviene distinguir, desde luego, las *condiciones objetivas de punibilidad* de las *excusas legales absolutorias.* Estas últimas son situaciones cuya concurrencia excluye la punibilidad de una conducta típica antijurídica y culpable, en virtud del perdón que el legislador otorga al sujeto por razones de política criminal; su diferencia con aquellas es evidente: si se cumple una condición objetiva de punibilidad el agente será castigado, siempre que, por supuesto, haya obrado antijurídica y culpablemente; por la inversa, cuando se dan los presupuestos de una excusa legal absolutoria, el autor resta impune, aunque su comportamiento se adecue al tipo penal y además sea antijurídico y culpable.

Es importante, asimismo, diferenciar las *condiciones objetivas de punibilidad* de *los obstáculos procesales o condiciones de procesabilidad.* Como su nombre lo indica, estos son requisitos de los cuales depende no la punibilidad del delito, sino el ejercicio de la pretensión punitiva. A este grupo pertenecen las resoluciones de liquidación y reorganización, definidas en los números 36 y 37, respectivamente, del art. 2° de la Ley 20.720, de Reorganización y Liquidación de Activos de Empresas y Personas, respecto de algunos delitos concursales del párrafo 7° del Título IX del Libro II del C.P. [377] [378]

b) Las condiciones objetivas de punibilidad *no forman parte del tipo.* La descripción típica solo puede referirse a un hecho de los seres humanos, es decir, a un hecho *voluntario.*[379] Por lo mismo, una circunstancia cuya realización es independiente de la voluntad del que actúa no puede integrar la descripción típica. Es claro que, en ciertos casos, el agente puede representarse la posibilidad de que se dé en la realidad la situación en que la circunstancia consiste. Es posible también que así lo desee. Aun en tales hipótesis su *voluntad* no habrá abarcado esa posibilidad, porque nadie puede querer, en el sentido de incorporar a su *voluntad de concreción,* aquello que solo está sometido a las leyes de la naturaleza o que depende de la voluntad libre de un tercero, lo que, atendidas las circunstancias, es

---

377 Redacción del editor. El texto revisado expresaba que "a este grupo pertenece, característicamente, la *declaratoria de quiebra* en los delitos de quiebra fraudulenta".

378 En opinión del editor, esas resoluciones constituyen *obstáculos procesales solo en aquellos delitos concursales en que la conducta típica debe haberse realizado con anterioridad a ellas, como ocurre en los delitos de los artículos 463 y 463 bis N.° 1 del C.P. En cambio, en tipos como los contemplados en el art. 463 bis del C.P., números 2° y 3°, que exigen que las acciones descritas se realicen "después de la resolución de liquidación", esta tiene la calidad de elemento objetivo (normativo) del tipo.*

379 Supra, § 16, III, a).

lo mismo. Un hombre puede prever un terremoto o que un tercero dará muerte a su enemigo; puede, asimismo, desear intensamente que esas cosas ocurran; pero, en rigor, nunca puede quererlas, nunca serán contenido de su voluntad de concreción y, si lo fueren, el hecho dejaría de constituir la condición de punibilidad de que se trate y se transformaría en el resultado de un hecho típico diferente. Por ese motivo, es incorrecto el criterio de quienes niegan la naturaleza de condición objetiva de punibilidad a la muerte del suicida en el art. 393 del C.P. El auxiliador, en este caso, prevé seguramente la producción del resultado, y tal vez anhela que se produzca, pero *quererlo* no puede pues, si lo hiciere, ya no sería más un auxiliador del suicidio y se transformaría en un homicida.[380]

c) Las condiciones objetivas de punibilidad no necesitan ser abarcadas por el dolo del autor, por lo mismo que no forman parte del tipo.

d) A diferencia de lo que ocurre con los tipos calificados por el resultado, los que contienen condiciones objetivas de punibilidad aparentemente no importan una infracción al principio de culpabilidad puesto que, si bien su concurrencia determina la punibilidad de la conducta con prescindencia de lo que la voluntad del hechor controla, de su presencia o ausencia depende que sea o no castigado un hecho que es completamente típico, antijurídico y que ha sido realizado culpablemente; de ellas no depende que un hecho que escapa al dominio de la voluntad del autor se sancione con prescindencia de ese elemento subjetivo, pues este en estos casos concurre plenamente; el auxiliador al suicida sabe que está ayudando a que otro se quite la vida y quiere hacerlo. Pero es preciso ser cauto. En la realidad, la introducción en las descripciones de los hechos punibles de condiciones objetivas de punibilidad es un medio de que se valen las legislaciones para introducir subrepticiamente anticipaciones de la imposición de penas,

380 Cfr. ETCHEBERRY, III, pág. 87; GRISOLÍA-BUSTOS POLITOFF, pág. 337; POLITOFF, 7, § 5, pág. 325. Con respecto a este punto suele traerse a cuento el caso del inductor, el cual ciertamente realiza también una conducta cuyo resultado depende de la voluntad libre de uno o varios terceros. La situación, no obstante, es distinta. El inductor, en realidad, no ejecuta la conducta típica y solo es castigado en virtud de un tipo complementario que extiende la punibilidad a su acción, colocándola en una relación de accesoriedad respecto de la del autor material. El auxiliador del suicidio, en cambio, realiza precisamente el hecho típico, tal como está previsto en la ley; ¡él es el autor material!; y, sin embargo, su punibilidad depende de la acción de un tercero enteramente ajeno que actúa –o no actúa– cuando la acción típica ya está consumada y que no realiza, por ende, parte alguna del tipo contemplado en el art. 393 del C.P.

disimulándolas tras la exigencia de una condición que es ajena a la voluntad del sujeto. Cuando ese procedimiento se generaliza, no cabe duda de que subrepticiamente se vulnera el principio de culpabilidad.[381]

III. DELITOS PRETERINTENCIONALES

Obra preterintencionalmente quien, con ocasión de ejecutar dolosamente una acción típica, causa imprudentemente un resultado típico más grave.[382] La preterintencionalidad no es, pues, una estructura especial del tipo, sino más bien una forma peculiar de aparición del tipo doloso e imprudente, cuya realización se entrelaza.

a) La doctrina y jurisprudencia pusieron en duda algunas veces este concepto de preterintencionalidad. Se ha dicho que la misma actitud psicológica no puede ser calificada simultáneamente de *dolo* e *imprudencia*: ambas posiciones psíquicas serían incompatible entre sí y no podrían coexistir en un mismo acto.

La crítica es infundada. No se trata en realidad de una doble calificación referida a la misma actitud psicológica, sino a dos aspectos de esa postura psíquica que son perfectamente separables, tanto desde el punto de vista de hecho como conceptual. Por una parte, el sujeto se representa y quiere la realización de la acción y la producción del resultado típico querido; por la otra, no pone en la ejecución de esa acción típica controlable por su voluntad todo el *cuidado de que objetivamente era capaz,* a fin de evitar la producción previsible de resultados típicos más graves. La situación es clara. Si se negara su posibilidad, tendría también que descartarse el delito imprudente cuando el médico que opera descuidadamente causa, con su imprudencia, la muerte del paciente, porque la finalidad perseguida –por ejemplo, extirpar el apéndice– excluiría la posibilidad de considerar al mismo tiempo imprudente la actitud descuidada del facultativo.

b) A diferencia de lo que ocurre en otras legislaciones, como por ejemplo la italiana, la nuestra no contempla una disposición que señale el camino a seguir para la determinación de la pena en los casos de preterintencionalidad. Tampoco ha dado soluciones para los casos de más ordinaria ocurrencia: lesiones seguidas

381 Véase, con algún detalle, lo expuesto infra, § 27, II, b), cc).

382 LABATUT, I, 120, págs. 127 y sigts.

de muerte, aborto seguido de muerte de la madre, etc.[383] Hasta hace algunos años, parte de la doctrina consideraba que el art. 343 del C.P. contemplaba un caso de lesiones seguidas de aborto.[384] Hoy ese criterio es discutible y una parte de la doctrina lo abandonó. En realidad, el art. 343 del C.P. solo consagra una hipótesis cuasidelictual (imprudente).[385] Excepcionalmente, en cambio, en el art. 474 incs. primero y segundo, se castigan casos de incendio seguido de muerte o lesiones, y en el 479, el de incendio seguido de otras consecuencias dañosas más graves; en el 141 inc. tercero, el secuestro seguido de un daño grave a la persona o intereses del ofendido; en el 142 Nº 1, *in fine,* la sustracción de menores seguida de daños graves en la persona del menor, etcétera.

Contra la opinión de NOVOA,[386] el hecho de que la hipótesis básica del art. 479 esté concebida como un delito de peligro no me parece obstar a que en su caso se aprecie una figura preterintencional, salvo que se piense que cuando en los delitos de peligro se materializa el resultado lesivo hay que tratarlos como delitos calificados por el resultado, cosa que, en atención al criterio de NOVOA sobre estos últimos, sería inconsistente.

c) En ausencia de normas específicas que resuelvan los casos concretos, la jurisprudencia ha solucionado correctamente los que se han presentado, aplicando los principios generales. Puesto que el delito preterintencional es un entrelazamiento de dos delitos –uno doloso y otro imprudente– que se materializan en un solo hecho, se lo trata conforme a los preceptos que regulan el *concurso ideal de delitos* y, con arreglo a lo dispuesto en el art. 75 del C.P., se impone la "pena mayor asignada al delito más grave".[387] Así, en un caso de lesiones seguidas de

---

383 Respecto a la violación dolosa seguida de muerte imprudente, ahora tampoco existe disposición expresa, pues con la nueva redacción que se ha dado al art. 372 bis –antes, muy defectuoso– ese precepto solo es aplicable si el homicidio también ha sido doloso.

384 LABATUT, II, 385 a), pág. 129; NOVOA, I, 324, pág. 519; ORTIZ, *Teoría sobre las hipótesis preterintencionales,* Santiago, 1959.

385 Sobre los argumentos en que se funda esta argumentación, CURY, *Interpretación del art. 343 del Código Penal,* en *RCP,* tomo XVII, Nº 3, 1958, págs. 86 y sigts. Parcialmente en el mismo sentido, aunque dando a la disposición un sentido más extenso, ETCHEBERRY, III, págs. 93 y sigts., sub b); GARRIDO, II, 48, págs. 167 y 168; POLITOFF-GRISOLÍA-BUSTOS, 44, pág. 216; POLITOFF-MATUS-RAMÍREZ, *Parte especial,* 2, § 3, págs.107 y sigts. El criterio divergente de NOVOA, I, 324, pág. 519, nota 81 no se encuentra fundamentada por el autor.

386 NOVOA, I, 324, pág. 520.

387 Se inclina también por una solución en este sentido HIRSCH, *La problemática de los delitos calificados por el resultado, cit.,* pág. 292.

muerte, se aprecia un delito de lesiones en concurso ideal con un homicidio imprudente (cuasidelito de homicidio), castigando con la pena más alta contemplada en el art. 397 Nº 1º, por ser este el que en el caso concreto es de mayor entidad.[388] Del mismo modo, el aborto seguido de muerte habrá de sancionarse como un concurso ideal entre aborto doloso y homicidio imprudente (cuasidelito de homicidio), etcétera.

Esta solución es la que mejor respeta la *tipicidad subjetiva* y, con ello, la *culpabilidad* de que es portador el delito preterintencional. Por eso, debe preferírsela a la que resuelve el problema consagrando tipos específicos de delito preterintencional, las que usualmente establecen penas superiores a las que corresponde al nivel de tipicidad subjetiva efectivamente concurrente en el hecho y, de esa manera, terminan infringiendo el principio de culpabilidad. Si en algún caso el legislador estima que la acumulación de los hechos lesivos da efectivamente origen a uno que apreciado en conjunto merece un tratamiento más severo por razones de política criminal, es preferible acudir decididamente a la configuración de un delito calificado[389] y no, en cambio, a delitos preterintencionales castigados de manera que exceda los márgenes del concurso ideal.

---

388 En otra época defendió NOVOA, para el caso de homicidio preterintencional, un castigo a título de homicidio doloso. Posteriormente abandonó esa tesis que en la práctica convertía al delito de homicidio en un delito calificado por el resultado. Sobre los argumentos que entonces invocó, véase su trabajo *El delito de homicidio y la intención de matar*, en *RCP*, tomo VIII, Nº 3, Santiago, 1945, págs. 183 y sigts., así como la exposición de ETCHEBERRY, III, págs. 38 y sigts. De acuerdo con lo expuesto supra, I, la evolución de NOVOA en este punto fue radical.

389 Infra § 31, II, c).

§ 21. LA AUSENCIA DE TIPICIDAD

La ausencia de tipicidad determina la exclusión del delito. Lo mismo da que la inadecuación se refiera a los aspectos subjetivos u objetivos (psíquicos o físicos) del hecho típico. Las consecuencias son en general las mismas, y aun la diferencia a que se alude infra III, es más aparente que real.

I. ATIPICIDAD OBJETIVA (DELITO PUTATIVO)

Quien realiza un hecho materialmente atípico no comete delito. Resultaría inútil ejemplificar estas situaciones puesto que un hombre corriente ejecuta cotidianamente múltiples conductas situadas fuera de cualquier tipo. Basta contemplarse a sí mismo actuando en el campo del diario quehacer.

El hecho que materialmente no corresponde a una descripción típica no constituye delito, aunque el que lo realiza crea lo contrario. Así, el que sustrae una cosa mueble para usarla y luego devolverla intacta a su legítimo tenedor o poseedor, no comete delito, aunque crea erróneamente que su conducta es típica. *El delito putativo no es delito.*

Estas situaciones deben diferenciarse de aquellas que una parte de la doctrina llama "defecto de tipo". El delito putativo se funda en un *error de prohibición al revés*: el autor cree equivocadamente ejecutar una conducta adecuada a un tipo penal y sancionada con una pena. Por el contrario, el "defecto de tipo" se funda en un *error de tipo al revés*: el agente ejecuta una conducta realmente adecuada a un tipo penal, pero da equivocadamente por concurrente un elemento integrante de ese tipo. Incurre en un delito putativo quien omite cumplir la obligación contractual de pagar las rentas de arrendamiento creyendo que eso es punible; al contrario, incurre en defecto de tipo el que se apodera de una cosa propia creyendo que era ajena o el que, imaginándose equivocadamente empleado público, sustrae caudales públicos o privados que tenía a su cargo. El delito putativo es impune por ausencia de tipicidad; el defecto de tipo da origen a una tentativa típica, en virtud del tipo subordinado de complemento contenido en el art. 7° del C.P., y es, por ende, punible.

II. ATIPICIDAD SUBJETIVA

Quien realiza un hecho psíquicamente atípico, no comete delito. Los casos de atipicidad por ausencia de elementos subjetivos (psíquicos) son, en síntesis, los siguientes:

a) Las hipótesis de error de tipo a que ya se aludió detalladamente.[390] Según se vio, dicho error hará desaparecer siempre el tipo doloso; en ciertos casos, subsistirá una tipicidad imprudente.

b) El caso fortuito del art. 10 Nº 8 del C.P., que también se discutió en forma pormenorizada.[391]

c) En el art. 10 Nº 13, la ley destaca la atipicidad de la conducta imprudente (cuasidelito) en los casos en que no se contempla sino un tipo doloso. El precepto es inútil.[392]

d) Por último, también la ausencia de un elemento subjetivo del tipo distinto del dolo determina la atipicidad del hecho y, con ello, la decadencia del delito.

III. GENERALIDAD DE LA ATIPICIDAD

La exclusión del tipo tiene, como el tipo mismo, un carácter general. A causa de ello, no puede haber participación punible en una conducta atípica. Lo que es atípico para el autor principal, lo es para todos los partícipes, en virtud del principio de accesoriedad media.

No se puede descartar, en cambio, la posibilidad de una autoría mediata en los casos de atipicidad por ausencia de los elementos típicos subjetivos. Por ejemplo, cuando A convence a B de que dispare sobre lo que le asegura ser un arbusto y es, en realidad, un hombre. En tal evento, la tipicidad de la acción de B

390 Supra, § 18, II, d).

391 Supra, § 22, III, c), bb).

392 La doctrina contempló siempre en esta disposición una exención de responsabilidad por ausencia de tipo. Sobre la inconsecuencia que eso representaba para los partidarios de la teoría tradicional (causalista), CURY, *La ausencia de tipicidad en el Código Penal, cit.*, págs. 51 y sigts. Sin embargo, también los autores adherentes a esa concepción aceptan esta solución sistemática. Véase, por todos, NOVOA, I, 204, pág. 309.

queda excluida por ausencia de dolo; no así la de A. Pero en esta hipótesis –como en cualquiera de autoría mediata– no hay participación. A es único autor; B solo un instrumento de que se vale en la ejecución de su plan.[393]

393 En casos como este, se pone incluso en duda la existencia de una autoría mediata, afirmándose que el hombre de atrás es, más bien, el "autor ejecutor". Véase en este sentido, infra, § 38, I, a).

CAPÍTULO VII
TEORÍA DE LA ANTIJURICIDAD

§ 22. EL CONCEPTO DE ANTIJURIDICIDAD

Antijuridicidad es aquel desvalor de que es portador un hecho típico que contradice las normas de valoración consagradas en el Ordenamiento jurídico.

I. GENERALIDADES

La palabra *antijuridicidad* constituye un intento de traducir el vocablo alemán *Rechtswidrigkeit.* Significa "lo contrario al Derecho" y, por consiguiente, algo más que lo "ilícito" o "contrario a la ley". Por este motivo se ha considerado preferible construir este feo neologismo, en lugar de reemplazarlo por el vocablo *ilicitud.*[1]

Pero aun en su versión original la expresión *antijuridicidad* no está exenta de reparos. Se ha señalado que el delito, lejos de ser un hecho *anti-jurídico,* es un hecho eminentemente *jurídico.* La observación no es tan certera como parece. El delito es un *hecho antijurídico* en cuanto es contrario a las valoraciones del Ordenamiento; en cambio, es un *hecho jurídico* en cuanto produce efectos jurídicos. Se trata, por lo tanto, de dos acepciones distintas de la misma palabra; y esta dualidad deriva de que en un caso la calificación se refiere a la significación del hecho y, en el otro, a sus consecuencias (efectos).

Hoy la palabra *antijuridicidad* tiene carta de ciudadanía en el Derecho penal y, como quiera que su significado se ha perfilado cada vez más nítidamente, resulta ocioso sustituirla por un prurito de elegancia idiomática.

---

1 Como la idea de "ley" tiene además un significado amplio que trasciende el ámbito de lo jurídico, la *ilicitud* puede resultar, a veces, un concepto demasiado extenso. También las reglas de la ética y de la estética reclaman el carácter de leyes; y, en un campo más amplio aún, ocurre otro tanto con las leyes de la *necesidad*, es decir, *de la naturaleza.*

II. LA POLÉMICA EN TORNO A LA ANTIJURIDICIDAD

Algunos autores, especialmente entre los italianos, negaban que la antijuridicidad constituyera un elemento estructural del delito.

"La antijuridicidad no es [...] un componente, vale decir, un elemento constitutivo de lo ilícito. Es mucho más que eso, como ROCCO lo puso de relieve con expresión feliz, 'la esencia misma, la naturaleza intrínseca, lo *en sí del delito*'. Dado que el delito es infracción de la norma penal y en tal relación se agota su esencia, la ilicitud no puede considerarse un elemento que concurra a formar el delito, sino que ha de entenderse como una de sus características, más aún, característica esencial".[2] "La antijuridicidad, como característica esencial del delito, es inmanente al delito mismo, lo inviste en su totalidad, en todos los factores que lo constituyen".[3]

Esta posición permanece relativamente aislada.[4] Arranca, en mi opinión, de un supuesto falso, porque implica concebir el delito como *ilícito penal*. Pero el ilícito penal, en realidad no existe, pues, como se observará más adelante,[5] la ilicitud es una y la misma en todos los ámbitos del ordenamiento jurídico. La antijuridicidad no es, por sí sola, la nota característica del delito. Hay un número inconmensurable de conductas que, no obstante ser antijurídicas, no constituyen delito. Por otro lado, la distinción entre normas de *valoración (deber)* y *determinación (poder)* permite destacar algo que ANTOLISEI niega: la posibilidad de concebir una conducta antijurídica y, sin embargo, inculpable. Dice bien ANTOLISEI cuando destaca que no es posible referir el juicio de antijuridicidad "al puro aspecto material del delito [...] prescindiendo de la posición de la voluntad" de quien ejecuta el hecho.[6] Objeto del juicio ha de ser la acción típica entendida como un complejo de factores materiales (objetivos) y psíquicos (subjetivos). Pero aun la conducta que de acuerdo con la *norma de valoración* era *debida*, puede ser excusada por el Derecho si en el caso concreto no *podía* el sujeto abstenerse de ejecutarla y será, por eso, conforme a la *norma de determinación*. La antijuridicidad no es, como pretende ANTOLISEI, característica esencial del delito en su conjunto –una posición que fue grata a los cultores del Derecho penal autoritario–, sino uno de sus componentes estructurales.[7]

---

2 ANTOLISEI, *Manuale de Dirito Penale*, Milano, 1949, 74, pág. 101.

3 ANTOLISEI, *Manuale, cit.* 77, pág. 104.

4 En contra, por no citar sino a un autor italiano contemporáneo, FIANDACA–MUSCO, Parte segunda, Capítulo 2, y sigts., págs. 258 y sigts.

5 Infra VI.

6 ANTOLISEI, *Manuale, cit.*, 77, págs. 104 y 105.

7 Con detalle sobre este debate, que vincula al problema de la objetividad de la antijuridicidad, COUSIÑO, II, § 143, págs. 23 y sigts.

III. LA ANTIJURIDICIDAD COMO CONCEPTO DE VALOR. EL INJUSTO PERSONAL

Antijuridicidad es desvalor. Esto significa que *la afirmación de la ilicitud es el resultado de un juicio en virtud del cual se declara que la conducta típica es contraria a los valores reconocidos por las normas.*

Como ya se ha señalado,[8] el legislador dicta la ley luego de ejecutar una selección de los bienes o intereses por los que quiere velar y de los modos de atentado contra los cuales quiere protegerlos. Esta selección presupone una *valoración* que plasma en el mandato de la norma. Al otorgar su protección a un bien, el legislador lo declara *jurídicamente valioso* y, de otro lado, afirma que las conductas que atentan contra él son *contrarias al valor jurídicamente reconocido;* esto es, las *desvalora.*

Como se puede advertir, la valoración legislativa tiene características de *generalidad abstracta.* La norma no hace una valoración concreta, referida a circunstancias y situaciones individuales. El mandato de respeto y la prohibición de atentado están dirigidos a toda persona. La norma de valoración determina lo que debe ser, prescindiendo de lo que puede ser. En tal sentido cabe afirmar con propiedad que la antijuridicidad importa un juicio *objetivo;* en cambio, implica un error trasladar esta *objetividad* al objeto de la valoración, entendiéndolo como si supusiera materialidad.[9]

De acuerdo con lo expuesto, el juicio de antijuridicidad abarca tanto *el desvalor de la acción* como *el desvalor de resultado.*[10] Lo que la norma de valoración manda o prohíbe no es ni la pura realización de un determinado comportamiento, con prescindencia del cambio en el mundo circundante al que da origen, ni la mera causación de un resultado, sin referencia a la voluntad que controla (o podría controlar) el acontecimiento típico conduciéndolo a ese resultado (o pudiendo conducirlo a su evitación mediante una mejor dirección del mismo). Para la configuración de la antijuridicidad, ambos componentes son esenciales y por eso, con la incorporación a su estructura del *desvalor de acción*, el injusto se transforma en *injusto personal. La antijuridicidad es siempre la desaprobación de un hecho referido a un autor determinado. Lo injusto es injusto de la acción referido al*

---

8 Supra, § 1, III, b).

9 En el mismo sentido COUSIÑO, II, § 143, pág. 25; GARRIDO, II, 19, pág. 104; NÁQUIRA, I, págs. 329 y 330.

10 Supra, § 1, III, c), cc).

autor, es injusto 'personal'".[11] Por esta razón, lo injusto del mismo hecho puede ser de gravedad diferente para los distintos intervinientes: la falsificación material de un instrumento público cometida por un funcionario público en ejercicio de su cargo implica un desvalor superior al del mismo hecho ejecutado por su coautor que carece de esa cualidad personal (arts. 193 y 194 del C.P.) Incluso, puede ocurrir que un mismo hecho sea injusto solo para uno de los que toman parte en él, como sucede en el caso del autor mediato respecto del ejecutor material que obra justificado.[12]

El carácter personal del injusto no contradice su objetividad. El injusto es personal porque, en ciertas circunstancias, la actitud psíquica del autor o algunas de sus características personales determina que *el hecho* en que incurre sea distinto para él que para otros de los intervinientes; pero el juicio de antijuridicidad siempre recae sobre *el hecho*, no sobre *la persona* del que actúa, cuestión que permanece reservada al juicio de culpabilidad.

III'. ANTIJURIDICIDAD E INJUSTO

Entre nosotros las expresiones "antijuridicidad" e "injusto" se emplean hasta el presente como sinónimos. En la literatura comparada, sin embargo, ambos conceptos se diferencian. La "antijuridicidad", como ya se ha expresado, es un componente de la estructura del delito en general. El "injusto", en cambio, alude al hecho concreto en que se reúnen las características de tipicidad y antijuridicidad. Visto de esta manera, el "injusto" es el sustantivo; la "antijuridicidad", una de las calificaciones que le atribuyen su naturaleza de tal.

IV. ANTIJURIDICIDAD FORMAL Y ANTIJURIDICIDAD MATERIAL

Cuando se dice que la antijuridicidad consiste en el contraste entre el comportamiento del hechor y la norma, se presenta un concepto *formal* que, si bien es correcto, nada dice sobre el contenido material de la antijuridicidad. Desde este

11 WELZEL, § 11, II, 1, pág. 92; *El nuevo sistema,* III, II, págs. 67 y 68.

12 Infra, § 38, I, b), dd), 2; WELZEL, § 11, II, 1, pág. 92; *El nuevo sistema,* III, II, pág. 68. En el mismo sentido, refiriéndose en especial a la conciliación entre el carácter *objetivo* y *personal* del injusto, MAURACH–ZIPF, I, § 24, II, números marginales 14 y sigts., págs. 418 y sigts.

punto de vista, en efecto, hay que contentarse, a lo sumo, con una idea negativa, según la cual la antijuridicidad consiste en la ausencia de causales que la excluyen (causales de justificación). Pero de este modo no se aprecia en qué se diferencia sustantivamente de la tipicidad y, en verdad, para un partidario de la *teoría de los elementos negativos del tipo,*[13] ambas son idénticas.

Para la doctrina decimonónica esta situación era tanto más insuperable cuanto que el positivismo imperante le impedía acudir al "Derecho natural" para dotar a la antijuridicidad de un contenido que permitiera distinguirla de la tipicidad. Aparte de otras críticas que se le dirigían –a las que aquí no es del caso referirse– ese ordenamiento supuestamente acorde a la naturaleza misma y deducible de ella había hecho crisis justamente porque el contenido de sus mandatos y prohibiciones, si lo había, carecía de precisión. Pero, además, porque no se sabía en dónde podía obtenérselo. Por eso, decir que lo antijurídico era materialmente lo contrario al Derecho natural no significaba algo prácticamente aprovechable y, además, generaba riesgos para la seguridad jurídica que contrastan con las exigencias del Derecho penal liberal. En cuanto al Derecho natural de origen escolástico, estaba expuesto al mismo reparo pero, además, no tuvo influencia en las construcciones teóricas de ese período que, a su vez, marcarían la evolución posterior de los sistemas punitivos.[14]

El positivismo característico del siglo XIX se despliega y desenvuelve hasta nuestros días, adoptando formas cambiantes. A la *Escuela histórica del Derecho*[15] que quiere tratar a su objeto como un "hecho social" y, por ende, como perteneciente al ámbito del *ser* –sucede el *pragmatismo* de los juristas anglosajones, en tanto que la *Teoría pura del Derecho* se esfuerza por construir un positivismo auténticamente jurídico, eminentemente formal, en el plano del *deber ser*. Ninguna de estas concepciones ofrece una respuesta a la pregunta sobre el contenido material

13 Supra, § 16, III, c), bb) y ee).

14 Uno de los esfuerzos más importantes para elaborar un sistema penal a partir de presupuestos enraizados en la escolástica pertenece a CARRARA, I, Prolegómenos, págs. 9 y sigts., y a lo largo de toda la obra. Esta concepción, sin embargo, no repercutió en el desenvolvimiento del Derecho penal posterior, seguramente porque colisionaba con las tendencias imperantes por entonces en la mayor parte de Europa y, además, porque en Italia la ahogó la polémica de las escuelas desencadenada durante la segunda mitad del siglo XIX. Una opinión distinta en RADBRUCH, para quien "con plenitud sistemática e imperturbabilidad digna de respeto penetra hasta hoy la Filosofía jurídica medieval en la forma de Filosofía católica del Derecho.", § 3, pág. 39.

15 Véase una síntesis en RADBRUCH, § 3, 2, págs. 26 y sigts.

de la antijuridicidad, aunque el germen de una solución podía encontrarse en la primera de ellas, como se destacará más adelante.

a) Una hija de estas tendencias que apunta, con todo, a una comprensión más amplia de los fenómenos jurídicos, es la *Teoría de las Normas* de KARL BINDING.[16] Para ella el comportamiento de quien ejecuta un hecho típico no contrasta con la ley, sino que la cumple. El que mata a otro hace lo que según el art. 391 del C.P. hay que hacer para que le sea aplicable la pena establecida en el N° 2° de esa disposición –o quizás, la del N° 1°, si se ha obrado con alguna de las circunstancias descritas por él–.
b) Así pues, la ley penal no ordena obrar o no obrar de una cierta manera, sino que se limita a asociar una sanción a ciertos comportamientos descritos por ella.

Por supuesto, las leyes no obedecen a meros caprichos, sino que presuponen un orden determinado. Esas órdenes de hacer o no hacer se contienen en las *Normas*, las cuales yacen fuera de la ley pero la preceden lógicamente –por lo general, también cronológicamente– y le dan sustento. De este modo deberá concluirse que lo que la realización del hecho típico contraviene son en definitiva estas normas que o bien prohíben "matar", "robar", "injuriar", "lesionar", "violar", etc., o bien mandan "auxiliar o socorrer al que se encuentra en despoblado, herido, maltratado o en peligro de perecer" o "reparar o demoler edificios ruinosos cuando lo ordene la autoridad", etc. En consecuencia, *la antijuridicidad consiste en quebrantar las órdenes de hacer o no hacer contenidas en las normas subyacentes a la ley.*

Ahora bien, según BINDING estos mandatos y prohibiciones, si bien no se expresan por la ley (positiva), se encuentran implícitos en ella o, por lo menos, en el contexto del ordenamiento jurídico positivo. Por eso, su concepción permanece enraizada al positivismo. Los reproches de aproximación al "jusnaturalismo" que se le dirigieron no son certeros sino en el sentido de que, al menos hasta un cierto punto, este pone en duda la autosuficiencia de la ley positiva para justificarse a sí misma.[17]

---

16 No obstante lo afirmado en el texto, existe un contraste marcado entre los pensamientos de BINDING y KELSEN, como puede verificarse comparando nuestra breve exposición de la teoría de las normas de BINDING con lo sostenido por KELSEN, *Teoría pura del Derecho; "Introducción a la ciencia del Derecho"*, traducción de Moisés Nilve, Eudeba, Buenos Aires, 1960, III, 4, págs. 76 y sigts.

17 Los detalles sobre la concepción de BINDING en *Die Normen und ireh Übertretung. Eine Untersuchung ubre die rechtsmassige Handlung und die Arten des Delikts* (*Las normas y su*

b) LISZT propone por primera vez de manera explícita una distinción entre *antijuridicidad formal* y *material*. Con arreglo a su punto de vista, "el acto es *formalmente* contrario al Derecho, en tanto que es transgresión de una norma establecida por el Estado, de un mandato o de una prohibición del orden jurídico". A su vez, "el acto es *materialmente* ilegal, en cuanto significa una *conducta contraria a la sociedad* (antisocial).[18] Así pues, "la lesión o riesgo de un bien jurídico solo será materialmente *contraria a Derecho* cuando esté en contradicción con los fines del orden jurídico que regula la vida en común; esta lesión o riesgo será materialmente *legítima* a pesar de ir dirigida contra los intereses jurídicamente protegidos, en el caso y en la medida que responda a esos fines del Ordenamiento jurídico, y, por consiguiente, a la misma convivencia humana".[19] De este modo LISZT, apoyándose en la base que le proporcionan los datos de la realidad social, reconoce que un mismo hecho puede ser formalmente antijurídico y materialmente legítimo porque, no obstante contradecir los dictados de la ley positiva, se adecua a los fines de la convivencia. En su opinión, esta contradicción será infrecuente pero no imposible. En todo caso declara que, si el contraste existe, "el juez está ligado por la ley".[20]

El concepto de "antijuridicidad material" forjado por LISZT es por consiguiente de naturaleza meta jurídica, pero su autor enfatiza que si entra en conflicto con el de "antijuridicidad formal", obtenido de la ley positiva, este último ha de prevalecer. Con eso procura poner a salvo la *seguridad jurídica*, pues se percata de que su hallazgo puede dañarla, especialmente si los detentadores del poder se sirven de él para crear y sancionar "injustos materiales" al margen del Ordenamiento jurídico positivo. Circunstancias históricas adversas impidieron que su advertencia fuera atendida, lo cual, aparte de las trágicas consecuencias que provocó en los hechos, oscureció el debate dando origen a una discusión confusa que ha dificultado reconocer las ventajas que pueden derivarse de acoger ese concepto nuevo y de contribuir en forma sana a su desarrollo ulterior.

c) Una concepción distinta de la antijuridicidad material es propuesta, apenas un poco más tarde que la de LISZT, por MAX ERNST MAYER, cuya *Teoría*

---

trasgresión. Una investigación sobre la conducta conforme a Derecho y las formas del delito) Scientia, Aalen, 1991, reimpresión de la segunda edición de 1914–1922. Desgraciadamente de esta obra fundamental no hay traducción castellana.

18 LISZT, II, § 32, pág. 336 (los énfasis en el original).

19 LISZT, II, § 32, pág. 337 (los énfasis en el original).

20 LISZT, Ídem,(los énfasis en el original).

de las Normas de Cultura, sin embargo, encuentra ya sus raíces en los conceptos de *valor* desarrollados por el neokantismo de la Escuela Sudoccidental alemana.

Como BINDING, MAYER sostiene que los mandatos y prohibiciones se encuentran contenidos en normas que preceden lógicamente a la ley y dan sustento a las decisiones de esta.[21] Pero, luego, siguiendo en esto a JHERING, afirma que esas normas jurídicas no están dirigidas al pueblo (a los súbditos) el cual ni siquiera las conoce, sino "al administrador de las leyes; los órganos del Estado, que están llamados a aplicar las leyes [que] son los únicos destinatarios de las órdenes que la ley formula".[22] Enfrentando entonces la cuestión de cómo tales normas obligan al ciudadano, no obstante que no están dirigidas a él y que ni siquiera las conoce,[23], concluye que ello se debe a "que las normas jurídicas están en correspondencia con *normas de cultura*, cuya obligatoriedad el individuo conoce y acepta".[24] Las normas de cultura, que se distinguen de las jurídicas, son "mandatos y prohibiciones que se dirigen al individuo como exigencias religiosas, morales, convencionales, de tráfico y de profesión".[25] Las normas jurídicas se "moldean" sobre la norma de cultura y por eso los ciudadanos son obligados por aquellas, pues estas últimas les son conocidas a causa de que pertenecen a la atmósfera en que su propia cultura personal se ha plasmado.[26] Las prohibiciones de "matar", "lesionar", "robar", "violar", "defraudar", "malversar" o "injuriar" pertenecen a un patrimonio cultural que todos hemos introyectado porque fuimos formados en él por la educación común, las reglas morales, religiosas y de toda índole que rigen el comportamiento en una sociedad y en un tiempo determinados.

MAYER es consciente de la crítica obvia que se puede dirigir a su concepción, esto es, que existen disposiciones legales cuyo contenido no se corresponde con las

21 MAYER, MAX ERNST. *Normas jurídicas y normas de cultura*, traducción del alemán y prólogo por José Luis Guzmán Dálbora. Editorial Hammurabi. Buenos Aires, 2000. Véase asimismo MAYER,,*Derecho penal,* págs. 47 y sigts.,y GUZMÁN DÁLBORA, JOSÉ LUIS. *La teoría de las normas de cultura en la vida de su autor y en la ciencia penal de hoy,* en, *Cultura y delito,* Pontificia Universidad Javeriana, Facultad de Ciencias Jurídicas, Bogotá, 2010, págs. 1 y sigts.

22 MAYER, *Normas jurídicas,* pág. 41.

23 MAYER rechaza enérgicamente como explicación posible del dilema a que se refiere el texto a la que designa como "monstruosa ficción" de conocimiento de las leyes. Respecto a la pretensión de que esa ficción pudiese apoyarse en la publicación de las leyes, véase su refutación en *Normas jurídicas*, págs. 48 a 50.

24 MAYER, *Normas jurídicas,* pág. 55. (El énfasis es mío).

25 MAYER, *Normas jurídicas,* pág. 56.

26 MAYER, *Normas jurídicas,* pág. 56.

normas que integran el acervo cultural natural del ciudadano común. Por eso se preocupa con cierto detalle de despejar esa duda. A su juicio, las leyes que suscitan el problema son de cuatro clases: a) en primer lugar se encuentran aquellas que versan sobre materias muy especializadas como, por ejemplo, las que incriminan delitos bancarios, fraudes de los comisionistas o del capitán del barco, delitos fiscales (tributarios) etc.[27] Respecto de ellas observa que, si bien las normas que las originan no pertenecen a la cultura del ciudadano corriente, se encuentran incorporadas, en cambio, a la de quienes profesan las actividades a que se refieren, quienes las han ido recepcionando como parte de la preparación que se les ha dado para dedicarse a esas profesiones y que, en consecuencia, integran la respectiva cultura especializada. Así, el hombre común puede no saber lo que se considera prohibido por las normas culturales que rigen el comportamiento de los banqueros, pero, por el contrario, ese conocimiento pertenece a cualquiera de los que se han preparado para asumir la administración de bancos.[28] b) A continuación, hay que considerar algunas leyes nuevas, que imponen prohibiciones y mandatos aún no asimilados por la cultura del hombre común. Mediante ellas se realiza la *función creadora de cultura del Derecho*, pues la reiteración de la imposición coactiva de estos mandatos y prohibiciones por los jueces los convertirá, al cabo de un período más o menos prolongado, en integrantes del patrimonio de la comunidad y, con ello, en normas de cultura.[29] c) En tercer lugar habla de "leyes que no se aclimatan" y, por ello, no consiguen erigirse en normas de cultura, precisamente porque contrastan con los mandatos y prohibiciones latentes en el medio cultural. Se trata, a su juicio, de "malas leyes", de "Derecho injusto" en el cual, por lo mismo, ha de ejercitarse la función crítica de lo jurídico.[30] d) Finalmente MAYER se ocupa de las "leyes de policía", a las cuales destina una reflexión pormenorizada en los últimos capítulos de la obra,[31] sirviéndose de sus hallazgos para intentar un deslinde entre lo que denomina "Derecho penal judicial" y "Derecho penal administrativo", materia en la que aquí no es posible detenerse.[32]

---

27 MAYER, *Normas jurídicas*, pág. 61.

28 En lo demás, para los intervinientes en un delito de esa clase que procedan de la ciudadanía ajena a esas actividades hoy regirán los principios que regular el *error de prohibición* (Infra, §28, especialmente II y sigts.) y en ciertos casos, incluso, las referentes a los *delitos de infracción de un deber* (Infra, § 38, II).

29 MAYER, *Normas jurídicas*, págs. 61 a 64. También aquí corresponderá una tarea rectificadora al *error de prohibición* y sus efectos (ver nota anterior).

30 MAYER, *Normas jurídicas*, págs. 64 a 67.

31 MAYER, *Normas jurídicas*, págs. 147 y sigts.

32 Véase, en todo caso, una toma de posición sintética supra, § 4, IV, A.

Con arreglo al criterio de M.E. MAYER, en consecuencia, la *antijuridicidad material* consiste en la contradicción entre la conducta típica y las *normas de cultura*. MAYER acepta que en algunas oportunidades un hecho formalmente antijurídico puede no ser materialmente antijurídico.[33] Su opinión sobre la manera de solucionar los problemas que suscita esta oposición no es tan categórica como la de LISZT. En principio afirma "que las reglas jurídico penales de cualquier clase solo pueden ganar y perder vigencia por conducto de la legislación[34]; pero más adelante concederá que, "con todo, las costumbres sociales constituyen un factor importante en la interpretación y aplicación de las normas penales",[35] de suerte que si alguien, obedeciendo a una costumbre arraigada provoca un resultado antijurídico, "habrá obrado en general, *bona fide,* y no puede 'ser castigado como quebrantador doloso del Derecho".[36] Es evidente que en esta última afirmación late la idea del *error de prohibición invencible o inevitable.*[37]

c') Más próximo todavía al pensamiento kantiano original es el concepto de antijuridicidad material que propone RAINES ZACZYK, de acuerdo con el cual "El injusto comprendido por una norma jurídico-penal dirigido contra otro constituye *una agresión contra la personalidad de este último, una reducción de su verdadera libertad*". De esta manera, en el injusto jurídico-penal se descubre "una materialización del acontecer respecto de la libertad del otro: una relación de libertad garantizada recíprocamente y asegurada mediante normas jurídicas se transforma mediante la falta de prestación de una parte (del autor) en tales términos que *se suprime la libertad del otro.* Puesto que el injusto es negación del Derecho, aquel ostenta al igual que este último *una relación con la esfera de libertad [...] de la víctima*".[38] Este punto de vista, sin embargo, se encuentra desarrollado todavía en forma parcial, en relación con el tema de la obra citada de ZACZYK y, por lo mismo, no se conoce cuál sea su criterio en los casos de contraste entre esa concepción del injusto y el Derecho positivo.

33 MAYER, *Normas jurídicas,* págs. 137 y sigts.

34 MAYER, *Normas jurídicas,* págs. 140.

35 MAYER, *Normas jurídicas,* pág. 146.

36 MAYER, *Normas jurídicas,* pág. 144.

37 Infra, § 28, III, b), ff).

38 ZACZYK, *Injusto jurídico-penal y la autorresponsabilidad del lesionado,* en *op. cit.*, III, A, 1, pág. 266. (Los énfasis son míos).

d) Las concepciones de LISZT, MAYER –y ahora ZACZICK– fueron y siguen siendo hasta el presente objeto de críticas. Entre las más recientes, ZAFFARONI afirma que "la más elemental seguridad jurídica rechaza la introducción indiscriminada de cualquier criterio pretendidamente sociológico para crear o eliminar antijuridicidad arbitrariamente" pues, a su juicio, "con esos conceptos es posible criminalizar tanto a inocentes como a los asesinos que obraron conforme a la legislación nacionalsocialista".[39] En términos más generales, se los ha acusado ora de constituir una forma de positivismo sociológico, ora de significar una vuelta al jusnaturalismo –como pareciera ocurrir en el caso de ZACZYK– con la incertidumbre que involucra y, por consiguiente, de haber establecido las bases teóricas para el desarrollo de sistemas tan inaceptables como el positivismo italiano y el Derecho penal fascista que fue su secuela, o la escuela de Kiel y el Derecho nacionalsocialista que prohijó.

Sin embargo, frente al hecho de que a causa de sus limitaciones la ley positiva conduce a menudo a situaciones en las cuales comportamientos que la contravienen formalmente no lesionan interés social alguno e, incluso, en algunos casos parecen servir al fortalecimiento de ellos y a la atmósfera cultural en que se vive, las teorías de LISZT y MAYER ofrecen unas soluciones que se acomodan mejor a las exigencias del Derecho penal en un Estado democrático de Derecho que un acatamiento irrestricto a la letra del Ordenamiento escrito. Ambas, en efecto, intentan corregir esta contradicción invocando la "idea de lo justo" que se obtiene, no ya del contexto del Derecho positivo, el cual a menudo es incapaz de solucionarla, sino del consenso ciudadano. En LISZT esta invocación al sentir y los intereses sociales se encuentra sometida a límites impuestos por la ley positiva; en MAYER, en cambio, ello no es claro pero, en todo caso, si se le reconoce alguna posibilidad de eficacia contra la ley es únicamente para excluir la antijuridicidad del hecho que desde el punto de vista formal aparece contrario a la ley. Eso es indispensable para alcanzar resultados justos en casos en que una sujeción estricta al Derecho positivo conduciría a soluciones aberrantes, como lo pone de relieve el "caso del veterinario" citado por POLITOFF que lo toma de la jurisprudencia del Tribunal Supremo de los Países Bajos.[40]

---

39 ZAFFARONI–ALAGIA–SLOKAR, § 40, III, 4, pág. 570.

40 POLITOFF, 8, § 1, pág. 328. "El caso [...] concierne a un veterinario, facultado para vacunar ganado contra la fiebre aftosa, que optó por poner en contacto vacas que no daban leche con ganado infectado. Con ello se obtendría el mismo resultado que con la vacuna, ya que los animales se enfermarían ligeramente en el período que no son ordeñados. La ley sobre ganadería prohibía, sin embargo, el hecho de colocar intencionalmente en contacto

Por otra parte, quienes se oponen a la adopción del concepto de *antijuridicidad material* terminan adoptando otros que apenas se le diferencian, cuando requieren corregir las contradicciones que origina la realidad social entre el sentimiento de justicia y un concepto de antijuridicidad entendido solo formalmente. Así, por ejemplo, cuando ZAFFARONI declara que "con frecuencia por *antijuridicidad material* se entiende algo obvio y usualmente expresado en otros términos, como es la exigencia de lesividad. En este sentido es válido afirmar que la tipicidad conglobante de la conducta es un indicio de lesividad, que se termina de acreditar solo en el caso de que el permiso constitucional no prevalezca, esto es, cuando se pueda afirmar que ha sido derogado por la prohibición, lo que ocurre cuando la conducta no se ejecuta en el contexto previsto por un permiso legal o tipo de permisión. En sentido estricto, solo con esta comprobación se puede afirmar que un bien jurídico ha sido afectado. Por ello es preferible prescindir de una expresión tan cargada de problemas semánticos".[41]

De esta manera, en mi opinión, ZAFFARONI únicamente logra prescindir del concepto de *antijuridicidad material* sustituyéndolo por otro –el de *"lesividad"*– al cual en el fondo acuerda un sentido muy semejante al que LISZT atribuye a aquella y que, por lo mismo, parece destinado a generar la misma clase de problemas que reprocha a esta noción.

La idea de *antijuridicidad material,* con arreglo a mi punto de vista es, pues, indispensable para la solución de la clase de problemas a que me he referido más arriba y, como luego se verá, puede prestar además otros servicios a la praxis que aconsejan no prescindir de ella. [42] Por supuesto, para evitar excesos debe manejársela con prudencia pero sin caer, a su vez, en las exageraciones del positivismo extremo; pues, a fin de cuentas, manipulado de mala fe, también este último se transformó en más de una oportunidad en instrumento de persecución injusta y ataque a los derechos fundamentales del ser humano.[43]

---

ganado sano con animales infectados con fiebre aftosa. El tipo legal existía y ninguna causa de justificación formalmente prevista en la ley holandesa podía ser aplicada, pese a lo cual el tribunal juzgó que el hecho *carecía de antijuridicidad,* es decir que, aunque la conducta podía subsumirse en la descripción legal, faltaba la materialidad del daño o peligro que servía de fundamento a la prohibición".

41 ZAFFARONI–ALAGIA–SLOKAR, § 40, 5, pág. 571.

42 Entre nosotros, COUSIÑO, II, § 145, págs. 40 y sigts., sostiene un concepto de antijuridicidad en general que abarcaría tanto la formal como la material. Por este motivo objeta la distinción destacada en el texto, a la cual considera "pleonástica".

43 RADBRUCH, § 9, pág. 101.

e) De las concepciones expuestas en las páginas anteriores, pareciera que la que ofrece más garantías a la *seguridad jurídica* es la de LISZT.[44] Sin embargo, conviene recordar que la teoría de las *normas de cultura* de MAYER tiene una historia de considerable influencia en la evolución del Derecho latinoamericano, en la cual fue instalada por la influencia académica que tuvo en la región JIMÉNEZ DE ASÚA, el cual adhirió desde muy temprano a ella en forma "entusiasta".[45] Por otra parte, conviene observar que la teoría de las *normas de cultura* presenta con la de LISZT afinidades que el propio MAYER destacó en cierta medida. En efecto, las conductas que se incorporan a las normas de cultura, tal como MAYER las concibe, son precisamente aquellas que tienen un carácter contrario a la sociedad, que se encuentran en "contradicción con los fines del Ordenamiento jurídico que regula la vida en común". Por consiguiente, las dos concepciones convergen en su finalidad y resultan complementarias, pues lo que configura los mandatos y prohibiciones del Derecho es lo socialmente dañino, de la misma manera que el contenido de las normas de cultura permisivas está constituido por el catálogo de situaciones en que el comportamiento, no obstante lesionar un bien jurídico, no está en contradicción con los fines de dicho ordenamiento, y que permanece abierto porque la ley positiva es incapaz de abarcar sus innumerables posibilidades de configuración. Por esta razón, en lo que sigue, a diferencia de lo que había hecho hasta ahora, se parte del concepto de antijuridicidad material deducido de la teoría de las normas de cultura de M.E. MAYER, pero se lo complementa con referencias al criterio de LISZT, allí donde este es útil para dominar y precisar el sentido de aquel.

f) El concepto de antijuridicidad material tiene importancia práctica en varios aspectos, de los cuales aquí solo se mencionan los más significativos.[46]

1.– La antijuridicidad material del hecho concreto permite cuantificar el contenido de injusto del mismo, cosa que desde el punto de vista de la antijuridicidad formal es imposible. Así, por ejemplo, la relación de contraste entre los mandatos y prohibiciones del Derecho y la conducta del autor es igual cuando falsifica un cheque de $10.000, perjudicando de esa forma a un tercero, que

44 Así, hasta la edición anterior.

45 Véase, al respecto, JIMÉNEZ DE ASÚA, III, 1256 y 1257, págs. 995 y sigts.; en el mismo sentido del texto, GUZMÁS DÁLBORA, *op. cit.* en nota 21, 3, págs. 12 y sigts.; NOVOA, I, 208, 1, pág. 316.

46 En lo que sigue la exposición del texto se aproxima a la de ROXIN, § 14, II, números marginales 6 y sigts, págs. 559 y 560. Las diferencias son menores.

cuando hace lo mismo con uno de $10.000.000 (art. 197 del C.P.); desde el punto de vista de la antijuridicidad material, en cambio, la segunda conducta es mucho más dañina que la primera y, por eso, su injusto material concreto es superior. Que en casos como este se debe sancionar más severamente al falsificador del documento de más valor es, por lo demás, algo reconocido por la ley positiva, pues con arreglo al art. 69 del C.P., dentro de los límites de cada grado de la punibilidad asignada al delito de que se trata, el tribunal determinará la cuantía de la pena en atención –junto a otros factores– "a la mayor o menor extensión del mal producido por aquel".

Pero no solo el juez, sino también el legislador puede cuantificar el injusto atendiendo a la antijuridicidad material de los hechos. Pues, desde el punto de vista formal tanto quebranta las prohibiciones del ordenamiento jurídico el que se apropia furtivamente de unas cuantas monedas como el que mata a otro o viola a una persona. Solo apreciando la distinta magnitud de la afrenta a las normas de cultura imperantes en el medio de que se trate y la magnitud del daño social provocado por cada uno de estos hechos, es decir, su antijuridicidad material, puede el autor de la ley diferenciar la cantidad de la pena que asociará a cada uno de ellos, estableciendo así el valor de los bienes jurídicos protegidos en cada caso.

2.– A su vez, es la ausencia de antijuridicidad material la que permite fundamentar el efecto permisivo de las causales de justificación contempladas en la ley y, asimismo, ordenarlas de una manera racional. Además, ella autoriza a construir, como ya se ha visto más arriba, nuevas causales de justificación supralegales cuando ciertos hechos, si bien vulneran los mandatos y prohibiciones del Derecho, aparecen, no obstante, acordes con la voluntad del ordenamiento, porque son adecuados a la atmósfera cultural en que se realizan y no comportan daño social o, incluso, traen aparejado un beneficio para la convivencia.[47] De esta manera, en sociedades complejas como las contemporáneas el catálogo de las justificantes permanece abierto, incrementándose cada vez con autorizaciones nuevas, a menudo de ordinaria ocurrencia y considerable importancia práctica.[48]

3.– La antijuridicidad material cobra también importancia en la apreciación del error de prohibición. En efecto, en la medida en que el autor no es consciente

47 En este sentido el "caso del veterinario", *cit.*, supra, nota 32; asimismo JESCHECK–WEIGEND, § 31, II, 3, pág. 349.

48 En el mismo sentido JESCHECK–WEIGEND, § 31, II, 4, pág. 350.

de que su comportamiento está prohibido por una norma de cultura, el error será, por lo general, *invencible* y, en consecuencia, excluirá la culpabilidad. Es cierto que esto no puede afirmarse de manera categórica, pues también es posible que el sujeto ignore la antijuridicidad material de la conducta por pura desidia y que, en consecuencia, la culpabilidad subsista, pero tales situaciones son más bien excepcionales. Por la inversa, la mera ignorancia de la antijuridicidad formal del hecho nunca basta para fundamentar un error *invencible* excluyente de la culpabilidad si el autor conserva la conciencia del contraste entre las normas de cultura vigentes en su medio social y su comportamiento.[49]

4.– Aparte de lo expuesto, la apreciación de la antijuridicidad material es importante también en otras cuestiones más de detalle que aquí, por lo mismo, es imposible exponer, como algunas referentes a la relación entre autor y partícipe o al concurso de delitos, por no citar sino un par de ellas.[50]

5.– En este punto finalmente, pero de manera enfática, es indispensable señalar un límite infranqueable: *la consideración de la antijuridicidad material debe detenerse, sin más, cuando el hecho carece de antijuridicidad formal, es decir, cuando no transgrede uno de los mandatos o prohibiciones del Derecho positivo. Es función de los tipos penales trazar esa frontera y resguardarla contra todo ataque. Lo que no es típico no es punible, cualesquiera sea su contradicción con la atmósfera cultural imperante o la dañosidad social que se le atribuya, lo cual, si bien puede dar origen a un ilícito civil, nunca podrá fundar un injusto penal.*

g) La jurisprudencia nacional ha desarrollado poco las consecuencias prácticas de la antijuridicidad material. En parte ello se debe a que el concepto encuentra poca acogida en la doctrina especializada de nuestro país;[51] en parte, a la formación positivista recibida por la mayor parte de la judicatura, que le hace difícil abrirse a las funciones crítica y creadora del Derecho en que arraiga

49 Sobre todo ello, infra, § 28.

50 Infra, § 38, I, b), bb) y § 43.

51 Sin embargo, véase BULLEMORE MCKINNON, II, págs. 105 y 106; COUSIÑO, II, § 145, págs. 40 y sigts.; ETCHEBERRY, I, págs. 229 y sigts.; NÁQUIRA, I, pág. 328; NOVOA, I, 208, 1, págs. 315 y sigts., aunque en sentido más bien negativo y, curiosamente, dada su evolución posterior, reivindicando el concepto de Derecho natural; LABATUT, I, 78, pág. 92, apoyándose fundamentalmente en el concepto de "normas de cultura" y recogiendo parcialmente las ideas de LISZT; POLITOFF, 8, § 1 pág. 328, muy someramente.

esta noción. En especial, la pobreza de este desenvolvimiento se advirtió en la forma limitada en que se trató el estado de necesidad justificante que, a causa de la forma restrictiva en que lo establecía la ley positiva (art. 10 Nº 7 del C.P.), reclamaba urgentemente una ampliación supralegal.[52] Con todo, en los últimos años se vislumbra un cambio de esa actitud que, curiosamente, se ha manifestado más en el campo de la culpabilidad que en el del injusto, como ha ocurrido con el reconocimiento cada vez más decidido de la eficacia excusante del *error de prohibición invencible.*[53] De aquí al reconocimiento de nuevas causales de justificación –o ampliación de las existentes– por ausencia de antijuridicidad material, debería mediar solo un paso.

V. DESVALOR DE ACCIÓN Y DE RESULTADO

Como se ha expresado,[54] las valoraciones objetivas (abstractas) del legislador miran, por una parte, a la índole de la conducta (desvalor de acción) y, por la otra, a la protección de los bienes jurídicos contra eventuales lesiones o puestas en peligro (desvalor de resultado). De este modo la valoración es, ante todo, *norma de conducta ajustada a Derecho* y, en segundo término, *norma de protección.* Esos dos aspectos de la valoración han de ser contemplados sucesivamente y el segundo está condicionado por el primero: cuando la acción es adecuada a Derecho, la lesión o puesta en peligro del bien jurídico es justa; el daño injusto de un bien jurídico solo puede provenir de una acción *antijurídica; para que se configure el delito, es necesario que concurran tanto la una como el otro.*

V'. VÍCTIMO DOGMÁTICA Y ANTIJURIDICIDAD

En años recientes, un sector de la doctrina ha desarrollado el criterio denominado *Victimo dogmática*, con arreglo al cual el espíritu del legislador sería no otorgar protección jurídico penal en aquellos casos en que la actitud de la víctima es particularmente descuidada y en

52 Infra, § 24, II. b). En mi opinión, como se verá en el lugar citado, esa disposición se encuentra ahora tácitamente derogada por la modificación introducida en el art. 10 Nº 11 del C.P. por el art. 1º de la Ley 20.480, de 18 de diciembre de 2010.

53 Véase infra, § 28, III, b), ff).

54 Supra, § 1, III, c), cc) y este mismo parágrafo, III.

medida importante origina la desprotección del bien jurídico.[55] En la Parte Especial este punto de vista cree encontrar una confirmación en delitos como la estafa, en donde la opinión dominante exige que el engaño sea por lo menos suficiente como para provocar la disposición de una víctima e, incluso, exige la concurrencia de un *ardid*, esto es, de un cierto montaje que dé verosimilitud a las afirmaciones mendaces del autor.[56] Asimismo, en el de falsificación, respecto del cual la propia ley, en los arts. 171 y 184 del C.P., excluyen la punibilidad si la alteración es tan tosca que cualquiera podría advertirla. A su vez, en la Parte General, estima poder asilarse en la función de *ultima ratio* del Derecho penal, así como en la exclusión de la tipicidad cuando concurre un *acuerdo* de la víctima[57] o en los casos de asunción voluntaria de esta de su puesta en peligro.[58]

El punto de vista general así expuesto no es convincente.

Desde luego, respecto del "engaño" en la estafa actualmente se acentúa la tendencia a considerar que para apreciarlo basta con que la presentación de las cosas sea suficiente para hacer incurrir en error a una víctima individualizada, esto es, teniendo en cuenta sus características personales. La exigencia del "ardid" se ha vuelto cada vez menos defendida en el Derecho comparado. Contra ella se vuelven en nuestro Ordenamiento punitivo los propios arts. 171 y 184 del C.P., los cuales disponen que, si la falsificación es tan grosera que cualquiera puede advertirla, se la castigue como estafa y otros engaños (posiblemente de acuerdo al art. 473 del C.P.); lo cual, a su vez, desarma el argumento referente al delito de falsificación.

Respecto a los argumentos de Parte General, el que pretende alojarse en la función de *ultima ratio* del Derecho penal debe ser rechazado, puesto que esa característica del Ordenamiento punitivo solo significa que el *legislador* debe abstenerse de emplear sus recursos cuando existen otros menos perturbadores de los derechos individuales que podrían alcanzar los mismos resultados.[59] "Donde 'vigila el ojo de la ley' el particular puede dedicar sus energías al desarrollo en vez de al mero aseguramiento de su personalidad".[60]

En cuanto al "acuerdo" y la "asunción del peligro por la víctima", se trata de situaciones en las cuales el ofendido ha renunciado voluntariamente a la defensa del bien

---

55 Respecto a lo que sigue en el texto, véase ROXIN, § 14, números marginales 15 y sigts, págs. 562 y sigts.

56 C.S., Rol 3002–98, de 11 de noviembre de 1998 y Rol 462–99, de 17 de junio de 1999, en MERA, págs. 256 y sigts. Más recientemente, C.S. Rol 4535–2000, de 17 de julio de 2001 y Rol 3783–2007 de 28 de noviembre de 2007, en MATUS, art. 467, págs. 525 y 526.

57 Infra, § 24, a).

58 Supra, § 17, IV, g).

59 Exactamente así ROXIN, § 14, número margina 20, pág. 564.

60 Ídem, pág. 565.

jurídico por el Derecho y, por consiguiente, tampoco pueden ser invocados para justificar el enfoque "victimo-dogmático"

No obstante el rechazo de su pretensión de validez general, a la victimo-dogmática es preciso reconocerle haber puesto en discusión un criterio que puede ser de importancia en la solución de problemas concretos que se presentan a la práctica. En algunos de ellos, que por su variedad y complejidad aquí no pueden ser discutidos, ese punto de vista puede ofrecer formas fructuosas de enfrentar las cuestiones propuestas por una realidad cada vez más diversificada y complicada. Quizás rara vez conduzca a la absolución del autor, pero muchas veces implicará una reducción del injusto que justifique a su vez una aminoración de la pena. En este sentido, ella merece en el futuro un estudio más acabado.[61]

V". ESPACIO FUERA DEL DERECHO Y ANTIJURIDICIDAD

La idea de que existe un espacio fuera del Derecho se remonta a una época en la que todavía no se encuentra claramente definida la distinción entre antijuridicidad y culpabilidad. Este es, por ejemplo, la situación de KANT, que se sirve de ese concepto para solucionar el problema que origina a su concepción de lo lícito e ilícito el caso de la Tabla de Carneades, en el cual el náufrago que, cogido de una tabla capaz de mantener a flote a un hombre, ve aproximarse a un compañero de infortunio y lo rechaza, condenándolo a perecer ahogado. KANT no puede juzgar este hecho como lícito (objetivamente ajustado a Derecho) y tampoco cuenta todavía con la posibilidad de considerarlo antijurídico pero inculpable, porque la distinción entre esas dos nociones solo se desarrollará por la doctrina penal más tarde, cuando se establezca el concepto de culpabilidad y se precise su diferencia con el de antijuridicidad. Para superar la contradicción, KANT echa mano, sin expresarlo, de un espacio que yace fuera del Derecho, afirmando que "no puede haber [...] ninguna ley penal que imponga la muerte a quien" se enfrente a ese dilema, "porque la pena con que la ley amenazara no podría ser ciertamente mayor que la de perder la vida...". "Semejante ley penal no puede tener el efecto pretendido, porque la amenaza de un mal que es todavía *incierto* (el de la muerte por sentencia judicial) no puede superar al miedo ante un mal *cierto* (es decir, morir ahogado) Por tanto, el acto de salvar la propia vida por medio de la violencia no ha de juzgarse como *irreprochable* (*inculpabile*) sino solo como *no punible* (*impunibile*) y por una asombrosa confusión de los jurisconsultos

61 En el mismo sentido ROXIN, § 14, números marginales 22 y sigts, págs. 565 a 567.

esta impunibilidad *subjetiva* se tiene por *objetiva* (conforme a la ley)" [...] "Y, con todo, no puede haber necesidad alguna que haga legal lo que es injusto".[62]

Sin embargo, actualmente, cuando ya la distinción entre culpabilidad y antijuridicidad se encuentra firmemente establecida en la literatura comparada, se vuelve una y otra vez sobre el concepto del "espacio fuera del Derecho", precisamente para resolver situaciones discutibles, pero ahora de *estado de necesidad justificante*[63] que siguen generando dificultades a causa de la colisión entre las opiniones divergentes, como lo era, hasta la publicación de la Ley 21.030,[64] la interrupción del embarazo para poner a salvo la vida o integridad corporal de la madre.

Oponerse a esta idea arguyendo que en el Estado de Derecho lo que está permitido lo es a causa de la existencia de una autorización extendida por el Ordenamiento, de suerte que en él los comportamientos permitidos solo existen porque no están prohibidos, no es convincente. Esta argumentación alude más bien a un "Estado policial", en el que todo quehacer humano está pormenorizadamente regulado por las leyes, de manera que actos tan inocentes como comer una naranja, asistir a una clase o ir al cine, solo se pueden ejecutar porque no se los ha prohibido.[65] Por esto, debe concederse que en un Estado democrático de Derecho hay que aceptar la existencia de un amplio espacio que está situado fuera de las regulaciones jurídicas, en el cual yace la mayor parte de los comportamientos que se realizan cotidianamente por los integrantes del grupo social.

Sin embargo, ese espacio ya no existe cuando se ingresa en el ámbito del *injusto típico*. Las conductas que se encuentran dentro de esos límites son, o bien

---

62 KANT, *La metafísica de las costumbres, cit.*, "Apéndice a la Introducción a la Doctrina del Derecho" "El derecho equívoco", II, pág. 46. (Énfasis en el original) Es interesante observar como el leguaje del gran filósofo parece anticipar la idea de una culpabilidad concebida de manera normativa al hablar de "irreprochabilidad"; pero, evidentemente, esa noción todavía es ajena a la doctrina penal vigente en su época. Por eso opta sencillamente por situar el hecho fuera del ámbito del Derecho, para lo cual se vale de su distinción entre lo subjetivamente impunible y lo objetivamente irreprochable. En todo caso, conviene observar que, mediante este subterfugio, KANT elude declarar justificada la solución al problema planteado por el estado de necesidad exculpante, al cual evidentemente pertenece el caso de la Tabla de Carneades.

63 Infra, § 24, II, b).

64 N. del E. La referencia a la Ley 21.030 es del editor. Esta fue publicada el 23 de septiembre de 2017 y autorizó la interrupción del embarazo por un médico cirujano, mediando la voluntad de la mujer, "cuando esta se encuentre en riesgo vital, de modo que la interrupción del embarazo evite un peligro para su vida" (letra a. del art. 119 del Código Sanitario, en la redacción que le dio esa ley).

65 En el mismo sentido ROXIN, § 14, número marginal 26, págs. 567 y 568.

antijurídicas o bien autorizadas por el Ordenamiento *(tertium non datur)*. Allí, por consiguiente, no puede concebirse ya espacio alguno que se encuentre fuera de las regulaciones del Derecho.

Los criterios contrastantes obedecen, en gran medida, a que se razona como si las autorizaciones contenidas en las *causales de justificación* significaran una aprobación de la conducta a que se refieren. Pero este no es el caso. Esas disposiciones solo quieren decir que cuando ellas concurren el hecho se encuentra permitido, pero no que el Ordenamiento lo considere laudable. Así, quien en un estado de necesidad justificante causa a un tercero inocente un mal de menor entidad que el que evita,[66] obra conforme a Derecho, pero de ello no se deduce que lo haga de una manera digna de elogio, algo que escapa a los objetivos de las normas jurídicas y, por lo mismo, a sus posibilidades.

V'''. UNIDAD DEL ORDENAMIENTO JURÍDICO

Con arreglo a la opinión dominante, así en el Derecho comparado como en la literatura nacional, la antijuridicidad es una y la misma para todo el ordenamiento jurídico, lo cual quiere decir que aquello que es conforme al Derecho penal lo es también para el civil, el comercial, el procesal, etc. A su vez, lo que se encuentra autorizado por otras ramas del Ordenamiento jurídico también lo está por el penal: lo que es justo para el Derecho laboral, también lo es para el punitivo.

Aunque en el Derecho comparado estas afirmaciones suelen ser objeto de discusión, las críticas no han tenido eco en nuestro medio, en donde el asunto es poco tratado por la doctrina. [67]

VI. ANTIJURIDICIDAD Y CAUSALES DE JUSTIFICACIÓN

Como el tipo cumple una función *indiciaria de la antijuridicidad*,[68] frente a una conducta típica el juez no está obligado a la fundamentación positiva de esta última en la sentencia, ni el ministerio público a rendir prueba sobre ese punto.

66 Infra, § 24, b).

67 Básicamente, así también BUSTOS, I, 35.1.1, págs. 864 y sigts.; ETCHEBERRY, I, pág. 269, en relación al estado de necesidad; LABATUT, I, 78. pág. 91, MAURACH–ZIPF, I, § 25, IV, números marginales 11 y sigts. págs. 427 y sigts.

68 Supra, § 16, III, c), dd).

A menos que existan antecedentes reunidos por el fiscal en la etapa de investigación que pongan de manifiesto la concurrencia de una causal de justificación –en cuyo caso, por regla general, solicitará el sobreseimiento definitivo del imputado (arts. 248, letra a) y 250 letra c) del C.P.P.)–, corresponderá a la defensa del imputado plantear que, en el caso concreto, concurre una causal de justificación que excluye la antijuridicidad, y aportar antecedentes durante la investigación en vistas a solicitar un sobreseimiento definitivo, o, en su caso, rendir prueba en el juicio que haga decaer el indicio de ilicitud que se desprende de la tipicidad de la conducta.[69] Si esto último no ocurre, el juez podrá dar por establecido que la conducta típica es, además, antijurídica.[70] De esta manera, en definitiva la teoría de la antijuridicidad se resuelve en una teoría de las *causales de justificación*.

69 N. del E: la redacción de este parráfo, adecuándolo a la regulación del C.P.P., es del editor.
70 Infra, §§ 23 y 24.

§ 23. LA AUSENCIA DE ANTIJURIDICIDAD. LAS CAUSALES DE JUSTIFICACIÓN EN GENERAL

Las causales de justificación son situaciones reconocidas por el Derecho, en las que la ejecución de un hecho no obstante ser típico se encuentra permitida o, incluso, exigida y es, por consiguiente, lícita.[71]

Contra lo que sostuve hasta la edición anterior, debe afirmarse que las *causales de justificación* tornan lícita la conducta típica. Si el tipo contiene la "materia de la prohibición"[72] y es, por lo tanto, un *tipo de injusto* indiciario de la antijuridicidad, es preciso aceptar que el hecho justificado nace injusto, pero se vuelve lícito a causa de la concurrencia de la justificante correspondiente. Eso será lo que permitirá, entre otras cosas, distinguir el *acuerdo* del *consentimiento justificante.*[73]

I. EL ELEMENTO SUBJETIVO EN LA ESTRUCTURA DE LAS CAUSALES DE JUSTIFICACIÓN

La estructura de las causales de justificación ha dado origen a un debate que hasta el presente no se encuentra definitivamente zanjado.[74]

A) LA CONCEPCIÓN OBJETIVA, TRADICIONAL O CAUSALISTA

Una parte de la doctrina –que, no obstante encontrarse en minoría en el Derecho comparado, es mayoritaria entre nosotros– arranca de los presupuestos de la teoría

---

71 Este concepto difiere, en algunos aspectos, del que se encontraba inicialmente en CURY, *Orientación,* 15, antes de 1, pág. 152. Ahora se destaca especialmente, que la conducta justificada puede estar solo *permitida* o, incluso, *exigida* por el Ordenamiento.

72 Supra, § 16, dd).

73 Infra, § 24, I, a).

74 Sobre este tema, véase CURY, *Contribución al estudio del efecto de la ausencia del elemento subjetivo en las causales de justificación",* en *Nos ad justitiam esse natos. Libro de homenaje a la Escuela de Derecho de la Universidad de Valparaíso en el centenario de su fundación (1911–2011).* Volumen I, págs. 649 y sigts.

causal de la acción.[75] Puesto que la acción es concebida como acontecimiento perteneciente al ámbito mecánico causal, esto es, solo en sus aspectos exteriores aprehensibles por los sentidos, el tipo, a su vez, se agota en la descripción objetiva (material) del hecho. El juicio sobre la antijuridicidad, por ende, solo podrá referirse también al acontecimiento externo, y este quedará justificado cuando aparezca *objetivamente* (*materialmente*) adecuado a los presupuestos de una causal de justificación, pues en tal caso habrá desaparecido el *desvalor de resultado* sobre el que descansa el injusto para este punto de vista. Una consecuencia necesaria de este criterio es que las *causales de justificación* carecen de todo *requisito subjetivo* (*psíquico*). Las situaciones contempladas en ellas están captadas desde el puro lado exterior y su congruencia o incongruencia con la acción típica tiene que establecerse también en ese plano. Sería absurdo que para decidir sobre la licitud o ilicitud de la conducta se exigiera un determinado requisito *subjetivo* (*psíquico*), puesto que dicha conducta –al menos, en ese estadio del análisis– carece de contenidos subjetivos susceptibles de ser sometidos a enjuiciamiento.

De este modo, obra en estado de necesidad justificante (art. 10, Nº 11 C.P.) el que hurta un medicamento raro y valioso con propósitos puramente lucrativos si, al llegar a su casa, lo suministra a su cónyuge que, en el intervalo, ha contraído una enfermedad rara y delicada, solo susceptible de ser atacada por ese medio al que el delincuente no habría podido acceder en otras circunstancias dada la exigüidad de sus recursos. Asimismo, obra en cumplimiento de un deber (art. 10 Nº 10 C.P.) el funcionario policial que, para vengarse de su vecino lo detiene, ignorando que a esa misma hora se ha librado por el juez competente una orden de arresto en contra de ese individuo, cuya ejecución le ha sido confiada precisamente a él.[76] Obra, por fin, en legítima defensa (art. 10 Nº 4 C.P.) el que, con propósito homicida dispara sobre su rival, sin advertir que en el momento de ser alcanzado por la bala este, a su vez, disparaba contra él. En todos estos casos, en efecto, se dan los presupuestos exteriores de la causal de justificación respectiva, y

---

75 Véase NOVOA, I, 208, 3, págs. 317 y sigts.; ETCHEBERRY, I, págs. 234 y sigts.; RAFAEL FONTECILLA, *Los problemas jurídicos de las causales supralegales en materia penal,* en *Anales de la Facultad de Ciencias Jurídicas y Sociales,* vol. III, años 1961–1963, Nº 3º, págs. 56 y sigts., especialmente en 4, antes de a), pág. 63.; POLITOFF, 8, §2, págs. 332 y sigts.; POLITOFF–ORTIZ y colaboradores, págs. 132; POLITOFF–MATUS–RAMÍREZ, 11, § 2, a, págs. 215 a 216. En el Derecho comparado esta posición es sostenida ahora con énfasis por ZAFFARONI–ALAGIA–SLOKAR, § 40, IV, págs. 572 y sigts. "lo que significa un cambio de opinión respecto de sus publicaciones más tempranas".

76 Sobre la antinomia que ETCHEBERRY, I, págs. 235 y 236 cree percibir en un caso semejante a este, véase CURY, *op. cit.*, en nota 72, 2, pág. 653.

aunque la finalidad del sujeto no era la de obrar conforme a Derecho, tal cosa carecería de significación jurídica.

Los fundamentos de este criterio están sometidos a todos los reparos que se han dirigido a la teoría tradicional sobre la acción,[77] así como a los que se deducen de la concepción personal del injusto.[78] Por eso reiterarlos es inútil.

b) La concepción subjetiva

A partir de la discusión provocada por la teoría final de la acción –y antes de ella, aunque con presupuestos distintos, un número significativo de autores– sostiene un punto de vista antagónico al expuesto en el párrafo precedente.[79]

De acuerdo con mi punto de vista, la exigencia del elemento subjetivo de las justificantes es inevitable si se quiere tomar en serio el concepto de *injusto personal* y sus consecuencias lógicas. Cuando se está de acuerdo en que el injusto es personal y se configura tanto sobre el desvalor de la acción como del resultado según sostiene en el presente la doctrina comparada,[80] la consecuencia lógica es que para excluir la antijuridicidad de tal hecho tienen que suprimirse también ambos desvalores, y la reprobabilidad del comportamiento típico que genera peligro para el bien jurídico solo desaparece cuando el autor ha sido consciente de la situación que lo autorizaba a ejecutarlo. Toda causal de justificación, por lo tanto, implica un elemento subjetivo, a saber, el conocimiento de obrar amparado por ella o, más latamente, de conducirse conforme a Derecho. Así pues, de acuerdo con este criterio se rechazará la concurrencia de una causal de justificación en todos los ejemplos propuestos supra a): La "legítima defensa" solo

---

77 Supra, § 14.

78 Supra, § 22, III.

79 En la literatura nacional, especialmente BULLEMORE–MACKINNON, II, págs. 110 y 111; BUSTOS, 35.3.3.1, págs. 880 Y 881; COUSIÑO, II, § 156, págs. 137 y sigts.; CURY, § 23, I, págs. 364 y sigts. y *op. cit.* en nota 72, passim; GARRIDO, II, 21, d), págs. 113 y 114; NÁQUIRA, I, págs.329 y sigts.; VARGAS, IV, 2.1, a) iv, págs. 111 y 112.

80 JESCHECK–WEIGEND, § 1, III, 2, pág. 8; MAURACH–ZIPF, I § 19, número marginal 26, pág. 185; ROXIN, § 10, números marginales 319 y sigts.; SCHÜNEMANN, *introducción al razonamiento sistemático en Derecho penal, cit.*, III, 4, págs. 56 y 57; STRATENWERTH, § 8, número marginal 60, pág. 145, y sobretodo § 9, número marginal 144, pág. 224; WELZEL, § 11, II, págs. 91 y sigts.; *El nuevo sistema,* III, II, págs. 67 y 68. En la literatura chilena, Cfr. BUSTOS, 33.3, págs. 821 y sigts.; COUSIÑO, II, § 150, págs. 78 y sigts.; CURY, § 1, III, c), cc), págs. 52 y sigts. y § 22 V, pág. 363: *op. cit.* en nota 72, 2, págs. 651 y sigts.; GARRIDO, II, 20, a) pág. 105; NÁQUIRA, I, págs. 334 y sigts.; y VARGAS, IV, 1, págs. 102 y sigts.

puede invocarla quien *sabe que está siendo agredido ilegítimamente*; el "estado de necesidad", el que sabe que tiene que *evitar un mal que lo amenaza*; el "cumplimiento de un deber", únicamente quien *tiene conciencia de estar actuando algo a lo que está obligado jurídicamente.*

Este criterio despierta entre los adherentes a la teoría tradicional una viva resistencia. Se acusa a la doctrina dominante de abrir las puertas al *Derecho penal del ánimo* porque hace depender la licitud y la ilicitud de la conducta de posiciones subjetivas del agente, de sus tendencias, de sus motivos y de sus convicciones. Se podría alegar la ilegitimidad de una acción alegando que, si bien se obró conforme a Derecho, no se lo hizo así "de corazón". Quien se defendió del enemigo que lo agredía podrá ser condenado si se demuestra que le profesaba animadversión.

Tales críticas son posibles a causa de una confusión entre el elemento subjetivo de justificación y la *motivación.* A la ley solo interesa que el autor se comporte conforme a la norma jurídica, para lo cual debe conocer la concurrencia, en el caso concreto, de sus presupuestos de hecho. La formación de la voluntad, con su rica gama de afectos, tendencias, sentimientos, convicciones, etc., permanece al margen de la valoración. El Derecho únicamente aspira a que el sujeto se comporte conforme a sus prescripciones; no le importa por qué lo hace. Por eso, *para que opere una causal de justificación basta con que el sujeto haya conocido la situación de hecho en que esta consiste;* los motivos que acompañan a la voluntad de concreción restan irrelevantes. Así, el sujeto que sabe que se lo acomete obra en legítima defensa –si, además, se dan los otros presupuestos de esta– aunque haya encontrado el mayor placer en aprovechar la oportunidad para ultimar a su enemigo. Asimismo, el cleptómano que, sabiendo que su cónyuge agoniza, hurta el medicamento inaccesible para suministrárselo, obra en estado de necesidad justificante, aunque la ejecución del hecho le proporcione una satisfacción accesoria. El conocimiento que se exige es semejante al que se requiere para configurar el dolo, y así como aquel no requiere la conciencia de la ilicitud, este tampoco necesita el conocimiento de actuar con arreglo a Derecho.

c) La aproximación dogmática

De acuerdo con una opinión que sostuve hasta la última edición de este libro,[81] la ley positiva exigiría expresamente el elemento subjetivo para la concurrencia de una causal de justificación.

---

81 CURY, § 23, I, c), págs. 366 y 367. Véase también en ese sentido, CEREZO, I, págs. 598 y sigts.; CÓRDOBA RODA–RODRÍGUEZ MOURULLO, I, págs. 247; GARRIDO, II, 21, d9 pág. 114.

aa) Así, se afirma que los N°s 4°, 5° y 6° del art. 10 del C.P. (legítima defensa) requieren que se obre *en defensa* de la propia persona o de derechos (N° 4°) de la persona o derechos de un pariente (N° 5°) o de los de un extraño (N° 6°). La partícula "en" significaría aquí, como en el art. 416 del C.P., una exigencia subjetiva, El argumento es dudoso, ya porque lo es que la preposición "en" del art. 416 del C.P. signifique efectivamente un requisito subjetivo especial o, incluso, una exigencia cualquiera de esa índole. Donde indudablemente el texto legal sobre la legítima defensa requiere un requisito subjetivo especial es en el numeral 6°, el cual exige al defensor de un tercero que no sea impulsado por venganza, resentimiento u otro *motivo* ilegítimo. Pero lo que el N° 6° del art. 10 establece *de lege lata* es un requisito que *de lege ferenda* inaceptable: que el sujeto no solo obre sabiendo que lo hace para defender al tercero de una agresión de que se lo está haciendo objeto, sino que además lo haga satisfactoriamente *motivado*, confundiendo conceptos que deben mantenerse diferenciados.[82]

bb) Por las mismas razones, es improbable que pueda fundarse dogmáticamente el requisito del elemento subjetivo en el texto del art. 10 N° 10 del C.P., el cual también se refiere al que ha obrado *en* cumplimiento de un deber o *en* ejercicio legítimo de un derecho, etcétera.

cc) De lo que no cabe duda es de que el estado de necesidad exige la concurrencia de un factor subjetivo, puesto que solo se reconoce al que obra *para evitar un mal grave* (art. 10 N° 11 C.P.). Es un caso en que el propio NOVOA lo acepta[83] y los argumentos divergentes de ETCHEBERRY no son convincentes.[84] Pero se trata de una disposición aislada que no permite hacer inferencias más generales.

Por lo expuesto, he preferido prescindir de los intentos mencionados para apoyar la exigencia del elemento subjetivo de las justificantes en supuestos reconocimientos expresos contenidos en los distintos numerales del art. 10 que contemplan causales de justificación porque, aparte de que todos ellos pueden ser objeto de interpretaciones contrastantes, abandonan el terreno de los principios sobre *la naturaleza del injusto personal* que, a mi juicio, deben ocupar aquí el primer lugar.[85]

---

82 Supra b).

83 NOVOA, I, 231, 2, pág. 364.

84 ETCHEBERRY, I, pág. 237.

85 En el mismo sentido CURY, *op. cit.* en nota 81, pág. 365.

c') El contenido del elemento subjetivo de justificación

Se discute también cuál es el contenido del elemento subjetivo requerido para conceder eficacia a las justificantes.

aa) Desde luego, debe prescindirse de la exigencia de un ánimo o *motivo* legítimos, pues eso implicaría introducir en el sistema un elemento propio del Derecho penal del sentir, hace depender la solución del conflicto de un elemento cuya prueba es prácticamente imposible y, además, conduce a la consecuencia inaceptable de que el sujeto no podrá invocar la causal de justificación si, aunque obra con conocimiento de que concurren sus presupuestos objetivos, su *ánimo* no es el de actuar determinado por ellos sino, por ejemplo, por el de vengarse o, sencillamente, satisfacer un impulso agresivo.[86]

bb) Del mismo modo, actualmente creo que es innecesario exigir la *finalidad* de realizar los presupuestos objetivos de la justificante; basta con que el autor *conozca* su concurrencia.[87] "En la medida en que el autor considere que concurren *con seguridad* los presupuestos objetivos de la justificación, su voluntad no puede estar dirigida a la realización del mero tipo de ilícito, ni siquiera a una posibilidad de ello. En cambio, en la medida en que el autor solo considera *posible* que existan los elementos objetivos de la justificación, al menos tendrá que confiar en su presencia; en tal caso, no podrá asumir simultáneamente la realización del mero tipo de ilícito. Así vistos, los requisitos subjetivos de la justificación constituyen la exacta contrapartida del dolo".[88]

cc) Hacen excepción a esta exigencia puramente cognoscitiva, *las justificantes mutiladas de dos actos* (LAMPE), cuyo ejemplo paradigmático es la contenida en el art. 129 del C.P.P., en cuya virtud "cualquier persona podrá detener a quien sorprendiere en delito

---

86 Supra, b).

87 JAKOBS, 11, números marginales 20 y 21, págs. 432 y 433; MIR, 16, números marginales 16 y 17, págs. 413 y 414 ROXIN, § 14, números marginales 94 y sigts., págs. 597 y sigts.; STRATENWERTH, § 9, número marginal 144, pág. 224. Otra opinión en CEREZO, XIX, pág. 601; JEXCHECK–WEIGEND, § 31, IV, 352.

88 STRATENWERTH, *loc. cit.* en nota anterior. En cierto modo este razonamiento se asemeja al empleado por la jurisprudencia para neutralizar los resultados indeseables del art. 10 Nº 6º, sosteniendo que si el defensor ha obrado con conocimiento de la agresión y para defender a la víctima, la motivación ilegítima adicional debe desestimarse. Véase CS., 27 de julio de 2004, Rol. 3.898–2002, en MATUS, pág. 30.

flagrante, *debiendo entregar inmediatamente al aprehendido a la policía, al ministerio público o a la autoridad judicial más próxima*". En este caso, es manifiesto que el autor debe obrar con el propósito ulterior de poner al detenido a disposición de las autoridades mencionadas por la norma, de manera que sin la concurrencia de ese elemento subjetivo de carácter volitivo su conducta será injusta. Lo cual, ciertamente, no obsta a que el autor esté justificado si obra a conciencia de que debe entregar al detenido a las autoridades, aunque en el caso concreto proceda a la privación de libertad para quitarse un rival de en medio.[89]

D) EFECTO DE LA AUSENCIA DEL ELEMENTO SUBJETIVO

Cuando el elemento subjetivo no concurre porque el autor ignora que en el caso están presentes los presupuestos objetivos de la justificante, los autores finalistas ortodoxos estiman que debe castigarse por un delito consumado.[90] Sin embargo, la opinión predominante en el Derecho comparado aprecia en estos casos una tentativa –en nuestro ordenamiento jurídico, más bien un delito frustrado–.[91] Este punto de vista corresponde al que he defendido hasta ahora en los últimos años y se basa en la idea de que cuando el autor obra con desconocimiento de la presencia en el caso de los presupuestos objetivos de la causal de justificación, concurre el *desvalor de acción* pero no el de *resultado,* razón por la cual la situación es análoga a la que se presenta en el caso de un delito incompleto.[92]

---

89 ROXIN § 14, número marginal 100, pág. 600, *in fine*; como en el texto también CURY, *op. cit.* en nota 72, 3, pág. 656.

90 MAURACH, I, § 25, V, B, pág. 370; WELZEL, § 14, I 3, b), págs. 121 y 122; CÓRDOBA RODA–RODRÍGUEZ MOURULLO, I, págs. 247 y sigts., 253 y 258; CEREZO, I, XIX págs. 604 y sigts., con una variante que lo aproxima a la solución que defenderé en el texto; MARCELO SANCINETTI, *Fundamentación subjetiva del ilícito y desistimiento de la tentativa,* Temis, Bogotá, 1995, § 16 pág. 252. HIRSCH, *Los conceptos de 'desvalor de acción' y 'desvalor de resultado' o sobre el estado de cosas",* III, IV, pág. 207, no obstante adherir a este punto de vista, admite "que en tal caso, debido a los elementos objetivos de justificación concurrentes", entra "en consideración una aminoración de la pena del hecho consumado según las tablas de atenuación previstas en la parte general". En tal sentido se aproxima también a la solución que se defenderá en el texto. En la literatura chilena, BULLEMORE–MACKINNON, II, pág. 110 y 111; COUSIÑO, II, § 156, págs. 143 y 145; CURY, *Orientación,* 15, I, b), págs. 160 y 161; *Derecho Penal, Parte General,* 1982, § 26, I, b), págs. 316 y 317.

91 GARRIDO, II, 22, b), pág. 117.

92 Sobre mi postura, CURY, § 23, I, págs. 367 y 368. En el Derecho comparado véase en este sentido JOACHIN HRUSCHKA, *El objeto del juicio de antijuridicidad según el Derecho penal actual. Sobre la consistencia de las posibles concepciones acerca de la significación de los errores relativos a las circunstancias de hecho,* en *Imputación y Derecho penal, cit.*, V, págs. 116 y sigts., en especial págs. 118 y 119; JAKOBS, 11, número marginal 23, págs. 434 y 435;

La crítica obvia a este planteamiento es que no puede hablarse de una tentativa (o delito frustrado) si el resultado ya se ha producido, y esto es precisamente lo que ocurre en estos casos. En ellos solo puede hablarse de un delito consumado. A su vez, la réplica generalizada es que aunque en esas situaciones la producción del resultado obsta efectivamente a la apreciación de un delito incompleto *stricto sensu,* ello no es imposible valiéndose de una interpretación analógica "en beneficio del imputado". Como en estos casos el resultado efectivamente ocurre, pero su producción no se encontraría prohibida en atención a la concurrencia de los presupuestos objetivos de la causal de justificación, el Derecho estaría dispuesto a autorizarlo; por consiguiente, de forma *análoga* a lo que sucede en la tentativa (o delito frustrado) en estas hipótesis se encuentra ausente el desvalor de resultado y es procedente entonces aplicar al hecho la punibilidad reducida de estos últimos.[93]

El problema a que da origen esta concepción es que el "delito frustrado" que se aprecia en los casos en que el autor actuó ignorando los presupuestos objetivos de la causal de justificación es *inidóneo.*[94] En efecto, un hecho de esas características solo se juzgaría *idóneo* si esta calificación se apreciara *ex ante.* Pero la apreciación *ex ante*, que es útil para enjuiciar la peligrosidad de la conducta,[95] debe ser sustituida por una apreciación *ex post* cuando se trata de verificar la realización de ese riesgo en el resultado.[96] Y en las situaciones a que me estoy refiriendo, si se efectúa ese enjuiciamiento de lo ocurrido *ex-post,* aparece que el resultado nunca se pudo producir de acuerdo con las leyes de la experiencia porque estaba destinado desde el inicio al fracaso.[97]

JESCHECK–WEIGEND, § 31, IV, 2, pág. 354; ahora también MAURACH–ZIPF, I, § 25, número marginal 34, págs. 434 y 435; ROXIN, § 14,, número marginal 101, págs. 600 y 601; STRATENWERTH, § 9, número marginal 147, pág. 225.

93 Así, con claridad, JESCHECK–WEIGEND, § 31, IV, 2, págs. 353 y 354. Asimismo, STRATENWRTH, § 9, NÚMERO MARGINAL 148, pág. 225. Otra opinión en ROXIN, § 14, número marginal 101, págs. 600 y 601, que diverge de la fundamentación expuesta pero no en las consecuencias prácticas.

94 ROXIN, § 14, número marginal 102, pág. 601.

95 Véase por todos, SCHUNEMANN, *Introducción al pensamiento sistemático en Derecho penal, cit.*, III, 5, b), aa), págs. 67 y 68; HANS JOACHIM RUDOLPHI, *El fin del Derecho penal del Estado y las formas de imputación jurídico penal,* en *El sistema moderno de Derecho penal, cit.*, II, pág. 82; JÜRGEN WOLTER *Imputación objetiva y personal a título de injusto. A la vez, una contribución al estudio de la "aberratio ictus"*, en *El sistema moderno de Derecho penal, cit.*, II, págs. 109 y sigts. Asimismo, supra, § 1, III, b), dd), 1, iii) e infra, § 36, III, b), cc).

96 FRISCH, Capítulo III, A, II, 1, pág. 550: infra, 36, III, b), cc).

97 Sobre problemas prácticos adicionales, CURY, *Contribución al estudio del efecto, cit.*, 4, c), págs. 660 y sigts.

Como consecuencia de lo expuesto, creo que la solución correcta debe partir de que *si el elemento subjetivo de justificación se encuentra ausente ha de castigarse por un delito consumado.* Pero, al mismo tiempo, es preciso no desentenderse de la circunstancia de que en tales situaciones existe una disminución del injusto del comportamiento a consecuencias de que este no puede conducir en realidad a la verificación *ex post* del resultado desaprobado por el Derecho. Si bien el legislador no tiene en cuenta esa reducción en tanto acontecimiento natural para configurar la eximente, sí la valora en cuanto *finalidad* perseguida por el autor cuando se trata de justificar su conducta; y debe tener influencia en la determinación de la pena cuando tal finalidad, a la inversa, no era la perseguida pero el resultado injusto tampoco pudo producirse. En nuestro Ordenamiento positivo esta situación dispone de una solución expresa en el art. 11 Nº 1º del C.P., que se hace cargo de las hipótesis de injusto reducido, como esta a la que me estoy refiriendo y que, en relación con el art. 73, permite beneficiar al autor con una reducción significativa de la pena. "El hecho no está justificado en cuanto concurre el desvalor de la acción propio de su peligrosidad (peligro de una situación objetiva indeseable), pero debe atenuarse la pena por *ser menos grave el desvalor de resultado*".[98]

Este punto de vista es criticado entre nosotros por NÁQUIRA[99], quien, siguiendo a CÓRDOBA RODA y CEREZO MIR,[100] argumenta que "si se estima que el factor subjetivo es un elemento esencial, no es posible configurar una eximente incompleta sobre aquella situación, toda vez que existe acuerdo en que toda eximente incompleta requiere al menos que estén presentes sus elementos esenciales".

El argumento de CÓRDOBA RODA, CEREZO y NÁQUIRA no es convincente.

Es cierto que la doctrina y jurisprudencia sostienen unánimemente que algunos de los requisitos de las eximentes son *esenciales* o básicos,[101] de tal manera que, si en el caso concreto no concurren, tampoco puede configurarse la atenuante de eximente incompleta. Pero, en mi opinión, solo pueden incorporarse a esta categoría de requisitos aquellas exigencias de la eximente sin las cuales ellas no pueden pensarse y se convierten en una situación distinta. Este es el caso de la "agresión ilegítima" para la legítima defensa, pues cuando ella está ausente no se puede hablar ya de "defensa" porque no hay de qué

98 MIR, 16, número marginal 19, págs. 414 y 415. El énfasis es mío.

99 NÁQUIRA, I, pág. 333.

100 CEREZO, I, XIX, pág. 607; CÓRDOBA RODA–RODRÍGUEZ MOURULLO, I, pág. 58.

101 Infra, § 32, II, c).

defenderse, etc. Ahora bien, el elemento subjetivo de justificación no se encuentra entre aquellos que producen este efecto y, por lo tanto, no puede considerarse *esencial.*[102] Por consiguiente, su ausencia no obsta a la apreciación de una eximente incompleta.

I'. EL ORIGEN DE LAS CAUSALES DE JUSTIFICACIÓN

En atención a que, como se ha expresado más arriba, la antijuridicidad es común a todo el campo del Ordenamiento jurídico, y su consecuencia consiste en que lo que es justo en una de sus ramas lo es también en las otras,[103] las causales de justificación proceden de todas ellas. Así, por ejemplo, la facultad que asiste a todo particular de aprehender al que es sorprendido en delito *flagrante* se encuentra consagrada en el C.P.P. Aquella de que dispone el capitán del navío para proceder a desprenderse de la carga en los casos de peligro, está establecida en el C. de C., etc. Ello significa que las causas de exclusión de la antijuridicidad son muy numerosas y aumentan constantemente a medida que se incorporan otras nuevas a cada uno de los distintos campos del Ordenamiento jurídico. Por eso, en esta obra es imposible referirse a todas ellas y solo se puede tratar con algún detalle de las que se encuentran contempladas en el C.P., las cuales, si bien son las de mayor incidencia práctica y que presentan más dificultades, constituyen solamente un número reducido de las que contempla el Derecho en general.

II. LAS CAUSALES DE JUSTIFICACIÓN SUPRALEGALES

Durante largo tiempo se ha debatido la posibilidad de construir *causales de justificación supralegales,* esto es, de otorgar eficacia justificante a situaciones que el legislador no ha contemplado de manera expresa al elaborar el catálogo respectivo.[104]

---

102 Para más detalle, infra, 32, II, c); CURY, *Contribución al estudio del efecto, cit.*, págs. 664 y 665; NOVOA, II, 364, págs. 18 y 19.

103 Supra, § 22, V'".

104 Sobre el particular, MEZGER, I, § 26, págs. 403 y sigts. y § 32, I, pág. 467; MAURACH–ZIPFT, I, § 25, IV, número marginal 15, pág. 429; DOHNA, págs. 46 y sigts. Para una ojeada de conjunto, véase JIMÉNEZ DE ASÚA. III, 1278, págs. 1061 y sigts. Una contribución en nuestro país se debe a FONTECILLA, *Los problemas jurídicos de las causales supralegales en materia penal, cit.* Detalladamente HIRSCH, II, págs. 313 y sigts.

En principio, las causales supralegales de justificación tienen que ser aceptadas. Por una parte, la unidad del ordenamiento jurídico[105] exige que lo que es permitido o, incluso, mandado por el Derecho para ciertos efectos, no aparezca prohibido para otros; de otra, resulta imposible que el Ordenamiento aprehenda en un catálogo circunstanciado y descriptivo toda la gama de situaciones en las que una conducta típica es permitida o mandada por alguno de los extremos del ordenamiento. La licitud o ilicitud de un hecho solo puede juzgarse mediante una referencia al conjunto de normas jurídicas, referencia que no se agota con el examen de las causales de justificación expresamente legisladas, lo cual no significa siquiera aplicar una *analogía bonam partem,* pues aquí de lo que se trata no es de aplicar el Derecho a casos no legislados pero semejantes a otros comprendidos por la regulación, sino de establecer cuál es el Derecho que regula el caso dado y al que es efectiva y directamente aplicable. De este modo, las causales supralegales de justificación no son tales; acaso resultaría más correcto llamarlas *causales de justificación innominadas o no descritas,* pues lo que sucede no es que se las extraiga de ámbitos trascendentes al Derecho sino, simplemente, que no han sido incorporadas al catálogo ejemplar elaborado por la legislación positiva.

En Chile, sin embargo, se niega la *necesidad* de estas construcciones, fundándose en que el art. 10 Nº 10, primera parte, al declarar de manera expresa la licitud de la conducta ejecutada en el "ejercicio legítimo de un derecho", proporciona una fórmula amplia, a la cual puede referirse todas las situaciones que de acuerdo con la doctrina extranjera constituyen causales de justificación supralegales.[106] Esa afirmación es correcta solo si el art. 10 Nº 10, primera parte, es interpretado con latitud. Así, por ejemplo, cuando se reconoce la existencia de derechos consuetudinarios. Si, por la inversa, se afirma que el derecho susceptible de ser ejercitado legítimamente solo existe "cuando el ordenamiento jurídico faculta expresamente para la realización de actos típicos [...] o confiere una autorización de tal naturaleza, que ordinariamente ella debe ejercerse a través de la realización de actos típicos",[107] la aplicación del art. 10 Nº 10 se restringe mucho y el precepto no es útil para sustituir las causales supralegales de justificación.

En mi opinión, el art. 10 Nº 10 tiene una vigencia amplia. Ejercita un derecho no solo quien puede fundarlo en preceptos positivos, sino también el que puede deducirlo del contexto del Ordenamiento jurídico y, por eso, también del Derecho

---

105 Supra, § 22, V'''.

106 NOVOA, I, 210, pág. 321 y 322.

107 ETCHEBERRY, I, pág. 244.

consuetudinario o del *jus cogens*. El ejemplo propuesto por ETCHEBERRY[108] para justificar las restricciones que sugiere no es convincente; pues el incendiario de una cosa propia no puede invocar la facultad de disposición, porque esta se encuentra expresamente limitada por el ordenamiento al menos en este punto, conforme a los arts. 474 y sigts. del C.P., que atienden al peligro creado para otros bienes jurídicos no pertenecientes al autor y, con frecuencia, de mayor entidad.

III. CLASIFICACIÓN DE LAS CAUSALES DE JUSTIFICACIÓN

En el C.P. de 1873-1875, las causales de justificación que se contemplan por ese texto legal se encuentran desordenadamente ubicadas en el art. 10, junto a hipótesis de exclusión de la punibilidad de la más distinta naturaleza. En el caso del estado de necesidad, incluso, la justificante está legislada conjuntamente con la de exclusión de la culpabilidad, como se verá oportunamente.[109]

Ya por esta razón, intentar una clasificación agotadora de las causales de justificación es poco menos que utópico. Pero además como, según se ha explicado,[110] ellas provienen de todas las ramas del Derecho, son sumamente numerosas y se están creando, modificando o sustituyendo constantemente, de suerte que encontrar los criterios constitutivos del fundamento de todas ellas es imposible. Además, hay motivos para pensar que estos últimos sean diferentes para cada una de las excluyentes del injusto. Así pues, a causa de todo ello, los intentos que se han hecho por precisarlos deben considerarse fracasados.[111]

La utilidad práctica de una clasificación inexpugnable, por último, es dudosa. En consecuencia, la sistematización que se propone a continuación solo obedece a consideraciones pedagógicas y en gran medida se ajusta al orden que se contempla en el art. 10 del C.P. Así, en el parágrafo siguiente se hablará de:

---

108 Ídem.

109 Infra, § 24, II, b).

110 Supra I'

111 Sobre este particular, véase la extensa y cuidadosa exposición de COUSIÑO, II, §§ 154 y 155, págs. 121 y sigts. Él tenía razón cuando afirmaba que la clasificación contenida en CURY, *Orientación,* 15, III, pág. 158, "no contribuye a la ansiada meta de encontrar un súper concepto de la justificación" (II, § 154, pág. 131; pero nunca se pretendió tal cosa; como se expresa en el texto respectivo, se trataba de una ordenación cuya finalidad es solo didáctica, como lo es la que se realiza ahora.

a) Causales que se fundan en la *ausencia de interés del titular del derecho* (*consentimiento del ofendido y consentimiento presunto*)
b) Causales que se fundan en *el principio del interés preponderante* dentro de las cuales se subdistinguirá:
   aa) Aquellas que tienden a la *preservación de un derecho* (*legítima defensa y estado de necesidad*);
   bb) Aquellas que tienden a la *actuación de un derecho* (*ejercicio legítimo de un derecho, autoridad, oficio o cargo y cumplimiento de un deber*). Sobre este esquema se ordena la exposición subsiguiente.

§ 24. LA AUSENCIA DE ANTIJURIDICIDAD. LAS CAUSALES DE JUSTIFICACIÓN EN PARTICULAR

I. CAUSALES QUE SE FUNDAN EN AUSENCIA DE INTERÉS DEL TITULAR DEL DERECHO

A) El consentimiento del interesado

Obra conforme a Derecho –o, en algunos casos, de manera atípica– quien ejecuta una acción descrita por un tipo penal con el consentimiento expreso o tácito del titular del interés protegido por la norma en los casos en que dicho interés es susceptible de disposición.

aa) La situación legal

La ley no ha regulado el consentimiento del interesado. Con todo, una interpretación cuidadosa de los tipos de la parte especial, referida a la naturaleza del bien jurídico protegido, permite aseverar, en muchos casos, su eficacia justificante o excluyente de la tipicidad.

Lo decisivo es la disponibilidad del bien jurídico protegido. El bien jurídico es disponible y, por ende, el consentimiento eficaz, si su conservación solo interesa al titular. Por la inversa, el bien jurídico no es disponible y el consentimiento ineficaz, si su conservación compromete también el interés de la sociedad o solamente el de esta. La determinación de la disponibilidad no depende estrictamente de la naturaleza del bien jurídico, sino que exige una valoración que ha de efectuarse tipo por tipo. Así, por ejemplo, no puede decirse con certeza que la propiedad siempre es disponible, porque ello no ocurre cuando se trata del delito de usura (art. 472 del C.P.).[112]

La valoración tipo por tipo no significa lo mismo que "caso por caso". En el último sistema se afirma que el mismo hecho punible admite consentimiento útil en ciertas situaciones y no lo admite en otras. En cambio, en la valoración tipo por

112 N. del E: La doctrina nacional entiende que es el orden económico y no la propiedad el bien protegido por el delito de usura. Así Etcheberry, III, págs. 458 y 459.

tipo, todos los hechos que son subsumibles en el mismo tipo delictivo *admiten o no* un consentimiento excluyente de la tipicidad o de la antijuridicidad en su caso. Así, en el hurto el consentimiento es siempre una causal, en este caso de atipicidad; en cambio, en la usura el consentimiento de la víctima nunca excluirá ni el tipo ni la antijuridicidad.

bb) Acuerdo y consentimiento

Con arreglo a la opinión dominante tanto en la doctrina comparada como en la nacional, es preciso distinguir aquellas situaciones en las que el consentimiento excluye la tipicidad de las que solo suprimen la antijuridicidad. En efecto, en no pocos casos la falta de consentimiento del interesado forma parte de la estructura típica como una característica negativa del mismo. Así es, por ejemplo, en los arts. 144 (violación de morada), 146 (violación de correspondencia) y 432, última parte (hurto), etc. Sin embargo, para que esto ocurra no es necesario que la ausencia de consentimiento se encuentre explícita en la descripción legal del hecho punible, como ocurre en todos los casos citados. Basta para ello con que tal cosa se deduzca del *sentido* de la disposición en que se contiene tal descripción. Así ocurre, por ejemplo, respecto a los delitos de violación (arts. 361 y 362 del C.P.) o de estupro (art. 363). Ninguno de ellos requiere explícitamente que se obre *sin* o *contra* la voluntad del titular del derecho a la libertad sexual o la indemnidad sexual; pero del *sentido* de los tipos resulta claro que la conducta reprobada por el Ordenamiento solo se realiza si el acceso carnal es obtenido valiéndose de recursos que implican doblegar la voluntad del o la interesada u obtener un consentimiento viciado por la concurrencia de un ardid destinado a conseguirla torcidamente o, finalmente, que no es útil porque al que consiente no se le concede la capacidad necesaria para hacerlo debido a su corta edad.

En los casos en que el consentimiento excluye la tipicidad del hecho, se habla de un *acuerdo*, por oposición al *consentimiento* justificante.

Pero la distinción entre "acuerdo" y "consentimiento" no se acepta de manera uniforme por parte de la literatura actual. Una parte respetable de ella sostiene la tesis de que el consentimiento del titular del interés protegido suprime en todos los casos la tipicidad,[113] porque si el interesado ha otorgado su consentimiento no existirá lesión alguna del bien jurídico. Sin embargo, este argumento no es

113 Así, ROXIN, § 13, números marginales 12 y sigts., págs. 517 y sigts. En la literatura nacional, BUSTOS, I, 34.3.3, págs. 857 y sigts.

convincente. En primer lugar, porque el ordenamiento penal conoce muchos casos en los que la punibilidad del comportamiento no presupone la lesión efectiva del bien jurídico, como sucede paradigmáticamente en los casos de tentativa y en los delitos de peligro abstracto. En segundo, porque la afirmación de la tipicidad implica, como ya se ha explicado,[114] solo un indicio de la antijuridicidad del comportamiento, y no su afirmación definitiva, la cual solo se concreta cuando se verifica la ausencia de causales de justificación. Por consiguiente, es precisamente en el momento en que se investiga la presencia de las justificantes cuando se despeja el carácter antijurídico del hecho, el cual se excluirá aunque la conducta se haya considerado típica si concurre una causal de supresión del injusto.[115] En términos generales, puede sostenerse que el *consentimiento* ha de considerarse *acuerdo* excluyente del tipo cuando su concesión suprime por completo cualquier clase de lesión o puesta en peligro del bien jurídico y, por consiguiente, el desvalor de resultado del hecho; en cambio, es una causal de justificación si, no obstante habérselo concedido, subsiste el sacrificio o peligro del interés protegido y, en consecuencia, el desvalor de resultado del acontecimiento sí es típico.

La distinción, aparentemente intrascendente, cobra sin embargo eficacia en relación con algunos de los requisitos del consentimiento que no son exigidos en el caso del acuerdo, especialmente en lo concerniente a la capacidad del que lo concede.[116] Con todo, debe tenerse presente que a veces, en relación con la misma causal, resulta impreciso cuándo actúa como excluyente de la tipicidad y cuándo de la antijuridicidad, lo cual significa que no puede trazarse una diferenciación tajante entre ellas.[117]

cc) Requisitos del consentimiento o acuerdo

El consentimiento, cuando se le reconoce eficacia, ha de ser *capaz, reconocible, libre* y *consciente*.

1.– En esta materia, la *capacidad* no se rige por las reglas del Derecho civil. Por lo demás, la misma ley se distancia de esa regulación, cuyo carácter formal es inadecuado al ámbito del Derecho penal, como ocurre respecto de ciertos delitos,

---

114 Supra, § 16, III, c).

115 Así STRATENWERTH, § 9, A, I, 2, número marginal 9, págs. 180 y 181. En sentido semejante, JESCHECK–WEIGEND, § 34, I, 2, b), pág. 402.

116 Infra, cc).

117 Sobre esto, con cierto detalle, STRATENWERTH, § 9, A, I, números marginales 10 y sigts., págs, 181 y 182.

entre los cuales puede mencionarse nada menos que la violación, en la cual el consentimiento efectivo[118] del afectado suprime (en este caso) la tipicidad si es mayor de 14 años (arts. 361 y 362 C.P.). En términos relativamente generales, se puede afirmar que *el interesado es capaz de consentir en la medida en que tiene conciencia de la significación del bien jurídico* y de lo *que implica sacrificarlo.*

Este es un punto en el cual existen diferencias entre los casos de acuerdo y los de consentimiento. En los primeros es siempre válida la regla general expresada. Así, por ejemplo, un niño de 12 años puede aceptar que alguien extraño a su familia ingrese al lugar en donde esta habita de manera excluyente de la tipicidad de la violación de morada, y de forma excluyente de la del hurto que alguien se apodere de uno de sus juguetes. En cambio, no lo es para convenir en una intervención quirúrgica que implicará costes físicos significativos, caso en el cual será necesario el consentimiento de su representante legal. Pero aquí también se advierte como la tipicidad del mismo hecho puede ser excluida a veces por un acuerdo o su antijuridicidad por el consentimiento: un niño de 12 años no puede aceptar útilmente en que alguien usurpe un valioso inmueble de su propiedad y, en cambio, puede convenir en que alguien le efectúe la pequeña intervención quirúrgica requerida por una herida de poca importancia que se ha hecho mientras jugaba en una plaza del vecindario.

También aquí, por otra parte, la naturaleza del bien jurídico es decisiva. Así, el disipador que se hallare en interdicción de administrar lo suyo, puede aceptar que alguien abra su correspondencia y se imponga de su contenido, pero no en que sustraiga su automóvil.[119]

2.– Se ha discutido mucho respecto a si el consentimiento tiene que manifestarse *exteriormente*. En relación con ello, se oponían anteriormente la teoría de la *declaración de voluntad*, que lo exigía, con la de la *dirección de la voluntad* para la cual era suficiente la conformidad interna del afectado, que no precisaba exteriorizarse. Actualmente se ha impuesto un punto de vista intermedio, que exige solo que "el consentimiento sea *reconocible* externamente, por cualquier medio, aunque no sea de los previstos por el Derecho civil".[120]

---

118 El acuerdo es efectivo cuando se expresa en una verdadera concurrencia voluntaria a la realización del acceso carnal y no una mera *resignación* impuesta por la superioridad de la fuerza del autor o autores.

119 N. del E: el ejemplo es del editor.

120 MIR, 19, IV, número marginal 33, pág. 507.

En los casos de acuerdo, no es necesario que el autor conozca el consentimiento otorgado por el titular del interés. El que obra de esa manera no realiza el tipo de consumación respectivo si el consentimiento era *reconocible* exteriormente aunque en el caso concreto, no lo haya reconocido. En tal evento, sin embargo, incurrirá en una *tentativa* del delito –en nuestra legislación probablemente en un *delito frustrado*–, cuya idoneidad deberá enjuiciarse *ex-ante.*[121]

Por lo que se refiere al consentimiento justificante, el desconocimiento por el autor de su otorgamiento plantea la cuestión ya discutida de la necesidad del *elemento subjetivo de justificación.* En tal caso, el hechor no obrará justificado y será castigado por el hecho ejecutado, pero lo favorecerá una atenuante incompleta.[122]

3.– La *coacción* excluye siempre la eficacia tanto del acuerdo como del consentimiento, los cuales, en tal caso ni siquiera merecen ser calificados de tales, ya que la existencia de aquella los excluye.

4.– Por el contrario, el *error* no siempre obsta a la eficacia excluyente de la tipicidad del acuerdo y de la antijuridicidad del consentimiento en sus respectivos casos. Son irrelevantes el error sobre los *motivos,* sobre *la identidad de la persona* a la que se otorga, cuando no tiene trascendencia suficiente, y sobre la *declaración.* El error sobre los motivos concurre cuando se obtiene el consentimiento alegando un pretexto falso. El error sobre la persona no tiene trascendencia cuando no incrementa la peligrosidad de la intervención, como si el afectado yerra sobre la identidad del cirujano que lo intervendrá, pero el que lo hace es tan calificado como aquel en cuya pericia estaba dispuesto a confiar. Por último, hay error sobre la declaración cuando la declaración del consentimiento es diferente de la auténtica voluntad del que consiente.

En ciertos delitos el consentimiento no resulta excluido por el error, cualesquiera sea la índole de este. Es el caso de la violación propia (art. 361 del C.P.), en cuyo caso el error solo podría conducir a la punibilidad del estupro (art. 363 del C.P.), y únicamente en los casos estrictamente precisados por el tipo respectivo.

121 Infra, § 36, III, b), cc).

122 Supra, § 23 I, d).

dd) *Formas del consentimiento o acuerdo*

El consentimiento o acuerdo puede ser *expreso* o *tácito,* y puede darlo el titular o quien esté legítimamente autorizado para ello. Ha de tenerse en cuenta, en todo caso, por lo que a la última situación se refiere, que la índole de los bienes jurídicos protegidos por sanciones penales es generalmente muy personal; por este motivo, no es frecuente que su disponibilidad sea confiada por la ley a terceros. La libertad sexual, el honor, etc., solo pueden ser sacrificados por sus titulares. En Derecho penal la representación opera de modo limitado.

ee) *Consentimiento, acuerdo y perdón del ofendido*

Es preciso distinguir el consentimiento justificante y el acuerdo excluyente del tipo, del *perdón del ofendido,* que solo extingue una responsabilidad penal ya existente.[123] Los primeros son concedidos antes de la consumación del hecho, eliminando la antijuridicidad o la tipicidad de la conducta desplegada por el autor; el segundo se otorga después de la consumación antijurídica y culpable del hecho típico. No solo los efectos sino que también la extensión de la aplicación de las instituciones son distintos. El acuerdo y consentimiento pueden operar respecto de delitos que no admiten la eficacia extintiva del perdón.[124]

B) El consentimiento presunto

La ciencia penal alemana suele tratar, junto al consentimiento propiamente tal, una forma de consentimiento presunto con eficacia justificante. Tal consentimiento *es aquel que el titular del interés no puede otorgar expresa o tácitamente, por encontrarse impedido para ello en el caso concreto, pero que, atendidas las circunstancias, cabe presumir que lo habría dado de estar en situación de hacerlo.*[125]

---

123 Infra, § 58, IV.

124 LABATUT, I, 99, págs. 110 y 111.

125 Una ojeada sobre el tema en JAKOBS, 15, número marginales 16 y sigts.; JESCHECK–WEIGEND, § 34, VII, págs.413 y sigts.; ROXIN, § 18, números marginales 3 y sigts, págs. 74 y sigts quien, en este caso, entiende que nos encontramos frente a una causal de justificación, a diferencia de lo que ocurriría según él en los casos de consentimiento expreso. Para el Derecho español véase sucintamente MIR, 19, números marginales 40 y sigts., pág. 509. En Chile, en cambio, le niegan consideración independiente COUSIÑO, II, § 192, E, págs. 527 y 528; GARRIDO, II, 27, c), págs. 126 y 127 y POLITOFF, 8, § 3, D, pág. 403.

La figura del consentimiento presunto pretende solucionar ciertas situaciones relacionadas, particularmente, con la necesidad de practicar intervenciones quirúrgicas a pacientes incapacitados para autorizarlas. De este modo se justificaría, por ejemplo, la conducta del cirujano que amputa la pierna de la víctima inconsciente, para evitar la propagación de una septicemia.

En el ámbito de nuestro ordenamiento, sin embargo, creo que puede prescindirse de esta complicada construcción, sometida a reparos incluso en Alemania.

Desde luego, las intervenciones quirúrgicas ejecutadas según un diagnóstico cuidadoso y conforme a los principios de la *lex artis* no requieren de justificación alguna porque yacen fuera de los límites del tipo en razón de su adecuación social.[126]. Una operación semejante no configura una conducta lesiva, en el sentido de los arts. 395 y sigts. del C.P., sino una acción terapéutica que no satisface los tipos correspondientes ni siquiera cuando fracasa.[127] Otras situaciones que suelen mencionarse como, por ejemplo, el caso del sujeto que "irrumpe en la casa de su vecino, en ausencia de este, para reparar la cañería de agua descompuesta" o la del que "da muerte a un perro de gran valor a quien el tranvía ha seccionado las patas traseras" o el del que "abre la carta dirigida a su amigo para atender un asunto de este que no admite demora",[128] son todas actualmente solucionables acudiendo al estado de necesidad justificante tal como se lo consagra en el art. 10 Nº 11. Lo mismo ocurre en el caso a que me refería en la edición anterior[129] del médico que extrae sangre a uno de los accidentados que se encuentra inconsciente, para inyectarla a otro que ha experimentado una hemorragia. Sostener que una ingerencia tan insignificante en la integridad corporal del afectado lesiona su dignidad personal es llevar ese concepto demasiado lejos.

De este modo la figura del consentimiento presunto, aunque no inconcebible, carece de eficacia jurídica; conviene, por ende, prescindir de ella.[130]

---

126 POLITOFF–GRISOLÍA–BUSTOS, 54, B, págs. 250 y sigts.

127 POLITOFF–GRISOLÍA–BUSTOS, 54, B, pág. 251. Véase, sin embargo, MIR, 19, número marginal 42, pág. 509, con otra opinión.

128 MEZGER, I, § 29, pág. 431.

129 CURY, § 24, I, b), pág. 372.

130 N. del E: La Ley 20.584 publicada el 24 de abril de 2012, que regula los derechos y deberes que tienen las personas en relación con acciones vinculadas a su atención en salud, establece, en el inc. primero de su art. 14, el derecho de toda persona a prestar o denegar su voluntad para someterse a cualquier procedimiento o tratamiento vinculado a su atención de su salud. Sin embargo, el art. 15 letra b) expresa que no se requerirá la manifestación de voluntad "en aquellos casos en que la condición de salud o cuadro clínico de la persona implique riesgo vital o secuela funcional grave de no mediar atención médica inmediata

II. CAUSALES QUE SE FUNDA EN EL PRINCIPIO DEL INTERÉS PREPONDERANTE. PRESERVACIÓN DE UN DERECHO

A) Legítima defensa

Obra en legítima defensa quien ejecuta una acción típica, racionalmente necesaria, para repeler o impedir una agresión ilegítima, no provocada por él y dirigida en contra de su persona o derechos o de los de su cónyuge, conviviente civil o de un pariente de los mencionados expresamente por la ley, o de los de otra persona (art. 10, N°s. 4°, 5° y 6°).[131]

aa) Naturaleza y principios fundamentales del derecho a la legítima defensa

En el pasado la ciencia discutió sobre la naturaleza jurídica de la legítima defensa. Hoy ya nadie duda de que se trate de una causal de justificación. Sus fundamentos han de encontrarse en los principios de la *protección individual* y la *prevalencia del Derecho,* cuyos presupuestos han de concurrir conjuntamente para que se configure la justificante[132].

El principio de la *protección individual* encuentra su origen en la impotencia del Ordenamiento jurídico para evitar por sí mismo todo atentado antijurídico; consciente de ello, el Derecho se ha visto en la necesidad de facultar al propio ofendido, a un pariente o a un tercero cualquiera, para que asuma la defensa del bien jurídico en peligro, incluso mediante la ejecución de una conducta típica. A esta concepción se ha objetado que, si fuese correcta, no se comprendería por qué el injusto agresor debe ser castigado luego de ser repelido. Pero esta crítica olvida que lo que el Derecho delega en el defensor es la facultad –generalmente ejercitada por la autoridad administrativa– de evitar la infracción de sus normas, no la de sancionar un hecho ilícito ya ejecutado que compete exclusivamente a la judicatura y que nunca es susceptible de delegación. Si un policía, para impedir la consumación de un homicidio, hiere al agresor, nadie pondrá en duda la facultad de los tribunales para juzgar y sancionar a este por la tentativa en que incurrió; la situación es la misma cuando el defensor es un particular cualquiera

---

e impostergable y el paciente no se encuentre en condiciones de expresar su voluntad ni sea posible obtener el consentimiento de su representante legal, de su apoderado o de la persona a cuyo cuidado se encuentre, según corresponda".

131 N del E: La inclusión del conviviente civil dentro del concepto de legítima defensa, es del editor.

132 ROXIN, § I, números marginales 1 y sigts., págs., 608 y sigts.

o el propio agredido. *La legítima defensa se funda en una delegación de las funciones preventivas de policía, no en las de las punitivas judiciales.*

Como su nombre lo expresa, el principio de la protección "individual" solo fundamenta la protección de derechos "individuales". Se excluye, por consiguiente, la de intereses sociales como la seguridad del Estado, el orden público, la seguridad del tráfico vial u otros semejantes, salvo cuando esa infracción genere un peligro concreto para bienes jurídicos de un particular.

Por su parte, el principio de *prevalencia del Derecho* presupone que el rechazo del atentado mediante la ejecución de un hecho típico sirve a la función de prevención general del Derecho punitivo. La sociedad debe experimentar la reacción del defensor como expresión de que el Ordenamiento no tolera ataques de esa naturaleza y que, por lo tanto, todo el que incurra en ellos será repelido, pudiendo acudir quien lo hace también a la ejecución de un hecho que en otras circunstancias le estaría prohibido realizar; de esa forma, el Derecho prevalece frente a la agresión ilegítima valiéndose para ello de la mano del particular que asume la defensa del atacado.

bb) La agresión ilegítima

La agresión ilegítima es requisito esencial (que no puede faltar) de la legítima defensa. Así se desprende del art. 10 N° 4°, circunstancia primera, y de los N°s 5° y 6° de esa misma disposición que reproducen la exigencia.[133]

Es *agresión ilegítima aquella acción u omisión antijurídica que tiende a lesionar o poner en peligro un bien jurídicamente* protegido. De la definición se deduce que solo el ser humano puede agredir en esta forma puesto que solo a él le es posible realizar acciones u omisiones contrarias al Derecho ya que los mandatos y prohibiciones del Ordenamiento se dirigen únicamente a él. Contra ataques de animales solo se puede invocar *estado de necesidad.* Esta conclusión es criticada, porque implica que frente a un animal solamente se autoriza una reacción proporcionada y subsidiaria, al paso que ante la agresión del ser humano se permitirían comportamientos que no están sujetos a esas limitaciones. Ello, sin embargo, es lógico; pues frente al ataque del animal no es necesario que se manifieste la "prevalencia del Derecho", que únicamente debe ser afirmada en el caso de una agresión antijurídica. Con todo, la solución expuesta tiene que modificarse cuando

---

133 Así lo precisa la jurisprudencia. Véanse sentencias de la CS. en R. de D. y J., tomo LXIII, sección IV, pág. 30 y Tomo LXIV, sección IV, pág. 294.

el animal –por ejemplo un perro– es empleado como instrumento de la agresión dirigida por un ser humano; en este caso el perro se convierte en el medio del comportamiento de un hombre que ataca antijurídicamente sirviéndose de él y en tal situación cabe legítima defensa que puede dirigirse también contra el animal, dándole incluso muerte si ello es necesario para defenderse de ataque.

La agresión debe ser *real*, esto es, debe existir de acuerdo a un punto de vista *ex ante*, es decir, teniendo en cuenta lo que para el autor aparecía como tal en el momento de defenderse o defender a otro, atendiendo a su posición en el contexto de los hechos y los conocimiento de que disponía sobre la situación.[134] Por consiguiente es equivocada la solución de la CS, que exige una apreciación *ex post*.[135] [136] Frente al que amenaza a su hijo con un arma de fuego, en cuyo manejo además sabe que es experto, no se puede exigir al defensor que antes de reaccionar verifique si el revólver tiene o no pasado el seguro. Quien en cambio se defiende o defiende a otro de una agresión que desde el punto de vista *ex ante* no puede ser sino apreciada como imaginaria o aparente, no obra justificado; sin embargo, se excluirá la punibilidad a título de dolo pero subsistirá la posibilidad de castigar por un hecho imprudente.[137]

No cabe legítima defensa frente a hechos que no constituyen acción. No es posible defenderse mediante la ejecución de un comportamiento típico de los golpes proporcionados por un epiléptico durante el ataque tónico-clónico o del que es impulsado por fuerza irresistible. En estos casos se encuentra ausente la antijuridicidad de la conducta y, a causa de ello, la necesidad de afirmar la "prevalencia del Derecho". Pero esto no significa que el atacado deba permanecer impávido; en esa situación él puede apartar el riesgo que lo amenaza dentro de los límites más estrechos del estado de necesidad justificante.

---

134 Otra opinión en ETCHEBERRY, I, pág. 253; POLITOFF, 8. § 3, B pág. 371.

135 Sentencia de la CS de 4 de agosto de 1998, Rol 1338–98. Gaceta Jurídica Nº 218 del año 1998, págs. 96 y sigts. Fallos del Mes Nº 477, de agosto de 1998, págs. 1423 y sigts., considerando 3º.

136 N. del E: En esta última edición Cury objetivó el criterio con el cual se debe apreciar la realidad de la agresión, pero por alguna razón no la plasmó en los originales que alcanzó a escribir. Pero ese cambio de opinión se revela en Infra II, b), bb), pues al referirse al mal que se trata de evitar en el estado de necesidad justificante, afirma que "*[E]l mal que se trata de evitar tiene que ser real con arreglo a una apreciación ex ante. Aquí,* ***como ocurre con la agresión en la legítima defensa,*** *la realidad del mal se objetiviza de acuerdo al criterio de un "observador entendido"*; en cambio, cuando según ese criterio "*el mal es solo aparente o imaginario, el que causa el necesitado no estará justificado aunque, dados ciertos presupuestos, puede dar origen a una imputación a título de imprudencia.*" *El énfasis es del editor.*

137 Infra § 28, III, b) y c).

De acuerdo con la opinión absolutamente dominante en el Derecho comparado, tampoco pueden considerarse agresoras las personas jurídicas que "no son asequibles a la eficacia preventivo general y del prevalecimiento del Derecho".[138] Contra ello nada dice la introducción en nuestro Ordenamiento jurídico de la responsabilidad penal de tales entes, que solo se basa en una ficción, pues esta no les confiere la capacidad real de realizar acciones. Por lo mismo, no cabe reaccionar en legítima defensa contra el Estado o una sociedad anónima.[139]

Como la agresión debe ser *ilegítima*, no es posible defenderse de ataques que se encuentran a su vez legitimados. No hay legítima defensa en contra de quien se defiende legítimamente o en contra de acciones ejecutadas por la autoridad dentro del ámbito de sus funciones. La cuestión de si cabe defenderse contra una orden de detención injusta, o contra la ejecución de una sentencia injusta debe ser resuelta atendiendo a si ellas cumplen con los requisitos formales establecidos por la ley para asegurar su vigencia; cuando es así, el afectado tiene que recurrir a los medios consagrados por el Derecho (amparo, nulidad) para defenderse de esas decisiones.

La agresión debe ser *antijurídica*, pero no es menester que sea *típica*.[140] Así, por ejemplo, en el caso de la violación de morada, en el cual la ley exige que se haya *entrado* en el lugar "contra la voluntad del morador" (art. 144 del C.P.) es antijurídica pero no típica la conducta del que entra autorizado por él pero luego se niega a abandonarlo contra su voluntad, pues este último comportamiento no es subsumible en el tenor literal de la descripción legal. En un caso así, no obstante, el morador que reaccionase contra el importuno de una manera "racionalmente necesaria" –por ejemplo, expulsándolo a empujones o, si es necesario, a golpes– estaría cubierto por la legítima defensa porque se lo ha hecho objeto de una agresión ilegítima.

El ejemplo recién citado evidencia asimismo que la agresión ilegítima puede consistir en una *omisión*, como ocurre en ese caso. Pero no cabe en cambio invocar legítima defensa contra omisiones antijurídicas que configuran solamente incumplimientos civiles. En efecto, si alguien omite pagar lo que adeuda, el acreedor no está autorizado para apoderarse del dinero que se le debe sirviéndose de una reacción violenta.[141]

---

138 ROXIN, § 15, número marginal 7, pág. 611.

139 Ídem.

140 En el mismo sentido STRATENWERTH, § 9, número marginal 62, pág. 195.

141 N. de E: el art. 494 N.° 20 C.P. sanciona con pena de multa de una a cuatro unidades tributarias mensuales al que "con violencias se apoderare de una cosa perteneciente a su

En tales situaciones, la ley franquea recursos jurídicos para obtener la restitución del crédito y no está justificado quien se hace justicia de "mano propia". Otro tanto ocurre en el caso del arrendatario que no paga las rentas.[142]

No cabe apreciar una agresión ilícita cuando el ataque es *inidóneo* también de acuerdo a una consideración *ex ante*. Tampoco en ese caso debe estimarse necesario afirmar la "prevalencia del Derecho", pues la sociedad no se deja intimidar por ataques que manifiestamente no ponen en peligro el bien jurídicamente protegido, de manera que no se requiere intervenir confirmando la función de prevención general.

Contra lo que sostuve hasta hace ya algún tiempo, hay que convenir en que la agresión debe revestir una cierta gravedad.[143] La vida en sociedad requiere de los participantes en ella una actitud solidaria que evite reaccionar contra molestias reducidas o generalmente toleradas por los intervinientes en una convivencia pacífica. De otra forma se corre el peligro de desembocar en un estado de guerra generalizado que al Derecho penal compete precisamente evitar.

De acuerdo con el texto legal habrá legítima defensa cualquiera sea la índole del derecho agredido. Apartándose de una desafortunada tendencia muy en boga en su época, la ley nacional no limita la justificación a los casos en que se defiende la vida y la integridad corporal. El honor, la libertad personal, la libertad sexual, la propiedad, la inviolabilidad del hogar y, en general, toda clase de derechos *individuales* pueden ser defendidos lícitamente. En cuanto se refiere a la cuestión muy debatida de si el particular está habilitado para defender bienes jurídicos pertenecientes al Estado o a otra clase de personas jurídicas, debe ser resuelta afirmativamente siempre que se trate de bienes jurídicos de naturaleza individual, como la propiedad u otros semejantes, respecto de los cuales el ente jurídico se comporta como un particular.[144]

La agresión tiene que ser *ilegítima*, con arreglo a lo que reclama el art. 10 N° 4°, circunstancia 1ª. En consecuencia, resulta contraria a nuestra normativa la exigencia que se consagra por alguna parte de la doctrina comparada, de conformidad con la cual tendría también que ser culpable.[145] El argumento de que, si no fuera así, resultaría que los inimputables o exculpados se verían obligados a

deudor para hacerse pago con ella". Este delito (falta), aún con su baja penalidad, respalda la afirmación del autor.

142 ROXIN, § 15, números marginales 11 y 12, págs. 613 Y 614.

143 Sobre mi opinión anterior, véase CURY, § 24, II, a), bb), pág. 367.

144 JESCHECK–WEIGAND, § 32, II, 1, b), pág. 364.

145 JAKOBS, 12, III, C, números marginales 16 y sigts., págs. 464 y sigts.

soportar una reacción defensiva contra la cual no les estaría permitido reaccionar contiene un trasfondo de verdad que no puede descartarse sin más pero que, en todo caso, no autoriza para introducir un requisito que contraría el "tenor literal" de las disposiciones que consagran la legítima defensa en nuestra ley así como en Ordenamientos jurídicos extranjeros.[146] En el caso de ataques de niños, enfermos mentales u otros inimputables o exculpables subsiste la necesidad de afirmar el Derecho frente al injusto. En tales casos puede admitirse que el agredido debe reaccionar con más consideración, pero no se le puede negar el derecho a hacerlo cuando las circunstancia sean tales que la única manera de poner a salvo sus bienes jurídicos sea repeler el ataque echando mano incluso del uso de violencia si no existe otra forma de hacerlo. El argumento de que con esta solución se oculta el hecho de que en situaciones más complejas se reclama la culpabilidad de la agresión, no tiene en cuenta la última parte de nuestro punto de vista que, por el contrario, en los *casos límite* afirma la posibilidad de la defensa aunque su consecuencia sea la necesidad de que el agresor soporte sus resultados porque, no obstante las particularidades de su situación, su comportamiento se encuentra del lado del injusto y no puede tolerarse que quien obra en forma fiel al Derecho sufra un detrimento de sus bienes jurídicos sin darle la oportunidad de salvaguardarlos.

bb') Actualidad o inminencia de la agresión y falta de provocación del defensor

La ley no exige expresamente que la agresión sea *actual* o *inminente*, pero esos requisitos pueden deducirse de que el Nº 2º del Nº 4º requiere que la "necesidad racional del medio empleado" lo sea para impedirla o repelerla. Hay acuerdo en la doctrina que la agresión inminente es la que se impide y la actual la que se repele. A su vez, desde el punto de vista material esa exigencia resultaría fundada en que una agresión que aún no es *inminente* tampoco puede ser considerada *real;* como consecuencia de ello la "inminencia" o "actualidad" de la agresión" vienen requeridas por la existencia de la agresión, que no puede considerarse concurrente sino en el caso de que se den esos presupuestos.

Determinar cuándo la agresión es *actual* resulta relativamente sencillo, pues eso ocurre cuando el ataque ya se ha iniciado. En cambio, es más discutido el momento en que puede considerársela *inminente*. En el Derecho comparado está difundida la idea de que eso ocurre cuando el agresor ha realizado actos que implican un comienzo de ejecución de la conducta agresiva, de acuerdo con lo

146 Al respecto, Cfr. ROXIN, § 15, números marginales 16 y sigts., págs. 617 y sigts.

que se requiere para la apreciación de una tentativa de tal hecho. Este punto de vista es demasiado exigente y genera incluso el peligro de que, a la postre, la defensa tenga que ser más enérgica y afecte de modo más serio los derechos del agresor, porque al esperar demasiado para considerarla autorizada se incrementa el riesgo de que ya no pueda impedírsela de otra manera. Por eso, parece acertada la proposición de ROXIN, de acuerdo con la cual la agresión ya es "inminente" cuando se encuentra próxima a los actos de ejecución, aunque en sentido estricto todavía no los realice. [147] La cercanía de los actos ejecutivos actúa como un criterio de contención de excesos; pero al mismo tiempo evita hacer una exigencia que implica exponer tanto al defensor como al agresor a una defensa tardía e ineficiente en el caso del primero o a tener que soportar una reacción más violenta en el del segundo.[148]

La agresión cesa de ser actual, cuando el autor alcanzó su objetivo lesionando o poniendo en peligro el bien jurídico; en esta situación, la defensa dejaría de ser tal para transformarse en venganza o justicia por mano propia, y estas no son nunca autorizadas por el Derecho: las facultades judiciales punitivas jamás son delegadas en el particular.[149]

En los *delitos permanentes,*[150] sin embargo, la agresión sigue siendo actual aun después de la consumación formal, mientras subsista la situación antijurídica creada y *mantenida* por el agresor. Así, por ejemplo, el secuestrado puede ser defendido o defenderse durante todo el tiempo en que permanece privado de libertad, aunque el hecho se consumó formalmente en el momento en que esa situación fue creada por el agresor. Otro tanto ocurre en los delitos de *resultado cortado*[151] en los cuales es posible también la defensa aunque se hayan consumado formalmente, si el autor todavía no ha conseguido realizar el propósito que lo impelía a realizarlo. Por eso, la víctima del hurto puede reaccionar en legítima defensa inmediatamente después de que el hechor se haya apoderado de la cosa, pero antes de que haya podido sacarla del ámbito ideal de resguardo del dueño para poder disponer y lucrarse con ella; como por ejemplo cuando todavía huye a la vista del ofendido que aún puede darle alcance.

---

147 ROXIN, § 15, número marginal 23, págs. 619 y 620.

148 En gran medida se aproxima a este criterio la sentencia de la CS de 28 de diciembre de 2000, Rol 1282–00. Ver en MERA, pág. 154.

149 Supra, aa).

150 Infra, § 42, II, b).

151 Supra.

La agresión no ha de ser *provocada por el defensor y, cuando este sea un tercero distinto del agredido que la provocó, no debe haber tomado parte en la provocación* (art. 10 Nº 4º, circunstancia tercera y Nºs 5º y 6º). Pero no cualquier provocación excluye la legítima defensa; se requiere, con arreglo a la ley, una provocación suficiente, es decir, proporcionada a la entidad de la agresión.[152] En todo caso, la "provocación" no tiene que llegar a constituir una agresión, pues si ese fuera el caso, la circunstancia tercera del art. 10 Nº 4º, reproducida en los Nºs. 5º y 6º estaría de más y bastaría con invertir la apreciación jurídica de la justificante, considerando al agresor como agredido y, por consiguiente, justificando su comportamiento.[153] Para la "provocación" basta con haber irritado al otro de una manera que sea suficiente como para causar su conducta agresiva, pero sin llegar a su vez a agredirlo.

cc) La reacción defensiva

Frente a la agresión ilegítima está justificada una reacción defensiva racionalmente necesaria.[154]

El requisito fundamental de la reacción defensiva es su *necesidad.* La defensa *necesaria* es la *menos lesiva de las que puede echar mano el que se defiende o el defensor.*

Hablando de la "necesidad racional *del medio empleado* para impedirla o repelerla", la ley es imprecisa, pues sugiere la idea de un equilibrio instrumental. No es esa la interpretación correcta. La necesidad racional ha de manifestarse no solo en los instrumentos usados para reaccionar contra el ataque, sino en la totalidad de dicha reacción; por consiguiente, es posible que, atendidas las circunstancias concurrentes, sea necesario emplear medios (instrumentos) que en otras resultarían excesivos. Así, el viejecillo raquítico que es atacado a puño limpio por un fornido mocetón puede echar mano de un arma de fuego para defenderse; de la

---

152 Sobre el concepto de *provocación* y sus relaciones con el de agresión, véase especialmente COUSIÑO, II, § 169, págs. 286 y sigts y NOVOA, I, 221, págs. 346 y sigts. Asimismo, con detalle, infra, § 32, III, bb).

153 Así NOVOA, I, 221, pág. 348.

154 En CURY, *Orientación,* 16, 11, a, cc) págs. 164 y sigts., se habla de "una reacción defensiva racionalmente proporcionada". Esto era un error, como certeramente lo critica COUSIÑO, II, § 168, C, pág. 268, con referencia en la nota 66, pues induce a pensar en una cierta relación matemática que en el texto se rechaza. Por eso ahora se ha suprimido toda mención de la "proporcionalidad". La jurisprudencia también desestima expresamente el requisito en sentencia de la CS de 3 de mayo de 2007, Rol 6466–2005, en MATUS, pág. 27.

misma forma, quien ha sido derribado por su antagonista, puede disparar contra él si este se prepara a ultimarlo con un rastrillo.

La necesidad, en suma, es *racional,* no matemática. Ha de juzgarse caso por caso y teniendo en consideración el conjunto de circunstancias concomitantes concretas.[155] La racionalidad de la necesidad constituye un requisito que permite poder límites a la defensa en casos en los cuales la agresión es irrelevante o cuando no es culpable o se la ejecuta con culpabilidad considerablemente disminuida, como en el caso de agresores inimputables o en situaciones de necesidad perceptibles para el que se defiende o para el defensor de otro. En todas esas situaciones decae el principio de "prevalencia del Derecho" o, cuando menos, se atenúa y por eso se exige actuar con mayor consideración respecto del agresor.

En todo caso, para la determinación de la *necesidad racional* de la reacción solo habrán de tomarse en consideración las circunstancias *objetivas* y *reales,* de acuerdo a una apreciación *ex ante.* Los estados de alteración anímica del ofendido o del que lo defiende, así como las situaciones imaginarias que en su excitación puedan haberlo inducido a actuar de una cierta manera no deben tenerse en cuenta, al menos en esta parte del análisis, porque en tales casos está ausente la auténtica necesidad de defensa personal del que reacciona.

A diferencia del estado de necesidad, la legítima defensa no es *subsidiaria.* El agredido no está obligado a esperar que "ya no quede otra salida" para reaccionar. Eso significaría ponerlo en una situación desventajosa y esterilizar la defensa e, incluso, como ya se ha dicho, incrementar el riesgo para el agresor de que una defensa tardía tenga que ser mucho más enérgica y lesiva para resultar eficiente. Por otro lado, la huida vergonzosa no puede exigirse al que se encuentra en legítima defensa, pues "ante el injusto –de la agresión– nadie está obligado a ceder". No obstante, en los casos mencionado previamente, en los cuales una defensa precipitada sería *irracional* –especialmente, aquellos en los que el agresor es inculpable u obra con una culpabilidad disminuida o está ebrio o su comportamiento es solo imprudente, debe elegirse el camino más considerado "de una retirada digna si esta puede librar del ataque".[156] La solución es semejante cuando el agredido está en *posición de garante de los bienes jurídicos del agresor* –por ejemplo, el marido respecto de los de su cónyuge que lo ataca–. Todo lo cual no quiere decir que

---

155 ETCHEBERRY, I, PÁG. 254; GARRIDO, II, 28.7, pág. 133; NÁQUIRA, I, págs. 348 y 349. En el mismo sentido sentencia de la CS, de 3 de junio de 2002, Rol 2792–01, en MERA, pág. 155 y 156 y de 3 de mayo de 2007, Rol Nº 6466–2005, en MATUS, pág. 27.

156 MEZGER, I, § 31, III, 2, b), pág. 459. Véase también la nota del traductor al pie de esa página.

sea imposible defenderse de tales atentados sino, únicamente, que frente a ellos solo cabe una defensa subsidiaria; pues si el agresor persiste en su empeño y el agredido está imposibilitado de seguir evitándolo, este puede todavía defenderse desplegando toda la energía que sea necesaria para reducir al atacante.

Las *defensas predispuestas*, esto es, aquellos obstáculos pasivos que suelen oponerse a la acción de los delincuentes (cercos de púa, rejas de lanzas, vidrio molido, timbres de alarma, etc.), quedan cubiertas por la legítima defensa si no crean un peligro para terceros inocentes. Por esto puede mantenerse un foso disimulado al interior del muro que rodea la propiedad, no del lado exterior en el que puede caminar un paseante desprevenido; es admisible una reja de lanzas cuya altura asegura que solo corre peligro de lesionarse en ella el que intenta trasponerla ilícitamente, pero es inadmisible la muy baja, sobre la cual puede caer un niño que corre tras su pelota. A su vez, las *offendicula,* es decir, mecanismo automáticos capaces de precipitar un curso causal lesivo para agresores eventuales son, por regla general, condenables. Sin embargo, puede usárselos cuando su reacción es medida, como ocurre con cercos eléctricos cuyas descargas solo producen molestia pero no peligro de ser electrocutado o, excepcionalmente, siendo incluso muy lesivos, cuando el atentado contra el objeto de protección crearía además un peligro común de consideración. Tal sería el caso de cercos electrificados de alto voltaje que rodean depósito de municiones y explosivos. En esas situaciones es preciso adoptar precauciones para alertar a los terceros inocentes; un *offendiculum* inaparente es inaceptable.

La lesión del derecho de un tercero ajeno a la agresión, ocasionada por la reacción defensiva, no queda cubierta por la legítima defensa. En algunos casos se deberá a un error sobre el curso causal y, en tal evento, procede aplicar los principios sobre *error de tipo;*[157] en otros, puede concurrir un *estado de necesidad justificante;*[158] en algunas situaciones, por fin, –especialmente cuando media un error sobre la identidad del agresor– se presentarán situaciones de inculpabilidad.

La reacción de las autoridades, en especial de las policiales, frente agresiones de particulares, se rigen por las reglas contenidas en las leyes y reglamentos respectivos, usualmente más restrictivas que las disposiciones del Código penal.[159] Ello es razonable, pues esas personas se encuentran especialmente preparadas y entrenadas para hacer frente a los ataques de terceros y puede requerírseles una

157 Supra, § 18, II, d), cc).

158 Infra b).

159 Sobre ello, con detalle, NÁQUIRA,, I,,372 y sigts.

mayor prudencia en la forma de responder a ellos. Pero también en estos casos, en situaciones de emergencia que ponen directamente en peligro la vida, la integridad corporal o la libertad del agredido deben aplicarse los criterios que rigen en materia de defensa legítima de los ciudadanos comunes; pues si es posible exigir de la policía que actúe con más serenidad y pericia frente a los peligros más frecuentes en el ejercicio de sus funciones, tampoco a ellos puede reclamárseles el sacrificio de bienes jurídicos tan preciados como los mencionados pues tal cosa excede los límites de lo exigible jurídicamente.

dd) Clasificación de la legítima defensa

La ley distingue la *legítima defensa propia* (art. 10 Nº 4º C.P.), del cónyuge, conviviente civil y *parientes* (art. 10 Nº 5º)[160] y de un *extraño*. Al tratar de esta última agrega un requisito inaceptable a la reacción, exigiendo que no sea determinada por resentimiento, venganza u otro motivo ilegítimo. La consecuencia de esto último, es que frente al acometimiento a un tercero, el posible defensor tuviera que abstenerse de intervenir si advirtiera que él tiene motivos de resentimiento respecto del agresor. La jurisprudencia nacional, sin embargo, ha sorteado esta dificultad, resolviendo que el indeseable requisito introducido en la parte final del inc. primero del art. 10 Nº 6º C.P. solo surte efecto supresor de la legitimidad de la defensa, cuando el resentimiento o la venganza es el "único motivo que impulsa" al hechor; no lo hace, en cambio, si el defensor *sabe* que se está produciendo la agresión al tercero y actúa para evitarla;[161] aquí, el contramotivo es excepcionalmente requerido para anular el motivo excluyente de la justificante.

ee) La legítima defensa privilegiada

Con arreglo al inc. segundo del Nº 6º del art. 10 C.P., "se presumirá legalmente que concurren las circunstancias previstas en [ese] número y en los números 4º y 5º precedentes, cualquiera que sea el daño que se ocasione al agresor, respecto de aquel que rechaza el escalamiento en los términos indicados en el Nº 1º del art. 440 de [ese] Código, en una casa, departamento u oficina habitados, o en sus dependencias, o, si es de noche, en un local comercial o industrial y del que impida o trate de impedir la consumación de los delitos señalados en los arts. 141

160 N. del E: la mención del conviviente civil es del editor.

161 Sentencia de la CS de 27 de julio de 2004, Rol Nº 3898–2002, en MATUS, pág. 30.

[secuestro], 142 [sustracción de menores], 361 [violación propia], 362 [violación impropia] 365 bis [abuso sexual calificado], 390 [parricidio], 391 [homicidio], 433 [robo con violencia o intimidación calificado] y 436 [robo con violencia o intimidación simple y robo por sorpresa]". Esta disposición es defectuosa y plantea algunas cuestiones que aquí se discuten solo someramente porque en la práctica ha recibido una aplicación limitada.[162]

a') A mi juicio el art. 10 Nº 6º, inc. segundo, contiene una presunción legal relativa solo a la *necesidad racional de la reacción defensiva.* En efecto, allí se afirma que en los casos descritos se presumirá que concurren las circunstancias previstas en dicho número sexto y en los números 4º y 5º precedentes, *cualesquiera se el daño que se cause al agresor.* Es claro que el propósito del legislador es dar por concurrente la legítima defensa aunque falte la relación de necesidad racional entre la agresión ilegítima y la reacción del que se defiende. En otras palabras, el legislador quiso en estos casos legitimar una *defensa excesiva.* Por la inversa, la existencia de una agresión ilegítima, así como la falta de provocación del que se defiende o de participación en la provocación del tercero defensor han de ser acreditadas en el proceso. De no ser así, caeríamos en el absurdo de afirmar que obra en legítima defensa el que, con objeto de evitar su propia captura, da muerte al policía que premunido de orden judicial competente, descerraja la puerta de la casa en que se ha refugiado para huir de la justicia y de la que se niega a salir; tal interpretación es inaceptable. Por otra parte el texto de la ley y su alusión expresa a la falta de necesidad racional de la defensa revelan que la voluntad de la ley es dar *también* por concurrente ese requisito de la legítima defensa, aunque en realidad falte, pero siempre que se encuentren probados los restantes.[163]

b') La presunción opera en tres casos diferentes: 1) Respecto del que *en cualquier tiempo,* rechaza el escalamiento en los términos del art. 440 Nº 1º del C.P. en una casa, departamento u oficina habitados o en sus dependencias; 2) Respecto del que *durante la noche*, rechaza el escalamiento en los términos indicados en el art. 440 Nº 1º del C.P. en un local comercial o industrial; y 3) respecto del que

162 Extensamente NÁQUIRA, I, págs. 362 y sigts.

163 ETCHEBERRY, I, págs. 260 y 261 se aproxima considerablemente a la opinión del texto pero sostiene que, además, la presunción también incluye la falta de provocación o de participación en ella. Prácticamente de acuerdo POLITOFF, 8, § 3, B, g), pág. 378. También BULLEMORE–MACKINNON, II, pág. 121. Otra opinión en GARRIDO, II, 28, 11, pág. 138.

impide o trata de impedir la consumación de los delitos contemplados en los arts. 141, 142, 361, 362, 365 bis, 390, 391, 433 y 436 del C.P.

Como puede observarse, en las tres situaciones aludidas hay que acreditar un hecho que constituye una agresión ilegítima, lo cual demuestra, como señala ETCHEBERRY, que dicho requisito de la justificante nunca se presume.[164]

c') Debido a las dificultades que genera su entendimiento y a las exigencias implícitas que la desnaturalizan, la presunción ha sido hasta el presente prácticamente inútil, pues los tribunales la ignoran; además, la presunción de inocencia del inculpado, contenida de manera expresa en el art. 4° del C.P.P., la ha hecho perder casi toda significación.

B) El estado de necesidad justificante

Obra en estado de necesidad justificante quien ataca el bien jurídico de un tercero con el objeto de evitar la lesión de uno más valioso, perteneciente a sí mismo o a otro.

aa) Estado de necesidad justificante y estado de necesidad exculpante

La teoría del estado de necesidad es una de las más polémicas y fecundas que conoce la evolución del Derecho penal. Contemplada en su conjunto, está vinculada no solo a la de la antijuridicidad sino también –y de modo particular– a la de la culpabilidad. La verdad es que las situaciones de necesidad no siempre presentan características tan sencillas como las que se describen en la definición presentada más arriba. También es un *necesitado* el que, para salvar su bien jurídico no tiene otra alternativa que sacrificar uno del mismo valor. Así, es necesitado el náufrago que, en el clásico ejemplo, se agarra de la última tabla flotante y rechaza a su compañero de infortunio que con su peso amenaza perderlo a los dos; del mismo modo, está en una situación de necesidad el alpinista que suspendido sobre el barranco corta la cuerda y deja caer a su acompañante ubicado más abajo a fin de evitar el despeñamiento de ambos.

Pensando en estas últimas situaciones se ha dicho que "la necesidad no conoce Derecho".[165] No obstante, aceptar sin más este aforismo significaría situar todos los casos de necesidad fuera del ámbito del Derecho y, por ende, de la justificación.

---

164 ETCHEBERRY, I, pág. 260.

165 MAYER pág. 376; MEZGER, i, § 31, I, pág, 449.

Por eso, si bien ha de convenirse en que la necesidad no conoce Derecho, en este momento interesa, más bien, aclarar que en ciertos casos *el Derecho conoce necesidad:* lo cual significa que, dados ciertos presupuestos, el Ordenamiento autoriza al necesitado para salvarse, aun a costa del sacrificio de un bien jurídico que implica en el caso concreto un mal menor que el que se evita.

Para diferenciar la dos hipótesis, la doctrina distingue un *estado de necesidad justificante* y un *estado de necesidad exculpante.* Aquí solo nos interesa el primero; del segundo, en cambio, se trata como una de las hipótesis generales de "*no exigibilidad de otra conducta*" en el ámbito de la culpabilidad.[166]

aa') El estado actual de la legislación

Hasta la dictación de la Ley 20.480, de 18 de diciembre de 2010,[167] el vetusto C.P. de 1875 solo conocía una forma extraordinariamente restrictiva de *estado de necesidad justificante,* en el art. 10 N° 7°, resabio de una legislación autoritaria y caduca, generalmente criticada por la mejor doctrina contemporánea y actualmente en mi opinión derogado tácitamente el cual, por consiguiente, carece de toda eficacia práctica.[168] [169] El texto legal mencionado introdujo, en el art. 10 N° 11, que a la sazón se encontraba derogado, una disposición que sigue muy de cerca el texto del art. 34 del Código Penal suizo de 21 de diciembre de 1937, modificado el 5 de octubre de 1950. Tan solo se procuró por el autor de la ley una mayor concisión del precepto y, además adaptar la redacción a la del Código punitivo nacional que, por una parte, resulta más familiar a jueces, fiscales, defensores y abogados particulares que pueden intervenir en el proceso penal,[170]

---

166 Infra, § 29, II, a) en adelante y especialmente en III, a').

167 N. del E: el profesor Cury, participó,– junto a uno de sus más destacados discípulos, el profesor Juan Domingo Acosta–, como asesor invitado en el primer y segundo trámite constitucional del proyecto de la Ley 18.440, que finalmente incorporó el nuevo numeral 11 al art. 10 del C.P., y también fue invitado en la misma calidad a la Comisión Mixta. La redacción de esa disposición obedece a la que propuso el profesor Cury a la Comisión Mixta (páginas 8 a 11 del Informe de la Comisión Mixta, que forma parte de la Historia de la Ley 20.480 –págs. 448 a 454– construida por la Biblioteca del Congreso Nacional. Disponibles en formato PDF en https://www.bcn.cl/historiadelaley/nc/historia–de–la–ley/4620/

168 Infra, cc).

169 N. del E.: esta opinión es minoritaria en la doctrina nacional. Sobre esto, véase infra las referencias a la doctrina chilena en nota del editor a pie de página número 172.

170 N. del E.: La redacción de esta frase en la parte que incluye a fiscales, defensores y abogados particulares, es del editor.

y, por la otra, permite que funcionen respecto de la institución que se consagra otras disposiciones generales del texto legal chileno.

De este modo, con arreglo al art. 10 N° 11 del C.P. *está exento de responsabilidad criminal "el que obra para evitar un mal grave para su persona o derechos o los de un tercero, siempre que concurran las circunstancias siguientes: 1ª Actualidad o inminencia del mal que se trata de evitar; 2ª Que no exista otro medio practicable y menos perjudicial para evitarlo; 3ª Que el mal causado no sea sustancialmente superior al que se evita; 4ª que el sacrificio del bien amenazado por el mal no pueda razonablemente exigirse al que lo aparta de sí o, en su caso, a aquel de quien se lo aparta siempre que ello estuviese o pudiese estar en conocimiento del que actúa.*

La redacción elegida abarca ambas formas del estado de necesidad, el *justificante* y el *exculpante*,[171] [172] lo que se presta a dificultades hermenéuticas y sistemáticas, como puede advertirse en la literatura italiana y española en las que se han

---

171 Así, aunque de manera algo vacilante, MARÍA ELENA SANTIBÁÑEZ y TATIANA VARGAS, *Reflexiones en torno a las modificaciones para sancionar el femicidio y otras reformas relacionadas (Ley N° 24.480,* en *REVISTA Chilena de Derecho,* 2.1.1, b), págs. 198 y 199.

172 N. del E: JAIME COUSO en *Código penal comentado. Parte General, arts. 1 ° a 105,* págs.234 y 235, con precaución, admite la posibilidad de tratar el estado de necesidad del art. 10 N° 11 como justificante, pero en coexistencia con el del art. 10 N. °7, en términos que el primero sería aplicable en los casos en que *"el mal causado es menor que el evitado, pero distinto de los que quedan abarcados por el numeral 7°"*; en el mismo sentido que Couso, *MATUS Y RAMÍREZ, Manual. Parte general,* págs. 276 y sigts. para quienes el art. 10, N.° 11 contendría–además del estado de necesidad exculpante– la regla general en la regulación del estado de necesidad justificante, al paso que los arts. 10, N.° 7 y 145 del C.P., serían casos especiales de regulación del estado de necesidad justificante; NÁQUIRA, I, págs.385 a 387, expresamente en contra de la tesis de la derogación tácita del numeral 7 del art. 10, razón por la cual "*si se postula que el nuevo Art. 10, N.° 11, contiene, indirecta y tácitamente, un nuevo estado de necesidad justificante hay que reconocerlo junto a un estado de necesidad cuya existencia en el Art. 10, N.° 7 es expresa y directa*", abarcando una y otra norma hipótesis distintas (págs. 386 y 387); en págs. 616 y sigts. considera interpretación *factible* la que sostiene que en el N.° 11 del art. 10 se pueden apreciar dos eximentes, una exculpante y otra justificante. En cambio, para HÉCTOR HERNÁNDEZ, *Código penal comentado. Parte General,* págs., 270 y 271; y BULLEMORE y MACKINNON, II, pág. 122, el art. 10, N.° 11 del C.P. únicamente contempla el estado de necesidad exculpante. También en ese sentido y con amplia referencia a la doctrina nacional, que mayoritariamente se inclina por la tesis de considerar que el numeral 11 del art. 10 C.P. regula de manera exclusiva el estado de necesidad exculpante, y que, por tanto, el estado de necesidad justificante permaneció regulado en el art. 10, N.° 7, CASTILLO, JUAN PABLO, "*El estado de necesidad del art. 10, N.° 11 del código penal chileno. ¿Una norma bifronte? Elementos para una respuesta negativa*", en Polít. crim. Vol. 11, N° 22 (Diciembre 2016), Art. 1, pp. 340–367. disponible en http://politcrim.com/wp–content/uploads/2019/04/Vol11N22A1.pdf

consagrado disposiciones semejantes.[173] Pero, atendidas las circunstancias en el momento de la consagración legislativa de la atenuante, no fue posible obtener la aprobación de dos eximentes separadas como las que se encuentran en los §§ 34 y 35 del Código penal alemán que, posiblemente, hubieran resultado más fáciles de sistematizar. Tal como están las cosas corresponde a la jurisprudencia realizar la separación razonada de las dos instituciones.

bb) La situación de necesidad

Requisito básico del *estado de necesidad justificante es la existencia de una situación en la que la salvación de un bien jurídico no es posible sino mediante la realización de una acción típica que causa un mal menor.* A la situación que genera la necesidad la ley la denomina *"mal que se evita"* o *"mal que se trata de evitar";* Al que provoca el necesitado para superarla, la llama *mal causado*"

La situación de necesidad puede haber sido creada por el acaso (avalanchas, terremotos, maremotos, tormentas, etc.), por la acción de un tercero distinto de aquel en contra del cual se dirigirá la reacción salvadora o, incluso, por un acto fortuito, imprudente o aun doloso del necesitado. Así, obra en estado de necesidad el suicida que se arroja al río y que luego, arrepentido, tiene que apoderarse de una barca ajena para no perecer; del mismo modo, está justificado el turista imprudente que insiste en subir a la montaña, no obstante las prevenciones del guía, y en seguida, para escapar de la tormenta, tiene que forzar las puertas de un refugio perteneciente a otra persona. En cambio, no hay estado de necesidad si el dolo del sujeto abarcaba la lesión del bien jurídico que se sacrifica. Así, no puede invocar la causal de justificación el turista, si previó que a consecuencia de su imprudencia podría verse obligado a dañar y violar la morada de un tercero y no obstante ello persistió en afrontar el riego; ni mucho menos el que provocó en su casa un amago de incendio con el objeto de perjudicar a su vecino fracturando las puertas de su casa y sustrayendo su extinguidor. Los dos últimos casos son alcanzados por la situación excluyente de la justificante contenida en el art. 10 Nº 11, circunstancia 4ª primera parte.

El mal que se trata de evitar puede también ser provocado por una agresión ilegítima; en este caso es posible hablar de un estado de necesidad si el agredido, en lugar de reaccionar contra el agresor (legítima defensa), procura su salvación lesionando bienes jurídicos de un tercero. Obra en estado de necesidad, por

173 CEREZO, I, XXI, pág. 693; FIANDACA–MUSCO, págs. 300 y sigts. y pág. 413.

ejemplo, el que es atacado por su enemigo y, dándose a la fuga, se introduce contra la voluntad de su dueño en una morada ajena para refugiarse allí; o el que con el propósito de poner distancia entre él y sus perseguidores, incendia la sementera por la que estos tienen que atravesar.

Cuando la situación de necesidad es generada desde el ámbito de intereses de quien soportará el mal ocasionado para evitarlo, se habla de un estado de necesidad *defensivo*; cuando en cambio se origina en un campo totalmente ajeno a dicha persona, el estado de necesidad se califica de *agresivo* u *ofensivo*. Como se verá más adelante, los requisitos del sacrificio necesario son algo distintos en uno y otro caso.[174]

El mal que se trata de evitar tiene que ser real con arreglo a una apreciación *ex ante*. Aquí, como ocurre con la agresión en la legítima defensa, la realidad del mal se objetiviza de acuerdo al criterio de un "observador entendido". "*Observador entendido es el experto competente para la situación de conflicto del género que está en cuestión en sí (es decir, faltando la necesidad de la decisión inmediata), o sea, para los peligros del fuego el bombero [...] para los peligros en una obra, el experto en cálculo de resistencia de materiales, para enfermedades, el médico, etc.*".[175] Cuando, por el contrario, según ese criterio el mal es solo aparente o imaginario, el que causa el necesitado no estará justificado aunque, dados ciertos presupuestos, puede dar origen a una imputación a título de imprudencia.[176]

De conformidad con el art. 10 Nº 11, el mal que se evita tiene que ser *grave*. Tratándose del estado de necesidad justificante, la gravedad se determina en relación con la del mal que se causa. Una interpretación *a contrario* de lo preceptuado en la circunstancia 3ª de ese numeral conduce en mi opinión a concluir que el mal que se evita debe ser *sustancialmente superior* al que se causa. Con ello se establece en este punto una relación cuantitativa *inversa* entre los males que entran en juego en el estado de necesidad justificante y el exculpante.

Esto es razonable, habida consideración de que en su nueva redacción el estado de necesidad justificante ya no está limitado por la naturaleza del bien que se sacrifica como lo hace todavía el ahora inservible Nº 7º del art. 10. Si se tiene en cuenta esa modificación fundamental, parece lógico que el legislador haya consagrado para la justificante un límite diferente, de carácter cuantitativo, más flexible y que, además, debe ser determinado de acuerdo con criterios normativos que permiten ajustarlo a la situación concreta.

174 Infra, 5).

175 JAKOBS, 13, número marginal 13, pág. 500.

176 Infra, § 28, III, b) y c).

La exigencia de que el mal que se evita sea de más entidad que el que se causa no está expresa en la ley, pero debe deducírsela del hecho de que en el N° 11 del art. 10 se encuentran legislados conjuntamente el estado de necesidad justificante y el exculpante y que, de acuerdo con la doctrina absolutamente dominante en la actualidad ese es un requisito indiscutido del primero de ellos para diferenciarlo del segundo, de manera que en nuestro Ordenamiento jurídico tampoco se podría ignorarlo si se quiere sistematizar apropiadamente a los dos.

La ponderación requerida no es de carácter matemático, ni se puede reducir a la simple evaluación de los bienes jurídicos en juego aunque ciertamente esta última, como se verá en seguida, debe ser tomada en cuenta de manera especial. Se trata, en cambio, de una valoración normativa, que debe considerar distintos factores para llegar a un resultado aprovechable. A continuación se destacan los fundamentales:

1) No hay duda que el primero de los factores que debe considerarse es la *entidad de los bienes jurídicos comprometidos*. Hay casos en los que la apreciación resulta sencilla, como si se trata de sacrificar propiedad para salvar una vida o evitar un daño severo a la integridad corporal de una persona. Pero en el caso concreto la comparación puede ser más difícil: ¿es más grave el mal que amenaza al honor de una persona o la causación de un daño cuantioso en la propiedad del tercero?; ¿es de más entidad la lesión de poca gravedad a la integridad corporal de otro, como la extracción de sangre para efectuar una transfusión urgente, o el atentado en contra de su dignidad humana? En estas situaciones, puede ayudar tener en cuenta la magnitud de las penas amenazadas por la ley en uno y otro caso, pero ese factor no siempre será de ayuda, tanto porque en algunas hipótesis las penas será iguales, como porque en otros las valoraciones legislativas son sumamente defectuosas –así, por ejemplo, si en el C.P. se compara la pena contemplada en el art. 391 N° 2° para el homicidio simple, con la consagrada en el 436 inc. primero para el robo con violencia o intimidación simple, en donde el ataque a la propiedad y la libertad de disposición de la víctima aparece sobrevalorada frente al dirigido contra la vida– o, finalmente, porque los hay en que uno de los males comparados es atípico y, por consiguiente no se encuentra amenazado por pena alguna. En tales situaciones, una solución tendrá que tomar en cuenta el conjunto de los otros factores que se mencionan a continuación.

Como ya se ha dicho, al efectuar este "balanceamiento" entre los bienes jurídicos en juego se trata de mensurar criterios axiológicos lo cual hace más difícil efectuarlo y exige afinar los puntos de vista empleados para realizarlo. Así, por ejemplo, un bien de poca entidad en abstracto, como un campo pequeño y una casa muy modesta, tienen una significación concreta considerable cuando se trata perceptiblemente de las únicas posesiones de su dueño, de suerte que sería injustificado destruirlos anegándolos, para salvar la valiosa siembra del agricultor adinerado que es su vecino. De la misma forma, es necesario tomar en cuenta la posibilidad de que en el caso estén comprometidos bienes que no son susceptibles de apreciación económica, pero que deben estimarse de un valor personal muy elevado; por eso no puede invocar estado de necesidad justificante el petimetre elegante que, al comenzar la lluvia, arrebata el paraguas para poner a salvo de ella su costosa indumentaria al mendigo harapiento; pues en este caso la ponderación debe tomar en cuenta la dignidad del afectado, reconocida por el art. 1° inc. primero de la C.P.R. como un bien de la más alta jerarquía aunque no pueda ser objeto de evaluación crematística.[177] Otro tanto ocurre cuando, por ejemplo, se extrae a una persona sin su consentimiento uno de sus riñones para implantarlo a otro que a causa de una deficiencia renal grave corre peligro de muerte. En esta última situación el bien jurídico que se salva (la vida del paciente con insuficiencia renal) es en principio más valioso que el que se sacrifica (la integridad corporal de la persona a que se extrae el riñón) Pero, sin embargo, no cabría invocar un estado de necesidad justificante, porque en tal hipótesis no solo se ha lesionado el último de los bienes jurídicos mencionados sino, otra vez, se ha quebrantado la dignidad de la víctima.

En el caso de la extracción de sangre sin autorización a la persona inconsciente que es la única con el grupo sanguíneo requerido para hacer una transfusión al paciente grave, existe una discusión que todavía no está resuelta, debido a la lesión que se causa en la dignidad del donante obligado.[178]

Sin embargo, en este caso parece excesivo entender que el hecho está prohibido sobre una base tan débil.[179] A mi juicio, en esto prevalece el deber de solidaridad social que nos alcanza a todos.

2) No se puede ponderar nunca la vida humana, ni siquiera contra otra u otras vidas de la misma naturaleza, porque como el ser humano es siempre un fin en si mismo, su vida, es decir el bien jurídico que le confiere la calidad de tal, es inconmensurable. En consecuencia, no se encuentra justificado el que sacrifica

177 En el mismo sentido CEREZO, I, XXI, pág. 661 que, no obstante resuelve el caso de la misma manera pero refiriéndolo, como en mi ejemplo anterior, al valor de los bienes patrimoniales en relación con la capacidad económica de la persona despojada.

178 Véase HIIRSCH, I, *La regulación del estado de necesidad*, III, pág. 130.

179 ROXIN, § 16, números marginales 40 y 41, págs. 693 y 694.

la vida de unos pocos para salvar la de muchos, como ocurrió en el conocido caso de los médicos alemanes que, habiendo recibido la orden de eliminar a los enfermos mentales a su cargo durante el imperio del régimen nacionalsocialista, decidieron dar muerte a unos pocos de entre sus pacientes porque temieron que si no lo hacían así serían sustituidos por facultativos complacientes con el gobierno que quitarían la vida a todos los enfermos[180]. En estos casos solo cabe invocar un *estado de necesidad exculpante*[181] (aunque incluso sobre ello duda un sector de la doctrina).

3) Un tercer factor que debe considerarse es la intensidad del peligro que amenaza. En términos generales, debe afirmarse que cuando existe un peligro concreto puede infringirse la prohibición de crear un peligro abstracto. Así, quedará justificado el que conduce el automóvil en estado de embriaguez, cuando es el único disponible para conducir al hospital a quien sufre un infarto cardíaco.

4) No se puede invocar el estado de necesidad justificante cuando el riego del mal que amenaza está, a su vez, justificado. Por eso, no le es posible hacerlo al individuo que es detenido en los casos a que se refieren los arts. 127, 128 y 129 del C.P.P., o cuando se entra y registra en lugares cerrados en las situaciones que contemplan los arts. 204 y sigts del mismo texto legal. Por otra parte, los legitimados para la realización de esas conductas tampoco pueden asilarse en el art. 10 Nº 11 cuando las ejecutan infringiendo las exigencias impuestas por la ley para garantizar que su realización no implicará abusos contra los derechos del particular al que afectan. Por eso, no puede invocarlo el funcionario que efectúa escuchas y registros telefónicos quebrantado lo prescrito en los arts. 222 a 225 del C.P.P.

5) Cuando se trata de un *estado de necesidad defensivo*, es decir, el que se invoca para salir de un peligro que tiene su origen en el ámbito organizacional de la víctima del comportamiento ejecutado para salir del peligro, la ponderación del valor del mal debe realizarse haciendo valer esa circunstancias en contra suya. Así por ejemplo, cuando un perro de raza fina perteneciente a un tercero ingresa en el domicilio ajeno y comienza a causar daño a cosas de manera incontrolable para los moradores, la reacción defensiva puede ser tan enérgica como,

180 JAKOBS, 13, número marginal 23, pág. 507.

181 Con detalle, ROXIN, § 16, números marginales 29 y sigts., págs. 686 y sigts., que se refiere a otros casos semejantes.

incluso, causar la muerte del animal, pues aquí el daño patrimonial ocasionado al propietario del animal –quizás superior al que este estaba provocando– queda compensado por la circunstancia de que su dueño no había adoptado las providencias necesarias, para evitar su intrusión en la residencia de otras personas. Por la inversa, la ponderación tiene que ser más exigente en las hipótesis de *estado de necesidad agresivo,* en las cuales el afectado y sus intereses no han tenido nada que ver. Por eso si alguien, por presumir, penetra con ademanes desafiantes en el potrero en que pasta un toro valioso, tiene que reaccionar de manera mucho más considerada si el animal lo ataca porque en este caso el dueño de la bestia es completamente inocente del peligro, que solo se ha producido por la actitud imprudente del amenazado.

En nuestro medio este factor no ha sido objeto de mucho estudio y, por lo mismo, no existe jurisprudencia que se haga cargo de él., sobre todo porque a causa de la mezquindad del arte 10 Nº 7º, el estado de necesidad justificante no ha recibido bastante atención de la doctrina y práctica. Sin embargo se trata de una cuestión que ahora merece ser examinada con más cuidado.

6) Como se ha expresado antes, en este mismo apartado, la opinión actualmente dominante tanto en nuestra doctrina como en la comparada estima que el estado de necesidad no queda excluido cuando el necesitado ha ocasionado el mal que se trata de evitar, salvo en los casos limitados que se precisaron antes de 1). Pero la circunstancia de la provocación no es completamente irrelevante cuando se trata de efectuar la ponderación entre el mal que se causa y el que se evita. Como es lógico, en la situación descrita habrá que conceder mayor valor a los intereses del tercero inocente frente a los que el mismo necesitado ha puesto en riesgo de ser dañados con su proceder. En todo caso, ello no significa que la causal de justificación no concurra, sino que la evaluación del peligro ha de ser más estricta y, en los casos de imprudencia grosera, que quizás deba ser sustituida por una exculpación.

El mal que se trata de evitar tiene que ser *actual* o *inminente* (art. 10 Nº 11, circunstancia 1ª). Como en la legítima defensa, la existencia de un mal *actual* es también aquí más fácil de apreciar. Tratándose, en cambio del *inminente*, su determinación es más flexible de acuerdo con la opinión prevalente en la literatura comparada.[182] Pueden por lo tanto considerarse males que aún están

182 En Chile, véase SANTIBÁÑEZ-VARGAS, *op. cit.* (en nota 162, 2.1.1, c) i, pág. 199.

relativamente más distantes de materializarse e, incluso, males "permanentes", que si bien es posible que no se concreten inmediatamente, pueden hacerlo en cualquier momento, como el que se origina en una construcción defectuosa que está en peligro de derrumbarse en cualquier momento

cc) *El sacrificio necesario*

Desde luego, como ya se ha dicho, con la redacción del art. 10 Nº 11 hay que partir de la base de que, a diferencia de los que ocurre en el art. 10 Nº 7º, el estado de necesidad justificante procede cuando el mal que se causa para evitar el que amenaza lesiona en principio bienes jurídicos de cualquier naturaleza. Esto sin perjuicio de las limitaciones que deben introducirse con arreglo a criterios procedentes de la doctrina general del Derecho penal y a los cuales nos hemos referido en el apartado anterior.

El estado de necesidad en su nueva formulación no solo justifica cuando colisionan bienes jurídicos diferentes; también cabe invocarlo cuando se expone a peligro a un bien jurídico si ello "ofrece por otro lado la única posibilidad de salvar justamente a ese mismo bien jurídico de una destrucción segura".[183] Es el caso del bombero que, para evitar al niño pequeño una muerte segura entre las llamas, lo lanza desde la altura a una lona, aunque existe el peligro de que caiga en forma defectuosa y se lesione seriamente debido a su corta edad. Más frecuente es la situación de las intervenciones quirúrgicas arriesgadas que se realizan de todos modos si constituyen la única esperanza de sobrevida o curación.[184]

No obstante la mayor extensión del estado de necesidad justificante en su nueva formulación, en mi opinión las entidades estatales no pueden invocarlo. Se trata de un asunto polémico que, sin embargo, creo necesario resolver de manera negativa, porque los entes públicos cuentan con suficiente poder y autorizaciones especiales de injerencia para la defensa de los intereses que les están confiados y no necesitan asilarse en una norma de excepción general para justificar sus comportamientos.

Con arreglo al art. 10 Nº 11, circunstancia 2ª, solo se puede impetrar el estado de necesidad justificante cuando no existe otro medio practicable y menos perjudicial para evitar el mal que amenaza. Esto significa que el estado de necesidad,

183 WELZEL, § 14, IV, pág. 133.

184 HIRSCH, *op. cit.* en nota 168, III, pág. 133.

a diferencia de la legítima defensa[185] es *subsidiario*. No es lícito sacrificar el bien jurídico de un tercero inocente cuando existe la posibilidad de superar la situación de necesidad por medios menos perjudiciales. Pero para que la justificante quede excluida es menester que esa posibilidad sea real y adecuada al caso concreto, no meramente teórica. Por eso, la ley exige la practicabilidad del medio.[186]

La justificante no concurre cuando "el sacrificio del bien amenazado por el mal [pueda] ser razonablemente exigido al que lo aparta de sí o, en su caso, a aquel de quien se lo aparta, siempre que ello estuviese o pudiese estar en conocimiento del que actúa" (art. 10 Nº 11, circunstancia 4ª) Los casos más frecuentes –que en otras legislaciones incluso se han incorporado a las disposiciones sobre estado de necesidad, si bien de manera puramente ejemplar–[187] son aquellos en que el necesitado ha provocado la situación de peligro a que se encuentra expuesto y en los que está obligado a enfrentar el peligro en consideración a deberes especiales.

Respecto de la primera de las situaciones mencionadas, ya se ha explicado que la provocación solo excluye la justificación en situaciones en las cuales el sujeto ha originado la situación de necesidad con propósito deliberado de dañar o destruir el bien jurídico del tercero inocente o cuando sea evidente que ha previsto la posibilidad de que eso ocurra y se ha conformado con que suceda; en otra palabras, cuando le ha dado origen con dolo directo o eventual. En los casos restantes, la provocación solo influye en la evaluación de los males en conflicto.[188] En la segunda, quedan comprendidas personas que voluntariamente han elegido actividades que implican afrontar riegos, como la de médico, soldado, policía, marino, juez, minero, bombero, etc. Así, el médico no puede excusarse de acudir a atender a un enfermo pretextando el riesgo de contagio o el soldado desertar ante el enemigo por el peligro de ser herido o el juez dejarse inducir a una prevaricación porque ha sido amenazado de muerte por un gángster.[189] La

185 Supra, a), cc).

186 De modo sucinto, SANTIBÁÑEZ-VARGAS, *op. cit.* en nota 162, 2.1.1, c) ii. pág. 200; MATUS Y RAMÍREZ, Manual *cit.*, Parte General, págs. 278 y 279, con referencia a los hurtos y robos, en los que les parece discutible que esta exigencia se pueda cumplir considerando la red de servicios sociales actualmente existente. Pero tienen razón cuando señalan que este es un punto de hecho que debe resolverse en cada caso (la referencia a Matus y Ramírez fue *agregada* por el editor).

187 A causa de ello el legislador nacional prefirió una cláusula abierta como la contenida en el modelo suizo, que induce al intérprete a concretar su contenido de acuerdo con las variaciones que experimente el enjuiciamiento de la realidad en el momento de realizarlo.

188 Supra, bb), 6).

189 El último ejemplo pertenece a ROXIN, § 16, pág. 701.

obligación de estas personas, no obstante, se limita a la asunción del riesgo, no a la del sacrificio cierto del bien jurídico, especialmente si se trata de la vida, la integridad corporal, la salud o la libertad. Cuando la situación es esta última, se encuentra también excluido el estado de necesidad justificante pero entra en consideración el exculpante.

cc') El auxilio necesario

Se obra en estado de necesidad justificante no solo cuando el mal que se trata de evitar amenaza al que actúa sino también cuando este último obra para preservar el bien jurídico de un tercero. Así se establece ahora expresamente en el art. 10 N° 11. En este caso se habla de un *auxilio necesario.*

En términos generales, los requisitos del auxilio necesario son idénticos a los exigidos cuando la situación de necesidad amenaza bienes jurídicos propios del autor y, por consiguiente, se le aplican las mismas reglas. La excepción la constituye la circunstancia 4ª del N° 11, con arreglo a la cual, en este caso la justificante se excluye si el sacrificio del bien amenazado por el mal puede ser razonablemente exigido a aquel de quien se lo aparta, siempre que ello estuviese o pudiese estar en conocimiento del que actúa. Así pues el auxilio necesario no solo no concurre si el que obra *sabe* que el sacrificio podía exigirse a aquel de quien se aparta, sino también cuando ello *pudiese estar en su conocimiento.*

Creo que esta disposición es objetable porque se traduce en la introducción parcial de lege lata de la llamada teoría extrema de la culpabilidad[190]: si el hechor se encuentra en error vencible sobre un presupuesto objetivo de la justificante (podía haberse percatado de su ausencia) esta se excluye y debe castigárselo a título de dolo por su comportamiento Seguramente el autor de la ley no se percató de esta consecuencia impensada de la redacción escogida, que en el futuro debiera ser corregida.

dd) Consecuencias civiles del estado de necesidad justificante

Es una cuestión discutida la de si quien ha obrado en estado de necesidad justificante debe indemnizaciones civiles al titular del bien jurídico sacrificado. Por lo menos en el ámbito de nuestra ley la discusión no puede llevarse lejos. Quien obra justificado por un estado de necesidad al que la propia ley acuerda

---

190 Infra, § 28, III, b), y c).

esa eficacia no incurre en ilícito alguno; por ende, la unidad del ordenamiento jurídico impide que se le reclamen indemnizaciones civiles o de otra naturaleza: el que se conduce de una manera justa de nada es responsable.

La doctrina divergente estima que esta solución es arbitraria para el que ha sido perjudicado por el sacrificio no obstante su inocencia. Estas dudas son razonables pero al menos parcialmente superables. Los bienes jurídicos de todo individuo están sometidos a la contingencia de tener que ser lesionados cuando el interés social lo exige; frente a la desgracia ajena impera un principio de solidaridad universal que aquí encuentra su expresión más característica. Esto era más evidente en el ámbito de la ley nacional, cuando la regulación restrictiva del estado de necesidad impedía en la práctica que se originaran situaciones excesivamente injustas.[191]

Con la introducción del Nº 11 en el art. 10 del C.P. el asunto ha cambiado, puesto que ya no solo puede ser afectada la propiedad del tercero inocente sino otros bienes jurídicos, incluyendo algunos de carácter comunitario como la seguridad del tráfico vial.[192] En atención a esta circunstancia, convendría perfeccionar la disposición, estableciendo que quien ha resultado beneficiado por ella –no necesariamente el que actuó sino el necesitado– deba pagar una indemnización al inocente afectado. Esta solución ha sido contemplada en algunas legislaciones extranjeras y estimo que debería implementarse en la nuestra.

Conviene precisar, en todo caso, que algunos de los casos de excepción que se suele destacar y en los que parecería indispensable conceder al perjudicado el derecho a una indemnización no constituyen auténticas hipótesis de estado de necesidad y no se encuentra en consecuencia justificadas de manera que es perfectamente posible reconocer tal derecho. Así, se alude a situaciones en las que el necesitado no solo consigue salvar el bien jurídico amenazado sino, además, obtiene un provecho. Es obvio, no obstante, que este beneficio no está incluido en el estado de necesidad y, por lo mismo, que su obtención ha de ser regulada de acuerdo con las leyes civiles con independencia de aquel. Del mismo modo los casos en que el necesitado ha querido dolosamente el daño del bien jurídico menos valioso no configuran un estado de necesidad justificante y procede por lo tanto conceder indemnizaciones al perjudicado por el daño indebido que se le haya causado.[193]

---

191 De acuerdo con este criterio ETCHEBERRY, I, pág. 269; GARRIDO, II 29, 11, pág. 147. NOVOA, I, 238, págs. 363 y 364 proponía una solución que no tiene apoyo en la ley.

192 Ver supra, bb), 3).

193 Supra, bb) antes de l) y cc) *in fine*.

c) El estado de necesidad justificante del art. 10 Nº 7º del C.P.

Conviene esclarecer la situación en que se encuentra el estado de necesidad que se contempla en el art. 10 Nº 7º del C.P., luego de la aprobación del art. 10 Nº 11 de ese mismo texto legal. Durante la discusión y aprobación del proyecto de reforma en el Congreso, se sugirió por algunos de los participantes que convenía derogarlo pues, al aprobarse la disposición propuesta quedaba sin contenido aprovechable.[194] No obstante, en definitiva se omitió intentarlo, tanto para no producir confusión en el debate como porque el asunto merecía ser estudiado con más detención.

En mi opinión la eximente del art. 10 Nº 7º ha sido en efecto derogada tácitamente por la del Nº 11, en cuanto esta última se considere como justificante. [195] La razón es la siguiente: tratándose de causales de exclusión de la antijuridicidad, la norma especial es aquella que permite la exención de responsabilidad en el mayor número de casos, a la inversa de los que ocurre con aquellos preceptos que agregan situaciones al catálogo de hechos punibles, en donde la norma especial es precisamente la que extiende la punibilidad a unas hipótesis particulares. En el caso de la disposición del art. 10 Nº 11, es evidente que abarca todas las situaciones contempladas anteriormente en el Nº 7º y agrega otras nuevas a las cuales aquel no justificaba –cuando menos, de *lege lata*–. Por lo tanto, hay que concluir que el último precepto, en atención a su carácter restrictivo de la eximente era la norma general y que el art. 10 Nº 11 que consagra una justificante más extensa es la especial y, por consiguiente, deroga a aquella (art. 13, en relación con los 52 y 53 del C.C.).

A esto puede contra argumentarse que, a diferencia de lo que ocurre con la justificante del art. 10 Nº 11, la del número 7º no contempla la obligación de tolerar el peligro que se contempla en la circunstancia cuarta de aquella. Pero este punto de vista no es convincente porque la doctrina y jurisprudencia entienden implícito ese requisito de tolerancia en el art. 10 Nº 7º, y lo único que se ha discutido ocasionalmente son sus límites.[196]

---

194 Sobre ello, SANTIBÁÑEZ–VARGAS, *op. cit.*, nota de pie de página 28.

195 N. del E: ver supra, notas del editor de pie de página 169 y 172.

196 Véase, a título puramente ejemplar, COUSIÑO, tomo II, § 182, págs. 42 y sigts., que va muy lejos en las exigencias, como se lo critica con razón POLITOFF; CURY, § 24, II, b), bb) pág. 378, mucho más restrictivo. En sentido semejante ETCHEBERRY, I, págs. 265 y 266; POLITOFF, 8, § 3, C, c), 1), pág. 388.

Tal vez la única diferencia en que la justificante del texto legal contenida en el art. 10 Nº 7º aparece más extensiva que la introducida ahora en el art. 10 Nº 11 es que aquella no exige que el mal evitado sea grave. No obstante, aparte de que el asunto es discutido por un sector de la doctrina incluso sobre el texto cuya vigencia se discute, lo cierto es que dada la mezquindad de la justificante original, los casos en los cuales es necesario dañar la propiedad ajena para salvar un bien propio amenazado por un mal insignificante son triviales y carecen de significación práctica que justifique la conservación de una eximente especial para excluir su antijuridicidad.

En consideración a todo esto, quizás sería deseable *de lege ferenda* derogar expresamente la disposición contenida en el art. 10 Nº 7º para evitar en lo sucesivo polémicas superfluas que solo contribuirán a confundir a los tribunales.

Por las razones expuestas, aquí omitiré tratar de lo preceptuado en el art. 10 Nº 7º del C.P. Para informarse al respecto, se puede acudir a la edición anterior de esta obra.[197]

III. CAUSALES QUE SE FUNDA EN EL PRINCIPIO DEL INTERÉS PREPONDERANTE. ACTUACIÓN DE UN DERECHO

El nombre con que se encabeza este párrafo no es satisfactorio pues, en sustancia, todo aquel que obra justificado está actuando un derecho. Sin embargo, a falta de una denominación más exacta, puede echarse mano de él, aunque solo sea convencionalmente, a fin de agrupar las situaciones que se examinan a continuación.

a) Ejercicio legítimo de un derecho, autoridad, oficio o cargo

Obra justificado quien realiza una acción típica al ejercitar un derecho que le ha sido conferido por el Ordenamiento jurídico.

El requisito fundamental de esta justificante –cuya importancia dogmática ya he destacado– es la *existencia del derecho*. Con todo, no es necesario que la facultad se encuentre expresamente establecida por la ley;[198] la existencia de un derecho puede también deducirse de normas consuetudinarias o mediante

197 Véase CURY, § 24, II, b), con bibliografía.

198 En contra, ETCHEBERRY, I, pág. 244.

una interpretación analógica; lo decisivo es el contexto del Ordenamiento en su conjunto.[199]

Para que la conducta quede justificada, el ejercicio del derecho debe ser *legítimo*. Esta exigencia supone una tautología que, sin embargo, es necesaria. Con ella el legislador ha querido privar de justificación a quien se excede en el uso de sus facultades; de este modo se enfatiza la aseveración de que todo derecho tiene un límite más allá del cual no existe como tal. Así, por ejemplo, el padre que encierra a su hijo por varios días en un cuarto, privándolo de alimentación y abrigo suficientes, se sobrepasa en el ejercicio del derecho de corrección reconocido por el art. 234 del C.C. y no puede invocar esa disposición para justificar su comportamiento. En el fondo hay aquí una anticipación legislativa de la teoría del *abuso de Derecho*. [200]

Los casos de *ejercicio legítimo de una autoridad, oficio o cargo* son especificaciones de la misma idea. La justificante, en efecto, se funda en que la autoridad, el oficio o el cargo implican ciertos *derechos* cuyo ejercicio legítimo justifica las conductas típicas que se ejecutan en razón de ellos.[201]

Algunas hipótesis de ejercicio de un derecho han suscitado dificultades y requieren, por eso, de consideración especial. Aquí, deben mencionarse:

aa) Los *tratamientos curativos* y, en especial, las *intervenciones quirúrgicas* cuya realización implica causar lesiones al paciente Como en tale situaciones hemos descartado la tipicidad en atención a su adecuación social,[202] no podemos compartir el criterio de quienes las consideran justificadas por el ejercicio legítimo de una profesión.[203] Lo atípico no necesita justificación.

---

199 Ejemplos de un derecho concedido por la ley de modo expreso han sido cuidadosamente relacionados por NOVOA, I, 238, págs. 373 y sigts.

200 N del E.: La redacción que tiene actualmente el inc. primero del art. 234 del C.C., enfatiza que el derecho de corrección tiene límites infranqueables en los derechos del hijo a que no se menoscabe su salud física y psíquica, ni los demás derechos que emanan de su dignidad como persona y que les reconoce la C.P.R., la ley y la Convención sobre los derechos del niño.

201 De acuerdo POLITOFF, 8, § 3, D, 4, pág. 357. Con algún detalle NOVOA, I, 241 y 242, págs. 378 y sigts.

202 Supra, en este parágrafo, I, b).

203 Otra opinión en NOVOA, I, 243, págs. 381 y 382.

bb) De acuerdo con lo que se ha expuesto antes,[204] las lesiones de mediana gravedad que se causan en la práctica de un deporte que exige cierto despliegue de violencia se consideran *socialmente adecuadas* incluso cuando se las ha causado dolosamente. La práctica evidencia que la sociedad aprueba que esos hechos, no obstante ser aparentemente típicos, sean sancionados por los órganos oficiales de las respectivas asociaciones deportivas con reacciones que no tienen connotación penal. Cuando las consecuencias de la lesión son graves o, incluso, producen la muerte de un adversario, las consecuencias dependerán de si el hecho ha sido el resultado de un caso fortuito, de un hecho imprudente o de uno doloso. En mi opinión, en estas situaciones las lesiones causadas en forma imprudente o dolosa debieran ser castigadas al título correspondiente.

La realidad, sin embargo, pareciera ser que tampoco en este caso los hechos son resueltos en un proceso penal y que también la sociedad tolerase su tratamiento por órganos de control social reglamentados a nivel de las asociaciones deportivas. El asunto es dudoso. Creo que esta solución se basa en un criterio de excesiva indulgencia que debiera ser revisado. Contra ello milita el temor de que los partícipes en esas actividades, cuya importancia social es indiscutible, se negaran a continuar interviniendo en ellas si los hechos en cuestión se persiguen criminalmente y se consideran en peligro de serlo también ellos. Toda la cuestión depende de concepciones culturales profundamente arraigadas que no es fácil modificar.

Un tratamiento especial requieren los deportes violentos propiamente tales (boxeo, lucha, karate, etc.), es decir, aquellos cuyo ejercicio supone la causación dolosa de lesiones más o menos graves que el Ordenamiento jurídico tolera y justifica en consideración a los beneficios físicos que se espera que los competidores reporten de tales prácticas (dudoso). Así, el boxeador trepa al cuadrilátero con el propósito deliberado de castigar a su adversario hasta ponerlo fuera de combate, y el Derecho le confiere la facultad de hacerlo en obsequio a la necesidad de estimular el desarrollo de la destreza física de los deportistas. Por tal motivo, las lesiones causadas en este género de deportes se hallan justificadas por el ejercicio legítimo de un derecho, siempre que se originen en una justa realizada conforme a las reglas reconocidas y que su gravedad no exceda los niveles adecuados a la finalidad perseguida.[205] En los demás casos, esto es, en los de exceso en

---

204 Supra.

205 ETCHEBERRY, I, págs. 246 y 247; GARRIDO, II, 32.4, pág. 158; con reservas justificadas, POLITOFF, 8 § 3, D, 4, pág. 400. Extiende mucho la eficacia de la justificante NAQUIRA, pág. 430 que tolera incluso la muerte del partícipe. Debe quizás concedérsele que esa es

la lesión o en los de lesiones ocasionadas con violación de las normas que regulan el deporte respectivo, la situación es semejante a la de las lesiones causadas con motivo del ejercicio de un deporte no violento.

cc) No existe un derecho a hacerse *justicia de mano propia*. Quien, con este propósito, ejecuta una acción típica que implica el empleo de violencia, obra típicamente conforme al art. 494, N°s 16 y 20 del C.P., y su conducta es, además, *antijurídica*. Si, en cambio, el hecho realizado se adecua a la descripción de un tipo que no contempla la violencia, una interpretación *a contrario* de los preceptos mencionados y del art. 471 N° 1° del C.P., conduce a la conclusión de que la conducta es atípica pero *ilícita* y, por lo tanto, proceden reparaciones civiles.[206]

B) El cumplimiento de un deber

Obra conforma a Derecho quien ejecuta una acción típica en el cumplimiento de un deber que le ha sido impuesto inmediatamente por el ordenamiento jurídico.

Es preciso, pues, que la obligación se encuentre establecida por el Derecho de una manera *inmediata* y, además, *específica*. Tal es el caso del funcionario de policía que está obligado a la detención de quien es sorprendido en el acto de ejecutar un delito, o a aquel en contra del cual ha librado una orden de hacerlo el juez competente.

En la actualidad, posiblemente los casos más importantes de esta justificante sean el "agente encubierto" el "agente revelador" y el "informante" de los cuales se trata respectivamente en los incs. segundo, cuarto y quinto del art. 25 de la Ley 20.000 sobre Tráfico ilícito de estupefacientes y sustancias sicotrópicas, por la frecuencia con que se presentan en la práctica y por las reservas a que han dado lugar en la doctrina.[207] De acuerdo con la primera de esas disposiciones "agente encubierto es el funcionario policial que oculta su identidad oficial y se involucra o introduce en las organizaciones delictuales o en meras asociaciones o agrupaciones con propósitos delictivos, con el objetivo de identificar a los participantes, reunir información y recoger antecedentes necesarios para la investigación". A

---

actualmente el estado de la cosa, pero probablemente la dogmática penal debe hacer lo que esté a su alcance para corregirla.

206 Contra, ETCHEBERRY, I, págs. 245 y 246; en el sentido del texto NOVOA, I, 240, págs. 376 y 377; NAQUIRA, pág. 296.

207 En realidad, todos ellos son casos del llamado "*agent provocateur*" (agente provocador), cuya conducta ha sido siempre objeto de cuestionamientos éticos y jurídicos.

su vez, "agente revelador es el funcionario policial que simula ser comprador o adquirente, para sí o para terceros, de sustancias estupefacientes o sicotrópicas, con el propósito de lograr la manifestación o incautación de la droga". Finalmente, "informante es quien suministra antecedentes a los organismos policiales acerca de la preparación o comisión de un delito o de quienes han participado en él, o que, sin tener la intención de cometerlo y con conocimiento de dichos organismos, participa en los términos señalados en alguno de los incisos anteriores". Ahora bien, en el ejercicio de esas actividades, a menudo será necesario que el "agente encubierto", el "agente revelador" o el "informante" intervengan en los hechos típicos sancionados por la propia Ley 20.000. De acuerdo con la opinión dominante, esos comportamientos se encontraban ya justificados durante la vigencia de la antigua Ley 19.366 por el cumplimiento del deber que imponen al funcionario los distintos incisos del art. 25 del texto legal mencionado (antiguo art. 34 de la Ley 19.366).[208] Ahora, el inc. final del art. 25 establece expresamente que "el agente encubierto, el agente revelador y el informante en sus actuaciones como agente encubierto o agente revelador, estarán exentos de responsabilidad criminal por aquellos delitos en que deban incurrir o que no hayan podido impedir, siempre que sean consecuencia necesaria del desarrollo de la investigación y guarden la debida proporcionalidad con la finalidad de la misma"; pero es evidente que el fundamento de esta exención de responsabilidad es el mismo que el de la justificante genérica del art. 10 Nº 10 y que el inc. final del art. 25 de la Ley 20.000 solo ha querido facilitar a la práctica la solución de un problema que bajo la vigencia de su antecesora se prestaba a dudas.

Por la inversa, cuando a diferencia de las situaciones mencionadas en los ejemplos precedentes, la ley se limita imponer una sujeción genérica a órdenes emanadas de superiores jerárquicos, las conductas típicas que se realicen en cumplimiento de estas continúan siendo antijurídicas, y solo podrán ser exculpadas si se dan los presupuestos de la *obediencia de órdenes antijurídicas*.[209]

---

208 Véase al respecto, MIGUEL ÁNGEL FERNÁNDEZ GONZALEZ, *Inconstitucionalidad de responsabilizar penalmente al agente encubierto*, en *Doctrinas esenciales*, págs. 951 y sigts.; POLITOFF, *El agente encubierto y el informante "infiltrado" en el marco de la Ley 19.366 sobre tráfico ilícito de estupefacientes y sustancias sicotrópicas*, en *Doctrinas esenciales, págs.* 789 y sigts.; POLITOFF–MATUS–RAMÍREZ, 22, §2, B, págs. 580 y sigts.

209 Infra, § 29, III, d).

CAPÍTULO VIII
LA TEORÍA DE LA CULPABILIDAD

§ 25. LA CULPABILIDAD EN GENERAL

I. CONCEPTO Y FUNCIÓN DE LA CULPABILIDAD

A) CONCEPTO

La culpabilidad es reprochabilidad del hecho típico y antijurídico, fundada en que su autor lo ejecutó no obstante que en la situación concreta podía someterse a los mandatos y prohibiciones del Derecho. Por consiguiente, significa que el *desvalor* del acto injusto se extiende también a la persona del agente, porque puede serle atribuido como *obra suya.*[1]

Como se verá, no obstante las vicisitudes que ha experimentado en su historia, no muy larga, la culpabilidad es un concepto fundamental para el Derecho penal. Alguna vez se dijo, incluso, que "el problema de la culpabilidad es el problema del destino del derecho a castigar" (HAFTER).[2] Sin embargo, quizás por eso mismo

1 En este sentido especialmente MAURACH, II, § 30, I, 1, págs. 11 y 12, y 2, pág. 13; MAURACH–ZIPF, I § 30, 7, pág. Pág. 515. Como en el texto también ahora, JESCHECK-WEIGEND, § 37, 1, pág. 437. Discrepa en cambio ROXIN, § 19, números marginales 18 y sigts., págs. 749 y sigts. Un concepto "funcional" de la culpabilidad en JAKOBS, 17, números marginales 18 y sigts. En Chile, la posición defendida en el texto, si bien con variantes, es dominante. Véase, por todos, BULLEMORE-MACKINNON, II, págs. 134; COUSIÑO, III, § 197, V, pág. 24; ETCHEBERRY, I, pág. 277; GARRIDO, II, 58, pág. 196; KÜNSEMÜLLER, *Culpabilidad y pena*, Editorial Jurídica de Chile, 2001, III, 1 y sigts, págs. 87 y sigts. pero, en especial, 17, págs. 183 y sigts.; LABATUT, I, 104, pág. 114, NÁQUIRA, I, pág. 467, NOVOA; I, 259, pág. 405; POLITOFF, 9, § 1, A, b), págs. 413 y 415; VARGAS, V, 2, pág. 126. Finalmente, también MAÑALICH, *Determinismo, autonomía y responsabilidad penal,* en MAÑALICH-KINDHÄUSER, 6, b), pág. 205, desde una perspectiva sobre la que se volverá más tarde; en el mismo sentido URS KINDHÄUSER, *Culpabilidad jurídico penal en el Estado democrático de Derecho,* en MAÑALICH-KINHÄUSER, IV, 3, pág. 227. Y asimismo COUSO, V, I, pág. 444.

2 Cit. por JIMÉNEZ DE ASÚA, V, 1473, pág. 20.

se encuentra entre los más debatidos hasta el presente, así por la ciencia como por la jurisprudencia; y, aunque se ha progresado en tal sentido, difícilmente puede esperarse que en el futuro próximo se alcance un compromiso definitivo al cual, por otra parte, acaso nunca estemos en situación de llegar. A lo largo de la exposición siguiente se percibirá hasta cierto punto cuáles son los motivos de la disparidad de criterios y en qué aspectos incide más profundamente; pero, por supuesto, un debate exhaustivo sobrepasaría los límites impuestos por la naturaleza de esta obra.[3]

b) Función de la culpabilidad: el principio "no hay pena sin culpabilidad"

Con la afirmación de la culpabilidad el delito se perfecciona y se satisface el último presupuesto *indispensable* para la imposición de la pena. Este es precisamente el sentido del principio "no hay pena sin culpabilidad", que en el Derecho penal del presente constituye una tendencia enérgica y más o menos generalizada,[4] y es para la ciencia una aspiración siempre renovada.[5]

aa) El proceso histórico que conduce desde el *Derecho penal objetivo* (con arreglo al cual se castiga por el resultado ocasionado, independientemente de si su causación es o no reprochable al autor) al *Derecho penal de culpabilidad*, ha sido descrito muchas veces con relativa exactitud.[6] Pero es preciso valorar con

---

3 Para formarse una idea aproximada de la magnitud de la polémica, puede consultarse la impresionante bibliografía contenida en JIMÉNEZ DE ASÚA, V, antes de 1473, págs. 13 y sigts., teniendo en cuenta que data de hace poco menos de sesenta años y que en estas casi seis décadas se ha sumado a ella una cantidad apreciable de trabajos nuevos. Una exposición sintética más o menos reciente, HIRSCH, I, págs. 149 y sigts.

4 Cuando en CURY, *Orientaciones*, 17, antes de I, pág. 176, afirmé que a la realización de tal principio solo se oponían "los casos –por fortuna, *cada vez más raros*– de responsabilidad objetiva", expresé una opinión optimista que la evolución legislativa ha contradicho de manera desalentadora. Véase, al respecto, infra, bb). Sin embargo, la frase final del párrafo citado ha de ser mantenida y subrayada enérgicamente: la extensión de la responsabilidad objetiva a casos nuevos no *ha de ser óbice para continuar luchando por su desaparición total.*

5 Especialmente enfática en este sentido es la Declaración de Principios del C.P.T. aprobada en la primera sesión de Santiago de Chile (4 a 16 de octubre de 1963) cuyo párrafo VI establece: "No hay delito sin culpabilidad. Las leyes penales deben proscribir toda forma de responsabilidad objetiva".

6 Véase LISZT, II, § 36, II, págs. 300 y sigts.; MEZGER, II, § 34, II, págs. 31 y sigts.; RICARDO NÚÑEZ, *Bosquejo de la culpabilidad,* en GOLDSCHMIDT, II, págs. XV y sigts. Sobre la evolución del concepto en la ciencia del Derecho penal, infra aa).

prudencia el esquematismo de tales exposiciones, pues el desarrollo aludido ha experimentado innumerables vicisitudes que en la síntesis no siempre es posible subrayar. Así, hoy existen motivos para pensar que en pueblos tan primitivos como nuestros fueguinos se otorgaba ya una cierta significación a la posición subjetiva del autor del hecho, mientras que otros más evolucionados, como los mapuches, la ignoraban por completo. Hasta ahora nunca se ha sabido con exactitud el grado de desenvolvimiento que alcanzó la exigencia de culpabilidad en el Derecho romano, pues mientras MOMMSEN estima que prescindieron de ella, FERRINI opina que siempre se le atribuyó importancia.[7] Existe cierto acuerdo en el sentido de que el Derecho canónico contribuyó a suavizar el rudo objetivismo del ordenamiento primitivo germano,[8] pero siempre se destaca, con razón, que esa normativa provocó una grave perturbación del progreso hacia un Derecho penal de culpabilidad, al introducir e imponer por algún tiempo la institución del *versari in re illicita*.[9] Durante largo tiempo, incluso, la tendencia a subjetivizar solo se expresa en la impunidad que se acuerda a ciertos incapaces (menores, enfermos mentales),[10] de la cual no se extraen consecuencias ulteriores que a nosotros, en cambio, nos parecen obvias. No hay, pues, una línea de evolución limpia y fluida sino, como siempre ocurre en la historia del perfeccionamiento humano, un recorrido sinuoso que muchas veces transcurre por senderos extraviados.

Por otra parte, MEZGER observa acertadamente que las causas de este proceso nos son desconocidas.[11] Afirmar que se deben a una "espiritualización" de las costumbres primitivas motivada por la influencia del pensamiento ético-religioso es insuficiente, porque en ese ámbito también se admite durante mucho tiempo una responsabilidad por el acaso, y en el Antiguo Testamento los primogénitos egipcios pagan con la vida por los actos del Faraón. Así pues, antes de subjetivizar el Derecho, el pensamiento ético-religioso tuvo que "espiritualizarse" él mismo. Parece razonable, en cambio, suponer que el fenómeno ha sido determinado por el "sentido de la pena".[12] En algún momento la sociedad se percató de que era insensato castigar a quien no podría exigirse una conducta distinta de la que ha

---

7 Cfr. NÚÑEZ, *Bosquejo de la culpabilidad, cit.* II, pág. XVII; en el mismo sentido de FERRINI, FERRAJOLI, 35, 1, pág. 488.

8 Así, entre otros, NOVOA, I, 262, pág. 410, y NÚÑEZ, *Bosquejo de la culpabilidad,* cit. II, pág. XVII.

9 SOLER, II, § 34, I, pág. 4. Sobre ello supra § 19, III, f).

10 MEZGER, II, § 34, II, págs. 31 y 32.

11 Cfr MEZGER, *Libro de estudio*, I, § 52, pág. 193.

12 Ídem.

observado, pues significa hacerlo expiar un hecho que le es ajeno, que "no le pertenece", y porque en circunstancias similares nadie se dejará detener por el temor de sufrir una pena semejante, ya que su amenazante evocación no podría alterar la realidad de la situación. Eso explicaría, asimismo, que las primeras reacciones se refieran a los niños y enfermos, en quienes la ineptitud para la motivación por el mandato se evidencia de manera ostentosa y estable, y su percepción es, además, favorecida por estímulos emocionales.

En todo caso, el concepto de culpabilidad como elemento del delito es de data reciente. Todavía en 1801 FEUERBACH habla de "fundamento subjetivo de la punibilidad" y los conceptos de "culpa", "culpabilidad", "culpable", se emplean de manera imprecisa, usándolos en el sentido que se les da en el lenguaje común.[13] En Italia, en 1859, CARRARA aún se refiere a "la fuerza moral subjetiva del delito".[14] Probablemente uno de los primeros en aludir a la culpabilidad como componente del delito es MERKEL,[15] ya bien entrado el siglo XIX, muy poco antes de que su discípulo LISZT consolide lo que se considerará la estructura del hecho punible hasta nuestros días.

A pesar de esta aparición tardía en la dogmática penal, ya en el último tercio del siglo pasado la culpabilidad como elemento del delito es objeto de ácidas críticas y se habla decididamente de excluirla de una sistemática futura, en la que solo aparecería como un estorbo irracional y, por consiguiente, inútil.[16] Así se entiende la acogida que reciben los puntos de vista de autores como JAKOBS, para los cuales el concepto no es más que un producto residual de la prevención general positiva, de la cual dependen sus límites y su eficacia. En el presente, sin embargo, surgen voces que se oponen a esa desvalorización del concepto que, comoquiera que sea, continúa erigiéndose en baluarte de los derechos del inculpado y, en consecuencia, como requisito fundamental de la punibilidad.[17] Todo esto tiene que ser examinado un poco más en detalle en los apartados siguientes.

bb) La evolución a que se refiere el apartado anterior no puede considerarse concluida, pues a ello se oponen, en el presente, además de las opiniones

13 FEUERBACH, § 84, y sigts., págs. 99 y sigts.

14 CARRARA, I, §§ 59 al 91, págs. 68 y sigts.

15 MERKEL, § 27, págs. 71 y sigts.

16 Véase, por todos, GIMBERNAT, *Tiene un futuro la dogmática jurídico-penal,* en *Estudios,* II, págs. 142 y sigts.

17 En Chile, véase especialmente KÜNSEMÜLLER, III, 15, págs. 180 y sigts.

adversas al concepto, los casos de responsabilidad objetiva que todavía perduran en nuestra legislación.[18]

1) En primera línea se encuentran aquí los *delitos calificados por el resultado,*[19] que constituyen sin duda la violación más flagrante al principio *no hay pena sin culpabilidad,* pues al autor no puede dirigirse ningún reproche por la aparición de una circunstancia que ni siquiera fue previsible para él, no obstante lo cual esos tipos enlazan a ella una agravación de la pena.[20]

La existencia de estos delitos en la ley es, desde luego, lamentable.[21] Pero lo más grave es que en la legislación relativamente reciente se percibe una tendencia a fomentar su consagración. Aquí hay que mencionar los arts. 313 c) y 317 del C.P., introducidos por la Ley 17.155, del 11 de junio de 1969, y criticados airadamente por COUSIÑO[22] –¡con toda razón!–. Tales disposiciones revelan un extravío de la sensibilidad legislativa, ante el cual es preciso hacer un enérgico llamado de atención a fin de evitar que emprendamos una regresión hacia etapas culturales superadas.

2) Se discute, en cambio, si constituyen infracciones al principio las presunciones de culpabilidad –aun simplemente legales– como la que se contiene en el inc. segundo del art. 1° del C.P.[23] En opinión de LISZT no es así, "pues si

---

18 En el mismo sentido RIVACOBA, *El principio de culpabilidad en el Código Penal chileno,* en *Actas de las jornadas internacionales de Derecho penal en celebración del centenario del Código Penal chileno,* Valparaíso, 1975, 1,2, págs. 54 y 55.

19 Supra, § 20, I.

20 Este punto de vista es prácticamente unánime en la literatura. Véase por todos COUSIÑO, I, § 137, págs. 878 y sigts.; CURY, *Orientación,* 12, I, págs. 132 y 133; ETCHEBERRY, I, pág. 326; GARRIDO, II, 79, págs. 178 y 179; JIMÉNEZ DE ASÚA, *La ley y el delito,* 244, págs. 384 y 385; LISZT, II, § 36, III, 3, págs. 394 y 395; MEZGER, II, § 34, II, págs. 44 y 45; LABATUT, I, 106, págs.., 116 y 117; NÁQUIRA, I, pág. 473; POLITOFF, 9, § C, b), págs. 437 y sigts.; POLITOFF-MATUS-RAMÍREZ; 12, § 1, págs. 251 y sigts., quienes se aproximan a la opinión de NOVOA, en el sentido de negar la existencia de esta clase de delitos en nuestro Ordenamiento positivo, RIVACOBA, *El principio de culpabilidad,* cit. II, 4, c), págs. 92 y sigts.; RODRÍGUEZ DEVESA, I, pág. 423. Una opinión parcialmente discrepante en HIRSH, II, págs. 287 y sigts.

21 La opinión de NOVOA, que la rechaza, cuenta ahora con la adhesión de POLITOFF, MATUS y RAMÍREZ, pero no coincide con la práctica y es, por desgracia, insostenible. Al respecto, aparte de lo expuesto supra § 20, I, véase RIVACOBA, *El principio de culpabilidad, cit.* II, 4, págs. 92 y sigts.

22 COUSIÑO, I, § 137, págs. 879 y sigts.

23 Tiene razón RIVACOBA, *El principio de culpabilidad, cit.,* II, 4) d) pág. 87, cuando sostiene que para estos efectos da lo mismo que esa disposición se entienda como presunción de

el Derecho admite la culpabilidad como demostrada, hasta que no se pruebe lo contrario, reconoce, de este modo, que sin ella [...] no puede ni debe aplicarse una pena".[24] Por el contrario, MEZGER cree que tales presunciones vulneran el principio, "pues hacen *posible* la aplicación de una pena sin que se haya demostrado la culpabilidad del sujeto".[25]

La opinión correcta es esta última. El propósito de facilitar la prueba de componentes subjetivos –ciertamente, difícil en muchos casos– no justifica la creación de un riesgo de injusticias.[26] Contra la opinión de NOVOA,[27] habla la historia de innumerables casos judiciales en los que la presunción se ha transformado en un recurso para quebrantar el *in dubio pro reo.*

3) Como se ha dicho, también el *versari in re illicita* constituye una infracción al principio de que "no hay pena sin culpabilidad"[28]. Sin embargo, de acuerdo con lo expuesto, en mi opinión esta institución no rige en el Derecho chileno; por consiguiente, no es del caso insistir en ella.

4) Constituyen también un atentado en contra del principio todos aquellos casos en que la imposición de la pena se vincula no a la culpabilidad, sino a la *peligrosidad, temibilidad* o, en general, al *carácter* del autor[29]. En efecto, la idea de imponer una pena finalista, con puros propósitos de aseguramiento y sin consideración a la reprochabilidad del autor por el acto concreto, equivale al establecimiento de una responsabilidad objetiva. Se reacciona en contra del agente no *por lo que ha hecho*, sino *por cómo es*; y, naturalmente, esto último no es sino el

---

dolo, como lo hace la opinión dominante, o de culpabilidad (libertad), como lo hago en el texto, especialmente infra, § 28, II, b), bb). En ambos casos la cuestión relativa a la violación del principio "no hay pena sin culpabilidad" se plantea de la misma manera.

24 LISZT, II, § 36, III, 1, pág. 304. En el mismo sentido NOVOA, I, 311, págs. 491 y sigts., quien, además, defiende la presunción contra lo que considera ataques de "teorizantes" (pág. 491). Pero aquí no está solo en juego una cuestión teórica, sino también el contraste entre la exigencia de reconocimiento de los derechos de la persona a un tratamiento justo y la pretensión punitiva del Estado. La misión del Derecho penal no es castigar tanto como sea posible, sino solo cuando se haya acreditado realmente que es justo hacerlo.

25 MEZGER, II, § 34, pág. 45 (el énfasis es mío). Así también RIVACOBA, *El principio de culpabilidad, cit.*, II, 4, d), págs. 86 y 87.

26 FERRAJOLI, 35, 6, pág. 502.

27 Supra, nota 23.

28 Supra, § 19, III, f).

29 Así, en especial, FERRAJOLI, 21, 5, págs. 270 y sigts., 35, 5, pág. 496 y 36, 3, pág. 508; en contra, ENGISCH, *La teoría, passim*, pero especialmente, págs. 125 y sigts.

resultado de un conjunto de factores causales, respecto de los cuales la persona carece de control o solo lo tiene muy limitado y prácticamente nunca decisivo.

La ley chilena no consagra referencias a estos criterios. Sin embargo, ellos se han deslizado en la construcción de ciertos delitos de estado, de los cuales el caso más ostentoso –la *vagancia*– fue suprimido por la Ley 19.567 de 1998, conjuntamente con la *mendicidad*. Hoy, por consiguiente, solo pareciera subsistir una figura mal construida de *promoción o facilitación de la prostitución de menores de edad* en el art. 367 C.P.[30] Las manifestaciones más acentuadas de este tipo de desviaciones se encuentran en el ámbito de las circunstancias atenuantes y agravantes, en donde la figura de la *reincidencia*, sobre todo, parece gravitar pesadamente contra el Derecho penal de culpabilidad, especialmente después de la desafortunada reforma que la Ley Nº 20.253, de 14 de marzo de 2008, introdujo en los Nºs 15 y 16 del art. 12 C.P.[31] A las consecuencias de estos quiebres tendremos que referirnos brevemente más adelante. [32]

5) También atenta contra el principio de culpabilidad la punibilidad a título de dolo del autor que al incurrir en el hecho estaba embriagado y, por consiguiente, no se encontraba en condiciones de dejarse determinar por los mandatos y prohibiciones de las normas. Todos los razonamientos que se realizan para esquivar esa consecuencia, distinguiendo entre hipótesis de psicosis alcohólica, embriaguez patológica, preordenada, voluntaria, imprudente, fortuita, etc.,[33] no hacen más que soslayar el hecho de que, al momento de embriagarse, el autor no ha realizado siquiera actos preparatorios del hecho punible y que, en cambio, al momento de ejecutarlo, es completamente incapaz de conocer lo injusto de su

30 N. del E.: En Supra§ 3, VI, c) Cury cuestiona dos aspectos del tipo del art. 367 del C.P.: a) la referencia a la personalidad del autor contenida en su inc. segundo, a través de la agravante de habitualidad; y, b) de modo dubitativo, señala que sería una figura "sospechosa" de un desliz de nuestro ordenamiento hacia la punición de un "modo de ser" pues ese delito pareciera "castigar un cierto modo de 'conducción de vida' *(discutible)*".Una postura contraria a ambas críticas puede verse en las notas a pie de página del editor números 358 y 359, respectivamente.

31 En este sentido, especialmente BACIGALUPO, *Acerca De la personalidad y la culpabilidad en la medida de la pena* en RCP, tomo XXXII, Nº 1 Santiago, 1973, págs. 38 y sigts.; FERRAJOLI, 36, 3, pág. 507; GUZMÁN DALBORA, *Reincidencia y defensas privilegiadas en la denominada "agenda corta" gubernamental en contra de la criminalidad*, en *Doctrinas esenciales*, págs. 725 y sigts.; KÜNSEMÜLLER, *La circunstancia agravante de reincidencia*, en *Doctrinas esenciales*, II, págs. 875 y sigts.; Náquira, I,, pág. 474.

32 Infra, § 33, II, c), cc).

33 Infra, § 27, II, b), cc).

actuar o de dejarse determinar por ese conocimiento; es decir, en estos casos ni siquiera es posible encontrar alguna justificación plausible en la figura –de suyo sospechosa– de las *actio liberae in causa.*[34]

6) Finalmente, constituyen una infracción al principio de culpabilidad las disposiciones penales que equiparan la culpa al dolo, dándoles el mismo tratamiento punitivo, como ocurre en los arts. 229 y 495 Nº 21 del C.P.[35] Con ello se desdibuja la intensidad del reproche de culpabilidad que corresponde a cada una de las correspondientes conductas típicas.

Por otra parte, en mi opinión, las leyes a que me he referido en los párrafos precedentes son ahora *inconstitucionales.* En este punto, cobra especial importancia el art. 1º inc. primero de la C.P.R., con arreglo al cual "las *personas* nacen libres e iguales *en dignidad* y derechos." Aunque ciertamente la forma de expresarse de la Carta Fundamental es ambigua, de acuerdo con mi punto de vista esta disposición afirma y garantiza la *dignidad* de la *persona humana* y, con ello, su derecho a ser tratada siempre como un "fin en sí mismo y nunca como un medio". [36] Pero, precisamente, esto se infringe cuando para castigarlo se lo trata como un objeto irracional, al cual puede maltratarse de acuerdo con las necesidades preventivas del Estado y sin tener en cuenta su libertad; es decir, cada vez que se lo sanciona prescindiendo de si su comportamiento ha sido o no culpable.[37]

Este criterio debe afirmarse especialmente respecto a los *delitos calificados por el resultado.* En efecto, con arreglo al art. 19, Nº 3º inc. 6º de la C.P.R., "la ley no puede presumir de derecho la responsabilidad penal". Ahora bien, por *responsabilidad* debe entenderse el conjunto de los presupuestos que permiten atribuir un hecho a su autor, "cargarlo a su cuenta", pedirle que "conteste" (responda) por él como por una "afirmación suya". Ello presupone la existencia de una acción *que pertenece psicológicamente al agente,* en la cual no puede sostenerse que este intervino únicamente como un objeto accionado por las fuerzas de la naturaleza o por la conducta de un tercero, o a consecuencias de un error insalvable que le impidió conocer su verdadero significado; presupone, por consiguiente, *dolo* o,

---

34 Infra, § 27, I, d).

35 KÜNSEMÜLLER, II, 5, pág. 79.

36 KANT, *Metafísica de las costumbres, cit.,* pág. 166.

37 Sobre la concepción elaborada por los juristas alemanes en base a un texto constitucional semejante, véase FRISTER, 3, I, número marginal 1, pág. 73; WERNER MAIHOFER, *Estado de Derecho y Dignidad humana, passim,* pero, sobre todo, B, págs. 44 y sigts. El mismo criterio es sostenido por CEREZO, I, XXIV, pág. 851 frente a la Constitución y la ley españolas.

cuando menos, *imprudencia* que haga posible el establecimiento de un reproche. Así pues, *la existencia de la vinculación subjetiva con el acto es uno de los componentes de la responsabilidad que la norma constitucional prohíbe presumir de derecho.* Pero si es inconstitucional presumirla *jure et de jure, con mucha mayor razón ha de serlo prescindir de ella, ignorarla, como se hace precisamente cuando se consagra un delito calificado por el resultado.* Esto me parece indiscutible.[38]

cc) La afirmación de que la imposición de la pena presupone la realización culpable del hecho típico encuentra su límite en los casos de *accesoriedad*,[39] en los cuales se castiga la actividad del partícipe –que en sí no realiza el núcleo de la conducta descrita por la ley– o la del coautor –que se encuentra en la misma situación o puede realizarla solo parcialmente–, aunque el autor principal o el coautor, en su caso, solo haya obrado de manera antijurídica.[40] Así, es punible el inductor [41] de un enfermo mental –inimputable– o el cómplice que a conciencia de la antijuridicidad de la conducta coopera con quien carece de ella y está, por consiguiente, exculpado. En estos casos el hecho principal, *que solo es ilícito*, sirve, sin embargo, para fundamentar la punibilidad del partícipe.

Por otra parte, el principio de que no hay pena sin culpabilidad debe ser interpretado estrictamente. Solo la reacción punitiva requiere como presupuesto de su imposición la concurrencia de la reprochabilidad personal. En cambio, las medidas de seguridad y corrección pueden ser decretadas contra quien únicamente ha ejecutado un acto típico y antijurídico (menores, enfermos mentales, etc.).[42]

dd) La culpabilidad no solo es el fundamento de la imposición de la pena sino, además, el criterio determinante de su magnitud: *la culpabilidad es la medida de la pena*[43].

---

38 Otra opinión en ETCHEBERRY, I, pág. 68, el cual piensa que "la disposición constitucional prohíbe presumir de derecho la culpabilidad en los casos en que estas es exigible según la ley, pero no excluye la posibilidad de una ley que establezca casos de responsabilidad objetiva, es decir, en que la culpabilidad no se presume sino que simplemente se prescinde de ella y se sanciona un hecho haya o no culpabilidad". Con reservas KÜNSEMÜLLER, I, 3, pág. 34. Como en el texto COUSIÑO, III, § 195, II, 1 B, págs. 11 y sigts.

39 Con detalle, infra, § 40, II.

40 MEZGER, *Libro de Estudio*, I, 53, pág. 194.

41 N. del E.: estrictamente es un caso de autoría mediata.

42 MAURACH-ZIPF, I, § 30, II, números marginales 31 y 32, págs. 526 y 527; MEZGER, *Libro de estudios*, I, § 52, págs. 193 y 194; infra, § 56, II, a).

43 POLITOFF, 9, § 1, B, c), pág. 432.

En el presente esta afirmación es objeto de críticas.[44] Se destaca, en especial, que tal medida no puede independizarse de la magnitud del injusto. A un homicidio, por lo general, corresponde una sanción más severa que a unos daños, aunque el autor del primero haya obrado en circunstancias que atenuaban su responsabilidad, y el de los segundos, en cambio, en condiciones extremadamente censurables. El simple cómplice debe ser menos castigado que el autor, y el que ha perpetrado un delito consumado más que quien solo incurrió en una tentativa.

En mi opinión estas objeciones no son convincentes.

Por supuesto que el punto de partida en la determinación de la pena lo proporciona la gravedad del injusto.[45] Pero esta, a su vez, solo cobra eficacia en tal sentido en cuanto, al ser asumida conscientemente por el hechor, se le puede reprochar también a él personalmente como una elección suya (por ejemplo, a causa de que ha preferido ejecutar un homicidio en lugar de unas lesiones menos graves, o un robo con violación en lugar de un simple hurto). Así pues, la censura que se dirige al agente no se refiere a su actitud subjetiva considerada en abstracto, sino en relación a un ilícito definido que él ha querido ejecutar pudiendo abstenerse de hacerlo. Es, pues, exacto GOLDSCHMIDT cuando dice que "el interés que la comunidad jurídica tiene en que no se viole o amenace un bien jurídico, se traduce en las representaciones de valor de sus componentes y, de este modo, influye en la determinación de la gravedad de la culpabilidad", y que "cuanto más graves fueron las consecuencias previstas o previsibles del hecho, tanto más poderosamente debió obrar la previsión de la seguridad o posibilidad de su realización o el conocimiento de las circunstancias de hecho fundamentadoras de esta posibilidad".[46]

Esto se deduce, además, de la ley positiva, pues en el art. 64, inc. segundo del C.P. establece expresamente que las circunstancias de índole objetiva (ejecución material del hecho o medios empleados para realizarlo) "servirán para atenuar o agravar la responsabilidad únicamente *de los que tuvieren conocimiento de ellas* antes o en el momento de la acción o de su cooperación para el delito"; esto es, precisamente, en la medida en que aumentan su reprochabilidad, por

---

44 En especial, véase ETCHEBERRY, *La culpabilidad como fundamento y medida de la pena*, cit., II, págs. 9 y sigts.; RIVACOBA, *El principio de culpabilidad en el Código Penal chileno, cit.* I, 2, págs. 55 y sigts quien, incluso, lo estima "simplista".

45 JESCHECK-WEIGEND, § 39, IV, 3, pág. 461.

46 GOLDSCHMIDT, *La concepción normativa*, III, págs. 43 y 44. Este punto de vista es dejado de lado por ETCHEBERRY, *La culpabilidad como fundamento y medida de la pena, cit.*, II, págs. 13 y 14.

cuanto, habiéndose incorporado a su conciencia, aumentaron la intensidad de la contramotivación. Y esto, que es válido para las circunstancias agravantes y atenuantes objetivas, no puede sino serlo también para los elementos objetivos del tipo, fundamentadores del injusto.[47]

Por otra parte, en situaciones excepcionales puede suceder, incluso, que cierto ilícito se haga objeto de un reproche –y, por eso, de una pena– inferior a la de otro que es, en sí, considerablemente menor. Piénsese, por ejemplo, en el caso de un muchacho que goza de irreprochable conducta anterior y da muerte a un tercero en defensa de su madre a quien aquel agredía ilegítimamente, pero excediéndose un tanto en la magnitud de la reacción. En esas condiciones, aun dentro de nuestro complicado sistema para determinarla, la pena del homicida puede ser más benévola que la de un hurto precisamente a causa de su escasa reprochabilidad.

Así pues, la medida de la pena es determinada por la culpabilidad que, parcialmente, depende de la del injusto, pero es, además, derivada de otros factores cuya mayor o menor incidencia es muy variable según las circunstancias.

Sin embargo, con arreglo a lo que se ha expuesto sobre la naturaleza y el fin de la pena, el principio aquí discutido tiene un valor relativo, pues la magnitud de la culpabilidad *solo establece el límite máximo a la medida de la sanción.*[48] Consideraciones relativas a los objetivos de *prevención general* o *especial* pueden aconsejar y decidir la imposición de una pena cuya magnitud esté *por debajo* de la culpabilidad.[49] En algunos casos esto ocurre incluso por disposición expresa de la ley, como cuando en la tentativa y el delito frustrado establece una reducción de la pena,[50] o en los delitos imprudentes donde, con arreglo a los arts. 490 y sigts. del C.P., solo se impondrá la sanción correspondiente al resultado menor efectivamente ocasionado, aunque para el autor fuese también previsible –y por eso reprochable– la realización de uno más grave.[51] [52]

---

47 En el mismo sentido WELZEL, *Nuevo sistema,* V, II, págs. 81 y 82.

48 Supra, § 2, III, b), cc).

49 En este sentido ROXIN, § 3, números marginales 46 y sigts., págs. 99 y sigts.; *La culpabilidad como criterio limitativo de la pena,* en RCP, tomo XXXII, N° 1, Santiago, 1973, especialmente V, págs. 18 y 19; *Cambios en la teoría de los fines de la pena,* en *La teoría del delito,* págs. 83 y 84. Pero su fundamento es diferente.

50 Supra, § 1, III, c), dd), 3.

51 En esta última situación, la inversa en cambio no es válida: si solo era previsible la causación de un resultado menos grave, no será posible imponer la pena correspondiente al más severo que a causa de circunstancias excepcionales se produjo realmente.

52 Estos dos casos se invocan por ETCHEBERRY en su argumentación crítica, *La culpabilidad como fundamento y medida de la pena, cit.,* II, págs. 9 y 10. Creo que la explicación del texto

II. LA EVOLUCIÓN DEL CONCEPTO DE CULPABILIDAD

El concepto de culpabilidad experimentó, hacia fines del Siglo XIX y en la primera mitad del XX, una evolución *fundamental,* cuya proyección sobre la teoría del delito –y aun sobre la teoría general del Derecho– exige presentarla aquí en sus líneas gruesas.

A) Teoría psicológica de la culpabilidad

Durante la segunda mitad del siglo XIX y los principios del XX, las tendencias naturalistas que imperaban en la ciencia habían encontrado también acogida en la del Derecho penal. Como expresión de ese pensamiento naturalista, en el ámbito de la culpabilidad se impuso una concepción psicológica de ella, de acuerdo con la cual esta se agota en la existencia de un *vínculo de naturaleza psicológica* que enlaza al autor con su acto.[53] El *dolo* y la *imprudencia (culpa)* son los dos modos de presentación de esa relación psicológica de las cuales la *imputabilidad* es el presupuesto.[54] En consecuencia, dolo e imprudencia *son la culpabilidad*, constituyen *especies* del *género* culpabilidad, cuyo contenido colman por completo.

Este punto de vista corresponde, además, a la visión determinista que predomina en la segunda mitad del siglo XIX.[55] En efecto, donde no es posible anudar un reproche al acto que libremente infringe la norma, la culpabilidad tiene que ser reducida a una pura relación psicológica, aunque con ello pierda gran parte de su significación,[56] que se limita a excluir la punibilidad del caso fortuito y, con eso, la responsabilidad por el resultado.[57]

---

supera sus objeciones, así como la que dirige NOVOA a mi concepción sobre el papel del resultado en los delitos imprudentes en *Causalismo y finalismo*, V, 21, pág. 122.

53 Véase especialmente LISZT, II, § 36, I, 1, pág. 388; NÚÑEZ, *Bosquejo de la culpabilidad, cit.*, I y sigts., págs. XV y sigts.; SOLER, II, § 34, IV y V, págs. 8 y sigts. En cambio, creo que es incorrecto incluir aquí a BELING quien, si bien parte de un punto de vista psicologista, no es determinista y, además, en su concepto de la culpabilidad incluye una referencia a la "reprochabilidad"; véase BELING. §12, I, pág. 30 y § 13, I, pág. 32.

54 SOLER, II, § 34, VII, págs. 19 y sigts.

55 JESCHECK-WEIGEND, § 38, II, 2, pág. 450.

56 MAURACH-ZIPF, I, § 30, II, A, número marginal 15, pág. 518: "Este período, inspirado por el pensamiento naturalista [...] no conoció en realidad un concepto material de culpabilidad y, en los casos excepcionales en que recurrió a él, no supo que hacer".

57 BACIGALUPO, *Acerca de la personalidad y la culpabilidad en la medida de la pena, cit.*, II, pág. 40.

b) Crítica de la teoría psicológica

La teoría psicológica de la culpabilidad, si bien proporciona una noción sencilla y clara de ese concepto, estaba destinada al fracaso, especialmente porque en muchas situaciones resultaba inservible para la práctica. Las críticas que se levantaron en su contra encontraron una síntesis en la obra de REINHART FRANK, fundador de una teoría normativa de la culpabilidad, y en la de sus seguidores más inmediatos, JAMES GOLDSCHMIDT y BERTHOLD FREUDENTHAL. Los reparos más importantes son los siguientes:

aa) Si la culpabilidad es tan solo el vínculo psicológico que enlaza al actor con su actos –esto es, dolo o culpa–, ello significa la imposibilidad de medirla o, en todo caso, la reduce a límites insuficientes. En efecto, todavía cabe para esta concepción distinguir entre la gravedad de las dos "especies" de culpabilidad e incluso dentro de la primera puede intentarse la separación del dolo directo y eventual, aunque la mayor parte de la literatura prescinde de ella, como también lo hace la ley positiva. Pero si se ha decidido que el autor obró con dolo directo, ya no es posible ir más lejos pues este, como estructura psicológica, no admite magnitudes: simplemente existe o no. Y otro tanto ha de afirmarse de la imprudencia en los casos en que puede concebírsela como vínculo psíquico.[58]

Y, sin embargo, la culpabilidad puede ser medida más allá de la diferencia entre dolo y culpa. Para reconocerlo no es necesario siquiera ser jurista. Usando el conocido ejemplo del cajero,[59] FRANK demuestra que hechos enteramente semejantes desde el punto de vista psicológico pueden ser enjuiciados de modo diverso desde el de la culpabilidad.

La idea de que alguien es más o menos culpable pertenece al acervo popular. Pero como esa cuantificación no puede hacerse en relación al vínculo psicológico, cuya inmutabilidad es manifiesta, debe concluirse que la culpabilidad no

---

58 Así también, sobre todo, BACIGALUPO, *Acerca de la personalidad y la culpabilidad en la medida de la pena, cit.*, II, pág. 40.

59 FRANK, *Estructura*, 2, pág. 228: "El cajero de una empresa y un cartero repartidor de valores cometen defraudación cada uno por su lado. El primero tiene una buena situación y carece de familia, pero tiene amantes dispendiosas. El segundo se gana apenas la vida. Tiene una mujer enferma y numerosos hijos pequeños. Si bien ambos saben que se apoderan ilícitamente de dinero ajeno, de manera que en cuanto hace al dolo no media diferencia alguna, todo el mundo dirá que al cajero le alcanza mayor culpabilidad que al cartero".

es únicamente dolo o imprudencia y que a su estructura pertenece algún otro elemento susceptible de alteraciones cuantitativas.

bb) A la misma solución se llega cuando se contempla el asunto desde otro ángulo.

Los inimputables, los que obran coaccionados o el necesitado actúan indudablemente de manera dolosa o imprudente en su caso.[60] Un niño de cortos años, un paranoico o un individuo aterrorizado pueden, en efecto, conocer y querer la realización del hecho típico o incurrir en una imprudencia.[61] ¿Qué es, pues, lo que está ausente en su comportamiento y determina la exclusión de culpabilidad, no obstante la presencia del dolo o la imprudencia?

cc) Por último, la teoría psicológica de la culpabilidad es inidónea para explicar la naturaleza de la culpa inconsciente, en la cual no se encuentra el menor vestigio de vinculación psicológica entre el autor y el resultado típico.[62] No es raro, por consiguiente, que sean seguidores de esta doctrina quienes contemplan en la culpa un *defecto de inteligencia*, [63] renunciando a la culpabilidad misma y aceptando, siquiera sea de soslayo, la entronización de la responsabilidad objetiva en un vasto sector del ordenamiento punitivo.[64] [65]

---

60 DOHNA, I, B, 2, pág. 60; FRANK, *Estructura*, 2, pág. 34; JESCHEK-WEIGEND, § 38, II, 2, págs., 450 y 451; MEZGER, II, § 33, pág. I. 2, pág. 48; ROXIN, § 19, número marginal 9, pág. 795.

61 Este punto de vista es rechazado por algunos autores psicologistas que, como SOLER, II, VI, págs. 17 y sigts., conciben el dolo normativamente. Que esa valoración baste para subsanar el problema lo rechazan ya expresamente el propio FRANK, *Estructura*, 2, pág. 34; DOHNA, I, B, 2, pág. 60, y MEZGER, II, § 33, II, pág. 13, nota 6 de pie de página.

62 Este defecto de la teoría psicológica ha sido destacado ya por RADBRUCH, a quien cita BAUMANN, § 24, I, pág. 356. Véase, además, DOHNA, I, B, 2, pág. 60; JESCHECK-WEIGEND, § 38, II, 2, pág. 451; MAURACH-ZIPF, I, § 30, II, A, número marginal 15, pág. 519; nótese, sin embargo, que el argumento no es aducido por FRANK.

63 Supra, § 22, II. a).

64 KOLSRAUCH, citado por SCHMIDTHÄUSER, § 10, 3, pág. 284, lo reconocía expresamente. Véase también WELZEL, §19, III, pág. 199.

65 Véase, en el sentido del conjunto del texto, BUSTOS, I, 4.5.1, págs. 1100 y 1101; JAKOBS, 17, números marginales 5 y 6, págs. 568 y 569.

c) Teoría normativa compleja de la culpabilidad

Con el objeto de subsanar esos defectos, FRANK procura reconstruir el concepto de culpabilidad. Conforme a su criterio, culpabilidad es *reprochabilidad*[66]*de la conducta típica y antijurídica;* actúa culpablemente aquel a quien puede reprocharse por haber obrado de manera contraria al Derecho, en circunstancias de que *podía* (y, en consecuencia, le era *exigible*)[67] adecuar a él su conducta.[68] A partir de la 18ª edición de su Comentario al Código Penal alemán (1929), FRANK formula lo que constituye su concepto definitivo en esta materia: "culpabilidad es reprochabilidad de una conducta antijurídica según libertad, fin y significado conocido o cognoscible".[69] De este modo, la estructura de la culpabilidad adquiere una fisonomía compleja. De ella forman parte los siguientes elementos:[70]

aa) La *imputabilidad,* entendida como capacidad de ser culpable, esto es, sujeto de reproche.

bb) El *vínculo psicológico*, que constituye lo que puede denominarse *culpabilidad sustancial*. Puesto que dolo y culpa no constituyen "toda la culpabilidad", ya no tienen la calidad de especies de la misma y asumen la de *elementos integrantes* de la irreprochabilidad".[71]

---

66 FRANK, *Estructura,* 3, pág. 39, reconoce que la expresión *reprochabilidad* (en alemán *Vorwerfbarkeit*) "no es linda". Tampoco lo es en castellano. Pero ha de reconocerse, como lo hacía FRANK, que no conocemos otra mejor.

67 FRANK, *Estructura,* 3, pág. 39.

68 La idea de referir la culpabilidad al *poder* no pertenece a FRANK. La introdujo FREUDENTHAL, *Culpabilidad,* II, págs. 70 a 77, a quien GOLDSCHMIDT, *Concepción,* I, pág. 10, critica por ello. Hoy, sin embargo, se ha impuesto de manera amplia.

69 Citado por GOLDSCHMIDT, *Concepción,* antes de I, pág. 5.

70 FRANK, *Estructura,* 3, págs. 36 y 37, y más extensamente, pág. 40 y sigts. Este esquema, en lo fundamental, se reproduce hasta hoy por BAUMANN, § 24, II, 2, pág. 260. Coincide, además, con el que en la literatura chilena defienden ETCHEBERRY, I, pág. 272: también LABATUT, I, 104, págs. 114 a 117; NOVOA, I, 265, págs. 417 y sigts. y *Causalismo y finalismo,* 5, pág. 40; implícitamente RIVACOBA, *El principio de culpabilidad en el Código Penal chileno. cit.,* 2, pág. 64 y 3 pág. 65. Una posición especial en POLITOFF, 9, § 2, pág. 445 y POLITOFF-MATUS-RAMÍREZ, 12, § 1, A, a), págs. 245 y 246.

71 FRANK, *Estructura,* 3, págs. 38 y 39. Otra opinión en RIVACOBA, *El principio de culpabilidad en el Código Penal chileno,* 3, págs. 38 y 39, con arreglo a la cual "son a la vez especies, formas y grados".

cc) La *normalidad de las circunstancias concomitantes,* es decir, la existencia de una situación que, en el caso concreto, habilite al sujeto para obrar conforme a Derecho, de modo que, si así no lo hace, puede dirigírsele un reproche por haber escogido esa alternativa. FRANK atribuye a este elemento mucha importancia. Puesto que la normalidad de las circunstancias puede ser mayor o menor, de ella depende la *magnitud* del reproche. Cuanto más anormales sean las circunstancias concomitantes, más reducida será la culpabilidad; en ciertos casos, esa anormalidad puede ser tan decisiva que al sujeto ya no le sea posible –en términos generales– adecuarse a las prescripciones del Ordenamiento; en tales situaciones no se le podrá hacer reproche alguno, puesto que *no cabía exigirle una conducta distinta*[72].

La concepción de FRANK transforma la culpabilidad de manera fundamental. Esta deja de ser un vínculo psicológico, susceptible de comprobaciones *naturalistas*, para convertirse en un juicio normativo (de valor) que exige apreciaciones *valorativas.* La teoría psicológica de la culpabilidad cede el paso a una *teoría normativa de la culpabilidad.* [73]

D) Crítica de la teoría normativa compleja; teoría normativa pura de la culpabilidad

Con todo, la teoría normativa de la culpabilidad, tal como la formulan FRANK y sus continuadores, no estuvo exenta de reparos, algunos de los cuales proceden, incluso, de estos últimos. Tres de ellos serán descartados, a mi juicio acertadamente; el último, en cambio, dará lugar a una evolución, originando la llamada *teoría pura de la culpabilidad.*

aa) En primer lugar, se objeta que si la culpabilidad es concebida como juicio de reproche, ello significa que no está "en la cabeza del delincuente sino en la del

72 FRANK, *Estructura,* 3, págs. 41 y 42, cree que esta clase de hipótesis solo se dan en los delitos imprudentes.

73 El punto de vista expuesto, aparte de ser importante en Chile, lo es en Latinoamérica. Véase, por todos, ALBERTO ARTEAGA, *La culpabilidad en la teoría general del hecho punible,* Caracas, 1975, IV, 1 y sigts., págs. 75 y sigts., y *Derecho penal, parte general,* Caracas, 1979, I, XIV, 3, págs. 174 y sigts.; ALFONSO REYES, *La culpabilidad,* Bogotá, 1977, págs. 38 y sigts., quien, si bien asume una posición ecléctica, arranca de sus presupuestos fundamentales, y *Derecho penal, parte general,* Bogotá, 1972, págs. 230 y 231; MIGUEL REALE JUNIOR, *Antijuricidade concreta,* Sáo Paulo, 1974, pág. 94. Pero actualmente las opiniones están muy divididas.

juez".[74] Tal cosa, se agrega, es inaceptable. La conducta es culpable por sí misma, no porque el juez la estime reprochable. Más aún, el reproche con que el tribunal afirma la culpabilidad se debe a que la acción es portadora de elementos cuya existencia suscita esa declaración; en esos elementos y no en el reproche, que es solo una consecuencia de ellos, consiste la culpabilidad.[75]

Aunque la argumentación es exacta, la consecuencia que de ella se extrae, no. Efectivamente, lo que en su esencia constituye la culpabilidad es la *reprochabilidad de la conducta*, es decir, un *desvalor propio de ella,* del que el "juicio de reproche" no es más que la comprobación efectuada por el juez en el caso concreto. La acción es, *en sí* reprochable; el juez, al juzgarlo así, no hace sino una verificación axiológica que manifiesta en la sentencia. Si FRANK pone tanto empeño en destacar que la existencia de la culpabilidad ha de establecerse mediante el juicio de reproche, es porque quiere enfatizar el carácter *normativo* y *valorativo* de ese elemento del delito, insistiendo en que su reconocimiento requiere un proceso de enjuiciamiento y que no bastan, para afirmarlo, meras percepciones sensoriales. Así pues, la culpabilidad es realmente algo que está en la *acción* y no *en la cabeza del juez,* pero ese "algo" no es un mero vínculo naturalístico matizado de valor (*dolo malo*),[76] sino un desvalor que se deriva del conjunto de la conducta antijurídica como obra de su autor.[77]

SOLER rechaza este punto de vista[78] porque el propio FRANK afirma que el concepto de *reprochabilidad* "es alcanzado por vía sintética", pues solo "si se lo concibiera como dado, como directamente empleado por la ley, sus elementos serían verificables por vía analítica".[79] Pero no comprendo lo que se quiere probar con esto. Porque KANT nunca sostuvo que el conocimiento alcanzado por vía sintética corresponde a algo que únicamente existe en el sujeto cognoscente, sino

74 La frase, que se repite con frecuencia, pertenece a VON ROSEFELD, citado por BAUMANN, § 24, I, 2, a), pág. 357.

75 En este sentido la crítica de SOLER, II, 24, IV, pág. 13: "La afirmación de que la culpabilidad es reprochabilidad equivale a decir que la virtud es aprobación, o que la peligrosidad es temor: así como el sujeto es temible porque es peligroso o estimable porque es virtuoso, así también es reprochable porque es culpable". Sin embargo, esta crítica, aparentemente certera, involucra una alteración del pensamiento normativista mediante una modificación del lenguaje. FRANK podría replicar que la virtud no es aprobación, pero sí "aprobabilidad" y que, aunque la peligrosidad no es temor, ha sido denominada también "temibilidad".

76 Como quiere SOLER, II, § 34, V, págs. 15 y 16.

77 Así también ETCHEBERRY, I, págs. 277 y 278; MEZGER, II, § 33, II, pág. 12.

78 SOLER, II, § 34, IV, pág. 12.

79 FRANK, *Estructura,* 3, pág. 40.

solo una propiedad del objeto que no puede deducirse de su concepto. SOLER, con seguridad, lo ha sabido bien. Pero aquí su entusiasmo polémico parece haberlo traicionado, pues sugiere otra cosa.

bb) Una segunda objeción consiste en que la normalidad de las circunstancias concomitantes no puede formar parte del contenido de la culpabilidad. La atribución del acto al sujeto no puede depender de algo que, como las circunstancias concomitantes es, por definición, ajeno tanto al uno como al otro. Hay aquí una contradicción en los términos.

En relación con esto el pensamiento de FRANK siguió una evolución complicada.[80] Acepta al principio la crítica y resuelve que lo decisivo para la culpabilidad es la forma en que las circunstancias se reflejan subjetivamente en el autor, motivando su conducta. Por eso, sustituye el último elemento en la estructura de la "reprochabilidad" y, en lugar de exigir la normalidad de las circunstancias concomitantes, requiere una *motivación normal.* Más tarde imprimirá todavía un nuevo giro a toda la construcción, identificando la "motivación incorrecta" con el dolo o culpa y colocando, junto a ella, un tercer elemento positivo de la culpabilidad, al cual denomina "libertad" o "dominio del hecho", con lo cual alude, evidentemente, al efecto global que causa en la psiquis del autor la mayor o menor normalidad de las circunstancias concomitantes. Así, este será tanto más reprochable cuanto mayor haya sido su "libertad" para adoptar la decisión de obrar con arreglo a las exigencia del Derecho, y esa "libertad" será más grande cuanto más normales sean las circunstancias que rodean al hecho. Con ciertas variantes, relativas sobre todo a la función de las motivaciones, este será el criterio que prevalecerá en lo sucesivo. Entretanto, la idea de que aquí lo que importa es determinar si al sujeto, en las circunstancias concretas en que actuó, *le era exigible comportarse según los dictados del Derecho,* que alcanzará gran difusión en lo sucesivo, es mérito de BERTHOLD FREUDENTHAL[81], quien incorporó el concepto al dolo, negando su existencia como elemento integrante autónomo de la culpabilidad.

cc) Es otro normativista, JAMES GOLDSCHMIDT, quien propone una cuestión cuya solución incluye, en cierto modo, la de las dos a que nos referíamos

80 Esta aparece descrita sintéticamente en GOLSCHMIDT, *Concepción*, antes de I, págs. 4 y 5.
81 FREUDENTHAL, *Culpabilidad, passim*, pero en especial, II, pág. 72, III, págs. 82 y 83 y IV, pág. 88.

en los párrafos precedentes. Consiste en que, si la culpabilidad es un concepto referido al valor, hay que precisar la norma en relación a la cual ha de expresarse el juicio de reproche. En su opinión, junto a la norma de *valoración* conforme a la cual se pronuncia el juicio de *antijuridicidad,* ha de encontrarse una norma de *determinación* a la que se refiere el juicio de *culpabilidad.* En tanto aquella nos dice "debes obrar de esta manera", esta reza de la siguiente forma: "déjate motivar conforme a las exigencias del deber, porque en las circunstancias presentes eso te es exigible". La norma de determinación aparece así como una regla autónoma y paralela a la de la norma de valoración y con un contenido propio.[82]

Con toda razón esta dualidad de normas ha sido rechazada[83] argumentando que, si entre las de valoración y determinación existiera autonomía, tendría que encontrarse siquiera un caso en que la conducta, no obstante ser adecuada a la primera, infringiera la segunda. Eso no tiene sentido.[84] La conducta adecuada al valor no requiere, desde el punto de vista jurídico, estar motivada correctamente ni, en rigor, podría estarlo, porque el Derecho no hace exigencia alguna a su respecto.

No hay pues, más norma que la jurídica, pero ella cumple dos funciones distintas, si bien no autónomas: por un lado, *valora,* por el otro, *determina.* Son estas, según dice MEZGER, como las dos caras de una moneda. La norma es una sola; sus cometidos, dos. En esta forma, la cuestión propuesta por GOLDSCHMIDT queda resuelta a partir de sus planteamientos, en forma de conservar la unidad del Ordenamiento y evitar confusiones entre antijuridicidad y culpabilidad.[85]

Aparte de esto, hay que hacer notar que el principal aporte de GOLDSCHMIDT al desenvolvimiento de la teoría normativa consiste en haber introducido en ella la idea de "formación incorrecta de la voluntad" con la cual funcionará en lo sucesivo toda la doctrina adepta a este punto de vista.

dd) La teoría finalista recogió el concepto de culpabilidad elaborado por FRANK, pero le introdujo modificaciones que han dado origen a una *teoría*

82 GOLDSCHMIDT, *Concepción,* I, págs. 7 y sigts.

83 MEZGER, II, § 34, I, págs. 24 y sigts.

84 Los ejemplos propuestos por GOLDSCHIMIDT, *Concepción,* I, págs. 12 y sigts., no son convincentes. Véanse, al respecto, la cita de MEZGER a que se refiere la nota anterior y el comentario de RODRÍGUEZ MUÑOZ en la pág. 25.

85 Algunas reservas sobre esta forma de practicar la distinción entre culpabilidad y antijuridicidad en GALLAS, *La teoría del delito en su momento actual,* V, págs. 61 y sigts. Sobre los presupuestos filosóficos de la concepción de GODSCHMIDT, véase NÚÑEZ, *Bosquejo de la culpabilidad, cit.,* XVI, págs. XXXI y XXXII.

normativa pura de la culpabilidad la cual, prescindiendo de su origen, actualmente es dominante en el mejor Derecho comparado.

A juicio de este punto de vista, la concepción de FRANK no es verdaderamente normativa, porque en ella se confunden *el juicio de valoración* y *el objeto valorado*. Dolo e imprudencia, en efecto, son elementos fácticos sobre los cuales se pronuncia también el juicio de reproche. No se advierte el motivo por el cual esos "cuerpos extraños" deben permanecer en el ámbito normativo de la culpabilidad, en lugar de alojarse donde pertenecen, esto es, en el seno de la acción típica. En tanto objetos de la valoración,[86] ese es el emplazamiento que le corresponde y solo de esta manera puede obtenerse un concepto normativo de la culpabilidad exento de impurezas naturalistas.[87]

Al efectuar el traslado del dolo y la imprudencia al tipo, los autores finalistas tienen que despojarlos de los elementos de valor que se les atribuían en la concepción tradicional. Ya no puede hablarse de un dolo malo. El dolo es *un concepto libre de valor,* pues solo así puede encontrar un asiento en el ámbito del tipo. En último término, esto significa independizar la *conciencia de la antijuridicidad* del dolo y de la imprudencia, convirtiéndola en *elemento autónomo de la culpabilidad*.[88] Las consecuencias de esta revolución conceptual son numerosas.

---

86 DOHNA, I, B, pág. 40. Debe hacerse notar, sin embargo, que DOHNA no es un partidario de la teoría finalista, aunque se lo suele citar como precursor de ella.

87 Véase en general, JAKOBS, 19, números marginales 13 y sigts., págs. 572 y sigts.; JESCHECK-WEIGEND, § 38, II, 4, págs. 451 y 452; MAURACH-ZIPF, I, § 30, II, número marginal 22, págs. 522 y 523.

88 Aparte de los autores citados en la nota anterior, véanse en este sentido BACIGALUPO, 5, 5, págs. 85 y sigts.; BULLEMORE-MACKINNON, II, págs. 135 y 136 y págs. 144 y sigts.; BUSTOS, I, 46, págs. 1129 y sigts.; CEREZO, COUSIÑO, I, § 122, págs. 688 y sigts.; FRAGOSO, *Licoes de Directo Penal,* Sao Paulo, 1976, I, 18, 177, págs. 211 y sigts.; FRISTER, 11, números marginales 2 y 3. págs. 219 y 220; ROXIN, § 19, número marginal 1, pág. 791; MIR, 20, número marginal 18, págs. 520 y 521; STRATENWERTH, § 10, II, números marginales 54 y sigts, págs. 249 y sigts.; VARGAS, V, 3, págs. 127 y 128; WELZEL, § 19, IV, pág. 201 y *Nuevo sistema,* V, III, pág. 83; con una variante determinada por su concepción sobre la doble posición del dolo, JEXCHECK-WEIGEND, § 39, IV, pág. 460. Pero también se debe mencionar a autores cuya sistemática continúa fundándose en la teoría normativa tradicional o compleja. Así, BOCKELMANN, *Relaciones entre autoría y participación,* pág. 63, aunque conserva el dolo en la culpabilidad, afirma: "Por tanto, no puede haber ninguna duda sobre la posibilidad de un dolo indiferente de culpabilidad, en cuanto puede demostrarse que, en la realidad, existe una voluntad de acción en el conocimiento de la situación de hecho también cuando falta la capacidad de imputación o la libertad de decisión. Pero esa demostración ha sido hecha hace ya mucho y no queda de ello ninguna duda". Y en la pág. 73:*"El dolo no abarca la conciencia del injusto"*. En el mismo sentido, POLITOFF, 9, § 3, B, págs. 447 y sigts. En la literatura chilena más reciente, en contra LUIS ORTIZ, *Dolo*

Algunas se desarrollarán someramente en los apartados siguientes. En cuanto a los fundamentos en que descansan, es preciso tener en cuenta lo expuesto respecto al sistema en su conjunto.

En relación con esto, ETCHEBERRY defiende un punto de vista diferente,[89] para el cual también reclama la designación de "finalista".[90] Con arreglo a su criterio, la finalidad es, efectivamente, un elemento integrante de la acción, pero el dolo, entendido como concepto desvalorado y portador de la conciencia de la ilicitud, forma parte de la culpabilidad. En su concepto, para la lengua española el dolo ha sido y sigue siendo voluntad mala, antijurídica; por eso la situación de nuestra doctrina en este punto es distinta de la alemana, que emplea la expresión neutra *Vorzats*, capaz de referirse lo mismo a la ejecución de una conducta ilícita que a la de un hecho jurídicamente indiferente.

Hay que convenir con ETCHEBERRY en que la expresión "finalismo" puede ser empleada para rotular puntos de vista distintos, pues nadie tiene un derecho exclusivo sobre ella. Pero cuando RIVACOBA Y NOVOA ponen en duda su finalismo, solo quieren significar que él no emplea el término para denominar lo que desde hace más de medio siglo la literatura especializada entiende por tal. Y en eso, evidentemente, tienen razón.

Por otro lado, uno podría aceptar hasta cierto punto la solución terminológica que propone ETCHEBERRY, si él extrajera de ella unas consecuencias materiales diferentes. Así, por ejemplo, si conviniéramos en que el error de tipo excluye la finalidad y, con eso, ya la tipicidad de la conducta. Porque, de otro modo, lo que ETCHEBERRY denomina finalidad queda reducido casi a lo que la doctrina italiana conocía como *suitas* de la acción.[91] Aquí no se trata tan solo de una cuestión

---

y conciencia del injusto en la ley penal chilena, en *Nullum crimen, cit.*, págs. 279 y sigts.; una posición especial ALEX VAN WEZEL, *Error y mero desconocimiento en Derecho penal*, en VAN WEZEL, 11, págs. 168 y sigts., que, a diferencia de lo que parece sugerir ORTIZ, no se identifica con la teoría tradicional (teoría del dolo).

89 ETCHEBERRY, I, págs. 274 y sigts.

90 La propiedad de la cual es puesta en duda por RIVACOBA, *El principio de culpabilidad en el Código Penal chileno, cit.*, I, pág. 60 del texto y nota 52. También hace reserva a este respecto NOVOA, *Causalismo y finalismo*, Introducción, pág. 15 del texto y nota 11, que incluso lo "advierte fuertemente inclinado hacia un real psicologismo".

91 Al respecto, véase BUNSTER, *La voluntad del acto delictivo*, en *RCP*, tomo XII, Nos 3-4, Santiago, 1950, págs. 149 y sigts. Sobre esta base, claro está, puede sostenerse consistentemente que hasta los actos realizados durante el sueño sonambúlico contienen el componente subjetivo exigido por la acción (II, 7, pág. 32) Pero a mí no me parece que ETCHEBERRY piense así. Sobre su punto de vista más reciente, véase *Consideraciones sobre el error*, en *Nullum crimen, cit.*, págs. 97 y sigts.

relativa a las denominaciones. El sistema propuesto por ETCHEBERRY resulta contradictorio, entre otras cosas, porque uno no comprende cómo sea posible sostener que exista una acción *final* adecuada al tipo del homicidio, cuando el autor cree firme e inevitablemente que aquello sobre lo cual dispara es un blanco inanimado. Para que ese resultado sea inteligible es indispensable colocar a la cabeza de la construcción una acción concebida de manera puramente causal.

III. LA LIBERTAD COMO FUNDAMENTO DE LA CULPABILIDAD

El reproche de culpabilidad solo es posible si se atribuye a la persona humana la capacidad de autodeterminar su conducta, esto es, un margen de libertad. Ni el *determinismo* ni el *libre arbitrio* concebido a la manera del racionalismo clásico, permiten fundamentarlo adecuadamente.

El punto de vista *determinista* arranca de la convicción de que la conducta humana, como cualquier otro fenómeno, presupone unas causas que lo condicionan inexorablemente, orientándolo con independencia de la voluntad del autor, que no es sino uno más entre los factores sometidos a la causalidad universal. Desde este punto de vista, es evidente que no se le puede dirigir un reproche al autor que no es sino un juguete de las circunstancias exógenas y endógenas, las cuales lo destinan de manera fatal a comportarse de una cierta manera. La idea de que el sujeto "podía comportarse de otro modo" es un sinsentido que conduce a soluciones contrarias a la realidad científicamente concebida y que, además, ni siquiera puede verificarse. Por eso, los autores deterministas concluyen renunciado a la culpabilidad personal por el hecho y colocando en su lugar una especie de responsabilidad social fundada en la índole del carácter.[92]

Pero, a su vez, el indeterminismo absoluto destruye toda posibilidad de imputar el hecho a un sujeto, pues si los actos del hombre son el resultado de decisiones *arbitrarias* y como suspendidas en el vacío, no es posible atribuírselos como suyos, ya que aparecen aislados por completo de su personalidad, a la cual no puede conectárselos, porque eso significaría que se encuentran determinados

92 Así, por ejemplo, ENGISCH, *La teoría,* especialmente págs. 125 y 126, pero también a lo largo de todo el texto; LISZT, II, § 36, I, 3, págs. 339 y 340; MERKEL, § 28, págs. 74 y sigts. En el sentido del texto, HENKEL, *The self-determinatios of man as a problem of Legal Puilosophy*, en *LS*. Volume 14, 1976, pág. 424; NOVOA, I, 257, págs. 401 y 402, y, con detalle, 260, págs. 405 y sigts.

por algo distinto de sí mismos y de la volición correspondiente.[93] Por otra parte, respecto de una voluntad que es libre en este sentido, la norma no está en situación de cumplir función alguna, pues por definición es incapaz de determinarla a obrar conforme a sus dictados.

Sin embargo, los puntos de vista deterministas, con arreglo a los cuales se modeló una serie de teorías que tuvieron una incidencia preponderante en la concepción de la culpabilidad jurídico penal durante el segundo tercio del siglo pasado,[94] han entrado en crisis incluso en el plano de la física, que era su ámbito más tradicional e indubitado.[95] Ha ocurrido así, sobre todo, con el abandono por las ciencias naturales de la física mecanicista de origen newtoniana, provocado especialmente por el advenimiento de la teoría cuántica y el reconocimiento del "principio de indeterminación" de WERNER HEISEMBERG, lo cual conduce a la conclusión de que la idea de que todo lo que acontece obedece a una causa identificable es falso y que las regularidades aparentemente inexorables, propias de las concepciones causales, solo tienen una realidad estadística. Entretanto, en el campo de la lingüística se desarrolla la idea de que el lenguaje da cuenta de la realidad en que vive el hombre, y que las lenguas indoeuropeas –y, probablemente, también las asiáticas– están construidas de manera que solo permiten describir un mundo en que impera la libertad del hombre. "En efecto, la construcción de las frases con un sujeto agente y un objeto que padece la acción, así como las formas gramaticales de la voz activa y la pasiva muestran una visión del mundo conformada por el sujeto activo, y, en última instancia, por su *libertad de acción*, que constituye un punto de partida del que no se puede prescindir en tanto en cuanto tales estructuras lingüística dominen nuestra sociedad".[96] Por eso dice WITTGENSTEIN "Cuanto puede siquiera ser pensado, puede ser pensado claramente. Cuanto puede expresarse, puede expresarse claramente"[97], y, "*De lo que*

93 WELZEL, § 20, I, 3, págs. 206 y 207: "Con esta afirmación el indeterminismo destruye precisamente al sujeto idéntico, al que podría hacerse responsable de sus hechos, ya que el autor de ellos posterior no tendría ninguna relación con el anterior. El indeterminismo convierte los actos de voluntad en una serie absolutamente inconexa de impulsos aislados en el tiempo".

94 COUSO, II, 6, págs. 136 y sigts.; y III, págs. 141 y sigts.; ENGISCH, *La teoría, passim*; KÜNSEMÜLLER, II, 8, págs. 53 y 54.

95 FERRAJOLI, 35, 5, pág. 497, especialmente nota 140 en págs. 531 y 532.

96 SCHÜNEMANN, *La función del principio de culpabilidad*, en *El sistema moderno*, *cit.*, II, 2, b), pág. 155. Sin embargo, SHÜNEMANN no extrae las últimas consecuencias de estas reflexiones para su concepto de culpabilidad.

97 WITTGESTEIN, *Tractatus logico-philosophicus, cit.*, 4.116, pág. 74.

no se puede hablar hay que callar"[98]; de manera que un mundo en que la actividad humana no sea sino el resultado de relaciones supuestamente causales, por lo mismo que es *indecible,* carece de sentido y, por eso, de realidad.

Pero el punto de partida fundamental en esta evolución consiste en que la sociedad concibe la conducta del hombre como expresión de su voluntad y no como resultado del acaso causal.[99] Por eso, no es admitida la excusa del autor de que él se encontraba "determinado" a la comisión del hecho punible,[100] y sigue siendo válida la afirmación de WELZEL de que "la finalidad es 'vidente', la causalidad 'ciega'",[101] más allá de cualquier disenso con su concepción filosófica y sistemática. La opción de vivir en una sociedad organizada, en la que se pueda hacer responsable de su conducta a los coasociados, descansa en la idea de que a ellos cabe dirigirles un *reproche* si se han comportado de manera desleal a las expectativas de la comunidad en la cual, porque participan en ella, son también responsables del Ordenamiento jurídico que la rige.[102] Esto, por otra parte, se hace patente en la organización jurídica de todas las naciones, donde se reconoce a los participantes en la convivencia la capacidad de expresar su voluntad con efectos vinculantes en la realización de los más distintos actos jurídicos, como el otorgamiento de un testamento, la celebración de un contrato o del matrimonio, o en la concesión de un consentimiento excluyente de la tipicidad o antijuridicidad penales, o en la plena capacidad para ser titular de derechos políticos,

---

98 WITTGESTEIN, *Tractatus logico-philosophicus, cit.*, 7, pág.132. El énfasis es mío. En el mismo sentido, 5.6, pág. 111: "*Los límites de mi lenguaje* significan los límites de mi mundo". Énfasis en el original.

99 De manera enfática, PIÑA, *Fundamentos,* III, págs. 246 y 247: "...La discusión acerca de la demostrabilidad de la libertad, que no es otra que la referida a su existencia, no puede sostenerse en el plano social, puesto que la sociedad está estructurada 'como si la libertad existiese'. En otros términos, [...] incluso si se demostrara que la libertad no existiera, dicha conclusión no tendría validez alguna en el plano social mientras la sociedad no la insertara como una variable comunicativa dentro de sus operaciones. En palabras simples, la actual configuración del sistema de imputación, que atribuye responsabilidad preguntándose por la culpabilidad, demuestra que desde la perspectiva social la libertad no debe ponerse en duda". Véase también HRUSCHKA, *Prohibición de regreso y concepto de inducción,* en *Imputación y Derecho penal,* VI, pág. 186, según el cual "el concepto aristotélico de libertad de actuar entró en la tradición europea y determina todavía nuestras representaciones".

100 SCÜNEMANN, *La función del principio de culpabilidad* en *El sistema moderno, cit.*, II, pág. 157.

101 WELZEL, § 8, I, pág. 54.

102 Sobre ello, KINDHÄUSER, *Culpabilidad jurídico-penal en el Estado democrático de Derecho,* en KINDHÄUSER-MAÑALICH, III, 5, págs. 223 y 224.

etc.[103] En todos estos casos, el Derecho se refiere a la capacidad del hombre para decidirse en forma autónoma y generar consecuencias jurídicas mediante sus actos de voluntad.[104]

Naturalmente, este punto de vista, de acuerdo con el cual desarrollaré a continuación la estructura de la culpabilidad, se basa en un *indeterminismo blando,* el cual se conforma con reconocer una autonomía de la voluntad fundada en una convención que hace posible reclamar de la persona responsabilidad por su acto. Porque una libertad de la voluntad definida como una capacidad psíquica real es algo imposible de demostrar por razones de teoría del conocimiento, como en su momento lo demostró IMMANUEL KANT en 1781[105] y 1783,[106] y aquí sería ocioso discutir pormenorizadamente. Para la razón es inaccesible, y a causa de que, si opera, lo hace inserta en un complejo de factores intrincadísimo, no hay forma de someterla a una demostración empírica satisfactoria. Existen ciertamente, como acabo de destacar, indicios sugerentes de su existencia, pero no podemos descartar la hipótesis de que obedezcan a una ilusión. La cuestión, por consiguiente, tiene que resolverse en consideración a criterios prácticos. El hecho decisivo es que la afirmación de la libertad como postulado permite reclamar del hombre una responsabilidad personal si bien solo *dentro de ciertos límites* y, sobre todo, solo *hasta cierto* límite,[107] poniéndolo a salvo de los excesos a que puede precipitar la pretensión de tratarlo como un ser determinado, del cual únicamente cabe exigir la obligación de someterse a las reacciones dispuestas por la autoridad para la preservación del orden social (responsabilidad social).[108] Pues un determinismo radical conduce necesariamente a sustituir la idea de

---

103 FRISTER, 18, número marginal 1, pág. 362.

104 Sobre todo ello, véase, además, FERRAJOLI, 35, 6, págs. 499 y sigts.

105 KANT, *Crítica de la razón pura,* traducción de Manuel García Morente y Manuel Fernández Núñez, Decimocuarta edición, Editorial Porrúa, México, 2008, págs. 267 y sigts.

106 KANT, *Prolegómenos a toda metafísica futura,* 51 y sigts, págs. 158 y sigts. La prueba que presenta WELZEL, precisamente mediante un argumento concerniente a la teoría del conocimiento, tampoco me parece concluyente. Véase, además, el punto de vista coincidente de HARTAMANN, citado por HENKEL, *The self-determination of man as a Problem of legal Philosophy, cit.* pág. 8: "No hay manera alguna en que uno pueda aprehender la libertad, y la realidad de la libertad no puede ser probada directamente como la de algo perceptible".

107 ROXIN, § 19, números marginales 34 y sigts., págs. 807 y sigts., y *La culpabilidad como criterio limitativo de la pena, cit.* VII, págs. 20 y sigts.

108 Naturalmente esto presupone un Estado de Derecho, pues no funcionará "en un régimen de tesis que menosprecia al ser humano". Contra ese tipo de detentadores del poder, de todos modos, es poco lo que se puede conseguir con leyes; ROXIN, *La culpabilidad como criterio limitativo de la pena, cit.,* VI, pág. 19. En el mismo sentido, KINDHÄUSER, *culpabilidad*

culpabilidad por las de *peligrosidad* o *temibilidad*, provocando de esa manera la crisis de la libertad del hombre en el campo del Derecho punitivo.[109] De esta manera, la libertad resulta afirmada como una *posibilidad,* a la cual, de acuerdo con el estado actual de nuestros conocimientos, parece razonable atribuir consecuencias mejores que a la tesis antagónica.[110]

Por otra parte, es indispensable introducir otro tipo de límites a esta consideración de la libertad como fundamento de la culpabilidad jurídica. Como se ha dicho, el supuesto de que ella concurre en un acto concreto decidiendo su realización, implica hacerse cargo de una multitud de factores causales interdependientes, cuya apreciación escapa a las posibilidades reales de un tribunal humano.[111] Así pues, el Derecho tiene que conformarse aquí con una generalización que afirma la libertad de la persona sobre la base de algunos componentes susceptibles de verificación (conocimiento de la ilicitud y capacidad ordinaria para dejarse determinar por ella) y, en lo demás, darla por excluida solamente en casos en los que, con arreglo a los dictados de la experiencia, el común de los hombres habría cedido a la presión de las circunstancias. Por supuesto, esto implica aceptar una ficción; pero el Derecho toca aquí las fronteras de su capacidad para adecuarse a la justicia.

La imposibilidad de atribuirles una autonomía de la voluntad que les permita decidirse entre alternativas siquiera en este sentido limitado, explica las razones por las cuales es imposible dirigir un reproche a personas jurídicas y, en consecuencia, apreciar una culpabilidad de esos entes. Eso aclara también la acogida que daba V. LISZT, a la idea de afirmar su responsabilidad penal; debido a su naturalismo, para el cual la culpabilidad se reducía a la exigencia del vínculo psicológico entre autor y acto, él podía esgrimir un argumento pandectista, como

---

jurídico-penal en el Estado Democrático de Derecho, en KINDÄUSER-MAÑALICH, 211 y sigts., pero, especialmente, V, págs. 228 y 229.

109 Infra, § 26 II.

110 En el texto anterior, CURY, § 25, III, pág. 400, me refería a una "hipótesis de trabajo", cosa que criticó POLITOFF, 9, § 1, pág. 414. Creo que la formulación que ofrezco ahora lo hubiera satisfecho mejor.

111 HENKEL, *The self determinatios of man as a problem of Legal Philosophy, cit.,* pág. 20: "La posibilidad de actuar en otra forma solo podría ser demostrada en forma confiable y convincente mediante un experimento en el cual la persona fuese puesta nuevamente en la mima situación y su conducta comparada en ambas ocasiones. Tal experimento no es practicable, y la cuestión relativa a la capacidad actual para actuar diferentemente en la situación dada no puede ser respondida". En el mismo sentido JESCHECK-WEIGEND, § 37, I, 4, págs. 442 y 443; MAURACH-ZIPF, I, § 36, I, números marginales 17 y sigts., págs. 606 y sigts.

el de que si podían obligarse civilmente también podían ser responsables penalmente.[112] Por esta razón, finalmente, en una legislación como la nuestra que ha consagrado la supuesta[113] responsabilidad penal de las personas jurídicas, será preciso elaborar toda una teoría de la culpabilidad que adapte este concepto y los principios que en él se fundan a esa situación nueva, difícil sino imposible de conciliar con la idea que de ella prevalece en la actualidad; o, en una reforma próxima, será preciso expulsar de nuestro Ordenamiento ese cuerpo extraño en que consiste la pretendida responsabilidad penal de las personas jurídicas, derogando la Ley 20.393.[114]

Existe una contradicción notoria en aquellos autores que, por una parte, niegan la libertad del hombre para autodeterminarse conforme a los requerimientos de las normas y, por la otra, afirman que la función primordial del Derecho penal es defender esa libertad que estiman inexistente. Este punto no suele ser objeto de discusión detenida, pero recientemente se comienza a ponerlo de manifiesto.[115]

IV. CULPABILIDAD MORAL Y JURÍDICA (EL AUTOR POR CONVICCIÓN)

Lo que se ha expuesto en el apartado anterior pone de relieve que la culpabilidad de que aquí nos ocupamos (culpabilidad jurídica) es diferente de la culpabilidad moral. Mientras la primera se basa en el reproche de que el sujeto no se ha sometido a los dictados del Derecho, no obstante obrar en circunstancias en las que al común de los hombres podía exigírsele hacerlo, esta se funda en el reproche que la propia conciencia dirige al autor por no haber actuado con arreglo a las

112 LISZT, II, § 28, I, 2, págs. 298 y 299. Sobre la vaciedad de esta afirmación de LISZT para deducir de ella la posibilidad de aplicar una pena penal a las personas jurídicas, véase ALEX VAN WEEZEL, *Contra la responsabilidad penal de las personas jurídicas,* en www.política criminal.cl, vol. 5, N° 9, A 3, pág. 122, nota de pie de página 15.

113 Sobre cómo la responsabilidad penal de los entes morales resulta ser una pura ficción, VAN WEEZEL, *op. cit.* en nota anterior, 4, págs. 131 y 132.

114 N. del E.: La tendencia del legislador chileno ha sido la de ampliar el catálogo de delitos base que dan lugar a la responsabilidad penal de las personas jurídicas. Véanse las modificaciones al art. 1° de la Ley 20.393 introducidas por las leyes mencionadas en supra, §15, N. del E. 133.

115 ZACZYYK, *Sobre la justicia de la imposición de penas a los seres humanos,* en ZACZYK, I, pág. 91. Contradicciones como las que revela este autor debieran sernos familiares, porque se las encuentra a menudo en nuestra literatura. Véase, a título de ejemplo, BUSTOS-HORMAZÁBAL, V, 1.4, pág. 67 y XII, 1, pág. 125. Las explicaciones ulteriores no resuelven la antinomia.

determinaciones de su sentido del Bien. Por esto, jurídicamente es culpable aquel a quien el Derecho considera tal; en cambio, moralmente lo es tan solo aquel que se siente culpable.[116] [117]

Sin embargo, esta diferencia tajante cede cuando se discuten los criterios de validez última del Derecho. Porque estos, en efecto, se encuentran finalmente en la adecuación de la norma jurídica a los puntos de vista morales imperantes en la sociedad de que se trata. Derecho y moral son ciertamente distintos y están orientados al logro de fines diferentes. No obstante, un Derecho *inmoral* es la negación de su pretensión ordenadora de la sociedad, pues esta no aceptaría organizarse sobre un fundamento como ese. Así pues, no obstante la diversidad de sus puntos de partida, ambos conceptos terminan encontrándose cuando se trata de confirmar la validez de los mandatos del Ordenamiento jurídico.[118]

En este sentido debe buscarse la solución para el problema que plantean los *autores por convicción,* vale decir, aquellos que infringen la norma jurídica a causa de que los mandatos de estas se encuentran en contraste con sus convicciones éticas.[119] El autor por convicción es *jurídicamente culpable* si al momento de obrar –o de omitir– tiene conciencia de la ilicitud de su actuar y se encuentra en una situación en la cual un hombre común hubiese acatado los imperativos del Ordenamiento.[120] La norma jurídica constituye aquí "la última instancia" porque, de otro modo, el Derecho se transformaría en un puro conjunto de consejos que ya no sería hábil para garantizar con sus coacciones la convivencia pacífica. Sin

116 Por supuesto, el sentimiento de culpabilidad puede no obedecer a razones auténticamente morales y constituir, más bien, un puro síntoma de patologías. Pero en el texto quiero destacar únicamente que tal sentimiento, irrelevante para la culpabilidad jurídica, es *conditio sine qua non* de la moral, aunque no se identifica con ella.

117 Sobre la distinción entre culpabilidad moral y jurídica véanse, entre otros, BAUMANN, § 23, III, 2, pág. 352; BELING, § 12, II, pág. 30; JESCHECK-WEIGEND, § 38, I, 448 a 450; MAURCH-ZIPF, I, § 35, II, números marginales 3 y sigts., págs. 584 y 585; POLITOFF, 9, § 1, A, f), págs. 409 y sigts.; RADBRUCH, § 5, págs. 52 y sigts.

118 En este sentido también RADBRUCH, § 5, pág. 61: "La relación entre ambos dominios de normas reside [...] en que la moral es por un lado *fin* del Derecho, y por otro, *fundamento* de su validez obligatoria". E inmediatamente después: "Únicamente la moral es capaz de fundar la fuerza obligatoria del Derecho" (Énfasis en el original).

119 El concepto de *autor por convicción* fue acuñado por GUSTAV RADBRUCH en su artículo del mismo nombre, del cual se encontrará una traducción por José Luis Guzmán Dalbora en *Doctrinas esenciales,* I, págs. 423 y sigts. Con él se inaugura la discusión en torno al problema.

120 BAUMANN, § 23, III, 2, pág. 253; JESCHECK-WEIGEND, § 37, II, 3, págs. 444, y 445; MAURACH-ZIPF, I, § 35, III, número marginal 7, págs. 584 y 585.

embargo, como la organización del Estado democrático *descansa también* sobre el principio fundamental de la *tolerancia*, sería deseable, *de lege ferenda*, que junto con afirmar la responsabilidad de los autores por convicción se encontrara para ellos una forma de sanción especial, la cual excluya tanto como sea posible los acentos negativos de la pena ordinaria[121]. La opinión contraria defiende soluciones rigurosas, invocando la ninguna tolerancia que a menudo caracteriza a las ideas difundidas por esta clase de autores. Pero ese argumento no es convincente. Lo que aquí interesa es reconocer jurídicamente al auténtico autor por convicción, en una forma compatible con las funciones del Derecho, la pureza de sus motivos y la consiguiente inexistencia de culpabilidad *moral*. Porque, precisamente, un ordenamiento solo puede exigir acatamiento y justificar la coacción que ejerce si es capaz de imponer valores *mejores* que aquellos defendidos por los que condena.[122]

V. ANTIJURIDICIDAD Y CULPABILIDAD

La afirmación de la culpabilidad presupone la de la antijuridicidad, porque desde el punto de vista del Derecho solo es reprochable aquello que es ilícito.[123]

En la literatura nacional este punto de vista es unánime. Entre nosotros no tiene eco el concepto de *antijuridicidad subjetiva*, con arreglo al cual aquello que no es exigido tampoco puede ser mandado.

Por otra parte, ese criterio, que obliga a anteponer el juicio de reproche al de ilicitud, hoy tampoco cuenta casi con adherentes en el Derecho comparado.

En relación con este punto, es preciso enfatizar que la distinción entre antijuridicidad y culpabilidad ha sido objeto de un debate prolongado que hasta el presente no ha concluido por completo.

Durante la segunda mitad del siglo XIX imperó la idea de que la antijuridicidad era un *juicio de valor* referido exclusivamente a la faz objetiva o externa del hecho típico, al paso que la culpabilidad, de *carácter fáctico*, se encontraba constituida por los elementos subjetivos o psíquicos del delito. A principios del siglo XX se demuestra la existencia de elementos subjetivos que pertenecen al tipo, los cuales,

121 JESCHECK-WEIGEND, § 37, II, 3, pág. 445.

122 En este sentido, véase sentencia de la C.S., 7039, mayo de 1988, en MERA, pág. 391.

123 DOHNA, I, B, 1, pág. 40; JESCHECK-WEIGEND, § 39, I, págs. 456 y 457; NOVOA, I, 259, pág. 405. En contra GOLDSCHMIDT, *La concepción*, I, págs. 12 y sigts. Sobre los reparos a este criterio, supra, II, d), cc).

por consiguiente, conciernen al juicio de antijuridicidad.[124] Simultáneamente, la teoría normativa de la culpabilidad[125] pone de manifiesto que esta última es también un juicio valorativo. Con esto, el esquema tradicional es insostenible: ni la antijuridicidad es solamente objetiva (en el sentido de referida solamente a lo exterior) ni la culpabilidad es un hecho psíquico. Así, los dos elementos tienden a confundirse.

Con la distinción de DOHNA entre objeto de la valoración y valoración del objeto,[126] se establece la posibilidad de practicar una distinción sobre otras bases. Lo que distingue al injusto del reproche no es su naturaleza –pues ambos son juicios de valor– ni el objeto a que se refieren –idéntico para los dos–, sino la índole de la norma que les sirve de fundamento. El juicio de antijuridicidad se practica en relación a la *norma de deber;* el de culpabilidad se basa en el *"poder en lugar de ello"*[127]. Es un mérito de la teoría finalista haber completado la evolución, situando al dolo en el tipo y evitando así la incertidumbre que afecta al sistema de DOHNA sobre su localización.

Con esto la culpabilidad no se transforma en un concepto vacío, como pretendieron los críticos del sistema inaugurado por el finalismo y actualmente dominante.[128] Continúa plena de contenido aunque se refiera al mismo objeto que la antijuridicidad, porque lo hace desde una perspectiva distinta.[129]

---

124 Supra, § 14, I.

125 Supra, II, c).

126 DOHNA, I, antes de A, pág. 13.

127 WELZEL, § 19, I, págs. 199 y 200.

128 WELZEL, § 19, III, pág. 200. De acuerdo con el criterio criticado NOVOA, *Causalismo y finalismo, 25,* págs. 138 y sigts.; contra ese punto de vista, a su vez, JAKOBS, 17, número marginal 15, págs. 573 y 574.

129 Cuando NOVOA, *Causalismo y finalismo,* 25, págs. 138 y 139, decía que "así como la antijuridicidad tiene su objeto propio de valoración (objetivo), la culpabilidad *necesita también uno determinado y preciso*" (el énfasis es mío), olvidaba que un mismo objeto puede serlo de múltiples valoraciones distintas, según sea la norma a que se lo refiere. Así, un hecho puede ser juzgado con arreglo a normas jurídicas, morales, estéticas, etc. Si lo que él afirmaba fuese exacto, esto no sería posible.

§ 26. LA ESTRUCTURA DE LA CULPABILIDAD Y SU GRADACIÓN

I. ELEMENTOS ESTRUCTURALES DE LA CULPABILIDAD

Del concepto de culpabilidad que se ha expuesto derivan los componentes de su estructura. Son los siguientes:

a) La *imputabilidad*, es decir, *la capacidad de conocer lo injusto del actuar y de autodeterminarse conforme a ese conocimiento.*[130] Esa capacidad es atribuida por el Derecho a la mayor parte de los seres humanos; solo se excluye a quienes carecen de madurez y a los que adolecen de trastornos psíquicos, patológicos o accidentales.[131] La imputabilidad es, pues, la regla general, y no conoce otras excepciones que las establecidas expresamente por el Derecho en vigor. A causa de ello el juez podrá tener la convicción de su concurrencia, más allá de toda duda razonable, pues esta se entiende presente en todo el comportamiento humano, salvo que existan sospechas razonables sobre la concurrencia de una causal de inimputabilidad, en cuyo caso la fiscalía o el juez de garantía deben proceder a verificar la exactitud de ellas (arts. 4 y 458 del C.P.P.) y si el fiscal hallare mérito para sobreseer temporal o definitivamente la causa, efectuará la solicitud respectiva dentro de los diez días siguientes al cierre de la investigación (art 460 en relación con el 248 del C.P.P.).[132]

La integración de la imputabilidad en la culpabilidad ha sido objeto de vivas discusiones. La rechazó siempre la teoría psicológica de la culpabilidad, para la cual era solo un *presupuesto* de la culpabilidad, esto es, del dolo o la culpa.[133] En esta exposición, en cambio, partimos de la idea, común a prácticamente todos los normativistas contemporáneos, de que "lo que es presupuesto es también

---

130 Así también GARRIDO, II, 66, pág. 208; NÁQUIRA, I, pág. 501; POLITOFF, 9, § 2, pág. 445; ZAFFARONI-ALAGIA SLOKAR, § 45, II, 1, pág. 645. En cambio, NOVOA, I, 265, pág. 418 niega a la imputabilidad el carácter de elemento de la culpabilidad, por referirse al sujeto y no a la "conducta típica".

131 Infra, § 27, II, b).

132 N. del E.: Infra§ 27, I, a), penúltimo párrafo.

133 Así todavía SOLER, II, § 34, VII, págs. 19 y sigts.

característica".[134] Por lo demás, el debate tiene hoy un interés casi exclusivamente académico.

b) *La posibilidad de comprender lo injusto del acto concreto (conciencia de la ilicitud).*[135]

En efecto, quien cuenta básicamente con la capacidad de esta comprensión puede, con todo, *en el caso dado,* encontrarse imposibilitado para alcanzarla a causa de las circunstancias concurrentes. Esa situación no puede ser indiferente para el Derecho. La persona que al actuar carece de la conciencia de obrar injustamente y ni siquiera cuenta con la posibilidad de tenerla, no ha obrado de modo reprochable.

c) *La posibilidad concreta de autodeterminarse conforme a las exigencias del Derecho.*

Este elemento, del cual depende la posibilidad de graduación de la culpabilidad, constituye probablemente el centro de gravedad de su concepto.[136]

Cada uno de estos elementos será discutido con algún detalle en los apartados siguientes.[137]

II. CULPABILIDAD POR EL ACTO. PELIGROSIDAD Y CULPABILIDAD DE AUTOR

La culpabilidad así estructurada es reproche por el acto cometido, que se dirige a la persona del autor, pero no se funda en ella. Se reprueba haber incurrido en un homicidio, violación o delito tributario, pero no se emite juicio alguno sobre la personalidad del autor. A nadie debe castigarse por ser perverso o degenerado o irreflexivo o disidente, sino tan solo por los actos concretos que ha ejecutado. La personalidad únicamente se toma en consideración como tal para establecer si está conformada de manera que la habilite para servir de base al juicio de reproche (imputabilidad) y puede también ser tomada en cuenta, *como una más de*

---

134 MEZGER, II, § 35, II, pág. 51.

135 Así, POLITOFF, 9, § 3, 449.

136 Véase, en este sentido, BUSTOS, I, 43.4.4, pág. 1126.

137 Infra, §§ 27, 28 y 29.

las circunstancias concurrentes, al graduar el reproche por el acto. Un Derecho penal de actos[138] *se funda sobre una culpabilidad por el acto.*[139]

En esta materia, sin embargo, existen puntos de vista que disienten del expuesto en una medida variable:

a) La posición más extrema renuncia por completo al concepto mismo de culpabilidad y pretende sustituirlo por el de *peligrosidad* o *temibilidad*. El Derecho reacciona contra la persona, sin hacerle reproche alguno, solo porque está dotada de una personalidad peligrosa y es preciso proteger a la sociedad de sus tendencias delictuales. Por este motivo no se hace diferencia alguna entre imputables e inimputables, pues, a fin de cuentas, con arreglo a esa concepción, todos los seres humanos están privados de capacidad para autodeterminarse y no son sino el juguete de los factores causales concurrentes.[140]

Ya me he referido a los peligros que encierra este criterio.[141] En rigor, ni los positivistas italianos que fueron sus defensores más ardientes, ni otras tendencias posteriores que procuran atenuarlo un tanto,[142] se han atrevido a ponerlo en práctica. No obstante, ha de tenerse presente la opinión de BACIGALUPO,[143] conforme a la cual hay algunas manifestaciones de esa tendencia que se han deslizado en Derechos penales de culpabilidad como el nuestro, sobre todo a través de la reincidencia como agravante genérica.[144] En mi opinión, estas instituciones deben debe ser consideradas indeseables "cuerpos extraños" al sistema, incompatibles con el principio de culpabilidad,[145] cosa que se ha acentuado dramáticamente a partir de la desgraciada reforma introducida al art. 12 N°s 15° y 16° por la Ley 20.253 de 14 de marzo de 2008.

---

138 Supra, § 3, VI.

139 Así, entre otros, COUSIÑO, III, 196, págs. 15 y sigts.; FERRAJOLI, 35, 6, pág. 499; JESCHECK-WEIGEND, § 38, IV, págs.453 y sigts.; MAURACH, II, § 35, III, E, págs. 83 y 84; MAURACH-ZIPF, I, § 35, III, números marginales 14 y 15, págs. 588 y 589; POLITOFF, 9, § 1 c) págs. 415 y sigts.

140 Véanse las exposiciones críticas de FERRAJOLI, 35, 3, pág. 508; NOVOA, I, 270, págs. 424 y 425; POLITOFF, 9, § 1 c) págs. 415 y sigts.; SOLER, II, § 35, II, y sigts., págs. 25 y sigts.

141 Supra, § 3. VI.

142 Sobre ello SOLER, *op.* y *loc. Cits*., en nota 135. Véase también ENGISCH, *La teoría*, págs. 116 y 117.

143 BACIGALUPO, *La personalidad y la culpabilidad en la medida de la pena, cit.*, V, pág. 46.

144 Infra, § 33, II, c), cc).

145 Así también BACIGALUPO, *op. cit.* en nota 138, V, pág. 46.

b) En las últimas décadas cobró significación una tendencia distinta que, a través de una solución ecléctica, introduce la consideración de la personalidad en el auténtico Derecho penal de culpabilidad, mediante la incorporación del concepto de *culpabilidad por la conducción de vida* (*Lebensfürungschuld*).[146]

De acuerdo con este punto de vista, la culpabilidad en general lo es por el acto concreto. Sin embargo, el Derecho también reprocha a la persona la realización de ciertos hechos que, en rigor, han sido ejecutados de una manera automática porque son el producto de un carácter adquirido a causa de una contrafacción defectuosa de la propia vida. "En todos estos casos la culpabilidad del hecho individual tiene su raíz en un momento permanente, esto es, en la estructura defectuosa del estrato de la personalidad, en un defecto del carácter (llamado culpabilidad de autor)".[147] A esta categoría pertenecerían los hechos ejecutados con culpa inconsciente (culpa sin representación); las conductas habituales, los delitos de estado, como la vagancia, las actuaciones profesionales, etcétera.

En mi opinión esta concepción es inaceptable porque crea el peligro de precipitarse en el Derecho penal de autor y, además, inútil, porque todas las situaciones a que se la refiere pueden y deben ser explicadas sin recurrir a ella.[148] Aparte de las cuestiones políticas involucradas, y a las cuales ya se aludió, tal criterio afecta al principio *nullum crimen nulla poena sine lege,* porque significa abrir las puertas a la posibilidad de enlazar el reproche de culpabilidad no a la ejecución de la conducta legalmente tipificada, sino a una vaga apreciación conjunta del curso de la existencia del autor.[149] Por otra parte, la prueba de esta última es prácticamente imposible, como lo destaca, con razón, JEXCHECK-WEIGEND,[150] de modo que a la incertidumbre política se agrega la procesal, incrementando incluso aquella.

En cambio, nada tiene que ver la culpabilidad por la conducción de vida con la teoría de la culpabilidad referente al error de prohibición.[151] En los casos de error de prohibición evitable, el sujeto es reprochado porque en *el acto concreto*, pudiendo hacerlo, no ha puesto en juego para informarse mejor su capacidad de

146 El fundador de este punto de vista es MEZGER, II, § 36, IV, págs. 61 y sigts., y, por primera vez en forma explícita, en el artículo citado por MAURACH, II, § 35, 2, pág. 82, nota 362. Más tarde lo defiende WELZEL, § 20, II, págs. 211 y sigts.

147 WELZEL, § 20, II, pág. 272.

148 En el mismo sentido MAURACH, II, § 35, III, 3, págs. 83 y 84; MAURACH-ZIPF, I, § 35, III, especialmente 14, pág. 588. Matizado pero crítico, CEREZO, XXVI, págs. 886 y 887.

149 FERRAJOLI, 35, 5, pág. 496.

150 JESCHECK-WEIGEND, § 38, IV, 1, pág. 454.

151 BAUMANN, § 23, III, 1, págs. 348 y 349.

autodeterminarse conforme a sentido, esto es, su libertad. E, incluso, el reproche puede ser mayor si, en atención al curso de su vida precedente, él estaba mejor equipado para hacerlo.[152]

III. CARÁCTER INDIVIDUALIZADOR DE LA CULPABILIDAD

La culpabilidad es reproche que se extiende desde el acto al autor. Tiene, pues, un carácter *personal* o *individualizador,* en el sentido de que se pronuncia sobre ese sujeto concreto y en relación con el hecho específico de que se trata. El mismo hecho, por consiguiente, puede haber sido ejecutado culpablemente por algunos de los que intervinieron en él, e inculpablemente por otros, como se deduce, por ejemplo, de los arts. 72 y 456 bis, Nº 5º del C.P. Esto ha de tenerse presente en la teoría del concurso de varias personas en un delito.[153] [154]

La individualización aludida, sin embargo, no puede ser llevada hasta las últimas consecuencias porque, como se ha explicado,[155] no hay una forma viable de determinar en concreto la medida de libertad con que ha obrado el sujeto[156].

---

152 Es curioso destacar la contradicción en que, a mi juicio, incurre WELZEL al admitir la necesidad del concepto impugnado en el texto, no obstante que la noción de libertad (capacidad de autodeterminación), procede en buena medida de él. A partir de ese punto de vista parece innecesario también acudir a la "culpabilidad por conducción de vida" para justificar la punibilidad en los casos de culpa inconsciente.

153 Infra, § 40, II.

154 En opinión de DOHNA, I, B, 2, pág. 65, "solamente las conductas de personas individuales están sometidas al reproche de la culpa y en ello debe ser buscada la causa de que ellas y no también las asociaciones pueden ser hechas responsables penalmente". En la literatura nacional, con el objeto de solucionar este problema, J. P. MAÑALICH, *Organización delictiva, bases para su elaboración dogmática en el Derecho penal chileno* en *R.CH.D,* Vol. 38, Nº 2º, Mayo-Agosto, 2011, 6.3, págs. 302 y sigts., se sirve del concepto de culpabilidad por el carácter, el cual, en su concepto, en este caso es posible de ocupar porque "siendo la identidad de una persona jurídica 'en un cien por ciento funcional', ella carece de dignidad intrínseca, de manera tal que no hay obstáculo alguno a que pueda dirigírsele un reproche directamente referido a su modo de ser, esto es, a su carácter".

155 Supra, § 25, III.

156 Véase, en este sentido, entre muchos, CEREZO, XXVI, pág. 888; GOLDSCHMIDT, *La concepción, cit.,* III, 40, pág. 55; JESCHECK-WEIGEND, § 39, 2, pág. 459; MEZGER, *Libro de Estudio,* I, § 53, págs. 197 y 198; MIR, 20, V, 4,, números marginales 47 y sigts.; págs. 529 y sigts.; MAURACH-ZIPF, I, § 30, II, 37, págs. 528 y 529; STRATENWERTH, § 10, número marginal 4, págs. 232 y 233. La opinión contraria es generalizada en nuestra doctrina. Véase, por todos, COUSO, Capítulo III, 1, págs. 142 y sigts.; KÜNSEMÜLLER, III, 19, págs. 189 y sigts.; NÁQUIRA, I, págs. 477 y sigts., que, en el hecho, se acerca de manera significativa

Solo el examen de la imputabilidad y de la conciencia de lo injusto puede aproximarse con alguna eficacia a la situación realmente existente e, incluso ellas, de una manera siempre imprecisa.[157] El de la posibilidad de autodeterminarse conforme a las prescripciones del Derecho tiene que contentarse con una generalización: la de que, de acuerdo con las reglas de la experiencia, podría exigirse de un hombre razonable que en circunstancias semejantes se dejara determinar por los mandatos y prohibiciones del Ordenamiento. A pesar de todas las críticas que se dirigen a este criterio, especialmente en nuestro medio, nadie ha propuesto otro que permita ir más lejos.

IV. JERARQUÍA DE LOS ELEMENTOS DE LA CULPABILIDAD

Los elementos de la estructura de la culpabilidad se encuentran entre sí en una relación de subordinación. En efecto, quien carece en general de la capacidad para conocer lo injusto de su actuar o determinarse conforme a ese conocimiento no podrá, en los casos concretos, encontrarse en situación de hacerlo. De aquí que, declarada la inimputabilidad del sujeto, está de más preguntarse si concurren los restantes requisitos del juicio de reproche. Del mismo modo, al que no ha tenido la posibilidad de conocer lo injusto de su actuar no puede ya exigírsele lógicamente que adecue su conducta a las exigencias del Derecho, puesto que ignora cuáles son estas. Así, un *error de prohibición invencible* (*excusante*) exime de analizar la *exigibilidad de otra conducta*.[158]

MAURACH defendió sobre esto una posición distinta.[159] Debido a que, con arreglo a lo explicado en el apartado anterior, las causas de exclusión de la culpabilidad por falta de libertad para autodeterminarse (causas de inexigibilidad) tienen que consagrarse en la ley mediante fórmulas generalizadoras, él estima

a la opinión defendida en el texto, aunque la crítica; POLITOFF, 10, § 3, B, c), 1), págs. 648 y sigts. Pero, en rigor, ninguno ofrece una solución que permita superar el problema. Solo POLITOFF, en *op.* y *loc. cits.*, ofrece algunas referencias a los factores objetivos de que debería servir el juez para la determinación de la capacidad de la persona de obrar conforme a Derecho en el caso concreto. Pero, con ello solo se obtiene una aproximación, más insegura todavía que la propuesta en el texto.

157 FERRAJOLI, 35, 6, pág. 506.

158 En el mismo sentido BAUMANN, § 6, pág. 208.

159 MAURACH, II, § 30, II, C, págs. 24 y sigts.; § 31, págs. 31 y sigts.; MAURACH-ZIPF, I, § 30, II, números marginales 37 y sigts., y § 31, números marginales 1 y sigts., págs. 535 y sigts.

que aquí nos encontramos ante un elemento extraño a la culpabilidad en sentido estricto, al cual denomina *responsabilidad por el hecho* y que debe examinarse antes de pronunciarse sobre la imputabilidad del autor, entre el juicio de antijuridicidad y el de reprochabilidad. La culpabilidad, sostiene, ha de ser un juicio de reproche personal que se dirige al hombre singular en sus circunstancias concretas. Pero como en lo que atañe a la exigibilidad esto no es posible lograrlo, y hay que referirla al hombre medio, resulta que la posibilidad de autodeterminarse por los dictados de la norma no se aprecia respecto al individuo en sus circunstancias sino a una imagen estereotipada de carácter general. En consecuencia, si se quiere preservar los rasgos personales e individualizadores de la culpabilidad, es necesario desprender de ella este cuerpo extraño que, con su presencia, la priva de estas características. MAURACH propone, por eso, que el último elemento del delito tenga el sentido amplio de una *atribución del acto a su autor* (*atribuibilidad*). Esa atribución, a su vez, deberá realizarse en dos etapas: afirmando primero la *responsabilidad por el hecho*, a causa de que al sujeto le era exigible otra conducta, y determinando solo después la *culpabilidad en sentido estricto,* mediante el examen de la capacidad concreta del individuo para autodeterminarse conforme a su sentido y de su posibilidad efectiva de conocer lo injusto de la conducta. Por consiguiente, cuando un enfermo mental ha obrado en una situación de inexigibilidad (estado de necesidad, miedo insuperable, etc.), la demostración de las circunstancias correspondientes exime de pronunciamiento sobre la imputabilidad; la situación que excluiría la responsabilidad de un "hombre medio" normal no puede sino suprimir también la de un sicótico.

MAURACH atribuye a su punto de vista consecuencias prácticas concernientes a las medidas de seguridad y corrección y a la accesoriedad del partícipe. En efecto, con arreglo a su criterio la imposición de una medida solo procedería una vez establecida la responsabilidad por el hecho, pues sería absurdo, por ejemplo, disponer la internación en una establecimiento psiquiátrico cuando el enfermo mental ha ejecutado el delito en circunstancias en las cuales tampoco habría podido exigirse que se abstuviera de hacerlo a un hombre medio normal (estado de necesidad, miedo insuperable, encubrimiento de un pariente, etc.). A su vez, la accesoriedad media exigiría para la punibilidad del partícipe que el autor hubiese ejecutado un hecho típico, antijurídico y respecto del cual cupiera atribuirle responsabilidad.

Si bien sugerente, el punto de vista de MAURACH no ha encontrado adhesión. La verdad es que, aunque efectivamente existen limitaciones para establecer el grado de libertad con que ha obrado el autor en el caso concreto y, por eso, es inevitable detener esa pesquisa en la consideración del hombre razonable, ello no parece justificar un desmembramiento de la culpabilidad que le sustraería, precisamente, uno de sus elementos más importantes de entre los que intervienen en la cuantificación. En lo que atañe a los aspectos prácticos aludidos por el autor, la cuestión tampoco es clara. La limitación en la accesoriedad, desde luego, me parece inconveniente, pues si bien los casos de inexigibilidad se establecen respecto de un hombre razonable, se le supone también situado en unas circunstancias fácticas que bien pueden, incluso en abstracto, concurrir respecto de él y no de otros intervinientes (por ejemplo, solo el autor está obligado a obedecer la orden antijurídica procedente de un superior jerárquico; no así el cómplice, ajeno al servicio y tampoco el inductor); la exigibilidad se determina conforme a "tipos", pero estos se refieren a la *persona* de cada uno de los concurrentes y no al hecho como tal. Por otra parte, tampoco es adecuada la consecuencia que se extrae en lo concerniente a la aplicación de medidas de seguridad y corrección. Claro que en un caso como el del ejemplo parece ridículo, a primera vista, decretar la internación. Pero en la práctica la situación puede presentarse de manera muy distinta. Por lo mismo que la libertad del sujeto para autodeterminarse se valora con arreglo a un padrón generalizador, cabe imaginar que un enfermo mental cometa un delito a consecuencia de tendencias precipitadas por la dolencia pero que, por pura casualidad, lo haga en circunstancias excluyentes de la exigibilidad (por ejemplo, el paranoico sacia impulsos agresivos desencadenados por su mal, cumpliendo las órdenes antijurídicas que le imparte su superior o encubriendo a unos parientes). En estos casos la imposición de una "reclusión" en establecimiento psiquiátrico parece justificada, aunque no se den los presupuestos para exigir otra conducta, incluso a un hombre normal. Aquí, en verdad, el problema versa sobre algo que no está en relación con la estructura de la culpabilidad. Lo que pasa es que debe desecharse la idea anticuada de imponer una medida a todo inimputable por el solo hecho de haber ejecutado una conducta típica y antijurídica. Las medidas de seguridad y corrección son recursos peligrosos a los cuales, por consiguiente, no hay que acudir sino como última *ratio.*[160] Este es, precisamente, el criterio que prevalece en los arts. 455 a 457 del C.P.P.

---

160 CURY, *Contribución al estudio de la pena, cit.*, II, pág. 58; ROXIN, *La culpabilidad como criterio limitativo de la pena, cit.*, B, I, pág. 24: "La regla general, en los casos de pequeña y mediana criminalidad, sigue siendo que la pena constituye la única sanción privativa de libertad, de modo que aquí el principio de culpabilidad puede cumplir plenamente su función liberal de limitación. Solo *en casos de gran peligrosidad del hechor se imponen medidas,* de modo que en estos casos el interés público preponderante está colocado en un lugar prevalente a la

Obrar con cautela, a fin de evitar los abusos de la prevención especial, basta para eludir consecuencias absurdas como las que teme MAURACH.

V. GRADUACIÓN DE LA CULPABILIDAD

La culpabilidad concebida normativamente es esencialmente graduable y, como se ha destacado aquí, su determina también la de la pena.[161]

A) Elementos de la graduación

aa) En primer lugar, se toma en cuenta la gravedad del injusto en que el hechor ha incurrido. Esta se refleja en la subjetividad del autor a través del conocimiento que él tiene de las consecuencias de su conducta (dolo) o de la previsibilidad de ellas (imprudencia), y, mientras más considerable es, con mayor energía ha debido obrar como contramotivo inhibitorio.[162]

Dentro de este mismo aspecto ejerce también una influencia determinante la mayor o menor intensidad con que la voluntad se relaciona al resultado. Si este último aparece como contenido de ella, el reproche es más severo que cuando surge como una consecuencia previsible pero no querida, provocada solo porque el autor no empleó en su evitación toda su capacidad de control del suceder causal. De aquí la distinta punibilidad acordada generalmente por la ley a los injustos dolosos e imprudentes[163]

Lo expuesto demuestra que dolo e imprudencia, si bien pertenecen al tipo de injusto, deben ser considerados también en la determinación del reproche. A este respecto, WELZEL destaca que él nunca ha negado esta circunstancia, pero sí la concepción de la teoría tradicional que solamente quiere ocuparse del dolo y la imprudencia en este momento, prescindiendo de que su establecimiento

---

protección individual. Sin embargo, *ello constituye la excepción* que no quita nada de su significado a la regla general" (los énfasis son míos).

161 Supra, § 25, I, b), dd).

162 GOLDSHCMIDT, *La concepción*, III, 1°, pág. 41. Así también JESCHECK-WELGEND, § 39, IV, 3 y 4, págs. 461 y 462.

163 GOLDSCHMIDT, *La concepción*, III, 2°, págs. 44 y sigts. Sin embargo, véase supra el texto correspondiente a la nota de pie de página 36).

ya es necesario para sostener la tipicidad e ilicitud del hecho.[164] Vista en esta forma, la culpabilidad se refiere no solo al dolo y la imprudencia, sino a todos los elementos del delito, con excepción únicamente de aquellos que configuran el reproche mismo. "La voluntad de la acción –aunque es también portadora del reproche de la culpabilidad– es ya *antes* un elemento de la *acción*; el *dolo* es ya antes un elemento del *tipo* de los delitos dolosos y con ello un presupuesto material de la antijuridicidad de esos delitos; la voluntad de la acción que como consecuencia de una falta de observancia del cuidado debido realiza en forma no *dolosa* un tipo, es ya antes un presupuesto de antijuridicidad de los delitos culposos".[165]

bb) En segundo lugar, deben considerarse las otras circunstancias que han rodeado al hecho y cuya proyección sobre la psiquis del autor modifica su capacidad de autodeterminación. Entre ellas se toman en cuenta no solo las exteriores al sujeto, sino además, aquellas que encuentran su origen en él mismo. Por eso, en mi opinión, corresponde tratar también aquí aquellas situaciones en las que el desarrollo aún no se ha completado[166] o la salud mental se encuentra alterada, pero sin que ni lo uno ni lo otro excluyan completamente la capacidad de autodeterminación conforme a Derecho (*imputabilidad disminuida*). En rigor, estos no son problemas propios de la imputabilidad pues esta, como se desprende de su concepto, existe o no y, consiguientemente, no admite gradaciones: se trata, en cambio, de un problema relativo a lo que se *puede exigir* de quien padece una anormalidad o no ha llegado aún a la completa madurez.[167]

---

164 WELZEL, *Nuevo sistema,* V, II, págs. 81 y 82. Véase además JESCHECK-WEIGEND, § 39, IV, 3 y 4, págs. 461 y 462, quien se refiere a una teoría de "la doble ubicación del dolo", procedente de GALLAS y actualmente muy influyente.

165 WELZEL, *Nuevo sistema,* V, II, págs. 81 y 82.

166 N. del E.: La Ley N.° 20.084 publicada el 7 de diciembre de 2005 establece un sistema de responsabilidad de los adolescentes por infracción a la ley penal. El inc. primero de su art. 3° expresa que ella "se aplicará a quienes al momento en que se hubiere dado principio de ejecución al delito sean mayores de catorce y menores de dieciocho años, los que, para los efectos de esta ley, se considerarán adolescentes".

167 Así, ya BELING, § 14, V, pág. 35. Ahora, en especial, JAKOBS, 17, número marginal 49, pág. 599.

b) La situación en el Derecho positivo

En un sistema de determinación de la pena tan reglamentado como el que consagra la ley, gran parte de los factores intervinientes en la cuantificación de la culpabilidad se encuentran evaluados rígidamente por la regulación correspondiente. En un Derecho penal de tipos esto debe ser así, hasta cierto punto, en lo concerniente a aquellos elementos aludidos en el párrafo aa) del apartado anterior, pues las penas aplicables a cada injusto han de ser precisadas por la norma legal; pero es discutible la forma y medida de efectuar esa precisión que emplea nuestro Ordenamiento punitivo. Por lo que toca a la apreciación de las "circunstancias concomitantes", es manifiesto y más o menos generalmente reconocido que los procedimientos matemáticos empleados por el C.P. la entraban considerablemente. De *lege ferenda* se impone, pues, un ajuste.

§ 27. LA IMPUTABILIDAD

I. LA IMPUTABILIDAD EN GENERAL

a) Concepto

Imputabilidad es la capacidad de comprender lo injusto del hecho y de autodeterminarse conforme a ese conocimiento.[168] Dicho de otro modo, la imputabilidad es capacidad personal de ser objeto de un reproche por la conducta ejecutada y, por consiguiente, *capacidad de culpabilidad.*[169] En efecto, la libertad que fundamenta la reprochabilidad solo puede presuponerse[170] de un sujeto cuyas características personales lo habilitan para adecuar su comportamiento a los dictados del Derecho; y esto no ocurre sino cuando él está constitucionalmente capacitado para comprender el significado de lo que hace y para autodeterminarse a obrar de acuerdo con esas representaciones de sentido. En caso contrario, los hechos en que incurra serán el resultado de insuficiencias personales que, como no dependen de su voluntad, no pueden serle enrostradas.

La idea de que la imputabilidad es "capacidad de culpabilidad" constituye actualmente una opinión generalizada. El criterio de los *hegelianos,* con arreglo al

168 BULLEMORE-MACKINNON, II, pág. 146; BUSTOS, I, 46.1, pág. 1129; CÓRDOBA RODA-RODRÍGUEZ MOURULLO, I, pág. 208; COUSIÑO, III, § 202, III, pág. 89; FRISTER, 18, número marginal 1, pág. 363; GARRIDO, II, 66, pág. 208; JAKOBS, 18, número marginal 3, pág. 630; JIMÉNEZ DE ASÚA, V, 1485, pág. 86; MAURACH-ZIPF, I, § 36, I, B, 5, pág. 600; MEZGER, II, § 35, II, 1, págs. 49 y 50; NÁQUIRA, I, págs. 501 y 502; POLITOFF, 10, § 1, A, b), pág. 528; SOLER, II, § 36, I, pág. 35; STRATENWERTH, § 10, número marginal 9, pág. 235; VARGAS, V, 3.1, pág. 129. WELZEL, § 21, 2, pág. 216; ZAFFARONI-ALAGIA-SLÓKAR, § 46, 2, pág. 658.

169 NOVOA, I, 269, pág. 424; ETCHEBERRY, I, pág. 278; JESCHECK-WEIGEND, § 40, I, 1, pág. 465 y, en general, todos los autores citados en la nota anterior. Vale la pena observar que en la literatura alemana los autores hablan de la "capacidad de culpabilidad" para referirse a lo que en castellano designamos como imputabilidad. En el texto, los dos conceptos se emplean como sinónimos, pero dado que en nuestra lengua la palabra "imputabilidad" ha adquirido carta de ciudadanía para mencionar la idea de "capacidad de culpabilidad", la uso preferentemente.

170 Supra, § 25, III.

cual se trataba de "capacidad de acción",[171] se encuentra abandonado, porque se reconoce que los niños y los enfermos mentales (inimputables) pueden ejecutar conductas voluntarias (manifestaciones de voluntad). En cuanto a la acepción común, de conformidad con la cual "imputabilidad" equivale a "atribuir en un sentido general", se conserva, pero resulta poco aprovechable porque origina confusiones.[172] [173]

La imputabilidad, por lo tanto, descansa sobre un cierto estado de normalidad y suficiencia de las facultades psíquicas. Si estas se encuentran alteradas o no han alcanzado un determinado nivel de desarrollo, la imputabilidad se excluye.[174] Ahora bien, la ley parte del supuesto de que ordinariamente los seres humanos poseen el nivel de normalidad y suficiencia de dichas facultades que requiere la imputabilidad. Por esto, solo *son inimputables aquellos a los que la ley declara expresamente tales.*

Lo expuesto no es más que una aplicación del criterio de "regla excepción". No implica, por consiguiente, una presunción de imputabilidad y, mucho menos, una inversión de la carga de la prueba. Por el contrario, como ya se señaló[175], de acuerdo a la regulación del C.P.P., cuando en el curso del procedimiento aparecieren antecedentes que permitieren presumir la inimputabilidad por enajenación mental del imputado, el ministerio público o juez de garantía, de oficio o a petición de parte, solicitará el informe psiquiátrico correspondiente y, si el fiscal hallare mérito para sobreseer temporal o definitivamente la causa, efectuará la

---

171 Cfr. MEZGER, II, § 35, II, 1 págs. 49 y 50; MAURACH-ZIPF, I, § 36, número marginal 1, pág. 599.

172 De otra opinión, aunque sin apartarse de la idea según la cual la imputabilidad es un componente de la culpabilidad determinado por "estados personales" del sujeto, RODRÍGUEZ DEVESA, I, págs. 558 y sigts. Esto se explica porque el autor no acepta la diferencia entre la verdadera "anulación" de la inteligencia y voluntad y las simples malformaciones o insuficiencias de tales funciones psíquicas.

173 No obstante lo que se expresa en el texto, existe una corriente doctrinaria que se funda en el concepto de "imputabilidad" en el sentido de "atribución" y que elabora a partir de él la teoría del delito. A la cabeza de esa concepción se encuentra HRUSCHKA, *Imputación y Derecho penal, passim*, pero especialmente *Reglas de comportamiento y reglas de imputación*, págs. 27 y sigts. y *La imputación ordinaria y extraordinaria en Pufendorf. Sobre la historia y el significado de la diferencia entre "actio libera in se" y" actio libera in sua causa".*

174 MAURACH, II, § 36, II, C 1, pág. 110; MAURACH-ZIPF, I, § 36, número marginal 27, pág. 611, más atenuado que antes; WELZEL, § 21, I, 2, pág. 216.

175 Nota del E.: Supra § 26, I, a).

solicitud respectiva dentro de los diez días siguientes al cierre de la investigación (arts. 458 y 460, en relación con el 248 del C.P.P.).[176]

Como la imputabilidad es la regla, resulta que su estudio se resuelve en el de las situaciones en las cuales se encuentra ausente, esto es, de las *causales de inimputabilidad* y su determinación legal.[177]

b) Las formas de determinación legal de la inimputabilidad

Para describir los casos de inimputabilidad, la ley puede echar mano de fórmulas distintas, a las que la doctrina suele reunir en tres grupos: *biológico, psicológico y mixto*. En rigor, esas denominaciones son inapropiadas y, por eso, buena parte de la literatura las hace objeto de críticas justificadas.[178] Dada la incertidumbre que reina todavía en el campo de las ciencias que se ocupan de esta materia, probablemente sería preferible prescindir de nombres que a menudo resultan insatisfactorios. Sin embargo, como el empleo de los mencionados más arriba se encuentra relativamente generalizado en la doctrina nacional[179], parece preferible conservarlo, siquiera sea por razones pedagógicas.

Las fórmulas *psicológicas* describen la situación psíquica que fundamenta la inimputabilidad del hechor, o sea, la incapacidad para comprender la significación antijurídica del acto o dejarse determinar por ella. Aunque su flexibilidad permite solucionar adecuadamente algunas situaciones límite, son criticables a causa de su incertidumbre. Por eso, en la actualidad es difícil encontrar sistemas de Derecho positivo que las consagren.[180]

Las fórmulas *biológicas*, por la inversa, se limitan a atribuir a ciertos estados patológicos de alteración o inmadurez, taxativamente enumerados, la consecuencia de excluir la imputabilidad. Ofrecen, ciertamente, ventajas prácticas,

176 Así también, MAURACH, II, § 36, II, A, págs. 102 y 103; MEZGER, II, § 37, II, pág. 70, *Libro de estudio*, § 55, págs. 202 y 203.

177 ROXIN, § 20, A, números marginales 1 y 2, págs. 822 y 823.

178 Véase por todos, MAURACH-ZIPF, I, § 36, II, A, números marginales 24 y 25, págs. 609 y 610, con bibliografía y referencia a otras fórmulas de diferenciación que se han propuesto por varios autores.

179 BULLEMORE-MACKINNON, II, pág. 147, ETCHEBERRY, I, págs. 279 Y 280, que no emplea la termología tradicional; GARRIDO, I, 75, págs. 215 y 216; LABATUT, I, 125, págs. 134 y 135; NÁQUIRA, I, págs. 512 y sigts.; NOVOA, I, 275, págs. 430 y 431; POLITOFF, 10, § 1, C págs. 543 y sigts.; SOLER, II, § 36, III, págs. 38 y 39, con detalle y fundamentación.

180 El Código Penal italiano, cuyo art. 85 suele ser citado como ejemplo, establece más bien una fórmula mixta, como se deduce del contexto de las disposiciones que lo siguen.

porque precisan de manera exacta los casos en los que la imputabilidad ha de ser declarada, pero limitan exageradamente las facultades de apreciación de la magistratura. Además, tratándose de la inimputabilidad por falta de salud mental, se basan en el postulado, cuya exactitud no ha sido demostrada hasta el presente, de que todas las psicopatologías obedecen a causas orgánicas. De todas maneras, a causa de su certeza, se las empleó frecuentemente en los códigos clásicos que se esforzaban por reducir las facultades del juez.

Por último, las fórmulas *mixtas* combinan ambos sistemas. Por una parte describen los estados que dan origen a la inimputabilidad, pero por la otra exigen una investigación ulterior sobre la existencia efectiva de la incapacidad para comprender y autodeterminarse. En la práctica, constituyen el régimen imperante en la mayor parte de los Ordenamientos contemporáneos.

Con arreglo al criterio dominante, el Código Penal chileno consagra fórmulas de tipo biológico,[181] al menos en lo referente a los casos de inimputabilidad por falta de salud mental, que es donde la diferencia cobra mayor significado práctico. Sin embargo, en mi opinión actual esto no es exacto porque la aplicación que da la jurisprudencia a los textos legales pertinentes –impuesta además por el contenido semántico de estos– ha conducido en la práctica al imperio de una fórmula mixta.[182]

Esto, desde luego, es evidente tratándose de la *privación total de razón por causa independiente de la voluntad del autor* (art. 10 N° 1° segunda parte C.P.), pues aquí la decisión sobre la imputabilidad se adopta en consideración al efecto psicológico que efectivamente se ha producido en la persona, el cual tiene que ser valorado por el tribunal para cada caso concreto. Pero también es cierto para los casos de *locura o demencia* (art. 10 N° 1°, primera parte C.P.). Efectivamente, a causa de la indefinición científica actual de esos conceptos[183], ellos carecen de un significado psiquiátrico aprovechable y solo aluden de manera general a unos estados de perturbación mental cuyos efectos sobre la capacidad de conocer y querer tienen que ser valorados, una vez más, caso a caso por el juez. Solamente en las oligofrenias más graves (idiocia e imbecilidad) los tribunales aceptarán por regla

181 CURY, *Orientaciones*, 19, pág. 187; ETCHEBERRY, I, pág. 280; GARRIDO, II, 75, pág. 216; LABATUT, I, 125, pág. 135; NOVOA, I, 275, pág. 430.

182 De acuerdo con este punto de vista POLITOFF, 10, § 1, C, pág. 543; POLITOFF-MATUS-RAMÍREZ, 12, § 4, A, pág. 298. Parcialmente también COUSIÑO, III, § 209, pág. 133. En el mismo sentido, también NÁQUIRA, I, pág. 514; indeciso BULLEMORE-MACKINNON, II, pág. 147.

183 Infra, II, a), aa).

general declarar la inimputabilidad sobre la base de un diagnóstico psiquiátrico. Por el contrario, hasta en las psicosis más profundas (esquizofrenia, paranoia, parafrenia, locura maníaco depresiva) se detendrán a evaluar sus consecuencias efectivas, atendiendo al estado de su desarrollo, a la naturaleza de alteración que implican en el caso concreto y para el delito de que se trata, etc. Únicamente en el caso de los menores de 14 años es decisivo el simple estado del adolescente para excluir sin más su imputabilidad, con arreglo a lo preceptuado en el art. 3° de la Ley 20.084.

c) Efectos jurídicos de la inimputabilidad

La *inimputabilidad* trae aparejada la *inculpabilidad* por la conducta antijurídica.[184] Por consiguiente, en virtud del principio de "accesoriedad media"[185], la participación en el hecho de un inimputable es, por lo general, punible. Asimismo, cabe defenderse legítimamente en contra de su agresión, aunque con ciertas limitaciones relativas a la *subsidiariedad.*[186]

d) Tiempo de la imputabilidad: *la actio libera in causa*

Para que la inimputabilidad excluya la culpabilidad, es preciso que concurra en el momento de ejecutarse la *acción típica.*[187] En cambio, es irrelevante la situación existente cuando se produce el *resultado*. Así, A no es culpable si dispara sobre B con intención homicida cuando aún no tiene catorce años de edad aunque la víctima expire cuatro días más tarde y, en el intervalo, el autor ya haya cumplido esa edad. En cambio, el adulto C es culpable si al disparar contra D está en pleno

---

184 Otra opinión en LISZT, II. § 37, IV, pág. 401, para quien se trata de una pura exclusión de la punibilidad.

185 Ifra, § 40, II.

186 Supra, § 24, II, a) cc).

187 BUSTOS, I, 47, 1.1., pág. 1146; CARRARA, I, § 232, pág. 163, nota 1; CÓRDOBA RODA-RODRÍGUEZ MOURULLO, I, pág. 229; COUSIÑO, I, § 107, pág. 525; FRISTER, 18, número marginal 17, pág. 372 y 373; GARRIDO, II, 75.2, a), pág. 223; HIRSCH, I, págs. 173 y sigts.; HRUSCHKA *La imputación ordinaria y extraordinaria en PUFENDORF, cit.*, pags. 55 y sigts.; JAKOBS, 17, número marginal 64, págs. 611 y 612 LABATUT, I, 108, pág. 118; LISZT, II, § 37, III, pág. 309; MAURACH-ZIPF, I, § 36, II, número marginal 53, pág. 621; POLITOFF, 10, § 1, D, b) págs. 577 y sigts.; ROXIN, § 20, número marginal 55, pág. 850; STRATENWERTH, § 10, número marginal 43, págs. 245 y sigts.

uso de sus facultades mentales, aunque en el momento en que el agredido fallece su atacante haya perdido la razón.

Lo expuesto *pareciera* encontrar una excepción en el caso de las llamadas *actio libera in causa,* esto es, aquellas situaciones en las cuales, al momento de ejecutar la conducta típica, el autor se halla en una situación de inimputabilidad que él mismo se ha provocado, sea en forma voluntaria, sea en forma imprudente. Así, por ejemplo, cuando el sujeto bebe hasta perder el control de sus actos a fin de darse ánimos para cometer un homicidio que él sabe ser incapaz de ejecutar en caso de encontrarse sobrio; o cuando conduce un automóvil después de haber ingerido una droga que es previsible le cause un estado de perturbación, y en esas condiciones ocasiona un accidente con resultados mortales. En tales hipótesis se afirma la culpabilidad del hechor no obstante la inimputabilidad que lo afectaba en el instante de realizar materialmente el acto típico.

La teoría de las *actio libera in causa* es de procedencia remota[188] y, quizás por eso mismo, actualmente resulta confusa, pese a la opinión que la considera un problema superado[189], cosa que en mi opinión es inexacta. Es verdad que existe en general la idea de que una acción cometida en esas circunstancias debe ser castigada, pero lo que todavía permanece discutido es la forma en que se la enlaza con el comportamiento realizado cuando el autor era capaz de culpabilidad, lo cual usualmente habrá ocurrido mucho tiempo antes de que ejecute el hecho típico. A este respecto, se han elaborado distintas concepciones, de las cuales aquí solo puedo destacar las más importantes:

aa) De acuerdo con la teoría de *la autoría mediata,* defendida actualmente sobre todo por JAKOBS, la *actio libera in causa* constituye una forma auténtica de autoría mediata[190], en la cual el autor, cuando todavía es imputable, se sirve de sí mismo como instrumento para la realización del comportamiento típico

188 Cfr., COUSIÑO, I, § 107 págs. 527 y 526; HRUSCHKA, *op. cit.* en nota anterior, II, págs. 56 y sigts.; ROXIN, § 20, número marginal 56, págs. 850 y 851.

189 Véase, por todos, MAURACH, II, § 36, II, E 1, pág. 113: "La institución de la llamada *actio libera in causa*, antes debatida y hoy *correctamente resuelta,* no representa tampoco excepción alguna" (El segundo énfasis es mío). En el mismo sentido, MAURCH-ZIPF, I, § 36, II, E, número marginal 54, pág. 623. De acuerdo con lo que se expresa más adelante en el texto, tal cosa no es exacta tampoco para el Derecho penal alemán. Pero, además, tiene razón COUSIÑO, I, § 107, A, págs. 528 y sigts., cuando sostiene que MAURACH incluye aquí ciertas situaciones cuya naturaleza jurídica nada tiene que ver con la inimputabilidad, lo cual, cuando menos, provoca dificultades sistemáticas.

190 Infra, § 38, I, b).

cuando ya se encuentra en estado de inimputabilidad.[191] Sin embargo, este punto de vista es objeto de críticas atendibles. Se le objeta, en primer lugar, que la imagen de la autoría mediata supone siempre una persona que "instrumentaliza" a otra para realizar el hecho típico, por lo que resulta artificioso pensar un caso en que el "hombre de atrás" se "sirve" de sí mismo como instrumento ejecutor del acontecimiento típico mediante el subterfugio de reducirse a una situación de inimputabilidad. Más decisivo, en esta misma línea de razonamiento, es el argumento de que en los casos de autoría mediata se parte del supuesto de que el "hombre de atrás" conserva el "dominio del hecho" hasta que se materializa el hecho; pero ocurre que en el caso de las *actio libera in causa,* cuando el pretendido auto instrumento se aplica a la realización del tipo, ya no está en condiciones de dominar ese comportamiento puesto que se encuentra en la situación de inimputabilidad que él mismo ha buscado.[192]

bb) El criterio predominante en el Derecho comparado es el llamado *modelo de tipo*, de acuerdo con el cual al autor puede imputarse la realización de la conducta en estado de inimputabilidad, en tanto él ha dado principio a la ejecución del hecho típico cuando todavía era imputable.[193] Esta solución tropezaría con la objeción de que, por ejemplo, la conducta de quien bebe hasta embriagarse para darse ánimos a fin de cometer el delito, con ese comportamiento ciertamente no inicia la realización del tipo. Sin embargo, en relación con este punto los defensores del *modelo de tipo* argumentan que aquí se puede acudir a una asimilación con la situación del comienzo de ejecución en los hechos realizados en autoría mediata. En efecto, en esos casos se entiende que el "autor mediato" da comienzo a la realización del tipo cuando pierde el control sobre el ejecutor inocente, es decir, cuando ya no es más necesaria su intervención para que el acontecimiento causal se desarrolle por sí solo hasta alcanzar el resultado típico cuando este es exigido o la situación reprobada en los delitos de mera actividad. De acuerdo a este punto de vista, no se trata de que realmente la *actio libera in causa* constituya una situación de autoría mediata, sino que esta última sirve de punto de referencia para determinar cuándo debe entenderse que se ha dado inicio a la realización del tipo en los casos en que el autor pone en movimiento un acontecimiento causal

191 JAKOBS, 17, número marginal 64, págs. 611 y 612.

192 Crítico, asimismo, FRISTER, 18, número marginal 23, nota 39, págs. 376 y 377.

193 Así, entre otros, FRISTER, 18, números marginales 19 y sigts., págs. 374 y sigts.; HIRSCH, *Acerca de la actio libera in causa,* en HIRSCH, I, III, págs. 181 y sigts.; ROXIN, § 20, números marginales 58 y sigts., págs. 851 y sigts.

que ya no está en condiciones de proseguir controlando. Tampoco se trataría de un caso de analogía *malam partem* –y, por consiguiente, prohibida– sino solo de servirse como modelo para establecer el comienzo de ejecución de otra situación en la cual el autor pone en marcha el suceso causal y pierde la capacidad de gobernarlo. Del mismo modo en que cuando el hechor se sirve de una máquina infernal para dar muerte a su enemigo, la ejecución principia cuando termina de instalar el aparato que se accionará automáticamente para obtener la consecuencia letal y se aleja del lugar de manera que ya no puede acudir a desconectarlo antes de que este provoque el resultado típico, aquí eso sucede cuando se coloca en una situación en que ya no estará en condiciones de controlar sus propios actos.

cc) Un punto de vista distinto es el defendido por el *modelo de la excepción* o de la *extensión*, cuyo principal defensor en la actualidad es HRUSCHKA.[194] Conforme a este criterio, en las *actio libera in causa* la imputación puede realizarse *extraordinaria* o *excepcionalmente* al individuo que en el momento de ejecutar la conducta típica no le era ya *imputable in se,* pero le era *imputable in sua causa.* HRUSCHKA reconoce que este criterio contrasta con el Derecho vigente en Alemania, pero insiste en que debiera procederse a una modificación *de lege ferenda* que le diera cabida. Sin embargo, la literatura se muestra adversa a esta solución, que considera atentatoria contra el *principio de culpabilidad* y, por lo tanto, se opone también a la idea de introducir una reforma de esa clase en la legislación positiva.[195]

No obstante, debe tenerse presente que nuestro Ordenamiento jurídico trata de este asunto en el art. 10 Nº 1º, segunda parte del C.P., de acuerdo a un punto de vista distinto del que rige en el alemán. En efecto, la disposición mencionada establece que "están exentos de responsabilidad criminal: [...] el que *por cualquier causa independiente de su voluntad*, se haya privado totalmente de razón". De ella se deduce, entonces, que la exención de responsabilidad criminal no alcanza al que, cuando comete el delito, se haya privado totalmente de razón *por una causa dependiente de su voluntad* y esta regla, que conduce precisamente a la punibilidad del que ejecuta el comportamiento típico en un estado de inimputabilidad

194 *Reglas de comportamiento y reglas de imputación, cit.*, págs. 27 y sigts., e *Imputación ordinaria y extraordinaria en Pufendorf, cit.*, págs. 55 y sigts.

195 N. del E.: Expresamente en este sentido, ROXIN, § 20, número marginal 57, pág. 851.

provocado por el mismo (*actio liberae in causa*),[196] difícilmente puede explicarse de otra manera que mediante el *modelo de la excepción* o de la *extensión.*

Lo que cabe preguntarse entonces es si, de esta manera, la ley vigente incurre en una infracción decidida del principio de culpabilidad o del *nulla poena*. Sin embargo, en este aspecto me parece que puede razonablemente acogerse el criterio expuesto por BUSTOS, con arreglo al cual en este caso la excepción obedece a que el autor ha incurrido en un *abuso del Derecho,* lo que justifica castigarlo como si su conducta fuera efectivamente imputable, ya que semejante conducta implica una infracción *culpable* de los mandatos y prohibiciones del Derecho.[197]

Sólo existe una auténtica *actio libera in causa* dolosa, cuando el autor *dolosamente* se coloca en situación de inimputabilidad para la ejecución de una conducta cuya realización *dolosa* se ha propuesto. Así, por ejemplo, el marido que bebe *con el propósito* de embriagarse y así darse ánimos para maltratar a su mujer, lesionándola *dolosamente.* Entendidas de este modo, las *actio libera in causa* dolosas son infrecuentes y, por lo general, se refieren únicamente a casos de omisión.[198] De mayor importancia práctica son las *actio liberae in causa imprudentes*, en cuyo caso el autor, o bien se procuró dolosamente el estado de inimputabilidad, pero sin proponerse la comisión de un delito cuya posibilidad, sin embargo, le era previsible, o bien se puso imprudentemente en situación de inimputabilidad porque no previó, como era previsible, que si continuaba actuando como lo estaba haciendo llegaría a ella y acaso, lo que también era previsible, cometería un hecho punible. Es el caso del marido que bebe inmoderadamente sabiendo que, si se embriaga, es muy posible que maltrate a su mujer hasta lesionarla; o que cree imprudentemente que no se embriagará, aunque es previsible que eso ocurra y que en ese estado puede maltratar a su mujer y lesionarla, como efectivamente sucede. Por el contrario, aquellos casos en los cuales el autor no pudo prever que su comportamiento lo llevaría a incurrir en un hecho típico yacen fuera del ámbito de las *actio libera y causa* y deben quedar impunes, no obstante la defectuosa redacción del art. 10 N° 1°, segunda parte, que pareciera sugerir otra cosa.

Conviene llamar la atención que, en rigor, solo corresponderían al concepto de *actio libera in causa,* tal como aquí lo he definido, aquellas situaciones en las cuales el autor se ha colocado culpablemente en un estado de *inimputabilidad.* Por

196 Así POLITOFF, 10. § 1, D, b), págs. 583 y 584 con cuya opinión coincido ahora, abandonando el criterio sostenido en CURY, § 27, I, d), pág. 413.

197 BUSTOS, I, 47.1.1, pág. 1147.

198 MAURACH, II, § 36, II, E, 1, pág. 113; MAURACH-ZIPF, I, § 36, II, número marginal 57, pág. 623; MEZGER, *Libro de estudio,* I, § 64, pág. 222.

el contrario, aunque los resultados prácticos son semejantes, es preferible no incluir en la denominación a otros casos, como los del sueño normal o sonambúlico, en los cuales, de acuerdo a mi opinión, lo que se encuentra ausente es la *acción*.[199]

E) Clasificación de los casos de inimputabilidad

Los casos de inimputabilidad contemplados por la ley pueden clasificarse en dos grandes grupos:

aa) Aquellos que encuentran su origen en un trastorno psíquico de carácter patológico o accidental; y

bb) Aquellos que se fundan en un desarrollo insuficiente de la personalidad. De ambos se trata separadamente en los apartados siguientes.[200]

II. CASOS DE INIMPUTABILIDAD DEBIDOS A TRASTORNOS PSÍQUICOS

Con arreglo a lo preceptuado por el art. 10 Nº 1º del C.P., *están exentos de responsabilidad criminal,* a causa de su incapacidad para comprender lo injusto de su actuar y de autodeterminarse conforme a ese conocimiento, *el loco o demente, a no ser que haya obrado en un intervalo lúcido, y el que, por cualquier causa independiente de su voluntad, se halla totalmente privado de razón.*

Esta formulación legal no es perfecta, pero una interpretación teleológica adecuada debiera conducir a resultados satisfactorios en la mayor parte de los casos.

Dentro de los casos de inimputabilidad motivados por trastornos psíquicos, es menester distinguir, a su vez, dos casos: *la locura o demencia*, por una parte, y la *privación total de razón,* por la otra. Sus diferencias requieren un tratamiento separado.

---

199 Supra, n, 16, II y III. COUSIÑO, I, § 107, A, pág. 529, agrega que existen además otras posibilidades como, por ejemplo, la de que el autor se sitúe deliberadamente en una situación de justificación. Estos casos generan algunos problemas en el campo de la concurrencia de varias personas a la ejecución del hecho. Ampliamente MAURACH-ZIPF, I, § 36, II, E, 55, pág. 622: "Objeto de referencia idóneo de la *actio libera in causa* es todo elemento constitutivo del delito".

200 En el mismo sentido respecto del Derecho alemán, FRISTER, 18, i, 1, pág. 361.

A) La locura o demencia[201]

aa) Concepto

En el estado actual de la psiquiatría, las expresiones *locura* y *demencia*, carecen de un contenido preciso y, por lo mismo, parecen inaprovechables.[202] Las modernas clasificaciones de las enfermedades mentales, determinadas por un estudio más avanzado –aunque de ninguna manera concluido– de su naturaleza y significado, reclamarían, en efecto, una nomenclatura diversa. Con todo, acaso este no sea un defecto del que haya de lamentarse. En este punto, una precisión exagerada podría conducir a soluciones casuísticas y, por lo tanto, inelásticas, que seguramente perjudicarían las finalidades legislativas.[203] Por la inversa, el empleo de vocablos con contenidos coloquiales, susceptibles de ser determinados mediante una interpretación teleológica, permiten acomodar mejor el Derecho a los progresos de las ciencias de la naturaleza, que en este punto se encuentran aún en desarrollo.

Aquí no es del caso detenerse en el detalle de las anomalías psíquicas, porque se trata de un tema que escapa a mi competencia y cae en el ámbito de la Medicina legal.[204] Con todo, la comprensión del texto legal y su aplicación por la práctica requiere algunas explicaciones, siquiera sean muy generales.

Al parecer, en el presente tiende a prevalecer el criterio de que las anomalías psíquicas encuentran su origen en alteraciones *cuantitativas* de los componentes

---

201 En torno al tratamiento de estas hipótesis, véase NELSON POZO, *Imputabilidad penal y mente*, Editorial Arcis, Santiago, 2010, *passim*.

202 COUSIÑO, III, § 209, págs. 33 y sigts.; GARRIDO, II, 75.1, pág. 216; NOVOA, I, 274, pág. 429; POLITOFF, 10, § 1, C a), 2, pág. 546, precedido por una valiosa relación histórica sobre los orígenes del precepto.

203 En el mismo sentido, JIMÉNEZ DE ASÚA, *La ley y el delito*, § 216, c) pág. 341 quien, con todo, prefiere el término *enajenado*, por ser aún más flexible y comprensivo. Así también ETCHEBERRY, I, pág. 198 y NOVOA, I, 274, págs. 429 y 430.

204 N. del E.: Sobre la identificación por parte de la psiquiatría forense de los presupuestos patológicos sobre los cuales el tribunal debe efectuar la valoración jurídica de la imputabilidad, así como sobre la relevancia práctica que tiene para esa ciencia las clasificaciones propuestas por el manual "Diagnóstico y estadística de los trastornos mentales" de la Asociación Americana de Psiquiatría, conocido por sus siglas en inglés como DSM-TR, y la Clasificación Internacional de las Enfermedades (CIE, o ICD, por sus siglas en inglés),que publica la Organización Mundial de la Salud, véase CILLERO MIGUEL, en COUSO-HERNÁNDEZ y otros, págs. 190 a 191, con cita de una sentencia del Tribunal Oral de Antofagasta que, valorando el diagnóstico efectuado por el peritaje psiquiátrico en base a la clasificación del DSM-4, concluye que corresponde al concepto de locura en la terminología del Código Penal.

de la personalidad. Tendencias o rasgos naturales de esta última aparecerían hipertrofiadas o disminuidas por razones de distinta índole, provocando alteraciones más o menos acentuadas del conjunto. Por tal razón, los límites entre la normalidad y la anormalidad son fluidos y están determinados por factores sociológicos (culturales, religiosos, históricos) que complican su apreciación.

La psiquiatría contemporánea identifica como auténticas *enfermedades mentales* a ciertas alteraciones profundas de la personalidad del sujeto, a las que se denomina *psicosis* –de las cuales, como consecuencia de la influencia ejercida por la escuela de KURT SCHNEIDER, se ha postulado que presentan bases orgánicas[205]– las que importan un desajuste tan considerable de ella que el individuo "se hace otro", se *enajena*. Aquí se incluyen, entre varias, la *esquizofrenia (demencia precoz),* la *locura maníaco-depresiva (locura circular), la paranoia*[206], a la que algunos especialistas consideran como una forma de aparición delirante de la esquizofrenia, la *parafrenia*, la *demencia senil* (usualmente de base *arteriosclerótica*), el *mal de Alzhaimer*, la *parálisis general progresiva*, la *epilepsia,* etc. Suelen distinguirse entre aquellas de estas enfermedades que encontraría su origen en causas externas al sujeto (psicosis *exógenas*) y las que, en cambio, importarían un desenvolvimiento de defectos hereditarios o congénitos (psicosis *endógenas*). Pero tal clasificación ha sido objeto de reparos y, por consiguiente, no es del todo aprovechable. Por regla general, las psicosis se presentan como procesos *evolutivos,* que habitualmente se inician en el individuo mucho antes de hacerse perceptibles por los síntomas exteriores, cosa que, aparte de dificultar su reconocimiento, provoca problemas bastante complicados de enjuiciamiento jurídico.[207]

Aparte de las enfermedades mentales propiamente tales, la psiquiatría acostumbra distinguir un conglomerado más o menos vasto de simples *anormalidades* que, sin implicar un desquiciamiento completo de la personalidad del paciente, la alteran significativamente, dificultando su adaptación a las exigencias de la

---

Ambas clasificaciones tienen numerosas versiones y estas, a su vez, son frecuentemente actualizadas. La última edición del DSM-TR es la 5ª, de mayo de 2013, con una última actualización de octubre de 2018. La última edición de la CIE es la 11ª, de junio de 2018.

205 JAKOBS, 18, número marginal 9, pág. 633 y 634. En la doctrina más reciente, sin embargo, ya no se reconducen las psicosis a factores físicos (o, por lo menos, no solo a ellos). Al respecto, véase STRATENWERTH, § 10, numero marginal 26, pág. 240.

206 Sobre la paranoia, véase NÁQUIRA, I, págs. 544 y sigts.

207 En lo que se refiere a esta clasificación y a lo que sigue, véase, entre muchos, BULLEMORE-MACKINNON, II, págs. 148 y sigts.; CEREZO, I, XXVII, págs. 901 y sigts.; COUSIÑO, III §203 y sigts., págs. 91 y sigts.

convivencia.[208] Aquí deben incluirse, en primer lugar, las *oligofrenias,* caracterizadas por un insuficiente desarrollo de las facultades *intelectuales,* dentro de las cuales se contemplan varios grados, atendiendo a la mayor o menor gravedad del deterioro (retraso mental profundo grave y moderado), hasta llegar a una zona de transición con la normalidad, ocupada por el retaso mental leve. La clasificación suele hacerse mediante la aplicación de baterías de pruebas, de las cuales la más tradicional pertenece a BINET-SIMON. La exactitud del procedimiento ha sido cuestionada justificadamente, pero para los efectos perseguidos por el Derecho permite una cuantificación relativamente satisfactoria.

También pertenecen a la categoría de las anormalidades las *psicopatías* o *personalidades psicopáticas.* Con arreglo a la definición ya clásica de SCHNEIDER, se trata de "aquellas personalidades que sufren por su anormalidad o hacen sufrir, bajo ella, a la sociedad"[209]. De acuerdo con la clasificación de ese mismo autor, se distinguen hasta diez categorías diferentes de psicópatas, de entre las cuales debe destacarse la de los *desalmados,* "que se caracterizan por el embotamiento afectivo, sobre todo (pero no de un modo exclusivo) frente a los otros hombres. Son individuos carentes de compasión, de vergüenza, de pundonor, de arrepentimiento, de conciencia moral; en su modo de ser muchas veces hoscos, fríos, gruñones; en sus actos asociales, brutales",[210] y que corresponden al antiguo concepto de la *locura moral* (*moral insanity*), muy difundido entre los especialistas anglosajones, pero también a los *inseguros de sí mismos*[211], los *fanáticos*[212], los *necesitados de estimación*[213], todos los cuales, bajo ciertas circunstancias, pueden cometer delitos de cierta entidad como consecuencia de su anormalidad.

Por último, deben mencionarse asimismo entre las anormalidades las *neurosis,* descritas como estados angustiosos y depresivos cuyo origen es desconocido para el paciente y que le provocan sufrimientos intensos, acompañados a veces de síntomas físicos (arritmias cardíacas, parálisis parciales, sensación de asfixia, etc.).

Ahora bien, puesto que ninguna de las anomalías descritas en los párrafos precedentes corresponde exactamente al contenido de las viejas nociones de

---

208 En el mismo sentido MIR, 22, números marginales 32 y sigts., págs. 558 y sigts.

209 KURT SCHNEIDER, *Las personalidades psicopáticas,* traducción de Bartolomé Llopis, Ediciones Morata S.A., Madrid, 1920, pág. 32. Véase también JAKOBS, 18, número marginal 20, págs. 641 y 642.

210 SCHNEIDER, *op. cit.*, pág. 167.

211 SCHNEIDER, *op. cit.*, pág. 122.

212 SCHNEIDER, *op. cit.*, pág. 137.

213 SCHNEIDER, *op. cit.*, pág. 146.

"locura" y "demencia" empleadas por la ley, resulta indispensable precisar cuáles de entre ellas coinciden con la idea que esta quiere expresar con esos vocablos. En el presente, la opinión dominante estima, correctamente, que la interpretación de ambas palabras debe efectuarse en relación con la idea de *privación total de razón* usada por el art. 10 Nº 1º, parte final del C.P.[214] Se debe, en efecto, suponer que la identidad de consecuencias jurídicas atribuida a las dos situaciones se debe a que tanto una como la otra perturba las funciones psíquicas del sujeto en una misma forma. Así, la locura y demencia serán estados patológicos de carácter durable –no necesariamente permanentes–,[215] que provocan en el autor una "privación total de razón". A su vez, se entenderá que el sujeto se encuentra "totalmente privado de razón cuando no es capaz de comprender lo injusto de su actuar y de autodeterminarse con arreglo a esa comprensión.[216]

Aun así, los conceptos examinados conservan una considerable indefinición porque la psiquiatría contemporánea no está en condiciones de asegurar en forma generalizadora que determinadas afecciones psíquicas causan el efecto mencionado. Eso apenas puede predicarse con alguna certeza de las oligofrenias más severas, en las cuales el paciente posee un desarrollo mental equivalente al de un niño entre cuatro y ocho años de edad. En cambio, se negará por lo general respecto de la simple debilidad mental (retardo mental leve).[217] Por lo que se refiere a las psicosis, la cuestión dependerá de las circunstancias del caso concreto y, en especial, del *grado de evolución* alcanzado por la enfermedad. Tratándose por fin de las psicopatías y neurosis, lo habitual es considerar que no excluyen la capacidad de entender y querer, salvo en casos graves y más bien infrecuentes.[218]

---

214 ETCHEBERRY, I, pág. 198; NOVOA, I, 278, pág. 435.

215 Así, CÓRDOBA RODA-RODRÍGUEZ MOURULLO, I. pág. 212 quienes acentúan, con razón, el hecho de que los progresos de la psiquiatría han despojado a muchas de las enfermedades mentales del carácter incurable (*permanente*) que antes se les atribuía.

216 Esto significa dar a la expresión "razón" un sentido amplificado que implica también una alusión a las facultades volitivas, las cuales, con arreglo a su sentido natural y obvio, no abarca. Sin embargo, es lícito hacerlo en atención a las concepciones que imperaban en la época de redactarse el Código, las cuales parecían apreciar en toda perturbación mental una alteración de la función intelectual (razonadora). Infra, b), aa). En el mismo sentido CILLERO, en COUSO-HERNÁNDEZ y otros, pág. 187.

217 En el mismo sentido, GARRIDO, 75.1, a), pág. 218. Sin embargo, la C.S., en sentencia de 25 de mayo de 2000, en causa Rol 660-2000 aprecia una imputabilidad disminuida en el caso de una debilidad mental leve. El fallo debe ser tomado con reserva, porque la sentencia se sirve de la minorante para excluir la aplicación de la pena de muerte, a la cual era adversa la mayoría de la sala.

218 Sin embargo. Véase, POZO, *op. cit., passim,* pero especialmente págs. 145 y sigts., cuyos puntos de vista hacen pensar en la necesidad de revisar este criterio.

Lo dicho demuestra que, no obstante las apariencias, la fórmula de inimputabilidad empleada por el art. 10 Nº 1º primera parte funciona, en la práctica, con carácter mixto.[219] El reconocimiento de la dolencia no trae casi nunca aparejada por sí sola la afirmación de la inimputabilidad. Los casos de idiocia e imbecilidad son una excepción insignificante, porque, a fin de cuentas, esas anomalías conducirían al mismo resultado con cualquier tipo de fórmula que la ley usara. Lo importante es que, en el estado actual de la doctrina y jurisprudencia,[220] los enfermos y anormales no serán declarados "locos o dementes" sino cuando se haya establecido concretamente que al obrar estaban privados de capacidad para comprender la antijuridicidad de su acto y autodeterminarse en consecuencia.

bb) La decisión sobre la "locura o demencia"

Con arreglo a lo expuesto, la decisión sobre la locura o demencia del autor tiene un carácter valorativo que solo el *juez* está en condiciones de apreciar. El informe de peritos médicos es por cierto fundamental para establecer las bases fácticas de la resolución, pero la adopción de estas no solo pertenece privativamente al magistrado, sino que, en rigor, solo él cuenta con la capacidad y los elementos de juicio para hacerla.[221]

cc) El intervalo lúcido

La ley declara irresponsable al loco demente, "a no ser que haya obrado en un intervalo lúcido". Hoy la ciencia niega generalmente la existencia de esos intervalos, pues considera que la enfermedad mental, con su complicada estructura, suele adoptar formas insidiosas, de suerte que los que antaño se consideraban

219 Supra, I, b).

220 Sobre ello, ETCHEBERRY, *DPJ*, I, 83 y sigts., págs. 268 y sigts.

221 CILLERO, en COUSO-HERNÁNDEZ y otros, págs.182 y 183; FRISTER, 18, II, número marginal 15, págs. 371 y 372; JAIME GAVIRIA y PEDRO GUERRERO, *El loco y la justicia,* en *Nuevo foro penal,* Bogotá, 1982, Nº 12, págs. 411 y sogas; LABATUT, 124, pág. 134; MAURACH-ZIPF, I, § 36, número marginal 47, pág. 619.

períodos de lucidez, no son más que una apariencia[222]: aún en esos estadios, el trastorno permanece latente y emboscado.[223] [224]

Así las cosas, el supuesto intervalo lúcido constituye un error legislativo que atribuye importancia decisiva a lo que no es sino un síntoma diferenciado del estado patológico interrumpido.

Algunos investigadores, sin embargo, procuran no descartar por entero la significación de los intervalos. Consideran, en efecto, que ciertas enfermedades determinan en el sujeto un tipo más o menos uniforme de reacciones, a causa de las cuales su conducta delictiva se encauza siempre de un modo más o menos semejante. Estas observaciones no brindarán patrones rigurosos que permitan elaborar una tipología de los delitos cometidos por las distintas clases de pacientes, pero serían posibles algunas aproximaciones. Así, de un paranoico con delirio persecutorio cabe esperar que cometa ciertos hechos punibles que, arrancando de las premisas falsas instaladas en la psiquis del paciente, son comprensibles. En otros casos, en cambio, dicho sujeto incurrirá en conductas punibles que, aun partiendo de sus premisas, son evidentemente ilícitas y respecto de las cuales podría esperarse también de ese individuo una autodeterminación conforme a sentido.[225]

Cabría afirmar, pues, que la incapacidad del enfermo mental para comprender lo injusto y determinarse conforme a ese conocimiento es relativa. En algunas circunstancias también el loco o demente podría obrar de manera imputable y con total lucidez. La cuestión de cuándo y en qué medida ocurriría así tendría que ser objeto de un análisis minucioso propio de especialistas.

Con todo, este criterio permanece más bien solitario. La opinión dominante piensa, más bien, que la conducta total del enfermo es producto de su anomalía.

---

222 CILLERO, en COUSO-HERNÁNDEZ y otros, pág. 193; CÓRDOBA RODA-RODRÍGUEZ MOURULLO, I, pág. 216; ETCHEBERRY, I, págs. 282 y 283; NOVOA, I, 280, págs. 438 y sigts., con una solución de compromiso (atenuación por imputabilidad disminuida). LABATUT, I, 126, pág. 135, aunque coincide con lo expresado en el texto, cree que la decisión en concreto pertenece al psiquiatra. Pero esto, aparte de que no resuelve nada, contrasta con lo expresado supra, II, a) bb).

223 MAURACH-ZIPF, I, § 36, II, número marginal 33, pág. 613.

224 Sobre la situación en Italia, cuya jurisprudencia permanece aferrada al concepto, FIANDACA-MUSCO, pág. 339.

225 Sobre este punto se encuentran observaciones interesantes en ALBERCA LLORENTE, *la actualidad de la enfermedad y la tipicidad del delito en Derecho penal* y VALENCIANO GAYA, *Problemas médico-forenses de la psicosis delirante,* ambos trabajos en el volumen *Psiquiatría y Derecho penal,* Madrid, 1965.

En la práctica, el concepto del intervalo lúcido ha jugado un papel perturbador cuando se trata de apreciar los hechos de los epilépticos. Como en este caso la enfermedad suele presentar crisis ostentosas de carácter periódico (*ataques tónico-clónicos*), se ha caído en el prurito de sostener que las conductas ejecutadas en las etapas intermedias son plenamente imputables.[226] Esto, ciertamente, constituye un apresuramiento que no puede suscribirse. Contra ello habla, desde luego, la existencia de ciertas formas de *epilepsia larvada,* en las cuales el daño psíquico puede ser apreciable aunque las manifestaciones externas resulten imperceptibles. Aquí también pues, como en todos los otros casos, debiera decidir una apreciación concreta sobre la capacidad efectiva del paciente para entender el significado de su conducta y autodeterminarse conforme a esa comprensión.

dd) Medidas de seguridad aplicables al loco o demente

Actualmente las medidas de seguridad aplicables al loco o demente se encuentran reguladas en el C.P.P., arts. 455 y sigts. [227].

Con arreglo a lo preceptuado en el art. 455, las medidas de esta clase previstas para ser aplicadas al "*enajenado mental*" solo pueden serle irrogadas si él ha realizado un comportamiento *típico y antijurídico*, y siempre que *existan además "antecedentes calificados que permitieren presumir que atentará contra sí mismo o contra otras personas"*. En consecuencia, la imposición de las medidas al enajenado está sujeta a tres requisitos: 1) Que el enfermo haya sido declarado *enajenado mental* de conformidad al procedimiento establecido en el mismo C.P.P., Libro IV, Título VII, Párrafo 2°, arts. 458 y sigts.; 2) Que se encuentre establecida la realización de una conducta *típica y antijurídica*, en la cual le ha cabido participación, y 3) Que *existan antecedentes calificados que permitan presumir que atentará contra sí mismo o contra otras personas*. En los párrafos siguientes se trata sucintamente de estas exigencias:

1) Constituye un progreso que en el C.P.P. exista un procedimiento formalizado con arreglo al cual se declara al hechor "enajenado mental", pues precedentemente

---

226 ETCHEBERRY, *DPJ.*, 1, 83, págs. 271 y 272.

227 En la exposición de este tema he seguido de cerca el tratamiento que le dan MARÍA INÉS HORVITZ y JULIÁN LÓPEZ, *Derecho procesal penal chileno,* Editorial Jurídica de Chile, Santiago, 2005, II, XII, D, 1 y sigts., págs. 554 y sigts. Véase también CILLERO, en COUSO-HERNÁNDEZ y otros, págs. 194 y 195.

esta decisión se efectuaba por el tribunal sin forma de juicio.[228] No obstante, en el art. 130 del Código Sanitario ha subsistido la posibilidad de que el Director General de Salud resuelva "sobre la observación de los enfermos mentales [...] así como sobre su internación, permanencia y salida de los establecimientos públicos o particulares destinados a ese objeto". Ello significa, sin duda, confiar a una autoridad administrativa la imposición a esas personas de una medida de seguridad que afecta su libertad ambulatoria y que puede ser incluso "predelictual", cosa que, como ya se ha destacado,[229] es inaceptable.

En todo caso, debe destacarse que ahora, en el procedimiento destinado a declarar si el encausado es un "enajenado mental", este puede contar con asesoría jurídica y representación adecuada, conforme a los arts. 458 y sigts. del C.P.P.

2) Si en el procedimiento "no se constatare la existencia de un hecho típico y antijurídico o la participación del imputado en él", la sentencia lo absolverá. Así lo dispone perentoriamente el art. 463, letra c) del C.P.P. Esto significa que el tribunal debe verificar la existencia del comportamiento típico y su antijuridicidad de conformidad con las mismas reglas que regulan el procedimiento conducente a constatarlo cuando se trata de enjuiciar a un individuo normal. Lo mismo vale para el pronunciamiento relativo a la participación del enfermo mental, cuya concurrencia en el hecho se rige también por las reglas generales sobre esa materia.

3) Finalmente, para que proceda la imposición de una medida de seguridad al enajenado, es preciso que existan antecedentes calificados que permitan presumir que atentará contra sí mismo o contra otras personas. En el fondo, esta redacción constituye un eufemismo destinado a eludir una referencia abierta a la "peligrosidad" del imputado que es a lo que en definitiva quiere aludir el texto legal y que, en términos generales, es un concepto visto con reservas por el legislador que, sin embargo, no se decide a prescindir de él.

Cuando se cumplan todas las exigencias a que se refiere el art. 455 del C.P.P., es posible imponer al enfermo una de dos medidas: la internación en un establecimiento psiquiátrico o su custodia o tratamiento (art.457 inc. primero del C.P.P.). A diferencia de los que ocurría en el antiguo C. de P.P., el nuevo texto legal flexibiliza la elección de cada una de estas medidas, limitándose a expresar que se las escogerá por el juez "según la gravedad del caso". El C.P.P. declara que de

228 HORVITZ-LÓPEZ, *op. cit.*, II, XII; D, 1, pág. 557.

229 Supra, §1, III, c), ee). En el mismo sentido HORVITZ-LÓPEZ, II, XII, D, 1, pág. 563.

ninguna manera la medida de seguridad puede llevarse a efecto en un establecimiento carcelario, que si al momento de conminársela la persona afectada se encontrase recluida se la trasladará a una institución especializada y, por fin, que si no hubiere lugar en ella se deberá habilitar un recinto especial en el hospital público más cercano (art. 457 inc. segundo del C.P.P.). Si la medida que se aplica es la de "internación", compete a la sentencia determinar la forma y condiciones en que se la llevará a cabo. Cuando, por el contrario, se imponga la de "custodia y tratamiento", la sentencia respectiva fijará las condiciones de estos y entregará el enajenado a su familia (art. 457 inc. tercero).

Como los arts. 455 y siguientes del C.P.P. prescinden de las expresiones "loco" o "demente", limitándose a referirse al "enajenado mental" y a una remisión amplia a la causal de inimputabilidad contenida en el Nº 1º del art. 10 del C.P., no es claro si las medidas solo pueden imponerse a los enfermos psíquicos o proceden también en los casos de "privación total de razón por causa independiente de la voluntad" del hechor.[230] A mi juicio, debe prevalecer la primera interpretación. Por una parte, es notorio que las disposiciones citadas distinguen entre los exentos de responsabilidad en virtud del art. 10 Nº 1º del C.P. en general y los "enajenados mentales", reservando esta última expresión para referirse solo a un grupo de entre ellos que, de acuerdo con el sentido acordado usualmente a esos términos, solo podrían ser los locos o dementes. Por otra, nada justifica la internación o tratamiento de quien solo está afectado por una privación de razón transitoria, que por lo común ni siquiera dejará secuelas apreciables

Particularmente importante es la disposición contenida en el art. 481 inc. primero del C.P.P., que consagra el principio de proporcionalidad de las medidas.[231] En efecto, con arreglo a ese precepto "las medidas de seguridad impuestas al enajenado mental solo *podrán durar mientras subsistieren las condiciones que las hubieren hecho necesarias y en ningún caso podrán extenderse más allá de la sanción restrictiva o privativa de libertad que hubiere podido imponérsele o del tiempo que correspondiere a la pena mínima probable, el que será señalado por el tribunal en su fallo.* A su vez, conforme al inc. segundo del mismo artículo, por pena mínima probable se entiende, "para estos efectos, el tiempo mínimo de privación o restricción de libertad que la ley prescribiere para el delito o delitos por los cuales se hubiere dirigido el procedimiento en contra del sujeto enajenado mental, formalizado la investigación o acusado, según correspondiere".

---

230 Infra, b).

231 Infra, § 55, III, a), *in fine*.

En rigor, una disposición prácticamente idéntica a la reproducida se encontraba en el art. 693 del C. de P.P. La diferencia consiste en que en ese precepto se establecía expresamente la posibilidad de que, una vez cumplida la medida, el enajenado pudiera pasar por razones cautelares a disposición de la autoridad sanitaria si su libertad constituía un riesgo. Este precepto, que implicaba en definitiva consagrar la posibilidad de una medida de seguridad predelictual, ha desaparecido del C.P.P., cosa que, de acuerdo con lo expresado antes, debe considerarse un progreso.[232]

ee) La imputabilidad disminuida

Aunque los problemas relativos a la *imputabilidad disminuida* pueden presentarse también respecto de los casos de privación temporal de razón, es más frecuente encontrarlos relacionados con los casos de locura o demencia (enajenación mental). Por eso resulta preferible ocuparse de ellos aquí.

En el presente parece existir un amplio acuerdo sobre el hecho de que los trastornos y enfermedades mentales pueden determinar alteraciones *cuantitativamente* variables en la capacidad de entender y de querer. Así, por ejemplo, cuando un sujeto padece una psicosis que se halla en las etapas iniciales de evolución, o está afectado por una psicopatía o una neurosis aguda, su posibilidad de autodeterminarse quizás subsista, pero se encontrará obstaculizada por tales circunstancias. En estos casos, la doctrina dominante habla de una *imputabilidad disminuida* y, apoyándose en el art. 11 N.° 1° del C.P., concede una atenuante al autor, afirmando que solo se darían en forma incompleta los requisitos establecidos por el art. 10 N.° 1° para eximir de responsabilidad en el caso respectivo.[233]

Desde el punto de vista de los resultados prácticos, la solución es, *en principio,* satisfactoria. Sin embargo, en mi opinión, es sistemáticamente incorrecta. La imputabilidad, como tal, es un estado personal que determina una cierta consecuencia (la incapacidad de autodeterminación) y, por consiguiente, no admite

---

232 En el mismo sentido, HORVITZ-LÓPEZ, *op. cit.*, II, XII, D, 2.2, págs. 564 y 565. Los autores, sin embargo, hacen presente que de todos modos puede acudirse a lo preceptuado en el art. 130 del Código Sanitario para la imposición de una internación por vía administrativa, lo cual implica burlar de todas maneras el principio de proporcionalidad.

233 Así, NOVOA, I, 268, pág. 420 y 280, pág. 439. En el mismo sentido CÓRDOBA RODA-RODRÍGUEZ MOURULLO, I, págs. 210 y 211. Este es también el criterio de la jurisprudencia. Véase sentencias de la C.S. Rol 4410, de 31 de marzo de 1998, Rol N° 310-98 de 7 de abril de 1998 y Rol 660-2000, en Mera, págs. 165 y sigts., y asimismo fallos citados en MATUS, págs. 37 y 38.

gradaciones. El sujeto es o no capaz de comprender lo injusto y de actuar en consecuencia; el factor intelectual, desde luego, es indivisible, porque no existe un "comprender a medias"; en cuanto al volitivo, como *capacidad personal* subsiste, aunque se encuentre limitado, o bien no existe del todo.

Lo que se llama imputabilidad disminuida, por lo tanto, es más bien una situación de *exigibilidad disminuida* por la anormalidad de las circunstancias personales concomitantes.[234] Ahora bien, en la práctica esto puede tener consecuencias importantes cuando, además de esas circunstancias personales, concurren otras de carácter exterior al sujeto que, al actuar conjuntamente con las primeras, configuran un cuadro de auténtica *inexigibilidad*. Así, por ejemplo, si el neurótico se ve sometido a una amenaza que en él suprime la libertad para obrar de otra manera, aunque en un individuo normal no produciría ese efecto. La teoría dominante, al independizar los factores de la llamada imputabilidad disminuida impide esta apreciación conjunta de las circunstancias concomitantes, lo cual, en casos como el propuesto, puede conducir a resultados defectuosos (por ejemplo, solo se concede al neurótico una atenuante por su "imputabilidad disminuida" y otra por haber actuado en virtud de estímulos tan poderosos que naturalmente causan arrebato u obcecación, sin considerar que la conexión de ambos factores debiera haber conducido a una absolución fundada en que obró en *estado de necesidad exculpante*).

En relación con este punto, vale la pena hacer presente que, bajo ciertas circunstancias, una "personalidad psicopática" también puede servir de base para la consideración de la mal llamada "imputabilidad disminuida". La afirmación de M.E. MAYER, con arreglo a la cual "el motivo atenúa, el carácter agrava",[235] actualmente es rechazada por la mayor parte de la doctrina, al menos en cuanto se le atribuya valor absoluto. No siempre es posible sostener que el sujeto ha de responder por las malformaciones de su carácter, ni siquiera desde el punto de vista (equivocado) de la *culpabilidad por conducción de vida*.[236] [237]

---

234 En el mismo sentido BELING, § 13, V, pág. 35; JIMÉNEZ DE ASÚA, *La ley y el delito*, 212, págs. 335 y 336, con una solución distinta. Exactamente como en el texto JAKOBS, 17, número marginal 49, pág. 599. Para LISZT, II, § 37, II, pág. 398, MAURCH-ZIPF, I, § 36, III, número marginal 69, pág. 628 y MEZGER, *Libro de estudio*, § 64, pág. 233, el asunto se refiere a la gradación de la pena. Un punto de vista muy particular, fundado en consideraciones dogmáticas SOLER, II, § 36, IV, pág. 40. Véase además supra, § 26, V, a), bb).

235 MAYER, pág. 614.

236 Supra, § 26, II, b).

237 Sobre lo expuesto en este apartado, véase además PIÑA, *Fundamentos, cit.*, III, págs. 205 y 206, cuyos fundamentos no necesariamente comparto.

ff) La enfermedad mental sobreviniente

Como ya se ha dicho, la imputabilidad debe existir al momento de ejecutarse la acción típica.[238] Por consiguiente, cuando la persona cae en un estado de enajenación mental después de realizada la conducta delictiva, su responsabilidad penal subsiste, pero se genera un problema de índole *procesal* que actualmente regula el art. 465 del C.P.P.

Con arreglo a la disposición citada, "si después de iniciado el procedimiento,[239] el imputado cayere en enajenación mental, el juez de garantía decretará, a petición del fiscal o de cualquiera de los intervinientes, previo informe psiquiátrico, el sobreseimiento temporal del procedimiento hasta que desapareciere la incapacidad del imputado o el sobreseimiento definitivo si se tratare de una enajenación mental incurable". Esta regla, como es lógico "solo se aplicará cuando no procediere la terminación del procedimiento por cualquier otra causa". En efecto, si debiera ponerse fin al procedimiento también en el caso de que el imputado fuese normal, no se divisa la razón por la cual en el caso en que este cayese en enajenación mental hubiera de terminárselo únicamente por esta última causa.

El inc. final del art. 465 hace posible imponer al imputado que ha caído en enajenación mental una medida de seguridad, para lo cual habrá de estarse a lo preceptuado en los artículos que lo anteceden. Tal como se encuentra redactada, la disposición citada pareciera exigir que solo sea posible echar mano de la medida si la enajenación se produce después de que se hubiese formalizado la investigación o se hubiese deducido acusación en contra del imputado. Con toda razón HORVITZ-LÓPEZ estiman que, si se dan los presupuestos para la aplicación de una medida de seguridad, esta debe irrogarse "cualquiera sea el momento procesal en que sobrevenga la enfermedad mental del imputado".[240]

---

238 Supra, en este mismo apartado, I, d).

239 Parece extraño que el precepto solo deba recibir aplicación cuando la persona cae en enajenación mental "después de iniciado el procedimiento". Al respecto, véase el punto de vista de HORVITZ-LÓPEZ, *op. cit.*, II, XII, D, 4, págs. 575 y 576, cuya opinión, según la cual "para la aplicación de estas normas es suficiente que el imputado caiga en enajenación mental *después de cometido el hecho*, se haya o no iniciado el correspondiente proceso penal", estimo acertada por las mismas razones que exponen esos autores.

240 HORVITZ-LÓPEZ, *op. cit.*, II, XII, D, 4, pág. 577.

b) La privación total de razón

aa) Concepto

La situación del que obra privado totalmente de razón por cualquier causa independiente de su voluntad, no existía en el Código Penal español de 1848-50 que sirvió de modelo al nuestro y fue introducida en el N.° 1° del art. 10 a sugerencia del comisionado ALTAMIRANO, en la sesión 5ª de la Comisión Redactora de nuestro Código punitivo. Tal como se la entiende en el presente, la regla se refiere a *una incapacidad temporal para comprender lo injusto del actuar y autodeterminarse conforme a esa comprensión, debida a una causa exógena o endógena.* Para que tal situación determine la inimputabilidad del sujeto es preciso, además, que su origen sea independiente de la voluntad de aquel.

Como ya se adelantó,[241] el lenguaje de la ley al referirse a una privación de *razón*, sugiere que esta solo concurre cuando el individuo tiene perturbadas sus facultades intelectuales. Pero esa impresión es equivocada. El legislador se ha referido, sin duda, a todas las hipótesis de perturbación mental, sea que afecten primordialmente a las funciones intelectuales o volitivas; pero como el desarrollo científico de su época identificaba o confundía esos distintos aspectos de la actividad psíquica, incurrió involuntariamente en este defecto. Una interpretación adecuada tiene que suplir esta laguna; del mismo modo que las nociones de "locura" y "demencia" tienen que ser elaboradas por el jurista si quiere aprovecharlas, la idea de una "privación total de razón" necesita también ser interpretada.[242]

A diferencia de lo que ocurre en los casos de locura o demencia, la privación total de razón no responde a un proceso duradero de alteración psíquica, sino que se produce en forma transitoria, a consecuencia de la intervención de factores exógenos o endógenos que actúan como estimulantes. La emoción súbita, una situación límite de peligro, angustia, temor o alegría, la ingestión de sustancias narcóticas o alucinógenas, un traumatismo, etc., son algunos de los factores que pueden desencadenar la reacción.

Una parte de la literatura, en la que debo incluir opiniones personales, estima que la privación de razón solo se producirá si existe en el sujeto una *base constitucional patológica.*[243] Prueba de ello sería el hecho de que millares de individuos pueden

---

241 Supra, a), aa), nota 211 de pie de página.

242 En el mismo sentido CILLERO, en COUSO-HERNÁNDEZ y otros, pág. 187.

243 Fundamental sobre esta materia, GILBERT CALABUIG, *El trastorno mental transitorio según la legislación española,* en RCP, tomo XXV, N° 1, Santiago, 1966, págs. 3 y sigts. El criterio

afrontar cotidianamente esos mismos estímulos sin incurrir en perturbaciones de esta índole. Así pues, la diferencia entre las enfermedades mentales y la privación total de razón debería encontrarse solo en el carácter más o menos permanente de aquellas y en la circunstancia de que operan sobre la psiquis de la persona sin que sea necesaria la presencia inmediata de factores desencadenantes.

Hay, sin embargo, reparos muy consistentes que inducen a desestimar el punto de vista expuesto.

En primer lugar, aunque es seguro que en la mayor parte de los casos en los cuales se presenta una privación total de razón el autor padecerá efectivamente de una patología básica (neurosis, personalidad psicopática), no es posible afirmar de modo categórico que en todas las situaciones ocurre tal cosa. Por lo tanto, establecer la concurrencia de la base constitucional patógena como requisito de la eximente significa poner en un nuevo peligro al *principio de culpabilidad*, ya que, si existen casos en los que la privación de razón es posible sin ella, castigar en ellos implicaría imponer una pena a quien no ha sido capaz de comprender la antijuridicidad de su conducta y autodeterminarse en consecuencia.[244]

Por otra parte, es sugerente que la hipótesis de privación total de razón sea el único caso de inimputabilidad para el cual la ley no consagraba la posibilidad de imponer al autor una medida de seguridad y corrección.[245] Tal cosa resulta inexplicable si la norma exculpatoria supone la existencia de una base constitucional patológica sobre la cual se estructura la perturbación mental.[246] Naturalmente puede argumentarse que esto se debe a que el legislador de 1873 no echó de ver todas las implicancias del concepto empleado; pero sería curioso que en 1954 la Ley 11.625 sobre Estado Antisociales tampoco lo hubiese hecho, con todo lo defectuosa que era.

Por consiguiente, creo que en el estado actual de las cosas esa exigencia no debe hacerse para apreciar la concurrencia de la privación de razón.

Para que se declare la inimputabilidad es preciso que la privación de razón sea *total*, lo cual debe ser entendido en el sentido de que, al momento de ejecutar el acto, el sujeto debe haber estado efectivamente incapacitado para comprender

expuesto es defendido por CURY, *Orientación*, 19, I, f), aa), pág. 193. La opinión coincidente de SOLER, II, § 38, IV, pág. 53, se basa en consideraciones de texto legal argentino y aquí, por consiguiente, se encuentra fuera de discusión. Véase también en este sentido RODRÍGUEZ DEVESA, I, pág. 576.

244 CÓRDOBA RODA-RODRÍGUEZ MOURULLO, I, págs. 218 y 219.

245 Esto era claro en el texto anterior del Código. Ahora véase supra, a), dd), 3).

246 CÓRDOBA RODA-RODRÍGUEZ MOURULLO, I, pág. 19.

la significación jurídica del hecho y para autodeterminarse consecuentemente.[247] Cuando la privación de razón, por el contrario, sea solo parcial, la opinión dominante apreciará una situación de *imputabilidad disminuida*,[248] solución que está sometida a los reparos que ya se han expuesto.[249]

Como insinué anteriormente, la exigencia de que la privación de razón obedezca a una causa independiente de la voluntad del autor se presta para malentendidos.[250] En efecto, como yo mismo he sostenido hasta la edición anterior de este libro, uno puedo entender que ese requisito "implica más que una pura consagración legislativa de las *actio liberae in causa*" y que "aquí se requiere que la voluntad del sujeto no haya intervenido en la creación de la situación de inimputabilidad, de suerte que, en ciertos casos, la ausencia de ese elemento negativo de la causal conducirá a castigar situaciones en las cuales ni siquiera es posible apreciar una *actio liberae in causa*".[251] De acuerdo con mi punto de vista actual, esta interpretación del art. 10 N.° 1°, última parte, además de conducir a un resultado censurable que implicaba la entronización de una hipótesis de calificación por el resultado, debe ser modificada teniendo en consideración los progresos del Ordenamiento penal en la actualidad.[252]

Cuando la ley exige que la privación total de razón sea independiente de la voluntad del autor, es probable que de acuerdo a la intención original del autor de la ley debiera entenderse que lo que debía ser independiente de la voluntad del autor fuera la "causación del estado de inimputabilidad", prescindiendo de si la realización del hecho injusto fuese o no querido por el hechor. Esa interpretación, sin embargo, es la que conducía a que el art. 10 N° 1°, segunda parte, apareciera consagrando una responsabilidad por el resultado en los casos en que la persona, si bien había querido la causa de la inimputabilidad posterior, no había querido el efecto, esto es, la ejecución del comportamiento antijurídico. Una interpretación progresiva, en cambio, ha de considerar preferible entender que lo que ha

---

247 MIR, 23, número marginal 10, pág. 571.

248 Así, por vía solo ejemplar, GARRIDO, II, 75.2, b), pág. 223.

249 Supra, II, a), ee).

250 Supra, I, d).

251 CURY, § 27, II, b), aa), págs. 423 y 424.

252 Así, no obstante, todavía ETCHEBERRY: I, págs. 285 y 286: "Esta fórmula se agregó precisamente para excluir de este beneficio al ebrio, ya que este, aunque pudiera estar privado de razón, *no lo está por causas 'independientes de su voluntad', sino precisamente por propia voluntad (al menos, es voluntaria la bebida, que es la causa, aunque no lo sea el efecto, la ebriedad*" (El énfasis es mío); LABATUT, I, 132, págs. 140 y 141.

de ser voluntario es, precisamente, la realización de la conducta ilícita en estado de inimputabilidad, es decir, *la preordenación de la causación de la inimputabilidad con el objeto de obtener la exclusión de la culpabilidad*. Es solo en estos casos que la inimputabilidad sobreviniente no beneficiará al hechor, en virtud de los mismos criterios que se han explicado a propósito de la teoría general de la *actio liberae in causa*. Por el contrario, tanto los casos en que la causación de la privación de razón ha sido provocada voluntariamente, como aquellos en que lo ha sido de manera imprudente, deben dar origen en principio a una *responsabilidad cuasi-delictual* (*imprudente*) puesto que el autor se ha colocado por su descuido en una situación que puede conducirlo a delinquir.

En los puntos de partida, esta postura es actualmente dominante en la literatura chilena más reciente[253]. Sin embargo, los autores recién citados concluyen que el hecho ha de considerarse doloso si el autor se ha provocado voluntariamente el estado de privación de razón, lo cual, expresado de esa manera, me parece inexacto[254]. Más próximos al criterio defendido aquí se encuentran, en cambio, POLITOFF y POLITOFF-MATUS-RAMÍREZ[255], para quienes la solución debe obtenerse mediante una consideración en sus particularidades del hecho concreto. No obstante, en mi opinión, es posible ensayar algunas directrices generales que orienten las decisiones de los tribunales en las situaciones específicas que les corresponde resolver.

Así, en efecto, puede considerarse, en general, que el comportamiento típico es imprudente, cuando el hechor se ha situado por descuido en la situación de inimputabilidad, y al hacerlo estuvo en situación de prever que en ese estado podía ejecutar un hecho delictivo o, incluso, lo previó efectivamente pero desestimó livianamente la idea, no obstante conocer, por ejemplo, su tendencia a ejecutar conductas violentas cuando pierde el control de sus actos.[256]

---

253 GARRIDO, II, 75.2, a), pág. 225; NÁQUIRA, I, págs. 531 y sigts.

254 N del E.: en estricto rigor, Náquira, I, págs. 532 y 533, estima que la eximente de responsabilidad fundada en un trastorno mental transitorio por causa independiente de la voluntad del actor "debe ser interpretada en el sentido que está exento de responsabilidad si la enajenación transitoria no ha sido originada dolosa o imprudentemente **para perpetrar**, en dicho estado o condición, un hecho típico prohibido"; a la inversa, es imputable quien al momento de ejecutar el hecho típico se encuentra en un estado de trastorno mental transitorio, "si dicho estado ha sido **preordenado** en forma dolosa o culposa" (los énfasis son del editor).

255 POLITOFF, 10, § 1 D, págs. 582; POLITOFF-MATUS-RAMÍREZ, 12. § 4, C, b) 1, pág. 310.

256 En el mismo sentido ROXIN, § 20, número marginal 58, pág. 851: "Quien, enfurecido con su mujer se emborracha, y pese a anteriores experiencias en ese sentido, no repara en

La cuestión es más complicada en el caso de los comportamientos dolosos.[257] Por cierto, no es difícil concluir que el autor ha obrado dolosamente si se procuró el estado de privación total de razón con el propósito deliberado de delinquir (por ejemplo, a fin de darse ánimos para la realización del hecho típico que, de otra manera, se le hacía cuesta arriba ejecutar). Los casos más complejos son, en cambio, aquellos en que el hechor, en el momento de ponerse en situación de inimputabilidad, previó que en ese estado acaso podría ejecutar un comportamiento típico y se conformó con que así fuera, se decidió por el injusto, es decir, obró con dolo eventual.[258] No obstante, las dificultades que suscitan estos casos no son distintas de las que origina en general esa forma del elemento subjetivo: lo que importa es constatar que la decisión por el injusto se produjo cuando la persona todavía era dueño de sus actos (imputable) y que, en esas circunstancias, se conformó con los que eventualmente pudiera suceder cuando perdiera el control de ellos.

bb) Extensión dogmática de los casos de privación total de razón

La opinión dominante en nuestra doctrina considera que bajo las hipótesis de la privación total de razón no solo se comprenden situaciones de auténtica inimputabilidad, sino también casos de ausencia de acción.[259] Así, se encontraría totalmente privado de razón el sujeto que ejecuta el hecho típico durante el sueño normal o el sonambúlico.

Con arreglo al criterio expuesto previamente sobre el sentido que debe darse a la exigencia contenida en el art. 10 N.° 1°, segunda parte, sobre el carácter independiente de la voluntad del autor de su estado de privación de razón,[260] me parece que en el ámbito penal esta distinción tiene carácter solo teórico y puede prescindirse de ella.[261] Sin embargo, ha de tenerse presente que en los casos en los que solo está ausente la imputabilidad del hechor subsiste la *responsabilidad civil* por los perjuicios que origine su comportamiento, al paso que si lo que falta es la acción también se excluye esta última.

---

que le dará una paliza en estado de inimputabilidad, crea al emborracharse un riesgo no permitido para la integridad corporal de su mujer, que se ha realizado en la paliza".

257 Así también ROXIN, § 20, número marginal 59, pág. 852.

258 Supra, § 18, III, c).

259 ETCHEBERRY, I, pág. 286; NOVOA, I, 282, págs. 442 y sigts.

260 Supra, aa).

261 En el mismo sentido NOVOA, I, 282, pág. 443.

cc) Problemas especiales de la embriaguez

La ebriedad es una de las situaciones en las cuales el sujeto puede encontrarse totalmente privado de razón. Ahora bien, aunque los redactores del C.P. expresaron la opinión de que al embriagado no debía considerárselo nunca exento de responsabilidad criminal[262], lo cierto es que con arreglo al sentido que se ha acordado a la ley vigente –el cual prevalece sobre los propósitos del autor de la ley– es indispensable ocuparse del asunto con cierto detenimiento, haciendo varias distinciones.[263]

1) En primer lugar, deben situarse aparte los casos de *psicosis alcohólica,* esto es, aquellos en los que la necesidad de beber hasta la embriaguez es impuesta

262 Acta de la Sesión 5º, de 7 de mayo de 1870, págs. 252 y 253.

263 El punto de vista de los comisionados es explicable en cierta medida, porque el alcoholismo ha constituido un flagelo constante para nuestra sociedad, que se emparienta estrechamente con la delincuencia. Pero resulta absurdo buscar una solución a estos problemas mediante el recurso a las leyes punitivas, y peor aún es hacerlo sacrificando principios fundamentales de justicia. Naturalmente no es deseable que se cometan numerosos delitos en estado de embriaguez y como consecuencia inmediata de él. Mas para combatir esa situación se requiere educar, procurar nuevas fuentes de trabajo, mejorar las perspectivas de una subsistencia digna, tratar al intoxicado, etc. Con solo imponer una pena por los resultados, que cae sobre el sujeto como el producto azaroso de las circunstancias, no se llega a parte alguna, y así lo demuestra sobradamente la historia de la delincuencia en nuestro país que, en el curso de la dilatada vigencia del C.P., ha estado muy lejos de responder a las esperanzas puestas por los comisionados en su indefendible sistema represivo (Una exposición profunda sobre el asunto, orientada en el mismo sentido crítico, en NOVOA, I, 285, págs. 445 y sigts. Asimismo, RIVACOBA, *El principio de culpabilidad en el Código Penal chileno, cit.*, 4, b), págs. 83 y 84.); A lo cual debe agregarse que, si bien en la práctica la "privación total de razón" aparece estrechamente vinculada al caso de los delitos cometidos en estado de ebriedad, no solo tiene que ver con ellos, por lo cual la distorsión introducida en su concepción por los comisionados afecta a otras situaciones, deteriorando el conjunto de la institución en particular y de la estructura de la ley penal en general.
Es preciso entender que la cuestión del alcoholismo –y, consiguientemente, de los delitos cometidos en estado de ebriedad– no es de carácter represivo, sino *preventivo*. No es deseable que los hombres se embriaguen hasta perder la conciencia de sus actos. Para evitarlo, es necesario diseñar toda una política compleja cuya práctica es, además, costosa. Pero si esto no se hace, eludiendo la responsabilidad que cabe en ello al Estado, no es posible "resolver en la cabeza de un ebrio el problema social de la embriaguez" (SOLER, II, § 38, VI, pág. 56). Quien comete un delito cuya ejecución no se había propuesto previamente, no podía prever qué realizaría, sumido en el estupor de una intoxicación alcohólica profunda, no es imputable en el momento de la realización de la conducta típica y, por lo tanto, castigarlo como autor doloso del hecho constituye una infracción flagrante al principio de culpabilidad.

al paciente por una perturbación profunda de sus facultades mentales. En tales situaciones nos encontramos frente a un verdadero enfermo, esto es, un "loco o demente" en el sentido del art. 10 nº 1º del C.P. Por consiguiente, su responsabilidad se regula conforme a lo preceptuado en la primera parte de esa disposición y no con arreglo al precepto relativo al trastorno mental transitorio.[264]

La Comisión Redactora opinaba, en realidad, de otra manera, pues en el acta de la sesión 120 se dejó constancia de que, a su juicio, debía ser sancionado el "que comete un delito en un caso de *delirium tremens* producido por exceso de licor". Pero aunque este punto de vista ha determinado algunos fallos erróneos, existen numerosas sentencias en las que ha prevalecido la doctrina correcta,[265] y esta es también la tendencia actual de la jurisprudencia.

2) Cuando la ingestión de alcohol no obedece a una *psicosis alcohólica*, es necesario distinguir varias situaciones. Desde luego, atendiendo a la intensidad del estado de ebriedad del hechor, debe diferenciarse una *ebriedad letárgica, plena, semiplena* y *una simple excitación alcohólica*. En la primera de estas situaciones, en que la persona sumida en el letargo alcohólico carece de todo control sobre sus movimientos, los cuales obedecen únicamente a reflejos nerviosos, falta la acción y, por consiguiente, de acuerdo con el art. 1º del C.P. no puede apreciarse delito alguno. En la última, por el contrario, el autor es todavía dueño de sus actos, si bien la ingesta de alcohol pude haber producido un cierto grado de desinhibición, no es bastante ni para excluir su imputabilidad ni para disminuirla, de manera que su comportamiento delictuoso le es plenamente imputable.

Los problemas, por consiguiente, se originan en relación con los casos de embriaguez *plena* y *semiplena*. En estas situaciones, la embriaguez puede o no ser *preordenada*, y cuando no lo es hay que diferenciar todavía las hipótesis de ebriedad *voluntaria, imprudente* y *fortuita*.

Se habla de una embriaguez *preordenada* para referirse a los casos más bien raros en los cuales el sujeto busca deliberadamente ese estado para cometer el delito durante él. Esto puede ocurrir como una forma de "darse ánimo" o porque el autor tiene una idea equivocada sobre la responsabilidad penal del que actúa en ese estado, etc. La hipótesis se piensa usualmente respecto de los delitos dolosos, pero no es inimaginable en los imprudentes (por ejemplo, la persona bebe para

264 LABATUT, I, 132, pág. 141; NOVOA, I, 286, págs. 450 y 451, con algún detalle; POLITOFF, 10, §1, D, b), 1), b), pág. 590.

265 ETCHEBERRY, DPJ, I, 90, págs. 289 y sigts.

tener el coraje de realizar la acción arriesgada). En todos esos casos nos encontramos frente a una *actio liberae in causa* simple y, por consiguiente, se afirmará sin más la responsabilidad por el hecho doloso o imprudente, según corresponda.

La ebriedad es *voluntaria* si el sujeto bebe sin la intención de delinquir, pero con el propósito deliberado de embriagarse. En este caso es preciso subdistinguir. Si la embriaguez es *plena* y el autor se representó la posibilidad de incurrir en *ese* delito y se conformó con ello, decidiéndose por el injusto, el hecho punible le será imputable a título de dolo (eventual); sin embargo, esta situación será rara, pues lo que el individuo tendrá que haber previsto no es que podría cometer un delito cualquiera sino *aquel en que precisamente incurrió.* Si, por el contrario, el hechor no se representó tal posibilidad siendo previsible o, si habiéndosela representado, confió descuidadamente en que ello no ocurriría, los delitos que cometa en ese estado solo deberán serle imputados a título de imprudencia, pues si bien son el resultado de una *falta de moderación voluntaria* se los ha ejecutado en situación de inimputabilidad imprudentemente ocasionada al beber de manera excesiva. Lo que a él puede reprochársele es que, al momento de principiar a beber podía representarse las consecuencias (indiferenciadas) de su conducta, pero no lo que realizó encontrándose ebrio.[266] A su vez, si la embriaguez voluntaria es *semiplena,* el autor solo tendrá derecho a una eximente incompleta del art. 11 Nº 1º.

A su vez, la ebriedad es *imprudente* cuando el autor no tuvo el propósito de emborracharse, pero previó que podía ocurrirle y lo desestimó descuidadamente, o no lo previó siendo previsible que le sucediera. En tales casos, el delito cometido en estado de inimputabilidad ocasionada por la ebriedad plena solo podrá serle atribuido a título de culpa (imprudencia). En cambio, si la embriaguez *imprudente* es *semiplena*, solo podrá concederse una atenuación con arreglo a lo dispuesto en el art. 11 Nº 1º.

Finalmente, los casos de ebriedad *fortuita* concurren cuando el hechor no ha tenido el propósito de embriagarse y llega a ese estado contra su voluntad, sea porque ha sido forzado a beber mediante *vis absoluta* o *compulsiva,* o porque se lo ha engañado sobre la índole de la sustancia que consumía, o porque solo bebió una cantidad insignificante, la cual no podía prever que lo embriagaría, y lo hizo únicamente a causa de una patología personal ignorada por él.[267] En todos estos casos, cuando la embriaguez es *plena*, el autor deberá ser absuelto pues se encuentra privado de razón *por una causa independiente de su voluntad.* A

266 En el mismo sentido, MIR, 23, número marginal 31, pág. 576.

267 Infra, 3).

la inversa, cuando la embriaguez es *semiplena* solo lo favorecerá la atenuante de art. 11 Nº 1º en relación con el 10 Nº 1º, segunda parte.

3) Las reglas contenidas en el párrafo anterior, 2), son válidas para la *embriaguez patológica*,[268] esto es, aquella que se produce al ingerir cantidades de alcohol pequeñas a causa de un defecto psicológico o fisiológico, temporal o permanente del sujeto. Así, cuando alguien, ignorando que padece una afección semejante, bebe unos sorbos de alcohol y se emborracha, su ebriedad es fortuita; sabiendo lo que le ocurre, acepta la bebida exponiéndose a una embriaguez previsible, esta es imprudente; si aprovecha la circunstancia para emborracharse fácilmente, la embriaguez es voluntaria y si hace esto último para "darse ánimos", es preordenada. Las consecuencias jurídicas serán, pues, las correspondientes a cada una de las respectivas situaciones.

Por último, es del caso señalar que en el presente se suele emplear, para establecer el grado de ebriedad de una persona, el test de WIDMARK sobre cantidad de alcohol en la sangre.[269] Esa prueba es de una fiabilidad relativa, pues la tolerancia al alcohol de una persona depende de numerosas variables que, en ciertos casos, ni siquiera son cuantificables.[270] A pesar de eso, los tribunales, por comodidad, ceden a menudo a la tendencia de atribuirle un valor de prueba plena que está lejos de tener y que, además, se basa en una escala de niveles arbitraria. La práctica debiera ponerse en guardia contra estas simplificaciones superficiales.

dd) Problemas especiales del consumo de drogas

Tal como la ingestión de alcohol, el consumo de drogas puede conducir al sujeto a un estado de privación de razón en el sentido de la ley. Los criterios que se han dado para el tratamiento jurídico de la embriaguez son válidos también en estos casos.

---

268 Sobre las causas de esta anomalía, RODRÍGUEZ DEVESA, I, págs. 562 y 563.

269 N. del E.: De acuerdo a la normativa del Servicio Médico Legal de Chile, el procedimiento de preferencia para cuantificar la cantidad de alcohol en una muestra de sangre es la cromatografía en fase gaseosa con HeadSpace. Para el caso de aquellos Servicios que no cuentan con cromatografía de gases, se utiliza el micro método de Widmark.

270 MAURACH-ZIPF, I, § 36, II, C, número marginal 49, pág. 620.

ee) Los actos cometidos bajo sugestión hipnótica

Existe algún debate sobre la situación del que incurre en una acción típica bajo sugestión hipnótica. Mientras la escuela de Nancy afirmó que de este modo es posible suprimir totalmente la facultad de autodeterminación de manera que el sujeto se transforma en un simple instrumento causal del hipnotizador, la de París sostuvo que el hipnotizado conserva fundamentalmente su libertad y, por consiguiente, no realizará de ningún modo actos profundamente reñidos con sus sentimientos o que sean contrarios a sus principios más arraigados. La diferencia de criterio es relevante desde el punto de vista jurídico, porque si la primera de estas opiniones es exacta, quien obra hipnotizado no realizará siquiera una acción. Hoy, sin embargo, las conclusiones más aceptadas son las siguientes:

1) Es posible que individuos con *base constitucional patológica* sean totalmente dominados por el hipnotizador. Degenerados, débiles mentales, neuróticos y personalidades psicopáticas acentuadas se hallarán en esta situación. En tales casos el hipnotizado actúa, pero su voluntad se forma de una manera tan defectuosa que debe apreciarse una situación de privación de razón. La cuestión de cómo se ha llegado a esa situación debe enjuiciarse de manera semejante a como se lo hace en los casos de ebriedad, pero, obviamente, las posibilidades de una hipnosis *preordenada* o siquiera *voluntaria* son considerablemente más escasas que en las situaciones de embriaguez, y constituyen hipótesis de laboratorio con interés práctico reducido.

2) Aun personas perfectamente normales pueden ser inducidas a la ejecución de una acción típica contraria a sus principios y sentimientos éticos si mediante la hipnosis se *alteran las circunstancias fácticas de la conducta*. Así, por ejemplo, cuando a un soldado se le convence de que se encuentra en el campo de batalla y se lo induce a creer que su propio comandante es un combatiente enemigo al que es preciso ultimar. Es dudoso si estas situaciones han de ser tratadas conforme a los criterios que regulan el error, o si configuran hipótesis de privación total de razón. A mi juicio, cuando se induce al sujeto a un *error de tipo*, habrá que aplicar las reglas relativas a este y excluir el debate sobre la imputabilidad. Por el contrario, si mediante la sugestión se le hace incurrir en *error de prohibición* (como en el ejemplo propuesto más arriba), conviene descartar, desde luego, la imputabilidad, pues la interpretación equivocada del significado del hecho se ha debido a una perturbación profunda de las facultades psíquicas –ocasionada por

un estímulo externo usualmente independiente de su voluntad– que inhabilitó en general al sujeto para imponerse de lo injusto de su actuar.

ff) El paroxismo emocional o pasional

Suele afirmarse que los casos de paroxismo emocional o pasional no quedan comprendidos por la *privación total de razón* y que, en consecuencia, quienes obran en esas circunstancias son imputables.[271] Este punto de vista es solo parcialmente correcto e implica, al parecer, una confusión entre causa y efecto.[272]

Efectivamente es exacto que la acción de emociones y pasiones no basta, en la mayoría de los casos, para configurar una situación de privación de razón. Sin embargo, hay situaciones extremas en las cuales esos sentimientos, actuando sobre una personalidad determinada (por ejemplo, con una base patológica o con una sensibilidad exasperada), provocan en el sujeto una auténtica incapacidad para comprender lo injusto de su actuar o para autodeterminarse conforme a esa comprensión. La estrecha interrelación que existe entre las distintas funciones de la personalidad es un antecedente que aquí no debe perderse de vista y que sirve de fundamento a la exactitud de esta conclusión.

No me parece convincente el argumento de NOVOA, con arreglo al cual para estos casos solo puede concederse la atenuante de arrebato u obcecación contemplada en el art. 11 N° 5° del C.P. Pues entre la obcecación a que se refiere dicha disposición y la *privación total de razón* existe un margen de diferencia cuantitativo, quizás difícil de ponderar, pero no por eso menos significativo. En cuanto al hecho de que el legislador parece haber pensado solo en casos de privación de razón por causa fisiológica (sueño, sonambulismo), tampoco es concluyente. Aquí importa básicamente la voluntad de la ley, no la de su autor y, como ya se ha destacado,[273] con arreglo a aquella las dos hipótesis mencionadas ni siquiera constituyen auténticas situaciones subsumibles en el art. 10 N° 1°, segunda parte del C.P. Por último, aunque es cierto que la ley exige de todos un cierto grado de control sobre sus emociones y pasiones, ese reclamo no puede llegar a límites irreales, pues eso equivaldría a fulminar mandatos dirigidos a las fuerzas de la naturaleza.

---

271 NOVOA, I, 287, págs. 451 y sigts.

272 En el mismo sentido, ETCHEBERRY, I, págs. 287 y 288.

273 Supra, bb).

III. CASOS DE INIMPUTABILIDAD DEBIDOS A UN DESARROLLO INSUFICIENTE DE LA PERSONALIDAD

La opinión absolutamente dominante, tanto en nuestro medio como en el Derecho comparado, considera que los individuos menores de cierta edad son inimputables a causa de que su desarrollo todavía inacabado los priva de la capacidad para comprender el significado jurídico de sus actos y autodeterminarse en consecuencia.[274] Pero, al mismo tiempo, desde un punto de vista político criminal, se estima que ciertos menores cuya edad excede de un cierto límite pero no sobrepasa otro, si bien pueden ser imputables, deben ser sometidos a un régimen de reacciones que participando de ciertas características punitivas, sean no obstante fundamentalmente educativas y resocializadoras.[275]

Con arreglo al art. 10 Nº 2º del C.P., está exento de responsabilidad criminal el menor de dieciocho años. La disposición agrega que "la responsabilidad de los menores de dieciocho años y mayores de catorce se regulará por lo dispuesto en la ley de responsabilidad penal juvenil". Por su parte, la Ley 20.084 de 7 de diciembre de 2005 sobre Responsabilidad de los Adolescentes por Infracciones a la Ley Penal establece, en su art. 3º, que ella "se aplicará a quienes al momento en que se hubiere dado principio a la ejecución del delito sean mayores de catorce y menores de dieciocho años, los que, para los efectos de esta ley, se consideran adolescentes". Del juego de los preceptos legales citados se deduce entonces lo siguiente:

1) Los menores de 14 años de edad son inimputables de pleno Derecho (art. 3º de la Ley 20.084). En este punto, la ley consagra en efecto una presunción *jure et de jure* que, como está establecida *en beneficio* del niño afectado, no es alcanzada por la prohibición contenida en el art. 19 Nº 3º inc. séptimo de la C.P.R. Asimismo, probablemente este es el único caso en que el legislador se adhiere a

274 FRISTER, 18, número marginal 2, pág. 364; GARRIDO, II, 75.3, pág. 226; MIR, 23, número marginal 43, págs. 379 y 380; NAQUIRA, pág. 549; POLITOFF, 10, § 1, B, a), pág. 529; POLITOFF-MATUS-RAMÍREZ, I, 12, § 4, D, a), pág. 316; STRATENWERTH, § 10, número marginal 14, pág. 236. Una posición algo diferente en JAKOBS, 18, número marginal 1, pág. 629, de acuerdo con cuyo punto de vista la inimputabilidad del menor obedece a "que los niños no se pueden definir como iguales, careciendo por ello de competencia para cuestionar la validez de la norma".

275 Sobre el desarrollo histórico del Derecho aplicable a los menores hasta la dictación de la Ley 20.084, véase CILLERO, en COUSO-HERNÁNDEZ y otros, págs. 202 y sigts.

una fórmula de inimputabilidad *biológica estricta*[276]: si en el momento de iniciarse la ejecución del hecho el niño era menor de 14 años de edad, se encuentra fuera del Ordenamiento punitivo y no puede ser objeto de reacciones de esta clase, sino solo de medidas protectoras.

2) Los mayores de 14 años y menores de 18 quedan sujetos al Derecho penal para adolescentes, cuyas disposiciones se encuentran en la citada Ley 20.084 y su reglamento, y procuran coordinar su regulación con las exigencias de la Convención de los Derechos del Niño.

3) El límite de 18 años es absoluto, de manera que si el que incurre en el delito sobrepasa esa edad se encuentra sometido al Derecho penal de adultos, sin que existan excepciones ni se requiera de verificaciones posteriores. Como clara consecuencia de ello, el inc. segundo del art. 3° de la Ley 20.084 dispone categóricamente que "en caso que el delito tenga su inicio entre los catorce y los dieciocho años de imputado y su consumación se prolongue en el tiempo más allá de los dieciocho años de edad, la legislación aplicable será la que rija para los imputados mayores de edad".

De acuerdo con lo expuesto, la responsabilidad de los menores de 18 años de edad yace actualmente fuera del campo del Derecho penal y por tal motivo debe ser objeto de un estudio especializado y diferente, que excede los límites de esta obra.

IV. LA INIMPUTABILIDAD DEL SORDOMUDO ¿UN PROBLEMA *DE LEGE FERENDA*?

En algunas legislaciones extranjeras (Alemania, España) se contempla expresamente al sordomudo entre los inimputables. En otras, como la argentina y la italiana, las fórmulas sobre inimputabilidad permiten comprender el caso cuando las circunstancias concretas revelan que la perturbación orgánica suprime efectivamente la capacidad del sujeto para comprender lo injusto y autodeterminarse conforme a esa comprensión. Ese tratamiento jurídico se funda en el hecho de que la sordomudez provoca en el paciente una situación de aislamiento que es, por sí sola, limitativa de la capacidad mencionada.

---

276 Supra, I, b).

En el Derecho chileno la situación es diferente, pues el sordomudo no se encuentra mencionado expresamente entre los inimputables. Hay casos, por supuesto, en los que a causa de su insuficiencia los sordomudos poseen un desarrollo intelectual muy pobre, equivalente al de un oligofrénico severo,[277] y, en otros, su capacidad de comprensión del sentido de las normas o de autodeterminación conforme a ella está reducida como si se encontrara afectado por una auténtica enajenación. En el art. 349 del antiguo C. de P.P. de 1906 se contenía una disposición que obligaba a practicar un examen mental a los sordomudos inculpados o procesados, lo que permitía inferir que el tribunal debía efectuar una ponderación de estas circunstancias en vistas a la eventual declaración de su inimputabilidad.[278] Ese precepto ha desaparecido del C.P.P., pero ello no es óbice para entender que el Ordenamiento sospecha sobre la capacidad de culpabilidad de tales personas y por lo tanto el tribunal está obligado a recibir la prueba que ofrezcan las partes en tal sentido,[279] ponderándola para adoptar una decisión al respecto.

Siendo así, resulta dudoso que *de lege ferenda* se haga necesaria una norma expresa sobre esta materia, como se sostuvo hasta la edición anterior.[280] Ello parece tanto más discutible cuanto que autores españoles, que cuentan con una disposición relativa a los casos de "alteración de la percepción" en el Nº 3º del art. 20 de su C.P., consideran que ella es superflua "pues el que por sufrir alteraciones en la percepción desde el nacimiento o desde la infancia, tenga gravemente alterada la conciencia de la realidad, padece una alteración psíquica" y queda comprendido dentro de las hipótesis generales de inimputabilidad contempladas en la ley.[281] Posiblemente, debido a la redacción más imprecisa de nuestra ley, la inclusión del caso entre los supuestos de inimputabilidad sea más laboriosa pero siempre posible.

---

277 SOLER, II, § 38, I, pág. 47.

278 GARRIDO, II 75.2, pág. 226; POLITOFF, 10, § 1, D, c), pág. 593.

279 POLITOFF-MATUS-RAMÍREZ, 12, § 4, C, c), pág. 315.

280 CURY, 28, IV, pág. 434.

281 CEREZO, I, XXVIII, pág. 930. Aparentemente en el mismo sentido MIR, 23, III, págs. 582 y sigts.

§ 28. LA COMPRENSIÓN DE LA ILICITUD

El que interviene en la ejecución de un delito obra culpablemente si, en el momento de hacerlo, contaba con la posibilidad real de comprender lo injusto de su actuar. A nadie puede reprochársele la realización de una conducta cuya ilicitud no entendía ni siquiera *potencialmente*. Sería del todo injusto reprochar a una joven que se hace practicar un aborto si ella procede de un Estado donde este no solo es autorizado sino alentado por la ley basándose en consideraciones demográficas y, consiguientemente, jamás ha tenido conciencia de que esa conducta es antijurídica.[282]

Esta sencilla verdad, sin embargo, tropieza en la práctica con dificultades tan considerables que la teoría de la comprensión de la ilicitud se ha convertido en una de las materias más difíciles y controvertidas de la ciencia penal. En primer lugar, es obvio que al lego no se le puede exigir un conocimiento preciso de lo que se considera justo e injusto. De hacerlo así, podría llegarse al absurdo de que solo a los juristas fuese posible hacerles un reproche de culpabilidad, en tanto que, de otra parte, se volvería fácil burlar la ley. Es preciso pues, ante todo, determinar cuál es la *clase* de *comprensión de lo injusto* que se requiere para la reprochabilidad y cuáles sus contenidos[283]. En segundo lugar hay que determinar cuáles son *las consecuencias de un error sobre la ilicitud del actuar (error de prohibición) en los distintos casos en que este se presenta.* En esto las opiniones se encuentran divididas y hasta ahora no se divisa, por lo menos en nuestro medio, la posibilidad de un compromiso.[284] Por último, es menester efectuar una cuidadosa interpretación de la ley, a fin de elaborar una construcción dogmática practicable. A este respecto, el empeño de las legislaciones por evitar abusos ha sido perjudicial para la corrección de las disposiciones y su claridad. Abrirse paso entre la maraña de preceptos contradictorios es algo que aquí solo puede intentarse de manera escueta.[285]

---

282 N. del E.: La Ley N.° 21.030, publicada el 23 de septiembre de 2017, reguló la despenalización de la interrupción voluntaria del embarazo en tres causales.

283 Infra, I.

284 Infra, II.

285 Infra, III.

I. NATURALEZA DE LA COMPRENSIÓN DEL INJUSTO REQUERIDA POR LA CULPABILIDAD

A) Forma de la comprensión de lo injusto

aa) Un número reducido de autores, pero que tiene presencia actual en la literatura nacional, considera que la conciencia de la ilicitud significa *conocimiento de la punibilidad*, lo cual implica referirse a un *conocimiento de la tipicidad*. De acuerdo con el principio de *asunción de pena*, se exige "el conocimiento, no solo de la antijuridicidad, sino incluso de la punibilidad o del carácter penal de la antijuridicidad pues el autor –a través de la comisión del delito– debe consentir en exponerse a la pena".[286] Un punto de vista semejante no puede prosperar. Implica, como ya se ha dicho, que solo puede delinquir quien posee conocimientos jurídicos o, por lo menos, quien tiene conciencia de que mediante su participación en la actividad de la democracia representativa ha autorizado –quizás a su pesar– una limitación de su libertad mediante la imposición de una pena con que se amenaza al hecho que se propone realizar. Que algo así ocurra efectivamente en la realidad es una utopía imposible de defender.[287]

bb) En el extremo opuesto se sitúan aquellos que identifican el conocimiento de la ilicitud con la conciencia de que el acto es contrario a los preceptos éticos. Tampoco este criterio puede ser acogido. Por una parte, los dictados del Derecho no siempre coinciden con los de la moral. Por otro lado, las concepciones éticas son mudables y dependen, en gran medida, de cierto género de convicciones, como las religiosas, políticas, etc., que no siempre se corresponden con las del Ordenamiento jurídico. A causa de ello, frente a un mismo hecho hombres semejantes emiten juicios diversos[288], cosa que el Derecho, en cambio, no puede

286 COUSO, IV, 4.4.3, II, pág. 409. Sobre este punto de vista que, como se expresa en el texto, no comparto, pero que es extraordinariamente sugerente, véase extensamente COUSO, IV, 4.4, págs. 400 y sigts.

287 Sin embargo, en este sentido también, siquiera sea parcialmente, STRATENWERTH, § 10, números marginales 60 y siguientes, págs. 252 y 253. En contra, con claridad, VAN WEZEL, *Error y mero desconocimiento en Derecho penal,* en VAN WEZEL, *Estudios,* págs. 160 y 162.

288 Piénsese, por ejemplo, en las discusiones que existieron en torno a la despenalización de la interrupción voluntaria del embarazo, y especialmente respecto de la causal de ser este producto de una violación; o las que suscita el matrimonio homosexual, y otras cuestiones semejantes, sobre las que las convicciones morales de la sociedad se encuentran profundamente divididas.

tolerar. Con arreglo a una concepción de esa índole, en efecto, los *autores por convicción* no podrían ser objeto de reproche alguno, pero esto, como ya se ha dicho,[289] es jurídicamente inaceptable.[290]

cc) Fue MEZGER quien precisó, de una manera que se ha vuelto generalizada en la literatura, la clase de comprensión de lo injusto que se requiere para la configuración de la culpabilidad. Lo que se necesita es la conciencia de que el hecho es injusto conforme a una *valoración paralela en la esfera del profano.*[291] El sujeto tiene que apreciar el carácter contrario al Ordenamiento jurídico de su conducta, aunque no esté en situación de encuadrarla técnicamente en la norma correspondiente. Se precisa "una apreciación de la característica del tipo en el círculo de pensamientos de la persona individual y en el ámbito del autor, que marche en el mismo sentido que la valoración legal-judicial".[292] No basta, en cambio, la vaga sensación de estar haciendo algo "malo", reprobable" o "indebido"; es menester que el conocimiento se refiera a lo *jurídicamente indebido.*[293] Así, posee el conocimiento de la antijuridicidad del hecho el ladrón, si sabe que en alguna ley se sanciona de una manera –ignorada por él– al que "tome cosas ajenas para quedárselas". No cuenta con él, por el contrario, la joven que se hace practicar el aborto porque imagina que en el país de adopción –como en el de su origen– este también es permitido y hasta alentado por la ley, aunque piense que hacerlo importa una grave infracción a sus principios religiosos y un atentado en contra del "afecto maternal".[294]

De lo expuesto resulta, finalmente, que el error sobre la punibilidad es irrelevante. Si el autor sabe que su conducta está jurídicamente prohibida, nada importa que ignore la existencia de una amenaza penal dirigida a quien la ejecute (discutible).[295]

---

289 Supra, § 25, IV.

290 En el mismo sentido, BAUMANN, § 23, III, 2, pág. 353; JAKOBS, 19, número marginal 24, págs. 668 y 669; JECSCHEK-WEIGEND, § 38, 1, págs. 448 y 449; POLITOFF, 10, § 2, D, págs. 613 y 614; ZAKZYK, *El error culpable sobre la prohibición,* en ZAKZYK, *Libertad, Derecho…,* II, B, b), pág. 354.

291 MEZGER, II, § 44, I, 3, pág. 148.

292 MEZGER, II, § 44, I, 3, págs. 148 y 149. En nota, MEZGER advierte que no siempre es necesario referirse a una "esfera del profano", porque puede también pensarse el caso de un autor que posee formación jurídica.

293 Con precisión ZAKZYK, *op.* y *loc. cit.* en nota 282 precedente.

294 Ver Supra, nota del editor número 282 de este capítulo.

295 Más exigente VAN WEZEL, *op. cit.* en nota 279, pág. 162, en donde exige un conocimiento de que el hecho es objeto "de una sanción que excede la reparación del daño individual",

b) Calidad de la comprensión del injusto

Es debatido si la comprensión de lo injusto, concebido según ya se ha explicado, ha de ser *actual* o basta que sea *potencial*. De acuerdo a los puntos de vista aquí defendidos, basta que sea *potencial*.[296] El sujeto obró culpablemente si tuvo la posibilidad de valorar su conducta como contraria al Ordenamiento y no lo hizo. Ya esto es suficiente para dirigirle un reproche. Porque este último se basa en una consideración *valorativa* y no psicológica, es decir, en que el autor actuó en una situación que lo habilitaba para decidir libremente entre infringir o no la norma en el caso de que esta prohibiera su comportamiento, y esta capacidad existió si, en el caso concreto, él tenía la oportunidad de comprender la ilicitud de su conducta, aunque no la haya aprovechado. En eso radica el desvalor de su comportamiento y la posibilidad de dirigirle un reproche.

La doctrina contraria ha sido defendida por el causalismo más tradicional. Es natural que sea así, pues los autores que defienden esa posición incluyen el conocimiento de la ilicitud en el dolo. De aquí que una ignorancia vencible no les parezca suficiente como fundamento del reproche de culpabilidad.[297]

La cuestión es distinta si se conviene en que el dolo y la culpa son conceptos independientes de la comprensión de la antijuridicidad. Entonces ya no hay contradicción entre la actitud del que, pudiendo comprender lo injusto de su actuar, se abstuvo de ejecutar indagaciones que lo hubieran conducido a la certeza y la afirmación de su responsabilidad a título de dolo; pues lo que aquí se está discutiendo no es si la conducta fue o no dolosa, sino la posibilidad de efectuar un reproche *valorativo* a quien la ejecutó a causa de que pudo conocer el deber y, de este modo, dejarse determinar por este conocimiento.[298]

Esta concepción es muy importante en la apreciación de las consecuencias que se deben atribuir al error de prohibición, como se verá en el apartado siguiente.

---

aunque ignore si ella tiene carácter penal o administrativo. En general, como en el texto, VARGAS, V, 3.2, a), págs. 133 y 134.

296 Así ya MAYER, pág. 399.

297 Véase, en ese sentido, *Consideraciones sobre el error*, cit., págs., 97 y sigts.; ORTIZ, *Dolo y conciencia del injusto en la ley chilena, cit.*, págs. 279 y sigts.

298 En este sentido puede verse POLITOFF, 10, § 2, E, págs. 622 y sigts., y POLITOFF-MATUS RAMÍREZ, 12, § 5, A, págs. 326 y sigts., no obstante diferir de los puntos de partida defendidos en el texto; asimismo, en la literatura italiana FIANDACA-MUSCO, págs. 395 y 398. Sobre el carácter dominante de la posición expuesta en la literatura nacional actual, HERNÁNDEZ, en COUSO-HERNÁNDEZ y otros, págs.,94 y 95, con abundantes referencias bibliográficas.

II. EL ERROR DE PROHIBICIÓN EN GENERAL Y SUS EFECTOS

A) El concepto del error de prohibición en general

El sujeto se encuentra en error de prohibición cuando este recae sobre la antijuridicidad de su conducta, de tal manera que la ejecuta asistido por la convicción de estar obrando lícitamente. En esa situación, por consiguiente, es imposible dirigirle el reproche de culpabilidad pues, en rigor, no tenía motivo para abstenerse de realizar el hecho, lo cual equivale a decir que carecía de libertad para autodeterminarse conforme a las exigencias del Derecho.

Aunque actualmente este concepto es manejado por una amplia mayoría de la doctrina, su origen es relativamente reciente y no puede afirmarse que se haya impuesto del todo. Hasta el presente, la noción disputa el campo –y, a veces, tiende a confundirse– con otras más anticuadas cuya practicabilidad es dudosa. En los párrafos siguientes se presenta un esquema sintético del estado del debate.

B) El "error de Derecho" y su irrelevancia

La concepción tradicional emplea, en este punto, la vieja distinción entre *error de hecho* y *de derecho,* que procede de los ordenamientos jurídicos romanos. Con arreglo a ella, el error sobre un punto de hecho excusa cuando es "sustancial"; en cambio, el error sobre el Derecho es irrelevante, en consideración a lo preceptuado en los arts.7º inc. primero y 8º del C.C., e, incluso, en ciertos casos alegarlo constituye una presunción de mala fe que no admite prueba en contrario, como ocurre, por ejemplo, en lo relativo a la adquisición del dominio (art. 706 inc. final del C.C.). [299]

Esta idea imperó pacíficamente en la legislación, práctica y doctrina hasta hace un par de centurias. Fundada en la presunción de conocimiento de la ley, pretendía impedir alegaciones difícilmente probables y que podían conducir a la indefensión de la sociedad frente al criminal. Por otro lado –desde un punto de vista positivo– encontraba asidero en la concepción de que todo Derecho es, de algún modo, expresión de las tendencias éticas imperantes, de tal manera que sus prescripciones corresponden a los sentimientos morales del hombre común.[300]

299 Así, LABATUT, I, 123, págs. 130 y sigts.; NOVOA, I, 335, págs. 335 y sigts.

300 FRANK, 5, págs. 52 y sigts. Debe advertirse, sin embargo, la observación del autor en el sentido de que su argumentación obedece a consideraciones dogmáticas y su aspiración, *de lege ferenda,* de una regulación mejor (pág. 56).

Prácticamente ese criterio tiene que haber conducido, una y otra vez, a soluciones injustas. Esto, sin embargo, no alcanzó relieve sino cuando, al complicarse la organización jurídica de los grandes Estados modernos, apareció de manifiesto que la presunción de conocimiento de la ley era una pura ficción, carente de realidad básica, así como la pretendida identidad entre los mandatos y prohibiciones de las normas penales y los sentimiento morales del hombre común no pasaba de ser una ilusión.

Pero, además, la concepción es teóricamente falsa, porque desde el punto de vista jurídico el error de hecho, como tal, no existe. Los hechos, en tanto producen un efecto jurídico, se incorporan al Ordenamiento jurídico y, por consiguiente, el error que recae sobre ellos es también un error de Derecho. Cuando alguien dispara sobre lo que cree ser una pieza de caza y es, en realidad, un vagabundo escondido entre el follaje, se equivoca en última instancia sobre la admisibilidad jurídica de la conducta desplegada y no sobre una cuestión puramente fáctica.[301] Por esto, en muchos casos, la distinción entre las dos formas de error es sumamente difícil de efectuar y conduce a confusiones.[302]

c) La teoría italiana: el error de Derecho extrapenal como error de hecho

Los primeros intentos enderezados a superar esta dificultad se deben a la ciencia penal italiana[303] y tienden a encontrar una solución de compromiso. Se continúa haciendo la distinción entre *error de hecho* y *de Derecho*. Este último se divide a su vez en *error de Derecho penal* y *error de Derecho extrapenal*. El primero implica ignorancia o equivocación sobre los contenidos de la ley penal y es irrelevante; el segundo, en cambio, se relaciona con los contenidos de leyes no penales (civiles, mercantiles, procesales, etc.) a las que, sin embargo, la ley penal se refiere, presuponiéndolas conocidas, y se lo trata conforme a los principios que regulan el error de hecho. Así, incurre en un error de Derecho penal (irrelevante) quien supone que la sustracción de cosas de poco valor es permitida; a la inversa, comete un error de Derecho extrapenal, que ha de tratarse como error de hecho, quien cree equivocadamente que después de vendido y hecha la tradición del inmueble

---

301 Cosa distinta es que el error verse aquí, primordialmente, sobre el carácter típico de la conducta y que, por lo tanto, sus efectos sean diferentes de aquel que se refiere directamente a la antijuridicidad. Sobre ello, Infra III.

302 En términos generales POLITOFF, 1°, § 2, B, pág. 602 y sigts.

303 Véase ya CARRARA, I, 259, nota 1, págs. 181 y 182.

puede apoderarse de ciertos objetos adosados a él, porque ignora la regulación de los inmuebles por adherencia.[304]

Esta construcción estaba destinada al fracaso. Desde luego, es injustificado hacer la distinción entre error de Derecho penal y extrapenal, pues implica desconocer la unidad del Ordenamiento jurídico. Que la ignorancia de la ley civil no produzca efectos en sede civil y sí en el ámbito penal, solo por ser civil, carece de explicación. Decir que se debe a la gravedad de las sanciones penales es "tomar el rábano por las hojas", porque la severidad de tales sanciones es motivada por la magnitud del ilícito criminal y lo que aquí habría que demostrar es algo imposible: que la ilicitud de la acción delictuosa es menor –o no existe– cuando su ejecución es determinada por un error del agente sobre un punto de Derecho extra penal. Por otro lado, desde el momento en que la ley penal incorpora a sus prescripciones conceptos extraídos de los otros ámbitos del Ordenamiento jurídico, los hace suyos y, a partir de ese instante, el error que recae sobre ellos es un *error de Derecho penal*. "Esta distinción fracasa ya, puesto que no hay conceptos puramente jurídico penales; el Derecho penal como Derecho protector toma, más bien, sus conceptos de las restantes ramas jurídicas".[305] Todavía más: pueden imaginarse hipótesis en que el error sobre un punto de Derecho penal –en el sentido de la concepción criticada– parece tanto más fácil de producirse y digno de ser tomado en consideración que un error de Derecho extra penal. ¿No parece igualmente inocente el abuelo que, desconociendo el tipo del art. 494, N.° 3 del C.P., monda varias naranjas para que sus pequeños nietos puedan comerlas y arroja las cáscaras a la playa en la que pasaron el día, que el que dispone de la prenda porque piensa tener derecho a ello desde el momento mismo en que se produce el incumplimiento?[306] Resolver estas dos situaciones de manera distinta es absurdo. Por último, aun prescindiendo de las consideraciones precedentes, la solución propuesta no superó la dificultad de trazar una frontera clara entre los errores de hecho y de Derecho.

---

304 Así, CARRARA, *op.* y *loc. cit.* en nota anterior. Entre los juristas contemporáneos, véase por todos FIANDACA-MUSCO, pág. 379, quien además puntualiza que la distinción se encuentra reconocida por la ley en el art. 47 del Código Penal italiano y se refiere a las confusiones a que ha dado origen en la jurisprudencia de ese país. Sobre el traslado de este punto de vista al Derecho alemán y la posición adversa de la doctrina de ese país, por todos JAKOBS, 19, números marginales 3 y sigts., págs. 657 y sigts.. Sobre la consideración de este punto de vista en la jurisprudencia chilena, críticamente, NOVOA, 335, V, pág. 539.

305 LISZT, II, § 40, I, 2, pág. 418.

306 N. del E.: el primer caso fue redactado por el editor, reemplazando al que consignaba la obra revisada.

d) La solución vigente: error de tipo y de prohibición

Para superar los problemas descritos, en la segunda mitad del siglo pasado la literatura comparada abandonó la distinción entre error de hecho y de Derecho, sustituyéndola por la que actualmente es dominante y que diferencia entre *error de tipo* y de *prohibición*.

Incurre en error de prohibición[307] *quien cree que su conducta es lícita, sea porque ignora que, en general, está reprobada por el Ordenamiento jurídico, sea porque supone que en el caso dado está cubierta por una causal de justificación que no existe o a la que atribuye efectos más extensos de los que realmente produce, sea, en fin, porque supone la presencia de circunstancias que en el hecho no se dan pero que, de concurrir, fundamentarían una auténtica causa de justificación.*

aa) Naturaleza del error de prohibición

Error de prohibición es *error sobre la licitud.* El autor no yerra sobre los elementos pertenecientes al tipo (*error de tipo*), sino sobre la relación entre su conducta y el Ordenamiento jurídico.[308] El sujeto sabe que accede carnalmente a una joven de solo 13 años de edad; sabe que está obsequiando a su amigo una pequeña cantidad de una sustancia o droga estupefaciente o sicotrópica para que la consuma, pero, por una u otra razón, cree que su conducta es aprobada por el Derecho.[309]

Importa destacar aquí que, para que el sujeto conozca y comprenda la antijuridicidad de su comportamiento, basta con que sepa que el hecho es contrario a Derecho; no que esté impuesto de su naturaleza penal. El que cree, por ejemplo, que conducir un vehículo motorizado cuando se encuentra en estado de completa embriaguez constituye solo una infracción administrativa, conoce la ilicitud de

307 Sobre el error de tipo, véase supra § 18, II, d). Sobre las ventajas de esta clasificación del error, POLITOFF, 10, § 2, E, págs. 609 y 610; STRATENWERTH, § 10, número marginal 79, pág. 257.

308 Este criterio de distinción era impugnado por ALFONSO REYES, *La teoría del error en la doctrina y en la nueva legislación penal colombiana,* cit., B, 1, pág. 10. Él quería efectuar la diferencia atendiendo únicamente al objeto "formal" sobre el cual recae el error. Con esto, el error de prohibición se reducía exclusivamente a los casos en que la equivocación versaba sobre las causales de justificación. Pero esto no tiene en cuenta los fundamentos más profundos de la clasificación y sus consecuencias.

309 N. del E.: El segundo caso fue redactado por el editor, reemplazando al que existía en la obra revisada.

su conducta y, por lo tanto, no se encuentra en error de prohibición.[310] "El *conocimiento de la punibilidad* de la conducta respectiva no es exigido"[311]. Asimismo, hay que precisar que para disponer de comprensión de la ilicitud no es necesario que esta se encuentre presente en la conciencia del autor en el momento de ejecutar el hecho. Basta –así como ocurre en el ámbito del error de tipo– con una *co-conciencia*.[312]

Lo que el autor debe conocer es la reprobabilidad jurídica de su comportamiento; no, en cambio, la moral. Así, quien accede carnalmente a su hermana, ignorando que ese hecho es contrario a Derecho (art. 375 del C.P.), porque piensa que solo comete incesto el que yace con su madre o hija, está en error de prohibición aunque en el momento de actuar estime que su conducta es extraordinariamente inmoral.[313]

En el caso de los delitos imprudentes, el hechor no tendrá conciencia de lo injusto de su actuar, puesto que no tiene el propósito de realizar un comportamiento típico. Sin embargo, esto no quiere decir que en todos los casos obre también en error de prohibición además del error de tipo que configura la conducta imprudente. En efecto, de acuerdo con el punto de vista que es dominante en el Derecho comparado, él no estará en error de prohibición si tenía conciencia de que el resultado producido es antijurídico. De este modo, el cazador que dispara descuidadamente sobre los matorrales en los que piensa que lo que se mueve es una pieza y da muerte al vagabundo que dormía entre ellos, no está en error de prohibición, salvo si piensa que matar a un hombre no es ilícito, lo cual, por supuesto, es prácticamente inimaginable.[314]

bb) Casos de error de prohibición

Las causas del error de prohibición pueden ser de cuatro clases:

1) *El sujeto obra en la creencia errada de que su conducta no está prohibida, en general, por el Ordenamiento jurídico (error de subsunción)*. Así ocurre, por ejemplo,

310 En el mismo sentido, FRISTER, 19, 1) número marginal 3, pág. 380.

311 FRISTER, Ídem. Otra opinión en COUSO, IV, 4.4.3, pág. 410, para quien la culpabilidad es "asunción de la pena, según *conocimiento de la punibilidad* y motivabilidad normal y racional por la norma".

312 FRISTER, Ídem.

313 Ejemplo de FRISTER, *op.* y *loc. cits.* en nota anterior.

314 FRISTER, 19, II, 4, número marginal 6, pág. 382.

si se apropia indebidamente de una cosa de poco valor, creyendo que eso está permitido; si yace con una menor de 14 años que ha consentido en el acceso carnal porque cree que la edad límite para la disponibilidad de la actividad sexual siguen siendo los doce años, etcétera.

Se presenta un problema especialmente complejo cuando el error recae sobre un *elemento normativo del tipo.*

En estas situaciones, lo decisivo es si el error proviene de un error de hecho, en cuyo caso será de tipo, o se refiere a la valoración jurídica que emana del concepto normativo, caso en el cual se tratará de un error de prohibición.[315] De esta manera, si el autor se apodera de una cosa *ajena* porque la confunde con un objeto de su propiedad, el error es de tipo; por el contrario, si piensa que puede apoderarse de la cosa porque esta sigue siendo suya pues no se le ha enterado la totalidad del precio, aunque se trataba de un mueble del que ya había hecho tradición, el error es de prohibición.[316]

Finalmente, no constituye error de prohibición el que recae sobre componentes de un delito que no integran el tipo de injusto, cuyo es el caso de las *excusas legales absolutorias* y las *condiciones objetivas de punibilidad.*[317]

2) *El sujeto sabe que su conducta está, en general, prohibida, pero cree que en el caso concreto se encuentra justificada en virtud de una causal que, en realidad, no se haya consagrada en la ley.* Así, por ejemplo, cuando aplica una inyección letal a su cónyuge enfermo, creyendo que el requerimiento de este basta para asegurar la licitud del acto; o si, accediendo a una petición expresa de un amigo de toda la vida, le presta auxilio para que se suicide, creyendo que esa solicitud lo autoriza para ello.[318]

---

315 En este sentido MAURACH-ZIPF, I, § 37, II, número marginal 52, pág. 665; STRATENWERTH, § 10, número marginal 65, pág. 253.

316 En mi opinión, esto demuestra que ORTIZ está equivocado cuando afirma, *Dolo y conciencia del injusto en la ley penal chilena*, en *Nullum crimen Nulla poena*, IV, pág. 289, que cuando el tipo comprende elementos normativos "la voluntad final típica lleva necesariamente incorporada no solo el conocimiento puro de los hechos, sino de la antijuridicidad de los mismos".

317 Supra, § 20, II e Infra, § 30. Como en el texto, BUSTOS, I, 48.4.3, pág. 1059, quien, sin embargo, se inclina por dar a ese error, *de lege ferenda,* alguna clase de efecto, si bien no tan intenso como al auténtico error de prohibición.

318 N. del E.: el segundo ejemplo es del editor.

3) *El sujeto sabe que su conducta está en general prohibida, pero supone que en el caso concreto se encuentra legitimado por una causal de justificación efectivamente existente pero cuyos efectos no alcanzan a esa situación (error de interpretación).*[319] Así, por ejemplo, si "piensa que en virtud de un derecho de corrección puede encerrar a su mujer"[320] o que podría golpear a sus hijos. En mi opinión, este caso tiende a confundirse con el anterior, al cual se asemeja.

4) *El sujeto sabe que su conducta está prohibida en general, pero supone, erradamente, que en el caso se dan los presupuestos de hecho de una auténtica causal de justificación.*[321] Así, por ejemplo, si el autor da muerte a su enemigo jurado que durante la noche se precipita sobre él, pero no para agredirlo sino para darle un abrazo de reconciliación; si se apropia del extintor de un vecino para apagar lo que imagina ser un incendio en la casa de un tercero y es en realidad, el reflejo de unos fuegos de artificio; si el funcionario priva de libertad a un individuo en virtud de una orden de detención despachada en contra de su hermano gemelo, etc.[322]

E) LOS EFECTOS DEL ERROR DE PROHIBICIÓN

Los efectos del error de prohibición han dado lugar a una polémica que hasta ahora no se encuentra concluida. La legislación y la jurisprudencia –aun las de las naciones que han hecho grandes progresos penales– distan mucho de contribuir a uniformar los criterios. Un cuadro esquemático de las distintas posiciones es el siguiente:

aa) La teoría tradicional

Fundándose en criterios tradicionales[323] y en una aplicación indiscriminada de las normas y principios civiles al ámbito penal, la posición dominante en la jurisprudencia, aunque minoritaria en la doctrina, negó toda eficacia al error de

---

319 JESCHECK-WEIGEND, § 41, II, 1, a), quienes asimilan estos casos a los incluidos en el acápite anterior, 2).

320 POLITOFF, 10, § 2, A, a), pág. 601.

321 JESCHECK-WEIGEND, § 41 III, 1, pág. 496 habla en este caso de *error de prohibición indirecto permisivo.*

322 Enumeración idéntica en VARGAS, V, 3.2, b), pág. 134.

323 Supra b). Este criterio se defiende todavía en LABATUT, I, 46, págs. 43 y 44. Sobre la jurisprudencia en tal sentido, POLITOFF, 10, § 2, c, PÁG. 608, nota 193.

prohibición. Con todo, puesto que ese criterio arrancaba de la vieja distinción entre error de hecho y de Derecho, se exceptuaban los casos sobre la concurrencia de una causal de justificación (*justificantes putativas*), a los que se consideraban errores de hecho, concediéndoles, por ende, eficacia excusante.[324] Es obvio que esta construcción no correspondía al desarrollo actual de la ciencia penal y, por lo mismo, fue abandonada por la práctica con la jurisprudencia más reciente.[325]

bb) La teoría extrema del dolo

Conforme a la *teoría extrema del dolo,* el error de prohibición *invencible* (*inevitable, excusable*) excluye el dolo y la imprudencia, determinando la impunidad por falta de culpabilidad; por el contrario, el error de prohibición *vencible* (*evitable, inexcusable*) *solo* excluye el dolo y deja subsistente la culpa por la negligencia del autor, que pudiendo imponerse de la ilicitud de su actuar, no adoptó las providencias necesarias para salir de su error (culpa *de derecho*).[326]

Este criterio arranca de presupuestos coincidentes con el de la vieja concepción causalista del delito. Supone que el conocimiento del injusto es un elemento integrante del dolo, al que aloja en la culpabilidad; por esto el dolo desaparece si a causa del error sobre la prohibición queda excluida la conciencia de la ilicitud.[327]

Aparte de los argumentos sistemáticos que obstan a la adopción de este punto de vista, han de tenerse en cuenta algunas consideraciones prácticas que inducen a rechazarlo. En efecto, desde que el delito imprudente solo es castigado respecto de un número limitado de tipos penales, la teoría extrema del dolo conducirá en la mayor parte de los casos a resultados inaceptables. Delitos de gravedad considerable habrán de quedar impunes por ausencia del correspondiente tipo imprudente, a causa de que el autor no tuvo conciencia del injusto del hecho, no obstante que una diligencia mínima le hubiese permitido salir de su ignorancia. Esto, seguramente, detuvo el desarrollo de la teoría del error de prohibición en la jurisprudencia, con desventajas para la evolución del Derecho penal hacia soluciones más justas. Los tribunales se negaron a consagrar principios que se traducirían en la absolución de individuos cuya conducta evidenciaba un desprecio

---

324 Supra, d), bb), 4). Así LABATUT, 123, pág. 131.

325 Infra, III, b), ee).

326 Con algún detalle, véase la exposición de MAURACH-ZIPF, I, § 37, I, números marginales 10 y sigts., págs. 646 y sigts.

327 En este sentido parece inclinarse la exposición de ORTIZ, *Dolo y conciencia del injusto en la ley penal chilena, cit.*, especialmente V, págs., 289 y sigts., y VII, pág. 294.

total por los mandatos y prohibiciones del Ordenamiento jurídico imperante y prefirieron aferrarse a las viejas nociones, aunque probablemente tampoco ellas satisfacían sus ideales de justicia.

Baumann, en especial, rechaza la crítica expuesta.[328] A su juicio, es muy limitada la posibilidad de que el autor incurra en un error de prohibición evitable sobre un hecho grave y no se cuente con un tipo de delito imprudente para castigarlo pues, cuando "se dan graves lesiones de bienes jurídicos, también existen, casi siempre, tipos culposos".[329] El problema, en su opinión, rara vez se presentará en la esfera del Derecho penal criminal propiamente tal, y solo puede darse en el Derecho penal accesorio, donde, de ser necesario –cosa que pone en duda–, puede solucionarse mediante la creación de los tipos imprudentes por parte del legislador.

Este punto de vista no me parece convincente, BAUMANN olvida, en efecto, que también en el Derecho penal criminal (nuclear) propiamente tal, existen atentados gravísimos en contra de bienes jurídicos muy valiosos, respecto de los cuales puede darse perfectamente la mal llamada "culpa de Derecho".[330] Así ocurre, por ejemplo, con la violación, los abusos sexuales, el robo con violencia, el secuestro de personas, etc. Es perfectamente posible que un individuo acceda carnalmente a una mujer de 13 años de edad porque cree que el acto sexual con una joven de esa edad está (todavía) permitido.[331] ¿Sería realmente razonable crear para todas estas situaciones tipos culposos –puesto que la gravedad de ellas puede considerarse fuera de discusión– nada más que con el objeto de captar unos cuantos casos de "culpa de Derecho"? Me parece que no.

Por otra parte, debe tenerse presente que las críticas a la teoría del dolo no son únicamente de carácter práctico. Las hay también que obedecen a consideraciones sistemáticas, relativas a la naturaleza y estructura del dolo[332] y la culpabilidad.[333] Para esas tampoco se ha ofrecido una respuesta adecuada.

---

328 BAUMANN, § 6, II, 3, c), pág. 263.

329 Ídem.

330 En el mismo sentido WEBER, IV, pág. 586.

331 N. del E.: véase la sentencia del Sexto Tribunal de Juicio Oral en lo Penal de Santiago, de 17 de marzo de 2015 (RIT 58-2015) citada infra en nota del editor 371.

332 Supra, § 18, I, c).

333 Supra, § 25, II, d), dd).

cc) La teoría limitada del dolo

La *teoría limitada del dolo*[334] se hace cargo de las objeciones prácticas expuestas y, sin abandonar los presupuestos de la teoría extrema, procura introducir correctivos indispensables. Con arreglo a su criterio, cuando el error de prohibición es evitable, excluye el dolo pero deja subsistente la culpa, salvo que el autor haya revelado una *especial ceguera jurídica* (*hostilidad al Derecho*), en cuyo caso procede castigarlo como si hubiera obrado dolosamente. La situación excepcional creada así obviaría las consecuencias prácticas insatisfactorias a que nos hemos referido en el párrafo anterior bb).

Sin embargo, esta construcción no es convincente. No es una solución sistemática, sino un recurso ideado para llegar a resultados aceptables acudiendo a supuestos éticos, pero contradiciendo los puntos de partida desde los que se arranca. Conforme a ella, en efecto, al menos en los casos de *ceguera jurídica*, se pretende que el dolo se satisfaga con un conocimiento del injusto meramente potencial: pero solo se puede hablar de un dolo entendido como "voluntad de realización" si el sujeto "sabe lo que hace", no cuando únicamente "podía saberlo". Por esto, cuando se quiere incluir el conocimiento de la ilicitud en el dolo, ha de exigírsele también la actualidad de aquel, pues de otra forma se tratará como dolo lo que solo es imprudencia, vulnerando el principio de culpabilidad.[335] No es extraño, por eso, que en la actualidad este punto de vista se encuentre abandonado por completo, incluso en las últimas ediciones de MEZGER-BLEI.[336]

dd) La teoría estricta de la culpabilidad

La *teoría estricta de la culpabilidad* es defendida por los autores finalistas ortodoxos. Conforme a ella, el dolo es un concepto libre de valoraciones que encuentra su asiento en el ámbito del tipo. Entretanto, la posibilidad de comprender lo injusto pertenece, como elemento autónomo, a la culpabilidad. En consecuencia, el error

334 Cfr. MEZGER, II, § 44, II, págs. 15 y sigts., pero, sobre todo, *Libro de estudio*, I, § 69, II, 4, págs. 250 y sigts.

335 En el mismo sentido MAURACH-ZIPF, I, § 37, I, números marginales 13 y sigts., págs. 648 y 649.

336 Sin embargo, todavía se refiere a él JAKOBS, 19, III, número marginal 17, págs. 664 y 665, como una posibilidad de solución a tener en cuenta, si bien en suma de manera también crítica.

de prohibición y el desconocimiento de la antijuricidad no pueden influir sobre el dolo, puesto que este existe o no con independencia de aquel.

Como consecuencia de estas premisas, la teoría estricta de la culpabilidad sostiene que un "error de prohibición invencible" no afecta al dolo, pero provoca la desaparición de la culpabilidad. Por otra parte, como la culpabilidad se satisface con una comprensión *potencial* del injusto, el "error de prohibición vencible" no la excluye y el hechor será castigado al título correspondiente –doloso o imprudente–, según lo que se haya establecido previamente en la esfera de la tipicidad; con todo, en ciertos casos procederá una *atenuación de la pena,* en consideración a la medida en que el error, no obstante su inexcusabilidad, sea debido a anormalidades en la motivación del agente.

Pero lo que ha caracterizado a esta teoría como "estricta", es que aplica la solución expuesta también para el caso en que el error recaiga sobre los presupuestos objetivos de una causal de justificación[337], lo cual la diferencia de la que se expone en el acápite siguiente (ee).[338]

ee) La teoría moderada o limitada de la culpabilidad

Una variante de la "teoría de la culpabilidad" se encuentra en la *teoría limitada de la culpabilidad,*[339] uno de cuyos primeros expositores es v. HIPPEL y que actualmente es dominante en el Derecho comparado.[340] Esta concepción acepta, en principio,

---

337 Contra la designación de este criterio como *teoría estricta de la culpabilidad,* HRUSCHKA, ¿Realmente es "limitada" la "teoría limitada de la culpabilidad"? Adiós a un debate, en *Imputación y Derecho penal,* sobre todo VI, págs. 142 y 143: "La 'teoría limitada de la culpabilidad' no realiza 'limitación alguna'. Al contrario, es la 'teoría estricta de la culpabilidad', con confusión y mescolanza de categorías radicalmente diferentes, la que no es coherente o 'estricta', sino que hace limitaciones" (pág. 143).

338 Defienden este criterio, entre otros, BULLEMORE-MACKINNON, II, pág. 169; CEREZO, I, XXX, C, págs. 975 y sigts.; COUSIÑO, III, 215, págs. 201 y sigts.; DOHNA, I, B, 2, b), págs. 79 y sigts.; vacilante GARRIDO, II, 76.4, págs. 234 y 235; HIRSCH, *El desarrollo de la dogmática penal después de WELZEL,* en HIRSCH, I, III, d), págs. 31 y 32; MAURACH, II, §37, II, págs. 144 y sigts.; NÁQUIRA, I, págs. 411 y 412; WELZEL, § 22, II, 3, A, f), págs. 235 y sigts., y *El nuevo sistema,* VIII, A, II, 2, a), ff), págs. 117 y sigts. Así también, CURY, hasta la quinta edición, II, § 28, II; aparentemente también VARGAS, V, 3.2, págs. 134 y sigts.

339 Sobre el punto de vista de HRUSCHKA respecto a esta denominación, véase *op.* y *loc. cit.* en nota 338 precedente.

340 Véase, por todos, FRISTER, 14, III, 2, números marginales 29 y sigts., págs. 291 y sigts.; JAKOBS, 11, V, 58 y 59, pág. 452; JESCHECK-WEIGEND, § 41, IV, d), págs. 499 y sigts.; MAURACH-ZIPF, I, § 37, II, C, 1, números marginales 41 y sigts., págs. 660 y sigts.;

la solución propuesta por la teoría de la culpabilidad, pero sostiene que el error sobre los presupuestos objetivos de una causal de justificación debe ser tratado conforme a los criterios que regulan el error de tipo.

Para fundamentar esta conclusión, la literatura acude a distintos puntos de partida.

En primer lugar, ella es una consecuencia lógica para quienes adhieren a la *teoría de los elementos negativos del tipo.*[341] Si, como postula dicha teoría, las causales de justificación son elementos negativos de todo tipo, entonces el error que se refiere a sus presupuestos de hecho no puede sino ser un error de tipo. Como aquí, sin embargo, ese criterio ha sido rechazado[342], también tiene que serlo su consecuencia.[343]

Pero a favor de la teoría limitada de la culpabilidad hablan otras consideraciones que justifican su auge en la literatura y jurisprudencia contemporáneas, y explican que aquí se resuelva adoptarla, abandonando el punto de vista de la teoría estricta de la culpabilidad al que defendí en otra época.[344] [345]

Desde luego, ha de tenerse presente que en los casos de error sobre los presupuestos objetivos (fácticos) de una causal de justificación, la equivocación del agente es de *percepción* y no de *valoración,* como ocurre en los otros casos de

---

POLITOFF, 10, § 2, A, a), págs. 595 y sigts.; POLITOFF-MATUS-RAMÍREZ, 12, § 5, A, a.1, págs. 329 y sigts.; ROXIN, § 14, VIII, números marginales 62 y sigts., págs. 583 y sigts.; SCHUNEMANN, *Razonamiento Sistemático en Derecho penal, cit.*, III, 4, c), bb), págs. 59 y sigts.; STRATENWERTH, § 9, números marginales 155 y sigts., págs. 227 y sigts.

341 Supra, § 16, III, c), bb) y cc).

342 Ídem.

343 En el mismo sentido GALLAS, *La teoría del delito en su momento actual, cit.*, V, pág. 63, nota 89. JESCHECK-WEIGEND, § 41, III, 1, a), pág. 498. La relación entre la teoría moderada de la culpabilidad y la concepción de las causales de justificación como elementos negativos del tipo fue destacada ya por DOHNA, I, B, 2, b), pág. 79. Véase también WEBER, IV, págs. 586 y 587, en relación con III, pág. 580.

344 CURY, 2ª edición, II, § 28, II, págs. 71 y 72. En Chile, la "teoría estricta de la culpabilidad" es defendida por BULLEMORE-MACKINNON, II, pág. 169, tendencialmente GARRIDO, II, 76.4, a), pág. 234, especialmente nota de pie de página 543; NÁQUIRA, I, págs. 580 y sigts.

345 N. del E.: Cuando se cumplan los parámetros de la apreciación *ex ante* y objetiva de la realidad de la agresión en la legítima defensa y del mal que se trata de evitar en el estado de necesidad justificante que acoge Cury en esta última edición, la conducta estará justificada aun cuando la apreciación del sujeto haya sido errónea conforme a un juicio *ex post.* Respecto de la realidad de la agresión en la legítima defensa, véase supra § 24, II, a), bb) y nota del editor 136. Respecto de la realidad del mal que se trata de evitar en el estado de necesidad justificante, véase § 24, II, b), bb).

error de prohibición.[346] Es decir, lo que el autor ignora es lo que ha sucedido (el hecho que realmente ha acontecido) y no la forma en que ese acontecimiento es valorado por el Ordenamiento jurídico.[347]

Como consecuencia de lo expuesto, en los casos de error sobre los presupuestos de las justificantes, la culpabilidad del autor es más reducida que en las otras situaciones de error de prohibición. Aquí, en efecto, la motivación del agente es valorativamente correcta. Pues si los *hechos* fueran realmente como él se los representa, el Derecho aprobaría efectivamente su comportamiento, cosa que no ocurre en las otras hipótesis de ausencia de conciencia de lo injusto.[348]

Ejemplos: 1) cuando el autor hiere a otro porque piensa equivocadamente que el lesionado lo estaba agrediendo, su conducta, de haber sido correcta su representación de los hechos, habría sido realmente aprobada por el Ordenamiento jurídico. Esto, en cambio, no sucede cuando 2) el maestro castiga corporalmente a sus estudiantes porque piensa erradamente que el Derecho lo faculta para hacerlo, o 3) sustrae, por la misma razón, especies de poco valor del escaparate de un mercado.

Pero no solo la culpabilidad se ve reducida en los casos de error sobre los presupuestos de las justificantes. También la antijuridicidad disminuye pues, como *la voluntad del sujeto es coincidente con los mandatos y prohibiciones del Derecho* puesto que se pliega a sus valoraciones (reales), el injusto resulta atenuado a causa de que el desvalor de acción disminuye.[349]

Lo expresado hasta aquí conduce a la siguiente consecuencia: el error sobre los presupuestos objetivos de una causal de justificación *es un error de prohibición*,

---

346 MAURACH-ZIPF, I, § 37, II, número marginal 42, pág. 661.

347 En este sentido JACOBS, 11, número marginal 53, pág. 450: "El sujeto yerra sobre *qué suceso social constituye el caso*" (El énfasis es mío).

348 En este sentido GALLAS, *La teoría del delito en su momento actual, cit.*, V, pág. 63, nota 89; JESCHECWEIGEND, § 41, IV, 1, d), págs. págs. 499 y sigts.

349 Así, JESCHECK-WEIGEND, § 41, IV, d). pág. 499: "el autor cree actuar legalmente en el sentido del Derecho positivo existente"; ROXIN, § 14, VIII, 1, b) número marginal 62, pág. 584: "Lo que pretende es jurídicamente intachable no solo según su opinión subjetiva –no decisiva– sino también según el juicio objetivo del legislador"; STRATENWERTH, § 9, número marginal 155, pág. 227. Es curioso que ETCHEBERRY, *Consideraciones sobre el error*, en *Nullum crimen nulla poena, cit.*, pág. 105, afirme que este argumento es propio de un "Derecho penal de autor", y posteriormente (pág.108) proponga para los casos en que la ilicitud del hecho hubiere sido "fácilmente apreciable para el común de las personas", la imposición de una "medida de seguridad" (pág. 108), que en el presente es considerada el paradigma de los residuos del Derecho penal de autor en los Ordenamientos jurídicos del presente (Véase FERRAJOLI, 48, págs. 777 y sigts.).

pues recae sobre la ilicitud de la conducta. Por consiguiente, en rigor no excluye el dolo del tipo, pues el sujeto sabe que lo que está ejecutando es el hecho descrito por el tipo y solo se equivoca en que piensa estar autorizado para comportarse en esa forma. Sin embargo, como el yerro recae sobre la percepción de los hechos que rodean al acontecimiento, cuando es evitable presenta características tan semejantes a la imprudencia que resulta adecuado atribuirle una consecuencia semejante a la de los delitos imprudentes y, por lo tanto, castigar también solo cuando existe el tipo imprudente respectivo.[350] Esto es lo que se designa como "teoría de la culpabilidad que remite a las consecuencias jurídicas"[351] o "teoría de la culpabilidad dependiente" (en el sentido de dependiente de la pena del delito imprudente).[352] [353]

En contra de esta posición, arguye NÁQUIRA, siguiendo a ROXIN y ARTHUR KAUFFMANN, que solo puede ser castigado como culpa (imprudencia) lo que efectivamente es culpa.[354] Sin embargo, esta posición se aparta de la idea de que en la solución a los problemas planteados por la dogmática del delito hay que acudir a criterios valorativos; más bien, de pronto, pareciera aceptar que existen puntos de vista ontológicos, de conformidad con los cuales solo puede producir consecuencias de culpa lo que *es* culpa (imprudencia) y que, por consiguiente, no se puede *valorar* como imprudencia lo que *es* dolo. En mi opinión, eso es volver a un ontologismo que en definitiva obliga a aceptar la solución de la teoría extrema de la culpabilidad, con todos los inconvenientes que ello implica.[355]

---

350 N. del E.: es en este sentido que debe entenderse la afirmación que hace Cury supra § 18, II, c): "... el error sobre los elementos integrantes de una causal de justificación excluye también el dolo, porque suprime uno de los presupuestos de la prohibición".

351 JESCHECK-WEIGEND, § 41, IV, 1, d) 499 y sigts.; MAURACH-ZIPF, I, § 37, II, C), número marginal 43, Págs. 661 y 662; STRATENWERTH, § 9, número marginal 159, pág. 229.

352 JAKOBS, 11, número marginal 58, pág. 583 y sigts.

353 En el texto se prescinde del análisis de los distintos criterios que se han elaborado para fundamentar la teoría limitada de la culpabilidad. Una ojeada de conjunto puede encontrarse en ROXIN, § 14, VIII, números marginales 62 y sigts., págs. 583 y sigts.

354 NÁQUIRA, I, pág. 576; ROXIN, § 14, número marginal 71, pág. 587: "Un delito doloso es una conducta para la que en la ley está prevista la pena correspondiente al dolo; cuando en cambio se considera adecuada la pena del delito imprudente, no tiene ningún sentido llamar dolo a la forma de conciencia que conduce a ese castigo". En este sentido también SHUNEMANN, *La Culpabilidad: estado de la cuestión*, en *Sobre el estado de la teoría del delito*, V, 3, págs. 127 y 128.

355 De hecho, en eso es en lo que concluye NÁQUIRA, I, pág. 586 cuando trata del efecto del error de prohibición en la ley chilena. Pero esto a él no puede reprochársele puesto que es consistente con su opción por una postura finalista ortodoxa.

Por su parte, BULLEMORE-MACKINNON también se oponen a la teoría limitada de la culpabilidad, invocando inconvenientes que se producen en la sistematización de las causales de justificación, de la participación y de la tentativa.[356] Pero esas críticas solo son exactas si se las refiere a la concepción que deriva la "teoría limitada de la culpabilidad" de la de los "elementos negativos del tipo", y considera, por eso, que el error sobre los presupuestos objetivos de la causal de justificación es un error de tipo que excluye efectivamente el dolo. Si, en cambio, como sostiene la "teoría que remite a las consecuencias jurídicas", en los casos de error sobre los presupuestos objetivos de las causales de justificación *el dolo del autor subsiste* y únicamente se lo sanciona con una pena similar a la que correspondería al delito imprudente, y solo en los casos en que existe el tipo correspondiente, las objeciones mencionadas no son ya atendibles.

III. LA SITUACIÓN DOGMÁTICA

A) LA OPINIÓN TRADICIONAL

De manera más o menos uniforme, doctrina y práctica invocaron durante mucho tiempo lo preceptuado por los arts. 7°, 8°, 706 inc. final y 1452 del C.C., para sostener que el error sobre cuestiones de Derecho no tiene eficacia excusante.[357] Como esas disposiciones se basan en la tradicional distinción entre error de hecho y de Derecho, se exceptúan las hipótesis en que el sujeto supone equivocadamente la concurrencia de los presupuestos objetivos de una causal de justificación (*justificantes putativas*) a las que, como en su base se encuentra un error sobre circunstancias fácticas, la tendencia entonces prevalente las trataba conforme a los criterios que regulaban el error de hecho.[358]

356 BULLEMORE-MACKINNON, II, págs. 171 a 173.

357 ETCHEBERRY, hasta la 2ª edición, I, pág. 233 y sigts.; NOVOA, I, 335, págs. 537 y sigts., quien incluso sostiene que "lo que se ha expresado sobre el error de Derecho cabe aplicarlo también al error jurídico que incida en algunos de los elementos normativos del tipo" (pág. 539); LABATUT, I, 46, págs. 43 y 44, y 123, pág. 131.

358 ETCHEBERRY, hasta la 2ª edición, I, pág. 178; LABATUT, I, 123, pág. 131; NOVOA, I, 340 y sigts., págs. 549 y sigts., quien estima que el tratamiento de las "eximentes putativas" excede la teoría del error y les concede, por consiguiente, un tratamiento separado.

b) La solución personal

El criterio expuesto era sin duda insatisfactorio y dio lugar, con frecuencia, a soluciones injustas. Aunque en algunos raros casos la jurisprudencia había retrocedido frente a ellas, buscando un paliativo en consideraciones procesales, la tendencia a mantener el principio predominó con evidente perjuicio para la vigencia del Derecho penal de culpabilidad. La aplicación esporádica de la distinción entre error de Derecho penal y extrapenal tampoco ofreció ventajas apreciables.[359] Y, no obstante, la ley penal contenía un conjunto de preceptos que hubieran permitido una elaboración más satisfactoria.

aa) Desde luego, ha de tenerse en consideración el art. 10 N°s 1° y 2° del C.P., en los que se excluye la imputabilidad del enfermo mental (enajenado) y del menor, precisamente a causa de que carecen de la capacidad para reconocer lo injusto de su obrar. Cabe preguntarse, entonces, ¿por qué daría la ley eficacia excusante a dicha incapacidad cuando es determinada por el estado personal del autor y no cuando deriva de las circunstancias especiales del caso concreto?; ¿por qué se excluye la responsabilidad de quien se presume que no puede en ningún caso conocer la ilicitud de su obrar y se ha de castigar, en cambio, al que prueba que frente a una situación determinada estuvo en la imposibilidad de tener dicho conocimiento?; ¿por qué, en suma, casos iguales deberían ser tratados en forma diferente con flagrante violación del principio de justicia más fundamental?

bb) La interpretación correcta de la voz *voluntaria,* entendida no ya como dolo, sino como *culpabilidad en sentido restringido,*[360] brinda una viga maestra para la solución del problema. En efecto, si lo voluntario se refiere aquí, precisamente, al conocimiento del injusto y a la normalidad de la motivación, ello significa que la presunción contenida en el inc. segundo del art. 1° del C.P. es presunción de que el sujeto ejecutó la acción u omisión a conciencia de su ilicitud. De donde resulta que en el ámbito penal el conocimiento de la antijuridicidad solo se *presume legalmente*, a diferencia de lo que ocurre en sede civil en donde la correspondiente presunción de Derecho excluiría toda prueba en contrario.

---

359 Véase la cita en NOVOA, I, 335, V, pág. 539, nota de pie de página 12.

360 Sobre ello, supra, § 18, I, e) y especialmente la bibliografía citada en el apartado cc) de ese párrafo. Asimismo, KÜNSEMÜLLER, IV, 4, págs. 250 y sigts., con detalle.

cc) En los arts. 224 y 225 del C.P. se encuentran argumentos decisivos en apoyo de la tesis según la cual, cualquiera haya sido la intención de sus autores, es indudable que la ley positiva en vigor otorga eficacia excusante al error de prohibición. En efecto, esas normas sancionan a los miembros de los tribunales de justicia colegiados o unipersonales y a los fiscales judiciales, cuando por negligencia *o ignorancia inexcusable* dictaren sentencia manifiestamente injusta en causa criminal (art. 224 N° 1°) o civil (art. 225, N° 1°) o contravinieren las leyes que regulan la sustanciación de los juicios en términos de producir nulidad en todo o en parte sustancial (art. 225 N° 2°) o realizaren algunas otras conductas que importan, esencialmente, desconocimiento de disposiciones legales (art. 225 N°s 3°, 4°, y 5°). *A contrario sensu,* por consiguiente, queda de manifiesto que aun para los jueces y fiscales judiciales hay casos en que la ignorancia de las normas jurídicas es *excusable.* Y, lógicamente, si eso se concede a quienes se halla confiada la administración de justicia, con mayor razón debe serle reconocido al resto de los ciudadanos, cuyas posibilidades de conocer el Derecho vigente son más limitadas.[361]

dd) CÓRDOBA RODA quiere encontrar todavía otro argumento en apoyo de la tesis defendida aquí, afirmando que la presunción de conocimiento de la ley no obsta a la eficacia excusante del error de prohibición, porque conocimiento del Derecho y conciencia de la ilicitud son cosas distintas. Efectivamente, lo son. Quien ni siquiera tiene conciencia de la antijuridicidad de su conducta está en una situación de inculpabilidad más profunda que el que ignora solamente la existencia de una norma legal que sanciona esa conducta. Pero, por lo mismo, hasta donde se me alcanza el razonamiento de CÓRDOBA RODA, es inexacto; pues lo que la ley presume es el conocimiento del Derecho, y quien conoce la ley difícilmente podría aseverar que no tenía conciencia del injusto de su obrar ya que, por la misma razón expuesta, la existencia de aquel implica la de esta.[362]

361 En este sentido, con detalle, MIGUEL SCHWEITZER WALTER, *El error de Derecho en materia penal, cit.*, págs. 107 y 108. También ETCHEBERRY se hace cargo de esta particularidad de los arts. 224 y 225. Como en el texto, HERNÁNDEZ, en COUSO-HERNÁNDEZ y otros, pág. 90. El asunto es tratado con detalle y profundidad por JUAN DOMINGO ACOSTA, en la memoria de prueba *El delito de prevaricación propiamente tal,* no publicada, versión dactilografiada, 1982, págs. 306 y sigts.

362 JUAN CÓRDOBA RODA, *El conocimiento de la antijuridicidad en la teoría del delito,* Barcelona, 1962, IV, 3, págs. 101 y sigts.

ee) Finalmente, la consagración en el art. 19 N° 3° inc. séptimo de la C.P.R. de una prohibición de presumir de Derecho la responsabilidad penal ha puesto fin a la discusión.[363] Ella implica, en suma, que en la ley también está vedado constitucionalmente presumir *jure et de jure* la conciencia de la ilicitud, puesto que ella es uno de los componentes básicos de la responsabilidad.

ff) Con arreglo a lo expresado, puede concluirse que la ley penal chilena admite la eficacia excusante del error de prohibición, siempre que este se acredite en el proceso, destruyendo así, mediante prueba en contrario, la presunción puramente legal de conocimiento de lo injusto contenida en el art. 1° inc. segundo del C.P. Como se ha expresado, actualmente este punto de vista es acogido con variantes por la doctrina dominante en nuestro medio.[364] A su vez, en la jurisprudencia tal criterio también se ha abierto paso. Posiblemente la primera sentencia que se hace cargo explícitamente del tema es la de la C.A. de Santiago de 18 de enero de 1972,[365] acogiendo la eficacia excusante del error de prohibición indirecto (error sobre los presupuestos fácticos de la legítima defensa) desde el punto de vista de la "teoría del dolo". Este fallo, sin embargo, permaneció solitario y prácticamente ignorado por décadas, no obstante su evidente importancia. Solo en 1998, una sentencia de la C.S. de 4 de agosto de ese año vuelve a ocuparse de un caso de error de prohibición indirecto (error sobre los presupuestos objetivos de la legítima defensa) y en fallo dividido acoge su eficacia excusante, esta vez de acuerdo al criterio de la teoría de la culpabilidad.[366] Poco después, otra sentencia de la C.S. de 23 de marzo de 1999[367] se pronuncia, esta vez sobre una situación de

363 Así también, COUSIÑO, III, § 212, I.3, págs. 264 y 265; ETCHEBERRY, I, pág. 338; GARRIDO, II, 76.4, págs. 235 y 236; implícitamente KÜNSEMÜLLER, págs. 243 y 244, y explícitamente en *Notas sobre el error de prohibición*, en *Doctrinas esenciales*, II, 2, pág. 92; NÁQUIRA, I, págs. 409 y sigts.; MIGUEL SOTO, *Una jurisprudencia histórica: hacia el reconocimiento 'del principio de culpabilidad' en el derecho penal chileno*, en *Revista de Derecho de la Universidad Finis Terrae*, N° 3 (1999), págs. 233 y sigts, con reservas sobre la posible "circularidad" del argumento, y en el mismo sentido HERNÁNDEZ, en COUSO-HERNÁNDEZ y otros, pág. 91: POLITOFF, 10, § 2, E, c), págs. 622 y sigts.; POLITOFF-ORTIZ, *et al.* I, págs. 99 y 100.

364 Ver nota anterior.

365 Publicada en RCP, tomo XXXI, N° 1, 1972, págs. 42 y sigts., con comentario crítico de CURY.

366 Publicado en GJ N° 218, año 1998, págs. 96 y sigts., y FM N° 477, agosto de 1998, págs. 1423 y sigts. En ese fallo la Corte consideró que el error era invencible y, por consiguiente, no es posible afirmar que se decidía por la teoría estricta o moderada de la culpabilidad; pero del contexto pareciera deducirse que se inclinaba por la primera.

367 Publicado en FM, N° 484, marzo de 1999, págs. 187.

error de prohibición directo y le acuerda eficacia excluyente de la culpabilidad, acogiendo también los puntos de vista de la teoría de la culpabilidad. Finalmente, la sentencia unánime de la C.S. de 27 de octubre de 2005[368], resolviendo lo que probablemente de manera equivocada califica de error vencible sobre los presupuestos objetivos de una causal de justificación,[369] se pronuncia expresamente a favor de la teoría moderada de la culpabilidad, absolviendo a causa de la inexistencia de un tipo de hurto imprudente. Con posterioridad a estos fallos, la eficacia excusante del error de prohibición ya casi no se ha puesto en duda por la jurisprudencia, si bien no siempre las sentencias contienen pronunciamientos enteramente consistentes.[370] [371]

368 Publicada en GJ Nº 304, del mes de octubre de 2005, pág. 206.

369 También HERNÁNDEZ, hace suya esta crítica en COUSO-HERNÁNDEZ *et al.*, pág. 93, pero afirma que en el caso se trataría de "un caso nítido de asunción errónea de una causa de justificación inexistente" porque en el trato se trataría de "un sujeto defraudado que entiende que tiene derecho a recuperar mediante sustracción un automóvil cuya compraventa y tradición, ya perfeccionadas, había encargado, sin que le pagaran el precio". En mi opinión, en cambio, se trata más bien de un error sobre el significado de valor de un elemento normativo del tipo, porque el imputado creía –y así lo sostuvo en su defensa– que, debido a la falta de pago, el automóvil seguía siendo suyo.

370 Véase la información sobre este punto en HERNÁNDEZ, en COUSO-HERNÁNDEZ, *et. al.* págs. 92 y sigts.

371 N. del E.: Es interesante el caso de legítima defensa putativa conocido y fallado en primera instancia por el juez titular del Trigésimo Primer Juzgado del Crimen de Santiago, que a la sazón era Jaime Balmaceda Errázuriz (causa rol 3262 - 2004 de ese tribunal). Por sentencia de primera instancia de 19 de enero de 2005, absolvió al acusado por haber incurrido en un error sobre los presupuestos objetivos de la legítima defensa (sobre la realidad de la agresión), que calificó como error de prohibición inevitable. La Corte de Apelaciones de Santiago, revisando esa sentencia por la vía de la consulta, por fallo de 6 de enero de 2006, la revocó y condenó al acusado como autor de un homicidio culposo. En los considerandos del fallo de segunda instancia se consigna que el error (de hecho) que padeció el acusado, si bien fue esencial, era evitable o vencible... "habiendo actuado con plena conciencia de la antijuridicidad de su conducta, en el sentido de conocer la norma prohibitiva vinculada con el homicidio", "la errónea suposición de los presupuestos de la eximente de la legítima defensa, al no ser fundada, tiene carácter vencible o evitable pero asimismo, excluye el dolo pues el reo imaginó erróneamente que se hallaba en una situación que, de haber sido real, justificaba su conducta. En cambio, la actuación que realiza es contraria al deber de cuidado exigida, atendidas las circunstancias, sus condiciones intelectuales, culturales y su calidad de padre de familia, previendo o no pudiendo menos que conocer el resultado producido, cobrando cuerpo, por tanto, la hipótesis culposa al haber actuado precipitadamente motivado por un error fáctico". La Corte Suprema, con fecha 3 de abril de 2007 acogió el recurso de casación en la forma deducido por la defensa del imputado, y dictó la sentencia de reemplazo, aprobando la sentencia de primera instancia. La sentencia de la

c) Los efectos del error de prohibición en la ley

En la Constitución y la ley se encuentran elementos suficientes para afirmar la eficacia exculpante del error de prohibición.[372] Pero, naturalmente, nuestro vetusto C.P. no contiene disposiciones sobre la eficacia que debe acordársele, cosa que, hasta el presente, permanece confiada a la doctrina y jurisprudencia. Esta última, de acuerdo con lo expuesto en el acápite anterior (b, ff) se ha pronunciado por la teoría de la culpabilidad limitada y, dentro de ella, por la de la "remisión a las consecuencias jurídicas" (del error de tipo). Este pareciera ser también el criterio que prevalece en la doctrina, como lo constata HERNÁNDEZ.[373]

Sin embargo, hasta el presente existen criterios disidentes. Así, por ejemplo, ETCHEBERRY, que inicialmente se inclinaba por negar eficacia excusante al error de prohibición,[374] ahora ha modificado su criterio en consideración a lo preceptuado en el art. 19 Nº 3º inc. séptimo de la C.P.R., pero propone acordarle unos efectos que coinciden fundamentalmente con los de la teoría del dolo.[375] En el mismo sentido se pronuncia ORTIZ.[376] Entretanto, el criterio de la teoría limitada de la culpabilidad es acogido por POLITOFF,[377] con la diferencia de que en su opinión el error sobre los presupuestos fácticos de una causal de justificación es efectivamente un error de tipo. La consecuencia práctica de este criterio es que, como la conducta del que yerra sobre los presupuestos objetivos de la

---

Corte de Apelaciones de Santiago está disponible en www.pjud.cl Rol 3520-2005y las de la Corte Suprema en la misma página web, Rol 935-2006.

Otra sentencia destacable en materia de error de prohibición es la del Sexto Tribunal de Juicio Oral en lo Penal de Santiago, de 17 de marzo de 2015 (RIT 58-2015), que absolvió al acusado que, cuando tenía 16 años de edad, tuvo relaciones sexuales con una menor que estaba próxima a cumplir 13 años, fundando esa absolución en un error de prohibición inevitable pues, según se expresa en el considerando décimo cuarto "...se presentaron dudas más que razonables sobre la conciencia del imputado de que mantener relaciones sexuales a los 16 años con una menor que estaba por cumplir los 13 años estuviera sancionada por el Ordenamiento jurídico como un delito de violación, aun cuando ella consintiera y por el solo hecho de tener menos de 14 años de edad".

372 Sobre ello, en especial POLITOFF, 10, § 2, E, págs. 619 y sigts.

373 HERNÁNDEZ en COUSO-HERNÁNDEZ, el. al, págs. 94 y sigts.

374 ETCHEBERRY, 2ª edición, I, págs. 233 y sigts.

375 ETCHEBERRY, I, págs. 334 y sigts., y, en especial, pág. 338 y *Consideraciones sobre el error* en *Nullum crimen nulla poena,* págs. 97 y sigts., *passim.*

376 ORTIZ, *Dolo y conciencia del injusto en la ley penal chilena,* en *Nullum crimen nulla poena,* págs. 279 y sigts., *passim.*

377 POLITOFF, 10, § 2, A, a), págs. 595 y sigts.; *Texto y comentario,* pág. 99: POLITOFF-MATUS-RAMÍREZ, I, 12, § 5, A, a), págs. 328 y 329.

justificante no es dolosa, si un tercero que es consciente de la situación participa dolosamente en el hecho, no puede ser castigado porque no existe participación punible en un hecho principal solo culposo.[378] Bien es verdad que, en muchos de estos casos, será posible apreciar una autoría mediata del interviniente de mala fe,[379] pero no siempre será así y las lagunas de punibilidad restantes justifican, a mi juicio, la distinción.

Una posición que disiente de las expuestas y, en general, de las que constituyen el criterio prevalente en la literatura comparada, expone entre nosotros ALEX VAN WEEZEL[380], el cual se opone a la distinción entre error de tipo y error de prohibición – basada en el "objeto" sobre el cual recae el error–, y aboga por otra referente a la magnitud y características del yerro, que diferencia entre el auténtico error y el mero desconocimiento, de los cuales solo aquel excusaría. Tal criterio, aunque sugerente, no ha tenido hasta ahora eco en la doctrina nacional, probablemente porque plantea el problema de determinar con arreglo a qué puntos de vista se efectuará la determinación de la medida del error que conducirá a la decisión sobre sus efectos, lo cual permanece hasta ahora en la incertidumbre.[381]

Por lo que se refiere a los efectos legales de los casos de error de prohibición distintos del que recae en los presupuestos objetivos de una causal de justificación, es correcta la idea de conceder la exculpación cuando es invencible, mediante una aplicación analógica de lo preceptuado en el art. 10 N° 1 del C.P., relativo al trastorno mental transitorio por causas independientes de la voluntad del hechor. Puesto que en esos casos la razón de la impunidad es el estado de incapacidad del autor para *conocer* lo injusto de su actuar o autodeterminarse conforme a ese conocimiento causado por una perturbación de su psiquis, es lógico acordársela también a quien carece de conciencia de la ilicitud porque se encuentra en una situación inevitable de error sobre los mandatos y prohibiciones del Ordenamiento jurídico, motivado por otras circunstancias distintas del trastorno mental. A partir de esta misma base, para los casos de error vencible es posible construir una atenuante incompleta, con arreglo a lo preceptuado en el art. 10 N° 1 en relación con el art. 11 N° 1 del C.P.[382]

---

378 Infra, § 40, I.

379 Así, ROXIN, § 14, número marginal 72, pág. 588.

380 VAN WEEZEL, *Error y mero desconocimiento en Derecho penal*, en *Pena y sentido*, págs. 85 y sigts., *passim*, pero, especialmente, 11, págs. 168 y sigts.

381 En el mismo sentido HERNÁNDEZ, en COUSO-HERNÁNDEZ *et al.*, pág. 98.

382 Como en el texto POLITOFF, 10, § 2E, pág. 622, quien sigue en esto a CEREZO que resolvía de esta manera con arreglo al antiguo C.P. español, en nota de pie de página a la traducción de WELZEL, *Nuevo sistema*, VIII, II, 2, pág. 113, nota 30.

d) *Vencibilidad* e *invencibilidad* del error de prohibición

En la práctica el problema que cobra mayor gravitación se refiere a cuando puede afirmarse que el error de prohibición es vencible y cuando, por la inversa, invencible. Especialmente en atención a los presupuestos de la teoría de la culpabilidad, ello es decisivo para la suerte del imputado.

aa) En primer lugar, existe cierto acuerdo en que un error es no solo vencible, sino que *no surte efecto alguno* en los casos que se refieren a hechos pertenecientes al *núcleo duro* del Derecho penal (homicidio, lesiones graves, violación, traición a la patria, abusos sexuales, robo, hurto, defraudaciones, malversación, falsificaciones, incendio, daños, cohecho, etc., etc.). En esta clase de situaciones tiene que hacerse nuevamente una concesión a la idea de que de los participantes en la convivencia se reclama un mínimo de conocimiento sobre lo jurídica y socialmente aprobado o desaprobado, de acuerdo con el criterio de un hombre razonable.[383] Pero, por otra parte, en una sociedad diversificada como la nuestra debe tenerse en cuenta, incluso en relación con estos delitos nucleares, la existencia de grupos diferentes respecto de los cuales, si bien no sea posible excluir la culpabilidad por tales hechos, se deba apreciar un error *vencible* que justifique una aminoración de la pena. En especial, aquí deben considerarse conglomerados étnicos, de inmigración, etcétera.

bb) Un punto de vista diferente tiene que imponerse cuando se trata de conductas especialmente sofisticadas, cuya ilicitud es inaparente a menudo incluso para muchos especialistas y las cuales, por lo tanto, son tenidas por irrelevantes por la mayor parte de los participantes en la convivencia. Este criterio de enjuiciamiento que remite a la actitud del conglomerado social es tenido expresamente en consideración por la sentencia de la C.S. de 23 de marzo de 1999[384], referente al delito de negociaciones incompatibles del art. 240 del C.P., cuya antijuridicidad constituye un enigma para personas pertenecientes a estratos poco informados de la población, especialmente en localidades relativamente aisladas y desprovistas de comunicación e información apropiada sobre tales temas.

A este grupo pertenecen, en particular, las regulaciones referentes a actividades muy especializadas, cuyas organizaciones y normativas resultan usualmente

---

383 STRATENWERTH, § 10, número marginal 92, pág. 261 y 262.

384 Citada en nota 365.

inaccesibles para el profano (bancos, actividades y entidades reguladas por la Ley de Mercado de Valores, industrias, sistemas de ejercicio de profesiones, funciones públicas, contrato de seguros, obligaciones tributarias, control de calidad de productos, *lex artis* médica, reglas del tráfico vial, instituciones castrenses, etc.), sobre cuya dificultad de reconocimiento por el lego llamaba ya la atención M.E. MAYER, en 1903.[385] En relación con estos casos, la cuestión de la vencibilidad requiere de reglas más específicas que orienten las decisiones de los tribunales frente a la alegación de quienes afirman ignorarlas. En forma muy esquemática, aquí pueden darse las siguientes:

1) El conocimiento de tales reglas es, desde luego, exigible a quienes han obtenido una autorización jurídicamente reconocida para desempeñarse en el ámbito de las respectivas actividades. Así, el de las disposiciones del tráfico vial debe suponerse respecto de quien haya obtenido una autorización para conducir vehículos motorizados; el de la *lex artis* médica de aquel a quien haya sido conferido el título profesional respectivo, etcétera.

2) Asimismo, puede también esperarse dicho conocimiento de quienes habitualmente se desempeñan en el ámbito a cuya regulación se refieren las respectivas reglas especiales, aunque para ese ejercicio no sea necesario contar con un título profesional. El funcionario público o el empleado bancario deben normalmente estar informados de las disposiciones que rigen en el campo de su actividad y, por consiguiente, el desconocimiento de ellas deberá por lo general considerarse vencible. Sin embargo, incluso en estos campos pueden darse situaciones de invencibilidad, cuando el empleado o funcionario no cuenta con instrucción suficiente y el tipo respectivo es de comprensión especialmente compleja, pues exige hacer valoraciones poco comunes. Esta hipótesis se puede dar más a menudo en el caso de los funcionarios, cuyo concepto se encuentra "amplificado" por la disposición del art. 260 del C.P., el cual incorpora al concepto a personas de educación reducida y que, en circunstancias difíciles, pueden estar privadas

385 MAYER, *Normas*, págs. 60 y 61: "...en el desarrollado ordenamiento jurídico de nuestros días existen [...] disposiciones objetivas tan especializadas que, según parece, en vano se buscará normas de cultura de las cuales esas normas jurídicas pudiesen derivar su fuerza obligatoria. ¿No son, acaso, las disposiciones relativas a la letra de cambio, los seguros, la actividad industrial, el control de los alimentos, etcétera, normas que única y exclusivamente se puede conocer a partir de la ley? ¿No es una monstruosidad pensar que es la cultura la que enseña al fabricante de margarina cuáles son sus deberes?".

también de la asesoría indispensable. La situación característica se presentó en el caso resuelto por la ya citada sentencia de la C.S. de 23 de marzo de 1999, en donde el alcalde del pueblo, funcionario de elección popular con estudios incompletos de contabilidad, no disponía de asesor jurídico a causa de la falta de recursos económicos de la municipalidad.

En todo caso, quien se propone iniciar actividades en un campo en el que cabe suponer que imperan regulaciones especiales, debe preocuparse de obtener información sobre ellas. "Quien engorde chanchos, explota una taberna, vende medicamentos o quiere conducir un camión en el tránsito vehicular, tiene que informarse de antemano sobre las reglas vigentes en ese ámbito. Quien no lo hace sabe que, al ejercer tales actividades especialmente reguladas, puede actuar en forma antijurídica".[386]

3) En relación con los tipos que son más especializados o complejos, debe tenerse en cuenta si el autor ha tenido algún motivo para sospechar la posible ilicitud de su comportamiento. Solo cuando ello haya ocurrido, surgirá para él una obligación de informarse, por lo general acudiendo a la opinión de un letrado. Si lo ha hecho así y los datos que se le han proporcionado lo han conducido a la convicción errada de que su conducta es lícita, el error de prohibición consiguiente será invencible. Contra lo que sostiene una parte de la jurisprudencia comparada, no se puede exigir de un lego que enjuicie la exactitud de la información que le ha proporcionado un especialista o alguien que, por su profesión, se encuentra directamente comprometido en actividades antidelictuales, como un funcionario policial.[387]

En este punto cobran importancia las convicciones ético-sociales del autor. Por supuesto, la conciencia de la antijuridicidad no se confunde con tales convicciones, pero ellas pueden constituir un llamado de atención que induzca al sujeto a informarse mejor.[388] Lo mismo sucede con aquellos comportamientos de los cuales cabe esperar la generación de peligros de dañar a terceros.

---

386 FRISTER, 19, número marginal 9, pág. 384.

387 FRISTER, 19, número marginal 10, pág. 384; STRATENWERTH, § 10, número marginal 91, pág. 261, en sentido tácitamente crítico de la jurisprudencial alemana; ZACZYYK, *El error culpable sobre la prohibición*, en *Libertad Derecho*...IV, C, pág. 362, con detalle.

388 FRISTER, 19, número marginal 7, pág. 383. STRATENWERTH, § 10, número marginal 86, pág. 259.

4) El que el autor tenga dudas sobre si el hecho que realizará es o no antijurídico no es suficiente para gravarlo, como quiere erradamente una parte de la jurisprudencia comparada. En relación con esta situación parecen razonables los siguientes puntos de vista, tomados de la teoría del *dolo eventual:*[389]

i) Si frente a la duda el sujeto "se decide por el injusto", "conformándose con que su conducta sea antijurídica", el error efectivamente lo grava y se excluye la apreciación de un error de prohibición.
ii) Si, por el contrario, desestima la idea de que el hecho sea injusto, fundándose en la información insuficiente de que dispone, el error es *vencible* y debe sancionarse de acuerdo a los criterios correspondientes.
iii) Si el autor se procura información especializada, pero la que se le proporciona es equivocada, el error es *invencible* y la culpabilidad debe excluirse.[390]

5) En la práctica, la cuestión de cuándo el error de prohibición es *vencible* y cuándo *invencible* requiere tomar en cuenta un cúmulo de criterios político-criminales,[391] que aquí solo pueden sintetizarse de manera esquemática. En la literatura nacional está pendiente un estudio en profundidad de los problemas referentes a este punto, que en una obra como la presente no puede ser realizado.[392]

E) Divisibilidad del error de prohibición

Aunque este es un problema sobre el que hasta ahora la práctica nacional no ha tenido ocasión de pronunciarse, no está de más precisar que el error de prohibición puede dividirse.[393] El ejemplo que se cita en la literatura comparada es el del individuo que accede carnalmente a su hija de trece años de edad, ignorando

---

389 Supra, § 18, III, c). En el mismo sentido FRISTER, 19, número marginal, número marginal 5, págs. 381 y 382; en profundidad, ROXIN, § 21, V, números marginales 28 y sigts., págs. 874 y sigts.

390 ZACZYK, *op. cit.* en nota 370, IV, C, pág.365: "Si realmente se quiere hablar de culpabilidad dolosa al momento del hecho, es preciso constatar que el autor, con una probabilidad rayana en la certeza, habría obtenido una información que se corresponde con el régimen jurídico que se asume al momento del enjuiciamiento. Si el régimen jurídico es poco claro, si por ejemplo existen sentencias contradictorias respecto de una cuestión, esta falta de claridad no puede volverse contra el autor".

391 STRATENWERTH, § 10, número marginal 92 pág. 261 y 262.

392 En el mismo sentido HERNÁNDEZ, en COUSO-HERNÁNDEZ *et al.*, pág. 98.

393 Cfr. FRISTER, 19, número marginal 4, pág. 381; MAUCHRACH-ZIPF, I, § 38, números marginales 40 y 41, págs. 685 y 686.

por completo la ilicitud del coito con una descendiente por consanguinidad, pero siendo consciente de que hacerlo con una menor de catorce años cumplido es constitutivo de violación (impropia). En el caso debe excluirse la culpabilidad por el incesto, pero subsiste la referente a la violación. Lo mismo sucede en todos los casos de *concurso ideal de delitos*[394] en que el sujeto es consciente de la antijuridicidad de solo uno de ellos, como cuando conoce la antijuridicidad de las graves lesiones imprudentes que causa a la embarazada, pero cree que el aborto provocado por él mismo está autorizado cuando el feto al que se da muerte es producto de una violación. "Así como cada delito singular presupone culpabilidad, así también la conciencia del ilícito se dirige a la norma prohibitiva subyacente en cada delito concreto específico".[395]

394 Infra, § 43, II.

395 MAURACH-ZIPF, I, § número marginal 40, pág. 685.

§ 29. LA EXIGIBILIDAD DE LA CONDUCTA JURÍDICAMENTE CORRECTA

I. EL CONCEPTO DE "EXIGIBILIDAD" Y SUS FUNDAMENTOS

Para que la acción antijurídica realizada por un imputable que comprende su ilicitud pueda serle reprochable, es preciso todavía que, atendido el conjunto de circunstancias concomitantes al hecho, el Derecho le dirija la exigencia de autodeterminarse conforme a sus mandatos o prohibiciones. *La exigibilidad es la posibilidad determinada por el Ordenamiento jurídico de obrar en una forma distinta y mejor que aquella por la que el sujeto se decidió.*[396]

Las exigencias del Derecho encuentran su límite no tanto en la capacidad del individuo para autocontrolarse –la cual, en algunos casos, puede ser muy grande y en todos imposible de mensurar– sino en el reconocimiento de que la fragilidad del ser humano común puede y debe ser atendida en ciertas situaciones como un fundamento de disculpa.[397]

La regla de la cual se parte es que, por lo general, en las circunstancias en las cuales se desenvuelve ordinariamente la vida de relación, los hombres cuentan con la capacidad de conducirse en la forma prescrita por la ley penal.[398] Tanto más cuanto que, como en su oportunidad se ha explicado,[399] lo requerido por estas no suele ser sino la abstención de actos groseramente atentatorios en contra de bienes jurídicos especialmente estimables; de manera que acatarla, en la mayor

---

396 En el mismo sentido MAURACH-ZIPF, I, § 31, II, número marginal 20, pág. 543, si bien su sistemática es distinta.

397 Es fundamental para el reconocimiento de esta realidad la argumentación de KANT, *Metafísica de las costumbres, cit.*, págs. 45 y 46 en relación al caso límite propuesto por CARNÉADES (214 AC) cuyo texto se reproduce infra, en este mismo parágrafo, III, a', antes de aa). En cambio, compárese la decisión (equivocada) de los tribunales ingleses en el caso de Mignonett, en RADBRUCH, *El espíritu del Derecho inglés,* traducción de Fernando Vela, Revista de Occidente, 1958, págs. 111 y sigts, así como los comentarios críticos del autor en págs. 94 y sigts. Como en el texto BOCKELMANN, *Relaciones entre autoría y participación,* III, págs. 84 y 85; MIR, 24, número marginal, 1, pág. 586; STRATENWERTH, § 10, número marginal 94, pág. 263.

398 Supra § 25, III.

399 Supra, § 1, III, b) y § 3, III.

parte de los casos y para la mayoría de los seres humanos, es casi una tendencia natural o, por lo menos, determinada hasta por una formación precaria y elemental.

Cuando, sin embargo, la situación es significativamente anómala, de suerte que la voluntad del individuo se *ha formado* bajo la presión de esa irregularidad, el Derecho se hace cargo de ello, pero usualmente reconociendo solo una disminución de la culpabilidad –y, por lo tanto, de la pena– sin excluirla. Muchas de las circunstancias atenuantes genéricas o específicas que consagra la ley[400] se basan en consideraciones de esta clase. Pero hay todavía unos casos límite en los cuales el Ordenamiento conviene en que, si bien de unos cuantos podría esperarse un esfuerzo superior de autodeterminación, esto es imposible reclamarlo de la mayoría, y como, por otra parte, doblegarse a las circunstancias que se han dado en el caso concreto es éticamente menos reprobable que hacerlo ante otras cualesquiera,[401] concede al autor una excusa personal, renunciando a castigar lo que no censura. Estos últimos son los supuestos de *no exigibilidad de otra conducta* consagrados por la ley, en los cuales, si bien la reprochabilidad no se encuentra excluida por completo, no alcanza el nivel requerido para configurar la culpabilidad por el hecho.

Una posición diferente defiende HEINRICH HENKEL, para quien el concepto de *inexigibilidad* es puramente *regulativo,* no constituye ningún elemento de la culpabilidad, sino que juega un papel también en la tipicidad y la antijuridicidad.[402] Este punto de vista no ha tenido eco en la literatura posterior.

II. LAS CAUSAS DE EXCLUSIÓN DE LA CULPABILIDAD (NO EXIGIBILIDAD DE OTRA CONDUCTA EN GENERAL Y SU PROBLEMÁTICA)

A) Extensión de la eficacia de la no exigibilidad

El desarrollo de la dogmática en relación a la eficacia de la *no exigibilidad de otra conducta* como causal de exclusión de la culpabilidad ha seguido un curso cambiante.

---

400 Infra, § 31 y sigts, págs. 471 y sigts.

401 BOCKELMANN, *Relaciones entre autoría y participación,* III, pág. 84.

402 HEINRICH HENKEL, *Exigibilidad e inexigibilidad como principio jurídico regulativo,* traducción por José Luis Guzmán Dalbora, B de F, Montevideo-Buenos Aires, 2005, *passim,* y especialmente VII, págs. 127 y sigts.

En un principio, el concepto estaba destinado primordialmente a fundamentar los efectos eximentes de algunas situaciones reconocidas en forma expresa por las leyes y cuya naturaleza no se encontraba precisada suficientemente. En Alemania, que es donde se desarrolla la noción, este es el caso del *estado de necesidad exculpante*, el cual resultaba imposible explicar a partir de los criterios manejados tradicionalmente por la literatura.

Pero ya cuando FRANK formula la idea, la práctica había resuelto algunos casos mediante un razonamiento supralegal que se valía intuitivamente de ella. Así, por ejemplo, en el clásico caso del "*Leinenfänger*". Aquí se trataba de un cochero, quien acepta uncir al carruaje un caballo que presentaba la curiosa característica de poder enredar las riendas con su cola, impidiendo al conductor controlarlo. El acusado previó que esa conducta crearía un peligro de accidente, pero cedió a las presiones de su amo, quien amenazó con privarlo de su empleo si no cumplía con la orden de poner al animal en el coche. El caballo efectivamente se desbocó provocando lesiones a un transeúnte;[403] sin embargo, el Tribunal Imperial alemán eximió de responsabilidad penal al cochero, no obstante el carácter manifiestamente imprudente de su comportamiento, porque consideró que en tales circunstancias no era posible exigirle una conducta distinta de la observada en él. Ahora bien, esta situación no presentaba realmente las características del estado de necesidad tal como este se encontraba legislado en la ley alemana vigente, de manera que el Tribunal Imperial tuvo que acudir para conceder la exculpación a una construcción suprapositiva.

A causa de esto, la *no exigibilidad* nació ya con las puertas abiertas para extender su eficacia más allá de los límites impuestos por las normas vigentes, transformándose en una exculpante supralegal prácticamente ilimitada. Aun así, FRANK se muestra todavía cauteloso al respecto, y aunque piensa que se le puede conceder eficacia amplia en el campo de los delitos imprudentes, es más bien crítico de las sentencias que se la han otorgado también en el caso de algunos delitos dolosos.[404] Pero en los años siguientes el proceso evoluciona progresivamente hacia una extensión cada vez mayor de las exculpaciones supralegales por ausencia de exigibilidad, cuyo defensor más destacado es FREUDENTHAL.[405]

---

403 Cfr. con algún detalle FRANK, *Estructura*, 4, págs. 42 y 43.

404 FRANK, *Estructura*, 3, págs. 34 y 35. Contra la solución dada en los últimos casos, categóricamente DOHNA, I, B, 2 b), pág. 72: "Cuando el Derecho se atreve a penetrar profundamente en el alma humana, con el propósito de elevar a héroes a los hombres comunes, florece el fariseísmo".

405 Una descripción detallada de esta evolución puede encontrarse en GOLDSHMIDT, *La concepción normativa*, antes de I, pág. 6. Su opinión favorable a la excusante supralegal se

Estimulado por un sentido humanitario laudable, condujo el criterio hasta un punto de vista extremo al que se ha descrito con el adagio del "*tout comprendre c'est tout pardonner*",[406] lo cual acarreó su desprestigio, poniendo en peligro incluso los fundamentos de la teoría normativa de la culpabilidad.

El movimiento de retroceso, sin embargo, no terminó con la vigencia del concepto. Este solo perdió autonomía en cuanto ya no se lo consideró la base adecuada para una posible construcción de exculpantes supralegales, pero conserva su valor para precisar la naturaleza, significado y extensión de las causales de exclusión de la culpabilidad reconocidas de manera explícita por la ley. Hay, pues, ciertos casos en los cuales el autor de la conducta típicamente antijurídica no es objeto de reproche personal por el Derecho, a causa de que atendidas las circunstancias concomitantes no le era exigible obrar de otra manera; de acuerdo con la opinión dominante en el Derecho comparado, tales situaciones son solo aquellas determinadas expresamente por la ley.[407]

Esta restricción se explica porque la concesión de una disculpa concierne únicamente al legislador. solo él puede efectuar una apreciación general y unitaria de los límites máximos de exigencia que se pueden dirigir a los integrantes del grupo social, de la misma manera que solo a él debe confiarse la determinación de los límites mínimos de tolerancia para con la conducta ilícita mediante la vigencia del principio de reserva. La decisión de exculpar es fundamentalmente un acto de voluntad soberana, el cual, por cierto, está muy matizado de valoraciones, pero que las trasciende porque obedece también a consideraciones puramente prácticas e, incluso, utilitarias. El Derecho solo comprende lo que quiere comprender.[408]

---

desarrolla en II, pág. 38, con fundamentación. Véase asimismo FREUDENTHAL, *Culpabilidad y reproche, passim.* Debe tenerse en cuenta que el concepto de exigibilidad, tal como se lo maneja en el presente, es una contribución capital de FREUDENTHAL al desarrollo de la dogmática contemporánea.

406 MAURACH, II, § 33, II, B, pág. 51; MAURCH-ZIPF, I, § 33, II, B, número marginal 14, pág. 556. Especialmente crítico de este punto de vista POLITOFF, 9, § 1, A, d), pág. 430.

407 JESCHECK-WEIGEND, § 47, II, 2, pág. 542; MAURACH, II, § 33, II, B, pág. 51; MAURACH-ZIPF, I, § 33, II, B, números marginales 13 y sigts., págs. 556 y sigts.; MIR, 24, número marginal 12, págs. 588 y 589; NOVOA, I, 329, págs. 529 y 530; ROXIN, § 22, F, números marginales 138 y sigts., págs. 959 a 961; STRATENWERTH, § 10, número marginal 101, pág. 265, aunque "no excluye, en principio, una ampliación, caso por caso, de la disposición legal concreta, por vía de analogía". Otra opinión en CEREZO, I, XXXI, pág. 996; WELZEL, § 23.

408 Entre nosotros, este punto de vista solo es compartido por NOVOA, I, 329, págs. 529 y 530 y, al parecer, por GARRIDO, II, 78, pág. 238. Implícitamente también BULLEMORE-MACKINNON, II, pág. 176 y VARGAS, V, 3.3., págs. 138 y sigts. En cambio, la mayoría de

No obstante, la postura expuesta pierde bastante de su importancia práctica porque, como se verá, la ley positiva contempla causales de no exigibilidad amplias, que permiten abarcar un número casi indefinido de situaciones de inexigibilidad, cosa que se acentuó a causa de que el nuevo *estado de necesidad exculpante* del art. 10 N° 11 C.P. se construyó sobre el modelo del antiguo art. 34 del C.P. suizo de Carlos Stoos de 1938[409], cuyo proyecto FRUEDENTHAL consideraba el de mayor prudencia sobre estado de necesidad, "puesto que [...] introduce en el tipo el peligro inminente y no evitable de otro modo, como barrera contra la autoayuda superflua", mientras que, "por otra parte, el círculo de los sujetos y bienes aptos para el estado de necesidad carece de restricciones, merced a la frase 'un *bien suyo o de otro...*', etc. "Por lo mismo, la definición es muy cautelosa y lo suficientemente amplia, ambas cosas a la vez" [410]. De esta manera, la necesidad de elaborar causales de exculpación supralegales en nuestra legislación ha quedado reducida a poca cosa.

En la ley chilena las hipótesis generales de no exigibilidad son las contempladas en los arts. 10 N° 11 (*estado de necesidad exculpante*), 10 N° 9° primera parte (*coacción o fuerza irresistible*), 10 N° 9° segunda parte (*miedo insuperable*), 17 inc. final (*encubrimiento de parientes*) y 10 N° 12 segunda parte (*omisión por causa insuperable*) del C.P., referente al delito omisivo. En el Derecho militar se encuentra consagrada la eficacia excusante del cumplimiento de órdenes antijurídicas, mal llamada, a mi juicio, *obediencia debida* (art. 214 en relación con el 335 del CJM), que es una hipótesis de no exigibilidad de carácter específico pues solo rige en ese ámbito; Aparte de eso, su eficacia excusante es reconocida por algunos preceptos para ciertos delitos en particular, como sucede en el art. 494 N° 14 del C.P., donde se excluye la punibilidad de la omisión de socorro si el autor no hubiere podido actuar "sin detrimento propio". El examen de estos últimos casos, sin embargo, concierne a la Parte Especial.

---

nuestra doctrina se inclina a aceptar explícitamente la existencia de causales supralegales de inexigibilidad. Véase COUSIÑO, III, § 220, I, 3, págs. 234 y 235, quien habla de causas "intralegales" de inexigibilidad que se apoyarían en el requerimiento legal de "voluntariedad" exigida en todo delito por el art. 1° del C.P. En el mismo sentido ETCHEBERRY, I, págs. 344 y sigts.; POLITOFF, 10, §3, A, a), págs. 626 y sigts. Al parecer también NÁQUIRA, I, pág. 416, si bien su posición no es clara.

409 Esa disposición ha sido sustituida recientemente por los arts. 17 y 18 del Código de 2010 que, si bien conservando la esencia de sus contenidos, han separado el estado de necesidad justificante del exculpante de los cuales tratan respectivamente.

410 FREUDENTHAL, *Culpabilidad y reproche"*, VI, pág. 97.

b) Medida de la exigencia

Hasta la última edición de mi antiguo libro sobre la teoría del delito sostuve que la medida de lo exigible tiene que determinarse con arreglo a un criterio tan individualizador como sea posible.[411] De acuerdo con lo que aquí ya se ha expresado, [412] este punto de vista ha sido abandonado. "Cuando el derecho se atreve a penetrar profundamente en el alma humana, con el propósito de elevar a héroes a los hombres comunes, florece el fariseísmo".[413] Lo que se exigirá en cada caso, por lo tanto, es lo que podría esperarse de un hombre razonable, perteneciente al mismo ámbito socio económico y cultural del autor.[414]

No obstante, es preciso destacar que en nuestra legislación, a diferencia de lo que ocurre, por ejemplo, en la alemana, hay causales de inexigibilidad, como el miedo insuperable, en las cuales no se han descrito precisamente las circunstancias fácticas que fundamentan la exclusión de la reprochabilidad, y solo se alude a ellas en forma inespecífica, determinándolas más bien por sus efectos sobre la motivación del autor. Esto, por supuesto, proporciona al juez una capacidad mayor de individualización, pero tampoco esto puede llevarse más allá de los márgenes generales impuestos por los preceptos y de lo que permiten las posibilidades prácticas. En otras ocasiones, en cambio, como ocurre parcialmente con el estado de necesidad exculpante y de manera más estricta con el cumplimiento de órdenes antijurídicas y, sobre todo, con el encubrimiento de parientes, la ley va más lejos en la generalización (objetivización), pues alude a situaciones "tipo",

---

411 CURY, *Orientación*, 21, III, pág. 214 y 215, con un intento de distinguir la *causa* y el *efecto* de la *motivación* que, en realidad, es impracticable, porque ambas tienden a confundirse. Para un cobarde la causa de que cualquier temor venza su capacidad de resistencia es, entre otros factores, primordialmente su cobardía. La distinción supone, además, una apreciación empírica imposible de efectuar.

412 Supra, § 26, III.

413 Citado por DOHNA, I, B, 2, b), pág. 72.

414 Esta opinión, con variantes, es dominante en el Derecho comparado. Véase por todos, BULLEMORE-MACKINNON, II, pág. 175 ("se trata, pues, de considerar las características personales del sujeto para examinarlas desde un punto de vista objetivo, en relación con lo que habría hecho un hombre normal que tuviese esas características"); CEREZO, I, XXI, pág. 999 ("persona inteligente, respetuosa con las exigencias del Ordenamiento jurídico"); KÜNSEMÜLLER, 19, págs. 189 y sigts., detenidamente pero más bien crítico; MAURACH-ZIPF, especialmente I, 36, I, número marginal 17 y sigts., págs. 606 y sigts.; MIR, 20, número marginal 20, pág. 531 ("hombre normal"). Otra opinión decididamente en POLITOFF, 10, § 3, A, págs. 628 y sigts. Con matices que parecen aproximarlo al punto de vista de BULLEMORE -MACKINNON, NÁQUIRA, I, págs. 478 y 479.

en las cuales presume que al hombre común no podría exigírsele una conducta ajustada a la norma. En casos de este género no se puede extender la exculpante a otras hipótesis análogas; pero, a su vez, tampoco podría excluirse su aplicación por consideraciones relativas a la persona del sujeto cuando en el precepto respectivo no se encuentra una referencia expresa a ellas.

c) Fundamento de la eficacia excusante de las causales de inexigibilidad. El carácter subjetivo de su apreciación

Como se desprende de lo expuesto, la eficacia excusante de las causales de inexigibilidad no se funda en una exclusión de la voluntad del agente, sino en una *deformación* de ella. En todos los casos de inexigibilidad el sujeto quiere o, por lo menos, acepta ejecutar la conducta típica, a conciencia además de su antijuridicidad, pero esta *voluntad de realización* se ha formado en él defectuosamente como consecuencia de la presión ejercida sobre sus motivaciones por las circunstancias concomitantes que, sin suprimirla del todo, han limitado, sin embargo, su *libertad*.

Para afirmar que la anormalidad de la situación alteró el proceso de formación de la voluntad en una medida significativa, sería preciso probar, caso por caso, la existencia de un contraste entre la decisión adoptada por el sujeto y la que habría asumido si las circunstancias hubieran sido distintas. Así, por ejemplo, no habría obrado en un auténtico estado de necesidad el que ya estaba dispuesto a falsificar un documento para defraudar a un tercero por pura codicia, aunque esto coincida con el hecho de que un tercero amenace con dar de golpes a su hijo si se niega a hacerlo. En este caso la formación de la voluntad no se habría visto realmente alterada por la anormalidad de las circunstancias concurrentes, la cual más bien habría contribuido a reforzar la decisión original. Pero el Derecho, por regla general, prescinde de este aspecto de la cuestión, porque su consideración implica efectuar un sondeo demasiado profundo –y, por eso, peligroso– en el alma del autor. Por consiguiente, en la mayor parte de los casos se limita a presumir la deformación de la voluntad.[415]

---

415 JAKOBS, 20, número marginal 10, págs. 692 y 693: "De acuerdo con el tenor literal del § 35, párrafo 1, inc. 1, StGB, el autor solo puede estar exculpado cuando actúa para evitar el peligro. Sin embargo, no hay que verificar la pureza del motivo por el que el autor quiere evitar el peligro, ni la medida del conflicto que experimenta. Ejemplo: También está exculpado quien salva a su esposa de un peligro mortal no por cariño, sino porque teme perder consideración social si no interviene. Dada la voluntad de evitación, *el conflicto anímico se presume*" (el énfasis es mío). En el mismo sentido JESCHECK-WEIGEND, 44, II, 2: "...sin

Hay, sin embargo, por lo menos una de las causales de inexigibilidad (el cumplimiento de órdenes antijurídicas) en la que se exige expresamente una exteriorización del contraste entre la voluntad de realización y los deseos efectivos del sujeto; y otra (el encubrimiento de parientes mediante aprovechamiento) en la cual se consagra excepcionalmente una presunción contraria (esto es, la de que el encubridor hubiera obrado también contra Derecho, aunque las circunstancias hubieran sido normales).[416]

Como el efecto deformante de las circunstancias es independiente de la *realidad* de su concurrencia, la *inexigibilidad debe enjuiciarse de acuerdo con un criterio subjetivo.*[417] Da lo mismo que la situación sea efectivamente anómala o que el sujeto se la represente como tal según una apreciación *ex-ante,* pues su facultad de autodeterminarse se encontrará igualmente deteriorada en uno y otro caso. Cuando el error del autor sea vencible, sin embargo, la reprochabilidad subsistirá, pero siempre será posible dispensarle una atenuación de la pena[418], con arreglo a las mismas disposiciones y por las mismas razones que se han invocado para justificarla al tratar del error de prohibición.[419] Pero, en este caso, el juicio sobre la vencibilidad debe tener en cuenta la presión de las circunstancias anormales sobre las percepciones del autor y, por eso, deberá ser generalmente menos estricto.

d) El efecto excusante de las causales de inexigibilidad

La inexigibilidad significa que el reproche por la conducta típicamente antijurídica no se extiende a la *persona* del autor o partícipe respecto del cual han concurrido las circunstancias que la fundamentan. Toda causal de exculpación, por lo tanto, es eminentemente *personal* y no afecta a la *ilicitud* del hecho.

A causa de lo primero es frecuente que si en la ejecución del delito intervienen varias personas, algunos de los concurrentes sean castigados al paso que respecto de otros proceda la impunidad por ausencia de exigibilidad.[420] En atención a lo segundo, a su vez, debe afirmarse que es procedente la legítima defensa en contra de quien agrede en situación de inexigibilidad puesto que su ataque es

perjuicio de que también probablemente lo haya hecho *junto con otros motivos*" (el énfasis es mío).

416 Sobre ello, Infra, III, c) y d), dd), *in fine.*

417 En el mismo sentido WELZEL, § 23, I, 3, pág. 253.

418 Así también WELZEL, § 23, I, 3, pág. 253.

419 Supra, § 28, III, c). Véase, como aquí, ROXIN, § 22, VII, número marginal 59, pág. 922.

420 MAURACH, II, § 33, III, 5, págs. 59 y 60, con detalle; MAURACH ZIPF, I, § 33, III, 5, números marginales 39 y sigts., págs. 565 y sigts.

antijurídico.[421] El Derecho comprende la fragilidad humana, pero no impone al ciudadano la obligación de ceder ante ella renunciando a la justicia de su posición. No obstante, si la situación de inexigibilidad es aparente también para el que se defiende, de este se requiere que actúe con más consideración que cuando se trata de repeler una agresión simplemente ilegítima.[422]

Puesto que la afirmación de la antijuridicidad debe preceder a la de la culpabilidad, cuando en un mismo hecho concurren los presupuestos de una causal de justificación y los de una situación de inexigibilidad, prevalecen los efectos de aquella sobre los de esta. Así, cuando el autor ha reaccionado para repeler con un medio racionalmente necesario la agresión ilegítima de que era objeto, la absolución debe fundarse en el Nº 4º del art. 10 del C.P. (legítima defensa propia) y no en el 10 Nº 11 (estado de necesidad exculpante) o en el 10 Nº 9º segunda parte (miedo insuperable), aunque efectivamente haya obrado presa de temor. La aprobación del acto por el Derecho precede a la exclusión del reproche personal al autor.

III. LAS CAUSAS DE EXCLUSIÓN DE LA CULPABILIDAD (NO EXIGIBILIDAD DE OTRA CONDUCTA) EN PARTICULAR

De conformidad con lo que ya se ha dicho, *nuestra ley consagra como causales generales de inexigibilidad, el estado de necesidad exculpante (art. 10 Nº 11º, C.P.), la fuerza irresistible o coacción (del art. 10 Nº 9º, primera parte, C.P.), el miedo insuperable (art. 10 Nº 9º, segunda parte C.P.), la omisión por causa insuperable (art. 10 Nº 12, segunda parte) referente exclusivamente a los delitos omisivos; el encubrimiento de parientes (art. 17, inc. final C.P.) y, especialmente para el Derecho Militar, el cumplimiento de órdenes antijurídicas (art. 214 en relación con el 335 del CJM), a los que ahora hay que agregar lo dispuesto en los arts. 35 a 38 de la Ley Nº 20.357 sobre Crímenes de lesa humanidad y genocidio y crímenes de guerra.* [423] [424]

421 MAURACH, II, § 33, III, 4, págs. 58 y 59; MAURACH-ZIPF, I, § 33, III, 4, números marginales 36 y 37, pág. 565.

422 ROXIN, § 15, números marginales 56 y 57, págs. 637 y 638, con detalle y referencia especial a los casos de culpabilidad disminuida.

423 En el mismo sentido BULLEMORE-MACKINNON, II, págs. 173 y 174 y 177 y sigts. ETCHEBERRY, I, pág. 346; POLITOFF-MATUS-RAMÍREZ, 12, § 6, B y sigts., págs, 340 y sigts.; VARGAS, V, 3.3, págs. 138 y sigts., si bien ninguno de ellos se hace cargo de las modificaciones legales más recientes, que son posteriores a las publicaciones respectivas.

424 N. del E.: En MATUS Y RAMÍREZ, *Manual, Parte General,* págs. 305 y sigts., se aborda la "obediencia debida o jerárquica", integrando en la exposición la norma del art. 38 de la Ley 20.357.

A') El estado de necesidad exculpante

aa) Generalidades

Aunque se lo ha incorporado solo en el año 2010 al C.P. chileno,[425] el *estado de necesidad exculpante* ocupa una posición central entre las causales de exclusión de la culpabilidad por no exigibilidad.

Como ya se ha dicho, fundamental para el reconocimiento de esta causal de exculpación fue la decisión de KANT cuando se pronunció sobre el caso límite conocido como "tabla de Carnéades", propuesto por el filósofo griego de ese nombre alrededor de 214 A.C.: "No puede haber, en efecto, ninguna *ley penal* que imponga la muerte a quien en un naufragio, corriendo con otro el mismo riesgo de muerte, le arroja de la tabla en que se ha puesto a salvo, para salvarse a sí mismo. Porque la pena con que la ley amenazara no podría ser ciertamente mayor que la de perder su vida. En tal caso, semejante ley penal no puede tener el efecto pretendido; porque la amenaza de un mal, que es todavía *incierto* (el de la muerte por sentencia judicial) no puede superar al miedo ante un mal *cierto* (es decir, morir ahogado). Por tanto, el acto de salvar la propia vida por medio de la violencia no ha de juzgarse como *irreprochable* (*inculpabile*), sino solo como *no punible* (*impunibile*) y, por una asombrosa confusión de los jurisconsultos, esta impunibilidad subjetiva se tiene por *objetiva* (conforme a la ley).[426]

En 1797 no podía esperarse que KANT se sirviera de la expresión *culpabilidad* como lo haría recién a fines del siglo XIX la ciencia penal: pero es claro que para él el comportamiento del necesitado en este caso no está justificado (no es "conforme a la ley"), sino solo inculpable (subjetivamente impune). Con ello ha puesto la piedra angular para la construcción del concepto de culpabilidad desde el caso fundamental de su ausencia.

Con arreglo al art. 10 N° 11 del C.P. *no es culpable el que causa un mal (típico) de igual o mayor entidad al que evita, cuando obra de ese modo para evitar un mal grave para su persona o derechos,*[427] *siempre que concurran las circunstancias siguientes: 1ª Actualidad o inminencia del mal que se trata de evitar; 2ª Que no exista otro medio*

425 La eximente de responsabilidad respectiva se incluyó en el art. 10 N° 11 del C.P. por el N° 1° del art. 1° de la Ley N° 20.480, de 18 de diciembre de 2010.

426 KANT, *Metafísica de las costumbres*, *cit.*, pág. 408 (los énfasis en el original).

427 En el texto legal se incurrió en un error de transcripción al poner en singular el sustantivo "derecho", que solo cobra un sentido aprovechable si se lo entiende usado en plural, de la misma forma que en los N°s 4°, 5° y 6° del mismo art. 10.

practicable y menos perjudicial para evitarlo; 3ª Que el mal causado no sea sustancialmente superior al que se evita; 4ª Que el sacrificio del bien amenazado por el mal no pueda ser razonablemente exigido al que lo aparta de sí o, en su caso, a aquel de quien se lo aparta siempre que ello estuviese o pudiese estar en conocimiento del que actúa.

Esta redacción, como se ha explicado,[428] incluye en mi opinión tanto al estado de necesidad justificante como al exculpante,[429] y su contenido procura reproducir, con variantes que la adecuan a la de otras instituciones en nuestra legislación positiva, el del antiguo art. 34 del Código Penal suizo de 21 de diciembre de 1937, modificado el 5 de octubre de 1950, y sustituido en 2010 por los arts. 17 y 18 que, sin alterarla fundamentalmente, han separado la causal de justificación de la excluyente de culpabilidad. En general, tal redacción es más amplia que, por ejemplo, la del § 35 del C.P. alemán, aproximándose más bien a la que defendió FREUDENTHAL.[430]

bb) El mal que se trata de evitar

1) La existencia del peligro (mal) que se trata de evitar es aquí, como en la causal de justificación, requisito básico de la exculpante y se determina *ex ante* como, en mi opinión, debe hacerse siempre.[431] Ese mal puede ser de naturaleza física (muerte, lesiones, pérdida de libertad) o moral (afectación de la honra, el prestigio, el crédito, la buena reputación, etc.). En el primer caso la disposición debe entenderse referida a la *vis compulsiva*, pues los de *vis absoluta* implican ausencia de acción y, para excluir la responsabilidad en esas situaciones, basta con el art. 1º C.P. que requiere, en todo delito, la presencia de una acción u omisión

2) En el estado de necesidad exculpante como en el justificante, el mal que se trata de evitar puede tener cualquier origen (hecho de la naturaleza, ataque de animales, comportamiento azaroso de otra persona motivado por una pérdida del control sobre los acontecimientos causales, actividad de un tercero que, en este caso, bajo determinadas circunstancias, puede revestir incluso las características de una agresión ilegítima, etc.).

---

428 Supra, § 24, II, b).

429 Otro criterio en HERNÁNDEZ, en COUSO-HERNÁNDEZ *et al.*, pág. 270. Como en el texto, SANTIBÁÑEZ-VARGAS, *Reflexiones, cit.*, 2.1.1. b), pág. 198.

430 Véase supra texto correspondiente a la nota de pie de página. 393.

431 Supra, § 1, III, 1, iii.

3) El estado de necesidad será exculpante, si el mal que se causa es de la misma entidad o superior al que se evita. Tal como en el estado de necesidad justificante, la ponderación de los males para llegar a esta conclusión debe efectuarse teniendo en consideración la totalidad de los intereses comprometidos y no solo la magnitud e importancia en abstracto de los bienes jurídicos comprometidos.[432]

4) A diferencia de lo que sucede con otras de las causales de exculpación que se contemplan en nuestra ley positiva, como ocurre por ejemplo con el miedo insuperable, en el estado de necesidad exculpante no se exige que el mal que se trata de evitar haya provocado en el autor un estado de perturbación anímica. La eximente se erige sobre la idea de que a los hombres comunes no les es exigible soportar ciertas presiones que limitan su libertad para decidir cómo comportarse y sin tener en cuenta sus cualidades personales que, acaso, les hubieran permitido enfrentar el peligro sin inmutarse. En esto, como en general, el Derecho dirige sus mandatos y prohibiciones a individuos corrientes, a los cuales no se les pide comportarse como héroes o santos.

5) El peligro del mal puede amenazar tanto al necesitado como a un tercero, sin exigir que este último se encuentre vinculado con el autor por relaciones parentales o de cercanía personal especial, como ocurre, por ejemplo, en el § 35 del Código Penal alemán.

Esta decisión de autorizar más ampliamente el *auxilio necesario* al tercero suele ser objeto de crítica en la doctrina alemana, la cual defiende esas exigencias reductoras del estado de necesidad con el argumento de que la libertad de decisión del autor solo queda efectivamente excluida o severamente reducida cuando el amenazado por el peligro es alguien que le es próximo, de manera que él resulta especialmente conmovido por la situación.[433]

Con razón ROXIN rechaza este punto de vista, que considera impreciso y porque, además, de acuerdo a la ley alemana puede ocurrir que el peligro amenace a una persona muy querida, pero que no es pariente ni allegado, y sin embargo la ley alemana en tal caso no concede la exculpante no obstante que la presión anímica que soporta el autor puede ser considerable. A su juicio, "la regulación legal se explica por el hecho de que solo en el caso del círculo de personas citado

432 Supra, § 24, II, b), bb).

433 Así, por ejemplo, HIRSCH, *La regulación del estado de necesidad*, en *Obras completas*, I, IV, 2, pág. 139.

el hecho en sí desaprobado realizado en estado de necesidad halla tanta comprensión en la opinión pública que parece defendible desde el punto de vista de la prevención general una indulgencia del legislador".[434] Pero este punto de vista que se desentiende por completo de la auténtica perturbación anímica experimentada por el sujeto resulta especialmente chocante, porque pone de relieve la forma más descarnada en que la prevención general puede servirse de la persona como un medio para la obtención de sus fines.[435] ¡¿Cómo puede ser posible que el Derecho adopte una decisión exculpatoria basándose en la comprensión que su resolución hallará en la opinión pública y con entera prescindencia de lo que experimenta la persona?! Porque así como ROXIN reconoce que quizás el sujeto resulte mucho más conmovido cuando el peligro amenaza a un tercero que no es pariente ni allegado, habrá de convenir también en que en muchas oportunidades el que se cierne sobre estos últimos lo deja impávido, y que entonces el privilegio de la exculpación se concederá tomando únicamente en cuenta la "opinión" de espectadores extraños a lo acontecido. Este punto de vista me parece indefendible y precipita en una noción de culpabilidad como la del funcionalismo más radical, en el que la culpabilidad se deduce de la necesidad de pena.

En mi opinión la limitación de la exculpación a los casos en que el peligro amenaza a un círculo reducido de personas designadas taxativamente por la ley, prescinde de los vínculos de solidaridad que se espera existan entre quienes participan en la convivencia y que, por fortuna, a menudo no requieren que entre el auxiliador y el auxiliado existan relaciones formalizadas como las mentadas por el § 35 del Código Penal alemán. Probablemente una de las ventajas del estado de necesidad exculpante sobre la eximente de miedo insuperable, resida, justamente, en que no demanda sino el reconocimiento de que el auxiliador ha obrado movido por ese impulso de respeto a la humanidad del otro concebido como "fin en sí mismo".[436]

---

434 ROXIN, § 22, IV, número marginal 30, pág. 909.

435 KANT, *Metafísica de las costumbres, cit.* § 49, E, pág. 166.

436 Sobre los inconvenientes y contradicciones a que conduce la idea de que estado de necesidad exculpante se funda en la perturbación psicológica que la creación del peligro ocasiona al autor, puede verse la situación de la doctrina italiana descrita por FIANDACA-MUSCO, págs. 302 y 303, en donde incluso se abandona el requisito fundamental del estado de necesidad justificante relativo a que el mal que se causa sea inferior al que se evita.

6) La exculpante tampoco enumera los bienes jurídicos cuya puesta en peligro excusa la reacción necesaria. Esa limitación resulta casi siempre caprichosa y a menudo carente de justificación racional.[437]

En el texto legal alemán, aparte de los peligros para la vida y la integridad corporal, se ha efectuado una extensión a los riesgos para la libertad, pero la idea de que también pudiera incorporarse aquí una referencia a la propiedad y el honor es rechazada expresamente por ROXIN, quien considera que ello "tendría como consecuencia que la no exigibilidad de otra conducta conforme a Derecho [...] se reconocería como causa de exclusión de la culpabilidad en amplios terrenos, lo que podría poner en cuestión la seriedad de las conminaciones penales", citando la exposición de motivos del proyecto de Código Penal alemán de 1962 y fundándose también en su concepción sobre los fines de la pena.[438] Con esa argumentación se obvia que una de las primeras situaciones en que la jurisprudencia de un país europeo reconoció la eficacia excusante del estado de necesidad fue la del *Leinenfänger* (*caballo de la cola juguetona*).[439] En ese caso, ampliamente conocido y citado, "el autor era un cochero que había enganchado un caballo que se desbocaba regularmente bajo ciertas circunstancias conocidas por aquél, por temor a perder su empleo si contradecía a su empleador. Después de que sucediera un accidente fue absuelto pues 'no se le podía exigir como deber que asumiera la pérdida de su empleo".[440] Aquí, pues, el riesgo amenazaba precisamente a un interés patrimonial: la pérdida del empleo y, con ello, del salario que permitía al cochero atender las necesidades de supervivencia de su familia. La única manera de resolver esta clase de hipótesis de una manera razonablemente justa es desbaratar el sistema, creando un estado de necesidad exculpante supralegal para los casos en los cuales se trata de excusar un hecho imprudente, reservando los rigores de la norma positiva únicamente para los hechos dolosos; y esto es lo que hacen las jurisprudencias, como con cierta sorpresa lo verifican FINDACA-MUSCO[441] quienes, por su parte, salen de los atolladeros semejantes

---

437 Véase, al respecto, FIANDACA-MUSCO, págs. 305 y sigts. respecto al art. 54 del Código Penal italiano, que la limita exclusivamente a los casos de peligro para las personas.

438 ROXIN, § 22, III, número marginal 22, pág. 905.

439 N. del E.: caso citado Supra § 29, II, a.

440 JESCHECK-WEIGEND, § 47, II, 3, b), con citas de otros casos semejantes en que la jurisprudencia alemana resolvió de la misma manera.

441 FIANDACA-MUSCO, pág. 560.

que les crea la disposición legal italiana, precisamente mediante el reconocimiento de exclusiones de culpabilidad supralegales.[442]

7) Es dudoso si, a causa de la redacción que se dio a la norma, la eximente solo exculpa en aquellos casos en que el mal amenaza a una persona natural ("evitar un mal grave para *su persona o derechos o los de un tercero*"). HERNÁNDEZ piensa que esa podría ser la razón de ser del requisito, pero no lo afirma categóricamente.[443] En mi opinión no es así y situaciones como aquella a que se refiere el ejemplo que propone, en que "de lo que se trata es de evitar un gran daño ambiental", deben entenderse comprendidas en la referencia a "otro".

8) El mal que se trata de evitar no debe haber sido provocado por una conducta ilícita. No se puede invocar el estado de necesidad para poner a salvo de la defensa necesaria al que agredió ilegítimamente a otro. Una excepción a esta regla la constituye la disposición del art. 17 inc. final que, por lo mismo, debe ser tratada como un caso *sui generis* de no exigibilidad.[444]

9) La ley exige que el mal que se trata de evitar sea "grave" (art. 10 Nº 11 C.P.), requisito que no se encuentra en el Nº 7º de esa misma disposición, referente al estado de necesidad justificante. En ello encuentra HERNÁNDEZ una nueva razón para considerar que el art. 10 Nº 11 regula solamente un estado de necesidad exculpante.[445] El argumento, sin embargo, no es convincente, pues desde siempre la doctrina nacional y española discutió sobre si en el art. 10 Nº 7º, cuya naturaleza justificante nadie discute, no debía también entenderse implícita la necesidad de una cierta gravedad del mal. [446]

10) El art. 10 Nº 11 C.P., circunstancia primera, exige que el mal que se evita sea *real o inminente*. La cuestión de cuando el mal es actual no genera problemas muy distintos de los que se producen respecto de ese requisito en la legítima defensa. En cambio, de acuerdo con la mejor doctrina comparada, la inminencia se aprecia aquí de manera más flexible e, incluso, puede tener un carácter

---

442 FIANDACA-MUSCO, págs. 565 a 567.
443 HERNÁNDEZ, en COUSO-HERNÁNDEZ, pág. 272.
444 Infra, dd), 3).
445 Ídem.
446 Cfr. ETCHEBERRY, I, pág. 266.

permanente, como ocurre en el caso del "tirano familiar" que, en el momento de la reacción "necesaria" no está actuando con violencia pero es posible esperar que lo haga en cualquier momento.[447] En situaciones de esta clase no es posible invocar la legítima defensa, precisamente porque falta la *inminencia* más estricta requerida por dicha justificante,[448] pero si podrá sostenerse la concurrencia del estado de necesidad exculpante.

cc) El mal que se causa

1) Como ya se ha dicho,[449] tratándose del estado de necesidad exculpante, el mal (típico) que se causa puede ser de entidad igual o superior que el que se evita.

2) El estado de necesidad exculpante, como el justificante, es *subsidiario*; es decir, el mal causado solo se exculpa si no ha existido otro medio practicable y menos perjudicial para evitarlo (Art. 10 N° 11, circunstancia segunda). El significado de este requisito se expresa correctamente por COUSO, diciendo que "debe entenderse que las posibilidades meramente teóricas no privan de la justificación a quien optó por sacrificar un interés ajeno, si concretamente no podía disponer de otro medio solo accesible en teoría".[450] La practicabilidad genera, en todo caso,

447 JAKOBS, 20, I, B, número marginal 5, pág. 691; JESCHECK-WEIGEND, § 44, I, 2, pág. 518; ROXIN, § 22. II, número marginal 17, pág. 903: "Precisamente *en el estado de necesidad excluyente de la responsabilidad penal posee especial relevancia el hecho de que la actualidad del peligro comprenda períodos de tiempo sustancialmente más grandes que la actualidad de la agresión [...]. Esto rige sobre todo para el llamado peligro permanente, en el que una situación que amenaza con un peligro se puede convertir en cualquier momento en un daño, sin que se pueda decir exactamente cuándo sucederá tal cosa. [...] También constituye un peligro permanente el tirano familiar que de momento está pacífico, pero en cualquier momento puede proceder a nuevos malos tratos*" (Los énfasis son míos). Obsérvese que los autores citados no se refieren a la "inminencia" sino a la "actualidad" del peligro, lo cual se debe a que el § 35 del Código Penal alemán funde en esta última lo que en el art. 10 N° 11 del C.P. está diferenciado; pero sí se puede afirmar que un peligro también es "actual" cuando es permanente en el sentido del texto, con mayor razón es posible sostener que en tal caso es "inminente", pues este último concepto es más flexible que el de "actualidad". Coinciden SANTIBÁÑEZ-VARGAS, *Reflexiones, cit.*, 2.1.1, c), i), pág. 199. Otra opinión en ETCHEBERRY, I, pág. 265, quien estima que la inminencia en el estado de necesidad (justificante) debe entenderse en el mismo sentido que se le da en la legítima defensa; tendencialmente también HERNÁNDEZ, en COUSO-HERNÁNDEZ *cit.*, pág. 272.

448 Supra, § 24, II, a), bb).

449 Supra, bb), 3).

450 COUSO, en COUSO-HERNÁNDEZ *cit.* pág. 237.

problemas de apreciación, pues requiere evaluar un contexto en el cual decide la cuestión de si era razonablemente posible echar mano de otras medidas para eludir el riesgo que amenazaba. En los casos concretos, esa practicabilidad debe tener en cuenta la seriedad de la injerencia en que el necesitado o auxiliador incurrirá en bienes jurídicos del tercero o terceros afectados.[451] Aquí, por consiguiente, surge excepcionalmente un deber de examen para el autor, que usualmente no concurre en las justificantes y es incluso menos exigible en una exculpante. La exigencia, sin embargo, en este caso se justifica debido al hecho de que quien resultará afectado por el ataque es un tercero inocente, cuyos bienes jurídicos deben ser sacrificados solo en situaciones calificadas. El necesitado o auxiliador debe ponderar por eso la mayor o menor dificultad de servirse de medios menos perjudiciales que aquellos de que echa mano, y actuar solo cuando concluye razonablemente que no le es posible acudir a ellos en la situación existente y que, por consiguiente, no le queda otra opción que la injerencia salvadora en los bienes jurídicos inocentes. Con todo, debe tenerse presente la situación de emergencia en la que usualmente suele encontrarse en estos casos el amenazado y que naturalmente reduce sus posibilidades de un examen muy detenido.

Por lo que se refiere a la cuestión de cuál de los medios es menos perjudicial, también tiene el tribunal que efectuar una ponderación de todos los intereses contrastantes, lo cual no admite simplificaciones apresuradas.

3) De acuerdo con el art. 10 Nº 11, circunstancia tercera, la exculpante solo opera cuando el mal causado no es "sustancialmente superior al que se evita". Una vez más, aquí la ponderación de los males debe hacerse teniendo en cuenta todos los intereses comprometidos. Así, en casos como aquel en que se extrae sin su consentimiento un riñón a una persona para implantarlo a otra que, a causa de su insuficiencia renal, se encuentra en peligro de muerte, el mal causado es desproporcionadamente superior al que se evita, a causa de la lesión no solamente de la integridad corporal del afectado por la extracción, sino también de su libertad y su dignidad humana.

4) La nueva disposición exige expresamente "que el sacrificio del bien amenazado por el mal no pueda ser razonablemente exigido al que lo aparta de sí o, en su caso, a aquel de quien se lo aparta siempre que ello estuviese o pudiese estar en conocimiento del que actúa" (art. 10 Nº 11, circunstancia cuarta). Un

451 JESCHECK-WEIGEND, § 44, I, 2, pág. 318.

sector importante de la literatura nacional entendía que esta exigencia estaba implícita en el art. 10 Nº 7º del C.P.,[452] pero tal como ahora se lo consagra tiene una extensión considerablemente mayor que la que se le concedía incluso por quienes sosteníamos ese criterio.

Tal como ocurría en el art. 34 del Código Penal suizo (y ahora en el 18 de ese texto legal) y el 54 del italiano, la norma introducida en el art. 10 Nº 11, circunstancia cuarta, no incluye "ejemplos" de las situaciones en que debe apreciarse la exigencia de tolerancia, como sucede en cambio en el § 35 del Código Penal alemán. A fin de evitar equívocos, como el de suponer que la enumeración de ejemplos es taxativa, se prefirió introducir la referencia amplia a que el sacrificio del bien amenazado por el mal pueda ser razonablemente exigido, abandonando a la doctrina y jurisprudencia la precisión de cuándo ocurre así. Usualmente se incluyen aquí situaciones en las que el autor ha generado el peligro por culpa suya, si bien la doctrina nacional en este punto solo excluye la posibilidad de obrar en estado de necesidad (justificante) cuando el sujeto ha actuado de manera preordenada a la causación del daño, lo cual es considerablemente más restrictivo que lo que ocurre en el Derecho comparado. Asimismo, se mencionan los casos en que la persona ha asumido voluntariamente una actividad que exige afrontar peligros (médico, enfermera, bombero, salvavidas, soldado, marino, policía, gendarme, etc.).[453] En todo caso, de acuerdo con lo que es el punto de vista más difundido en la materia, debe entenderse que la obligación de sacrificio no puede extenderse a situaciones como los de lesión o pérdida efectiva del bien jurídico sacrificado –especialmente si se trata de la vida, la integridad corporal o la libertad– sino solo a un deber de afrontar el riesgo. Nadie en situaciones como las descritas está obligado a dejarse matar sin hacer nada por evitarlo, por la razón tantas veces reiterada de que el Derecho no se dirige a héroes o santos, sino a hombres comunes. En los límites recobra su vigencia el principio según el cual "*a lo imposible nadie está obligado*".

5) Respecto del auxiliador necesario, la exculpante solo se excluye si al necesitado le era razonablemente exigido el sacrificio del bien amenazado cuando "ello estuviese o pudiese estar en conocimiento del que actúa". La primera de estas

452 Véase, por todos, COUSIÑO, II, § 182, págs. 420 y 421 y sigts., que va muy lejos en la exigencia, como se lo critica con razón POLITOFF, 8, § 3, C, c), pág. 386; CURY, § 24, II, b), bb), pág. 378, mucho más restrictivo; en sentido semejante POLITOFF, 8 § 3, C, c), 1), pág. 388.; ETCHEBERRY, I, págs. 265 y 266.

453 SANTIBÁÑEZ-VARGAS, 2.1.1, c, iv, pág. 202.

hipótesis es fácilmente comprensible. En cuanto a la segunda, se trata de casos en los que el deber de afrontar el peligro es aparente y fácilmente perceptible para el auxiliador. En todo caso, en estas situaciones solo queda excluida por el estado de necesidad la culpabilidad del que actúa para apartar de otro el mal que amenaza. Respecto de este último, su situación tiene que ser examinada separadamente.

6) Los casos en que el autor es coaccionado para que cometa un delito deben incluirse siempre en el estado de necesidad exculpante, pues solo de esa manera se pone a salvo la posibilidad del titular inocente del bien jurídico sacrificado de oponerse en legítima defensa al ataque que ello implica. Podría ponerse en duda que también sea así en los casos de *estado de necesidad defensivo*; pero lo cierto es que en las hipótesis de coacción es prácticamente inimaginable un estado de necesidad de esa clase.

dd) La relación del estado de necesidad exculpante con las otras causales de exclusión de la exigibilidad

Tal como sucede con el *estado de necesidad justificante*[454], ocurre con el *exculpante* que es necesario despejar la duda relativa a cuál es su relación con las causales de exclusión de la culpabilidad que existían en el C.P. antes de la introducción del N° 11 actual en el art. 10 de ese texto legal, es decir, la *fuerzo moral irresistible* y el *miedo insuperable* del art. 10 N° 9°, el encubrimiento de parientes del art. 17 inc. final y el *cumplimiento de órdenes antijurídicas* del art. 214 en relación con el 335 del CJM. Aunque se trata de un tema que podría ser abordado al referirme a cada una de esas eximentes, creo que por razones de claridad expositiva es preferible ocuparse de él brevemente aquí, con el objeto de ofrecer una visión preliminar y de conjunto del sistema de las exculpantes en la ley.

1) Por lo que se refiere a la "fuerza irresistible" del art. 10 N° 9, primera parte del C.P., en el cual la doctrina y la jurisprudencia solían asilar la mayor parte de los casos de *estado de necesidad exculpante,* entendiendo que aludía a la "fuerza moral",[455] en una publicación anterior expresé la opinión que *de lege ferenda*

454 Supra, § 24, II, c).

455 Así COUSIÑO, III, § 222, págs. 243 y 244 quien, sin embargo, solo se refería a la *vis compulsiva física,* excluyendo la moral. Como en el texto, BULLEMORE-MACKINNON, II, págs. 178 y 179; CURY, § 29, III, a), págs. 454 y sigts.; ETCHEBERRY, I, págs. 348 y sigts., que

convendría derogarla. Mi opinión se fundaba en los problemas de interpretación a que ha dado lugar esa disposición y al hecho de que en mi opinión el "estado de necesidad exculpante" captaba todas las situaciones que antiguamente se cobijaban en la fuerza moral irresistible. Creo que ese criterio fue apresurado y debe rectificarse. Ello se debe, fundamentalmente, a que existen casos en que la perturbación anímica que altera la capacidad de decisión del sujeto se origina en causas endógenas[456] que no pueden ser subsumidas en el "estado de necesidad exculpante" y, por lo tanto, mi punto de vista respecto al alcance de la nueva excluyente de culpabilidad era equivocado. De aquí que en el texto siguiente se trata de la "fuerza irresistible" considerando las situaciones en que subsistiría su eficacia eximente de responsabilidad y no se suprime su consideración, como se ha hecho con la disposición todavía vigente pero inútil del art. 10 Nº 7º sobre "estado de necesidad justificante".

2) La cuestión es semejante respecto del *miedo insuperable*. La opinión dominante en España aloja en esta eximente los casos de *estado de necesidad exculpante* que no pudieran incluirse en el art. 20 Nº 5º del Código Penal de ese país,[457] pero existen diferencias de pareceres sobre el criterio que debería emplearse para determinar cuándo concurre a resolver el caso una u otra institución, sobre todo porque el supuesto de estado de necesidad exculpante que cubriría el art. 20 Nº 5º solo se referiría a los casos de colisión entre bienes jurídicos de igual valor, lo cual, como con razón expresa MIR[458], resulta básicamente exiguo para cobijar la institución en toda su extensión.

Sea como fuere, es preciso convenir en que, no obstante los términos amplios en que se concibió el art. 10 Nº 11 del C.P., existen también casos de no exigibilidad de otra conducta a los que es preciso exculpar ubicándolos en el "miedo insuperable". Ello es así por lo siguiente: en el estado de necesidad del art. 10 Nº 11 no se exige que el autor se encuentre emocionalmente perturbado,[459] como lo requiere el Nº 9º, segunda parte de la misma disposición; él puede obrar con ánimo tranquilo, acaso –como se ha explicado más arriba– por pura solidaridad

---

incluye en ella tanto la fuerza física como la moral; POLITOFF, 10, § 3 B, a) págs. 631 y sigts.; VARGAS, V, 3.3, págs. 138 y sigts.

456 Infra, a), bb).

457 Véase, entre otros, BUSTOS, I, 49.2.4.2.2. págs. 1183 a 1185; CEREZO, I, XXXI págs. 997 y sigts. Otra opinión en MIR, 24, II, números marginales 17 y sigts., págs. 590 y sigts.

458 MIR, 17 II, números marginales 25 y sigts., págs. 446 y sigts.

459 Supra, bb), 4.

con el tercero en peligro o en una razonada comparación de sus posibilidades de salvación y las de otro frente a una situación de riesgo inminente. En cambio, esa excusante exige que se cumplan requisitos objetivos: así el de que no se la pueda invocar si el mal que se causa es sustancialmente mayor que el que se evita, o si existe otro medio practicable y menos perjudicial para evitarlo, o cuando el autor tenga razonablemente que tolerar el riesgo. En todos esos casos, sin embargo, puede ocurrir que obre perturbado por un miedo insuperable provocado por el mal que lo amenaza y entonces la eximente tendría una base psicológica que no necesita estar presente en el estado de necesidad y que permite en cambio invocar la del art. 10 Nº 9º segunda parte. Piénsese, por ejemplo, en el que, aterrado frente a la amenaza de ser objeto de una paliza por dos antagonistas de fuerzas muy superiores a las suyas, no advierte siquiera que tiene una posibilidad de fuga relativamente expedita y dispara mortalmente sobre el atacante más próximo, no obstante que la agresión todavía no se ha actualizado ni es inminente en el sentido del art. 10 Nº 4º del C.P.[460] Para todos los casos de esta índole que puedan imaginarse, la exculpante del miedo insuperable sigue siendo indispensable y, por consiguiente, creo que también se la debe conservar en la ley ya que se refiere a situaciones no comprendidas por el "estado de necesidad exculpante" del art. 10 Nº 11º C.P.

3) El fundamento de la disposición contenida en el art. 17 inc. final del C.P., relativa al encubrimiento de parientes, es objeto de discusión. La posición dominante en nuestro medio considera que se trata de una hipótesis de "no exigibilidad de otra conducta" y, por consiguiente, de exculpación,[461] pero existen opiniones contrastantes, con arreglo a las cuales se trataría de una excusa legal absolutoria.[462] La discusión, en términos generales, es irrelevante, como con razón

460 Una opinión distinta en BUSTOS, tomo I, 49.2.4.2.2. pág. 1184, quien sostiene que este criterio no es admisible pues "se apoya en los efectos psicológicos de la amenaza soslayando su aspecto normativo". A mi juicio, ese punto de vista no considera que los "aspectos normativos" que fundamentan el estado de necesidad exculpante se erigen sobre una base psicológica mínima, sin la cual quedan privados de sustento real.

461 En ese sentido BULLEMORE-MACKINNON, II, pág; 180; CURY, § 29, III, c) págs. 459 y 460; ETCHEBERRY, I, pág. 346 y II, pág. 107; HERNÁNDEZ, en COUSO-HERNÁNDEZ, pág. 422; LABATUT, I, págs. 206 y 207; NOVOA, II, 463, pág. 201; POLITOFF, 10, § 3 d). pág. 655; POLITOFF-MATUS-RAMÍREZ, 12 § 6, pág. 350; VARGAS. 3.3, b) págs. 141 y 142.

462 BUSTOS, I, 41.2.2, págs. 1017 y 1018; GARRIDO, II, 103, 3, pág. 328; NÁQUIRA, I, págs. 445 y 446.

lo observa POLITOFF. Sin embargo, para los efectos que aquí interesan, asumiendo que efectivamente se trata de una exculpante y reflexionando sobre esa base, creo que es preciso conservarla. Ello porque, con arreglo a la opinión dominante en el Derecho comparado, el estado de necesidad excluyente de la culpabilidad no exime de responsabilidad cuando el peligro que se trata de evitar procede de un comportamiento ilícito.[463] Si así fuera, la disposición del art. 17 inc. final constituiría una excepción a esa regla que implicaría una ruptura sistemática de la institución, si se intenta incorporar la situación descrita por ella en el estado de necesidad del art. 10 Nº 11, lo cual es preferible evitar.

4) También el caso de la obediencia de órdenes antijurídicas es objeto de disenso en la literatura comparada. En Chile, por regla general se la considera una hipótesis de no exigibilidad de otra conducta que constituiría un auténtico caso de estado de necesidad exculpante,[464] pero en España es dominante la opinión de que constituye una causal de justificación,[465] e incluso en nuestro país se encontrarán autores que defienden ese punto de vista.[466] En consideración a la dispersión de criterios y a que se trata de una materia que en algunos casos es muy especializada y obedece a normativas excepcionales, como la que se encuentra en la Ley 20.357 sobre *Crímenes de lesa humanidad y genocidio y crímenes y delitos de guerra,* especialmente su art. 38, parece preferible conservarla regulada fuera de la norma general del art. 10 Nº 11 del C.P.

---

463 Supra, bb), 8).

464 Así, BULLEMORE-MACKINNON, II, págs. 180, pero en pág. 182 afirman "que el fundamento de esta causal no puede encontrarse, o a lo menos no claramente, en la suposición de una deformada formación de la voluntad del sujeto" y estiman que "más bien parece responder a la idea de la mantención de la disciplina dentro de las instituciones que valoran la obediencia como un bien primordial" (la referencia a este fundamento es del editor), COUSIÑO, III, 222, pág. 247; CURY, § 29, III, d), págs. 460 y sigts.; ETCHEBERRY, I, págs. 350 y sigts.; GARRIDO, II, 79.3, págs. 244 y sigts.; POLITOFF, I, 10, § 3, págs. 658 y sigts.; POLITOFF-MATUS-RAMÍREZ, 12, § 6, F, b), págs. 354 y sigts.; NÁQUIRA, I, págs. 630 y sigts.; matizado NOVOA, I, 345 y sigts, págs. 554 y sigts.; VARGAS, V, 3.3, c), págs. 142 y sigts.

465 Véase por todos, BUSTOS, I, 38.6, págs. 929 y sigts.

466 LABATUT, 96, págs. 107 a 109. MAÑALICH, *Miedo insuperable y obediencia jerárquica,* en *Revista de Derecho de la Universidad Austral de Chile,* volumen XXI Nº 1. julio de 2008, págs. 61 a 73. especialmente 4, págs. 68 y sigts.

A) La fuerza (moral) irresistible

Con arreglo al art. 10 Nº 9º, primera parte del C.P., se exime de responsabilidad por ausencia de exigibilidad a quien obra *violentado por una fuerza irresistible*. El sentido de esta eximente y, con ello, su naturaleza, contenido y requisitos, han sido objeto de una viva discusión.

aa) Sentido y naturaleza de la fuerza irresistible

Un sector que actualmente es minoritario en la doctrina nacional[467] sostiene la opinión, predominante en España,[468] de que la fuerza irresistible a que se refiere el art. 10 Nº 9º, primera parte del C.P., debe ser entendida como *fuerza física*. Consiguientemente, la exención de responsabilidad no se fundaría en ausencia de exigibilidad, sino en una *falta de acción*.

Esta interpretación arranca de consideraciones gramaticales y sistemáticas. En términos generales, el contexto de la ley pareciera reservar las voces *violencia* y *fuerza* para referirse a situaciones de violencia y fuerza físicas. Así ocurre, por ejemplo, en los arts. 342 Nº 1, 343, 361 Nº 1º, 432, etc. del C.P., de donde se deduce, para el art. 10 Nº 9º, un significado semejante de ambos términos. Esa concepción, sin embargo, está sometida a reparos.

1) En primer lugar, los sustantivos *violencia* y *fuerza* y sus derivados no implican necesariamente la idea de lo físico.[469] Si a lo largo del Código se encuentran

---

467 NOVOA, I, 183, págs. 268 y sigts.; RIVACOBA, *El principio de culpabilidad*, 5, pág. 103, quien sostiene que la opinión contraria a la suya es minoritaria lo cual, en verdad, no corresponde a la situación actualmente imperante. Una postura especial en LABATUT, I, págs. 83 y 84, en donde admite que la opinión dominante aplica la eximente a hipótesis de fuerza moral, inspirada en su opinión "en el propósito de hacer justicia", pero sostiene que técnicamente lo correcto sería reservarla para los casos de coacción *física*, lo cual, ciertamente, no es lo mismo que identificarla con el concepto de fuerza física irresistible, como se explica en el texto.

468 Cfr. CÓRDOBA RODA y RODRÍGUEZ MOURULLO, I, págs. 330 y sigts.; JIMÉNEZ DE ASÚA, III, 1181, págs. 733 y sigts.; RODRÍGUEZ DEVESA, I, pág. 478. CÓRDOBA RODA cambió de opinión, pues en sus notas a MAURACH, II, págs. 71 y 72, defendía un criterio como el del texto: La eximente ha desaparecido del C.P. español de 1995.

469 Así, por ejemplo, en WELZEL, § 23, 2, a), pág. 252, el concepto de fuerza irresistible es empleado precisamente para referirse a la *vis compulsiva*. Naturalmente aquí hay una cuestión idiomática, pero la traducción ha empleado las expresiones que mejor se ajustan al texto original.

frecuentemente empleadas en tal sentido, es porque el legislador no contaba con otros términos que, de manera más rigurosa, significaran sus propósitos. En todos esos casos, la limitación de los vocablos a lo físico se ha obtenido oponiéndolos a conceptos que incluyen la idea de *coacción* (*intimidación, amenaza,* etc.) Pero hay otros, como ocurría en el art. 437 (hoy derogado), en que la ley solo se refería a la "violencia", no obstante lo cual los intérpretes aceptaban que ella "comprende igualmente la *intimidación*", porque, entre otras razones, "la equiparación de la violencia y la intimidación es constante en el Código". Por el mismo motivo se puede sostener que en el art. 10 Nº 9º las palabras "violencia" y "fuerza" han sido empleadas conforme a su significado natural y obvio, comprensivo tanto de la fuerza y la violencia físicas como de las morales.

2) Parecería absurdo, por otra parte, que el legislador hubiese considerado necesario incorporar al catálogo de eximentes una que, de manera específica, se refiriese a esta hipótesis de ausencia de acción. Puesto que en la definición del delito contenida en el art. 1º inc. primero, la acción aparece como el elemento estructural básico de todo hecho punible, resultaría pleonástico insistir luego en que no hay delito si falta la acción. Los propios sostenedores de la teoría combatida lo reconocen, afirmando que la primera parte del Nº 9º del art. 10 contiene una disposición que [entendida como lo hacen ellos] está de más,[470] aparte de que se referiría, como ya se destacó, a situaciones de laboratorio sin importancia práctica.[471]. Una interpretación que conduce a semejante esterilización de un precepto es objetable.

3) En estrecha relación con lo argumentado en el párrafo precedente, hay que hacer notar que el Nº 9º del art. 10 exime de responsabilidad al "que *obra* violentado por una fuerza irresistible". Ahora bien, quien simplemente se mueve vencido por una fuerza física no *obra*. La expresión "obrar" significa tanto como "actuar", y la prueba de ello es que en el mismo precepto se la emplea para referirse también al miedo insuperable, respecto del cual nadie niega que el sujeto realiza una acción, y que en los Nºs 1º inc. primero, 4º, 5º, 6º, 10º y 11º del mismo artículo, se alude con ella a lo que evidentemente son "actos".[472] En

470 JIMÉNEZ DE ASÚA, III, 1181, pág. 734; RODRÍGUEZ MUÑOZ, nota a la traducción de MEZGER, I, págs. 219 y 220.

471 Supra, § 15, I, a).

472 Así, BULLEMORE-MACKINNON, II, pág. 178; NÁQUIRA, I, pág. 608 para el cual la fuerza irresistible del art. 10, Nº 9 solo comprende la "*vis compulsiva actual*"; VARGAS, V, 3.3, a), pág. 138.

cambio, nadie pretenderá que quien cae desde un andamio sobre un transeúnte, lesionándolo, o el que a causa de un movimiento reflejo daña un objeto, o quien al ser empujado por otro vuelca una estufa y provoca un incendio, son personas que han "obrado" o "actuado" en uno de esos distintos sentidos. Al parecer, no se ha percibido hasta ahora esta contradicción entre la interpretación combatida y el tenor de la disposición.

La fuerza irresistible de que trata el art. 10 Nº 9°, primera parte, ha de ser entendida, pues, en el sentido de *fuerza moral irresistible*. Así lo ha declarado, aunque con vacilaciones, la jurisprudencia.[473] La opinión dominante en la actualidad es la de que ese precepto alude a las dos clases de fuerza[474], lo cual me parece equivocado, sobre todo en atención a las consideraciones expuestas en los párrafos 2 y 3 precedentes. No obstante, como las hipótesis de fuerza física no suelen ser debatidas ante los tribunales, el punto de vista de estos solo cobra importancia en los casos de fuerza moral.

bb) Concepto y requisitos de la fuerza irresistible

Por fuerza moral irresistible ha de entenderse *un estímulo especialmente de origen interno,*[475] *cuyo enjuiciamiento ético-social es análogo al del miedo, el afecto parental o el sentido de obediencia, el cual desencadena en el sujeto un estado grave de conmoción psíquica, suficiente para alterar seriamente en un hombre razonable, perteneciente al mismo ámbito cultural y socio-económico del autor, la capacidad de autodeterminación.*

Así concebida, indudablemente, la fuerza irresistible aparece como una excusante de importancia práctica, porque es posible asilar en ella, dentro de límites razonables, ciertos casos de inexigibilidad originados en reacciones espontáneas (endógenas) del sujeto, que conmueven significativamente sus facultades de

473 ETCHEBERRY, *DPJ*, II, 118, págs. 111 y sigts.; HERNÁNDEZ, en COUSO-HERNÁNDEZ, *et. al.* págs. 248 y sigts.; LABATUT, I, 147, págs. 241 y sigts.

474 Así ETCHEBERRY, I, pág. 228; GARRIDO, II, 79, 1, a), pág. 240. Pero la opinión del texto tiende a expandirse: véanse BULLEMORE-MACKINNON, II, pág. 178; NÁQUIRA, I, págs. 607 y sigts. y en POLITOFF-ORTIZ *et al.*, I, pág. 148; POLITOFF, 10, § 3, 13, a), 4, págs. 641 y sigts.; POLITOFF-MATUS-RAMIREZ, 12, § 6, B, a), págs. 341 y sigts.; VARGAS, V, 3.3, págs. 139, incluyendo, a mi juicio correctamente, la vis compulsiva. Al parecer, también HERNÁNDEZ, en COUSO-HERNÁNDEZ, *et al.*, págs. 244 y sigts.

475 Véase, supra, a', dd), 1).

autodeterminación, y a las cuales en otras legislaciones es imposible acoger si no se emprende el peligroso camino de abrir las puertas a las excusantes supralegales.[476]

A pesar de su amplitud en este sentido, la causal reconoce límites más o menos precisos que la sustraen al riesgo de un empleo abusivo.

1) En primer lugar, es preciso que el estímulo sea de una naturaleza análoga, desde el punto de vista de su enjuiciamiento ético-social, a la de otros a los cuales la ley acuerda eficacia excluyente de la exigibilidad. Estos son el "miedo" (art. 10 Nº 9º, segunda parte), el "afecto parental" (art. 17, inc final C.P.) y el "sentimiento de extrema obediencia" (arts. 214 del CJM). No podrán, pues, ser tomados en cuenta sino causas de perturbación anímica que sean equiparables a esas con arreglo al criterio indicado. En atención a ello, creo que deben considerarse expresamente eliminados el impulso vindicativo y la ira,[477] a los cuales los Nºs 4º y 5º del art. 11 C.P. conceden solo el poder de disminuir la exigibilidad (atenuar la pena). Pero también implícitamente otros, como el arrebato sexual o la codicia desenfrenada, etcétera.

Este criterio, por supuesto, no traza unas fronteras enteramente nítidas y precisas como siempre ocurre con aquellos que se sirven de razonamientos analógicos. Constituye, sin embargo, un punto de apoyo valioso para las resoluciones de la práctica.[478]

2) En segundo lugar, solo pueden ser apreciados estímulos que hayan obrado actualmente sobre el sujeto. No pueden tomarse en cuenta, por consiguiente, deformaciones educacionales o hábitos contraídos por el autor a lo largo de su existencia. Tampoco corresponde hacerse cargo aquí de una base constitucional

476 Esta última consideración sería la única que aconsejaría tal vez conservar en el texto legal la eximente del art. 10 Nº 9º, primera parte.

477 Otro punto de vista, ETCHEBERRY, I, pág. 349; POLITOFF, 10, § 3, B, a), 4, págs. 644 y 645.

478 En este preciso sentido es objetable la sentencia de la CA de Santiago que atribuye el carácter de estímulo suficiente para configurar la fuerza irresistible el afecto inspirado por un animal doméstico. Cfr. ETCHEBERRY, DPJ, págs. 119 y 120 con observación crítica. La idea de POLITOFF de que "no es aquí utilizable un sentimiento generalizado de hombre medio hacia los "animales domésticos" (a quien con frecuencia deja indiferente), pero sí el de una persona concreta que, en ocasiones, por razones variadas, pudiera no haber conocido el "afecto parental" y sí, en cambio, el afecto por un perro brutalmente maltratado" es plausible; pero no tiene en cuenta que, precisamente, en el caso concreto se trató de un hecho en el que quien resultó lesionado era un ser humano cuya integridad corporal es inconmensurable con la de un animal, cualesquiera sean las circunstancias.

patológica (psicopatías, neurosis, etc.), la cual es considerada más bien en el ámbito de la privación temporal de razón por causa independiente de la voluntad del autor.[479] Para la fuerza irresistible interesan únicamente aquellos estímulos que obrando aquí y ahora sobre un hombre medio perteneciente al mismo estrato cultural y socioeconómico del autor, provocarían en él un efecto perturbador irresistible.

3) Por último, es necesario que la perturbación experimentada por el sujeto sea tan profunda que reduzca efectivamente su capacidad de autodeterminación hasta un límite que tampoco un hombre razonable podría sobrepasar. A esto alude la ley con el requisito de la irresistibilidad que, como destaca certeramente ETCHEBERRY, constituye la mejor garantía de que la eficacia de la eximente no se ampliará en forma inmoderada.[480]

Por el contrario, de acuerdo con lo que ya se ha expresado sobre la naturaleza subjetiva de las causales de exculpación,[481] es irrelevante en principio que la causa del estímulo perturbador posea existencia real o constituya solo una representación equivocada del autor. La cuestión dependerá, en definitiva, de la evitabilidad o inevitabilidad del error,[482] respeto de las cuales, en este caso, es preciso tomar también en cuenta la situación de exaltación del hechor, que dificulta su apreciación de la realidad

B) El miedo insuperable

De conformidad con la segunda parte del Nº 9º del art. 10 del C.P., está exculpado por ausencia de exigibilidad quien obra "impulsado por un *miedo insuperable*".

El miedo es un estado de perturbación anímica más o menos profundo, provocado por la previsión de ser víctima o de que otro sea víctima de un daño. Para que sirva de base a la exculpante, es preciso que tal perturbación alcance un nivel intolerable para un hombre razonable perteneciente al mismo estrato cultural y socioeconómico del autor (*insuperabilidad del miedo*). Sin embargo, no es preciso que el sujeto llegue a un estado de inimputabilidad, como lo pretendió en otra época la

---

479 Supra, § 27, II, b).

480 ETCHEBERRY, I, pág. 349. Contra el criterio del "hombre medio", con énfasis especial POLITOFF, 10, § 3 B, a), 3, págs. 640 y 541; pero también, entre otros, KÜNSEMÜLLER, *Culpabilidad y penal,* III, 19, págs. 189 y sigts.; NÁQUIRA, I, pág. 611.

481 Supra, II, c)

482 Ídem.

opinión prevaleciente en España,[483] que ahora se encuentra abandonada por la doctrina pero subsiste parcialmente en la jurisprudencia.[484] Los casos de alteración tan significativa caen, más bien, en el ámbito de la privación total de razón del art. 10 Nº 1º, segunda parte.[485]

En relación con las causas del miedo, es indispensable realizar una individualización mayor que respecto de otras causales de inexigibilidad. Es una realidad insoslayable que ciertos sujetos experimentan un temor cerval frente a hechos que dejarían relativamente indiferentes a otras personas. Esta circunstancia no puede dejarse de lado en la apreciación de la eximente, por lo menos en la medida en que es susceptible de comprobación empírica.

Igual que en el caso de la fuerza irresistible, da lo mismo que la causa del temor sea real u obedezca a una representación inevitablemente errada del agente.[486] En los casos de error evitable, la culpabilidad subsiste atenuada.[487]

Hay ciertas categorías de personas para las cuales existe un deber incrementado de afrontar el peligro.[488] Es el caso de militares, marinos, policías, bomberos, médicos, etc. Esto no significa que ellos no puedan alegar jamás la exculpante aquí examinada sino que, tal como ocurre en el caso del estado de necesidad exculpante, no pueden hacerlo invocando como causa del miedo aquellos riesgos que están obligados a soportar. Así, el soldado no puede exculpar la deserción por el terror que le causa la presencia próxima de enemigos, ni el policía su colaboración con los delincuentes alegando el temor de ser atacado por ellos. Más allá de esos límites, la causal de inexigibilidad también surte efectos respecto de estas personas, pues la profesión de héroe, como tal, no existe.

Algunos autores exigen, además, que el individuo no disponga de otro medio, salvo la realización de la conducta típica para evitar la causa del miedo.[489] Con esto, no obstante, se pierde de vista la naturaleza subjetiva de la exculpante, pues

---

483 Cfr. CÓRDOBA RODA Y RODRÍGUEZ MOURULLO, I, pág. 336 y sigts., quienes se muestran conformes con esa interpretación, pág. 591.

484 Así, BUSTOS, I, 49.2.4.1.1. pág. 1182 y BUSTOS-HORMAZÁBAL, 35.2.2., pág. 484; CEREZO, XXXI, pág. 998; MIR, 24, números marginales 20 y 21.

485 En el mismo sentido ETCHEBERRY, I, pág. 348; GARRIDO, 79.2, págs. 242 y 243.

486 GARRIDO, 79.2, pág. 243.

487 Supra, II, c).

488 ETCHEBERRY, I, pág. 348; GARRIDO, 79.2, pág. 244: HERNÁNDEZ, en COUSO-HERNÁNDEZ *et. al.* pág. 256; NÁQUIRA, I, págs. 606.; POLITOFF, 10, §3, B, c), 2, págs. 650 y sigts. En el mismo sentido JESCHECK-WEIGEND, § 44, III, 2, b), pág. 523, si bien en relación con el estado de necesidad, así como WELZEL, § 23, I, 1, pág. 251.

489 Así, entre otros, LABATUT, I, 130, pág. 150.

difícilmente puede esperarse de un sujeto aterrorizado que realice un análisis de la situación para verificar las distintas posibilidades con que cuenta a fin de escapar a la que lo aterra.[490] Por otra parte, si aquí se alude solo a los medios que el pánico deja apreciar (medios relativamente practicables), la exigencia pierde casi por completo su aparente importancia.

Que el miedo provoque en el autor un estado de perturbación anímica severa, constituye un requisito fundamental de la excusante, no solo porque se la deriva del tenor literal de la eximente contemplada en el art. 10 Nº 9º, segunda parte del C.P., sino porque eso la diferencia del estado de necesidad exculpante y justifica su permanencia en la ley, no obstante la introducción de este último en el art. 10 Nº 11º. *El que no pueda invocar el estado de necesidad exculpante, por ausencia de algunos requisitos objetivos de este, puede asilarse dentro de ciertos límites en el miedo insuperable.* [491]

c) El encubrimiento de parientes

La Ley 20.830, publicada el 21 de abril de 2015, modificó el inc. final del art. 17 del Código Penal, adecuándolo a las reformas introducidas al régimen de filiación por la Ley 19.585, de 26 de octubre de 1998, como asimismo a las modificaciones de la misma Ley 20.830, que creó el Acuerdo de Unión Civil, quedando el texto como sigue: "Están exentos de las penas impuestas a los encubridores los que lo sean de su cónyuge, de su conviviente civil, o de sus parientes por consanguinidad o afinidad en toda la línea recta y en la colateral hasta el segundo grado, de sus padres o hijos, con la sola excepción de los que se hallaren comprendidos en el número 1° de este artículo".

Respecto del cónyuge, ha de tenerse presente que a partir de la vigencia de la Ley 19.947, de 17 de mayo de 2004, sobre Matrimonio Civil, "el divorcio pone término al matrimonio, pero no afectará en modo alguno la filiación ya determinada ni los derechos y obligaciones que emanan de ella". En consecuencia, no es beneficiado por el precepto del inc. final del art. 17 C.P. quien encubre al que fue su cónyuge, pero de quien se encuentra actualmente divorciado; por el contrario, es impune el encubrimiento de los hijos del matrimonio preexistente. A su vez, cuando el matrimonio ha sido declarado nulo por sentencia ejecutoriada

490 CÓRDOBA RODA-RODRÍGUEZ MOURULLO, I, págs. 355 y 356.
491 Supra, III, a') dd), 2).

se entiende no haber existido nunca y, consiguientemente, los cónyuges no solo ya no lo son, sino que jamás lo han sido.

En cuanto a los convivientes civiles, conforme al inc. segundo, segunda parte, del art. 1° de la Ley 20.830 "El término de este acuerdo restituirá a los contrayentes el estado civil que tenían antes de celebrar este contrato", por lo tanto, no es beneficiado por el precepto del inc. final del art. 17 C.P. quien encubre al que fue su conviviente civil, pero cuyo acuerdo de unión civil se encuentra terminado.

Con arreglo al art. 37 de la Ley 19.620, de 5 de agosto de 1999 sobre Adopción, esta "confiere al adoptado el estado civil de hijo de los adoptantes, con todos los derechos y deberes recíprocos establecidos en la ley, y extingue sus vínculos de filiación de origen *para todos los efectos civiles*"; luego, *a contrario sensu,* debe concluirse que, *para los efectos penales* el adoptado sigue siendo hijo de sus padres biológicos, a los cuales, si lo encubrieran, les favorecería la disposición del inc. final del art. 17, y viceversa.

Los problemas que brevemente se han expuesto en los párrafos anteriores muestran los inconvenientes de la exagerada formalización en la descripción de la exculpante. La normativa puede conducir tanto a absoluciones como a condenas absurdas. Por otra parte, como advierte ETCHEBERRY, la causal está encerrada dentro de límites que muchas veces pueden ser restringidos.[492] Algunos esfuerzos que se hicieron en la Comisión Redactora del Código para ampliarla, con todo y por ser más bien tímidos, resultaron infructuosos.[493]

d) El cumplimiento de órdenes antijurídicas (la obediencia debida)

Con arreglo a lo que preceptúa el art. 214 del CJM en relación con el art. 335 de ese mismo texto legal, *se encuentra exculpado el militar que haya cometido un delito con motivo de la ejecución de una orden de servicio, siempre que, si el mandato tendía notoriamente a la perpetración de un hecho punible, haya cumplido con la formalidad de suspender su ejecución y representárselo así al superior que lo impartió, el cual, de todas maneras, insistió en imponerle la realización de la conducta típica.*

Tanto la denominación como la forma, naturaleza y requisitos de esta causal de inexigibilidad han sido objeto de un prolongado debate, sin que hasta el

492 ETCHEBERRY, II, pág. 108.

493 FERNÁNDEZ, PEDRO JAVIER. *Código penal de la República de Chile esplicado i concordado,* segunda edición, Imprenta Barcelona, Santiago, de Chile, 1899, pág. 135, quien da una versión pormenorizada de las vicisitudes de esa tentativa de expansión y se lamenta también de que haya fracasado.

presente se haya encontrado una fórmula de compromiso que unifique totalmente las opiniones.

aa) Denominación

Prácticamente toda la literatura chilena y una parte considerable de la extranjera emplean, para referirse a esta eximente, el rótulo *obediencia debida.*[494] A mi juicio, esta designación involucra la idea de que el Ordenamiento jurídico puede imponer un *deber de acatamiento* a la orden de perpetrar un hecho injusto, cosa que no solo es inexacta sino, además, deontológicamente inadmisible, pues lo que se encuentra prohibido no puede al mismo tiempo estar mandado y viceversa.[495] Por tal razón, prefiero hablar, en general, de un *cumplimiento de órdenes antijurídicas,*[496] reservando la expresión *obediencia debida* solo para aquellos casos en que se imparte una orden lícita, los cuales, como es obvio, quedan al margen del Derecho penal.

bb) Formas que puede adoptar el cumplimiento de órdenes antijurídicas

La literatura suele clasificar las formas que puede adoptar en la ley el cumplimiento de órdenes antijurídicas ("obediencia debida"), distinguiendo entre obediencia *relativa* y *absoluta* y, dentro de esta última, entre *ciega* y *reflexiva.*[497]

---

494 Véase, por todos, BULLEMORE-MACKINNON, II, pág.180; ETCHEBERRY, I, pág. 350; LABATUT, I, 96, pág. 107; NOVOA, I, 251, pág. 392; RIVACOBA, *La obediencia jerárquica en el Derecho Penal,* Valparaíso, 1969, *passim*; SOLER, I, § 22, IV, pág. 255; VARGAS, V, 3.3, c), pág. 142. En cambio, MAÑALICH, *Miedo insuperable y obediencia jerárquica, cit.*, prefiere esta última denominación, que me parece más correcta y de la que también se sirve POLITOF, 10, § 3, B, e), pág. 658, pero conjuntamente con la criticada. Como en el texto, MAYER, pág. 414.

495 Ver, por todos, MAYER, pág. 414: "*La ejecución de una orden antijurídica es, en todas las circunstancias, una acción antijurídica*" (Énfasis en el original). En este sentido, asimismo, la reiterada crítica de RIVACOBA, *La obediencia jerárquica en el Derecho penal, cit.*, II, 1, págs. 65 y sigts.

496 En el mismo sentido MAURACH, II, 34, III, pág. 71, se refiere al cumplimiento de "mandatos antijurídicos". No empleo, sin embargo, la misma formulación, porque en nuestro medio el vocablo "mandato" se encuentra muy cargado de connotaciones civiles.

497 Con toda razón observa NOVOA, I, 251, pág. 392, que la llamada *obediencia reflexiva* es también, en el fondo, absoluta. Este es el criterio que se sigue en el texto con la única salvedad de que se practica una distinción entre *obediencia absoluta ciega* y *reflexiva.* Otro punto de vista en ETCHEBERRY, I, pág. 351.

La obediencia exigida es *relativa* cuando el subordinado solo está obligado a cumplir los mandatos lícitos que le imparte el superior; es, en cambio, *absoluta,* si también se le impone el cumplimiento de mandatos antijurídicos. La obediencia absoluta, a su vez, es *reflexiva* cuando se concede al inferior la posibilidad de representar la ilegitimidad de esa orden, pero una vez que el superior insiste en ella no le resta sino cumplirla; por el contrario, reservo el calificativo de obediencia absoluta *ciega* para la que lo priva incluso de la facultad de representación.

Por una parte, vale la pena subrayar que lo que aquí denomino "obediencia ciega" no es consagrada por ningún ordenamiento jurídico que yo conozca. Por la otra, que, con arreglo a lo que se explica más arriba,[498] prefiero reservar la designación de auténtica obediencia para la relativa[499]. En cambio, en los casos de "obediencia absoluta reflexiva" creo más correcto emplear la fórmula "exigencia objetiva de cumplir órdenes antijurídicas", porque, en verdad, la obediencia implica conceptualmente una forma de *asentimiento subjetivo,* de *acatamiento íntimo,* que en situaciones de esta índole no solo suele encontrarse ausente, sino que además, en mi opinión, *debe estarlo.*[500]

En el Ordenamiento jurídico chileno la obediencia absoluta reflexiva solo se establece, como ya se ha indicado, en el ámbito del Derecho militar. En efecto, el art. 335 dispone expresamente que, cuando "la orden *tienda notoriamente a la perpetración de un delito*, podrá el inferior suspender el cumplimiento de tal orden, y en casos urgentes modificarla, dando inmediata cuenta al superior", pero agrega que "si este insistiere en su orden, deberá cumplirse" sin más. A su vez, el art. 214 señala que cuando en tales circunstancias se haya cometido un delito, el único responsable será el superior que impartió la orden, al paso que el inferior solo podrá ser castigado como cómplice –salvo, naturalmente, que estuviere concertado para la realización del hecho, caso en que la situación cambia radicalmente– "si se hubiere excedido en su ejecución, o si, tendiendo la orden notoriamente a la perpetración de un delito, no hubiere cumplido con la formalidad" de representarlo al superior. Es, pues, manifiesto que en este caso se crea una obligación de cumplir incluso aquellas órdenes enderezadas a la perpetración de un hecho

---

498 Supra, aa).

499 Este es el sistema imperante, por ejemplo, en el Derecho penal alemán actual. Sobre ello, MAURACH, II, § 34, III, pág. 74: "El inferior que realiza a sabiendas, en cumplimiento de un mandato, un hecho punible, no puede, en principio, invocar la relación de mandato y subordinación como causa *autónoma* de exclusión de la responsabilidad". En el mismo sentido ahora MAURACH-ZIPF, I, § 34, II, número marginal 25, pág. 577.

500 Infra, dd), 5).

típico y antijurídico (delito) cuyas características de tal son evidentes (notorias) para el sujeto, siempre que haya mediado insistencia del superior.

En Chile no existe, como en España, una eximente genérica de "obediencia debida" incorporada al catálogo del art. 10.

La Comisión Redactora del C.P. resolvió excluirla, pues, a juicio de sus integrantes ella no constituía "otra cosa que una repetición del inc. anterior" relativo al cumplimiento de un deber, y porque "da a todo subordinado el derecho de examinar la legitimidad del mandato de su superior, principio cuyos resultados vendrían a ser la insubordinación basada hasta cierto punto en la ley" (sesión 7ª). Los dos argumentos son equivocados.

La obediencia "debida" no es una pura forma del "cumplimiento de un deber",[501] sino algo esencialmente distinto de este. Por otra parte, la inclusión de la eximente, lejos de canonizar la insubordinación, parece tender más bien a la implantación de un sistema de sujeción ciega a los mandatos de los superiores.[502] Pero, aun cuando se rechacen los fundamentos de la supresión, esta en sí debe ser aprobada. La creación de una posibilidad de obediencia indiscriminada, aunque solo se haga mediante la instauración de una causal genérica de inexigibilidad, debe ser desaconsejada.[503]

cc) Naturaleza jurídica de la eximente

La determinación de la naturaleza jurídica de la obligación de cumplir órdenes ilícitas se encuentra entre las más debatidas por la doctrina. Los puntos de vista debatidos con más frecuencia son los siguientes:

1) En la literatura más antigua se sostuvo de manera más o menos uniforme que esta era una *causal de justificación* excluyente por lo tanto de la antijuridicidad.

---

501 Infra, dd). Hasta aquellos autores que, como RODRÍGUEZ DEVESA, I, pág. 529, la consideran causal de justificación, intentan delimitarla aunque solo sea formalmente del cumplimiento de un deber (págs. 505 y 506).

502 En el mismo sentido ETCHEBERRY, I, pág. 350: "si se exime de responsabilidad al que obedece al superior, con ello se lo invita, precisamente, a que obedezca sin mayores preocupaciones por las consecuencias penales de su acto, justamente lo contrario de lo que temía la Comisión Redactora".

503 Sobre la situación de la obediencia en el campo del Derecho común chileno, véase la esmerada exposición de NOVOA, I, 254, págs. 397 y 398. N. del E.: también en MATUS Y RAMÍREZ, *Manual*, *Parte General*, págs. 307 y 308 y sigts.; de manera conjunta con la regulación en el CJM, Náquira, I, págs. 633 y sigts.

Este criterio se defiende actualmente por algunos autores españoles[504] en atención a consideraciones *de lege lata* que aquí no es del caso debatir y que en el nuevo Código Penal español de 1995 han desaparecido. En primer lugar, no puede explicar el hecho de que se excluya la punibilidad del subordinado por la ejecución de la conducta típica, pero subsista la del superior que dio la orden. Esto, como ya se ha destacado, significa afirmar que la misma acción puede estar al mismo tiempo prohibida para uno y permitida (justificada) para otro, lo cual es inadmisible.[505] Por otra parte, esa solución priva al que es objeto del ataque provocado por la orden de la posibilidad de defenderse legítimamente, pues esta justificante no se admite frente a una agresión "justificada". Ambas objeciones son insuperables y condenan al fracaso a la concepción examinada.[506]

Recientemente, sin embargo, este punto de vista ha sido reivindicado por MAÑALICH,[507] quien sostiene que "esta eximente constituye no una causa de exclusión de la culpabilidad, sino ya una causa de justificación (al igual que la legítima defensa de los N°s 4,5 y 6 y el estado de necesidad del N° 7)". Su criterio se basa en la idea de que "lo ilícito no es, al menos no directamente, la orden misma, sino aquello que se ordena hacer (o no hacer)".[508] La idea es que si la orden se encuentra entre las facultades legítimas del superior está legitimada y, a su vez, "la permisibilidad de la conducta bajo la regla del art. 10 N° 10 se sujeta, en lo que aquí interesa, a la exigencia de que el sujeto haya actuado en cumplimiento de un deber. En el ámbito de la praxis militar, el deber en cuestión no se deriva de la orden misma, sino de una regla legal que impone un deber de obediencia respecto de las órdenes impartidas bajo la cadena de mando respectiva, cuya infracción, por lo demás, es punible".[509] En su opinión, esto genera para el subordinado una situación de autoría mediata explícitamente reconocida por la regla del art. 214, la cual se funda en que él obra amparado por una causal de justificación que no alcanza al superior que impartió la orden el que, en consecuencia, se transforma

---

504 Véase por todos RODRÍGUEZ DEVESA, I, págs. 514 y sigts. Una bibliografía detallada puede encontrarse en RIVACOBA, *La obediencia jerárquica en el Derecho Penal, cit.*, págs. 65 y sigts.

505 En este sentido, fundamental MAYER, págs. 414 y sigts. En la literatura nacional, especialmente RENATO ASTROSA, *Derecho penal militar, Editorial Jurídica de Chile,* Santiago, 1971, 53, pág. 80.

506 En el mismo sentido ASTROSA, *op. cit.*, 53 págs. 79 y 80; NOVOA, I, 252, pág. 395.

507 MAÑALICH, *Miedo insuperable y obediencia jerárquica, cit.*, 4, págs. 68 y sigts.

508 MAÑALICH, *op. cit.* en nota anterior, pág. 68.

509 Ídem.

en el auténtico autor del hecho injusto, en tanto el subordinado se encontrará situado en posición de ejecutor material impune.[510]

Este criterio es sugerente, pero tiene el inconveniente de que construye la autoría mediata del superior sobre la base de la realización por el inferior de un comportamiento que este último sabe claramente que *no es justo,* por el solo hecho de que el superior lo haya ordenado, con lo cual se vuelve sobre la antinomia básica generada por la atribución de carácter justificante al cumplimiento de órdenes antijurídicas. En los ejemplos que suelen citarse de autoría mediata, esta se basa en que el ejecutor cree *erradamente* estar amparado por una causal de justificación, [511] error que en este caso no concurre. Aquí no se pone en duda que, desde el punto de vista de la teoría del *injusto personal*, un mismo hecho puede ser antijurídico para uno de los intervinientes y justificado para otro, pero la cuestión radica en decidir bajo qué presupuestos ocurre así, y en este punto el error del ejecutor material es imprescindible.

Finalmente, el punto de vista que sostiene MAÑALICH no resuelve el problema que se presenta respecto a la legítima defensa del agredido por el cumplimiento de la orden. Si este último, como él sostiene, está justificado, el afectado estará privado de la posibilidad de defenderse contra esa agresión, lo cual constituye una solución manifiestamente injusta.

Un punto de vista menos difundido, pero sostenido por autores influyentes en nuestro medio,[512] afirma que la impunidad del subordinado en los casos de cumplimiento del mandato antijurídico se funda en que este no ejecuta *acción.* Es, más bien, un mero instrumento del superior. Por esta razón, el último puede ser castigado como auténtico autor (mediato) del hecho típico y el afectado está autorizado para defenderse lícitamente del ataque que la orden generó, si bien por lo general su repulsa no recaerá sobre el autor (el superior), sino sobre su instrumento (el subordinado).[513]

Aunque supera algunas de las dificultades generadas por la concepción anterior, tampoco esta solución es aceptable. Desde luego, es irreal, porque no se puede sostener seriamente que el inferior se encuentre en manos del superior en situación semejante a la de un simple instrumento inerte. Es cierto que su

---

510 MAÑALICH, *op. cit.*, 4, pág. 70.

511 Véase, por todos, ROXIN, *Autoría,* § 22, III, 2, págs. 228 y 229.

512 PEDRO ORTIZ, *Curso breve de Derecho penal (común y militar),* Santiago, 1947, págs. 223 y sigts.; SOLER, I, § 22 VIII, págs. 261 y sigts.

513 Puede advertirse que este criterio presenta alguna semejanza con el defendido por MAÑALICH, aunque es ciertamente menos refinado.

voluntad se formará de manera defectuosa, pero esto no significa que carezca de ella. Seguramente no deseará cumplir, pero, en la medida en que acata, *quiere* hacerlo y, en consecuencia, actúa. Si esto último se afirma incluso del coaccionado, uno no puede aceptar que se niegue del que solo obra imperado por la orden de sus jefes, pues es evidente que en aquel la voluntad se encuentra más determinada que en este por las circunstancias. Por otra parte, la concepción examinada trae aparejada una serie de consecuencias técnicas insostenibles.

Así, por ejemplo, si el subordinado es considerado solo un instrumento, el *principio de ejecución* –y, con ello, la punibilidad por la tentativa– se producirá ya en el momento en que el superior imparte la orden y pierde el control sobre el curso ulterior de los acontecimientos, lo cual significa adelantarlo exageradamente; del mismo modo, aunque se comprende el razonamiento relativo a la autorización de que el afectado se defienda, esa solución conceptual no supera las objeciones de fondo, pues a uno se le ocurre injusto que el subordinado, tratado como un "instrumento" por el superior, deba soportar, también como "instrumento", la reacción del que se opone al cumplimiento de la orden defendiéndose. ¡No es evidentemente igual la situación del revólver del atacante, al cual el agredido destruye para salvarse, que la del inferior al cual el atacado abate a tiros con el objeto de evitar que lo ultime en cumplimiento de una orden injusta! Finalmente, hay que precisar que, si se aceptara que el subordinado en este caso no realiza acción, la solución no sería una "autoría mediata", sino que el superior jerárquico adquiría la calidad de autor ejecutor, lo que complica aún más las cosas.

3) Goza de prestigio, especialmente en Iberoamérica, un criterio con arreglo al cual los problemas del cumplimiento de órdenes antijurídicas pertenecen a la *teoría del error*.[514] Según esta tendencia, al inferior se lo exime de responsabilidad porque las órdenes que recibe están amparadas por una presunción de legitimidad, de suerte que por lo común obra en la convicción de comportarse lícitamente.

La concepción expuesta no es admisible en general pues, como bien se ha dicho, [515] los casos problemáticos no son aquellos en que el subordinado se equivoca respecto del carácter antijurídico de lo mandado sino, precisamente, aquellos en los que cumple la orden a conciencia de su tipicidad e ilicitud, no obstante lo cual el Ordenamiento jurídico le concede impunidad. Esto, por otra parte, aparece especialmente subrayado en nuestro Derecho, en donde el art.

514 Véase, por todos, JIMÉNEZ DE ASÚA, VI, 1846, pág. 808.

515 RIVACOBA, *La obediencia jerárquica en el Derecho penal, cit.*, pág. 112.

214 del CJM se refiere en forma expresa a órdenes que tienden *notoriamente* a la perpetración de un delito y sobre cuya naturaleza, por consiguiente, la posibilidad de error está excluida de antemano.

4) En el presente es dominante en Chile la opinión de conformidad con la cual la impunidad de quien cumple una orden injusta obedece a que en tales situaciones el inferior se halla en una situación de *inexigibilidad*. De él, en efecto, atendidos los presupuestos usuales de las disposiciones que imponen la "obediencia", no puede esperarse que se abstenga de cumplir la orden, porque las circunstancias lo presionan de tal manera que el ámbito de su facultad de autodeterminación se encuentra severamente reducido.[516]

Aquí, sin embargo, conviene hacer algunas precisiones.

Como fundamento de la exclusión de responsabilidad por las conductas ejecutadas en cumplimiento de una orden antijurídica se afirma, a veces, que la actividad castrense es de aquellas en que la certeza y prontitud en el cumplimiento de los mandatos impartidos por los superiores constituye una *condición sine qua non* de su eficacia. Un ejército en que todos se sientan autorizados para discutir las decisiones de los mandos estaría condenado a la derrota que, acaso, conduciría a todo el país a una catástrofe.[517] Este argumento es en principio valedero, pero no absoluto. Ya DOHNA[518] ha demostrado que, en las situaciones límite, debe ceder ante la imperiosa necesidad de evitar que la acción militar constituya un pretexto para la ejecución impune de conductas éticamente intolerables. Para obrar con

---

516 ASTROSA, *op, cit.*, 53, pág. 79; BULLEMORE-MACKINNON, II, págs.180 a 182; CÓRDOBA RODA-RODRÍGUEZ MOURULLO, I, págs. 384 y sigts.; CURY, *Orientación*, 22, IX, págs. 220 y 221, con una fundamentación que hoy no comparto del todo; ETCHEBERRY, I, págs. 350 y 351; GARRIDO, II, 79.3, págs. 244 y sigts.; RAFAEL MACKAY, *El delito de desobediencia en el Código de Justicia Militar de Chile,* Editorial Jurídica de Chile, Santiago, 1965, *passim;* POLITOFF, 10, § 3, B, e), págs. 658 y sigts.; POLITOFF-MATUS-RAMÍREZ, 12, § 6, F, pág. 354; RIVACOBA, *La obediencia jerárquica en el Derecho penal,* págs. 138 y 139; ESTEBAN TOMIC, *La obediencia debida, eximente de responsabilidad en el Derecho penal chileno,* Memoria de prueba Universidad Católica de Chile, 1964, *passim*; VARGAS, V, 3.3 c), págs. 142 y sigts.; VIVES ANTON, *Consideraciones político criminales en torno a la obediencia debida,* en *Estudios penales y criminológicos,* Universidad de Santiago de Compostela, 1982, págs. 133 y sigts. Muy matizado NÁQUIRA, I, págs. 638 y sigts. NOVOA, I, 252, pág. 396, no asume posición, limitándose a declarar que "una ley que hace obligatoria a ciertos individuos su propia trasgresión, es una ley contradictoria", actitud irresoluta que mantiene en 347, págs. 555 y sigts.

517 Así, todavía, CURY, *Orientación,* 21 IX, págs. 220 y 221.

518 DOHNA, I, B, 2, págs. 74 y 75.

celeridad y éxito, las Fuerzas Armadas no necesitan incurrir en crímenes y, por supuesto *no deben* hacerlo. Ningún gran general afianzó sus victorias sobre esa base y, de hecho, la inmensa mayoría de las órdenes que imparten los mandos durante una acción bélica no tienden jamás a esa finalidad. Los ejércitos, por consiguiente, pueden funcionar adecuadamente, aunque se consagre la obligación de los inferiores de representar –y aun de incumplir– aquellos mandatos que presentan características evidentemente antijurídicas.

Lo dicho cobra importancia cuando se trata de interpretar disposiciones como las de los arts. 214 y 335 del CJM. En efecto, si uno piensa que los militares deben cumplir las órdenes antijurídicas que les imparten sus jefes, porque así lo exige el funcionamiento correcto de la institución castrense, concluye casi inevitablemente que al hacerlo obran justificados. Porque, a fin de cuentas, las Fuerzas Armadas forman parte de la organización del Estado y cumplen en consecuencia funciones socialmente necesarias; por lo cual, aquello que es indispensable a su operación tiene que estar también permitido por el Derecho. En cambio, si se acepta que una institución militar *puede* y *debe* funcionar sin incurrir en hechos delictuales, entonces habrá que conceder también que cuando uno de sus integrantes cumple una orden antijurídica actúa injustamente, de manera que la exención de responsabilidad que la ley le acuerda solo puede encontrar su origen en una exclusión de la culpabilidad.

A mí me parece indiscutible que esta última es la solución acogida por el Ordenamiento jurídico nacional, puesto que el art. 214 del CJM establece expresamente la responsabilidad del superior que hubiera impartido la orden de cometer el delito y porque así se deduce, además, de los otros preceptos que regulan la situación.

Lo que sucede es que la ley militar arranca del supuesto de que en estos casos la voluntad del inferior se forma de manera anómala. Es ciertamente una hipótesis atendible. La instrucción de los soldados tiende a inculcarles un respeto reverencial por el superior cuyas órdenes están habituados a cumplir casi sin discusión. Eso, desde luego, debilita su capacidad de oponerse a ellas, por lo menos hasta el extremo de desatenderlas. Por otra parte, dicha actitud es el resultado de una disciplina rígida, que impone severos castigos al desobediente, como lo evidencian los arts. 334, 336 y 337 del CJM. Esto es comprensible pues, como se ha destacado, la eficacia de un cuerpo armado depende de la celeridad con que se actúen las decisiones (lícitas) de quienes lo dirigen, y un estado de discusión generalizado lo paralizaría por completo. Pero, naturalmente, como subproducto de un régimen disciplinario tan enérgico, se desarrolla en los que le están sometidos una tendencia a acatar los mandatos que reciben incluso cuando advierten que exceden las facultades del superior. Por consiguiente, el Ordenamiento puede aceptar razonablemente que cuando un militar recibe la orden de cometer un delito y la cumple, la resolución de hacerlo se ha formado en circunstancias anormales y, en consecuencia, la realización del acto típicamente antijurídico no puede serle reprochada, a causa de que no es una expresión cabal de su facultad de autodeterminación conforme a sentido ni, por eso, de su personalidad. Por eso, *aunque su comportamiento no se justifica, se lo excusa.*

Este punto de vista, claro está, aproxima mucho la situación del que cumple la orden a la de quien actúa coaccionado. Y, en realidad, la situación es semejante. La diferencia radica en que, mientras al coaccionado se le presume la malformación de la voluntad, en el sentido de no exigirle siquiera prueba de que la conducta realizada es contrastante con la que habría realizado en caso de permitírsele decidir libremente,[519] al que cumple el mandato antijurídico se le exige una *manifestación de oposición* que ponga de relieve su actitud de acatamiento al Derecho.[520]

Lo que ocurre es que, a pesar de todos los factores deformantes de la autodeterminación que concurren en el caso del militar subordinado a la orden de un superior, la ley supone –y bien– que la presión ejercida por ellos sobre su voluntad es menos intensa de la que soporta el auténtico coaccionado; por eso a aquel le exige que declare su disidencia y solo lo exonera de responsabilidad cuando se doblega ante la *insistencia* del superior.[521]

dd) Delimitación del concepto de la eximente y requisitos

De acuerdo con lo expuesto, solo *debe considerarse cubierto por la causal de inexigibilidad relativa al cumplimiento de* órdenes ilícitas el subordinado que ejecuta el hecho a sabiendas de que es antijurídico *porque, habiéndoselo representado así y manifestado su disenso al superior, este ha insistido en él.*

519 Supra, II, c).

520 Infra dd).

521 En relación con los razonamientos del texto, es curiosa la opinión de FERNANDO VELÁSQUEZ, *Derecho Penal, Parte General*, Segunda edición, Temis, Bogota, 1995, XV, IV, C), 2, pág. 508, quien afirma que las disposiciones del CJM a que se refiere el texto fueron establecidas "para amparar con eximentes de diversa índole a todos aquellos delincuentes acusados de cometer crímenes contra la humanidad, en la época de la dictadura". ¡Pero el CJM, data del 23 de diciembre de 1925! ¡Es decir, los preceptos discutidos estaban vigentes 48 años antes de establecerse la dictadura a que supongo que se refiere el profesor colombiano...!

En consecuencia, tiene que colocarse fuera de la discusión algunas situaciones en las que la exención de responsabilidad penal no se funda realmente en el cumplimiento de la orden sino en otras circunstancias.[522] De entre ellas, conviene destacar las siguientes, que se prestan a confusión:

a) Cuando el subordinado ignora la concurrencia en el hecho ordenado de las características que fundamentan su tipicidad, la razón de la impunidad será el error de tipo excluyente del dolo si este es invencible y, con ello, ya la faz subjetiva del tipo doloso. La cuestión de la obediencia aquí no viene en consideración, salvo en cuanto pueda ser uno de los elementos que se tengan en cuenta a fin de enjuiciar la *evitabilidad* o *inevitabilidad* del error para la determinación de sus efectos.[523]

b) Cuando el subordinado cree que la conducta ordenada por el superior se encuentra autorizada por el Ordenamiento jurídico, sea porque ignora su ilicitud en general o porque cree que en el caso concreto está amparada por una causal de justificación, nos hallamos ante un problema de *error de prohibición* que excluirá o no la punibilidad según sea vencible o invencible.[524]

Otra vez aquí las cuestiones relativas al cumplimiento de la orden, como tales, no llegarán siquiera a ser abordadas sino en cuanto echen luz sobre el problema de evitabilidad o inevitabilidad. Solo recobrarán importancia inmediata si se concluye que el error del autor fue evitable a causa de lo cual, en principio, procedería sancionarlo según corresponda.

3) Si el subordinado supone que el superior está autorizado también para ordenar la ejecución de conductas típicas, su situación es equivalente a la descrita en el párrafo anterior. En el hecho, esto significa creer equivocadamente que la orden constituye una causal de justificación, la cual en realidad no existe.

4) Cuando el subordinado cumple *coaccionado* la orden –por ejemplo, a causa de que el superior amenaza con darle muerte si desobedece– entonces la culpabilidad es excluida precisamente por esta causal.[525] El cumplimiento del

---

522 En el mismo sentido MAURACH, II, § 34, III, A, 3, págs. 72 y 73; MAURACH-ZIPF, I, § 34, II, número marginal 25, pág. 577.

523 Para el detalle, ver, supra, § 18, II, d) gg).

524 Supra, § 28, II.

525 N. del E.: Véase Supra III, a'), bb), 1 y 2, y especialmente Supra III, a'), cc), 6.

mandato antijurídico permanece ajeno al enjuiciamiento pues, en rigor, apenas es posible hablar de un *cumplimiento* auténtico. La falta de libertad en la formación de la voluntad no es causada por la recepción de la orden, sino por la amenaza que la acompaña. A fin de cuentas, esta última fue necesaria justamente porque la orden no era bastante –o se temía que no lo fuera– para doblegar su capacidad de autodeterminación.

Por lo tanto, para que concurra la causal de inexigibilidad que se está examinando son necesarios los siguientes requisitos.

1) Debe existir una *orden*. Esto implica que entre quien imparte el mandato y quien los cumple existe una relación jerárquica en virtud de la cual este se encuentra obligado a acatar, dentro de ciertos márgenes y respecto de *ciertas materias,* las decisiones de aquel[526] cuando, además, se le ha encomendado su ejecución satisfaciendo unas formalidades determinadas. Solo cuando se cumplen tales presupuestos es posible hablar de una auténtica orden. En el caso que nos ocupa, sin embargo, se acepta excepcionalmente atribuir esa calidad a un mandato *que está fuera de la esfera de competencia del superior*, pues es evidente que este jamás se encontrará facultado para ordenar la realización de un injusto punible. Las restantes exigencias, en cambio, deben también concurrir. Así, puede discutirse la inexigibilidad por el cumplimiento cuando, durante el curso de la acción bélica, un oficial ordena formalmente a un subordinado que dé muerte a integrantes de la población civil porque su presencia obstaculiza el desarrollo de una maniobra estratégica; no si lo envía a ultimar a un enemigo personal con el fin de satisfacer propósitos vindicativos. [527]

2) La orden debe referirse a la realización de *un hecho típico y antijurídico*. Por consiguiente, la obligación de ejecutar la acción típica no ha de estar consagrada expresa y concretamente en la ley, pues en tal caso tanto el superior como el subordinado obrarían en *cumplimiento de un deber* y sus conductas se encontrarían justificadas.[528]

---

526 Respecto al concepto de "superior" habilitado para dar órdenes vinculantes, véase ASTROZA, *op. cit.*, 27, págs. 36 y sigts.

527 ASTROZA, *op. cit.*, 51, pág. 76 *in fine*.

528 Supra, § 24, III, b) y ASTROZA, 52, págs. 76 y sigts.

3) El inferior debe cumplir la orden *a conciencia de su tipicidad y antijuridicidad*, pues, si en el caso concurren los presupuestos de un *error* de cualquier clase, sus efectos eximentes prevalecen sobre los de la causal de inexigibilidad. Así, la expresión "que tienda *notoriamente* a la perpetración de un delito" empleada por los arts. 214 y 335 del CJM, ha de ser entendida en sentido concreto: el carácter delictuoso del hecho tiene que ser "notorio" para el subordinado "aquí y ahora".

4) El inferior no debe obrar coaccionado, sino tan solo *imperado* por el mandato antijurídico. Los efectos excusantes de la coacción operan también con prioridad a los del cumplimiento de órdenes ilícitas, pues este ha de ser concebido siempre como una causal de inexigibilidad de *ultima ratio*.

5) El subordinado debe haber expresado al superior su *desacuerdo* con la orden que se le ha impartido, pues solo se lo exonera de responsabilidad cuando se doblega ante la insistencia de este.

A mi juicio, ese es el sentido en que es legítimo entender el mandato de *dar cuenta al superior* que contiene el art. 335 del CJM. No se trata, pues, de un sencillo "poner en conocimiento" o "dar noticias" del hallazgo relativo a la delictuosidad de lo ordenado –algo de lo que, por lo demás, el superior generalmente estará al tanto– sino, además, de una manifestación de disconformidad que evidencia el propósito de cumplir solo en consideración a la eventual insistencia y, por así decirlo, a "regañadientes".

En mi opinión, tal cosa es evidente en nuestro Ordenamiento jurídico, puesto que el inc. primero del art. 214 CJM dispone que no se conceda la exculpación al subordinado en los casos de "concierto previo". Ahora bien, si el inferior recibe, por ejemplo, el mandato de asesinar a un civil neutral y se limita a *comunicar* al superior que la orden le parece notoriamente constitutiva de delito, por lo cual la ha suspendido temporalmente, pero que la acatará "complacido" si se le insiste "porque le parece la manera más adecuada de deshacerse del importuno", creo que nadie dudará de la existencia de un "concierto previo" en caso de que la insistencia se produzca efectivamente y la acción punible se ejecute en definitiva.[529] Esto demuestra que el solo "dar cuenta" o "informar" de la delictuosidad de la orden no basta para asegurarse la exculpación. Es indispensable una manifestación

529 Para que ello acontezca, en todo caso, es preciso dar al vocablo "concierto" un significado más laxo que el que se le atribuye en la interpretación del art. 15 N° 3° del C.P. Sobre ello, véase Infra, § 38, I, c), cc).

de desacuerdo que exteriorice la deformación de la voluntad. Más aún, si esta última no se produce, esto es, si el disenso no se expresa, la ley presume que no ha existido, y por eso el inc. segundo del mismo art. 214 preceptúa que, en tal caso, el inferior "será castigado con la pena inferior en un grado a la asignada por la ley al delito".[530]

Este es un aspecto crucial en la consideración de los requisitos que debe reunir el cumplimiento de órdenes antijurídicas para eximir de responsabilidad penal. Él solo deja de ser reprochable al autor material si se evidencia como un acto de voluntad mal formada, como un *querer contrastante con el desear.* Únicamente entonces puede afirmarse que la orden ha configurado para el inferior una situación de verdadera inexigibilidad. Con ello, por otra parte, se echa luz nueva sobre las motivaciones no siempre explícitas del enjuiciamiento recaído en ciertas conductas históricas, como las de aquellos jerarcas nacionalsocialistas que basaron la defensa de sus casos en la obediencia debida a las órdenes procedentes de sus superiores. Puesto que en la mayor parte de tales situaciones había razones poderosas para suponer en los inculpados una adhesión decidida a los mandatos que se les dirigían, los tribunales obraron correctamente al desestimar tales alegaciones, pues ellas pretendían formalizar la situación de inexigibilidad más allá de lo tolerable por el Ordenamiento jurídico del Estado democrático de Derecho.[531]

ee) La obediencia de órdenes antijurídicas en la Ley 20.357 sobre crímenes de lesa humanidad, genocidio y delitos de guerra [532]

El art 38 de la Ley 20.357 sobre Crímenes de Lesa Humanidad, Genocidio y Delitos de Guerra establece una normativa especial referente al cumplimiento de órdenes antijurídicas. Con arreglo a esa disposición, "el que obrando en cumplimiento de una orden superior ilícita hubiere cometido cualquiera de los delitos establecidos en la presente ley, solo quedará exento de responsabilidad criminal cuando hubiere actuado coaccionado o a consecuencia de un error". En consecuencia, en realidad esa norma suprime la eficacia excusante de las órdenes antijurídicas como tales, ya que solo acepta excluir la responsabilidad del inferior

530 N. del E.: cita textual de esa parte del art. 214 del CJM, es del editor. El texto revisado señalaba que "en tal caso, el inferior ha de ser responsable como cómplice".

531 Naturalmente, aquí no se discute la cuestión de si esos procesos implicaron en ciertos casos una violación del *nulla poena.* Sobre ello, supra, § 9, VI, a) y, de manera pormenorizada, WERLE, Primera parte, A, II, números marginales 14 y sigts., págs. 49 y sigts.

532 N. del E.: sobre esto, véase MATUS Y RAMÍREZ, *op.* y *loc. cit.* en supra nota del editor 426.

que cumplió la orden cuando lo hizo coaccionado o por error, es decir, por causales de exclusión de la culpabilidad propias del Derecho común y diferentes de la que se está examinando aquí. [533]

Además, de conformidad con el inc. segundo del artículo citado, "no se podrá alegar la concurrencia del error sobre la ilicitud de la orden de cometer genocidio o crímenes de lesa humanidad". Este estrechamiento de la eficacia excusante del error de prohibición se comprende, porque los delitos a los cuales se refiere pertenecen al núcleo más duro del Derecho penal internacional y del Derecho penal en general; en consecuencia, la conciencia de su antijuridicidad es tan generalizada que no se puede tolerar ignorarla. La disposición se adhiere en esto al "*manifest illegality principle*" que no admite alegar ignorancia de ilicitudes evidentes "para un observador medio desde una valoración objetiva *ex ante*".[534]

IV. EL PROBLEMA ESPECIAL DEL EXCESO EN LA LEGÍTIMA DEFENSA

Hay un exceso en la legítima defensa cuando el autor ha ejecutado un hecho típico para repeler una agresión ilegítima, pero su reacción supera los límites de lo que era racionalmente necesario para rechazar el ataque.

Conviene destacar, desde luego, que existe una clara diferencia entre el exceso en la defensa y la legítima defensa putativa. En esta última, en efecto, el sujeto cree estar autorizado para rechazar una agresión que no existe sino en su representación equivocada, pero no implica exceso alguno en el medio empleado para impedir o repeler el ataque imaginario. Se trata pues, como ya se ha dicho, de un *error de prohibición* al que, por las razones antes expuestas debe tratarse como si fuera un *error de tipo*.[535] En el primero, en cambio, concurren efectivamente los presupuestos de la justificante, pero el autor ha sobrepasado los márgenes de la reacción autorizada en tales casos por el Derecho. Aquí, por consiguiente, no existe error alguno.

---

533 En el mismo sentido AMBOS, § 12, I, 2), b), pág. 461; tendencialmente también WERLE, Segunda parte, F, V, 1, número marginal 459, pág. 261.

534 WERLE, Segunda Parte, F, V, 3, números marginales 465 a 467, págs. 264 y 265. En el mismo sentido AMBOS, § 12, I, 2, b), págs. 463 y 464.

535 Supra, § 28, II, d), bb), 4) y III, c), cc).

El exceso puede ser *intensivo* o *extensivo*.[536] Es *intensivo* cuando el sujeto se excede en la necesidad del medio empleado para impedir o repeler la agresión; en cambio, es *extensivo* cuando el autor reacciona contra una agresión que todavía no se ha producido o que ya pasó. El criterio dominante en la doctrina alemana, que cuenta con un precepto expreso sobre esta situación[537], es que esa disposición solo es aplicable al exceso "intensivo" pero no al "extensivo", pero este criterio actualmente es objeto de discusión.[538]

En la literatura se trata con frecuencia del exceso en la defensa como de una causal de inexigibilidad.[539] Pero, además, se agrega que su regulación eximente de responsabilidad obedece a una reducción del injusto, determinada por la situación del autor, que obra reaccionando frente a una agresión.[540] En nuestra ley, en la cual, a diferencia de lo que ocurre en el C.P. alemán, no existe una norma que se ocupe del tema, la situación descrita solo puede ser asilada en el estado de necesidad exculpante del art. 10 N° 11 C.P. El agredido, presionado existencialmente por la situación amenazante que significa el ataque, no ha sido capaz de mantenerse dentro de los límites impuestos por la necesidad racional del medio empleado para defenderse o ha reaccionado demasiado pronto o demasiado tarde. En mi opinión, esto significa que la exculpación es posible tanto frente al exceso "intensivo" como al "extensivo",[541] pero en todo caso dentro de los límites impuestos por el estado de necesidad. Si no concurren los requisitos de este último, solo será posible conceder al hechor la atenuante contemplada en el art. 11 N° 1° C.P. Así sucede, sobre todo, cuando el que se defiende había provocado suficientemente la agresión.[542]

---

536 Véase, por todos, FRISTER, 16, número marginal 40, págs. 340 y 341; ROXIN, § 22, B, IV, números marginales 84 y sigts., págs. 934 a 936; STRATENWERTH, § 9, número marginal 93, pág. 206.

537 N. del E.: el § 33 del C.P. alemán señala: "Si el autor excede los límites de la legítima defensa por confusión temor o miedo, entonces no será castigado".

538 Así, FRISTER, 16, número marginal 40, págs. 340 y 341, y STRATENWERTH, § 9, número marginal 93, pág. 206. Pero otra opinión, en ROXIN, § 22, B, IV, número marginal 88, pág. 935, a mi juicio correctamente.

539 Así, por ejemplo, MAURACH, II, § 34, IV, págs. 74 y sigts.

540 Véase, así, ROXIN, § 22, B, IV, número marginal 71, pág. 928; STRATENWERTH, § 9, número marginal 93, pág. 206. En contra FRISTER, 16, número marginal 37, pág. 339.

541 Así también POLITOFF, 8, § 3, B, c), 3), *in fine*, pág. 374 y POLITOFF-MATUS, en POLITOFF-ORTIZ *et al.*, pág. 133 *in fine*.

542 N. del E.: en los casos de exceso intensivo en la legítima defensa en que falten requisitos para que opere la eximente del N.° 11 del art. 10 del C.P., y siempre que concurran los demás requisitos de la legítima defensa exigidos en los números 4°, 5° y 6° de ese art. 10, en

§ 30. EXCUSAS LEGALES ABSOLUTORIAS

Con la constatación de que el hecho típicamente antijurídico es, además, culpable –vale decir, reprochable al sujeto– el delito se perfecciona por completo. En principio, por consiguiente, de ella debería seguirse siempre la punibilidad de la conducta.

Sin embargo, la conclusión precedente no es absoluta. En efecto, hay unos pocos casos en los cuales la ley se abstiene de castigar, aunque se den todos los presupuestos para ello, por consideraciones político-criminales de utilidad social y eficacia normativa. Se trata de situaciones excepcionales y muy calificadas en las cuales la imposición a toda costa de un castigo causaría a la convivencia más perjuicio que el otorgamiento de una indulgencia básicamente injustificada. Constituyen, por lo tanto, concesiones al utilitarismo realizadas en casos donde este, con arreglo a la experiencia, parece servir mejor a la paz social que la justicia a todo trance y el afán de seguridad jurídica. La literatura de origen español denomina *excusas legales absolutorias*[543] a estas figuras, que en el Derecho comparado se designan también como "causas personales que excluyen la pena"[544] o, simplemente, "causas de exclusión de la pena".[545]

---

opinión del editor corresponde aplicar el inc. primero del art. 73 del C.P., que contempla una rebaja de pena obligatoria en un grado al mínimo de los señalados por la ley, pudiendo el tribunal efectuar esa rebaja hasta en tres grados, "cuando el hecho no fuere del todo excusable por falta de alguno de los requisitos que se exigen para eximir de responsabilidad criminal en los respectivos casos de que se trata el art. 10, siempre que concurra el mayor número de ellos, imponiéndola en el grado que el tribunal estime correspondiente, atendido el número y entidad de los requisitos que falten o concurran". En el mismo sentido, MATUS Y RAMÍREZ, Manual, Parte General,,., págs. 275 a 276, quienes no excluyen la posibilidad de que, si las circunstancias del caso lo permiten, la defensa pueda alegar una eximente como el miedo insuperable o una legítima defensa putativa.

543 Una exposición detallada sobre el origen y evolución del término puede encontrarse en NOVOA, I, 355, págs. 567 y 568.

544 BELING, § 33, págs. 117 y 118 que incluye aquí casos de inmunidad personal.

545 MAURACH, II, § 35, V, B, 3), a), págs. 90 y 91, y MAURACH-ZIPF, I, § 35, V, B, números marginales 31 y sigts., págs. 594 y 595, quien hace alguna distinción entre "excusas absolutorias" y "causas de exclusión de la pena".

Las excusas legales absolutorias son, pues, situaciones en las cuales el Derecho renuncia a la punibilidad de una conducta típica, antijurídica y culpable, por razones de utilidad social.

Suele afirmarse que esta renuncia obedece a consideraciones "prácticas".[546] Naturalmente, al hacerlo se atribuye a la expresión un significado restringido.[547] Sin embargo, como toda decisión jurídica tiene, en última instancia, un fundamento práctico, me parece preferible evitar esta ambigüedad.

En nuestro Ordenamiento jurídico el caso más indiscutido de excusa absolutoria se encuentra en el art. 489 C.P., con arreglo al cual se otorga impunidad por los hurtos, defraudaciones o daños que recíprocamente se causaren los cónyuges y convivientes civiles, los parientes consanguíneos en toda la línea recta y en la colateral hasta el segundo grado inclusive y, por último, los parientes afines en toda la línea recta.[548] [549] Es la hipótesis característica en la cual, si bien la imposición de una pena se encontraría justificada, se prefiere prescindir de ella a fin de salvaguardar la institución familiar, cuyas bases podrían resultar lesionadas si se perseverara en aplicarla. Por esto, con toda razón, la exención tiene un carácter personal "y no es aplicable a los extraños que participaren en el delito". Aunque una parte importante de la doctrina se pronuncia en ese sentido es, en cambio, dudoso el carácter de excusa absolutoria que se atribuye al desistimiento en la tentativa y el delito frustrado. Personalmente, soy de otra opinión.[550] De igual modo, es discutida la situación contemplada en el art. 430 C.P., que se refiere a la retorsión en las injurias.[551] Respecto al encubrimiento del art. 17 inc. final, se encuentra actualmente excluido de esta categoría pues es dominante el criterio para el cual se trata de una causal de inexigibilidad. [552]

---

546 Así, por ejemplo, NOVOA, I, 355, pág. 568. "Su fundamento no es de índole jurídica sino práctica, como ser, razones de conveniencia o utilidad social, motivos de política criminal, etc.".

547 Así, claramente en el texto citado en nota anterior.

548 La disposición no excluye la punibilidad cuando la víctima es mayor de sesenta años (art. 489 inc. final) ni tampoco entre cónyuges cuando se trate del delito de daños (art. 489, inc. segundo *in fine*).

549 N. del E.: redacción adecuada al texto vigente del art. 489 C.P. por el editor.

550 Infra, § 35, V, a), con bibliografía.

551 NOVOA, I, 355, págs. 569 y 560.

552 Supra, § 29, III, c).

En atención a sus fundamentos, las excusas absolutorias surten siempre un efecto solo personal. Asimismo, contra la conducta amparada por ellas siempre es admisible la legítima defensa, puesto que no afectan a la antijuridicidad del hecho. Por último, el error sobre su concurrencia es irrelevante.

www.ingramcontent.com/pod-product-compliance
Lightning Source LLC
LaVergne TN
LVHW082157051026
849532LV00012B/3614